구약성서의 세계

구약성서의 세계

김영진 지음

구약성서의 세계

2009년 5월 11일 초판 1쇄 인쇄
2009년 5월 15일 초판 1쇄 발행

지은이 | 김영진
펴낸이 | 이재승
펴낸곳 | 하늘기획

주소 | 서울특별시 동대문구 청량리1동 45-8호
등록번호 | 제 6-0634호

총판 | 하늘물류센타
전화 | 031-947-7777
팩스 | 031-947-9753

ISBN : 978-89-923-2079-5 03230

이 책을 구약학을 사랑하는 모든 사람들과
고난의 때 믿음과 신뢰를 보내 주신 모든 분들께 드립니다.

들어가는 말

이스라엘 히브리대학교에서 유학하던 시절, 필자를 지도해준 이스라엘 에프알 교수님은 "한국 사람들 가운데 구약성서가 어떤 책인지 아는 사람이 과연 몇 명이나 될까?" 라는 말을 자주하시곤 했다. 그 때문인지 이 말이 뇌리에서 떠나지 않았고 평생 해결해야 할 과제처럼 느껴졌다. 본서는 이러한 문제 해결의 한 시도라고 보면 좋을 것 같다.

구약성서의 세계는 구약성서를 이해하기 위하여 필요한 기초 지식을 제공한다. 특히 구약성서의 세계는 구약성서 각책의 문학적 특징, 구조, 내용, 역사적 배경 및 신학 등을 다룬다. 이 책은 필자가 이미 출판했던 「토라」, 「히스토리야」, 「느비임」, 「크투빔」, 「고대 이스라엘 역사」 등을 기초로 그 내용을 수정 보완한 것이기는 하지만 그러나 분량이나 그 내용에 있어서 기존의 내용의 많은 부분을 수정, 첨가한 새로운 책이다.

구약성서의 세계라는 책을 집필하면서 단순히 구약성서개론서를 집필하기보다는 구약성서 시대의 모든 것을 이해할 수 있는 책을 집필하기로 방향을 정하고, 이스라엘 역사, 이스라엘 문화사, 이스라엘 고고학 그리고 구약성서개론을 포괄하는 책을 집필하였다. 자연스럽게 그 양은 대단히 많아졌으며 부득이하게 방대한 책을 집필하게 되었다.

이 책의 전반부에서는 구약성서가 어떤 성격의 책인가 하는 점을 부각시켰고, 구약성서의 사상적, 문화적, 종교적 배경이 무엇인가를 밝혔다.

구약성서는 어떤 책인가? 그리스도인들에게 구약성서는 어떤 의미를 갖는가? 구약성서를 읽는 오늘날 독자들은 무엇을 읽고 있는가? 이처럼 구약성서에 대한 수많은 질문들이 제기되고 있지만, 어느 것 하나 명쾌한 대답을 하기 어려운 것이 현실이다. 성서는 마치 조용히 흐르는 큰 강과 같아서 밖에서는 아무런 소리도 들을 수 없다(大河無聲). 그러나 큰 강의 중심과 수면 아래에서는 빠른 유속의 흐름이 있듯이, 성서도 제대로 이해하려면 그 속으로 깊이 빠져 들어가 성서의 유속을 느껴야 할 것이다. 성서에 대한 이해는 독자의 주관적이고, 체험적인 측면이 강한 것이 사실이다. 그러나 그렇다고 해서 항상 주관적으로만 읽어야 하는 것은 아니다. 성서를 바르게 읽기 위해서는 최소한의 객관성을 유지해야 하며, 그 최소한의 객관성을 유지하기 위해서는 반드시 길잡이가 필요하다.

따라서 본서, 구약성서의 세계는 구약성서에 대한 객관적 정보를 제공한다. 덧붙여 필자는 본서를 집필하면서 복잡한 신학적 논쟁보다는 구약성서가 무엇인가를 깨닫고 그 속에서 하나님의 위대하심을 어떻게 발견할 것인가에 대해 논의하였다.

구약성서의 세계의 구성을 살펴보면, 제1부에서는 구약성서를 읽기 전에 독자들이 가져야 할 기초적인 이해를 소개하였다. 성서를 읽는 다양한 방식을 소개하고 구약성서에 나타난 인식체계를 깨달아 성서에 대한 바른 접근을 시도하도록 하였다. 제2부는 구약성서의 문화적, 역사적, 언어적 배경에 대하여 다루었다. 제3부에서부터 제6부까지는 구약성서 각 책에 대한 객관적 내용을 소개하였으며 가급적 지도를 많이 넣어 독자의 이해를 도왔다. 제3부에서는 오경에 대한 전반적인 소개와 함께 각 책을 이해하는데 필요한 정보를 제공하였으며, 제4부 히스토리야에서는 역사서를 소개하였다. 본서의 특이한 점은 제5부 느비임에서 예언서를 정경의 순서대로가 아닌 시대적 흐름을 기준으로 순차적으로 배열하였고, 마지막으로 묵시문학을 다루었다. 제6부 크투빔은 성문서로서 시가문학, 지혜문학 그리고 다섯 두루마리 순으로 구성하였다. 아무쪼록 본서가 구약성서를 읽는 모든 이들에게 좋은 길잡이가 되었으면 하는 바람을 갖는다.

고난의 때 믿음과 신뢰로 함께해 준 선배님, 동료, 제자들 그리고 평강교회 성도님께 감사와 함께 이 책을 드립니다. 특히 구약성서의 세계 출판을 위해 도와준 신우철, 조확기, 권준모 군 그리고 정지은 양에게 고마움을 전한다. 특히 졸고를 좋은 책으로 만들어 준 하늘기획 사장님께도 고마움을 전한다.

תודה רבה
ביום ההולדת בשנת 2008
קים יונג גין

 차례

구약성서의 세계

제2부 구약의 문화 · 역사적 배경

제3부 토라

제4부 히스토리아

제5부 느비임

약어표

ABD	*Anchor Bible Dictionary*, 6 Vols, New York, 1992
ABL	R.F. Harper, *Assyrian and Babylonian Letters*, London and Chicago, 1892-1914
ADD	C.H.W. Johns, *Assyrian Deeds and Documents.* Cambridge, 1898-1923
ANET	J.B. Pritchard (ed.), *Ancient Near Eastern Texts Relating to the Old Testament*, 3rd Edition, Princeton, 1969
AnSt	*Anatolian Studies*, Ankara
Arad	Y. Aharoni, *Arad Inscriptions*, Jerusalem, 1981
ARAB	D.D. Luckenbill, *Ancient Records of Assyria and Babylonia*, 2 Vols, Chicago, 1926-1927
ARE	J.H. Breasted, *Ancient Records of Egypt*, 4 Vols, Chicago,
ARM	A. Parrot and G. Dossin (eds.), *Archives royales de Mari*, Paris
Avigad	N. Avigad, *Hebrew Bullae from the Time of Jeremiah: Remnants of a Burnt Archive*, Jerusalem, 1986 Avigad and Sass N. Avigad and B. Sass, *Corpus of West Semitic Stamp Seals.* Revised and completed by B. Sass. Jerusalem: Israel Academy of Sciences and Humanities, 1997
BA	*Biblical Archaeologist*, Philadelphia
BAR	*Biblical Archaeology Review.* Washington, DC
BASOR	*Bulletin of the American Schools of Oriental Research*, Philadelphia
BIES	*Bulletin of the Israel Exploration Society*, Jerusalem (Hebrew)
BZ	*Biblische Zeitschrift*, Paderborn
BZAW	Beiheft zur Zeitschrift für die alltestamentliche Wissenchaft
CAD	*The Assyrian Dictionary of the Oriental Institute of the University of Chicago*, Chicago: The Oriental Institute
CAH	*The Cambridge Ancient History*, Cambridge
CBQ	*Catholic Biblical Quarterly*, Washington, DC
Cowley	A. Cowley, *Aramaic Papyri of the Fifth Century B.C.*,

	Oxford, 1923
CS I, II, III	W.W. Hallo and K.L. Younger, Jr., *The Context of Scripture Volume I: Canonical Compositions from the Biblical World; Volume II: Monumental Inscriptions from the Biblical World; Volume III: Archival Documents from the Biblical World,* Leiden: E · J Brill, 1995, 2000, 2002
CT	Cuneiform Texts from Babylonian Tablets in the British Museum
DCH	D.J.A. Clines (ed.), *The Dictionary of Classical Hebrew,* Sheffield: Sheffield Academic Press, 1993-
EA	El-Amarna Tablets cited from J.A. Knudtzon, O. Weber and E. Ebeling, *Die El-Amaran Tafeln*, Leipzig, 1915; A.F. Rainey, *El Amarna Tablets 359-379: Supplement to J.A. Knudtzon, Die El-Amarna Tafeln*, Neukirchen, 1970
EI	*Eretz Israel*, Jerusalem
Enc.Miqr	(אנציקלופדיה מקראית *Encyclopaedia Biblica*), Jerusalem, 1950-1988 (Hebrew)
HALOT	L. Koehler and W. Baumgartner, *The Hebrew and Aramaic Lexicon of the Old Testament*, 5 Vols., Leiden, 1994-2000
GPA	J.N. Postgate, *The Governor's Palace Archive*, London, 1973
HSS	*Harvard Semitic Studies*, Atlanta, GA
IEJ	*Israel Exploration Journal*, Jerusalem
IOS	*Israel Oriental Studies*, Tel-Aviv
JAOS	*Journal of the American Oriental Society*, New Haven, CT
JBL	*Journal of Biblical Literature*, Atlanta, GA
JCS	*Journal of Cuneiform Studies*, New Haven
JNES	*Journal of Near Eastern Studies*, Chicago
JPOS	*Journal of the Palestine Oriental Society*, Jerusalem
JSOT	*Journal for the Study of the Old Testament*, Sheffield
Jud	*Judaism: A Quarterly Journal of Jewish Life and Thought,*

	New York
Judaica	*Encyclopedia Judaica*, 17 Vols, Jerusalem, 1971
K	Tablets in the Kouyunjik Collection of the British Museum
KAI	H. Donner and W. Röllig, *Kanaanäische und aramäische Inscriften*, 3 Vols, Wiesbaden, 1962
KS	A. Alt, *Kleine Schriften zur Geschichte des Volkes Israel*, 3 Vols, München, 1953
LXX	Septuagint
ND	Field numbers of tablets excavated at Nimrud
NL	Nimrud Letters
RB	*Revue Biblique*, Paris
SAA I	S. Parpola, *The Correspondence of Sargon II, Part I: Letters from Assyria and the West, State Archives of Assyria I*, Helsinki, 1987
SAA II	S. Parpola, and K. Watanabe, *Neo-Assyrian Treaties and Loyalty Oaths*, Helsinki: Helsinki University Press, 1988
SAA IV	I. Starr, *Queries to the Sungod: Divination and Politics in Sargonid Assyria State Archives of Assyria IV*, Helsinki, 1999
SAA V	G.B. Lanfranchi and S. Parpola, *The Correspondence of Sargon II, Part II: Letters from the Northern and Northeastern Provinces, State Archives of Assyria V*, Helsinki, 1990
SAA VI	T. Kwasman and S. Parpola, *Legal Transactions of the Royal Court of Nineveh, Part I: Tiglath-Pileser III through Esarhaddon, State Archives of Assyria VI*, Helsinki, 1991
SAA VII	F.M. Fales and J.N. Postgate, *Imperial Administrative Records, Part I: Palace and Temple Administration*, Helsinki: Helsinki University Press, 1992
SAA VIII	H. Hunger, *Astrological Reports to Assyrian Kings*, Helsinki: Helsinki University Press, 1992

SAA X — S. Parpola, *Letters from Assyrian and Babylonian Scholars, State Archives of Assyria X*, Helsinki, 1993

SAA XI — F.M. Fales and J.N. Postgate, *Imperial Administrative Records, Part II: Provincial and Military Administration, State Archives of Assyria XI*, Helsinki, 1995

SAA XII — L. Kataja and R. Whiting, *Grants, Decrees and Gifts of the Neo-Assyrian Period*, Helsinki: Helsinki University Press, 1995

SAA XIII — S.W. Cole and P. Machinist, *Letters from Priests to the Kings Esarhaddon and Assurbanipal*, Helsinki: Helsinki University Press, 1998

SAAS — *State Archives of Assyria Studies*, Helsinki

SAAS IV — S.W. Cole, *Nippur in Late Assyrian Times c.* 755-612 BC, Helsinki, 1995

Samaria — J.W. Crowfort, K.M. Kenyon and E.L. Sukenik, *The Buildings at Samaria*, London, 1942

SJB — *Tanakh-The Holy Scriptures*, The Standard Jewish Bible for the English speaking world, Philadelphia, 1988

SO — Samaria Ostraca

UT — C.H. Gordon, *Ugarit Text*, Rome, 1965

VAS — *Vorderasiatische Schriftdekmäler*

VAT — Tablets in the Collections of the Staatliche Museen, Berlin

VT — *Vetus Testamentum*, Leiden

WO — *Die Welt des Orients*,

YOS — *Yale Oriental Series, Babylonian Texts*

ZA — *Zeitschrift für Assyriologie*, Leipzig

ZAW — *Zeitschrift für die alttestamentliche Wissenschaft*, Berlin

ZDMG — *Zeitschrift der Deutschen Morgenländischen Gesellschaft*, Wiesbaden

ZDPV — *Zeitschrift des Deutschen Palästina-Vereins*, Wiesbaden

주전 2000년대 고대 근동 연대표

이집트

[중왕국]

※ 이집트의 연대표는 학자에 따라 차이가 있음

제12왕조

아메네헤트 1 (Amenemhet)	주전 1991-1962
센보스레트 1 (Senwosret)	주전 1971-1926
아메네헤트 2	주전 1929-1892
센보스레트 2	주전 1897-1878
센보스레트 3	주전 1897-1841
아메네헤트 3	주전 1844-1797
아메네헤트 4	주전 1799-1787
네푸르소벡 (Nefrusobek)	주전 1787-1783

[신왕국]

제18왕조

아흐모세	주전 1550-1525
아멘호텝 1	주전 1525-1504
투트모세 1	주전 1504-1492
투트모세 2	주전 1492-1479
하첸수트 (Hatshepsut)	주전 1473-1458
투트모세 3	주전 1479-1425
아멘호텝 2	주전 1427-1401
투트모세 4	주전 1401-1391
아멘호텝 3	주전 1391-1353
아멘호텝 4	주전 1353-1335
스멘하카레 (Smenkhkare)	주전 1335-1333
투탄하문 (Tutankhamun)	주전 1333-1323
아야(Aja)	주전 1323-1319
호렘헵 (Horemheb)	주전1319-1307

메소포타미아

[아시리아]		[바벨론]	
나람-신 (Naram-Sin)		수무아붐 (Sumuabum)	주전 1894-1881
에리숨 (Erishum)		수무라엘 (Sumulael)	주전 1880-1845
샴시-아다드1 (Shamshi-Adad)	주전 1808-1776	사비움 (Sabium)	주전 1844-1831
이쉬메-다간 (Ishme-Dagan)	주전 1775-	아필-신 (Apil-Sin)	주전 1830-1813
		신-무발리트 (Sin-muballit)	주전 1812-1793
		함무라비 (Hammurabi)	주전 1792-1750
		삼수일루나 (Samsuiluna)	주전 1749-1712
		아비-에슈 (Abi-eshuh)	주전 1711-1684
		아미디타나 (Ammiditana)	주전 1683-1647
		암미사두카 (Ammisaduqa)	주전 1646-1626
		삼수디타나 (Samsuditana)	주전 1625-1595
앗수르-우발리트 1 (Assur-uballit)	주전 1363-1328	카다쉬만-엔릴 1 (Kadashman-Enlil)	주전 1374-1360
엔릴-니라리 1 (Enlil-nirari)	주전 1327-1318	부르나부리아쉬 3 (Burnaburiash)	주전 1359-1333
아릭-덴-일리 (Arik-den-ili)	주전 1317-1306	카라-하다쉬 (Kara-hardash)	주전 1333
아다드-니라리 1 (Adad-nirari)	주전 1305-1274	나지-부가쉬 (Nazi-Bugash)	주전 1333
살만에셀 1 (Shalmaneser)	주전 1273-1244	쿠리갈주 2 (Kurigalzu)	주전 1332-1308

제19왕조

람세스 1	주전 1307-1306
세티 1	주전 1306-1290
람세스 2	주전 1290-1224
메르넵타	주전 1224-1214

제20왕조

람세스 3	주전 1194-1163
람세스 4	주전 1163-1156
람세스 5	주전 1156-1151
람세스 6	주전 1151-1143
람세스 7	주전 1143-1136
람세스 8	주전 1136-1131
람세스 9	주전 1131-1112
람세스 10	주전 1112-1100
람세스 11	주전 1100-1070

투쿨티-니누르타 1 (Tukulti-Ninurta)	주전 1243-1207
앗수르-나딘-아플리 (Assur-nadin-apli)	주전 1206-1203
앗수르-니라리 III (Assur-nirari)	주전 1202-1197
엔릴-쿠두리-우쭈루 (Enlil-kudurri-usur)	주전 1196-1192
니누르타-아필-에쿠르 (Ninurta-apil-Ekur)	주전 1191-1179
앗수르-단 1 (Assur-dan)	주전 1178-1133
무타킬-누스쿠 (Mutakkil-Nusku)	
앗수르-레샤-이쉬 1 (Assur-resha-ishi)	주전 1132-1115
디글랏빌레셀 1 (Tiglath-pileser)	주전 1114-1076
아샤리드-아필-에쿠르 (Asharid-apil-Ekur)	주전 1075-1074
앗수르-벨-칼라 (Assur-bel-kala)	주전 1073-1056
에리바-아다드 2 (Eriba-Adad)	주전 1055-1054
샴시-아다드 4 (Shamshi-Adad)	주전 1053-1050
앗수르나찌르팔 1 (Assurnasirpal)	주전 1049-1031
살만에셀 2 (Shalmaneser)	주전 1030-1019
앗수르-니라리 4 (Assur-nirari)	주전 1018-1013
앗수르-라비 2 (Assur-rabi)	주전 1012-972
앗수르-레샤-이쉬 2 (Assur-resha-ishi)	주전 971-967
디글랏빌레셀 2	주전 966-935
앗수르-단 2 (Assur-dan)	주전 934-912
아다드-니라리 2 (Adad-nirari)	주전 911-891

나지-마루타쉬 (Nazi-Maruttash)	주전 1307-1282
카다쉬만-투르구 (Kadashman-Turgu)	주전 1281-1264
카다쉬만-엔릴 2 (Kadashman-Enlil)	주전 1263-1255
쿠두루-엔릴 (Kudur-Enlil)	주전 1254-1246
샤가라크티-슈리아쉬 (Shagarakti-Shuriash)	주전 1245-1233
카쉬틸리아슈 4 (Kashtiliashu)	주전 1232-1225
엔릴-나딘-슈미 (Enlil-nadin-shumi)	주전 1224
카다쉬만-하르베 2 (Kadashman-Harbe)	주전 1223
아다드-슈마-이디나 (Adad-shuma-iddina)	
아다드-슘마-우쭈르 (Adad-shuma-usur)	주전 1216-1187
멜리-시파크 (Meli-Shipak)	주전 1186-1172
마르둑-아플라-이디나 1 (Marduk-apla-iddina)	주전 1171-1159
자바바-슈마-이디나 (Zababa-shuma-iddina)	주전 1158
엔릴-나딘-아히 (Enlil-nadin-ahi)	주전 1157-1155

고대 이스라엘 연대표

통일왕국

사울	주전 11세기 말
다윗	주전 1004-965
솔로몬	주전 967-965(섭)
	주전 965-928

(섭)=섭정

유다 왕국

르호보암	주전 928-911
아비얌	주전 911-9008
아사	주전 908-867
여호사밧	주전 970-867(섭)
	주전 867-846
여호람	주전 851-846(섭)
	주전 846-843
아하시아	주전 843-842
아달랴	주전 842-836
요아스	주전 836-798
아마샤	주전 798-769
아사랴	주전 785-769
요담	주전 758-743
아하스	주전 743-733(섭)
	주전 733-727
히스기야	주전 727-698
므낫세	주전 698-642
아몬	주전 641-640
요시야	주전 639-609
여호아하스	주전 609

이스라엘 왕국

여로보암 왕조	여로보암	주전 928-907
	나답	주전 907-906
바아사 왕조	바아사	주전 906-883
	엘라	주전 883-882
오므리 왕조	시므리	주전 882
	타브니	주전 882-878
	오므리	주전 882-871
	아합	주전 873-871(섭)
		주전 871-852
	아하시야	주전 852-851
	여호람	주전 851-842
예후 왕조	예후	주전 842-814
	여호아하스	주전 817-814(섭)
		주전 814-800
	요아스	주전 800-784
	여로보암	주전 789-784(섭)
		주전 789-784
	스가랴	주전 748/7
	살룸	주전 748/7
므나헴 왕조	므나헴	주전 747-737
	브가히야	주전 737-735
	베가	주전 735-733
	호세아	주전 733-724

메소포타미아

[아시리아 제국]

아다드-니라리 2세	주전 911-891
투쿨티-니루르타 2세	주전 809-884
앗수르나찌르팔	주전 883-859
살만에셀 3세	주전 859-824
샴시-아다드 5세	주전 823-811
아다드-니라리 3세	주전 810-783
살만에셀 4세	주전 782-773
앗수르 단 2세	주전 772-755
앗수르 니라리 2세	주전 754-745
디글랏빌레셀 3세	주전 745-727
역사 기록 5세	주전 727-722
사르곤 2세	주전 722-705
산헤립	주전 705-681
에살하돈	주전 680-669
앗수르바니팔	주전 668-627
앗수르-에텔-일라니	주전 627-623
신-샤-이쉬쿤	주전 622-612
앗수르-우발리트	주전 611-?

여호아김	주전 608-598
여호아긴	주전 597
시드기야	주전 596-586

[바벨론 제국]

나보폴레살	주전 625-605
느브갓네살	주전 605-562
에윌-모르닥	주전 561-560
네르글리살	주전 559-556
라마쉬-마르둑	주전 556(3개월)
나보니두스	주전 559-539

[페르시아 제국]

테이스페스 (Teispes)	대략 주전 650-620
고레스 1세	대략 주전 620-590
캄비세스 1세	대략 주전 590-559
고레스 2세	주전 559-530
캄비세스 2세	주전 529-522
바르디야	주전 522(6개월)
느부갓네살 3세	주전 522(2개월)
느부갓네살 4세	주전 522(3개월)
다리우스 1세	주전 522-486
세럭세스(Xerxes)	주전 486-465
아닥사스다 1세 (Artaxerxes)	주전 465-424/3
다리우스 2세	주전 423-405
아닥사스다 2세	주전 405-359
아닥사스다 3세	주전 359-338
아닥사스다 4세	주전 338-336
다리우스 3세	주전 336-330

고고학 연대표

신석기 토기 이전 시대A	주전 8300-7300		
신석기 토기 이전 시대B	주전 7300-6000/5800		
신석기 토기 시대	주전 6000/5800-5000/4800		
금석병용기 전기 시대	주전 5000/4800-4200		
금석병용기 중기 · 후기 시대	주전 4200-3200/3100		
초기 청동기 1	주전 3200/3100-2950/2900		
초기 청동기 2	주전 2950/2900-2700/2650		
초기 청동기 3	주전 2700/2650-2350		
초기 청동기 4	주전 2350-2200		
중기 청동기 1	주전 2200-2000		
중기 청동기 2 A	주전 2000-1750	족장 시대	
중기 청동기 2 B	주전 1750-1600/1550	이집트 입국 및 이집트 체류 시기	
후기 청동기 1	주전 1600/1550-1400		
후기 청동기 2	주전 1400-1300		
후기 청동기 3	주전 1300-1200/1150	출애굽 시대	
철기 시대 1	주전 1200/1150-1000	사사 시대	
철기 시대 2 A	주전 1000-800	왕국 시대	아시리아 제국
철기 시대 2 B	주전 800-700		
철기 시대 3 A	주전 700-586		바벨론 제국
철기 시대 3 B	주전 586-520		페르시아 제국

제1부

구약이해 서설

구약성서란 어떤 책인가?

구약성서는 어떤 책인가? 구약성서를 어떤 책으로 이해하느냐 하는 것은 구약성서를 이해하는 데 매우 중요하다. 구약성서에 대한 다양한 견해가 있지만 구약성서에 대하여 다음과 같이 정의할 수 있다.

구약성서는 모음집이다

구약성서는 한 두 사람 혹은 몇 명의 저자에 의하여 기록된 것이 아니라 수세기 동안 이스라엘 사회에 있어 왔던 하나님에 관한 신앙(종교)전승을 모아놓은 것이다. 따라서 구약성서는 모음집으로 약 1000년의 기간 동안에 생산된 종교적 민족적 저작물들 가운데서 일부를 선별해 놓은 것이다. 따라서 구약성서는 통일성을 가질 수 없다. 구약성서에는 여러 스타일과 다양한 관점과 메시지들이 있다.[1)]

구약성서가 전승의 모음집이라는 것은 구약성서 가운데 같은 내용이

1) J.B. Gabel, C.B. Wheeler, A.D. York and D. Citino eds., *The Bible as Literature: An Introduction*, 5th Edition, (New York · Oxford: Oxford University Press, 2006), p. 8.

서로 다르게 중첩되어 기록된 것에서 잘 알 수 있다. 예를 들어 창세기 1-3장에 두 종류의 창조 이야기가 등장한다든지, 야곱의 이름을 이스라엘로 바꾸는 사건에 대하여 창세기 32:13-32와 창세기 35:1-5의 각기 다른 설명을 발견하게 된다. 또한 십계명이 출애굽기 20장과 신명기 5장에서 약간의 차이점이 나타나는 것과 모세 장인의 이름이 르우엘(출 2:18)과 이드로(출 3:1) 등 두 가지로 등장하는 것 등이 각기 다른 전승들이 존재했음을 보여준다.[2]

따라서 구약성서를 이해할 때 책의 순서가 곧 기록된 순서를 말하는 것이 아닐 뿐만 더러, 또한 각 책에 기록된 내용도 장별 순서로 사건이 발생하고, 또 장 순서대로 기록된 것을 의미하지는 않는다. 좀 더 구체적으로 말하면 창세기가 말라기보다 먼저 기록되었다는 것을 뜻하지 않는다는 것이다. 단지 창세기가 이스라엘 역사에 있어서 세상의 창조에 관하여 기록하고 있기 때문에 앞에 놓은 것이지 그렇다고 창세기가 가장 먼저 기록되었다는 것을 의미하지 않는다는 것이다.

이러한 이해를 가지게 되면 창세기를 읽으면서 느끼는 시대순서에 관한 의문을 해결할 수 있다. 창세기 34장에 블레셋이 등장하는 시대착오적인 기록이 등장하는 것은 창세기 34장에서 기록하고 있는 시대와 이것을 기록하는 저자 시대의 차이점 때문이다.[3] 이처럼 시대착오적인 기록이 가능한 것은 성서가 모음집이기 때문이다.

구약성서가 모음집이라는 사실은 39권을 모았다는 뜻만이 아니라 구약성서 각권의 내용도 모아졌다는 것을 뜻한다. 따라서 창세기에는 중복되는 내용이 많이 등장한다. 예를 들어 하나님과 아브라함의 언약에 관한 두 이야기(창세기 15장과 17장)가 등장한다든지 두 부분의 서로 다른 창조

2) 일반적으로 오경이 네가지 자료로 구성된다는 자료설이 있다. 본서의 오경의 저자 부분을 참조하시오.
3) 김영진, 『토라』(개정판), (서울: 한들출판사, 2005), p.86. 을 참조하시오.

이야기(창세기 1-3장) 혹은 모세를 부르고 아론을 지명하는 사건에 대하여 하나는 미디안에서(출 3:1-4:17) 일어났고, 다른 하나는 애굽에서 발생하였다(출 6:2-7:7)고 기록하고 있는 것 등이다.

따라서 각 권의 내용에 기록된 것이 장 순서로 기록되었다는 것을 의미하지 않는다. 예를 들어 에스겔 26:1은 열한째 해의 사건이 기록되어 있으나 에스겔 29:1에는 열째 해의 사건이 기록되어 있다. 이러한 사실은 구약성서의 각 책의 내용이 1장이 2장보다 먼저 일어난 사건을 의미하지는 않는다는 뜻이다.

구약성서는 수천 년간의 신앙에 관한 이야기들 특히 하나님의 위대함을 나타내는 이야기를 모으면서 편집자의 신학적 의도에 의하여 재배열되거나 경우에 따라서 자신의 신학을 삽입하였다. 이러한 사실은 호세아 14:9의 "누가 지혜가 있어 이런 일을 깨달으며 누가 총명이 있어 이런 일을 알겠느냐 하나님의 도는 정직하니 의인은 그 길로 다니거니와 그러나 죄인은 그 길에 걸려 넘어지리라"는 구절이 첨가되었으며, 전도서 12:9-14의 내용이 첨가되었다.

전도서 12장 9-14절

전도자는 지혜자이어서 여전히 백성에게 지식을 가르쳤고 또 깊이 생각하고 연구하여 잠언을 많이 지었으며 전도자는 힘써 아름다운 말들을 구하였나니 진리의 말씀들을 정직하게 기록하였느니라 지혜자들의 말씀들은 찌르는 채찍들 같고 회중의 스승들의 말씀들은 잘 박힌 못 같으니 다 한 목자가 주신 바이니라 내 아들아 또 이것들로부터 경계를 받으라 많은 책들을 짓는 것은 끝이 없고 많이 공부하는 것은 몸을 피곤하게 하느니라 일의 결국을 다 들었으니 하나님을 경외하고 그의 명령들을 지킬지어다 이것이 모든 사람의 본분이니라 하나님은 모든 행위와 모든 은밀한 일을 선악 간에 심판하시리라 호세아 14:9와 전도서 12:9-14는 편집자가 삽입한 것이다.

뿐만 아니라 구약성서가 모음집이라는 사실은 구약성서 각권의 저자에 대하여 분명히 알 수 없음을 암시한다. 따라서 구약성서 각 권의 저자에 대한 질문은 그 자체가 우문일 수 있다. 그럼에도 많은 학자들은 성서 각권의 저자를 밝히는데 노력을 집중한다.

구약성서는 다양한 성격의 책이다

다양한 장르

문학적인 관점에서 구약성서는 크게는 산문과 운문으로 기록되어 있다. 산문형태는 주로 신앙에 관한 이야기나 역사를 기술할 때 사용되었다. 신앙에 관한 이야기나 역사적 이야기는 문학적 구성을 갖춘 설화의 형태를 띠고 있는 반면, 과거의 역사적 사건을 전달하는 보고서 형식도 있다. 천지창조 이야기, 이스라엘 민족의 형성 이야기, 출애굽 이야기, 가나안 입성 이야기, 왕국 형성 및 왕국의 역사 이야기, 예언자들의 활동에 관한 이야기, 기원 설화(aetiological narratives)(창 19:30-37, 28:10-22), 출생 이야기(전형적으로 불임의 아내, 하나님으로부터 보냄을 받은 손님, 수태고지 그리고 '징조'가 등장한다), 기적 이야기(엘리사와 관련된 것과 같은), 신의 현현 이야기(불타는 떨기나무 안에서의 모세에게 나타난 하나님, 소돔의 멸망 전 아브라함에게 등장한 하나님), 영웅 이야기(삼손, 야곱, 다니엘의 무용담) 등이 또한 존재한다. 뿐만 아니라 계약(covenant formula, 창 15, 17), 명단(list) 등이 등장한다. 특히 창세기에는 많은 종류의 명단이 있는데 족보, 왕의 명단 그리고 관리의 명단 등이 있다. 가장 대표적인 족보는 아담의 후손에 관한 족보(창 5), 민족들의 명단(창 10장), 이스마엘 후손의 족보(창 25:12-18)와 에서 후손의 계보(창 36:1-5) 등이 대표적이다. 그 외에 에돔 왕의 명단(창 36:31-39)이 등장한다. 또한 열왕기상 4장에는 관리의 명단이 등장한다.

반면에 운문의 형태는 하나님의 말씀을 전해주거나 신앙을 고백하거나 기도의 형태를 띤다. 하나님께서 모세를 통하여 이스라엘 백성들에게 말씀을 선포하거나 예언자들을 통하여 하나님의 말씀을 선포할 때 주로 운문을 사용한다. 또한 특정 시대를 살았던 신앙인들의 하나님에 대한 믿음의 고백이나 절망 가운데서 하나님의 도움을 구할 때 혹은 그 도움을 감사하는 기도 역시 운문의 형태로 기록되었다. 따라서 성문서는 구약성서 가운데 운문 형태가 더 많은 비중을 차지하고 있다.

구약성서는 일반적으로 산문만 기록하기도 하고, 운문만 모아 놓기도 하였다. 그러나 산문과 운문이 적절하게 배합하여 전하고자 하는 메시지를 전달 기록한다. 산문 가운데 놓여 있는 운문들은 다음과 같다. 바다의 노래(출 15:1-18), 모세의 노래(신 32:1-43), 드보라의 노래(삿 5:1-31), 한나의 노래(삼상 2:1-10), 다윗이 노래한 구원의 노래(삼하 22:2-51), 감사의 노래(사 12:4-6), 히스기야 왕의 노래(사 38:9-20), 하박국의 기도(합 3:2-19), 물고기 뱃속에서 드린 요나의 기도(욘 2:1-9), 제 2이사야 예언서에 들어 있는 찬양시들(42:10-12; 52:9-10), 욥기에 있는 두 개의 찬양시(5:8-16; 9:4-10; 12:7-10; 12:13-25), 탄식시(3:3-12; 13-19; 20-26, 7:1-10, 7:12-21, 9:25-31, 10:1-22) 그리고 예레미야에 나타난 탄식시편(15:15-18, 17:14-18, 18:19-20) 등이다. 운문만 모아 놓은 대표적인 예는 시편이다.

시대적 다양성

구약성서는 내용적으로 천지창조로부터 페르시아 제국 시대까지의 이야기를 포함하고 있다. 그런데 각 시대별로 이스라엘 민족이 신앙적으로 기대하는 바가 각기 다르다. 따라서 구약성서를 바르게 이해하기 위해서는 각 시대적 특징을 바르게 이해하는 것이 중요하다. 족장 시대에는 가나안 땅을 얻고 자손이 번성하는 것이 매우 중요한 사안이었지만, 애굽 체류시기에는 이집트의 압제에서 해방되는 것이 주된 관심이었다. 또한 광야 시대에는 약속의 땅 가나안에 입성하는 것이 이스라엘 민족에게 매우 중요하였다. 또한 왕국 시대나 제국이 세력을 확장할 때는 제국의 공격에서 나라를 지키는 것이고, 바벨론 포로 시대에는 고향으로의 귀환과 성전을 재건하는 것이 중요한 사안이 있다. 따라서 각 시대에 걸맞은 메시지를 이해하기 위해서는 각 시대적 상황에 대한 정확한 이해가 필요하다.

역사적으로 구약성서는 이집트 왕국의 지배 시대(주전 2천년대), 아시리아 제국 시대(주전 9세기 중엽-612년), 바벨론 제국 시대(612-539년) 그리고 페르시아 시대(주전 538-332년)를 포함함으로써 문화 · 역사적으로 인류 문명의 중심 시대에 이스라엘 민족에 대한 하나님의 구원역사가 펼쳐졌다.

뿐만 아니라 구약성서 각 책도 사건이 발생한 시기와 기록된 때 사이의 시간적인 차이가 존재한다. 아모스 1:2에 의하면 "유다 왕 웃시야의 시대 곧 이스라엘 왕 요아스의 아들 여로보암의 시대 지진 전 이년에 드고아 목자 중 아모스가 이스라엘에 대하여 이상으로 받은 말씀이라" 고 기록되어 있다. 즉 아모스가 예언활동을 시작한 시대와 기록한 시대와 비교하면 최소한 2년 이상의 시간적 차이가 있음을 보여준다. 따라서 구약성서의 각 책은 적어도 그 사건이 발생한 때와 기록된 때 사이의 시간적인 차이가 존재한다. 이러한 시간적인 차이로 말미암아 구약성서 각 책에는 최소한 두 종류 이상의 신학적 관점이 기록되어 있다. 예를 들어 창세기에는 보편주의 신학과 유다중심의 배타주의 신학이 함께 나타난다. 이러한 신학적 차이는 사건이 발생할 때와 기록할 때의 신학적인 차이 때문이며, 이러한 차이는 대부분의 모든 구약성서에서 발견된다.

다양한 공간적 배경

구약성서의 사건은 단지 이스라엘에서 발생한 사건만 기록한 것이 아니라 많은 사건이 이스라엘 밖에서 발생한 사건도 기록하고 있다. 창세기 1-11장과 37-50장은 주로 이스라엘 밖에서 일어난 일을 기록하고 있다. 또한 창세기 12-36장은 이스라엘-이집트-바벨론을 배경으로 기록되어 있다. 출애굽기는 이집트와 시내광야에서 일어난 사건을 기록하고 있으며, 에스더, 에스겔, 이사야 40-66장, 다니엘, 요나 등은 아시리아나 바벨론 제국 시대 혹은 페르시아 제국을 배경으로 기록되어 있다. 또한 룻기는 모압과 베들레헴을 배경으로 기록되어 있다. 따라서 구약성서의 주된 배경은 이스라엘이지만 고대 근동 전체를 배경으로 기록되어 있음을 알 수 있다. 뿐만 아니라 구약성서의 이러한 고대 근동 배경 때문에 성서의 많은 사건들은 고대 근동의 역사적 변화에 의하여 많은 영향을 받게 마련이다. 따라서 구약성서를 좀 더 깊이 있게 이해하기 위해서는 근동에 대한 이해가 필요하다.

구약성서는 세계 4대 문명의 발생지 가운데 두 곳, 이집트 나일 강과 메소포타미아의 유프라테스와 티그리스 강에 인접해 있는 고대 가나안을 배경으로 기록되어 있다. 성서는 이집트와 아시리아와 바벨론, 페르시아와 그리스 그리고 로마 제국 시대의 정치-경제-사회-문화-종교적 영향 아래서 기록되었다. 즉 당대 최고의 문화권을 배경으로 하고 있는 것이다. 그렇기 때문에 구약성서를 구속사적 관점 이외에 문화 · 역사적 관점에서 읽을 때 성서의 새로운 모습을 발견하게 된다.

구약성서의 문학적 기법

구약성서에는 다양한 문학적 기법이 사용되었다.[4)]

과장법

과장법은 효과를 위해 의도적으로 부풀리는 기법이다. 이 기법은 구약성서 내에서 매우 일반적이다. 이 간단한 장치가 보여주는 바는 성서의 저자들이 어떤 청중을 가정하고 있으며, 이 사실을 고려할 수 없다면 성서본문이 적절히 이해될 수 없음을 보여준다. 예를 들어 열왕기상 1:40의 "…피리를 불며 크게 즐거워하므로 땅이 그들의 소리로 말미암아 갈라질 듯하니"라는 표현에서 새롭게 왕으로 임명된 솔로몬이 행렬을 이루어 왕궁으로 복귀하는 광경을 읽을 수 있다. 물론 땅은 갈라지지 않았다! 그런 일로 말미암아 지각변동이 일어나지 않았고, 일어날 수도 없다. 이 구절을 액면 그대로 받아들이면 이 진술은 거짓이 된다. 성서를 문자 그대로 읽는 독자조차도 이 진술의 진실을 이해할 것이다. 왜냐하면 우리 모두와 같이 그도 저자가 말하려는 바는 기쁨과 소리가 매우 대단했다는 것임을 알기 때문이다. 따라서 독자는 이런 효과를 전달하기 위해 저자가 이런 방식으로 과장해야만 했다는 사실을 이해한다.

구약성서에서 이러한 과장법의 예를 많이 찾을 수 있다. 아마 가장 유명한 과장법은 야웨와 아브라함의 자손 사이의 계약 부분이다. 아브라함의 자손은 '땅의 티끌' (창 13:16)같을 것이고, '하늘의 별과 같고 바닷가의 모래와 같을 것' (창 22:17)이라고 말한다.

4) 이 부분은 J.B. Gobel, C.B. Wheeler, A.D. York and D.Citino eds., *The Bible as Literature; An Introduction*, (New York, Oxford; Oxford University Press, 2006), pp. 15-41을 인용하였다.

구약성서에서 군사적 행위에 관련된 내용을 기록할 때 과장법을 많이 사용한다. 기드온 시대에 이스라엘을 침략했던 미디안인들은 "…짐승과 장막을 가지고 올라와 메뚜기 떼 같이 많이 들어오니 그 사람과 낙타가 무수함이라" (삿 6:5)이라고 진술한다. 길르앗 고원지대에서 다윗과 압살롬이 이끄는 반란군 간의 전투에서 20,000명이 하루에 전사했다고 하는데, "그 날에 수풀에서 죽은 자가 칼에 죽은 자보다 많았더라" (삼하 18:8)고 기록하고 있다. 그 외에도 출애굽 당시 남자 장정만 600,000명이 나왔다는 주장과 가장 유명한 사례로, 대홍수 이전에 살았던 족장들의 나이를 들 수 있다. 이러한 기록을 통하여 저자는 독자를 감동시키려는 의도를 갖고 있었다.

은유(Metaphor)

은유법은 원관념과 보조관념을 동일시하는 기법으로 추상적 개념이 구체적이고 특정한 무엇에 의해 대체되는 기법이다. 구약성서의 은유는 시편에 잘 나와 있다. 시편저자는 야웨를 '압박받는 자의 산성' (9:9)이며, '바위' (28:1), '방패' (3:3), '요새' (18:2), '빛' (27:1), '목자' (23:1)등으로 묘사하고 있다. 또한 그의 말씀을 발걸음을 인도하는 '등불' (119:105)이며, 그의 약속은 '흙 도가니에 일곱 번 단련한 은' (12:6)과 같다. 인간의 삶은 '바람이 한번 부는 것과 같고' (144:4), '먼지' 나 '들 꽃' (103:14-15) 등으로 묘사한다.

예언서 가운데 호세아에서도 은유법이 많이 발견된다. 호세아서에서 하나님을 '남편' (호 2:2[4]이하)으로,[5] '아버지' (호 11:1 이하)로, '의사' (호 7;1,

5) 하나님을 결혼한 남편이라는 표현을 수용한 것은 야웨의 유일하심과 절대성을 강조하기 위하여 채택한 표현이다. H.W. Wolff, *Hosea*, p. xxiii.

11:3)로, '사냥꾼' (호 7:12) 등으로 표현한다. 뿐만 아니라 하나님에 대한 직유적인 표현은 하나님을 '사자' (호 5:14, 13:7)로, '표범' (호 13:7)으로, '암곰' (호 13:8)으로, '이슬' (호 14:5[6])로 그리고 '비싼 나무' (호 14:5[6]) 등으로 표현한다. 이와 함께 이스라엘은 '아내' (호 2:2[4]이하)로, '짐승의 떼' (호 13:5-8)로, '병든 자' (호 5:13, 7:1, 9, 14:4[5])로, '공중의 새' (호 7:11-12, 9:11)로, '암소' (호 4:16, 10:11)로, '포도' (호 9:10)로, '레바논의 포도나무' (호 10:1, 14:7[8])로, '무화과나무' (호 9:10)로, '백합화' (호 14:5[6])로, '레바논에 있는 숲' (호 14:5[6])으로, '해산하는 여인' (호 13:13)으로, '전병' (호 7:8)으로, '속이는 활' (호 7:16)로, '아침 이슬' (호 13:3)로 그리고 '광풍에 날리는 쭉정이와 굴뚝에서 나가는 연기' (호 13:3) 등으로 표현된다.

상징주의(Symbolism)

어떤 사상이나 감정을 구체적 사물의 상징에 의해 표현하는 기법으로 예언서에서 많이 발견된다. 열왕기상 11:30-31에서 아히야가 자신의 옷을 12조각으로 찢어 그 가운데 10조각을 여로보암에게 주는 것은 이스라엘 왕국의 분열을 상징하는 것이다. 또한 호세아가 야웨의 지시에 의하여 그의 아내 고멜과 결혼하는 것도 이스라엘의 야웨에 대한 배교를 상징적으로 보여준다.

비유법(Allegory)

비유법은 표현하고자 하는 대상을 다른 대상에 비겨서 표현하는 문학기법으로서 비유에서 표현하고자 하는 주체를 원관념이라 하고, 원관념에 비유되는 것을 보조관념이라 한다. 비유하는 데 있어서는 언제나 표현대상과 대상에 비겨보는 대상 사이의 유추를 발견하는 것이 필요하다.

호세아 2장에서 하나님과 인간의 관계는 가족의 우화를 통해 가장 감동적으로 드러난다. 남편인 야웨가 아들인 호세아에게 이야기하고, 부정한 아내인 이스라엘을 고발한다. 왜냐하면 그녀는 남편을 버리고 새 애인인 이방신들에게 자신의 사랑을 쏟아 부었기 때문이다.

아가서의 경우 표면적으로는 육체적 결합을 축하하는 일련의 사랑의 노래이지만 전통적으로 우화적으로 읽혀왔다. 남자와 그의 여인은 단순히 남과 여이다. 하지만 이들은 그리스도와 그의 교회(기독교의 일반적인 해석)를 대표한다. 혹은 야웨와 이스라엘(일반적인 유대교 해석)을 대표하고 그에 따라 그 시의 나머지 부분들도 독자의 입맛에 따라 우화화 되었다. 이 노래가 이처럼 매우 다양한 방식으로 읽힐 수 있다는 사실은 우화적 해석의 위험성을 암시하는 동시에, 만일 (저자가) 우화를 사용했다는 매우 분명한 증거가 존재하지 않는다면 우리는 보통 우화가 없다고 가정해야 함을 상기시킨다.

의인화(Personification)

의인화란 생명이 없는 대상이나, 지파나 국가 같은 사람들의 집단이 마치 개인인 것처럼 언급되거나 인간적 특성이 부여하는 기법을 의미한다. 따라서 호세아 11:1에서는 이스라엘을 마치 사람처럼 묘사하여 "이스라엘이 어렸을 때에 내가 사랑하여 내 아들을 애굽에서 불러냈거늘"이라고 묘사하고 있다. 국가로서 이스라엘을 마치 한 개인의 삶처럼 의인화 한 예다. 이러한 예는 이사야 42:1에서 이스라엘이 야웨의 종으로 의인화되거나 에스겔 23장에서 북 이스라엘과 남 유다는 각각 이방신들을 섬김으로 매춘행위를 하는 불성실한 아내로 묘사하는 것이 전형적인 의인화다.

지혜문학에서는 지혜를 여인으로 의인화한다(잠 7:4, 1:20-33).

반어법(Irony)

반어법은 에둘러서 완곡하게 하는 비난이나 빈정댈 때 사용하는 기법으로 풍자라고도 한다. 반어법에는 언어적인 반어법과 극적인 반어법으로 나눈다. 전자의 경우는 아모스 5:20의 "여호와의 날은 빛 없는 어둠이 아니며 빛남 없는 캄캄함이 아니냐" 라는 것과 아모스 6:12-13의 "말들이 어찌 바위 위에서 달리겠으며 소가 어찌 거기서 밭 갈겠느냐 그런데 너희는 정의를 쓸개로 바꾸며 공의의 열매를 쓴 쑥으로 바꾸며 허무한 것을 기뻐하며 이르기를 우리는 우리의 힘으로 뿔들을 취하지 아니하였느냐 하는도다" 와 같은 표현이 전형적인 언어적 반어법이다.

뿐만 아니라 표면상 우호적이거나 듣기 좋은 말로 사용되나 실상은 반대의 효과를 지니고 있다. 엘리야가 열왕기상 18:27에서 바알의 예언자들을 향하여 제단에 모습을 드러내지 않는 그들의 신에게 응답을 받으려면 "더 크게 소리쳐야한다" 고 제안했을 때, 그의 말은 바알의 예언자들을 조롱하고 있다.

그러나 극적인 반어법의 구조를 지닌 대표적인 것은 욥기다. 욥기의 저자는 독자로 하여금 야웨와 사탄의 내기를 지켜보게 한다. 만약 독자가 이 사실을 모른다면 독자들도 욥과 마찬가지로 욥이 부당한 대우를 받고 있다고 가정하게 될 것이다. 뿐만 아니라 욥이 이것이 시험이라는 사실을 안다면 욥기는 존재할 수 없다. 따라서 욥은 자신이 시험을 받는다는 것을 알지 못한다.

언어유희(Wordplay)

우리가 성서를 원어로 읽으면 말놀이, 유음법(assonance), 성유법(onomatopoeia), 동사유형화(verbal patterning) 및 다른 기법들이 사용된다. 그러나 번역된 성서를 읽는 자들은 이것을 발견하지 못한다.

히브리 시에서 두운법(頭韻法) 즉 시 등에서 같은 문자로 시작하는 방식이 널리 사용되거나(호 11:8a, 9b, 9:15, 16, 12:2), 모음압운(assonance) 등이 사용되었다(호 2:7b, 8:7b). 또한 히브리어 시 가운데 각 행을 알파벳의 자음을 따라서 짓는 알파벳 아크로스틱(Acrostic) 기법을 사용한다(시 9-10, 25, 34, 37, 111, 112, 119, 145, 잠 31:10-31, 애가 1-4장).

뿐만 아니라 유사음을 사용하는 방법도 있다. 미가서 1:8-16은 전형적인 언어의 유희(word play)를 통하여 기록한 조가다. 예를 들어 미가 1:10의 "가드(גד)에 고하지 말며" 에서 고하다란 뜻을 가진 히브리어 기드(√גיד)를 사용하였다. 발음이 유사한 단어를 사용하였다.

구약성서의 사유구조

구약성서를 이해하기 위해서는 구약성서의 사유구조에 대한 이해가 필요하다. 구약성서는 독특한 사유구조를 가지고 있다. 삼분법적 사고가 구약성서에 주를 이루고 있다. 삼분법적 사고는 고대 이스라엘뿐만 아니라 고대 근동 여러 지역에서 발견된다. 이러한 삼분법적 사고는 여러 영역에서 발견된다. 고고학 발굴 결과 나타난 유적과 유물에서 발견된다. 고대 이스라엘 혹은 고대 근동의 건축구조에서 발견된다. 고대 근동의 신전 양식인 '비트 힐라니(*bīt hilāni*)' 는 삼중 구조로 되어 있다. 비트 힐라

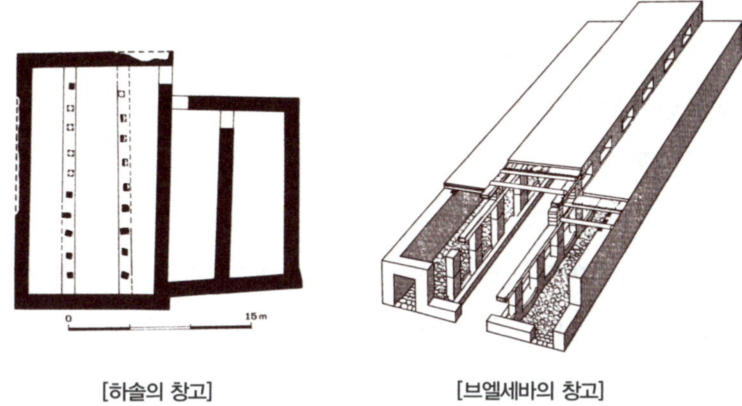

[하솔의 창고] [브엘세바의 창고]

니 구조를 한 예루살렘 성전의 구조는 입구에서 현관(울람, ʿulam), 외소 혹은 성소(헤이칼, cheikal) 그리고 지성소(드비르, debir)로 구성되어 있다. 뿐만 아니라 위로도 삼층으로 구성되어 있다. 이러한 건물의 삼중 구조는 방주에서도 찾아 볼 수 있다.

창세기 6:16에 의하면 하나님은 노아에게 상 · 중 · 하 삼층으로 방주를 만들라고 명령하셨다. 따라서 고대 이스라엘 사람들의 건축구조가 삼중 구조로 되어 있다. 이러한 삼중 구조는 고고학 발굴 결과를 통해서도 알 수 있다. 창고 건물로 추정되는 일명 기둥이 있는 건물(pillared building)도 좌우에 기둥이 있는 중앙 통로를 중심으로 대칭되는 세 칸의 삼중 구조로 되어 있다. 이러한 양식의 건물은 하솔(Hazor)과 브엘세바(Beersheba)에서 발견된다.[6)]

이러한 삼중 구조는 고대 이스라엘 사람들의 우주관에서도 발견된다. 출애굽기 20:4의 "너를 위하여 새긴 우상을 만들지 말고 또 위로 하늘에 있는 것이나 아래로 땅에 있는 것이나 땅 아래 물속에 있는 것의 어떤 형

6) Z. Herzog, "Administrative Structures in the Iron Age," *The Architecture of Ancient Israel: From the Prehistoric to the Persian Periods*, A. Kempinski and R. Reich eds., (Jerusalem: Israel Exploration Society, 1992), pp. 223-230, esp. 223-228.

상도 만들지 말며"라는 구절은 전통적으로 우주가 삼층 구조로 되어 있다는 생각을 나타낸다. 또한 창세기 1:6-7의 "하나님이 이르시되 물 가운데에 궁창이 있어 물과 물로 나뉘라 하시고 하나님이 궁창을 만드사 궁창 아래의 물과 궁창 위의 물로 나뉘게 하시니 그대로 되니라"는 말은 삼층천(三層天)의 대표적인 표현이다.

구약성서에서 어떤 내용을 분류할 때 일반적으로 셋으로 분류한다. 창세기에 보면 식물이나 동물이 세 부류로 나누어져 있다. 즉 창세기 1:11에 "풀과 씨 맺는 채소와 각기 종류대로 씨가진 열매 맺는 나무를 내라" 하셨고, 창세기 1:25에서는 "하나님이 땅의 짐승을 그 종류대로, 가축을 그 종류대로, 땅에 기는 모든 것을 그 종류대로 만드시니"라고 기록하고 있다.

이러한 삼분법적인 사고는 중요한 신학 주제를 기술하는데도 나타난다.[7] 레위기 10:10은 거룩한 것(holy, 하코데쉬 הַקֹּדֶשׁ)과 속된 것(common, 하홀 הַחֹל) 그리고 정한 것(purity, 하타호르 הַטָּהוֹר)과 부정한 것(impurity, 하타메 הַטָּמֵא)의 구별이 매우 중요함을 강조하고 있다(레 10:10).

> 10 그리하여야 너희가 거룩하고 속된 것을 분별하며 부정하고 정한 것을 분별하고 11 또 나 여호와가 모세를 통하여 모든 규례를 이스라엘 자손에게 가르치리라

따라서 거룩한 것 - 정한 것 - 부정한 것의 관계는 다음과 같이 설명된다. 즉 모든 것은 거룩한 것과 속된 것으로 나뉘며, 속된 것은 다시 정한 것과 부정한 것으로 나뉘며, 정한 것이 성화되면 거룩한 것이 되고, 부정한 것이 성화될 수 없다고 설명한다. 그러나 정한 것도 오염되면 부정해질 수 있다. 또한 거룩한 것도 더럽혀지면 속된 것이 된다.[8] 따라서 이

7) 김영진, 『너희는 거룩하라: 레위기 주석』(서울: 이레서원, 2008), pp. 45, 187-188.

세상의 모든 피조세계가 세 부류로 나뉘어진다.

이러한 거룩의 개념은 크게 세 영역으로 나뉜다. 즉 시간의 거룩함, 공간의 거룩함 그리고 사람의 거룩함이다. 거룩한 공간은 지성소 - 성소 - 성소의 뜰로 나뉘고, 사람도 대제사장 - 제사장 - 일반 이스라엘 백성으로 나뉜다.

이러한 삼분법은 구약성서를 내용에 따라 율법서(토라), 예언서(느비임) 그리고 성문서(크투빔) 등 세 부분으로 나누는 것에서도 나타난다. 이외에도 이스라엘의 절기 가운데 야웨의 절기가 유월절, 칠칠절 그리고 초막절 등 셋이며 제사에 있어서도 번제, 소제 그리고 전제 등 세 제사가 기본 제사로 지켜졌다. 또한 시간의 영역에서도 상번제(매열), 안식일 제사(매주) 그리고 월삭(매월)이 주기적으로 순환되었다. 이처럼 삼분법은 우연의 일치가 아니라 고대 이스라엘 사회 및 고대 근동 세계에서 신의 영역을 셋으로 나누는 전통이 있었음을 보여준다.

이와 함께 숫자 4도 전체를 나타낼 때 사용되었다. 따라서 에스겔 7:2의 "땅 사방"으로 번역된 구절은 히브리어 「아르바아 크나포트 하-아레츠」로 그 의미는 '땅의 네 귀퉁이'라는 뜻이다. 따라서 네 귀퉁이는 땅 전체를 나타낼 때 사용되었음을 알 수 있다. 이러한 표현은 이사야 11:12; 욥기 37:3, 38:13 등에서도 발견된다. 또한 이사야 43:5-6에서는 전 세계를 나타내는 표현으로 '동쪽, 서쪽, 남쪽 그리고 북쪽'이란 말이 언

8) G.J. Wenham, *The Book of Leviticus*(Grand Rapids: Eerdmans, 1979), p. 19.

급되어 있다. 이러한 관습은 고대 이스라엘뿐 아니라 고대 근동에서도 쉽게 찾을 수 있다. 고대 이스라엘에서 일반 개인의 집은 '네칸 집'(four room house)으로 신전이나 공공건물과는 차이가 있음을 알 수 있다.

숫자 3은 주로 하나님의 영적인 영역이나 우주를 나타낼 때 사용되었다면 숫자 4는 가시적인 세계 혹은 땅을 나타낼 때 사용되었다. 즉 우주가 3층으로 되어 있다고 믿은 그들은 땅은 네모난 것으로 이해하였다. 고대 이스라엘과 근동 지역 사람들은 3이란 숫자를 전체를 나타내는 숫자 특히 우주의 전체를 나타내는 숫자로 이해하였고, 땅의 동서남북을 의미하는 숫자 4를 조합하여 7 혹은 12를 만들어 완전수로 이해하였다.

구약성서 신학의 변천

구약성서가 모음집이며 여러 시대를 포괄한다는 것은 구약성서의 사상이 통일적이기보다는 다양하다는 것을 암시한다. 구약성서의 신학사상은 시대에 따라 변화되었다. 따라서 구약성서에는 하나의 주제에 대하여 각기 다른 대답이 존재한다. 이것은 구약성서가 역사적 산물, 특히 고대 이스라엘 사람들의 삶 속에서 만난 하나님에 대하여 기록하고 있다는 것을 의미한다.

예를 들어 한 인물에 대한 평가가 어느 책에서 평가되었느냐에 따라 각기 다르게 나타나는 경우를 볼 수 있다. 유다 왕 므낫세의 경우 열왕기하 21:16에서는 "므낫세가 유다에게 범죄하게 하여 여호와께서 보시기에 악을 행한 것 외에도 또 무죄한 자의 피를 심히 많이 흘려 예루살렘 이 끝에서 저 끝까지 가득하게 하였더라"라고 평가한다. 그러나 역대하 33:10-13에서는 "여호와께서 므낫세와 그의 백성에게 이르셨으나 그들이 듣지 아니하므로 야웨께서 앗수르 왕의 군대 지휘관들이 와서 치게 하시매 그들이 므낫세를 사로잡고 쇠사슬로 결박하여 바벨론으로 끌고 간지라 그가 환난을 당하여 그의 하나님 야웨께 간구하고 그의 조상들의 하나님 앞에 크게 겸손하여 기도하였으므로 하나님이 그의 기도를 받으시며 그의 간구를 들으시사 그가 예루살렘에 돌아와서 다시 왕위에 앉게 하시매 므낫세가 그제서야 야웨께서 하나님이신 줄을 알았더라"라고 기록함으로써 므낫세가 종국에는 회개하고 야웨가 하나님이신 줄 인정하였다. 또한 요시야 왕에 대해서도 열왕기하 23장에서는 그가 이집트 왕 느고와의 싸움에서 죽은 것으로 기록하고 있지만 그러나 역대하 36에서는 그가 하나님의 말씀을 듣지 않아서 죽은 왕으로 해석하고 있다. 이처럼 같은 사람에 대한 각기 다른 신학적 이해가 등장하는 것은 구약성서가 역사적 산물임을 보여준다. 시대가 요구하는 인물평가가 필요하기 때문에 한 인물에 대한 다른 평가를 내리고 있다. 이러한 현상은 신명기 역사와 역대기 역사에서 발견된다.

이러한 신학의 변화는 몇 가지 중요한 신학적 주제에서도 찾아 볼 수 있다. 전통적으로 인과응보적 사고를 갖고 있던 이스라엘 사람들에게 죄는 부모에게서부터 자녀에게 유전되는 것으로 이해하였다. 따라서 출애굽기 20:5에 의하면 죄가 삼사 대까지 이르게 된다고 기록하고 있다. 그러나 죄의 심판의 결과 바벨론으로 잡혀 간 이스라엘 백성들에게 있어서 죄는 결코 유전되어서는 안된다. 따라서 에스겔 18:19 이하에서는 죄인인 아버지와 의인인 아들은 서로 죄의 문제에 있어서 관계없음을 기록하고 있다. 따라서 에스겔 18:19에 "너희는 이르기를 아들이 어찌 아비의 죄를 담당치 않겠느뇨 하는도다. 아들이 법과 의를 행하며 내 모든 율례를 지켜 행하면 그는 정녕 살려니와…"라고 말씀한다. 즉 아버지와 아들은 더 이상 죄로 연결되지 않고 개인의 현재 상태를 중시한다는 것이다.

또 다른 신학사상의 변화는 이방인에 대한 이해이다. 전통적으로 이스라엘 백성들은 배타주의로 인하여 이방인들과의 접촉조차도 허락되지 않았다. 따라서 신명기 7:2-3에 의하면 가나안 원주민과 혼인하지 말것을 명령하고 있다. 그러나 후기 성서기록에 의하면 이방인들이 하나님의 도구로 사용되는 보편주의를 발견하게 된다. 유다 왕국을 멸망시킨 바벨론의 느부갓네살 왕이나 페르시아의 고레스를 하나님의 도구로 묘사하고 있다. 더 나아가 이방인들이 개종하여 이스라엘 백성의 회중에 속하게 된다(룻기, 신 23장).

그렇다면 이스라엘 역사에 있어서 이처럼 고대 이스라엘 사람들의 신학을 바꾸게 한 역사적 사건은 무엇인가? 그것은 주전 586년 예루살렘 성전의 파괴와 유다 왕국의 멸망이다. 구약성서에 나타난 유다 백성들의 전통적인 사고는 하나님이 유다 백성과 다윗 왕조와 함께 계신다는 것이다. 즉 예루살렘 중심의 신학이다. 즉 예루살렘은 하나님께서 하나님의 이름을 두시기 위하여 택하신 곳이며(신 12:5), 그곳에 예루살렘 성전을 세우면서 시작된 유다 왕국은 영원할 것이라는 신학을 가지고 있었다.[9] 이러한 다윗 왕조를 하나님이 택하셨다고 생각하였다. 이러한 생각은 나단의 신탁을 통해서 분명히 나타난다. "그는 내 이름을 위하여 집을 건축할 것이요 나는 그의 나라 왕위를 영원히 견고하게 하리라"(삼하 7:13)는 선포는 선택된 예루살렘에 세워진 다윗 왕조의 영속성을 선포하는 것이다. 다윗 왕조의 영속성과 예루살렘의 선택은 솔로몬의 성전건축으로 인하여 가시화되었다. 이와 함께 하나님의 축복을 받은 왕조에 하나님은 가나안 땅을 선물로 주셨다고 생각하였다.[10] 이러한 생각을 기초로 유다

9) J. Bright, *Covenant and Promise*, (Philadelphia, 1977), pp. 49-77; J. J. M. Roberts, "Zion Tradition," *IDBSup*, p. 986; idem, "The Davidic Origins of the Zion Tradition," *JBL* 92 (1973), p. 329.

백성들은 땅을 소유한 사람은 하나님의 축복을 받고 있는 것이고, 그렇지 못한 경우는 하나님의 축복을 받지 못하고 있음을 말한다.[11]

이러한 신학적 사고를 가지고 있던 유다 백성들은 유다 왕국의 멸망과 예루살렘 성전의 파괴 그리고 약속의 땅에서 쫓겨나 바벨론 포로가 되는 상황 속에서 새로운 신학을 창출할 수밖에 없었다. 특히 가장 큰 변화는 하나님의 활동의 범위가 대단히 넓어졌다는 점이다. 이러한 변화의 원인은 고대 근동 세계에 널리 알려져 있던 성전(聖戰; Holy war)에 대한 개념 때문에 생겨난 것이다. 일반적으로 고대 이스라엘 사람들뿐만 아니라 고대 근동 사람들에게는 전쟁이란 신들의 전쟁이었다. 즉 왕은 단지 그가 섬기는 신의 대리전을 할 뿐이지 사실 전쟁에서 이기고 지는 것은 왕의 승리냐 패배냐가 아니라 그가 섬기는 신의 승리냐 패배냐를 의미하였다.[12] 이러한 성전의 개념은 강대국의 지배이데올로기에 속한다. 이러한 인식 속에서 이스라엘이 바벨론에 의하여 패망하고, 심지어 하나님의 집인 성전까지 불타 없어지는 비운을 겪게 되었다. 이 사건은 곧 여호와 하나님의 패배로 인식되었고, 이것은 이스라엘의 야웨에 대한 신앙의 최대 위기였다. 이러한 신학적 위기를 극복하기 위하여 새로운 신학이 태동되었다. 이러한 사실은 역대기 사가의 기록에서 발견되며, 이것은 요시야 왕에 대한 성서의 기록에서 잘 나타난다. 신명기 역사가의 관점에서 이스라엘 역사상 가장 위대한 왕은 요시야이다. 따라서 열왕기하 22-23장에

10) 토지 소유권과 신학의 관계에 관해서는 김지은, 『포로와 토지 소유』(서울: 한들출판사, 2006)을 참조하시오.

11) P. Diepold, *Israel' s Land*, (Berlin, 1972); W. Brueggemann, *The Land: Place as Gift, Promise, and Challenge in Biblical Faith*, (Philadelphia, 1977), pp. 1-14; W. D. Davies, *The Territorial Dimension of Judaism*, (Berkeley, 1982); M. Weinfeld, *The Promise of the Land: The Inheritance of the Land of Canaan by the Israelites*, pp. 183-221.

12) M. Weippert, "' Heiliger Krieg' in Israel und Assyrien," *ZAW* 84 (1972), pp. 460-493; M. Weinfeld, "Divine War in Ancient Israel and the Ancient Near East," Y. Avishur and J. Blau eds., *Researches in the Bible and the Ancient Near East*, (Jerusalem: Magnes, 1978), pp. 171-181.

기록된 요시야는 종교개혁을 훌륭하게 이루어낸 왕으로 마지막 므깃도에서 이집트의 왕 느고와 싸우다 전사하였다고 기록하고 있다. 그런데 역대기하 34-35장에 의하면 요시야의 죽음에 대한 신학적 해석이 등장한다. 특히 역대기 35:20-27에 의하면 요시야가 이집트 왕 느고의 입에서 나오는 하나님의 말씀을 듣지 않았기 때문에 죽었다는 해석이 등장한다. 즉 하나님의 말씀을 듣지 않았기 때문에 죽었다는 것이고, 이 사건 속에서 이집트의 왕 느고는 하나님의 도구로 사용되었다.

그렇다면 왜 이스라엘 사람들은 느고 왕을 하나님의 도구로 인식하였는가? 그것은 고대 근동에서 보편적으로 인식하고 있는 성전 개념 때문이다. 앞에서 설명했듯이 고대 사회의 전쟁은 왕이 치루는 전쟁이기는 하지만 이념적으로 이 전쟁은 신의 대리전적 성격을 띤다. 따라서 느고 왕과 요시야 왕의 싸움은 곧 이집트의 신과 여호와 하나님의 대결이 되고, 요시야의 죽음은 곧 여호와 하나님의 패전으로 인식되어 지금까지 이스라엘 사람들이 알고 믿어왔던 전능하신 하나님 이해에 일대 혼란을 야기시켰다.

국제정세의 변화로 야기된 시대적 위기는 유다 백성들에게 하나님을 인식하는 패러다임의 일대 전환을 요구하였다. 이러한 이스라엘 사람들의 시도는 하나님에 대한 자신들의 신앙을 지켜가기 위한 것이었고, 야웨를 이스라엘의 하나님으로 세우는 일이었다.

이러한 패러다임의 전환으로 하나님의 활동 영역, 다른 민족에 대한 이해 그리고 종교제도 전반에까지 큰 변화를 가져왔다. 즉 다른 민족을 단순히 하나님의 원수, 이방인의 개념에서 하나님의 도구로 생각하게 되었다. 또한 예루살렘에 계시던 하나님이 예루살렘 성전의 파괴로 말미암아 어떤 한 장소에 매여 있는 분이 아니라 범우주적으로 존재하신다는 하나님의 범우주적 특징을 강조하게 되었다.

새로운 시대가 도래함으로써 이스라엘 종교와 사상에서 일어난 패러다임의 전환은 대략 다음의 몇 분야로 나누어 설명할 수 있다. 즉 하나님에 대한 인식의 변화와 예루살렘 중심의 신앙에서 장소를 초월한 시간중심의 신앙으로의 전환, 고대 이스라엘 종교에 있어서 배타주의(particularism)에서 보편주의(universalism)로의 전환, 공동체 중심의 정형화된 종교에서 개인 중심의 다양화된 종교로의 전환 그리고 성서에 대한 다양한 해석의 가능성을 열어놓았다.

뿐만 아니라 보편주의의 등장과 예루살렘 중심(지역중심)의 신앙에서 안식일 중심(시간중심)의 신앙으로의 전환은 정형화된 공동체 중심의 신앙에서 개인 중심의 신앙적 표현을 중시하는 새로운 신앙의 양태가 등장하였다. 바벨론 포로 공동체에 있어서 죄의 연좌제가 시행되어 부모의 죄를 3-4대까지 짊어질 경우 바벨론 포로 공동체의 귀환 희망이 없어지게 된다. 따라서 이들에게 새로운 희망의 메시지를 전달하기 위하여 부모와 조상의 죄와 신학적으로 단절시키는 것이 필요하였다. 따라서 에스겔은 죄의 연좌제를 거부하고 죄의 개인주의를 선포한다. 즉 부모의 의와 죄에 관계 없이 당사자의 의와 죄에 의하여 판단되어짐을 선포한다. 전통적인 이스라엘의 생각에 의하면 한 개인이 죄를 지면 그 책임이 공동체 전체에게 부과되었다. 예를 들어 여호수아 7장에 의하면 아간(Achan)의 개인적인 죄 때문에 이스라엘 공동체 전체가 전쟁에서 패하였다는 것은 공동체를 강조하는 신학적 사상이 반영된 것이다. 이런 종류의 신학적 이해는 구약성서에서 쉽게 찾아 볼 수 있다. 열왕기하 17:9-23에 의하면 느밧의 아들 여로보암의 죄로 인하여 북 이스라엘이 멸망하는 원인이 되었다는 신학적 해석이나, 열왕기하 24:1-4의 므낫세의 죄 때문에 느부갓네살이 유다 왕국을 공격하여 멸망하게 되었다는 것 등이 전통적인 공동체 중심의 신학사상을 대표하는 예이다.

그러나 죄의 개인주의가 강조됨으로써 개인의 회개와 개인적인 신앙의 모습이 강조되었다. 이러한 사실은 에스라가 백성을 모아 놓고 회개할 때도 모든 백성이 모두 모여 회개하였다(느 8:1-9). 죄의 개인주의적인 예는 열왕기하 14:6(대하 25:4)에서 아마샤(Amasha) 왕이 반란자의 아들들을 죽이지 않고 살려두는 것은 아버지의 죄를 아들에게 묻지 않는 전형적인 죄의 개인주의적인 특징을 보여주는 것이다(겔 18:1-4, 20, 신 24:16-17 참조).[13)]

특히 모든 백성을 모아 놓고 말씀을 선포할 때 모든 백성들이 깨닫고 울었다. 이것은 하나님의 말씀을 모세와 같은 백성의 대표가 받아서 전달하는 것이 아니라 말씀을 읽을 때 모든 백성이 깨닫게 된 것으로 신앙의 개인주의적 성격을 보여주는 좋은 예이다.

신앙의 개인주의적인 특성을 나타내는 또 다른 것은 기도와 금식이라는 양태이다. 특히 바벨론에 거주하는 이스라엘 백성들은 예루살렘 성전이 있지도 않고, 또 예루살렘에 갈 수도 없는 상황에서 자신들의 신앙을 지켜가기 위하여 개인적인 신앙의 모습이 강조되었다. 이스라엘 신앙에 있어서 금식은 바벨론 포로 혹은 그 이후 시대에 본격적으로 나타나기 시작했으며, 고대 이스라엘 사람들은 적어도 일 년에 네 차례 금식을 하였다(슥 8:19).

기도라는 개인 신앙의 모습이 등장하였다. 일반적으로 이스라엘 사람들의 기도는 성전제사 때 하던 것이었는데, 바벨론 포로를 경험하면서 개인적인 기도가 등장한다. 바벨론 강제 이주를 경험하기 이전의 신앙의 양태는 공적인 제사를 통해서만 기도하게 되어 있었다. 따라서 솔로몬은 기브온에서 제사드리며 기도하였다. 그러나 다니엘의 경우 예루살렘 성전에서 제사드릴 수 없는 상황에서 하루 세 번 예루살렘을 향하여 기도

13) 아마샤가 신명기 24:16의 율법을 지킨 것은 신명기 24:16의 율법이 후대의 규정이며, 이것이 신명기 역사서에 첨가되었다고 설명할 수 있다.

하였다(단 6:11-12). 창세기에 기록되어 있기는 하지만 아브라함의 소돔과 고모라를 위한 중보의 기도(창 18:16-33)와 아비멜렉을 위한 기도(창 20)는 바벨론 강제 이주 이후에 등장하기 시작한 신앙의 양태를 반영하는 것이다.[14)]

이러한 신앙의 개인주의, 보편주의적 특징은 성서해석에서도 나타난다. 성서를 단순히 읽는 것과 이를 해석하는 것 사이에는 엄청난 차이가 있다. 읽는 것은 그 내용을 이해하느냐 하는 것은 중요하지 않다. 단지 읽기만 하면 된다. 그런데 해석하고 이해하는 것은 매우 복잡하다. 읽고 이해하기 위해서는 성서의 배경이나 본문의 역사적 상황에 대한 이해가 필요하다. 그렇다면 이방문화적 배경에서 사는 사람들에게 하나님의 말씀은 의미가 없어진다.

그런데 말씀에 대해 정형화된 이해 내지는 단순한 읽기를 넘어서서 말씀을 설명하여 해석하고 이해하게 함으로써 서로 상이한 해석의 가능성을 열어놓은 것이다. 이러한 사실은 후에 신약 시대의 사두개파, 바리새파, 에세네파 등 다양한 분파가 형성되었다.

느헤미야 8:8에 의하면 에스라는 하나님의 율법책을 낭독하고 그 뜻을 해석하여 백성에게 그 낭독하는 것을 다 깨닫게 하였다. '그 뜻을 해석하여' 라는 본문을 통하여 구약성서에 대해 최초로 설명과 주석을 시작한 것이다.[15)]

이처럼 구약성서에는 시대적 변천에 따라 그 시대를 살아간 사람들이 만났던 여호와 하나님에 대한 이해와 그들에게 역사하신 하나님의 위대하심을 기록하고 있다.

14) 창세기 18:16-33과 창세기 20장은 바벨론 강제 이주를 경험한 사람들의 사고를 반영한다.
15) 윌리엄슨(H.G.M. Williamson)은 이 구절을 "구절 구절" 이라고 번역하였다. H.G.M. Williamson, *Ezra, Nehemiah*, WBC, (Waco: Word Books, 1985), p. 277.

다양한 구약성서 읽기

다양한 성서 읽기

구약성서 자체가 매우 다양한 성격의 책이기 때문에 구약성서를 읽고 이해하는 관점을 어느 하나의 관점으로 고정할 필요는 없다. 다양한 방법은 그 나름대로 의미 있고, 특히 위대하신 하나님을 발견하는데 도움이 된다. 그러나 어떤 방식으로 성서를 읽든지 "성서는 하나님의 말씀이다"(The Bible is the word of the God)라는 대전제에는 변함이 없어야 한다.[16] 정통주의적인 관점에서 성경을 읽든지 아니면 진보주의적인 관점에서 읽든지 아니면 자유주의적인 관점에서 읽든지 이들은 성경을 통하여 하나님의 위대하심(Greatness of God)을 발견하려고 노력한다.[17]

이처럼 다양한 성서관은 매우 건전한 현상이다. 성서는 어느 한 관점에서만 읽을 수 있는 책이라기보다는 다양한 관점에서 읽을 수 있는 책이기 때문이다. 자신이 처한 위치에 따라 각기 다르게 읽는다 해도, 중요

16) 김중은, "성경에 오류가 있는가?" 「목회자신문사」 2005년 7월 30일; 김영진, 『역사와 신앙』(개정판), (서울: 한들출판사, 2006), pp. 11-14.

17) 김영진, 『구약성서 읽기』 (서울: 이레서원, 2006), pp. 12-15.

[나사렛 수태고지 교회에 있는 한국에서 보낸
한복 입은 마리아와 색동저고리 입은 예수의 모자이크화]

한 것은 성서가 각각의 사람들에게 '하나님이 누구신가' 를 가르쳐 주며 '하나님을 앎으로 구원에 이르는 길' 을 제시한다는 점이다.

성서를 읽을 때 항상 제기해야 할 질문은 '구약성서에서 무엇을 읽을 것인가?' 하는 것이다. 성서를 뜻하는 히브리어 「하-미크라」(המקרא)는 '무엇을 읽을 것인가? 라는 뜻을 가지고 있다. 이것은 구약성서는 읽는 독자의 관점에 따라 다양하게 읽을 수 있다는 점을 암시하는 말이 아닐까 한다.

오늘날 이스라엘 나사렛 지방에 예수님의 탄생을 알려준 사건을 기념하는 마리아 수태고지 교회가 있다. 이 교회에는 세계 각국의 가톨릭 신자들이 보내온 성모 마리아와 예수님의 모습이 그려진 모자이크 벽화가 있다. 그런데 예수님을 묘사할 때 우리나라에서 보내 온 성화에는 한복을 입은 우리나라의 어린아이의 모습이다. 그러나 일본에서 보내온 성화에서 예수님은 기모노를 입은 일본 어린아이의 모습이고, 태국에서 보낸

[태국에서 보낸 성모 마리아와 예수의 상]

성화에서 예수님은 달마도에서 볼 수 있는 그런 모습의 예수님이 그려져 있고, 아프리카 국가에서는 흑인 예수님의 모습이 그려져 있다. 소위 토착화로 그려진 예수님 상이다. 마찬가지로 우리가 어떠한 관점에서 사물을 보느냐에 따라 그 사물에 대한 이해와 그 사물을 묘사하는 우리의 언어는 달라질 것이다. 따라서 구약성서를 읽으면서 가장 초점을 맞추어야 하는 것은 하나님의 위대하심을 발견하려는 자세로 읽어야 한다.

그러나 대부분의 사람들은 성서에서 사건을 읽으려 하는 경향이 있다. 따라서 주인공의 신앙이나 사건의 개요 등에 관심을 갖는다. 그리고 이러한 지식을 많이 쌓는 것을 신앙이 좋은 것으로 오해하기도 한다. 뿐만 아니라 사람들은 성서본문 속에서 받은 자신의 느낌이나 깨달음을 중요하게 여긴다. 물론 말씀대로 살아가려는 그들의 모습이 소중하기는 하지만, 그렇다고 우리가 성서에서 발견해야 할 것이 이런 것들이어야만 하는가 하는 질문이 생긴다.

성서가 존재하는 이유는 성서를 읽는 모든 시대의 독자들에게 하나님을 알려주기 위함이다. 방법의 차이는 있겠지만 신구약성서는 모든 독자들에게 "하나님"을 가르쳐준다. 구약성서 39권은 각기 독특한 문학적 장르를 통하여 우리에게 하나님이 누구신가를 알려준다. 예를 들어 오경의 율법을 통해서는 인간에게 요구하시는 하나님의 뜻을 가르쳐주며, 예언서에 기록된 심판의 말씀을 통하여 하나님이 누구인가를 보여준다. 또한, 역사서를 통하여 역사 속에서 주관하시는 하나님이 누구신가를 가르쳐주고, 성문서를 통하여 이 땅을 살아가는 사람의 삶을 통하여 하나님의 위대하심을 발견하며, 어떻게 하면 이 하나님과 함께 살아가는 지혜로운 삶을 살 것인가를 가르쳐준다.

모든 그리스도인들이 성서가 하나님의 말씀이라고 고백하는 것은 하나님께서 성서 안에서 성서를 통하여 말씀하시며, 또 성서가 성령을 통하여 하나님의 계시에 대하여 증거 하기 때문이다. 즉 성서는 하나님을 증거한다. 따라서 '성서에서 무엇을 읽을 것인가?' 하는 질문에 대하여 "우리는 성서를 통하여 하나님을 발견해야 한다"고 대답해야 할 것이다. 이처럼 성서는 하나님에 관하여 증거 하기보다는 하나님 자신을 증거한다. 따라서 우리 그리스도인들은 성서에 등장하는 인물이나 사건보다는 그들을 통해서 나타나시는 하나님을 발견해야 한다.

성서, 특히 구약성서에 나타난 하나님은 위대하신 분이다. 세상을 창조하신 분이며, 세상의 질서를 세우고, 세상의 역사를 운행하며, 세상을 살아가는 사람들의 삶을 주관하시는 분이다. 그렇기 때문에 우리는 성서를 통해, 창조주로서의 위대하심, 구속주로서의 위대하심, 초월적 존재로서의 위대하심 그리고 내재적 존재로서의 위대하심을 가지고 계신 하나님을 분명하게 발견해야 한다.

성서는 이러한 하나님의 위대하심을 나타내기 위하여 다양한 문학적 장르를 사용하였다. 특히 이스라엘 백성들의 역사 속에 활동하신 하나님을 역사의 주관자로 기록하고 있다. 이러한 관점에서 구약성서는 이스라엘 민족의 구속사(救贖史)를 기록하고 있는 역사서인 동시에 이스라엘 민족이 시대적 상황의 변화에 따른 신앙의 변화 특히 하나님 인식의 변화를 기록하고 있는 신앙의 책이라 할 수 있다. 이러한 사실은 성서가 신앙의 책으로서 구속사적인 관점에서 기록되었음과 동시에 역사서로서 문화-역사적 관점에서 기록된 책이라는 사실을 말해준다. 이 두 관점은 서로 대치되거나 서로 배격해야 할 것이 아니라 상호보완적인 관계로 성서를 이해하는데 매우 중요하다.

성서에는 수천 년 동안 이어내려 온 다양한 모습의 이스라엘 백성들의 삶이 기록되어 있기 때문에 자연스럽게 다양한 역사적-문화적-문학적 특성이 포함되어 있다. 따라서 성서를 바르게 이해하기 위해서는 수천 년 동안의 이스라엘 역사에 대한 개괄적인 이해와 함께 성서에 내포된 다양한 종교적, 문화적, 문학적 특성에 대한 이해가 있어야만 한다.

구약성서는 다양한 형식으로 하나님의 위대하심을 나타내고 있다. 율법을 통해서, 노래를 통해서, 예언을 통해서 그리고 격언의 형식 등을 통해서 하나님을 묘사하고 있다. 따라서 이러한 다양한 하나님의 모습을 이해하기 위해서는 다양한 방법으로 구약성서를 읽는 노력이 필요하다.

역사 속에서 활동하시는 하나님은 각 시대의 요청에 걸맞은 위대한 일을 행하심으로서 자신을 계시하시고 계시다. 따라서 모든 독자들은 성서 속에서 하나님의 위대하심을 발견할 수 있어야 한다. 더 나아가 이렇게 발견된 하나님의 위대하심에 대한 고백이 독자 자신의 고백이 되어야 할 것이다.

다양한 성서관

오늘날 대다수의 그리스도인들은 "성서는 하나님의 말씀이다"(The Bible is the word of God)라는 대전제를 믿는다. 이것은 신앙고백의 가장 중요한 한 부분이다. 그런데 이러한 성서는 인간의 의사소통 수단인 언어를 통하여 기록되어 있으며, 성서의 모든 책은 문학적 특성을 지니고 있다. 인간이 기록하는 과정에서 오류를 발생시킬 수도 있다고 생각하느냐, 그렇지 않느냐에 따라서 성서에 대한 다양한 입장이 있을 수 있다. 그러나 전통적인 입장은 사람이 성서를 기록한 것은 사실이지만 영감(靈感)에 의하여 기록되었음을 믿는다.

오늘날 성서를 이해하는 관점은 크게 세 가지로 나눌 수 있는데, 즉 성서의 무오를 주장하는 정통주의적 성서 해석과 성서의 유오를 주장하는 진보주의적 성서 해석 그리고 이 둘의 중재적 위치에 있는 신정통주의적 성서 해석이다.[18)]

정통주의

정통주의 성서 해석의 대전제는 앞에서 말한 것과 같이 "성서는 하나님의 말씀"(The Bible is the word of God)이라는 것이다. 이것은 정통주의적 성서 해석의 기초가 '성서영감설'(聖書靈感設)이기 때문이다. 좀 더 구체적으로 이야기하면, 디모데전서 3:16을 근거로 성서는 성령의 영감을 받아 기록되었기 때문에 무오(無誤)하며, 성서의 저자 역시 인간이 아닌 인간의 손을 빌려 기록하신 하나님이라는 것이다. 따라서 이들은 성서가 신적인 권위를 가지고 있다고 주장한다. 이러한 주장은 비록 성서가 인간의 손을 통해 기록되긴 했지만, 하나님께서 성서의 오류나 모순으로부터 완벽하게 보호해 주셨다는 강한 확신을 내포하고 있다.

그러면 하나님은 '어떻게 인간으로 하여금 하나님의 뜻을 오류 없이 기록하게 하셨을까?' 이에 대한 설명은 다음의 세 가지 주장이 대표적이다. 먼저 전통적인 설명은 축자영감설인데, 축자영감설은 사람이 성서를 기록할 때 그의 사상과 언어와 표현력을 하나님이 모두 사용하셔서 그분

18) 김중은, "성경에 오류가 있는가?" 「목회자신문사」 2005년7월30일; 김영진, 『역사와 신앙』(개정판), pp. 11-14.

의 뜻이 왜곡되지 않고 기록될 수 있게 해 주셨다는 주장이다. 이러한 주장을 언사 혹은 언어영감설(Verbal Inspiration)이라고도 한다. 두 번째는 유기적영감설(Organic Inspiration)로, 사람이 성서를 기록할 때 그들이 무의식 상태에서 기계처럼 하나님의 말씀을 기록한 게 아니라 하나님이 그들의 신앙 인격과 성격, 장점 그리고 특징 등을 사용해서 그분의 뜻을 정확하게 전달할 수 있도록 인도하셨다는 주장이다. 마지막으로 완전영감설(Plenary Inspiration)이 있는데, 이는 성서 전체가 하나님의 말씀이라는 주장이다. 따라서 성서에 사람의 생각이 들어갔다는 생각을 전적으로 거부한다. 결국 이들은 성서의 어느 부분은 하나님의 말씀이고 어느 부분은 하나님의 말씀이 아니라는 주장을 배격한다.

이러한 정통주의적 성서관은 다시 근본주의적 입장과 복음주의적 입장으로 나뉜다. 복음주의적 성서관은 성서의 오류를 주장하는 자유주의와 신정통주의에 대해 인내와 대화의 자세로 대안을 제시하는 반면, 근본주의적 성서관은 축자영감설을 내세워 자신의 입장에 동조하지 않는 모든 상대적 입장들을 백안시하거나 적대시하고 전투적이며 배타적이고 분리적인 태도를 취한다.

진보주의

이와 반대로 진보주의적 입장에서는 "성서는 하나님의 말씀을 포함한다"(The Bible contains the word of God)는 전제를 가지고 있다. 진보주의적 입장에 의하면 성서에는 역사적, 과학적 오류와 모순이 있을 뿐만 아니라 유대교적인 전통의 편견이 들어있다고 주장한다. 따라서 이들은 성서에는 하나님의 말씀과 하나님의 말씀이 아닌 부분이 공존한다고 보는 '성서유오설'(聖書有誤說)을 주장한다. 성서유오설의 핵심은 성서 가운데 하나님의 말씀이 아닌 부분에서 오류가 발견된다고 보고, 이러한 오류를 신학적으로 설명하려고 노력한다.

이러한 진보주의적 입장은 자유주의와 극단주의로 나뉘는데, 극단주의자들은 성서는 하나님의 말씀이 아니라고까지 주장한다.

신정통주의

신정통주의는 정통주의적 입장과 진보주의적 입장의 중간 정도에 위치한 것으로 "성서는 하나님의 말씀이 된다"(The Bible becomes the word of God)는 전제를 가지고 있다. 이들은 역사적으로 성서는 본래 히브리 종교의 고대 문서이지만, 오늘도 하나님께서 그 성서를 통해 우리에게 말씀하시는 각자의 체험을 통해 성서는 하나님의 말씀이 된다는 주장이다. 그러므로 신정통주의 성서관은 개개인이 성서를 통해 하나님의 말씀과 만남의 경험을 중요하게 여긴다.

이처럼 다양한 성서관은 매우 건전한 현상이다. 성서는 어느 한 관점에서만 읽을 수 있는 책이라기보다는 다양한 관점에서 읽을 수 있는 책이기 때문이다. 자신이 처한 위치에 따라 각기 다르게 읽는다 해도, 중요한 것은 성서가 각각의 사람들에게 '하나님이 누구신가'를 가르쳐 주며 '하나님을 앎으로 구원에 이르는 길'을 제시한다는 점이다.

구약성서와 종교

하나님의 이름

구약성서 특히 오경의 아브라함 · 이삭 · 야곱의 이야기와 출애굽 이야기에 의하면 하나님의 이름이 '야웨(יהוה)' 와 '엘로힘(אלהים)' 이 주로 등장하지만 그러나 그 외에도 '엘 샤다이(אל שדי)' (창 17:1, 28:3, 35:11, 43:14, 48:3),[19] '엘 올람(אל עולם)' (창 21:33), '엘 엘리욘(אל עליון)' (창 14:22),[20] '엘 벧엘(אל ביתאל)' (창 31:13, 35:7), '엘 로이(אל רואי)' (창 16:13), '엘 브릿(אל ברית)'

19) 엘 샤다이는 칠십인 역에서는 "All-powerful" 이라는 뜻을 가진 판토크라토스(Pantokratos)로 번역되었고, 불가타 역에서는 Omnipotens라고 번역되었다. 고대 랍비들은 '샤다이' (שדי)를 "자립하는 자" (He who is self-sufficient)라고 번역하기도 하였다. 그러나 아카드어에 대한 이해를 바탕으로 '샤드' (*šad*)는 "산" (mountain)을 뜻한다. 따라서 엘 샤다이는 산의 신(El-of-the Mountain)으로 이해된다. 이럴 경우 엘 샤다이는 엘의 거주지인 우주적인 산을 나타낸다고 설명하기도 한다. 또 다른 해석은 가슴을 뜻하는 샤다이를 근거로 엘 샤다이가 전통적인 가나안의 풍요신과 관련이 있을 것으로 이해하기도 한다. 김영진, 『역사와 신앙』(개정판), p. 73.

20) 엘 엘리온("God Most High")은 히브리어 '엘리온' 은 "높은" (higher) 혹은 "상위" (upper)의 뜻을 가진 형용사이다. 원래 엘 엘리온은 서로 다른 두 신의 이름이었으나 가나안에서 두 신의 이름이 결합하는 전통에 의하여 결합된 이름이다. 엘은 고고학적 발굴 결과 우가릿의 신이었으며 엘리온은 우가릿보다 조금 남쪽인 페니키아의 신이었다. 아마르나(Amarna) 문서에 의하면 가나안 사람들이 엘 엘리온이라는 신 이름을 사용하기 시작하였다. 창세기 14:18-20에서 살렘의 왕 멜기세덱은 엘 엘리온의 제사장이었으며, 아브라함도 자신의 하나님에 대하여 엘 엘리온("천지의 주재시요 지극히 높으신 하나님이여")이라고 불렀다. 엘 엘리온은 헬라어 기록에서는 제우스 휴프시스토스(Ζϵυς Ηψπσιστος)라는 신명으로 번역되었다. 김영진, 『역사와 신앙』, pp. 71-72.

(삿 9:46), 아브라함의 하나님, 아브라함 · 이삭의 하나님, 아브라함 · 이삭 · 야곱의 하나님, 이삭을 돌보시던 두려운 분(창 31:42, 53) 그리고 야곱의 강하신 이(창 49:24) 등과 같이 매우 다양하다. 이 다양한 것들이 하나님의 이름인가? 야웨와 엘로힘을 제외한 명칭은 여호와 하나님의 이름이라기보다는 하나님의 성격, 능력을 나타내는 표현으로 이해할 수 있다. 또한 '아브라함의 하나님,' '아브라함 · 이삭의 하나님,' '아브라함 · 이삭 · 야곱의 하나님,' '이삭을 돌보시던 두려운 분,' 그리고 '야곱의 강하신 이' 와 같은 표현은 조상의 하나님이라는 표현과 같은 것이다.

그렇다면 고대 이스라엘 사람들은 하나님을 어떻게 불렀을까? 이에 대하여 유대인들은 제4계명의 하나님의 이름을 망령되이 부르지 말라는 명령에 의하여 지금도 하나님의 이름을 부르지 않는다. 따라서 구약성서에서 하나님의 이름으로 기록된 히브리어 야웨(יהוה)를 이스라엘 사람들은 '아도나이' ("주"라는 뜻) 혹은 '하-쉠' ("그 이름"이란 뜻)이라고 읽는다. 야웨를 뜻하는 히브리어 יהוה의 기원에 대하여 정확한 어원을 알기 어렵기 때문에 이를 신비한 네 글자(Tetragrammaton)라고 부른다.

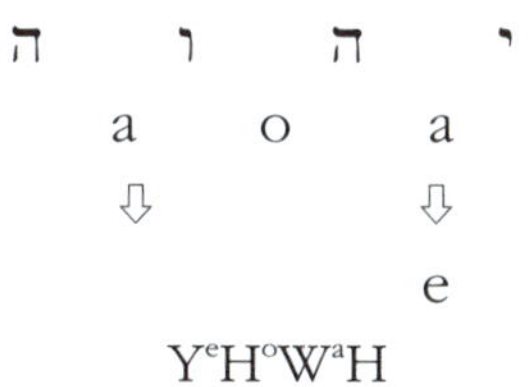

그러나 구약성서 맛소라(Masorah)사본에서는 기록된 יהוה에 발음을 위한 모음을 붙였으며 그 결과 יהוה는 '예호바' 로 불렸다(창 2:4). 그러나 우리 성경에서는 יהוה를 '야웨' 라고 부른다. 야웨라는 발음은 히브리어 자음 יהוה에 아도나이(Adonai)의 모음을 첨가하여 읽는 것이다. יהוה은 영어로 음역하면 YHWH가 된다. 여기에 아도나이의 모음 a, o, a를 붙이는데

히브리어 모음의 원칙에 의하여 자음 י(Y)에는 모음 a대신 e를 붙였다. 따라서 예호바[Y(J)ehowah]가 된 것이다.[21)]

그러나 고고학 발굴 결과 드러난 유물을 분석하면 구약성서 밖의 라기스(Lachish)에서 발견된 히브리어로 기록된 편지에 의하면 하나님의 이름을 '야웨'로 기록하고 있다. 뿐만 아니라 구약성서에서 발견되는 많은 사람들의 이름에 '야웨'의 이름이 포함된 이름(theophoric name)을 많이 사용하고 있다. 구약성서에 등장하는 '여호'(여호람, 여호수아)나 '요'(요람) 등으로 시작하거나 '야'(히스기야, 요시야) 혹은 '야후'(히스기야후, 예레미야후)[22)] 로 끝나는 이름이 대표적이다. 이렇게 야웨의 이름을 개인의 이름에 포함시켜 불렀다면 과연 하나님의 이름을 부르지 않았다고 말할 수 있는가? 하는 강한 의문이 남게 된다.[23)]

하나님 인식

고대 이스라엘 사람들은 하나님을 어떻게 인식하였으며, 하나님의 처소는 어디인가? 고대인들은 신은 어디에나 있는 존재로 인식하였다. 왜냐하면 세상의 모든 것이 신의 창조물이라고 이해하였기 때문이다. 따라서 고대 세계에는 하늘의 신과 땅의 신이 각각 존재하였다. 뿐만 아니라 보이지 않는 신적 존재의 임재의 상징으로 신상을 만들어 숭배하였다. 그러나 이스라엘에서는 유일신사상과 우상제작 금지로 인하여 고대 근동

21) 김영진, 『역사와 신앙』, pp. 39-40.

22) 히스기야후는 히스기야에 대한 또 다른 히브리어 표현이며, 예레미야후 역시 예레미야에 대한 히브리어 표현임.

23) 최근 가톨릭 교회에서 지금까지 사용하던 야웨라는 명칭을 쓰지 않기로 결정한 것과 같이 야웨로 불리던 하나님의 이름이 알려지지 않은 때와 어떤 이유로 인하여 불려지지 않은 것으로 보인다.

의 세계와는 다른 종교적 관습을 가지고 있었다. 하나님의 처소에 대해서도 하늘에 계신 하나님께서 지상으로 내려오셔서 임재하시는 개념으로 설명하고 있다. 따라서 하나님의 처소는 하늘과 땅이라는 이중적 개념이 등장한다. 그러나 시대에 따라서 하나님의 처소가 지상 혹은 천상이 강조될 때가 있었다.

지상의 하나님

이스라엘 사람들은 하나님의 처소를 지상에 계신 것으로 이해하였다. 하나님이 이 땅에서 이스라엘과 함께 계신다는 것은 몇 가지 요소를 통하여 나타난다. 첫째는 하나님의 임재를 상징하는 상징물을 만드는 것이다. 이러한 상징물의 가장 대표적인 것은 법궤이다. 따라서 이스라엘이 광야에서 행군을 할 때도 항상 하나님의 궤가 앞서 갔을 뿐만 아니라 가나안을 정복할 때 법궤를 앞세우고 나갔다(수 1장). 특히 이스라엘이 전쟁할 때에는 하나님이 이스라엘과 함께 계신다는 표로서 법궤를 앞세우고 나갔다(삼상 4:1-11).

그러나 이 법궤가 하나님의 집인 성전이 지어진 다음에는 성전의 지성소 안에 안치되었으며, 이때부터 법궤보다는 성전이 하나님의 집으로서 하나님이 이스라엘과 함께 계시는 임재의 상징으로 인식되었다.

둘째는 신앙적인 기록에서 하나님이 앞에 계신 것처럼 묘사하는 것을 통하여 하나님이 지상에 이스라엘과 함께 계심을 표시하였다. 이러한 표현 가운데 가장 대표적인 것은 "야웨의 얼굴을 보다"라는 표현이다. 원래 야웨의 얼굴을 뵙는다는 표현은 고대 근동의 "왕의 얼굴을 보다"는 표현에서 유래한 것으로 그 말의 의미는 왕의 면전에 서는 것을 허락받았다는 것을 의미한다. 이러한 표현이 종교적으로 사용되었을 때 그 말의 의미는 하나님 앞에 서는 것을 허락받았다는 의미이다. 즉 성전에 계시는 하나님 앞에 나가는 것을 허락받았다는 것이다.[24]

예를 들어 시편 17:15의 "저는 의로움으로 당신 얼굴을 뵙고 깨어날 때 당신 모습으로 흡족하리이다"라는 구절은 야웨의 얼굴을 뵙는다는 것을 마치 야웨의 상을 보는 것처럼 묘사하고 있다.[25] 민수기 12:4의 "너희 셋은 만남의 천막으로 나오너라"는 말씀과 같은 것이다. 민수기 12:4은 지성소 안에 계시는 야웨 앞으로 나오라는 뜻이다. 또한 시편 63:3의 "당신의 권능과 영광을 보려고 이렇듯 성소에서 당신을 바라봅니다"라는 구절은 야웨께서 계시는 성소에서 하나님을 뵙기를 바란다는 것이다. 이처럼 구약성서에는 하나님이 이 땅에서 이스라엘과 함께 계시는 것으로 묘사된 부분이 많다.

또한 야웨가 예루살렘 성전 보좌에 앉으시는 것을 묘사하기도 한다(시 47, 93, 95, 96-99편 등).[26] 시편 47:6, 9의 "하나님께서 환호 소리와 함께 오르신다. 주님께서 나팔 소리와 함께 오르신다. 하나님께서 민족들을 다스리신다. … 하나님께서 당신의 거룩한 어좌에 앉으신다"(시 47:6, 9)는 본문에서 법궤에 관한 언급이 전혀 등장하지 않는다. 이 시에서 야웨께서 보좌에 앉으시는 것은 야웨께서 이스라엘과 함께 계심을 나타내는 표현이다.

24) 많은 성서학자들은 여호와의 얼굴을 뵙다는 표현을 지복직관(至福直觀)이나 신현현으로 이해하려는 경향이 많다. M. Dahood, *Psalms I 1-50*, (Garden City: Doubleday, 1966), pp. 99-100; M.S. Smith, "Seeing God in the Psalm: The Background to the Beatific vision in the Hebrew Bible," *CBQ* 50 (1988), pp. 171-183; F. Nötscher, *'Das Angesicht Gottes schauen' nach biblischer und babylonischer Auffassung*, Darmstadt, 1969, pp. 87-88.

25) O. Loretz, *Ugarit und die Bibel*, Darmstadt, 1990, pp. 212-213.

26) H. Niehr, "In Search of YHWH's Cult Statue in the First Temple," *The Image and the Book: Iconic Cults, Aniconism, and the Rise of Book Religion in Israel and the Ancient Near East*, K van der Toorn ed., (Leiden: Peeters, 1997), pp. 73-95 esp. 87.

천상의 존재로서 하나님

그러나 주전 586년 성전이 파괴됨으로써 하나님의 지상임재 처소가 없어졌기 때문에 하나님의 처소가 천상으로 이동하게 되었다. 이처럼 하나님의 위치 변동은 이스라엘 신학의 매우 중요한 변화를 초래하였다. 구약성서나 성서 외적인 증거에 의하면 예루살렘 성전은 야웨의 집으로 묘사되어 있다. 즉 야웨가 성전에 계신다는 것이다. 주전 950년부터 586년 사이의 기록을 통해서 볼 때 야웨가 하늘에 계신다는 흔적을 찾아 볼 수 없다.[27] 하늘이 야웨의 처소라는 생각이 강조되기 시작한 것은 포로기 이후부터이다. 이러한 사고의 전환은 주전 586년 야웨의 지상 거주지였던 예루살렘 성전의 파괴 때문이다. 야웨의 지상의 거주지였던 성전과 하늘이 연결된 성서본문은 포로기 이후부터 등장하기 시작한다.[28]

하나님의 성전이 바벨론에 의하여 파괴된 이후 성전부재 시대에 이스라엘 사람들은 이러한 신학적 위기를 극복하기 위하여 새로운 신학이 요구되었다. 즉 성전부재 시대에 가시적인 하나님 임재의 상징은 없어졌고, 단지 하나님의 영이나 하나님의 이름, 하나님의 영광 등이 하나님의 임재의 상징으로 사용되었다.

야웨의 영

야웨의 영(루아흐 아도나이, רוח יהוה)이라는 표현은 주로 포로기 혹은 포로기 이후 예언문학에서 많이 등장한다. 포로기 이후 성서문학에서는 주로 하나님의 임재의 상징이 야웨의 영으로 등장한다. 구약성서에서 야웨의 영(רוח יהוה)의 용례를 살펴볼 때 주로 신명기 역사가의 작품(사사기, 사무엘서,

27) H. Niehr, "In Search of YHWH' s Cult Statue in the First Temple," p. 75.
28) H. Niehr, "In Search of YHWH' s Cult Statue in the First Temple," p. 76.

열왕기서)이나 역대기 사가의 작품(역대기) 혹은 바벨론 포로기에 기록된 예언서(이사야, 에스겔) 그리고 주전 8세기 예언서 가운데 후기의 첨가 부분(호세아, 미가)에서만 발견된다.[29] 이러한 용례를 통하여 알 수 있는 것은 야웨의 영은 이스라엘 역사에 있어서 후기, 좀 더 구체적으로 예루살렘 성전 멸망 이후 시기의 성서 기록에서 발견되어진다.

이처럼 하나님 임재의 상징이 성전에서 야웨의 영의 임재로, 하나님의 처소가 땅위의 성소에서 천상으로 옮겨짐에 따라 예루살렘에 갇혀 있던 하나님이 범우주적인 하나님으로 확대되었다. 따라서 하나님의 전지전능함을 강조하여 하나님 활동의 영역과 대상의 폭을 이스라엘의 하나님, 예루살렘 중심의 하나님에서 열방의 하나님, 범우주적인 하나님으로 확대시키는 결과를 낳았다. 하나님은 예루살렘에만 계시는 분이 아니라 어디든지 계시는 분임은 에스겔서를 통하여 쉽게 이해할 수 있다. 에스겔 11장에 의하면 예루살렘 성전이 파괴된 후 야웨 하나님의 처소(성전)가 없어졌다. 따라서 야웨는 바벨론으로 강제 이주되었던 자들을 따라오셨다(겔 11:16). 이스라엘이 바벨론 강제 이주기간을 보내다 다시 예루살렘으로 돌아오기까지 하나님은 지상의 처소가 없는 분으로 하늘에 계신 분으로 이해되었다.

이러한 신학적인 전환의 필요성은 예루살렘 성전이 부재할 뿐만 아니라 바벨론으로 강제 이주된 이스라엘 사람들에게 하나님이 예루살렘에만 계시는 분으로 예루살렘에서만 활동하시는 분으로 이해된다면 바벨론에 있는 자들에게 하나님은 더 이상 희망일 수 없었기 때문이다. 따라서 이들에게는 하나님이 어디나 계신다는 이해가 필요하였다. 이러한 하나님의 이해는 장소 중심의 하나님보다 시간 중심의 하나님 이해로 일대

29) 김영진, "사사와 구원자,"「한국기독교신학논총」 44 (2006), pp. 41-58.

전환을 이루었다.

이러한 보편주의의 태동 배경으로 구체적인 역사적 현실 속에서 하나님에 대한 이해는 변화되었다. 이 변화된 신학에 의하여 자신의 하나님에 대한 고백을 기록하고 있는 것이 구약성서다. 그런데 구약성서는 기록 혹은 편집한 사람 혹은 집단들은 대체로 바벨론 강제 이주를 경험한 사람들, 구체적으로 사고의 일대 전환을 경험한 사람들에 의하여 기록되었다.

예루살렘 성전의 파괴로 인하여 하나님의 임재에 대하여 이전의 방식으로는 설명할 수 없게 되었다. 따라서 성전이 파괴되기 이전의 야웨가 그룹 위에 좌정하신다는 '야웨 샤바오트'(יהוה שבעות)가 포로 혹은 포로 이후 시대의 이름신학(שם-theology)과 야웨 영광신학(כבוד-theology)으로 바뀌었다.

이름신학은 신명기 역사서에 주로 나타나는 것으로 신명기 역사가가 성전부재 시대에 야웨가 임재하신다는 개념을 대체하기 위하여 고안한 것이다. 주전 586년 이후 볼 수 있는 형상이 없어진 후 신명기 역사는 신명기 4:12, 15에서 "어떤 형상도 보지 못하였다" 고 기록함으로써 가시적인 임재의 상징을 거부한다. 이름신학은 야웨께서 천상의 존재로서 천상에 계시면서 땅위에 자신의 이름을 둘 장소를 택하셨다는 개념이다. 따라서 야웨는 땅에 그의 이름으로 존재한다는 것이다. 이러한 사상은 신명기 12:5에 잘 나타난다.

신명기 12장 5절

너희는 주 너희 하나님께서 당신의 이름을 두시고 당신의 거처로 삼으시려고, 너희 모든 지파 가운데에서 선택하시는 곳을 찾아가야 한다. 너희는 반드시 그곳으로 가야 한다.

신명기 12:5의 개념은 이스라엘이 가나안에 들어가기 이전의 상황 속에서 선포된 말씀으로 이해되지만 그러나 이 말씀을 기록할 당시는 성전부재로 하나님이 천상의 존재로 인식되던 시대이다.

신명기 역사가는 이름을 하나님의 본질로 이해하였다. 따라서 성전이 없는 시대에 하나님의 임재의 문제를 새로운 방식으로 해결하였다.

야웨 영광(카보드 아도나이, כבוד יהוה)의 신학은 제사장 그룹에 의하여 생겨난 것이다. 야웨 영광신학은 주로 에스겔이나 제사장문서에서 발견된다. 야웨 영광신학은 주로 성전과 관계되고 야웨의 즉위와 관련되어 있다.[30] 예레미야 17:12-13에 의하면 성전은 하나님의 영광의 보좌(카세 카보드, כסא כבוד)로 묘사된다.

예레미야 17장 12-13절

12 영화로우신 보좌여 시작부터 높이 계시며 우리의 성소이시며 13 이스라엘의 소망이신 여호와여 무릇 주를 버리는 자는 다 수치를 당할 것이라 무릇 여호와를 떠나는 자는 흙에 기록이 되오리니 이는 생수의 근원이신 여호와를 버림이니이다

성전부재 시대에 제사장들은 하나님의 영광으로 하나님의 임재를 이해하였다. 그러나 성전이 스룹바벨에 의하여 재건되면서 이 하나님 영광의 개념이 과거에 법궤와 성전이 서로 결합하듯이 하나님의 성전에 야웨의 영광이 가득하다는 이해가 등장하게 되었다.

이와 함께 생각할 수 있는 것은 이스라엘 신앙에 있어서 포로기 이후부터 하나님에 대한 인식의 방법에 있어서 구체적인 신인동형동성론적인 사고에서 점차적으로 탈피하여 추상적 개보로 변하는 것을 발견할 수 있다.[31] 즉 레위기 24:5-9에서 진설병은 하나님을 위한 음식으로서 떡의

30) H. Niehr, "In Search of Yahw' s Cult Statue," p. 92.

개념이 약화되어 있다. 왜냐하면 진설병을 일주일에 한 번씩 교체하도록 규정함으로써 음식으로서의 떡의 개념이 상실되고, 오히려 영원한 언약의 상징이 강조되었다(24:8).

레위기 24장 5-9절

5 너는 고운 가루를 가져다가 떡 열두 개를 굽되 각 덩이를 십 분의 이 에바
로 하여 6 여호와 앞 순결한 상 위에 두 줄로 한 줄에 여섯씩 진설하고 7 너는
또 정결한 유향을 그 각 줄 위에 두어 기념물로 여호와께 화제를 삼을 것이
며 8 안식일마다 이 떡을 여호와 앞에 항상 진설할지니 이는 이스라엘 자손
을 위한 것이요 영원한 언약이니라 9 이 떡은 아론과 그의 자손에게 돌리고
그들은 그것을 거룩한 곳에서 먹을지니 이는 여호와의 화제 중 그에게 돌리
는 것으로서 지극히 거룩함이니라 이는 영원한 규례니라

원래 진설병은 매일 교체되었다. 출애굽기 25:30에 의하면 "상 위에 진설병을 두어 항상 내 앞에 있게 할지니라"고 기록되어 있을 뿐만 아니라 사무엘상 21:7에서 진설병은 매일 여호와 앞에 드리는 것으로 여호와의 음식을 상징하였다. 그러나 이것이 레위기 24장에서는 일주일에 한 번씩 교체됨으로써 음식으로서의 상징보다는 언약의 상징으로 교체되었다. 이처럼 이스라엘 제의에 있어서 신인동형동성론적인 특징이 약화되었음을 볼 수 있다. 또한 과거에는 성전과 법궤라는 가시적 대상이 결합하였는데 성전재건 이후에는 성전과 야웨의 이름이나 영광 등 비가시적인 대상이 성전과 결합된다.

31) 김영진, 『너희는 거룩하라』, pp. 389-390.

구약성서의 시공간적 배경

구약성서의 시간적 배경

구약성서의 시간적 범위를 결정하는 것은 매우 중요하다. 특히 고대사의 경우, 언제부터 한 민족의 왕국 역사의 출발점으로 삼느냐 하는 문제는 철저하게 필자의 역사적 입장에 달려 있다. 오늘날 이스라엘 역사의 출발점을 결정하는 것은 이스라엘 역사를 성서의 사건을 중심으로 기술할 것인가 아니면 객관적인 역사를 재구성할 수 있는 시점을 생각할 것인가에 따라 달라진다.

사료적인 측면에서 성서와 성서 밖의 기록이 일치하기 시작하는 것은 주전 923년경에 있었던 이집트의 시삭 왕이 예루살렘과 이스라엘을 공격한 사건이다. 이 사건은 구약성서에도 기록되어 있을 뿐만 아니라 테베(Thebe)의 메디네트 하부(Medinet Habu)에 있는 아몬 신전의 벽에도 시삭의 전쟁에 관한 기록이 남아있다.[32)]

이러한 사료적인 관점에서 생각할 때 이스라엘 고대사는 주전 10세기

32) B. Mazar, "Pharaoh Shishak' s Campaign to the Land of Israel," S. Aḥituv and B.A. Levine eds, *The Early Biblical Period; Historical Essays* (Jerusalem; Israel Exploration Society, 1986), pp. 139-150.

말부터 가능하다. 그 이후로 성서의 사건 및 성서 밖의 사건이 일치하는 여러 예가 있다. 이러한 사건들은 고대 이스라엘 역사 연구에 있어서 연대를 결정하는 데 중요한 역할을 한다. 그러나 기록 문헌이 없을지라도 물질문명적인 측면에서 이스라엘의 객관적인 역사를 주전 1200년경부터 재구성할 수 있다고 생각하는 학자들도 있다. 즉 이스라엘이 가나안에 정착할 당시 새로운 물질문명이 가나안에 등장했는데 이를 이스라엘의 가나안 정착과 연결시키는 것이다.

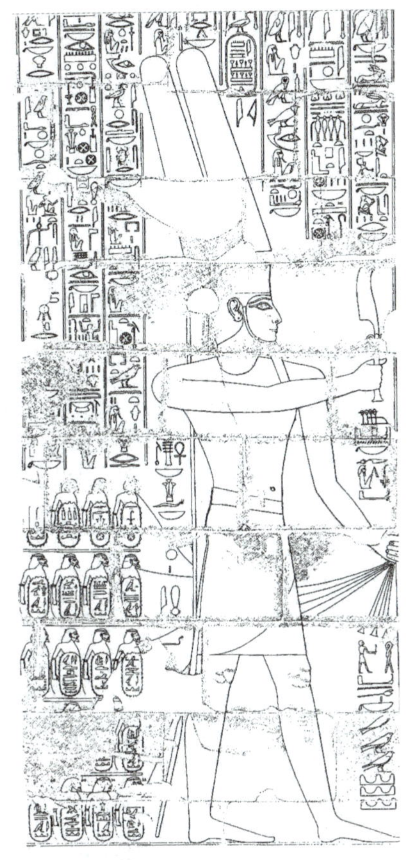

시삭 왕의 비문: 이집트 카르낙(Karnak)의 아문(Amun) 신전에 새겨진 시삭 왕의 비문으로 시삭이 팔레스틴 지역을 침공할 당시 통과했던 150개의 지명이 기록되어 있다.

그런데 모든 역사에는 역사 단계 이전의 신화적, 신학적 단계가 있다. 이 단계의 역사는 사실성이나 역사성보다는 주로 이념이나 사상 혹은 신학을 전달하는 단계이다. 이 단계는 발생된 사건으로서 역사보다는 기록자의 의도에 따라 역사가 기술되는 경우가 많다. 이스라엘 역사에도 이런 단계가 있다. 역사적으로 재구성할 수 있는 시대 이전 시대는 모두 이러한 신화·신학적 역사 시대에 해당한다.

고대 이스라엘 역사를 구약성서의 주제별로 나누면 대체로 족장 시대, 애굽 체류 및 출애굽 시대, 정착 및 사사 시대, 통일 왕국 시대, 분열왕국 시대, 포로 및 귀환 시대 등으로 나눌 수 있다. 이 가운데 역사성이 있는 역사는 분열왕국 시대부터이고, 그 이전 단계는 모두 신화 · 신학적 역사 시대이다. 그 가운데서 통일 왕국 시대는 과도기적 성격이 짙다. 따라서 역사성이 있으면서도 신학적 성격이 강한 시대이다. 이처럼 신화적인 단계를 역사에 포함했을 때 이스라엘 역사는 족장 시대인 중기 청동기 시대부터 시작된다. 즉 주전 2000년경부터 시작된다.

역사의 종착점은 구약성서가 다루는 시대까지로 한정한다. 그런데 구약성서의 사건과 세계사의 사건을 함께 생각할 때 주전 332년 마케도니아의 알렉산더 대왕이 가나안을 점령할 때까지를 고대 이스라엘 역사에서 다룬다. 따라서 이스라엘 역사는 주전 2000년경부터 주전 332년까지 약 1700년간의 역사를 연구한다.

구약성서의 공간적 배경

지리적 환경은 사람이 살아가는 데 중요한 영향을 미친다. 특히 자연을 극복할 능력이 없었던 고대에는 지리적 환경이 특정 지역의 역사에 중요한 역할을 하였다. 따라서 특정 지역의 역사를 이해하기 위해서는 그들이 처한 지리적 환경에 대한 이해가 필요하다. 특히 특수한 지리적 배경을 가진 지역일수록 자연 환경을 이해하는 것은 그 지역의 역사, 문화, 사회 등을 이해하는 데 불가결한 요소이다. 구약성서에서 흔히 접할 수 있는 "브엘세바에서부터- 단까지"(대상 21:2) 혹은 "단에서부터 브엘세바까지"(삼하 24:2)라는 표현은 고대 이스라엘이 처한 지리적인 환경을 잘 나타내고 있다. 브엘세바와 단은 인간이 자연적인 조건에 의하여 거주할 수 있는 최 남 · 북단의 도시이다. 브엘세바는 인간이 거주하는데 필요한 최

고대 이스라엘과 시리아

소한의 강수량인 200mm선이 지나는 도시이며, 단은 북쪽의 헬몬 산(Mt. Hermon) 때문에 더 이상 영토를 북쪽으로 확장할 수 없는 최북단의 도시다. 뿐만 아니라 지질학적인 환경과 기후는 이스라엘의 토양과 밀접한 관련이 있으며, 이것은 곧 농사와 주거에 직접적인 영향을 끼쳤다. 이것은 궁극적으로 고대 이스라엘의 문화, 풍습, 심지어는 종교에까지 영향을 미쳤다.

이스라엘은 지리적인 관점에서 볼 때 위도 30도에서 33도 사이에 위치하며 대체로 지중해성 기후지역과 사막지역으로 구성되어 있다. 지정학적인 관점에서 볼 때 서쪽으로 지중해, 동쪽으로 아라비아 사막으로 둘러싸여 있기 때문에 고대 이집트와 메소포타미아를 연결하는 교량적 역할을 하였다. 따라서 주전 3000년경부터 있어 왔던 이집트-메소포타미아간 여러 교역에 교량적인 역할을 담당하였다. 이러한 두 문명의 발상지를 연결하는 교량적인 역할을 한 고대 이스라엘은 자연스럽게 두 지역으로부터 정치, 문화, 종교적 영향을 많이 받을 수밖에 없었다. 아시리아 제국의 디글랏빌레셀 3세(왕하 15:19, 16:10의 "불" 왕), 살만에셀 5세(Shalmaneser V, 주전 727-722년 왕하 17:3, 18:9), 사르곤 2세(Sargon II, 주전 722-705년, 사 20:1), 산헤립(Sennacherib, 왕하 18:13, 사 36:1, 대하 32:2), 에살하돈(Esarhaddon, 주전 680-669년, 왕하 19:37, 사 37:38, 에 4:2), 앗수르바니팔(Ashurbanipal, 주전 668-627년, 에 4:10), 바벨론 제국의 느부갓네살(Nebuchadnezzar, 왕하 24:1, 25:1, 느 7:6 등) 그리고 페르시아 제국의 캄비세스(Cambyses, 주전 529-522년)가 주전 525년 이집트를 정복할 때도 고대 이스라엘 영토를 통과해야만 했고, 때로는 가나안을 전진 기지로 사용하였다. 뿐만 아니라 반대로 이집트의 왕들이 시리아 지역이나 메소포타미아로 진출하기 위해서는 반드시 이스라엘을 통과해야만 했다. 그래서 주전 2000년대 이집트 기록에서 고대 이스라엘(혹은 가나안)이나 여기에 속한 도시들에 관한 언급을 많이 발견할 수 있다. 아흐모세 1세(Ahmosi I, 주전 1569-1545년)의 비문에서는 이집트가 시내반도와 팔레스틴 남쪽 지역 그리고 시리아 북쪽 지역에서 힉소스 족과 싸웠음을 기록하고 있다.[33] 또한 16차례 가나안과 시리아 지역으로 원정했던 투트모세 3세(Thutmoses III, 주전 1504-1452년)도 항상 고대 이스라엘의 해변길을 통과하였다. 특히 투트모세 3세의 첫 번째 전쟁인 므깃도 전투 때

33) Y. Aharoni, *The Land of the Bible: A Historical Geography*, (Philadelphia: Fortress, 1979), p. 152.

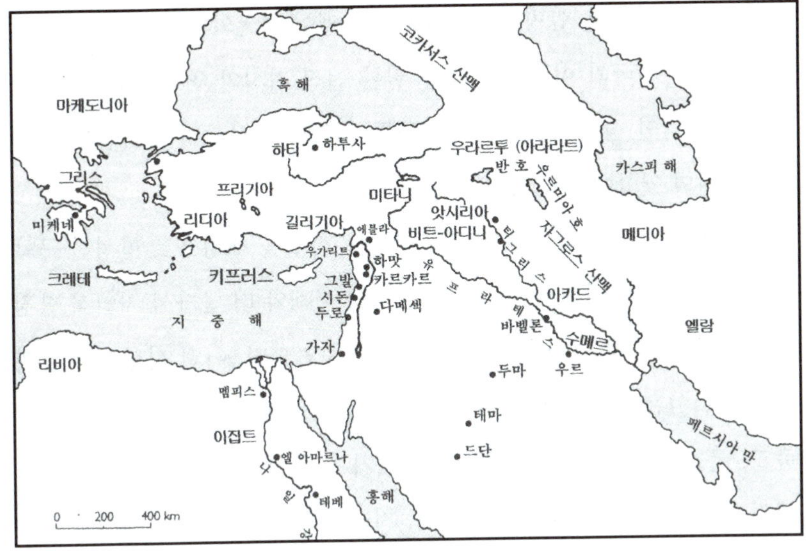

고대 근동 지도

(주전 1468년경)에도 이집트에서부터 므깃도까지 지중해 해변의 길을 따라 북상하였고,[34] 람세스 2세(Ramses II, 주전 1279-1213년)가 가데쉬(Kadesh)에서 전쟁할 때에도 이 길을 이용하였다.[35] 이집트의 느고 2세(Necho II, 주전 610-595년)가 유다의 왕 요시야와 므깃도에서 전투를 벌일 때도 이 길을 이용하여 북진하였음을 알 수 있다(왕하 23:29). 이러한 일련의 역사적 사실은 교량적 위치에 처한 이스라엘이 외부로부터 많은 영향을 받을 수밖에 없는 지리적인 환경을 가지고 있었음을 말해준다.

고대 근동의 역사적 배경 속에 위치한 이스라엘은 그 처한 지정학적인 위치에 따라 그 역할을 달리하였다. 아시리아-바벨론 시대에는 이들의 세력이 이집트까지 확장하지 못했기 때문에 아시리아-바벨론 제국의 변방에 위치하였다. 그러나 페르시아 캄비세스 이후 페르시아 제국이 이집

34) *ANET*, pp. 234-241.
35) A. Gardiner Sir, *The Kadesh Inscriptions of Ramesse II*, (Oxford: Griffith Institute Ashemolean Museum, 1960); *ANET*, 255-258; *ARE* §§ 294-351.

트를 제국의 일부로 합병함으로써 이스라엘이 제국의 일부가 됨에 따라, 이스라엘은 제국의 이집트 침략을 위한 전진 기지의 역할을 하였다. 이러한 역사적인 상황은 주변 고대 근동의 역사적 상황이 변화함에 따라 이스라엘의 역할이 달라지는 것을 보여준다.

이러한 국제 교역의 길목에 위치한 이스라엘을 배경으로 형성된 구약성서를 이해하기 위해서는 지리적 환경의 이해와 더 나가서 지리적 환경이 고대 이스라엘의 역사에 어떤 영향을 주었으며, 어떤 사상적 흐름의 영향을 받았는가를 이해하는 것이 중요하다. 이러한 영향이 구약성서의 종교, 문화, 사상, 역사적 배경이 되었기 때문이다. 따라서 구약성서의 배경이 된 고대 이스라엘의 자연적, 지리적 환경을 이해하는 것은 구약성서 연구의 출발점이라고 할 수 있다.

구약성서의 문화적 배경

구약성서의 문화적 배경은 고대 이스라엘만을 배경으로 하지 않는다. 구약성서의 공간적 배경이 고대 근동 지역을 포함하듯이 구약성서의 문화적 배경 역시 고대 근동의 문화적 배경을 포함하고 있다.

고대 이스라엘과 고대 근동의 관계성은 언어-종교-제도적인 측면에서 찾아 볼 수 있다. 히브리어는 고대 셈어인 아카드어 그리고 아람어와 같은 언어 군에 속해 있기 때문에 여러 가지 이유로 인하여 언어적인 유비를 쉽게 발견할 수 있다.[36] 따라서 주변의 다양한 언어들은 구약성서의

36) 고대 히브리어와 고대 셈어의 관계에 대해서는 G. Bergsträsser, *Introduction to the Semitic Languages: Text Specimens and Grammatical Sketches*, (Winona Lake: Eisenbrauns, 1983), pp. 50-75와 J. Naveh, *A History of Alphabet*, (Jerusalem: Magnes, 1983)을 참조 하시오.

단어나 의미를 이해하는데 많은 도움을 준다. 아카드어가 아람어에 그리고 아람어에서 다시 히브리어에 영향을 준 단어들을 발견할 수 있을 뿐만 아니라[37] 가나안의 대표적인 언어인 우가릿어(Ugaritic)가 구약성서 히브리어의 의미를 밝히는데 많은 영향을 준다.[38] 이러한 단순한 언어적인 유비뿐만 아니라 표현이나 문학적 기법에서도 서로 공유하는 공통점을 발견할 수 있다. 한 예로, 구약성서에서 연속 숫자를 사용하는 표현 기법(X // X+1)은 우가릿어에서 쉽게 찾아 볼 수 있다(잠 6:16, 30:21). 또한 우가릿어의 언어구조나 단어, 시적 형식, 음율 등은 구약성서의 시에서 많은 유사점을 발견할 수 있다.[39]

구약성서는 아람어나 우가릿어 외에도 이집트의 상형문자와 페르시아어 그리고 헬라어(דרכמון 느 7:69-71, 스 2:69) 등이 나타난다. 그런데 페르시아어와 헬라어 등은 포로기 이후 형성된 구약성서에서만 나타난다. 페르시아어나 혹은 페르시아어화된 히브리어의 특징은 에스라-느헤미야와 지혜문학, 특히 전도서와 잠언 등에서 발견된다. 예를 들어 역대상 28:11의 곳간을 나타내는 히브리어 '간자크' (גנזך)와 역대상 26:18의 성전의 뜰을 나타내는 히브리어 '파르바르' (פרבר) 그리고 역대하 2:6의 홍색을 뜻하는 히브리어 '카르밀' (כרמיל)은 모두 페르시아어의 영향을 받은 것이다.

37) 아카드어와 아람어 그리고 히브리어 사이의 영향에 관한 연구는 S.A. Kaufman, *The Akkadian Influences on Aramaic,* (Assyriological Studies No. 19), Chicago and London, 1974를 참조하시오. 아카드어의 영향을 받아 형성된 히브리어 단어의 예는 다음과 같다. *abullu* (אבל; 단 8:2-3), *agammu* (אגם; 사 35:7 "못" marsh), *asītu* (אשיה; 렘 50:15, "요새" tower of a city wall), *āšipu* (אשף; 단 1:20, "점쟁이"), *batāqu* (בדק; fissure, breach), *birtu* (ברניות) *daltu* (דַלט) *edû* (אר; 창 2:6), *egirtu* (אגרת;), *gallābu* (גלב; barber), *ikkaru* (אכר; farmer) 등이다.

38) 우가릿어와 히브리어와의 관계성에 대해서는 시반의 글을 참조하시오. D. Sivan, *A Grammar of the Ugaritic Language*, (Leiden-New York-Köln, 1997), pp. 4-7. 잠언 14:5, 25의 יפח나 יפיח는 우가릿의 yph̲ ("witness")을 통하여 그 의미를 알 수 있다. 또한 잠언 21:9의 בית חבר은 우가릿어의 *bt ḫbr*에 의하여 그 의미가 "시끄러운 집" (house of noise 혹은 noisy house)임을 알 수 있다.

39) F.M. Cross and D.N. Freedman, *Studies in Ancient Yahwistic Poetry*, 2nd Edition, (Grand Rapids: Eerdmans, 1997), pp. 2-8. 우가릿 시와 성서의 시(詩) 사이의 유사점을 살펴볼 수 있는 것으로 미리암의 노래(출 15장)와 야곱의 축복(창 49장) 그리고 모세의 축복(신 33장) 등을 예로 들고 있다.

이러한 언어적인 유비뿐만 아니라 문화적인 측면에서 메소포타미아의 영향을 찾아 볼 수 있다. 구약성서에는 바벨론 식의 인명과 월력이 등장한다. 세스바살이나 스룹바벨은 이스라엘 사람으로 바벨론식 이름을 가진 대표적인 사람이다. 또한 기슬레 월(Kislev)(느 1:1)은 메소포타미아의 아홉 번째인 키슬레브(Kislev) 달을 뜻한다.

제의적인 측면에서 고대 이스라엘의 제의와 고대 근동의 제의 사이에는 많은 유사점이 발견된다. 그 가운데서도 구약성서에 나타나는 희생제사를 이해하기 위해서는 고대 근동의 여러 희생제사에 대한 비교 연구가 필요하다.[40]

이러한 다양한 유사성은 구약성서 연구를 위해 고대 근동을 연구하게 하였던 원동력이 되었다.

40) 그러나 고대 근동자료 가운데 희생제사에 대한 자세한 기록은 많이 발견되지는 않는다. M.J. Selman, "Sacrifice in the Ancient Near East," *Sacrifice in the Bible*, R.T. Beckwith and M.J. Selman Eds, (Grand Rapids: Eerdmans, 1965), pp. 88-104, esp. 88-89.

구약성서의 구분

정경과 외경

구약성서는 고대 이스라엘 사람들의 많은 신앙고백을 모아놓은 책들 가운데 선별된 39권으로 구성되어 있다. 이처럼 39권을 구약성경으로 결정하는 것을 정경화(Canon)라고 부른다. 정경은 신앙 공동체의 신앙과 행위의 규범이 되는 권위를 갖고 있다.

구약성서는 어떤 과정을 거쳐 정경이 되었는가? 구약성서 가운데 오경이 가장 먼저 그 권위를 인정받았다. 오경은 주전 450년경 에스라 시대 때 유대 공동체로부터 정경으로 인정받았다. 그 다음은 예언서이다. 대략적으로 주전 2세기경에 예언서가 정경으로 인정받았다. 그리고 마지막으로 성문서가 정경으로 확정되었다.

구약성서가 정경화되어 이처럼 세 부분으로 나누어지는 전통은 주전 130년경부터 발견할 수 있다. 이러한 사실은 히브리어로 된 예수 벤시라(Jesus ben Sira)의 전도서를 이집트에 있는 유대인들을 위하여 헬라어로 번역한 예수 벤시라의 손자가 쓴 서문을 통해서 알 수 있다. 그의 서문에 의하면 구약성서를 언급하면서 율법, 예언 그리고 나머지 부분이라고 부름으로써 이미 이 시대에 구약성서를 셋으로 나누는 전통이 있었음을 보여주며,[41] 이 나머지 부분에 전도서가 포함됨을 말하고 있다. 심지어 예수 벤시라의 손자는 이러한 삼분법의 전통이 이미 예수 벤시라의 시대부터 있었음을 말하고 있다.

이처럼 구약성서를 세부분으로 나누어 부르는 전통은 신약성서의 예수의 말 가운데서도 발견할 수 있다. 누가복음 24:44에서 예수님은 "또 이르시되 내가 너희와 함께 있을 때에 너희에게 말한 바 곧 모세의 율법과 예언자의 글과 시편에 나를 가리켜 기록된 모든 것이 이루어져야 하리라 한 말이 이것이라 하시고"라고 말씀하신다. 여기서 시편은 시편 자체를 의미하는 것이라기보다는 성문서 전체를 의미한다. 왜냐하면 시편을 시편만을 의미한다고 하면, 왜 예수님은 다니엘서(마 24:15, 막 13:14 - 단 9:27, 11:31, 12:11)를 인용까지 하면서 나머지 성문서에 대하여 언급하지 않으셨는가 하는 질문이 생긴다. 구약성서의 세 번째 부분에 대해서는 전도서 서문에서나 누가복음 24:44에서처럼 이것을 부르는 명칭이 없었다. 따라서 뭔가 다른 말로 표현하기 위하여 시편이라고 불렀다. 성문서(Ketuvim; Hagiographa)라는 명칭은 후대에 붙여진 것이다.[42]

또한 책의 배열 순서에 대해서 예수의 다른 언급을 통하여 예수와 그의 청중들에게 있어서 구약성서 정경의 배열은 창세기부터 역대기까지였음을 알 수 있다. 이러한 사실은 마태복음 23:35의 "그러므로 의인 아벨의 피로부터 성전과 제단 사이에서 너희가 죽인 바라갸의 아들 사가랴의 피까지 땅 위에서 흘린 의로운 피가 다 너희에게 돌아가리라"와 누가

41) J. Mulder and H. Sysling, *Mikra: Text, Translation, Reading and Interpretation of the Hebrew Bible in Ancient Judaism and Early Christianity*, (Philadelphia-Assen: Fortress, 1988), p. 51.

42) J. Mulder and H. Sysling, *Mikra: Text, Translation, Reading and Interpretation of the Hebrew Bible in Ancient Judaism and Early Christianity*, pp. 52-53.

복음 11:51의 "곧 아벨의 피로부터 제단과 성전 사이에서 죽임을 당한 사가랴의 피까지 하리라 내가 너희에게 이르노니 과연 이 세대가 담당하리라"라는 말씀에서 아벨의 피는 창세기 4:3-15의 내용이고, 스가랴의 피는 역대하 24:19-22에만 언급되는 사건이기 때문이다.

주전 130년경부터 구약성서가 세 부분으로 나뉘는 전통이 형성되었으나 구약성서의 정경이 언제 확립되었는지 정확하게 알 수는 없다. 이에 대한 일반적인 가설은 주후 90년의 얍니야 회의(Council of Yavne, Yamnia) 때 구약성서 정경이 완성되었으며, 에스겔, 잠언, 전도서, 아가, 에스더도 이때 정경이 되었다는 것이다.[43] 그러나 여러 가지 이유로 이때 정경이 완성되었다고 볼 수 없으며, 주후 90년 이후에도 지속적으로 정경에 대한 논쟁은 있어왔으며, 분명한 것은 주후 393년 히포 회의(Council of Hippo)에서 이미 정경으로 인정되었던 책을 정경으로 확인하였다. 이렇게 39권의 책이 구약성서의 정경으로 인정되었으며, 이것을 일명 팔레스틴 정경(Palestine Canon)이라고 부른다.

이와 함께 주전 3세기부터 이집트의 알렉산드리아(Alexandria)에서 구약성경이 헬라어로 번역되어졌으며, 이것을 칠십인역이라고도 부른다. 이러한 명칭은 72명의 학자들이 번역하였다는데서 기인한 것이다. 그런데 그리스 시대에는 구약성서 이외에 많은 종교문서들이 양산되었고, 그 가운데 15권이 구약성경에 첨가되어졌다. 새로 첨가된 15권을 첨가하여 총 54권을 구약성경으로 인정한 것을 알렉산드리아 정경(Alexanderian Canon)이라고 부른다. 이때 새롭게 첨가된 15권은 토비트(Tobit=Tobias), 유디트(Judith), 솔로몬의 지혜(Wisdom of Solomon), 바룩(Baruch), 예레미야의 편지(The Letter of Jeremiah), 마카비서 상(Ⅰ Maccabees), 마카비서 하(Ⅱ Maccabees),

43) J. Mulder and H. Sysling, *Mikra: Text, Translation, Reading and Interpretation of the Hebrew Bible in Ancient Judaism and Early Christianity*, p. 58.

수산나(Susanna), 세 청년의 노래(The Song of Three Young Men), 벨과 용(뱀)(Bel and Dragon), 에스더 속편(Additions to Esther), 벤시락 또는 집회서(Ben Sirach, Ecclesiasticus), 에스드라스 상(Ⅰ Esdras), 에스드라스 하(Ⅱ Esdras), 므낫세의 기도(The Prayer of Manasseh) 등이다.

헬라어로 번역된 구약성서에 포함된 15권의 책을 외경(Apocrypha)이라고 부른다. 따라서 구약성서는 두 가지 정경, 즉 팔레스틴 정경과 알렉산드리아 정경이 존재한다.

로마 가톨릭교회는 전통적으로 알렉산드리아 정경을 채택하여 왔으며, 이러한 가톨릭의 전통은 마틴 루터의 종교개혁 이후 개신교회는 팔레스틴 정경의 입장을 취하였다. 따라서 개신교회는 외경을 제외한 39만을 구약의 정경으로 받아들이고 있다.

팔레스틴 정경	명칭	알렉산드리아 정경
구약 39권으로 구성	**구성**	구약 39권 + 외경 15권 54권 현재는 51권
히브리어	**언어**	헬라어
유대인, 개신교회	**정경채택 교회**	초대교회, 로마 가톨릭교회

루터의 종교개혁 이후 로마 가톨릭 교회에서는 트렌트 종교회의(Trent Council, 1545-1563)가 소집되었고, 여기서 정경문제에 관해서는 종래의 알렉산드리아 정경(Alexandrian Canon)의 기본 입장을 재확인 하였다. 그러나 15권의 외경 가운데서 에스드라스 상·하(Ⅰ,Ⅱ Esdras)와 므낫세의 기도(The prayer of Manasseh) 등 3권을 정경에서 제외시켰다. 따라서 오늘날 로마 가톨릭교회에서 정경으로 인정하는 외경은 12권이 되었다.

구약성서의 분류

유대인들은 전통적으로 히브리어 구약성경을 세 부분으로 나누었다. 이러한 삼분법의 신학적 의미는 하나님 말씀을 읽고, 듣고 살기를 강조하는 것이다. 구약성서를 세 부분으로 나누면 다음과 같다.

<table>
<tr><th>구분</th><th>히브리어</th><th colspan="2">책</th></tr>
<tr><td>律法書(오경)</td><td>하-토라(Torah)</td><td colspan="2">창세기, 출애굽기, 레위기, 민수기, 신명기</td></tr>
<tr><td rowspan="2">預言書</td><td rowspan="2">하-느비임(Neviim)</td><td>전기 예언서</td><td>여호수아, 사사기, 사무엘 상 · 하, 열왕기 상 · 하</td></tr>
<tr><td>후기 예언서</td><td>이사야, 예레미야, 에스겔, 12소예언서</td></tr>
<tr><td>聖文書</td><td>크투빔(Kethuvim)</td><td colspan="2">시편, 잠언, 전도서, 욥기, 룻기, 예레미야애가, 아가, 에스더, 다니엘, 에스라, 느헤미야, 역대기 상 · 하</td></tr>
</table>

히브리어 구약성서를 삼분법으로 나누면서 각 명칭의 첫 세 머리 자음에 모음을 붙여서 「타나크」(TaNaK)라고 부른다.

기독교는 구약성서의 팔레스틴 정경의 전통을 따르면서 책의 배열은 알렉산더 정경을 따르고 있다. 따라서 기독교 성경은 다음과 같은 사분법의 원칙에 의하여 배열되어 있다.

전통적으로 구약성서를 삼분법으로 나눌 때 오경과 예언서 그리고 성문서로 나눈다. 예언서 가운데 역사 기록은 전기 예언서로 나누고, 예언서는 후기예언서로 나눈다. 오경으로부터 전기 예언서까지는 천지창조로부터 예루살렘 정복까지의 역사적 순서에 의하여 배열되었다. 후기예언서의 순서는 전통에 따라 각기 다른 배열 순서를 가지고 있었다. 바벨론 탈무드에서는 예레미야, 에스겔, 이사야 그리고 12소예언서의 순으로 배열되었다. 그러나 칠십인역에서는 12소예언서, 이사야, 예레미야 그리고 에스겔의 순으로 배열되었다. 오늘날 예언서의 배열 순서는 라틴어 역본인 불가타(Vulgate) 역의 순서를 따른 것이다. 성문서는 매우 다양하게 배열되었다.

오경 Pentateuch	역사서 Historical Books	성문서 Poetic Books	예언서 Prophetic Books
1) 창 세 기	6) 여호수아	18) 욥 기	23) 이 사 야
2) 출애굽기	7) 사 사 기	19) 시 편	24) 예레미야
3) 레 위 기	8) 룻 기	20) 잠 언	25)예레미야애가
4) 민 수 기	9) 사무엘상	21) 전 도 서	26) 에 스 겔
5) 신 명 기	10) 사무엘하	22) 아 가	27) 다 니 엘
	11) 열왕기상		28) 호 세 아
	12) 열왕기하		29) 요 엘
	13) 역대기상		30) 아 모 스
	14) 역대기하		31) 오 바 댜
	15) 에 스 라		32) 요 나
	16) 느헤미야		33) 미 가
	17) 에 스 더		34) 나 훔
			35) 하 박 국
			36) 스 바 냐
			37) 학 개
			38) 스 가 랴
			39) 말 라 기

구약사본과 번역 성경

고대 시대의 구약성서가 기록되면서 기록자의 실수로 인하여 필사자에 따라 약간씩 다른 구약성서사본이 발견된다. 주로 발견되는 실수는 필사자가 한 단어 혹은 구절을 뛰어 넘어 기록하는 실수(Homoioteleuton), 필사자가 어떤 단어나 구절을 무심코 반복해 쓰는 실수인 중복오기(Dittography, 重複誤記), 원문에 중복되어 기록되어 있는 것을 한번만 기록하는 실수인 중자탈자(Haplography, 重字脫落) 등이다. 뿐만 아니라 문법적 용어로 *matres lectionis*라고 불리는 헤이(ה), 바브(ו), 요드(י)와 같은 문자들이 모음을 표기하기 위해 사용됨에 따라 철자상의 오류의 가능성이 높아진다.

구약성서본문의 변화를 가져 온 또 다른 이유는 구전전승이다. 구전을 기록할 때 말하는 사람의 발음이나 듣는 사람의 청력에 따라 단어나 구절이 약간씩 변화될 수 있다.

주후 70년 예루살렘이 멸망한 후 유대인들은 예배의 표준화를 위하여 구약성서본문을 표준화하였다. 랍비 아키바(Aqiba)가 특히 본문을 표준화하려는 운동에 추진력을 제공하였다.

필사가들은 본문을 편집하고 전수하려고 했던 반면에 소위 맛소라(Masoretes; מסרה; 히브리어로 '전통' 이라는 뜻임) 학자들은 본문을 그냥 보존하려고 노력하였다. 500년경에 활동했던 필사가는 사본의 여백에 사본의 특징을 기록하였다. 즉 단어의 총 숫자를 세어서 기록하였다. 또 본문에 모음을 기록하였다.

10세기경 티베리아에서 활동하던 벤 아셀(Ben-Asher; בן אשר)의 본문을 키텔(R. Kittel)이 '비블리아 헤브라이카' (*Biblica Hebraica*)란 이름으로 출판하였다. 1968년부터 엘리거(K. Elliger)와 루돌프(W. Rudolph)는 이 비블리아 헤브리아카를 다시 개정하여 '비블리아 헤브라이카 슈투트가르텐시아' (Biblia Hebraica Stuttgartensia, 1968-1977)(BHS)를 출판하였다. 이것이 현재 우리가 사용하는 본문이다. 다시 이것이 개정된 비블리아 헤브라이카퀸타 (Biblia Hebraica Qinta)(BHQ)가 출간 준비 중이다.[44]

구약성서사본의 종류

맛소라 사본 이전의 발전과정

유대인들은 구약성서의 본문을 가능한 한 순수한 형태로 보존하는 데에 상당히 신경을 썼다. 왜냐하면 히브리어로 된 사본과 칠십인역의 사본이 서로 다르며, 필사본들 사이에도 상당한 차이점이 있기 때문이다.

표준 성경을 찾는 것은 신학적 논쟁에서 뿐만 아니라 말씀 자체에 계시된 하나님의 뜻을 발견하기 위한 확고한 토대를 갖기 위해서 중요하다. 특별히 랍비 아키바는 성서본문을 정확하게 전수하는 것이 곧 율법을 위한 울타리를 만드는 것이라고 한다.

아퀼라는 랍비 아키바(Aqiba)의 영향 하에서 130년경에 히브리어 본문을 헬라어로 번역하였다. 헬라어 구문이나 관용어구를 생각하지 않고 표준 히브리어 본문을 문자 그대로 직역하였다. 이 번역본이 기독교인들의 분노를 일으킨 것은 기독교인들이 예수 탄생에 대한 예언으로 믿는 이사야 7:14의 해석 때문이다. 아퀼라는 "보라 처녀가 잉태하여 아들을 낳을 것이요"라는 구절에서 히브리어 העלמה를 처녀대신 젊은 여자로 번역하였기 때문이다. 히브리어 단어의 העלמה는 "젊은 여자"(young woman) 혹은

44) 구약성서 사본의 종류는 R.K. Harrison, *Introduction to the Old Testament*, (Grand Rapids: Eerdmans, 1969), pp. 211-243을 요약 정리 한 것임. 퀸타(Qinta) 가운데 다섯두루마리와 에스라-느헤미야가 먼저 출판되었다.

“처녀” (virgin)라는 뜻을 모두 가지고 있다.

성서본문에 대한 번역들이 활발하게 전개되면서 서기관들은 본문의 상태가 의심스럽다는 여러 구절들에 표기를 행하기도 하였으며, 내용상의 논리적인 단락이나 예배에 사용된 구절들에 기초해서 단락별로 성경 본문을 나누기도 하였다. 이들 서기관들에 의해 상당히 이른 시기에 성서는 구절로 나뉘지만 현재와 같이 장별로 나누어진 것은 비교적 최근에 와서 이루어졌다.

맛소라 학자들의 업적

주후 6세기가 시작됨과 동시에 서기관들의 성서 작업은 맛소라 학자들에게 이어졌다. 맛소라 학자들은 기록한 문서를 보존하는 자들이었으며 주후 500년경부터 1000년경까지 활동하였다. 이들은 랍비들과 서기관들의 목표를 계승하여 히브리 본문의 형태, 맛소라 사본을 완성하였다. 이들은 자신들이 전수받은 본문이 불가침한 것이며 신성하다고 생각하는 자음에 구두점을 찍은 고정된 본문을 완성하였다. 또한 맛소라 학자들은 성경의 각 책에 대해서 상세한 통계작업을 수행하여 구절, 단어, 문자의 숫자를 세고 문체상의 특징들을 맛소라 피날리스 혹은 결주에 기록하고, 사본상의 독특한 점들에 대한 이전의 구전전승은 맛소라 난외 여백 혹은 맛소라 난외주에 기록하였다.

맛소라 학자들의 확고한 목표는 히브리어 본문을 전수받은 그대로 변하지 않은 형태로 다시 계승시키는 것이었기 때문에 성스러운 자음에는 결코 손을 대지 않았다. 학식과 경험을 통해 손상을 입은 구절들에 대해서 손을 댈 수 있다고 생각할 때조차 직접 정정하거나 개선시키지 못하고 난외주에 수정된 형태를 기록하였다. 신성불가침의 자음에 해를 끼칠 수 없기 때문이다. 성스러운 자음 본문대로 발음하는 것이 크티브(כתיב)

이며 기록된 성서에 대비하여 좀 더 나은 발음을 선호한 독법은 크레(קרא)라고 표기하면서 본래는 이렇게 읽어야 옳을 것임을 밝혔다.

맛소라 학파가 본문과 그 본문의 발음을 정확히 확정하려고 노력한 이후 악센트를 붙이고 모음 기호를 붙이며 음성 표시를 하는 것이 관례가 되었다. 맛소라 학파는 예외적인 모음 기호 하나를 제외하고는 모음 부호를 히브리어 자음들 아래에 찍는 티베리아식 표기법을 따랐다(모음을 자음 위와 자음 사이에 표시하는 것은 바벨로니아식과 팔레스틴식이다).

주후 10세기 전반기에는 팔레스틴에 두 개의 맛소라 가문이 있었다. 벤 아셀(Ben-Asher) 가문과 벤 납달리 가문이다. 각기 나름대로의 표준 맛소라 사본을 갖고 있었으나, 두 사본 간에는 의미에 영향을 줄만한 큰 차이는 없다.

벤 아셀은 예언서 사본을 필사하면서 모음 기호를 덧붙여 기록하고 맛소라 사본을 첨가하였다. 이 필사본은 현재 카이로에 이는 카라이트 회당에 보존되어 있다. 악센트 표기로 발음을 한층 정확하게 확정지었다.

벤 납달리 가문(Ben-Naphtah)은 주전 10세기 초에 맛소라 학자에 의해서 쓰인 사본에 모음 기호와 맛소라를 덧붙였다. 현재 알레포(Allepo)의 세파르딕 회당에 있다.

벤 아셀의 사본 필사본은 주후 1010년에 사무엘 벤 야곱에 의해 만들어졌다. 현재 레닌그라드에 있다. 반면에 벤 납달리의 본문은 사람들의 사랑을 별로 받지 못하여 그 가문조차 잘 알려지지 않았다. 이것은 또한 12세기의 마이모니데스가 벤 아셀의 본문과 음성 표기를 표준으로 간주하였기 때문이다.

많은 사본들이 등장하면서 생긴 상호간의 차이점을 동화시킨 활동은 14세기에 와서야 완결되었다. 비로소 공인된 히브리어 본문이 생긴 것이다. 비록 혼합된 성격을 가지고 있지만 히브리어 성경의 기초가 되었다.

맛소라 성경으로 구약 전체가 보존되어 있는 최고의 사본은 소련의 레닌그라드 도서관에 소장되어 있는 레닌그라드 사본이다.

쿰란 사본들

1900년까지 발견된 수많은 사본은 자음에 찍혀있는 일관성 없는 모음 표기법을 보이면서 그때까지 발견된 사본의 가치를 맛소라 사본에 근거하여 평가한 것을 다소 완화시켰다. 발견된 각 사본들은 자음에는 아무런 차이가 없는데 모음에는 많은 차이를 드러내고 있다. 이것은 사본들이 쓰여질 당시 본문을 정확하게 전수하는 데에 모음 부호의 중요성은 부차적이었음을 암시한다.

쿰란 동굴에서 주후 10-12세기 것으로 보이는 사독문서로 알려진 필사본이 발견되었다. 발견된 문서에 대한 초기의 연구는 쿰란의 두루마리들이 칠십인역 헬라어 번역본보다 맛소라 학자들의 전통을 더 많이 따르고 있다고 말했다. 언어적으로 쿰란 두루마리들은 동사의 변형에 있어서 완전한 형태의 어미를 가지고 있으며 기독교 시대 직전의 전통과는 다소 벗어나 있다. 또한 각 두루마리가 각각 다른 표음식 철자법을 따르고 있는 것을 통해 쿰란의 두루마리는 맛소라의 전통뿐만 아니라 칠십인역에 보존된 독법도 따르고 있음을 알았다. 이것은 전수과정에서 맛소라 본문 또한 잘못이 있었음을 암시한다. 이와 같이 쿰란의 두루마리들은 히브리 철자법의 변화단계를 반영해주고 있다.

쿰란의 두루마리들은 기독교 시대 직전의 히브리어가 어떻게 발음되는지를 시사해주고 있다. 그리고 주전 2세기 직전에 히브리어는 사어(死語)가 되었다는 견해는 쿰란의 두루마리 발견으로 인하여 잘못된 견해로 판명되었다. 대부분의 팔레스틴 유대인들이 아람어 방언을 쓰고 있었지만 일부 지역에서 히브리어가 계속 살아있는 언어로 존재하고 있음을 증거하고 있다.

쿰란의 두루마리들은 맛소라 본문의 전통이나 헬라어 본문의 전통에 반영되지 않은 그 나름대로의 본문을 상당수 보존하고 있었음을 보여준다. 4Q에서 발견된 사무엘상 1:22의 "그가 영원히 나실인이 될 것이니이다"라는 구절은 히브리어 본문과 헬라어 본문에는 모두 중자탈락현상으로 빠져있다. 이것은 필사본의 오류임을 나타낸다.

포로기 이후 유대인들 사이에는 최소한 3가지 이상의 형태를 지닌 성경 본문이 통용되고 있었다고 보인다. 이런 생각은 맛소라 본문을 확정 본문으로 생각하고 행해온 본문 비평에 다소 일격을 가하기는 하지만 맛소라 본문 형태가 여러 가지 문헌 전승들 가운데에서 단지 한가지 전승을 따르고 있다는 것은 더 명백해졌다.

히브리 자음으로 구성된 구약사본 가운데 최고의 것은 사해사본이다.

사마리아 모세오경

사마리아인들은 자신들을 주전 722년에 북 왕국이 멸망한 이후에 사르곤이 사마리아와 사마리아 주변에 정착시킨 메소포타미아 추방자들과 이스라엘인들의 후예라고 생각한다. 남쪽의 유대인들은 이들의 존재를 하나님 앞에서 순수하지 못한 혼혈인이라고 간주하고 자신들만이 하나님의 유일한 백성이라고 생각한다. 반면에 사마리아인들은 언약궤가 그리심 산에서 실로로 옮겨간 뒤에(삿 18:1) 하나님께 충성을 지키고 있던 이스라엘의 후손들이 바로 자신들이라고 주장한다.

북 이스라엘 멸망 이후에 북 이스라엘과 남 유다는 각각 다른 체제를 가지며 제 갈길을 가게 되었다. 포로기 이후 사마리아인들은 하나님과 이스라엘 사이의 관계가 남쪽보다는 북쪽이 본래적이라고 말한다. 여호수아가 에발 산에 성소를 세우고(수 8:30) 그리심 산에 각각 백성들을 나누어 세우며 이곳은 모세의 명을 따라 세워진 유일한 성소임을 선포하였다(신 27:4). 왜냐하면 모세는 이 세워진 돌들위에 율법이 새겨져야 하고(신 27:4) 어길 때에는 엄한 징벌이 있음을 선포했기 때문이다(신 11:29; 27:13; 수 8:33,34). 사마리아인들은 이렇게 다윗 시대 때까지 여부스족속의 땅이었던 예루살렘보다 모세 때부터 히브리인들의 신앙의 중심지인 그리심 산에 하나님 성전을 세운 것이다. 또한 포로기 이후 사마리아와 예루살렘은 각각 관여할 수 없는 개별적인 하나의 자치 행정기구로 존재하고 있었다.

사마리아인들은 자기들 나름대로의 히브리 모세오경을 갖고 있었으며 이것만을 유일한 정경으로 인정하였다. 그 시기가 정확히 언제인지는 몰라도 에스라의 율법서 낭독보다는 이른 시기이다. 유대교적 관점에서 보면 사마리아에 새로 거주하게 된 사람들이 사자의 재앙을 당한 뒤에 히브리 제사장들이 그들에게 율법을 가르치면서 생겨났다고도 하며(왕하 17:27) 아론의 맏손자인 아비수아까지 올라 간다고까지 말하기도 한다(대상 6:3, 4).

사마리아인들의 그리심 산 성전건축 시기는 대략 주전 330년 정도로 본다. 요세푸스의 기록에 의하면 사마리아의 산발랏이 그리심 산에 사마리아인들의 성전을 지었다고 한다. 그러나 여기의 산발랏은 주전 407년 느헤미야 당시의 산발랏은 아니다. 사마리아인들은 자신들의 독자적인 신학적 입장을 드러내며 고의적으로 고치기도 했지만 기본적으로 사마리아 오경은 모세오경의 고대 형태의 본문들 가운데 하나를 보여주고 있다.

사마리아의 서기관들은 자신들의 역사적 신학적 관점에 의해 오경의 본문을 조작했다. 그리심 산의 위용을 높이기 위해 신명기 11:29, 30; 27:2-7의 내용을 가지고 출애굽기 20:17, 신명기 5:21에 긴 삽입구를 첨가하였다. 에발 산을 그리심 산으로 바꾸었다. 신명기 11:30의 "길갈 맞은

편"을 "세겜 맞은 편"으로 변경시켰다. 그리고 "여호와 너희 하나님께서 택하실 곳"이라는 미래형을 "여호와 너희 하나님께서 택하신 곳"이라는 현재완료형으로 바꾸었다. 동사 앞의 미래형 접두어를 삭제한 것이다.

사마리아 오경 원본의 고대성은 자음 문자 달레트(ד)와 레쉬(ר)의 혼동을 통하여 확인된다. 이런 혼동은 모압 석비의 글자와 히스기야 시대의 실로암 비문 경우에서 흔한 일이지만 포로기 이후에는 등장하지 않는다. 사마리아 오경의 언어적인 특징은 북 왕국에 후음을 사용하지 않는 페니키아어가 유행하던 시절 아합 왕과 그의 후계자들의 시절까지 거슬러 올라간다. 정교한 본문으로 다듬어진 시대에 대해 크로스는 주전 1세기로 보지만 그린버그는 주전 4세기로 본다.

사마리아 오경과 맛소라 본문의 차이는 6,000개인 반면에 사마리아 오경과 칠십인역과의 차이는 1,900개에 불과하다. 그리고 사마리아 오경과 칠십인역이 일치하는 부분에서는 이 두개의 공통 본문이 맛소라 학자들에 의해 보존된 본문보다 더 낫다고 여겨진다.

사마리아 오경이 맛소라 본문과 칠십인역과도 완전히 다른 것은 창세기 5장과 11장이다. 그러므로 3개의 사본은 히브리어 원본에 대한 각기 나름대로의 수정본을 반영하고 있다고 볼 수 있다. 각각의 본문은 일부 지역이나 서기관 학교의 전통을 반영하며 기독교 이전 시대의 유대인들 사이에서 그 생명력을 지니고 있다는 견해는 쿰란 두루마리들을 통해서 확인된다. 특히 쿰란의 출애굽기는 사마리아 오경의 출애굽기 본문을 필사하였다.

아람어 탈굼들

탈굼이라는 용어는 구약에 나오지 않는 히브리어 단어로 구약의 일부분을 풀어쓰거나 의역한 곳을 가리키기 위해 사용된 용어이다. 탈굼은 포로기 이후 시대에 아람어가 구어의 비중에서 점차적으로 히브리어를 대치하자 필요하게 되었다. 신앙의 토대와 바른 삶을 위한 안내서로서 성경, 특히 토라에 점점 더 많은 가치가 주어지자 평민들이 이해할 수 있도록 옛날의 책들을 번역하는 일이 요긴하게 되었다. 그래서 회당에서는 토라를 읽고 아람어로 통역하는 관습이 생겨났지만 성문화된 번역본을 만드는 것에는 난색을 표했다. 느헤미야 8:8에 근거하여 해석과 함께라고 번역하는 것이 가능하듯이 번역은 일찍이 자리하였다고 볼 수 있다. 풀어서 번역한 것을 탈굼이라고 부른 것이며, 구두로 읽혀지다가 고정됨으로써 글로 적히게 되었다.

가장 초기의 탈굼은 주후 5세기에 이루어졌다. 오경, 예언서, 일부의 성문서(다니엘, 에스라, 느헤미야는 제외)가 번역되었다. 모세오경에 대한 3개의 탈굼 속에서 가장 잘 알려진 것은 탈굼 옹켈로스로 알려진 수정본이다. 모세오경에 대한 가장 오래된 탈굼은 팔레스타인 모세오경 탈굼이다. 주후 1세기 팔레스틴에서 사용된 아람어로 쓰여 있다. 그밖에 주후 150년경의 바빌로니아 탈무드가 있다.

예언서에 대한 탈굼은 요나단 벤 웃시엘이 주후 1세기경에 번역하였으며, 많은 의역을 하였다. 성문서에 대한 탈굼은 주후 5세기의 것이 가장 이르다.

칠십인역(Septuagint)

주전 100년경 프톨레미 2세 필라델푸스의 시대(주전 285-247)에 어떤 아리스테아스라는 사람이 동생인 필로크라토스에게 보낸 것으로 되어 있는 한 편지 속에 이 이름에 대한 전설적인 설명이 나온다. 이 편지는 군주가 왕궁의 도서관에 히브리인들의 예언들을 번역해서 보관하자는 도서관원의 설득을 듣고 예루살렘에 있는 대제사장에게 번역을 의뢰하게 되었으며 대제사장은 이에 응답하여 72명의 장로들을 공식적인 율법 사본과 함께 알렉산드리아로 보내게 되었다고 전하고 있다.

확실하게 말할 수 있는 것은 주전 250년경 알렉산드리아에서 토라가 헬라어로 번역되었다. 그 목적은 이방인들을 감동시키거나 개종시키기 위해서 또는 알렉산드리아에 있는 유대인 이민자에게 그들의 성경 번역본을 제공함으로써 예배와 개인적인 공부에 사용하기 위해서이다. 이것의 원래의 칠십인역이고 나머지는 부분부분 번역되었다. 주전 117년경에 쓰인 것으로 보는 벤 사락의 집회서(외경) 서론에 행해지고 있는 헬라어 번역본에 대한 언급이 있다. 70이라는 숫자는 아마도 출애굽기 24:1, 9의 "70인 장로들"이나 산헤드린의 70회원 또는 그리스도의 사역 중에 언급된 70명의 사도들(눅 10:1)에서 기인한 듯하다.

부츠(Wutz)는 칠십인역의 배후에는 히브리어를 음역해 놓은 자료가 있다고 한다. 사실 회당에서 히브리어 성경을 낭독할 때 히브리어 글자를 따라 읽을 수 없기 때문에 그 부분을 이해하지 못하는 헬라파 유대인들을 돕기 위한 첫 번째 조치로 히브리어 본문을 헬라어 알파벳으로 음역해 놓은 것이 사실이지만 칠십인역이 이 음역을 사용한 것 같지는 않다.

요세푸스와 필로의 작품에 나오는 헬라어 자료들의 인용문들이 현재의 칠십인역 본문과 일치하지 않는다. 그렇다면 원 칠십인역이 존재하고 있는 것인지? 이에 대해 칼레는 칠십인역의 저자들이 번역 작업을 하기 전에 다수의 헬라어 본문들이 있었으며, 특히 헬라적인 디아스포라 유대인들을 위한 표준 헬라어 성경을 만들기 위해 기존 번역본을 수정한 수정 번역본에 대해 이야기 하고 있는 것이라고 한다.

기독교회가 사용한 칠십인역은 아리스테아스 서신이 말해주는 것처럼 단지 모세오경을 의미하는 것이 아니라 이집트의 헬라파 유대인들을 위한 헬라어 구약성경이 있음을 스퍼버가 지적했듯이 칠십인역은 구약성서 전체와 외경을 포함하고 있었다고 보아야 한다. 즉 칠십인역은 그리스도 직전 시대에 독립적으로 존재하고 있었다는 것이 확실하다.

칠십인역의 언어는 헬라니즘적 헬라어라기보다는 신약성경의 헬라어에 더 가깝다. 관용구적인 표현도 히브리적인 요소를 드러내며 단지 히브리어를 음역해 놓은 것이나 진배가 없는 구절도 있다. 오경의 부분은 많은 부분이 맛소라 본문과 일치하지만 일부 역사서 특히 사무엘서와 그리고 예레미아 본문(칠십인역의 본문이 1/8 적다)에서는 큰 차이를 보이고 있다. 이것은 맛소라 본문과는 다른 형태의 히브리어 본문이 다수 존재하고 있다는 것을 시사해준다.

다른 헬라어 번역본들

주후 130년경에 유대교로 개종한 헬라인 아퀼라는 칠십인역과는 별도로 히브리어 본문에 대한 헬라어 수정본인 아퀼라 역본을 만들었다. 아퀼라는 칠십인역을 인정하지 않고 맛소라 본문에 집착하여 극단적인 직역을 행하며 번역하였다. 그러나 기계적인 정확성을 가지고 번역한 것으로 헬라어 관용구와는 거리가 멀다. 오리겐과 제롬같은 교부들은 이 역본을 존중했다.

데오도티온은 맛소라 본문에 더 가까운 히브리어 본문을 그의 역본을 위한 본문으로 사용하여 욥기 번역은 칠십인역보다 1/6이 더 길다. 번역은 아퀼라 번역보다 더 헬라적이며 유대인들보다 기독교인들에게 더 존중 받았다.

주후 2세기 말과 3세기 초 심마쿠스에 의해 발행된 헬라어 역본은 이전의 헬라어 번역본을 이용하는데 있어서 주로 아퀼라 번역본을 사용하면서 구약의 많은 신인동형론적인 표현을 제거하고 랍비들의 주석 전통을 따랐다.

와디 무라바아트에서 발견된 사본은 예수 시대 이전의 칠십인역의 수정본으로 아퀼라, 데오도티온, 심마쿠스 번역의 토대이다.

오리겐의 헥사플라는 성서본문의 혼란스러움을 바로잡기 위해 주후 245년경에 편집된 것이다. 그는 맛소라 본문, 헬라어로 음역되어 있는 히브리어 본문, 아퀼라 역본, 심마쿠스 역본, 오리겐 자신의 칠십인역 수정본, 데오도티온 역본을 놓고 히브리어 본문에 가장 근접한 독법을 통해서 수정본을 만들었다.

루시안의 번역본은 헥사플라에 최소한의 수정을 가하면서 차이나는 부분들을 결합해서 융합을 시키고 칠십인역의 일부 단어들을 동의어로 대체하고 칠십인역에 더욱 세련된 문체를 부여하였다. 역사서 번역은 뛰어나나 예언서에 대한 번역은 질이 떨어진다.

라틴어 역본들

교황 빅토르가 190년경 카르타고의 터툴리안 저작들을 통해서 구 라틴어 역본을 이루었다. 북 아프리카에서 확고한 위치를 가지고 사용되었으며 라틴어는 기독교회의 언어로서 헬라어의 위치를 대신하게 되었다. 구 라틴어 역본의 수정본인 불가타 역본은 칠십인역에 대한 역본들이 여러 개가 나옴으로써 야기된 사본상의 혼란을 해결하기 위해 383년에 제롬에 의해 착수되었다. 시편을 시작으로 행해진 번역은 일관성이 없었다.

시리아 역본

칠십인역 이후에 히브리어 성경을 외국어로 옮긴 것 가운데 가장 오래되고 중요한 사본이다. 9세기 이후로 이 번역본은 페쉬타(단순한)로 알려졌다. 여러 기원이 있지만 아마도 2세기 중에 한 탈굼을 고대의 히브리어 본문과 일치하도록 개정하는 데서 비롯한 듯하다. 문자적인 번역에서 심한 의역까지 있는 것으로 보아 일관성은 없는 듯하다. 페쉬타의 가장 오래된 사본은 464년경의 것이며, 6세기경의 시편과 이사야서가 있다. 밀란에 있는 암부로시아누스 코덱스는 구약성경 전체를 포함하고 있으며, 1874년에 사진 석판본에 의해 출판되었다.

617년의 파울의 시리아-헥사플라 역본은 헥사플라 칠십인역 난을 철저하게 따르고 있다. 그러나 다니엘서의 원문을 복구하는 데에 큰 도움을 준다.

선교적인 팽창 등의 이유로 다양한 통속적인 언어로 번역한 역본들이 수없이 나타났다. 구약번역 중에서 칠십인역 다음으로 큰 영향을 준 번역은 라틴어(Latin) 번역인 벌게이트(Vulgate)이다. 이 라틴어 번역은 제롬(Jerome, A.D. 342-419)에 의해서 410년경에 완성되었다. 벌게이트 라틴어 구약성경은 중세 시대에는 물론이요, 오늘날까지도 로마 가톨릭교회에서 공식적으로 사용하는 구약성경이다. 종교개혁가 마틴 루터는 독일어로 구약을 번역하였고(1534), "루터번역" 독일어 성경은 종교적으로 뿐만 아니라 독일문화 발전에 절대적인 영향을 주었다.

구약의 영어번역으로는, 14세기 위클리프(John Wycliffe)가 번역한 영어성경이 그 효시가 되었다(1380년대). 그러나 위클리프 번역은 원문에서 직접 번역한 것이 아니라 라틴어 벌게이트에서 번역한 것이다. 히브리어 원문에서 영어로 번역한 최초의 것은 틴델(William Tyndale) 번역이다(1520년대).[45)]

역사적으로 가장 유명한 영어번역은 소위 "흠정역"(King James Version, 약칭 K.J.V.)이다. 이 번역은 제임스 1세(James I)의 명에 의해서 영국교회에서

45) William Tyndale은 구약번역을 완역하지 못한 채 성경을 번역한 죄로 이단자로 정죄되어 화형(火刑)에 처해졌다(1536). 틴델이 화형당하면서 남긴 마지막 말은 "주여! 영국왕의 눈을 뜨게 하소서"(Lord, open the King of England' s eye!)였다.

공중예배 때 사용할 수 있는 공인성경으로 번역되었다(1611). 이 번역은 원어 성경보다도 더 훌륭한 성경이라고 평을 들을 정도로 잘된 번역이었으나, 영어 자체의 변천과 성서학 연구의 발달로 새로운 영어번역들이 불가피하게 되었다. 오늘날 영어번역으로 가장 권위를 인정받고 있는 것은 "개정 표준판 번역"(Revised Standard Version, 약칭 R.S.V.)이다.[46] 그리고 최초 영국의 성서학계를 대표하는 "새영어성경"(New English Bible, 1970년)도 완성되었다.

구약성서가 최초로 번역된 것은 1898년 알렉산터 피터스(Alexander Pieters, 彼得)가 서울에서 시편을 「시편 촬요」로 출판한 것이다.[47] 그 이후 1906년 창세기와 시편이 출판되었고, 1907년에는 잠언, 출애굽기, 사무엘 상·하권, 말라기 등이 번역 되었으며, 1910년(4월 2일) 전주에서 구약 전체번역이 완료되었다. 1911년 최초로 구약과 신약이 합쳐진 국역 「성경전서」가 역사적으로 출판되었다. 따라서 1938년에 개역 한글 성경이 출간되었다.

1945년 광복 이후 한글 맞춤법에 따라, 이 개역 한글성경에 대한 수정 작업이 시작되었고, 1956년에 「성경전서 개역 한글판」(1956년판)이 완성되었다.

1968년 우리말의 변화에 따라 개신교와 가톨릭교회가 성경번역 사업을 시작하여 3년 뒤인 1971년에 신약번역이 끝이 났고, 1977년에는 구약도 완성되어 신약과 구약을 합친 「공동번역 성서」가 출판되었다.

그후 1993년에 「성경전서 표준 새번역」이 출판되었고, 2001년에는 「성경전서 표준 새번역 개정판」이 발행되었다.

46) RSV의 신약부분은 1946년, 구약부분은 1952년에 완성되었으나 그후 "RSV 위원회"가 구성되어 계속 수정, 보강작업을 하고 있다.

47) 대한성서공회 홈페이지의 『성서에 관하여』 가운데 '성서가 우리에게 오기까지' 부분을 발췌한 것임 (http://www. bskorea.or.kr/about/bibcome/bibcome.aspx).

그러나 발췌 번역의 역사는 훨씬 먼저 되어졌다. 가톨릭에서는 1790-1800년 사이에 시작된다. 그 중의 하나가 그 연대를 알 수 없는 필사본이라는 것이다. 이 필사본은 모두 20여 권에 이르며, 각 권은 70장 안팎 부피다. 그리하여 1년의 52개 주일과 그 밖의 34개 축일에 읽게 되는 성서 내용은 각기 다르게 정해져 있다. 「성경직히」는 이렇게 각 주일과 축일에 읽는 각기 다른 성서 내용을 한 항목으로 하여 편성하고 있는 것이다. 19세기에 나온 한글 활판본(1892-1897)은 필사본을 바탕으로 하여 이루어진 것이다.

「聖經마두」, 「聖經말구누가」, 「聖經요안」, 「聖經슈난」 이상 네 권은 모두 1892년 이전에 나온 것으로서, 1892-1897년에 나온 「성경직히」의 대본이 된 것으로 알려진 「성경직히 광익」에서 복음서의 성구들만 뽑아서 재편집한 것이다.

또한 1890년대에 나온 것으로 추정되는, 「고경古經」 또는 「고셩경古聖經」이라는 필사본에 창세기 4장 2절부터 37장 20절까지의 내용을 간추려 번역한 것이 여기에 들어 있다.

우리나라 최초의 교회 신문인 「죠션크리스도인회보」가 창간호부터 매주 공과 공부용 성서본문을 연재하였는데, 1897년 2월 2일자부터 같은 해 7월 14일까지 연재된 사무엘기상 · 하와 열왕기상의 번역이 주목할 만하다. 1898년 6월 22일부터 그 다음 해 1899년 6월 14일까지는 창세기도 번역되어 연재되었다.

1898년에 나온 피터스(彼得)의 「시편 촬요」는 시편 150편 가운데에서 62편을 골라 번역한 것이다. 성공회 쪽에서 나온 「照萬民光」(1894), 「舊約撮要」(1899), 「聖經要課」(1902), 「聖經選要」(1906), 「聖詩選篇」(1937), 「聖詩全篇」(1961) 등도 발췌 번역들이다.

성서 66권 가운데서 낱권들이 우리말로 번역되어 나오기 시작한 것은

1882년부터였다. 로스 목사를 중심으로 매킨타이어(John Macintyre), 이응찬(李應贊), 백홍준(白鴻俊), 서상륜(徐相崙), 이성하(李成夏) 등이 누가복음과 요한복음을 각각 개별 낱권으로 번역해서 출판한 것이 1882년이었다. 그 때부터 오늘에 이르기까지 한 세기가 지났다. 우리말 성서 번역의 한 세기 역사에는 성격상 몇 개의 마디와 매듭들이 있었다. 먼저 성서공회가 신 · 구약 성서를 완역해 낸 1911년은 우리말 성서 번역사에 있어서 획기적인 시점으로 볼 수 있다.

구약의 경우에도 낱권 출판을 볼 수 있다. 열거해보면 다음과 같다. 「시편 촬요」(1898), 「창셰긔」(1906), 「시편」(1906), 「언」(1907), 「삼우엘젼후」(1907), 「말나긔」(1907), 「출애굽기」(1907), 「렬왕긔샹하」(1908), 「이사야」(1908), 「삼우엘젼」(1910) 등이 나온 다음에, 1911년에 「구약젼셔」가 나온다. 구약의 경우는 39권의 개별 출판보다는 39권 합본 구약전서 출판을 우선적으로 고려한 것 같다. 1911년에 미국성서공회는 우리말 구약전서를 상(창세기-역대하), 하(에스라-말라기) 두 권으로 출판해냈다.

제2부

구약의 문화·역사적 배경

구약성서와 환경[1)]

지정학적 위치

이스라엘은 지정학적으로 위도 30도에서 33도 사이의 이집트와 메소포타미아의 사이에 위치하여 두 문화를 연결하는 교량적 역할을 하였다. 따라서 이스라엘은 자연스럽게 두 문명의 발상지로부터 정치, 경제, 문화, 종교 그리고 사상적 영향을 받았으며, 이러한 영향은 오늘날 구약성서와 고고학 발굴 결과 드러난 물질문명 속에서 나타난다.

이러한 이스라엘의 지정학적 특수한 위치 때문에 구약성서에는 이집트 왕과 메소포타미아 왕의 이름이 많이 등장한다. 특히 아시리아와 바벨론이 영토를 확장하기 시작한 주전 8세부터 페르시아 시대까지 대부분의 아시리아-바벨론의 왕과 페르시아 왕의 이름이 성서에 등장한다.

이스라엘의 지리적 환경은 이스라엘 지역의 역사, 문화, 사회 그리고 가치관 등을 이해하는데 필수 불가결하다. 이스라엘의 기후적 환경은 지중해성 기후 지역과 사막지역으로 구성되었으며, 이러한 기후는 이스라

1) 구약성서와 환경은 김영진, 『이스라엘 역사』, pp. 61-75를 수정, 요약 게재한 것임.

엘의 토양과 밀접한 관련이 있다. 더 나아가 곧 농사와 주거에 직접적인 영향을 주었고, 고대 이스라엘의 문화, 풍습, 심지어는 종교까지 영향을 미친다.

이스라엘의 지형

이스라엘은 그 면적이 불과 21,946㎢이지만 남북으로 500㎞ 길게 뻗어 있기 때문에 다양한 지형적인 특징을 가지고 있다. 이스라엘 국토를 동에서 서로 보게 되면 예루살렘을 중심으로 지중해 해안쪽으로 완만한 경사를 이루고 있으나 예루살렘에서 요단 강 쪽으로는 급한 경사를 이루고 있다. 동쪽 면의 경사에 대해서는 예루살렘에서 여리고로 이동할 때 잘 느낄 수 있다. 예루살렘에서 여리고까지 직선거리는 32Km에 불과하지만 고도 차이는 약 1000m이상으로 급하게 내려간다.

이스라엘은 지형적인 특징에 의하여 남북을 다섯 지역으로 나눌 수 있다. 즉 해안 평야 지역, 중앙 산악 지역, 요단 강 계곡 지역, 네겝 지역, 요단 동편 지역(트랜스 요르단 지역) 등이다.

해안 평야 지대는 북쪽의 악고(Acco) 지역으로부터 남쪽의 가자(Gaza) 지역까지 약 270km의 지중해 해안선을 따라 형성된 지대로서 악고 평야(악고-갈멜 산), 샤론 평야(갈멜 산-야르콘 강) 그리고 남쪽의 블레셋 평야(야르콘 강-가자) 등 세 개의 큰 평야가 자리 잡고 있다. 이 지역은 두꺼운 충적토로 덮여 있다. 해안 평야의 북쪽 지역은 폭이 약 10km 미만이지만 남쪽으로 갈수록 그 폭이 넓어져 약 30km까지 된다.

해안 평야 지대는 해발 200m 이하 지역으로 중요한 국제 도로인 해안길(Via Maris)이 발달하여 이집트와 메소포타미아를 잇는 중요한 교통로가

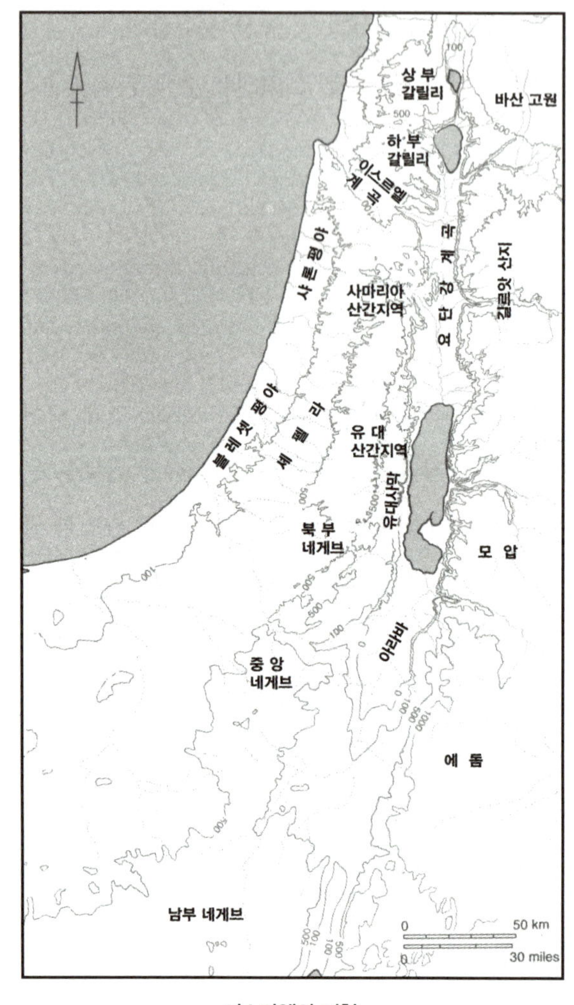

이스라엘의 지형

되었다. 그러나 해안을 따라 모래 언덕이 길게 형성되어 있기 때문에 항구가 발달하지는 못했다. 특히 모래가 굳어서 형성된 쿠르카르(Kurkar)는 강물이 바다로 흘러가는 것을 막아 샤론 평야 지대 부근에 늪지대를 형성하였다. 이런 환경 가운데서도 악고 평야 지대의 악고는 가나안 땅에서 가장 중요한 항구였으며, 욥바도 고대 시대부터 항구로 사용되었다. 샤론 평야에 위치한 돌(Dor)은 블레셋 사람들이 정착했던 항구 도시였다.

또한 남쪽의 가자는 이집트가 가나안을 통치할 때 행정의 중심지 역할을 하였으며, 블레셋의 중요한 항구 도시였다. 아스글론, 아스돗, 가자 등이 블레셋 평야에 위치한 도시들이다.

쉐펠라(Shephelah) 지역은 블레셋 평야와 중앙 산악 지대 사이의 해발 200-300m의 낮은 지역으로 유다와 블레셋의 경계를 형성하는 지역이다. 따라서 블레셋 사람들이 내륙으로 세력을 확장할 때 이스라엘과 많은 전쟁을 했던 지역이기도 하다. 벧세메스, 라기스, 갓 그리고 에그론 등이 여기에 위치한 도시이며, 이 지역에서는 주로 감람나무와 뽕나무가 재배되었다.

중앙 산악 지대는 남쪽의 헤브론(Hebron)에서 베들레헴, 예루살렘, 벧엘, 사마리아를 지나 갈릴리 산악 지대까지의 지역으로 평균 500-700m 정도의 산악으로 연결되어 있으며, 주로 석회암 층을 형성하고 있다. 중앙 산악 지대는 북쪽에서 남쪽으로 갈릴리 산악 지대, 에브라임 산악 지대 그리고 유대 산악 지대로 나눌 수 있다. 이 지역에는 많은 비가 내리며 특히 북쪽으로 갈수록 강우량은 늘어나며, 브엘쉐바 남쪽 근처가 강우량 200mm의 경계점이 된다.[2] 이 강우량 200mm 선은 매년 일정하지 않고 약간씩 이동한다. 또한 북쪽 지역에 많은 비가 내리는 이유는 북쪽 지역이 남쪽 지역에 비하여 산지가 낮아 많은 비구름이 몰려올 수 있기 때문이다.

중앙 산악 지대에 위치한 여러 도시들은 고대 이스라엘 역사에서 중요한 역할을 하였다. 특히 예루살렘과 사마리아는 남북 두 왕조의 수도 역할을 하였으며, 헤브론과 베들레헴은 다윗 왕의 초기 역사와 관련하여 중요한 도시다. 또한 벧엘은 법궤와 관련하여 중요한 위치를 차지하며, 북 이스라엘 시대에는 이들의 성소가 되기도 하였다.

2) 강우량 200mm는 인간이 거주하기 위해 요구되는 최소한의 강우량이다.

요단 강 계곡 지역은 요단 강을 중심으로 헤르몬 산에서부터 사해 지역(-400m)까지 지층의 침강으로 형성된 단층 지역을 말한다. 이 요단 강 단층 계곡은 북쪽의 안티레바논 산맥(Mt. Anti-Lebanon)으로부터 아프리카의 모잠비크까지 약 6,300km에 달하는 단층의 일부 지역이다. 이곳은 해수면보다 낮은 지역으로 (아)열대성 기후를 나타내며, 연 강수량 약 400mm 가량의 비가 내리는 비옥한 토지에서 많은 농작물이 재배되고 있다.

이 지역에는 오래 전부터 주거가 시작되었다. 특히 여리고(-230m)는 인류 최초의 성곽 도시이며(주전 8000년), 벧산(Beth-shean)과 펠라(Pellah)는 사람의 주거가 시작된 이래 한번도 끊이지 않고 사람이 살아왔다.

네겝 지역은 브엘세바 남쪽의 연 강수량이 200mm 미만인 지역이다. 네겝 지역은 주로 모래와 자갈로 이루어진 황무지다. 네겝의 토양은 주로 시내반도에서 바람을 통해 운반되어 퇴적된 토양이다. 따라서 농업에는 적합하지 않다. 이러한 자연적인 조건으로 이곳에는 사람들이 거주하기가 어렵다.

요단 동편 지역은 지리학적으로 요단 서편 지역과 대칭을 이룬다. 요단 동편 지역은 요단 강을 중심으로 내륙으로 갈수록 산악 지역을 형성하고 있다. 따라서 요단 동편 지역 역시 남북으로 요단 계곡 지역, 산악 지역 그리고 사막 지역으로 나눌 수 있다.

요단 동편 지역은 뚜렷한 지형지물에 의하여 크게 세 부분으로 나눌 수 있다. 얍복 강(신 2:37) 이북의 길르앗 지방, 얍복 강에서 아르논 강(신 2:24)까지의 암몬-모압지역 그리고 아르논 강 이남의 에돔이다. 길르앗 지역은 높은 고산 지대이지만 토양은 비교적 기름지며, 풍부한 강우량(연 500-700mm) 때문에 옛날부터 발삼 향료 재배가 성행했고 삼림이 우거져 있었다. 길르앗은 지형적 위치 때문에 북 이스라엘 왕국과 아람 다마스쿠스의 주요한 목표가 되었고, 두 나라 사이의 많은 전쟁이 이 지역에서 일어났다. 반면에 암몬-모압 지역은 해발 800-1,000m 지역으로서 요단 동편 지역 교통의 중심지였다. 에돔 지역은 산악 지대(1000-1700m)로 평균 1,200m 이상된다. 가장 높은 곳은 제벨 룸(Jebel Rumm)으로 해발 1,754m에 달한다. 에돔 지역의 이러한 지형적인 이유로 이들은 기회만 있으면 유다 남쪽으로의 세력 확장을 꾀하였다.

이스라엘의 토양

이스라엘의 기후와 강수량과 밀접한 관련이 있는 이스라엘 토양은 크게 석회암, 현무암, 누비아 사암 등으로 나눌 수 있다. 그러나 부분적으로 특징적인 토양을 이루며, 이에 맞는 농업이 발달하였다.

석회암은 매우 단단하고 풍화 침식에 저항력이 강하여 산악과 구릉 지대를 이루고 있다. 따라서 나무가 잘 자라지 못하지만 한편으로 석회암은 성벽과 건축 재료로 많이 사용된다. 오늘날 예루살렘 건축에 사용되는 돌의 대부분이 이 석회암이다.

현무암은 요단 강 동편 지역의 바산 고원과 갈릴리 호수 부근에서 볼 수 있는 데 현무암이 풍화한 황갈색의 토양은 점성이 강하여 비옥한 농경지를 형성하였다.

누비아 사암은 요르단 동편 지역에 많이 나타나며 석회암처럼 단단하고 풍화 침식에 강하여 높은 산지를 이루고 있다. 사암 지대는 빗물이 잘 스며들지 않아 상시천을 이루는 것이 특징이다.

몇 가지 특징적인 토양 가운데 석회암이 변하여 형성된 테라로사 토양은 짙은 붉은색을 띠며, 매우 비옥하여 여러 가지 농작물이 재배되고 있다. 이 테라로사 토양이 분포되어 있는 지역은 이스르엘 평야 지대와 요단 강 동편의 중앙 부분이다. 또한 많은 바람의 영향으로 충적토가 쌓여 비옥한 토양을 나타내는 곳도 있다. 주로 이스르엘 평야 지대와 해안 평야 지대가 바로 대표적인 충적토 지대다. 이곳에서도 비옥한 토양에서는 많은 농작물이 재배되고 있다. 또 하나의 특징적인 토양은 바람에 의하여 사막에서 날아 온 미세한 토양이 쌓인 황토색의 로이스 토양이다. 이 로이스 토양은 주로 네겝 북쪽 지역에 형성되며 물만 공급되면 비옥한 농토로 변할 수 있는 좋은 토질의 땅이다.

요단 강 동편 지역의 주된 토양은 두껍고, 단단한 모래 토양인 누비아 사암이다. 색이 붉기 때문에 이 누비아 사암이 주 토양인 요단 동편의 남쪽 지역을 에돔이라고 부른다.

이스라엘의 기후

남북으로 길게 뻗어 있는 이스라엘은 다양한 자연적인 특징을 가지고 있다.[3] 기후적인 면에서 이스라엘은 일반적으로 지중해성 기후라고 말한다. 따라서 이스라엘의 기후는 크게 건기와 우기로 나눌 수 있다. 건기는 대체로 5월부터 10월까지 약 6개월 정도이다. 건기는 강우량이 전혀 없으며, 낮에는 고온 건조하며(32℃-38℃) 밤에는 추워 일교차의 폭이 크다. 반대로 우기는 주로 10월부터 다음 해 5월까지 약 6개월이다. 우기에는 일년 강우량의 80% 이상을 차지하며 특히 1-2월에 집중적으로 비가 쏟아진다. 비가 올 때는 대체로 강한 바람을 동반하여 활동에 많은 지장을 초

3) Taha M. F., Harb S. A., Nagib M. K., and Tantawy A. H., "The Climate of the Near East," in *Climates of Southern and Western Asia*, (World Survey of Climatology volume 9), K. Takahashi and H. Arakawa eds., (Amsterdam-Oxford-New York: Elsevier Scientific Publishing Company, 1981).

래한다.

강우량은 북쪽 지역으로 갈수록 많다. 바다를 오래 건너 수분을 많이 함유한 북서풍이 갈릴리 주변으로 불고, 이집트에서 불어오는 건조한 바람이 남쪽으로 불기 때문이다.[4] 연 강수량 분포를 보면 에일랏 30mm, 가자 250mm, 예루살렘 560mm, 나사렛 640mm 등이다. 사람이 살 수 있는 한계 강우량인 연 강수량 200mm 선은 브엘세바 남쪽 지역을 통과한다. 따라서 브엘세바 북쪽 지역에 사람이 많이 거주하며, 브엘세바 남쪽에 관한 기록이 구약성서와 신약성서에 거의 언급되지 않은 것은 바로 이러한 자연적인 현상을 반영한 것이다.

이른 비는 우기 초인 11월경에 내리는 비로서 늦을 때에는 12월까지 연장되기도 한다. 늦은 비는 봄비라고도 하며 이는 농작물의 작황과 결실을 잘되게 하며 곡식을 증산시키는 데 필요한 비다. 따라서 이것을 단비라고도 한다. 이른 비와 늦은 비, 바로 이 두 종류의 비는 계절의 변화를 알리는 이스라엘의 기후적인 특징을 나타내는 것이다.

강설은 매우 드물지만 상부 갈릴리 지역은 거의 매년 눈이 내린다. 따라서 구약성서에서 눈에 관한 기록은 매우 드물지만, 눈 오는 날 구덩이에서 사자를 잡았다는 기록이 있다.

이스라엘 기후의 다른 특색은 이슬이 많이 내린다는 것이다. 이것은 현격한 일교차 때문에 생기는 현상이다. 이슬이 많은 지역은 일년에 250일간 내리며(네겝 북서부지역), 중앙 산악 지대도 150-180일간 이슬이 내린다. 이러한 이슬은 농작물 재배에 대단히 중요하다. 따라서 이스라엘 사람들은 이슬을 축복으로 이해하였다.

4) 이집트에서 부는 바람은 바다를 통과하는 거리가 짧기 때문에 수분이 적어 비를 적게 뿌린다. 따라서 갈릴리 호수 주변은 연 강수량이 1000mm이상이 되며, 이스르엘 평원 역시 풍부한 강수량으로 이스라엘 최대 곡창 지대로 꼽히고 있다.

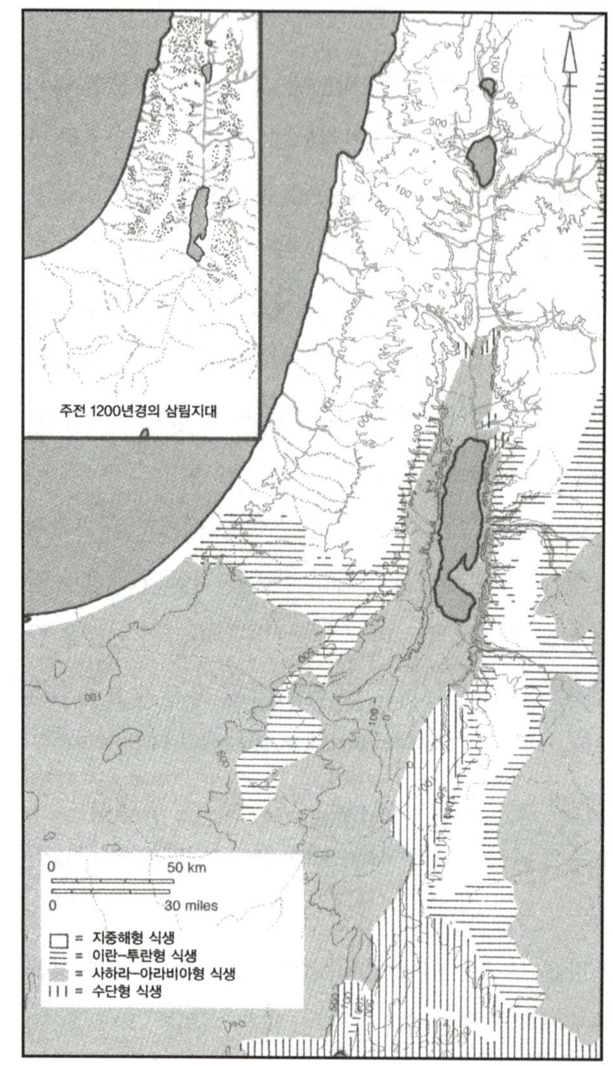
주전 1200년경의 삼림지대
0
50 km
0
30 miles
= 지중해형 식생
= 이란-투란형 식생
= 사하라-아라비아형 식생
= 수단형 식생

이스라엘의 식생도

구약과 역사[5)]

구약성서에 기록된 사건을 중심으로 이스라엘 역사를 재구성할 때 족장 시대가 가장 먼저 등장한다.

족장 시대

어느 민족이든 역사는 시조에 관한 역사부터 시작된다. 이스라엘 민족의 시조에 관한 역사를 족장사라고 부른다. 족장들이 살았던 족장 시대는 다른 민족의 역사와 마찬가지로 역사적 사실보다는 신학적 의미가 더 강조되는 시대이다. 이 시대의 자료가 족장 이야기 속에 등장하는 인물이나 사건들은 성서에만 기록되어 있다. 뿐만 아니라 족장 이야기는 문학적으로 역사 기록이기보다는 이야기 특히 기원설화의 특징을 가지고 있다.

5) 구약과 역사 부분은 김영진, 『이스라엘 역사』, 『고대 이스라엘 역사』를 요약 정리한 것임.

창세기 12-50장은 이른바 족장 이야기로서 이스라엘 민족의 기원에 대하여 설명한다. 이 이야기는 여러 가지 전승이 혼합된 이야기이며, 이야기의 주인공에 따라 아브라함 시대, 이삭과 야곱 시대 그리고 요셉 시대로 나누어진다. 그러나 이러한 족장의 이야기는 역사적 목적을 위하여 기록한 것이 아니기 때문에 족장 이야기의 역사성을 입증할 수 없지만 이 이야기를 통하여 신학적 의미와 교훈을 발견할 수 있다.

그러나 어떤 학자들은 족장 이야기의 역사성을 주장하기도 한다. 이들은 족장 이야기의 시대가 언제이든 상관없이 족장 이야기의 역사성을 입증하려고 한다. 올브라이트(W.F. Albright)와 브라이트(J. Bright)는 주장하기를 족장 이야기는 자전적이거나 전기적인 기록은 아니며, 대부분 신학적인 메시지를 담고 있기 때문에 역사적인 기록이 아니라는 것을 인정한다. 그렇지만 이 족장 이야기는 한 공동체의 과거의 경험이라는 역사적 사실에서 생겨난 전승에 뿌리를 둔 것이며, 특히 고대 주변 세계의 문헌과 비교해 볼 때 족장 이야기는 역사적인 근거를 가진 것이라고 주장한다.[6] 이들은 고대 근동 지역의 관습이나 법을 족장 시대의 관습과 비교하여 그 유사점을 발견함으로써 족장 시대의 역사성을 입증하려고 하였다. 또한 족장들의 유목민적 생활양식이 주전 2천 년대의 문화적 배경을 반영하는 것이라는 근거를 제시하여 족장 이야기의 역사성을 주장한다. 양자상속법이나 장자권 매매와 같은 것들이 족장 이야기뿐만 아니라 누지문서(Nuzi)에서도 발견됨을 들어 족장 이야기의 역사성을 주장한다.[7]

6) W.F. Albright, *The Archaeology of Palestine*, (Harmondsworth: Penguin Books, 1960), p. 237.

7) 그러나 이질적인 문화적 배경을 가진 두 사회 사이에 단순한 문화적 비교를 하는 것에 대한 비판의 목소리가 높다. 첫째, 특정 지역의 관습을 통하여 다른 지역의 역사적 연대를 결정하는 것은 방법론적으로 정당하지 못하다는 것이다. 둘째, 누지 문서의 경우 총 360개의 가족법이 발견된 것 가운데 구약성

마지막으로 족장 이야기에 등장하는 세겜, 벧엘, 헤브론, 도단, 예루살렘 등이 족장 시대에 이미 존재하였으며, 메소포타미아에서 이집트를 잇는 길들이 이미 존재하고 있었다는 근거로 족장 이야기의 역사성을 주장한다.[8)]

족장 시대는 언제인가?

이스라엘의 족장 시대는 언제부터인가? 성서의 연대를 근거로 족장 시대는 대략 주전 19세기경으로 추정할 수 있다.

고고학적인 측면에서 가장 설득력 있는 이스라엘 족장 시대는 중기청동기 제2기(MB II; 주전 2000- 1550년)다.[9)] 이러한 이해는 이스라엘의 텔 베이트 미르심, 텔 엘 아줄, 므깃도, 세겜, 게셀 그리고 라스 엘 아인 등을 발굴한 결과 이들 도시에서 중기 청동기 제2기에 속하는 많은 유물들이 발굴되었기 때문이다. 뿐만 아니라 아브라함의 이동을 아모리족(amurru 서쪽 사람들)의 이동과 연관시키기 때문이다.[10)]

서의 족장 이야기의 역사성을 위해 사용되는 것은 단지 6개의 법 문서에 지나지 않는다. 따라서 이들이 누지 사회를 대표하는 법이라고 주장할 수 없다는 것이다. M.J. Selman, "The Social Environment of the Patriarchs," *TB* 27 (1976), pp. 114-136; idem, *Essays on the Patriarchal Narratives*, pp. 93-138.

8) W.G. Dever, "The Patriarchal Traditions," pp. 99-101.

9) J. Bright, *The Archaeology of Palestine*, p. 83. 이 학설에 의하면 족장들의 이동을 아모리인들의 대이동과 연결시킨다.

10) 아모리족 가설이란 주전 2000년경 이집트와 메소포타미아에서 도시국가들이 멸망하였는데 이러한 멸망의 원인이 주전 2000년경에 있었던 아모리족의 이동과 밀접한 관련이 있으며, 히브리 민족의 시조였던 아브라함도 아모리족의 이동 가운데 일부로 가나안에 정착하였다는 주장이다. 아모리족 가설을 주장하는 근거는 앞에서 살펴본 바와 같이 주전 2000년대가 성서의 연대 계산과 일치한다는 것이다. 또한 아브라함의 이동이나 야곱이 이집트로 이동하는 것이 주전 2000년대의 정치적 상황과 잘 들어맞기 때문이다. 뿐만 아니라 족장 이야기에 나오는 인명이나 지명 가운데 일부가 중기 청동기 제2기에 속하는 문서에서도 등장하기 때문이다. 예를 들어 딜바트(Dilbat)에서 발견된 문서에서는 아브람과 비슷한 아브라하나(Aburahana)라는 이름이 나타나며, 이집트 저주 문서에는 아부라하나(Aburahana)와 자빌란(Zabilan)이 나타나 아브람과 스블론과 비슷하다는 점이다. 또한 주전 18세기의 문서인 마리문서에서는 데라와 비슷한 투라이(Turai), 나홀(Nahor), 사루기(Sarugi; 스룩), 벤-야민(Ben-Yamin; 베냐민), 라반(Laban), 레위 등도 나타난다.

그러나 아모리족 가설은 초기 청동기 시대의 붕괴가 아모리족에 의한 것이라는 주장이 오늘날 고고학자들에게 받아들여지지 않으면서 문제가 생기기 시작하였다. 또한 구약성서의 연대가 아모리족 가설을 지지하는 것처럼 보이지만 그러나 족장 이야기의 다른 곳에서는 이스라엘 백성이 이집트에 체류한 기간을 400년 혹은 430년 대신 네 세대로 기록하고 있다. 이 경우 아모리족 가설을 충족시키기 위해서는 각 세대가 100년씩 살아야 하는 모순이 발생한다. 마지막으로 이러한 이스라엘 백성의 약 600여 년간의 활동이 왜 주변 세계의 다른 기록에 등장하지 않는가 하는 점 등이다.

족장 시대의 문화

족장 시대를 중기청동기 제2기로 분류할 때 이 시기의 가나안 지역에서는 도시문화가 발전하였으며, 독특한 가나안 문화가 형성된 시기다. 이 시대의 정착지는 주로 지중해 해안 지역에서 발전하였다. 거대한 성곽도시와 많은 도시 그리고 성채가 발견되었다. 중기청동기 제2기의 도시 가운데 족장들의 이야기와 관련이 있는 도시는 세겜, 실로, 벧엘, 헤브론, 브엘세바 등이다. 중기청동기 제2기 시대의 축성술은 먼저 기초를 놓고 그 위에 성벽을 쌓는 기술이 발전하였다. 흙을 쌓아 만든 성벽이나 단단한 벽돌로 축성된 성벽도 발견되며, 이 시대의 성벽 쌓기는 이후 도시방어 기술의 발전에 큰 공헌을 하였다.

이 시대의 토기는 붉은색 줄무늬가 있는 광택 나는 토기를 많이 사용하였다. 주로 검은색이나 붉은색으로 된 수직 줄무늬를 주로 장식하였다.

중기청동기 제2기의 뚜렷한 발전은 그 이전 시대의 주석 사용이 구리 사용으로 바뀌었다는 점이며, 많은 무기류와 연장이 등장한다. 오리주둥이 모양의 도끼머리와 전쟁용 도끼, 원통모양의 창머리, 낫 모양의 칼, V 자 모양의 도끼 등이 사용되었다.

중기청동기 시대의 농업에 대해서는 알려진 것이 없다. 단지 하솔에서 수백 미터를 흐르는 수로가 발견된 것이 전부이다. 중기청동기 제2기에는 동굴에 다중 매장을 하는 풍습이 널리 퍼졌다. 동굴의 가운데에 있는 나무로 만든 침대위에 시체를 놓았다. 부장품은 화려한 편인데, 토기 그릇, 나무 그릇, 무기, 다양한 도구들, 보석, 인장 등이 있다. 그릇에 음식물이 남아있는 경우도 있다.[11] 어린이의 유골을 항아리에다 담아두는 것도 많이 발견되는데, 이것은 다른 시대에는 나타나지 않는 것으로 높은 유아 사망률을 보여준다.[12]

구약성서가 묘사하는 족장의 종교는 가족중심의 지역종교의 특성을 나타내지 민족종교의 형태를 갖지는 못했다. 이러한 사실은 예루살렘의 엘 엘리온(창 14:19, 22), 벧엘의 엘-벧엘(창 31:13, 35:7), 세겜의 이스라엘의 하나님 엘(창 33:20), 브엘세바의 엘 올람(창 21:33), 네겝의 엘 로이(창 16:13) 등으로 나타난다. 족장 시대에는 가족이 종교를 전달하는 중요한 수단이 되었으며, 그 가운데서도 아버지가 제사장의 역할을 감당하였음을 짐작할 수 있다.

중기청동기 시대의 신전의 모양은 직사각형의 긴 방에 벽감이나 혹은 지성소처럼 상단이 있다. 이러한 건물 외에도 야외제의장소가 발견되기도 한다.

11) 여리고의 무덤에는 나무로 만든 침대, 의자 등이 발견된다.
12) A. Mazar, *Archaeology of the Land of the Bible*, p. 214.

출애굽과 이스라엘

이스라엘 족장인 야곱 시대 말기에 이집트와 가나안은 극심한 가뭄에 허덕였다. 따라서 이스라엘 백성들은 이집트로 가서 식량을 구할 수밖에 없었다. 그런데 당시 이집트의 총리는 야곱의 아들 요셉으로 그는 형들에게 버림받고 이집트로 팔려와 우여곡절을 겪은 끝에 이집트의 총리대신이 되었다. 야곱과 그의 아들들은 요셉과 바로의 배려로 이집트의 곡창지대인 고센 땅에 거주하여 비교적 풍요로운 삶을 살았다. 그러나 시간이 흐름에 따라 이스라엘 백성들의 수가 증가하는 것을 두려워한 이집트의 바로가 이스라엘 백성들을 박해하기 시작하였다. 특히 새로운 도시인 라암셋(Ramses)과 비돔(Pithom)을 건설하기 위하여 이스라엘 백성들에게 무거운 부역(*corvée*)을 시켰다. 시간이 지남에 따라 이스라엘 백성들에 대한 박해가 가중되어 이스라엘 백성들은 하나님에게 탄원하였고, 탄원을 들으신 하나님이 이스라엘 백성들을 이집트에서 내보내시고 새로운 땅, 약속의 땅 가나안으로 인도하셨다.

따라서 출애굽 사건은 이스라엘 백성이 이집트에서 종살이하다가 지도자 모세의 영도아래 이집트에서 탈출하여 가나안 땅으로 들어간 것을 말한다. 출애굽 사건은 이스라엘 신앙에서 하나님의 구원을 믿게 하는 중요한 요인이 되었다. 출애굽 사건은 구약성서의 출애굽기 1장부터 민수기-여호수아서에 걸쳐 광범위하게 기록되었다. 이 출애굽 사건은 하나님의 구원사를 기록하기 때문에 이 기록 속에서 역사성을 발견하기란 매우 어렵다. 특히 출애굽 사건의 중요한 부분인 열 가지 재앙이나 율법 수여는 신학적 기록물이다. 뿐만 아니라 초기 이스라엘의 역사에 관한 기록은 후대에 초기 역사를 회상하여 기록한 것이다. 따라서 출애굽기에 관한 기록은 후기 기록자들의 신학적 관점이 많이 반영되어 있다.

이스라엘 민족과 출애굽

샹폴리옹(F. Champollion)이 상형문자를 해독한지 200여년이 지났지만 아직까지 구약성서의 출애굽을 암시하는 역사 기록은 발견되지 않았다. 따라서 이집트에 거주했던 이스라엘 민족의 역사를 재구성하는 것은 기록자료의 부족으로 거의 불가능하다. 단지 구약성서(창세기와 출애굽기) 일부에서만 이스라엘 백성들이 이집트에 거주했다는 사실을 간략하게 언급하고 있을 뿐이다. 이스라엘 사람들은 이집트의 곡창 지대인 고센 땅에 거주하였다. 그러나 시간이 흘러 요셉을 알지 못하는 왕의 등장으로 람세스 2세(Rameses II)가 통치하던 때에는 비돔과 라암셋이라는 국고성을 건설하는데 강제 동원되었다. 특별히 이스라엘 사람들이 비돔과 라암셋을 건설하는데 동원되었다는 기록은 이스라엘 백성들이 이집트에 거주한 때가 언제이며, 또 이집트에서 출애굽 할 당시가 언제쯤인가를 결정하는 중요한 단서가 된다.

라암셋(람세스)은 '람세스의 집'(*pr-rmw*; 피 람세스)의 단축형으로 람세스라는 이집트 왕의 이름을 지명으로 사용하였기 때문에 이스라엘 백성들의 이집트 체류와 출애굽 사건이 람세스 왕과 관련이 있음을 알 수 있다. '피 람세스'의 축약형인 도시 이름 라암셋은 힉소스 민족의 수도였으며, 이집트 제 19, 20왕조의 수도였던 아바리스(Avaris)(Tell ed-Daba)이다. 또한 비돔은 와디 에트-투메타트(wadi et-tumētāt)에 위치한 피-이틈(*pr-itm*)이며,[13] 칠십인역에서는 비돔을 헬리오폴리스(Heliopolis)로 번역하였다. 이스라엘 민족이 이집트에서 거주했던 고센 땅은 일반적으로 람세스와 비돔 사이의 지역을 의미한다.[14]

13) Y. Aharon, M. Avi-Yonah, A.F. Rainey and Z. Safrai, *The Macmillan Bible Atlas*, 3rd. Edition, (Jerusalem: Carta, 1993), p. 45. 시편 78:12, 43에서는 소안(Zoan / Tanis)을 비돔과 같은 곳으로 보고 있다.

이처럼 이스라엘 백성들의 이집트에서의 삶에 대한 역사적 재구성이 어렵기 때문에 이스라엘 백성들의 출애굽 연대를 추정하는 것 역시 쉬운 일이 아니다.

언제 출애굽을 했는가?

이스라엘 민족의 출애굽에 관한 성서 외적인 사료가 발견되지 않기 때문에 출애굽의 연도를 결정하기란 매우 어렵다. 따라서 이 문제에 대하여 고고학자, 역사학자 그리고 성서학자들의 다양한 이론이 제시되지만 일반적으로 13세기 설이 가장 많이 지지받는다.[15)]

13세기 설이란 이스라엘 백성들이 이집트에서 비돔과 라암셋을 건축하였다는 성서의 기록에 근거한 것으로 19세기 중엽 레푸시우스(R. Lepsius)가 처음 주장하였다. 비돔과 라암셋을 건설한 이집트의 바로가 제19왕조의 람세스 2세(주전 1279-1213년)이기 때문이다. 따라서 이스라엘 백성들이 람세스 2세의 통치 때 그의 학정을 이기지 못하고 출애굽했다는 것이다. 좀 더 구체적으로 주전 1250년경 발생한 사건으로 추정한다. 이러한 주장은 메르넵타(주전 1212-1202년) 왕의 비문에 이미 이스라엘이란 용어가 등장하기 때문에 그 이전에 이미 이스라엘의 출애굽이 있었음을 시사해준다. 이러한 주장과 함께 주전 13세기 가나안에서 거대한 파괴의 흔적을 발견하였기 때문이다.

14) 구약성서의 다른 사본인 칠십인역과 아람어로 번역된 탈굼(Targum)에서는 비돔과 람세스를 각기 다른 곳으로 주장하고 있다. 칠십인역에서는 On(=Heliopolis)을 비돔으로 번역하고 있으나 탈굼에서는 소안(Zoan = Tanis)를 비돔으로 본다. 뿐만 아니라 탈굼에서는 람세스를 지중해 변에 있는 펠루시움(Pelusium)으로 보고 있다.

15) 김영진, 『이스라엘 역사』, pp. 143-146.

이스라엘은 어떤 경로로 출애굽을 했는가?

출애굽한 이스라엘 백성은 어떤 경로로 가나안까지 이동하였는가? 이것 역시 답하기가 매우 어려운 질문이다. 출애굽 경로에 관한 질문 가운데 가장 어려운 것은 이집트에서 출발하여 가데스(바네아)까지 도착하는데 어떤 경로를 채택하였는가 하는 것이다. 좀 더 구체적으로 출발 장소는 어디이며, 갈대바다와 시내 산의 위치에 관한 것 등이다.

출애굽의 출발 장소는 대체로 라암셋 즉 타니스(Tanis)나 칸티르(Qantir)라는데 이견이 없다. 두 번째 장소인 숙곳은 와디 투밀라트(Wadi Tumilat)에 있는 테쿠(Theku), 즉 오늘날 텔 엘-마스쿠타흐(Tell el-Maskhutah)로 여겨진다. 이곳이 요셉 시대에 이스라엘 백성들이 거주했던 고센 지역이다. 다음 장소인 에담, 비-하히롯, 믹돌 등은 그 위치를 정확히 알 수 없다.

홍해로 번역되는 얌-수프(*yam-suf*)는 문자적으로 갈대바다이다.[16] 갈대바다의 후보지로는 멘잘레 호수(Manzaleh Lake)나 시르보니스 호수(Sirbonis Lake), 혹은 주변과 남쪽의 비터 호수(Bitter Lakes) 근처 가운데 한 곳이다.

출애굽 경로에서 분명한 사실은 이스라엘 백성들이 블레셋 사람의 땅의 길로는 가지 않았다는 사실이다. 블레셋 사람의 땅의 길은 실레(Sile, 오늘날 Qantara)에서 출발하여 지중해 해안을 따라 가자(Gaza)에 이르는 길로 당시에 보편적으로 사용되었으나, 이곳에 이집트 군대의 요새와 병참 기지가 있었기 때문에 이스라엘 백성들은 사용하지 못하였다.

출애굽 경로 가운데 시내 산의 위치도 정확히 알려지지 않고 여러 곳이 후보지로 제시되지만 제벨 무사(Zebel Musa; '모세의 산')를 전통적으로 시내

16) 얌-수프가 홍해로 번역된 것은 칠십인역에서 에뤼트라 탈라사(*erythra thalassa*)로 번역되고 이것이 다시 라틴역에서 마레 루브룸(*Mare Rubrum*)으로 번역된 후 영어에서 Red Sea(홍해)로 번역되면서 생겨난 것이다.

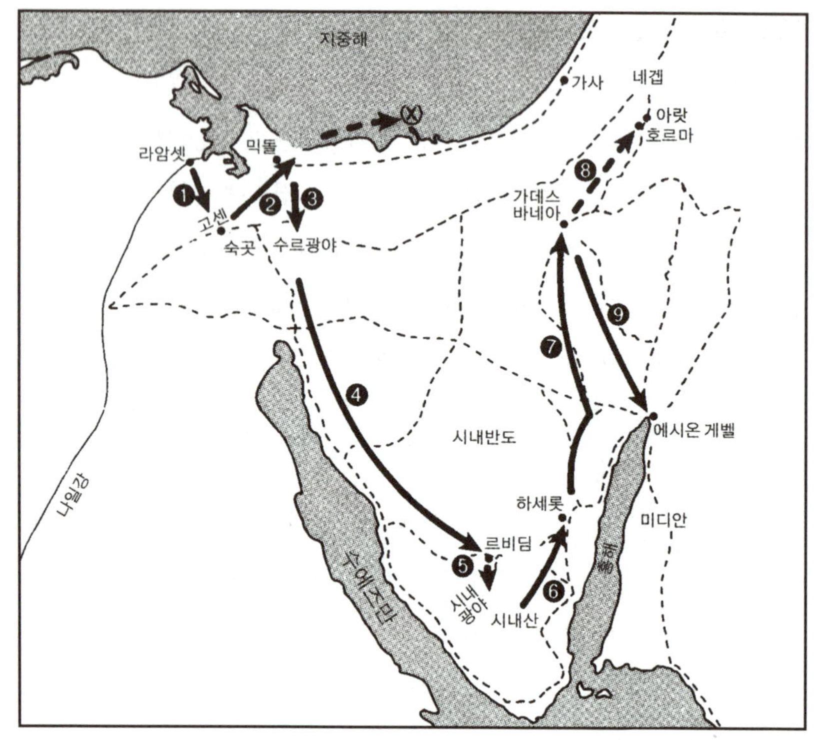

출애굽 경로

산으로 여기고 있다. 따라서 이스라엘 백성의 출애굽 경로는 갈대바다인 수에즈 만을 건너 남하하여 제벨 무사를 거쳐 다시 북상하여 가데스 바네아로 향했다는 소위 남방 경로설을 많은 사람들이 지지하고 있다.[17)]

17) 출애굽 경로로 언급되는 지명의 불확실성 때문에 출애굽 경로에 관한 다양한 이론이 제시된다. 남방 경로설 이외에 북방 경로설과 중앙경로설이 있다. 북방 경로설은 비돔과 람세스를 출발한 이스라엘 백성들이 지중해 안으로 이동했다는 설명이며, 이 경우 갈대바다는 포트-사이드 서쪽의 만잘라 호수(Manzala Lake)이거나 혹은 세르보니티스 호수(Serbonitis Lake)가 될 것이다. 갈대바다를 건넌 이스라엘 백성이 남쪽으로 이동하여 시내 산을 거쳐 가데스 바네아에 도착했다는 것이다. 이 경우 시내 산은 전통적인 제벨 무사가 아니라 가데스 바네아 옆에 있는 제벨 엘-할랄(jebel al-Ḫalāl)이 된다. 중앙 경로설은 고센 지역에서 바로 이스라엘 백성들이 동쪽으로 이동하여 비터 호수(Bitter Lake)를 건너 수에즈 해안을 따라 남하하다 다시 북동쪽으로 가데스 바네아로 향했다는 주장이다. 이 경우 시내 산은 제벨 신-비쉬르(Jebel Sinn-Bishir)가 된다. 중앙 경로설을 따르면서도 어떤 일부의 학자들은 시내 산은 시내반도에 있는 것이 아니라 엘랏으로 가는 길에 있는 미디안 땅이나 엘랏 동쪽의 세일 산이 있었을 것으로 추정한다(창 14:6, 민 3:37, 신 33:2). 이러한 주장은 호렙 산과 바란 광야가 미디안 땅에 있었기 때문이다(출 3:1, 4:27, 왕상 11:17-18). 김영진, 『이스라엘 역사』, pp. 146-148.

어떤 규모의 출애굽인가?

출애굽 사건과 관련된 또 다른 질문은 얼마나 많은 사람들이 출애굽을 했는가 하는 출애굽의 규모에 관한 질문이다. 출애굽의 규모에 관한 질문에 대하여 대부분의 사람들은 장정만 약 60만 명이라는데(민 1:46) 착안하여 200여만 명이 출애굽 했다고 생각한다. 그런데 출애굽한 이스라엘 사람의 수가 60만 명은 히브리어로 6,000으로 기록되어 있다. 그런데 천이라는 숫자의 히브리어 '엘레프'(אלף)는 "천" 이외에도 "단위"(unit)라는 뜻이 있다. 따라서 어떤 이들은 약 6,000단위 즉 6,000가족 정도가 출애굽한 것으로 추정한다.

시내반도 지역에 대한 지리적인 환경과 물, 식량 그리고 주거지 등을 추정할 때 출애굽한 이스라엘 백성의 규모는 200여만 명보다는 6,000여 가족이 출애굽했다는 주장이 믿을 만하다.[18]

가나안 정착 시대

출애굽한 이스라엘 백성들은 가나안 사람들이 거주하고 있는 가나안 땅에 정착하여 나름대로 자신들의 정치체제를 형성하였다. 이스라엘이 가나안에 정착하기 시작한 주전 1200년경부터 이스라엘 왕국이 형성될 때까지의 약 100여 년 동안을 가나안 정착 및 사사 시대라고 부른다.

18) 김영진, 『이스라엘 역사』, pp. 148, 151.

이스라엘은 어떻게 가나안에 정착했나?

출애굽한 이스라엘 백성의 가나안 정착에 관한 유일한 기록은 구약성서다. 구약성서에 의하면 이스라엘이 무력으로 일시에 가나안의 일부 지역을 제외한 전 지역을 정복하고, 이 땅을 이스라엘의 12지파에게 분배하였다. 그러나 고고학과 역사학의 발전으로 이스라엘의 가나안 정착에 관한 다양한 해석이 등장하였다.

가장 많은 사람들이 지지하는 전통적인 견해는 여호수아를 중심으로 한 이스라엘 백성들이 가나안 전체 지역에 걸친 정복전쟁에서 가나안 사람들을 물리치고 정착했다는 것이다. 이러한 주장은 미국의 올브라이트(W.F. Albright)와 그의 제자들에 의하여 주장되었다.[19] 이들은 여호수아 1-12장은 이스라엘 백성들이 가나안을 일시에 무력으로 정복했다고 기록하고 있다는 것에 근거한다. 특히 여호수아서의 "이와 같이 여호수아가 그 온 땅 곧 산지와 네겝과 평지와 경사지와 그 모든 왕을 쳐서 하나도 남기지 아니하고 호흡이 있는 자는 다 진멸하여 바쳤으니 이스라엘의 하나님 여호와께서 명령하신 것과 같았더라"(수 10:40)에 근거한다. 이 학설은 이스라엘 백성들이 가나안을 정복할 때 일시적인 무력침공에 의하지 않았음을 나타내는 부분이 많이 있기 때문에 가장 많이 지지받으면서도 가장 많은 비판을 받는다.

두 번째는 이스라엘의 가나안 정착이 오랜 기간에 걸친 평화로운 점진적인 정착과정(Peaceful Infiltration)에 의한 것이라는 설명이다(A. Alt).[20] 이러한 주장은 이스라엘 백성이 가나안에 정착한 것은 군사적인 행동에 의한

19) W.F. Albright, "Archaeology and the Date of the Hebrew Conquest of Palestine," *BASOR* 58 (1935), pp. 10-18.

20) A. Alt, *Essays on Old Testament History and Religion*, (Oxford: Clandon, 1966), pp. 135-169).

것이 아니라 평화적인 정착에 의한 것이라는 설명이다. 즉 주전 13세기 이스라엘 백성이 가나안에 정착할 때는 평화적으로 정착하였으나, 사사 시대 말 혹은 왕국 초기 시대인 주전 11세기에 2차적으로 영토를 확장할 때 무력을 사용하였다고 주장한다. 이러한 주장은 알트의 제자인 노트(M. Noth)와 바이퍼트(M. Weippert)등이 지지한다. 이 주장의 가장 큰 문제점은 이스라엘 백성을 오늘날 베두인과 같이 추수를 마치고 고지로 이동하는 유목민으로 규정한다는 점이다. 그러나 구약성서의 기록을 통하여 이처럼 이스라엘 백성들이 이동했다는 근거를 찾기 어렵다.

세 번째는 사회학적인 접근으로 가나안 농민 반란가설(Peasant' s Revolts)이다(G.E. Mendenhall, N. Gottwald).[21] 농민 반란설이란 이스라엘의 탄생이 외부로부터 민족의 유입에 의한 것이 아니라 가나안 통치세력에 대한 반란에 의하여 생겨났다는 주장이다. 따라서 이들은 알트가 주장하는 것과 같이 이스라엘 백성이 유목민이었다는 가정을 반박한다. 멘덴홀에 의하면 이러한 히브리인을 중심으로 한 농민의 반란은 곧 가나안의 도시사회와 히브리인들의 농촌사회 간의 대립이라고 본다.

네 번째는 고고학적인 입장에서 이스라엘의 가나안 정착에 관한 설명이다(I. Finkelstein, W. G. Dever). 고고학적인 발굴 혹은 지표조사 결과 이스라엘 중앙 산악 지대의 계단식 경작 및 새로운 인구유입의 흔적이 발견되었다. 핑켈스타인에 의하면 북서쪽으로부터 남동쪽으로 점진적인 인구유입의 흔적이 발견된다는 것이다.[22] 따라서 그는 이 문화의 주인공이 바로 "원 이스라엘"(Proto-Israelite)로 성서에 묘사된 이스라엘과 연결된다고 보았다.[23] 이처럼 고고학적으로 이스라엘 민족의 주거지로 추정되는 지역은 다음과 같은 몇 가지 특징을 가지고 있다. 대개 주거지의 규모가

21) G.E. Mendenhall, "The Hebrew Conquest of Palestine," *BA* 25 (1962), pp. 66-87; N.K. Gottwald, *The Tribes of Yahweh*, (Maryknoll: Orbis Books, 1979). 사사기 11:3, 사무엘하 22:1.

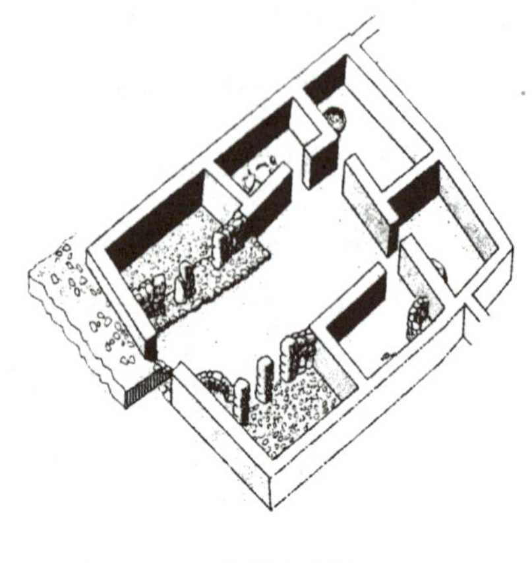

네 칸짜리 집

5-6두남(dunam)의 작은 규모로, 방어용 성벽이 없는 경우가 많다. 발견되어지는 개인주택은 주로 '네 칸짜리 집' (four-room house)의 형태를 띠고 있다. 특히 개인주택의 이러한 양식은 이스라엘의 주거지를 특징짓는 가장 중요한 기준으로 사용되었다. 뿐만 아니라 물 혹은 곡식 저장용 구덩이는 규모가 작고 깊이가 얕은 것들만 발견된다. 그러나 기록된 유물이 발견되지 않았기 때문에 물질문명의 흔적만을 가지고 판별해야 하는 문제점이 있다.[24] 뿐만 아니라 최근에는 네 칸짜리 집이 곧 이스라엘의 주거지라는 공식이 지지되지 못한다. 요르단 지역이나 사이프러스 등지에서도 이러한 형태의 주거지가 발견되기 때문이다.

그렇다면 가나안 정복은 단시간의 정복전에 의한 것인가, 아니면 점진적인 이주인가? 고고학의 연구 범위가 넓어져감에 따라 이에 대한 새로

22) 데버의 연구에 대해서는 다음을 보라: W. G. Dever, "Archaeology, Ideology, and the Quest for an 'Ancient' or 'Biblical' Israel," *Near Eastern Archaeology* 61 (1998), 39-52; idem, "Ceramics, Ethnicity, and the Question of Israel's Origins," *BA* 58 (1995), 200-213; idem, "The Tell: Microcosm of the Cultural Process," in *Retrieving the Past: Essays on Archaeological Research and Methodology in Honor of Gus W. Van Beek*, ed. J. D. Seger (Starkville, Miss.: Cobb Institute of Archaeology, 1996), pp. 37-45; idem, " 'Will the Real Israel Please Stand Up?' Archaeology and Israelite Historiography: Part I," *BASOR* 297 (1995): 61-80; "Archaeology, Texts, and History: Toward an Epistemology," in *Uncovering Ancient Stones: Essays in Memory of H. Neil Richardson* (ed. L. M. Hopf; Winona Lake, Ind.: Eisenbrauns, 1994), 105-17. I. Finkelstein, *Archaeology of the Israelite Settlement*; 우택주, "철기 I 시대 (1200-1000 BC) 초기 이스라엘 사회," 『구약논단』 13 (2002), 73-105.

23) K. L. Younger, "Early Israel in Recent Biblical Scholarship," in *The Face of Old Testament Studies* (Grand Rapids: Baker, 1999), pp. 183-185.

24) I. Finkelstein, "Ethnicity and Origin of the Iron I Settlers in the Highlands of Canaan: Can the Real Israel Stand Up?" *BA* 59 (1996), pp. 198-212.

운 관찰이 가능해졌다. 그럼에도 몇 가지 어려움이 남아있어 정확한 정착 과정을 밝히기는 매우 어렵다. 가장 어려운 점은 후기 청동기 시대의 주거지가 그리 많이 발견되지 않을 뿐만 아니라 구약성서의 정복전과 관련된 도시들을 발굴한 결과 후기 청동기 시대의 지층이 발견되지 않는 곳이 많다는 점이다. 파괴 층이 발견된다 해도 그 뒤를 이은 거주자들을 이스라엘 민족으로 단정지을 수 없다. 파괴된 가나안 도시 다음에 이스라엘 사람들의 주거지로 확실한 곳은 중앙 산악 지대(벧엘 지역)에 국한되어 있다.

한편 이 시기의 팔레스틴은 이집트, 블레셋 사람들 등 많은 세력들이 주도권을 다투던 시기이기 때문에 앞서 진술한 바와 같이 후기 청동기 시대의 파괴 층이 누구에 의한 것인지 확실하게 규정하는 것이 어려울 뿐만 아니라 파괴 이후 새로 나타나는 주거지들도 모두 이스라엘 민족의 주거지인지 확실하지 않다. 정복전쟁과 관련되어 언급된 도시들 가운데 시기적으로 문제가 되는 곳이 많다. 가나안 지방에 새로 나타난 주거지들은 주로 예루살렘 북쪽 이스르엘 평야 남쪽에 집중되어 있는 것을 볼 수 있다. 중앙 산악 지대가 정착의 주요 무대였다는 것이다. 좀 더 자세히 살펴보면 중앙 산악 지대에서도 초기에는 동쪽에 주거지가 몰려 있다가 시간이 지남에 따라 서쪽으로 확산되는 현상을 발견할 수 있다.[25)]

이스라엘의 지파동맹

이스라엘이 가나안에 정착할 당시의 정치체제는 12지파동맹체였다는 것이 일반적인 설명이다. 성서의 기록에 의하면 이스라엘은 아직 정복하지

25) 이에 대한 자세한 논의는 김영진, 『이스라엘 역사』, pp. 157-165를 참조하시오.

못한 몇몇 곳을 제외하고 팔레스틴 전역을 정복하고 12 지파가 제비를 뽑아 영토를 분배받았다(수 13-19장).

이러한 성서의 내용을 기초로 1930년 마틴 노트(M. Noth)는 이스라엘이 가나안을 정복한 후 각 지파별로 사사에 의하여 통치되는 사사 시대가 이어졌다고 주장한다. 그는 사사 시대 이스라엘 지파들은 그리스, 소아시아 그리고 이탈리아에 있었던 인보동맹(Amphictyony)과 같이 야웨 제의를 중심으로 뭉친 12지파동맹 체제를 유지하였다는 가설을 제시하였다. 1864년 에발트(H. Ewald)는 성서 속에 있는 12 혹은 6이라는 숫자로 구성된 민족의 목록이 많이 나오고 있는데, 이 12지파 체제는 이스라엘만의 고유한 것이 아니라 고대 근동의 보편적인 현상이라고 주장하였다.[26) 이러한 주장을 계승하여 노트에 의하면 12지파 혹은 6지파체제는 정치제도가 정착되지 못한 사회에서 볼 수 있는 현상이며, 이러한 예는 고대 그리스와 이탈리아에서도 찾아 볼 수 있다고 주장한다. 이들 동맹체는 특정한 절기에 중앙성소에서 만났으며, 중앙성소에서 행해지는 제의는 이 12 혹은 6지파에 의하여 유지되었다. 즉 동맹체의 구성원들은 한 달 혹은 두 달 간격으로 순번을 정하여 성소에서 제의를 책임졌다. 노트는 바로 이점이 이 동맹체가 12 혹은 6이란 숫자를 유지해야 하는 이유라고 설명한다.

이러한 배경에서 노트는 이스라엘에서도 이러한 제의 중심의 동맹체가 있었다는 가설을 제시하였다. 노트는 이러한 가설에 근거하여 이스라엘 백성들의 가나안 정착과정을 설명한다. 즉 레아의 후손으로 구성된 여섯 지파(르우벤, 시므온, 레위, 유다, 스블론, 잇사갈 지파)가 먼저 가나안에 거주

26) 창세기 22:20-24에는 아람 족속 12지파가 등장하고, 창세기 25:13-16에서는 이스마엘 후손의 12지파 목록, 창세기 36:10-14에서는 에돔 사람들의 12지파 목록 그리고 창세기 36:20-28에서는 호리 사람들의 6지파 목록이 등장한다.

하였으며, 어떤 이유인지는 모르지만 공백이 생겨서 새로운 족속들이 들어와 새로운 지파를 형성하자 6지파체제는 12지파체제로 확장되었다고 보았다. 노트는 이 새로 이주해 온 지파의 주도적인 세력은 요셉의 집(에브라임과 므낫세)과 베냐민이었다고 주장한다. 6지파가 12지파로 확대된 후에 레위 지파가 빠지게 되면서 요셉 가문의 므낫세와 에브라임이 개별 지파로 이 열 두 지파 체제에 참여하게 된다.[27)]

이렇게 형성된 열 두 지파의 중앙성소는 법궤의 이동 경로를 따라 세겜(Shechem)에서 벧엘(Bethel), 길갈(Gilgal)을 거쳐 실로(Shilo)로 이동하였다. 따라서 초기에는 레아 후손의 지파들의 종교적 중심지가 중앙성소의 역할을 하였다. 중앙성소에서 행해진 의식 가운데 중요한 것은 여호수아 24장의 이야기를 들고 있다. 그리스의 인보동맹이 인보동맹의 법을 가지고 있는 것과 마찬가지로 이스라엘에서도 동맹법이 있었으리라 추정한다.

그러나 이러한 노트의 암픽티오니 주장은 몇 가지 문제점을 가지고 있다. 첫째, 구약성서에서 지파동맹의 모습을 찾아 볼 수 없다는 것과 둘째, 이런 동맹체가 있어서 중앙성소의 제의를 담당한다고 하더라도 꼭 12 혹은 6이란 숫자를 유지해야만 한다고 주장하는 것은 너무 인위적인 성격이 강하다는 점이다. 만약 순번을 정해서 제의를 담당하였다면 그 숫자가 12와 6은 물론 4 혹은 3 그리고 2의 가능성을 배제해서는 안 된다는 점이다. 셋째, 중앙성소에서 행해진 종교 의식에 관한 구약성서의 기록이 부족하다는 점이다.

27) M. Noth, *The History of Israel*, (London: SCM Press, 1960), pp. 53-109.

이스라엘 지파의 실제

이스라엘 백성들이 가나안에 정착하여 지파중심의 정치체제가 존속되었으며, 12지파가 형성된 후에 서로 협력하거나 또는 몇몇 지파들이 중요한 역할을 하였다. 뿐만 아니라 지파들 사이에 영토 이동의 흔적도 볼 수 있다. 이스라엘 지파의 이동은 처음 자신들이 받은 지역에서 정착에 실패한

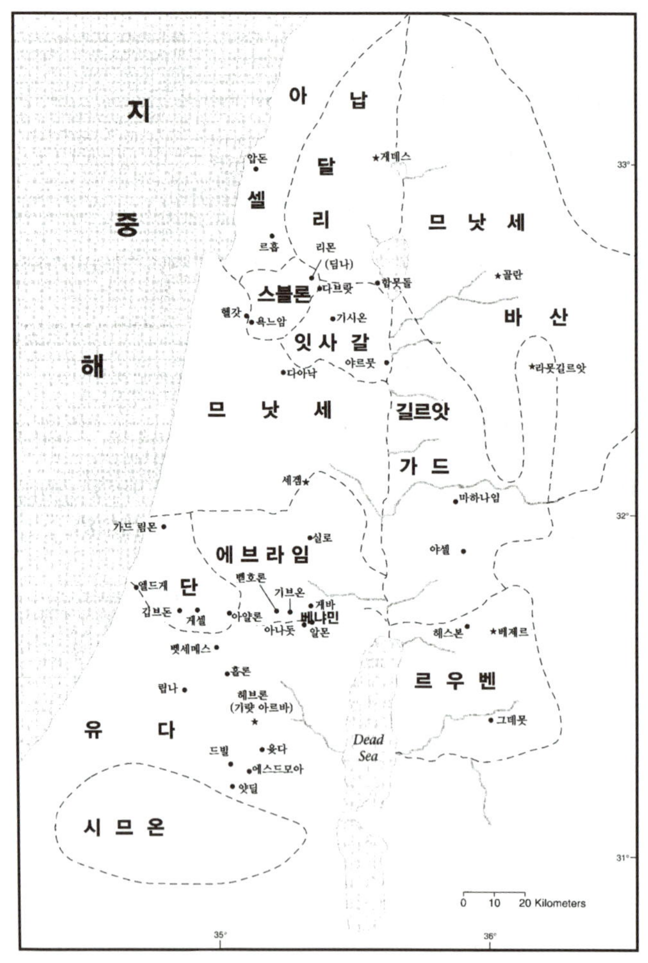

12지파와 레위인의 도시들

후 지파 전체가 다른 지역으로 옮기거나(단 지파), 한 지파에 속한 한 부족이 다른 곳으로 옮기는 현상이 기록되어 있다(수 17:1-3의 마길, 야일, 노바 등).

여호수아와 사사기에 나타난 12지파의 활동 가운데 에브라임 지파(수 15:5-10)와 에브라임에 인접한 베냐민(수 18:11-28), 므낫세(수 17:1-13), 길르앗 지파 등이 사사 시대의 활동의 중심이었다.

베냐민 지파의 활동의 중심지는 기브아 근처이다. 여호수아 18:11-20에서는 라마와 벧엘 사이의 땅을 베냐민 지파의 땅이라고 언급하고 있지만 때에 따라서는 베냐민 지파를 남부 에브라임처럼 말하는 구절도 있다(삿 4:5). 여호수아 1-9장은 주로 남부 에브라임, 즉 베냐민 지파 지방에 관한 이야기를 기록하고 있다. 여리고(수 6장), 아이(수 7-8장), 베냐민 출신은 에훗(삿 3:15-30), 드보라(삿 4-5장), 사무엘(삼상 7:15-17), 사울 등이다.

므낫세 지파는 세겜에서부터 북쪽으로 이스르엘 계곡까지를 통치하였다. 므낫세 사람들이 정복하지 못한 지역은 벧산, 다아낙, 돌, 이블레암(Ibleam), 므깃도(삿 1:27-28) 등이다. 므낫세 지파 사람들이 갈릴리로 이주한 것을 통해 마길(Magil) 부족이 바산과 상부 갈릴리 지역으로 건너갔음을 알 수 있다(수 12:1-6, 13:29-31, 17:1). 또한 성서의 구절이 모호하기는 하지만 야일과 노바도 마찬가지로 이해할 수 있다(민 32:39-42, 삿 10:3). 이들은(마길, 야일, 노바) 지파 내의 부족이 다른 지역으로 이동한 예이다. 므낫세 지파 사람으로는 기드온이 있다.

여호수아 17장은 크게 1-6절의 므낫세 후손에 관한 기록과 7-13절의 므낫세 지파의 경계 및 그 지경에 관한 기록으로 나누어진다. 여호수아 17:1-6에 따르면 므낫세의 후손은 아비에셀, 헬렉, 아스리엘, 세겜, 헤벨, 스미다, 슬로브함과 그의 딸 말라, 노아, 호글라, 밀가 그리고 디르사 등이다. 그런데 여기에 등장하는 많은 이름들이 므낫세 지파에 속하는 지명이다.

에브라임 사람들이 자신들을 싸움에 부르지 않았다고 기드온을 질책하는 구절은 이들이 므낫세 지파에 대하여 모종의 권리를 주장할 수 있는 듯한 느낌을 준다(삿 7:24-8:3). 또한 에브라임 사람들은 입다가 자신들을 부르지 않았다는 이유로 화를 낸다(삿 12:1-6). 사사기 12:4의 "에브라임에서 도망한 자"라는 표현은 에브라임 사람들의 일부가 요단 동편으로 이주했다는 뜻이다.

이러한 배경에서 에브라임 지파는 베냐민, 길르앗, 므낫세, 마길, 야일, 노바 등과 연합했던 것으로 보이며, 이것은 창세기 48장의 에브라임이 지배하는 자로 등장하는 것과 요셉의 집에 에브라임, 므낫세, 베냐민이 함께 거론된다는 것과 연관이 있는 듯싶다(수 17:14-18).

에브라임 북쪽의 아셀, 스블론, 잇사갈, 납달리 지파는 대체로 갈릴리 지역과 이스르엘 계곡에 자리 잡고 있었다. 스블론과 잇사갈은 바다와 연결되어 있었고, 드보라의 노래에서는 아셀을 바다와 연결시킨다. 이에 대하여 세 지파가 원래 해변에 살았는데 해양족의 압박으로 갈릴리 산지로 이주하였다고 주장한다.[28] 갈릴리-이스르엘 계곡 지역의 지파들과 에브라임 지파와 이스르엘 계곡에서의 전투는 서로가 공통의 이해를 가지고 있는 것으로 보인다.

여호수아 19:32에는 납달리 지파의 영토에 관하여 언급하고 있다. 다른 부족의 영토 표시와 마찬가지로 먼저 지경 경계에 관한 기록이 있는데 서쪽과 동쪽은 개괄적으로 표현하였으나, 북쪽의 경계를 표현하지 않았다는 점이 문제점이다. 이에 대하여 납달리 지파의 북쪽 경계가 곧 이스라엘의 북쪽 경계와 일치한다는 면에서 기록하지 않았을 것이라고 설명할 수 있다. 반면에 남쪽에 대해서는 비교적 자세히 그 경계를 표현하

28) Hayes and Miller, *A History of Ancient Israel and Judah*, (Philadelphia: Westminster Press, 1986), pp. 92-98.

고 있다.

두 번째 문제점은 납달리 지파의 지경에 단 지파가 이주한 데서부터 시작한다. 많은 기록에서 갈릴리 호수 북쪽 지역을 나타낼 때 주로 도시 이름과 함께 납달리 지파의 온 땅, 혹은 갈릴리 온 땅이라고 표현하는데 단 지파의 영토라는 표현은 등장하지 않는다. 따라서 여호수아 19장의 납달리 지파의 도시 명단, 단 지파의 북쪽 이주 그리고 후대 사가들의 갈릴리 호수 북쪽 지역에 관한 이해 등은 도시와 경계에 관한 기록의 연대를 추정하는 데 도움을 준다.

단-르우벤-갓 지파는 본거지를 옮겨 다녔기 때문에 그 영토를 확정하기 어렵다. 단 지파는 원래 욥바 근처 해안 평야 지역에 거주하다가 북쪽의 단 지역으로 이주하였다. 단 지파는 에브라임 지파와 지리적으로 인접해 있으며, 블레셋과 국경을 맞대고 있다는 점이 서로 같았다.

르우벤과 갓에 대해서는 사사기에 내용이 나오지 않는다. 이에 대하여 신명기 사가가 이들이 요르단 동편에 거주하였기 때문에 의도적으로 삭제한 것으로 이해할 수 있다. 민수기 32장과 여호수아 13장에 따르면 이들은 대체로 갈릴리 호수 남단에서 아르논 강까지의 지역을 부여받았다. 민수기 32장에서는 갓이 르우벤 지파보다 더 남쪽에 있다고 하나 여호수아 13장에서는 그 위치를 반대로 말하고 있다.

유다 남쪽 지역에 거주한 사람들은 갈렙, 고라, 그니스, 여라므엘, 겐 사람, 시므온 사람들이었다. 그러나 이들의 활동에 관한 기록은 모두 유다 지파에 속한 것으로 기록되어 있다. 유다가 제일 먼저 가나안족을 치러 올라가서 남쪽 지역을 차지하였기 때문이다.

구약성서의 여러 곳에서 유다 지파의 영토에 관하여 언급하고 있다. 여호수아 15장, 19장, 역대기상 4장 그리고 느헤미야 11장 등이다. 여호수아 15장은 세 부분으로 나누어 생각할 수 있다. 첫째 1-12는 유다 지파의 경계, 둘째 13-19의 남쪽 갈렙에 관한 기록, 셋째 20-63의 유다 자손의 기업(도시 목록) 등이다. 여호수아 15:21-63에는 유다의 성읍들이 등장한다. 이에 대하여 여러 가지 가설이 있는데 유다 지역을 크게 네 지역으로 나눈다. 네겝, 유다 산악 지역, 쉐펠라 그리고 광야 지역이다.

여호수아 19:1-9는 시므온 지파의 도시들을 기록하고 있으며, 역대상 4:28-33에서도 그 도시 목록이 나타나 있다. 여호수아 19장은 1절과 9절에 반복하면서 시므온 지파의 기업은 유다 지파의 기업 가운데서 취한 것이라는 설명을 하고 있다. 이 도시 명단은 에델과 아산을 제외하고는 유다의 네겝 지역에 속한 도시들을 거명하고 있다. 시므온 지파의 도시들이 유다 지파의 기업 가운데 나타나는 이러한 현상에 관한 설명이 다음과 같이 제시될 수 있다. 첫째, 여호수아 19장이 나타내는 시대에 이미 시므온 지파가 유다 지파에 완전하게 흡수되었거나 둘째, 유다에 이미 흡수되었음에도 불구하고, 시므온 지파는 그들의 독특성과 전통을 고수하고 있었을 수 있다. 반면, 이후의 성서 기록에서 시므온 지파의 도시들과 유다의 영역을 통칭하면서 "유다"라는 포괄적인 표현이 사용된다는 점에 있어서 시므온 지파를 유다 지파에서 구분할 수 없을 정도로 완전한 동화가 이루어졌다고 볼 수 있다.

이러한 사사 시대의 12지파의 영토 분배와 관련하여 몇 가지 의문을 제기할 수 있다. 실제로 12지파가 이스라엘 역사상 존재하였는가? 그렇다면 여호수아 13-22장의 12지파는 언제 어떤 목적으로 형성된 것인가? 여호수아서와 사사기서의 서로 다른 지파에 관한 기록은 무엇을 의미하는가? 이러한 질문에 대하여 노트는 이 12지파 체제의 연대 문제와 상관없이 이러한 지파들의 연합체가 있었을 것으로 추정한다.

사사 시대

사사 시대(주전 1200-1050년)는 이스라엘에서 왕국이 형성되기 직전 시대로 고고학적으로 철기 시대 제1기 A시대에 해당한다. 이 시대의 가나안은 이집트 20왕조(주전 1194-1070년)의 통치를 받고 있었다. 이 시대의 팔레스틴에는 여러 곳에서 가나안 도시문화가 지속적으로 번영을 누리고 있었다.[29]

사사 시대의 시대적 배경[30]

사사 시대의 정치적 변화의 가장 큰 사건은 람세스 3세(Ramses III; 주전 1194-1163년) 즉위 제8년인 주전 1186년과 주전 1150년경 이집트의 가나안 통치가 끝난 시기 사이에 해양민족 가운데 하나인 블레셋 사람들이 지중해 연안 블레셋 평야 지역을 중심으로 정착하였다. 이들은 에게 해 근처에서 이동한 사람들로 원래는 이집트에 거주하려고 하였으나, 람세스 3세의 저항에 부딪혀 결국에는 고유한 미케네 전통들을 유지하면서 블레셋 평야 지역에 다섯 도시국가를 세웠다. 다섯 개의 블레셋 도시국가 가운데서 가사, 아스글론 그리고 아스돗은 블레셋 평야에 세워졌고, 갓과 에그론은 낮은 구릉지대인 쉐펠라 지역에 세워졌다. 가나안에

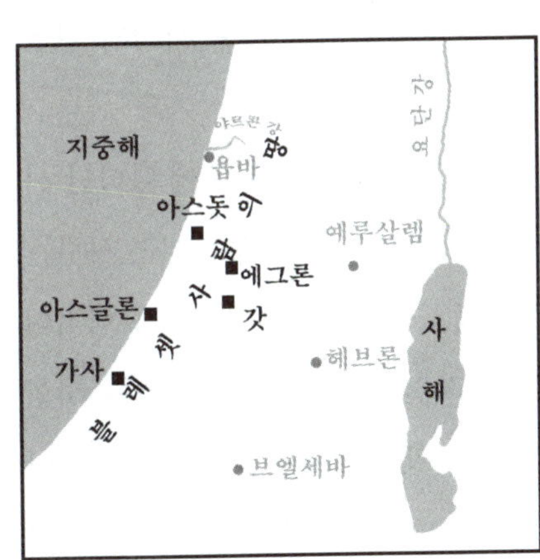

[블레셋 다섯 도시들]

29) 김영진, 『히스토리아: 역사서 연구』(서울: 한들출판사, 2005), pp. 120-140.
30) 김영진, 『이스라엘의 구원자, 야웨: 사사기 주석』(서울: 이레서원, 2007), pp. 27-28.

정착한 블레셋은 이 시대뿐만 아니라 초기 이스라엘 왕국 형성기에 이스라엘의 가장 막강한 적이었다. 블레셋 다섯 도시들은 '세렌'(סֶרֶן)으로 불리는 방백에 의하여 통치되었다. 그러나 이들이 정확히 어떤 사람들인지는 알 수 없다.

문화적인 측면에서 사사 시대에는 블레셋 문화의 영향을 가장 많이 받았던 시대이며, 이 시기 가나안에서 많은 블레셋의 물질문명이 발견된다.

사사는 누구인가?

사사기의 주인공인 사사는 누구인가?[31] 막스 베버(M. Weber)는 사사란 하나님의 특별한 은총에 의하여 카리스마(charisma 〈*karisma*(헬라어)〉)를 받은 자로 전쟁을 통하여 민족을 구원하는 지도자로 이해하였다. 따라서 사사와 같은 지도력은 사무엘의 경우를 제외하고 혈통적으로 계승되는 것이 아니라 하나님이 필요에 따라서 선택되어 사용되었다. 오늘날 우리가 많이 사용하는 카리스마적 지도력(charismatic leadership)이란 바로 사사와 같은 지도자의 능력을 의미한다.[32]

좀 더 구체적인 사사의 기능을 이해하기 위해서는 사사기에 나타난 사사들의 역할을 종합해볼 필요가 있다. '쇼페트'(שׁוֹפֵט)으로 불리는 사사는 드보라의 경우에서 볼 수 있듯이(삿 4:4) 단순한 재판관이 아니라 외적이 쳐들어 왔을 때 하나님의 영이 임해 이스라엘을 구하는 등 지도자로서의 역할을 감당하였다. 그러나 이들은 지상의 왕권을 소유한 사람들이 아니었다. 왜냐하면 이들은 단지 하나님의 필요에 의하여 선택된 자들일 뿐만 아니라 사사 시대에는 사사기 8:23에 나타나듯이 이스라엘의 왕권은

31) 김영진, 『이스라엘의 구원자, 야웨』, pp. 34-37.
32) M. Weber, *Ancient Judaism*, (Glencoe: Free Press, 1952), p. 86.

하나님에게 속한 것으로 생각되었기 때문이다. 기드온이 미디안과의 전쟁에서 이긴 후 이스라엘 사람들이 그에게 이스라엘을 다스리는 자가 되어 달라고 요구하자 기드온은 "여호와께서 너희를 다스리시리라"고 대답한다. 따라서 사사 시대에는 이스라엘의 왕은 사람(사사)이 아니라 하나님이라고 생각되었다. 그러므로 사사 시대에 이스라엘 12지파를 하나로 결속시킨 것은 사사의 정치력이나 군사적 능력이 아니라 그들의 공통된 여호와 하나님에 대한 신앙이었다. 이스라엘의 왕이신 하나님을 중심으로 뭉쳐진 것이다.

사사 시대에 있어서 하나님의 임재를 나타내는 구체적인 상징은 법궤였다. 법궤는 인간이 눈으로 볼 수 없는 여호와 하나님께서 이스라엘과 함께 임재하신다는 것을 나타내는 종교적인 상징이었다. 따라서 사사 시대에는 이 법궤가 위치하고 있는 곳이 이스라엘의 종교 · 정치적 중심지가 되었다. 그리하여 법궤가 있는 곳에 모여 종교적 축제와 의식을 거행하였다. 법궤는 한 장소에만 안치되어 있지 않았다. 세겜, 벧엘, 실로 등의 여러 곳으로 이동하였다. 이러한 법궤의 이동은 여호와 하나님이 어떤 특정 지역에 매여 있는 하나님이 아니라는 것을 상징적으로 보여주는 것이다. 하나님의 범우주적 통치 능력(universalistic power)을 보여준다.

그런데 사사들 가운데 전쟁을 치르거나 그의 행적이 자세히 기록된 사사가 있는가 하면 간단하게 그의 통치에 대하여 간략하게 기술된 사사가 있다. 예를 들어 드보라(4-5장), 기드온(6-8장), 입다 그리고 삼손(13-16장)의 경우에는 이들의 행적이 비교적 자세히 기술되어 있다. 특히 사사로서 무슨 일을 행하였는가 또 사사의 직무를 행할 때 하나님이 어떻게 도우셨는지 비교적 자세히 기록되어 있다. 특히 이들의 기록에는 전쟁에 관한 내용이 반드시 등장한다. 따라서 학자들은 이들을 대사사(major judge)

라고 부른다. 반면에 돌라부터 압돈까지는 입다를 제외하고 그들의 통치 기간에 대하여 약술되어 있다. 즉 사사의 인적사항, 사사로 활동한 연수(年數) 그리고 죽음에 대하여 매우 간결하게 기록되어 있을 뿐, 그들이 행한 전쟁에 관한 자세한 기록이 등장하지 않는다. 이들에 대하여 학자들은 소사사(minor judge)라고 부른다. 그러나 이러한 분류는 편의상의 분류이지 대사사와 소사사 사이의 본질적인 차이가 있는 것은 아니다. 이러한 사실은 왕들에 대해서도 다윗, 솔로몬, 히스기야, 요시야 등에 대해서는 자세히 기록하고 있지만, 그러나 나머지 왕들은 일정한 형식에 의하여 간략하게 기록하고 있는 것과 마찬가지이다.

사사이름	통치 기간	압박하는 주변 세력	사사기
옷니엘(유다)	~ 40년	메소포타미아(구산리사다임) 8년	3:7-11
에훗(베냐민)	~ 80년	모압	3:12-30
삼갈(?)			3:31
드보라(에브라임?)	~ 40년	가나안 20년	4-5장
기드온(므낫세)	~ 40 년	미디안 7년	6-8장
돌라(잇사갈)	23 년		10:1-2
야일(길르앗)-므낫세	22 년		10:3-5
입다(므낫세)	6 년	암몬 18년	10:6-12:7
입산(스불론)-베들레헴	7 년		12:8-10
엘론(스불론)	10년		12:11-12
압돈(에브라임)	8 년		12:13-15
삼손(단)	20년	블레셋 40년	13-16장

뿐만 아니라 현재 사사기에 등장하는 사사들은 모든 지파에서 한 명씩

12명의 사사가 기록되어 있는 것은 아니다. 12지파를 상징하듯 12명의 사사가 기록되어 있기는 하지만 그러나 유다(옷니엘), 베냐민(에훗) 그리고 단 지파(삼손)에서는 한 명의 사사가 기록되어 있지만 에브라임(드보라, 압돈)과 므낫세 (기드온, 야일, 입다) 그리고 스블론 지파(입산, 엘론)에서는 두 세 명의 사사가 언급되어 있다.

주전 15-12세기의 시리아-팔레스틴

고고학적으로 후기 청동기 시대에 속하는 주전 15-12세기 동안 시리아-팔레스틴은 격동의 시대를 겪었다. 이 시기는 고대 이스라엘이 가나안에 정착하는 시기로 그 역사적 의의가 큰 시대다. 이 시기를 좀 더 세분하여 나누면 첫째 시대는 아마르나 시대(주전 15-14세기)다. 이집트의 신왕국이 시리아-팔레스틴 지역에 대한 주도권을 쥐고 있던 시대로 시리아-팔레스틴에는 많은 도시국가들이 활동하던 때이다. 둘째 시대는 주전 14세기 이후 아시리아, 바벨론 그리고 하티 왕국(Hatti kingdom) 등 고대 근동의 주된 세력이 쇠퇴하기 시작하던 시대로 이러한 움직임은 주전 1200년 이후 이집트의 쇠퇴로 이어진다. 고대 근동의 강대국들이 쇠퇴함에 따라서 시리아-팔레스틴에서는 지역세력(도시국가나 왕국)이 세력을 확장하던 때이다. 셋째 시대는 블레셋이 지중해 동쪽 해안 지역에 정착한 그 이후의 시대다.

이러한 고대 근동 지역의 정세변화는 가나안의 정세에 큰 영향을 주었으며, 특히 정착하여 세력을 확장해야 하는 처녀왕국 이스라엘에게 커다란 영향을 주었다.

아마르나 시대

주전 15-14세기 시리아-팔레스틴의 정치적 상황을 묘사하고 있는 기록이 카이로에서 남쪽으로 304 km 떨어진 하지 칸딜(Hajji Qnadil)에서 발견되었다.[33] 이 기록들은 주로 아카드어로 기록된 382개의 서신으로 구성되어 있다. 이 서신은 아멘호텝 3세(주전 1402-1364년)와 아멘호텝 4세(주전 1364-1346년)시대 사이의 약 56년 동안(이 기간을 흔히 아마르나 시대라고 부름) 가나안의 봉신과 시리아 북쪽에 있는 강력한 왕국의 왕들이 이집트 바로와 주고받은 외교 서신이다.

아마르나 시대 동안 이집트와 북쪽의 미타니 왕국은 미타니 왕국의 쇠퇴로 말미암아 비교적 우호적인 관계를 유지하였다. 따라서 이집트는 팔레스틴 지역에 대한 원정을 떠날 이유가 없었다. 그러나 이것은 팔레스틴 지역에 대한 이집트의 영향력 약화를 초래하였다. 이러한 이집트의 팔레스틴에 대한 영향력 약화는 팔레스틴 내부의 도시국가들과 주변의 작은 왕국들 사이에 외교적인 문제가 발생하는 결과를 낳았다.

일반적으로 엘-아마르나 시대의 가나안을 세 부분으로 나눈다. 즉 가자를 중심으로 하는 팔레스틴 지역, 쭈무르(Ṣumur)를 중심으로 하는 레바논 해안 지역 그리고 쿠미디를 중심으로 하는 시리아 남쪽 지역 등이다.[34] 세 지역 가운데 팔레스틴 지역은 다시 쉐펠라 지역, 산악 지대 그리고 산악 지대 북부 지역으로 나눈다.[35]

쉘펠라 지역에서 정치적으로 중요한 도시는 게젤, 라기스 그리고 슈바

33) *ANET*, pp. 483-490; M. Greenberg, *The Hab/piru*, (New Heaven, 1955); J.A. Knudtzon, *Die El-Amarna Tafeln*. AOAT 8, (Kevelaer and Neukirchen-Vluyn, 1978); W.L. Moran, *The Amaran Letters*, (Winona Lake: Eisenbrauns, 1987)(Eng. 1990); N. Na' aman, Amarna Letters, *ABD* I, pp. 174-181; A.F. Rainey, *El-Amarna Tablets* 359-379, Supplement to J.A. Knudtzon, Die El-Amarna Tafeln. AOAT 8, (Kevelaer and Neukirchen-Vluyn, 1970). 현재 아마르나 문서는 베를린 박물관(202 혹은 203개), 카이로 박물관(49 혹은 50개), 대영 박물관(7개) 및 나머지는 개인이 소장하고 있다.

르다투 왕국(Šuwardatu)이다. 이들은 영토를 동쪽 (중앙)산악 지대로 확장하려고 노력하였다. 그 결과 자연스럽게 예루살렘과 마찰을 일으킨다. 이러한 예는 예루살렘의 왕이 게젤의 왕 밀키일루(Milkilu)와 수아르다투(Šuardatu)를 이집트 바로에게 고발하는 것에서 잘 알 수 있다(EA 290).[36] 산악 지대에서는 예루살렘과 세겜이 전체 지역을 관장하였다. 산악 지대는 사람이 거주하기 어려움에도 불구하고 많은 도시가 형성되어 사람들이 거주하였다.[37] 마지막으로 (중앙)산악 지대 북부 지역에서는 아스다롯과 하솔이 중요하다. 아스다롯의 왕은 펠라(Pella)와 가리(Gari; 성서의 그술) 지역에 영향력을 행사하였다.

이러한 아마르나 서신을 통하여 주전 14세기경 가나안에서 중요한 지역은 게젤, 세겜 그리고 하솔 등이었음을 알 수 있다. 이 외에도 아스글론, 라기스, 갓, 예루살렘, 르홉, 므깃도, 시므온, 악고 등인데 세겜과 하솔만이 영토를 가지고 있는 왕국이었고, 나머지는 모두 도시국가의 형태를 띠고 있었다.

엘-아마르나 서신은 주전 14-13세기 가나안의 정치적 상황에 대한 정보를 많이 제공해주고 있다. 이 서신들을 통해서 이집트가 당시 가나안

34) W. Helch, *Die Beziehungen gyptens zu Vorderasien im 3. und 2. Jahrtausend v. Chr. 2nd rev. de.* Wiesbaden, pp. 248-252; R. de Vaux, "Le Pays de Canaan," *Essays in Memory of E.A. Speiser*, ed. W.W. Hallo, (New Haven: American School of Oriental Research), pp. 23-30. 그러나 나아만(Na'aman)은 아마르나 시대의 가나안 지역을 크게 두 부분으로 나눈다. 즉 팔레스틴 지역과 시리아, 페니키아 해안지역이다. N. Na'aman, *The Political Disposition and Historical Development of Eretz-Israel Accroding to the Amarna Letters*, Dissertation Tel-Aviv University, 1975, pp. 166-172, 227 (Hebrew); idem, "Economic Aspects of the Egyptian Occupation of Canaan," *IEJ* 31 (1981), pp. 172-185.

35) A. Mazar, *Archaeology of the Land of the Bible 10,000-586 B.C.E.*, (New York: Dubleday, 1990), pp. 232-241.

36) EA 290에 의하면 밀키일루와 킬투(Qiltu)의 왕 슈바르다투가 게젤, 김투 그리고 킬투에서 군대를 거느리고 루부투를 점령하였고, 이어서 예루살렘에 속해있는 지역을 점령하였다.

37) 산악 지대에 위치한 아마르나 시대의 도시로는 도단, 디르사, 벧엘, 헤브론, 드빌, 기브온, 브엘롯 등이다. 특히 세겜의 왕 라바유는 샤론 평야, 이즈르엘 평야 그리고 예루살렘, 게젤 지역에까지 영향력을 행사하였다.

을 관할하고 있었음을 알 수 있다. 특히 이집트는 가나안에 가자, 욥바, 울라사, 쭈무르, 벧산 그리고 쿠미디 등 여섯 곳에 요새를 구축하였다. 이들 여섯 요새들은 주변에 있는 경작지를 관리하였다. 이들 요새화된 도시들뿐만 아니라 예루살렘, 므깃도, 악고, 비블로스 등 중요한 지역에 주둔군을 주둔시켰다. 이들 군대의 규모는 50여명 미만에서 많이는 300여명까지 되었다.

가나안 지역을 통치하기 위하여 이집트의 관리들이 파견되었는데 총독들은 각 지역에 한 명씩 배정되어 그 지역을 통치하였다. 이들의 명칭은 '이방을 위한 왕의 사신' 이다. 이들의 가장 중요한 기능은 모든 봉신으로부터 세금을 징수하는 것이다. 뿐만 아니라 이집트 군대가 원정 갈 때, 군사와 식량을 공급하는 역할을 하였다. 그 외에도 많은 관리들이 있었지만 이들의 기능에 대하여 자세히 알 수는 없다. 이집트는 아마르나 시대에 가나안을 통치하면서 많은 정치, 경제, 군사적인 이익을 얻을 수 있었다.

아마르나 문서에 등장하는 하비루는 히브리인의 기원을 하비루에서 찾는 일군의 학자들에 의하여 그 중요성이 강조되었다.[38] 하비루는 주전 2천 년대의 고대 근동에 널리 알려진 사회적, 정치적인 배경이 없는 사람을 일컫는 말이다. 그러나 아마르나 문서에서는 이들 하비루에 대한 새로운 관점을 갖게 한다. 하비루란 이집트 세력에 저항을 하는 자들의 집단을 일컫는다. 뿐만 아니라 이들은 때로는 강도의 집단으로 또 때로는 용병을 하는 집단으로 도시국가 간의 분쟁에 관여했던 것으로 기록되어 있다.

엘 아마르 문서에 해양족의 일부인 쉐르덴(Sherden)과 루키(Lukki)가 언급된다. 아마르나 문서(EA 81, 122, 123 등)에서 쉐르덴은 비블로스 지역의

38) M. Greenberg, *The Hab/piru*, New Heaven, 1955.

왕실 경호원이나 용병으로 활약하였음을 기록하고 있다. 아마르나 문서 38번(EA 38)에서는 루키가 알라쉬야(Alashiya)를 약탈한 것으로 되어 있다. 일부 학자들은 미쉬(miši)를 해양족 가운데 하나로 생각하기도 한다.[39] 아마르나 문서(EA 101, 105, 108, 110, 111, 126)에 등장하는 미쉬는 대체로 바다와 관련하여 등장한다. 그러나 미쉬를 해양족의 일부로 주장하기 위해서는 많은 연구를 필요로 한다. 따라서 해양족들이 이미 주전 15-14세기에 팔레스틴의 지중해 해안에서 활동하였음을 짐작할 수 있다.

구약성서에 등장하는 왕조 이전 시대의 여러 가지 사회적 현상들을 아마르나 문서에서도 찾아 볼 수 있다. 아마르나 문서와 구약성서에 나타난 이스라엘 이전의 가나안의 상황과 같은 요소는 여호수아 15:45-47, 17:11, 사사기 1:27처럼 가나안 지역이 여러 지역으로 나뉘어져 있고, 이들은 모두 왕에 의하여 통치되며, 어떤 한 지역은 그 지역의 중심 도시와 그 도시를 중심으로 그 주변 도시로 구성되어 있다는 점이다. 또한 여호수아 10-11장에서 나타나는 도시국가 왕들의 연합을 엘-아마르나 서신에서도 볼 수 있다(EA 366).

그럼에도 불구하고 구약성서와 아마르나 문서 사이에는 여러 가지 차이점을 가지고 있다. 가장 큰 차이점은 구약성서에 등장하는 많은 지명이 아마르나 문서에 나타나지 않는다는 것이다(즉 여리고, 아이, 야르무트, 헤브론, 브엘쉐바, 아라드 등). 여러 장소 가운데 족장들의 활동과 관련하여 중요한 도시인 헤브론이 후기 청동기 시대의 어느 기록에도 언급되지 않고 있으며, 더욱이 고고학적 발굴 결과에 따르면, 이 시기에 헤브론에는 사람이 거주하지 않았다. 또한 여호수아 10장에서 예루살렘 왕이 연합을 이끄는

39) *CAD* D, p. 122에 의하면 미쉬(*miši*)는 아마르나 문서에만 등장하는 이집트어이다. CAD에서는 이 단어를 "군대"(troop, army)로 번역하였다. J.F. Brug, *A Literary and Archaeological Study of the Philistines*, British Archaeological Reports, International Series 265, (Oxford: British Archaeological Report, 1985)를 참조하시오.

등 정치적 위치가 중요하게 언급되는데 반하여 아마르나 문서에서 예루살렘 왕의 역할이 미미한 것으로 언급되어 있고 더욱이 라기스나 에그론처럼 어떤 정치적인 연합을 주도할 수 없는 것처럼 묘사되어 있다. 또한 구약성서에는 가나안에 거주하는 많은 민족들 히위족, 헷족, 여부스족, 블레셋, 페리즈족, 길가쉬족 등에 대한 언급이 등장하지만, 아마르나 문서에는 이들에 관한 언급이 전혀 없다.

강대국의 쇠퇴

주전 2천 년대 후반기의 가장 큰 특징 가운데 하나는 이집트, 메소포타미아 그리고 히타이트 등 고대 근동의 주요한 세력들이 쇠퇴한 것이다. 이러한 중요한 정치세력의 쇠퇴는 이스라엘의 가나안 정착에 좋은 환경을 만들어 주었다.

이 시기 강대국의 쇠퇴는 다른 어떤 외부적인 요인보다는 강대국 사이의 경쟁으로 인해 발생하였다. 전통적으로 주전 1500년경부터 고대 근동의 세 강대국은 메소포타미아(바벨론 혹은 아시리아), 히타이트 그리고 이집트 세력이었다. 이들의 세력 변동은 고대 근동 역사에 많은 영향을 끼쳤다.

메소포타미아 세력의 변화

메소포타미아 남부 지역에 위치하고 있던 바벨론 지역에서 주전 16세기경에 새로운 왕조인 카스 왕국(Kassite)이 형성하였다. 바벨론 왕의 목록에 의하면 카스왕조는 주전 1530-1155년까지 400여 년간 권력을 유지하였으나 주전 13세기부터는 아시리아와 엘람 왕국이 카스 왕국의 멸망을 재촉하였다.

카스 왕국의 부흥은 아마르나 서신을 통해서도 잘 알 수 있다. 아마르나 서신에서 카스 왕국은 이집트의 형제국가가 되어 조약을 체결한다. 이렇게 세력을 확장하던 카스 왕국은 주전 14세기에 부흥을 맞이한다. 쿠리갈주(Kurigalzu) 1세 때는 쿠리갈주의 딸이 이집트의 아메노피스 3세와 결혼함으로서 이집트와 관계를 개선하여 서쪽 지역으로 경제적 확장을 꾀할 수 있었다. 뿐만 아니라 쿠리갈주 2세(주전 1332-1308년)는 엘람과 전쟁하여 동쪽으로 세력을 확장하였다. 따라서 카스 왕국은 매우 광범위한 지역과의 교역을 통하여 경제적, 정치적 영향력을 확립하였다.

카스 왕국의 결정적인 쇠퇴는 주전 13세기 말 바벨론의 카쉬틸리아슈(Kashtiliashu) 4세가 아시리아의 투쿨티-니누르타 1세와의 전쟁에서 패하고 메소포타미아 남부의 많은 지역이 아시리아의 통치 아래 놓이게 되면서부터다.

메소포타미아 북부 지역의 중심 세력이었던 아시리아는 히타이트의 슈필룰리우마 1세가 미타니 왕국을 공격하여 미타니의 투쉬라타(Tushratta)를 죽이자 이 지역의 정치적인 공황상태를 이용하여 아시리아의 앗수르-우발리트(Assur-uballit) 1세가 세력을 장악하고 아시리아 부흥의 발판을 마련하였다. 아시리아가 세력을 확장하자 바벨론의 부르나부리아쉬(Burnaburiash) 왕이 앗수르-우발리트의 딸인 무발리테트-쉐루아(Muballitat-Sherua)와 결혼한다. 그 후 이들의 아들인 카라-하다쉬(Kara-hadash)가 반란으로 죽자 앗수르-우발리트는 바벨론의 내정을 간섭하여 쿠리갈주 2세를 왕으로 세운다. 이처럼 아시리아는 바벨론 내정에 간섭할 정도로 세력을 확장하였다.

앗수르-우발리트가 죽은 후 일시적인 공백기를 지낸 후 주전 13세기에 세 명의 왕에 의하여 아시리아는 다시 세력을 확장하였다. 즉 아다드-니라리 1세(Adad-nirari)(주전 1305-1274년), 살만에셀 1세(Shalmaneser)(주전 1273-

1244년) 그리고 투쿨티-니루르타 1세(Tuhulti-ninurta)(주전 1243-1207년)이다. 이들은 유프라테스 강을 건너 시리아 지역으로 세력을 확장하였고, 전에 미타니 왕국이 차지하고 있던 땅을 아시리아 영토로 합병하였다. 그 결과 아시리아는 아다드-니라리 1세 때 열강의 반열에 들어섰다. 이러한 사실은 히타이트의 왕이 아다드-니라리 1세에게 보낸 편지에서 잘 나타난다. 히타이트의 왕은 그에게 다음과 같이 썼다. "내가 너에게 형제라고 써야하는 이유가 무엇이냐? 너와 내가 한 어머니에게서 낳았냐?" 이러한 사실은 히타이트 왕으로서도 아시리아의 왕을 형제로 부르지 않을 수 없음을 보여준다. 투쿨티-니루르타 1세는 대대적인 정복전쟁을 감행하여 우라르투 지역을 포함하여 시리아 지역으로까지 세력을 확장하였다. 뿐만 아니라 바벨론을 정복하고 메소포타미아 남부의 많은 지역을 점령하였다.

그러나 그가 죽은 후 아시리아는 일시적인 혼란에 빠졌지만 디글랏빌레셀 1세(Tiglatu-pileser)(주전 1114-1076년)가 즉위하면서, 전 왕의 정복전쟁을 계승하여 서쪽의 아람과 무쉬쿠(Mushku)를 정복하고 지중해 연안까지 진출하였다. 또한 북쪽으로는 빈 호수 지역까지 진출하였다. 그러나 그는 단명하고 말았다. 결국 1050년 이후 아시리아 세력은 매우 축소되어 메소포타미아 북부 지역을 아람이 통치하게 되었다.

이집트의 쇠퇴

힉소스의 통치에 종지부를 찍고 새로운 제18왕조를 세운 것은 아흐모세(Ahmose; 주전 1570-1546년)이다. 주전 1560년 경 나일 강 델타 동쪽에 위치하고 있는 힉소스의 수도 아바리스를 정복함으로써 힉소스의 통치는 끝났다. 아흐모세는 시내반도를 가로질러 3년 동안 샤루헨(Sharuhen)을 포위·공격하여 도시를 점령했다. 이러한 아흐모세의 가나안 지역에 대한 대대적인 공격으로 가나안은 이집트의 지배하에 놓이게 되었다.

아흐모세의 뒤를 이은 아멘호텝 1세(Amenhotep)(주전 1546-1524년)와 투트모세(Thutmose) 1세는 시리아 북부 지역에 형성된 미타니와의 전쟁을 통해서 이집트의 세력을 이 지역에까지 확장시켰다. 투트모세 1세는 심지어 유프라테스 강을 건너 그곳 강가에 승전비를 세우기도 하였다.

제 18왕조의 정복자는 투트모세 3세(주전 1504-1450년)이다. 그는 미타니 왕국의 지원을 받아서 반란을 일으킨 시리아-팔레스틴의 도시들을 평정하기 위해 그의 재위 23년(주전 1482년)에 원정을 시작하였고, 더 나아가 미타니 왕국에 대해서도 15번의 군사원정을 감행했다. 결국 투트모세 3세는 여덟 번째 군사원정 때(주전 1472년) 미타니 왕국을 정복하였다.

투트모세 3세의 가나안 원정 중 가장 중요한 것은 므깃도(Megiddo) 전쟁이다. 이 전쟁에서 투트모세 3세는 미타니의 원조를 받는 카데쉬를 중심으로 한 연합군을 물리쳤다. 므깃도 전쟁에서 대승을 거둔 이집트 군대는 반란을 일으켰던 왕들을 포로로 붙잡았고, 전차 924대, 말 2041필, 갑옷 200벌, 활 502개를 포함한 많은 전리품을 빼앗아갔다.

투트모세 3세가 죽고 그의 아들인 아멘호텝 2세(Amenhotep, 주전 1450-1427년)는 시리아-팔레스틴 지역에 대해 세 번의 군사원정을 감행하여 미타니 왕국과 세력의 균형을 이루었으나, 빈번한 원정으로 이집트와 미타니 왕국 모두 많은 국력을 소진하였다. 따라서 아멘호텝 2세의 후계자인 투트모세 4세와 아멘호텝 3세는 몇 차례만 가나안 원정을 감행하였다.

아케나톤(Akhenaten)으로 알려진 아멘호텝 4세(주전 1364-1347년)와 아멘호텝 3세 시대의 가나안의 정치적 상황에 대해서는 아마르나 서신에 자세히 기록되어 있다.

제 19왕조가 시작되면서 세티 1세(Seti, 주전 1306-1290년), 람세스 2세 그리고 므넵타 왕은 이집트의 북쪽 경계를 확고히 하기 위해서 군사원정을 감행했다. 람세스 2세(Ramses, 주전 1279-1212년)는 히타이트와의 전쟁을 재개하였다. 주전 1275년의 군사원정 중 카데쉬에서 벌어진 이집트와 히타이트 사이의 전투가 중요한 전쟁이었다. 이러한 이집트와 히타이트 사이의 전쟁은 주전 1259년에 맺은 조약을 끝으로 종지부를 찍었고, 이러한 두 제국 사이의 관계는 히타이트 제국이 멸망할 때까지 지속되었다.

이집트가 쇠퇴기로 접어든 것은 므넵타(Merneptah; 주전 1212-1202년)시대부터이다. 이때로부터 70년 후에는 가나안으로부터 철수하게 된다. 그러나 이집트가 당장 쇠퇴한 것은 아니다. 해양족들에 맞선 출정을 감행한 자는 이집트 제 20왕조의 람세스 3세(주전 1182-1151년)였다. 그는 자신의 재위 5년과 8년에 두 차례의 큰 전투를 치렀다.

강국들의 패권은 끝을 맞게 되었고 그로 인해 생겨난 공백을 작은 나라들이 채우게 되었다.

블레셋의 등장

이스라엘이 가나안에 정착할 당시 가장 큰 일은 블레셋 민족이 가나안에 등장한 것이다. 블레셋은 주전 15세기경 지중해 변을 중심으로 에게 해 연안부터 이집트까지의 지역에 있었던 해양족의 이동으로 이집트와 가나안 땅에 들어오게 되었다. 그 해양족 가운데 가나안의 지중해변 가운데 가자 북쪽으로부터 돌(Dor)남쪽 지역에 거주하였던 해양족을 성서는 특별히 블레셋이라고 부른다.

따라서 해양족에 관한 기록은 주전 15세기부터 이집트의 기록에 많이 등장 할 뿐 아니라 아마르나 시대의 여러 서신 가운데서도 해양족들의 활동을 기록하고 있다.[40] 각종 기록에서 이러한 일군의 민족을 해양족으로 언급하지는 않았다. 단지 이들이 바다와 밀접한 관련이 있는 것으로 기록되어 있다. 따라서 후대에 학자들이 이들을 해양족이라고 불렀다.

각 문서에 의하면 해양족은 각기 다양한 이름으로 등장하고 있다. 따라서 람세스 2세의 기록과 므넵타 기록 등에 해양족에 대한 언급이 많다. 그러나 블레셋 사람들에 관한 이집트의 기록은 람세스 3세부터 등장한다.

람세스 3세 8년 람세스는 나일 지역으로 들어오는 해양족의 유입을 차단하였다. 이 전쟁에 관한 기록은 테베의 메디네트 하부(Medinet Habu)의 신전 벽에 기록되어 있다. 람세스 3세 제 8년 이후 블레셋은 가자, 아스글론 그리고 아스돗의 해안도시와 그 통로로 표시되는 해안지역 뿐만 아니라 그 동쪽 지역, 상대적으로 곡식이 잘 자라는 지역에 대한 통제권을 아주 빠른 속도로 장악하게 되었다. 불과 몇 년 내에 블레셋이 가나안 남서지역에 정착함에 따라 그곳에는 독특한 장식을 가진 새로운 토기가 나타난다. 이것은 대부분 그 모양과 장식에 있어서 후기 미케네 토기에 의해 영향을 받았으며 또한 팔레스틴 지역, 키프로스 그리고 이집트 요소가 합쳐지기도 하였다. 따라서 그것은 주전 12세기와 11세기에 블레셋의 중심 지역과 그 주변에서 블레셋 토기로 불리게 되었다. 남쪽에서는 우르자, 샤루헨 그리고 그랄에 나타난다. 동쪽으로는 블레셋과 히브리인의 경계 지역들 드빌에서 게젤까지 나타나고 지중해안 지대에는 북쪽으로 욥바까지 나타난다.

반면, 주전 13세기부터 10세기까지 계속해서 사람이 거주했던 벧산은 지금까지 유일하게 하나의 조각만 발굴되었다. 따라서 이 토기는 블레셋인의 거주 지역을 나타내는 표시이며, 뿐만 아니라 주변국과의 국경지대에 그들이 영향을 끼쳤다는 것을 말해준다.

40) 주전 15-14세기 아카드어 문서인 엘-아마르나 문서에도 해양족의 일부에 대한 언급이 나온다. 쉐르덴이 비블로스 지역에서 왕실 경호원이나 용병으로 활약하였음을 기록하고 있다(*EA* 81:1, 122:35, 123:15). 루카라고 불리는 해양족은 알라쉬야를 약탈하는 약탈자의 일부로 등장한다(*EA* 38:10). 또한 해양족의 일부로 분류되는 미쉬(밀림이라고도 불림)는 비블로스의 적이었던 아브디-아쉬르타(Abdi-Ashirta)를 의무 불이행의 이유로 살해한다(*EA* 101:3). 아마르나 서신을 통하여 알 수 있는 것은 일군의 해양족들이 람세스 3세 이전에 이미 시리아 해안 지역에서 활동하였음을 보여준다.

샤론 평야와 돌의 해안 지대는 블레셋 토기가 전혀 발견되지 않는다. 그러나 그곳도 주전 1090년경 해양족의 하나인 체커에 의해 점령당했다. 블레셋 다섯 도시의 정확한 위치는 아직 문제로 남아있다. 가자, 아스글론, 에그론 그리고 아스돗의 위치는 확증되었으나 가드는 여전히 수수께끼로 남아있다.

주전 12세기와 11세기에 블레셋은 북쪽으로, 해안으로, 동쪽으로 그리고 내륙으로 그 활동범위를 넓혔다. 부분적으로 블레셋인들이 해안에 도착하였을 때 그들과 그 동맹군들은 해양족의 성향을 띠고 있었다. 이것은 웬아문(Wen-Amun)의 기록을 통해서 알 수 있는데 그는 돌의 체커 왕자의 전함에 의해 페니키아에서 쫓겨났던 자였다. 웬아문은 비 셈계의 이름을 가진 3명의 다른 통치자들의 이름이 언급되어 있는데 아마도 가자, 아스글론 그리고 아스돗의 블레셋 통치자들이었을 것이다. 주전 12세기경 블레셋 해안에 위치한 도시들은 가나안의 중심지로 다시 부상하는 두로, 시돈 그리고 비블로스와 해상무역에서 라이벌 관계에 있었다.

아낫의 아들 삼갈의 사건 외에 블레셋은 삼손 때까지 사사기에서 아무런 역할도 하지 않는다. 삼손의 이야기에서 블레셋과 히브리인의 경계는 딤나와 에그론 그리고 소라와 벧세메스로 나타나며, 이것은 블레셋이 상당한 정도로 이스라엘을 관할했음을 반영하는 것이다.

블레셋의 세력 확장으로 이스라엘은 에벤에셀(아펙)에서 법궤를 빼앗기며 법궤가 있던 실로(Shilo)가 블레셋의 수중 안에 들어가게 되었다. 약 20년 후에 사무엘과 이스라엘은 미스바에서 블레셋에게 승리를 거두고, 에그론에서부터 가드까지의 지경을 회복했다. 그러나 길보아에서 사울이 죽자 블레셋은 마침내 요단 서편 북부 중앙 이스라엘에 대한 통제권을 장악하였다.

이스라엘 왕국 형성

이스라엘 왕국의 형성은 사사기 말부터 시작되었다. 국제정세의 변화로 이스라엘을 위시한 많은 작은 왕국들이 비슷한 시기에 왕국을 형성할 수 있었다.

이스라엘 왕국의 형성에 없어서는 안 될 인물은 사무엘이다. 그는 이스라엘이 블레셋과의 전쟁에서 패할 때부터 이스라엘 첫 번째 왕인 사울이 즉위하여 블레셋과 전쟁을 할 때인 주전 1050년경까지 활동한 이스라엘의 지도자이다. 그는 사사 시대에서 왕정으로 넘어가는 과도기의 지도자였다.

과도기의 지도자 사무엘

사무엘은 사사 중심의 정치체제에서 왕정으로 전환되어지는 과도기의 이스라엘 지도자였기 때문에 그의 역할도 매우 다양하다. 사무엘에 관한 기록은 사무엘서에만 기록되어 있으며 성서 외적인 기록은 전혀 발견되지 않는다. 성서에 나타난 사무엘은 사사로서, 제사장으로서, 예언자로서 묘사되어 있다. 사무엘은 사사 시대 말기부터 왕국이 시작될 때까지 이스라엘 백성의 카리스마적인 지도자였으며, 그의 아들 역시 브엘세바에서 사사로 활동하였다. 사무엘의 활동 영역은 베냐민과 에브라임 지파의 영토였으며, 이 지역들은 블레셋으로부터 군사적인 위협을 받고 있던 곳이다.

종교적인 측면에서 사무엘은 실로에 있는 엘리 제사장의 견습생으로 보내졌으며, 중앙성소에서 희생제물을 바쳤다. 사무엘이 예언자 후손의 우두머리로서 기록되어 있기는 하지만 그가 제도적인 예언과의 어떤 관계였는지 명확하지 않다. 따라서 종교적인 측면에서 사무엘은 제사장이면서 예언자로 인식되었다.

사무엘이 제도적인 왕권을 반대했음에도 불구하고, 이스라엘의 첫째 왕인 사울을 선택하고 즉위식을 거행했다. 사무엘의 왕정에 대한 반대는 자신의 지도력의 감소를 반대한 것이다. 그러나 백성의 강력한 요구와 주변 정세에 의하여 왕을 세우게 된다. 사무엘은 처음에는 사울을 왕으로 지지하지만 그와 갈등을 빚은 후, 새로 등장하는 다윗을 지지하게 된다. 이처럼 사울에게 적대적이고 다윗에게 호의적으로 변화된 것은 사무엘을 영원한 다윗 왕조의 창시자로 연결하려는 의도 때문이다.

왕국 형성의 역사적 배경

이스라엘의 왕국 형성은 시대정신과 밀접하게 관련되어 있다. 주전 1200년으로 접어들면서 시리아-팔레스틴은 메소포타미아와 이집트 그리고 히타이트의 영향력에서 벗어났고, 시리아-팔레스틴의 지방 세력들이 자체 세력을 형성하면서 왕국을 형성하고 영토를 확장하기 시작하였다. 이러한 주변 정세의 변화는 이스라엘로 하여금 과거의 지파동맹체로는 외적의 공격에 효과적으로 대응할 수 없어 왕국 형성이 필요하게 되었다.

이스라엘이 왕국을 형성하게 된 구체적인 역사적 사건은 블레셋과의 전쟁이다. 이스라엘 백성들은 블레셋과 아펙에서의 전쟁에서 패하고 법궤까지 빼앗기게 되었다. 뿐만 아니라 요단 동편의 암몬의 공격도 왕국 형성의 계기가 되었다. 이러한 외세의 지속적인 공격에 직면한 이스라엘 백성들은 외세에 대해 효과적으로 대처하기 위하여 왕에 의하여 통치되는 새로운 정치체제를 요구한다.

그러나 이 시기의 이스라엘에는 새로운 왕정에 대한 찬성(삼상 9:1-10:16,

10:17-27, 11:14-15, 13:8-15, 15장, 16:14-23, 17:12-18:5)과 반대의 여론(삼상 8, 10:18-19, 12장)이 팽팽히 맞섰다. 왕국 형성을 반대하는 자들은 왕정을 형성하는 것은 곧 하나님의 왕권을 부인하는 것으로 왕정의 형성은 하나님에 대한 불신을 가져오기 때문이라고 생각하였다. 뿐만 아니라 백성들이 왕을 요구하는 것은 역사적으로 이방신을 섬기는 죄와 같은 것이라는 신학적 이유 때문이고, 실질적으로 왕권의 형성으로 백성의 재산이 빼앗기기 때문이다.

왕국의 형성과 사회 갈등

왕국의 형성은 이스라엘 사람들에게 가장 큰 변화였다. 왕국의 형성으로 전통적인 정치체제를 지지하는 집단과 새로운 왕정 체제를 지지하는 집단 사이에 갈등이 빚어지기 시작하였다.[41] 사무엘을 중심으로 한 수구 보수 세력의 전통적인 체제를 유지하려는 움직임과 새로운 왕권의 형성을 요구하고 이를 지지하는 집단 사이에 심각한 갈등이 생겨났다.

사무엘은 왕정 제도의 부정적인 측면을 강조함으로써 왕에 대한 부정적인 입장을 분명히 나타낸다(삼상 8장). 그러나 백성의 지지를 받는 신흥 왕권지지 세력은 주변 국가의 위협으로부터 자신들을 보호하기 위해 강력하고 중앙집권화된 절대 왕권이 필요함을 역설하였다. 따라서 사무엘의 왕권에 대한 부정적인 태도와 협박 혹은 회유에도 불구하고 신종 세력들은 왕정 제도의 필요성을 역설하였다.

고대 이스라엘의 왕권이 구체적으로 어떻게 강화되고 중앙집권화되었는가에 대한 자세한 기록은 없지만 왕권의 형성이 전통적인 고대 이스라

41) 반왕정과 친왕정의 갈등에 대해서는 M. Elat, *Samuel and the Foundation of Kingship in Ancient Israel*, (Jerusalem, 1998), pp. 57-80(Hebrew)를 참조하시오.

엘 사회에 큰 변화를 불러일으킨 것은 사실이다.

새로운 왕권이 형성·강화되면서 지금까지 종교, 군사, 종교적 영역의 결정에 중요한 역할을 해 왔던 수구 보수 세력을 대변하는 사사 혹은 제사장과 새로운 정치세력의 대표인 왕은 한동안 정치적 갈등을 겪었다. 왕은 종교를 완전히 장악해서 경제적 이념적 중앙집권을 이룰 필요가 있었다. 그러나 제사장은 이에 맞서 전통을 수호해야 하는 처지가 되었다. 왕권이 강화됨에 따라 왕은 왕국 전체를 통치하고 자신의 왕권의 이념적 정당성을 부여받기 위해서 자신을 지지하는 사람이나 집단을 제사장으로 세웠다. 따라서 왕권이 형성되는 초기 시대에는 이 두 계층이 극심한 갈등을 일으킬 수밖에 없었으며, 경우에 따라서 왕은 자신에게 비협조적인 제사장을 제거하고 자신에게 협조할 수 있는 사람을 제사장으로 임명하였다.

두 집단 사이의 갈등은 사울과 사무엘의 갈등에서 찾을 수 있다. 이스라엘 첫 왕인 사울은 블레셋과의 싸움에 나가기 전 하나님께 제사를 드리기 위하여 제사장이었던 사무엘을 기다렸다. 그러나 사무엘이 약속한 시간에 도착하지 못하자, 사울은 조급한 마음에 자기 스스로 번제를 드렸다. 이에 대하여 사무엘은 "왕이 망령되이 행하였도다 왕이 왕의 하나님 여호와께서 왕에게 내리신 명령을 지키지 아니하였도다"라고 비난하면서 그 결과 "왕의 나라가 길지 못할 것이라" "여호와께서 그의 마음에 맞는 사람을 구하여 여호와께서 그를 그의 백성의 지도자로 삼으셨느니라"라는 왕조 멸망을 선포한다.

두 집단 사이의 갈등을 나타내는 또 하나의 사건은 사울이 다윗을 숨겨준 놉의 제사장들을 죽인 사건이다. 사울의 군대장관 도엑이 85명의 제사장을 죽였을 때 살아남은 아비아달이 다윗 시대의 대제사장이었다는 사실은 아히멜렉과 그의 가문이 단순히 다윗이 도망간 사건을 알려주지 않은 것 때문만은 아니다. 아히멜렉 제사장이 다윗이 도망한 사건을 사울에게 알리지 않은 것은 곧 사울의 왕권을 부인하는 것과 같았다. 아히멜렉은 다윗을 위하여 하나님의 뜻을 물을 뿐만 아니라 그에게 음식과 심지어는 골리앗의 칼까지 주고 그의 도주 사실을 사울에게 알리지 않았다. 사울이 아히멜렉과 놉의 제사장을 죽인 것은 하나님의 뜻을 묻고 이스라엘의 왕이 사울 아닌 다른 사람으로 인정되는 것을 막기 위함이었다.

이러한 일련의 사건은 왕국 형성 초기 왕국의 정당성을 하나님으로부터 인정받기 위한 왕과 이 일을 행하는 제사장 집단 사이의 갈등을 나타내는 사건으로 볼 수 있다. 그러나 왕권이 강화되면서 제사장의 권한 가운데 많은 부분이 점차 왕권에 예속되는 결과를 낳았다.

이스라엘 첫 왕 사울

이스라엘 첫 왕은 베냐민 지파 사람 사울(Saul)이다. 사울에 관한 기록은 구약성서에만 기록되어 있다. 구약성서에 묘사된 사울은 성서를 기록하는 사가들의 부정적인 사관에 의하여 기록되었기 때문에 역사적 사울에 대한 정보가 부족하다.

사울에 관한 성서 기록의 문제점은 사울이 몇 세에 왕이 되어 몇 년 동안 통치하였는지 정확하지 않을 뿐만 아니라 사울 시대의 고고학 유적과 유물이 발견되지 않는 점 등이다.[42]

42) 사울의 수도로 알려진 곳은 베냐민 지파의 기브아(Gibeah)다. 올브라이트(W. F. Albright)는 예루살렘에서 북쪽으로 약 7km 떨어져 있으면서 전략적인 위치에 있는 텔 엘-풀(Tell el-Ful)을 기브아로 생각하였다. 텔 엘-풀에서 발견된 거대한 요새의 흔적은 사울의 사령부 건물의 일부분이었을 것으로 추정한다. 이 요새는 규모가 57×62 m로 커다란 공공구조물로 추정되지만 완전한 평면도는 알려지지 않았다.

사울의 즉위

구약성서에는 사울이 이스라엘 왕이 되는 과정을 묘사한 다양한 전승이 있다. 어떤 전승에 의하면 사울은 암나귀를 찾으러 나갔다가 왕으로 선택된다. 이러한 전승에서는 이스라엘의 왕은 하나님에 의하여 선택된다는 사상을 강조한다. 그러나 다른 전승에 의하면 사울이 암몬과 싸워서 이기고 길갈에서 백성의 환호를 받으며 왕으로 추대되었다. 뿐만 아니라 또 다른 전승에서는 백성들이 사무엘에게 왕을 요구하자 사무엘이 어쩔 수 없어 미스바(Mizpath)에서 사울을 왕으로 추대하였다고 기록하고 있다. 이처럼 사울이 왕이 되는 과정에 관한 다양한 해석과 이를 바탕으로 한 전승이 생겨났다.

사울의 활동

사울은 통치 초기 주변 국가들과의 전쟁을 승리로 이끌었다. 특히 사울은 블레셋과의 전쟁뿐만 아니라 아말렉 민족과의 전쟁에서 승리하였다. 또한 사울은 군사적인 측면에서 상비군 체제를 갖추었다. 사울의 군대는 전통적인 지파와 지역 단위의 구조를 기초로 조직되었다.

사울 시대의 또 다른 중요한 변화는 사회구조의 변화이다. 왕을 돕는 새로운 계층이 형성되었고, 사울은 이들에게 땅을 하사했다. 사울이 하사한 땅은 블레셋으로부터 정복한 땅이거나 기브온으로부터 빼앗은 것이었다. 사울은 이렇게 빼앗은 땅들을 그의 충성스러운 신하들에게 하사하였다.

사울 통치의 마지막 기간은 새로운 권력인 왕과 전통적인 지도력 사이의 갈등 기간이었다. 사울 왕이 통치하던 시대에 다윗이 왕으로 기름부음을 받는다. 성서의 기록은 다윗을 예찬하고 사울을 적대시하는 입장에서 기록되었는데 사울의 마지막 생애는 비극적인 인물로 묘사된다. 사울은 기브아에서 블레셋과의 전쟁에서 전사한다(삼상 28:4). 사울의 전사로 왕국은 둘로 분리된다. 요르단 강 동편 지역과 북부 지역은 사울의 아들 이스보셋과 사울의 군대장관 아브넬에게 남았다. 그러나 헤브론을 중심으로 한 남쪽 지역은 다윗에게 넘겨졌다.

사울 왕국의 범위

사울 왕국의 지리적 경계를 정하기는 매우 어렵지만 성서에 기록된 사울의 군사적 행동을 통하여 많은 영토가 사울의 통치하에 편입되었음을 보여준다. 사울은 에브라임을 중심으로 한 북쪽 지역으로 세력을 확장하였으며, 아말렉과의 전쟁으로 남쪽 지역까지 세력을 확장하였음을 시사해 준다. 뿐만 아니라 사울의 아들 이스보셋이 통치한 영토의 목록을 통하여 사울 왕국의 영토를 짐작할 수 있다. 이스보셋은 길르앗, 아술, 이스르엘, 에브라임과 베냐민과 이스라엘을 다스렸다.

사울이 왕국을 형성한 이후 어떤 행정체제를 갖추었는지 알 수 없지만 사건 묘사 속에 나타난 사람들에 관한 기록을 통하여 몇몇 관직이 있었음을 알 수 있다. 아브넬이 군대 장관으로 활동하였고, 에돔 사람 도엑이 사울의 목자장으로, 그 외에도 신하들과 군대와 관련 직책인 소년이 등장한다.

사울 왕국에 있어서 선물과 전리품이 중요한 재원이었으나 백성들에게 세금을 부과한 기록은 찾을 수 없다. 그렇지만 왕국의 특성상 백성들에게 세금을 징수하였을 것이다.

다윗 왕조의 시작

[1993년 단(Dan)에서 발견된 석비. 다윗 왕조를 뜻하는 베이트 다비드(בית דוד)가 새겨져 있다]

사울의 뒤를 이은 다윗에 대해 구약성서는 비교적 많은 내용을 기록하고 있다. 특히 다윗의 즉위와 솔로몬의 왕위계승에 관하여 자세히 기록하고 있다. 다윗을 성전 제의, 성전 봉사자, 성전과 법궤와 관련하여 레위인들에게 그 임무를 부여하고 제도를 만든 사람으로 기록하고 있을 뿐만 아니라 다윗이 성전건축을 계획하고 준비한 사람으로 묘사하고 있다. 반면에 다윗에게 있었던 불미스러웠던 일인 밧세바 사건이나 압살롬의 반란 그리고 아도니야와 솔로몬의 권력 쟁탈에 관한 내용도 기록되어 있다.

그러나 다윗 왕에 관한 성서 외적인 역사 기록은 아직까지 발견되지 않았다. 다만 다윗의 역사성이나 다윗 시대의 국제정세를 이해할 수 있는 몇 가지 역사 기록이 알려졌을 뿐이다. 1993년 발견된 아람어 비문이 단(Dan)에서 발견되었다. 이 석비는 처음으로 다윗 왕조를 뜻하는 '베이트 다비드' (בית דוד)라는 용어가 성서 밖에서 처음 사용된 것이다. 따라서 다윗 왕조의 역사성을 증명할 수 있게 되었다. 다윗 시대의 역사적 배경에 관한 기록은 아시리아의 왕 살만에셀 3세의 역사 기록을 들 수 있다.[43] 이 기록에 의하면 다윗 시대의 왕이었던 앗수르-라비(Aššur-rabi; 주전 1012-972년) 2세 때 그가 유프라테스 강까지 진출하였다고 기록하고 있다.

43) *RIMA* 3, p. 19.

이러한 기록은 다윗이 유프라테스 강까지 진출하였고, "소바 왕 하닷에셀이 유프라테스 강 가에서 자기 권세를 펴고자 하매 다윗이 저를 쳐서 하맛까지 이르렀다"는 성서의 기록과 일치하지 않는다. 이러한 기록상의 차이점을 통하여 후대 이스라엘 사람들은 다윗을 이상적인 왕으로 이해하였고 따라서 다윗을 위대한 왕으로 묘사하려는 고대 이스라엘 역사가의 의도를 엿볼 수 있다.

다윗은 누구인가

다윗은 베들레헴 출신의 군인, 용사, 천부장 그리고 왕 등 다양한 호칭으로 불린다. 그런데 대부분의 호칭은 모두 군대와 관련 있는 것으로 다윗을 전쟁영웅으로 이해하였음을 알 수 있다.

다윗은 왕으로 즉위하기 전까지 사울 왕에 의하여 쫓기는 반체제 인사로 도망자 생활을 하였다. 다윗이 아둘람 근처에 피신하였을 때 사람들이 다윗에게 모여든다. 다윗과 그 군대는 십, 갈멜, 마온의 동쪽 황무지 등을 옮겨 다닌다. 한때는 다윗이 자신의 군대를 이끌고 블레셋 사람을 섬기기도 하였다.

다윗의 즉위

구약성서는 다윗의 등극에 대하여 네 단계로 기록하고 있다. 첫째는 베들레헴 이새의 아들인 다윗이 사울 왕의 궁전에서 왕의 딸 미갈과 결혼한 때이다. 이 당시 다윗과 사울의 만남에 관한 두 가지 전승이 있다. 첫 번째 전승에 의하면 다윗은 사울 왕이 악령에 의해서 번뇌할 때 하프를 연주하여 그를 치료하였다. 이것이 목동이었던 다윗이 사울을 만나게 된 계기가 되었다. 사울의 총애를 받은 다윗은 사울의 병기든 자가 되었다. 또 다른 전승에 의하면, 사울은 소고 계곡에서 다윗이 블레셋 장수 골리앗을 죽인 후에 그를 알게 되었다. 이 시기는 자연인이었던 다윗이 대중적인 군대 지도자로 부각되던 시대이다.

두 번째는 다윗이 사울을 피해 도망하던 때이다. 다윗의 대중적인 인기가 높아지자 사울은 백성의 지지를 얻은 다윗을 죽이려고 음모를 꾸몄고 다윗은 이를 피하여 이곳저곳으로 피해 다니고 국경근처에 숨어 지냈다. 다윗은 자신에게 모여든 떠도는 무리들의 우두머리가 되었다. 그를 따르는 사람은 처음에 400명이었으나, 600명으로 불어났으며 이들 가운데 30명이 핵심이었다. 다윗이 왕이 된 후 이들은 다윗 왕국 군대조직의 근간이 되었다. 병사들의 대부분은 유다와 베냐민 지파 출신이고 몇몇은 이웃 지파 출신이었다. 다윗의 군대는 사회에서 낮은 계층과 땅이 없는 사람들과 방탕하고 경박한 사람들이 모인 외인부대 성격이 강했다. 이러한 다윗의 무리는 기존 사회에 위협적인 존재였다. 따라서 다윗과 그의 무리들은 심지어 자신들의 지파 안에서도 지지를 받지 못하였다.

세 번째는 블레셋 망명자의 신세가 된 때이다. 다윗은 그 자신이 매우 절박한 상황에 있음을 알았다. 그는 이스라엘의 오랜 적인 블레셋에 그의 충성을 증명하지 않으면 안 되었고, 동시에 다른 한편으로 그는 남쪽 유다, 갈렙, 헤브론 겐족의 장로들과 협상을 해야만 했다. 그들의 호감을 얻기 위해서, 다윗은 그들의 오랜 적인 아말렉 사람들을 급습한 사울의 방법을 따랐다.

사울의 기브아 전투에서의 패배와 죽음 이후에 뒤따른 이스라엘 내부의 심각한 정치적 위기 동안, 유다와 북쪽 지파들 사이의 동맹은 약해졌고, 다윗은 유다 영토 내에서 스스로 정치세력을 규합할 수 있는 기회를 갖게 되었다. 다윗은 그의 가족들과 그를 따르는 자들을 헤브론으로 데리고 가서, 거기에 거하였다. 이러한 현실에 직면한 유다의 장로들은 그를 유다의 왕으로 삼기 위하여 다윗과 협상을 하였다. 왜냐하면 다윗의 힘 있는 군대가 그들을 적으로부터 보호해 줄 것이라는 희망 때문이었다.

네 번째 단계는 헤브론에서 다윗이 왕이 된 때이다. 다윗은 7년 6개월 동안 헤브론에서 유다를 통치했다. 정확한 사건의 전후 관계를 설명할 수는 없지만 사울이 전사한 직후 다윗은 헤브론에서 유다 지파를 중심으로 작은 규모의 왕국을 건설하고 왕이 되었다. 비록 사울이 전사하기는 했지만 그의 아들 이스보셋은 북쪽 지파를 중심으로 아버지의 왕국을 계승하였다. 이때부터 다윗 왕조와 사울 왕조 사이의 갈등은 극에 달한다. 이스보셋은 이스르엘과 에브라임과 베냐민 등 온 이스라엘의 왕이 되었으나, 다윗은 단지 헤브론에 머물면서 유다 지파의 왕이 되었다. 헤브론에서 그의 통치 시기는 북쪽 사울 왕조를 대표하는 아브넬 군대와 다윗의 군대장관 요압 사이에 처절한 싸움으로 특징지어진다. 사울이 죽은 후 그의 아들 이스보셋이 왕위를 계승하였지만 사울 왕조의 대리인인 아브넬이 다윗과 결탁하였고 온 이스라엘의 다윗에 대한 지지를 약속했었을 것이다. 그러나 다윗의 군대장관인 요압이 아브넬의 살해를 명령한다. 개인의 원한 때문에 아브넬을 죽인 것이다. 이러한 상황에서 다윗이 할 수 있는 것은 아브넬의 죽음을 애도하는 것이었다. 그리고 요압과 그의 형제는 다윗에게 너무 강하여서 처벌의 문제는 신적인 판단으로 남기지 않으면 안 되었다.

그러나 이스보셋의 군대장관이었던 아브넬이 죽고 이스보셋 역시 살해됨으로써 이스라엘의 사울 왕조는 와해되었다. 반면, 헤브론의 다윗 왕조는 그의 통치 영역을 전체 이스라엘로 확산할 수 있는 기회를 맞이하여 이스라엘의 장로들은 헤브론에서 다윗과 계약을 체결하고 다윗을 이스라엘 전체의 왕으로 추대한다. 그 이유는 다윗만이 블레셋에 대항하여 전쟁할 수 있는 유일한 지도자였기 때문이었다.

다윗의 행정 체제

다윗은 수도를 헤브론에서 예루살렘으로 옮기고 그 이름을 다윗성(City of David)이라고 부르고, 여기에 자신의 왕궁을 건설하였다.[44] 다윗이 전체 이스라엘의 왕으로 등극하기는 하였지만, 원래부터 다윗을 따르던 유다 중심의 세력과 이스보셋을 따르던 세력 사이의 반목을 쉽게 가라앉힐 수 없었다. 다윗의 예루살렘 천도와 관련하여 많은 학자들은 예루살렘이 지리적으로나 제의적으로 유다나 이스라엘 어느 쪽에도 속해있지 않았기 때문에 예루살렘을 선택했다고 설명한다.[45] 이와 함께 예루살렘을 종교적 중심지로 만들기 위하여 법궤를 옮겨 온다.

수도를 천도한 이후 다윗은 규모가 커진 왕국을 효과적으로 통치하기 위하여 왕실 관리를 임명한다. 그러나 관리의 명단에서 군사 분야의 관리가 강조된 것은 다윗의 확장주의 정책을 반영한 것이며, 감역관이 등장한 것은 다윗이 공공사업을 위하여 부역(*corvée*)을 동원한 것과 관계있다. 뿐만 아니라 다윗은 전국을 12지역으로 나누고 각 지역에 총독을 임

44) 고대 이스라엘에서 어떤 도시를 점령하고 점령자의 이름을 붙이는 경우를 많이 찾아 볼 수 있다(민 21:26-28; 32:41). 뿐만 아니라 메소포타미아에서도 이러한 현상을 쉽게 찾아 볼 수 있다. 투쿨티-니누르타(Tuklti-Ninurta) 1세는 성전도시를 건설하고 그 이름을 kār-tuklti-ninurta라고 불렀다. 도시를 건설하고 여기에 성전과 수로를 건설하였다. 살만에셀 3세는 비트-아디니(Bīt Adini)에 있는 틸-바르십(Til-Barsip)이라는 도시를 점령하고, 그 도시의 이름을 자신의 이름을 따라 Kār-šalmaneser이라고 불렀다. 사르곤의 경우는 그 과정에 있어서 다윗의 경우와 일치한다. 사르곤은 무쯔리(Mt. Muṣri) 산기슭에 도시를 건설하고 그 이름을 자신의 이름을 따라 Dūr-šarrukn이라 부르고, 왕궁과 신전을 건설하였다.

45) G.W. Alström, *The History of Ancient Palestine from the Palaeolithic Period to Alexander's Conquest*, (Sheffield: Sheffield Academic Press, 1993), p. 468; J. Bright, *A History of Israel*, (London: SCM Press, 1981), p. 200; B. Oded, "Kingdoms of Israel and Judah (ca. 1020-586 B.C.)," *The History of Eretz Israel: Israel and Judah in the Biblical Period*, Ed. I. Ephʿal, (Jerusalem, 1980), pp. 117-118 (Hebrew).

명했다. 다윗 왕은 성장하고 번영하는 국가의 여러 가지 요구를 기록하고 충당하기 위하여 훈련된 서기관들을 고용하였다. 서기관들은 인구조사와 조세징수를 목적으로 행정구역을 나누어 기록하였을 뿐만 아니라 지파와 문중의 경계를 긋는 지리적인 목록뿐만 아니라 상세한 족보까지도 편집하게 했다.

다윗의 인구조사에 대한 기록을 통하여 이 당시 통치 범위를 추정할 수 있다. 이 인구조사 대상 범위에는 이스라엘 땅의 중앙 부분에 대한 언급이 없고 단지 유다, 이스라엘의 국경지역, 가나안 도시들 그리고 이스라엘 사람들이 거주하는 지역들에 대해서만 언급하고 있다. 반면에 다윗이 정복한 것으로 성서에 묘사되어 있는 에돔, 모압, 암몬 그리고 아람-다마스쿠스에 대한 언급이 없다. 이들 정복 지역에는 총독이 임명되었다.

다윗에 관한 중요한 자료가 역대상 1-9장과 여호수아 15-16장에 보존되어 있다. 그러나 다윗 시대의 많은 자료는 다윗 주변의 중심적인 이야기이다. 그것은 곧 다윗의 기원과 사울과의 투쟁 그리고 그의 통치, 마지막으로 그의 아들들 사이에서 일어난 왕위계승에 얽힌 비극적인 싸움 등이다. 이러한 이야기는 고대 근동의 역사 기록에 있어서 매우 독특한 것이다. 사실적이며 놀라운 문학적 재능으로 쓰인 이 설화는 현대 독자들에게 왕가의 생활을 알게 해준다. 이 설화의 특성은 주인공들을 설명할 때 기록자의 종교 · 윤리적 기준으로 평가했다는 점이다. 예를 들어 지위가 높은 왕인 다윗이 헷사람 우리아를 요압에게 보내서 죽게 하고 우리아의 부인을 취한 것으로 묘사한다. 그 결과로서 그의 가족 안에 닥친 재난 즉 암논의 죽음과 압살롬의 반란은 이러한 행위에 대한 하나님의 처벌로서 이해되었다. 즉 "칼이 네 집에서 영원히 떠나지 아니하리라"는 경고이다. 주의 기름부음 받은 종이고, 왕조의 창시자인 그에게 이러한 기준을 적용하는 것은 고대 근동 어느 곳에서도 볼 수 없는 문학적 자유를 보여준다.

이스라엘 왕 다윗

다윗이 전체 이스라엘 왕이 되었을 때 그는 사울과 마찬가지로 블레셋의 멍에에서 벗어나는 중요한 과제를 수행해야만 했다. 그러나 역사적 기록들은 모압, 암몬, 에돔, 아람뿐만 아니라 블레셋에 대한 정복을 간략하게 설명하고 있을 뿐이다. 블레셋과의 전쟁은 그가 헤브론에 있을 때부터 있었고, 예루살렘 정복 후에 더 많은 전쟁을 하였다. 중요한 전쟁은 베들레헴과 예루살렘 근처에서 일어났다. 다윗은 블레셋을 산으로부터 쫓아내어 산기슭으로 몰아내는데 성공했다. 이러한 전쟁들의 마지막에 블레셋의 다섯 도시들은 다윗과 조약을 맺었고 아마도 그들에 대한 다윗의 통치를 인정했을 것이라고 가정할 수 있다. 왜냐하면 다윗 때부터 웃시야의 죽음 이후까지 블레셋은 유다 영토를 침략해 오지 않았기 때문이다.

블레셋을 물리친 후 다윗은 므깃도, 다아낙, 벳산 등 가나안 도시를 합병하였다. 뿐만 아니라 예루살렘을 정복하고 그곳에서 안정된 왕권을 공고히 하게 되었다. 다윗은 이 예루살렘을 왕국의 정치 · 종교적 중심지로 만들었다.

남북 통일과 가나안 도시들까지 합병한 다윗은 그의 영토를 국제적으로 확장하는데 관심을 집중하였다. 특히 다윗은 당시 국제정세를 이집트가 쇠퇴하고, 히타이트 왕국은 이미 200여 년 전에 멸망되었고, 아시리아는 아직 중요한 세력으로 나타나지 않은 것을 적절히 이용하였다. 블레셋을 물리친 후 이스라엘은 세 번의 중요한 전쟁을 치뤘다. 라밧-암몬 근처에서의 전쟁은 이스라엘 군사들이 아람 사람과 싸우는 동안 왕궁 수비대는 암몬인과 싸웠다. 또한 유프라테스 강 양쪽으로부터 내려온 아람 연합군과 엘람과 바산에서 싸웠다. 뿐만 아니라 다윗은 소바 왕 하닷에셀이 아시리아인들과 더불어 전쟁에 참여할 때 그를 공격하였다. 다윗은 하닷에셀을 패배시키고 다마스쿠스를 정복하고 유프라테스 강 주변까지 그의 지배를 확장하였다. 이들 전쟁에서의 승리는 다윗 왕국이 국제지위를 향상시키는 결과를 낳았다.[46)]

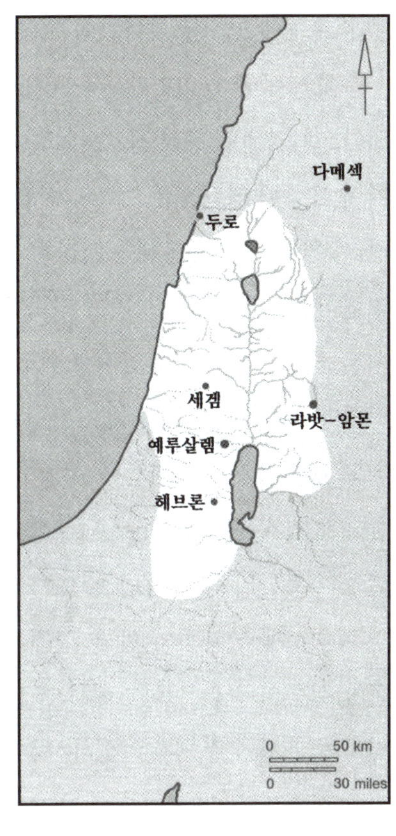

[최소주의자들(minimalists)이 생각하는 다윗의 영토]

이와 함께 요단 동편의 모압과 에돔의 정복은 국제무역에 있어서도 사울의 위치를 공고히 해 주었다. 왜냐하면, 다윗은 요단 동편을 남북으로 가로지르는 '왕의 길' (King' s Highway)을 통치할 수 있었기 때문이다. 다윗 영토의 북쪽 경계는 아람 소바의 지배아래 있었던 하맛까지 확장되었다. 뿐만 아니라 다윗의 영향은 북 · 서쪽의 항구 도시인 두로와 시돈에까지 이르러 다윗은 이들과 확고한 동맹관계를 유지하였다. 이러한 동맹은 다윗 왕국의 새로운 경제적 지평을 열어 주었다.

다윗 왕국에서 많은 사회적 행정적 변화들이 일어났다. 중앙집권이 강화되면서 왕국은 행정의 중심이 되었고 새로운 계급이 발생했다. 다윗은

46) 김영진, 『이스라엘 역사』, pp. 212-213.

행정 운영에 있어서 가나안의 고대 도시와 이웃 나라들의 양식을 따랐다.

다윗의 왕궁 관리명단에는 군대 장관인 요압(Joab)이 맨 앞에 기록되어 있다. 그 외에도 왕실 경호원인 그렛과 블렛의 장관이 등장한다. 다른 직책이 포함된 명단들은 오늘날 외교적이고 시민 행정이라 불리는 것에 속한다. 왕실 관리 가운데는 사관이 있다. 그들은 아마 왕의 칙령을 알리는 전령이었던 것 같다. 그리고 서기관은 중요한 책임 때문에 주변 나라 통치자들과 상호 만남에 있어서 외국어와 그 시대의 외교적 조약에 익숙해 있었다. 왕국의 분열 후에도 유다는 다윗의 행정체계를 유지하였다. 그리고 행정관과 서기관들은 성전의 파괴 때까지 계속 존재하였다. 다른 중요한 관직은 아도람(또는 아도니람)이었는데 그는 부역의 책임자였고 특별히 솔로몬의 통치 동안 중요한 인물이었다. 그 외에도 다윗의 상담자인 아히도벨과 다윗의 친구, 설계자 후세이다. 그들의 직책에 대한 설명은 압살롬의 반란 이야기에서 발견된다. 반역한 왕의 일반 정책과 군대 전략에 관계된 충고를 하였다. 당대의 왕국의 재정 상태에 관한 것은 왕의 재산을 맡은 책임자들이 관리하였으며, 그 외에도 다양한 경제 분야의 책임자들이었다. 즉 밭과 성읍과 촌과 산성의 곡간을 맡은 사람, 밭가는 농부를 거느린 사람, 포도원을 맡은 사람, 포도원의 소산 포도주 곳간을 맡은 사람, 평야의 감람나무와 뽕나무를 맡은 사람, 기름을 맡은 사람, 샤론에서 소떼를 맡은 사람, 골짜기에서 소떼를 맡은 사람, 약대를 맡은 사람, 양떼를 맡은 사람 등이다. 이 명단은 확장된 농업 경제를 통해서 다양한 분야가 생겨났다는 것을 반영한다. 이것은 왕이 경제적인 독립을 했다는 왕실의 부유함의 증거이기도 하다.

다윗 왕조의 중요한 것은 이스라엘 하나님과 다윗 왕조 사이에 계약 사상이 등장했다는 점이다. 계약 사상에 의한 왕조신학은 제왕시에도 나타나 있다. 즉 "나는 내가 택한 자와 계약을 맺는다. 나는 나의 종 다윗에게 맹세하기를 내가 네 자손을 영원하게 할 것이고 네 왕위를 대대에 세우리로다"(시 89:3-4, 시 132:10-14). 이러한 왕실 신학에 의하여 왕이 제의적 기능에 참여하였음을 알 수 있다. 이러한 입장은 시편 110편의 "주는 맹세하시고 변치 아니하시리로다. 너는 멜기세덱의 반차를 따라 영원한 제사장이라"는 표현에서도 나타난다.

다윗 왕의 관리들의 명단에 기브온 성소에서 봉사하던 제사장 아비아달과 사독이 포함되어 있는 것은 제사장직이 왕위에 종속된다는 것을 단적으로 보여준다.

압살롬의 반란

다윗의 정치 · 군사적인 업적과 그가 채택한 좋은 행정제도들에도 불구하고 새로운 제도는 백성들에게 깊이 뿌리내릴 수 없었다. 새로운 행정체계와 급변하는 정치 사회적 변화는 너무나 짧은 기간 안에 전통적인 제도에 영향을 끼쳤다. 왕실 공직자와 관리의 새로운 계층이 탄생하게 되자, 전통적인 지도자 역할을 하였던 장로들의 권력과 위치 그리고 족장-지파 제도가 크게 줄어들었다. 지파 중 어떤 집단에는 특별히 북쪽 지파 중에는 새 제도에 불만이 증가했고 그것은 압살롬의 반란으로 나타난다.

압살롬의 반란은 이스라엘의 장로들과 이스라엘 백성에 의하여 지지되었다. 단지 다윗의 관리들과 용병들 중 소수만이 그와 함께 있었다. 이러한 사실은 백성들이 다윗에 반기를 든 것으로 해석할 수 있다.

압살롬의 초기 혁명이 성공할 수 있었던 것은 압살롬이 옛날 통치체제를 부활시킬 것이라고 약속했기 때문이며, 또한 왕국 이전의 군대 조직인 엘리트가 존재하였고, 장로의 영향력이 남아있었기 때문으로 사료된다.

다윗 통치 말년의 변화

압살롬의 반란을 경험한 다윗은 전통적인 권력구조에서 통치의 기반을 유지해야만 한다는 것을 깨달았다. 따라서 다윗은 자신의 지파인 유다 지파로부터 사회적 지지를 받으려고 노력하였다. 이러한 일련의 시도로 다윗은 유다 군대의 지휘관을 요압대신 아마사로 교체하였다.

결론적으로 압살롬의 반란은 통일 왕국을 와해시키는 시발점이 되었다(삼하 20:1). 이러한 사실은 세바의 반역 때에 다윗이 아비새에게 "지금 비그리의 아들 세바가 압살롬보다 우리에게 더 해하리니"(삼하 20:6)라고 말한 표현에서 나타난다.

세바의 반역은 초기 단계에서 진압이 되었다. 그러나 그 진압은 아마사가 소집했던 유다 사람에 의해서 된 것이 아니었다. 다윗은 수비대를 세바를 진압하기 위하여 보냈다. 그리고 다윗이 그에게 시킨 일을 실패한 아마사는 요압에 의해서 죽었다. 갈릴리 상류 벧마아가 아벨로 피한 세바는 처형되고 내적 평화가 이루어진다. 다윗은 예루살렘에 돌아왔고 왕의 체제를 다시 확립했다. 그러나 그의 왕위는 오래 지속되지 못했다.

다윗에 대한 저항은 계속되었다. 이러한 사실은 왕위계승에서도 나타난다. 다윗은 왕국의 존속과 그가 죽은 후에도 왕국의 분열을 막기 위하여, 그가 사랑하는 부인 밧세바의 아들인 솔로몬을 왕으로 세웠다. 이렇게 하기 위해서는 대중적인 지지를 받는 아도니아를 넘어서야 했다. 압살롬이 죽은 후 다윗의 장자인 아도니아는 요압과 아비아달을 포함하는 국가 원로들에 의해 지지받았다. 그러나 솔로몬은 왕위를 계승하고 여호야다의 아들 브니야의 도움으로 그의 모든 반대자를 죽이고 유다와 이스라엘의 왕이 되었다.

다윗 왕조와 예루살렘에 대한 신학화

예루살렘을 새로운 왕국의 중심지로 정한 다윗은 예루살렘에 대한 신학화 작업을 하였다. 예루살렘의 이념화 작업의 첫 단계는 예루살렘을 하나님이 거하는 거룩한 곳으로 만드는 일이다. 이를 위하여 하나님 임재의 상징인 법궤를 예루살렘으로 옮겨온다. 원래 법궤는 실로에 있었다. 블레셋에게 빼앗겼던 법궤가 다시 돌아올 때 법궤는 실로로 향한 것이 아니라 기럇여아림에 오랫동안 머물러 있다가, 다윗이 시온을 빼앗은 후 법궤를 예루살렘으로 옮겨온다. 원래 실로에 있던 법궤가 예루살렘으로 옮겨진 것은 예루살렘을 이스라엘의 종교와 이념의 중심지로 만들기 위한 것이었다. 법궤가 예루살렘으로 옮겨졌다는 것은 하나님 여호와가 예루살렘에 거주한다는 것으로 시온신학이 생겨나는 근거가 되었을 뿐만 아니라 하나님이 계신 예루살렘에 세워진 다윗 왕조가 영속한다는 신학을 태동시켰다. 이러한 시온신학은 다윗 왕조의 이념적 배경이 되었다.

다윗 왕조의 영속성 및 선택성에 관해서는 나단의 신탁을 통해서 분명히 나타난다. "그는 내 이름을 위하여 집을 건축할 것이요 나는 그의 나라 왕위를 영원히 견고하게 하리라"(삼하 7:13)는 선포는 선택된 예루살렘에 세워진 다윗 왕조의 영속성을 선포하는 것이다. 다윗 왕조의 영속성과 예루살렘의 선택은 솔로몬의 성전건축으로 인하여 가시화되었다.

솔로몬 왕의 통치

솔로몬 왕에 대해서는 구약성서에만 기록되어 있다(왕상 1:1-11:49절과 대상 28:1-대하 9:28절). 솔로몬은 40년간 이스라엘의 왕이었다. 성서는 솔로몬을 지혜의 왕이며, 국제화에 노력한 왕으로 묘사하고 있다.

솔로몬 왕국

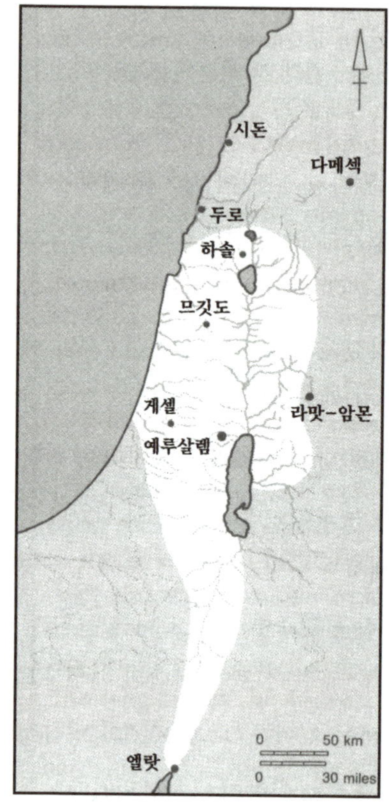

[최소주의자들(minimalists)이 생각하는 솔로몬의 영토]

솔로몬 시대의 이스라엘은 다윗이 정복한 에돔, 모압, 암몬, 아람-다마스쿠스 지역 더 나아가 북쪽의 신-히타이트 왕국까지 영향권에 두었다. 솔로몬은 고대 근동의 중요한 무역로였던 요단 동편의 왕의 도로와 지중해 해변의 해안길(Via Maris)을 통제하면서 메소포타미아와 이집트를 연결하는 중요한 무역로를 지배하면서 이를 통하여 많은 정치적 상업적 이익을 누렸다.

이러한 솔로몬 통치 시대의 경제적 발전을 나타내는 것은 솔로몬의 대규모 건축 사업이다. 솔로몬의 가장 대표적인 건축은 성전과 왕궁의 건축과 몇몇 도시를 요새화한 것이다. 솔로몬은 하솔(Hazor), 게젤(Gezer) 그리고 므깃도(Megiddo)를 축성하였다. 이 외에도 고고학적으로 솔로몬 시대로 추정되는 신전이 발견된 곳은 므깃도, 라기스, 다아낙, 벧산, 텔 카실레, 텔 아마르 등이다.

솔로몬은 성전과 왕궁을 건설함으로써 예루살렘을 왕궁도시로 건설해

나갔고, 다윗이 정했던 도시의 경계도 좀 더 북쪽으로 확장시켰다. 성전을 건축하면서 솔로몬은 두로의 건축 기술자를 고용했고, 시리아 북쪽 지역에서 유행하던 건축 양식(*bīt hilāni*)을 채택하였다. 성전의 규모는 그렇게 큰 규모는 아니었다(25×25×50m). 솔로몬은 7년간의 성전건축 후 다시 13년 동안 자신의 왕궁을 건축하였다. 이처럼 솔로몬은 예루살렘을 왕궁과 성전이 있는 도시로 만들었고, 왕국의 제의 중심지로 만들었다. 법궤가 예루살렘 성전에 옮겨졌다는 사실만으로 인정을 받기에는 불충분하였다. 그러나 이러한 새로운 종교 전통을 만드는 것은 옛 종교 중심지를 중심으로 한 반대에 부딪히게 된다. 예루살렘에 대한 종교적 불만은 솔로몬의 죽음 후에 발생한 반역의 중요한 원인이 되었다.

솔로몬이 제사를 강조하는 새로운 종교 중심으로 국가를 운영하기 위하여 레위인들을 왕실 관리로 임명하였다. 후에 이들은 여로보암의 반란으로 인하여 축출된다.

백성들에게 부과된 조세들

솔로몬의 건축 사업은 많은 인적, 물적 자원이 필요하였고 이것들은 강제노동(*corvée*)과 세금 징수를 통해 충당되었다. 이러한 강제노역은 이스라엘 사람에게 뿐만 아니라 가나안 사람들에게도 부과되었다. 솔로몬 시대의 강제노역을 통한 백성들의 고통은 그가 죽은 후 반란으로 나타난다.

뿐만 아니라 다른 세금 징수를 통하여 왕궁과 군대에 필요한 재원을 공급하였다. 군대는 주로 예루살렘에 거주하였으나 요새 지역이나 특별한 수비가 필요한 지역에로 상주하였다. 솔로몬의 군대에는 전차도 포함되었다. 따라서 많은 병거성이 건축되었으며, 게셀과 므깃도 그리고 하솔에서 같은 유형의 성문이 발견되는 것은 이 시대의 요새화 계획을 말해준다.

[열왕기상 4:7-19절에 나타난 솔로몬의 지방행정제도]
(M. Cogan, *1 Kings*, p. 204)

대규모의 군사조직과 많은 관리들을 유지하기 위하여, 세금을 징수하였다. 따라서 솔로몬은 왕국을 12지역으로 나누어 세금을 부과하였다.[47] 이 명단의 뚜렷한 특징은 유다는 왕의 지역으로서 특권을 누렸기 때문에

47) 김영진, "솔로몬의 지방행정제도(왕상 4:7-19)," 「신학사상」118 (2002), pp.85-108.

유다에게는 세금이 부과되지 않았다는 것이다. 왕실의 부가 증가하고 관리들의 위치가 높아졌을 뿐만 아니라 세금의 증가도 있었지만, 일반 대중과 새로 형성된 계급 사이에 갈등은 더욱 커졌다. 이러한 양극화는 솔로몬의 통치 말기에 더욱 심화되었다. 왜냐하면 이 당시 왕국은 정치 경제적으로 큰 위기를 겪었기 때문이다. 이러한 사실은 솔로몬이 히람에게 성전건축을 위해 목재를 구입하고 진 빚을 갚기 위하여 가불 땅 20도시를 넘겨줌으로써 빚을 청산한 것에서 알 수 있다.

위기

솔로몬의 통치 후반기의 국제정세는 크게 변화하였다. 주전 945년경 이집트에서는 새로운 왕조인 제 25왕조가 들어섰다. 이 왕조의 창시자인 시삭(Shishak)은 솔로몬에게 적대적이었다. 뿐만 아니라 아람과 에돔 그리고 솔로몬 왕국의 북동쪽과 남서쪽에서 반란이 일어났다. 솔로몬은 에돔의 반란을 진압하였으나, 반란의 주동자는 이집트의 시삭에게로 피난하였다. 또한 솔로몬은 아람인 엘리아다의 아들 르손의 반란을 진압하지 못했다. 르손은 다마스쿠스에 독립 왕국을 세웠고 솔로몬 제국에 큰 타격을 주었다. 이것은 무역으로부터 들어오는 왕의 수입을 줄어들게 했고 왕국의 북쪽뿐만 아니라 이집트 국경을 따라있는 성들을 요새화함으로써 지출이 증가되었다. 뿐만 아니라 예루살렘도 요새화되어 밀로를 건축하였다. 예루살렘을 요새화하기 위하여 에브라임으로부터 소집된 강제노동의 책임자인 나밧의 아들 여로보암은 반란을 일으켜 왕에게 대적하였다.

성서에는 여로보암의 반역에 대해 상세하게 나와 있지 않으나 칠십인역에는 여로보암이 에브라임 디르사(Tirzah)를 점령하고 거기서 망명했다고 기록함으로써 반역과 분열은 이미 오래 전에 나타났음을 말하고 있다. 왕국이 분열하게 된 역사적 배경은 원래 남쪽과 북쪽 지파 사이의 협약에 의한 장기적인 결속이 약한데 있었다. 둘은 일시적으로 다윗의 노력에 의해서 연합되었지만 다윗의 아들 가운데 누구도 깊은 역사적 차이를 없애는데 성공하지 못하였다. 오히려 압살롬의 반역 후 유다에게 특별한 위치를 부여한 것은 분열의 원인으로 작용하였다. 그러므로 이스라엘의 통일 왕국은 한 세기를 유지하지 못하고 분리된다. 분리된 두 나라인, 유다 왕국과 이스라엘 왕국은 다윗과 솔로몬에 의해서 통치되었던 전 지역을 포함하지 못했다. 이스라엘의 혼란을 틈타 암몬, 모압, 에돔이 일어나 이스라엘의 압제에서 벗어나 정치적 독립을 이루었기 때문이다. 블레셋 도시들은 강해져서 아얄론 계곡 쪽에서 종종 공격하였다. 결과적으로 두 왕국으로의 분열은 이스라엘의 주변 국가에 대한 통제력 약화를 가져왔다.

통일 왕국과 사회 문제

통일 왕국의 가장 큰 사회 문제는 북쪽 지역 지파와 유다 지파 사이에 갈등이 싹트기 시작하였다. 이러한 통일 왕국의 위기는 솔로몬의 즉위로부터 구체화되었다. 솔로몬은 쿠데타와 같은 방법으로 왕권을 잡았다. 따라서 자연히 피비린내 나는 숙청의 역사를 겪어야만 했다. 솔로몬은 왕위에 오른 후 자신을 반대했던 사람들에 대한 숙청을 단행하였다. 아도니야를 죽였고, 대제사장 아비아달을 아나돗으로 추방시켰으며, 요압을 처형하고 시므이까지 처형하였다. 특히 솔로몬 시대의 가장 큰 위기는 전통적인 제사장 계열이었던 아비아달이 아나돗으로 추방당하고 사독이 새로이 제사장이 된 것이다. 솔로몬이 사독을 새로운 제사장으로 임명한 것은 제사장이 얼마나 중요한 역할, 특히 국가 이데올로기를 형성하는 데 얼마나 중요한 역할을 하였는가를 단적으로 보여준다. 다윗의 영토 확장에 힘입어 솔로몬은 내치(內治)에 관심을 집중할 수 있었다. 뿐만 아니라 유다의 영향력이 주변 국가에까지 미치고 무역이 활발히 진행되었다. 소위 국제화가 이루어진 것이다. 그러나 솔로몬의 국제화는 타문화와의 접촉이라는 필연적인 결과를 야기했다. 하나님의 성전을 가장 화려하고 아름답게 건축하기 위하여 레바논의 백향목과 두로의 기술자를 동원하여 성전을 건축하고 이에 대한 대가로 하나님의 선물로 받은 땅을 두로의 왕 요람에게 양도한다. 또한 솔로몬은 바로의 공주를 비롯해서 주변의 많은 이방 여인과 혼인함으로 인하여 이들의 신까지도 수입하여 종교적인 혼란을 야기시켰다.

왕국 통일로 인하여 촉발된 사회 문제는 궁극적으로 왕국 분열의 원인으로 작용하였다.

솔로몬 시대의 문화

솔로몬 시대 문화에는 예루살렘과 몇몇 지역에서 건축사업이 있었다. 솔로몬은 예루살렘에 있는 성전과 왕궁을 건축하였다. 솔로몬 궁전은 *bīt hilāni* 양식을 따른 거대한 건축물이었다. 즉 긴방형태이며 내부가 세 부분으로 나누어진 형태이다.

이로 인하여 예루살렘에 있는 솔로몬의 건축물들은 두로에서 파견된 페니키아 건축가들과 기술자들의 도움을 받았고, 가나안 예술과 건축의 전통들이 예루살렘에 소개되었다.

성전과 왕궁을 건축하면서 지형적 장애를 극복하기 위하여 밀로(millo)를 건축하였다(왕상 9:15). 밀로는 일종의 인공 매립지다.

예루살렘 이외의 지역에서 솔로몬 시대 건물들이 발견되는 곳은 하솔, 므깃도, 게셀, 하부 벧호론, 바알랏 그리고 다드몰 등이다.

두 왕국 시대

솔론몬이 죽은 후 통일 왕국은 급속히 와해되기 시작하였다. 그가 죽은 후 솔로몬의 아들 르호보암이 통치할 때 여로보암을 중심으로 한 이스라엘 백성들이 르호보암의 통치에 정면으로 반기를 들었다. 그 결과 북쪽 이스라엘 사람들은 남쪽 유다 지파 중심의 유다 왕국을 섬기는 일을 더 이상 하지 않기로 결정하고, 르호보암의 역군 아도니람을 죽이고, 공회에서 여로보암을 왕으로 추대하였다. 이로 인하여 통일 왕국 시대가 막을 내리고 두 왕국 시대가 열렸다. 두 왕국 시대는 유다와 시므온 지파를 중심으로 한 유다 왕국과 북쪽의 일곱 반 지파의 지지를 얻는 이스라엘 왕국으로 나눠진다.

북 이스라엘의 형성

여로보암을 중심으로 한 북 이스라엘이 형성된 이후 여로보암은 종교개혁을 단행하였다. 종교개혁은 단순한 제도 개혁이 아니라 왕조 이데올로기를 새롭게 하는 의미를 갖고 있다. 여로보암이 종교개혁을 단행한 것은 새롭게 시작한 북 왕국의 종교적, 이념적 기초를 닦기 위한 것이었다. 여로보암이 벧엘과 단에 금송아지를 만들어 둔 것에 대하여는 이미 잘 알려져 있던 전통적인 종교 전승으로 돌아간 것에 불과하다고 해석한다. 송아지에 관한 전승은 두 곳에 등장한다. 아론의 송아지(출 21장, 레 10장)와 미가의 신상 이야기(삿 17-18장)다. 이 두 이야기 가운데서 아론의 송아지를 여로보암의 금송아지 사건과 연결시켜 이해한다.

북 이스라엘이 금송아지를 숭배했는가? 북 이스라엘에서 금송아지를 섬겼다기보다는 금송아지를 야웨가 서 계시는 발판으로 이해하였다. 따라서 이스라엘 사람들이 금송아지를 보면서 그 위에 형상은 없지만 야웨를 생각하였다. 엄밀한 의미의 금송아지 숭배는 아니다.

또한 여로보암이 단을 선택한 것은 이스라엘이 북쪽에 위치하고 있었기 때문이며, 벧엘을 선택한 것은 지리적인 관점에서 벧엘이 남쪽과 북쪽을 연결하는 교통로에 위치하였기에, 사람들을 예루살렘으로 가지 못하게 할 수 있었기 때문으로 추정된다. 단과 벧엘은 북 왕국의 중요한 제의장소로 결정되었으며, 벧엘의 역사성 및 정통성은 창세기의 야곱의 이야기를 통하여 부각되었다.

여로보암은 제의장소를 새롭게 선택한 후, 이곳에서 제의를 행할 제사장을 선출하는 일은 그에게 매우 중요했다. 여로보암이 일반 백성 가운데서 제사장을 선출한 것은 새로운 왕조를 시작하는 왕으로서 자신의 정통성과 신학적 우월성을 강조하기 위해서는 어쩔 수 없는 일이었다. 따라서 여로보암은 레위인이 아닌 새로운 사람으로 자신의 제사장을 삼은 것이다.

또한 여로보암은 새로운 절기를 세웠다. 초막절을 칠월이 아니라 팔월에 절기로 세운 것은 새로운 절기를 만들었다기보다는 이미 있던 기존의 절기의 때를 바꾼 것에 지나지 않는다. 절기를 시작하는 날을 바꾼 것은 이미 지켜오던 절기를 윤달에 의하여 한 달 늦게 시작한 것을 신명기 사가가 부정적으로 평가한 것뿐이다.[48]

이처럼 여로보암은 정치 종교 이념적으로 완비된 북 이스라엘 왕국을

48) 김영진, "여로보암의 종교개혁과 윤달(왕상 12:31-33)," 「구약논단」 6 (1999), pp. 79-90.

형성하였다. 이때부터 북쪽의 이스라엘과 남쪽의 유다 왕국은 르호보암 시대인 주전 928년에서 722/1년 사마리아가 아시리아에 의하여 멸망할 때까지 동안 다양한 정치적 입장을 표명한다. 이 시기는 정치적 관계에 의하여 다음과 같이 나눌 수 있다. (1) 두 왕국의 분쟁 시대 (2) 두 왕국의 긴밀한 동맹 시대 (3) 두 왕국의 재연된 갈등의 시대 (4) 북 이스라엘의 회복기 (5) 아시리아의 정복과 북 왕국 멸망 (6) 그리고 유다 왕국 시대 등이다.

두 왕국 사이의 관계

남북이 분열 된후 남 왕국과 북 왕국은 심각한 갈등의 시기를 겪었다. 대부분의 정치적 갈등은 국경을 중심으로 한 국경분쟁이었다. 따라서 신명기 역사가는 분열 왕국 시대의 초기 왕들의 일생 동안 상대와 전쟁을 하였다고 기록하고 있다. 그러나 두 왕국은 민족의식이나 동포의식, 종교적인 측면 그리고 언어와 문화적 측면에서 많은 유사점을 가지고 있다.

그러나 두 왕국은 여러 가지 측면에서 매우 큰 차이점을 나타낸다. 남 유다 왕국은 북쪽에 비하여 정치적인 안정을 누렸으며, 거의 반란이 없이 다윗 왕조가 지속될 수 있었다. 이러한 왕조의 안정성을 누리게 된 데에는 무엇보다도 단일 지파에 의한 왕국의 형성이라는 점이 중요한 역할을 하였다. 따라서 유다 왕국은 350여 년 동안 걸친 왕조의 안정을 누릴 수 있었다.

그러나 북 왕국은 유다에 비해 반란이 빈번히 발생하였고, 반란으로 인한 왕조의 변화는 이전 통치자와 연관된 것들을 뿌리째 뽑아버렸을 뿐만 아니라 통치 방법과 행정부 내의 급격한 변화를 가져왔다. 이스라엘에서 가장 오래 지속된 왕조는 예후 왕조이지만 이들 역사도 단지 네 세대까지만 지속되었다. 그러나 이스라엘 통치자의 빈번한 교체는 이스라엘이 다양한 지파의 연합체라는 특성과 밀접한 관련이 있다. 북 왕국은 유다보다 지역 면에서 훨씬 넓었을 뿐만 아니라 좀 더 이질적인 백성들로 구성되었다. 따라서 이스라엘 내부에서 사회적인 갈등이 좀 더 첨예화되었다. 이와 함께 북 이스라엘이 지정학적으로 북쪽의 아람과 대치하고 있기 때문에 군대의 필요성이 강조되고, 따라서 자연스럽게 군대 지도자들이 왕권을 요구하게 되어 반란이 일어나게 되었다. 실제로 왕조 반란이 전쟁 중에 군인들에 의하여 빈번히 발생했다. 북 왕국에서 실로 사람 아히야나 하나니의 아들 예후, 또한 엘리사와 같은 초기 예언자들은 영향력 있는 정치세력들로서 이 반란에 지지를 보냈다. 또한 지정학적인 측면에서 북쪽의 페니키아 지역과 인접해 있으면서 페니키아를 비롯한 주변 국가의 영향을 많이 받았을 것으로 보인다.

두 왕국의 경쟁 시대

남북 왕국이 분열된 후 유다의 로호보암 시대부터 여호사밧까지 그리고 이스라엘의 여로보암부터 아합 시대까지 두 왕국은 항상 경쟁 관계에 있었다.

유다 왕국

르호보암

솔로몬이 죽은 후 즉위한 르호보암(주전 928-911년)이 솔로몬의 정책을 계승하여 철권정치를 펴자 북쪽 지파 사람들이 르호보암에게 반기를 들었다. 이 문제를 해결하는 과정에서 왕국은 신·구계층 간 갈등이 노출되었다.

솔로몬 시대부터 계속되는 건축행위로 인하여 백성들이 많이 지쳐있는 것을 감안하여 백성들에게 부과된 부역을 줄여주자는 구관료 계층과 과거의 역사를 알지 못하는 르호보암과 같은 세대의 관료들은 좀 더 철권적인 철통정치를 요구한다. 이러한 두 계층 간의 갈등 속에서 르호보암은 신세대의 조언을 들어 강권정치를 벌여 결국 왕국이 둘로 나누어지는 비운을 맞는다.

르호보암 시대의 왕국 분열과 함께 가장 큰 시련은 이집트 시삭의 침략이다.[49] 르호보암 5년(주전 923년)에 이집트 제 22왕조의 시삭이 유다와 이스라엘을 포함하여 팔레스틴 지역을 공격하였다. 시삭의 침략에 대해서는 테베(Thebe)의 아몬 신전 벽면에 기록된 시삭의 기록, 역대기 기록 그리고 열왕기의 기록에 남아있다. 열왕기서의 기록은 사실보도만 하지만 역대기 사가의 기록은 르호보암이 하나님께 잘못을 저질렀기 때문에 침략을 받았다는 신학적인 해석을 제시하며, 전쟁의 모습을 보다 생생히 기록하고 있다. 시삭이 왜 팔레스틴 지역에 무력 공격을 감행했는가 하는 것에 대한 구체적인 대답을 제시할 수 없다. 유다는 이 전쟁의 영향을 덜 받았다. 왜냐하면 르호보암이 성전과 왕궁의 보물들을 시삭에게 넘겨줌으로써 예루살렘은 온전할 수 있었다.

시삭의 침략 이후 르호보암은 유다를 강화하고 요새화하는데 몇 년을 보냈다. 르호보암은 예루살렘을 중심으로 서부 및 남부의 변방을 따라 요새 도시를 건설하였다. 그리고 여기에 식량 및 무기를 저장하였다. 이

49) B. Mazar, "Shishak' s Campaign to the Land of Palestine," pp. 139-150; S. Talmon, "The Cult and Calendar Reform of Jeroboam I," *King Cult and Calendar in Ancient Israel*, (Jerusalem: Magnes, 1986), pp. 113-139; R. de Vaux, "The Religious Schism of Jeroboam I," *The Bible and the Near East*, (London: Darton, Longman & Todd, 1972), pp. 97-110.

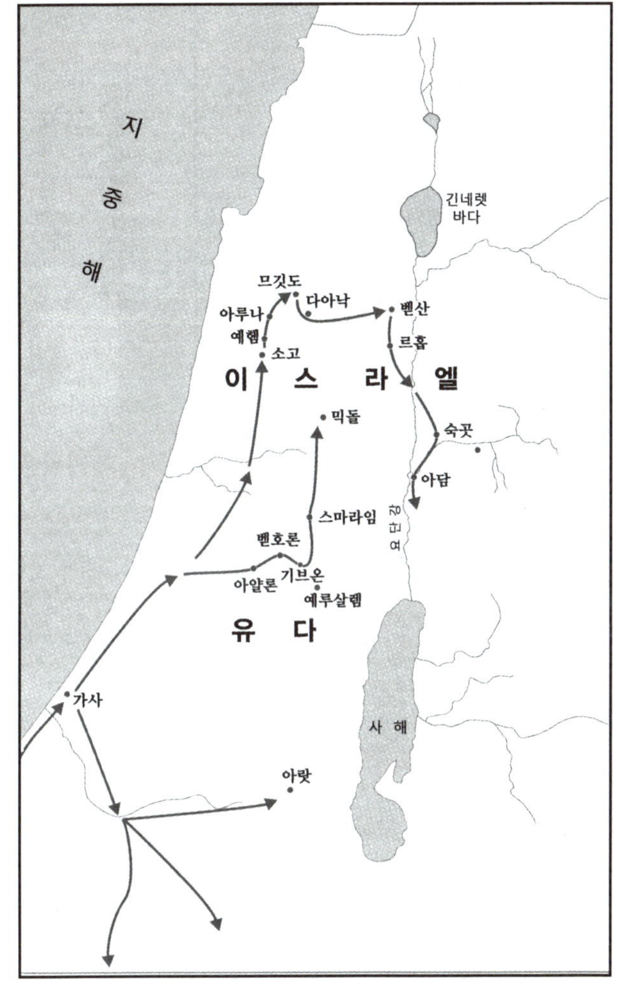

[시삭의 팔레스틴 침략 경로]

러한 그의 시도는 자주적인 왕국을 세우려는 노력이 포함되었으며, 그러나 백성들에게는 무거운 짐을 지웠다.

아비얌과 아사

르호보암의 아들 아비얌(혹은 아비야)(주전 911-908년)은 삼 년밖에 왕좌에 있

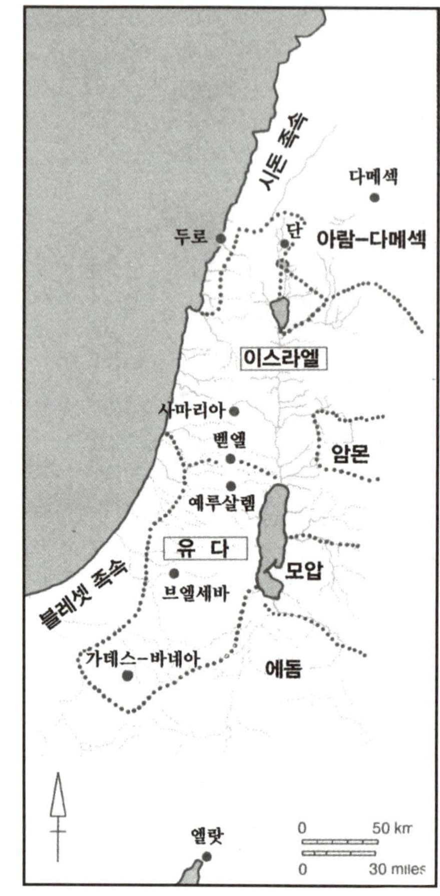

[아사-바아사 시대의 유다와 이스라엘의 영토]

지 못했다. 아비얌은 시삭의 침략으로 인하여 약화된 북 이스라엘을 공격하였다. 이 전쟁에서 승리를 거둔 아비얌은 에브라임 산지까지 진출하여 벧엘과 변방도시 여사나 그리고 에브론을 정복하였다.

아비얌의 뒤를 이은 아사(주전 908-867년)는 왕위에 오른 후 내부적인 개혁을 단행한다. 종교개혁에서 아사는 그의 어머니 마아가(Maachah)를 태후의 지위에서 제거하고, 그녀가 아세라의 형상을 만든 것 때문에 처형되었다.

후기 전승에 의하면 아사는 통치 15년 동안 포괄적인 개혁을 실시했다. 그의 통치 때 구스인 세라가 남쪽 지역을 침공하여 아사는 마레사(Mareshah) 근처에서 물리쳤다(대하 14:9-15). 그러나 이 사건에 대한 기록의 역사성이 매우 불확실하다.

아사는 북 이스라엘의 바아사의 침략을 물리치기 위하여 아람의 벤하닷에게 선물을 바치고 아람의 도움으로 이스라엘의 공격을 물리치고 게바와 미스바를 건축하였다.

북 왕국

여로보암

여로보암(주전 928-907년)은 즉위 후 여러 차례 수도를 세겜, 부느엘 그리고 디르사 등으로 옮겼다.

여로보암이 왕국을 세우고 처음으로 단행했던 매우 중요한 일은 종교를 새롭게 하는 것이었다. 그는 단과 벧엘에 제단을 만들고 금송아지를 만들었다. 금송아지는 하나님의 임재를 상징하는 것이거나 혹은 하나님의 발판으로 이해된다.

여로보암이 제단을 쌓은 벧엘은 전혀 새로운 장소가 아니었다. 벧엘은 야곱의 꿈 이야기에서 하나님이 출현한 장소로서의 전통을 가지고 있었다. 이곳은 북 왕국의 종교 중심지로서 의심할 여지가 없다.

여로보암이 행한 또 다른 개혁은 예루살렘보다 한 달 후인 여덟째 달 열 다섯째 날에 초막절 제의를 거행하는 것이었다. 그러나 종교 절기를 옮긴 것은 북쪽 이스라엘이 윤달을 지킴으로써 자연스럽게 한 달 늦게 종교 절기를 지키는 것으로 보여진 것이다. 또한 여로보암은 레위인이 아닌 모든 민족들로부터 선출된 새로운 제사장을 임명했다.

새로운 왕국을 건설한 여로보암은 초기에 이집트 시삭의 침략으로 가혹한 정치적 · 군사적 시련을 겪었다. 시삭의 전쟁을 기록하고 있는 비문에 의하면 그는 많은 북 이스라엘 도시를 점령하였다. 시삭은 게셀을 정복하고 숙곳과 벳산 골짜기와 이스라엘을 약탈했으며 여로보암의 도시 요새들을 대부분 폐허로 만들고서 이집트로 돌아갔다. 목록에서 언급한 므깃도에서, 시삭에 의해 세워진 비문의 일부분이 발견되었다.

나답과 바아사

여로보암이 죽은 후 그의 아들 나답(주전 907-906년)이 대신하여 왕위에 올라 2년 동안 왕국을 통치하였다. 그러나 그의 통치 기간 중에 바아사가 반란을 일으켜 깁브돈에서 나답을 죽이고 왕위에 올랐다.

바아사(주전 906-883년)는 여로보암의 가족 대부분을 죽인 북 왕국의 첫 반란자이며, 왕위에 오른 후 24년 동안 통치하였다. 바아사는 에브라임 산지의 남쪽 지역을 유다로부터 되찾았고, 유다의 요새인 라마를 습격했다. 유다 왕인 아사는 다마스쿠스의 벤하닷 1세에게 조공을 바치고 도움을 청했다. 아사의 청을 받은 벤하닷은 갈릴리 서부 납달리 땅 요새를 포위하면서 바아사를 공격해 왔다. 이 전쟁에서 바아사의 패배는 북 왕국에서 반란이 일어나는 계기가 되었고, 그의 아들 엘라가 반란군에 의하여 살해됐다.

엘라 · 시므리

바아사가 죽은 후 그의 아들 엘라(주전 883-882년)가 대신하여 왕이 되어 디르사에서 2년간 통치하였다. 엘라의 아버지 바아사가 유다와의 전쟁에서 실패함으로 병거들의 반수의 우두머리인 시므리에게 반란을 일으키게 하는 빌미를 주었다. 군대 장관인 시므리는 이스라엘 군대가 블레셋에 대항하여 전쟁을 치르고 있던 동안 엘라를 암살했다. 그러나 시므리는 오로지 전차병들에게서만 지지를 받았으며 그것도 절반의 지지 밖에는 얻지 못했다. 시므리의 혁명이 깁브돈을 포위하고 있던 군대에 알려지자 사령관인 오므리는 군대를 디르사로 진군시켰고, 시므리는 포위된 도시에서 불에 타 죽었다.

오므리 · 디브니

비록 오므리가 즉위하기는 했지만, 아람에 대항하기 위해 북쪽에 머물러 있던 군대의 일부는 오므리를 인정하지 않았다. 이들은 같은 장군인 기낫의 아들 디브니를 자신들의 왕으로 선출했다. 한 왕국의 두 왕인 오므리와 디브니는 4년 동안 왕위 쟁탈전을 벌였고, 디브니가 죽은 후에야 오므리는 전체 이스라엘의 왕이 되었다(왕상 16:22-3). 오므리는 12년간(주전 882-871년)의 통치기간 동안 왕국을 정상화시키는데 성공했고 북 왕국 역사상 처음으로 안정된 오므리 왕조를 세웠다.

긴밀한 동맹 시대

이스라엘의 오므리 왕조가 시작되면서 이스라엘 역사는 큰 변화를 맞이하게 된다. 유다 왕국의 왕인 여호사밧의 아들 여호람과 오므리의 딸이자 아합의 여동생인(다른 전승에 의하면 아합의 딸)[50] 아달랴와의 결혼함으로써 두 왕국은 동맹을 맺었다. 그 결과 두 나라는 안녕과 번영을 누렸다. 이렇게 형성된 동맹우호관계는 유다 왕국의 여호사밧-여호람-아하시야 시대까지 이어졌고, 이스라엘의 아합-아하시야-요람 시대까지 지속되었다.

유다 왕국

여호사밧

아사가 죽은 후 그의 아들 여호사밧(주전 867-846년)이 왕이 되어 유다 왕국

50) 히브리어에는 손녀라는 표현이 없다. 단 בת(daughter)가 사용되어 본문의 상황에 맞추어 오므리의 딸, 아합의 딸 혹은 손녀로 번역한다. 열왕기하 8:26에서 아달랴는 오므리의 딸로, 열왕기하 8:18에서는 아합의 딸로 번역되어 있다.

을 25년간 치리하였다. 여호사밧은 그가 이스라엘 왕과 더불어 결혼 동맹을 통한 평화적인 관계를 형성하였다는 이유로 야웨 보시기에 의롭지 못한 왕으로 묘사되었다.

여호사밧에 대해 역대기서는 군사적으로 부국강병을 이룬 왕으로 묘사하고 있다. 여호사밧이 유다의 견고한 성읍에 군대를 주둔시켰고 아사가 빼앗은 에브라임 땅에 영문을 두었으며, 국고성과 성채를 건설하였다. 이 당시 여호사밧의 군대는 116만 명으로(대하 17:10-19) 그의 조상 아비야 때의 40만 명이나 그의 아버지 아사 때의 58만 명보다는 두 배로 많다.

이러한 여호사밧의 부국강병정책으로 이스라엘 왕 아합과 연합하여 길르앗 라못에서 아람을 맞이하여 전쟁을 벌였다. 전쟁의 결과는 아합이 전쟁에서 전사하는 것으로 끝을 맺었다. 이 사건의 정확한 연대를 추정하기는 어렵지만 그러나 주전 853년 카르카르(Qarqar) 전쟁 이후로 추정할 수 있다. 왜냐하면 카르카르 전투에서 아람의 하다드에젤과 이스라엘의 아합 왕은 동맹의 관계를 유지하고 있었기 때문이다.

아시리아의 왕 살만에셀 3세는 그의 통치 6년(주전 853년)에 시리아 북쪽의 카르카르에서 시리아-팔레스틴 지역 12개국 왕들의 연합군의 저항에 직면하여 큰 전쟁을 치른다. 이 전쟁에 대하여 살만에셀의 비문(Monolith Inscription)에 자세히 기록되었다.[51]

따라서 성서의 기록(왕상 22:29-40)과 살만에셀 3세의 기록을 중심으로 아합이 죽은 해 즉 길르앗 라못에서 이스라엘-유다 연합군과 아람이 전쟁을 치른 해를 주전 853년에서 851년 사이로 추정할 수 있다.

여호사밧은 요단 동편의 나라 즉 모압, 암몬, 마온(에돔)과의 전쟁에서도 승리한다. 여호사밧은 심지어 블레셋과 아라비아 사람들로부터 조공을 받았다.

51) *ARAB* I, § 611; *ANET*, pp. 278-279.

또한 여호사밧 시대에는 무역에서도 남 · 북 왕국은 협조 체제를 이루고 있었다. 그는 에시온게벨에서 배를 띄워 오빌에서 금을 사오려고 하였으나 실패하였다.

여호사밧의 활동은 역대기에 자세히 기록되어 있다. 여호사밧은 제도개혁을 통하여 국가통치 기반을 확고히 하였다. 첫째로 여호사밧 시대에는 세금제도가 확립되어 있었다. 그는 해마다 백성들에게서 세금을 받았기 때문에 여호사밧 시대에는 해마다 바치는 조세제도가 있었음을 짐작할 수 있다. 둘째는 사법개혁을 단행하였다. 여호사밧은 재판에 있어서 종교적인 사안과 정치적 사안을 구별하여 정치적인 사안은 왕이 재판하였고, 종교적인 사안은 제사장이 재판하도록 정하였다. 뿐만 아니라 여호사밧은 그의 통치 제 3년에 4명의 방백, 9명의 레위인, 2명의 제사장을 통하여 백성들에게 율법을 교육하였다.

여호사밧 시대는 북 이스라엘과 평화를 맺음으로써 국가적인 번영기에 접어든다. 그러나 성서의 사가들은 그가 북쪽과 결혼동맹이나 군사동맹, 혹은 무역협정 등을 통하여 연합하는 것에 대하여 부정적인 입장을 표명하고 있다.

여호람

여호사밧의 아들 여호람(주전 846-843년)은 32세에 왕이 되어 8년간 유다를 통치하였다. 여호람은 아합의 딸 아달랴와 결혼하였다. 여호람의 다른 형제들은 견고한 성읍을 선물로 받았고, 여호람은 장자였기 때문에 왕위를 계승하였다. 그러나 왕위에 오른 여호람이 다른 형제들을 죽였다.

여호람 시대에는 여호사밧 시대에 유다의 통치하에 있었던 에돔이 여호람을 배반하였고, 립나 역시 반란을 일으켰다. 구약성서는 여호람은 아합의 딸인 아달랴와 결혼하여 아합처럼 배교의 길을 걸었기 때문에 하나님의 징벌을 받아 구스와 블레셋 사람들에 의하여 말째 여호아하스 이외에 모든 아들이 살해당하였다고 기록하고 있다.

여호람에 대한 부정적인 해석은 그의 죽음에 대하여 분향하는 자가 없다는 것과 그가 다윗성에는 장사되었지만 그러나 왕들의 무덤에 두지 않았다고 기록하고 있다. 이러한 모든 것은 여호람이 행한 북쪽의 아달랴와의 결혼 때문이었다.

아하시야

여호람의 아들 아하시야(주전 843-842년)는 구스, 블레셋 사람의 침략 때에 혼자 살아남아 22세에 왕이 되었다. 그러나 그는 단 1년 동안만 통치하였다. 아하시야는 이스라엘 왕 요람과 함께 아람 왕 하사엘을 대적하여 싸우러 갔다가 요람이 상처 입은 후 죽자 도망쳤다.

이스라엘 왕국

오므리 왕조의 시작

오므리 왕의 통치(주전 882-871년)와 그의 아들 아합의 통치(주전 871-852년)는 북 왕국 역사의 새로운 기원을 열었다. 오므리는 솔로몬과 같이 국제화 정책으로 시돈의 왕이자 두로의 새로운 왕조의 창시자인 엣바알과 결혼 동맹을 맺었다. 군사적인 측면에서 오므리는 모압의 그모쉬야트(kemoshyat)와의 전쟁에서 승리하고 모압 남쪽 지역까지 세력을 확장하였다. 이러한 오므리가 요단 건너편 북쪽 지역에 거주하고 있던 아람인들에게도 무력공격을 가해 성공했는지 여부는 확실하지 않다.

오므리의 안정과 번영은 그가 에브라임 산지 잇사갈의 영토에 있는 사마리아에 새로운 수도를 건립한 것에서 잘 나타난다. 사마리아는 그 땅의 주인인 세멜(Shemer)의 이름을 따른 것이다.

오므리의 수도의 가장 적합한 이름은 벳-오므리(오므리의 집(또는 도시))이어야 했다. 그러나 이 명칭은 이미 왕조의 이름으로 사용되었다. 벳-오므리(아시리아 비문에서는 비트후므리[*Bīt Humuri*]로 기록됨. 문자적으로는 '오므리의 집' 이란 뜻임)는 아시리아 기록에 의하면 오므리 왕조 멸망 직후 이스라엘 왕국의 공식적인 이름으로 사용되었다.

아합

아합은 오므리의 통치 후반 마지막 두 해 동안(주전 873-871년) 그의 아버지와 함께 섭정을 하며 오므리의 정책을 계승 유지시키고 더욱 발전시켰다. 아합의 통치기간 동안 이스라엘 왕국은 도시화의 증가와 영토 확장에 따른 산업의 발전으로 경제가 발전하고 따라서 시리아-팔레스틴 지역에서 가장 중요한 왕국 가운데 하나가 되었다. 유다와 함께 공존하는 평화스런 기간 중에 이스라엘은 무역로를 통해 유다와 두로를 연결하는 경제적, 정치적 요충지가 되었다. 실제로 많은 이익을 안고 있는 아라비아의 무역로를 소유하기 위하여 유다 왕 여호사밧이 에돔을 다시 정복하도록 한 것도 이러한 경제적 필요 때문이었다. 요르단 동편에서 북부 아라비아까지 뻗어있던 모든 무역로는 이제 유다와 이스라엘의 통치 하에 있게 되었다.

요르단 동편의 무역로인 왕의 대로를 지배하기 위한 분쟁이 있어 왔는데 이는 아람과 이스라엘과의 전쟁을 유발시켰다. 아합 통치 초기에는 아람의 왕 벤하닷 2세가 권력을 갖고 있었으나 후반에 와서는 아합이 그의 세력을 물리치고 패배시켰으며 그를 포로로 잡기도 하였다(왕상 20장). 이런 승리 이후에 아합은 상업적 외교적 주도권을 잡았다. 아합, 벤하닷, 또 하맛의 왕 신히타이트는 동맹을 맺었고, 이는 아합의 통치기간 동안에 가장 중요한 군사적 요소가 되었다. 이들 전통적인 적국들 사이에 특별한 동맹관계가 성립된 이유는 주전 9세기경에 가공할 만한 군사력을 지니고 다마스쿠스, 하맛, 사마리아 등에 안정과 평화를 위협하는 아시리아의 등장 때문이다. 앞에서 살펴보았던 주전 853년 살만에셀 3세의 공격과 이에 대응하기 위한 시리아-팔레스틴의 12개 국가의 동맹이 그것이다.

재연된 갈등의 시기

아람과 이스라엘-유다 연합군의 패배와 이스라엘의 예후의 반란으로 인하여 팔레스틴 지역의 정세는 한동안 유지되었던 평화가 깨지고 다시 정세가 불안해지기 시작하였다. 특히 북 이스라엘의 예후가 유다의 왕과 그 형제들을 살해하고, 이세벨과 아합 가문의 후계자들을 죽이고 왕위를 차지함으로써 국제관계는 긴장관계로 변하였다.

새로운 국제 질서 · 예후 왕조의 시작

주전 9세기말 시리아-팔레스틴의 정세는 큰 변화를 겪게 된다. 변화의 요인은 이스라엘에서의 예후의 반란과 아시리아 세력의 쇠퇴로 인한 아람의 부상을 들 수 있다.

반란으로 왕권을 탈취한 예후는 28년간 사마리아를 통치하였고(주전 842-814년), 오므리 왕조가 형성하였던 유다와 두로 같은 주변 국가와의 상호 우호관계를 유지하기 힘들게 되었다. 앞에서 살펴본 바와 같이 이스라엘의 왕 요람과 함께 길르앗 라못으로 전쟁을 떠났던 유다 왕 아하시야(주전 843-842년)가 예후에 의하여 살해되었을 뿐만 아니라 아하시야의 형제들까지도 죽임을 당한다. 더 나아가 두로 왕 엣바알의 딸이면서 아합의 부인이었던 이세벨이 이스르엘에서 예후에 의하여 죽임을 당하였다. 이러한 일련의 사건으로 인하여 예후가 통치하는 북 이스라엘 왕국은 남 유다나 두로와 적대 관계로 변하였다.

예후가 즉위한 때 시리아-팔레스틴은 살만에셀 3세(주전 859-824년)의 위세 아래 놓여 있었다. 따라서 새롭게 왕조를 시작한 예후는 외교적으로 아시리아의 살만에셀에게 조공을 바치는 봉신이 됨으로써 자신의 입지를 강화하였다. 이러한 사실은 주전 828년에 기록된 살만에셀 3세의 블렉 오벨리스크(Black Obelisk)의 기록에 의하여 알 수 있다.[52]

뿐만 아니라 예후가 즉위하면서 북 이스라엘은 아람과 적대적인 관계에 놓이게 된다. 따라서 이러한 전통을 이은 아람의 하사엘과 이스라엘의 예후 사이에 전쟁이 일어났다. 아람 왕 하사엘이 요단 동편의 길르앗과 갓 그리고 아르론 강 골짜기까지 점령하였다.

아람 왕 하사엘의 등장

이 당시 국제정세에 큰 영향을 끼친 사람은 아람 왕 하사엘이다. 특히 살만에셀 3세 이후 아시리아가 시리아-팔레스틴에 대한 공격이 약화되자 북쪽 국경의 안정을 찾은 아람이 다시 남쪽의 이스라엘-유다로 남하하기 시작하였다.

하사엘의 즉위

아람에서 하사엘이 언제 왕이 되어 하사엘 왕조가 시작되었는지는 정확히 알 수 없다. 그러나 아시리아의 살만에셀 3세의 비문(Black Obelisk)에

52) *RIMA* 3, pp. 32-48.

의하면 살만에셀 3세의 통치 14년인 주전 845년에 살만에셀은 아람 왕 벤하닷과 그의 동맹국들과 전쟁을 하였다.[53] 그런데 살만에셀 18년(주전 841년)의 또 다른 전쟁에서 살만에셀은 아람의 왕 하사엘과 전쟁하여 하사엘로부터 전차 1,121승, 말 470필을 전리품으로 빼앗았다. 이 두 기록을 통하여 주전 845년과 841년 사이에 아람의 왕이 벤하닷에서 하사엘로 바뀌었음을 알 수 있다.

하사엘 왕조의 정통성 문제에 대하여 아시리아의 기록과 구약성서는 군사 쿠테타에 의하여 왕권을 찬탈했음을 말해준다. 특히 살만에셀의 기록에서 하사엘에 대하여 "아무 사람의 아들도 아닌 자"(*mar la mammana*)("son of nobody")라는 수식어를 사용하여 하사엘이 정통성을 지닌 왕가의 후손이 아님을 보여준다. 뿐만 아니라 성서에는 하사엘이 어떻게 벤하닷을 살해하는가를 자세히 기록하고 있다.

하사엘의 즉위 기간에 대해서도 정확히 알 수는 없지만 "여호아하스 왕의 시대에 아람 왕 하사엘이 항상 이스라엘을 학대하였으나"라는 표현을 통하여 하사엘이 여호아하스 시대까지 통치하였음을 알 수 있다.[54] 그런데 여호아하스의 죽은 연대에 대하여 주전 800년부터 798년까지 여러 가지 견해가 있다. 따라서 하사엘의 통치 기간은 주전 845-841년부터 800-798년까지 40-47년간이 된다.

53) *ANET*, p. 280; *ARAB II*, nos. 658-659.

54) 이스라엘 왕의 통치 연대에 대하여 H. Tadmor, "Chronology," *Encyclopaedia Biblica* IV, (1962), col. 262을 참조하시오. 이 연대표에 의하면 타드모 (H. Tadmor), 클레버(A.M. Kleber)등이 여호아하스의 죽은 해를 주전 800년으로 추정하고 있다. 그러나 레비(J. Lewy)는 주전 799년 그리고 예빈(S. Yevin), 쿠글러(F.X. Kugler), 틸레(E.R. Thiele) 등이 주전 798년을 제시하였다. 그러나 주전 805년(V. Coucke, S. Mowinckel), 801년(W.F. Albright), 803년(Vogelstein)을 여호아하스의 죽은 해로 여기고 있다.

하사엘의 통치 영역

하사엘의 통치 영역에 대하여 하사엘은 팔레스틴과 시리아 북부 지역을 포함한 광범위한 지역을 통치하였을 뿐만 아니라[55] 팔레스틴과 하맛(Hamath) 남쪽 지역을 통치하였다고 주장한다.[56]

하사엘이 팔레스틴 지역까지 세력을 확장하였다는 데는 이견이 없지만, 북쪽으로 어디까지 세력을 확장하였는가에 대해서는 서로 견해가 다르다. 하사엘의 팔레스틴 지역 통치에 대해서 성서는 자세히 기록하고 있다. 그러나 시리아 북쪽 지역 통치에 관해서는 언급이 없지만 사모스(Samos)에서 발견된 아람어 비문에 의하면 하사엘이 움키(Umqi)지역에서 전리품을 받았으며, 하사엘의 통치 범위가 시리아 북쪽 지역까지 확대되었음을 알 수 있다.[57]

하사엘의 세력이 이처럼 확대된 것은 살만에셀 3세가 아시리아의 내부 문제로 아람에 대한 군사행동을 멈추었을 때로 추정할 수 있다. 현재까지 알려진 바에 의하면 살만에셀 통치 21년인 주전 838년까지만 아시리아 군대가 아람을 공격하였다. 이때부터 아다드 니라리 3세가 다시 아람을 공격할 때까지(주전 805년) 약 33년 동안 하사엘의 세력이 절정을 이루며 영토를 확장하였다.

55) 마자르(B. Mazar)은 이르슬란-타쉬에서 발견된 비문을 근거로 하사엘이 유프라테스강 유역까지 통치하였다고 주장한다. B. Mazar, "The Aramean Empire and Its Relations with Israel," *BA* 25 (1962), pp. 98-120, esp. 112, 114. 뿐만 아니라 옙슨 (A. Jepsen)은 자쿠루 비문을 근거로하여 바르하다드가 시리아 북부 지역의 종주이며, 시리아 북부 지역까지 세력을 확장하였다고 주장한다. A. Jepsen, "Israel und Damaskus," *AfO* 14 (1945), pp. 153-172, esp. 168. 최근에는 나베와 에프알(J. Naveh and I. Ephᶜal)은 사모스에서 발견된 비문에 대한 새로운 해석을 제시하면서 하사엘의 아람 세력이 시리아 북부 지역의 움키(Umqi)까지 미쳤음을 주장하였다. I. Ephᶜal and J. Naveh, "Hazael' s Booty Inscription," *IEJ* 39 (1989), pp. 192-200.

56) 피타드는 하사엘의 확장정책은 단지 다마스쿠스 남쪽 지역, 즉 이스라엘, 유다, 블레셋 그리고 요단 동편 지역에만 국한되지 하맛(Hamath)북쪽 지역으로 세력을 확장했다는 증거가 없다고 주장한다. W.T. Pitard, *Ancient Damascus: A Historical Study of the Syrian City State from Earliest times until Its Fall to the Assyrian in 732 BCE*, (Winona Lake: Eisenbrauns, 1987), p. 158.

57) I. Ephᶜal and J. Naveh, "Hazael' s Booty Inscription," pp. 192-200.

하사엘과 이스라엘

팔레스틴 지역으로 세력을 확장한 하사엘은 유다 왕 아하시야와 라마에서 전투를 벌여 아하시야에게 부상을 입혔다. 비록 이 사건의 정확한 연대를 알 수는 없지만 하사엘의 통치 초기에 일어난 것으로 추정된다.58)

유대 왕 요아스 시대(주전 842-814년)에 하사엘은 팔레스틴의 가드와 예루살렘을 공격하여, 유다의 내정에 간섭하였다.

기록을 통하여 하사엘 시대의 아람은 팔레스틴 지역까지 세력을 확장하였지만, 하사엘과 이스라엘, 유다의 관계가 어떤 관계인지는 정확히 알 수는 없다. 단 이스라엘과 유다가 아람의 봉신이었을 가능성은 배제할 수 없다. 만약 이들의 관계가 봉신의 관계였다면 이 관계는 주전 805년 아다드-니라리 3세가 다마스쿠스를 공격할 때까지 계속되었다.

유다의 첫 반란

유다 왕 여호람의 부인이며 아하시야의 어머니였던 아합의 딸 아달랴가 모든 유다 왕족 후손을 죽이고 6년 동안 통치한 사건이 발생하였다. 이 사건은 유다 왕국의 첫 번째 반란으로 기록되었다.

아달랴의 즉위

아하시야가 예후에 의하여 죽는 것을 보고 아달랴가 왕의 씨를 진멸하였다. 그러나 아하시야의 누이 여호세바가 요아스를 숨겨 죽음을 피하게 하였다. 아달랴가 누가인가 하는 것은 성서 기록의 혼동으로 정확히 알

58) 타드모는 아하시야의 통치 연대를 주전 843-842년으로 추정한다. 그러나 많은 학자들(J. Lewy, E.R. Thiele, S. Yevin 등)은 주전 841년을 아하시야의 통치 연대로 추정한다. H. Tadmor, "Chronology," *Encyclopedia Biblica* IV, Col. 262.

수는 없지만 오므리의 딸이거나(왕하 8:26) 아합의 딸(왕하 8:18)로서 여호람의 아내가 되어 아하시야를 낳았다.

즉 여호사밧은 28세에 여호람을 출생하였고 여호람은 28세에 아하시야를 얻었다. 또한 아하시야는 22세에 요아스를 얻었다. 따라서 여호람의 부인인 아달랴는 여호람 시대 12년과 아하시야 시대 10년 그리고 6년 모두 29년 이상 유다의 왕비로 생존하였다. 그런데 아하시야와 이스라엘의 왕 요람(여호람)이 동시에 살해당한다.

그러나 성서는 여호세바가 아달랴의 딸이라는 사실을 기록하고 있지 않다. 단지 아달랴의 학살에 살아남은 것으로 미루어 아달랴의 딸인 것으로 보인다.

6년간 아달랴(주전 842-836년)가 유다 왕국을 통치하면서 그녀는 다윗 왕조의 정통성과 야웨 종교를 말살하였다. 6년간 요아스의 도피를 도와주고 그의 즉위를 도와 반란에 가담한 집단이 제사장 집단이라는 점이 이를 증명해준다.

대제사장이었던 여호야다의 주도하에 아달랴를 축출하는 일이 진행되었다. 그러나 이 계획은 단순한 왕권을 찾기 위한 것이 아니라 우상을 타파하고 바알의 제사장 맛단을 죽인 것을 통하여 종교적인 개혁의 성격이 강하다.

잃은 왕권을 되찾은 유다

대제사장 여호야다에 의해 아달랴를 축출하는 계획이 성공하였다. 따라서 여호야다는 요아스를 즉위시킴으로써 유다는 6년간 잃었던 왕권을 다시 회복할 수 있었다.

요아스(주전 836-798년)는 7세에 즉위하여 40년간 왕으로 재위하였다. 그가 대제사장 여호야다의 도움으로 권좌에 올랐기 때문에 즉위 초기에는 요아스의 영향력이 종교적인 영역에까지 미치지 못하였다. 그러나 즉위 23년 요아스가 30세 되던 해에 그는 제사장들이 하나님의 전을 수리하지 않는다는 사실을 알고 성전을 수리할 것을 명하고 제사장들이 성전 재정에 관여하지 못하게 하였다. 이때부터 요아스는 제사장의 영향력에서 벗어나기 시작하였다. 뿐만 아니라 요아스의 종교적 정책은 대제사장 여호야다가 죽은 후 하나님대신 다른 이방의 신을 섬기는 것으로 변절하였다.

요아스의 통치 때 가장 큰 위기는 아람 왕 하사엘의 침략을 들 수 있다. 하사엘은 가드를 공격하였고, 이에 요아스는 성전과 왕궁의 보물을 모두 내주고 정치적 위기를 극복한다.[59]

요아스의 최후는 비참하였다. 그는 시므앗의 아들 요사갈과 소멜의 아들 여호사바드에 의하여 살해되었다(왕하 12:20-21).

아람과 다투는 사마리아

하사엘과 벤하닷이 통치하던 아람 세력은 막강하였다. 이들은 이스라엘에 대한 공격을 감행하였다. 따라서 국경을 맞대고 있던 이스라엘은 아람과 다투게 되었다.

유다 왕 요아스 23년에 북 왕국에서는 여호아하스(주전 814-800년)가 왕이 되어 17년간 즉위하였다. 여호아하스 시대 때에 아람의 하사엘과 그의 아들 벤하닷 3세가 쳐들어 왔다. 이 전쟁에서 패배한 이스라엘은 마병 50, 병거 10 그리고 보병 10,000명만을 남기고 모든 군사력을 상실하였다.

여호아하스의 뒤를 이은 요아스(주전 800-784년)에 대한 별다른 기록은 없지만, 아람 왕 벤하닷 3세가 여호아하스로부터 빼앗은 성읍 2-3개를 다시

59) I. Eph'al and J. Naveh, "Hazael's Booty Inscription," *IEJ* 39 (1989), pp. 192-200; W.T. Pitard, *Ancient Damascus*, p. 158.

찾아온다. 요아스가 아람으로부터 전에 잃었던 성읍을 회복할 수 있었던 것은 당시 국제정세와 밀접한 관계가 있다. 즉 이때는 아시리아의 아다드-니라리 3세가 즉위하면서 다시 서쪽 지역에 대한 정복을 시작하던 때였다. 따라서 아람의 벤하닷이 이스라엘에 관심을 가질 수 없는 틈을 타서 이스라엘은 북쪽의 잃었던 땅을 회복할 수 있었다.

아다드-니라리 3세의 즉위는 시리아-팔레스틴 정세에 큰 변화를 초래하였다. 아다드-니라리 3세(Adad-nirari III, 주전 810-783년)의 비문 가운데 칼라흐에서 발견된 비문에 의하면 아다드-니라리 3세는 다마스쿠스를 공격하였다.[60] 또한 사바아(Saba'a)에서 발견된 비문에서도 다마스쿠스로부터 조공을 받았음을 기록하고 있다. 따라서 이 기록들은 아람이 아다드-니라리 3세의 공격을 받고 조공을 바쳤으며 이것은 아람이 남쪽 이스라엘을 포함한 팔레스틴 지역에 대한 정치, 군사적 관심을 못하게 하는 계기가 되었다.

텔 리마(Tel Rimah)에서 발견된 아다드-니라리 3세의 또 다른 비문에 의하면 사마리아의 요아스 역시 아시리아에게 조공을 바쳤다.[61]

비문은 이스라엘의 왕 요아스가 두로와 시돈 그리고 다마스쿠스와 함께 조공을 바쳤음을 기록하고 있다. 비문에 등장하는 요아스는 여호아하스의 아들 요아스(주전 800-785년)이다. 이스라엘은 요아스 때 다시 아시리아 제국의 봉신이 되었다.

61) *ANET*, p. 281.
62) 텔 리마는 오늘날 텔 에르마(Tell Ermah)(3615 4237)라고 부르며, 제벨 신자르 근처에 위치하고 있다. H. Tadmor, "The Historical Inscriptions of Adad-Nirari III," *Iraq* 35 (1973), pp. 141-150; S. Page, "A Stela of Adad-Nirari III and Nergal Ers from Tell al-Rimah," *Iraq* 30 (1968), pp. 139-153.

아마샤와 요아스의 전쟁

유다 왕 아마샤는 25세에 왕이 되어 29년 동안 유다를 통치하였다(주전 798-769년). 아마샤가 에돔과의 전쟁에서 승리함으로 유다는 영향력을 확장하였지만 그는 북 왕국 왕 요아스와의 벧세메스 전쟁에서 포로가 되었다. 그 결과 예루살렘까지 약탈당하여 왕궁의 보물을 북 왕국에 빼앗기게 되었다.

전쟁에서 진 아마샤는 백성들의 반란을 피하여 라기스(Lachis)까지 도망하였으나 그곳에서 살해되고 그의 뒤를 이은 아사랴는 에일랏(Eilath)을 건축하게 된다.

계속되는 사마리아의 번영: 여로보암 2세

아마샤 15년에 북 이스라엘에서는 여로보암 2세(주전 789-748년)가 왕으로 즉위하여 15년간 통치하였다. 그의 통치기간 동안 이스라엘은 번영기로 르보-하맛(Lebo-Hamath)에서부터 아라바 바다까지 영토를 회복하였다.

여로보암 2세는 이스라엘 오므리 왕조의 영광을 재현하였다. 그는 잃었던 많은 영토를 회복하였다(왕하 14:25, 14:28).

예후가 죽으면서 이스라엘은 많은 영토를 아람의 하사엘에게 빼앗겼다. 아람 왕 하사엘은 길르앗과 갓 지파와 르우벤 지파와 므낫세 지파의 땅을 빼앗았다. 그 범위가 아로엘로부터 길르앗과 바산 땅까지였다. 그러나 북 왕국의 왕 여호아하스 때 아람의 손에서 벗어났고, 여호아하스의 아들 요아스는 선왕 때 빼앗겼던 땅을 다시 찾았다. 그 후 여로보암 2세가 다시 잃어버린 영토를 회복한 것이다.

1910년부터 발견되기 시작한 사마리아 오스트라카는 여로보암 시대의 경제적 번영을 보여준다.[62] 사마리아 오스트라카에는 당시 세금으로 거둬들인 기름, 포도주 그리고 곡식의 이름이 기록되어 있다.

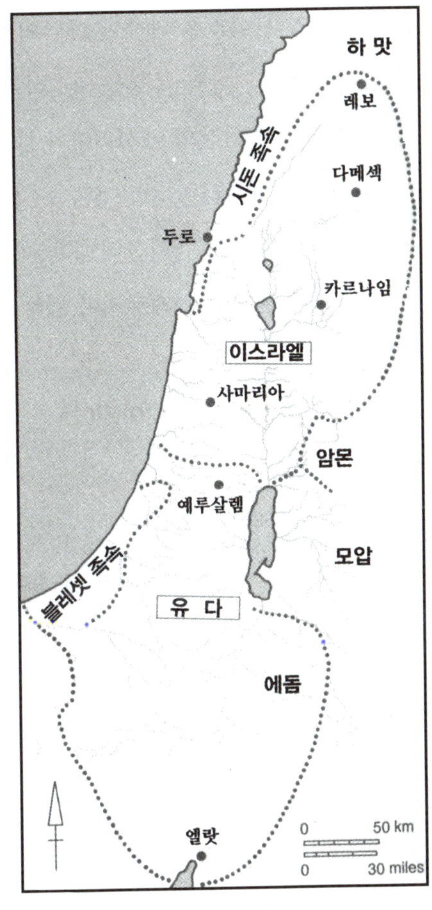

[여로보암 2세 때의 유다와 이스라엘 영토]

여로보암 이후의 혼란

여로보암이 죽고 그의 아들 스가랴(주전 748/7년)가 사마리아에서 왕이 되었으나 6개월 밖에는 통치하지 못하고 살룸(주전 748/7년)에 의하여 살해된다. 뿐만 아니라 살룸 역시 한 달밖에 치리하지 못하고 유다 왕 웃시야 39년에 므나헴에 의하여 살해된다.

제국 통치 시대의 개막

주전 745년 아시리아 제국의 디글랏빌레셀 3세가 즉위하면서 그는 북쪽의 우라르투(*Urarṭu*)를 점령한 후 유프라테스 강 건너 서쪽 지역으로 영토

62) 1910년부터 시작된 사마리아 발굴에서 109개의 오스트라카를 사마리아에 있는 성채의 창고에서 발견되었는데 이중 읽을 수 있는 63개(1-63번까지)의 오스트라카를 소위 '사마리아 오스트라카'라고 한다. G.A. Reisner, C.S. Fisher and D.G. Lyon, *Harvard Excavations at Samaria, 1908-1910*, (Cambridge, 1924), pp. 227-246; 김영진, 『고대 근동의 역사문헌』, pp. 205-207.

를 확장하였다. 이러한 와중에 아람이 주전 732년 멸망함에 따라 이스라엘은 직접 아시리아와 국경을 대면하게 되었다. 따라서 이스라엘과 유다의 운명은 당시 최강의 아시리아와 대치하는 풍전등화의 위기에 직면하게 되었다. 이때부터 이스라엘과 유다는 제국의 통치를 받게 되었고, 주전 732년부터 332년 알렉산더 대왕 때까지 400년간 이스라엘 민족은 아시리아, 바벨론 그리고 페르시아 제국의 통치하에 놓이게 되었다.

열강의 간섭에 들어간 사마리아

므나헴과 디글랏빌레셀 3세

므나헴(주전 747-737년)은 유다 왕 아사랴의 통치 39년에 왕이 되어 10년을 통치하였다. 므나헴의 통치 동안 가장 특이한 사건은 아시리아의 디글랏빌레셀 3세가 쳐들어 온 것이다. 이때 므나헴은 이스라엘의 각 부자들에게 특별 세금을 일인당 은 50세겔(shekel: 11.33g × 50 = 566.5g)씩 거둬 디글랏빌레셀에게 바쳤다.

따라서 디글랏빌레셀의 비문에는 그가 시리아-팔레스틴 지역에서 조공을 받은 것에 대해 기록하고 있는데 아람의 왕 르신이 이스라엘의 왕 므나헴과 함께 디글랏빌레셀에게 조공을 바쳤다.[63]

베가와 디글랏빌레셀 3세

브가히야의 군대장관 베가(주전 737-735년)가 반란을 일으켜 왕이 되었다. 베가는 유다의 아사랴 왕 50년에 왕이 되어 20년간 이스라엘을 통치하였다. 베가의 통치 때 디글랏빌레셀 3세가 다시 쳐들어와 이욘, 아벨 벳 마아가, 야노아, 게데스, 하솔, 길르앗, 갈릴리, 납달리 등을 빼앗았을 뿐만

63) Ann 13*:10-Ann 14* (= Ann 27)

아니라 백성들을 포로로 잡아간 것이다. 이것은 이스라엘 백성들이 처음으로 포로로 잡혀간 사건이다. 이 사건은 디글랏빌레셀 3세의 기록에서도 엿볼 수 있다(Summary 4: 15' -17').[64] 디글랏빌레셀 3세의 비문(Summary 4: 5' -8' / 9: r. 3-4)에서는 다음과 같이 기록되고 있다. 베가는 호세아의 반란에 의하여 왕권을 빼앗기고 죽었다.

호세아의 통치와 사마리아의 최후

웃시야의 아들 요담 20년에 엘라의 아들 호세아(주전 733-724년)가 베가를 죽이고 왕이 되었다. 베가는 아람 왕 르신과 공모하여 예루살렘을 공격하였으나 성공하지 못하였다. 이 사건을 계기로 아람은 역사의 장에서 사라지고, 이스라엘은 아시리아의 봉신 국가가 된다(732년).

디글랏빌레셀 3세는 그의 비문에 의하면(Summary 4: 17' -18' / 9: r.10/ 13:18') 이스라엘의 왕 베가를 죽이고, 호세아를 왕으로 세웠다. 아람의 최후에 대해서는 자세한 기록이 없지만, 디글랏빌레셀 3세의 에포님에 의하면 주전 732년에 아람은 아시리아의 속주가 되었다.

디글랏빌레셀 3세의 뒤를 이은 살만에셀(5세)이 다시 사마리아를 쳐들어와 호세아로부터 조공을 받아갔으나 호세아는 매년 바치던 조공을 바치지 않고 오히려 이집트의 소(So)왕과 결탁하였다. 이에 대한 응징으로 호세아 9년에 살만에셀이 사마리아를 공격하여 3년간 포위한 다음 사마리아를 점령하였다.[65]

구약성서에는 살만에셀(5세)이 사마리아를 점령하고 이스라엘 사람을 포로로 잡아가고, 뿐만 아니라 다른 지역에서 사람들을 이주시켰다고 기록하고 있으나, 아시리아 제국의 기록에 의하면 사르곤 2세 때 사마리아가 멸망하였다고 기록하고 있다.[66] 사르곤 2세의 비문에서는 사르곤을

64) Summary 4: 5' -8' / 9: r. 3-4; Summary 13:17' -18' / Ann. 18:3' -7'

사마리아를 점령한 자로 묘사하고 있다.

사르곤의 비문에는[67]

> 나는 사마리아(*Sa-me-ri-na*)를 포위하여 정복하였고, 27,290명의 사람을 포로로(문자적으로는 "전리품으로") 잡아왔다. 그들 가운데서 50승의 전차의 분견대를 구성하였고, 남아있는 자들의 사회적 지위를 바꾸었다. 그들에게서 나의 관리들을 임명하였고, 이전의 왕이 부여했던 조공을 부여하였다. 가자의 왕 한노(Hanno)와 이집트의 관리 시베(Sibᶜe)가 전쟁에서 구하기 위하여 나와 대항하였다. 나는 이들을 무찔렀고, 시베는 도망하였다. 내 군사의 소리를 듣고 두려워하였고, 다시는 볼 수 없었다. 나는 개인적으로 한노를 체포하였다. 나는 이집트의 무쭈르(Muṣuru), 아라비아의 여왕 삼시(Samsi), 사바 사람 이타말(Itʾamar)에게서 금, 말, 낙타를 조공으로 받았다.

사마리아의 약탈 및 사마리아의 반란에 대하여 기록되어 있다. 아시리아 제국에서 이주정책을 편 것은 반란을 막기 위한 것이 가장 큰 목적이며, 또한 포로를 잡아가 부역을 조달하기 위한 경제적 목적도 있다.

65) 호세아가 이집트왕 소(So)에게 도움을 요청하였는데 여기서 생기는 역사적 문제는 과연 이집트 왕 소가 누구인가 하는 것이 주된 문제이다. 이에 대하여 우리는 다음 두 가지로 대답할 수 있다. 첫째 소 왕은 이집트 제 24왕조의 테프나크테 1세(Tefnakte I / 주전727-720)이다. 이렇게 주장할 수 있는 근거는 당시 이집트의 세력 균형에 있어서 제 24왕조가 이스라엘을 도울 여력이 있다고 판단되기 때문이다. 두 번째 이유는 소는 제 24왕조의 중심지였던 세이스(Saies)와 언어학적으로 유사성이 있다고 보기 때문이다. 두 번째는 이 소 왕을 제 22왕조의 오소로콘 4세(Osorokon IV/ 주전 730-713년)로 보고 있다. 그 이유는 제 22왕조가 지리적으로 이스라엘(팔레스틴)과 인접해 있으며, 시삭 때부터 관계가 유지되었을 것으로 보기 때문에 소를 오소로콘 4세라고 본다. 이 두 견해가 다 설득력 있는 이유를 제시하기 때문에 현재로서는 어느 하나를 선택하기가 어렵다.

66) *ANET*, p. 284; *ARAB* II, §99.

67) *ANET*, pp. 284-285; *ARAB* II, §55.

아사랴

아사랴(웃시야로도 불림)는 16세에 왕이 되어 52년간 유다를 치리하였고(주전 785-769년), 엘롯을 건축하였다. 뿐만 아니라 그는 블레셋 사람들, 아라비아 사람들, 암몬 사람들을 관장하고 조공을 받았다.

이처럼 이 시기에 팔레스틴의 지방 세력들이 다시 활기를 찾은 것은 아람의 쇠퇴 때문이다. 르신이 이스라엘과 연합하여 유다에 대한 공격을 실패한 후 아시리아의 속주가 되었고, 이스라엘은 봉신이 되었기 때문에 요단 동쪽의 나라들은 아람 혹은 이스라엘의 간섭으로부터 자유로울 수 있었다. 이러한 세력의 변화를 이용하여 주변 국가들이 세력을 확장하였다.

아람의 이러한 쇠퇴는 아다드-니라리 3세의 기록을 통해서도 알 수 있다. 아다드-니라리 3세는 주전 805년에 다시 시리아 북쪽 지역으로 진출하여 아람을 통제하기 시작하였다. 칼라흐(Calah 혹은 니무르드(Nimurd)라고도 부름)에서 발견된 비문에 의하면 아다드-니라리 3세는 이스라엘로부터 조공을 받았다.[68] 이 비문에는 사마리아와 주변 국가 그리고 다마스쿠스의 왕 마리가 많은 양의 조공을 바쳤고, 특히 다마스쿠스의 왕이 봉신(*arduti*)이 되었음을 기록하고 있다(17행). 또한 사바(Saba'a)에서 발견된 비문에 의하면 주전 805년에 다마스쿠스를 공격하였다.[69] 그리고 아다드-니라리 3세가 다마스쿠스의 마리 왕으로부터 조공을 받은 것에 대해 기록하고 있다.

또한 텔-리마(Tell al-Rimah)에서 발견된 비문은 아람뿐만 아니라 이스라엘이 아다드-니라리 3세에게 조공을 바친 것에 대해 기록하고 있다.[70]

아다드-니라리 3세의 서쪽으로의 세력 확장은 아람을 군사적으로 위

68) *RIMA* 3, p. 212-213, 5b-14=*RAB* I, §739.
69) *RIMA* 3, pp. 207-209. 사아바(Sabaʿa)는 제벨 신자르(Jebel Sinjar) 남쪽에 위치한다.
70) H. Tadmor, "The Historical Inscriptions of Adad-Nirari III," pp. 141-150; S. Page, "A Stela of Adad-Nirari III and Nergal Ereš from Tell al-Rimah," pp. 139-153.

기로 몰아 넣었으며, 이는 아람의 영향 아래 있던 이스라엘, 유다, 모압, 에돔 그리고 암몬 등의 세력이 부흥하는 계기가 되었고, 이스라엘은 잃어버린 땅을 아람으로부터 회복할 수 있었다.

사마리아의 문화

1908-1910년 사마리아 발굴에서 발굴된 가장 두드러진 유적은 875-850년 사이에 오므리에 의해 세워진 성채로써 규모가 89×178m나 된다. 이 성채의 성벽은 다듬어지고 연마된 마름돌 석공술의 가장 뛰어난 예들 중 하나를 보여주었다. 성채의 북쪽 부분에서는 상아궁의 잔해가 남아있다.

뿐만 아니라 철기 시대 제 2기에 속하는 동굴 무덤이 사마리아 밖 계곡에서 발견되었다. 여기에서 제사에 사용하던 다량의 신상이 발견되었기 때문에, 이것이 마치 예루살렘의 힌놈 골짜기의 도벳과 같이 제의를 위한 곳이었을 것으로 추정한다.

사마리아의 유물에서 페니키아 예술 양식이 많이 발견되었는데 이는 페니키아와의 교역 때문이다. 웅대한 마름돌 양식, 페니키아의 장인들에 의해 조각된 상아 그리고 심지어 9세기와 8세기의 페니키아의 토기 유형과 유사한 토기 등이 발견되었다.

특히, 사마리아 왕궁의 폐허에서는 500개의 상아가 붙여진 가구들이 발견되었다. 조각된 상아에서는 10세기부터 8세기 동안 이스라엘 지역의 다른 유적지에서보다 뛰어난 장인의 숙련된 솜씨를 볼 수 있다. 왜냐하면 사마리아의 것들은 그 지역에서 제조된 것들이 아니라 페니키아 양식이기 때문이다.

북쪽 지역에서 발굴되는 주전 9세기 토기를 사마리아 유형이라고 부른다. 사마리아 유형은 둥글고 용골형의 형태가 모두 나타나는 사발이 주를 이루며, 이 사발들의 두께는 얇고, 현탁액이 두텁게 칠해졌으며, 고광택이 나타난다는 특징을 지녔다. 현탁액은 일반적으로 붉은 띠와 노란색에 가까운 흰 띠와 교차되어 나타나는데, 때로는 가장자리가 검은 띠로 칠해지기도 했다. 얇고 섬세한 사마리아의 사발 외에 두께가 더 두꺼운 변형들이 나타나는데, 이것들 또한 현탁액이 칠해졌고 광택이 있는 것들이었다.

히스기야와 유다 왕국

히스기야의 즉위는 이스라엘 역사에 커다란 변화를 가져왔다. 히스기야가 즉위하면서 그는 종교개혁을 실시하였다. 이와 함께 중요한 사건은 아시리아 왕 산헤립의 침략이다.

히스기야와 산헤립의 침공

북 왕국의 호세아 3년에 유다에서는 아하스의 아들 히스기야가 25세에 예루살렘에서 왕이 되어 29년간 통치하였다(주전 727-698년). 히스기야의 통치에 관해서는 성서 기록과 성서 이외의 자료가 비교적 풍부하게 존재한다. 따라서 히스기야 통치 당시 아시리아의 산헤립 왕의 침략에 관한 자세한 기록이 남아있다. 또한 고고학적 발굴의 결과 드러난 약 1500여 개의 '라멜렉' (למלך)이 새겨진 항아리 손잡이는 히스기야 시대에 산헤립의 침략에 대비해 세금을 징수하고 저장하였음을 보여준다.

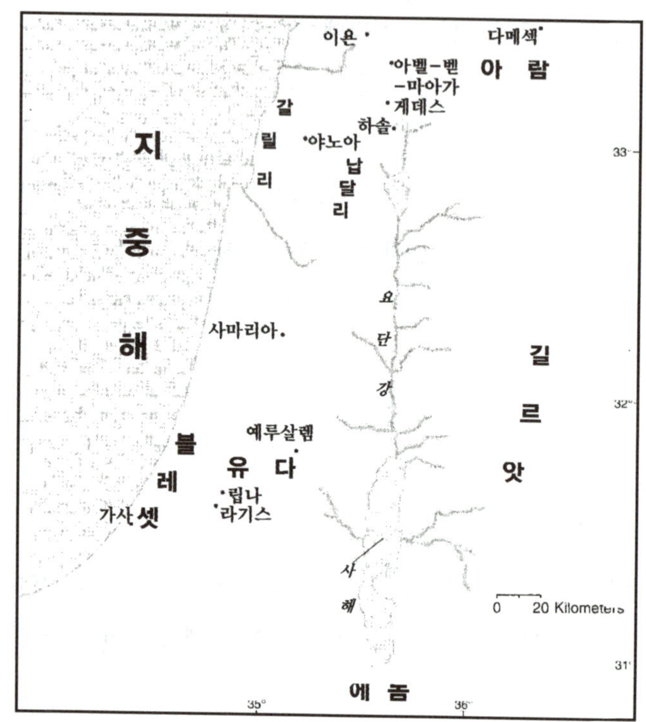

[산헤립 침략 당시의 이스라엘]

히스기야의 독립과 산헤립의 침공

히스기야는 아시리아 왕에게 정기적인 조공을 바치지 않았을 뿐만 아니라, 아시리아가 디글랏빌레셀 3세 이후 관심을 갖고 있던 블레셋의 가사를 공격하였다. 더 나아가 히스기야는 이집트를 의지하였다. 이러한 반란의 결과 히스기야 14년에 아시리아의 산헤립이 유다를 공격하여 라기스를 점령하고 예루살렘을 공격하였다. 산헤립이 라기스에서 예루살렘을 향해 공격할 때 지나간 도시 목록이 미가 1:8-16에 기록되어 있다. 이 도시들은 주로 라기스에서 예루살렘으로 통하는 길목에 위치한 도시들이다. 가드는 여러 곳으로 생각할 수 있는데 학자들은 대체로 쉐펠라 지역에 위치한 텔 짜피(Tel es-Ṣafi)로 생각한다. 그러나 벧-레아브라(Beth-Leaphra), 벧에셀(Beth-Ezel), 마롯(Maroth), 사아난 등은 정확한 위치를 알 수 없다. 가드-모레셋(혹은 모레셋-가드)은 라기스 북동쪽 약 10km에 위치한 텔 쥬데이데(Tel-Judeideh)로, 아둘람은 텔 쉐이크 마드후르(Tell esh Sheikh Madhkur)로, 악십은 아둘람 근처의 텔 베이다(Tel el-Beida)로 그리고 마레사는 벧 구브린 남쪽 2km에 위치한 텔 산다하나(Tell Sanddakhanna)로 볼 수 있다.

산헤립이 쳐들어오자 히스기야는 성전과 왕궁 보물을 모두 산헤립에게 주었다. 산헤립은 은 300 달란트와 금 30 달란트를 조공으로 받아갔다.[71] 따라서 히스기야 왕은 이집트의 디르하가 왕에게 도움을 요청하였다.[72] 아시리아의 공격에 직면한 히스기야는 수로(일명 히스기야 터널)를 건설하였을 뿐만 아니라 6-8m 두께의 성벽을 축성하며, 아시리아의 공격에 대비하였다.

히스기야에 관한 성서 밖의 자료들

히스기야 시대 산헤립의 침략에 관한 아카드어 기록과 히브리어 비문이 있다. 아카드어 기록은 대부분 산헤립의 전쟁에 관한 왕실비문의 기록이다.

산헤립의 연대기에는 주전 701년에 일어난 그의 세 번째 전쟁 때에 산헤립의 시리아- 팔레스틴, 특히 예루살렘 포위에 관하여 기록하고 있다.[73] 이 산헤립의 연대기에 기록된 내용은 제 6차 전쟁을 끝내고 기록한 '불 비문' (Bull inscription)에도 기록되어 있고,[74] 제 8차 전쟁을 끝내고 기

71) 이스라엘의 역사에 있어서 외적의 침략으로 나라가 어려울 때 성전의 보물과 왕궁의 보물을 내 준 예는 다음과 같이 여러 곳에서 찾아 볼 수 있다: 르호보암(왕상 14:26), 아사(왕상 15:18), 아마샤(왕하 14:14).

72) *ARAB* II, §311. 산헤립의 Bull hiscription에 기록되어 있다.

73) D.D. Luckenbill, *The Annals of Sennacherib*, col. II. l. 37-III, l. 49.

록한 '네비 유누스에서 발견된 비문' (Nebi Yunus slab inscription)에도 기록되어 있다.[75]

뿐만 아니라 라기스에서 발견된 아카드어 기록에 의하면 산헤립이 라기스에서 조공을 받은 것을 기록하고 있다.[76]

그러므로 산헤립은 유다를 공격하여 많은 조공을 징수하였다는 것을 알 수 있다.

히브리어로 기록된 실로암 비문(Siloam inscription)은 주전 8세기에 기록된 비문으로 터널을 파는 과정을 자세히 기록하고 있다. 이 비문에 기록된 터널은 히스기야 시대 때 만든 것으로 보인다. 또한 고고학적으로 주전 8세기에 해당하는 폭 6-8m의 견고한 성벽이 발굴되었는데 이는 성서의 기록 내용과 부합된다.

뿐만 아니라 남 유다의 여러 지역에서 항아리의 손잡이에 '라멜렉' 이라고 각인된 약 1,500여개의 인장 각인이 발견되었다. 이들은 가운데 두 날개 혹은 네 날개의 풍뎅이 모양이 그려져 있고, 그 윗부분에 '라멜렉' 이라는 히브리어 글자가 기록되어 있고, 아랫부분에는 헤브론(Hebron), 소고(Socho), 지프(Ziph) 그리고 알 수 없는 ממשת이라는 네 지명 가운데는 하나가 기록되어 있다.

아카드어 기록들은 주전 701년 산헤립의 제 3차 침공에 대하여 기록하고 있다. 그런데 여기서 생기는 문제는 구약성서의 기록과 아카드어의 기록이 서로 일치하지 않는다는 점이다. 따라서 성서의 기록과 아카드어 기록을 어떻게 연결시킬 것인가 하는 문제점이 생긴다. 뿐만 아니라 성서의 두 부분 즉 18:13-16과 18:17-19:37이 같은 사건에 대한 서로 다른

74) *ARAB* II, §§ 309-312.
75) *ARAB* II, § 347.
76) Paterson, *The Palace of Sennacherib*, Plates 74-76.

기록인지 아니면 각기 서로 다른 사건에 대한 기록인가 하는 점이다. 만약 서로 다른 기록이라면 두 기록은 어느 사건에 대한 기록인가 하는 질문이 생긴다.

이에 대하여 많은 학자들은 열왕기하 18:13-16은 주전 701년 산헤립의 제 3차 전쟁 때 예루살렘을 포위한 사건을 기록하고 있으며, 18:17-19:37은 주전 688년부터 681년까지 사이에 다시 한 번 산헤립이 팔레스틴을 공격했다고 이해한다. 왜 688년 이후인가 하는 것은 아시리아가 주전 689년까지 바벨론과 세력 다툼을 벌이는 기간 동안 히스기야가 아시리아에 반란을 일으켰기 때문이라고 설명한다.[77)]

므낫세

히스기야의 뒤를 이은 므낫세는 12세에 즉위하여 55년간 왕으로 통치하였다(주전 698-642년). 므낫세 시대의 특징은 히스기야 시대에 제거되었던 많은 우상들이 다시 유다에서 숭배되었다는 것이다.

므낫세 왕 때 새로운 것은 하늘의 일월성신을 숭배하는 것이다. 유다에서 일월성신을 숭배하는 현상은 하늘 황후 숭배가 예루살렘과 유다에서 행해졌음을 비난하는 예언자 예레미야의 비난에서도 잘 알 수 있다(렘 7:18). 이러한 천체 숭배 사상은 메소포타미아의 영향이라기보다는 주전 2천 년대 시리아-팔레스틴 지역에서 흔히 볼 수 있던 현상이다.

므낫세는 죽은 후 웃사의 동산에 장사되었는데 이는 다윗성 안의 장소가 비좁아 웃사가 소유했던 동산에 일시적으로 왕의 묘지로 삼았음을 보여준다.

77) A.K. Grayson, "Assyria: Sennacherib and Esarhaddon (704-669 BC)," *CAH III/1*, pp. 103-141, esp. 109-111.

유다 왕국의 멸망

주전 7세기말 아시리아 제국의 내적인 혼란과 바벨론 제국의 부흥으로 고대 근동의 국제정세는 매우 불안정했다. 이러한 국제정세의 변화를 이용하여 이집트는 세력을 확장하려고 시도하였다. 따라서 이 시대에 유다 왕국은 또 다시 국제적 혼란에 휩쓸리게 되었고, 결국에는 왕국 멸망으로까지 이어졌다.

요시야

므낫세가 죽은 후 그의 아들 아몬(주전 641-640년)이 즉위하였으나 그의 시대는 2년의 짧은 통치로 마감하였다. 그의 뒤를 이어 요시야 왕이 18세에 왕이 되어 31년간(주전 639-609년) 통치하였다. 요시야 통치 기간 중 가장 뛰어난 업적은 그의 즉위 18년인 주전 622/1년에 성전을 수리하다가 율법책을 발견한 후 종교개혁을 단행한 것이다. 요시야는 종교개혁을 통하여 모든 우상을 제거하였다. 특히 므낫세 때 소개되었던 바알, 아세라, 하늘의 일월성신 숭배를 제거하였다.

요시야의 종교개혁은 세 차례에 거쳐 실시되었다. 즉 요시야 통치 8년(632/1년), 12년(628/7년), 18년(622/1년)이다. 요시야는 아시리아의 총독이 통치하던 북 이스라엘 땅에까지 진출하여 종교개혁을 단행하였다. 이처럼 요시야 종교개혁이 북쪽까지 확장된 것은 아시리아 세력이 주전 645-640년 사이에 팔레스틴에서 철수했기 때문에 가능했다.[78)]

요시야 시대의 역사적 사건은 이집트의 느고 2세가 이집트 왕이 된 후

78) A. Millard, *The Eponyms of the Assyrian Empire 910-612* B.C., (Helsinki: Helsinki University Press, 1994), p. 106.

주전 609년에 아시리아 왕을 도와 싸우기 위해 북진하였다.[79] 그런데 알 수 없는 이유로 요시야가 느고 2세와 므깃도에서 전쟁하다 전사한다. 요시야의 므깃도 전사에 관하여 풀기 어려운 질문은 왜 요시야가 므깃도에 갔는가 하는 점이다. 이에 대하여 느고 2세가 주전 609년 여름에 정권을 잡은 새로운 왕조이기 때문에 이들의 군사력을 시험하기 위해 갔다고 생각할 수 있다.

유다 왕국 말기의 국제정세

요시야의 전사는 유다의 역사의 방향을 완전히 바꾸어 놓았다. 요시야가 전사한 이후 유다는 이집트의 통치하에 놓였다. 이집트는 요시야의 뒤를 이어 왕이 된 여호아하스(주전 609년)를 폐위시키고 죽인 후 요시야의 다른 아들 엘리야김을 왕으로 즉위시켜 그 이름을 여호야김(주전 608-598년)으로 바꾼다.

엘리야김 / 여호야김

여호야김(주전 608-598년)은 이집트의 봉신 왕으로서 백성들로부터 세금을 거두어 느고 2세에게 조공을 바쳤다. 그러나 여호야김은 바벨론의 세력이 유다를 공격하자 3년간 바벨론의 봉신이 되어 조공을 바쳤다. 그러나 3년 후 여호야김은 바벨론에 조공을 바치는 것을 거부하고 반란을 일으켰다.

이러한 역사적 격동의 시기에 메소포타미아가 세력 교체로 인하여 혼란한 시기를 경험하자, 이에 팔레스틴은 다시 이집트의 영향력 아래 놓

79) *ABC*, p. 95. 따라서 느고가 아시리아 왕을 치고자 하여 유프라테스 강으로 올라갔다(왕하 23:29)는 성서 번역은 잘못된 것이다. 정확한 번역은 아시리아 왕에게 나감으로 이 사건이 갈그미스에서 있었다(대하 35:20)

이게 되었다. 그러나 바벨론이 메소포타미아 지역을 장악하고 다시 서쪽으로 세력을 확장함에 따라 팔레스틴은 다시 바벨론의 영향력 아래 놓이게 되었다.

여호야긴의 즉위

여호야김이 죽은 후 여호야긴(주전 597년)이 왕이 되었으나 3개월 밖에 통치하지 못하였다. 여호야긴 시대에 바벨론의 느브갓네살 왕이 예루살렘을 포위하고 왕과 용사 및 기술자 1만여 명을 포로로 잡아가고 또한 성전과 왕궁의 보물을 빼앗아갔다. 그리고 여호야긴의 삼촌인 맛다니야를 왕으로 삼고 이름을 시드기야로 바꾸었다.

바벨론의 연대기에 의하면 느부갓네살이 키슬레브 달(주전 598년 11-12월)에 진군하여 아달 월(주전 597년 2-3월) 2일에 예루살렘을 정복하였다.

시드기야의 통치와 유다의 최후

바벨론에 의하여 왕이 된 시드기야(주전 596-586년)는 바벨론을 배반하였다. 따라서 시드기야 9년에 느부갓네살이 쳐들어와 3년간 예루살렘을 포위하다가 시드기야 11년 넷째 달 9일에 예루살렘은 함락되었다(주전 586년).

유다 왕국이 멸망된 후 유다 사람들이 여러 차례에 거쳐 바벨론으로 잡혀 갔다. 여호야긴과 시드기야 시대에 유다의 고위 관리들이 잡혀 갔지만 많은 사람들은 그 땅에 남아서 그다랴를 따랐다.

미스바는 그다랴/그달리야(아히감의 아들)의 본거지로 사용되었다. 요시야 왕의 서기관이었던 사반 손자이며, 유다 안에서의 저항을 반대하는 온건파의 지도자였던 그다랴는 586년 유다의 멸망 이후 유다 총독으로 임명되었다. 바벨론 군대가 유다를 떠났을 때, 흩어진 군인들이 점차로 미스바에 모여들었다. 따라서 바벨론에 의하여 멸망된 유다는 그다랴에 의하여 통치되었다. 그러나 백성들이 그다랴를 따르는 것을 용인하지 않고 그를 쳐 죽였다. 유다 사람들이 그다랴를 죽인 것에 대한 바벨론의 보복이 두려워 이집트로 도망간다. 이 사건을 기점으로 많은 유대인들이 이집트로 들어가게 되었고, 이들의 후손에 의하여 주전 5세기의 아람어 기록인 엘레판틴 파피루스가 기록되었다.

유다 최후의 영토

유다 왕국 말기의 영토에 관한 기록이 없다. 그러나 유다 민족의 귀환에 관한 기록은 유다 말기의 영토를 알 수 있는 좋은 자료가 된다. 왜냐하면 이들은 잡혀간 대로 귀환하였기 때문이다. 따라서 에스라 2장과 느헤미야 7장에 기록된 지명들은 곧 유다 백성들이 느브갓네살에게 잡혀가기 직전의 유다 영토를 말해준다.

유다의 영토는 주전 701년 산헤립 침략으로 많은 부분을 상실하였고, 예루살렘을 중심으로 한 주변 지역으로 영토가 축소되었다.

바벨론 포로기의 유다

바벨론 통치 하의 유다

주전 586년 느부갓네살에 의하여 유다 왕국이 멸망되고, 유다의 마지막 왕인 시드기야가 죽고, 많은 유다 백성들이 포로로 잡혀간 이후 유다는 느부갓네살에 의하여 임명된 총독 아히감의 아들 그다랴에 의하여 통치되었다. 그러나 이스마엘이 그다랴를 쳐 죽인다. 이 사건 이후 바벨론의 보복을 두려워한 일부의 유다 백성들이 이집트로 도망하였다. 따라서 요세푸스의 「유대 상고사」에 의하면 느부갓네살의 군대가 주전 582년 다시 팔레스틴을 공격하여 유다 및 요단 동편의 여러 나라를 공격했다고 기록하고 있다.[80]

그다랴에 대하여 많은 학자들은 라기스에서 발견된 인장에 새겨진 그다랴와 동일인으로 이해한다("왕궁 관리 그다랴에게").

그다랴가 죽은 후 유다 땅에서 어떤 일이 발생했는지는 전혀 알 수 없다. 성서조차도 주전 539년 고레스 칙령에 의하여 바벨론 포로로 잡혀갔던 사람들이 귀환할 때까지 아무것도 전하지 않는다.

유다 멸망 이후 유다의 역사는 예루살렘뿐만 아니라 바벨론과 이집트 그리고 소아시아에 흩어져 있는 이스라엘 사람들까지 포함하는 역사이다. 팔레스틴 국경에서 멀리 떨어진 곳에서 유다 백성들은 자신들의 종교적, 문화적 특성을 그대로 유지하였다. 바벨론 포로기간 동안의 유다 백성에 대한 자료는 매우 부족하다. 텔 베이트 미르심(Tell Beit Mirsim), 벧세메스(Beth-Shemesh), 라기스 그리고 라맛 라헬(Ramat Rachel) 등에 대한 고고학적 발굴 결과 파괴의 흔적을 발견했다. 그러나 예루살렘 북쪽에 위치한 몇 개의 도시들-즉 벧엘, 미스바 그리고 기브온 등은 전혀 파괴되지 않았다. 이 지역들은 전쟁이 끝나고 바벨론 제국에 헌납되었기 때문에 파괴를 피할 수 있었다.

유다 총독인 그다랴는 가난한 사람들이 토지를 소유할 수 있는 권리를 인정해 주었다. 그다랴의 목적은 유다를 정상화시키는 것이었다. 그의 정책은 "너희는 갈대아인 섬기기를 두려워하지 말고 이 땅에 거하여 바

80) *Antiquities* X iX 7. 드보(R. de Vaux)에 의하면 궁내 대신이었던 그다랴가 예루살렘 멸망 이후 바벨론에 의하여 총독으로 임명되었다. 그러나 그다랴라는 이름이 유다 왕국 마지막 때에 여러 명 등장하기 때문에 정확히 누구인지 알 수 없고 더구나 인장 각인의 그다랴와 예레미야서의 그다랴를 동일시하기는 어렵다는 의견을 제시한다.

벨론 왕을 섬기라. 그리하면 너희에게 유익하리라. 나는 미스바에 거하여 우리에게로 오는 갈대아인을 섬기리니 너희는 포도주와 여름 실과와 기름을 모아 그릇에 저축하고 너희의 얻은 성읍들에 거하라 하니라"(렘 40:9-10)는 구절에서도 잘 나타난다. 그는 땅에 대한 소유권을 주장한 사람에게 법적으로 소유권을 인정해 주는 것이다.

그다랴의 짧은 통치는 왕족 중의 한 명인 이스마엘에 의해 암살되었다. 느다냐의 아들인 이스마엘은 그다랴를 반역자로 생각했다. 그리고 그는 암몬의 왕에게 고용되었을 가능성도 크다. 왜냐하면 암몬 왕은 유다의 일부분이라도 차지하기 원했었기 때문이다. 이 사건은 바벨론의 간섭을 불러들이는 결과가 되어 유다의 정치적 자치권을 잃어버리는 계기가 되었다.

바벨론의 보복을 두려워 한 반란자들은 이집트로 도망치기로 결정하고 예레미야도 함께 도망했다. 실제로 그다랴가 살해당한 날인 일곱 번째 달의 세 번째 날은 금식일로 지켰으며, 바벨론 포로기에도 이날을 금식일로 지켜졌다.

비록 바벨론 제국이 아시리아 제국의 행정제도를 답습하기는 했으나, 강제 이주정책에 있어서는 큰 차이가 있었다. 쌍방으로의 인구이동에 대한 증거는 없고 오직 정복된 민족들을 일방적으로 바벨론으로 끌고 갔다. 이는 아시리아와의 전쟁에서 파괴된 지역의 재건을 위하여 노동력이 필요했기 때문이다.

바벨론 포로생활 마지막 때를 기록하고 있는 것은 제 2이사야(사 40-55장)이다. 제 2이사야는 바벨론 포로기 마지막 때에 고레스에 의한 페르시아의 부흥에 관하여 기록하고 있다. 따라서 이사야 40-55장은 바벨론 포로에서 페르시아로 전환하는 시기의 유대인의 삶에 관하여 기록하고 있다.

바벨론에서의 유다 백성들

바벨론 포로로 잡혀간 유다 백성들의 삶에 대하여 대부분의 기록은 침묵하고 있다. 바벨론 왕 에윌므로닥(Evil-Merodach, 주전 561-560년)은 그의 원년에 포로로 잡혀 왔던 여호야긴을 37년 만에 석방하였다. 따라서 여호야긴이 석방된 해는 주전 562년이 된다.

바벨론 포로 시대의 역사 기록은 유다 백성의 왕이었던 여호야긴의 이름을 담고 있는 토판뿐 아니라 무라슈(Murašû)에서 토지를 빌려주고 경제활동을 했던 유다인의 이름이 기록된 토판 문서가 발견되었다. 이 기록은 여호야긴이라는 유다 왕의 이름이 느브갓네살 시대 말까지도 계속해서 사용되었음을 보여준다. 그러나 기록에서 여호야긴을 왕이라고 부르지 않고, 유다 왕의 아들이라고 부른다.

바벨론 포로로 잡혀간 유다 백성들에 대한 바벨론 사람들의 대우는 다양하다. 왕족들, 특히 반란의 소지가 있는 사람들은 옥에 가두었다. 그러나 많은 유다 백성들은 토지를 수여받아 경제활동을 할 만큼 자유로운 삶을 살았다. 이러한 사실은 무라슈에서 발견된 경제 문서 가운데 8%에 해당하는 사람들이 유다 백성들이었다는 사실에서 알 수 있다. 따라서 바벨론으로 이주된 유다 백성들은 경제활동을 통해서 여유로운 삶을 살았다. 성서의 기록에서도 유다 백성들이 포로기 동안 경제적으로 부유했음을 언급하는가 하면(렘 29:5), 심지어 노예까지 소유하였음을 기록하고 있다(스 2:65).

그러나 바벨론으로 강제 이주된 유다 백성들의 대부분은 폐허지에 거주하였다. 따라서 이들이 거주하는 지역의 많은 이름이 폐허를 뜻하는 아랍어인 텔(Tel)과 합성되어 있다(Tel-Melah, Tel-Harsha, Tel-Abib 등). 어떤 유다 백성들은 행정 중심지에 거주하기도 하였다. 바벨론으로 이주된 유다 백성들은 니푸르 근처의 그발 강가의 텔아빕에 거주하였다(겔 3:15). 그런데 니푸르 근처에 모여 산 것은 유다 백성들만이 아니다. 니푸르 근처에는 '두로의 집' 이라고 불리는 두로에서 이주해 온 사람들이 거주하는 지역이 있었고, '아스글론 도시' 라는 아스글론에서 이주해 온 사람들을 위한 지명이 있었다. 뿐만 아니라 하맛에서 이주해 온 사람들을 위해 '하맛의 집' 이란 지명이 생겼고, 아랍 사람들을 위하여 '아랍인의 도시' 라는 지명이 생겨났다. 이러한 사실은 바벨론 제국에 의하여 바벨론으로 옮겨진 사람 가운데 니푸르 근처에 거주한 사람들은 자기 사람들끼리 모여 살았음을 알 수 있다. 그런데 니푸르 근처의 비트-무라슈에서는 유다 백성들의 이름이 84개나 발견되었다. 따라서 비트-무라슈 지역은 바벨론으로 이주한 유다 백성들이 거주했던 지역으로 추정할 수 있다. 그런데 이들이 거주한 지역의 규모는 도시의 규모는 아니며 작은 정착촌의 형태를 가지고 있었던 것으로 보인다.[81)]

바벨론 이주민들의 사회구조에 대한 가장 설득력 있는 학설은 에프알(I. Ephᶜal)의 설명이다.[82)] 그는 구약성서에서 바벨론 이주민들 가운데 '유다의 장로' 나 '이스라엘의 장로' 라는 표현이 등장하며(겔 8:1, 14:1, 20:1, 3), 예레미야가 바벨론으로 강제 이주당한 사람들에게 서신을 보낼 때에도 수신자로서 장로를 언급하고 있을 뿐만 아니라 바벨론 이주민들이 귀환할 당시에도 이들은 종족 단위로 귀환하였다(에 2:59)는 사실을 근거로 바벨론 체류시절부터 이스라엘 사회는 종족 단위의 사회구조를 가지고 있었다고 주장한다.

이러한 사실은 페르시아 제국 시대에 있었던 유다 백성 이외의 강제

81) I. Ephᶜal, "The Western Minorities in Babylonia in the 6th-5th Centuries BC: Maintenance and Cohesion," *Orientalia* 47 (1978), pp. 74-90, esp. 83.
82) *Ibid.*, pp. 74-90.

이주된 소수 민족들도 장로에 의하여 이주민들의 사회가 형성되었음을 보여준다. 페르시아 제국의 캄비세스 왕 원년 키슬레브 달 22일, 즉 주전 529년 12월 25일에 있었던 토지 매매를 기록한 문서에 의하면 토지 매매가 '이집트인 장로들의 회의 앞에서 이루어졌다' 라고 기록하고 있다. '이집트인 장로들의 회의' 라는 조직은 구약성서에 기록된 '유다의 장로' 나 '이스라엘의 장로' 를 연상케 한다.

따라서 바벨론으로 이주된 유다 백성들은 종족 단위의 사회구조를 가지고 있었으며, 장로에 의하여 유지되었다. 바벨론 공동체의 장로들은 자신들이 포로로 잡혀 오기 전 유다 왕국에서 가졌던 지위에 근거하여 활동하였던 것으로 추정된다.

페르시아의 등장

바벨론의 몰락과 페르시아의 번성

바벨론 제국의 마지막 몇 년 동안 바벨론은 대내외적으로 큰 변화를 겪었다. 주전 556년 바벨론의 왕권은 달신인 신(Sin)을 숭배하는 나보니두스(Nabonidus, 주전 555-539년)에게 넘어갔다. 바벨론의 다른 왕들과는 달리 나보니두스는 학식이 있었고 바벨론의 과거와 주술에 대해 관심이 많았다. 그러나 그는 그의 통치 초기부터 신(Sin) 숭배를 강조하였기 때문에 바벨론의 전통적인 제사장들과 알력을 빚었으며, 그 결과 바벨론을 떠나 아라비아 북부에 위치하고 있는 테이마(Teima)에서 10여년(주전 552-543년)을 지냈다. 그가 테이마에 있는 동안 그의 아들 벨-사르-우쭈르(Bel-šar-uṣur)가 통치하였다.

나보니두스가 테이마에서 지내는 동안, 정치적인 큰 변화가 있었다. 주전 550년에는 페르시아의 고레스가 반란을 일으켜 메대(Media)를 멸망시키고 페르시아 제국을 세웠으며, 전쟁을 통하여 서쪽으로 영토를 확장했다. 주전 546년에 고레스는 사르디스(Sardis)까지 정복하였다.

나보니두스가 주전 543년에 테이마로부터 바벨론으로 귀환하자 또 다시 바벨론 제사장들의 알력에 직면했으며, 특히 성전 관리인들의 불만이 급증하였다. 특히 나보니두스가 신(Sin)의 성전을 하란에 복구시켰을 때 불만은 더욱 커졌다.

이러한 내적인 갈등의 기회를 틈타 고레스는 바벨론을 공격하였다. 고레스가 바벨론의 왕으로 등극하는 과정에 대하여 바벨론의 마르둑(Marduk)을 섬기는 제사장들과 시파르(Sippar)의 나부(Nabu) 신을 섬기는 제사장들이 음모를 꾸미고 고레스를 불러들였으리라고 추측하기도 한다. 고레스는 싸우지 않고 바벨론을 접수하였다. 그 결과 바벨론 사람들은 고레스에 대하여 적대적 감정을 갖지 않았다. 오히려 고레스를 바벨론의 해방자로 이해하였다. 이러한 일은 메소포타미아 역사에서 처음 있는 일이다.

주전 539년에 나보니두스는 페르시아의 침략을 우려하여 바벨론의 여러 도시의 신상들을 바벨론으로 옮겼다. 그러나 이러한 나보니두스의 행위는 신성모독으로 여겨졌다. 고레스가 바벨론으로 진격하자 시파르 등 바벨론의 주요 도시가 항복했으며, 전투 없이 바벨론도 무너졌다. 나보니두스는 도망가고, 고레스는 바벨론 사람의 환영을 받았고, 심지어 고레스는 '바벨론의 왕, 땅의 왕' 이라는 호칭으로 불렸다.

바벨론의 왕이 된 고레스는 나보니두스의 종교개혁을 무효화하고 그가 바벨론으로 옮겨온 모든 신상들을 원래 자리로 되돌려 보냈다. 따라서 고레스는 바벨론의 종교와 질서의 회복자로 인식되었다.

고레스의 통치

페르시아의 왕 고레스(주전 538-530년)는 주전 539년 티그리스 강가의 오피스(Opis)에서 바벨론의 마지막 왕이었던 나보니두스를 무찌르고 페르시아 제국의 새로운 역사를 열었다. 왕에 오른 고레스는 칙령을 발표하여 포로로 잡혀왔던 모든 사람들과 신상을 고향으로 돌려보낼 것을 명하였다. 이 명령에 의하여 바벨론으로 강제 이주되었던 유다 백성들도 자신들이 살던 고향으로 돌아왔다. 고레스 칙령의 내용은 고레스의 비문에 자세히 기록되어 있다.

고레스 왕의 기록에 의하면 고레스 칙령에 의한 유다 백성들의 귀환은 유다 백성들만을 위한 특별한 조치가 아니었고, 당시 바벨론으로 잡혀왔던 모든 사람들을 대상으로 시행된 조치였다. 이러한 고레스의 칙령이 바벨론에 있는 유다 백성들에게 전해졌고, 이는 그들에게 예루살렘 성전의 재건을 허락하는 것으로 이해되었다.

이 칙령은 고레스 통치 첫 해인 주전 538년에 반포되었다. 성서의 고레스 칙령은 유다 가운데 오직 예루살렘의 성전만을 언급하며, 다른 유다 지방에 대하여는 전혀 언급하지 않는다. 이는 아마도 예루살렘 성전이 페르시아 제국으로부터 세금납부가 면제되었기 때문으로 생각된다. 유다의 모든 사람들은 납세와 징병의 의무가 있었다(스 4:12-16). 고레스와 그의 상속자들은 그들 제국의 다른 몇몇 지역의 성전에 대해서도 납세와 징병의 의무를 감해주었다. 따라서 제사장 계급들은 페르시아 제국의 통치와 결탁되었고 그에 충성함으로써 경제적 특권을 보장받았다.

당시 유대 예언자들은 고레스의 융성과 세계정복의 목적은 이스라엘을 돕기 위해서라고 해석했다. 따라서 고레스를 '여호와의 기름부음 받은 자' 라고 불렀다.

귀환과 복구

예루살렘 성전재건에 드는 모든 비용을 페르시아 국고에서 보조해준다는 약속은 귀환하는 유다 백성들에게 큰 활력소가 되었다. 주전 538년, 즉 고레스 칙령이 발표된 해에 약 42,360명의 첫 번째 귀환자들이 돌아왔다. 이 중에는 7,337명의 성인 남자와 여자 노예 그리고 200여 명의 남녀 악사들도 끼어 있었다. 그런데 이 숫자는 몇 번에 걸친 귀환자들을 모두 합친 숫자로 보이며 심지어 에스라와 느헤미야 때 돌아온 이들도 포함되었을 것이다. 그러나 이러한 귀환은 이집트에서 캄비세스(Cambyses, 주전 529-522년)에 의해 전쟁이 났을 때는 중단되었다. 이러한 귀한에도 불구하고 상당히 많은 유다 백성들이 바벨론에 그대로 남아있었다. 이들은 대부분 바벨론에서 경제적으로 안정을 누리던 자들이었다. 대부분은 바벨론에서 태어난 유다 백성들이었기 때문에 고향에 대해 별로 관심을 갖지 않았다. 유다의 왕자인 세스바살이 첫 번째 귀환자들을 이끌고 왔다. 그는 여호야긴(여고냐)의 아들 세낫살과 동일인으로 추정된다. 페르시아 국고에서 성전기명을 돌려받은 자가 세스바살이다. 그의 주목적은 예루살렘에 성전을 재건하는 것이었다. 세스바살은 유다의 총독이었다. 그의 지위는 여고냐의 손자인, 즉 스알디엘의 아들인 스룹바벨에게 넘어갔다.

누구의 지도 아래 어떤 순서로 두번째 성전이 건축되었느냐에 대해서는 아직도 논란거리이다. 제사장이던 스룹바벨이 제사를 제도화하고 그들이 돌아온 이듬해에 성전의 기초를 놓았다. 그러나 성전재건은 한동안 중지되었다가 주전 520년 다시 시작되었다. 성전 복구의 지연은 유다와 베냐민의 경제적 어려움과 내부적인 갈등 때문이었다. 이때의 유다 백성들의 지도자는 스룹바벨과 예수아였으며, 예언자 학개와 스가랴는 사람들을 격려하였고, 특히 스룹바벨에게 작업을 서두르도록 권고하였다.

귀환 초기부터 귀환자들과 유다 땅에 남아있던 이들 사이에 갈등이 있어왔다. 유다 땅에 남아있던 자들은 자신들도 성전건축에 참여하기를 요청했다. 그러나 스룹바벨과 다른 지도자들은 "우리 하나님의 전을 건축하는데 너희는 우리와 상관없느니라. 페르시아 왕 고레스가 우리에게 명하신대로 우리가 이스라엘 하나님 여호와를 위하여 홀로 건축하리라"라고 답했다. 이들은 아시리아 왕에 의해 사마리아에 유배된 외국인 정착자들의 후손이었다. 나중에 이들이 '사마리아인'(Samaritans)으로 알려졌다.

고레스는 종교적인 관심보다는, 궁극적으로 자신의 제국을 공고히 하고 동쪽으로 영토를 늘리는 데 관심이 있었다. 주전 530년 그가 죽고 그의 아들 캄비세스가 서쪽의 영토 확장을 위해 이집트 원정을 하게되고, 그것은 성공리에 마치고, 이집트의 26왕조를 멸망시켰다.

캄비세스 뒤를 이어 다리우스 1세가 주전 522년 등극하자 페르시아 전역에서 반란이 일어났다. 그러나 그는 주전 519년에 제국 전체의 주도권을 장악했다. 주전 520년에 유다 백성들은 성전재건을 재개하였다. 성전재건과 더불어, 귀환한 유다 백성들에게 다윗 왕조 하에서의 왕조의 새로운 시작에 대한 희망이 생겨났고, 이 희망은 자연스럽게 스룹바벨과 연결되었다.

성전재건은 더디게 진행되었다. 이 재건 소식이 유프라데스 강 건너편 지역의 총독인 닷드내에게 전해졌고, 그는 다리우스에게 귀환자들이 성전을 지을 권리에 이의를 제기하였다. 고레스의 칙령은 구두로 선포되었지만 페르시아의 궁중문서 보관소에 그 증거가 남아있었다. 하지만 예루살렘의 유다 백성들은 재건 사업이 왕이 허락한 것이라는 사실을 입증할 수는 없었다. 따라서 다리우스는 그 문서를 찾도록 하였고, 엑바다나(Ecbatana, Achmetha)에 있는 문서 보관소에서 고레스의 칙령을 확인한 후 성전이 완성되면 자신과 자신의 후손을 위해 제사를 지낼 의무를 첨가하여 이를 허락하였다. 성전재건 사업은 다리우스 통치 6년인 516/515년에 완료되었다.

스룹바벨

예루살렘 성전은 예루살렘이 파괴된 다음부터 정확히 71년 후에 재건되었다(주전 586-515년). 이러한 사실은 예레미야의 70년 동안의 고난에 관한 예언이 포로기 동안과 후에 다시 해석되었음을 보여준다. 귀환자들은 예레미야의 예언을 상기하고는 70년 동안에 이 재건 사업을 끝내려 했으며 또 이를 끝냄으로써 여호와의 진노는 끝나고 이제는 새로운 시대 즉 여호와의 자비가 내리는 시대가 시작된다고 믿었다.

성전재건 완료로부터 서기관 에스라가 도착할 때(주전 458년)까지 약 50여 년 동안의 역사 기록이 없다. 스룹바벨은 더 이상 언급되지 않기 때문에 페르시아로 소환된 듯하다. 왜냐하면 그의 자손 중 한 명이 에스라와 함께 돌아왔다. 스룹바벨이 사라진 것은 대제사장이 힘을 갖게 되는 결과를 가져왔다. 이 당시의 특색은 예루살렘의 귀족과 관리들인 대제사장과 사마리아의 지도자 계층 사이에 긴밀한 유대관계가 형성되었다는 점이다. 사마리아의 지도자 계층은 자신들이 이스라엘 민족에 속한다고 생각했고, 비록 그들이 고레스 왕 때 성전재건 사업 참여를 거절당했을지라도 지금은 예루살렘에서 꽤 영향력이 있는 계층이 되어 있었다.

종교적, 문화적 차이들은 더 이상 중요하게 보이지 않았다. 사마리아의 귀족들은 예루살렘과 성전을 그들의 종교적 중심지로 생각했고 예루살렘의 대제사장 권위를 인정했다. 그러나 에스라와 느헤미야가 유다로 돌아온 때인 5세기 중엽에 바벨론에 흩어져 살던 이스라엘 민족 사이에서 종교적 각성이 일어났다.

뿐만 아니라 이집트에서의 반란이 진압될 때인 주전 458년경, 아닥사스다의 통치 7년에 에스라는 일군의 무리를 이끌고 유다로 귀환하는 것을 허락받았다. 아닥사스다는 유다와의 유대관계가 공고히 되리라고 생각하였다.

에스라와 느헤미야의 활동의 연대별 배열에 관해서는 이론이 분분하다. 어떤 학자들은 성서의 순서가 뒤바뀌어야 한다고 하며, 이는 에스라는 느헤미야보다 이른 아닥사스다(Artaxerxes I)의 시대에 놓여서는 안 되며 느헤미야보다 50년 가량 뒤의 아닥사스다(Artaxerxes II)의 통치 기간에 들어가야 한다고 주장한다. 실제로 에스라가 느헤미야보다 먼저라는 주장보다 그가 느헤미야보다 나중에 왔다는 견해가 더욱 많은 방법적인 문제를 일으킨다. 에스라 도착 이전의 유다의 어려운 상황은 뒤따르는 느헤미야의 성공적인 임무 수행 기간과 맞지 않는다. 편집자에 의해 전해진 성서의 순서를 뒤바꾸는 것을 증명할 만한 자료가 없기에 에스라-느헤미야 순서가 더 맞게 보인다.

에스라의 귀환

에스라는 주전 458년 다섯째 달에 예루살렘에 도착했으며, 사사들을 뽑고 하늘의 하나님의 법에 따라 재판할 공식적 권위를 가지고 왔다. 누구든 이 법에 따르지 않으면 처벌을 받게 되어 있었다. 에스라의 권위가 유다에 있는 이 법을 준수하는 모든 사람과 유프라테스 강 건너편 지역의 사람들에게도 확대되었는지, 아니면 바벨론에서 돌아온 사람들에게만 국한되는지는 확실치 않다. 왕은 에스라가 국고로부터 할당금을 받아 예루살렘 성전을 재건하고 왕과 그 일가를 위해 제물을 바치도록 배려하였다. 그는 바벨론식으로 성전을 금, 은으로 장식하였다. 더욱이 에스라와 동행했던 약 1,500명의 제사장, 레위인, 가수, 문지기도 포함한 집단에게 통행세와 징병 그리고 부과금을 면제해 주었다. 아마도 에스라는 바벨론의 유다 공동체에서 가장 높은 관리였던 것으로 보인다. 에스라서는 심지어 그를 아론 지파까지 소급되는 제사장 족보에 끼워 넣었다.

에스라의 주된 목적은 유다 안에서 바벨론 포로기를 거치고 돌아온 자와 그렇지 않은 자들의 집단을 분리시키는 것이었다. 에스라는 종종 포로 되었던 사람들이라는 용어를 쓴다. 그는 땅의 사람들을 이방인으로 여기며 여러 가지 환란의 근거로 보았다. 그러나 이 땅의 사람들은 포로기를 거치지 않은 이들과 특히 예루살렘에서의 종교 관습에 새로 밀착된 자들은 포함한다. 에스라는 귀족과 제사장들 사이에 널리 퍼져있던 이방결혼에 반대하였다. 따라서 이방 여인을 취한 제사장들과 레위인들의 명단이 제시되었다. 그러나 에스라는 국제정세 변화와 상당한 지위에 있던 예루살렘의 귀족일가들로부터의 불평 등으로 이 결혼 관습을 다시 허용하게 되었을 가능성이 있다.

14년 후에 에스라가 다시 느헤미야와 함께 언급될 때까지 그에 대한 언급이 없다. 이 기간 동안(주전 458-445년) 시리아, 팔레스틴, 이집트는 많은 변화를 겪게 된다. 이집트 등지에서의 반란으로 야기된 혼란의 결과로 예루살렘 공동체는 예루살렘 성벽을 복구할 때가 왔다고 결정하였다. 에스라의 임무는 실패로 끝난 듯해 보인다. 왜냐하면 사마리아인들의 주장, 즉 예루살렘이 재건되면 왕에 대한 세금이 줄게 되고 이는 예루살렘이 옛날부터 반란을 일으키는 도시였기 때문이라는 주장이 페르시아의 궁중에 먹혀들어갔기 때문이다.

느헤미야의 개혁

에스라보다 13년 후인 주전 445년 느헤미야는 유다의 총독으로 예루살렘에 왔다. 그러나 그의 배경에 대해서는 아무 설명도 없다. 느헤미야는 예루살렘 성벽이 중건되지 못한 것에 대하여 대단한 슬픔과 분노를 가지고 있었다. 따라서 느헤미야는 왕에게 간청하여 예루살렘으로 가는 것을 허락받았다. 왕은 유프라테스 강 건너편 지역 총독과 왕의 숲(아마도 레바논에 위치할 것이다) 관리인에게 편지를 띄워 예루살렘 성벽 중건을 돕도록 하였다. 느헤미야의 주된 관심은 예루살렘 성벽을 재건하는 것이었다. 전체 건축 사업이 오직 52일 밖에 걸리지 않았다.

느헤미야가 예루살렘에 오기 전 두세대 가량의 기간 동안 유다에서 발생한 사회적 이분화는 매우 심각했다. 귀족들과 고위관리들 그리고 제사장집안들은 비교적 넉넉하게 살았으나, 가뭄과 흉년 그리고 세금납부는 농부들과 소지주들을 강타하여 속박과 노예화가 일상적인 현상이 되었다.

느헤미야는 급진적 해결책을 시행하였다. 빚을 면해주고 땅을 가난해진 소유주에게 돌려주는 것이다. 이 정책은 페르시아로부터 파견된 유다 지역 총독의 권한으로 행해졌으나, 이는 그로 하여금 중요한 때에 이 극적인 정책을 쓰도록 허락했음이 분명하다. 그는 이 경우 단순히 개혁을 단행하는 등의 쉬운 처리방법을 피했다. 그는 예루살렘에 많은 인파를 모이게 하였는데 그 중 인구의 부유층은 소수였다. 그리고는 그들을 말로써 설득하고 사람들의 의지와 그의 권위에 의지하여, 위의 급진적 개혁을 외칠 수 있었다. 귀족들은 모인 군중들 앞에서 공적으로 개혁이 곧 이행될 것이라는 서약을 해야 했다. 또한 느헤미야는 인구의 10%를 예루살렘에 머물게 하여 그곳의 인구를 확대시키는 정책도 썼다. 이는 지방의 인구를 도시의 요지로 강제적으로 이동시켰던 후기 그리스와 헬레니즘 시대의 정책과 비슷한 것이었다.

또 다른 느헤미야의 개혁은 성전개혁이다. 그는 성전과 제사장 계급을 지원하고 성전과 도시에 대한 경제적 기반을 확립함으로써 예루살렘의 지위를 보강하였다. 그는 5, 6세기에 메소포타미아에서 성전도시들에 대해 통상적으로 행해졌던 십일조의 정기적 납부를 제창했다.

느헤미야의 안식일을 지키라는 주장은 특별한 중요성을 가진다. 흩어졌던 유다 공동체의 독특한 성격의 하나로서 안식일을 지키는 일이 대두된 것은 놀랄만한 일이 아니다. 엄격한 안식일 법에 대한 강요는 레위 지파에게 부과되었다(느 13:19). 이러한 정책은 자연히 강한 반발을 받게 된다. 가장 강력한 반대자는 사마리아의 산발랏이었다. 그는 예루살렘 성전의 열성가였으며 여호와를 따르는 자였다. 실제로 느헤미야는 그를 이교도로 지칭한 적이 없다. 두 번째 반대자는 암몬 사람 토비야였는데, 그는 암몬에서 가장 영향력 있는 집안의 대표였다. 이 집안은 느헤미야 이후 약 2세기에 걸쳐 예루살렘에서 가장 강력한 집안이 되었다. 그 밖에도 예루살렘의 대제사장인 엘리아십(Eliashib)의 반대 등이 있다.

느헤미야는 토비야를 쫓아냄과 동시에 그의 특권을 취소하고, 그의 두 번째 임기 때(주전 432 이후) 엘리아십의 손자를 예루살렘에서 추방하였다. 이 중대한 결단은 유다 공동체의 정화와 관련된다. 느헤미야는 바벨론 포로들에게 있어서 특징적이었던 에스라의 격리주의적 이상에 밀착되었다. 이방인들과의 혼인이 다시금 중요한 것이 되었다. 에스라는 그의 회고록에서 느헤미야를 언급하고 있지 않으나 둘 다 이방 여인들을 추방하는데 관련되어 있었다.

느헤미야의 개인적 지위는 그의 개혁들이 성공을 거둠에 따라 확립되었다. 유다의 대부분 사람들이 그를 따랐다. 그러나 대제사장 가족은 반대하였다. 느헤미야가 그의 두 번째 임기를 마치고 페르시아로 떠난 것이 그의 회고록의 마지막이며, 그 시대에 관해 우리가 가진 자료의 마지막이다. 이 시점으로부터 페르시아 제국의 멸망 때까지 우리는 유다 역사를 기록한 직접적 문서기록을 가지고 있지 않다. 고고학적, 금석학적 증거들이 도움을 주어야 할 것이다.

유다, 사마리아 그리고 엘레판틴

독립된 행정단위로서의 유다의 위치는 동전 등에 새겨진 예후드(Yehud)(아람어로 유다라는 뜻)라는 용어에서 입증된다. 페르시아 제국 내의 각 지방은 중앙 정부에 무거운 세금을 납부하였다. 그리고 각 지방은 지역의 총독과 그의 왕실을 보조할 의무가 있었다. 또 이 지방들은 그곳의 주민들에게 행정과 군대를 지원하기 위해 세금을 부과했다. 이 시기의 동전, 인장 등에서 각 지방의 일정한 재정적 자치권이 있었음을 알 수 있다. 오직 중앙 정부만이 고가의 은화를 주조할 수 있었으나 유다의 지방 행정부도 저가의 작은 동전을 주조하였다.

요르단 계곡의 와디 달리예에서 발굴된 아람어 파피루스는 사마리아와 그 공동체의 역사를 보여준다. 하나냐는 주전 354년경 사마리아의 총독이었다. 그리고 그의 아들은 알렉산더 대왕이 시리아-팔레스틴을 정복할 당시 사마리아의 총독이었다. 요세푸스에 따르면 예루살렘의 장로들이 므낫세를 몰아냈고, 쫓겨난 므낫세는 사마리아로 가서 세겜 근처의 그리심 산에 성전을 세웠고 그는 스스로 이 새 성전의 대제사장이 되었다. 이 사건은 사마리아인들과 예루살렘과의 분리를 초래하게 하였다. 그의 딸인 니가소(Nicaso)는 예루살렘의 대제사장 가문 사람인 므낫세와 결혼했다. 이런 와중에서 알렉산더 대왕은 사마리아를 멸망시켰다.

이집트 남부의 시엔(Syene) 근처의 엘레판틴에는 유대 군인들이 거주하였다. 이들은 야후를 위한 성전을 건축하였다. 야후는 이스라엘의 여호와를 가리킨다. 엘레판틴 파피루스에 의하면 이 성전은 예루살렘 성전을 본떴다. 이 유대인 군인 식민지가 언제부터 시작되었는지 정확히 알 수는 없지만 아마도 주전 6세기경, 즉 이집트의 제 26왕조 때로 추정된다. 이들은 아람어를 사용하였으며, 아람 군인들도 함께 거주하였다. 엘레판틴의 유대인들은 자신들의 성전과 예루살렘 성전을 연계시킬 뿐만 아니라 축제일의 준수 그리고 성전을 유지, 방어하는 일을 하였다. 디아스포라와 예루살렘 사이의 긴밀한 유대관계는 페르시아 제국 동안 지속되었음을 알 수 있다.

주전 334/3년에 알렉산더 대왕은 페르시아를 멸망시켰고, 주전 332년에는 이집트를 멸망시켰다. 요세푸스에 의하면 유대인들의 대표가 알렉산더를 환영하기 위해 갔으며, 그는 유대인들이 그들의 관례대로 살도록 허락하였다. 알렉산더는 정복민들의 종교적 문제에는 간섭하지 않는다는 페르시아의 정책을 그대로 답습했다. 예루살렘의 대제사장은 마케도냐의 통치자에게 유대인들의 대표로 간주되었으며, 성전도시로서의 예루살렘의 정치적 지위 또한 계승되었다.

구약과 고고학[83)]

구약성서 시대를 구분하는데에는 다양한 방법이 있다. 고고학적인 연대를 중심으로 나눌 수도 있고, 성서의 중요한 사건을 중심으로 분류할 수도 있다. 그런데 구약성서를 이해하기 위해서는 이 두 시대구분 방법을 병행하여 사용해야 한다.

고고학적 시대	연대	성서의 시대	근동의 역사
중기 청동기 1	주전 2200-2000		
중기 청동기 2 A	주전 2000-1750	족장 시대	
중기 청동기 2 B	주전 1750-1600/1550	이집트 입국 및 이집트 체류 시기	
후기 청동기 1	주전 1600/1550-1400		
후기 청동기 2	주전 1400-1300		
후기 청동기 3	주전 1300-1200/1150	출애굽 시대	
철기 시대 1	주전 1200/1150-1000	사사 시대	

83) 이 부분은 A. Mazar, *Archaeology of the Land of the Bible 10,000-586 BCE*, (New York: Doubleday, 1990); A. Ben-Tor, (ed.), *The Archaeology of Ancient Israel*을 참조하여 정리한 것임.

<table>
<tr><th>고고학적 시대</th><th>연대</th><th colspan="2">성서의 시대</th><th>근동의 역사</th></tr>
<tr><td>철기 시대 2 A</td><td>주전 1000-800</td><td rowspan="3">왕국 시대</td><td>통일 왕국</td><td></td></tr>
<tr><td>철기 시대 2 B</td><td>주전 800-700</td><td rowspan="2">분열 왕국</td><td rowspan="2">아시리아 제국</td></tr>
<tr><td>철기 시대 3 A</td><td>주전 700-586</td></tr>
<tr><td rowspan="2">철기 시대 3 B</td><td rowspan="2">주전 586-520</td><td colspan="2" rowspan="2">포로 시대 및 귀환 시대</td><td>바벨론 제국</td></tr>
<tr><td>페르시아 제국</td></tr>
</table>

구약성서의 사건을 중심으로 살펴볼 때 첫 시대는 족장 시대이다.

족장 시대와 중기 청동기 시대

족장 시대는 대략적으로 주전 2000-1550년 사이에 일어난 사건이다. 이 시기는 고고학적으로 중기 청동기 제 2기 A시대에 속한다. 따라서 족장 시대의 역사·문화를 이해하기 위해서는 가나안 지역의 중기 청동기 제 2기 A시대의 특징을 살펴보아야 한다.

중기 청동기 제 2기 A시대의 가나안

고고학적으로 주전 2000-1550년의 가나안에는 도시문화가 부활한 시기이다. 그 결과로 가나안 문화가 형성되었으며, 중기 청동기 제 2기 후반부에는 가나안 문화가 절정에 이르렀다. 이 시기에 이집트 문헌에서 가나안이라는 용어가 처음 등장하였다.

중기 청동기 제 2기 시대인 주전 20-19세기에 메소포타미아 지역에서는 아모리 왕조(Amorite Dynasties)가 형성되었으며(이신 Isin과 라르사 Larsa 시대),

그 결과 주전 18세기에 메소포타미아는 시리아 지역과 국제 교류가 활발하게 발생하였다. 반면 이집트에서는 주전 1991-1786년까지의 중왕국과 주전 1786-1567년까지의 '제 2차 중간기'가 형성되었다. 중왕국은 이집트 역사에서 가장 위대한 시기 가운데 하나였지만, 그러나 후기 시대는 이집트의 쇠퇴와 내적인 불안 그리고 힉소스(Hyksos)에 의하여 하부 이집트가 침략 당하였다.

중기 청동기 제 2기의 가나안 문화는 전 시대와 비교하여 물질문명과 주거 형태, 도시화, 건축, 토기, 금속세공 그리고 매장 풍습 등에 있어서 전면적인 변화가 이루어졌다. 시리아-팔레스틴 지역에서 중기 청동기 제 1기(MB I)에서 중기 청동기 제 2기(MB II)로의 변화에 따른 문화적인 단절이 없었으며, 이전 시대의 문화가 지속적으로 유지 · 발전되었다. 따라서 이러한 새로운 변화를 이룬 사람이 누구이며, 이 문화가 얼마나 지속되었는가 하는 질문이 제기되었다. 이에 대하여 대부분의 학자들은 아모리인의 등장으로 이해한다.

이 시대의 가나안에서는 야르콘(Yarkon) 강 북쪽의 해안 평야 지대(악고 Arce, 돌 Dor, 나하리야 Nahariya등)와 샤론 평야, 이스르엘(Jezreel) 평야와 벧산(Beth shean) 그리고 단이나 하솔 그리고 세겜(Shechem)과 같은 내륙에 주거지가 형성되었다.[84)]

중기 청동기 제 2기 A시대에서 중기 청동기 제 2기 B-C시대로의 변화는 평화롭고 점진적으로 이루어졌다. 이집트에서는 제 12왕조가 몰락하였고, 새로 등장한 제 13왕조의 왕들도 시리아-팔레스틴 지역과 관계를 지속하였으나, 곧 이집트의 중왕국이 무너지고 제 2차 중간기에 접어든다. 제 2차 중간기는 이집트의 델타 지역을 중심으로 가나안 사람이었던 힉소스가 통치하였던 시대다. 이집트어로는 '헤카우 카수트' (Hekau Khasut

84) A. Mazar, *Archaeology of the Land of the Bible*, p. 176.

"이방 통치자들")라고 불리는 힉소스는 아바리스(Avaris; 성서의 Zoan; Tell el-Daba)를 수도로 정하였고, 이곳을 중심으로 왕조를 형성하여 이집트 제 15왕조를 형성하였다. 아바리스에 대한 고고학 발굴 결과 시리아-팔레스틴의 중기 청동기 제 2기 B시대에 발견되는 유적이나 유물이 그대로 발견되었다.

중기 청동기 제 2기의 시리아-팔레스틴의 정치 문화적 상황은 알라라흐(Alalakh)와 마리(Mari)지역에서 발견된 문서를 통하여 알 수 있다. 이 시기에 새로운 민족인 후리족(Hurrians)이 등장하였다. 이들은 주전 3천 년대부터 메소포타미아 북쪽에서 존재해 왔으며, 중기 청동기 제 2기에 그 수가 증가하여 시리아 북쪽 지역으로 확장하여 이 지역의 중요한 세력으로 등장하였다. 이들 가운데 일부는 가나안 민족에 흡수되었다. 또한 아나톨리아 동쪽 지역에서는 히타이트 민족이 주전 17세기경부터 세력을 형성하였다. 이들은 주전 1630년경 알라라흐를 그리고 주전 1595년 바벨론을 공격하였다.

주전 1550년경 이집트의 제 18왕조의 등장과 힉소스가 이집트에서 추방당했음에도 가나안은 실질적으로 혼란을 맞이하지 않았다. 몇몇 도시들이 파괴된 경우는 있지만, 그러나 가나안 문화의 단절은 발견되지 않는다.

중기 청동기 제 2기의 문화

건축문화

축성술

중기 청동기 제 2기 A시대에 속하는 도시의 발굴을 통하여 이 시대의 축성술을 알 수 있다.[85] 이 시대의 축성술은 흙으로 성 주변에 성벽(rampart)을 쌓는 것이다(악고, 텔 부르가, 텔 제로르, 야브네-얌 등). 흙으로서 성벽을 쌓는 것은 초기 청동기 시대의 경사면(glacis)을 쌓는 것과는 다른 것으로, 거대한 규모의 이 흙 성벽은 그 지역의 지형을 바꾸어 놓았다. 이 시기의 이러한 구조물은 같은 시대의 시리아 북쪽이나 에블라에서 발견되는 것과 유사하다. 이처럼 흙 성벽을 쌓는 것은 중기 청동기 제 2기 A시대에는 그렇게 보편적인 것은 아니었으나, 그 다음 시기인 중기 청동기 제 2기 B시대에는 매우 보편적인 형식이 되었다.

중기 청동기 제 2기 A시대의 성벽은 단단한 벽돌로 3-4미터 넓이의 성벽을 쌓았다(요크네암, 므깃도, 텔 폴렉, 아펙, 텔 베이트 미르심). 텔 폴렉에서는 자유롭게 세운 벽돌 성벽이 초기 청동기 시대의 경사면으로 지지하고 있었다. 정방형의 망대는 므깃도, 텔 폴렉 그리고 텔 제로르에서 발견되었다.

성문

고대 축성술에서 가장 중요한 부분은 성문이다. 중기 청동기 제 2기 A시대의 성문은 모두 복도를 따라서 접근하게 되어 있다. 므깃도의 복도는 계단으로 되어 있으며, 성문의 끝에 있는 방을 통하여 성 안으로 접근하게 되어 있다. 므깃도 성문의 축을 휘게 만든 것은 방어자에게 유리하게 만들기 위해서였다. 그러나 그것은 적의 전차 접근을 매우 어렵게 만들었다. 악고의 출입문은 긴 복도를 지나 성문의 방으로 접근하게 되어 있다.

이 시기에는 성벽을 축성하는 기술이 발전하였으며, 성벽을 쌓을 때 기초를 놓은 것은 이 후에 도시 방어 기술 발전에 큰 역할을 하였다.

도시 건축물

중기 청동기 제 2기 A시대의 도시 건축물은 여러 지역에서 발견된다. 그

85) 지역 가운데 발굴이 이루어진 곳이 얼마 되지 않기 때문에 이 시기의 도시건축물에 관한 지식은 매우 제한적이다. 앞에서 언급했듯이 북부 해안 지역에서 발견되는 중기 청동기 제 2기 A시대에 속하는 도시들은 대략 100-200 두남(25-50 에이커)의 규모로 거대하게 축성되었다.

가운데 아펙에서는 중기 청동기 제 2기 A시대에만 세 단계의 각기 다른 도시 건축물을 보여주고 있다. 첫째, 아펙에서 도시가 건축되기 시작하던 시대로 이 단계에서는 아직 왕궁이 건축되지 않았다. 둘째, 왕궁으로 여겨지는 공공건축물이 북쪽의 언덕에 건축되었다. 이 공공건축물에는 넓은 마당이 있으며 거대한 벽으로 둘러싸여 있고, 진입로가 포장되어 있으며, 바닥을 평편하게 하였다. 셋째는 이 왕궁은 더 이상 사용되지 않았고 많은 무덤들이 발견되었으며, 왕궁은 동편으로 이주하였다.

므깃도 역시 점차적인 도시의 발전을 보여준다. 므깃도의 동쪽에 잘 계획된 거주지역이 건설되었으며, 후에 같은 지역의 서쪽에 커다란 왕궁이 건축되었다. 초기 청동기 시대의 거룩한 장소는 이 시기에는 야외 제의장소가 되었다. 이와 같은 형태의 야외 제의장소는 나하리야(Nahariyah)에서도 발견된다.

세겜에서는 중기 청동기 제 2기 B시대의 신전 밑에서 중기 청동기 제 2기 A시대 도시가 발견되었다. 이 지역은 거대하고 두꺼운 담으로 둘러싸여 있었으며, 내부에는 마당과 커다란 방으로 구성되어 있었다.

중기 청동기 제 2기 A시대의 도시 건축물은 성벽, 왕궁, 제의장소 그리고 거주지 등이 남아 있는데, 이 모든 것은 중기 청동기 제 2기 A시대의 도시 생활이 발전하였음을 보여준다.

신전

중기 청동기 제 2기 A시대의 가장 중요한 특징 중의 하나는 석상(massebot)이 있는 야외 제의장소(open cult place)의 발견이다. 이것은 이 시기에 있어서 신전 건물 자체의 중요성이 덜한 시기였다. 제의의 개방적인 특징은 실외 제의장소가 흔했던 중기 청동기 제 1기에 행해졌던 제의와 종교의 정신에 있다. 중기 청동기 제 1기 에 사용되었던 제의장소의 점진적인 변화는 므깃도 신전에서 발견된다. 므깃도에는 당시에도 계속 사용되던 초기 청동기 시대 제 3기에 속하는 신전 옆에 작은 제의용 제단이 만들어졌다. 중기 청동기 제 2기 A시대가 시작될 때에 제의용 방은 완전히 없어지고, 신전이 무너진 터 위에 큰 산당들이 만들어졌다. 나하리야(Nahariya), 게셀(Gezer) 등에서 야외 제의장소가 발견된다.

이와 비슷한 야외 제의장소들은 가나안 밖 비블로스의 신전 주변에서 발견된다. 이 야외 제의장소에서는 나하리야에서 발견되는 제의 시설과 제의용 그릇 등이 발견되었다.

토기

중기 청동기 제 2기 A시대에는 초기 청동기 시대와 다른 토기가 나타난다. 이 시기에는 회전속도가 빠른 원반의 발견으로 정교한 토기를 많이 생산할 수 있게 되었다. 이 시대의 토기 유형은 공 모양의 토기(globular)나 주전자 모양의 토기(jug), 낮은 사발, 서양 배 모양의 병(piriform juglets), 커다랗고 깊은 병(juglet) 그리고 요리용 냄비 등의 사용이 이 시대 토기의 특징이다.

이 시대 토기의 가장 두드러진 특징은 붉은색 줄무늬가 있는 토기에 현탁액을 발라 광택이 있다. 이 시대 토기에 채색된 무늬는 붉은색과 검은색으로 된 수직 줄무늬가 장식되었다. 조금 더 정교한 디자인도 발견되는데 검은색으로 된 삼각형이 붉은색의 사선 줄로 채워지거나 혹은 그물 모양의 무늬로 채워지는 것이다. 이러한 양식은 비블로스(Byblos)나 오론테스 강을 따라 시리아 내륙 지역 등지에서 발견된다. 따라서 둥글고 빗살무늬가 있는 토기는 비블로스 전통이다. 뿐만 아니라 메소포타미아의 하불(Habur) 강변 지역에서도 발견된다. 그러나 이스라엘과 이들 지역과의 문화적인 관계에 대하여 분명하게 말할 수는 없다. 더욱이 투브(J. Tubb)는 시리아-팔레스틴 지역의 채색토기 전통은 메소포타미아 하불의 채색토기 전통과 아무런 관련이 없음을 지적하였다. 이러한 시리아-팔레스틴 지역의 채색토기 전통은 이집트의 아바리스(Avaris, Tell el-Dab'a)에 영향을 주었다. 따라서 이집트 13 왕조 시대에 이러한 전통을 발견할 수 있다. 또한 이 시대의 토기에 현탁액이 사용된 것을 근거로 시리아-팔레스틴의 양식과 아나톨리아 지역과의 관련성이 주장되기도 하였다.

야금술

중기 청동기 제 2기 A시대에는 청동대신 구리를 사용하였다. 청동은 금석병용기 시대에는 주로 연장이나 무기를 만드는데 사용하였다. 청동은 구리에 주석을 5-10% 섞은 합금으로서 순수한 구리보다는 매우 단단하다. 따라서 청동은 주전 2천 년대 말까지 주요한 금속으로 자리 잡았다. 가장 가까운 구리의 산지는 아프가니스탄이었다. 따라서 구리의 사용이라는 것은 장거리 무역을 바탕으로 해야 가능하다는 전제가 생긴다. 마리문서에 의하면 주전 18세기 마리에서부터 다른 도시로 주석을 옮겨갔는데 그 도시 가운데는 하솔이 포함되어 있다. 마리가 이러한 역할을 할 수 있었던 것은 마리가 유프라테스 강변에 위치하면서 이러한 국제무역에 용이하였기 때문이다. 최근의 연구 결과 아나톨리아의 남쪽에 위치한 타우루스 산맥에서 주석 광산을 발견하였다. 그러나 아직까지 이 광산이 중기 청동기 시대 때 이용되었는지 알 수 없다.

중기 청동기 시대에는 다른 종류의 무기와 연장들이 등장하였다. 이 시대에 사용하던 전형적인 도끼머리는 오리주둥이(duckbill) 형태인데 두 개의 타원형 원과 손잡이를 위한 자루로 구성되어 있다. 이러한 오리주둥이 형태의 도끼머리는 팔레스틴, 레바논, 시리아 그리고 마리 지역에서 발견된다.

다른 종류의 전쟁용 도끼(battle-axe)가 발견되었는데 이 도끼는 좁고, 정 모양의 날과 손잡이를 위한 자루 그리고 V자 모양으로 구성되었다. 이러한 형태의 도끼는 팔레스틴과 시리아 남부 지역에서 발견된다.

원통모양의 창머리는 과거의 형태를 대치하였으며, 새로운 형식의 단도(短刀)는 날에 가시가 있다. 낫 모양의 칼은 긴 손잡이를 가지고 있으며, 이 시기에 새롭게 발전된 것으로 그렇게 많이 발견되는 것은 아니다. 오리주둥이 도끼, V자 모양의 도끼 그리고 손잡이가 있는 창머리는 이집트의 텔 엘-다바(Tell el-Dab^ca)에서도 발견된다. 이집트의 12왕조 시대의 것과 같은 시대인 비블로스(Byblos)의 무덤에서 그 지역의 전통으로 만들어진 무기와 값비싼 금이나 은 등이 많이 발견되었다.

중기 청동기 제 2기 B-C시대

시대 개관

중기 청동기 제 2기 A시대로부터 중기 청동기 제 2기 B-C시대(주전 1800/1750-1550년)로의 변화는 자연스러운 문화적인 발전을 통하여 이루어졌다. 이 시기의 도시와 지역의 정착 지역은 매우 다른 양상을 보였다. 이 시기는 인구의 증가와 함께 도시와 지방으로의 정착이 전국에 거쳐 이루어졌다. 국제정세는 시리아-팔레스틴 지역에서 가나안 문화가 발전할 수 있게 만들었다. 이집트에서는 제 12왕조가 쇠퇴하였고, 제 13왕조의 바로들은 레반트 지역과 관계를 맺고 있었다. 이러한 사실은 비블로스와 에블라 등에서 스캘럽과 비문 등을 통해서 알 수 있다. 이집트는 중왕국의 번성했던 시기가 끝나고 제 2차 중간기로 접어들었다. 이 시기에 힉소스라는 이방 민족들이 델타 지역인 하부 이집트를 통치하였다. 이 힉소스들은 모두 가나안 사람들로서 델타 지역에 거주하면서 지역 왕조를 형성하였다. 이들의 수도는 아바리스(Avaris, 성서의 소안 Zoan 현재의 Tell el-Dab'a)였다. 현재 아바리스 지역에 대한 고고학 발굴 결과 중기 청동기 제 2기 B-C시대의 시리아와 팔레스틴과 같은 물질문명을 발견하였다.

이 시기 시리아 북부 지역의 발전은 마리와 알라라카에서 발견된 비문을 통하여 알 수 있다. 이 시기에는 시리아 지역에 있던 아모리 인들이 메소포타미아로 계속 유입하여 결과적으로 시리아 지역과 메소포타미아 지역에 아모리 왕국을 건국하였다. 이 시기의 메소포타미아의 문명은 주로 이 아모리인들에게서 채택한 것이다.

이 시기의 비옥한 초승달 지역은 모두 셈어를 사용하는 아모리인들이 지배권을 가지고 있었다. 이 시기에 정치세력간의 힘의 경쟁이 있어 결과적으로 바벨론의 하무랍비가 제국을 형성하였다. 바벨론 제국은 후리 사람들의 공격이 있었던 주전 1595년까지 지속되었다.

후리 사람들은 주전 3천 년대부터 알려지기 시작하였으며, 그 수가 증가하여 시리아 북부 지역에서 매우 중요한 역할을 하였다. 후리 사람 가운데 일부는 팔레스틴으로 이주하여 가나안 사람들과 동화되었다. 이러한 사실은 후리 사람의 이름이 게젤에서 발견된 아카드어 비문에서 등장하는 것을 통해서 알 수 있다.

인도 유럽 사람 가운데 하나인 헷 사람들은 아나톨리아 동쪽에 나라를 건설하였으며, 주전 17세기에는 알랄라흐(Alalakh)를 포함한 얌하드(Yamhad) 왕국을 물리칠 정도로 강성하였다. 이들은 주전 1630년에 알랄라흐를 그리고 주전 1595년에 바벨론을 멸망시켰다.

그러나 이러한 국제정세의 소용돌이 속에서도 팔레스틴 지역은 중기 청동기 제 2기 B-C시대 동안 실질적인 정치적 소용돌이가 없었다. 심지어 힉소스가 이집트에서 쫓겨나고 이집트의 제 18왕조가 형성되었을 때도 가나안의 몇몇 도시들의 파괴를 제외하고는 가나안 문화의 단절을 야기하지는 못했다.

정착의 형태

중기 청동기 제 2기 B-C시대에는 팔레스틴 전역에 정착이 증가하고 도시가 발전하였다. 거대한 성곽의 건축은 사회조직과 도시의 중앙권력의 형성 그리고 여러 도시 간의 경쟁을 야기시켰다.

주전 1800년경에 건설된 하솔의 하부 도시는 중기 청동기 제 2기 B-C 시대의 가장 중요한 현상 가운데 하나이다. 하솔은 거대한 규모의 도시 계획의 뛰어난 예이다. 이 도시는 대략 50 두남(12.5 에이커)으로서 주전 13세기까지 거대한 도시로 남아있었다. 하솔의 중요한 위치는 여호수아 11:10의 "하솔은 본래 그 모든 나라의 머리였더니"라는 표현에도 잘 나타나 있다.

가나안 전체에 분포되어 있는 성곽도시들은 가나안 도시망을 형성하였으며, 이러한 사실은 후기 청동기 시대 이집트의 기록에서 알 수 있다. 상부 갈릴리 지역의 주요한 도시는 하솔, 단이며, 북쪽으로 카브리, 악고, 요크네암, 므깃도, 다아낙, 벧산 그리고 발굴중인 텔 르호브와 텔 시므론(Tel Shimron) 등이다. 해안 지역을 따라 형성된 아펙, 텔 게리사(Tel Gerisa), 욥바(Jaffa), 텔 포란(Tel Poran), 텔 나길라(Tel Nagila) 그리고 텔 엘 아줄(Tel el-Ajjul) 등이다. 아스돗과 텔 모르(Tel Mor)는 중기 청동기 제 2기 B-C시대 말기에 도시가 건설되기 시작하였다. 초기 중기 청동기 제 2기 A시대의 도시 가운데 일부는 버려졌다(텔 부르가, 텔 제로르, 텔 헤페르).

쉐펠라 지역의 주요한 도시는 게셀과 텔 바타쉬(Tel Batash), 벧세메스, 라기스 그리고 텔 베이트 미르심 등이다. 중앙 산악 지대에서는 세겜, 텔 엘 파라, 실로, 텔 쉐이크 아부-자라드(Tell Sheikh Abu-Zarad, 성경의 답부아), 벧엘, 기브온, 예루살렘, 벧술 그리고 헤브론 등이다.

중기 청동기 제 2기 B-C시대 도시 가운데 가장 남쪽 지역에 위치하고 있는 것은 네겝 북부 지역에 위치하고 있으며, 이들 도시들은 대체로 브엘세바와 가자 시내 가를 따라 형성되었다. 여기에 속하는 도시로는 텔 말하타(Tel Malhata)와 텔 마소스(Tel Masos) 그리고 텔 엘-파라 등이다. 요단 동편 지역에서 중기 청동기 제 2기 B-C시대에 속하는 도시에 관한 정보는 매우 미비하다. 그 가운데서도 암만과 사합(Sahab) 그리고 텔 사푸트(Tell Safut) 등지에서 이 시대에 속하는 성곽도시가 발견되었다.

성곽도시와 함께, 이 시기에는 많은 농촌 지역의 정착지가 발전하였다. 중앙 산악 지대를 조사한 결과 수백 개의 정착지가 중기 청동기 시대에 존재하였으며, 이들은 후기 청동기 시대에 버려졌다. 이런 종류의 정착지 가운데 가장 잘 알려진 곳은 예루살렘 서쪽의 르하임(Rephaim) 골짜기로 여기에 중기 청동기 제 2기 B-C시대의 정착지가 발견되었다. 또한 벧세메스 남동쪽 언덕에 위치하고 있는 기바트 샤레트(Givat Sharet) 역시 이 시기의 정착 흔적을 찾아 볼 수 있다. 이러한 자료들은 중기 청동기 제 2기 B-C시대에 지방의 많은 정착지가 발전하였음을 보여준다.

이러한 정착지에서부터 멀리 떨어진 지역에서 공동묘지나 혹은 무덤이 발견되었는데, 이러한 사실은 이 시기에 이들이 반농반목을 하였음을 보여준다.

축성술

주전 18-17세기동안 축성하는 기술은 매우 복잡한 단계에 까지 이르렀다. 중기 청동기 제 2기 B-C시대에는 레반트 지역에 널리 퍼진 기술을 사용하여 도시를 방어하기 위하여 많은 노력을 기울였다. 즉 이 당시에는 성 주변에 성벽 높이만큼 인위적인 경사를 만들었다. 이것은 성벽을 포위하는 기구인 공성퇴나 사다리 그리고 터널 등의 방법으로 성을 공격하지 못하게 하기 위함이다. 성을 축성하는 방법에는 두 가지 종류가 있다. 즉 토성을 쌓는 것(rampart)과 성벽에 경사면을 만드는 것이다(glacis).

토성을 쌓은 방식은 이미 중기 청동기 제 2기 A시대에 이미 사용하였으며, 중기 청동기 제 2기 B시대에는 이것이 매우 보편적으로 사용되었다. 축성의 흔적은 하솔, 단, 카브리, 텔 므보라흐, 도르, 세겜, 텔 바타쉬(Tel Batashi), 아스글론, 텔 마소스 등에서 발견되었다.

거대한 토성은 많은 양의 흙을 부어 놓은 것이며, 어떤 경우에는 성의 중심 양쪽에 쌓은 경우도 있다. 하솔이나 단에서는 성벽의 중심에 약 8-10m 넓이에 10m 높이의 토성을 쌓았다. 어떤 경우에는 토성의 밑 부분에 자갈 옹벽을 세우기도 한다. 토성을 만드는데 사용하는 재료는 하솔이나 텔 바타쉬처럼 성벽 앞에 해자를 파면서 생겨난 흙으로 사용한다.

토성은 기하학적인 모양을 띤다. 하솔에서 토성은 일반적으로 정방형 모양이며, 동쪽의 돌출부는 정사각형을 유지하기 위하여 급경사를 이루기도 한다. 야브네-얌에서 보존되어 있는 토성의 동쪽 부분은 정방형 모양을 지니고 있다. 텔 바타쉬의 토성은 정사각형으로 그 규모는 200×200m이다. 일반적으로 토성을 만들고 나면 거대한 분화구 같은 것이 생기는데 그 안에서 도시가 발전하게 된다.

또 다른 축성법은 원래 성이 서 있는 언덕의 기슭에 인위적으로 경사를 만드는 방법이 있다(glacis). 사실 이 방법은 안에 경사가 부족하거나 혹은 중심부가 부족한 토성이다. 이러한 인위적인 경사는 약 30도 정도의 경사를 유지하며, 이것은 토성과 같은 효과를 나타낸다.

이러한 축성 방법은 이스르엘 평야 지역의 다아낙, 므깃도, 실로, 텔 게리사, 욥바, 게젤, 여리고, 라기스, 텔 나길라, 텔 말하타, 텔 엘 파라 그리고 텔-엘 아줄 등지에서 발견된다.

이러한 경사로를 만드는 축성법은 초기 청동기 시대부터 알려지기 시작하였다. 그러나 중기청동기 제2기 B-C시대의 경사로 만드는 방법과 초기 청동기 시대의 것과의 관련성에 대해서는 학자들의 논의가 진행 중이다.

성문

중기청동기 제2기 B-C시대에 새로운 성문 형식이 소개되었다. 이 성문은 정방형이며, 대칭적이며, 커다란 성문 집으로 구성되어 있다. 여기에는 두 개의 망대가 있다. 출입구에는 두개의 방으로 된 초소가 세 개의 벽기둥으로 나뉘어져 있다. 성 문에 있는 망대는 계단을 통하여 2층을 올라가도록 되어 있다. 이러한 형태의 건축물은 당대의 시리아와 팔레스틴 지역에서 널리 알려진 것이다. 이러한 형태가 처음 등장한 것은 중기 청동기 제 2기 A시대에 에블라에서 처음 나타났다. 후에 이러한 건축 양식이 알랄라크나 카트나 그리고 갈그미스에서 발견되었다. 이러한 성문 형태는 팔레스틴에서는 하솔, 므깃도, 세겜, 게셀, 벧세메스, 야브네-얌 그리고 텔 엘-파라 등지에서 발견된다. 시리아 지역에서는 잘 깍은 소위 "orthostats"(큰 돌판)라고 불리는 돌이 성문 통로 안쪽 벽에 장식되어 있다. Orthostats 양식은 중기 청동기 제 2기 B-C시대에 시리아 지역에서 보편적으로 유행하였으나 팔레스틴 지역에서는 제한적으로 사용되었다. 성문은 무거운 나무 문으로 닫는다.

이러한 양식에서 변형된 양식이 악고에서 발견된다. 즉 단지 두 개의 기둥으로 하나의 초소 방으로 된 성문이 발견되었다. 이러한 형태는 악고, 세겜의 동쪽 문 그리고 단에서 발견되었다.

넓고 직선으로 된 성문 진입로는 전차나 각종 바퀴 달린 기구가 성문으로 쉽게 접근할 수 있도록 만들었다.

이러한 성문과 축성술의 발전은 당시의 시리아 팔레스틴 지역의 부를 짐작케 한다.

도시 건축물

중기 청동기 시대의 도시건축에 대한 정확한 정보는 이 시기의 도시에 대한 발굴이 제한적이기 때문에 잘 알려지지 않았다. 그러나 여러 지역에 대한 발굴 결과 드러난 결과를 종합하여 이 시기의 도시건축에 대하여 정보를 얻을 수 있다.

이 시기의 공공건물들은 대부분 큰 규모로 매우 탁월한 건축술로 건축되었다. 이 시기의 건축물은 주춧돌 위에 진흙을 이겨 만들고 방수 처리된 벽돌로 건축물을 지었다. 또한 포장된 도로가 만들어졌고, 광장이 만들어 진 것은 이 도시들이 중앙정부에 의하여 건축되었음을 보여준다. 세겜과 므깃도에서는 커다란 왕궁과 기념건물 그리고 왕궁 근처의 신전 등과 같은 공공건물이 지어졌다. 이러한 도시 구조는 알랄라흐나 에블라에서 발견된다. 세겜에서는 공공건물이 성벽과 성문 근처에 지어졌다. 성문 안에 큰 광장이 있었으며 성벽을 따라 막사로 여기지는 방들이 있다. 성문 근처의 건축물은 왕실구역에 부속된 제 2의 신전으로 여겨지는 것도 발견되었다. 므깃도에서는 거대한 왕궁이 거룩한 장소 근처에 위치하였다. 이 시기의 도시 구조는 카브리, 아펙, 게셀 그리고 텔 엘-아주르에서 유사하게 나타난다. 이러한 사실은 중기 청동기 제 2기 B-C시대의 도시 계획이 왕궁지역과 거룩한 지역 그리고 주거지역 등을 포함하고 있었음을 보여준다.

므깃도, 텔 나길라(Tel Nagila), 텔 엘-아주르 등지에서 발견된 주거지역은 직교하는 도시설계를 보여준다. 므깃도의 중기 청동기 제 2기 A시대의 주거지역은 중기 청동기 제 2기 B-C시대 동안 수차례 바뀌었음을 보여준다. 이 지역은 평행하는 도로가 주거지역을 정방형으로 감싸고 있는 형태이다. 이 당시의 집들은 대부분 마당을 가지고 있다.

왕궁

중기 청동기 제 2기 B-C시대의 왕궁은 가브리, 므깃도, 아펙, 라기스, 텔 엘-아줄 그리고 하솔 등에서 발견된다. 그러나 완전히 발굴되어진 곳은 없다. 이 시대의 왕궁은 약 1두남 정도 되는 규모로 큰 뜰과 여러 개의 방과 다양한 방으로 구성되어 있다. 라기스나 텔 엘-아줄의 큰 돌판(orthostats)은 성벽 밑에 방수처리 된 거대한 돌에 새겨져 있는 것이 발견되었다. 이러한 것은 아마도 시리아의 영향으로 추정된다. 아펙에서는 중기 청동기 제 2기 B시대에 속하는 다양한 건물들이 발견되었다. 이 왕궁의 측면은 커다란 방이 있고 지붕은 두 개의 돌기둥으로 지지된다. 이 방의 바닥은 25㎝ 정도의 회반죽이 발려 있다. 이 건물의 기둥은 2m땅속에 박혀 있다.

이 시기의 건축물은 시리아 지역이나 에블라, 틸멘 후육(Tilmen Hüyuk)에서 발견되는 건축물과 유사하다. 시리아 왕궁 건축의 특징은 넓은 뜰과 방 그리고 휘장 그리고 벽을 따라 큰 돌판(orthostats)이 광범위하게 사용된다는 것이다.

팔레스틴과 시리아의 왕궁은 중기 청동기 제 2기에 통치하였던 지역의 도시국가들이 경제적으로 부강하였고 융성하였음을 보여준다.

신전

중기 청동기 제 2기 B-C시대의 신전은 이 시기의 레반트 지역의 건축학적 종교적 통일성을 보여주는 가장 좋은 예이다. 에블라, 알랄라흐, 라스 샴라(Ugarit), 하솔, 므깃도, 세겜, 텔 엘-하야트, 텔 키탄 그리고 텔 엘-다바 등에서 같은 설계와 양식을 가진 신전이 발견되었다. 이 신전들은 모두 거대한 정방형이거나 혹은 직사각형의 건물로서 두껍고 높은 벽으로 이루어져 있다. 신전의 입구 반대쪽에는 가장 중요한 즉 지성소가 위치한다.

간단한 신전들은 하나의 직사각형의 긴 방으로 구성되어 있으며, 이 방에는 벽감(壁龕)이나 혹은 지성소처럼 상단(上段)이 있다.

조금 복잡한 구조는 중앙 방 앞에 출입구 방이 있는 형태이다. 이러한 형태의 신전은 에블라, 알랄라흐, 하솔, 므깃도, 세겜, 텔 엘-다바 등에서 발견된 것들이다. 신전의 정면을 장식하는 형식은 매우 다양하다. 에블라에서 발견된 신전에는 두 개의 돌출부(antae)가 있으며, 세겜과 하솔에서 발견된 신전 출입구 측면에 거대한 직사각형의 망대가 있고, 알랄라흐와 텔 엘-다바에서 발견된 신전 앞의 두 개의 방은 신전을 셋으로 나누는 역할을 한다.

신전의 중앙 홀은 대체로 두 가지 양식을 띠고 있다. 첫째, 알랄라흐, 라스샴라, 하솔, 텔 엘-다바의 신전에서는 넓은 방의 모양을 띠고 있으나, 다른 지역의 신전들은 긴 방(long room) 형식을 취하고 있으며, 이러한 형식은 대체로 메소포타미아의 전통을 따른 것으로 추정된다. 에블라를 제외한 다른 지역에서는 긴 방의 형식은 중기 청동기 제 2기 B시대 이전에 등장하지 않는다. 이러한 대칭적이며 거대한 신전은 아마도 서셈어 문화권의 가장 큰 문화적 특징으로 여겨진다. 이러한 양식의 신전은 후기 청동기 시대에도 계속해서 사용되었으며, 다윗-솔로몬 시대의 예루살렘 성전도 이러한 양식으로 설계되었을 것이다.

텔 키탄(Tell Kitan)이나 텔 엘-하야트(Tell el-Hayyat)와 같은 작은 마을이나 도시에서도 중기 청동기 시대의 대칭적인 신전이 발견되었다. 이 신전은 중앙 홀과 두개의 돌출부인 *antae*가 있는 입구 방으로 구성되어 있다.

중기 청동기 시대의 또 다른 종교적인 장소는 야외 제의장소이다. 나하리야(Nahariyah), 게셀(Gezer) 등지에서 발견된다. 게셀의 야외 제의장소에는 11개의 큰 돌이 서있으며, 이것은 가나안 종교 제의에서 돌이 서 있는 것을 가장 잘 설명해주는 것이다. 이 돌들은 이 지역에서 각기 다른 신들이나 조상, 왕과 같은 인물들을 나타내는 것으로 보인다.

중기 청동기 건축물은 거대하고 매우 혁신적이며 독창적인 특징을 가지고 있다. 거대한 축성들은 이 시기의 도시 문화가 번성하였음을 보여준다.

중기 청동기 시대의 농업기술에 대해서는 잘 알려진 것이 없다. 단지 하솔의 하부 도시에서 수로를 건설했다는 것이 발견되었는데 이것이 전부이다. 이 수로는 뚜껑이 덮여 있으며, 수백 미터를 흐른다. 이것이 이 시대의 농업에 관한 것의 전부이다.

출애굽과 후기 청동기 시대

이스라엘 백성의 출애굽 연대에 관해 가장 지지받을 만한 주장은 주전 13세기 설(주전 1250년 혹은 1290년)이지만, 그 외에도 출애굽 연대에 관한 학자들의 주장은 매우 다양하다. 출애굽 연대를 가장 고대로 추정하는 학자들은 이집트의 제 18왕조의 시작과 함께 그 이전에 이집트를 통치하고 있던 힉소스(Hyksos)의 추방과 밀접한 관련이 있다고 주장한다. 따라서 출애굽 시대는 주전 1550년경, 즉 후기 청동기 시대(Late Bronze 주전 1550-1200년)에 속한다.

정착 유형

후기 청동기 시대의 가나안 인구는 중기 청동기 시대에 비하여 상대적으로 감소하였다. 따라서 중기 청동기 시대에 중요한 역할을 하였던 도시들이 부분적으로 버려진 흔적을 발견할 수 있다. 중기 청동기 제 2기 B-C 시대에는 브엘세바 계곡 지대, 중앙 산악 지대 그리고 요단 계곡 지역에서 성곽도시들이 발견되었으나, 후기 청동기 시대에는 이들 지역에서의 정착의 흔적을 찾아보기 어렵다. 따라서 후기 청동기 시대에는 실로(Shilo), 벧술(Bethzur), 여리고(Jericho), 헤브론(Hebron) 등에서의 정착은 매우 부진하였으며, 일부 지역은 아예 존재하지도 않았다. 따라서 중기 청동기 시대에 중요한 역할을 하였던 텔 엘-아줄(Tell el-Ajjul)이나 텔 나길라(Tel Nagila) 같은 도시들은 후기 청동기 시대에 접어들어 사람이 거주하지 않거나 혹은 매우 작은 도시로 전락하였다. 이러한 현상은 중앙이나 북쪽의 비옥한 지역에서도 찾아 볼 수 있으며 카브리(Kabri), 아펙(Aphek), 텔 게리사(Tel Gerisa), 세겜(Shechem) 그리고 단(Dan) 등에서 이러한 현상을 발견할 수 있다. 따라서 텔 엘-아줄이나 아펙과 같은 도시들은 도시로서의 기능을 상실하고 이집트의 성채 역할만 하였다.

후기 청동기 시대의 이러한 현상은 지방, 특히 산악 지대에서도 발견된다. 사마리아와 에브라임에 대한 고고학적 발굴 결과 많은 중기 청동기 시대의 농업 정착촌들이 후기 청동기 시대에는 사라졌다. 이처럼 후

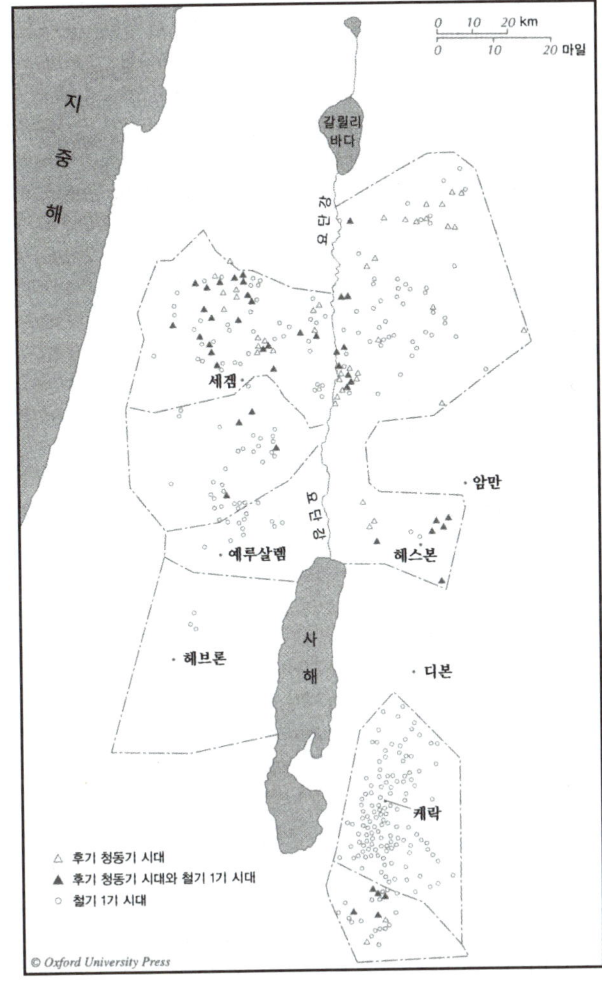

[후기 청동기 시대와 철기 시대의 주거지역
M.D. Coogan, *The Oxford Hisotry of the Biblical World*
(Oxford: Oxford University Press, 1998), p. 95]

기 청동기 시대의 인구의 감소는 상대적으로 반유목민적인 목축인구의 증가로 이어졌다.[86)]

팔레스틴 남부 지역은 주전 16세기에 심하게 파괴되었는데 이러한 현

86) R. Gonen, "Urban Canaan in the Late Bronze Period," *BASOR* 241 (1984), pp. 1-23.

상은 아마도 이집트의 힉소스에 대한 전쟁의 결과로 여겨진다. 그러나 이러한 인구감소 현상은 팔레스틴 지역 전체에서 일어나는 현상은 아니었다. 중기청동기 도시 가운데 라기스(Lachish), 므깃도(Megiddo), 벧산(Bethshean) 그리고 하솔(Hazor)과 같은 중요한 도시들에는 지속적으로 사람들이 거주하였다.

후기 청동기 시대의 특징 가운데 하나는 해양 무역이 발전했다는 것이다. 따라서 이 시기에는 지중해 변에 위치한 항구들이 발전하였다. 이러한 항구로는 텔 아부 하왐(Tell abu Hawam), 시크모나(Shiqmona), 텔 나미(Tel Nami), 텔 모르(Tell Mor) 그리고 텔 미칼(Tel Michal) 등이다.

이 시기의 요단 동편 지역의 주거는 비옥한 지역을 중심으로 발전하였으며, 왕의 대로(King' s Highway) 주변에 주거가 형성되었다.

도시건축

축성

후기 청동기 시대의 인구감소와 주거지역의 감소는 축성도시가 많이 발견되지 않는 결과를 가져왔다. 이 시기에 발굴된 도시에서는 축성의 흔적을 찾아 볼 수 없다. 아마도 중기 청동기 시대의 큰 도시들이 후기 청동기 시대에도 지속적으로 사용된 것으로 보인다. 중기 청동기 시대의 큰 도시였던 하솔은 파괴된 후 후기 청동기 시대 제 1기에 다시 축성되었다.

주전 14세기 성벽이 쌓인 흔적이 발견된 도시는 아스돗(Ashdod), 텔 아부 함완(Tell abu Hawam) 그리고 텔 베이트 미르심(Tell Beit Mizim) 등 몇 곳뿐이다. 왜 후기 청동기 시대에는 축성한 도시가 많이 발견되지 않는가 의문을 제기 할 수 있다. 이에 대한 가장 그럴듯한 설명은 이집트가 가나안 통치자들이 축성한 도시들을 모두 약탈했기 때문이라는 것이다.[87]

도시설계

후기 청동기 시대의 도시설계에 대하여는 알려진 것이 별로 없다. 그 이유는 후기 청동기 시대의 인구감소 및 축성도시가 발전하지 못함에 따라 후기 청동기 시대의 도시설계에 관한 유적이 매우 제한된 곳에서만 발견되었기 때문이다.

가나안의 북쪽에 있는 하솔과 므깃도에서는 후기 청동기 시대에도 중기 청동기 시대의 공공건물이나 도시설계가 그대로 나타나고 있다. 남쪽 지역에서는 중기 청동기 시대의 도시들이 파괴되어 있는가 하면 도시의 설계가 변경된 곳도 있다.

므깃도와 같은 지역에서는 원형으로 된 도시 계획이 발견된다(orthogonal planning). 그러나 다른 지역에서는 불규칙적인 도로망이나 혹은 좁은 도로들이 발견된다(하솔). 하솔이나 우가릿과 같은 도시에서는 도시가 몇 개의 구역으로 나뉘어져 있다.

시리아 팔레스틴 지역에서는 왕궁이 도시의 신전과 분리되어 있는 것이 후기 청동기 시대의 도시 계획의 특징으로 나타난다. 므깃도나 알랄라흐(Alalakh) 지역의 경우에서도 중기 청동기 시대에는 왕궁이 신전과 매우 가까이에 있었으나 후기 청동기 시대에는 왕궁은 성문 옆의 새로운 지역으로 옮겨졌다. 이러한 현상은 라기스(Lachish)에서도 발견된다.

왕궁

므깃도에서 발견되는 왕궁은 가나안의 왕궁이 주전 16세기(제 10지층)부터 12세기까지(제 7A지층) 발전하는 과정을 보여준다. 처음 두 지층(10-9지층)에서는 사각형의 건물이 커다란 마당과 방으로 둘러싸인 것을 발견할 수 있다. 제 8지층에 속하는 주전 14세기의 건물은 매우 크며, 정사각형의

87) A. Mazar, *Archaeology of the Land of the Bible 10,000-586 B.C.E.*, p. 243.

모습을 하고 있다(33×50 m, 1650㎡). 이 건물의 중앙에는 커다란 정사각형 마당이 있다. 이 건물의 서쪽에는 커다란 방으로 구성된 접견실이 있다. 마당의 남쪽에 있는 목욕탕은 접견실과 연결되어 있다. 또한 동쪽에 주거용 방들이 있고 북쪽에도 목욕탕이 있다. 아마도 계단을 통하여 2층으로 올라갔을 것이다. 제 7지층에서는 이 왕궁이 대규모로 보수되었으며 서쪽에 건물이 더 달려있고, 여기에 작은 접견실이 달려 있다. 이 왕궁은 주전 13세기 후반에 파괴되었으며, 주전 12세기 초에 세 부분으로 나뉘어 예배를 드리거나 혹은 창고의 기능을 했던 것으로 추정되는 부분이 첨가되어 다시 건축되었다(제 7A지층). 이 지층의 왕궁에서 므깃도의 상아가 발견되었다.

므깃도의 왕궁이 우가릿의 왕궁과 유사하다는 것은 매우 흥미로운 일이다. 우가릿의 왕궁은 커다란 건물 복합체로서 약 5,000㎡의 넓이나 된다. 이처럼 두 지역의 왕궁 건축양식이 유사한 것은 가나안 지역에서 도시설계하는 원칙이 널리 유행되었음을 보여준다.

국내 건축물

후기 청동기 시대에 발견되는 커다랗고, 잘 설계된 건물은 아마도 지방 관장의 집으로 분류된다. 므깃도에 이러한 건물이 커다란 마당(piazza) 뒤와 왕궁 동쪽에서 발견되었다. 이 건물은 커다란 중앙 마당을 중심으로 넓은 방과 홀로 둘러싸여 있다. 이 건물은 아마도 이 시대에 서열이 왕 다음인 '마리야누' (maryannu) 귀족의 집으로 추정된다.

또 다른 지방 관장의 건물은 다아낙의 서쪽 건물과 아펙의 거주지이다. 다아낙(Taanach)의 건물은 크기가 18x21 m로 사각형의 안뜰과 복도 그리고 9개의 사각형 방이 있다. 아펙에서 발견된 건물은 그 크기가 14 x 16m이며, 몇 개의 방들이 있었다. 이 건물에서 기록문서가 발견되었기 때문에 아마도 이 건물은 이집트의 행정관소였을 것이다.

텔 바타쉬(Tel Batash)의 건물들은 영주나 지방관리의 집으로 보인다. 이들은 모두 사각형의 모양을 하고 있으며, 기둥이 있는 마당과 저장소와 2층으로 올라가는 계단 등이 발견되었다. 아마도 이 텔 바타쉬의 건물은 가나안 건축물의 원형으로 생각된다.

대부분의 가나안의 주거지들은 모두 마당을 가지고 있다. 즉 마당을 중심으로 몇 개의 방이 있는 형태이다. 이러한 집의 형태는 중기 청동기 시대부터 나타나기 시작하였으며, 가나안의 주된 주거의 형태로 자리 잡았다.

신전

후기 청동기 시대의 다양한 신전은 가나안 종교와 예술에 관한 풍부한 자료를 제공한다. 하솔, 므깃도, 벧산, 텔 므보라흐, 라기스, 암만, 카미드 엘-로즈(Khamid el-Loz), 알랄라흐, 우가릿 등지에서 발견된 신전들은 이 시대 신전의 대표적인 예이다.

후기 청동기 시대의 중요 신전들은 중기 청동기 시대부터 계속 사용되던 것이다. 이러한 예는 하솔, 므깃도가 대표적이다. 이 두 지역에서 발견된 거대한 건물은 모두 중기 청동기 제 2기 B-C시대에 지어진 것이며 후기 청동기 시대에 보수되어 지속적으로 신전으로서의 기능을 하였다.

시리아 지역과 팔레스틴 지역의 문화적인 동질성은 하솔과 알랄라흐에서 발견된 후기 청동기 시대의 신전의 유사성에서도 나타난다. 하솔이나 알랄라흐의 신전에서는 사자상의 판넬이 신전 벽에 붙여졌으며, 장식이나 넓은 방의 모양 등이 유사하다.

중기 청동기 제 2기 B-C시대에 세워진 므깃도의 신전에서는 가늘고 긴 탑이 발견되었는데, 이 신전은 주전 11세기까지 약 500여 년간 사용되었다.

후기 청동기 시대로 접어들어 신전의 지성소의 모양만 약간 변화되었다.

세겜에서 발견된 신전은 복잡한 역사를 가지고 있다. 라이트의 발굴에 의하면 중기 청동기 시대의 신전은 사용이 중지되고, 후기 청동기 시대에 새로운 신전이 건축되었다. 이 새 신전의 규모는 넓이가 16m, 길이가 12.5m나 되며, 신전 마당의 신전 앞에 제단과 커다란 '마쩨바' 라고 불리는 커다란 돌이 세워져 있다. 따라서 라이트는 이 돌을 여호수아 24:26-27에 등장하는 세겜의 큰 돌이라고 주장하였다. 이 새로운 신전은 철기 시대까지 지속되었으며 라이트는 이 신전을 엘-브리트(el-Berith)의 신전이라고 주장한다(삿 9:46-49).

후기 청동기 시대의 가나안 신전의 특징은 그 규모가 크며, 현관을 통하여 중앙 홀로 들어가고, 지성소는 중앙 홀 안, 출입구 반대편에 위치한다. 일반적으로 신전 중앙 홀은 대체로 긴 모양의 사각형 넓은 방이다. 이러한 모양의 전통은 팔레스틴 지역에서 오랜 역사를 가지고 있는 것이다.

후기 청동기 시대의 신전의 또 다른 특색은 가나안 신전과 이집트 신전의 모양이 결합된 형태를 지닌다. 이러한 신전은 라기스와 벧산에서 발견된다. 후기 청동기 시대에 속하는 벧산의 신전은 과거의 종교적인 지역 위에 세워졌다. 신전은 입구의 방을 통하여 들어가게 되어 있다. 이 신전의 규모는 약 14.8×14.2m이며, 신전의 벽에는 의자가 설치되어 있다. 신전 안의 두 기둥이 지붕을 지지하고 있으며, 제단이 있다. 앞 일곱 계단 위에 지성소가 있으며, 지성소는 보물창고로 여겨지는 방에 의하여 둘러싸여 있다. 이 신전은 주전 13세기에 파괴되었으며, 람세스 3세 때 재건되었다. 나중에 건설된 신전에서 이집트 양식의 건축물 조각을 발견하였다.

라기스의 신전은 언덕 중앙에 서 있으며, 전반적인 규모는 벧산 신전을 다시 생각나게 한다. 신전으로 들어가는 입구는 서쪽으로 나 있으며, 현관을 통하여 신전으로 들어간다. 잘 깎은 돌로 만든 난간이 있는 계단은 지성소로 향한다. 그리고 벽에는 일부 부분에서 검정색, 흰색, 붉은 색, 노란색으로 채색되어 있다. 이러한 채색의 전통은 가나안에서는 매우 드문 일이다. 또한 레바논에서 수입한 백향목으로 만든 보가 사용되었으며, 이러한 신전의 모습은 솔로몬 신전을 생각나게 한다.

가나안과 이집트 건축물의 전통이 결합된 것은 벧산과 라기스 신전의 장식을 통해서도 알 수 있다. 이집트가 가나안에 진주하고 있을 때 이러한 전통은 극에 달한다. 라기스의 신전은 가나안 도시국가에 의하여 세워진 것이며, 벧산은 이집트의 총독이 있던 곳이다. 따라서 이러한 건축물은 종교적인 혼합주의의 모습을 보여주며, 이집트와 가나안의 주제가 결합된 제의적 특성을 보여준다.

하솔에서 발견된 신전에서는 11개의 비석이 발견되었는데, 이것은 작은 방에 세워져 있다. 또한 토기형태의 가면과 은으로 만든 홀 등이 발견되었는데 모두 이 신전에서 사용하는 제의용품으로 보인다. 따라서 구약성서에 등장하는 '마쩨보트'(masseboth)의 전형적인 예가 하솔의 신전에서 발견된다. 따라서 이 하솔의 신전은 중기 청동기 시대의 신전과 철기 시대의 신전의 중간 형태를 띄고 있다.

가나안 신전의 불규칙성은 라기스에서 발견된 해자신전(Fosse Temple)에서 나타난다. 이 신전은 중기 청동기 시대의 성 밖 해자였던 지역에 세워진 신전이다. 지성소는 중앙 홀 가운데 높은 부분에 위치한다.

요르단의 암만 공항 지역에서 커다란 건물이 발견되었다. 이 건물은 잘 계획된 건물로서 커다란 규모이며, 거대한 사각형 건물로 둘레에 방들이 있고, 중앙 홀에는 지붕이 있고 야외 뜰도 있다.

후기 청동기 시대의 제의장소 가운데 야외 제의장소들이 발견되는데 이 야외 제의장소는 중기 청동기 시대부터 있어왔다. 하솔의 F지역에서 주전 14-13세기의 제의장소가 발견되었다. 이 제의장소에는 넓은 뜰에

물을 공급하는 수로가 있으며, 유일신에게 드리는 제단이 발견되었다.

후기 청동기 시대의 종교 건축물들의 다양성은 종교적 관습의 복잡성을 나타낼 뿐만 아니라 가나안 지역의 인구의 다양성을 나타내는 것이다.

토기

후기 청동기 시대의 토기 가운데 지역에서 만든 토기와 수입된 토기가 발견된다는 것은 이 시기의 국제 교류를 나타내는 것이다. 이러한 교류를 통하여 수입된 토기를 분석하면 사이프러스 양식의 토기와 미케네 양식의 토기 그리고 시리아와 이집트 양식의 토기들이 발견된다.

지역 토기(Local Pottery)

후기 청동기 시대에 가나안 지역에서 발견되는 토기는 전 시대인 중기 청동기 시대의 토기의 발전된 형태를 보이고 있다. 이러한 현상은 중기 청동기 시대부터 후기 청동기 시대까지 문화적인 단절이 없었음을 말해준다. 따라서 후기 청동기 시대 초기의 토기의 문화적 특성은 분명하지 않다.

점차적으로 가나안 지역 토기는 모양과 형태 그리고 장식에서 변화를 나타낸다. 가나안 지역 토기는 조잡하고, 거칠며 값싼 토기이다.

가나안 토기의 특징은 단순하고, 장식이 없으며 채식된 무늬를 사용하는 것이다. 가나안 토기는 평범한 황토색의 적색 혹은 적색과 검정색을 입혔다. 또한 주된 모티브는 주로 기하학적이다.

2색 토기

2색 토기(bichrome)의 전통은 주전 1600년경 중기 청동기 제 2기 C시대부터 시작되었으며, 검은색과 붉은색이 장식된 토기를 말한다. 이 토기는 주전 16세기부터 투트모세 3세의 정복 때까지 사용되었다. 이 시기의 토기는 대부분 그 형태에 있어서 시리아-팔레스틴의 중기 청동기 시대의 전통을 따르고 있다. 그러나 일부는 사이프러스의 전통의 따르고 있다. 가나안의 줄무늬나 세줄무늬가 유행하였다. 그러나 어떤 토기는 토기의 표면 전체에 교차되는 줄무늬로 장식된 경우도 있다. 사이프러스 전통의 토기는 주로 물고기나 새 그리고 영양, 소들이 그려져 있다.

2색 토기는 주로 팔레스틴 전역과 시리아 해안 지역 그리고 사이프러스 지역에서 발견된다. 중성자 반응검사에 의하면 2색 토기들은 므깃도에서 만들어 진 것도 있지만, 대부분 사이프러스 동쪽에서 만든 것이다. 이러한 현상은 사이프러스에서 만든 토기를 가나안 시장에서 판 것으로 보인다. 그러나 더 가능성 있는 설명은 이 2색 토기가 시리아 지역에서 이민 온 사람들에 의하여 만들어 졌거나, 혹은 사이프러스에 거주하는 팔레스틴 사람들에 의하여 주전 16세기 경에 만들어 진 것으로 추정할 수 있다.

후기 청동기 시대의 2색 토기는 사이프러스에서 만들어 진 후 레반트 지역으로 수출된 것으로 보이며, 일부 토기는 므깃도에서와 같이 현지에서 만들어졌음을 알 수 있다.

사이프러스 수입 토기

사이프러스(Cyprus)에서 수입된 토기는 사이프러스에서 레반트 지역으로 수입된 토기를 말하며, 중기 청동기 시대에는 매우 적은 수가 수입되었으나 후기 청동기 시대에는 많은 양이 수입되었다. 사이프러스에서 수입된 토기는 주전 14세기에 절정에 달한다. 사이프러스는 구리를 수출하는데 중요한 역할을 하였을 뿐만 아니라 에게 해 지역과 레반트를 연결하는 역할을 하였다.

사이프러스 토기는 일반적으로 수작업으로 만든 것이다. 사이프러스 토기는 시리아와 팔레스틴 그리고 이집트로 수출되었다. 사이프러스 토기는 형태에 따라 다음과 같이 나눌 수 있다. 바닥이 링 모양으로 둥근 토기(Base Ring Ware), 반원형으로 된 흰색 토기(White Slip), 단색 토기, 흰색이 칠해진 부케로 토기(Bucchero ware) 등이다.

흰색이 칠해진 토기(White painted ware)는 중기 청동기 제 2기부터 이미 사용되기 시작하였으며, 이 토기는 후기 청동기 제 1기까지 계속 사용되었고, 그 후에는 사용되지 않았다. 단색 토기나 흰색 토기(White Slip), 바닥이 둥근 토기(Base Ring ware) 등은 후기 청동기 제 1기 시대에 나타났으며, 일명 '우유 사발' 이라고 불리던 흰색 토기(White Slip)는 중기 청동기 제 2기 C시대부터 나타나기 시작한다. 이렇게 수입된 토기는 주전 14세기에 절정을 이룬다.

미케네 형식의 토기

미케네 토기는 그리스와 에게 해에서 생겨났으며, 이탈리아 남부 해안 지역에서부터 지중해를 통하여 터키와 이집트로 전파되었다. 미케네 토기가 시리아-팔레스틴 지역에서 발견되었다는 것은 미케네 문명의 활발한 상업성을 보여준다. 미케네 토기는 빠르게 도는 원반 위에서 만들어지며, 잘 걸러진 진흙으로 만든다.

미케네 토기는 주로 광택 나는 우유빛 현탄액을 표면에 바르고 대부분의 장식은 짙은 고동색을 사용한다.

금속가공품

사이프러스는 지중해 동쪽 해안을 통하여 구리를 수출하였다. 소가죽 모양의 구리 덩어리가 지중해 지역으로 수출되었다. 이러한 구리 덩어리가 우가릿, 그리스 그리고 이탈리아 남부 지역에서도 발견된다. 구리는 이 시기의 국제무역에서 중요한 역할을 하였는데, 가나안 사람들이 중심적인 역할을 하였다.

주석 덩어리 역시 교역되었다. 이러한 예는 하이파 근처의 바다에서도 발견된다.

구리 광산은 아라바 지역에 있으며 후기 청동기 시대에 개발되기 시작하였으며, 이집트 사람들은 13세기에 팀나(Timna^c)에 광산을 개발하였다. 구리 덩어리는 동과 합금으로 무기나 각종 도구를 만드는데 사용되었다. 샤론 평야에 있는 텔 즈로르(Tel Zeror)가 대표적인 예이다. 텔 즈로르는 야외 작업장으로 여기에서 몇 개의 가마가 발견되었다.

후기 청동기 시대의 구리 제품은 낫 모양의 언월도(偃月刀)와 단도 그리고 창의 머리부분과 화살촉 등을 만드는데 사용되었다. 또 다른 제품은 끌이나 심벌즈 혹은 작은 상을 만드는데 사용되었다.

금이나 은은 보석류를 위하여 사용되었으며, 은으로 만든 상이나 동을 종이처럼 펴 만든 상 등을 만드는데 사용하였다. 이러한 비싼 금속들은 주전 16세기부터 사용되기 시작하였다.

사사 시대와 철기 시대

사사 시대는 문명 발달사적인 측면에서는 팔레스틴에서 철기 시대의 시작을 의미한다(주전 1200년경). 따라서 이스라엘 고고학에서는 사사 시대가 시작하는 주전 1200년경부터 철기 시대로 구분한다. 사사 시대에 해당하는 시기는 주전 1200-1000년에 해당한다.

사사 시대의 가나안

사사 시대에 해당하는 철기 시대 제 1기 A(Iron Age IA) 시대의 가나안은 이집트 20왕조에 의하여 지배당하고 있었지만, 가나안 문화는 계속해서 여러 곳에서 번영을 누리고 있었다. 그러나 후기 청동기 시대와 철기 제 1기 A시대를 명확히 구분하기는 어려울 뿐더러, 여러 지역에서 발견된 철기 제 1기 A시대에 해당하는 물질문명은 후기 청동기 제 2기(LB II)의 문명과 거의 동일한 양상을 나타내고 있다.

가나안에서 발견된 이집트 유물 가운데 이 시기에 해당하는 것은 람세스 3세 초기와 람세스 4세 사이의 50년간에 해당된다. 사사 시대의 팔레스틴의 몇몇 중요한 지역들에서는 가나안 문화의 연속성과 이집트의 문화적 영향이 명확하게 나타나고 있는데, 그 가운데 가장 중요한 지역들은 벳산(Beth Shean), 므깃도(Megiddo), 라기스(Lachish), 텔 모르(Tel Mor), 텔 세라(Tel Seraᶜ) 그리고 텔 엘-파라(남부) 등이다.

청동기 가나안 문명과 나란히 이집트의 모습이 지속적으로 나타나고 있음에도 불구하고, 철기 시대의 전형적인 현상들이 이미 주전 12세기 전반부에 명확하게 나타나고 있다. 이러한 지역 가운데 벳산, 므깃도, 텔 세라, 텔 모르 등은 주전 12세기 중엽에 다시 파괴 되었다. 이러한 파괴는 아마도 해양족들과 이스라엘 민족 모두가 권력을 획득한 결과였다. 어느 정도까지는 이집트와 가나안의 이 마지막 요새들의 파괴는 이 참화와 거의 같은 시기에 발생한 이집트의 가나안 지배 붕괴와 관련지을 수도 있을 것이다. 어쨌든, 주전 13세기 후반부(아마도 메르넵타의 통치 시기와 그 이후 몇 년 동안) 그리고 주전 12세기 중엽에 발생한 두 차례의 공격은 가나안 문화에 심각한 타격을 가하였다.

해양족의 침투

주전 13세기 말 그리스 지역에서는 새로운 형태의 미케네 토기가 등장하였다. 일반적으로 그 새로운 유형들은 이전 전통에 기초하고 있었으나, 양식상의 혁신과 다양한 생산지에서 기인한 지역적인 차이점들을 찾아볼 수 있다. 이 새로운 토기를 미케네 IIIC(Mycenaean IIIC)라고 부른다. 이 토기들은 형태상 전형적인 미케네 토기의 특징을 지니고 있다. 단색의 암갈색 그림이 옅거나 때로는 푸른 계통의 배경 위에 나타나는데, 나선, 다양한 기하학적 양식, 새와 물고기 등의 전형적인 미케네 모티브들이 묘사되어 있다. 블레셋 도시 가운데 아스돗과 에그론의 경우, 사이프러스에서 발견된 것과 동일한 토기들이 해양족의 최초 주거층에서 발견되었다 (아스돗 주거층 XIII와 에그론 주거층 VII). 그 토기들은 두 지역에서 모두 후기 청동기 주거층 다음 층에서 발견되었다. 중성자 방사화 분석(Neutron activation analysis)은 아스돗과 에그론에서 발굴된 미케네 IIIC1b 토기가 그 지역에서 생산된 것임을 보여준다. 보다 적은 양이기는 하지만 이와 유사한 미케네 IIIC 토기가 악고와 벳산에서 발견되었고, 또한 레바논과 시리아 해변을 따라서 발견되었다.

블레셋 사람의 땅과 사이프러스에서 발견된 미케네 IIIC1b 토기 사이에 커다란 유사성을 보이고 있다는 점과 두 지역에서 모두 많은 양이 나타난다는 점은 그 정착지의 이주자들이 공통의 기원을 지니고 있음을 의미한다. 학자들은 사이프러스에 정착한 이 민족들을 미케네 피난민을 언급하는 아카이아 사람(Achaean)이라고 부른다. 블레셋 사람의 땅에서 미케네 IIIC 토기를 생산한 자들은 블레셋으로 규명되어야 한다. 그러므로 블레셋은 에게 해 미케네 지역에서, 동쪽으로 이주해와 람세스 3세 제 8년에 이집트와 충돌했으며, 후에 블레셋 사람의 땅에 정착했다. 정착의 초기 단계에 그들은 자신들의 고유한 단색 토기 전통을 유지하면서, 그 지역에서 생산했다. 그러나 몇 십 년이 지나 가나안 지역과 이집트 지역 예술 전통을 습득하게 되면서 양식이 발전하게 되었고, 블레셋 양식이라고 알려진 새로운 형태의 이색 토기 양식이 블레셋 지역에 출현하게 된다.

따라서 블레셋 정착의 첫 단계는 람세스 제 8년 (주전 1190년)과 주전 1150년 경 이집트의 가나안 통치가 끝난 시기 사이로 추정되어야 한다. 이 시기 — 철기 IA시대 — 동안 블레셋은 고유한 미케네 전통들을 유지하면서 성서에 묘사된 것과 같이, 블레셋 지역에 세렌들이 다스리는 다섯 도시와 같은 도시들을 건축하였다.

블레셋 도시의 정착

다섯 개의 블레셋 도시 중에서 가사, 아스글론 그리고 아스돗은 지중해 해안 평야 내에 세워졌다. 첫 두 도시들은 해안에 그리고 세 번째는 대략 3km 정도 내륙의 모래 언덕 경계 너머에 세워졌다. 갓과 에그론은 낮은 쉐펠라 지역에 세워졌다. 이들 다섯 도시 중에서 단지 아스돗과 에그론(Tel Miqne) 그리고 어느 정도 아스글론에서 이루어진 발굴에서 블레셋의 주거층이 발견되었다.

아스돗에서 발견된 블레셋의 최초 정착지(주거층 XIII)는 성벽을 갖추지는 않았지만 잘 설계되고 조밀하게 건축된 도시로서 그 면적은 대략 80 두남에 달한다.[88] 미케네 IIIC1b 토기가 가나안 전통으로 제작된 다른 토기와 함께 이곳에서 생산되었다. 아스돗의 그 다음 두 단계(주거층 XII-XI)는 주전 12세기와 11세기에 블레셋 도시가 연속적으로 재건되었음을 나

88) 1 dunam은 1000㎡의 넓이를 말하며, 1 dunam은 1/4 에이커이고, 1/10 헥타르이다.

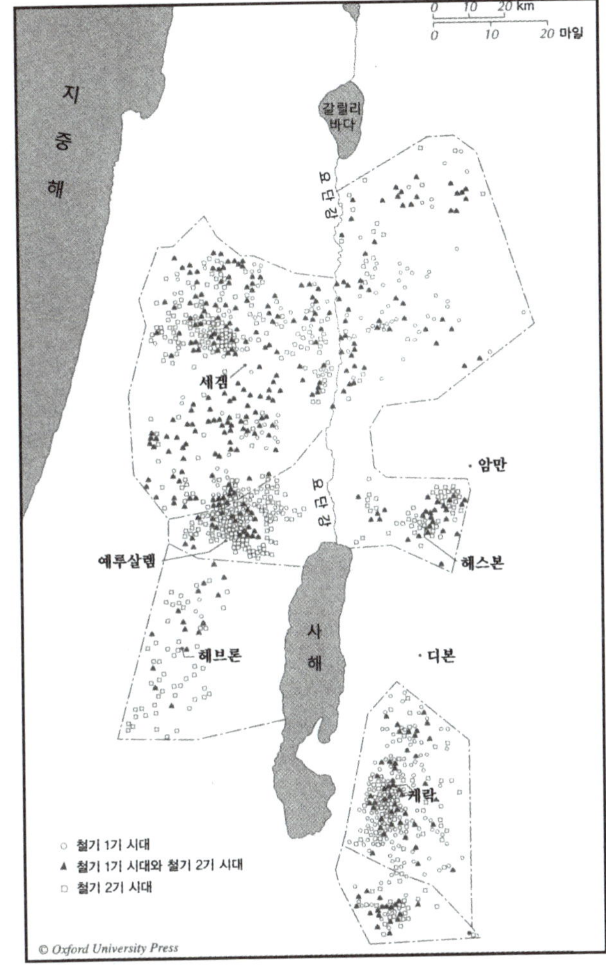

[철기1기와 철기2기 시대의 주거지역 M.D. Coogan, *The Oxford Hisotry of the Biblical World* (Oxford: Oxford University Press, 1998), p. 96]

타낸다. 주거층 XII에서 발견된 후기 청동기 제 2기(LB II 시대) 마지막 도시의 파괴된 요새(주거층 XIV)가 견고한 성벽의 기초로 사용되었다. 주전 11세기 말(주거층 X), 아스돗은 400 두남(dunam) 규모로 확장되었으며, 이로써 블레셋 지역 내 가장 커다란 도시 가운데 하나가 되었다. 이 시기 아스돗 주위에는 네 개의 방을 갖춘 성문이 딸린 견고한 성벽이 세워졌다. 확장된 이 도시는 철기 II기 시대에 오랫동안 지속했다.

에그론(Ekron)을 텔 미크네(Tel Miqne)로 규명하는 것은 유다 지파의 북쪽 경계에 관한 묘사(수 15:10-11)와 최근 텔 미크네에서 발견된 비문에 의해서이다.[89] 여호수아 15장의 기록에 의하면 에그론은 벧세메스와 딤나 서쪽, 소렉 시내 남쪽에 위치했다. 200 두남 규모의 텔 미크네는 철기 시대 팔레스틴에서 가장 넓은 지역 가운데 하나이다. 텔 미크네 위에 널리 분포되어 있는 미케네 IIIC1b 토기는 이 지역 200 두남 전체가 정착 초기 단계(주거층 VII)에 이미 블레셋이 거주했음을 보여준다. 이 단계(주전 12세기 전반부)에 이미 에그론은 중요한 도시 중심지가 되었던 것으로 드러난다. 에그론은 이후 세 주거층(VI-IV, 주전 12세기 중반에서 주전 10세기 초)에 걸쳐 계속 번영을 구가했다. 이 시대 그 성은 성벽을 갖추었고, 넓은 공공건물들과 산업 지역들을 포함하게 된다. 이 시대 것인 정교한 유물들은 사이프러스와 에게 해와의 관련성을 시사한다. 주거층 VI-V에서는 블레셋의 전형적인 이색 토기들이 풍부하게 나타나는 반면, 주거층 IV에서는 단조로운 붉은 현탁액을 그 특징으로 하는 토기 제조의 새로운 전통이 이색 토기를 대체한다. 세 번째로 발굴된 블레셋의 주요 도시 아스글론에서는 블레셋 주거층으로부터 현재까지 소수의 유물만이 발견되었다. 텔 모르(Tel Mor)에서는 이집트 요새가 파괴된 후에 성벽을 갖추지 않은 촌락(주거층 IV-III)이 아스돗을 위한 항구의 기능을 했을 것 같다. 아스글론 동쪽 해안 평야 남부에 위치한 텔 찌포르(Tel Ṣippor)는 이 시대 유일한 작은 규모의 농촌 정착지로서 후기 청동기 촌락이 지속된 경우이다.

야르콘 강을 따라 일련의 블레셋 정착 지역이 발견되었는데, 이 지역들 가운데 가장 대표적인 곳은 텔 카실레(Tell Qasile)이다. 이 도시는 야르콘의

89) 1996년 텔 미크네에서 5행 72글자가 기록된 석비 조각이 발견되었다. 이 석비의 넓이가 60㎝ 그리고 높이가 39㎝된다. 이 비문에 에그론이란 지명이 기록되어 있기 때문에 에그론과 텔 미크네가 같은 장소임을 알 수 있다.

북쪽 제방 위, 지중해로부터 약 2km 지점에 위치한 쿠르카르(Kurkar) (사암) 지질의 능선 위에 세워졌다. 이 지역을 선택한 것은 지중해 해안을 따라 이루어진 블레셋의 해상 활동과 관련이 있다. 야르콘 강이 정박하기에 편리했을 것이기 때문이다. 야르콘 지역에서 블레셋이 정착했던 또 다른 지역들로는 아벡과 텔 게리사(Tel Gerisa)가 있으나, 이 지역은 단지 일부분에서만 정착이 이루어졌기에 별 중요성을 지니지 못한다. 또한 놀랍게도 야르콘 남쪽 지역에 위치한 최대의 자연 항인 욥바도 이 시기 별 중요성을 지니지 못했다. 그러나 근처의 아조르 (Azor)에서 공동묘지가 발견됨으로써 이곳에 실질적으로 블레셋이 정착했음을 시사해준다.

쉐펠라 북부지역의 게셀, 텔 바타쉬 (Tel Batash) 그리고 벧세메스 등에서 블레셋 정착의 흔적이 발견되었다. 성서의 딤나(삿 14-15장, 수 15:10)인 텔 바타쉬(Tel Batash)에서 블레셋의 정착을 보여주는 주거층이 발견되었다. 텔 바타쉬는 조밀하게 건축된 도시였으며, 오랜 기간 동안 번영하였다. 여기에서는 블레셋의 채색 토기가 풍부하게 발견된다. 벧세메스에서도 블레셋 토기가 발견되었다. 그러나 성서(삼상 6:9-15)는 이 도시가 이스라엘 도시라고 기록하고 있다. 이러한 현상은 물질문화를 근거로 민족을 규명하기가 어렵다는 것을 보여준다.

쉐펠라 남쪽의 여러 지역에서 블레셋 유물이 발견되었다. 텔 에이툰 (Tel Eitun) 근처의 많은 가구를 갖춘 매장용 동굴들에서는 가장 화려한 블레셋 토기, 상들 그리고 다른 유물들이 많이 출토되었다. 블레셋 토기는 텔 베이트 미르심(Tell Beit Mirsim)과 텔 할리프(Tel Halif)에서도 발견되었다.

북부 네겝과 남부 해안 평야에서는 블레셋 정착의 흔적이 풍부하게 발견된다. 텔 세라(Tel Seraʿ), 텔 엠메(Tell Jemmeh), 텔 엘-파라 (남쪽) 그리고 드이르 엘-발라(Deir el-Balah) 등에서 블레셋 정착지 유적이 발견되었다.

이처럼 블레셋의 정착은 작은 농촌 정착지들이 세워져 커다란 발전을 이루었다. 블레셋은 아마도 다른 해양족들과 마찬가지로(예를 들어 도르(Dor)와 체커(Tjeker)), 주전 12세기와 11세기에 팔레스틴에서 도시 생활을 지속하였다.

블레셋이 팔레스틴에 정착한 현상을 살펴보면, 블레셋 정착 초기 단계를 지칭해 주는 미케네 IIIC1b 토기는 블레셋 사람의 땅에서도 단지 블레셋의 다섯 도시에 속했던 아스돗과 에그론에서만 발견되었다. 앞서 언급된 다른 모든 지역에서는 블레셋 이색 토기의 발전이 이루어진 후에야 비로소 블레셋의 주거가 시작되었다.

블레셋의 문화

철기 시대에 접어들면서 팔레스틴 지역 문화에 가장 큰 영향을 준 것은 바로 블레셋 문화이다. 블레셋 민족은 팔레스틴에 정착하면서부터 그곳의 토착 가나안 문명을 급속도로 받아들였다. 이러한 사실은 주전 12-11세기에 사용했던 블레셋 토기가 미케네의 영향을 크게 받아 제작되었다는 것에서 알 수 있다. 그러나 주전 10세기를 전후하여 블레셋만의 독특한 토기류는 더 이상 지속되지 않는다. 이러한 사실은 블레셋이 팔레스틴에 정착한 이후 토착 문화의 영향으로 자신의 문화를 더 이상 지속하지 못하였음을 보여준다.

토기의 특징

철기 시대에 접어들면서 팔레스틴에서는 새로운 블레셋 토기가 발견되었다. 팔레스틴에서 발견된 블레셋 토기는 네 가지 특징을 나타낸다. 즉 전형적인 블레셋 토기는 미케네 토기의 일종인 미케네 IIIC1b 문명권에서 발전한 두 색(붉은색과 검은색)과 기하학적 무늬의 특징을 가지고 있다.

[블레셋의 2색 토기]

이 토기는 대체로 새나 물고기 혹은 나선형 무늬나 갈지자 모양의 무늬를 새겨 넣는다. 그러나 시간이 흐름에 따라 블레셋 토기에 가나안의 전통이 가미되어 미케네 토기에서는 발견되지 않는 붉은색과 검은색을 사용하고 있을 뿐만 아니라 모양이나 형태에 있어서는 이집트의 영향으로 절충형도 띄고 있다.[90] 그러나 모양의 대부분은 미케네 토기의 형태를 띠고 있다. 미케네 토기의 주된 형태는 양쪽에 수평 손잡이가 있는 종모양의 사발이며, 사발과 비슷한데 사발보다 더 넓고 크며 측면에 아가리가 있는 크래터(krater), 등자 모양으로 두 개의 손잡이가 달린 작은 토기, 자장용 도기 그리고 원통 상자 모양의 화장품이나 향을 담은 픽시스(pyxis) 등이다. 토기에 장식할 때에도 미케네 토기에서 자주 발견되는 물고기 주제가 가나안에서 만들어진 블레셋 토기에서는 거의 발견되지 않는다.

이러한 블레셋 토기는 주로 블레셋 백성들이 거주한 지역에서 주로 발견되었으며, 중앙 산악 지대 사론 평야, 이즈르엘 평야 그리고 벧산 지역의 일부 지역과 그리고 심지어 단에서까지 블레셋 토기가 발견된다. 블

90) A. Mazar, *Archaeology of the Land of the Bible 10,000-586 B.C.E.*, pp. 313-314.

레셋 토기가 많이 발견되기는 하지만 그러나 이 시대에도 가나안 토기나 혹은 가나안 토기 전통에 바탕을 둔 토기들이 철기 제 1기 시대에 발견되었다.

제의용품들

[블레셋의 제의용품들]

[아쉬도다]

블레셋 제의 역시 미케네 지역의 영향을 벗어나지 못했다. 따라서 에게해 전통의 여신이 앉아 있는 모양 혹은 신전에 반원형의 튀어나온 부분이 있는 것(apsis), 제물을 바치는 의자가 있는 것 등은 전형적인 에게 해 전통이다. 이 시대의 것으로 발견되는 블레셋 전통의 제의용품으로는 두 종류의 진흙으로 만든 블레셋 신상들이 있다. 첫째 형태는 소위 아쉬도다(Ashdoda)라고 부르는 의자에 앉아 있는 여신(女神)의 모습이다. 이러한 주제는 미케네에서 발견되는 의자에 앉아 있는 여신의 모습에서 찾아 볼 수 있다. 두 번째는 손을 머리에 얹고 울고 있는 여인의 모습이다. 이러한 신상은 크래터의 아가리 부분에 붙여 장례 제의 때 사용된다. 이러한 신상의 발견은 비록 모양에 있어서 변화가 있기는 하지만 블레셋 사람들이 보존하고 있는 미케네의 종교적 영향을 그대로 나타내는 것이다.

토기와 마찬가지로 제의 때 사용되는 가나안 전통의 토기들도 함께 발견되며, 어떤 종류는 사이프러스(Cyprus) 전통과 접목된 것도 발견된다. 블레셋 전통의 제의용기에서 발견되는 새머리 장식은 메디네트 하부(Medinet Habu) 벽화에서 발견되는 블레셋 사람들의 새머리를 연상케 한다. 전제용기(容器) 가운데 독특한 것은 여자 모양의 술잔이다. 여자의 목이 용기의 목이 되고 여자의 가슴이 술을 따르는 주둥이로 만들어진 경우이다. 이러한 용기는 아마도 풍요를 나타내는 제의에 사용된 것 같다. 이 외에도 동물이나 석류 모양의 용기에 주둥이가 달린 관(管) 모양의 링이 달린 전제용기가 발견되었다(kernoi라고 부름). 뿐만 아니라 관 모양의 아가리(rim)와 동물 모양의 주둥이를 달고 있는 케노스(kernos) 주발도 발견된다.

장례문화

지금까지 블레셋의 다섯 도시 주변에서는 무덤이나 장례문화와 관련된 아무런 유적이나 유물을 발견하지 못하였다. 그러나 다른 지역에서 블레셋 문화와 밀접한 관련이 있는 장례문화를 발견할 수 있다. 현재까지 발견된 블레셋의 장례문화에 관한 유적은 아조르(Azor), 텔 엘-파라(Tell el-Farah), 텔 이툰(Tell Eitun), 벧산(Beth-shean) 그리고 텔 제로르(Tell Zeror) 등에서 발견되었다. 블레셋 사람들은 땅에 하나의 구멍을 파고 매장하는 관습을 가지고 있거나 혹은 바위를 파서 매장하기도 하였다. 뿐만 아니라 이집트에서 수입한 진흙으로 만든 사람 모양의 관을 사용하기도 하였다. 또한 바위를 깎아 방을 만들고 시체를 매장하는 미케네 문화의 전통을 따르는 경우도 있다. 또한 아조르에서는 블레셋 사람들이 화장문화를 채택하고 있음을 보여준다.

장례문화와 관련하여 우는 여인의 상이 텔 아조르(Tel Azor)나 텔 옘메(Tell Jemmeh)에서 발견되었다. 여인상의 모습은 손을 머리위에 얹거나 혹은 가슴 위에 손을 X자 모양으로 얹은 모양을 하고 있는 테라코타의 상이다. 이러한 여인상은 로도(Rhodes) 섬의 얄리소스(Ialysos)의 무덤이나 크레테(Crete) 동쪽 그리고 그리스의 페라티(Perati)의 무덤에서 발견되는 여인상과 유사하다.

블레셋의 도시건축

블레셋의 주요 도시들에 대한 고고학 발굴 결과 이들 도시들은 진흙 벽돌로 축성하여 적의 침입에 대비하였다. 이렇게 성벽이 쌓인 도시는 잘 계획되어 구획이 나뉘어져 있다. 아스돗이나 미케네의 발굴에서 드러난 이 도시들은 도시가 구역으로 나뉘어져 있음을 보여준다. 즉 산업지역과 중앙의 큰 공공건물이 있는 지역, 신전이 있는 지역 그리고 거주지역 등으로 나뉘어져 있다. 주로 도시의 중심부는 밀도가 조밀하지만 그러나 주변 지역에는 밀도가 조밀하지 않다. 특히 특징적인 것은 도시의 신전 지역은 벽으로 구별되어 있다.

텔 미크네(에그론)에서 발견된 공공건물은 방수처리 된 벽돌로 쌓은 6.7m 정도 되는 큰 방으로 구성되어 있으며, 이 방의 안쪽에 벽을 따라 의자가 붙어 있다. 이 방의 가운데에는 진흙 벽돌로 만든 난로가 홀로 서 있다. 이 건물은 아마도 왕궁이거나 귀족의 집으로 추정된다.[91] 이 큰 방은 두 개의 기둥으로 지지되며, 가운데 난로 외에 세 개의 사각형 방이 더 붙어 있다. 이 건물에서 보듯이 난로는 가나안 문화에서는 찾아 볼 수 없는 것이지만, 그러나 에게 해 지역이나 아나톨리아 지역에서는 쉽게 찾아 볼 수 있는 것이다. 따라서 건축문화에 있어서도 에게 해의 영향을 받은 것으로 보인다.

91) A. Mazar, *The Archaeology of the Land of the Bible*, p. 319.

블레셋 문화의 종말

팔레스틴으로 유입된 문화인 블레셋 문화는 팔레스틴의 가나안 문화를 대체(代替)하지 못했다. 전혀 새로운 문화를 가지고 있던 블레셋 사람들은 가나안 원주민으로부터 문화적인 영향을 받고 동화(同化)되기 시작하였다. 따라서 전통적인 2색 토기(bichrome)가 사라지고 새로운 토기가 등장하였다. 광채가 나고 붉은색 줄무늬가 있는 토기가 등장하였다. 이러한 현상은 텔-카실레(Tell Qasile)의 제 11, 10 지층에서 알 수 있다.

그러나 블레셋 사람들의 문화가 가나안 원주민 문화에 동화되었다고 하더라도 이들이 정치적인 독립마저 포기한 것은 아니다. 이들은 끊이지 않고 도시국가로 존재한다.

구약성서에서 이스라엘과 블레셋 사이에 언어적인 장벽이 나타나지 않는 것은 블레셋이 가나안 정착 후에 가나안인들의 방언을 사용했기 때문인 것으로 보인다. 이러한 사실은 1996년에 에그론에서 발견된 석비를 통해서도 쉽게 알 수 있다. 이러한 관점에서 느헤미야 13:24의 "아스돗 방언을 절반쯤은 하여도 유다 방언은 못하니" 이란 기록은 느헤미야 저자가 종교적으로 아스돗에 대한 부정적인 관점에서 기록한 것이지 언어적인 측면에서 아스돗어와 유다어 사이에는 큰 차이를 찾아 볼 수 없다.

블레셋어 단어는 끝이 X으로 끝나는 특징을 가지고 있다. 이에 대하여 나베(J. Naveh)는 헬라어의 영향이 블레셋어에 나타난 것이라고 주장한다.[92] 아직까지는 발견된 블레셋어 기록의 부족으로 정확한 블레셋어에 대한 연구가 제한적일 수밖에 없다.

92) J. Naveh, "Writing and Scripts in Seventh-Century BCE Philistia: The New Evidence from Tell Jemmeh," *IEJ* 35 (1985), pp. 11-14.

군사

블레셋에 대한 기록 자료의 부족은 블레셋의 군사제도에 대한 정확한 정보를 얻지 못하게 한다. 그렇지만 구약성서의 기록과 메디네트 하부의 신전 벽화를 통하여 블레셋의 군사제도와 무기에 대하여 알 수 있다. 이 벽화에는 깃털이 달린 모자를 쓴 블레셋 사람들이 곧은 칼, 창, 둥근 방패 등으로 무장한 모습을 볼 수 있다. 또한 성서의 기록에 의하면 골리앗은 청동 헬멧을 쓰고, 갑옷을 입었다(삼상 17:5).

구약성서에 등장하는 블레셋의 군사조직을 보면 블레셋 군사 지휘관 가운데 세렌(סֶרֶן)이라고 불리는 자들이 있다(삼상 29:2). 개역 개정판 성경에서는 '장관' 이라고 번역되어 있다. סרן의 정확한 어근은 알 수 없지만 우가릿어 סרן/שׂ에서 유래된 것으로 보이며 그 의미는 '통치자' (governor)라는 의미를 가지고 있다. 사무엘상 29:2의 "블레셋 사람의 장관들은 수백씩 수천씩 영솔하여 나아가고"라는 표현을 통하여 סרן은 블레셋 군대의 최고 사령관을 지칭하는 관직명으로 이해할 수 있으며, סרן 밑에는 블레셋 군대가 천부장과 백부장으로 나뉘어져 있는 것으로 보인다. 사무엘상 29:3에서 '방백' 을 뜻하는 히브리어 שׂר라는 용어를 사용하기 때문에 סרן과 שׂר는 서로 구별되는 관직명으로 이해해야 한다.

블레셋 군대에는 보병과 기병과 전차병 그리고 궁수 등의 전문직 군인이 있었다. 사무엘상 13:5에서 블레셋은 이스라엘과 전쟁하기 위하여 전차(רכב)와 기병(פרשׁ)을 동원하였다. 또한 사무엘상 31:3에서 사울을 죽인 것은 궁수(안쉐이 케세트, אנשׁי קשׁת)였다고 기록하고 있다. 람세스 3세의 부조에 그려진 벽화는 해양족들이 보병과 배와 전차를 사용하였음을 보여준다. 각각의 보병들은 두 개의 창과 둥근 방패, 길고 곧은 검을 지녔으며, 4명이 한 팀이 되어 싸웠다. 전차는 두 마리의 말이 끌었으며, 여섯 개의 살이 달린 두 개의 바퀴를 달고 있었으며, 긴 창 두 개로 무장한 3명이 조종하였다. 이집트의 배가 노와 돛을 모두 갖추고 있는 것에 비하여, 해양족의 배는 노만으로 배를 이동시켰다.

골리앗은 "전사"(개역성경에는 "싸움을 돋우는 자"라고 번역함)로 불렸는데, 이는 전쟁을 하는 양 진영에서 선임된 전사로서 먼저 나와 싸움으로써 그 전쟁의 승패를 가름한다. 이러한 관행이 고대 근동에서는 널리 유행하지는 않았으나, 그러한 예들은 분명히 나타난다.

사무엘상 17:5-7에 기록되어 있는 골리앗의 창, 투구, 어린 갑, 경갑은 에게인 전사들의 전형적인 모습이다. 골리앗이 가지고 있는 창에 대하여 그 창자루는 "베틀채 같고"(원래 히브리어의 의미는 "직조공의 막대기 같은"이다)라고 표현하는 것을 통하여 창 자루 둘레를 싸면서, 손가락을 넣을 수 있는 고리를 지녔던 가죽 끈을 언급하는 것 같다. 그 창을 던지면 회전을 하였던 것 같고, 이로써 더 멀리 그리고 더 정확하게 날아간다.

람세스 3세의 부조에 나타난 블레셋 병사는 깃털 모양의 머리 장식을 했는데, 이 장식은 블레셋 특유의 장식이라기보다는 예루살렘과 가나안의 다른 지역까지 포함하는 지중해 여러 지역에서 나타나는 머리 장식이다. 해양족들은 또한 몸통을 감싸는 갑옷을 입었으며, 술이 달린 킬트를 입었다.

[블레셋 사람들이 깃털 모양의 머리 장식을 쓰고 있다]

블레셋의 정확한 군사제도에 관한 정보는 부족하지만, 이스라엘과 비슷한 군사조직을 가지고 있었음을 알 수 있다.

신전

기록문서에 의하면 블레셋의 도시 가운데 가자와 아스돗에는 다곤 신의 신전이 있었고(삿 16:23, 삼상 5:1-7), 아스글론에는 아스타르테(Astarte)신의 신전이 있었다(헤로도투스 §1:105). 뿐만 아니라 에그론에는 바알-세붑 신을 위한 신전이 있었다(왕하 1:1-16). 이 신전 가운데 몇몇은 헬레니즘 시대까지 지속되었다(마카비상 10:83). 블레셋 사람들은 술객이라는 명성을 얻었다(삿 2:6).

고고학 발굴 결과 블레셋 신전의 모습을 가장 잘 보여주는 것은 텔 카실레와 에그론에서 발견된 신전이다. 텔 카실레(Tell Qasile)에서 세 시대의 블레셋 신전이 그리고 에그론(텔-미크네; Tel Miqne)에서 두 개의 제의용 건물이 발견되었다. 각각의 건물에는 최소 두 개의 기둥이 발견되었다(참고 삿16:25-29). 텔 카실레에서 발견된 신전은 규모가 6.4×6.6m나 되는 직사각형의 건물이며, 흙벽돌로 쌓았다. 이 신전의 입구 맞은편에는 약간 높은 단(壇)이 있으며, 여기에 아마도 신상이 놓여졌던 것으로 보인다. 또한 벽을 따라서 제물을 드리는 자를 위한 의자가 마련되어 있다. 신전 동쪽에 넓은 마당이 있으며, 여기서 재가 쌓여 있는 층, 동물의 뼈 그리고 쇠로 만든 기구 등이 발견되었는데, 이것을 보면 희생제사가 드려졌음을 알 수 있다.[93]

에그론 신전의 입구가 건물의 축을 기준으로 오른편으로 되어 있다는 점이 가나안 신전과 차이를 보이는 것이다. 또 에그론의 신전은 중앙 홀 주위에 작은 방들이 둘러싸고 있는 점이 일반적으로 독립적으로 위치한 가나안의 제단들과 차이를 보인다.[94] 최근 미케네, 에게 해 그리고 사이프러스의 발굴은 이러한 설계와 유사성을 보이는 신전들을 보여주고 있다.

93) J. Naveh, "Writing and Scripts in Seventh-Century BCE Philistia: The New Evidence from Tell Jemmeh," *IEJ* 35 (1985), pp. 11-14.

94) A. Mazar, *The Archaeology of the Land of the Bible*, pp. 319-320.

산업

블레셋 사람들이 거주했던 지역에 대한 고고학적 발굴과 성경의 기록은 블레셋 사람들의 산업을 추정할 수 있게 해준다. 사무엘상 13:19-23에 의하면, 블레셋 사람들은 당시에 대장기술을 독점하고 있었던 것 같다. 이러한 대장기술의 발전은 곧 금속가공산업의 발전과 연결된다. 이러한 산업은 블레셋 사람들의 무기의 발전에 영향을 준다. 사무엘상 17:5에 의하면 블레셋의 장수 골리앗은 놋투구와 갑옷을 입었다. 뿐만 아니라 군인들은 놋으로 만든 창과 끝을 철로 씌운 칼을 사용하였다.

더욱이 블레셋 사람들의 거주지에서 낫과 맷돌, 올리브를 만드는 틀, 직조기, 포도주 항아리 등이 발견되어 블레셋 사람들에게서 어떤 산업이 발전되었는가를 짐작케 한다.

블레셋 도시인 에그론은 올리브기름 생산으로 매우 유명했다. 특히 주전 7세기에 에그론의 올리브기름 생산 산업이 매우 발달하였다. 고고학 발굴 결과에 의하면 에그론에서 115개의 올리브기름 생산 틀을 포함한 다양한 용기들이 발견되었다. 에그론은 주전 701년 산헤립에 의하여 점령당한 후 올리브 생산이 확산되어 국제 교역항(entrepot)의 역할까지 하였다.[95] 뿐만 아니라 에그론 주변의 텔 베이트 미르심(Tell Beit Mirsim)에서 6개, 벧세메스에서 12개 그리고 게셀에서 7개의 올리브기름 생산 시설이 발견되었다.[96] 이곳에서 생산된 기름의 양이 지역 소비량을 초과했기 때

95) Gitin S., "The Neo-Assyrian Empire and Its Western Periphery: The Levant, with a Focus on Philistine Ekron," *Assyria 1995*, S. Parpola and R.M. Whiting eds., (Helsinki: Helsinki University Press, 1997), pp. 77-103; 김영진, 『이스라엘 역사 서설』(광주: 올람하타낙, 2002), p. 176.

96) S. Gitin, "The Neo-Assyrian Empire and Its Western Periphery: The Levant, with a Focus on Philistine Ekron," S. Parpola and R.M. Whiting eds., *Assyria 1995*, pp. 77-103; idem, "Tel Miqne-Ekron: A Type-Site for the Inner Coastal Plain in the Iron Age II Period," S. Gitin and W.G. Dever eds., *Recent Excavations in Israel: Studies in Iron Age Archaeology*, (Winona Lake: Eisenbrauns, 1989), pp. 23-58.

문에 수출하였음을 알 수 있다.

이러한 올리브기름 생산과 함께 항아리를 만드는 토기제조업도 발전하였다. 그러나 블레셋의 토기산업의 규모에 대해서는 정확히 알려진 바가 없다. 단지, 초기 블레셋 사람들의 토기는 미케네 양식의 토기였지만 그러나 가나안에 정착하고 150여 년이 지난 후에는 가나안의 토기를 사용하게 되었다. 따라서 블레셋의 토기제작 산업은 고대 이스라엘의 토기제작과 거의 유사한 것으로 보인다.[97)]

토기에 대한 분석 결과 블레셋의 초기 토기부터 미케네 토기제작법과 가나안 지역의 토기제작법이 함께 사용되었다. 사람 모습의 토관은 블레셋이 등장했다는 하나의 징표였다. 블레셋 사람들은 철기를 독점하였고(삼상 13:19-21), 이 증거로 아스돗(Ashdod), 텔 엘 카실레(Tel el-Qasile), 텔 함마(Tel Hamma) 그리고 텔 모르(Tell Mor) 등에서는 철을 녹이는 용광로가 발견되었다.

통일 왕국 시대와 철기 시대의 고고학

통일 왕국 시대란 고고학적으로 보면 철기 제 2기 A시대(주전 1000-925년)에 해당한다. 통일 왕국 시대에 관한 유일한 기록은 구약성서이다.

철기 제 2기 A시대의 역사적 개관

구약성서에 의하면 주전 11세기 말경 이스라엘의 왕이 된 사울이 약 10년 혹은 20여 년간 이스라엘의 왕으로 통치하고 있을 때에는 이스라엘 북부 지역, 길르앗 지역 그리고 유다의 이스라엘 지파들이 정치적 통일

97) 고대 이스라엘의 토기산업에 대해서는 김영진,『이스라엘 역사 서설』, pp. 185-186을 참조하시오.

체로 뭉치기는 했지만, 그러나 사울 시대의 통일은 불완전한 통일이었다. 따라서 사울 통치 말기에는 지중해 연안의 블레셋 지역에는 블레셋 사람들이 거주하였고, 북부 계곡과 평원에는 가나안 사람들이 지속적으로 존재하였으며 대부분의 요단 동편 지역은 독립적으로 존재하였다. 따라서 사울의 통치는 네겝의 아말렉 사람들이나 블레셋과 같은 이방민족과의 지속적인 투쟁의 역사로 특징지어졌다.

사울의 사망에 뒤이어, 다윗은 헤브론(Hebron)에서 왕이된 후 유다와 이스라엘 지파들로부터 왕으로 인정받았다. 다윗은 40년간 다스렸고, 여부스족이 정복하고 있던 예루살렘을 정복함으로 왕국 통일을 이루었다. 그 후 예루살렘은 다윗성으로 알려졌으며, 다윗과 솔로몬의 통치 아래, 예루살렘은 국가의 수도로서 정치, 경제 종교적 중심지가 되었다.

구약성서에 의하면 다윗의 전쟁과 확장정책은 남쪽의 네겝 지역으로부터 북쪽 유프라테스 강까지 이르며, 블레셋 지역을 제외한 대부분의 팔레스틴과 요단 동편, 북쪽의 시리아 일부와 페니키아 해안 일부를 차지하는 강력한 국가를 이루었다. 이러한 다윗-솔로몬 왕국은 관료체제에 의하여 강력한 왕국으로 발전하였다.

성서의 기록에 의하면 다윗은 정치 및 영토상의 업적들을 이루었으며, 솔로몬의 시대는 경제적 부와 행정적 재조직의 시기였다. 솔로몬의 국제무역은 길리기아(Cylicia)와 이집트를 포함하였으며, 에시온게벨(Ezion-Geber)을 통한 아라비아 남부 지역과도 교역이 이루어졌다. 솔로몬의 가장 중요한 국제교역은 두로(Tyre)와의 긴밀한 관계 유지였으며, 이것은 결과적으로 무역활동과 대규모 건축계획들을 용이하게 하였다. 그러나 이러한 솔로몬의 통치 기간 중의 수많은 건축 활동은 부역(*corvée*)에 있어서 부당한 대우를 받았던 북쪽 지파의 반란으로 솔로몬 사망 후, 왕국이 남쪽 유다 왕국과 북쪽 이스라엘 왕국으로 분열되는 결과를 낳았다.

사울과 다윗 시대의 고고학

사울 시대를 입증해 줄만한 고고학적 유적과 유물은 거의 없다. 올브라이트(W.F. Albright)는 사울의 수도였던 베냐민 지파의 기브아(Gibeah)를 예루살렘 북쪽 7km지점에 위치한 텔 엘-풀(Tell el-Ful)로 생각하였다. 이곳에 대한 발굴 결과 57m×62m 규모의 공공구조물이 발견되었는데, 이것을 사울의 사령부의 일부분으로 생각한다. 그러나 이 건물의 완전한 설계도면은 알려지지 않았다.

다윗의 통치에 대한 고고학적 증거 역시 매우 빈약하고 모호하다. 기드론 골짜기에 위치한 기혼 샘 위의 언덕 가파른 경자지에서 주전 10세기로 추정할 수 있는 계단식 구조로 된 건물을 발굴하였다. 이 건물의 높이는 16.5m이다. 여기에서 아무런 유물들도 발견되지 않았지만, 이 구조물은 어떤 건물을 지지했을 옹벽으로 추정되며, 이것을 다윗의 시온성(대상 11:5)과 일치시키려고 한다.

므깃도(Megiddo, 제VIA지층)와 텔 카실레(Tell Qasile, 제X지층)와 같이 번성하던 가나안과 블레셋의 도시들이 화재로 파괴된 것은 아마도 다윗의 정복에 의한 것으로 추정된다. 므깃도(제VB지층)에서는 가옥들이 언덕의 주변을 따라 건축되었으며, 외벽들은 방어선을 구축하였다. 또한 텔 카실레(제IX지층)에서는 제한된 범위에서 폐허된 성읍이 재건되었다.

그 외에도 다윗 시대로 추정될 수 있는 유적들이 있다. 즉 베냐민의 믹마스 부근의 키르베트 다바라(Khirbet Dawara)에서 발견된 원형으로 된 주거지가 포곽성벽(casemate wall)로 둘러싸인 것, 텔 브엘쉐바(Tell Beer-sheba) 제 VII지층에서 발견된 주택들 등이다. 이 지층에서는 손으로 광을 내고 적색 현탁액이 발린 새로운 형태의 토기가 발견되었다.

솔로몬 시대

통일 왕국 시대의 주거

1993년 다윗의 통치를 입증하는 고고학적 자료가 발견되었다.[98] 왕국의 형성은 이스라엘 사회의 사회경제적 구조에 많은 변화들을 야기시켰으며, 과거 시대의 소규모 정착촌에서 성읍으로 발전하였다. 이 시대에 성읍으로 발전된 도시들은 므깃도, 하솔, 게셀, 단(Dan), 텔 아말(Tel Amal), 텔 아부 하밤(Tell Abu Hawam), 쉬크모나(Shiqmona), 텔 므보라흐(Tel Mevorakh), 텔 엘-파라(Tell el-Far 'ah) 텔 하맛(Tel Hamath), 텔 엘-마자르(Tell el-Mazar), 벧세메스(Beth-Shemesh), 딤나(Timnah)(Tel Batash), 라기스, 아라드 그리고 브엘세바(Tel Beer-Sheba) 등이다. 비록 성읍이기는 하지만 인구나 건물이 조밀하게 들어서지는 못한 듯이 보이지만, 이들 지역에서 발굴된 유적들은 도시화의 초기 단계의 모습이 나타난다.

팔레스틴 해안 지역을 따라서 주거가 확장된 것은 다윗 및 솔로몬 왕국과 두로 및 시돈(Sidon)의 페니키아 도시들 사이의 특별한 외교관계의 결과였다. 텔 카실레에 다윗과 솔로몬 시대로 추정되는 블레셋 시대의 주거지였던 제 10지층에 속하는 신전의 일부분이 재건축 된 것은 텔 카실레가 페니키아와의 특별한 관계를 위하여 항해자들이 남아있었음을 암시한다. 이러한 현상은 지중해 연안을 따라 텔 마칼(Tel Michal), 텔 므보라흐(Tel Mevorakh), 시크모아(Shiqmona) 그리고 텔 아부 하왐(Tell Abu Hawam) 등지에서도 발견되는 유사한 현상이다.

요단 계곡에 있는 텔 엘-마자르(Tell el-Mazar) 부근에서 발견된, 10세기의 한 대규모의 공공건물은 솔로몬 시대 동안 사용되어, 그것이 심한 대규모 화재에 의하여 파괴될 때까지 존재하였다. 이 건물에 대해서는 숙곳

98) J. Biran and J. Naveh, "An Aramaic Stele Frogment from Tel Dan," *IEJ* 43 (1993), pp. 81-98; 김영진, "단 석비와 이스라엘 역사," 「구약논단」13 (2002), pp. 107-127.

(아마도 Tell Deir Alla)과 사르단(Zarethan)(왕상 7:46) 사이의 요단 계곡에서 있었던 제철소와 연관된 솔로몬 시대의 왕실 건물이었을 것으로 추정한다.

네게브(Negev) 지역은 연중 강수량이 100-200mm를 넘지 않는 지역으로 영구 주거지보다는 목축을 하는 유목생활에 적합하였다. 네겝에 있는 하상들에서는 농경을 위하여 정착자들이 흐르는 물의 방향을 전환시키고 사람과 동물 모두를 위하여 저수하는 정교한 기술들을 고안해야만 했다.

통일 왕국 시대에는 이 지역의 주거지가 급속하게 늘어났다. 약 50개의 요새들이 발견되었는데 이들은 예루함(Yeruham)과 미츠페 라몬(Mitspe Ramon) 사이와 그리고 서쪽으로는 가데스 바네아(Kadesh Barnea)에 이르는 언덕 위에 세워졌다. 요새들은 직경이 대략 25-70m로 그것들은 모양이 원형, 타원형, 직사각형, 또는 무정형(無定型)이었다. 그러나 이들 주거지역은 시삭(Shishak)의 전쟁 때 파괴되었다.

네겝 북부 지역에서는 텔 마소스(Tel Masos), 아라드(Arad), 브엘세바(Tel Beer-sheba) 등지에서 정착의 흔적이 발견된다. 특히 주전 11세기말에 일어난 기억으로 추정되는 텔 마소스의 파괴 흔적은 사울 혹은 다윗 시대의 아말렉 정복과 연관이 있는 것으로 보인다.

아카바 만에 위치한 에시온 게벨(Ezion-Geber)에서는 홍해 무역을 관리했을 중앙행정건물이 있었던 것으로 보인다.

이와 함께 통일 왕국 시대의 주거에 대한 가장 좋은 자료는 시삭의 전투를 기록하고 있는 카르낙 비문(Karnak inscription)이다. 뿐만 아니라 열왕기상 14:25-29에도 시삭의 전쟁에 관하여 기록하고 있다.

아몬의 신전 벽면에 기록된 시삭 비문에 따르면 시삭은 팔레스틴의 다음과 같은 지역을 약탈하였다. 가자, 게젤, 루부테, 아얄론, 기리얏하임, 벧-호론, 기브온, 미그달, 제마라임, 아담, 숙곳, 가데쉬 혹은 코데쉬, 프누엘, 마하나임, 슈트, [···] 아도라임, 하파라임, 디르자, [···], 르홉, 벧샨, 수넴, 다아낙, 므깃도, 아달, 야드 하멜렉, 호님, 아루나, 보림, 갓-파탈라,

야흐마, 벧홀람, Qqrw, 소고, 벧-타프아흐 등이다. 고고학적으로 시삭의 침략으로 인하여 파괴된 흔적을 찾을 수 있는 도시들이 있다. 즉 딤나(Tel Batash IV층), 게셀(VIII층), 텔 엘-마자르(Tel el-Mazar), 텔 엘-하마(Tell el-Hama), 텔 엘-사이디에(Tell el Sa'idiyeh), 므깃도(IVB-VA층), 텔 아부 하왐(Tell Abu Hawam, III층), 텔 메보라흐(Tel Mevorakh, VII층), 텔 미칼(Tel Michal) 그리고 텔 카실레(Tell Qasile, VIII층)등이다.

예루살렘에 있는 솔로몬의 건축물

솔로몬 시대의 건축물은 왕궁, 성전 그리고 몇몇 도시의 성채 등이다.

솔로몬 성전

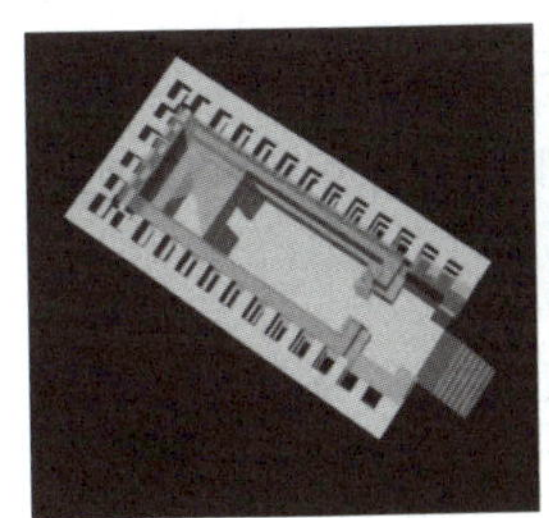
[솔로몬 성전 내부구조]

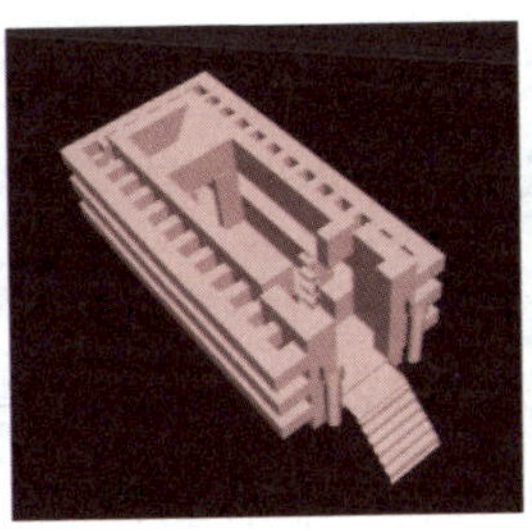
[솔로몬 성전 내부구조]

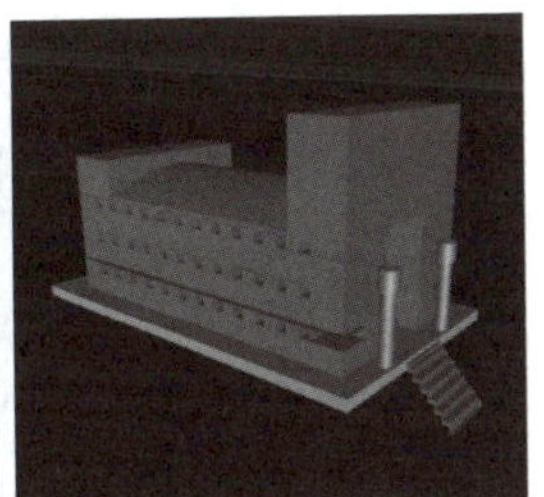
[솔로몬성전 투시도]

솔로몬 시대 건축물의 대표적인 것은 예루살렘 성전과 왕궁이다. 그러나 이 두 건축물에 대한 고고학 발굴은 이루어지지 않았다. 따라서 이에 관하여 기록하고 있는 성서의 기록을 근거로 솔로몬 성전에 대하여 추정할 수 있다.

솔로몬의 성전에 대한 상세한 묘사들은 열왕기상 5:16-6:38과 역대하 4장에 기록되어 있다. 솔로몬 성전은 직사각형 구조로 50×100 규빗, 즉 25×50m 높이 30 규빗(약 15m)이었다. 그 벽은 두께가 12 규빗(6m)이었다. 내부구조는 현관, 성소 그리고 지성소 등 3중 구조(tripartite)로 나누어졌다. 성소와 지성소를 나누는 벽은 묘사되어 있지 않았다. 아마도 커튼이나 목재 칸막이로 구분하였을 것으로 추정된다. 성전 측면에는 3층으로 된 보조방들이 있었으며, 이 방들은 아마도 국고로 사용되었을 것으로 추정된다.

이러한 솔로몬 성전의 평면도는 주전 2천대 가나안과 북부 시리아 지역 신전의 평면도를 근거한 것이다. 여러 신전들 가운데서도 에블라, 므깃도 그리고 세겜에서 발견된 중기 청동기 신전의 평면도가 성전의 원형이 되었다. 솔로몬의 성전건축에는 고대 근동의 여러 신전 건축의 경우와 마찬가지로 레바논의 백향목을 사용하였다. 백향목은 지중해와 욥바와 야르콘 강(Yarkon river)의 텔 엘-카실레를 통하여 예루살렘으로 운송되었을 것으로 추정된다.

솔로몬의 성전과 관련된 제의 도구들 역시 페니키아, 키프로스, 팔레스틴에서 발견된 유물을 근거로 재구성할 수 있다. 성전 정면에 있는 야긴(Jachin)과 보아스(Boaz)는 건축 상의 어떤 특별한 역할이 없었을 것으로 추정된다.

언약궤 위에 놓인 그룹은 올리브 나무로 만든 것으로 청동기와 철기시대의 가나안, 페니키아, 시리아에서 발굴된 예술품의 모티프에서 발견되는 사자나 황소의 몸, 독수리의 날개들, 사람의 머리를 가진 스핑크스와 유사한 것이었을 것이다.

솔로몬 왕궁

솔로몬 왕궁은 고고학적으로는 발굴되지 않았고 단지 열왕기상 7:1-11에만 묘사되어 있다. 고고학적으로 솔로몬의 왕궁은 *bīt-ḫilāni* 양식으로 지어졌다. 뿐만 아니라 솔로몬의 왕후였던 바로의 딸을 위하여 지은 별궁 역시 *bīt-ḫilāni* 양식으로 지어졌을 것이다. 성서의 기록에 의하면 왕궁은 앞뒤를 켠 8 혹은 10규빗의 돌들로 지어졌다고 묘사하는데, 이것은 돌을 다듬는 마름돌 석공술(ashlar masonry)이 발달하였음을 알 수 있다.

예루살렘에 있는 솔로몬의 건축물들에 대한 성서의 묘사들과 유사한 고고학적 발견물들은 이 묘사들의 정확성을 입증하고, 더 나아가 그 시대의 이스라엘 왕실 건축을 조명한다. 솔로몬은 두로에서 파견된 페니키아 건축가들과 기술자들의 도움을 받았는데, 그들은 아마도 가나안 예술과 건축의 전통들을 들여왔을 것이다. 그러나, 페니키아 자체로부터 알려진 동시대의 건물은 전무하기 때문에 예루살렘 건물들에 대한 묘사는 레반트(Levant) 전역에 걸친 후기 청동기와 철기 시대의 공공건축 사이에서 현재 알려진 거의 유일한 연결고리이다.

열왕기상 9:15에 의하면 솔로몬이 예루살렘에 밀로(millo)를 건축하였다고 기록하고 있다. 밀로는 다윗성과 성전산 사이의 지정학적인 방해를 극복하기 위하여 산등성이의 저지대를 인공으로 메워올린 매립지다.

예루살렘 바깥의 솔로몬 시대 건물들

열왕기상 9:17-19에 의하면 솔로몬은 하솔, 므깃도, 게셀(Gezer), 하부(Lower) 벧호론(Beth-Horon), 바알랏(Baalath) 그리고 다드몰(Tadmor) 등을 건설하였다. 솔로몬은 비축 도시, 전차 도시 그리고 기병 도시를 건축하였다. 이들 도시 가운데 하솔, 므깃도 그리고 게셀 등의 발굴 결과 성서에 기록된 솔로몬의 도시건축들이 사실로 드러났다.

솔로몬 시대의 므깃도는 행정 중심지였다. 므깃도에 대한 발굴 결과 철기 제 2기에 속하는 4개의 지층이 발견되었다. 솔로몬 시대의 므깃도는 2개의 *bīt-ḫilāni* 양식의 왕궁(제4지층 B와 제5지층 A)을 포함한 공공건물, 저장창고, 방이 있는 성문(six or four chamber gate) 그리고 요철식 성벽 등이 발굴되었다. 특히 네 개의 방이 있는 성문의 기둥머리는 프로토-아이올리스식(Proto-Aeolic style)으로 장식되었다.

솔로몬 시대의 하솔은 대략 80두남 정도의 규모로 성벽이 둘러싸여 있었다. 성문은 6개의 방을 가진 성문이 발굴되었다.

게셀(Gezer)에서도 6개의 방으로 된 성문이 발굴되었으며, 돌을 다듬은 마름돌들은 대부분 정면에만 사용되었다. 하솔과 유사한 성벽이 발굴되었지만, 게셀 전체를 둘러싸지는 않았다. 망대와 바깥 성벽도 발굴되었다.[99]

요새들

솔로몬 시대에 발견되는 요새들은 대부분 포곽성벽(casemate wall)을 가지고 있다. 하솔, 게셀 그리고 아마도 므깃도에 있는 것들에 더하여, 포곽성벽들은 10세기 도시인 욕느암과 아마도 텔 베이트 미르심(Tell Beit Mirsim), 텔 엔-나스베(Tell en-Nasbeh) 그리고 벧세메스 역시 요새화되었다. 포곽성벽은 성벽의 외부와 내부 면들 사이의 공간은 저장공간이나 인근 가옥들의 내실로서 역할을 하였다.

텔 킨로트(Tel Kinrot), 텔 브엘-세바(Tel Beer-sheba 제 5지층), 게셀 등에서 몇몇 견고한 성벽이 발견된다.

성읍설계

10세기 성읍들의 설계에 관한 자료는 매우 빈약하다. 이스라엘 도시화의 초기단계에서는 도시들의 넓은 지역들이 정착되지 못한 상태였던 것 같다. 이스라엘 도시화의 출현은 텔 베이트 미르심(Tell Beit Mirsim)과 딤나(Tel Batash)에서 나타난다. 딤나에서는 폐허가 된 블레셋 도시 위에 새로운 도시가 형성되었다. 도시의 출입은 아마도 2개의 정방형 망대들로 이루어진 성문을 통하여 이루어졌을 것이다.

99) 야딘(Y. Yadin)은 게셀에서 발굴된 성벽을 솔로몬 시대의 성벽으로 확정지었다. A. Mazar, *Archaeology of the Land of the Bible 10,000-586 B.C.E.*, p. 400, note 16. 디버(Dever)는 바깥 성벽은 후기 청동기에 건설되었으며, 솔로몬에 의하여 다시 건축된 것으로 이해하였다.

디르사(Tel el-Far'ah [북])는 이 시기에 잘 설계되고 조밀하게 주거점유된 발전된 성읍의 예외적인 예증이다. 이것은 직교 설계와 전형적인 "네 칸짜리 집(four-room houses)"의 반복적인 출현이 특징이다.

북 왕국과 고고학

르호보암 제 5년 이스라엘이 유다와 이스라엘로 나뉜 이후 북왕국이 721년 멸망할 때까지의 이스라엘 역사는 유다의 역사와 이스라엘의 역사로 나뉜다.

주거지

북 왕국 이스라엘의 고고학 발굴은 주로 수도인 사마리아와 행정 중심지였던 단(Dan), 하솔(Hazor), 므깃도(Megiddo) 그리고 디르사(Tirzah) 등지에서 유적과 유물이 발굴되었다. 사마리아에서 발견된 63개의 오스트라카에 기록된 사마리아로 들어온 기름과 포도주 납품 기록들에는 물건을 보내온 장소 이름이 기록되어 있다. 사마리아 오스트라카에 기록된 지명은 구약성서에 기록된 지명뿐만 아니라 구약성서와 다른 자료에 언급되지 않은 중앙 에브라임 산악 지대의 고대 정착지역과 관련된 많은 지리적인 이름들이 있다(민 26:30-33, 수 17:2-3, 대상 7:14-19). 오스트라카에 기록된 지명은 아자(Azza, 사마리아 남동쪽 5km 지점), 엘마탄(Elmattan, 사마리아 남쪽 10km 지점), 게바(Geba, 사마리아 북쪽 6km 지점), 하제로트(Hazeroth, 사마리아 남동쪽 8km 지점), 야지트(Yazith, 사마리아 북동쪽 9km), 야슈브(Yashub, 사마리아 남쪽 10km 지점), 세퍼(Sepher, 사마리아 서쪽 8km 지점), 코조(Kozoh, 사마리아 남쪽 4km 지점), 세겜(Shechem,

사마리아 남동쪽 11km 지점), 시프탄(Siphtan, 사마리아 서쪽 6km 지점) 등이다.

이 외에도 갈릴리 호수 서쪽의 텔 킨로트(Tel Kinrot), 므깃도 근처의 요크네암(Yoqneam), 키르베트 마르자마(Khirbet Marjamah), 샤론 평야의 텔 즈로르(Tel Zeror), 이스라엘 계곡 근처의 텔 케데쉬(Tel Qedesh), 텔 키리(Tell Qiri), 시크모나(Shiqmona), 도단(Dothan), 세겜(Shechem) 등지에서 주거의 흔적이 발견되었다.

북 왕국의 건축

도시건축

북 왕국의 새 수도는 건립자인 오므리에 의해서 원래 산의 소유자였던 세멜(Shemer)의 이름을 따라 사마리아(히브리어로는 쇼므론 Shomron)라고 명명되었다(왕상 16:23-24). 사마리아는 오므리의 아들 아합이 도시를 건립한 이래 주전 720년 아시리아에게 정복당할 때까지 약 150년 동안 북 이스라엘의 수도로 번영하였다. 사마리아는 세겜 북서쪽에 위치해 있는데, 이는 해안의 샤론 평야를 향해 뻗어 있는 그리고 북쪽으로는 이스르엘 계곡을 관통하여 오므리가 긴밀한 관계를 유지했던 페니키아로 향하는 중요한 도로와 인접해 있었다. 사마리아는 주변 지역을 잘 관망할 수 있도록 전략적으로 가파른 언덕에 배치되었다.

사마리아에 대한 발굴은 왕궁에 집중되었기 때문에 그 도시 자체에 대해서는 알려진 것이 거의 없다.

축성

사마리아 성채의 규모는 예루살렘의 솔로몬의 건축을 제외하면 전례 없이 큰 규모이다. 사마리아는 아합 시대 이스라엘 왕권의 힘과 엄청난 부를 보여준다. 이는 페니키아 두로와의 성공적인 경제활동의 결과인 듯하다. 사마리아는 1.6m 두께의 마름돌로 성을 둘러 포곽성벽을 이루고 있다. 돌의 매끄러운 절단과 건식 석공술의 정밀함은 솔로몬 시대의 것보다 더욱 섬세하다. 포곽성벽에 둘러싸인 지역은 트여 있고 지표가 포장되어 있으며, 그 위에 왕궁이 세워져 있었다. 사마리아는 언덕 위에 세워졌으며, 이를 위하여 튼튼한 옹벽으로 지탱되는 인공적인 직사각형의 단을 세워야 했다. 이러한 건축 형식은 페니키아 양식으로 추정된다.

하솔은 3m 넓이의 요철성벽으로 둘러싸여 있었고, 아합 시대에는 이중의 단단한 성벽으로 둘러싸여 있었다.

성문은 전통적으로 작은 방을 만드는 형식의 성문으로 만들어졌다. 후기 청동기 시대의 성문들은 주로 네 칸짜리 방(four chamber gate)으로 구성되었는데, 철기 시대로 접어들면서 대부분의 성문은 여섯 개의 방(six chamber gate)으로 된 형태를 띠고 있다. 유다 지역의 게셀과 브엘세바와 마찬가지로 북 왕국의 므깃도, 하솔 등지에서도 여섯 개의 방으로 된 성문의 형태가 발견되었다.

왕궁

왕궁은 89×178m 규모의 직사각형으로 16 두남 정도의 규모이다. 그러나 왕궁은 현재 잘 보존되어 있지 않지만, 그 중심에 큰 안뜰을 가진 구조인데, 이것은 당시 시리아 지역에서 유행하던 왕궁의 유형이던 *bīt-ḫilāni*와는 다르다. 따라서 북 이스라엘은 시리아의 건축양식의 전통보다는 페니키아의 영향을 받은 것으로 보인다.

성채의 작은 방에서 조각된 상아가 저장되어 있는 것이 발견되었다. 이러한 상아 조각품의 발견은 예언자 아모스가 부자 집을 표현하기 위해 사용했던 '상아 궁' 이라는 표현을 이해할 수 있게 한다(암 3:15).

사마리아 성문 기둥에 사용되었을 것으로 추정되는 6개의 '원-아이올리스 양식' (Proto-Aeolic)의 기둥머리가 발견되었다.

공공건물

북 왕국의 주요 도시들에는 공공건물이 건축되었다. 행정건물, 물을 공급하는 수로, 저장창고 등이다.

행정건물은 왕궁의 관리 사무실이거나 저택으로 사용되었다.

공공창고는 하솔과 므깃도에서 발견된다. 이러한 저장시설의 발견은 이들 도시가 지역의 중심지였음을 보여준다.

지하에는 수갱과 터널을 파서 물을 공급하는 시설을 만들었다. 이런 시설은 하솔과 므깃도에서 발견되는데 전쟁 시 물의 공급을 원할히 하기 위함으로 추정된다. 므깃도의 수로는 깊이 35m, 길이 80m규모로 건설되었으며,[100] 하솔에서는 므깃도와 달리 내려가는 경사로 및 계단식 터널로 만들어졌다. 길이가 25m이고, 깊이 11m이다.[101]

성채

북 왕국의 전략적인 위치에 성채가 건축되었다. 성채는 대체로 이중 성벽으로 축성되거나 혹은 가파른 경사면 위에 세워졌다. 지금까지 알려진 성채는 갈릴리 호수 서쪽의 텔 킨로트(Tel Kinrot), 므깃도 근처의 요크네암(Yoqneam), 키르베트 마르자마(Khirbet Marjamah), 샤론 평야의 텔 즈로르(Tel Zeror), 이스라엘 계곡 근처의 텔 케데쉬(Tel Qedesh), 텔 키리(Tell Qiri), 시크모나(Shiqmona), 도단(Dothan), 세겜(Shechem) 등이다.

100) R.S. Lamon, *The Megiddo Water System*, (Chicago: The University of Chicago Press, 1935); *NEAEHL* 3, p. 1022.

101) Y. Yadin, *Hazor: The Head of All Those Kingdom*, The Schweich Lectures, (London: The British Academy, 1972), pp. 172-178.

바벨론 시대와 고고학

바벨론 제국의 간추린 역사

바벨론 제국의 왕이 된 나보폴레살(Nabopolassar)은 주전 626년 왕이 되어 아시리아 제국과의 전쟁에서 승리하고, 615년에 메데 사람들(Median)과 연합하여 앗수르(Assur)를 포위하였고, 612년에는 아시리아 제국을 멸망으로 몰아넣었다. 뿐만 아니라 주전 609년 하란(Haran)에서 이집트의 도움을 받아 저항하던 아시리아 세력을 완전히 몰아냈다. 주전 606년에는 나보폴레살의 아들인 느부갓네살이 갈그미스(Carchemish)에 주둔하고 있던 이집트 군대를 격퇴시켰고, 이어서 하맛(Hammat) 근처에서 또 다시 이집트 군대와 전쟁을 치러 이집트 군대를 시리아 밖으로 몰아냈다.

주전 605년 느부갓네살 2세(Nebuchadnezzar, 주전 605-562)가 즉위하였고, 604년에는 블레셋의 도시였던 아스글론(Ashkelon)을 정복하였다. 느부갓네살 2세는 도시를 정복하고, 왕을 사로잡았을 뿐만 아니라 백성들을 강제 이주시켰다. 같은 해에 유다 왕 여호야김이 정복당하였으며, 이로 인하여 여호야김은 이집트를 배신하고, 바벨론의 봉신이 되었다(렘 31:9). 603년에도 전쟁이 일어난 것으로 보이는데, 이 전쟁은 가자를 대상으로 한 전쟁으로 여겨진다. 주전 601년 바벨론 군대가 팔레스틴에서 이집트와 다시 전쟁을 치렀지만 승리하지 못하고 바벨론으로 돌아갔다. 따라서 이 일로 인해 여호야김이 바벨론에 반기를 들었을 것으로 추정할 수 있다. 주전 599년 다시 바벨론 군대가 팔레스틴 지역으로 진격하여 먼저 암몬, 모압, 에돔 등 요단 동편 국가들을 점령한 후 이들로 하여금 여호야김과 전쟁하게 하였다. 598년 바벨론의 군대가 유다의 반란을 진압하기 위하여 다시 팔레스틴에 나타났으며, 그 결과 여호야김을 대신하여 왕이 된 그 아들 여호야긴을 포로로 잡아갔다. 예레미야 52:28에 의하면 이때 바벨론은 총 3023명의 유대 백성들을 강제로 이주시켰다고 기록하고 있다. 이 전쟁의 결과 여호야긴의 삼촌인 시드기야(Zedekiah)가 바벨론에 의해 왕으로 임명되었다.

그러나 바벨론에 의하여 왕이 된 시드기야는 주전 594/3에 바벨론에 대한 반란을 준비하였다. 이러한 그의 태도 변화는 당시 이집트의 왕이었던 프삼티쿠스(Psamtik) 때문으로 생각된다. 589년 프삼티쿠스가 죽은 후 왕이 된 호프라(Hophra 혹은 Apries)는 그의 통치 기간 동안 끊임없이 바벨론과 싸웠다.

그 결과 주전 588년 이집트의 지원을 받아 유다에서 바벨론에 대한 반란이 일어났다. 이로 인해 느부갓네살 왕이 예루살렘으로 와서 도시를 포위하였다. 바벨론 군대는 이집트 군대가 유다를 구하기 위해 들어오자, 그들을 상대하기 위해 잠시 동안 포위를 풀었다(렘37:5). 이집트는 또 다시 패배하였고, 곧바로 퇴각하였다. 그리하여 유다는 홀로 싸워야만 했고, 바벨론은 다시 예루살렘을 포위했다. 586년에 예루살렘은 바벨론에 의해 점령되었다. 도시와 성전은 파괴되었고, 높은 지위의 사람들이 강제로 이주되었다(왕하 25:12; 렘 39:9-10; 52:15-16). 바벨론 제국은 유다의 상류층의 사람들을 포로로 잡아갔다. 이후에도 지속적인 강제 이주가 있었다. 느부갓네살의 통치 23년인 주전 582/1년에는 바벨론의 장관이었던 느부사라단(Nebuzaradan)이 유다 백성들을 강제 이주시켰다. 아마도 당시에 느부갓네살은 요단 강 동편 지역의 민족들, 특히 모압과 에돔과 전쟁을 하고 있었을 것이다.

이렇게 바벨론 제국은 유다 백성들에 대한 강제 이주정책을 시행했지만, 그러나 아시리아 제국처럼 다른 이방 민족을 팔레스틴으로 이주시키지는 않았다.

두로(Tyre)에 대한 느부갓네살의 오랜 포위 공격에 대한 이야기가 요세푸스에 의해 기록되었는데, 이것은 13년간 지속되었으며, 아마도 이러한 정황을 담고 있는 것으로 보인다(Against Apion 1.21; cf. 겔 29:17-18). 바벨론 연대기가 오직 느부갓네살의 통치 기간 중, 처음 11년 만을 기록하고 있고(기원전 605-594), 두로(Tyre)의 포위 공격을 포함하지 않고 있기 때문에 이 사건은 후대에, 아마도 587년(겔 26:7-14)이나 570년(겔 29:17-20)경, 즉 이 지역에서 바벨론의 군사활동이 절정에 이르렀을 때 있었던 일인 것처럼 보인다. 어쨌든, 기원전 560년대로 연대가 추정되는 바벨론의 행정문서들은 바벨론 행정관의 지휘 하에서, 두로(Tyre)에 있었던 바벨론의 군대에 대해 언급하고 있다. 시리아에서 있었던 느부갓네살의 전쟁과 관련된 일부 추가적인 세부사항들은 두로 근처에 '나르 엘-칼브 강' (Nahr el-Kalb River)을 내려다보고 있는 바위 위에 새겨진 석비(stela)에 나타나있다.

느부갓네살의 뒤를 이은 바벨론의 왕들, 즉 아멜 마르둑(Amel Marduk, 주전 562-560)과 네르갈 샤르 우슈르(Nergal Shar Usur, 주전 560-556)는 짧은 기간 동안 제국의 변방 지역에 영향을 미쳤을 뿐이다. 바벨론의 마지막 왕이었던 나보니두스(Nabonidus)가 즉위하였다. 나보니두스는 벨샤자르(Belshazzar)라는 아들에게 제국을 맡겨놓고, 수년간 아라비아의 테이마에 거주하였다. 그의 이러한 비정상적인 행동에 대하여 경제, 종교, 군사 그리고 의학적인 이유들이 제시되지만, 그러나 결정적인 결론은 도출해 내지 못하고 있다. 그러나 학자들은 나보니두스가 심리적으로 불안정했던 사람이었다는 것에 대해서는 거의 일치를 보고 있다.

나보니두스 통치 동안에 팔레스틴에서 일어났던 사건들에 대해서는 거의 알려진 바가 없다. 그러나 최근 에돔의 도시 셀라(Sela)에 있는 절벽에 새겨진 커다란 바위 비문이 발견되었다. 이 비문에는 서 있는 왕의 형상이 묘사되어 있다. 그러나 이 비문에는 나보니두스의 독특한 머리 장식이나 바벨론 신의 상징이 완전히 지워졌다.

바벨론 제국이 유다를 정복함에 따라 유다에는 도시들의 파괴가 있었으며, 아시리아의 통치 시대 동안에 존재하였던 모든 왕실 멤버들은 제거되었다. 유다의 왕실 가족뿐만 아니라 아스돗, 아스글론, 가자 그리고 에그론과 같은 블레셋의 왕실 가족들 그리고 요단 강 동편 지역의 암몬, 모압 그리고 에돔의 왕실 가족 등이 제거되었다. 따라서 이 시기에 팔레스틴의 지역 왕국의 정치세력이 모두 사라지게 되었다.

바벨론 제국 시대 동안 통치권이 이동하기 시작하였다. 유다 왕국에서는 아히감의 아들 그다랴(Gedaliah)가 통치권을 갖게 되었으며, 사마리아에서는 산발랏(Sanballat) 가문이 등장하여 페르시아 시대까지 지속되었다.

주전 538년에 바벨론 제국은 아흐멘 왕조(Achaemenian kingdom)의 고레스 왕(Cyrus king)에 의해 멸망하였고, 유프라테스 서쪽 전역은 전쟁 없이 페르시아의 수중으로 들어갔다.

기록 사건	신명기 사가	예레미야	역대기 사가
1) 느부갓네살 7년 유다 백성 3,023명 포로		예레미야 52:28	
2) 느부갓네살 8년 느부갓네살 예루살렘 포위	열왕기하 24:8-10		역대하 36:9-10
3) 시드기야 9년 느부갓네살 예루살렘 포위	열왕기하 25:1	예레미야 52:4 예레미야 39:1	
4) 시드기야 11년 예루살렘 함락	열왕기하 25:2	예레미야 52:5 예레미야 39:2	
5) 느부갓네살 18년 예루살렘에서 832명 포로		예레미야 52:29	
6) 느부갓네살 19년 느부사라단 예루살렘 도착	열왕기하 25:8	예레미야 52:12	
7) 느부갓네살 23년 745명 포로		예레미야 52:30	

바벨론 제국 시대의 유다

바벨론 제국의 침략으로 인하여 유다 왕국이 어느 정도 파괴되었는가 하는 질문에 대한 답은 매우 어렵다. 그러나 지금까지의 발굴 결과 당시 파괴된 유다의 도시는 다음과 같다. 라기스(Lachish), 아제카(Tell Zakariay, Azekah), 에그론(Eglon), 텔 벧-미르심(Tell Beth-Mirsim), 텔 엘-풀(Tell el-Ful), 벧술(Beth Zur), 라마트 라헬(Ramath Rahel), 벧세메스(Beth Shemesh), 벧엘(Bethel), 아라드(Arad), 엔게디(En Gedi) 등이다.[102] 이러한 사실은 바벨론 제국에 의해 유다 왕국이 멸망당할 때, 유다 전지역이 완전히 파괴되지 않았다는 것이다. 버퀴스트(J.L. Berquist)는 많은 유다 지역이 크게 파괴되지 않았으며, 예루살렘을 제외한 지역에서는 큰 사회적 변화가 없었다고 주장한다.[103] 바르스테드(H.M. Barstad) 역시 느부갓네살에 의하여 유다가 완전히 파괴되지 않았다고 주장한다.[104] 그러나 마자르는 쉐펠라 지역, 네겝 지역 그리고 유다 광야 지역에 있는 많은 유다 지역의 도시와 성곽들이 바벨론의 침략에 의하여 파괴되었다고 주장하였다.[105]

바벨론 제국에 의하여 유다 왕국이 멸망되면서 어느 정도 파괴되었는가를 밝히기 위해서는 먼저 유다 왕국 멸망 당시의 영토를 밝히고, 그 지역가운데 어느 지역들이 파괴의 흔적을 가지고 있는가를 규명해 보면 알 수 있다.

102) J. M. Miller &J. H. Hayes, *A History of Ancient Israel and Judah* (Philadelphia: The Westminster Press, 1986), pp. 416-417.

103) J. L. Berquist, *Judaism in Persian's Shadow: A Social and Historical Approach* (Minneapolis: Fortress Press, 1995), p. 17.

104) H. M. Barstad, *The Myth of the Empty Land: A Study in the History and Archaeology of Judah During the Exilic Period* (Oslo: Scandinavian University Press, 1996), p. 38.

105) B. Oded, "Judah and the Exile," *Israelite and Judadean History*, Eds. J. H. Hayes and J. M. Miller (London: SCM Press, 1977), p. 475; A. Mazar, *Archaeology of the Land of the Bible: 10,000-586 B.C.E.* (New York: Doubleday, 1992), pp. 458-460.

유다 왕국 말기의 영토를 알 수 있는 자료로는 첫째, 고고학 발굴 결과 유다 왕국 말기와 페르시아 주거층이 발견된 지역 목록, 둘째, 주전 6세기 초, 즉 유다 왕국 멸망 직전의 유다의 영토를 나타내는 로제테 문양의 분포 지역 목록, 셋째, 에스라 2장과 느헤미야 7장에 언급된 귀환자 명단에 나타난 영토이다. 이 기록에 의하면 귀환자들이 모두 자신들의 본성으로 돌아갔다고 기록하고 있기 때문에, 에스라 2장에 나타난 영토는 유다 왕국 말기의 영토와 일치한다고 볼 수 있다. 이것은 곧 페르시아 초기 시대의 유다의 영토가 바벨론에 의한 유다 멸망 당시의 영토와 같다는 것을 보여준다. 넷째, 느헤미야 3장의 예루살렘 성벽 중수에 참석한 사람의 명단도 초기 페르시아의 영토를 반영하고 있다.

유다 왕국 멸망 당시의 유다의 영토를 짐작할 수 있는 로제트 문양이 발견된 지역의 분포를 살펴보면, 유다의 북쪽 경계는 엔나스베: 동쪽 경계는 엔게디: 남쪽 경계는 이라와 말카다: 서쪽 경계는 유다와 블레셋의 경계이다.[106] 바타쉬, 에라니, 미크네(에그론), 게젤을 제외하고 발견된 모든 지역은 유다 영역 내에 위치해 있다. 그러므로 이 로제트 문양의 분포도(23개 지역)가 주전 6세기 초 유다의 영토를 보여주고 있다.

유다 지역 가운데 유다 왕국 말기와 페르시아 시대의 유적이 발굴된 지역은 다음과 같다. 벧엘(Bethel), 텔 엔-나스베(Tell en-Nasbeh), 기브온(Gibeon), 텔 엘-풀(Tell el-Ful), 아나돗(Anathoth), 베다니(Bethany), 예루살렘(Jerusalem), 모짜(Moṣah), 베다니(Bethany), 라기스(Lachish), 라맛 라헬(Ramath Raḥel), 키르벧 에스-쉐이크 이브라힘(Khirbeth es-Sheikh Ibrahim), 벧술(Beth-Zur), 아라드(Arad), 여리고(Jericho), 엔게디(En-Gedi), 게젤(Gezer), 벧세메스(Beth Shemesh), 아제카(Azekah), 브엘세바(Beer-sheba), 텔 엘-켈라이(Tell el-

106) J.M. Cahill, "Rosette-Stamped handles: instrumental neutron activation analysis, revised typology and comparison with the Lmlk-Stamaped Hadles," *Tel Aviv* 19 (1998).

Kheleifeh), 아스돗(Ashdod), 아스글론(Ashkelon), 텔 에스-짜피(Tell es-Safi), 텔 찌포르(Tell Ẓippor), 텔 엘-에라니(Tell el-ʿEreini), 텔 엘-헤시(Tell el-Hesi), 텔 옘메(Tell Jemmeh) 그리고 가자(Gaza) 등이다.

이러한 자료를 분석한 결과 유다 왕국 말, 페르시아 초기 시대의 유다 영토는 예루살렘 북쪽의 베냐민 지역임을 알 수 있다.[107] 뿐만 아니라 고고학 발굴을 통해서 볼 때, 바벨론에 의하여 파괴된 도시들은 다음과 같다. 라기스(Lachish), 아제카(Tell Zakariay, Azekah), 에그론(Eglon), 텔 벧-미르심(Tell Beth-Mirsim), 텔 엘-풀(Tell el-Ful), 벧술(Beth Zur), 라마트 라헬(Ramath Rahel), 벧세메스(Beth Shemesh), 벧엘(Bethel), 아라드(Arad), 엔게디(Ein Gedi) 등이다.[108] 이것은 곧 유다 왕국이 바벨론에 의해 멸망당하면서 많은 지역이 파괴되지 않았다는 것을 말해준다.

바벨론 시대의 문화적 특징

팔레스틴에 대한 바벨론 제국의 통치는 대략 70년간 지속되었기 때문에(주전 604-538), 팔레스틴에 대한 바벨론 통치의 영향과 물질문명 그리고 이전의 아시리아의 것과 그리고 바벨론 이후의 페르시아 시대의 것 사이에는 명백한 차이점이 있음에 틀림없다. 그럼에도 팔레스틴의 고고학적인 기록에서는 이에 대한 어떠한 명백한 자취를 찾을 수 없다.

문화적인 측면에서, 바벨론 제국 시대 동안에 팔레스틴에 미쳤던 문화

107) 에스라 2장과 여호수아 18장의 베냐민 자손의 지파가 얻은 성읍의 목록을 비교하면, 에스라 2장과 느헤미야 7장의 목록가운데 다음의 도시들이 베냐민 지파의 도시와 중복된다: (벧)아즈마벧, 라마, 게바, 믹마스, 아이, 벧엘, 기브온, 그비라, 기랏여아림, 브에롯, 베들레헴, 느도바 그리고 여리고이다.

108) B. Oded, "Judah and the Exile," *Israelite and Judean History*, p. 475; A. Mazar, *Archaeology of the Land of the Bible: 10,000-586 B.C.E.*, pp. 458-460. 마자르는 세펠라 지역, 네겝 지역 그리고 유다 광야 지역에 있는 많은 유다 지역의 도시와 성곽들이 바벨론의 침략에 의하여 파괴되었다고 주장하였다.

적 영향은 주로 메소포타미아로부터 온 것이기 때문에, 메소포타미아의 문화적 영향이 바벨론 시대의 것인지 아니면 아시리아 제국 말기의 것으로 추정할 것인지, 아니면 심지어 페르시아 시대 초로 볼 것인지를 결정하는 것은 거의 불가능하다.

특히 바벨론 제국의 통치 정책이 수도와 그 인근 주변의 발전에만 치중하였기 때문에 나머지 변방 지역에 대해서는 전혀 무관심하였기 때문에 바벨론의 변방에 위치하고 있던 팔레스틴은 문화적으로 황폐화되는 결과를 초래하였다.

따라서 바벨론 제국 시대의 가장 큰 특징은 이전 시대에 번성했던 도시들의 파괴와 황폐화로 특징지어진다. 따라서 고고학적인 발굴 결과 많은 도시들이 바벨론 시대 말까지도 파괴된 채 놓여 있었음을 알 수 있다.

팔레스틴 전역에서 발견되는 바벨론 시대의 고고학적인 발견물들은 거대한 파괴 층, 화살촉과 창끝과 같은 몇 가지 무기들 그리고 몇몇 인장들과 인장 각인들이 고작이다. 팔레스틴에서 두 개의 바벨론어로 기록된 토판이 발견되었는데, 이것의 연대도 페르시아 시대로 추정된다. 몇몇 무덤들은 유다 왕국 시대 말기로 연대가 추정되며, 바벨론 시대까지 계속해서 나타났으나, 또한 그들은 페르시아 시대의 유물들을 포함하고 있다. 분명히 바벨론 시대로 볼 수 있는 발굴물들을 고작 한두 가지 유형의 진흙 그릇들뿐이었다.

바벨론 시대의 유물들

인장 및 인장 각인

팔레스틴 지역에서 발견된 바벨론 시대의 유물 가운데 신-바벨론 시대의 비문과 바벨론의 인장과 인장 각인은 바벨론의 통치에 대한 가장 분명한 증거를 제공해 준다.

지금까지 팔레스틴에서 두 개의 바벨론어로 기록된 비문이 에돔의 타월란(Tawilan)과 미흐모레트(Mikhmoret)에서 발견되었다. 그러나 이 두 토판의 연대는 페르시아 시대로 측정되었다. 또한 바벨론 제국 시대 때 유다의 임시수도 역할을 하였던 미스바, 곧 텔 엔 나스베(Tell en-Nasbeh)에서도 바벨론어로 기록된 비문이 발견되었지만 그러나 연대를 측정할 수 없다.

이와 함께 두 개의 바벨론 인장이 발견되었는데, 이것 역시 바벨론 제국 시대의 것으로 인정하기 어렵다. 바벨론의 인장들은 주전 7세기와 6세기 초에 팔레스틴에서 등장하기 시작하였다. 그러나 팔레스틴에서 발견된 대부분의 인장들은 그 연대가 페르시아 시대로 추정된다. 또한 흥미로운 것은 이러한 인장들이 암몬에 집중 분포되어 있다는 것인데, 이들 중에서 적어도 일부는 바벨론 시대로 연대가 추정될 수 있다.

이와 함께 수입된 바벨론 인장들을 모방한 지역 특유의 모방품들이 발견되었다. 이 메소포타미아식의 인장 모방품들은 아시리아 시대에 처음으로 등장하기 시작하였다. 바벨론의 모티브들을 가지고 있으며, 지역 고유의 돌로 만들어진 많은 비문의 형태가 아닌 인장들, 즉 나부(Nabu)와 마르둑(Marduk), 또는 초승달의 표상을 가진 제단을 묘사하고 있는 가장 인장들이 많이 발견되었으며, 특히 브엘쉐바 계곡에 위치한 호르바트 우자(Ḥorvat ʿUza)나 에돔 지역의 키트미트(Qitmit)에서 발견되었다. 뿐만 아니라 암몬, 블레셋 그리고 페니키아(Dor 와 Tell Keisan)에서도 발견되었다.

이와 함께 히브리어 인장이나 비문도 이 시대에 발견되었다. 그러나 이 비문들은 주로 베냐민 지파의 지역에 제한적으로 발견된다. 또한 모짜(Mozah)라는 지명이 기록된 인장 각인이 발견되었는데 이에 대한 세 가지 해석이 가능하다. 첫째, 세금 징수의 중심지로서의 역할을 수행했던 모짜의 이름이 기록된 것이라는 해석, 둘째, 모짜에서 생산된 포도주를 나타내는 일종의 상표를 표시한 것이라는 설명 그리고 마지막으로 모짜가 왕실 소유의 토지였다는 설명 등이다.

뿐만 아니라 YEHUD(יהד)가 찍힌 것이 텔 엔-나스베(Tell en-Naḥbeh)(30개), 기브온(Gibeon)(4개), 소바(Zobah), 라맛 라헬(Ramat Raḥel), 비트 하니나(Bit Hanina)에서 각각 한 개씩 발견되었다. 또한 기브온에서 모짜에서 발견된 것과 같은 항아리 손잡이가 60개 발견되었다.

따라서 이러한 발굴품을 근거로 바벨론 시대에 이러한 히브리어 인장들이 세금이 면제되었던 총독 소유지에서 생산된 포도주의 상표였다는 가정을 더욱 강화시켜 준다.

무덤과 매장관습

팔레스틴에 있는 바벨론 시대의 무덤들의 대부분은 후기 철기 시대의 일반적인 무덤 유형들과 페르시아 시대의 전형적인 무덤들 사이에 다리를 놓고 있으며, 두 시대 모두에서 발견된 발굴물들을 포함하고 있다. 그런데 이러한 무덤들이 베냐민 지역과 예루살렘 서쪽 주변부 그리고 요단강 동쪽에 위치한 라밧-암몬(Rabbath-Ammon) 주위에 집중되어 있다.

이 시대의 무덤에는 페르시아 시대의 특징을 나타내는 그릇이 포함되어 있고 그리고 다양한 형태의 금속이나 돌로 만든 무덤에 그릇, 거울, 화장용 기구, 체, 국자, 팔찌와 발찌 그리고 석고로 만든 많은 화장용기 부장품들이 발견되었다.

바벨론 시대의 것이라고 추정되는 진흙관들이 예루살렘에 위치한 두 곳의 주변 지역(Ketef Hinnom과 Malᶜah) 뿐만 아니라 미스바에서 발견되었는데, 이곳은 베냐민에 위치된 이 시대의 유다의 임시수도였다. 암몬에서는, 한 개의 완전한 진흙관이 텔 마자르(Tell Mazar)에 있는 공동묘지에서 발견되었는데, 이것의 연대 또한 발굴자에 의해 바벨론 시대로 정해졌다. 이러한 면에서 볼 때 바벨론 시대에 현존했던 바벨론의 고위 관리들의 무덤과 심지어 이 시대의 고유의 무덤들의 방식인 진흙관에 매장하는 메소포타미아식의 매장 방식과 비교해 보면 실제적인 면에서 연속성을 띠고 있음에 틀림없다.

토기

팔레스틴에서 발견된 토기들 중에서 바벨론 시대의 것이라고 추정되는 토기 그릇들은 거의 존재하지 않는다. 따라서, 팔레스틴에서 있었던 짧은 기간의 바벨론 통치는 다른 시대들, 심지어 기간 상으로 거의 같았던 다른 시대들과 비교하여 명백한 특징이 결여되어 있다. 일반적으로, 우리는 시간상으로 토기 집단이 기원전 6세기 전반부에 가까울수록, 더 많은 토기들이 후기 철기 시대에 포함된 지역적인 토기들과 연속하고 있으며, 또한 토기 집단들이 기원전 6세기 중반부에 가까울수록, 더 많은 새로운 유형의 토기들이 후대의 페르시아 시대, 특히 그것의 초기 단계와 연속하고 있다고 결론지을 수 있다. 이것으로부터, 우리는 무덤들에서 나온 이러한 유형의 토기 집단들의 대부분이 오랜 기간 동안 사용되었다는 것과, 이것들이 항상 유다, 바벨론, 페르시아 시대라는 역사적인 구분의 틀로 나누어질 수 있는 것이 아니라는 것을 고려해 볼 수 있다. 몇몇 토기들은 한 시대로부터 다른 시대까지 중단 없이 계속되었다. 벧세메스에서 발견된 무덤(무덤 14)에서 주전 6세기 토기 및 진흙으로 만든 램프, 긴 노즐을 가진 바벨론의 램프와 유사한 램프 그리고 크고 평평한 뚜껑이 없는 램프가 출토되었는데, 이것은 후대의 페르시아 시대에 가장 일반적인 유형이 되었다.

그러나 팔레스틴의 남은 지역에서는 이 시대로 명확하게 연대가 측정될 수 있는 어떠한 무덤도 없다. 다만 악고 계곡(Acco Valley)에 있는 텔 케이산(Tell Keisan)에서 발견된 무덤들에서 나온 발굴물들 중의 일부가 바벨론 시대의 것으로 분류할 수 있는 가능성이 있다.

금석유물

고고학 발굴의 결과 바벨론 시대 동안 많은 새로운 금속 그릇들이 갑자기 출현하기 시작한다. 이들 중 일부는 메소포타미아에서 온 도구들이었으나, 대부분은 전반적으로 팔레스틴에서 모방되었다. 이 시기의 모든 무덤들에서, 매우 많은 수의 금속 그릇들이 발견되었다. 가장 대표적인 것이 벧세메스의 무덤(무덤 14)과 케테프 힌놈(Ketef Hinnom)의 무덤들이다. 무덤에서 발견된 가공품들은 일부는 장식이 없고, 다른 일부는 잎 모양의 장식이 있는 그릇, 체 그리고 때때로 오리, 뱀 그리고 수사슴 등 동물 머리 모양 장식이 있는 손잡이를 가진 국자 등이 포함되었다.

이러한 가공품들과 함께, 주로 여성들이 사용했던 많은 금속 가공품들도 발견되었다. 이러한 것들에는 거울, 대표적인 보석, 똑딱 핀 그리고 화장용 용기, 유리병과 청동병 등이 있다. 지역 고유의 화살촉과 바벨론의 화살촉 그리고 바벨론의 정복과 관련된 무기 종류들이 남성의 무덤에서 발견되었다. 예루살렘의 다윗성(City of David), 엔게디(En-Gedi), 아스글론(Ashkelon), 에그론(Ekron) 그리고 텔 바타쉬(Tell Batash)와 같은 지역에서 무기들이 발견되었다.

제의용품

분명하게 바벨론 시대로 볼 수 있는 성소나 제의용품은 없다. 더욱이, 우리는 바벨론 시대가 특히 유다와 사마리아에서, 철기 시대의 마지막 단계에 매우 일반적으로 나타났던 진흙상이 완전히 사라졌다는 것과 유다와 사마리아에서 이러한 상태가 페르시아 시대에 이르기까지 계속해서 이어졌다는 사실에 의해 특징지어질 수 있다고 가정할 수 있다. 이방의 표상은 소수의 동전들이나 바벨론의 인장과 같은 오직 수입된 용품들에서만 발견되었는데, 이것들은 바벨론 시대로 연대 측정될 수 있다. 페르시아 시대에는 제의용품들과 특히 진흙상들이 나타났으며, 유다와 사마리아를 제외한 지역에서는 이전과 다른 기술로 제조되었다.

| 이스라엘 역사 · 고고학 참고도서 |

Aharoni, Y., *The Land of the Bible: A Historical Geography.* Trans. Anson F. Rainey, revised edition. Philadelphia: Westminster Press, 1979.

Aharoni, Y., and M. Avi-Yonah. *The Macmillan Bible Atlas.* New York: The Macmillan Co., 1968.

Ahlström, G. W., *The History of Ancient Palestine from the Palaeolithic Period to Alexander' s Conquest* (JSOTSS 146; Sheffield: JSOT Press, 1993).

Ahlström, Gösta F., *The History of Ancient Palestine.* Minneapolis: Fortress, 1993.

Albright, W.F., *Archaeology and the Religion of Israel.* 5th ed. Garden City: Doubleday Anchor, 1969.

Albright, W.F., *From Stone Age to Christianity.* 2nd ed. Garden City: Doubleday Anchor, 1957.

Albright, W.F., *Yahweh and the Gods of Canaan.* New York: Doubleday and Co., 1968.

Avi-Yonah, Michael, ed., *Encyclopedia of Archaeological Excavations in the Holy Land.* 5 vols. Englewood Cliffs, N.J.: Prentice Hall, 1976.

Baly, Dennis., The Geography of the Bible. New York: Harper & Brothers, 1957.

Beitzel, Barry., *The Moody Atlas of the Bible.* Chicago: Moody Press, 1985.

Bimson, John., *Redating the Exodus and Conquest.* Sheffield: JSOT Press, 1978.

Bright, John., *A History of Israel.* 3rd ed. Philadelphia: Westminster, 1981.

Bright, John., *Early Israel in Recent History Writing.* London, SCM, 1956.

Coote, Robert. *Early History: A New Horizon.* Minneapolis: Fortress Press, 1990.

Davies, P. R., *In Search of Ancient Israel.* JSOTSup 148. Sheffield: JSOT Press, 1992).

Davies, Philip R., In Search of Ancient Israel. Sheffield: JSOT Press, 1992.

Dever, G. W., "The Tell: Microcosm of the Cultural Process," Pp. 37-45 in *Retrieving the Past: Essays on Archaeological Research and Methodology in Honor of Gus W. Van Beek.* ed. J. D. Seger, Starkville, Miss.: Cobb Institute of Archaeology, 1996.

Dever, G. W., "' Will the Real Israel Please Stand Up?' Archaeology and

Israelite Historiography: Part I," *BASOR* 297 (1995): 61-80.

Dever, G. W., "Archaeology, Texts, and History: Toward an Epistemology," in *Uncovering Ancient Stones: Essays in Memory of H. Neil Richardson* (ed. L. M. Hopf; Winona Lake, Ind.: Eisenbrauns, 1994), 105-17.

Dever, "Ceramics, Ethnicity, and the Question of Israel' s Origins," *BA* 58 (1995), 200-213.

Dever, G. W., "Archaeology, Ideology, and the Quest for an 'Ancient' or 'Biblical' Israel," *Near Eastern Archaeology* 61 (1998), 39-52.

Dothan, Trude, and Moshe Dothan., *People of the Sea: The Search for the Philistines*. New York: Macmillan, 1992.

Finkelstein, Israel., *The Archaeology of the Israelites Settlement*. Jerusalem: Israel Exploration Society, 1988.

Flanders, Henry J. Jr., Robert W. Crapps, and David A. Smith. *People of the Covenant: An Introduction to the Hebrew Bible*. New York: Oxford, 1996.

Frankfort, Henri., *Ancient Egyptian Religion*. New York: Columbia University Press, 1948.

Garbini, B., *History and Ideology in Ancient Israel*. London: SCM, 1988.

Gardiner, Alan., *Egypt of the Pharaohs*. New York: Oxford University Press, 1961.

Garstang, John., *Joshua, Judges: Foundations of Bible History*. London: 1931.

Ghirshman, R., *Iran*, English translation. Hammondsworth: Penguin Books, 1954.

Gottwald, N. K., "Recent Studies of the Social World of Premonarchic Israel," *Currents in Research: Biblical Studies* 4 (1996), 9-34.

Gottwald, Norman., *The Tribes of Yahweh: A Sociology of the Religion of Liberated Israel*. Maryknoll, N.Y.: Orbis, 1979.

Grabbe, Lester L., *Judaism From Cyrus to Hadrian*. Vol 1 of The Persian and Greek Periods. Minneapolis: Fortress, 1992.

Gray, John., *The Canaanites*. London: Thames and Hudson, 1964.

Greenberg, Moshe, *The Hab/piru*. New Haven: American Oriental Society, 1955.

Grollenberg, L.H., *Atlas of the Bible*. Nashville: Thomas Nelson & Sons, 1956.

Gurney, O.R., *The Hittites.* Hammondsworth: Penguin Books, 1952.

Hayes, John H. and J. Maxwell Miller, eds., *Israelite and Judean History.* Philadelphia: Westminster Press, 1977.

Herrmann, Siegfried. *A History of Israel in the Old Testament Times.* Trans. John Bowden Revised and enlarged edition. Philadelphia: Fortress, 1981.

Hoerth, Alfred J., William Mattingly, and Edwin M. Yamauchi, eds. *People of the Old Testament World.* Grand Rapids: Baker, 1994.

Holladay, J. S., "The Kingdoms of Israel and Judah: Political and Economic Centralization in the Iron II A-B," Pp. 384-385 in *The Archaeology of Society in the Holy Land.* London: Leicester University Press, 1995.

Kaufmann, Y., *The Biblical Account of the Conquest of Palestine.* Jerusalem: Magnes Press, 1953.

Kaufmann, Y., *The Religion of Israel, from Its Beginnings to the Babylonian Exile.* Chicago: University of Chicago Press, 1960.

Kenyon, Kathleen, *Digging Up Jericho.* London: Ernst Benn, 1957.

Kitchen, Kenneth A., *The Ancient Orient and the Old Testament.* Chicago: Inter Varsity Press, 1966.

Knoppers, G. N., "The Historical Study of the Monarchy: Developments and Detours," Pp. 207-235 in *The Face of Old Testament Studies: A Survey of Contemporary Approaches.* ed. D. W. Baker and B. T. Arnold. Eerdmans: Baker, 1999.

Kramer, Samuel Noah. *The Sumerians.* Chicago: University of Chicago Press, 1963.

Lemche, N. P., *Early Israel: Anthropological and Historical Studies on the Israelite Society before the Monarchy.* Leiden: Brill, 1985.

Lemche, N. P., *Ancient Israel: A New History of Israelite Society.* Sheffield: JSOT Press, 1988.

Long, V. Phillips. *The Art of Biblical History.* Grand Rapids: Zondervan, 1994.

Mallowan, M.E.L., *Early Mesopotamia and Iran.* London: Thames and Hudson, 1965.

May, H.G., ed., *Oxford Bible Atlas.* New York: Oxford University Press, 1963.

Mazar, Amihai, *Archaeology of the Land of the Bible: 10,000-586 B.C.E.*

New York: Doubleday, 1992.

Mellaart, J., *Earliest Civilizations of the Near East.* New York: McGraw-Hill Book Company, 1965.

Merrill, Eugene M., *Kingdom of Priests: A History of Old Testament Israel.* Grand Rapids: Baker, 1987.

Millard, Alan R., James K. Hoffmeier, and David W. Baker, eds., *Faith, Tradition and History: Old Testament Historiography in Its Near Eastern Context.* Winona Lake, Eisenbrauns, 1994.

Miller, J. H., and John H. Hayes, *A History of Ancient Israel and Judah.* Philadelphia: Westminster, 1986.

Miller, J.M., *The Old Testament and the Historian.* Philadelphia: Fortress, 1976.

Moscati, S., *The World of the Phoenicians*, English translation. London: George Weidenfeld & Nicolson, 1968.

Noth, Martin, *The History of Israel.* 2nd English translation. New York: Harper & Brothers, 1960.

Olmstesd, A. T., *The History of the Persian Empire.* Chicago: University of Chicago Press, 1948.

Oppenheim, A.L., *Ancient Mesopotamia: Portrait of a Dead Civilization.* Chicago: University of Chicago Press, 1964.

Pfeiffer, Charles F., *Old Testament History.* Grand Rapids: Baker, 1973.

Pritchard, James B., *Ancient Near Eastern Texts Relating to the Old Testament.* Princeton: Princeton University Press, 1950.

Pritchard, James B., *The Ancient Near East in Pictures.* Princeton: Princeton University Press, 1954.

Pritchard, James B., *The Ancient Near East: Supplementary Texts and Pictures Relating to the Old Testament.* Princeton: Princeton University Press, 1969.

Redford, Donald B., *A Study of the Biblical Story of Joseph.* Leiden: Brill, 1970.

Rogerson, J., and Davies, P. R., "Was the Siloam Tunnel Built by Hezekiah?" *BA* 59.3 (1996), 138-149.

Saggs, H.W.F., *The Greatness That Was Babylon: A Sketch of the Ancient Civilization of the Tigris-Euphrates Valley.* New York: Hawthorne Books, 1962.

Shiloh, Y., "Judah and Jerusalem in the Eighth-Sixth Centuries B.C.E.," Pp.

97-103 in *Recent Excavations in Israel: Studies in Iron Age Archaeology*. eds. S. Gitin and W. G. Dever, *AASOR* 49. Winona Lake: Eisenbrauns, 1989.

Soggin, J.A., *A History of Israel: From the Beginnings to the Bar Kochba Revolt*, Trans. John Bowden. London: SCM Press, 1984.

Thiele, Edwin R., *The Mysterious Numbers of the Hebrew Kings*. Chicago: University of Chicago Press, 1953.

Thomas, D. Winton, *Archaeology and Old Testament Study*. Oxford: Clarendon Press, 1967.

Thomas, D. Winton, *Documents from Old Testament Times*. Nashville: Thomas Nelson & Sons, 1958.

Thompson, T. L., *Early History of the Israelite People from the Written and Archaeological Sources* (Leiden: Brill, 1992).

Thompson, T. L., *The Origin Tradition of Ancient Israel 1: The Literary Formation of Genesis and Exodus 1-23*. JSOTSup. 55. Sheffield: JSOT Press, 1987.

Thompson, Thomas L., *Early History of the Israelite People*. Leiden: Brill, 1992.

Unger, Merrill F. *Israel and the Arameans of Damascus*. Grand Rapids: Baker, 1980.

VanSeters, John, *Abraham, History and Tradition*. New Haven: Yale University Press, 1975.

Vaux, Roland de., *Ancient Israel*, English translation. New York: McGraw-Hill, 1961.

Vaux, Roland de., *The Early History of Israel*. Philadelphia: Westminster, 1978.

Wilson, John, *The Burden of Egypt*. Chicago: University of Chicago Press, 1951.

Wiseman, Donald J., ed. *Peoples of Old Testament Times*. Oxford: Clarendon Press, 1973.

Wood, Leon J., *A Survey of Israel' s History*. Grand Rapids: Zondervan, 1973.

Wooley, Leonard, *Abraham: Recent Discoveries and Hebrew Origins*. London, 1936.

Yadin, Y., *The Art of Warfare in Biblical Lands*. 2 vols. New York: McGraw-Hill Book Co., 1963.

Younger, K. L., "Early Israel in Recent Biblical Scholarship," Pp. 176-206 in *The Face of Old Testament Studies*, Eds. W. David and B.T. Arnold, Grand Rapids: Baker Books, 1999.

Younger, Lawson, Jr., *Ancient Conquest Accounts: A Study in Ancient Near Eastern and Biblical History Writing*. JSOT Sup 98: Sheffield: JSOT Press, 1990.

구약과 히브리어

알파벳의 탄생

알파벳 글자가 어떻게 시작되었는가에 대한 호기심은 오래 전부터 있어 왔다.[109] 역사의 아버지 헤로도투스(Herodotus)는 페니키아인들이 카드모스(Kadmos)라는 사람과 함께 그리스로 왔다고 말하고 있다. 페니키아인들은 글 쓰는 것 외에도 다른 많은 예술들을 그리스에 소개하였다고 한다. 이러한 견해는 그리스와 로마의 작가들에 의해 일반적으로 받아들여졌으며, 이들 가운데 몇몇은 이 견해를 더 발전시키기도 하였다. 그러나 플라톤(Platon)과 타키투스(Tacitus)는 페니키아인들이 글 쓰는 것을 이집트인들로부터 배웠다고 기록하고 있다. 또한 디오도루스 시쿨루스(Diodorus Siculus)와 플리니(Pliny)는 페니키아인들이 앗수르인들로부터 글 쓰는 것을 배웠다고 주장하고 있다. 그들의 이러한 견해는 19세기의 몇몇 학자들에 의해 지지를 받기도 했다. 그 외에도 페니키아 문자가 사이프러스-미노아 글자에서 발달했거나 혹은 헷 사람의 그림문자에서 발달했다고 주장

109) 본 글은 J. Naveh, *The Origins of Alphabets*, 김영진 (역),『알파벳의 起源』(예루살렘: 팔풋출판사, 1995)의 일부 내용을 전제한 것임.

하는 학자들도 있었다.

이렇게 다양한 견해들이 제시되는 가운데 1905년 페트리(Sir Flinders Petrie) 경은 시내반도의 세라비트 엘-카뎀(Serabit el-Khadem)에서 이상한 종류의 비문들을 발견하였다. 이것들은 프로토-시나이어(Proto-Sinaitic) 비문이라 불리는 것으로, 여기에 쓰인 글자들에 대한 관심이 알파벳의 기원에 관한 현대적 연구의 출발이 되었다. 페트리가 발견한 비문에는 약 25-30개의 그림문자가 쓰여 있었는데 이것들은 주전 2천 년대 중엽에 기록되었던 것으로 추정된다. 이 비문을 해독하려는 시도는 1916년 가디너 경(Sir Alan Gardiner)에 의해 그 첫발이 내딛어졌다. 그는 먼저 연속적으로 나타나는 황소 막대기(ox goad)-집(house)-눈(eye)-황소 막대기-십자형(cross)의 그림문자에 주목하여 이들이 두음서법 (頭音書法 acrophonic)의 원리를 따르고 있음을 발견하였다. 즉 각각의 그림은 그 그림이 뜻하는 단어의 첫 자음을 나타내기 위하여 사용되었다는 것이다. 따라서 세라비트 엘-카뎀에서 발견된 비문에 기록된 그림은 곧 라메드-베이트-아인-라메드-타브를 나타내는 것으로, 이것은 가나안어의 *lb'lt*(לבעלת)을 표시하는 것이다. 따라서 이 비문의 의미는 '여인을 위하여' (for the lady)라는 뜻을 가지며, 이는 가나안의 여신인 아세라에게 즐겨 붙여지는 이름이었다.

가디너의 연구 이후에도 이 문자를 해독하려는 시도는 많이 있었다. 그 중 가장 잘 알려진 것이 올브라이트(W.F. Albright)의 연구이다. 올브라이트는 가디너의 두음서법 이론을 받아들였으며, 자신의 연구를 통해서 이 본문에 나타나는 27개의 글자가운데 23개를 밝혀낼 수 있다고 믿었다. 올브라이트는 이 비문이 애굽인들에게 고용된 셈족 사람들이 세라비트 엘-카뎀의 오석 광산에 기록된 봉헌비문(votive inscription)이었다고 추정하였다. 올브라이트의 읽기는 오늘날 주전 2천년대의 가나안 언어(즉 우가릿어)에 관한 지식의 기초가 되었다.

[세르바트 엘-케뎀(Serbat el-Khedem)에서 발견된 프로토-시나이 비문]

가디너와 올브라이트의 연구 결과로 수 십 년 동안은 이집트 사람들에게 고용된 셈족 일꾼들이 알파벳을 처음 창안하였다고 믿어 왔다. 왜냐하면 이들은 날마다 이집트의 상형문자와 접촉하였을 거라는 추정 때문이었다. 그러나 여러 개의 비슷한 그림문자의 비문들이 팔레스틴의 다른 지역에서도 발견되었다. 그 중 라기스(Lachish)와 텔 엘-헤시(Tel el-Hesi) 그리고 벧세메스(Beth Shemesh) 등지에서 발견된 것들은 시내반도에서 발견된 프로토-시나이어(Proto-Sinaitic) 비문보다 후대의 것이다. 그러나 적어도 세겜(Shechem)과 게젤(Gezer) 그리고 라기스에서 발견된 것은 프로토-시나이어 비문들보다 오래된 것들이다.

팔레스틴에서 발견된 그림문자 비문들은 주로 항아리의 표면이나 그 깨진 조각들 위에 기록되어 있으며, 경우에 따라서는 도장이나 칼 혹은 창의 머리 부분에 기록된 것도 있다. 가장 후대의 것은 후기 청동기 시대(Late Bronze Age) 말기 혹은 초기 철기 시대(Iron Age) 것으로 추정된다. 이러한 것들은 초기 그림문자에서 발달한 단순화된 선(linear) 문자 형태를 띠고 있다. 이 문자를 프로토-가나안어(Proto-Canaanite) 문자라고 부른다.

프로토-가나안어 알파벳은 사용 지역에 따라 두 가지 유형으로 나타난다. 가나안 사람들이 사용하는 알파벳은 마치 이집트 상형문자의 그림기호에서 복제된 것처럼 보인다. 한편 가나안 북쪽의 우가릿(Ugarit)에 사는 사람들과 다른 가나안 공동체들은 새로운 알파벳 체계를 위해 아카드어 설형문자의 음절 글자를 받아들였다(아카드어는 주전 2천년대 후반에는 국제적인 의사소통의 수단이 되어 심지어 이집트의 바로와 가나안 봉신들과의 서신에서도 사용되었다). 그러나 설형문자의 알파벳은 우가릿에서만 사용된 것은 아니었던 것 같다. 팔레스틴의 벧세메스와 다아낙(Taanach) 그리고 다볼 산 근처 등에서 발견된 기록들에서도 설형문자는 발견되고 있다. 그러나 우리가 알고 있는 한, 이 설형문자의 알파벳은 주전 12세기, 즉 초기 철기 시대에 사용이 중단되었다. 이에 비하여 프로토-가나안어 문자는 후에 전 세계로 퍼져 나간 알파벳 문자의 기원이 되었다.

다음의 초기 알파벳 문자의 순서는 크로스(F.M. Cross)가 제시한 것이다.[110)]

I. 프로토-가나안어 문서
  a) 고대 팔레스틴(주전 17-12세기)
  b) 프로토-시나이 문자(주전 15세기)
II. 가나안 설형문자 비문
  a) 우가릿(주전 14-13세기)
  b) 팔레스틴(주전 13-12세기)

주전 14-13세기 동안 프로토-아랍어(Proto-Arabic) 문자가 프로토-가나안어 문자에서 갈라져 나갔다(프로토-아랍어 문자는 南아랍의 기념비적 기록과 에디오피아어 문자와 타무드와 사파이트 그리고 리히아 문자의 기원이 되었다). 그러나 프로토-가나안어 문자의 주된 지류는 페니키아 문자와 그리스어 알파벳이다. 페니키아어에서부터 (고대)히브리어와 아람어가 발달되었으며, 모든 유럽의 문자는 그리스어 알파벳에서 기원되었다.

110) F. M. Cross, "The Origin and Early Evolution of rhe Alphabet," *EI* 8 (1967), p. 12.

알파벳 문자

알파벳(alphabetic)이라는 용어는 서셈어(페니키아어와 히브리어 그리고 아람어와 아람어 파생어)에는 어울리지 않는다. 겔브(I.J. Gelb)의 견해에 의하면 이들 문자들은 음절 기록 체계로서 각 기호들이 자음과 어떤 모음을 한꺼번에 나타내기 때문에 단순한 알파벳 문자라 할 수 없다는 것이다. 서(西) 셈어의 글 쓰는 체계가 모음 글자를 사용하는 그리스어보다 덜 발달되었다는 것은 사실이다. 그러나 알파벳이라는 용어는 각 글자가 어떤 때에는 자음과 모음 중 하나를 상징하고 어떤 때는 자음과 모음을 한꺼번에 상징하는 체계를 나타내지 않는다. 알파벳이란 정해진 순서 속에 나열된 최소한의 글자(20에서 30개)를 의미한다. 각 글자의 개별적인 음가와 단어의 뜻과는 별 상관이 없다.

알파벳 순서대로 글자들이 나열된 첫 예는 우가릿에서 발견되었다(Abecedary라고 함). 이것은 주전 14세기 때의 것이다. 이 순서는 몇 글자를 제외하고 대체로 히브리어나 헬라어의 알파벳과 일치한다. 서셈어의 글쓰기에서는 기호를 될 수 있는 대로 줄여서 자음만을 나타낼 수 있게 하였다. 이것은 사람들에게 읽는 방법을 배우는 것을 쉽게 만들었고, 읽고 쓰는 능력을 확대하는 중요한 발전이었다. 글자에 체계적으로 모음 기호를 삽입하는 것은 이러한 과정을 통해서 발전해 간 다음 단계의 일이다. 그러므로 알파벳이라는 용어를 그리스어나 라틴어 문자 혹은 이들의 파생어에만 국한할 이유는 없다.

페니키아 문자

프로토-가나안어 문자와 설형문자의 알파벳은(남아랍어를 포함하여) 27에서 30개의 글자를 가지고 있다. 설형문자의 알파벳은 '알레프-a', '알레프-i' 그리고 '알레프-u'가 서로 다르다. 프로토-가나안어 비문들은 수직 혹은 수평 방향 또는 지그제그(좌우교호서법(boustrophedon)은 오른쪽에서 왼쪽, 왼쪽에서 오른쪽으로 기록하는 방법을 이르는 기술적인 용어이다. 이런 종류의 글 쓰는 방법은 왼쪽에서 오른쪽으로 가로질러 걷고 다시 오른쪽에서 왼쪽으로 돌아오는 농사짓는 소와 비교된다)로 기록되어 있다. 대략 주전13세기경에 이르러 프로토-가나안어 문자는 22자로 줄어들었으며, 그래서 11세기경에는 선 모양의 글자 형태로 정착되었다. 동시에 오른쪽에서 왼쪽으로 쓰는 필기 방향이 확정되었다. 이러한 발전과 함께 문자의 이름도 프로토-가나안어에서 페니키아어로 바뀌었다. 비블로스(Byblos)에서 발견된 아히람(Airam)의 석관(주전 1000년경으로 추정) 위에 기록된 비문은 이러한 발전이 완료되었음을 보여준다. 페니키아어의 음소 체계(언어에 사용되는 하나의 언어음(言語音)의 단위)는22개의 자음으로 구성되어 있다. 히브리어와 아람어의 음소 체계는 페니키아어보다 더 풍부하기 때문이다. 히브리어와 아람어가 페니키아어 문자를 받아들였을 때 그들은 페니키아어에 없는 소리를 기록할 수 없었다. 한 예로 히브리어에서는 두 개의 음 שׁ과 שׂ(오늘날 š와 ś로 발음됨)을 같은 글자 X로 표시해야 했다. 단지 후에 구별하기 위한 기호가 창안되었을 때에 שׁ(šin)과 שׂ(śin)이 구별될 수 있었다.

페니키아인들은 고대 세계 전체를 무대로 활동하던 무역상들이었다. 그 영향으로 주전 7세기 페니키아어 비문들은 메소포타미아 남쪽의 우르(Ur)와 스페인에서까지 발견된다. 그러나 대부분의 페니키아 비문들은 페니키아, 사이프러스 그리고 카르타고에서 발견되었다. 카르타고와 지중해 서쪽의 페니키아 식민지에서 발견된 비문들을 푸닉(Punic)이라고 부른다. 페니키아, 사이프러스 그리고 푸닉 식민지에서 사용되는 방언은 각기 구별은 되었지만, 그렇다고 여러 지역에서 나름대로 특징을 가진 문자로 발달한 것은 아니었다. 이러한 유사성은 잉크로 쓴 것처럼 보이는 흘림체(미끈하게 흘려 쓰는 형식) 비문에 잘 나타나 있다. 흘림체는 주로 기념(주로 봉헌) 비문에 사용된다. 주전 3세기 이후 지중해 동쪽 지방에서 나온 페니키아어 비문은 거의 없다. 그러나 146년 카르타고가 멸망하기 전까지인 주전 3세기 후반과 2세기 초반에 많은 푸닉 비문이 카르타고에서 발견되었다. 카르타고 멸망 이후에 페니키아어 문자는 북아프리카의 네오-푸닉(Neo-Punic) 공통체에서 주후 2세기까지 끊이지 않고 사용되었다.

히브리어 문자

[게젤 달력]

히브리인들은 주전 12세기 혹은 11세기경에 가나안 사람들로부터 다른 문화와 함께 알파벳 문자를 받아들였다. 그리고 주전 9세기경 독자적으로 글 쓰는 방법을 발전시키기까지 이들은 당시의 페니키아 문자를 사용하였다.

게젤(Gezer)에서 발견된 달력(일반적으로 솔로몬 시대로 추정됨)은 현재까지 알려진 가장 오래된 히브리어 기록으로 평가된다. 이 기록은 비블로스에서 발견된 주전 10세기 때의 페니키아 비문(아히함과 예히밀크와 엘리바알 그리고 쉬프트바알)의 문자와 비슷하다. 만약 게젤 달력에 대한 평가에 문제가 있다 할지라도 가장 오래 된 히브리어 문자는 주전 9세기 모압 왕 메사의 비문에서 분명히 나타난다. 모압인들은 정치-문화적으로 이스라엘의 영향 하에 있었기 때문에, 자신들의 언어를 기록할 때도 히브리어 문자를 채택하였다.

주전 8세기경의 히브리어 비문들은 히브리어 문자의 독특성을 많이 가지고 있다. 이것은 다시 말하여 주전 9세기 히브리어 문자는 주로 서기관 그룹에 의하여 기록되었다는 것을 의미한다. 물론 현재까지 주전 9세기 히브리어 비문이 발견되지 않은 것은 우연일 뿐이다. 주전 8세기 이후의 것으로 추정되는 많은 기록이 발견된 것은 글을 쓰는 능력이 이스라엘과 유다의 백성들 사이에서 점차 보편화되었음을 보여준다(삿 8:14에서 작은 도시의 젊은이들이 글을 쓸 줄 아는 것으로 기록된 것을 참조하시오).

독립적인 히브리어 문자로의 발전은 특별히 흘림체의 등장과 그 맥을 같이 한다. 히브리어 문자는 그 모체인 페니키아어에서 갈라져 나오면서 단단한 물체나 돌에 기록할 때 나타나는 문자적 특징을 많이 상실하였다. 실로암 석비, 왕궁 관리의 비문 그리고 다른 비문 등 주전 8세기의 비문들(예루살렘에서 발견됨) 모두가 돌에 새긴 비문이라는 점이 이런 발전의 한 단면을 보여준다. 여러 지역에서 발견된 1,500여 개 이상의 주전 8-6세기의 인장 그리고 사마리아에서 님루드(Nimrud)로 가져간 전리품으로 생각되는 상아에 새겨진 비문도 마찬가지다. 이러한 비문들은 단단한 물체에 기록되었는데도 불구하고 흘림체를 사용하였다. 심지어는 펜이나 잉크로 기록할 때 특징적으로 나타나는 근소한 변화까지 기록하였다. 단단한 물체에 새기는 글자의 형태인 비문체(lapidary)가 히브리어에 없는 것은 이스라엘 왕들이 글을 새긴 돌기둥을 세우거나, 신들에게 봉헌하는 비문을 바치는 데 익숙하지 않았기 때문이다.

이때에 고대 갈대로 만든 종이인 파피루스가 보편적으로 사용되었던

[모압 석비]

것처럼 보인다. 건조한 사해 근처의 무라바트 동굴(Murabbaat Cave)에서 진흙으로 봉해진 약 20여 개의 파피루스 두루마리가 발견되었는데, 대략 주전 7세기의 것으로 추정되는 이 두루마리들이 그 좋은 예라 할 것이다. 그러나 대부분의 히브리어 비문은 토기 조각(ostracon)에 기록되어 보존되었다. 이들 가운데 가장 중요한 것으로서 예루살렘의 제 1성전이 파괴되기 직전인 유대 왕국의 마지막 시대의 것으로 보이는 아라드(Arad)와 라기스(Lachish)의 오스트라카가 있다. 이 오스트라카는 매우 발달된 히브리어 흘림체로 기록되었다.

바벨론 사람들이 유다를 정복했을 때, 대다수의 귀족들을 포로로 잡아갔다. 그러나 히브리어 문자는 그 명맥이 끊어지지 않고 남아서 들에서 일하는 사람들에 의하여 사용되었다. 주전 6세기의 것으로 추정되는 포도주 항아리 손잡이가 기브온(Gibeon)에서 발견되었는데, 여기에는 사람의 이름이 기록되어 있다. 아람어와 그 문자는 주전 5-4세기에 유다의 공식적인 소통수단이었다. 히브리어 문자(흔히 고대 히브리어Paleo-Hebrew, 즉 제 2성전시대에 사용된 고대 히브리어 문자)는 유다와 사마리아에서 히브리어를 기록하기 위하여 사용되었고, 이것은 주로 성서를 기록하기 위하여 교육을 받은 서기관들에 의하여 보존되었다. 그러나 하스모니아 동전 그리고 제 1, 제 2유대 반란 때(주후 1, 2세기)의 동전들도 고대 히브리어 문자를 사용하였다. 이 문자는 시대가 바뀌어도 변화하지 않는 정자체였다. 이것은 하스모니아 사람들이 이것을 실용적인 이유 때문에 사용한 것이지 잃었던 전래의 문자를 재생하기 위하여 사용한 것은 아닌 것임을 보여준다.

이들은 제 2성전 시대에 소수의 집단에 의하여 보존되었던 잘 알려진 제명에 의하여 동전을 주조하였다.

그 외에도 주전 4세기경 사마리아에서 기록된 아람어 기록이 사마리아 근처 와디 달리예(Wadi Daliʿyeh)에서 발견되었다. 이것과 함께 두 개의 진흙봉인이 발견되었는데, 이것은 사마리아어의 특징이 전혀 없는 고대 히브리어 문자로 기록되어 있었다. 사마리아어 문자는 주전 1 천년대의 마지막 2세기 동안 고대 히브리어에서 파생된 것으로 보인다. 사마리아 사람들은 히브리어와 그들이 사용하는 서(西)아람어 방언을 기록하기 위해서 이 문자를 계속 사용하였다. 그러나 유대인들은 바르 코크바 반란이 135년에 진압된 후 이 고대 문자의 사용을 중단하였다.

히브리어 알파벳은 22개의 자음으로 구성되어 있으며 아랍어와 마찬가지로 오른쪽에서 왼쪽으로 쓴다. 그러나 로마자 음역이나 번역은 왼쪽에서 오른쪽으로 쓴다. 예를 들어 이스라엘은 히브리어로 오른쪽에서 왼쪽으로 ישׂראל이라고 쓰지만 로마자 음역은 *yśrʾl*이라고 쓴다.

히브리어	ישׂראל	יזרעאל
로마자 음역	*yśrʾl*	*yzrʿʾl*
번역	이스라엘	이스르엘

히브리어 알파벳에는 대문자가 없으나, 22개의 자음 가운데 כ, מ, נ, פ, צ 등 다섯 개의 자음은 어미형(꼬리형 혹은 문미형(ending form))을 가지고 있다. 즉 단어의 끝 글자가 될 때 특별한 모양을 갖는다. ם을 제외한 네 개(ך/ן/ץ/ף)의 어미형 글자는 다른 알파벳보다 약간 밑으로 내려 긋는다.

히브리어 알파벳과 음가는 다음과 같다.[111)]

111) 김영진, 『성서 히브리어』(개정증보판)(광주: 올람하타낙, 2005), p. 37.

자음	명칭		음가	음역	발음	숫자
א	אָלֶף	아~알레프	glottal stop	ʾ		1
ב	בֵּית	베이트/	*ḇ, bh*	*ḇ, v*	*vine*	2
בּ		베_트	*b, v*	b	*boy*	
ג	גִּימֶל	기~멜	*gh*	*gh*	*go*	3
גּ			*g*	g	*go*	
ד	דָּלֶת	달렛	*ḏ, dh*	*ḏ*	*dare*	4
דּ			*d*	d	*dare*	
ה	הֵא	헤_이	*h*	h	*his*	5
ו	וָו	바브	*w*	w	*vine*	6
ז	זַיִן	자인	*z*	z	*zeal*	7
ח	חֵית	헤이트/헤_트	*h*	*ḥ*	Bach	8
ט	טֵית	테이트/테_트	*t*	*ṭ*	*tall*	9
י	יוֹד	요드	*y*	y	*yes*	10
ך כ	כַּף	카프	*ḵ, kh*	*ḵ*	*bach*	20
כּ			*k*	k	*keep*	
ל	לָמֶד	라메드	*l*	l	*let*	30
ם מ	מֵם	멤	*m*	m	*met*	40
ן נ	נוּן	눈	*n*	n	*net*	50
ס	סָמֶךְ	싸멕	*ts*	s	*set*	60
ע	עַיִן	아인	silent	ʿ		70
ף פ	פֵּא	페–	*ph, f*	*f*	*fat*	80
פּ			*p*	p	*pet*	
ץ צ	צָדִי	짜~디~	*ts*	ṣ	*nets*	90
ק	קוֹף	코프	*q*	q	*keep*	100

자음	명칭		음가	음역	발음	숫자
ר	רֵישׁ	레이쉬/레_쉬	*r*	r	*rule*	200
שׁ	שִׁין	쉰		š, sh	*shine*	300
שׂ	שִׂין	신	*s*	ś	*set*	
ת	תָּו	타우, 타브	*ṯ, th*	*ṯ*	*tall*	400
תּ			*t*	t	*tall*	

이러한 히브리어 자음에 a, e, i, o, u를 나타내는 모음 기호를 붙여 발음을 한다. 대부분의 히브리어 모음 기호는 자음 밑에 붙지만 경우에 따라서 왼쪽 위나 왼쪽에 붙이기도 한다.

제3부

토라 תורה

오경이란 무엇인가?

바티칸 박물관에 소장중인 코지모 롯셀리와 피에로 디 코치모의 『모세와 십계명 돌판』

오경이란 무엇인가?

오경이란 무엇인가?

유대인은 구약성서를 크게 세 부분 구분하며, 그 첫째 부분에 해당하는 책들을 오경(pentateuch)이라고 부른다.[1] 유대인들은 구약성서의 처음 다섯 권이 하나님의 백성으로서 어떻게 살 것인가를 가르친다는 뜻으로 토라(תורה)라고 불렀다.[2]

구분	히브리어 명칭	히브리 명칭의 의미	영어 명칭
律法書	התורה(하-토라)	"무엇을 가르치는가?"	Torah, Pentateuch
預言書	הנביאים(하-느비임)	"무엇을 예언하는가?	" Prophets
聖文書	כתובים(크투빔)	"기록문서"	Writings, Hagiographa

1) 영어 명칭인 Pentateuch는 '다섯'을 뜻하는 라틴어 penta와 '파피루스로 된 두루마리를 넣는 상자'를 뜻하는 teuch의 합성어이다. 따라서 pentateuch는 "다섯 개의 두루마리 상자"라는 뜻이다.

2) 히브리어 토라(תורה)의 문자적 의미는 '가르침'(teaching)이다.

오경을 구성하는 다섯 권의 책의 이름은 다음과 같다.

히브리어 이름	영어 이름	한글 이름	책의 제목에서 유추한 내용
בְּרֵאשִׁית	Genesis	창세기	우주, 인간, 이스라엘 기원
שְׁמוֹת	Exodus	출애굽기	이집트에서의 탈출
וַיִּקְרָא	Leviticus	레위기	종교 의식서
בְּמִדְבַּר	Numbers	민수기	인구조사와 관계있음
דְּבָרִים	Deuteronomy	신명기	제 2의 율법을 선포한다는 뜻

오경은 다섯 권, 187장 5,845절, 79,976단어, 304,805철자(히브리어 기준)로 구성되어 있다.

책이름	장수	절수	단어수	철자수
창세기	50	1534		78064
출애굽기	40	1209		63529
레위기	27	859		44790
민수기	36	1288		63530
신명기	34	955		54892
계	187	5845	79976	304805

구약성서에서 오경은 율법책 혹은 모세의 책이란 다른 뜻으로도 사용되었는데, 율법책의 내용은 사용되는 곳에 따라서 그 내용이 각기 다르다. 구약성서의 기록에 의하면 율법책(ספר התורה)이 백성들 앞에서 처음으로 읽힌 것은 요시아 종교개혁 때이다(왕하 22-23장). 따라서 포로기 이전에는 오경에 대하여 율법책이나 모세의 책(ספר מושה)이라는 용어가 사용

되었으며, 주로 신명기사가의 작품에서 사용되었고 율법책의 내용은 신명기에 요약되어 있다. 그러나 에스라-느헤미야 시대에 에스라가 이스라엘 백성 앞에서 읽은 율법책은 오경에 포함된 율법 부분이었을 것으로 추정한다.[3)]

오경의 내용이 서로 밀접하게 연결되어 있는데 여호수아서에 모세의 죽음이 암시되어 있기 때문에 오경대신 '육경'(Hexateuch)이라고 하자는 주장이 16세기부터 제기되었다(Spinoza, von Rad).[4)] 뿐만 아니라 어떤 비평가들은 신명기를 오경에서 떼어내어 '사경'(Tetrateuch)이라고 해야 한다고 주장하는 학자들도 있다(Nyberg, Noth).[5)]

오경의 구조

오경을 구성하는 각 책의 구조와 이들이 어떻게 서로 연결되어 전체 구조를 형성했는가를 이해해야 한다. 뿐만 아니라 오경을 형성하고 있는 각 소단위의 구조 및 의도를 파악해야 한다.

오경 전체의 구조를 살펴보면 이스라엘 민족의 역사는 천지 창조부터 가나안 입성 직전까지의 이야기로 구성되어 있다. 뿐만 아니라 이 이야기들과 이스라엘 사이의 관련성을 나타내기 위해 족보와 율법을 첨가하는

3) 이러한 견해는 폰라트(G. von Rad), 노트(M. Noth) 그리고 루돌프(W. Rudolph) 등이 주장한다. G. von Rad, *Das Geschichtsbild des chronistischen Werks* (Stuttgart: W. Kohlhammer, 1930), pp. 38-41; M. Noth, *The Laws in the Pentateuch and other Essays* (Edinburgh: Oliver &Boyd, 1966), p. 76; W. Rudolph, *Esra und Nehemia* (Tübingen: Mohr 1949), p. 169. 그러나 쿠에넨(A. Kuenen), 스타데(B. Stade), 코스터(W. H. Kosters) 등은 에스라가 귀환하면서 오경 혹은 오경의 일부를 가지고 왔다고 주장한다. A. Kuenen, *Historisch-Kritische Einleitung in die Buecher* (Leipzig: Hinrichs, 1887), p. 165; B. Stade, *Geschichte des Volkes Israel II* (Berlin: G. Grote, 1888), p. 180; W. H. Kosters, *Die Wiederherstellung Israels* (Heidelberg: C. H. Beck' sche Verlagsbuchhandlung, 1895), p. 114.

4) G. von Rad, *The Problem of the Hexateuch and Other Essays* (London: SCM Press, 1958).

5) M. Noth, *The Deuteronomistic History* (Sheffield: JSOT Press, 1991).

방식으로 기록되어 있다. 오경을 구성하는 여러 가지 문학 단위들은 각기 독립된 기원을 가지고 있으며, 이것들을 오경의 편집자나 혹은 오경을 구성하는 각 책의 편집자들이 나름대로의 목적을 가지고 배열하였다.

창세기 1-36장의 원역사 및 족장의 이야기, 37-50장의 이집트 입국에 관한 이야기, 출애굽기 1-18장의 이집트에서부터 시내 산까지의 출애굽 과정에 관한 이야기, 민수기 10:11-36장에서는 시내 산에서부터 모압 평지까지의 전 과정을 기록하고 있다. 여기에 출애굽기 19-민수기 10:10까지에서는 율법 수여의 내용이 기록되어 있다. 그리고 신명기는 모압 평지 에서 이스라엘 백성이 가나안 입성 직전에 다시 한 번 율법을 기억하게 하는 방식으로 구성되어 있다.

오경을 구성하는 가장 중요한 신학적 주제가 무엇인가? 라는 질문은 매우 어려운 질문이지만, 그러나 전체 오경을 구성하는 커다란 신학적 주제는 땅을 매체로 한 약속과 성취라는 거대한 신학적 틀을 구성하고 있다.

창세기의 구조

전체 50장으로 구성된 창세기는 크게는 세 부분으로 나눌 수 있다. 창세기 1-11장의 원역사와 12-36장의 족장 이야기 그리고 37-50장의 이스라엘 백성의 이집트 입국에 관하여 기록하고 있는 요셉의 이야기 등이다. 창세기 1-11장은 우주와 인간 그리고 문명이 어떻게 생겨났는가를 설명하면서 창세기 1-11장을 구성하여 이야기들을 족보로 연결하고 있다. 따라서 창세기에서는 우주-인간-문명-이스라엘의 기원을 이스라엘 민족의 기원과 연결시키고 있다. 예를 들어 창세기 1-4장과 6-9장 그리고 11장을 연결하는 창세기 5장과 10장은 족보로 구성되어 있다. 뿐만 아니라 창세기 1-11장과 12장 이하의 족장 이야기를 연결하기 위하여 창세기 11:10-32는 셈의 후손을 기록하며, 궁극적으로 아브라함까지 연결시키고 있다.

창세기 12:1-37:1은 아브라함-이삭-야곱의 이야기이다. 창세기 25:7-11에서는 아브라함의 죽음을 기록하며, 25:19-34의 이삭의 시대로 넘어가기 전에 25:12-18에서 이스마엘의 후손을 기록하고 있다. 또한 창세기 35:27-29에서 이삭의 죽음에 대하여 기록하고 있는데, 창세기 35:22-26에 이삭의 다른 자손에 대하여 기록하고, 창세기 36장에서 에서의 족보를 길게 기록하고 있다. 따라서 족장의 이야기도 한 족장의 시대에서 다른 족장의 시대로 넘어가는 것을 묘사함에 있어서 항상 족보를 사용한다.

이러한 사실은 우주와 이스라엘 민족의 기원을 설명하는 창세기 1-36장의 구조에 있어서 족보는 문학적으로 소단위의 사건을 연결시켜주는 연결고리 역할을 한다.[6] 이러한 족보의 역할을 통하여 세상의 모든 것의 기원이 이스라엘 민족과 관련있음을 강조하는 것이다.

출애굽기의 구조

40장으로 구성된 출애굽기의 구조는 크게 출애굽에 관한 이야기와 율법수여 부분으로 나눌 수 있다. 전자는 1-18장까지이며, 후자는 19-40장까지이다. 출애굽기 1-18장까지에서 1-4장의 모세의 소명체험을 기록하고, 5:1-11:10까지는 모세와 바로를 통해 나타나는 여호와와 이집트 신과의 대결에서 하나님의 승리를 기록하고 있다. 11:11-18장까지는 출애굽 노정을 기록하고 있다. 출애굽기 19-40장에서 19장의 율법을 수여받기 위한 신현현과 20:1-17의 십계명을 통한 율법의 요약 그리고 출애굽기 20:18 이하의 율법 수여를 기록하고 있다. 이 율법 수여는 민수기까

6) R.N. Whybray, *Introdcution to the Pentateuch*, (Grand Rapids: Eerdmann, 1995), p. 3.

지 이어진다.

레위기의 구조

27장으로 구성된 레위기는 크게 세 부분으로 구성되어 있다. 1-9장의 제의 및 제사장에 관한 이론적 규정과 11-23장의 모든 종류의 거룩함을 유지하기 위한 실천적 규정 그리고 25-27장의 기타 규정으로 나눌 수 있다. 레위기는 출애굽기 19-40장과 연결되는 율법 수여와 관계된 부분으로 주로 종교적인 법을 기록하고 있다. 종교법에 관한 법을 기록하고 있는 레위기는 크게 다섯 부분으로 나눌 수 있다. (1) 1-7장의 제사제도에 관한 기록 (2) 8-10장의 제사장 임명 (3) 11-16장의 부정에 관한 율법 (4) 16-26장의 성결법전 그리고 (5) 27장의 헌물에 대한 규정 등으로 구성되어 있다.[7)]

민수기의 구조

36장으로 구성된 민수기는 출애굽 과정 가운데 시내 산 지역에 체류할 때의 이야기와 시내 산을 떠나 모압 평지로 향하는 출애굽 여정에 대하여 기록하고 있다. 민수기 1:1-10:10까지는 이스라엘 백성들이 시내 산 근처에 체류할 당시의 상황을 기록하고 있다. 10:11-22:1에서는 시내반도에서 모압 평지까지 가는 여정을 기록하고 있다. 22:2-36:13에서는 모압 평지에서의 생활상을 기록하고 있다. 이러한 이야기에 율법이 삽입되어 있다.

7) 김영진, 『너희는 거룩하라: 레위기 주석』을 참조하시오.

신명기의 구조

34장으로 구성된 신명기는 다른 오경과 달리 모세의 연설을 중심으로 이야기를 풀어간다. 전체 세 번의 교훈적 연설과 한 번의 축복으로 구성되어 있다. 1-4:43의 첫 번째 연설, 4:44-26장의 두 번째 연설, 12-26장의 신명기법전(소위 원신명기), 29-30장의 세 번째 연설과 31-33장의 마지막 교훈과 축복으로 마무리하고 있다.

오경의 내용

오경의 내용은 그 주제에 따라 다음과 같이 나누어 설명할 수 있다

1) 원역사(Primeval History)를 기록하고 있는 창세기 1-11장은 하나님이 세상을 창조한 이후부터 이스라엘 백성의 역사가 시작되기 직전까지의 소위 원역사를 기록하고 있다(1-2장). 3장부터 11장까지에는 인간 불순종에 대한 몇 개의 사건이 기록되어 있다. 창세기 3장-11장까지의 내용은 인간의 범죄 - 하나님의 징벌 - 하나님의 은총이라는 신학적 틀 속에서 기록되어 있다.[8] 예를 들어 창세기 3장의 에덴동산 이야기를 살펴보면, 아담과 하와의 범죄에 관한 내용이 3:1-21에 기록되어 있고, 그 결과 하나님의 징벌로서 아담과 하와에 대한 저주(3:14-19)와 아담과 하와를 쫓아내는 이야기(3:22-24)가 기록되어 있다. 그럼에도 하나님께서는 은총을 베풀어 쫓겨나는 아담과 하와에게 가죽 옷을 입힌다(3:21). 이러한 이야기의 틀은 창세기 4장의 가인

8) N. Habel, *Literary Criticism of the Old Testament*, (Philadelphia: Fortress Press, 1971), p. 50.

과 아벨의 이야기, 6-9장의 노아의 홍수 이야기 그리고 11장의 바벨 탑 이야기에서도 나타난다.[9)]

2) 족장사(族長史, Patriarchal History)를 기록하고 있는 창세기 12-50장(창 11:27-50:26)까지는 이스라엘의 족장인 아브라함(11:27-25:18), 야곱(25:19-37:1)과 요셉의 이야기(37:2-50:26)를 다루고 있다. 족장사의 중요한 내용은 하나님의 땅과 후손에 대한 약속과 이것이 어떻게 성취되는가를 보여준다.

3) 출애굽기(出埃及記, Exodus)는 이스라엘 백성의 구원의 역사와 율법 수여에 관하여 기록하고 있다. 출애굽기의 내용은 출애굽기 1-17장까지는 출애굽 사건을 자세히 기록하고 있으며, 18장은 1-17장과 뒷부분(19-40장)을 연결하는 연결고리의 역할을 한다. 특히 19-40장은 시내 산 계약으로 율법을 기록하고 있다. 출애굽기에는 111개의 율법이 기록되어 있다.

4) 레위기(利未記 Leviticus)는 제사와 성결에 관한 규정 그리고 절기 등 종교 의식에 관한 여러 가지 규정을 다루고 있다. 레위기는 크게 다섯 부분으로 나눈다. 1-7장은 제사제도에 관하여 기록하고 있다. 여기에는 백성들이 하나님께 드리는 번제, 소제, 화목제, 속건죄 그리고 속죄제 등 제사에 관한 규정(1:1-5:7)과 제사장들을 위한 제사 규정(5:8-7:38)을 기록하고 있다. 8-10장은 제사장 임명에 대하여 기록하고 있다. 11-16장은 부정에 관한 규정을 기록하고 있다. 특히 11-15장은 제사에 참여할 수 있는 조건에 대하여 기록하고, 16장은 대속죄일에 관하여 기록하고 있다. 17-26장은 소위 성결법전이라고 불린다. 하나님의 거룩함을 범하는 죄(17-20장), 제사장과 제물에 관한 규정(21-22장), 절기에 관한 규정(23-25장) 그리고 순종과 불순종의 결과

9) 김영진, 『토라: 오경연구』(서울: 한들출판사, 2005), p. 18

에 대하여 기록하고 있다(26장). 그리고 27장의 헌물에 대한 규정 등으로 구성되어 있다. 민수기의 율법은 법조항이라기보다는 규정으로 이해할 수 있다.

5) 민수기(民數記 Numbers)는 시내 산에서 부터 모압 평지까지의 출애굽 이야기와 율법이 기록되어 있다. 민수기 1:1-10:10까지는 시내 산에 머물고 있는 이스라엘 백성과 이들에게 주어지는 율법에 대하여 기록하고 있으며, 10:11-36장까지는 요단 동편에서 약속의 땅 들어가기 직전까지의 모습을 기록하고 있다. 특히 10:11-12:16은 시내 산에서 가데스까지의 여행에 관하여, 13:1-20:13은 바란 광야의 가데스(kadesh)에서 체류하는 내용을 그리고 21-36장은 요단 동쪽 땅 정복과 모압 땅 체류에 관하여 기록하고 있다.

6) 신명기(神命記; Deuteronomy)는 약속의 땅에 들어가기 전 요단 동편에서 다시 한 번 이스라엘 백성과 여호와 사이의 제 2의 언약 체결에 대하여 기록하고 있다. 신명기의 내용은 크게 다섯 부분으로 나뉜다. 역사 회고와 백성에 대한 권고(1:1-4:43), 율법선포 준비(4:44-11:32), 신명기법전(12:1-26:15), 하나님이 백성과 맺은 언약의 뜻(26:16-30:20), 그리고 모세의 노래와 축복과 죽음(31-34장) 등이다.

오경의 문학적 양식

오경은 초기 이스라엘에 관한 내용을 담고 있기는 하지만, 그러나 이것이 기록 혹은 편집된 시기가 후기에 해당하기 때문에, 여기에는 후기 시대의 다양한 문학적 특징을 찾아 볼 수 있다.

고대 문학작품의 장르는 크게 운문(poetry)과 산문(prose)로 대별된다. 운문이란 인간을 지배하며 공포를 주는 초자연적인 힘을 경외 · 진정시키기 위하여 운율이 있는 운문으로서 반복구를 비롯한 여러 시적 기법을 사용하는 것을 말한다. 고대 가나안 사람들이 전통적으로 사용하던 운율은 대체로 3 · 2조나 혹은 3 · 3조이다. 운문은 문자를 사용하지 않고 기억을 돕기 위하여 동일한 요소를 반복하거나 두운(頭韻) · 각운(脚韻)과 같은 형식을 많이 사용한다. 이와는 달리 사람들 간의 모든 관계, 예를 들어 계약 등을 기록한 것은 산문의 형식을 사용하였다. 따라서 오경뿐만 아니라 구약성서 전체의 문학적 양식은 운문이나 산문으로 나눌 수 있는데 그 문학적 양식의 내용에 따라 세분화한다.

설화(Narrative)는 말로 구연된다는 점에서 어느 한 개인에 의해 글로 지어진 소설과는 구별되며, 서사문학이라는 점에서 주관적 정감을 노래한 서정민요나 교훈적 의미가 주가 되는 속담과 다르고, 산문문학이라는 점에서 노래로 불리는 민요나 무가 또는 판소리와는 구별된다. 또한 꾸며낸 이야기라는 점에서 개인의 체험을 근거로 이야기되는 신변 잡담이나 실재했던 사실을 근거로 하여 지식을 전달하는 역사와도 다르다. 설화는 작자가 알려지지 않은 이야기이고, 전승집단의 문화와 세계관에 바탕을 두고 형성된 일정한 구조를 가진 언어의 집합으로서 흥미와 교훈을 담고 있다. 설화의 실체는 전승자의 머리 속에 기억으로 보존되어 있다가 듣는 사람을 만나서 구연될 때 그 모습이 드러난다.

설화는 그 기준에 따라 여러 가지로 나눌 수 있다. 그러나 전승자의 태도를 기준으로 하여 신화(神話 myth), 전설(傳說 legend), 민담(民譚 folktale)으로 나누는 것이 보통이다. 오경에 가장 대표적으로 등장하는 문학적 장르는 설화이다. 특히 창세기에는 우주와 인간의 기원을 설명하는 창조설화(창 1-2장)와 홍수설화(창 6-9장) 그리고 이스라엘 민족의 기원과 제도나 관습 그리고 인명이나 지명의 기원을 설명하는 여러 종류의 원인론적인 설화

(창 19:30-37, 28:10-22)가 있다.[10]

예를 들어 창세기 19:30-38에는 암몬 민족과 모압 민족의 기원을 설명하고 있다. 암몬과 모압은 롯에 의하여 기원되었다고 설명하고 있다. 또한 창세기 20:18-19에서는 지명 벧엘의 기원설화가 등장한다.

출애굽기 20장 18-19절

18 야곱이 아침에 일찌기 일어나 베개하였던 돌을 가져 기둥으로 세우고 그
위에 기름을 붓고 19 그곳 이름을 벧엘이라 하였더라 이 성의 본 이름은 루
스더라

이처럼 오경에는 설화형식의 많은 내용이 기록되어 있다.

또한 오경에는 몇 개의 시(poetry)가 첨가되어 있다. 구원자 하나님을 찬양하는 모세의 찬양시(출 15:1-18)와 미리암의 노래(출 15:19-21)가 있다.

오경에는 예언(prophecy)이 많이 기록되어 있지는 않지만, 민수기 23:7-24:25에 발람의 예언이 기록되어 있다. 예언 가운데 예언자가 전달하는 예언의 내용은 운문의 형식으로 기록되어 있고, 반면에 예언에 관한 설명은 산문의 형태로 기록되어 있다.

오경에는 몇 종류의 계약(covenant formula)이 기록되어 있다. 노아의 언약(창 9장)과 아브라함 언약(창 15장, 17장), 시내산 언약(출 19장이하) 등이 있다.

오경에는 율법(law)도 등장한다. 십계명(출 20:2-17, 신 5:6-21)과 언약법전(출 20:22-23:19)과 성결법전(레 17-26장)과 신명기법전(신 4:44-30:20)이 있다. 뿐만 아니라 제물에 관한 규정(레 1-7장)과 정결에 관한 규정(레 11-15장) 등이 있다. 이스라엘의 법 양식은 단언적 법(apodictic law)과 결의론적 법(casuistic law)이 있다.[11]

10) 박종수, 『히브리 설화 연구: 한국인의 문화통전적 성서이해』(서울: 한들출판사, 1995).

오경, 특히 창세기에는 많은 목록(list)이 등장한다. 목록의 대표적인 형태는 족보(genealogy)와 왕의 명단(king list)이다. 족보(창 5, 10, 25:12-18, 36:1-5)는 대체로 10대 단위로 구성되어 있으며, 왕의 명단은 에돔 왕의 명단(창 36:1-39)이 등장한다. 이러한 명단의 기능은 오경을 구성하는 다양한 문학 단위를 연결하는 역할을 한다.

오경의 저자

교회의 전통에 의하면 오경은 모세가 썼다고 주장한다. 그러나 구약성경 어디에도 오경을 모세가 언제 어떻게 썼는지 알려주는 부분은 없다. 그렇다면 왜 교회는 모세오경이라는 용어를 사용하고 있는가?

모세오경이라는 말의 전통은 유대인에게서 찾을 수 있다. 이처럼 모세오경이라는 용어가 생겨나게 된 것은 창세기를 제외한 오경의 나머지 부분에서 모세가 중요한 역할을 하였기 때문이다. 뿐만 아니라 출애굽기 24:4과 신명기 34:24에서 모세가 하나님께서 주시는 율법을 기록했다는 말 때문이기도 하다.

출애굽기 24장 4절

모세가 여호와의 모든 말씀을 기록하고 이른 아침에 일어나 산 아래 단을 쌓고 이스라엘 십 이 지파대로 열 두 기둥을 세우고

신명기 34장 24절

모세가 이 율법의 말씀을 다 책에 써서 마친 후에

11) 이스라엘 법 양식에 대해서는 '출애굽기의 문학적 특징' 을 참조하시오.

에스라 느헤미야서에서는 모세의 율법 혹은 모세의 책이라는 용어가 사용되고 있다(스 7:6, 느 8:1, 13:1). 이러한 생각은 신약성서에서도 찾아 볼 수 있다. 누가복음(눅 16:29, 24:27)과 사도행전(행 26:22)에서 모세와 예언자들이 구약성서의 중요한 두 부분을 구성하고 있음을 말하고 있다. 주후 1세기 유대인 작가인 요세푸스는 모세가 율법 부분만이 아니라 오경의 모든 이야기를 기록하였다고 주장한다(『유대고대사』 I.1.2).

오경의 저자에 관한 학자들의 연구가 매우 다양하다. 주후 1세기 유대인들이나 초대 기독교인들은 모세가 오경의 저자라는 생각을 가지고 있었고, 이러한 전통은 수 세기 동안 유대인들과 기독교인들 사이에서 지속되었다. 그러나 이러한 전통 가운데서도 많은 사람들은 오경의 형성과정에서 모세의 역할에 관하여 의문을 갖기 시작하였다.

그러나 12세기 이븐 에즈라(Ibn Ezra)는 오경의 여러 구절을 분석한 결과 오경을 모세가 아닌 다른 사람이 썼을 가능성을 제시하였다. 이븐 에즈라는 신명기 1:1의 "요단 저편"은 오늘날 요르단 지역을 지칭하는 것으로 신명기가 요단 강 서편에서 기록되었음을 발견하였다. 더 나아가 그는 만약 그렇다면 모세는 요단 서편을 가지 못했기 때문에 모세 외의 다른 사람이 오경을 기록하였음을 보여주었다. 그렇지만 이븐 에즈라는 이러한 구절을 통하여 어떤 결론을 제시하지는 않았다.[12)]

18-19세기에 들어서면서 오경 모세저작에 관한 좀 더 체계적인 비판이 등장하기 시작하였다. 1753년 아스트룩(J. Astruc)은 창세기에 사용된 서로 다른 두 가지 하나님 이름(야웨와 엘로힘)을 통하여 창세기에 서로 다른 자료가 있음을 주장하였다. 그러나 아스트룩은 오경에 있어서 모세의 역할

12) 이븐 에즈라는 오경에서 모세가 쓰지 않은 것으로 볼 수 있는 부분이 있음을 인정하였다. (1) 모세가 3인칭으로 표현된다든지, (2) 모세가 알지 못하는 것을 나타내는 표현의 사용이라든지 (3) 모세가 가보지도 못한 장소에 대한 기록이라든지 (4) 그리고 모세가 있는 장소나 시간과 다른 것을 나타내는 용어의 사용 등을 오경에서 발견하였다. 그럼에도 에즈라는 오경을 모세가 쓰지 않았다고는 말하지 않았다. 김영진, 『토라: 오경연구』, pp. 38-39.

을 전혀 배제하지는 않았다. 따라서 그는 모세가 서로 다른 초기 자료들을 사용하여 오경을 기록하였다고 주장하였다.[13)]

아스트룩 이후 많은 학자들이 그의 견해를 채택하여 좀 더 발전된 견해를 제시하였는데, 이들은 아스트룩과는 달리 모세가 오경을 기록하지 않았다고 주장한다. 이들은 오경은 모세 이후 수세기 후에 기록된 것이라고 주장한다.[14)]

18, 9세기에 있어서 오경연구의 주된 관심은 오경을 구성하고 있는 자료의 구분, 자료들 사이의 관계 그리고 이들이 언제 최종적인 형태로 형성되었는지를 밝히는 것이었다. 이러한 경향을 대변하듯이 오경자료에 관한 여러 가지 견해들이 등장한다. 첫째는 단편가설(fragmentary hypothesis)이다. 이것은 오경이 연속성을 찾아 볼 수 없는 길고 짧은 다양한 단편적인 자료들로 결합되었다는 것으로 게데스(A. Geddes, 1737-1802),[15)] 그리고 드 베테(de Wetter, 1780-1849) 역시 부분적으로 이 이론에 찬성한다.

두 번째는 보충가설(supplement hypothesis)이다. 이 보충가설이란 오경의 핵심을 이루는 하나의 기초자료에 시간이 지남에 따라 여러 자료들이 첨가되었다는 것이다. 이러한 견해를 갖는 학자는 에발트(H.G.A. Ewald, 1803-1875), 블리크(F. Bleek). 투크(J.C.F. Tuch)등이다. 이러한 보충가설은 후펠트(H. Hupfeld, 1796-1866)의 세 자료 이론이 등장할 때까지 지배적인 견해가 되었다.[16)]

1853년 후펠트는 오경의 보충가설을 거부하고 문서설을 내세웠다.[17)]

13) R.N. Whybray, *Introduction to the Pentateuch*, p. 13.

14) 김영진, 『토라: 오경연구서』, pp. 30-56.

15) 게데스는 주장하기를 오경이란 한 사람의 편집자에 의하여 모세 이전 시대부터 있어 왔던 단편적인 자료들을 솔로몬 시대에 편집한 것이라고 주장함. R.K. Harrison, *Introduction to the Old Testament*, (Michigan: Eerdmans, 1983), p.14. 바터(J.S. Vater, 1771-1826)등이 이 이론에 동조한다.

16) J. Wellhausen, "Hexateuch," *Encyclopaedia Biblica*. eds. T.A. Cheyne and J.S. Black, London, 1914, p. 2048.

17) R.K.Harrison, *Introduction to the Old Testament*, p. 18.

후펠트의 문서설은 몇 가지 근거가 있었다. 첫째, 하나님 이름의 차이, 둘째, 언어와 문체의 차이, 셋째, 본문 속에 등장하는 상충부와 차이 나는 부분, 넷째, 오경 속에 여러 가지 이야기가 중복해서 등장하는 것, 다섯째, 여러 가지 다른 기사들이 합하여 하나의 이야기를 만드는 경우가 등장하는 것, 여섯째, 신학적 관점의 차이가 등장하는 것 등이 오경 속에 등장하기 때문에 문서설을 주장할 수 있다. 19세기 후반에 문서설을 주장한 학자들은 대부분 P문서가 오경의 기초자료이며, 다른 문서들이 이 속으로 편집되었다고 생각하였다. 그리고 편집 시기는 다윗-솔로몬 시대로 보았다. 따라서 이들이 주장하는 문서설을 시대 순으로 배열하면 제사문서(Priestly document), 야웨문서(Yawistic document), 엘로힘문서(Elohistic document) 그리고 신명기적 법전(Deuteronomic code) 등의 순서 이다.[18)]

그러나 시간이 흐름에 따라 문서의 시대적 순서에 대한 수정된 견해가 등장하였다. 이것은 제사문서가 네 문서들 가운데 가장 나중에 된 것이라는 인식에 의해서이다. 이들이 이런 변화를 하게 된 이유는 오경 속에 포함돼 있는 이스라엘의 제의나 의식에 관한 율법은 포로기 이후에 형성되었다는 이론에 근거한 것이다. 따라서 네 문서의 시대적 순서는 야웨문서, 엘로힘문서, 신명기적 법전(문서), 제사문서의 순으로 수정되었다.[19)]

벨하우젠은 다음과 같은 문서설을 제시하였다. 야웨문서는 다윗-솔로몬 시대에 남 유다에서 편집된 자료이며, 엘로힘문서는 약 950년경 북 이

18) J.H.Hayes, *An Introduction to Old Testament Study*, (London: SCM Press, 1979), p. 119.

19) 제사문서가 네 문서 가운데 가장 나중에 된 것이라고 주장할 수 있는 근거는 첫째, 신명기적 문서에서는 오직 한 장소에서 예배할 것을 요구하지만 제사문서에서는 이 장소가 예루살렘이라고 구체적으로 기록돼 있다. 둘째, 신명기적 문서에서 레위 사람은 제사장이지만 제사문서에서는 성직 가운데 낮은 계층에 속한다. 셋째, 역사서에서는 제사문서의 설화나 율법을 알지 못한다. 넷째, 예언자들은 제사문서에서 발견되는 율법의 영향을 받지 않았다는 것 등의 이유에 의하여 제사문서는 신명기적 문서보다 후에 생긴 것이다. 이런 견해를 근거로 제사문서가 가장 나중에 됐음을 주장하는 학자는 로이스(E. Reuss), 바트케(W. Vatke), 그라프(K.H. Graf), 콜렌소(J.W. Colenso), 드라이버(S.R.Driver), 스미스(W.R.Smith), 브릭스(C.A. Briggs) 등이다. J.H. Hayes, *An Introduction to Old Testament Study*, p.119.

스라엘에서 편집된 자료이다. 그런데 이 두 자료는 사마리아 멸망 후 히스기야 왕 때 야웨문서를 기초로 하여 어떤 편집자(Jehovist)에[20] 의하여 완전히 통합되었다(RJE). 두 문서가 결합된 이유는 공동의 신앙을 중심으로 남북 왕국을 결합하려는 의도에서다. 그런데 그는 이 JE문서에서 초기 이스라엘의 습관과 일치하는 내용들을 발견하게 된다.[21] 신명기적 문서에 대하여 벨하우젠은 신 12장 이하에 등장하는 예배장소에 관한 율법을 연구하여 이 신명기의 율법, 즉 신명기적 문서는 예루살렘 개혁파들이 산당을 공격할 때의 것이라고 주장한다. 따라서 그는 편집 시기를 주전 621년이라고 본다. 이 신명기적 문서는 여호비스트와는 다른 편집자에 의하여 다시 JE와 결합하였다(JED). 제사문서는 벨하우젠에게 있어서 오경의 틀을 제공하는 것으로 대체로 포로기 이후의 에스라 개혁과 연결된다고 생각하였다.[22]

이처럼 벨하우젠은 야웨문서, 엘로힘문서, 신명기적 문서, 제사문서 등 네 문서가 각기 편집자의 창조적인 산물이라고 인정하였으나, 그렇다고 각 문서의 내용까지 새롭게 만들었다고는 보지 않았다. 벨하우젠은 이스라엘의 전승은 모세 시대나 사사 시대에 이미 형성된 것으로 여겼다. 따라서 그는 신화, 노래, 이야기 등에 대하여 연구를 하였다.[23]

이러한 문서설에 대한 반응은 다양하다. 대부분의 가톨릭 학자와 이스라엘 학자들은 이 문서설에 반대하며, 카수토(Cassuto)나 엥그넬(Engnell), 시갈(Segal)등이 대표적인 반대 학자이다.[24] 이와는 반대로 문서설을 더욱 세분하여 받아들여 정착시킨 학자들도 있다. 여기에 속하는 학자는 아이

20) 여호비스트(Jehovist)는 사마리아 멸망 후 히스기야 왕 때 J문서를 중심으로 J문서와 E문서를 결합하였다.

21) J. Wellhausen, "Hexateuch," pp. 2050-2051.

22) J.H. Hayes, *An Introduction to Old Testament Study*, p. 166.

23) J.H. Hayes, *An Introduction to Old Testament Study*, p. 166.

스펠트(Eissfeldt),[25] 포러(Fohrer),[26] 파이퍼(Pfeiffer),[27] 모르겐스텐(Morgensten)[28] 등이다. 또 어떤 학자들은 벨하우젠의 문서설을 수정하여 지지하는 학자들도 있다.[29]

그러나 이러한 문서설은 오경의 저자 혹은 편집 과정에 관하여 설명하는 하나의 시도일 뿐이다.

오경의 주제

오경의 주제는 무엇인가? 오경의 주제에 대하여 다양한 설명이 등장하지

24) 엥그넬은 문서설의 자료 분석적 방법은 현대적인 방법으로 접근한 것인데, 이 방법을 고대 시대의 자료에 완전히 적용할 수 없다고 주장하면서 문서설에 반대한다. I. Engnell, *Critical Essays on the Old Testament*, (London: S.P.C.K., 1970), p.53. 또한 시갈(Segsl)은 문서설은 변칙적이고 인위적이며 복잡한 것으로 증명할 수 없는 가정 위에 서 있다고 말하면서 문서설에 반대한다. M.H. Segal, *The Pentateuch: It's Composition and It's Authorship and other Biblical Studies*, (Jerusalem: Magnes, 1967), p. 22.

25) 아이스펠트는 'L' (=Lay)자료를 제시한다. 이 L자료는 창세기 2:4부터 시작하여 창세기, 출애굽기에 등장하며, 민수기에 약간 등장한다. 이 자료는 매우 원시적이며 유목민적인 삶의 모습을 나타낸다. 아이스펠트는 이 자료의 시기를 주전 950-850년으로 추정하고 있다. Otto Eisfeldt, *The Old Testament an Introduction*, New York, 1976, 194-199.

26) 포러는 아이스펠트와 유사한 'N' (=Nomadic) 자료를 제시한다. 이 N자료는 J보다 후대의 것으로 남유다에서 기원된 것이다. 이것은 도시생활에 반대적 입장을 취하며, 유목민적 생활상을 담고 있다. 약 주전 800년경의 것으로 추정한다. G. Fohrer, *Introduction to the Old Testament, London*, 1976, pp. 159-176.

27) 파이퍼는 'S' (=Seir혹은 Southern)자료를 제시하는데 이 자료는 주전 400년경의 것으로 단지 창세기에서만 등장한다. J.H. Hayes, *An Introduction to Old Testament Study*, pp. 175-176.

28) 모르겐스텐은 'K' (=Kenite) 자료를 제시하는데, 그에 의하면 이 자료는 출애굽기 설화 가운데서 가장 오래된 것으로 육경 가운데서도 가장 오래된 자료이다. 그에 의하면 이 자료는 아사(Asa)왕 개혁의 기초로 사용되었던 것으로 생각한다. 따라서 그 연도는 주전 899년경으로 추정한다. J.H. Hayes, *An Introduction to Old Testament Study*, pp. 175-176.

29) 벨하우젠의 문서설에 대한 수정된 견해를 살펴보면 다음과 같다. 야웨문서에 대하여 그는 9세기경의 것으로 여겼으나, 어떤 학자들은 솔로몬 시대인 10세기 때의 것으로 보고 있다. 엘로힘문서에 대하여 어떤 학자들은 이것을 야웨문서에 대한 후대의 보충이거나 야웨문서의 수정이라고 생각한다. 또 신명기적 문서에 대해서도 요시야 개혁보다 이른 시기에 만들어졌다고 주장하는 학자들도 있다. 또 어떤 학자들은 포로기 이후의 것으로 여기기도 한다. J.H. Hayes, *An Introduction to Old Testament Study*, p. 179.

만 그러나 오경이란 구약성서 전체를 위한 가이드라인을 제시해주면서, 이제부터 시작될 주연과 조연의 성격을 규명해 주는 역할을 한다.

이러한 관점에서 일반적으로 율법서로 알려져 있는 오경의 주제는 크게 두 가지로 설명할 수 있다. 즉 하나님에 대한 이해와 인간에 대한 이해를 나타낸다. 오경에서 강조하는 하나님의 모습은 창조주 하나님으로서 고대 근동 세계와 전혀 다른 의미의 신임을 강조하고 있다.

유일신관

오경에 나타난 하나님에 대한 이해를 이해하기 위해서는 십계명을 이해할 필요가 있다. 십계명의 1-4계명은 고대 근동 세계의 신 이해와 전혀 다른 이해를 제시하고 있다. 유일신사상(monotheism)과 신상제작 금지는 고대 근동에서는 찾아보기 어렵다. 뿐만 아니라 고대 근동의 종교는 모두 장소의 종교인데 반하여, 오경에 나타난 하나님에 대한 믿음은 장소를 넘어선 시간의 종교임을 천명하고 있다.

구약시대 이스라엘 사람들은 다른 신들의 홍수 속에 살았다. 메소포타미아에는 400여개의 신이 있으며, 이집트에는 240여개의 신이 있다. 뿐만 아니라 가나안 땅의 원주민들이 섬기던 바알(Baᶜal) 신과 배우자 여신 아세라(Asherah), 모압 지방이 그모스(Chemosh) 신, 암몬 사람들의 밀곰(Milcom) 신과 몰록 신(Molech), 시돈 지방의 여신 아스다롯(Ashtaroth) 그리고 블레셋 사람들이 섬기던 다곤(Dagon) 신등 수많은 만신전의 신들이 있었으며, 그 외에 태양 신, 달 신, 폭풍의 신, 산 신, 강 신, 질병의 신 등 각종 신들이 있었고, 또한 성읍, 도시들은 제각기 그들의 수호신들을 가지고 있었다.

이렇게 여러 종교들과 신들로 둘러싸여 있는 상황에서 이 제 1계명은 구약신앙의 대원칙을 선언하고 있다. 그 원칙이 바로 여호와 하나님만을 섬겨야 한다는 유일신신앙(monotheism)이다. 이 계명은 이스라엘 신앙의 기반이요 지주가 된다. 유일신신앙이 흔들린다면 이스라엘 신앙은 완전히 와해되어 버리고 만다. 신명기에 기록된 쉐마(Shema)는 구약의 유일신 신앙을 가장 잘 요약하고 있다.

신명기 6장 4-5절

이스라엘아, 들으라! 우리 하나님 여호와는 오직 하나인 여호와시니 너는 마음을 다하고 성품을 다하고 힘을 다하여 네 하나님 여호와를 사랑하라.

이스라엘은 하나님 한 분만을 섬겨야 하며, 다른 신들은 섬길 수 없다. 이것은 이스라엘이 하나님을 버리고 다른 신을 따르는 것을 금지하고 있을 뿐 아니라 하나님과 동시에 다른 신을 섬기는 것도 역시 금지하고 있다. 여호와 하나님을 섬기면서 동시에 다른 신들을 섬길 수는 없다. 한 분이신 하나님 여호와는 절대적인 신앙과 전적인 충성을 요구하고 계시며, 이 점에 있어서는 어떠한 타협이나 관용도 허락되지 않는다. 이스라엘의 유일신신앙은 우상숭배뿐만 아니라 어떠한 혼합종교도 결코 용납하지 않는다.

뿐만 아니라 이스라엘의 하나님은 인간의 기본적이고 종교적인 욕구인 신의 형상을 만드는 일을 허락하지 않았다. 그리고 신상들이 범람하던 고대 근동 세계에서 신상이 없는 신앙(iconoclastic faith)을 강조하였다.

이러한 하나님 이해의 전면적인 개혁적 사고는 고대 근동 세계에서는 인정될 수 없는 놀라운 일이었다. 이렇게 다른 신 이해, 종교 이해를 위해서는 구약의 하나님의 존재에 대한 새로운 이해가 필요하였다. 고대 근동의 수많은 신들은 모두 신의 계보를 통하여 그 존재의 근원을 밝힐 수 있다. 그러나 이스라엘의 하나님은 전혀 다른 방식으로 존재하는 분이시다. 출애굽기 3:14에서 하나님은 이름을 묻는 모세에게 "나는 스스로 있는 자니라"라고 대답하였다. 이 말의 의미를 여러 가지로 설명할 수 있지만 고대 근동의 신 계보(神系譜: theogony)라는 관점에서 이해할 수 있다. 즉 고대 근동의 모든 신은 남신과 여신의 신적인 결혼을 통하여 탄생하게 되어 있고, 그 결과 대부분 모든 문화권에는 신의 계보가 존재한다. 그러나 여호와 하나님은 이러한 고대 근동의 신들과는 달리 근원부터가 다른 신임을 선언하는 것이다. 여호와 하나님은 이미 존재하던 다른 신들의 결혼에 의하여 생겨난 신이 아니라 존재의 근원임을 선언하는 것이다. 이러한 이해는 유일신과 밀접한 관련을 맺고 있다.

인간 이해 – 피조물

오경을 통하여 강조하는 것은 인간의 피조물성과 유한성이다. 그러면서도 인간은 다른 피조물과는 다른 피조물로서 '하나님의 형상'에 의하여 만들어졌음을 선언한다. 특히 오경에서 인간의 존귀함은 하나님이 인간을 만들 때 오직 한쌍만 만들었음을 선언함으로써 인간이 다른 피조물과 다름을 강조하고 있다. 고대 근동의 많은 인간창조에 관한 신화에는 인간을 여러 쌍 만들지만, 구약성서에는 아담과 하와로 상징되는 단 한쌍만 만들었다는 것은 하나님 편에서 인간을 어떻게 생각하고 있는가를 보여준다.

그럼에도 불구하고, 인간은 단지 피조물로서 창조주인 하나님과 일정한 거리를 가져야 함은 분명하다. 그런데 인간과 하나님 사이의 이러한 관계를 유지하는 것이 인간이 살 수 있는 길이지만, 만약 이 관계를 깨게 된다면 인간은 죄인이 되고 만다. 따라서 창세기 3장의 인간창조 이후 첫 번째 인간의 죄에 대하여 설명하고 있는 것은 이러한 모습을 잘 보여준다. 특히 창세기 1-11장까지의 사건을 기록하는데 있어서 인간의 범죄와 이에 대한 하나님의 징벌 그리고 하나님이 베풀어 주시는 은총이라는 신학적 틀을 통하여 묘사하고 있는 것은 인간은 하나님의 은총에 의해서만 살 수밖에 없는 존재임을 강조하는 것이다.

관계의 유지

이러한 창조주와 피조물 사이의 관계를 잘 유지하기 위한 여러 가지 규정 즉 율법이 기록되어 있다. 오경에는 613개의 율법이 기록되어 있는데 이 율법을 요약한 것이 십계명이다. 십계명은 내용상 크게 인간의 대신관계(對神關係)(1-4계명)를 기록하고 있으며, 후반부(5-10계명)는 대인관계(對人關係)를 기록하고 있다. 바로 이 관계를 잘 유지하기 위한 가르침, 혹은 지침이 곧 율법이다. 따라서 이 율법의 목적은 하나님과 인간, 인간과 인간이 어떻게 원만한 관계를 유지함으로써 행복하게 잘 살 수 있는가를 보여주는 것이다.

창세기

Giulio Clovio가 그린 「Adam and Eve」

창세기

명칭

오경의 첫 번째 책인 창세기의 히브리어 명칭은 세페르 브리쉬트(ספר בראשית)인데 이는 창세기의 첫 단어에서 유래된 것이다. 창세기의 영어 명칭 제니시스(Genesis)는 히브리어 톨레도트(תולדות)를 번역한 헬라어 '게네시스' (Γένεσις, 'source,' 혹은 'origin' 의 의미)에서 유래되었다.[30] 칠십인역 번역자들은 창세기가 우주, 인간, 문명 그리고 이스라엘의 기원에 대하여 설명하고 있기 때문에 게네시스라고 번역하였다.[31] 어떤 사본에서는 창세기에 기록된 족장의 이야기 때문에 '계보에 관한 책' 이라고 부르기도 한다.

오늘날 창세기는 라틴어 역인 불가타 역의 체제를 따라 50장 1,534절로 구성되었다.

30) 헬라어 「게네시스」는 창세기 2:4의 히브리어 「엘레 톨레도트 하-샤마임 베하-아레츠」의 「톨레도트」를 헬라어로 번역한 「게네세오스」(γενέσεως)에서 유래되었다.

31) V.P. Hamilton, *The Book of Genesis*, (Grand Rapids: Eerdmans, 1990), p. 2.

창세기의 문학적 양식

창세기는 크게 두 가지 양식으로 기록되어 있다. 즉 이야기를 설명하는 산문(narrative)부분과 설화 속에 들어 있는 예언, 축복과 같은 운문(poetry)으로 구성되어 있다. 산문에 속하는 부분은 또 다시 다양한 문학 장르로 분류할 수 있다.

오경에서 가장 많이 등장하는 문학양식은 설화이다. 창세기에 기록된 인류와 우주 그리고 문화 창조에 관한 이야기는 산문으로 된 설화에는 창조 이야기(창 1-2장), 에덴동산 이야기(창 3장), 홍수 이야기(창 6-9장) 그리고 바벨탑 이야기(창 11장) 등이다. 뿐만 아니라 인명, 지명 혹은 풍습의 기원을 설명하는 여러 종류의 원인론적인 이야기(aetiological narrative; 창 19:30-37, 28:10-22) 등이 설화에 속한다.

문학적인 측면에서 창세기 1-11장의 원역사 부분은 고대 근동의 창조신화와 밀접한 관련이 있다.[32] 내용적인 측면에서는 서로 분명한 차이점을 나타내지만, 그러나 전체 이야기를 구성하는 형식은 밀접하게 관련되어 있으며, 메소포타미아의 창조신화(에누마 엘리쉬(Enuma Elish), 길가메쉬 서사시(Gilgamesh Epic), 아타르하시스(Atarhasis) 이야기, 찌우쑤드라(Ziusudra) 이야기)에 대한 이해는 창세기의 원역사를 이해하는데 큰 도움이 된다.

반면에, 창세기에는 몇 종류의 계약(covenant formula)이 기록되어 있다. 즉 창세기 9장의 노아 언약과 아브라함 언약(창 15장, 17장)이다. 이 언약들은 고대 근동의 국제조약의 양식을 채택하고 있다. 뿐만 아니라 창세기에는 족보를 포함한 많은 명단(list)이 등장한다. 아담 이후 후손에 관한 족보(창 5, 10장), 이스마엘 후손의 족보(창 25:12-18) 그리고 에서 후손의 계보(창 36:1-5) 등이 대표적이다. 그 외에도 에돔 왕의 명단(창 36:31-39)이 등

32) 김영진, 『토라』(개정증보판), pp. 95-100.

장한다. 이러한 족보나 명단은 창세기 안에서 한 이야기가 다음 이야기로 넘어갈 때 연결고리로 주로 많이 사용된다.

운문으로는 축복의 선언이 대표적이다. 창세기 48-49장에 등장하는 야곱이 아들들에게 축복하는 것은 전형적인 운문의 형식을 띠고 있다.

창세기의 구조 및 내용

창세기의 구조

창세기는 여러 가지 이야기들이 서로 결합된 것을 알 수 있다. 한 이야기가 마쳐지면 "이것은 ~의 계보를 적은 책이니라"(창 5:1, 6:9, 10:1, 11:10, 11:27, 25:12, 25:19, 36:1, 9, 37:2) 혹은 "이것이 천지가 창조 될 때"(2:4)라는 구절이 기록되어 있다.

창세기는 내용적으로 크게 두 부분으로 나눈다. 즉 1-11장 원역사와 12-50장의 족장사이다.

창세기의 내용

창세기는 우주와 이스라엘 민족의 기원에 관하여 설명한다. 따라서 창세기를 내용에 따라 우주와 인간 그리고 문화의 기원에 관해 기록하고 있는 창세기 1-11:26(원역사)과 이스라엘 민족의 기원을 설명하는 11:27-50:26(족장사)로 나눌 수 있다. 그러나 신학적인 측면에서 창세기는 인간의 죄의 역사를 밝히고 있다. 창세기 3장의 낙원에서 쫓겨나는 사건으로부터 시작하여, 창세기 4장의 가인과 아벨의 사건, 6장의 노아홍수 사건,

11장의 바벨탑 사건, 16장의 하나님의 약속을 믿지 못한 아브라함의 죄로 인한 하갈과 이스마엘 사건, 18장의 소돔을 위한 기도, 19장의 롯과 두 딸의 사건 그리고 27장의 야곱과 에서의 사건 등에서 인간의 죄를 기록하고 있다. 이러한 사건을 통하여 창세기는 인간의 죄성 및 유한성을 강조하고, 반면에 하나님의 위대하심과 거룩하심을 강조하고 있다.

창세기의 내용은 다음과 같다.

우주의 기원(1-11장)(원역사; Primeval History)

- 창조 이야기(1-3장)
- 가인과 아벨의 이야기(4장)
  - 아담의 후손(5장)
- 홍수 이야기(6-8장)
- 노아의 계약(9장)
  - 민족의 계보(10장)
- 바벨탑 이야기(11:1-26)

이스라엘 민족의 기원(12-50장)(Patriarchal History)

- 아브라함 이야기(12:1-25:18)
- 이삭과 야곱 이야기(25:19-36:43)
- 요셉 이야기(37-50:26)

창세기 1-11장을 일반적으로 원역사라고 부르며, 이것은 창세기 12장부터 시작되는 이스라엘 민족사의 서론에 해당한다. 원역사는 천지창조로부터 시작하여 이스라엘 민족사가 시작되기 직전까지 인류 전체의 범세계적인 역사(universal history)를 기록하고 있다.

원역사

원역사(primeval history)는 창조로부터 아브라함까지 여러 가지 이야기로 구성되어 있으며, 원역사를 구성하는 각 이야기는 족보로 연결되어 있다. 원역사의 이야기는 창조와 에덴동산 이야기(1-3장), 인간의 죄에 관하여 보여주는 가인과 아벨의 사건(4-5장), 죄가 지배하는 세상을 심판하는 노아홍수 이야기(6-9장), 바벨탑 이야기(10-11장)를 통하여 인간이 다시 번성하고 죄가 퍼짐을 다루고 있다.

신학적 이해

원역사에서 반복적으로 다루는 신학적 주제는 인간의 죄성과 인간의 피조성을 거부하는 인간의 모습과 그를 통한 재앙(심판)에 대하여 기록하고 있다.

원역사의 가장 중요한 주제는 하나님이 온 세상을 만드신 분이며, 사람은 하나님으로부터 창조된 피조물임을 나타낸다. 따라서 하나님과 사람이 창조주-피조물의 관계에 있음을 강조하며, 그 관계가 깨어지는 것을 죄로 규정하고 있다. 따라서 창세기 3-11장은 사람의 범죄와 하나님의 심판 그리고 하나님의 은총의 주제가 실낙원 이야기(창 3장), 가인과 아벨 이야기(4장), 노아홍수 이야기(6-8장), 바벨탑 이야기(창 11장)에서 반복되어 나타난다.

창세기 1-11장, 특히 창조 이야기는 항상 과학과 마찰을 빚어왔다. 곧 창조론과 진화론의 갈등이다. 19세기 말 즉 하나님이 태초에 인간창조와 온 세상을 창조했다는 창조론과 반면에 인류가 하위 단계의 삶에서부터 발전하였다는 진화론의 대결이다. 이 둘 사이의 대립은 오늘날까지도 지속되고 있다. 뿐만 아니라 1840년 후반부터 메소포타미아의 창조 이야기의 발굴 결과 창세기 1-11장을 고대 근동의 문학과 연계하여 이해하는 시도가 19세기 초부터 있어 왔다. 따라서 창세기 1-11장이 고대 근동 전승의 이스라엘 판이라는 견해가 등장하였다.

최근에는 창세기 1-11장에 대하여 여성신학적 입장으로 접근하여 창세기 2-3장을 성 평등적인 관점에서 해석하였다.[33] 또한 생태신학적 관점에서 땅을 정복하라는 창세기 1:26이하의 인간을 향한 명령이 지금 우리가 당면하고 있는 위기의 원인이라고 주장한다.

창세기 1-3장의 창조 이야기의 문제점은 1장과 2장의 창조 이야기의 초점이 다르다는 데서부터 출발하여 창세기의 창조 이야기가 하나의 이야기인가 아니면 두 개의 이야기인가 하는 질문이며, 이에 대하여 문서설을 근거로 각기 다른 창조 이야기라고 주장하는 학자가 있는가 하면 정경비평적인 입장에서 하나의 창조 이야기에 각기 다른 의도와 목적으로 다른 관점의 창조 이야기가 기록되었다고 주장한다.

또한 창조의 성격에 대한 논의도 활발하다. 즉 창조를 무(無)에서 유(有)의 창조(creatio ex nihilo)로 이해하는가 하면 창조를 질서를 세우는 것으로 이해하기도 한다.[34] 후자의 주장에 의하면 하나님은 창조주이시며, 그는 모든 피조물들의 주권자가 되시고 통치자가 되신다는 것이다. 이러한 창조신앙에서 성서적인 인간관도 형성된다. 인간은 피조물이기 때문에 인간 스스로가 주인이 될 수는 없다. 또한 인간의 참된 모습과 존재가치, 삶의 의미들은 창조주이신 하나님과의 관계 안에서만 찾아질 수 있다. 피조물인 인간이 하나님과의 관계를 떠나서 살려고 한다거나 또는 하나님의 위치에 스스로 올라서려고 한다면 그것은 인간의 교만이다. 성서적인 의미에서 죄란 무엇보다도 관계의 개념이다. 창조주 하나님과 피조물인 인간 사이에 존재해야 할 바른 관계가 깨진 것이 곧 죄이다.

33) 이러한 연구의 대표적인 구약신학자는 트리블(P. Trible)이다. P. Trible, *God and the Rhetoric of Sexuality*, pp. 90-98.

34) B. W. Anderson, *Creation in the Old Testament* (Philadelphia: Fortress, 1984), pp. 102-117.

창조 이야기는 창조의 질서 안에 남자와 여자의 동등한 관계를 나타내고 있다. 창세기 1:26-27에 의하면 남자와 여자는 모두 하나님의 형상(Imago Dei)으로 창조되었다. 남자와 여자가 똑같이 하나님의 형상으로 창조되었다는 것은 남녀의 평등함뿐만 아니라 인간의 존귀함을 말해준다. 이러한 사실은 창세기 2:18의 돕는 베필(에제르 케네그도, (עזר כנגדו))이라는 표현에도 잘 나타난다. 이 말의 원래 의미는 "완전히 대등한, 상응되는 존재로서 돕는 자"라는 뜻이다. 남자와 여자의 관계는 상응되는 대등한 짝의 관계이라는 사실을 말해준다.

창조 이야기는 인간과 자연과의 관계도 말해준다. 하나님은 인간(여자와 남자)에게 자연을 정복하고 다스리라는 책임을 위임하여 주셨다. 여기에는 두 가지 중요한 의미가 들어 있다. 첫째, 자연계는 인간의 경배와 숭배의 대상이 아니라 선용의 대상이다. 자연세계는 창조자의 영광을 드러낸다(시편 9:1). 그러나 자연계에 신성(神性)은 내재하지 않는다. 구약신앙은 자연을 비신격화(devinization)시킨다. 인간이 자연의 법칙을 탐구하여 자연을 선용하는 것은 하나님께서 인간에게 부여하신 특권이며 또한 임무이다. 따라서 근대 과학문명이 기독교 문화권에서 발전한 것은 결코 우연한 일이 아니다. 둘째, 인간은 자연에 대해서 청지기 역할을 해야 한다. 하나님이 창조하신 자연세계를 훼손하거나 파괴해서는 안 된다. 이것은 인간이 자연을 수탈과 착취의 대상으로 생각해서는 안 된다는 것을 알려준다. 인간은 창조의 질서와 조화를 유지, 보존하며, 창조주 앞에서 책임질 수 있는 책임성 있는 자연의 통치자, 관리인이 되어야 한다. 따라서 오늘날 생태여성학적(eco-feminism) 관점에서 성서를 읽는 경향이 등장하였다.

창세기 3-11장까지의 원역사를 보면 세 가지 주제가 주기적으로 반복되어 나타나고 있다. 즉 인간의 범죄와 이에 대한 하나님의 징벌 그리고 심판 받은 인간에 대한 하나님의 은총이다. 이 세 가지 주제는 인간의 타락을 기록한 실낙원 이야기(창 3장), 가인과 아벨 이야기(창 4장), 노아와 홍수 이야기(창 6-9장), 바벨탑 이야기(창 11장), 모두에 있어서 반복되고 있다.

이러한 기본구조에 의해서 원역사는 기록되었다. 이러한 구조에서 볼 때 원역사의 마지막(바벨탑의 실패)과 창세기 12장의 이스라엘 역사의 시작은 하나님의 은총이라는 고리로 연결되어 있다.

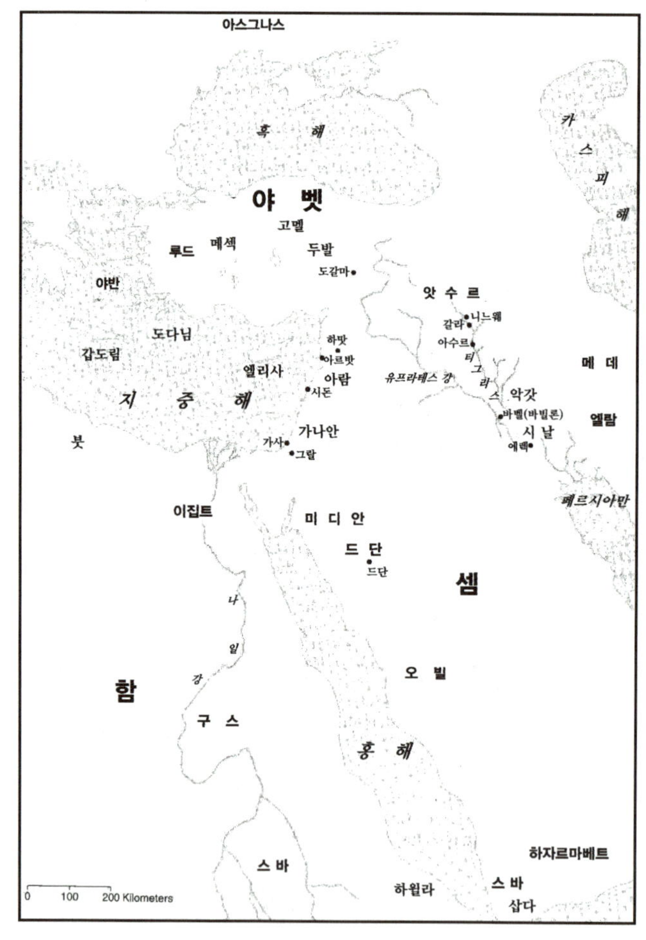

[창세기 10장의 민족들]

문학적 이해

원역사 전체를 문학적 관점에서 살펴보면, 우주창조, 인간창조, 홍수 이야기 그리고 바벨탑 이야기 속에 고대 이스라엘 사람의 족보가 삽입된 형태를 띤다. 즉 우주창조의 이야기가 어떻게 창세기 12장부터 전개될 이스라엘 족장의 역사와 연결 되는가를 보여준다.

창세기 1-2장	창조 이야기
창세기 3장	실낙원 이야기
창세기 4장	가인과 아벨
	가인의 후손 족보
창세기 5장	아담의 족보
창세기 6-8장	노아와 홍수 이야기
창세기 9장	노아의 계약
	노아의 세 아들
창세기 10장	민족의 계보
창세기 11:1-9	바벨탑 이야기
창세기 11:10이하	셈의 후손 족보
창세기 12-50장	족장의 이야기

창세기 4장의 가인과 아벨의 이야기는 아담과 이스라엘의 조상이 어떻게 연결되는가를 설명해 주는 고리 역할을 해준다. 그 이후 창세기 4:17-26에서 가인의 후손에 관한 족보를 기록하고 있다.

마찬가지로 창세기 9장의 노아의 계약 이야기는 노아와 홍수 이야기와 이스라엘 조상과의 관계성을 설명하고 있다. 그 후에 창세기 9:18 이하에서 노아의 아들들에 관한 이야기와 창세기 10장의 민족의 계보가 기록되어 있다.

문학적인 관점에서 원역사는 인류 전체의 범세계적인 역사를 이스라엘 민족의 역사와 연결시키는 부분이 결합되어 있어 범우주적인 이야기가 이스라엘 민족의 역사와 연결되도록 구성되어 있다.

이스라엘의 족장사

인류 전체를 대상으로 하였던 원역사는 창세기 11장으로 끝나고, 12장부터는 새로운 역사의 장이 열리게 된다. 아브라함이 등장함으로써 이스라엘 역사의 막이 오른 것이다.

바벨론의 우르(Ur) 출신인 아브라함은 그의 아버지 데라와 함께 하란(Harran)으로 이주하였고, 그곳에서 하나님의 부름을 받았다. 하나님의 명령(창12:1)을 따라 아브라함은 그의 고향과 친척 아비집을 떠나 새로운 가나안 땅으로 이주한다. 아브라함으로부터 시작되는 족장 이야기는 그의 후손인 이삭-야곱을 통하여 지속되며, 요셉 시대(창 37:1-50:26)에는 이집트로 이주하게 되는 이야기를 포함하고 있다. 이러한 이야기를 전개하면서 약속과 성취라는 신학적 틀을 사용한다.

하나님은 아브라함에게 두 가지를 약속해주셨다. 그것은 가나안 땅에 대한 약속(창 12:7)과 아브라함 후손의 번성에 대한 약속이다. 이 두 가지 약속은 족장들의 역사에서 뿐만 아니라 창세기를 넘어서 오경 그리고 구약성서 전체를 통하여 계속해서 흐르고 있는 중요한 신학적인 주제이다. 하나님의 약속이라는 관점에서 볼 때 오경의 내용은 하나님의 약속들이 어떻게 이스라엘의 역사적인 과정을 통해서 실현되었나 하는 약속의 실현 과정을 보여주고 있는 것이다.

족장 이야기는 아브라함의 아들 이삭의 탄생 과정을 매우 극적으로 기록하고 있다. 따라서 이삭의 탄생 이야기는 몇 가지 중요한 메시지를 전달하고 있다. 첫째, 하나님의 약속은 궁극적으로 반드시 성취된다. 둘째,

하나님의 약속은 인간적으로 불가능한 상황에서도 하나님의 능력에 의해서 실현된다. 하나님은 자신의 약속을 하나님의 방법에 의하여 성취하는 창조주임을 나타내고 있다. 셋째, 하나님의 약속과 성취 사이에는 시련의 기간이 있다는 것을 보여준다. 이 기간을 사는 사람들에게는 하나님에 대한 절대적인 신앙과 신뢰가 요청된다.

하나님의 약속의 성취로서 기적적으로 탄생한 이삭은 리브가(Rebekah)와 결혼하고, 야곱(Jacob)과 에서(Esau)를 낳게 된다. 그리고 야곱은 모두 12아들을 출산한다(창 29-30장). 야곱의 열 두 아들은 르우벤(Reuben), 시므온(Simeon), 레위(Levi), 유다(Judah), 단(Dan), 납달리(Naphtali), 갓(Gad), 아셀(Asher),잇사갈(Issachar), 스불론(Zebulun), 요셉(Joseph),[35] 벤야민(Benjamin) 등이다.

땅에 대한 약속은 성취되기까지 수백 년 이상 대단히 오랜 기간이 걸리게 된다. 이스라엘 사람들이 출애굽을 한 후, 49년 동안의 광야생활을 거쳐서 가나안 땅에 들어가 정착함으로써, 이 약속은 비로소 성취되었다. 따라서 땅에 대한 약속의 성취는 창세기에서부터 시작해서 출애굽기, 레위기, 민수기, 신명기를 거쳐 여호수아에 와서 비로소 이루어졌다. 이러한 관점에서 어떤 신학자들은 육경(Hexateuch)(창세기-여호수아)을 주장하기도 한다.[36]

35) 요셉의 두 아들은 에브라임(Ephraim)과 므낫세(Manasseh)이다. 이 두 아들은 예외적으로 각각 독립된 지파가 된다. 12지파가 가나안 땅을 분배받을 때, 레위지파는 제사장지파로서 땅의 분배에서 제외되고 그 대신 에브라임과 므낫세가 독립지파로서 땅을 분배받는다.

36) G. von Rad, *The Problem of the Hexateuch and Other Essays.*

창세기 자료의 고대성

창세기를 구성하는 자료의 연대 문제를 결정하는 것은 매우 어렵다. 뿐만 아니라 언제 편집되었는가를 밝히는 것도 쉽지 않다. 그러나 오경자료의 고대성에는 의심할 여지가 없다. 특히 족장 이야기와 메소포타미아를 연결시키는 것은 창세기 자료의 고대성을 입증한다. 족장의 지속적인 연결이다. 족장의 가족은 우르(Ur) 출신이며(창 11:28, 15:7, 수 24:2-3), 여기서부터 하란으로 이주하였다(창 11:31). 하란은 여러 족장 이야기에서 등장한다. 하란에서 아브라함의 종은 이삭의 부인을 찾았으며(창 24:4절 이하), 야곱은 형 에서(Esau)의 노를 피하여 하란으로 도망하여(창 28:2, 10), 그의 장년 시기를 그곳에서 보냈다. 베냐민을 제외한 야곱의 아들들은 이곳에서 출생하였다. 그러나 메소포타미아와의 관계는 야곱이 가나안으로 돌아옴으로써 끝난다. 이에 대하여 나훔 사르나(N. Sarna)는 이 이야기를 만들어 냈고, 또 갑자기 사라지게 했다는 납득할 만한 이유를 발견하지 못하기 때문에 이 이야기는 매우 오래된 전승일 것이라고 주장한다.

뿐만 아니라 족장 이야기에 등장하는 사람들의 이름이 하란 근처의 지명과 종종 같다는 점도 이러한 주장을 지지한다. 아브라함의 아버지인 데라(창 11:24-32), 아브라함의 할아버지 나홀(11:22-25), 데라의 할아버지인 스룩(11:20-23) 그리고 스룩의 할아버지인 벨렉(10:25; 11:16-19)의 이름 등이 그렇다.

다른 종류의 예는 메소포타미아의 창조, 홍수에 관한 이야기와 창세기의 이야기 사이에는 문학적인 유사점이 있다는 것이다.

창세기에 사용된 전승의 고대성을 주장할 수 있는 또 다른 증거는 창세기에 등장하는 독특한 인명이나 지명, 특이한 사회-종교적 제도 그리고 오경의 율법과 상반되는 내용이 포함되는 것 등을 들 수 있다. 따라서 창세기의 전승은 매우 이른 시기에 이들이 접한 그대로를 보관하고 있다. 다른 구약성경과의 조화를 꾀하려는 어떠한 시도도 없이 접한 그대로를 보관하고 있는 것으로 이해하였다. 시대착오적인 기록이 존재하는 것만으로도 이러한 모든 것을 두드러지게 만든다. 이와 함께, 가나안 종교발전 단계에 있어서 초기 단계의 종교적 상황을 반영하지 않는다는 것은 당시 가나안의 최고의 신이었던 바알에 관한 언급이 등장하지 않는 것에서도 알 수 있다. 뿐만 아니라 이스라엘 백성이 가나안에 정착한 이후의 야곱의 아들들에 관한 역사적인 상황이 반영되지 않는 것도 이것이 후대의 투영이 아니라는 것을 보여준다고 주장한다.[37] 따라서 르우벤은 야곱의 장자로 묘사되고(29:32; 49:3) 그의 이름은 항상 부족 명단에서 최고의 자리를 차지하고 있다(35:23; 46:8). 심지어는 르우벤이 장자 상속권을 상실했음에도 불구하고 르우벤은 지파의 최고의 지위를 가지고 있었다(49:3-4). 그럼에도 불구하고 르우벤은 이스라엘 역사에 있어서, 특히 이스라엘 백성들이 정착한 이후에는 결코 이스라엘 지파 가운데 최고의 자리를 차지하지 못하였다(신 33:6; 삿 5:15-16). 이와 같은 상황은 므낫세에게서도 발견된다. 요셉의 장자였던 므낫세는 장자 상속권을 상실한다(48:1-20). 후기 시대에는 므낫세는 에브라임에 완전히 가려졌다. 또한 레위에 대해서도 창세기에서는 전쟁을 좋아하고, 무자비한 대적자의 모습으로 그려지고 있다(창 34:1-31, 49:5-7). 이러한 사실은 레위인들이 가나안 정착 당시 전쟁에서 아무런 역할을 담당하지 않고 오직 제의에만 관계한 것과 일치하지 않는다. 시므온은 레위의 폭력적인 행동에 동참한 자로 묘사되고 있으나, 여호수아가 전쟁을 할 때 시므온은 유다와 동맹을 맺었다(수 19:9; 삿 1:3).

37) 그러나 반대의 주장도 가능하다. 즉 바알에 관한 언급이 없는 것은 고대 이스라엘 신앙의 최대의 적이었던 바알에 관한 언급을 신학적인 의도에 의하여 생략한 것으로도 이해할 수 있다.

창세기의 족장 이야기에 묘사되어 있는 지파의 조직은 이스라엘 백성이 가나안에 정착한 이후의 현실과는 너무 거리가 있다. 어머니가 같은 지파들은 정치적으로 연결되지 못하였고, 지파의 영토는 항상 같은 것이 아니었다.

이 모든 것은 창세기의 이야기를 부족의 역사에 대한 믿을 만한 회상을 가지고 있다는 것 이상의 다른 설명을 갖지 못하게 한다.

같은 결론은 이스라엘 부족들이 주변 국가와 맺은 관계에서도 알 수 있다. 즉 정착 이후 이스라엘과 적대적인 관계를 맺고 있는 주변 국가와 우호관계를 맺는 것을 많이 발견할 수 있다. 아브라함과 이삭은 여러 민족들과 조약을 맺었다(14:13; 21:22-32; 26:28-31). 유다와 시므온은 가나안 사람들과 결혼을 하였고(창 38:2, 46:10), 뿐만 아니라 족장들은 아람 사람들과 혈연관계를 맺은 것으로 묘사되고 있다(22:21; 24:24, 38; 25:20). 이스라엘 역사에 있어서 다윗 시대 이후 이스라엘과 전쟁관계에 있던 에돔이 야곱과 혈연관계로 묘사된다(창 36:1). 이러한 이유 때문에 일부 학자들은 창세기의 전승이 후기의 상황을 묘사하는 것이 아니라, 초기의 역사적 상황을 반영하는 것이라고 주장한다. 또한 비록 블레셋이 창세기에 등장하는 것이 시대착오적인 기록이기는 하지만 그러나 창세기의 블레셋에 대한 묘사는 사사기나 사무엘서와는 사뭇 다른 관점에서 기록되었으며, 특히 '세렌' 에 의하여 통치되는 블레셋의 다섯 도시(소위 '펜타폴리스' pentapolis라고 부름)에 관한 언급이 없는 것은 이러한 상황을 잘 반영하는 것이다(참고 수 13:3; 사사기 3:3; 16:1이하 등).

이러한 관점에서 타협적인 설명이 가능하다. 즉 창세기의 고대 자료들이 후기의 편집자들에 의하여 편집되어 오늘날 창세기와 같은 형태가 되었다는 설명이다.

창세기의 주제와 교훈

창세기는 하나님과 이스라엘의 관계에 관한 역사적인 배경을 설명해준다. 창세기를 통하여 하나님과 인간, 자연 그리고 세상에 관한 독특한 개념을 제공해 준다.

창조의 하나님

창세기에 기록된 창조 이야기는 고대 근동의 다양한 창조 이야기의 영향을 받기는 했지만, 창세기의 창조기사는 국가 종교를 보여주거나 혹은 우주관을 통하여 사회 정치적인 제도의 정당성을 찾기 위한 것이 아니라, 창조 이야기를 통하여 이스라엘의 하나님이 누구인가를 보여주려는 것이다. 고대 근동의 다신교적인 신 개념은 성경의 창조 이야기에서는 전혀 찾아 볼 수 없다. 하나님의 창조는 하나님의 절대성을 강조하는 것이다.

창조의 이야기에서 창조는 두 단계로 이루어지며, 각 단계는 다시 3일의 창조 기간을 갖는다. 첫째 단계는 창조의 근본이 되는 요소들을 만드는 것이다. 두 번째 단계는 이것을 사용하여 창조하는 것을 보여준다.

창조의 하나님 개념은 비단 창세기뿐만 아니라 성경 전체를 이해하는데 가장 중요한 요소이다.

인간

창세기의 창조에 있어서 인간은 창조의 정점이다. 인간은 하나님의 형상(*Imago Dei*)으로 만들어진 존귀한 존재이며, 하나님으로부터 생령을 받은 존재로서 다른 창조물과 차이를 가지고 있다(1:26, 27). 그러나 하나님과의 관계에서 인간은 피조물에 지나지 않는다는 것을 보여주기도 한다.

죄 혹은 악

창세기의 죄에 대한 개념은 고대 근동의 죄에 대한 개념과 차이를 나타낸다. 고대 근동 세계에서는 태초부터 세상은 악하다는 전통을 가지고 있었지만, 그러나 창세기에서는 하나님의 창조행위에 대하여 선하다라고 평가하고 있다(1:4, 10, 12, 18, 21, 25, 31 등). 창세기에서 죄란 도덕적인 개념이지 형이상학적인 추상적 개념이 아니다.

창세기에는 도덕적인 타락에 대한 심판을 기록하고 있다. 가인의 살인에 대한 심판(4:3-16), 노아홍수(6:9-8:22), 소돔과 고모라(18-19장) 등은 누구에게나 적용되는 신적인 명령이 있다는 것을 전제한 것으로, 인간은 언제나 도덕적인 법을 범할 수밖에 없다는 것을 보여준다.

인간의 통일성

창세기는 모든 인간은 한 조상에서 유래되었음을 보여준다. 인류의 통일성은 족보라는 문학적 유형을 통하여 잘 보여주며, 특히 창세기 10장의 민족의 계보에 관한 기록은 인류의 통일성을 보여주는 예이다. 따라서 모든 민족의 기원, 즉 한 하나님으로부터 모든 민족이 파생하였으며, 그 가운데 이스라엘이 특별히 선택되었다는 선택사상으로 범세계적인 인간 이해가 이스라엘 조상에 대한 이해와 연결된다.

하나님의 선택사상

창세기에는 하나님의 선택사상이 강하게 나타난다. 노아의 선택(6:8)이나 셈의 축복(9:26) 그리고 아브라함의 가계 형성 등은 이러한 하나님의 선택사상을 보여주는 것이다. 아브라함의 아들인 이스마엘은 배척당하고 반면에 이삭은 선택 받는것 역시 하나님의 선택사상을 보여주는 대표적인 예이다. 그런데 창세기에서 하나님의 선택사상은 후손을 허락하면서 이어진다.

언약

창세기에서 보여주는 또 다른 주제는 하나님과 인간 사이의 언약이다. 노아 언약(창 6:18, 9:8-17)과 아브라함 언약(창 15, 17장)이다. 언약의 주된 주제는 나중에 국가를 형성한다는 것과 나라의 영토를 소유할 것이라는 점이다. 창세기에 등장하는 족장 모두가 이러한 약속과 밀접한 관련을 맺고 있다. 이러한 하나님의 언약이 성취되는 모든 과정은 하나님에 의하여 이루어진다.

하나님과 역사

창세기의 역사와 하나님의 개념은 하나님의 나타나심이 인간의 무대에 나타나는 것을 의미한다. 따라서 역사는 의미를 갖게 된다.

창세기의 문학적 특징 가운데 하나는 연대기를 채택하고 있다는 것이다. 아담으로부터 노아까지 10대는 노아부터 아브라함까지 10대와 평행을 이룬다. 개인의 출생은 역사 시대에 도달했음을 말한다. 문명의 예술이 아담으로부터 7대 후에 발생했다는 것은 우연이 아니다. 족장 시대로의 전환에 있어서 아브라함이 아버지의 고향에서 75세까지 살았고 그의 아들인 이삭이 같은 나이까지 살았는데, 아브라함이 이삭을 100세에 낳았고 이스라엘 백성들이 100년간 가나안 지역을 방랑했다는 것(창 12:4; 21:5; 25:7)은 매우 중요한 것이다. 또한 야곱이 17년간 요셉과 가나안에서 살았고 야곱이 17년간 애굽에 거주했다는 것 역시 매우 중요한 것이다(창 37:2, 47:9, 28).

족장들은 모두 215년간 가나안에 거주하였다(21:5; 25:26; 47:9). 이 기간은 그의 후손들이 애굽에 거주하는 기간인 430년(출 12:40)의 정확히 반이다. 족장들의 삶 속에서 발생하는 중요한 사건들은 10진법이나 60진법에 의하여 기록되었다. 창세기는 역사 가운데 하나님의 계획이 어떻게 펼쳐지는가를 기록하고 있다.

창세기의 신학적 의도

창세기의 저자 혹은 편집자가 오늘날과 같은 창세기의 구성을 통하여 전달하고자 하는 바는 무엇인가? 창세기 1-11장까지의 원역사와 12-50장의 족장 이야기를 통하여 무엇을 보여주려고 하는가? 여기서 신학적 의도를 다양하게 유추할 수 있지만 창세기가 왜 현재와 같은 형식을 취하며, 어떤 신학적 의도를 가지고 있는가?

이에 관한 대답을 위하여 다음과 같은 사실을 염두에 두어야 한다. 즉 원역사에 왜 에덴동산 이야기, 노아의 홍수 이야기, 바벨탑 이야기를 채택하였는가 하는 질문이다. 좀 더 쉽게 바벨론의 이야기나 신화가 왜 창세기에 등장하는가 하는 점이다. 이에 대하여 창세기의 저자 혹은 편집자는 이스라엘 민족 이전의 바벨론과의 관련성을 강조하기 위하여 바벨론의 신화적인 모티브를 통하여 하나님을 설명하고 있다. 이처럼 바벨론의 신화적 내용을 채택했다는 것은 창세기의 편집자가 바벨론과의 관련성을 강조하기 위한 시도로 보인다.

더욱이 이러한 신화적인 요소 가운데 홍수 이야기는 이스라엘과는 관련성이 없는 이야기이다. 이스라엘에서는 홍수가 신적인 대상이 될 수 없고, 오히려 이집트와 마찬가지로 홍수를 기다려야 할 상황임에도 바벨론의 신화적 요소가 들어있는 것은 의도적으로 바벨론과의 관련성을 강조하기 위함이다.

이러한 의도는 족장 이야기(12-36장)에서도 잘 나타난다. 아브라함이 갈대아 우르에서 출발하여 가나안으로 왔다는 기록에 대하여 왜 하필이면 갈대아 우르인가? 라는 질문을 제기할 수 있다. 뿐만 아니라 아브라함은 이삭의 아내를 얻기 위하여 메소포타미아의 나홀 성으로 사람을 보낸다(창 23:4, 10절). 특히 하나님께서 아브라함에게 약속으로 주시는 가나안 땅에서 이삭의 아내를 얻지 말라고 명하신다(창 24:3). 이러한 예는 야곱의 경우도 마찬가지다. 야곱은 밧단 아람의 삼촌 라반의 집에서 라헬과 레아를 아내로 얻는다(창 29:20절 이하). 뿐만 아니라 이스라엘 12지파의 근간이 되는 야곱의 열두 아들 가운데 베냐민만 제외하고 모든 아들은 바벨론에서 낳아 들어온 것으로 기록하고 있다.

왜 성경은 약속의 땅에서 출생한 후손들에 대하여 부정적인 생각을 가지고 있는가? 이러한 사실은 이스라엘의 역사적 상황에서 어느 정도 답을 찾을 수 있다. 이스라엘의 예루살렘이 바벨론에게 멸망당한 후 유다 백성들이 바벨론으로 잡혀갔다. 이 사건 이후 이스라엘 사회에서는 포로를 경험한 사람과 포로를 경험하지 않은 사람들 사이의 갈등관계를 발견할 수 있다. 이러한 갈등 가운데서 유다 백성들의 바벨론 경험은 종교적으로 이해하기 힘든 사건이다. 왜냐하면 이들은 죄로 인하여 외국으로 쫓겨났기 때문이다. 이 사건을 통하여 성서는 유다백성들의 바벨론 경험을 후손을 얻기 위함이고 더 나아가 바벨론과 이스라엘 백성과의 관련성을 보여주기 위함이다.

창세기를 통하여 볼 때, 후에 12지파를 형성하는 지파들 가운데 베냐민을 제외한 모든 지파는 외국 즉 바벨론과 이집트에서 출생하였다. 유다의 근간이 된 지파의 조상들은 모두 바벨론에서 출생하였으며, 북 이스라엘의 근간이 된 에브라임과 므낫세는 이집트에서 출생하였다.

이러한 사실을 통하여 창세기는 유다 백성들의 바벨론 강제 이주와 경험을 정당화한다. 바로 이러한 신학적 의도가 창세기에 복선으로 깔려 있다.

창세기의 문제점

창세기의 저자에 관하여 성경에 기록된 내용은 없다. 그러나 유대교 전통에서 오경 전체를 하나님의 감동을 받은 모세에 의하여 기록된 단일저자로 이해하기 시작하였다. 따라서 창세기도 오경과 마찬가지로 모세에 의하여 기록된 작품으로 이해되었다. 이러한 주장은 최근 몇 세기 동안 수많은 도전을 받아 왔다. 창세기 속에 포함되어 있는 시대착오적인 기록들, 히브리어 하나님 이름이 다르게 등장하는 것, 창세기 내의 문학적 양식의 차이와 단어 사용의 차이점, 같은 내용이 반복되는 것, 같은 사건에 대한 서로 다른 기록이 등장하는 것 등을 이유로 많은 학자들은 창세기는 다른 시대에 기록된 자료들이 결합된 것으로 이해하였다.[38]

시대착오적인 기록들

창세기에 등장하는 시대착오적인 기록은 다음과 같은 것이 있다. 아브라함의 고향이 갈대아 우르(Chaldean Ur 창 11:28, 31, 15:7)라고 기록되어 있다. 그런데 갈대아 인들은 족장 시대 이후 시대에도 메소포타미아 남부 지역까지 세력을 확장하지 못하였다. 갈대아 인들이 메소포타미아 남부 지역까지 세력을 확장한 것은 주전 612년 이후의 일이다.

또한 창세기 13:7에 의하면 가나안 사람들과 브리스인들이 그 땅에 거주하였다고 기록하고 있으나, 브리스 사람들은 솔로몬 시대에 처음 등장한다(왕상 9:16, 20, 수 16:10, 삿 1:27-33, 삼하 24:7).

마찬가지로 블레셋 민족(창 34:7) 역시 주전 12세기 이전에 가나안의 서쪽 해안에 거주하지 못하였으나, 창세기에서는 이들이 이미 가나안 해안 지역에 거주하고 있는 것으로 기록하고 있다. 블레셋 사람이 시리아-팔레스틴에 처음으로 등장한 것은 람세스 3세의 기록이다.

마지막으로 창세기 36:31-39에 등장하는 150여 년 동안의 에돔 민족의 역사에 관한 기록 역시 시대착오적인 기록이다. 에돔 민족은 주전 13세기 이후에 요단 동편 지역에 거주하였기 때문에 족장들의 시대에 이들이 등장할 수 없다.

이러한 시대착오적인 기록은 기록자 시대의 시대상을 반영하는 것이다.

반복적인 기록

가장 대표적인 반복적인 기록은 창세기 1-2장의 두 가지 창조기사다. 창조의 순서로는, 창세기 1장의 창조 이야기에 의하면 남자와 여자는 새의 창

38) 김영진, 『토라』, pp. 85-89.

조 이후 창조의 절정으로 창조된 것으로 기록하고 있지만, 창세기 2장에서는 남자, 동물, 새 그리고 여자의 순으로 창조되었다고 기록하고 있다.

홍수 이야기도 두 가지의 다른 내용이 반복적으로 기록되어 있다. 창세기 6:19-20에서는 방주에 동물의 암수 두 쌍이 실렸지만, 창세기 7:2-3에서는 정한 동물은 일곱 쌍 그리고 부정한 동물은 두 쌍씩 방주에 실렸다. 또한 창세기 7장에 의하면 비가 40일 동안 내렸으며 비가 진정되는데 14일이 걸린 것으로 기록하고 있다. 그러나 창세기 7:11, 24-28, 8:3-4에서는 비가 150일 동안 창일하였으며 노아가 방주에서 나오기까지 1년 10일정도 소요되었다고 기록하고 있다(7:11, 8:13-14).

아브라함의 아내 사라가 이집트 왕 바로(12:11-20)와 그랄의 왕 아비멜렉(20:1-18)에게 자신의 남편이 있다는 것을 속인 사건 역시 반복되는 내용이다. 이러한 비슷한 이야기는 리브가와 아비멜렉 사이에서도 발생한다(26:6-11). 이 세 가지 이야기에서 남편은 자신을 보호하기 위하여 부인을 누이로 속였다.

하갈이 아브라함을 떠나는 사건 역시 두 번 기록되어 있다(16:2-14, 21: 9-19). 이 두 사건 모두 우물을 배경으로 기록되었으며, 두 이야기 모두 이스마엘의 번성함을 보장하고 있다.

창세기 26:34과 28:9에 기록된 에서의 부인 이름이 창세기 36:2-3의 이름과 일치하지 않는다. 창세기 26:34에서 에서의 가나안 부인의 이름은 유딧과 바스맛인데, 창세기 28:9에서는 마할랏을 아내로 취한다. 그러나 창세기 36:2-3에서 에서의 아내는 아다와 오홀리바마와 바스맛으로 기록되어 있다.

이 외에도 벧엘(28:17-19, 35:14-15)과 이스라엘(32:29, 35:10) 이름의 기원에 관한 설명이 두 번이나 등장한다.

라헬의 죽음과 요셉의 사건에 관한 묘사가 일치하지 않는다. 즉 창세기 35:19에서 라헬은 이미 죽었는데, 창세기 37:10의 요셉의 꿈은 그의 어머니가 죽은 이후의 사건이다. 따라서 창세기 37:10에 기록된 "너의 어머니…"라는 표현은 시대착오적인 기록이다.

또한 창세기 35:23-26에서 베냐민 역시 야곱이 밧단아람(Padan-Aram)에서 얻은 아들이라고 기록하고 있으나 창세기 35:16-22에 의하면 베냐민은 라헬이 베들레헴 근처에서 얻은 자식이다.

이처럼 같은 사건에 대한 다른 기록이 창세기에 등장하는 것은 같은 사건에 대한 각기 다른 전통이 존재하였음을 보여준다.

신명의 차이

창세기에는 다양한 하나님 이름이 등장한다. 창세기에서는 150번 하나님을 여호와(한글 성경에서는 야웨로 번역됨)(יהוה)라고 부른다. 족장들은 여호와를 위한 제단을 세웠을 뿐만 아니라(12:7, 8, 13:18 등), 여호와의 이름을 불렀다(12:8, 13:4, 21:33 등). 이처럼 여호와의 이름을 사용하는 관습은 창세기 4:26에서부터 시작되었다. 그러나 출애굽기 3:14과 6:2-3에 의하면 하나님께서 모세에게 처음으로 여호와라는 이름을 주신 것으로 기록하고 있다. 창세기의 대부분은 하나님의 이름을 여호와라고 기록하고 있다.

이러한 현상을 바탕으로 성서에 대하여 비판적인 관점에서 연구하는 학자들은 창세기는 초기의 여호와 이름을 사용하는 전승(J 자료)을 바탕으로 기록되었으나, 후에 엘로힘(אלהים)이라는 신명을 사용하는 전통(E 자료)이 생겨났다고 주장하였다. 후에 편집자에 의하여 두 전승을 사용하여 하나의 이야기를 완성한 JE자료가 형성되었으며, 또 편집자는 제사문서(P)를 편집하여 JEP를 형성하였다. 그러나 각 전승들은 나름대로의 특징 즉 특별한 어휘나 단어의 사용 그리고 신학적 · 종교적인 특징을 나타낸다.

오경 안에서 창세기의 독특성

창세기는 오경 안에서 독특성을 지니고 있다. 왜냐하면 창세기는 오경의 다른 네 권의 책과 함께 나눌 수 없는 독특성을 가지고 있기 때문이다. 창세기의 이야기는 오경의 다른 책에 등장하지 않는 내용으로 구성되어 있다. 특히 창세기는 다른 오경과 달리 개인의 전기를 포함하고 있다. 뿐만 아니라 창세기에는 구약성경의 다른 책과는 달리 고대 사회 제도에 관한 내용도 많이 포함하고 있다. 예를 들어 부인을 누이로 속이는 것(12:11-20, 20:1-18, 26:6-11), 자녀가 없는 것을 고치기 위하여 첩을 들이는 것(16:2, 30:2-3), 집에 고용살이 하는 자를 양자로 채택하는 것(15:2-4) 등이다.

창세기에 있는 인명이나 지명 가운데 38개의 인명은 족장과 관련되었으며, 27개의 이름은 다른 곳에서는 등장하지 않는 것이다. 밧단-아람(25:20, 28:2)이나 헤브론(13:18, 14:13 등)은 오경의 다른 책에는 등장하지 않는 이름이다.

문학적인 측면에서도 창세기는 특징을 가지고 있다.

"이것은 ~의 족보이니라"라는 구절이 창세기에 10번 등장한다(2:4, 6:9, 등). 그런데 이 구절은 오경의 다른 책에서는 단 한번만 등장한다(민 3:1).

창세기에서는 하나님이 1인칭 복수형으로 사용되며(창 1:26, 3:22, 11: 7), 야웨와 엘로힘이 결합된 형태가 창세기에만 22회 등장한다. 이러한 예가 다른 오경 책에서는 출애굽기 9:30에서만 등장한다.

제의적인 측면에서 창세기의 내용은 다른 오경의 내용과 상반되는 되는 내용을 많이 가지고 있다. 예를 들어 아브라함은 제사를 위하여 나무를 심는다(창 21:33, 12:6-7, 13:8). 그러나 이러한 사실은 신명기 16:21에서는 금지되어진 관습이다. 또한 야곱이 벧엘에 돌단을 쌓은 것(창 28:18, 22:31,

31:13)과 길르앗에 돌단을 쌓은 것 역시 오경의 다른 책에 기록된 율법에 어긋난 것이다(신 7:5, 16:22, 출 23:24, 레 26:1 등).

창세기에는 다른 이방 종교와의 긴장감을 찾아 볼 수 없다. 뿐만 아니라 창세기에서는 하나님에 대한 다양한 수식어가 사용되었다. 이러한 예도 창세기에서만 볼 수 있는 현상이다.

| 창세기 참고문헌 |

Fretheim, Terence E., "Genesis." In NIB 1:319-673.

von Rad, Gerhard, *Genesis*. Trans. J. H. Marks. OTL. Philadelphia: Westminster, 1972.

Westermann, Claus. *Genesis 1-11: A Commentary*. Minneapolis: Augsburg, 1984.

Westermann, Claus. *Genesis 12-36: A Commentary*. Minneapolis: Augsburg: 1985.

Westermann, Claus. *Genesis 37-50: A Commentary*. Minneapolis: Augsburg: 1986.

출애굽기

렘브란트(Rembrandt)가 그린
'Moses Showing the Tables of the Law to the People'(1659)

출애굽기

명칭

오경의 두 번째 책인 출애굽기는 요셉의 죽음으로부터 이스라엘 백성이 출애굽한 지 두 번째 해에 장막이 세워질 때까지의 내용을 포함하고 있으며, 출애굽 과정과 율법에 대하여 기록하고 있다. 출애굽기는 히브리어로 '쉐모트'(שמות)라고 부르며, 영어 제목 엑서더스(Exodus)는 칠십인역 성경에서 책의 내용에 의하여 붙인 제목인 「엑소도스」(εχσοδος)를 라틴어 번역인 불가타 성경이 에소더스(Exodus)로 번역하면서 생겨났다.

출애굽기는 40장 1,209절로 구성되어 있으며, 전체 단어 수는 16,713이며, 글자 수는 모두 33,529자이다. 출애굽기의 가운데는 22:27이다.

출애굽기의 문학적 특징

출애굽기의 주된 문학형태는 산문(narrative)이며, 몇 개의 운문(poetry)이 포함되어 있다.

산문형태로 된 출애굽기의 이야기는 인명, 지명 혹은 풍습의 기원에 기원을 설명하는 여러 종류의 원인론적인 설화(aetiological narrative)가 포함되어 있다. 예를 들어 출애굽기 12장은 유월절의 기원을 설명한다. 모세의 탄생과 소명 과정을 설명하는 출애굽기 1:1-7:13과 이스라엘 백성의 출애굽 과정을 묘사하는, 특히 열 가지 재앙을 기록하고 있는 출애굽기 7:14-11:10은 매우 극적으로 묘사되어 있다.

출애굽기에는 설화 가운데 특별히 조약(covenant)의 형식도 등장한다. 모세는 시내 산에서 이스라엘을 대표해서 하나님과 계약을 체결한다.[39] 이 계약의 핵심은 하나님은 이스라엘의 하나님이 되시고, 이스라엘은 하나님의 백성이 되는 것이다. 이러한 계약을 이루기 위하여 이스라엘 백성들이 지켜야 할 규정들이 율법의 형태로 제시된다. 이 조약은 고대 근동의 종주권 조약과 매우 유사하다(출 19-24장).

조약의 규정으로 등장하는 법조항들은 고대 근동의 법 형식을 취하고 있다. 고대 근동의 법과 마찬가지로 출애굽기에 기록된 법의 양식은 단언적 법(apodictic law)과 결의론적 법(casuistic law)으로 나눌 수 있다. 단언적 법은 "-하라" 혹은 "-하지 말라"의 형식을 취한다. 즉 "너는 과부나 고아를 해롭게 하지 말라"(부정명령), 혹은 "네 부모를 공경하라"(긍정명령)와 같은 형태이다. 그러나 결의론적인 법은 우선 조건절의 사용으로서 정의된다. 즉 "만일…면"이라는 조건문에 "그 때에…하라"라는 평결문 형식으로 기록되어 있다. 예를 들어 "소가 남자나 여자를 받아서 죽이면, 그 소는 반드시 돌에 맞아 죽을 것이요…임자는 형벌을 면하려니와, 소가 본래 받는 버릇이 있고, 그 임자는 그로 인하여 경고를 받았으되 단속하지 아니하므로 남녀 간에 받아 죽이면, 그 소는 돌로 쳐 죽일 것이고 임자도 죽일 것이라"(출 21:28-29)와 같이 구체적 사건에 대하여 대처할 방안을 규

39) 김영진, 『조약과 언약』(서울: 한들출판사, 2005), pp. 25, 63-64.

정하고 있는 법이 있다. 출애굽기에는 십계명(출 20:2-17)과 언약법전(출 20:22-23:19) 등이 있다.[40] 고대 근동에서 법은 신이 수여하는 것으로 인식하였기 때문에 출애굽기에서 율법을 수여할 때에는 항상 야웨께서 모세를 통하여 백성들에게 수여하는 방식을 취하고 있다. 따라서 율법을 수여할 때에는 "하나님이 이 모든 말씀으로 말씀하여 이르시되"(20:1)나 혹은 "여호와께서 모세에게 이르시되 너는 이스라엘 자손에게 이같이 이르라"(20:22), "여호와께서 모세에게 말씀하여 이르시되"(24:12, 25:1, 30:11, 30:22, 31:1, 33:1, 34:1, 34:10, 40:1 등)과 같은 말로 시작한다.

출애굽기에서 이처럼 조약과 법전의 양식을 빌어서 하나님과의 관계와 이스라엘의 관계를 묘사한 것은 하나님과 이스라엘의 관계를 절대적으로 순종해야 하는 고대 근동의 종주와 봉신 사이의 관계로 보았기 때문이다.

출애굽기에는 몇 편의 시가 등장한다. 출애굽한 모세가 구원자 하나님을 찬양하는 모세의 노래(출 15:1-18)와 미리암의 노래(출 15:19-21)가 그것이다.

출애굽기의 구조 및 내용

출애굽기의 구조

출애굽기는 크게는 1-17장까지의 출애굽에 관한 이야기와 19-40장의 하나님과 이스라엘 사이의 시내 산에서 계약을 기록하고 있다. 18장은 전반부와 후반부를 연결하는 고리 역할을 하며, 특히 모세의 장인인 이드로가 모세를 방문하여 이스라엘 백성의 조직을 돕는 내용으로 구성되어

40) 김영진, 『율법과 법전』(서울: 한들출판사, 2005)을 참조하시오.

있다(출 18). 출애굽기 18장의 기능은 19장 이하에 나타나는 율법 및 각종 제도의 형성의 동기를 부여하는 것이다.

그러나 좀 더 세분하면, 1:1-13:16까지는 출애굽 사건을 기록하고 있으며, 13:17-19:2까지는 출애굽한 이스라엘 백성들의 광야생활을 기록하고 있다. 19:3-40:38에서는 시내산 언약을 기록하고 있으며, 그 계약의 법조항으로 율법이 수여된 것을 기록하고 있다. 특히 율법을 수여하기 전과 후에는 항상 이야기가 제시되었다. 예를 들어 출애굽기 19:3-20:21의 십계명에서는 19:3-19:25에서는 신현현 이야기가 기록되어 있고, 그 뒤를 이어 십계명이 주어지고(20:1-17), 20:18-21에서는 다시 한 번 신현현 현상에 관한 이야기가 제시되었다.[41]

서론적 이야기(narrative)	19:3-19:25	20:22-20:26	24:12-24:18	34:29-34:35
율법수여(law)	20:1-20:17	21:1-23:33	25:1-31:17	35:1-40:33
결론적 이야기(narrative)	20:18-20:21	24:1-24:11	31:18-34:28	40:34-40:38

출애굽기의 내용

출애굽기는 책 전체가 출애굽 사건을 기록하고 있지만, 그러나 출애굽 사건 자체에 관한 언급은 1-17장까지이며, 19-40장의 하나님과 이스라엘 사이의 시내 산에서 계약을 기록하고 있다. 그리고 이 두 이야기 사이에 이드로가 모세를 방문하여 이스라엘 백성의 조직을 돕는 내용으로 구성되어 있다(출 18). 출애굽기 18장의 기능은 19장 이하에 나타나는 율법 및 각종 제도의 형성의 동기를 부여하는 것이다.

출애굽기는 창세기의 족장의 언약이 어떻게 성취되는가를 보여주며,

41) D.A. Dorsey, *The Literary Structure of the Old Testament*, pp. 72-73.

전체적으로 출애굽기를 세 부분으로 나눌 수 있다. 출애굽기 1-17장은 이스라엘을 이집트의 노예로부터 해방시키시는 하나님의 구원의 역사와 하나님의 신실하심과 자비 그리고 능력을 보여주고 있다. 출애굽기 19-24장은 이스라엘과 계약을 체결하시는 하나님께서 이스라엘에게 제사장 나라와 거룩한 백성이 될 것을 요구하시며, 이를 위해 십계명으로 요약되는 율법을 제시한다. 출애굽기 25-31장, 35-40장은 이스라엘 백성에게 하나님을 위한 성소를 건축하면, 하나님께서 이스라엘 가운데 거하면서 그들을 돌보아 주실 것이라고 약속하신다. 출애굽기 18장의 모세의 장인 이드로의 방문에 관한 기록은 시대 순이나 내용적으로 그 위치에 놓이기에 적합하지 않으며, 세 번째 부분에서도 금송아지 사건(출 32-34장)으로 그 내용이 두 부분으로 나누어진다.

출애굽기는 내용에 따라서 좀 더 세분하면 다음과 같다.[42)]

(1) 이스라엘의 종살이와 모세의 등장 (1:1-2:25)

(2) 모세의 소명과 임무(3:1-7:13)

(3) 재앙들(7:14-11:10)

(4) 첫 아들의 죽음과 유월절(12:1-13:16)

(5) 바다의 기적(13:17-15:21)

(6) 불화와 시내 산으로의 인도하심(15:22-17:16)

(7) 이드로의 방문과 이스라엘 백성을 조직함(18:1-)

(8) 시내 산에서 신현현과 십계명(19:1-20:21)

(9) 규칙과 교훈(20:22-23:33)

(10) 언약 체결(24:1-)

(11) 장막을 지으라고 명함(25:1-27:19)

42) 김영진, 『토라』(개정판), p. 144; M. Greenberg, "Exodus, Book of," *Judaica* 6, Cols. 1050-1067, esp. 1051.

(12) 성소에서의 행동(27:20-31:18)

(13) 황금송아지(32:1-34:)

(14) 성막을 지음(35:1-40:)

이스라엘의 종살이와 모세의 등장 (1:1~2:25)

이스라엘의 증가와 족장들에 대한 언약은 이집트 왕에게 이스라엘 사람을 줄이기 위한 잔인한 수단을 지속적으로 사용하도록 하였다. 이집트 왕은 부당한 노동을 시켰으며, 이스라엘 부족을 줄이기 위하여 히브리인 남자 유아를 죽이도록 명령을 내렸다. 이 어려운 시기에 레위 가문에 속한 한 어린아이가 출생하였다. 그러나 그의 어머니는 그를 살리기 위하여 나일 강의 등나무에 그를 숨겼다. 바로의 딸이 그를 나일 강에서 구하여 내고, 그의 누이는 그 광경을 지켜보고 그 아이를 살리려고 하였다. 후에 그 어린아이는 왕자로 자랐고, 애굽의 공주는 그를 모세로 불렀다. 아마도 이 이름은 이집트어에서 유래된 것으로 보인다. 모세라는 이름은 이집트의 왕의 이름에서도 많이 등장한다. 예를 들어 투트모세(Thut-Mose)는 "투트 신의 출생"이라는 뜻을 가지고 있다. 그리고 그 어린아이는 애굽 공주의 아들이 되었다.

젊은 모세에 의한 세 가지 구원행위는 서로 관련이 있다. 이것은 미래의 그의 역할을 보여주는 것이다. 모세는 이집트의 십장으로부터 한 히브리인을 구하고, 또 히브리인을 다른 사람들의 부당한 공격으로부터 구원하고, 마지막으로 도망자로서 모세는 미디안에서 제사장의 딸을 못살게 구는 자들로부터 구원한다. 모세는 미디안의 제사장에게 안내되어 그의 딸과 결혼하여 아들을 낳는다. 모세가 이집트에 있는 동족의 싸움으로부터 물러서 있는 것은 일시적인 것이다. 하나님은 그의 비참한 신세를 기억한다.

잘 균형 잡힌 이야기 속에 등장하는 불일치함은 각기 다른 기원을 제시한다. 즉 비록 후손이 많기는 하지만 이스라엘 사람이 두 명의 산파를 가지고 있다는 것; 비록 모세가 그의 부모의 첫 번째 아들처럼 보이는데 모세에게 누이가 있는 것으로 입증되었다. 다산(多産)의 주제와 출생이 하나의 이야기 속에 결합된 것은 각기 다른 기원을 가지고 있음을 보여준다. 모세의 출생 이야기는 고레스나 아가데의 사르곤의 출생과 비교된다. 그러나 이집트의 신화에서 이시스가 셋(Seth)의 잔인한 살인행위에서 어떻게 그의 어린아이를 델타의 파피루스 수풀에 숨겨 구원하였는가 하는 것과 좋은 유비를 제시한다. 모세의 출생 이야기에는 이집트적인 색체를 발견할 수 있다(W. Helck).[43]

모세의 소명과 임무(출 3:1~7:13)

모세는 사막 깊은 곳에서 장인의 가출 떼를 키우고 있는 동안 모세는 하나님의 산으로 올라갔다. 아무 것도 태우지 않는 가시덤불의 놀라운 환상이 그를 하나님 앞으로 인도하였다. 하나님은 모세를 이집트에서 인도해낼 사람으로 부르셨다. 그러나 모세는 부적함을 내세워 반복적으로 거부하였으나 하나님이 그의 형 아론을 대변인으로 임명하였다(이것은 레위 제사장이 하나님의 대변인이 되었다는 것과 이스라엘 예언의 중재자임을 보여준다. 레 10:11, 신 24:8, 33:10 대하 17:8~9). 그러나 바로에게 말할 때, 이들은 하나님의 명에 의하여 자신들의 요구를 변신한다. 따라서 자신들이 3일 길을 가서 하나님에게 예배할 수 있게 해 달라고 요구한다. 그러나 바로는 이들의 요구를 계속적으로 거부한다. "여호와가 누구인가…"(출 5:2). 따라서 바로는 이스라엘 사람들의 부역을 더 강하게 하라고 명하며, 이에 모세는 하나님에게 항의한다. 그러나 하나님은 새로운 임무를 부과하며 하나님이 족

43) W. Helck, "TKW und Die Ramses-Stadt," *VT* 15 (1965), pp. 35-48.

장들에게 약속했던 것처럼 이스라엘을 해방시켜 줄 것을 약속한다. 그러나 백성과 바로는 모세의 보고에 별로 감명을 받지 못한다. 따라서 하나님은 모세와 아론을 이집트 사람들에게 대항하게끔 만드신다. 불타는 떨기나무 이야기는 하나님의 이름을 '여호와'로 알리고, 이것을 '나는 스스로 있는 자'라는 해설을 제시해준다(출 3:13~15). 백성들이 하나님의 이름을 물을 것이라는 모세의 가정은 매우 불분명하다. 더욱이 이러한 사건은 실질적으로 실패했다. 계속 이어지는 출애굽기 4:18-26은 매우 문제가 많다. 십보라가 아들의 할례를 통하여 가족의 생명을 구하면서 하나님을 만난 사건은 매우 불분명하다(아마 이 사건은 야곱이 얍복 강에서 사람을 만난 사건과 비교할 만하다). 아마도 이 사건에서 유월절 밤 피를 통하여 이스라엘 첫 아들의 생명을 구한 사건의 전조를 여기서 찾아 볼 수 있다.

출애굽기에서 가장 문제가 되는 부분은 출애굽기 6:2-7:13에 등장하는 3:1-6:1까지의 내용에 대한 반복이다. 이 내용은 하나님의 계획이 모세에게 나타났으며, 모세의 사명은 바로와 이스라엘을 구원하는 것이다. 그러나 모세는 자신이 말을 잘 할 줄 모른다는 이유로 인해 그 임무를 거부하자, 하나님이 모세의 형 아론을 임명한다. 그러나 결과적으로 바로가 이 모세와 아론 형제의 요구를 거부한다는 내용이다.

이에 대하여 요셉 브호르 쇼르(Joseph Bekhor Shor)는 두 번째 이야기는 첫 번째 이야기의 반복이라고 말한다. 모세의 소명과 임명에 대한 기사는 다양한 변화가 있다. 이 두 번째 이야기의 역할은 하나님께서 이스라엘의 자유에 직접적으로 개입하심을 강조하기 위함이다. 바로의 거부는 하나님의 명성에 대한 도전이며, 하나님은 자신이 누구인가를 이집트 사람들에게 가르쳐야만 했다. 즉 재앙 이야기의 모티브를 알려주는 것이다(7:5-17; 8:6, 18; 9:14, 16, 29).

재앙들(7:14~11:10)

바로는 자신의 술법사도 모세와 아론을 모방할 수 있었기 때문에, 이들을 신뢰하지 않았다. 그러므로 모세와 아론은 피, 개구리 그리고 이 재앙을 몰고 온다. 처음 두 재앙은 이집트 술법사들도 할 수 있었다. 그러나 세 번째 재앙은 그들의 능력을 넘어서는 것이었다. 따라서 그들은 "하나님의 권능"이라고 고백하였다. 여섯 개의 다른 재앙들이 뒤따르자 바로는 고집과 양보 사이에서 갈팡지팡하였다. 여덟 번째 재앙이 임했을 때 바로는 모세와 실질적으로 협상을 하였으며, 이때 모세에게는 위기였다. 모세는 바로를 노하게 하였으며, 아홉 번째 재앙 후에는 모세는 다시는 얼굴을 보이지 말라는 경고를 듣고 왕궁에서 쫓겨난다.

재앙 이야기는 기억하기 쉽게 매우 이질적인 3.3.3+1의 형식을 취하고 있다. 이러한 형식은 하나님에 대한 인간의 교만은 쓸데없을 뿐만 아니라 궁극적으로 파멸에 이른다는 것을 교훈하고자 사용한 기법이다.

이 열 가지 재앙 이야기의 핵심은 여호와는 우주적 능력을 지닌 유일하신 하나님이심을 보여준다. 따라서 하나님과 이집트의 신과의 대결에서 여호와 하나님의 승리를 기록하고 있다.

출애굽기 7:8-13에서 아론의 지팡이가 이집트 박사들의 지팡이를 삼킨 사건은 하나님의 우월성을 나타낼 뿐만 아니라 나머지 재앙들의 대부분은 이집트에서 신적 존재로 숭배하는 것을 여호와께서 지배하신다는 것을 보여줌으로써 하나님의 능력을 유감없이 발휘한다.

첫 번째 재앙은 강물을 피로 만든 것이다(출 7:14-25). 고대 근동 세계에서 물이란 창조와 밀접한 관련이 있다. 즉 창조란 물의 세력을 정복하는 데부터 시작되었다. 따라서 하나님께서 하수를 피로 바꿈으로써 물의 세력을 마음대로 결정할 수 있는 탁월한 능력을 가진 분임을 보여주는 것이다.

뿐만 아니라 고대 이집트 사람들에게 있어서 물이란 곧 생명력의 근원이었다. 이집트에서는 나일 강의 범람이 있어야만 나일 강 상류로부터 '케미' (kemi)라 불리는 검정색의 유기물질이 나일 강 하류로 흘러내려와 이것들이 쌓여 농사를 지을 수 있다. 따라서 물은 모든 사람의 생명의 근원으로 인식되었다. 그런데 이 물이 피로 변하는 것은 이들에게 있어서 엄청난 재앙이 아닐 수 없었다. 이 재앙을 통해 보여주는 하나님에 대한 이해는 이집트 사람들의 존재 기반을 흔드는 모든 일을 하시는 분이라는 것이다.

두 번째는 개구리 재앙이다(출 8:1-15). 두 번째 재앙은 나일 강 홍수 이후 개체수가 늘어난 개구리에 의한 재앙으로 이처럼 개체수가 불어난 개구리는 이집트 사람들의 생활에 큰 불편을 주었다. 따라서 이집트 사람들에게는 이것을 처리하는 것이 그들의 숙제가 아닐 수 없었다. 그러나 그들의 어떠한 노력으로도 개구리의 수를 어떻게 할 수 없었다. 따라서 이집트 사람들은 개구리를 자신의 여신인 헥트(Heqt) 혹은 헤케트(Heqet)와 동일시하기 시작하였다. 이러한 배경 속에서 개구리 재앙을 통해서도 여호와 하나님은 이집트 백성들에게 이집트의 신적 존재인 개구리를 마음대로 조정할 수 있으신 참 신이심을 보여준다. 이러한 이적은 바로에게 효력이 있었다. 따라서 출애굽기 8:8에서 "여호와께 구하여 나와 내 백성에게서 개구리를 떠나게 하라 내가 이 백성을 보내리니…"라고 말함으로써 바로 스스로 하나님의 능력을 인정하였으며, 적어도 자신들이 섬기는 신보다 탁월함을 인정하게 되었다.

세 번째는 이 재앙이다(출 8:16-19). 이라고 번역된 것은 모기로 번역하는 것이 더 정확하다. 세 번째 재앙 역시 나일 강 홍수와 관련이 있다. 이집트에서는 나일 강 홍수가 빠진 후 모기와 날파리가 크게 불어나게 된다. 이 모기가 크게 늘어나면 사람들은 어찌할 수 없는 큰 고통에 빠지게 된다. 따라서 이스라엘의 하나님은 이집트 사람들에게 자연 재앙을 내리실 수 있는 능력 많으신 분으로 각인시킬 수 있었다.

열 가지 재앙 가운데 처음 세 가지 재앙은 모두 나일 강과 관련이 있다. 이것은 나일 강이 이집트 사람들에게 얼마나 중요했는가를 보여준다.

네 번째는 파리 재앙이다(출 8:20-32). 파리라고 번역된 '아로브'는 파리라기보다는 해로운 독충으로 이해하는 것이 바람직하다. 만약 파리라면 집파리가 아니라 피파리나 독파리의 일종으로 볼 수 있다. 따라서 이러한 파리 떼를 이집트에서는 하트콕 신으로 동일시하였다. 따라서 이 네 번째 재앙은 하나님께서 이집트의 신보다 더 위대하심을 보여주는 것이다.

다섯 번째는 생축에게 악질이 도는 가축병의 재앙이다. 악질이 정확히 무엇인지는 모르지만 성서의 기록을 보면 가축에게 발생했던 전염병이다. 그런데 성서의 다른 구절(신 7:15, 28:60)에서도 이 악질은 하나님의 심판의 도구로 자주 등장한다. 생축에게 재앙을 내림으로써 이집트 사람들의 경제에 영향을 주는 재앙을 내리는 것이다. 가축병은 모든 생축을 일시에 죽게 하는 매우 무서운 병이다. 그런데 이 재앙도 이스라엘 사람들에게는 해를 끼치지 못했다.

여섯 번째 재앙은 독종의 재앙이다. 독종 역시 정확히 무엇인지 알 수 없다. 그런데 사무엘상 5:6이하에 보면 이 병의 처방으로 금독종과 쥐가 사용된 것으로 보아 아마도 페스트가 아닌가 생각된다. 독종은 성서에서 종종 하나님의 저주의 방법으로 사용되었다(신 28:35). 특히 독종은 사람의 생명에 큰 타격을 주는 질병이다. 따라서 여섯 번째 재앙 역시 이집트의 생명체에 큰 타격을 주는 이적이었다.

일곱 번째는 큰 우박의 재앙이다. 큰 우박은 곡식을 손상시키고(출 9:25, 시 78:47, 학 2:17 등) 사람과 동물들에게도 해를 끼친다(수 10:11, 시 78:48). 우박이 내린 시기는 보리 이삭이 돋고 삼꽃이 피는 11월경으로 추정된다(출

9:31). 이집트에서 우박이 내린다는 것은 대단한 기상이변이다. 그런데 이 때는 아직 밀은 피지 않았다. 따라서 밀이 피기 전까지 살아있는 모든 식물은 우박으로 큰 영향을 받지 않을 수 없었다. 이 재앙은 고센에 있는 이스라엘 백성들에게는 없었다(출 9:26).

여덟 번째는 메뚜기 재앙이다. 출애굽기 10:19의 갈대바다란 주변에 갈대가 무성히 자라는 큰물을 뜻한다. 따라서 바다일 수도 있고, 담수호일 수도 있다. 갈대바다의 정확한 위치에 대해서는 아직도 논란이 끊이지 않고 있다. 여덟 번째 메뚜기 재앙은 앞에서 우박 재앙에도 살아남은 식물을 없애기 위하여 내린 재앙이다.

이상 다섯째부터 여덟째까지의 네 가지 재앙은 이집트의 모든 재산을 하나님께서 없애실 수 있음을 보여줌으로써 여호와 하나님의 창조의 능력을 보여준다.

아홉 번째는 흑암 재앙이다. 본문의 흑암은 단순한 어두움이 아니라 창조 이전의 상태를 의미하는 신학적인 용어이다. 흑암 재앙에 대하여 이집트 지역의 열풍인 '함 신'과 연결시켜 생각하기도 한다. 3-5월경 리비아 사막에서 짙은 모래 바람이 불어오면 태양을 차단하여 앞을 분간할 수 없는 정도가 된다. 아홉 번째 재앙으로 하나님은 창조 이전 상태를 만드신 것이다. 이처럼 요셉 때 물질의 풍부함으로 이스라엘 민족을 구원하셨던 하나님께서 애굽의 모든 물질을 없애고 창조 이전 상태로 돌려놓으신 후에 이스라엘 민족은 출애굽을 맞이한다.

이상의 재앙 이야기를 통하여 하나님은 고대 근동의 신들 가운데 가장 위대한 신이며, 모든 신들을 통치하는 하나님의 창조 능력과 모든 삶을 주관하시는 하나님의 모습을 발견한다.

첫 아들의 죽음과 유월절(12:1~13:16)

첫 봄 니산(Nissan) 월의 두 주일 동안 하나님은 보호의식과 희생 식사를 명령하였다. 이스라엘은 마지막 재앙에서 구원된다. 즉 유월절 양의 죽음과 그 피를 문설주에 바르고, 구운 고기를 서둘러 소비하고 떠날 준비를 하는 것이다. 성경본문은 유월절과 마쪼트 축제, 즉 무교절과 연결시킨다. 이 무교절은 유월절 저녁과 동일시한다(니산 월 14일). 무교절의 가장 큰 특징인 무교병은 유월절 식사에도 따르게 된다. 원래 각기 다른 두 거룩한 날이 궁극적으로 출애굽을 기념한다는 점에서 같은 날로 축하하였다. 모세는 백성들에게 유월절에 관한 법령을 전달하였다. 그러나 그의 메시지는 미래를 볼 수 있는 어떤 부분을 담고 있다. 미래와 관련된 시간은 유월절 그 자체이다. 이것은 머지않아 재앙이 이집트 사람들을 친 후동안 이스라엘의 장자들이 구원받은 것을 기념하는 것으로 다시 재정될 것이다.

마지막으로 열 번째 재앙은 이집트의 모든 장자를 죽이는 재앙이다(출 12:29-51). 이 경우에서도 하나님은 이스라엘 사람들을 재앙으로부터 구하기 위하여 양의 피를 문설주에 바른 집은 건너뛰었다(passover). 이것은 하나님의 심판이 선별적으로 내려진다는 것을 보여준다. 즉 하나님은 악한 곳에 사는 모든 사람을 멸하시는 분이 아니라, 의인과 악인을 구별하여 선별적으로 심판하시는 분임을 보여준다.

운명적인 저녁 자녀를 빼앗긴 이스라엘 사람들은 이스라엘 사람들이 떠날 것을 강요하였다. 이스라엘 사람들은 이미 성취하였다. 이집트 사람들에게 요구하는 모세의 명령은 매우 소중한 것이었다. 출애굽기 12:37-42는 출발에 대하여 기록하고 있다. 첫 번째 체류한 곳, 규모 그리고 많은 비-이스라엘 사람들이 포함되었음을 내포하고 있다.

다음 43-49절에 기록된 유월절에 관한 규정들은 1-20절의 연속이다. 이 규정에는 정착지에 대한 가정과 많은 이방인들이 유월절을 축하하는 것으로 나타나 있다. 어떤 구절에서는 출애굽에 대한 기억과 마쪼트(무교절) 절기를 연결시키고 있으며(15-20절), 첫 수확을 헌납한다.

바다의 기적(13:17~15:21)

하나님께서 이스라엘 민족의 출발을 준비하고 인도한 것 곧 갈대바다의 기적에 대한 것을 시와 산문으로 설명한다. 갈대바다의 정확한 위치는 알려지지 않았으나 많은 사람들은 이 갈대바다를 북쪽에 있는 시르보니스 호수(Lake Sirbonis)라고 생각한다. 하나님께서 이집트에 여호와가 누구인가를 가르치는 주제는 바로와 그의 모든 군대에 대한 하나님의 절대적인 권위에서 절정에 이른다(출 14:4). 하나님의 의도는 바로의 마음을 바꾸어 이스라엘을 뒤쫓도록 하셨으며, 모세는 백성들에게 "두려워 말고 가만히 서서 여호와께서 오늘날 너희를 위하여 행사하시는 구원을 보라"라고 말한다. 하나님은 바다를 주관하실 수 있는 그의 주권을 보여주신다. 하나님은 물을 내 밀어 이스라엘 백성들이 마른 땅으로 건너갈 수 있게 하고, 추격하는 이집트 사람들을 뒤덮었다.

출애굽기 14장의 산문은 후렴 같은 구절(14:6-7, 9, 17, 23, 26, 28)과 작은 악절(14:16, 22, 29), 15:19의 요약 그리고 절정은 강하게 흔드는 다섯 코다(coda)이다(14:30~31).

바다의 노래는 용사이신 여호와께 드리는 기쁨의 노래이다. 이 노래는 네 부분으로 나누어지며, 계단식 대구법(staircase parallelism)에 의하여 결합되었다(a b c d/a b e f).

(a) 하나님의 승리에 대하여 찬양을 선포하고 이것의 핵심은 기세가 꺾인 바로의 군대이다.

(b) 하나님의 바람에 의하여 물기둥을 세우고 뒤쫓는 적들을 삼켜 적들이

혼비백산해졌다

(c) 하나님이 그의 백성을 거룩한 곳, 즉 가나안으로 인도하시며 모든 주변 국가들이 공포에 휩싸였다.

(d) 종결부로서 하나님께서 그의 백성을 하나님의 성산으로 옮기시며 하나님이 영원한 이스라엘의 왕이심을 선포하였다.

특별한 사건을 축하할 때 노래가 뒤따르는 것은 오직 드보라의 노래뿐이다(삿 5장). 바다에서의 승리에 대한 찬양은 종살이에서 출애굽 시켜주시고, 정착시켜주시는 하나님의 위대한 행위로 확대되었다. 바다의 노래는 언어적인 면에서 초기 언어의 특징을 나타내지만 그러나 블레셋에 대한 언급은 이 노래가 오늘날의 형태를 갖게 된 때가 주전 12세기 이후임을 말해준다.

불화와 시내 산으로의 인도하심(15:22~17:16)

바다를 건너 시내 산에 도착할 때까지의 기간동안은 네 개의 이야기로 된 이스라엘 백성들의 시련과 고난의 사건이 기록되어 있다. 이 이야기들의 가장 중요한 단어는 '니싸' (נשא, to try, test)이다(15:25, 16:4, 17:2, 7, 15).

(a) 마라 이야기는 법을 수여하는 것과 관련이 있다.

(b) 만나 이야기는 광야에서 식량을 공급하시는 하나님의 능력과 관련이 있다. 이 이야기 속에는 안식일의 거룩함 역시 나타나 있다. 따라서 안식일에는 음식을 만들거나 혹은 일을 해서는 안 된다.

(c) 마사와 므리바(Meribah): 이스라엘 백성들이 목마름으로 원망하자 모세가 호렙에 있는 바위를 치자 물이 뿜어져 나왔다.

(d) 아말렉 사람과의 만남이다. 모세가 손을 듦으로 여호수아가 이끄는 군대가 아말렉을 물리쳤다. 하나님께서 아말렉을 몰아내시겠다는 약속

은 아말렉을 물리치고 제단을 쌓은 곳의 이름을 '여호와 닛시' 라고 부른데서 기억되어 있다.

이 이야기들은 시내 산 이후의 이야기들과 많이 유사하다. 특히 세 번째 이야기는 민수기 20:2-13의 므리바의 물 사건과 유사하다. 두 번째 만나 이야기는 민수기 11장에 기록된 만나 이야기와 유사하다. 네 번째 아말렉과의 싸움은 민수기 14:45의 아말렉과 가나안 산지에 사는 사람들을 멸한 사건과 유사하다.

이드로의 방문과 이스라엘 백성을 조직함(18장)

이스라엘을 위한 이적이 행해진 다음 모세의 아내와 자녀들이 돌아왔고 이드로는 하나님의 산에 있는 이스라엘 백성들의 진영을 방문하였다. 이드로는 하나님이 다른 신들보다 뛰어난 신이심을 고백했고, 하나님께 제사를 드렸다. 다음날, 모세가 백성들을 통치하는 것을 보고 이드로는 모세는 하나님 앞에서 백성들의 재판만을 담당하고 백성들 가운데 역할을 담당할 자를 세울 것을 제안하여 모세는 그대로 따른다. 이드로가 모세를 방문한 것이 시내 산에서 율법을 받기 전인가 아니면 그 후인가 하는 것에 대한 학자들의 견해는 분분하다. 그러나 대부분의 학자들은 이드로는 모세가 시내 산에서 율법을 받은 이후에 방문했다고 주장한다. 이러한 주장은 다음의 사실에 근거한 것이다. 첫째, 이드로가 모세를 방문할 때 이스라엘의 진영은 하나님의 산에 있었다(18:5, 19:1-2). 둘째, 이미 제단이 있는 것을 암시하는 구절이 있음(18:12). 셋째, 모세가 하나님의 율법을 가르치고 있음(18:20). 넷째, 신명기 1:9-10에 기록된 이드로의 방문은 이스라엘 백성들이 시내 산을 막 떠난 다음의 일로 기록하고 있음. 마지막으로 민수기 10:29 이하의 기록에 의하면 모세의 장인 이드로가 이스라엘 진영에 있는 것으로 기록되어 있기 때문이다.

주제적인 면에서 이 이야기는 본문의 상황에 잘 맞는다. 두 이야기는 상반부는 이방인들이 하나님의 위대한 행위를 평가하며, 하반부에서는 모세의 중재로 책의 나머지 부분과 잘 맞아떨어진다.

시내 산에서 신현현과 십계명(19:1~20:21)

출애굽한 지 3개월 후에 이스라엘 백성은 시내 산에 도착했다. 모세는 하나님이 내려오신 산에 올라갔다. 하나님이 이스라엘 백성들과 언약을 맺자는 메시지는 모세를 통하여 백성에게 전달되었다. 이스라엘 백성들이 하나님의 제안을 받아들였고 모세는 백성들에게 신현현을 준비시켰다. 제 3일째 되던 날 빛과 구름 사이에서 하나님은 자신을 산 위에 드러내시며 십계명을 말씀하셨다. 공포에 떨던 백성들은 모세에게 하나님과의 중재를 요구하였다. 모세는 하나님이 계신 구름으로 접근하여 나머지 명령을 받았다. 19-20장에 기록된 자세한 이야기는 약간은 복잡하다. 몇 번 모세가 오르락내리락 했는지 정확하지 않다. 백성들은 산에 접근하는 것이 엄격하게 금지되었다. 이 명령은 아론에게까지 이어지지는 않았다(출 19:24). 아론은 모세와 함께 산에 올라오라는 하나님의 명령을 받는다. 그러나 이때 모세가 백성들에게 한 말이 무엇인지 기록되어 있지 않다(출 19:25).

십계명은 본문과 잘 연결되지는 않는다. 출애굽기 19:18-20에 나타난 백성들의 공포는 아마도 하나님께서 십계명을 말했기 때문으로 여겨지나, 그러나 본문 상 이것은 십계명을 말하기 전의 상황에 잘 맞는다.

이러한 복합성은 평행하는 이야기들이 서로 결합함으로서 생겨난 결과로 설명되어질 수 있다. 출애굽기의 저자에게 있어서 이 사건과 관련된 어떤 작은 데이터도 배격하는 것을 마음내켜하지 않음을 볼 수 있다.

이러한 저자에게 있어서 불명확하거나 혹은 연결이 잘 되지 않는 이야기들조차도 회피할 수 없었다.

규칙과 교훈(20:22~23:33)

십계명 이외에 더 많은 계약의 내용들이 모세에게 말해져 이스라엘 백성들에게 전달되었다. 이 규칙들은 대체로 제의적인 규정, 민·형사적 법률 그리고 사회·윤리적인 교훈들이 기록되어 있다.

(a) 제사를 통하여 하나님에게 가까이 가는 것에 관한 규정(20:22-26:23)
(b) 히브리 노예의 해방에 관한 법(21:1-11)
(c) 자살과 살인에 관한 법(21:12-27)
(d) 살인 의도가 있는 황소에 관한 법(21:28-32)
(e) 재산의 손실을 가했을 때 이에 관한 법(21:33-22:16)
(f) 종교·도덕적인 교훈과 규정(22:17-23:13)
(g) 종교력(23:14-19)

하나님의 교훈을 지키며, 가나안의 제의와 가나안 사회의 풍습으로부터 이스라엘 사회를 지킬 것을 교훈하는 것이 결어(epilogue) 역할을 한다. 하나님의 말씀이나 규범은 계약의 책의 핵심이 된다. 이 규범은 대체로 결의론적이고 조건적인 규범의 형태를 띠고 있다. 계약의 책은 매우 이질적인 요소로 구성되었다.

이 부분은 시작과 끝나는 부분이 제의-종교적인 명령으로 구성되어 있으며 이 사이에 비인칭의 결의론적인 법이 등장한다.

출애굽기에 모아져 있는 법은 고대 근동의 법과 차이를 보이고 있다. 특히 종교-제의적인 법이 사회-도덕적인 법보다 우선한다는 것은 출애굽기에 기록된 법의 특징 가운데 하나이다.

언약 의식(출 24장)

모세는 백성들에게 율법과 교훈을 주는 것과 밀접한 관련이 있다. 모세는 두 번째 율법을 읽어 주고 희생제사를 드린 후 언약을 끝맺기 위한 의식을 거행한다. 모세와 이스라엘의 귀족들은 공동의 식사를 위하여 산에 오른다. 모세는 이스라엘의 귀족을 산 위에 남겨두고 구름 가운데 들어가 하나님께서 모세에게 주시는 율법과 돌 판을 받기 위하여 구름 속으로 들어간다. 출애굽기 24장을 구성하는 요소들 사이의 관계와 연대 문제는 많은 주석가들에게 풀기 어려운 문제로 남아있다. 출애굽기 24장의 처음 두 구절은 어렴풋하게 출애굽기 19:24을 생각나게 한다. 일부 랍비들은 출애굽기 24:1-11을 십계명 앞에 놓아야 한다고 주장한다. 왜냐하면 출애굽기 19:8에 기록된 것을 백성이 받아들이는 것과 출애굽기 24:3의 기록을 동일시하기 위해서이다. 출애굽기 24:11과 12절 사이에는 불일치함이 있다. 모세와 장로들은 산에서 내려와야만 한다. 출애굽기 24:16의 6-7일의 일을 사건 이전의 일과 연결시키는 것은 불분명하다. 랍비들의 의견은 이것이 십계명의 앞에 있다는 주장과 뒤에 있다는 견해로 나뉜다. 그러나 분명한 것은 24장이 서로 다른 요소들이 함께 결합되어 있다는 것이다.

장막을 지으라고 명함(25:1~27:19)

하나님은 백성 가운데 하나님의 거처를 짓기 위하여 재료를 모을 것을 명령한다. 하나님께서는 모든 회막 성소에 대한 환상을 모세에게 보여주신다(25:9, 40; 26:30; 27:8). 가장 중요하게 언급된 것은 법궤이다. 두 번째는 단과 불대 그리고 성서 밖의 방의 가구들에 대하여 언급하고 있다. 이 모든 것의 재료는 금 혹은 나무에 금을 입히는 것이다. 회막의 내부에는 많은 옷감이 있다. 청색, 자색, 홍색 천으로 내부 장식을 하고 있다. 수양과 해달(어떤 학자들은 고래라고 함) 가죽위에 염소 가죽을 덮어 성막을 보호한다. 아카시아로 된 성막의 내부 벽을 만들고 여기에 금을 입힌다. 정교한 천으로 만든 커튼으로 성소의 밖과 법궤 사이를 구분한다.

성막 밖에는 나무로 만든 것에 구리로 입힌 사각형의 제단이 있으며 구리로 만든 제사에 필요한 도구들이 마당에 있다. 정사각형의 아마로 만든 커튼은 구리로 만든 구멍에 끼울 수 있는 장대에 매달았다.

성소에서의 행동(27:20~31:18)

성막에 있는 불에 관한 언급은 아론과 그의 아들의 임직 수여로 이어진다. 제사장으로서 호화롭고 거룩한 아론의 의상과 그의 아들들의 간단한 옷차림이 묘사되어 있다. 일주일간의 종교적인 의식을 통하여 아론과 그의 아들들은 제사장으로 구별되었다. 이러한 정결의식은 매일 드리는 제사에 관한 규정으로 연결된다. 출애굽기 29:42b-46에 기록된 이 부분의 종결 부분은 전체 성막과 여기서 일하는 사람에 관한 끝맺음으로 적당하다.

그러나 몇 가지의 이야기가 더 계속된다. 분향 단에 관한 이야기(30:1-10), 성소에 드릴 반 세겔의 속전(31:11-16), 놋 물두멍과 이것을 제사장이 사용하는 방법(31:17-21) 등이 기록되어 있다. 마지막으로 관유와 향에 관하여 기록함으로 끝맺고 있다(31:22-38). 하나님은 이것들을 만들 기술자를 부르시며, 마지막으로 안식일에 관한 법이 공포되었다.

그러나 출애굽기 25:1-31:18의 부분은 출애굽기 24:12-13과 자연스럽게 연결되지 않는다. 뿐만 아니라 31:18은 성막 부분과 잘 어울리지 않는다. 그러나 모세가 돌 판을 옮기는 것과 돌 판을 보관할 법궤를 만들라는 명령은 연결되어 있다. 법궤에 관한 부분은 성막에 관한 묘사의 한 부분이기 때문에 벱궤에 관한 부분이 첨가된 것은 자연스럽게 나머지 구절이 따라오게끔 한다. 따라서 라쉬(Rashi)는 출애굽기 25:1-31:17 부분을 이 전체 이야기에서 제거해야 하며, 이것을 금송아지 사건 다음으로 옮겨야 한다고 주장한다.

황금송아지(출 32~34)

출애굽기 32-34장에서는 어떻게 모세가 40일 정도 산에서 생존할 수 있었으며 그리고 엄청난 두려움에 떨고 있는 백성들이 어떻게 우리를 인도할 신을 만들자고 했는지 그것에 대한 부분은 우리에게 알려주지 않고 있다. 아론은 금귀걸이로 백성들이 자신들을 구원할 신으로 알고 있는 송아지를 만들었다. 또한 아론은 다음날 여호와를 위한 절기를 선포하였다.

반면 산에서는 하나님이 격노하여 모세에게 내려가라고 명하면서 백성들을 멸하실 것을 말씀하신다. 그러나 백성을 멸하지 말아달라는 모세의 간청은 받아들여졌다. 산에서 내려온 모세는 축제 가운데 있는 군중을 보았다. 백성들의 배반을 보자 모세는 돌 판을 깨뜨렸다. 이것은 하나님과 이스라엘 백성 사이의 언약의 파기를 의미한다. 또한 금송아지를 갈아 가루로 만들고 이것을 백성들로 하여금 마시게 한다.

레위인들이 모두 모세에게 모이고 3,000명의 위반자들이 죽임을 당하였고, 그 결과 레위인들은 제사장으로 헌신하게 되었다(출 32:25-29). 이 이야기는 레위인들이 성직을 담당하게 된 기원이 되었다. 모세는 이스라엘의 죄를 용서하고 계약을 회복한다. 새롭게 계약을 갱신하면서 두 가지 요소 즉 우상의 금지와 이방의 종교 절기를 지키지 말 것을 명한다. 모세는 여호와의 명령에 의하여 하나님의 말씀을 기록하였고(34:27), 28절에서는 모세가 십계를 기록하였다고 말하고 있다.

그러나 이것은 출 34:1의 기록과 조화되지 않는다. 왜냐하면 34:1에서는 모세가 두 번째로 돌 판에 기록하는 것으로 묘사되어 있기 때문이다.

이 이야기의 결론은 출 34:29로서 모세의 얼굴에서 굉장한 광채가 나는 것으로 하나님과 모세 사이에 특별한 관계가 설정되었음을 표시함으로서 끝을 맺고 있다.

성막을 지음(출 35~40장)

하나님과 이스라엘 백성 사이에 화해의 관계를 회복시킨 모세는 백성들 가운데 하나님의 거주지를 건설하는 것을 착수할 수 있었다. 모세는 먼저 안식일에 관하여 백성들에게 교훈하고 그 후 성막을 지을 물자를 모으고 그 일을 할 일군을 지명한다.

성막의 구조가 만들어지고 후에 그 내부가 장식되었다. 성소는 출애굽한 지 2년 첫 째달 첫 째날에 완공되었으며, 모세가 성막의 완공을 검사하였다. 하나님의 현존이 곧 성소를 채웠고 그 외형적인 징표로서 구름이 성막을 덮었다. 따라서 비록 이스라엘 백성들이 시내 산을 떠나더라도 하나님의 현존하심은 항상 그들을 따르게 된다.

출애굽기는 민수기 9:15-23에 대한 예견으로 끝을 맺는다.

십계명

출애굽기 20장의 십계명은 구약성서에 기록된 613개 율법의 시작 부분이다. 출애굽 한 이스라엘 백성이 3개월 만에 시내 산에 도착하여 그곳에서 모세를 통하여 하나님과 언약을 맺게 된다(시내산 언약 Sinai covenant이라

부름)(출 19:1). 시내산 언약은 이스라엘 백성이 어떻게 살면 하나님의 백성, 거룩한 제사장 나라가 될 수 있는가를 보여준다.

따라서 십계명에 대한 이해는 전체 율법에 대한 이해의 중요한 지표이다. 십계명이란 명칭은 신명기 10:4의 십계명으로 번역된 아세레트 하-드바림(עֲשֶׂרֶת הַדְּבָרִים)(열 가지 말씀들)을 칠십인 역에서 데카 로고스(δέκα λόγους)로 번역하였고, 1599년 제네바 성경(Geneva Bible)에서 이를 *tenne commandements*라고 번역하면서 십계명이란 명칭을 보편적으로 사용하게 되었다. 구약성서에는 십계명이 출애굽기 20:1-17과 함께 신명기 5:6-21에도 등장한다. 두 십계명은 대체적으로는 일치하지만 세부적으로 그 계명을 지켜야 하는 이유를 설명하는 부분에서는 약간의 상이점도 있다. 예를 들어 제 4계명의 안식일 문제나 제 10계명에서 여자의 위치 등에 관한 문제이다. 또한 열 가지의 계명을 나누는 방법에서도 개신교, 가톨릭교회, 유대교 사이에 차이점이 발견된다. 특히 유대교에서는 출애굽기 20:2를 제 1계명으로 이해하는데, 나머지 종교에서는 단지 십계명의 서언으로 분류한다.

십계명의 내용은 제 1계명에서 제 4계명까지는 이스라엘과 하나님의 관계를 다음 제 5계명에서 마지막 제 10계명까지는 이스라엘 공동체 안에서의 관계에 관하여 규정하고 있다.

제 1계명의 "너는 나 외에는 다른 신들을 네게 있게 말찌니라"는 이스라엘 신앙의 대전제로 이스라엘의 유일신신앙을 천명하고 있다. 이 계명에 근거해서 이스라엘 신앙은 한 분 하나님께만 절대적인 순종과 충성을 강조하고 있다. 제 1계명은 고대 근동의 다신론과 매우 다른 것으로 구약성서 신앙의 특징을 나타낸다.

제 2계명, "너를 위하여 새긴 우상을 만들지 말고, 또 위로 하늘에 있는 것이나, 아래로 땅에 있는 것이나 땅 아래 물속에 있는 것의 아무 형상이든지 만들지 말며, 그것들에게 절하지 말고, 그것들을 섬기지 말라"는 어떤 종류의 신상도 만들지 말라는 것으로 이것 역시 고대 근동의 종교와 차이를 나타낸다. 고대 근동은 신상의 종교로서 신상을 통하여 자신이 숭배하는 신이 자신들과 함께 한다는 것을 나타낸다. 그러나 제 2계명은 이러한 신상을 만들지 말 것을 명한다. 이러한 제 2계명은 단순히 신상을 만들지 말라는데 그치는 것이 아니라 하나님 이외의 어떤 다른 신상도 섬겨서는 안된다는 것을 포함하고 있다.

제 3계명은 "너는 너의 하나님 야웨(יהוה)의 이름을 망령되이 일컫지 말라"이다. 즉 하나님의 이름을 함부로 사용해서는 안된다는 것이다. 고대 사회에서 신의 이름은 절대적인 힘을 갖는다고 믿었다. 따라서 신의 이름을 통하여 맹세하거나 혹은 다른 이들을 저주하는데 사용하였다. 그러나 제 3계명은 이처럼 하나님 이름은 잘못 사용하는 것을 금지한다. 이 계명과 관련하여 이스라엘 사람들은 하나님의 이름을 부르지 못하였다. 따라서 성경을 읽을 때도 하나님의 이름이 기록된 부분을 아도나이('주님' 이란 뜻) 혹은 하-쉠('그 이름' 이란 뜻)이라고 읽었다. 야웨라는 이름은 히브리어 원음에 가장 가까운 하나님의 이름이다.[44)]

제 4계명은 "안식일을 기억하여 거룩히 지키라"는 것으로 시간을 구별하여 드려야 한다는 것이다.[45)] 안식일에는 일할 수 없도록 되어 있으나, 무엇이 일이냐는 정의가 없다. 따라서 유대인들은 구전법을 통하여 안식일에 해서는 안 되는 일을 정의하고 있다. 제 4계명의 시간을 구별하여

44) 여호와는 우리에게 익숙해진 이름이기는 하지만, 그러나 이것은 야웨의 자음과 아도나이의 모음이 조합된 이름이지 원래 하나님의 이름은 아니다.

45) 안식일 제도의 기원에 관한 학자들의 견해가 다양하다. 안식일 기원에 관하여 (1) 바벨론 기원설, (2) 겐족 기원설, (3) 아람 기원설 (4) 우가릿 기원설 혹은 가나안 기원설 그리고 (5) 사회학적인 기원설 등 다양한 견해가 있다. 이 가운데 바벨론 기원설에 많은 학자들이 동의하는데 이 견해는 1938년 로츠(Lotz)가 처음 주장한 것으로 히브리어의 '샤밭' (שבת)이 아카드어의 *šapattu*에서 기원됐다는 가설이다.

드리는 것은 고대 근동의 세계에서는 찾아 볼 수 없는 것이다. 전통적으로 고대 근동 세계에서는 장소를 구별하여 드리는 경우는 있어도 시간을 구별하여 드리는 경우는 없다.

제 5계명은 "네 부모를 공경하라" 이다. 부모 공경은 동서고금을 막론하고 가장 중요한 도덕률 가운데 하나이다. 출애굽기에는 부모를 저주하거나 구타하는 자는 사형에 처하도록 되어 있다(출 12:15,17). 어떤 학자들, 특히 유대인 학자들은 "공경하다"라는 의미의 히브리어 단어 카베드(כבד)는 하나님에게만 사용하는 것으로 그 경우 단어의 의미는 "두려워하다"가 된다라고 주장한다. 따라서 이들은 제 5계명을 하나님을 두려워하라는 뜻으로 이해하기도 한다. 이럴 경우 제 1계명부터 제 5계명까지가 하나님에 대한 계명이고, 나머지 제 6-10계명이 사람들 사이의 관계를 유지하기 위한 계명이 된다.

제 6계명은 "살인하지 말찌니라" 이다. 여기서 말하는 살인은 고의적인, 미리 계획된 악의를 품은 살인을 말한다. 살의가 전혀 없이 실수로 사람을 죽인 경우, 예를 들어 산에서 나무를 자르다가 도끼날이 자루에서 빠져서 그것이 옆 사람을 쳐서 죽인 경우(신 19:4이하)에는 살인자들이 피할 수 있는 도피성 제도가 마련되었다(민 35:9-34, 신 19:1-19, 수 20장). 이것은 과실치사로 인하여 살인한 사람의 인권을 보호하기 위함이다.

제 7계명은 "간음하지 말찌니라" 이다. 성의 순결을 강조하는 규정으로 구약성서에서는 남자와 여자에게 동등한 규정을 적용한다(신 22:22). 약혼한 여자를 범한 경우와 약혼하지 아니한 여자를 범한 경우의 형벌이 각기 다르다(신 22:30-30).

제8계명은 "도적질하지 말찌니라" 이다. 구약성서에 의하면 인간은 일하기 위하여 창조되었다. 따라서 노동하지 않고 불로소득하는 절도는 단순히 경제질서나 사회질서에 관한 문제만이 아니라 창조질서의 위반이다. 이처럼 도적질하지 말라는 규정은 고대의 대부분의 법전에서도 가장 강조하는 규정 가운데 하나이다. 다른 관점에서 제 8계명은 다른 사람들의 재산권을 보급하는 의미도 있다.

제 9계명은 "네 이웃에 대하여 거짓 증거하지 말찌니라" 이다. 구약성서에서는 한 사람의 증인은 증거효력이 없었고, 반드시 2인 혹은 3인의 증인이 필요하였다. 이러한 제도는 위증의 가능성을 배제하기 위해서 생긴 것이다. 그러나 실제로 위증이 행해진 경우, 그 거짓 증거로서 해롭게 하려고 했던 것과 동일한 형벌(*lex talionis*)을 받도록 되어 있다(신 19:15-21).

제10계명은 "네 이웃의 집을 탐내지 말찌니라" 이다. 탐낸다는 것은 남의 것을 빼앗는 행동까지를 포함한다. 따라서 이 계명은 모든 탐욕적인 수탈행동을 금지하는 것이다.

이처럼 십계명은 고대 근동 세계의 보편적인 법질서에 종교적인 특징을 강조하는 성격을 가지고 있으며, 종교적 내용은 무엇보다도 하나님의 위대하심과 유일하심을 강조하는 것이다.

출애굽기의 신학적 주제

출애굽기는 다른 책과 달리 매우 중요한 신학적 주제들이 기록되어 있다. 특히 출애굽기는 하나님이 누구이신가를 분명하게 밝혀주는 매우 중요한 책이다. 특히 출애굽 과정 가운데 발생했던 열 가지 재앙이나 홍해와 시내 광야에서의 구원 그리고 모세를 통한 율법의 수여 등은 이스라엘의 하나님이 누구인가를 분명히 밝혀준다.

유일하신 하나님

여호와 유일신관이 분명하게 기록된 것이 출애굽기다.[46] 출애굽기는 두 곳에서 여호와의 유일성을 강조한다. 첫째는 출애굽기 3:14의 "나는 스스로 있는 자니라"(I am who I am)라는 여호와 자신에 대한 묘사이다. 나는 스스로 있는 자니라는 구절에 대하여 해결할 수 없이 복잡한 신학적 논쟁이 있어 왔다. 이 표현을 신의 계보(theogony)의 관점에서 이해하면 쉽게 이해될 수 있다. 고대 근동의 신관은 다신교적인 특징을 가지고 있으며, 새로운 신은 기존의 신들의 결합(결혼)에 의하여 생성된다는 신관을 가지고 있었다. 따라서 이집트의 관점에서 여호와 하나님에 대하여 그 신이 어떻게 생겨났느냐 하는 질문을 가질 수 있다. 이러한 모세의 질문에 대하여 하나님은 "나는 스스로 있는 자니라"고 대답하셨다. 즉 여호와는 이집트 사람들이 생각하는 기존의 어떤 신적인 존재의 결합에 의하여 생겨난 신이 아니라는 것으로 유일신사상을 가장 잘 표현하는 것이다.

두 번째 유일신 개념은 십계명에서 나타난다. 출애굽기 20:3의 "나 외에는 다른 신들을 네게 있게 말찌니라"는 구절은 이스라엘 유일신신앙을 천명하는 중요한 구절이다.

따라서 출애굽기는 이스라엘 하나님의 유일신사상을 천명하는 중요한 책이다.

우주적 하나님

일반적으로 고대 근동의 신 개념은 지역 신(地域神)의 개념을 가지고 있

46) 출애굽기에 유일신사상이 분명하게 기록되었다고 해서 고대 이스라엘의 유일신사상이 출애굽 때 생겨났다는 의미는 아니다.

다. 즉 한 신은 한 도시의 수호자로 이해되었다. 따라서 모든 신들은 그 도시를 떠나서는 위력을 발휘할 수 없게 되었으며, 이러한 이해가 고대 근동의 다신교적 신 이해의 근간이 되었다.

그런데 10가지 재앙의 기사를 통하여 강조하는 것은 하나님은 이스라엘만의 하나님이 아니라, 이집트의 신들을 통치하는 범우주적인 최고신(最高神)임을 보여준다. 특히 지팡이를 뱀으로 만들거나(출 7:8-13), 개구리 재앙(출 8:1-15), 파리 재앙(출 8:20-32) 등은 이집트의 신들을 제압하는 하나님의 능력을 보여준다. 또한 악질의 재앙이나 우박의 재앙 등은 이스라엘 백성들에게는 해를 끼치지 않는 등 재앙을 선별적으로 내리는 것 역시 여호와의 능력을 보여주는 것이다.

언약의 하나님

이러한 유일신사상과 우주적 하나님과 이스라엘의 시내 산에서의 계약이 등장한다. 즉 이스라엘은 하나님의 거룩한 백성으로서 제사장 나라가 될 때 하나님은 이스라엘의 하나님이 되시어 이스라엘을 도와주신다. 따라서 이스라엘 백성이 거룩한 제사장 나라가 되기 위해서 지켜야 할 조약의 내용이 법전의 형식으로 기록되어 있다. 특히 출애굽기는 주로 거룩한 제사장과 하나님의 만남이 이루어지는 성막에 관한 규정이 기록되어 있다(출 25-31장, 35-40장).

출애굽기를 통하여 보여준 이스라엘의 하나님 여호와는 신(神) 가운데 가장 위대한 유일하신 하나님이며, 모든 신들을 통치하는 능력이 많으신 창조의 하나님 그리고 이스라엘의 모든 삶을 주관하시는 하나님임을 강조하고 있다.

| 출애굽기 참고문헌 |

Brueggemann, Walter. "The Book of Exodus." In *NIB* 1:677-981.

Childs, Brevard S. The Book of Exodus. OTL. Philadelphia: Westminster, 1974.

Cross, Frank Moore. *Canaanite Myth and Hebrew Epic*. Cambridge: Harvard University Press, 1973.

Dozeman, Thomas B. *God at War: Power in the Exodus Tradition*. New York: Oxford University Press, 1996.

Frerichs, Ernest S., and Leonard H. Lesko, eds. *Exodus: The Egyptian Evidence*. Winona Lake: Eisenbrauns, 1991.

Frethein, Terence. *Exodus*. Interpretation. Louisville: Westminster, 1991.

Meyers, Carol. *Exodus*. NCBC. Cambridge: Cambridge University Press, 2005.

Propp, Wiliam H. C. *Exodus* 1-8. AB 2; New York: Doubleday, 1998.

레위기

쿰란 제11동굴(11Q1)에서 발견된 레위기

레위기

명칭

오경의 세 번째 책인 레위기는 히브리어로 '바이크라'(ויקרא)라고 부르며, 영어의 레비티쿠스(Leviticus)라는 이름은 헬라어 류이티콘(λευιτικον)의 라틴어 번역에서 유래된 것이다. 또한 유대인들의 전통에서는 레위기를 토라트 하-코하님(תורת הכוהנים) 즉 "제사장들의 규범"이라고도 부른다. 이것은 레위기가 제사장들에게 초점을 맞추어 기록되었다는 뜻이다. 그러나 실제로 레위기에서 제사장에 관한 규정은 매우 적은 부분에서만 나타나며(레 8-10장, 16:1-28, 21:1-22:16),[47] 레위기는 전체 이스라엘에게 말하는 것이다. 레위기에 나타난 제사장의 주된 기능은 교육적 기능이다. 즉 제사장은 거룩하고 속된 것을 분별하며, 부정하고 정한 것을 분별하게 한다(레 10:10, 14:57, 15:31, 겔 22:26, 44:23). 따라서 레위기에는 전체 율법의 613개 가

* 이 부분은 김영진,『너희는 거룩하라: 레위기 주석』의 개론적 이해 부분을 전제한 것임.

47) 웬함(G.J. Wenham)은 레위기를 단순하게 제사장의 규범으로 부르는 것에 대하여 반대한다. 왜냐하면 레위기는 제사에 관계된 것을 기록하고 있으며, 제사 가운데서 일반 사람들이 어떻게 해야 하는가를 규정하고 있는 부분이 많기 때문이다. 레위기는 언제 무엇을 가지고 가야하는가 등에 대하여 말하고 있다. G.J. Wenham, *The Book of Leviticus*, NIC, (Grand Rapids: Eerdmans, 1979), p. 3.

운데 247개(40%정도)가 기록되어 있다.

레위기는 전체 27장 859절, 히브리어 단어로 모두 44,790단어로 구성되어 있다.

레위기의 문학적 특성

문학적인 관점에서 레위기서는 오경의 다른 책과 비교할 때 그렇게 복잡하지는 않다. 약간의 다른 자료 층이 발견되기는 하지만(레위기 16-27장의 성결법전) 이것 역시 제사문서의 기자에 의하여 첨가되어진 것으로 보인다. 오경의 다른 본문과 비교하여 레위기의 본문은 비교적 잘 보관되어 있으며, 사본들 사이에서 발견되는 약간의 차이점도 모두 간접적으로 맛소라 사본과 관련되어 있다. 그러나 레위기서의 어려운 점은 레위기에 등장하는 제의와 관련된 전문용어나 어휘에 대한 이해이다. 왜냐하면 일부 어휘들은 그 의미를 이미 상실하였기 때문에 정확한 의미를 이해할 수 없기 때문이다.

레위기가 두 종류의 제사장 계열의 문서로 구성되어 있다는 것은 학자들이 동의하는 사실이다. 즉 제사문서(P라고 부름)와 약간 성격이 다른 제사장문서인 성결법전(H라고 부름, 레 17-27장)의 두 층의 자료로 구성되어 있다.[48] 대부분의 제사문서는 1-16장에서 발견되며, 성결법전은 주로 17-27장에서 발견된다.

문학적인 관점에서 레위기는 산문으로 구성되어 있으며, 그 가운데서도 법전의 형식을 띠고 있고, 규정 사이에 몇 개의 이야기가 삽입되어 있다. 법전의 형식을 띤 레위기는 다른 법전과 마찬가지로 조건절과 평결

48) J. Milgrom, *Leviticus: A Continental Commentary*, p. 6; idem, *Leviticus 1-16*, p. 1.

문으로 구성된 결의론적인 법(casuistic law)과 무조건적인 명령 형태인 필연적 법(apodictic law)의 형식을 띠고 있다.[49] 필연적인 법은 '~해라'는 긍정형과 '~해서는 안 된다'는 부정형이 모두 등장하지만 결의론적인 법은 주로 긍정형만 등장한다. 그 예는 다음과 같다.

[결의론적인 법의 긍정형식]

"만일(임, אִם; If~) 평민의 한 사람이 여호와의 계명 중 하나라도 부지중에 범하여 허물이 있었는데 그가 범한 죄를 누가 그에게 깨우쳐 주면(조건절), 그는 흠 없는 암염소를 끌고 와서 그 범한 죄로 말미암아 그것을 예물로 삼아 그 속죄제물의 머리에 안수하고 그 제물을 번제물을 잡는 곳에서 잡을 것이요(평결문)" (레 4:27-28)

[단언적인 법의 긍정형식]

"기름 부음을 받고 위임되어 자기의 아버지를 대신하여 제사장의 직분을 행하는 제사장은 속죄하되 세마포 옷 곧 거룩한 옷을 입고 지성소를 속죄하며 회막과 제단을 속죄하고 또 제사장들과 백성의 회중을 위하여 속죄할지니" (레 16:32-33)

[단언적인 법의 부정형식]

"너희는 어떤 육체의 피든지 먹지 말라" (레 17:14)

"너희는 도둑질하지 말며 속이지 말며 서로 거짓말하지 말며" (레 19:11)

레위기의 모든 규정들은 여호와께서 모세에게 말씀하시고("여호와께서 모세에게 말씀하여 이르시되" 4:1, 5:14, 6:8 등), 모세가 다시 그 규정의 당사자인

49) 김영진, 『율법과 법전』, pp. 24-25. 이처럼 레위기가 법의 형식을 취한 것은 제의와 법 모두 의무를 표시할 뿐만 아니라 정확한 절차에 의한 허락을 요구하기 때문이다. B.A. Levine, *Leviticus*, p. xix.

이스라엘 백성이나 제사장들에게 전달하는 형식을 띠고 있다. 따라서 모세의 역할이 중재자임을 분명하게 보여준다.

레위기에 제시된 종교법은 문학적 형식으로는 법의 형식을 취하고 있기는 하지만, 법이라기보다는 규범의 성격이 강하다. 왜냐하면 오경의 다른 율법과 달리 이 규정을 어긴 자에 대한 처벌이 전혀 언급되지 않기 때문이다. 단지 레위기 26:3-45에 포괄적으로 순종과 불순종에 대한 상벌을 기록하고 있을 뿐이다.

이와 함께 레위기에는 몇 개의 보고서 형식의 이야기가 첨가되어 레위기 전체를 구분하는 역할을 한다. 즉 레위기 10:1-20은 나답과 아비후의 죄와 이들의 죽음에 대한 기록으로 1-9장까지의 제의 규정에 관한 기록이 중단되었다가 11장의 정한 음식과 부정한 음식에 관한 규정으로 다시 규정들이 기록되어 있다. 뿐만 아니라 레위기 24:10-16, 23에서 하나님의 이름을 모독한 자에 대한 처벌에 관하여 기록하고 있다. 따라서 레위기의 제의와 그에 관계된 규정들을 기록하는데 있어서 1-9장은 제의와 제사장에 관한 이론적 규정을 기록하고 있고, 11-23장은 제의를 수행하는 자의 거룩함을 지켜가는 실천적 규정을 기록하고 있다. 레위기 25-26장에서는 안식년과 희년 규정 및 포괄적으로 규정에 순종하는 자 혹은 불순종하는 자에 대한 상벌을 기록하고 있다. 그리고 27장에 서원 예물의 값에 대하여 기록하고 있다. 따라서 레위기의 구조를 살펴볼 때 이론적 규정에서 실천적 규정으로 넘어가면서 레위기 10장의 아론의 두 아들의 범죄와 죽음에 관한 이야기가 기록되어 있으며, 24장에서는 신성 모독자에 대한 처벌규정에 관한 이야기가 기록되어 있다.

1-9장 이론적 규정	10장 나답과 아비후 이야기	11-23장 실천적 규정	24:10-16 하나님의 이름을 모독한 자	25-27장 추가 규정

이처럼 레위기는 주로 산문으로만 구성되어 있으며, 레위기는 서론과 결론 부분을 제외하고 모두 법과 제의에 관계된 내용으로 구성되어 있기 때문에 레위기는 매우 간결하고 딱딱하다.[50] 뿐만 아니라 레위기에 사용된 용어나 단어들은 매우 특별한 의미를 지니고 있는 것들이 많다. 그 한 예로, 일반적으로 히브리어 아싸(עשה)는 "~을 하다"(to do)의 의미를 지니고 있는데 레위기에서의 의미는 "제의를 행하다"(to perform ritual)의 의미로 사용된다. 뿐만 아니라 특별한 경우에는 "희생제사를 배당하다"(to assign sacrifice)의 의미를 갖는다. 따라서 레위기를 읽을 때는 이러한 전문적인 의미를 놓치지 않도록 주의해야 한다.

예를 들어 레위기 1:4를 해석하기 위해서는 각 단어의 특별한 의미를 놓치지 말아야 한다. 레위기 1:4의 "그는 번제물의 머리에 안수할지니"(וְסָמַךְ יָדוֹ עַל ראשׁ הָעֹלָה וְנִרְצָה לוֹ לְכַפֵּר עָלָיו)에서 올라(עלה)는 희생제물을 뜻하는 단어이며, 히브리어 동사 싸마크(סמך)는 "얹다" 혹은 "놓다"의 의미로 제의적, 법률적인 전문용어이다. 또한 히브리어 동사 니르짜(נרצה)가 수동형(니프알형)으로 쓰일 때는 "받아들일 수 있는"(to be acceptable)의 의미를 갖는다. 뿐만 아니라 키페르(כפר)는 이스라엘 제의의 가장 중심이 되는 용어로 "용서하다"(to expiate)의 의미를 가지고 있다. 키페르의 기본적인 의미는 "깨끗이 하다"이다. 따라서 본문에서 강조하는 것은 이스라엘의

50) B.A. Levine, *Leviticus*, The JPS Torah Commentary, (Jerusalem · New York · Philadelphia, 1989), p. xviii.

제물을 하나님 앞에 드리기 위하여 아무것도 거리낌이 없어야 한다. 그런데 키페르의 의미를 정확히 해주기 위해서 "~을 위하여"(on behalf of)라는 의미의 전치사 알(על)이 사용되었다.

레위기의 내용

레위기는 크게 네 부분으로 나눌 수 있다. 레위기 1-7장은 제사에 관한 규정인데, 레위기 1:1-6:7은 일반 백성들이 지켜야 할 규정을 기록하고 있으며, 6:8-7:38은 제사장이 지켜야 할 규정을 기록하고 있다. 8:1-10:20은 제사장 제도에 관한 규정을 기록하고 있다. 11:1-16:34는 부정과 부정의 처리 방법에 대하여 규정하고 있다. 마지막 17:1-27:34는 소위 성결법전(Holiness code)으로 실제적인 거룩함을 위한 규정이 기록되어 있다.

제사제도(레위기 1-7장)

레위기 1-7장은 제사제도에 관하여 설명하고 있다. 1-5장에서는 제물을 바치는 자의 관점에서 제사제도가 기록되어 있다. 1-3장에서는 자발적인 동기에 의하여 번제, 소제, 화목제가 기록되어 있고, 4-5장에서는 속죄를 목적으로 속죄제와 속건제가 기록되어 있다. 6-7장에서는 거룩성과 중요성에 번제, 소제, 속죄제, 속건제 그리고 화목제의 순으로 다시 한 번 기록되어 있다. 모든 제사의 공통의 기원은 예기치 못하는 종교적 감정적 필요에 응해서 생겨났으며, 이것이 공공의 축제나 금식과 같은 달력에 고정된 제사가 되었다(9:16, 3, 민 28-29장). 많은 예언자들은 제사제도가 좀 더 윤리적인 삶으로 인도하지 못할 때 제사제도에 대하여 매우 비판적이었다. 그렇지만 백성들은 제사를 통하여 자신들의 영적인 필요를 채워준다고 확신하였다.

제사장 임직에 관한 규정

제사를 드리기 위해서는 제사장이 필요하다. 따라서 레위기 8-10장에서는 이스라엘의 첫 제사장 임명에 대하여 기록하고 있다. 레위기 8-10장은 출애굽기 35-40장 뒤에 놓여야 논리적으로 시간적으로 적당하다. 제사장들의 의복과 장막이 완결된 다음에 제사장들이 소개된다. 그러나 아론이 아니라, 모세가 이 전체 배경의 주인공이 된다. 그것은 모세가 이 제사장 취임식 행사를 주도했고, 제사장을 거룩하게 했으며, 또 제사장의 모든 의무를 나누었기 때문이다. 레위기 10:16-20에서와 같이 모세는 아론에게 분명하게 책임이 있다고 주장했다. 예언자들의 제사장에 대한 우월성이 제사문서에서도 지속되는 것은 놀랄만하다.

레위기 8-10장은 아론과 그의 아들에 대한 제사장 임명(8장), 아론의 첫 제사(9장) 그리고 나답(Nadab)과 아비후(Abihu)에 대한 심판이 기록되어 있다(10장).

부정과 부정에 대한 처리 법(11-16장)

레위기 11-16장에서는 동물(11장), 출산(12장), 질병(13장), 유출(15장) 등이 사람을 부정하게 할 수 있음을 보여주며, 부정한 사람의 정결의식이 기록되어 있다.

이 법의 유일한 목적은 거룩함(레 11:44-47, 20:22-26)이다. 거룩의 의미는 성화와 구별의 이중적 의미를 가지고 있다. 음식을 금하는 것은 피를 금하는 것과 함께 하나의 통일된 음식법을 이루며 사람은 그의 음식에 대한 욕구를 충족시키지만, 그러나 그 과정에서 짐승처럼 되는 것을 금한다.

12장에서 출산은 부정의 시작을 의미한다. 남자 아이를 낳으면 칠일 동안, 여자 아이를 낳으면 14일 동안 부부의 관계를 금했다. 또한 각각 33일 동안 그리고 66일 동안 성소와 접촉하는 것이 금지되었다.

13-14장은 피부병에 의한 부정을 다루고 있다. 병의 다양한 징후를 진단하고(13:1-44), 불치의 병자에게는 통곡자의 옷을 입히고 도시 밖으로 쫓아낸다(레 13:45-46, 민 5:2-5). 레위기 13:47-59는 균류나 흰가루 균류에 의하여 의복을 썩게 하는 것을 묘사한다. 또한 14:33-53은 초석이나 이끼의 확산으로 집이 오염되는 것을 묘사하고 있다. 이 경우는 강제로 격리되었다. 재산에 대한 비정상적인 생각이 14:36에 반영되어 있다. 제사장은 집을 조사하기 전에 집을 깨끗이 하여 집의 내용물이 오염되지 않도록 한다. 레위기 14:1-32절에는 제의가 기록되어 있다. 세 종류의 격리의식이 기록되어 있다. 첫째 날(14:2-8), 일곱째 날(14:9) 그리고 여덟째 날(14:10-32)이다. 첫째 날의 제의는 집에 생긴 문둥병에도 적용된다(14:48-53).

유출에 의한 부정 가운데 자연적인 남녀의 유출(15:16-18, 19-24)의 경우 부정은 목욕으로 제거할 수 있다. 그러나 병적인 유출(15:2-15, 25-30)은 반드시 속죄제를 드려야 한다.

레위기 16장은 성소에 대한 부정의 정화에 관해 기록하고 있다. 레위기 16:1절에 의하면 레위기 16장은 10장의 연속으로 보인다. 따라서 11-15장은 성소를 오염시킬 특별한 부정에 대한 목록이 첨가되었다. 왜냐하면 16장의 정결의식이 명령되었기 때문이다.

16:1-28은 두 가지 제의가 결합되었다. 첫 번째는 레위기 4:3-21의 규정에 의하여 성전을 청소하는 것이고, 두 번째는 백성의 더러움을 사하기

위하여 그들의 죄를 고백하고 속죄물에 죄를 전이한 양을 아사셀에게 쫓아내는 것이다. 이 제의로 사해진 죄는 종교적인 영역의 죄이다. 즉 인간과 하나님 사이의 죄이다.

성결법전(17–26장)

레위기 17-26장은 독립적인 규정으로 구성되어 있다. 도덕적 제의적인 규정이 번갈아 기록되어 있으며, 이 규정의 목적은 거룩함이다(레 19:2; 20:7-8, 26; 21:8, 23; 22:16, 32; 23:3, 4, 7, 21, 24, 35, 37; 25:10, 12). 레위기 17-26장은 언어와 사상적인 측면에서 레위기의 앞부분과 큰 차이를 나타내고 있다.

레위기 17장은 제사와 음식에 관한 단편적인 규정을 모아놓은 것이다.[51] 3-4절에서는 동물을 잡는 원칙을 제시한다. 즉 누구든지 키우는 동물을 성소 밖에서 잡으면 살인죄를 짓는 것과 같다고 기록하고 있다. 단지 성소 밖에서 고기를 먹기 위하여 잡는 것도 살인죄에 해당한다(17:4). 5-9절에서는 음란을 위한 제사를 금지시키고 있고, 속죄는 제의를 통하여 이루어진다. 피를 금지하는 본문을 통하여 내릴 수 있는 결론은 레위기 17:11은 일반적인 죄의 용서와는 관계가 없다는 점이다. 화목제 때 피를 먹는 것은 위험하다. 이것은 왜 피를 금하는 규정이 화목제 규정을 기록하는 데만 등장하는가 하는 질문에 대한 대답이다(3:17, 7:26-27). 그러나 화목제는 속죄의 역할이 없는 제사이다.

레위기 18-20장은 원래 독립적인 장들이었으나 주제적인 측면에서 하나로 묶여졌다. 레위기 18장은 근친상간을 금하고 있다. 왜냐하면 이것은 이집트와 가나안 사람의 성관습이기 때문이다(18:1-5).

51) 따라서 킬리안(R. Killian)은 레위기 17장을 성결법전에서 분리한다. R. Killian, *Literarkritische und Formgeschichtliche Untersuchung des Heiligkeitsgesetzes*, Bonn, 1963, pp. 176-178.

19장은 친밀한 이웃관계에 대한 원칙을 제시한다. 인간에 대한 사랑과 이방인까지 사랑할 것을 명한다. 사회적인 평등은 부분적으로 신성성에서 유래된다. 왜냐하면 제사문서에 있어서 하나님의 땅은 모든 거주민에게 부여되었기 때문이다. 그러나 사랑의 법은 말뿐인 관념적인 것이 아니라 행위로 표현돼야만 한다. 이 평등은 정의와 시민(20:12, 24:16, 민 35:15)의 평등함과 종교적인 평등함(레 16:29, 17:15, 출 12:19)은 물론이고 종교적인 평등까지 포함한다(레 16:29, 17:15). 또한 자비에 있어서도 평등해야 한다. 이자를 받지 말고 돈을 빌려주며(레 25:35-38, 신 10:18), 자유롭게 이삭을 줍게 한다(레 19:9-10). 더욱이 사랑의 법은 인간의 가치를 떨어뜨리는 굳은 마음(레 19:14)과 미움(19:16-18)을 금하는 수단이 되었다.

레위기 20장은 레위기 18-19장의 위반에 대한 벌칙을 기록하고 있다. 부정한 성관계는 중죄로 처벌하였다. 9-16절에서는 사람에게 죽임을 당하고, 17-19절에서는 하나님께도 죽임을 당한다. 또한 20-21절에서는 자녀가 없음에 대하여 기록하고 있다. 20장에는 레위기 18:9, 10, 18에 기록된 두 자매, 손녀 혹은 이복자매와의 결혼에 대한 규정에 생략되었다.

레위기 21장은 제사장에 관한 규정을 기록하고 있으며, 22장은 제물을 먹는 것에 관한 규정을 기록하고 있다. 제사장은 성소에 들어가 성소의 물건과 하나님의 식물의 지성물을 먹는다. 제사장의 이러한 특권만큼 엄격한 금지사항도 있다. 제사장들은 도덕적 제의적으로 더러워지는 것으로부터 자신을 지켜야 한다(22:9, 15-16; cf. 4:3; 15:31). 이러한 금지에는 죽음과 결혼(21:1-15), 제물을 드리는 자의 육체적인 불결함(21:16-24; 22:17-33) 그리고 거룩한 음식을 먹는 것(22:1-9, 10-16) 등으로 더러워지는 것과 관련되어 있다.

레위기 23장에는 축제에 관하여 출애굽기 23:14-17, 34:21-23 그리고 신명기 16장과 구별되게 기록하고 있다. 레위기의 축제는 무엇보다도 자연적이고, 농업적인 자료에 강조점을 둔다. 무교절과 유월절은 곡식의 수확과 밀접한 관련이 있으며, 초막절 역시 추수와 관련되어 있다.

레위기 24:1-9은 성막에 관한 규정이 기록되어 있고, 24:10-23은 불경의 경우들을 나열하고 있다. 레위기 24:1-4는 등잔불에 관하여 기록하고 있고(출 27:20-21), 레위기 24:5-9는 제단의 빵에 관하여 기록하고 있다.

레위기 24:10-14는 신성모독에 관하여 기록하고 있다. 레위기 24:15-22는 모독죄와 함께 시작하며, 제사장문서의 정점인 이방 거주자와 시민들의 동등함으로 그 절정에 이른다(출 12:49; 민 15:15-16, 29). 이 단화에 외국인에 관한 것이 첨가된 것은 매우 중요하다. 외국인의 동등함은 종교적인 것뿐만 아니라 일반적인 법에도 적용된다. 동태복수법(lex talionis)(출 21:23-25, 신 19:21)이 이방인에게까지 확대 적용되는 것은 제사장 법의 절정이다. 힘이 있는 자와 무력한 자 사이의 차이를 근절시키고 뿐만 아니라 이스라엘과 비 이스라엘 사이의 차이를 근절시킨다. 이러한 시민의 지위에 관한 법을 삽입하는 것은 이스라엘에 거주하는 반 이스라엘 사람들의 법적 지위 때문에 강조되는 것이다.

레위기 25장은 안식년과 희년에 관하여 기록하고 있다. 안식년(25:1-7)은 칠년마다 지켜지며 이스라엘의 종, 채무자 그리고 땅을 해방시킨다. 레위기 25:8-34는 면제 해인 희년의 선포에 관하여 기록하고 있다. 희년에는 땅이 쉬어야 하며, 토지 재산은 원래 주인에게 돌려주어야 한다. 또한 이스라엘 종들은 석방된다. 이스라엘과 땅은 하나님에게 속해 있다. 누구도 땅을 영원히 소유하지는 못한다. 따라서 절대적인 자연소유권은 폐지되었다. 사람과 땅은 빌려 쓰는 것이며, 사회가 가난해지는 것을 막는 것이다.

25:35-55에는 채무를 이행하지 않는 이스라엘 채무자는 채권자에 의하여 압류당한다. 그러나 이자를 받지 못하게 되어 있다(35-38절). 39-46절에

서는 압류당한 채무자를 종처럼 대우하지 말라고 기록하고 있다. 또한 47-55절에서는 가난해서 종이 된 자를 해방시킬 것을 규정하고 있다. 레위기 25장의 언어와 용어는 족장 시대의 배경이 되었던 고대 바벨론의 법과 유사하다.

레위기 26장은 율법에 순종할 것을 교훈하며, 26:3-46은 율법에 순종했을 때의 저주와 축복에 대하여 기록하고 있다.

레위기 27장은 선물로 성소에 드리기로 한 경우, 그 값을 물어주는 것에 관해 규정하고 있다. 사람의 경우(1-8), 동물의 경우(9-13), 집의 경우(27:14-15), 땅(27:16-25), 맏물(27:26-27) 바친 물건(27:28-29) 그리고 십일조(27:30-33)에 관하여 기록되어 있다. 거룩한 물건을 대체하는 것은 고대의 관습이다. 서원을 바꾸는 것은 열왕기하 12:5에 이미 그 제도가 확립되어 있다.

레위기서에 나타난 절기

유대교 절기를 계절에 따라 크게 나누어 봄철의 절기와 가을철의 절기로 양분할 수 있다. 봄철의 절기는 우기가 끝나고 건기가 시작될 무렵의 곡식(밀, 보리) 추수와 밀접한 관계가 있으며, 태양력에 따라 낮과 밤의 길이가 동등한 춘분을 그 시발점으로 하고 있다.[52] 가을철의 절기는 건기가 끝나고 우기가 시작될 무렵의 과일(올리브, 포도, 무화과, 대추야자 등) 추수와 밀접한 관계가 있으며 대략 추분이 시발점이 될 수 있다. 달력상으로 유대교의 절기는 봄철의 유월절 첫 날이 기준이 되며, 이 날이 되도록이면 춘분 직후에 올 수 있도록 조정하고 있다. 봄철의 절기는 유월절(페싹)부터 칠칠절(샤부옷)까지의 50일간이며, 가을철의 절기는 새해(로쉬 하샤나)부

52) 김성, "유대교 절기들," 「진리교회 주보」(1990년)

터 초막절(수콧)까지의 22일간이다.

유대교 절기는 역사적으로 모세오경(토라)에 규정된 절기와 후대에 생성된 절기로 크게 나눌 수 있다. 토라의 절기는 그 명칭에 따라 축제일(하그)과 절기(모에드)로 나누어지며, 이 중에서 하김(חגים)은 소위 여호와의 절기, 또는 3대 순례의 절기라고 불리는 유월절, 칠칠절, 초막절이 된다. 모아딤(מועדים)은 즐기는 축제일이라기보다는 문자 그대로 거룩하게 지키는 성별된 날로서 안식일, 월삭, 새해, 대속죄일 등이 이에 해당된다.

축제일(하김; חגים)

하김은 여호와의 절기라고도 부르며, 유월절, 칠칠절, 초막절 등이 여기에 속한다.

유월절(페싹)

유월절은 이스라엘 백성에게 있어서 출애굽과 관련이 있는 해방의 절기이다. 어린양을 잡아 피를 문설주에 뿌리고, 불에 구운 고기를 무교병과 쓴 나물과 함께 먹되, 허리에 띠를 띠고 발에 신을 신고, 손에 지팡이를 잡고 급히 먹음으로써 애굽 탈출의 긴박감을 재현시키고 있다. 유월절은 모두 칠일 동안 지키되 첫 날과 마지막 날은 거룩한 성회로 노동을 금하고, 나머지 중간의 오일 동안은 일을 할 수 있게끔 허용하고 있다.

유월절은 양을 잡는 페싹의 절기와 무교병을 먹는 마쫏의 절기로 크게 양분된다. 원래 페싹과 마쫏의 두 절기가 존재했으며, 역사적으로 이 둘이 합쳐짐으로써 현대의 성서적 유월절이 형성되었다고 볼 수 있다. 페싹은 유목민들의 절기로서 첫 태생을 제사로 드려서 신의 축복을 기원했고, 마쫏은 농경민들의 절기로서 봄철의 곡식 추수 후 누룩을 넣지 않은 순수한 곡식만을 제사로 드림으로써 신에게 감사를 드리는 것이었다. 팔레스틴의 계절에 따르면 가을 추수보다 만물이 소생하고 성장하는 우기를 거친 봄 추수가 더 양적인 면에서나 질적인 면에서 풍요로운 감사의 절기가 된다. 따라서 니산 월 보름을 전후해서 농부는 곡식으로 음식을 만들고 목동은 첫 태생 짐승을 잡아 함께 성대한 추수의 축제를 즐기는 것이 곧 유월절의 자연스러운 배경이 된다고 볼 수 있다.

이러한 추수 감사제의 유월절이 출애굽 사건과 관계된 것은 성서 기록자들(신명기 사가)의 독특한 신학관에 의거한 인위적 연결로 볼 수 있다. 원래 유목민 출신의 이스라엘 민족에게는 양을 잡는 봄 축제가 더 적합하며, 가나안 농부들에게는 곡식을 드리는 봄 축제가 당연한 것이었다. 분열 왕국 시대에 와서 목축을 주로 하는 유다에서는 페싹을 중시했을 것이고, 좀 더 비가 많이 와서 농사를 지을 수 있었던 이스라엘에서는 마쏫을 지켰으리라 추정된다. 요시야 왕 때에 유월절이 범국가적인 절기로 지켜졌으며 포로기 이후에 와서야 비로서 기존의 유월절이 출애굽 해방 사건과 연결되어졌다.

칠칠절(샤부옷)

칠칠절은 일 년 중 봄 추수의 절정기로서 유월절을 전후한 보리 추수가 끝나고, 밀 추수를 하여 감사제를 드리는 절기이다. 칠칠절에 관한 규정은 민수기 28:26-31에 기록되어 있다. 칠칠절은 출애굽기 23:16의 맥추절과 밀접한 관련이 있으며 유대인의 삼대 절기 가운데 하나이다. 그러나 구약성서에는 어느 달 몇 일이 칠칠절이라고 기록되어 있지 않다.

칠칠절 제사는 수송아지 두 마리와 수양 한 마리와 일 년된 수양 일곱 마리로 번제를 드리며, 소제로는 고운 가루에 기름을 섞어서 쓰되 수송아지 한 마리마다 3/10이요 수양 한 마리마다 2/10를 드린다. 또 어린 양

일곱 마리에는 어린 양 한 마리마다 2/10를 드린다. 또한 속죄제로 수 염소 한 마리를 드린다.

유월절과 초막절이 출애굽이라는 역사적 사건을 기념하는 절기라는 것에 착안하여, 칠칠절이 전통적인 가나안의 봄 추수와 관련된 축제에 그 기원이 있다고 해석 할 수도 있으나, 랍비들의 해석에 따라 출애굽 50일 후 시내 산에서 모세가 여호와를 만나서 십계명을 전해 받은 "토라 전수의 절기"로 여겨지기도 한다. 따라서 이 날에 유대인들은 회당에서 봄 추수와 관련된 "룻기"를 낭독하며 십계명과 관련된 출애굽기 19, 20장을 읽기도 한다.

초막절(수콧)

초막절은 가나안의 전통적인 가을의 포도 수확 축제로부터 그 기원을 찾아 볼 수 있다(삿 21:9). 여호와의 절기라 일컬었던 실로의 포도 축제는 여자들이 포도원에서 춤을 춤으로써 그 절정에 달했으리라 여겨진다(삿 21:21). 모빙켈(S. Mowinckel)은 이 축제를 신년의 "왕 즉위식"(Enthronement)과 연관을 지었으며, 폰 라드 (G. von Rad)는 고대 이스라엘 지파들의 계약 갱신 축제와 관계가 있다고 해석하고 있다. 하지만 팔레스틴 지역의 자연적인 절기를 고려 해 볼 때 봄철의 곡식 추수와 함께 쌍벽을 이루는 가을철의 포도, 올리브, 대추야자, 무화과 등의 풍성한 수확과 관련된 추수제가 수콧의 기원이 된다는 것은 너무도 당연한 이치이다.

수콧은 페싹(유월절) 과 마찬가지로 칠일 동안(티슈리 15일부터 21일까지) 절기가 지속된다. 이 기간 동안 유대인들은 출애굽 이후의 광야생활을 기념하기 위해 초막에서 기거해야만 했다. 수카(초막)의 벽은 아무 재료나 가능하되, 지붕은 곡식의 짚이나 모든 식물을 이용하여 덮을 수 있으며, 밤하늘의 별이 보이도록 엉성하게 지붕을 꾸며야 하고, 벽은 최소한 세면 이상이 되어야 한다(자기 집의 벽을 이용하여 세 면만 벽을 만들든지 아니면 별도의 수카를 야외에 설치). 수카는 절대로 나무 밑이나 실내에 세우면 안 된다.

수콧 기간 동안 모든 성인 남자는 레위기 23:40에 나타나는 대로 아름다운 나무 실과(Etrog: 오렌지 종류), 종려가지(Lulav: 대추야자의 어린 가지), 무성한 가지(Hadassim), 시내 버들(Araboth) 등의 네 가지 식물을 준비하여야 한다. 이 중에서 왼손에는 아름다운 나무 실과를 오른 손에는 종려가지 하나와 세 개의 무성한 가지와 두 개의 시내 버들가지를 함께 쥐고서 시편의 "할렐" 찬양 부분(시 113-118편)을 낭독하다가, 마지막 시편 118편을 시작하면서부터 동서남북 상하 방향으로 흔들어 주어야 한다.

절기(모아딤; מוֹעֲדִים)

모아딤은 거룩하게 지키는 성별된 날로서 안식일, 월삭, 새해, 대속죄일 등이 이에 해당된다.

대속죄일(욤 하키푸르)

대속죄일은 이스라엘의 절기 중 성전이 무너진 날을 기념하는 티샤 베아브와 함께 애통하며 금식하는 날이다. 바로 이날에 대제사장이 특별한 제사를 드린 다음 일 년에 한번 성전의 지성소에 들어가서 백성의 죄를 대신하여 속죄하였다. 욤 키푸르의 제사 방식 중 특이한 것 중 하나는 산 염소를 가져 와서 대제사장이 백성의 모든 죄를 염소의 머리 위에 안찰함으로써 고백하고, 죄를 대신 짊어진 이 염소를 광야 지대로 끌고 가 풀어서 달아나게 하는 것이었다.

신년 초하루(로쉬 하샤나)

신년 초하루는 일곱째 달 즉 티슈리 달 초하루를 성회로 지키라는 규정에 의해 지켜진다(레 23:23-25, 민 29:1-6). 신년 초하루 절기에는 나팔을 부는 날이며 이날 드리는 제사의 내용은 칠칠절에 지키는 제사의 내용과 일치한다(민 28:26-31).

이 절기가 신명기 16:1-17에 나타난 이스라엘의 종교 요약에는 나타나지 않고 민수기 29:1-6이나 레위기 23:23-25에 나타나기 때문에 '로쉬 하샤나' 는 아마도 바벨론 포로기 이후에 생겨난 절기로 추정된다.

쇼파르는 뿔나팔이며, 금송아지로 섬겼던 소를 제외한 모든 정결한 짐승들(양, 염소, 산양 등) 의 뿔로 만들 수 있다. 그러나 아브라함의 이삭 제사 사건 때에 나타난 수양 때문에 수양의 뿔을 선호하게 되었다. 현대 이스라엘에서는 좀 더 길고 구부러진 것이 좋은 것이기 때문에 산양(Gazell) 의 뿔을 많이 사용하고 있다.

레위기서에 나타난 제사

레위기서에 나타난 고대 이스라엘의 제사제도는 크게 두 가지로 나눌 수 있다. 즉 기본제사와 기능성 제사이다.

기본제사

기본제사는 모든 제사에 반드시 행해야 하는 것으로 번제(Bunt offerings; עלה; 레 1:3-17, 6:1-6), 소제(Meal offerings; מנחה; 레 2, 6:14-23) 그리고 전제이다. 이 세 가지는 모든 이스라엘의 제사에 반드시 포함되는 것이다. 예를 들어

상번제(עלה תמיד)(출 29:38-42, 민 28:1-8)의 경우도 아침과 저녁에 번제와 소제 그리고 전제를 드려야 하는 것이다.

번제(Bunt offerings; עלה; 레 1:3-17, 6:1-6)는 자신을 하나님께 완전히 드린다는 상징적인 의미를 가지고 있으며, 따라서 속죄제와 밀접한 관계를 맺고 있다. 번제는 제물의 종류에 따라 소의 번제(레 1:3-5)와 양이나 염소의 번제(레 1:10) 그리고 새의 번제(레 1:14)로 나눌 수 있다.

제물을 바치는 자가 제물을 가지고 와서 제물의 머리에 손을 얹고 제단 북쪽의 여호와 앞에서 잡도록 되어 있다(레 1:3-5, 11). 그러나 제물이 새이면 제사장이 그것을 잡도록 되어 있다(레 1:15). 번제에서는 가죽을 벗기고 각을 뜨고 깨끗하지 않은 부분을 씻고 잘 놓는 것이 중요하다(레 1:6-9, 12-13). 이렇게 준비한 모든 것을 불사르는 번제는 화제로 여호와께 향기로운 냄새(ריח ניחוח)가 된다(레 1:9). 그러나 남은 부분은 제사장에게 준다(레 7:8). 번제의 가장 중요한 것은 불을 꺼뜨리지 않고 지속적으로 유지하는 것과 제사장들이 적당한 옷차림을 유지하는 것이다(레 6:8-13, 히 6:1-6).

소제(Meal offerings, מנחה, 레 2, 6:14-23)는 고운 가루와 기름과 유향을 섞어서 만든다. 만들어진 형태는 화덕에 구운 것과 무교전병(살짝 구운 빵 wafer)과 조각빵과 이삭을 볶아 찧은 것 등이다. 그러나 누룩이나 꿀을 소제에 사용할 수 없다(레 2:11). 소제는 항상 번제와 함께 드려진다. 소제로 드리는 양은 동물에 따라 정해져 있다(민 15:4-).

전제는 포도주를 드리는 것을 말한다.

기능성 제사

기능성 제사란 어떤 목적을 위하여 행하는 제사를 의미하며, 모든 기능성 제사를 드릴 때에는 항상 앞에서 언급한 기본제사를 드리게 되어 있다. 고대 이스라엘의 기능성 제사는 화목제(Peace offerings, שלמים, 레 3장, 7:11-36), 속건제(Guilt offerings, אשם, 레 5:14, 7:1-7), 속죄제(Sin offerings, חטאת, 레 4:3), 낙헌제(Free-will Offerings, נדבה, 레 7:16-17, 22:17-20), 제사장 위임제사(Ordination Offerings, 레 8:22-32), 서원(Votive Offerings, נדר, 레 7:16-17) 등이다.

화목제

화목제는 상호 드리는 제사이다. 제물은 소나 양이나 염소나 암컷이나 수컷 관계 없이 흠이 없는 것으로 드린다. 화목제를 감제사장으로 드리기도 하며(레 7:12-13), 경우에 따라서는 나실인은 자기의 머리털을 밀고 그것을 화목제물의 밑에 두게 되어 있다(민 6:18).

화목제를 드리는 규정은 레위기 3장과 7:11-36에 자세히 기록되어 있다. 다른 제사와 달리 화목제물은 "회막문 앞에서" 잡도록 되어 있다. 제사장들은 그 피를 제단 사방에 뿌리게 되어 있다. 내장을 선택하는 기준도 동물에 따라 다르게 기록되어 있다.

화목제물 가운데 일부는 제사장에게 드려진다(레 7:11-21, 특히 14). 화목제물은 제사장에게 드려진 것과 태운 것을 제외하고는 모두 제사드리는 사람이 자신이나 자신의 가족 그리고 레위인들을 위한 식사로 사용한다(신 12:12, 18-19). 그러나 아무 곳에서나 먹을 수 없고 정해진 장소에서만 먹어야 한다(신 12:6-7, 11-12, 15-19, 26, 삼상 1:3-4). 그러나 그 고기를 정결하게 유지해야만 먹을 수 있다. 만약 부정한 곳에 닿으면 먹을 수 없다. 뿐만 아니라 정결치 못한 자 역시 그 고기를 먹을 수 없다(레 7:19-21). 또한 감제사장으로 드리는 화목제의 고기는 그날 다 먹어야지 그 다음날까지 남겨둘 수 없다(레 7:15). 그러나 화목제가 서원이나 자원하는 것이면 다음날 까지 먹을 수 있으나 셋째 날에는 태워야 한다(레 7:16-17).

화목제는 다음의 절기에 드려진다. 즉 장(초)막절(레 23:19-20)과 나실인

이 약속을 완전히 지켰을 때(민 6:17-20) 그리고 제사장을 세울 때 지켜진다. 그러나 회막을 지었거나(레 9:8-21) 성전을 완공했을 때도 화목제를 드린다(왕상 8:63, 대하 7:7).

속건제

속건제(אשׁם)(레 5:14, 7:1-7)는 특별한 속죄제로서 어떤 사람이 자신이 바쳐야 할 의무를 다하지 못하였을 때 20%를 더하여 바치는 것이다.

성물에 대하여 죄를 범하면 대체로 수양을 바치며(레 5:15, 18, 19:21), 나병 환자가 깨끗해진 후나 혹은 더러워진 나실인은 수양을 바친다(레 14:12, 21, 민 6:12). 속죄제와 마찬가지로 속건제에서도 바쳐진 동물의 일부가 자신의 일부로 동일시되었다. 속건제도 속죄제와 마찬가지로 같은 장소에서 동물을 잡으나, 속건제에서 제사장은 피를 제단의 주변에 뿌린다(레 7:2). 속건제 제물의 내장 가운데 기름진 꼬리와 내장에 덮인 기름과 두 콩팥과 그 위의 기름 곧 허리 쪽에 있는 것과 간에 덮인 꺼풀을 콩팥과 함께 떼어내고 제사장이 이것들을 제단에서 불사른다. 정결함을 받은 자의 경우 제사장이 피를 정결함을 받은 자의 오른쪽 귓부리와 오른쪽 엄지손가락과 오른쪽 엄지발가락에 바른다(레 14:14). 속건죄도 속죄제와 마찬가지로 고기 가운데 일부는 제사장들이 먹었다(레 7:7-7, 14:13).

성물에 대한 잘못을 보상하기 위하여 드리는 20%의 추가분은 모두 제사장에게 드려졌다(레 5:16). 이러한 규정은 요아스 때에도 지켜졌다(왕하 12:16).

레위기 6:1-6(히 5:20-25)에서는 사회생활에서 생길 수 있는 여러 경우를 소개하면서, 남에게 손해를 입힌 자는 20%를 더하여 보상해야 함을 가르치고 있다.

또한 레위기 19:20-22에 의하면 다른 사람의 여종과 동침하면 다른 사람의 재산을 침해한 것이기 때문에 속건제를 드려야 함을 말하고 있다. 민수기 5:5-10에서는 고대 이스라엘 사회의 죄 값을 규정하고 있다. 즉 죄를 지은 자는 죄를 자복하고 20%를 더하여 갚되, 그 죄 값을 받을 만한 친척이 없는 경우에는 제사장에게 드리도록 규정되어 있다.

속죄제

속죄제(Sin Offerings, 레 4:3 — חטאת)는 개인적인 제사이다. 제사자의 직책에 따라 제물의 종류가 달라진다. 레위기 4:3에 의하면 제사장이 죄를 범하면 이스라엘 회중과 마찬가지로 송아지를 드린다(레 4:13-14). 그러나 족장이 죄를 범하면 수 염소를 예물로 바친다(레 4:22-23). 또 평민이 죄를 범하면 암 염소를 제물로 드린다(레 4:27-28). 그러나 가난한 사람이면 산비둘기 두 마리나 집비둘기 두 마리를 제물로 드린다(레 5:4). 그러나 이것도 힘들면 1/10 에바의 고운 가루를 예물로 바친다(레 5:11-13, 히 9:22).

속죄제의 상징적인 행위는 손을 제물 위에 얹는 것이다(레 4:4 סמך את ידו על ראש). 이러한 상징적인 행동을 통하여 제물과 제물을 바치는 사람을 동일시하는 것이다. 제사장은 이 제물을 제단의 북쪽 부분에서 잡는다(레 4:24, 29, 1:11). 레위기 4:24에서는 단지 "여호와의 앞 번제물을 잡는 곳"이라고 기록되어 있지만 레위기 1:11에 의하면 "제단 북쪽 여호와 앞에서 그것을 잡아" 제단 북쪽에서 잡았음을 알 수 있다.

제사장은 피를 모아 회막 안으로 들어가 휘장 앞에 일곱 번 뿌리고, 향단 뿔에 바르고 남은 피 전부를 회막 문 앞 번제단 밑에 쏟아 붓는다(레 4:5-7, 16-18). 그러나 비둘기의 피는 번제 단 벽에 뿌리고 남는 것은 제단 밑에 쏟는다(레 5:9). 대속죄일에는 제사장들이 지성소로 가지고 가서 뿌린다(레 16:13- 15).

레위기 4:8-10에는 속죄제 제물의 내장 처리에 관한 규정이 있다. 내장에 덮인 기름과 내장에 붙은 모든 기름과 두 콩팥과 그 위의 기름 곧 허리 쪽에 있는 것과 간에 덮인 꺼풀을 콩팥과 함께 떼어내어 제사장이 번제단에서 불사른다.

레위기 4:11-12, 21에 의하면 송아지 가죽과 모든 고기와 머리와 정강이와 내장과 똥 등 송아지 전체는 불로 사른다.

서원

서원(Votive Offerings, נדר, 레 7:16-17)은 화목제에 속할 뿐 아니라(레 7:16-17), 번제에 속하기도 한다(레 22:17-20). 넓은 의미에서 언약은 모든 종류의 선물과 제물을 하나님에게 약속하는 것을 포함한다(민 30장).

낙헌제

낙헌제(Free-will Offerings, נדבה, 레 7:16-17, 22:17-20)란 자원하여 드리는 제사로서 그 예는 역대하 35:8에서 찾아 볼 수 있다. 서원제와 마찬가지로 낙헌제는 번제이면서 화목제이다(레 22:17-24, 겔 46:12). 낙헌제에 사용된 고기는 둘째 날까지 먹을 수 있으나 셋째 날에는 불태워야 한다(레 7:16-17).

위임식 제사

직책, 특히 제사장 직을 임명하면서 드리는 위임식 제사(Ordination Offerings, 레 8:22-32)에 대해서는 출애굽기 29:19-34와 레위기 8:22-32에 자세히 기록되어 있다.

위임식에 사용하는 제물은 수양이며 수양의 머리에 손을 얹고 그 피를 오른쪽 귓불과 오른쪽 엄지손가락과 오른쪽 엄지발가락에 바르고 피를 제단 사방에 뿌린다. 기름과 기름진 꼬리와 내장에 덮인 모든 기름과 간 꺼풀과 두 콩팥과 그 기름과 오른쪽 뒷다리를 떼어내고 무교병 한 개와 기름 섞인 떡 한 개와 전병 한 개를 기름과 오른 쪽 뒷다리 위에 놓고 요제를 삼고 후에 태운다.

레위기의 연대

레위기가 오늘날과 같은 형식을 취하게 된 것은 레위기에 바벨론 포로 이후의 자료를 포함하고 있기 때문에, 바벨론 포로 이후 시대로 추정된다.[53] 레위기를 구성하는 자료인 제사장문서(Priestly Sources)의 연대가 언제인지 정확히 확정지을 수는 없지만 대체로 유다 왕국 멸망 직전 예루살렘의 제사장 서기관에 의하여 기록되었으며, 여기에 성결법전(Holiness Codex, 17-26장)이 바벨론 포로 시대에 첨가되었다고 본다.[54] 특히 에스겔서가 기록된 시대에 성결법전이 첨가되었을 것으로 추정한다.

레위기 25장의 채무이행에 관한 규정은 이스라엘의 왕정이나 행정사법제도가 운용되던 시대가 아님을 보여준다. 즉 바벨론 포로기 이후 제사장에 의하여 유대사회가 운영되던 시대를 배경으로 형성된 규정이기 때문에, 레위기가 오늘날과 같은 형식을 취한 것은 바벨론 포로기 이후로 여겨진다.[55]

53) B.A. Levine, *Leviticus*, p. xxix.
54) E. Sellin and G. Fohrer, *Introduction to the Old Testament*, (Nashville: Abingdon, 1962), p. 185.
55) B.A. Levine, *Leviticus*, pp. xxix-xxx.

레위기의 해석 방법

구약성서의 모든 본문이 그렇듯이 레위기도 어느 한 방법을 통해서 그 본문의 의미를 파악할 수 없다. 따라서 다양한 방법론을 사용하여 본문을 이해해야 한다.

본문의 이해를 위해 먼저 본문의 있는 그대로의 의미가 무엇인가를 파악하는데 주력하였다. 본문의 문자적 의미뿐만 아니라 고대 이스라엘의 문화 · 역사적 배경 속에서 본문의 의미가 무엇인가를 파악하려고 노력하였다. 여기에 고고학적 발굴 결과가 본문의 이해에 도움이 되는 부분을 함께 연구하였다. 뿐만 아니라 이러한 본문의 내용이 구약성서의 다른 책에서는 어떻게 사용되었으며, 그 차이점이 무엇인가를 밝힘으로써 본문의 신학적 발전을 찾아 볼 수 있다. 특히 오경 가운데서 출애굽기, 민수기 그리고 신명기의 규정과 비교함으로써 레위기의 신학을 찾아 볼 수 있다. 따라서 공시적 연구와 통시적 연구방법을 함께 사용하여 레위기 본문의 의미를 파악할 수 있다.[56)]

레위기의 신학

레위기의 중심적인 신학주제는 거룩함(Holiness)이다. 즉 이스라엘이 하나님과 원만한 소통을 이루기 위해서는 여호와처럼 거룩함을 지켜야 한다. 따라서 레위기는 거룩한 것(holy, 하코데쉬 הקדש)과 속된 것(common, 하홀 החל) 그리고 정한 것(purity, 하타호르 הטהור)과 부정한 것(impurity, 하타메 הטמא)의 구

56) 정중호, 『레위기: 만남과 나눔의 장』(서울: 한들출판사, 1999), p 25.

별이 매우 중요하다(레 10:10). 레위기 11-15장에서는 이 대조적인 개념들이 구체적인 예와 함께 기록되어 있다. 따라서 고대 이스라엘에서는 거룩한 것과 속된 것, 정한 것과 부정한 것의 이분법적인 구조로 되어 있음을 알 수 있다.[57] 웬함(G.J. Wenham)은 네 가지 개념을 다음과 같이 설명한다. 즉 모든 것은 거룩한 것과 속된 것으로 나뉘며, 속된 것은 다시 정한 것과 부정한 것으로 나뉘며, 정한 것이 성화되면 거룩한 것이 되고, 부정한 것이 성화될 수 없다고 설명한다. 그러나 정한 것도 오염되면 부정해질 수 있다. 또한 거룩한 것도 더렵혀지면 속된 것이 된다.

위 개념을 도식화하면 다음과 같다.

레위기서의 거룩의 개념은 분리(separation)와 정화(purification)이다. 즉 거룩한 것과 속된 것을 분리하고, 정한 것과 부정한 것을 분리해야 한다. 뿐만 아니라 부정한 것을 정하게 하고, 속된 것을 거룩하게 해야 한다. 즉 부정하게 하는 것으로부터의 단절과 더러워진 것을 정결하게 하는 것으로 구별된다. 따라서 부정한 자나 부정한 물건은 일정 기간 분리하였다가 정결의식을 거쳐 다시 사용하도록 규정하고 있다.

이스라엘의 거룩의 개념은 크게 세 영역으로 나뉜다. 즉 시간의 거룩함, 공간의 거룩함 그리고 사람의 거룩함이다. 그리고 이러한 시간, 공간 그리고 사람의 거룩함도 그 정도에 따라 네 구역으로 나뉜다. 즉 지성소 - 성소 - 성소의 뜰 - 성소 밖 순으로 거룩함이 덜하고, 사람도 대제사장 -

57) G.J. Wenham, *The Book of Leviticus*, p. 19.

제사장 - 일반 이스라엘 백성 - 이방인 순으로 덜 거룩하다.

시간의 거룩함은 '하그' 로 불리는 절기와 '모아딤' 이라고 불리는 축제일로 나타난다. 장소의 거룩함은 성소이며, 이스라엘 백성은 자신의 거룩함을 지켜가야 한다. 사람을 대표해서 거룩한 자는 제사장이며, 제사장 가운데 대제사장은 일 년에 한 차례 지성소에 들어간다.

또한 이론적인 영역의 거룩함은 제사와 제사장의 거룩함에 관한 내용(1-9장)과 실천적인 거룩함(11-23장, 25-27장)은 백성의 거룩함을 지켜 가는 방법, 거룩한 시간에 관한 규정, 거룩한 장소에 관한 규정 등을 기록하고 있다.

| 레위기 참고도서 |

Balentine, S.E., *Leviticus*, Interpretation. Louisville: John Knox Press, 2002.

Bamberger, B.J., *Leviticus*. New York: Union of American Congregations, 1979.

Boleh, M., *The Book of Leviticus*. 2 Vols. Jerusalem: Mosad Harav Kook, 1991-1992 (Hebrew).

Bonar, A.A., *A Commentary on Leviticus*. London: Banner of Truth, 1966.

Douglas, M., *Leviticus as Literature*. Oxford: Oxford University Press, 1999.

Elliger, K., *Leviticus*. HAT 4. Tübingen: Mohr, 1966.

Gerstenberger, E.S., *Leviticus*. Louisville: Westminster John Knox Press, 1996.

Gitin S., The Neo-Assyrian Empire and Its Western Periphery: The Levant, with a Focus on Philistine Ekron. Pp. 77-103 in *Assyria* 1995, S. Parpola and R.M. Whiting eds., Helsinki: Helsinki Univeristy Press, 1997.

Haran, M., *Temples and Temple Service in Ancient Israel*. Oxford: Clarendon, 1978.

_________, M. Haran, The Tabernacle: A Graded Taboo of Holiness. Pp. 33-41 in *Sefer Segal*, J. Liver ed., Jerusalem: Kiriat Sefer, 1964.

Hartley, J.E., *Leviticus*. WBC 4. Dallas: Word, 1992.

Harrison, R.K., *Leviticus: An Introduction and Commentary*. The Tyndale Old Testament Commentaries. Downers Grove: Inter-Varsity Press, 1980.

Kaiser, W.C. Jr. "The Book of Leviticus." Pp. 985-1191 in *The New Interpreter's Bible* Vol. 4. L. Keck et.al eds., Nashville: Abingdon Press, 1994, pp. 985-1191, esp. 1131.

Keil C.F., and Delitzsch F. "The Pentateuch." In Commentary on the Old Testament in Ten Volumes. Vol. 1. Reprint (25 vols in 10). Grand Rapids: Eerdmans, 1982.

Kiuchi, N., *The Purification Offering in the Priestly Literature: Its Meaning and Function*. Sheffield: JSOT Press, 1987.

Klostermann, A., *Der Pentateuch*, Vol. 1, Leipzig, 1893.

Levine, Baruch A. *Leviticus* ויקרא. The JPS Torah Commentary. Philadelphia: The Jewish Publication Society, 1989.

_________, Leviticus, Book of. *ABD* 4 (1993), pp. 311-321.

Lindsey, F. Duane. "Leviticus." pp. 163-214 in *The Bible Knowledge Commentary*. Edited by John F. Walvoord and Roy B. Zuck. Wheaton: Victor Books, 1985.

Milgrom J, *Leviticus 1-16*, Old Testament Library. New York: Doubleday, 1991.

_________, The Dynamics of Purity in the Priestly System. pp. 29-34 in *Purity and Holiness: The Heritage of Leviticus*. Poorthuis J.H.M., and Schwartz J. eds., Brill: Leiden · Boston · Köln, 2000.

_________, *Leviticus* 17-22, Old Testament Library. New York: Doubleday, 2001.

_________, *Leviticus* 23-27, Old Testament Library. New York: Doubleday, 2001.

_________, *Leviticus*. A Continental Commentary. Minneapolis: Fortress Press, 2004.

Noth, Martin. *Leviticus*. Philadelphia: The Westminster Press, 1962, 1965, 1977.

_________, The Laws in the Pentateuch: Their Assumptions and Meaning. Pp. 1-107 in *Laws in the Pentateuch and Other Studies*, Edinburgh: Oliver & Boyd, 1966.

Oppenheim, A.L., *Ancient Mesopotamia*. Chicago: University of Chicago, 1964.

Pedersen, J., *Israel: Its Life and Culture*. 4 Vols. London: Oxford University Press, 1940.

Poorthuis J.H.M., and Schwartz J. eds., *Purity and Holiness: The Heritage of Leviticus*. Brill: Leiden · Boston · Köln, 2000.

Porter, J.R., *Leviticus*. CBC. Cambridge: Cambridge University Press, 1976.

Rooker, M.F., *Leviticus*, The New American Commentary, Mashville: Broadman & Holman Publishers, 2000.

Schwartz B., Israel' s Holiness: The Torah Traditions. Pp. 47-60 in *Purity and Holiness: The Heritage of Leviticus*. Poorthuis J.H.M., and Schwartz J. eds., Brill: Leiden · Boston · Köln, 2000.

Scott, W.R. *The Boots of Ancient Israel' s Autumn Festival*. Ph.D. Dissertation of Johns Hopkins University, 1993.

Sellin, E. and Fohrer, G., *Introduction to the Old Testament*. Nashville: Abingdon, 1962.

Volz, P., "Die Handauflegen beim Opfer," *ZAW* 21 (1901), pp. 93-100.

Weinfeld, M., *Social Justice in Israel and in the Ancient Near East.* Jerusalem: Magnes, 1984.

Wenham, Gordon J., *The Book of Leviticus.* The New International Commentary on the Old Testament. Grand Rapids: William B. Eerdmans Publishing Company, 1979.

_________, *Betûlāh*: A Girl of Marriageable Age. *VT* 22 (1972), pp. 342-343.

Wilkinson, J., Leprosy and Leviticus: The Problem of Description and Identification. *SJT* 30 (1977), pp. 153-169.

Yerkes, R.K., *Sacrifice in Greek and Roman Religions and Early Judaism.* New York: Scribner' s 1952.

김영진, 『너희는 거룩하라』 서울: 이레서원, 2008.

정중호, 『레위기: 만남과 나눔의 장』 서울: 한들출판사, 1999.

민수기

바티칸 박물관에 소장된 루카 시뇨렐리의 『계명과 모세의 죽음』

민수기

명칭

시내산 계시로부터 정착 직전까지의 과정에서 이스라엘 백성들이 겪은 사건을 기록하고 있는 민수기는 오경의 네 번째 책으로 히브리어로는 베미드바르(במדבר)라고 부르며, 그 이름의 뜻은 "광야에서"(in the wilderness)이다. 히브리어 명칭 "베미드바르"도 민수기의 내용에 의하여 붙여진 이름이다. 왜냐하면 민수기 1:1의 첫 단어는 바예다베르(זידבר)이기 때문이다.[58] 영어로는 Numbers라고 부른다. 민수기 첫 부분(1-4, 26장)에 인구조사에 관한 기록이 등장하기 때문에 생겨난 이름이다. 영어의 Numbers는 헬라어 성경번역인 칠십인역에서 민수기를 아리트모이(αριτμοι)라고 이름붙인 것을 라틴어로 *Numeri*로 번역한 것에서 생긴 것이다. 그러나 민수기의 내용을 살펴보면 히브리어 명칭인 베미드바르(광야에서)가 Numbers보다 더 적절하다. 민수기는 모두 36장, 1,288절, 63,530 단어로 구성되어 있다.[59]

56) B.A. Levine, *Numbers 1-20*, NYB (New Haven and London: Yale University Press, 1993), p.47.

민수기는 21:14, 30, 24:22-24와 같은 일부 시적인 부분을 제외하고는 매우 잘 보존되었다. 따라서 민수기의 경우 맛소라들 사이의 상이점이 발견되는 예는 매우 드물며 또 발견된다 하더라도 별로 중요하지 않다. 그러나 히브리어 사본과 칠십인역 그리고 사마리아 오경 사이의 차이점이 보이기는 하지만, 그러나 이러한 현상은 본문의 차이로 생겨난 것이 아니라, 히브리어 사본을 확대하거나 혹은 요약하는 과정에서 생겨난 것이다. 예를 들어 사마리아 오경의 민수기 부분에서는 민수기와 신명기 사이의 조화를 꾀하기 위하여 민수기와 같은 내용의 신명기를 자유롭게 첨가하였다. 민수기 12:6, 14:41, 20:13, 21:13 21:22 등이 대표적이다. 예를 들어 사마리아 오경의 민수기 부분에서는 민수기 14:41에 신명기 1:42의 부분을 첨가 하였다.

민수기의 문학적 특징

민수기는 오경의 다른 책들과는 달리 사료적인 이야기, 초기 히브리어 시, 광범위한 법률 자료 및 제의 자료 등으로 구성되어 있다.[60] 민수기는 주로 산문의 형태로 구성되어 있으며, 여기에 시적인 내용이 일부 첨가되었다. 민수기의 산문도 여러 형태로 나눌 수 있다. 민수기 10:11-21장의 시내 광야에서 출발하여 계속되는 출애굽 과정에서 이스라엘 백성들이 모세와 아론에 대하여 원망하거나 반란을 일으키는 사건들이 연속적으로 기록되어 있다. 민수기 11:4-35의 다베라 사건, 13-14장의 가나안 정탐꾼과 백성들의 원망 사건, 16-17장에는 고라 자손의 반란 사건 그리

59) 김영진, 『토라』, p.233.
60) B.A. Leveine, *Numbers 1-20*, p.48.

고 20장에는 가데스의 다툼과 므리바 물 사건 등은 간략한 보고서 형식으로 기록되어 있다. 또한 민수기 31장의 미디안과의 전쟁에 관한 기록도 보고서 형태로 간략한 전쟁 개요를 기록하고 있다.

민수기에는 많은 명단(list)이 등장한다. 가장 대표적인 예는 두 차례 인구조사를 기록하고 있는 1-4장과 26장도 지파별 인구수를 기록한 명단이며, 전리품 분배(31:25-34)에 관한 기록이나 지파의 기업 분할 책임자들의 이름(34:16-29)이 명단 형식으로 기록되어 있다.

민수기에도 율법이 기록되어 있다. 5-10장 및 민수기 여러 곳에 모두 52개의 율법이 기록되어 있다.[61] 오경의 다른 책에 기록된 율법과 마찬가지로 "~하라" "~하지 마라"는 필연적인 형식과 "만약~하면, …하라"(if ~, then …)는 결의론적 형식을 취하고 있다. 민수기 5:6-7의 "이스라엘 자손에게 이르라 남자나 여자나 사람들이 범하는 죄를 범하여 여호와께 거역함으로 죄를 지으면 그 지은 죄를 자복하고 그 죄 값을 온전히 갚되 오분의 일을 더하여 그가 죄를 지었던 그 사람에게 돌려줄 것이요"는 전형적인 결의론적인 법의 형식을 취하고 있다. 또한 민수기 8:1의 "등불을 켤 때에는 일곱 등잔을 등잔대 앞으로 비추게 할지니라"나 15:21의 "너희의 처음 익은 곡식 가루 떡을 대대에 여호와께 거제로 드릴지니라"는 필연적인 법의 긍정적인 형식을 취하고 있다.

민수기에 운문은 매우 적은 부분 기록되어 있다. 민수기 21:27-30에 시인의 시가 기록되어 있으며, 발람의 예언을 기록하고 있는 23:7-10, 23:18-24, 24:3-9 그리고 24:15-24는 운문의 형태를 가지고 있다.

61) 김영진, 『율법과 법전』, p. 22.

민수기의 구조 및 내용

민수기의 구조

민수기의 구조는 광야에서의 위치에 따라 세 부분으로 나눌 수 있다.[62)] 첫째, 민수기 1:1-10:10은 시내반도에 체류할 동안의 사건을 기록하고 있다. 이 체류 기간은 19일간이다. 민수기 1:1에 의하면 "둘째 해 둘째 달 첫째 날"에 시내 광야에 도착하였고, 민수기 10:11에 의하면 "둘째 해 둘째 달 스무 날"에 성막을 걷고 출발하였다. 따라서 민수기의 기록에 의하면 민수기 1:1-10:10은 시내 광야에 체류하던 19일간에 일어난 사건을 기록하고 있다. 둘째, 민수기 10:11-19:22는 가데스 바네아(Kadesh-barnea) 혹은 그 근처에서의 사건을 기록하고 있다. 셋째, 민수기 20:1-36:13은 모압 평지에서의 생활을 기록하고 있다. 여기에 두 차례의 행진이 기록되어 있다. 즉 시내반도에서 가데스 바네아까지(10:11-19:22)와 가데스 바네아에서 모압 평지까지(20:1-21:35)의 행진이다.[63)]

민수기의 내용

민수기의 처음 10장은 출애굽기 25-31장과 35-40장에 기록된 성막에 관하여 기록하고 있다. 민수기 1-10장은 성막의 이동에 관심을 집중하고 있다. 10:11-21장까지는 시내 산을 출발하여 모압 평지까지의 노정에서

62) 그러나 올슨(D.T. Olson)은 1-4장과 26장의 인구조사를 민수기의 중요한 사건으로 이해하고, 1:1-25:19까지 출애굽 한 구세대의 시대와 26:1-36:13의 가나안에 들어가는 신세대의 시대로 나누기도 한다. D.T. Olson, *The Death of the Old and the Birth of New: The Framework of the Book of Numbers and the Pentateuch*, (Chico, Calif.: Scholars Press, 1985), pp. 31-37.

63) T.R. Ashley, *The Book of Numbers*, (Grand Rapids: Eerdmans, 1993), p. 2.

겪은 이스라엘의 광야생활을 기록하고 있다. 22-36장은 모압 평지에서 일어난 사건을 기록하고 있다.64)

민수기의 내용을 세분화하면 다음과 같다.

1장-10:10	시내 광야에서의 이스라엘
10:11-21장	시내 산을 출발하여 모압 평지까지의 광야생활
22장-36장	모압 평지에서 일어난 일들
22장-24장	발람(Balaam) 사건
32장	요단 동편 지역(Transjordan)의 분배

시내반도 체류(민 1:1-10:10)

민수기 1-4장은 출애굽하여 시내 광야에 오랫동안 체류해 오던 이스라엘 백성이 시내 광야를 떠날 준비 하는 것에 관하여 기록하고 있다. 지파별로 전쟁을 준비하였고, 레위인들은 성막을 이동하는 책임을 맡았다. 20세 이상(민 1:3) 전쟁에 나갈 성년 남자들을 지파별로 계수한 결과 603,550명이며(민 2:46), 민수기 3-4장에서는 제사장을 돕는 레위인의 인구조사 및 이들의 임무를 고핫, 게르손, 므라리 자손 순으로 기록하고 있다.

민수기 5장-10:10에는 몇 가지 율법의 규정을 기록하고 있다. 부정한 사람의 처리에 관한 규정(5:1-4), 여호와에 대한 거역의 죄 값(5:5-10), 아내의 간통을 의심하는 경우 이를 처리하는 규정 및 죄가 드러났을 때 처벌 규정(5:11-31), 나실인의 규정(6:1-21), 제사장의 축복(6:22-27), 이스라엘 지휘관이 드리는 헌물에 관한 규정(7:1-89) 등이 기록되어 있다. 이들이 드리는 헌물의 양은 모두 덮개 있는 수레 여섯 대와 소 열 두 마리였다. 즉 12명

64) 레빈(B.A. Levine)은 민수기를 1-20장까지 시내 광야에서의 생활과 21-36장의 모압 평지에 관한 이야기로 구성 되었다고 분류한다. B.A. Levine, Numbers 1-20, idem, Numbers 21-36, New York: Doubleday, 2000.

의 지휘관들에게 수레는 두 명당 한 대씩 그리고 소는 개인당 한 마리씩 헌물로 드렸다. 또한 등잔을 차려 놓는 방식(8:1-4), 레위인을 하나님께 드리는 규정(8:5-26), 유월절이 준비되지 않았을 때 두 번째로 지키는 유월절 규정(9:1-14), 길을 안내하는 구름 기둥과 나팔 신호에 대하여(9:15-10:10) 기록하고 있다.

시내 광야에서 모압 평지까지 경로(민 10:11-22:1)

민수기 10:11-25장은 시내 광야를 출발한 이스라엘 백성의 모압 평지까지의 노정(路程)을 기록하고 있다. 이 일은 출애굽한 지 2년이 지난 해 둘째 달 20일에 일어났다(10:11). 특히 민수기 11-25장은 패역한 이스라엘 백성들의 반란을 기록하고 있다. 그 결과 여호수아와 갈렙을 제외하고 애굽을 떠날 때 20세 이상이었던 사람은 가나안 땅에 들어갈 수 없게 되었다.

민수기 11장에 기록된 첫 반란 사건은 다베라(Taberah)에서 백성들이 악한 말로 원망한 사건이다(민 11:4-35). 모세는 이스라엘 백성을 다스릴 70명의 장로를 세우고, 원망하는 백성들에게 여호와께서 만나와 메추라기를 보내셨으나, 욕심을 부린 자들은 멸하셨다(11:31-35). 민수기 12장에서는 모세를 비난하던 미리암이 나병을 얻게 되었다(12:1, 10, 15).

민수기 13장에서는 각 지파에서 선발된 12명의 정탐꾼이 40일 동안 헤브론 지역을 정탐하고 그 결과를 보고한다. 에브라임 지파 출신의 호세아(여호수아)와 유다 지파 출신의 갈렙을 제외한 다른 10명의 정탐꾼들은 헤브론 지역에 아낙 자손이 거주하기 때문에 가나안을 공격할 수 없다는 비관적인 보고를 한다. 14장에서는 부정적 보고를 들은 백성들은 절망하고, 모세와 아론을 원망한다. 이에 하나님께서는 이스라엘 백성을 전염병으로 치려고 하지만, 모세의 간청으로 이스라엘의 죄를 용서해 주신다. 그러나 하나님은 갈렙과 여호수아를 제외한 20세 이상 된 자는 가나안에 들어갈 자가 없음을 말씀하셨다(14:29-30). 이에 백성들은 자신들의 죄를 뉘우치고 가나안 점령을 시도하였지만, 그러나 하나님이 원하지 않으셨기 때문에 정복전쟁은 실패한다.

민수기 15장에서는 소제와 전제의 양을 규정하는데, 바치는 제물의 크기에 따라 소제와 전제의 양이 결정되었다. 특히 민수기 15:22-29에서는 그릇 범한 죄와 부지중에 범죄한 죄를 속하는 규정을 기록하고 있다. 15:32-36에서는 안식일을 범한 자에 대한 형벌이 기록되어 있다. 그리고 15:37-41에는 옷단에 매다는 술에 대하여 기록하고 있다.

민수기 16-17장에는 고라 자손의 반란과 그 결과 그들의 멸망을 기록하고 있다. 민수기 17:12-18:32에서는 제사장들과 레위인들의 할 일과 받을 몫에 대하여 기록하고 있다. 민수기 19장에서는 부정함을 깨끗하게 하는 물에 대하여 기록하고 있다. 민수기 20장에는 가데스의 다툼과 므리바 물 사건이 기록되어 있다(출 17:2-7). 출애굽기 17:2-7(E자료)과 민수기 20:2-13(P자료)의 기록을 비교하면 두 자료 사이의 차이를 발견 할 수 있다.

민수기 20장은 제사장자료의 언어적 특징인 "회중"(4, 6절), "회막문"(6절) "영광"(6절)등 제사장자료만이 갖는 특수한 용어가 사용되었다. 제사장자료에서 회중의 개념으로 백성이라는 개념을 대체하고 있다. 이것은 유다 왕국 멸망 이후 포로 공동체의 일원으로서 성서와 결합하기 위함으로 생각된다. 20:1에서는 미리암의 죽음을, 20:22-29에서는 아론의 호르 산에서의 죽음을 기록하고 있다.

민수기 21장에서는 이스라엘이 네겝에 거주하는 가나안 사람을 정복하고(21:1-3), 호르 산에서 출발하여 에돔 길을 우회할 때, 백성이 다시 하나님을 원망하여 하나님이 불뱀을 보내어 물게 하여 많은 백성이 죽었으나, 모세의 기도를 들으신 하나님께서 모세가 만든 놋뱀을 보는 자들은 모두 살게 한 것이 기록되어 있다(21:4-9). 민수기 21:10 이하에서는 모압 땅에 들어가 시혼 왕 옥을 이긴 사건을 기록하고 있다.

모압 평지에서의 사건(민 22:2-36:11).

민수기 22-24장은 이스라엘 민족을 저주하기 위하여 고용된 발람의 이야기로 구성되어 있다. 발람은 모압의 왕 발락(Balak)에 의하여 고용되었으며, 이 일은 미디안 군주들의 동의 속에서 이루어졌다. 반복적으로 발락이 발람에게 이스라엘 백성을 저주하도록 요구하지만, 하나님께서 발람에게 이스라엘 백성을 축복하도록 한다. 따라서 발람은 발락에 의하여 추방된다. 발람의 이야기는 이스라엘이 여호와의 보호 아래에 있으면 무패함을 보여주는 것이다. 그러나 이 사건은 또 다른 배반의 사건으로 이어진다. 이스라엘 백성들은 모압 여인들에게 유혹당하여 모압 사람들의 이방 제의에 마음을 빼앗긴다. 시므온 지파의 지도자는 고위직의 미디안 여인에게 현혹당하여 이들은 전체 진영 앞에서 간통을 한다. 비느하스는 이들을 죽이고 그의 후손들에게서 영원한 제사장의 권한을 박탈한다(민 25:1-15). 이스라엘 사람들은 미디안 사람들을 공격한다. 여기서 반역적인 사건은 막을 내린다.

민수기 26장의 인구조사는 민수기 1장의 형식을 그대로 따른다. 그러나 전체 합계는 약간 적은 수이며 심판으로 인한 감소와 자연적인 증가를 반영하여 약간 적은 숫자가 제시되었다. 인구조사는 민수기 나머지 부분의 주제와 가나안 정복을 준비하는 것을 보여주는 역할을 한다.

민수기의 나머지 부분은 아들이 없는 슬로브핫의 딸들의 이야기를 다룬다. 이 이야기는 아들이 없는 경우 분깃을 나누는 것에 관한 좋은 판례이다. 슬로브핫의 딸의 이야기는 전체 민수기와 구별되는데, 이것은 편집자가 오경을 재배열하였음을 보여주는 좋은 예이다.

땅에 대한 언약은 민수기 나머지 부분의 주제이다. 첫째로 계승의식이

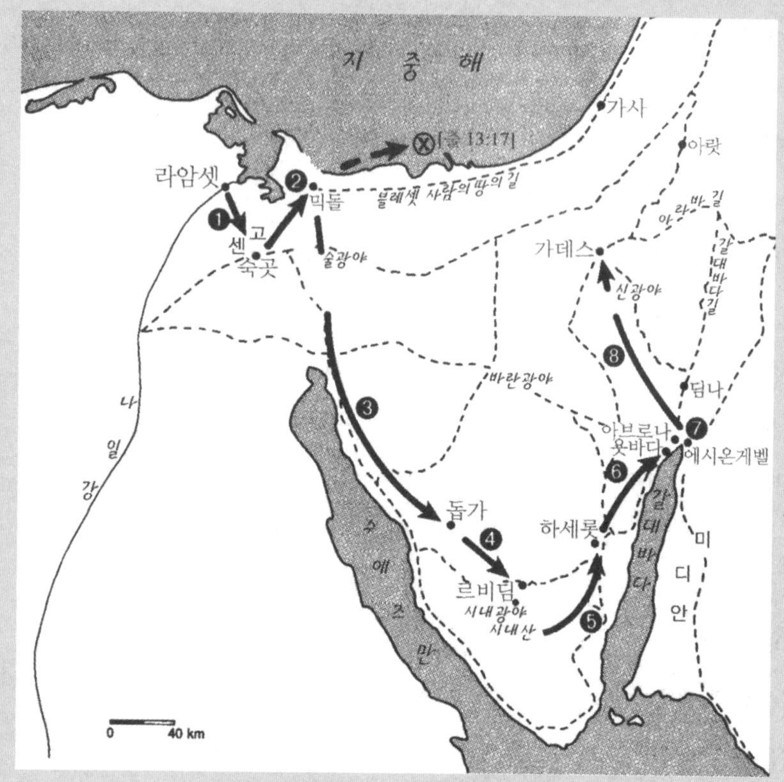

[민수기 33장에 나타난 출애굽 경로]

① 람세스에서 숙곳까지(민 33:5-6)

② 숙곳에서 믹돌까지(민 33:6-7)

③ 믹돌에서 돕가까지(민 33:8-13)

④ 돕가에서 르비딤까지(민 33:13-15)

⑤ 르비딤에서 하세롯까지(민 33:14-17)

⑥ 하세롯에서 욧바다와 아브로나까지(민 33:18-35)

⑦ 아브로나에서 에시온게벨까지(민 33:34-35)

⑧ 에시온게벨에서 가데스까지(민 33:35-36)

위 지도는 B.A. Levine, *Numbers 1-20*, AB (New Haven and London: Yale University Press, 2008), p. 496의 지도를 한글로 번역한 것임

시작되었고, 따라서 백성들이 여호수아를 정복할 당시의 지도자로 채택하였다. 그러나 이야기는 민수기 28-29장의 희생제사에 관한 규정의 삽입 때문에 단절된다. 그러나 민수기 28-29장의 제의적 규정이 이 자리에 왜 놓이게 되었는지 그 이유에 대해서는 모세의 죽음 앞에 유언장의 한 부분이라는 이유 외에는 알 수 없다. 민수기 30장의 여인에 의하여 행해지는 서약의 정당성에 관한 규정 역시 마찬가지이다. 미디안을 물리치는 것은 민수기 31장에 기록되어 있다. 민수기 32장은 두 지파 반이 아모리 족속의 땅을 점령하는 것에 대한 승인을 기록하고 있다. 민수기 33장은 광야 여정의 중간 기착지를 기록하고 있지만, 그러나 대부분의 도시들은 알려지지 않았고, 또 많은 도시들이 구약성서의 다른 곳에서 언급되지 않는다. 민수기 34장에서는 가나안 정복에 관한 명령과 지파 사이의 영토 분할에 관하여 기록하고 있다. 여기서는 이스라엘 지파의 정착을 나타내는 이상적인 경계에 대한 윤곽과 제비로 영토를 나눌 사람들의 이름이 기록되어 있다(민 34장). 민수기 35장은 땅을 얻지 못한 레위인들을 위한 도시와 오살자들이 피의 보복을 피할 수 있는 도시에 관하여 기록하고 있다. 민수기는 슬로브핫 딸들의 이야기를 속개함으로 끝을 맺는다.

민수기의 저작

민수기 연구에 있어서 가장 문제가 되는 부분은 민수기의 저작에 관한 것이다. 전통적인 견해는 민수기의 저자를 모세와 연결시킨다. 이러한 주장은 민수기 33:2의 "모세가 여호와의 명령대로 그 노정을 따라 그들이 행진한 것을 기록하였으니"라는 기록과, 민수기뿐만 아니라 오경 전체에서 모세가 여호와로부터 말씀을 받았다고 기록되어 있기 때문이

다.[65] 뿐만 아니라 민수기는 포로기 이후 시대보다는 모세 시대에 더 잘 부합하기 때문이다.[66]

그러나 이러한 주장은 문서설을 주장하는 학자들에 의하여 받아들여지지 않으며, 이들은 민수기의 주된 자료 층은 제사문서(P)로 보고 있다. 제사문서에 기록된 규정들이 포로기 이후의 시대상을 반영하고 있다는 것은 많은 학자들이 받아들이고 있는 견해이다. 수정된 견해가 있기는 하지만 이러한 문서설에 근거한 이론은 오늘날 많은 학자들이 주장하고 있다.

그러나 코이프만(Y. Kaufmann)과 그를 추종하는 학자들은 문서설에 의한 네 자료 구분을 인정하지만, 그러나 제사문서의 연대를 포로기 이전으로 상정한다. 노트(M. Noth)의 경우 제사문서에서 분리된 자료들은 창세기나 출애굽기의 야웨문서나 엘로힘문서와의 연관 속에서 이해해야 한다고 주장한다. 그러나 이 자료의 연대를 결정하는 것은 대단히 위험하다. 왜냐하면 이들 자료들이 매우 복잡한 자료층을 가지고 있기 때문이다. 볼크(J. de Vaulx)는 민수기의 다양한 자료들이 독립적으로 존재하기보다는 전체 민수기 신학 형성에 기여하고 있다고 주장하여 민수기의 통일성을 강조한다.[67] 반면에 레빈(B.A. Levin)은 본문을 구성하는 개별 자료들이 어떻게 민수기 형성에 기여하는가에 관심을 집중하였다.[68]

최근 민수기 연구의 중요한 시도는 밀그롬(J. Milgrom)의 연구이다. 밀그롬은 민수기의 자료비평과 이것들이 어떻게 민수기를 구성하는가에 관심을 갖는다. 특히 그는 민수기를 구성하는 제사장문서의 연대를 전통적

65) 아쉬레이(T.R. Ashley)의 통계에 의하면 오경 전체에서는 100회 이상 모세가 여호와로부터 말씀을 받았다고 기록하고 있으며, 민수기에는 60회 이상 기록되어 있다. T.R. Ashley, *The Book of Numbers*, p. 3, note 2.

66) R.K. Harrison, *Introduction to the Old Testament* (Grand Rapids: Eerdmans, 1969), pp. 614-622.

67) J. de Vaulx, *Les Nombres*, Paris, 1972.

68) B.A. Levin, *Numbers* 1-20.

인 포로기 혹은 포로기 이후에서 훨씬 앞으로 끌어당겨 왕국 형성 이전에 이미 제사장 전승이 형성되었다고 주장한다.[69] 특히 밀그롬은 제사장 문서에 나타난 규정들이나 이야기들이 포로기 이후 시대의 시대적 상황과 잘 맞지 않는다는 점을 들어 제사장 전승의 연대를 포로기 이전으로 주장한다. 뿐만 아니라 신명기가 제사장문서로부터 인용은 하였지만, 그러나 제사장문서가 신명기로부터 인용하지 않은 점을 들어 제사장 전승의 연대를 신명기보다 앞선 것으로 주장한다.[70]

민수기에 나타난 인구조사

구약성서에는 여러 종류의 인구조사 기록이 있다. 특히 이집트에서 탈출한 이스라엘 민족의 인구조사에 관한 여러 가지 기록이 등장한다(출 12:37; 30:11-16; 38:24-31; 민 1:1-47; 26:1-51). 오경에는 출애굽 당시에 실시된 두 번 혹은 세 번의 인구조사가 기록되어 있으며, 그 결과 장정 600,000명이라는 조사결과를 기록하고 있다. 각 자료가 이렇게 일관성 있는 결과를 기록하고 있다는 것은 일면 동일한 역사적 배경을 기초로 기록되었기 때문이라는 추리가 가능하다. 그러나 좀 더 자세히 살펴보면 이 숫자가 어떤 방법으로 얻어졌는지, 언제 처음으로 알려졌는지 분명하지 않다. 확실한 기록은 민수기 1장과 26장으로 인구조사 시기와 그 방법이 상대적으로 정확하게 기록되어 있다. 이와 함께 출애굽기 38장의 인구조사 기록은 나름대로의 독립된 인구조사인가? 인구조사 결과가 603,550명으로 민수기 1장의 조사와 완전히 동일하다. 이해하기 더 힘든 것은 이미 이집트를

69) J. Milgrom, *Numbers*, (Philadelphia: Fortress, 1990).
70) M. Weinfeld, *Deuteronomy and the Deuteronomic School* (Oxford: Clarendon, 1972), pp. 180-181.

나서는 순간 60만이라는 인구수가 알려져 있다는 점이다(출 12:37). 또 603,550명이라는 정확한 숫자가 출애굽기 38장에서는 걷힌 헌금을 통해서 알게 된 반면에, 민수기 1장에서는 가족에 따른 등록을 통해 밝혀진 점도 이해하기 어려운 것은 마찬가지이다.

언급된 기록들이 모두 제사장자료라는 사실이 어쩌면 이러한 질문들에 대한 해답이 될 수도 있다. 만약 이런 자료 분석이 옳다면 위의 언급들은 실제 기록된 사건보다 상당히 오랜 시간이 지난 이후에 기록된 글임을 알 수 있다. 제사장자료의 기록연대는 학자들 사이에 오랫동안 논란의 대상이 되어왔다(포로기 이전 혹은 이후).[71] 그러나 정확한 기록연대가 언제이던 간에 사건의 역사적 배경과 기록 시기 사이의 시간차가 너무 크다. 그러므로 역사적 자료로서의 신빙성도 그만큼 떨어진다. 또한 인구가 보도된 구절들은 문맥상 앞뒤의 다른 이야기들과 유기적으로 연결되지 않는다는 사실도 이런 결론을 뒷받침해 준다. 이런 기록들은 역사의 재구성에 그대로 사용하기에 부적절하다. 따라서 결국 성서의 언급들 사이에 발생하는 여러 가지 문제들을 구태여 해결할 이유가 없어진다.

민수기에 기록된 숫자의 신빙성 문제는 학자들의 가장 큰 관심 가운데 하나였다. 이를 해결하기 위하여 603,550명을 표기하기 위하여 사용된 히브리어 엘레프(אלף)를 숫자 1,000으로 이해하지 않고 부족이나 혹은 족장으로 이해하고자 하였다.[72] 이러한 주장을 받아들이면 603,550명은 대략적으로 6,000여명으로 이해되는 것이다.[73]

71) S.R. Driver, *An introduction to the Literature of the Old Testament*, 1956, pp. 135-159; F.M. Cross, *Canaanite myth and Hebrew epic*, pp. 323-325; M. Haran, *Temples and temple-service in ancient Israel*, (Oxford: Oxford University Press, 1985), pp. 146-148.

72) W.M.F. Petrie, *Researches in Sinai*, 1906, pp. 206-223; idem, *Egypt and Israel*, 1923, pp. 42-46; G.E. Mendenhall, "The Census Lists of Numbers 1 and 26," *JBL* 77 (1958), pp. 52-66; 참조하시오. J.W. Wenham, "Large Numbers in the Old Testament," *TB* 18 (1967), pp. 19-53.

민수기의 신학

민수기에 나타난 신학은 몇 가지로 설명할 수 있다.

첫째, 하나님의 현존하심을 나타내고 있다. 무엇보다 민수기에는 다양한 방법을 통하여 하나님의 현존하심을 나타내고 있다.

성막을 세운 날에 구름이 성막 곧 증거의 성막을 덮었고 저녁이 되면 성막 위에 불 모양 같은 것이 나타나서 아침까지 이르렀으되 항상 그러하여 낮에는 구름이 그것을 덮었고 밤이면 불 모양이 있었다(민 9:15-16).

이처럼 하나님은 성막 혹은 회막을 통하여 이스라엘 백성들에게 자신의 현존을 나타냈다. 또한 민수기 12:1-4에서는 회막에서 하나님은 아론과 미리암을 만난다.

둘째, 민수기에서는 하나님은 이스라엘을 위해 준비하시는 분임을 보여주고 있다. 따라서 민수기에서는 이러한 하나님의 모습이 반복적으로 기록되어 있다. 이러한 모습을 나타내기 위하여 민수기는 다음과 같은 방법을 사용한다.

민수기의 이야기는 하나님은 인도하시고, 보호하시고, 궁극적으로 이스라엘이 필요한 것을 공급하시는 분임을 나타낸다(민 10:11-14:45, 16-17장, 20-25장, 27:12-23, 31:1-33:49). 또한 하나님의 법에 대한 교훈(민 1:1-10:10, 15장, 18-19장, 26:1-27:11, 28-30장, 33:50-36:13)과 효과적인 지도력에 대한 교훈(민 11:1-14:45, 16:1-35, 27:12-23)이 기록되어 있다.

셋째, 민수기는 출애굽 과정을 통하여 여호와가 다른 신들보다 더 강한 하나님을 부각하고 있다. 따라서 이스라엘 백성들의 원망이나 불평, 불만을 용납하지 않는다.

73) 출애굽의 인원을 200여만 명으로 추산하였을 경우 생기는 문제와 고대 이스라엘의 인구추산 방법에 대해서는 김영진, 『이스라엘 역사』, pp. 149 각주 156, 149-151.

|민수기 참고문헌|

Ashley T.R., *The Book of Numbers*, Grand Rapids: Eerdmans, 1993.

Knohl I., *The Sanctuary of Silence.* Minneapolis: Fortress Press, 1995.

Levin, B.A., *Numbers 1-20*. AB 4. New York: Doubleday, 1993.

__________, *Numbers 21-36*. AB 4A. New York:Doubleday, 2000.

Milgrom J., *Numbers*, The JPS Torah Commentary, Philadelphia · New York: The Jewish Publication Society, 1990.

Levine B.A., *Numbers* 1-20. AB. New York: The Anchor Bible, 1993.

신명기

히브리어 성경의 신명기

신명기

명칭

오경의 다섯 번째 책인 신명기의 히브리어 명칭은 세페르 드바림(ספר דברים)("말씀들의 책")이라고 부른다. 이것은 신명기의 두 번째 단어에서 유래되었다. 신명기는 영어로 듀트로노미(Deuteronomy)라고 부르는데 이것은 신명기 17:18의 "율법서를 등사하여"라는 뜻의 히브리어 미쉬네 토라(משנה תורה)를 헬라어로 번역한 듀테론미온(Δευτερόνμιον)에서 유래되었고, 이것을 다시 라틴어 성경에서 듀테로노미움(Deuteronomium)으로 번역한 것에서 유래되었다. 따라서 신명기의 명칭은 신명기가 이전의 사경 속에서 언급되어진 율법을 다시 한 번 반복한다는 의미를 지니고 있다. 그러나 신명기가 이전의 모든 율법을 그대로 반복하기만 한 것은 아니라 신명기에서만 언급되는 율법도 있다.

신명기는 34장 955절 그리고 54,892 히브리어 단어로 구성되어 있다.[74]

74) M. Weinfeld, "Deuteronomy, Book of," *Judaica* 6 Cols. 1573-1582.

신명기의 문학적 특징

언어적 특징

신명기 언어의 특징은 단순함과 유창함 그리고 투명함으로 그 성격을 규정 지을 수 있다. 또한 신명기만의 특유의 어법을 발견할 수 있다. 신명기 어법의 가장 큰 특징은 새로운 표현법을 사용하지 않고 전통적인 표현법을 그대로 사용한다. 따라서 신명기의 어법은 엘로힘 자료(E)에서 쉽게 발견된다. 그렇다고 신명기의 새로움이 없다는 뜻이 아니라, 신명기에서의 새로움이란 새로운 어휘의 사용이 아니라, 당시의 종교적 개혁을 반영하는 독특한 언어를 사용한다는 것이다. 신명기적 어법은 우상과의 싸움, 제의의 중앙화, 출애굽, 언약, 선택, 유일신적 교소, 땅을 유산으로 받음 그리고 인과응보 등과 같은 신학적 사상을 주기적으로 표현하는데 사용되었다.

문학적 특징

신명기를 구성하는 중요한 문학적 장르는 모세의 연설과 이 연설 안에 들어있는 율법으로 구성되어 있다.

연설의 양식은 유명인사의 고별연설의 형식을 통하여 이스라엘의 과거를 회상함으로서 교훈적인 목적을 이루고자 한다.[75] 신명기의 저자는 자신의 메시지를 전달하기 위하여 이러한 연설체를 사용하였으며, 이처럼 종교적, 윤리적인 고별연설을 이스라엘의 지도자나 왕과 연결시키는

75) A. Rofé, *Deuteronomy*, OTS (London · New York; T&T Clark, 2002), P. 1-4; M. Weinfeld, *Deuteronomy 1-11*, AB (New York: Doubleday, 1991), pp. 4-6.

것은 이스라엘 역사를 기록하는 편집자의 일반적인 습관이다. 따라서 신명기 사가는 가나안 정복 시대를 여호수아의 연설로 끝맺고(신 23장), 사사시대는 사무엘의 연설로(삼상 12장) 그리고 다윗 시대는 다윗의 연설로 마무리 된다(왕상 2:2-9).

이러한 고별연설 형식을 사용하여 메시지를 전달하는 것은 고대 근동 세계에서도 발견된다. 이집트에서 도덕적인 교훈을 가르칠 때 사용하던 독특한 양식을 사용하고 있는 것처럼 보인다. 이집트의 지혜의 교훈은 왕이나 관리들이 그의 후손들에게 증언하는 양식을 취하고 있다. 이러한 기술은 이스라엘 문학에 영향을 주었다. 뿐만 아니라 신명기는 이집트나 메소포타미아의 왕에 관한 교범의 영향을 받은 서기관에 의하여 기록된 미래 이스라엘 왕 제도를 위한 교범(신 17:14-20)을 가지고 있다. 또한 신명기에 기록된 고별연설은 계약에 의하여 묶여진 계승의식과 연결되어 있다. 그러나 신명기의 고별연설이 이집트의 윤리적인 성격과 관련이 깊은지 아니면, 아시리아의 계약적인 왕위계승과 관련이 깊은지 결정하기는 쉽지 않다.

신명기 학파는 고별연설 이외에 예언적인 성격의 연설이나 제의적 연설 그리고 전쟁 전(前) 행하는 연설들을 이스라엘 민족의 지도자들에게 돌린다. 이와 유사한 문학적인 기술을 그리스의 역사 기록에서도 발견한다. 헤로도투스나 투키데테스의 작품에 인용된 많은 연설은 그리스 민족의 지도자에 의하여 행해진 것이다.

이처럼 연설을 이스라엘 민족의 지도자나 위대한 인물의 것으로 돌리면서 자신이 표현하는 이념을 나타내고자 하는 기법은 제 2성전 시대의 역사기술에서도 지속되고 있다. 따라서 역대기서 역시 르호보암의 아들인 아비야가 전쟁을 하기 전에 다윗 왕조의 영원성과 예루살렘 성전의 정당성을 강조하는 연설을 한 것으로 기록하고 있다(대하 13:4-12). 이것은 북 왕국이 다윗 왕조나 예루살렘 성전에 대하여 반대하는 것은 곧 하나님에 대하여 반대하는 것임을 보여주려는 의도에 의해서 행해진 것이다. 이러한 문학적인 기법은 묵시문학에서도 나타난다. 유딧서에서도 원수들에 대하여 어떤 행동을 취하기 전 유딧이 두 번 연설을 한다. 유딧의 첫 번째 연설(유딧 8:11-27)은 하나님께서 이스라엘에 대하여 행하셨던 일을 언급하면서 이스라엘의 하나님에 대한 신앙과 믿음을 심어준다. 두 번째 연설(혹은 기도)(유딧 9:2-14)은 과거의 하나님의 행위와 이스라엘 하나님의 위대하심에 호소한다. 이러한 연설의 형태는 하스모니아 왕가의 마따디아(Mattathias)(마카비상 2:39-70), 베드로나 스테반(행 2:14 이하, 7:2 이하)에게서도 발견된다.

신명기의 고별연설 속에 들어 있는 율법은 조건절과 평결문으로 구성된 결의론적인 법(casuistic law)과 무조건적인 명령 형태인 필연적 법(apodictic law)의 형식을 띠고 있다.[76] 필연적인 법과 결의론적인 법에는 모두 '~해라'는 긍정형과 '~해서는 안 된다'는 부정형이 등장한다. 그 예는 다음과 같다.

[결의론적인 법의 긍정형식]

"네가 네 하나님 여호와께서 네게 주시는 땅에 이르러 그 땅을 차지하고 거주할 때에 만일(임, אם; If~) 우리도 우리 주위의 모든 민족들 같이 우리 위에 왕을 세워야겠다는 생각이 나거든(조건절), 반드시 네 하나님 여호와께서 택하신 자를 네 위에 왕으로 세울 것이며(평결문)" (신 17:14-15)

[결의론적인 법의 부정형식]

"사람이 새로이 아내를 맞이하였으면(אם; If~)(조건절), 그를 군대로 내보

76) 김영진, 『율법과 법전: 율법과 고대 근동의 법 연구』, pp. 24-25. 이처럼 레위기가 법의 형식을 취한 것은 제의와 법 모두 의무를 표시할 뿐만 아니라 정확한 절차에 의한 허락을 요구하기 때문이다. B.A. Levine, *Leviticus*, p. xix.

내지 말 것이요(평결문)" (신 24:5)

[단언적인 법의 긍정형식]

"너희가 먹을 만한 짐승은 이러하니 곧 소와 양과 염소와 사슴과 노루와 불그스럼한 사슴과 산 염소와 볼기가 흰 노루와 뿔이 긴 사슴과 산양들 무릇 짐승 중에 굽이 갈라져 쪽발도 되고 새김질도 하는 모든 것은 너희가 먹을 것이니라" (신 14:4-6)

[단언적인 법의 부정형식]

"너는 가증한 것은 무엇이든지 먹지 말라" (신 14:3)

모압 땅에서 맺은 조약(신 3:23-29, 31:1-27)은 아시리아 왕 에살하돈의 종주권 조약에서 발견되는 것과 형식적인 유사점을 많이 가지고 있다. 단지 차이점은 모세 계약의 내용은 신적인 법이며 하나님에게 충성을 서약하라는 점과 에살하돈의 종주권 조약의 내용은 정치적인 조항으로서 봉신에게 충성을 서약하라는 상황의 차이이다. 그러나 형식적인 면에서 두 조약은 매우 유사점을 가지고 있다.

고대 근동의 종주권 조약의 구성 요소들은 신명기서는 물론이거니와 출애굽기 19-24장이나 여호수아 24장에서도 그 유사점을 쉽게 발견할 수 있다. 특히 에살하돈의 왕위계승 조약을 비롯한 앗수르 제국의 종주권조약들은 구약성서에 나타난 언약양식의 형식과 내용면에 있어서 유사함을 보여주고 있다.[77] 신명기와 출애굽기 19-24장이나 여호수아 24장은

77) 이러한 연구 이전인 1958년 폰라트는 신명기의 역사(1-11장), 율법(12:1-26:15), 상호의 의무(26:16-19), 축복과 저주(27-28)의 내용은 특수한 제의적 상황에서 생겨난 신명기서의 특별한 형식이라고 주장하였다. 그러나 이러한 주장은 에살하돈 조약 발견 이후 더 이상 지지될 수 없게 되었다. G. von Rad, *The Problem of the Hexateuch and Other Essays*, pp. 1-78.

고대 근동의 종주권 조약의 형식적 특징을 많이 포함하고 있다. 특히 신명기는 고대 근동의 종주권 조약과 형식적인 유사점을 나타내고 있다.[78)]

신명기 가운데 운문에 해당하는 부분은 신명기 32:1-43과 33장의 모세의 축복이다.

신명기의 구조 및 내용

신명기의 구조

신명기는 모세의 네 번에 걸친 연설과 그의 죽음에 관한 기록(34장)으로 구성되어 있다. 신명기 1:1-4:43은 모세의 첫 번째 연설, 4:44-26장, 28장은 모세의 두 번째 연설, 12장-26장은 소위 원신명기라고 부르는 신명기법전(Deuteronomic code), 29장-30장 모세의 세 번째 연설, 31장-33장은 모세의 네 번째 교훈과 축복 그리고 34장은 모세의 죽음에 관하여 기록하고 있다.

신명기의 내용

신명기의 첫 부분인 1:1-5에는 이스라엘 백성들의 여정을 역사적으로 회상하는 내용을 기록하고 있다. 여기서 강조하는 것은 광야에서 있었던 하나님의 섭리이다. 신명기 1:6-4:40에서는 백성들에게 하나님의 계명과 율례를 잘 지킬 것을 말한다. 두 번째 설교를 포함하고 있는 4:44-26장은 다시 두 부분으로 나눌 수 있다. 첫 부분인 4:44-11:32절에서는 십계명으로 시작하는 교훈적인 내용을 담고 있으며 두 번째 부분인 12-26장은 십

78) 김영진, 『조약과 언약』, p. 64.

계명을 보충하는 신명기적 율법을 포함하고 있다.[79)]

이 율법은 세 부분으로 나눌 수 있다. 즉 제사에 관한 종교적인 법(ceremonial law)과 민법(civil law) 그리고 형법(criminal law) 이다. 제사에 관한 종교적인 법은 예배의 중앙화(12장), 우상숭배에 대한 금지(13장), 이방의 상례를 따르지 말 것(14:1-2), 정하고 부정한 음식(14:3-21), 십일조 (14:22-29), 면제년(15:1-18), 맏물 드리는 규정(15:19-23) 그리고 삼대 거룩한 절기인 유월절, 칠칠절 그리고 초막절(16:1-17) 등에 관한 규정을 담고 있다.

민법에 해당하는 부분에서는 재판관의 임명과 최고 재판소에 관하여(16:18-20, 17:8-13), 왕의 선택에 관하여(17:14-20), 제사장과 레위인의 권리와 분깃(= 수입원)에 관하여(18:1-8), 예언자들에 관한 규정(18:9-22) 등을 담고 있다.

형법에 속하는 부분에서는 살인죄(19:1-13), 남의 권리의 침해(19:14), 거짓 증언(19:15-21) 등에 관해서 기록하고 있다. 20장 이후부터는 전쟁에 관한 규정(20:1-20), 가족의 권리(21:15-21), 성적 순결성(22:13-29) 등을 제외하고는 어떤 주제로 묶을 수 없는 다양한 주제에 관하여 기록하고 있다. 26장은 율법과 계약의 종결형식으로 끝맺고 있다.

27장에서는 3인칭 형식으로 된 이야기로 에발 산에 제단을 쌓고, 에발 산과 그리심 산의 축복과 저주에 대하여 기록하고 있다. 28장에서는 율법을 지키지 않거나 경시하는 자들에 대한 축복과 저주의 선언이 있다.

29-30장은 모세의 세 번째 설교로서 이스라엘 백성들의 하나님에 대한 충성과 이스라엘 백성이 신명기 계약을 받아들일 것을 호소하고 있다. 31장에서는 여호수아를 지명하였고(31:7-8, 14-15), 모세가 신명기 율법을 레위인들에게 매 칠년마다 백성들에게 선포할 것을 명하면서 소개하고 있다. 32장에는 모세의 노래가 등장하며, 33장에서는 모세의 축복 그리

79) M. Weinfeld, "Deuteronomy," *Judaica* 5, Cols. 1573-1582, esp. 1573-1574.

고 34장은 마지막 장으로 모세의 느보 산에서 죽음을 기록하고 있다.

좀더 자세히 신명기서의 내용을 개관하면 다음과 같다.

① 1:15	모세가 마지막 연설할 당시의 시공간적 배경
② 1:6-4:40	모세의 첫 번째 연설
③ 4:41-43	모세가 요단 동편의 세 도시를 도피성으로 정하다
④ 4:44-49	두 번째 율법의 서론
⑤ 5:1-11:32	십계명과 기본적인 율법
⑥ 12:1-26:1	6율법
⑦ 26:16-27:26	약속의 땅에 들어가기 전의 이스라엘의 모습
⑧ 28장	축복과 저주
⑨ 29장	모압에서 언약 맺음
⑩ 30장	포로 후 귀환에 대한 약속
⑪ 31장	모세가 여호수아에게 명령함
⑫ 32:1-43	모세의 노래
⑬ 32:44-47	모세의 노래 후기
⑭ 32:48-52	하나님이 모세에게 느보 산으로 올라 가라고 명하심
⑮ 33장	모세의 축복
⑯ 34장	모세의 죽음

신명기는 오경 가운데서 유일하게 율법책(세페르 하토라)(ספר התורה)이라고 불리는 책이다. 따라서 여호수아(8:31, 23:6)나 열왕기서(왕하 14:6)에서 모세의 율법책(세페르 하토라 모세)(ספר התורה משה)이라고 불린다.

뿐만 아니라 신명기는 오경 가운데서 유일하게 모세의 것으로 인정된 책이기도 하다(신 31:9). 오경의 다른 책들이 신명기와 결합된 후 오경 전체를 '토라'라고 부르게 되었다. 계약 혹은 유언(testament)이라는 용어는 고대 이집트에서 지혜와 도덕적인 가르침이 혼합된 형태로 사용되던 것이다.

신명기는 형식적인 통일성에도 불구하고 전체가 하나의 동종의 작품은 아니다.

신명기의 기원의 기원에 관한 연구에 양식사비평은 큰 영향을 주었다. 독일 신학자 폰라트(G. von Rad)는 신명기의 형식과 문학적 형식이 생겨나게 된 배경인 삶의 정황(*Sitz im Leben*)에 관한 연구에 관심을 집중하였다. 신명기서의 독특한 양식을 분석한 폰라트는 신명기를 다음과 같이 구성된 것으로 본다. 1-11장의 설교, 12:1-26:15의 법, 12:16-19의 언약의 체결, 27:11-26의 저주와 축복 등. 따라서 폰라트는 신명기를 각기 다양한 문학적 장르가 결합된 것으로 이해하였다.

모압 평지에서의 언약

고대 근동에서는 지도권이 바뀔 때 항상 백성들의 충성서약을 강요하게 된다. 고대 근동의 여러 가지 조약 가운데 에살하돈의 종주권 조약들은 신명기와 많은 공통점을 가지고 있다. 에살하돈의 종주권 조약은 다른 충성서약과는 달리 은퇴하는 왕에 의하여 그의 봉신 국가들에게 앗수르바니팔 왕에게 충성서약을 맺게 하는 것이다. 모압 땅에서 맺은 언약(신명기 3:23-29, 31:1-27)은 에살하돈의 종주권 조약에서 발견되는 것과 형식적인 유사점을 많이 가지고 있다. 단지 차이점은 모세 언약의 내용은 신적인 법이며 하나님께 하는 충성서약이고, 에살하돈의 종주권 조약의 내용은 정치적인 조항으로서 봉신에게 충성을 서약하라는 점에 있어 차이가 있다. 그러나 형식적인 면에서 두 조약은 매우 유사점을 가지고 있다. 특히 에살하돈의 조약에 묘사된 계약의 상황과 신명기의 언약의 상황이 너무 유사하다. 두 조약 모두 백성들을 모아 놓은 후에 치러진 의식이다. 의식에 참석한 모든 사람들은 자신뿐만 아니라 후손을 위하여 충성을 맹세한다. 사실, 에살하돈의 조약이 발견되기 전에 신명기서의 특별한 형태에 관하여 여러 학자들이 논의하였다. 폰라트는 신명기의 특별한 형식, 즉 역사와 율법 그리고 상호 의무 축복과 저주와 같은 형식은 어떤 제의를 배경으로 한 것이라고 주장하였다. 따라서 폰라트는 이러한 제의의식은 역사에 대한 회상으로 시작하여 법조항에 대한 선언과 뒤이은 충성서약과 저주와 축복이 뒤따른다고 주장하였다. 따라서 폰라트는 신명기 27장의 저주와 축복이 그리심 산과 에발 산 사이에서 행해진 것이기 때문에, 세겜을 중요한 언약갱신 축제가 행해지던 곳으로 여겼다(수 24장).[80] 폰라트 이후 많은 학자들이 신명기의 문학적인 구조가 계약의식의 영향을 받은 것이라는데 동의하였다. 따라서 신명기의 계약의 형식이 고대 근동에서 수세기 동안 사용되었던 것임이 밝혀졌다. 1954년 멘덴홀(G.E. Mendenhall)은 성서의 언약과 히타이트 제국의 종주권 조약과의 형식적인 유사점을 발견하였다. 멘덴홀은 이들 두 조약에서는 봉신의 충성의 동기를 유발하는 역사적인 서언, 조약의 조항들, 증인의 목록, 저주와 축복, 계약의 정기적인 낭독 그리고 조약을 보관하는 것 등에 관한 내용을 담고 있다고 주장하였다.

그러나 1956년 주전 672년경의 것으로 추정되는 에살하돈의 조약이 발견된 이후 신명기의 언약은 두 계약 당사자간의 계약이 아니라, 종주

80) 이러한 연구 이전인 1958년 폰라트는 신명기의 역사(1-11장), 율법(12:1-26:15), 상호의 의무(26:16-19), 축복과 저주(27-28)의 내용은 특수한 제의적 상황에서 생겨난 신명기서의 특별한 형식이라고 주장하였다. 그러나 이러한 주장은 에살하돈 조약 발견 이후 더 이상 지지될 수 없게 되었다. G. von Rad, *The Problem of the Hexateuch and Other Essays* , pp. 1-78; idem, *Deuteronomy*, pp. 21-23.

권 나라에서 봉신에게 일방적으로 부과하였던 충성서약이었음이 밝혀졌다. 충성에 대한 요구가 신명기서에 표현되어 있다.

더욱이 내용적인 면에서도 아시리아의 충성서약과 신명기가 동일하다. 신명기 28:23이하의 저주에 대한 이야기는 에살하돈의 조약 419행 이하에 나타난 것과 유사하고, 심지어는 저주의 순서까지 두 문서 사이에 유사성이 있다.[81)]

따라서 프랑케나(Frankena)는 신명기의 언약은 아시리아의 왕에 대한 충성서약대신 유다 사람들의 충성서약으로 대체된 것이며, 따라서 저주가 동일하게 기록되었다고 주장한다. 그러나 에살하돈의 조약이 발견된 이후 동등한 두 계약 당사자 간의 계약과 종주가 자신의 봉신에게 충성서약을 부과하는 것 사이에 차이가 있음이 분명히 밝혀졌다. 신명기의 언약은 하나님에 의하여 이스라엘에게 충성을 부과하는 것이다. 이러한 충성맹세는 주전 15-14세기의 히타이트 제국부터 앗수르 제국을 통하여 로마 제국까지 유행되던 것이었다. 히타이트 조약에서는 종주국의 봉신국에 대한 은총을 강조하는 역사적인 서언을 포함하고 있다. 이것은 봉신국가들의 충성을 정당화한다. 이와 비슷한 요소를 신명기에서도 발견할 수 있다. 그러나 신명기의 긴 역사적 서언은 아시리아의 조약에서는 발견되지 않는 것이다. 자신을 전 세계의 왕으로 여기고 있는 아시리아의 왕은 히타이트 왕처럼 봉신들에 대한 종주의 은총을 언급함으로써 봉신의 충성을 정당화하는 것이 필요 없다고 느꼈다. 이러한 추정은 아시리아 조약에 축복의 부분이 빠진 것을 설명할 수 있으며, 반대로 긴 저주의 목록이 등장하는 것을 설명할 수 있다. 그러나 반대로 히타이트의 종주는 봉신들의 복종을 정당화하는 것이 필요했을 뿐만 아니라 위험한 시기에 그들을 도와준다는 약속, 심지어는 충성에 대한 신적인 축복까지도

81) 김영진, 『조약과 언약』, pp. 92-95.

부여한다. 아시리아의 조약은 결코 봉신에 대한 언약이 등장하지 않을 뿐만 아니라 축복도 부여하지 않는다. 단지 봉신에 대한 저주와 위협의 목록만 길게 등장한다. 또한 아시리아 왕의 자만은 그의 봉신에 대한 애정이 등장하지 않는다는 것을 설명할 수 있다. 따라서 히타이트 조약이나 이스라엘의 언약에서 언급되는 봉신에 대한 충성에 대한 요구는 종주의 애정을 표현하는 것이다. 그러나 아시리아 왕은 끊임없이 충성을 요구하지만, 그러나 왕의 애정에 대한 부분은 찾아 볼 수 없다. 이러한 애정이라는 측면에서 신명기는 히타이트 조약을 따른다.

아시리아의 충성 조약과 신명기 사이의 또 다른 유사점은 조약을 위배했을 때의 자기 스스로의 비난의 주제를 가지고 있다. 신명기 29장의 마지막에 이 주제가 등장한다.

고대 근동의 조약은 정치적인 요구를 위해 존재하지만, 이스라엘에서는 종교적인 필요에 부응한다. 이러한 양식의 종교적인 사용은 이스라엘에게만 가능했을 것이다. 왜냐하면 이스라엘의 종교는 단순히 하나님에 대한 충성을 요구하는 종교이기 때문이다. 이스라엘 종교는 다른 신에 대한 충성을 인정하지 않는다. 따라서 정치적인 조약의 절대적인 충성요구는 이스라엘의 유일신신앙과 잘 일치한다.

하나님의 왕권 이념은 이스라엘이 여호와 하나님의 봉신이라는 개념을 만들었다. 신의 왕권 개념은 고대 근동에 널리 알려져 있던 이념이다. 그럼에도 불구하고 이스라엘의 하나님이 왕이시라는 개념과 다른 나라의 신의 왕권 개념은 차이가 있다. 이스라엘은 왕국이 형성되기 오래 전부터 이러한 하나님이 왕이시라는 개념이 형성되었다. 단지 왕권이 알려진 후 하나님의 왕권이 제도화되었다. 이스라엘의 전통에 의하면 사사 시대에 여호와는 이스라엘의 실질적인 왕이었다(삿 8:23, 삼상 8:7, 10:19 등). 하나님의 왕권 개념이 있었기 때문에, 후에 백성과 하나님 사이의 관계는 자연적으로 왕과 그의 백성의 언약적 관계로 변하게 되었다. 따라서 이스라엘 종교에 있어서 종주권 계약이 영원한 자리를 차지하고 있는 것은 놀랄만한 일이 아니며, 또한 이러한 계약의 양식을 신명기에서 채택한 것이다.[82] 하나님과 이스라엘 백성 간의 언약은 정치적인 계약으로서 고대 근동의 조약과 일치하는 것이 아니라, 봉신 국가가 종주국가에 충성을 다해야 한다는 점을 비교할 때 두 계약 사이의 유사점을 찾아 볼 수 있는 것이다.

신명기의 저작 연대

신명기의 저작 연대에 관해서는 1805년 드 베테(de Wette)에 의하여 처음 제시되었는데, 드 베테는 신명기서의 역사적 배경을 추적하여 신명기의 법 규정과 히스기야-요시야 종교개혁과의 부합성을 발견하였다. 히스기야는 이스라엘 제의를 처음 중앙 집중화한 왕이다(왕상 18:4, 22). 히스기야 시대 이전에는 이스라엘 전역에 거쳐 여러 곳에 제의장소가 있는 것은 이스라엘의 종교적 생활을 위하여 필요불가결한 것으로 여겨졌다. 따라서 엘리야에게 있어서 여호와의 제단을 파괴하는 것은 그의 예언자를 죽이는 것과 거의 같은 것이었다(왕상 19:10, 14). 다른 측면에서 제의의 중앙화를 요구하는 이스라엘 문학은 신명기가 처음이다. 따라서 신명기는 요시야와 히스기야의 종교개혁을 반영하고 있는 결과로 생겨난 것임에 틀림없다. 신명기에 요시야와 히스기야의 개혁이 반영된 것은 예배 장소의 중앙화에 관한 법뿐만 아니라 여호와께 제사드릴 때 주상을 세우는 것을

82) 바인펠트는 니콜슨(Nicholson)이 신명기의 언약과 고대 근동의 조약 사이의 유사점에 대하여 비관적인 입장을 갖는 것은 그가 고대 근동의 조약을 잘못 이해했기 때문이라고 주장한다. M. Weinfeld, "Deuteronomy," *ABD* 2, pp. 168-183.

금지하거나 (신 16:22), 오경의 다른 부분에서는 언급되지 않는 것으로 아시리아의 영향으로 유다에 처음 소개된 일월성신 예배에 관한 언급(신 4:19, 17:3) 그리고 히스기야(대하 30장)와 요시야 시대의 유월절 축제를 지키는 방법과 신명기 16:1-8에 언급된 유월절 규정 등에서 볼 수 있다. 열왕기하 23:22에 의하면 유월절은 사사 시대 이후로 이러한 방식으로는 지켜지지 않았다고 기록하고 있다. 신명기의 연대를 결정하기 위해서는 책의 독특한 형식과 이야기 방식 그리고 어구 등이 매우 중요하다. 신명기에서 발견되는 형식은 주전 7세기 이전의 역사적인 전승이나 예언전승에서는 발견되지 않는다. 반대로 주전 7세기부터 모든 역사적, 예언 문학은 이러한 형식을 사용하기 시작하였다. 신학적이고 형식적인 측면에서 신명기는 오경에 있는 자료나 구약성서의 역사서의 연대를 결정하는데 시금석이 되었다. 제의의 중앙화를 전제하지 않는 율법은 히스기야 전 시대부터 생겨난 것이다. 따라서 유다의 왕들을 제의의 중앙화를 준수했느냐는 여부에 따라 판단하는 열왕기서의 편집적인 구절이나 여호수아-사사기에 나타나는 신명기적 표현들은 요시아 시대 이전에는 있을 수 없는 것이다. 신명기는 역사문학의 편집적인 부분의 연대를 결정하는데 중요한 객관적인 실마리가 된다.

신명기의 저작과 구성

신명기서는 형식적으로 하나의 작품으로 보이지만 그러나 하나의 작품이 아니다. 신명기에는 두 개의 서론(1:1-40, 4:44이하)이 있을 뿐만 아니라 두 개의 각기 다른 축복과 저주가 있다(신 27:11이하와 28:3이하). 또한 신명기에는 다양한 종류의 내용이 첨가되어 있다. 즉 모세의 노래(32:1이하)와 모세의 축복(33장) 등은 오래된 노래로서 신명기의 편집자가 모세저작으로 돌려 자신의 기록에 첨가한 것이다. 이러한 종류의 첨가는 신명기 사가의 기록에서도 찾아 볼 수 있다. 즉 다윗의 노래(삼하 22장)와 그의 마지막 예언적인 축복(삼하 23:1이하)은 다윗의 이야기에 첨가된 것이다. 다윗 이야기에 대한 신명기적인 편집은 열왕기상 2:3이하의 다윗의 고별연설에서 끝난다.

모세의 노래 앞에는 엘로힘문서의 서론이 놓여 있는데, 이 노래는 다음 세대를 위한 것이다. 신명기 저자가 다음 세대를 위하여 신명기적 가르침(Deuteronomic Torah)을 예언적 증거로 제시한다(신 32:26 이하). 노래와 가르침은 모세에 의하여 쓰여졌고(신 31:9, 31:22), 그에 의하여 그의 백성들에게 가르쳐졌다(신 31:22, 32:46).

신명기 저작의 특징에 관하여 많은 학자들이 연구하였으나 결론에 도달하지 못하였다. 신명기 4:44-28:68에 대한 일반적인 합의가 있다. 즉 이 장은 원래의 신명기에 속하는 부분이며, 후에 여기에 1:6이하의 부분이 첨가된 것이다. 그 외에도 신명기의 끝 부분은 다양한 자료가 첨가된 것이라는 일반적인 합의에 도달했다. 신명기의 나머지 부분은 두 부분으로 나눌 수 있다. 첫째는 여호수아의 활동, 토라를 쓰는 것과 미래의 토라의 사용, 토라를 법궤 곁에 놓으라는 것 그리고 모세의 죽음(34장)등에 관하여 다루고 있는 것이 신명기적인 자료이다. 둘째 부분은 모세의 노래나 엘로힘 자료의 서론, 모세의 축복 그리고 제사장적인 구절(32:48-52) 등과 같은 오래된 자료로 신명기에 첨가된 것이다.

그러나 신명기 5-8장 역시 통일된 작품은 아니다. 신명기의 핵심 부분을 형성하는 율법 부분이 그리심 산과 에발 산의 축복과 저주의 의식에 첨가되었다. 이 제의의 주제는 율법의 첫 부분과 끝부분에 나타난다. 고대의 세겜 제의는 길갈 전승과 평행하는데 신명기에 의하여 계약과 연결되었다.

신명기 26:16-19은 에발 산의 제단에 돌과 건물을 세우기 전에 행한 명령이며 신명기 27:9-10의 명령은 그리심과 에발에서 열두 가지의 저주와 축복을 선언하기 전에 행한 것이다(27:11-26). 따라서 이 두 가지 명령을 서로 결합함으로써 신명기저자는 모압 평지에서 이스라엘 백성이 확립된 것은 에발 산 제의와 밀접한 관련이 있음을 보여주려고 한다. 신명기서에 기록된 모세의 마지막 연설은 일종의 그리심과 에발 산에서의 의식을 준비하는 것이다.

신명기 27장은 요셉 가문의 수도격인 세겜(Shechem)에서 국가가 형성되는 매우 오래된 전승을 가지고 있다. 신명기 27장은 다음의 주제가 순환한다. (1) 에발 산에 계약을 쓰기 위하여 돌을 세우다. (2) 제단을 세우고 그 위에서 제사를 드리다 (3) 기초를 놓은 것을 선언하다 (4) 축복과 저주이다. 여기에 비밀스럽게 죄를 짓는 자들에 대한 저주가 첨가되어 있다. 저주와 축복은 사실 신명기 28:3에 대한 것이다.

신명기 28장 3절

성읍에서도 복을 받고 들에서도 복을 받을 것이며, 네 몸의 소생과 네 토지의 소산과 네 짐승의 새끼와 우양의 새끼가 복을 받을 것이며 네 광주리와 떡반죽 그릇이 복을 받을 것이며 네가 들어와도 복을 받고 나가도 복을 받을 것이니라

이 축복에 대한 반전 즉 저주에 관한 것이 신명기 28:16-19에 기록되어 있다.

신명기 28장 16-19절

네가 성읍에서도 저주를 받으며 들에서도 저주를 받을 것이요 또 네 광주리

와 떡반죽 그릇이 저주를 받을 것이요 네 몸의 소생과 네 토지의 소산과 네 우양의 새끼가 저주를 받을 것이며 네가 들어와도 저주를 받고 나가도 저주를 받으리라

그리심 산에서의 축복 의식과 에발 산에서의 저주 의식은 각각 신명기 28:3 이하와 16-19절을 의미하는 것이다.

그런데 이처럼 공적인 증오와 계약이나 금지를 어긴 자들에 대한 저주의 형태는 델피(Delphi)의 아폴로(Apollo) 신전에서 행해졌던 고대 그리스의 암픽티오니 계약에서 나타난다. 신명기 28:3과 16-19절의 축복과 저주는 고대 그리스의 계약행위에서 나타나는 것과 매우 흡사하다. 그리스의 플레태이아(Plataeia)에서 체결된 조약에 의하면 신명기 28:6-19에서 저주를 받는 각각의 요소들이 플레태이아 조약에서는 축복의 내용으로 기록되어 있다. 땅, 여인, 가축의 생산성과 같은 내용에서도 일치한다.

신명기의 "들어옴과 나감" 은 그리스 조약에서는 시장, 법정 그리고 진영에서의 성공과 실패로 기록되어 있다. 더욱이 출애굽기 23:25-26에 기록되어 있는 질병에 관한 요소도 플래태이아 조약에도 기록되어 있다. "너희 중에 병을 제하리니 네 나라에 낙태하는 자가 없고 잉태치 못하는 자가 없을 것이라" (출 23:25-26).

신명기 28장의 내용은 신명기 7:13-15에 기록되어 있으며 신명기 7장은 출애굽기 23:25-26을 기초하고 있다.

신명기 7장 13-15절

13 곧 너를 사랑하시고 복을 주사 너로 번성케 하시되 네게 주리라고 네 열조에게 맹세하신 땅에서 네 소생에게 은혜를 베푸시며 네 토지 소산과 곡식과 포도주와 기름을 풍성케 하시고 네 소와 양을 번식케 하시리니 14 네가

복을 받음이 만민보다 우승하여 너희 중의 남녀와 너희 짐승의 암수에 생육하지 못함이 없을 것이며 15 여호와께서 또 모든 질병을 네게서 멀리하사 너희가 아는바 그 애굽의 악질이 네게 임하지 않게 하시고 너를 미워하는 모든 자에게 임하게 하실 것이라.

저주와 축복의 장르는 계약을 근거로 형성된 부족 동맹에서 기원한 것이며, 따라서 그리스의 암픽티오니 계약에 나타나는 저주와 축복이 신명기의 저주와 축복과 유사하다. 신명기 28:3-6과 16-19절의 축복과 저주의 원형은 신명기 28:7-14과 20-29절의 저자가 고대 세겜의 언약의식에 근거하여 만든 것이다. 이처럼 신명기 저자의 확장은 주전 8세기 아람과 아시리아 계약에서 보편적으로 등장하는 것이다. 따라서 바인펠트는 축복과 저주의 형식은 후대에 생겨난 것이라고 주장한다.

신명기 27:14-26에 기록된 저주는 약간 다른 성격의 장르이다. 신명기 27장의 저주는 신명기 28:16-19의 저주에서 나타나는 처벌에 대한 두려움이 나타나 있지 않다. 그러나 각 조항 뒤에는 항상 저주가 뒤따르며, 이를 은밀히 어기는 자에 대하여 어떤 권력자에 의한 처벌을 기록하고 있지는 않지만 그러나 이들에 대한 저주를 기록하고 있다. 이러한 저주 유형 역시 그리스의 지파 문화 속에서 발견된다. 그리스의 경우와 마찬가지로 고대 이스라엘에서도 특별히 구별된 집단 즉 레위인들에 의하여 계약을 어긴 자를 파면하는 권한이 주어져 있다. 그러나 이스라엘과 그리스의 조약 사이의 유사점은 신명기 27장에 기록된 계약을 세우는 의식에서 찾을 수 있다.

즉 계약을 취하고, 의식 기간 동안 돌을 세우며, 돌에 거룩한 법을 기록하며 세워진 제단에서 제사를 드리는 의식은 그리스의 예에서도 찾을 수 있다. 이러한 유사점을 통하여 이스라엘 사람들과 그리스 사람들은 이에 관한 어떤 전승을 가지고 있었음이 분명하다.

이스라엘 사람들은 자신들의 처음 정착에 관한 다양한 전승을 가지고 있다. 신명기 27장의 세겜 전승 이외에 다른 지역과 관련된 국가 성립에 관한 전승을 발견할 수 있다. 길갈(Gilgal) 지역에서 회자되는 전승에 의하면 이스라엘 백성들은 길갈 근처의 요단 강을 건너 그곳에 돌을 세웠다고 기록되어 있다. 기록된 조약대신 할례의식을 발견하는데 이는 창세기 17장에서 계약의 상징으로 이해되었으며, 또한 출애굽과 관련된 유월절 축제가 기록되어 있다. 길갈이 언급되는 신명기 11:30은 그리심 산과 에발 산에서의 제의와 연결되어 있는데 이는 아마도 이스라엘의 형성과 관련된 베냐민 지파의 다른 전승을 반영하는 것으로 보인다.

이러한 상황에서 두 개의 다른 두 전승이 신명기 27-28장에서 결합되었다. 비록 신명기 저자에 의하여 약간의 개작이 되기는 했지만, 신명기 27:1-6, 28:3-6 그리고 28:16-19은 왕국 형성 이전에 관한 세겜의 전승을 형성하였으며, 신명기 28:7-14과 20-28절은 아시리아 제국 시대의 상황을 반영하고 있다.[83] 신명기 29:9-14 역시 아시리아 제국 시대를 반영하고 있다. 9-14절의 계약에 관한 상황은 열왕기하 23:1 이하의 요시야 계약과 매우 유사하다. 9-28의 계약 위반자에 대한 벌은 아시리아 제국의 충성서약과 매우 유사하다. 신명기 29:28의 포로는 북 왕국의 멸망을 반영하고 있다.

신명기의 기원

양식의 역사 즉 양식사 연구는 신명기 연구에 중요한 공헌을 하였다. 즉

83) M. Weinfeld, *Deuteronomy and Deuteronomic Schools*, pp.164-177.

신명기의 '삶의 정황'(Sitz im Leben), 즉 이러한 문학적 양식이 형성된 배경에 관한 연구는 폰라트에 의하여 연구되었다. 폰라트는 신명기의 독특한 구조를 분석하여 1-11장의 설교, 12-26:15의 법, 26:16-19의 계약을 봉함 그리고 27:11-26과 28장의 축복과 저주라는 구조로 분석하여, 이러한 다양한 문학적 장르가 결합된 것은 꾸며낸 것이 아니라고 결론내렸다. 그에 의하면 신명기의 복잡한 문학적 구조는 제사장에 의하여 하나님의 율법이 반복적으로 암송되는 제의의식에 뿌리를 두고 있다고 주장하였다. 이러한 암송은 설교로 시작하여, 종교적인 가르침과 축복과 저주로 끝나는 공식적인 서약으로 결론을 맺고 있다. 폰라트는 신명기 27장과 여호수아 24장의 세겜 언약의 전승에서 고대 제의의식의 흔적을 찾았다. 폰라트에 의하면 신명기는 세겜 암픽티오니의 제의전승을 새롭게 한 것이라고 주장하였다. 이러한 주장은 신명기와 북쪽 전승이 일치한다는 보편적인 주장과 일치한다.

1세기 전에 클로스터만(A. Klostermann)은 이미 신명기의 설교적인 형식이 공적인 암송을 반영하고 있음을 추정하였다. 그러나 클로스터만은 폰라트와 같은 양식비평적인 관점에서 그의 이론을 주장하지 못하였고, 더구나 이것을 제의와 연결하지는 못하였다. 1947년 폰라트는 한 걸음 더 나아가 이처럼 율법을 암송한 사람들이 레위인이라고 주장하였고, 레위인들을 신명기 운동의 대변인이라고 생각하였다. 폰라트는 느헤미야 8:7절에서 레위인들이 백성들에게 율법을 가르친 것을 근거로 이러한 주장을 내세웠다. 폰라트의 1934년의 연구에 의하면 역대기의 설교는 포로기 이후 시대의 레위인들에 의한 산물이라고 주장하였다. 따라서 신명기 설교의 기원자를 레위인으로 생각하였다.

그러나 1954년 맨덴홀(Mendenhall)은 처음으로 이스라엘의 언약과 히타이트 계약 사이의 유사점을 보여주었다.[84] 조약은 역사적인 서론, 조항,

축복과 저주의 공통적인 구조를 가지고 있는데, 이는 고대 근동에서 널리 퍼져있던 것이다. 신명기서의 구조는 정기적인 제의를 모방하였다기보다는 계약전승을 따랐을 것으로 보았다. 신명기의 구조를 이해하기 위하여 제의의식을 추정할 필요가 없다. 레위인들이 이러한 제의전승을 가지고 있었다는 것도 매우 의심스러운 것이었다. 만약 신명기 양식 이면에 어떤 문학적인 양식이 있다면 계약 체결과 밀접한 관련을 맺고 있는 집단을 추정하는 것이 더욱 합리적이다. 다시 말해서, 왕실 서기관이 신명기를 편집하였다는 것이다. 문서를 다루고 기록하며 왕실에 출입하는 서기관이 이러한 계약구조에 가장 친숙했을 것이다. 그리고 더욱 중요한 것은 아시리아의 정치적 상황에서 생겨난 양식과 친숙할 수 있는 것은 서기관뿐이라는 점이다.

지혜 있는 선생이나 교사처럼 신명기의 저자는 어린이의 교육을 강조하고 있다. 신명기의 저자는 반복적으로 어린이는 반드시 하나님을 두려워하는 것을 배우고 깨우쳐야 함을 강조하고 있다(신 6:7, 11:19). 신명기는 오경의 다른 책에서 찾아 볼 수 없을 정도로 많은 교육적인 숙어를 많이 가지고 있다. 신명기는 교육적 목적을 가지고 교육적 문학의 어휘를 가지고 있다. 신명기 저자는 많은 지혜를 내포하고 있다. 이것은 특별히 모세의 사사 임명과 관련되어 출애굽기 18장과 신명기 1장의 비교에서 나타난다 신명기 1:13에 의하면 출애굽기 18:21과 달리 사사와 지도자는 지혜와 지식과 유명한 자 즉 서기관처럼 지적인 장점을 가진 자로 묘사하고 있다. 신명기에서 특별히 지혜에 관하여 평가하는 것은 신명기가 지혜적인 성격과 양식을 가진 교훈의 책이라는 것을 설명한다(신 19:14절과 잠 22:28; 신23:16절과 잠 30:10; 신 25:13-16절과 잠 20:10, 23절).

84) G. E. Mendenhall, "Law and Covenant in Israel and the Ancient Near Fast," *The Biblical Archaeologist* 17 (1954), pp. 26-46, 49-76.

지혜란 고대 근동의 인본주의의 한 형식이며, 이러한 지혜는 오경의 다른 곳에는 등장하지 않는 인본주의적 율법 형성에 영향을 주었다.

토라

신명기와 사경

신명기와 사경의 관계에 대하여 신명기는 오경의 처음 네 권에 나타난 역사적, 율법적 전승을 따르며, 특히 엘로힘 자료를 따르고 있다. 그러나 예외적으로 제사문서는 신명기에 아무런 영향을 주지 못하였다. 이것은 제사문서가 후에 나타났을 뿐만 아니라 제사문서 자체의 신비적인 성격이 JE자료와 다르기 때문으로 설명할 수 있다. 신명기는 일반적인 국가적 상황을 반영하고 있다. 신명기는 계약의 책(출21-23자)을 의존하고 있다. 그러나 이것은 신명기의 저자가 그의 법을 2차적인 것으로 여겼다는 것을 의미하지는 않는다. 반대로 신명기의 저자는 시내 산에서의 십계명이 선포되었으며, 율법은 모압 평지에서 모세에 의하여 선포되었다는 것을 분명히 한다. 다시 말해서, 신명기는 옛날 계약의 책을 보충하는 것이 아니라 대체하는 것으로 보인다. 그러나 신명기 저자가 그 이전에 있었던 계약의 책이 현재의 형태로 존재하고 있었는지, 아니면 출애굽기 21-23장에서 발견되는 율법자료를 사용하였는지는 분명하지 않다. 분명한 것은 신명기는 언약의 책의 율법을 사용하였으며, 이것을 자신의 신학적 사상에 맞게 고쳤다는 것이다. 신명기와 출애굽기 21-23장의 평행구를 비교하면 다음과 같다.[85)]

85) G. von Rad, *Deuteronomy*, OTL (London: SCM Press, 1966), p. 13.

출애굽기	신명기
21:1-11	15:12-18
22:15-16	22:28-29
22:24-26	24:10-13
23:4-5	22:1-4
23:8	16:19
23:15	16:3
23:17	16:16
23:18	16:4
23:19b	14:21b

언약의 책과 평행을 이루는 부분은 거의 도덕적-종교적인 부분으로 대부분 단언적인 법(출 22:17-23:19)의 형태를 띤다. 계약의 책에서 시민과 관련된 민법은 결의론적 법의 형태를 띠는데(출 21:1-22:16), 이러한 형태는 신명기에는 단 두 조항(출 21:1-11, 22:15-16)만 제외하고는 등장하지 않는다. 이에 대하여 다음 두 가지 방식으로 설명할 수 있다. 즉 출애굽기 21:1-22:16의 시민법은 고대 근동에서 보편적인 것으로 고대 근동의 법과 매우 유사하다. 주변 국가의 법과 마찬가지로 계약의 책은 주로 재산권 침해에 대하여 다룬다. 그러나 이러한 법은 신명기 저자의 관심을 끌지 못했다. 왜냐하면 신명기 저자는 개인의 재산권 보호를 목적으로 하지 않기 때문이다. 그러나 신명기 저자에 의하여 기록된 시민법은 히브리 노예에 관한 것(출 21:1-11)과 처녀를 강간한 것에 관한 것이다(출 2215-16). 이 두 가지 법은 각각 시작과 끝부분에 위치하며 신명기 저자에 의하여 삽입되었다. 이 두 가지는 도덕적 규범을 제시하기 때문으로 생각된다. 더욱이 두 가지 법이 신명기에 삽입된 것은 신명기가 원래는 시민의 재산권에 관한 성격을 가지고 있는 데서 출발하여, 도덕적 사회적 법의 성격

으로 변하였음을 보여준다.

출애굽기 21:1-11에서 주인의 권리는 종의 권리에 못지 않게 보호되지만, 그러나 이 법의 주된 관심은 종의 지위를 결정하는 것이다. 그러나 신명기는 단지 종에만 관심이 있고, 주인의 종에 대한 책임이 강조된다. 마찬가지로 출애굽기 22:15-16은 벌금을 물리는 것에 관심이 있는 반면, 신명기는 처녀의 창피함과 도덕적 비하에 관심을 가지고 있다. 따라서 처녀의 값이나 남자가 결혼을 피할 수 있는 것을 부여하지 않고, 단지 그녀와 영원히 결혼할 것을 강요하고 있다.

마찬가지 방법으로 신명기의 저자는 모든 민간전승에서 기인한 모든 사회적, 종교적인 법을 개정한다. 사회적 법은 가난한 자들에 대한 자비를 강조한다. 따라서 신명기 24:11에서는 꾸어야 하는 자들의 권리를 강조하고 있다. 또한 신명기 22:2에서는 남의 재산을 잘 관리할 것을 보여줌으로써 오늘날의 유토피아적인 사회를 꿈꾸고 있다. 종교적이며 거룩한 법은 중앙 집중화로 채택되었다. 따라서 신명기 16:16의 연중 3회 순례에 관한 법은 "여호와께서 택하신 곳"이라는 표현을 첨가함으로써 중앙 집중화를 강조하고 있다. 신명기법의 의미는 신명기의 법과 다른 법전에 나타나는 법을 비교함으로 알 수 있다. 이러한 비교는 신명기법의 독특성을 보여준다.

비록 신명기가 다른 법전에서와 같이 같은 법을 다루고 있기는 하지만, 신명기법에서는 종교적인 개념이 강조되고 있다. 신명기의 법과 규례는 제의적 성격이 강조되고 있다.

이러한 신명기법전의 개혁으로 인하여 모든 백성들의 종교적 삶의 변혁이 일어났고, 궁극적으로 신앙에 대한 개념의 변화가 일어났다. 따라서 성소는 하나님이 거하시는 곳이라고 하는 전통적인 생각이(왕상 8:13), 신명기에서는 하나님의 이름이 거하시는 곳으로 그 생각이 변하였다(신

1:5, 11, 21). 마찬가지로 법궤에 대하여 하나님의 자리라는 개념(민 10:33-36, 삼상 4:4)이 변하여 신명기에서는 돌판을 보관하는 용기로 이해되고 있다(신 10:1이하). 뿐만 아니라 출애굽기 19장에서는 하나님이 시내 산으로 내려 오셔서 그의 목소리를 모세가 듣게 하였지만, 신명기에서는 하나님이 하늘에 앉아서 그의 말씀을 선포하신다.

신명기신학

신명기신학은 다음과 같은 특징을 가지고 있다.

야웨 유일신신앙과 신앙의 순수성

신명기서 신학의 핵심은 야웨 유일신신앙과 신앙의 순수성에 대한 강조이다. 야웨 유일신신앙은 신명기신학의 가장 중요한 핵심이다. 신명기 6:4-5의 "이스라엘아 들으라. 우리 하나님 여호와는 오직 하나인 여호와시니 너는 마음을 다하고, 성품을 다하고, 힘을 다하여 네 하나님 여호와를 사랑하라"는 말씀은 신명기신학을 가장 잘 보여주는 구절이다. 따라서 신명기신학은 철저하게 우상숭배를 배격할 뿐만 아니라 이스라엘 백성들에게 가나안 땅에 들어가서 우상을 파괴하라고 하신다(신 7: 5, 12: 2-3, 16: 21-22). 이를 좀더 구체적으로 살펴보면 다음과 같다.

첫째, 가나안 땅에 들어가서 그곳 가나안 원주민들의 종교(바알 종교, Baalism)는 철저히 파괴, 근절시켜야 한다.

"너희가 쫓아낼 민족들이 그 신들을 섬기는 곳은… 그 모든 곳은 너희가 마땅히 파멸하며, 그 단을 헐며, 주상(바알신상)을 깨뜨리며, 아세라상(바알신의 배우자 여신)을 불사르고, 또 그 조각한 신상들을 찍어서 그 이름을 그 곳에서 멸하라" (신 12:23; 7:5; 16:21-22 등)

둘째, 가나안 원주민들과 혼혈 결혼은 금지된다(신 7:3-4). 이것은 이스라엘 혈통의 순수성을 유지하려는 이유보다도 신앙의 순수성을 지키기 위함이다.

셋째, 우상숭배자는 돌로 쳐 죽이고(신 17:1-7), 우상숭배로 전락한 도시는 그 주민을 칼로 진멸시키고, 그 도시는 불로 진멸시켜야 한다(신 13:12-18).

넷째, 이스라엘 사람들은 가나안 땅에서 오직 한곳에서만 예배를 드려야 한다. 이것은 신명기에 나타난 예배장소의 단일화의 원칙이다(신 12:4-14). 이 원칙은 앞에 언급한 신앙의 순수성 문제에 직결되어 있다. 가나안 땅에 들어가서 예배를 많은 곳에서 드릴 때, 자연히 가나안 원주민 종교의 영향을 받을 위험이 있고, 따라서 신앙의 순수성이 오염될 수 있다는 것이다. 이러한 위험을 막기 위해서 예배를 한곳에서만 드리도록 하였다. 신명기에는 바른 예배를 드릴 지명은 명기되어 있지 않다. 다만 "하나님께서 택하실 그곳" 으로만 되어 있다.

신명기 12장 11-14절

"너희는 하나님 여호와께서… 한곳을 택하실 그곳으로 나의 명하는 것(성전에 바칠 여러 가지 제물들)을 모두 가지고 갈찌니… 너는 삼가서 네게 보이는 아무 곳에서든지 번제를 드리지 말고, 오직 너희의 한 지파 중에 여호와께서 택하실 그 곳에서 너는 번제를 드리고, 또 내가 명하는 모든 것(종교 예배의식)을 거기서 행할찌니라"

가나안에서 이스라엘 전체가 한 장소에서만 예배를 드려야 한다는 것은 현실적으로 불가능한 현실성이 없는 원칙이었다.[86] 그러나 이러한 비현실적인 예배장소의 단일화 원칙의 의도는 이스라엘 예배제도의 부패를 방지하려는 데 있었다. 후일 솔로몬 왕이 성전을 건축한 이후에는 예루살렘 성전이 유일한 예배장소로 "하나님께서 택하신 그곳"으로 해석되었다(열왕기상 8장).

율법 준수의 강조이다.

신명기 5:1은 "모세가 온 이스라엘을 불러 그들에게 이르되 이스라엘아 오늘 내가 너희 귀에 말하는 규례와 법도를 듣고 그것을 배우며 지켜 행하라"고 한다. 신명기 6:1도 토라를 지켜 행할 것을 강조한다. 하나님의 말씀을 듣는 것은 귀로만 듣는 것이 아니라 순종하는 것이 듣는 것이다. 그 외에도 신명기는 배우고 가르쳐 지킬 것과 삶과 행동으로 지킬 것을 강조한다(신 7:11-12, 8:1). 행함과 믿음은 하나이며, 믿음은 행함으로 나타나는 것이다. 따라서 신명기신학은 말씀에 순종하면 생명을 얻고 복을 받게 되나, 불순종하면 죽음과 화, 저주와 징벌을 받는다는 두 가지 길을 제시한다.

그러나 이스라엘 사람들은 가나안 땅에 들어가자 바알신을 섬기는 등 불순종의 길을 선택했다. 토라의 말씀에 불순종하는 것은 곧 하나님의 징벌을 받는 길이다. 하나님의 말씀에 불순종하면 징벌이 따르는 것이 사실이나, 회개하면(שׁוב) 하나님께서도 징벌하시다가 돌이키시고(שׁוב) 용

86) 역사적으로 이 규정은 지켜질 수 없었고, 전국에 산재된 산당(High Place)에서 예배를 드렸다. 산당이란 원래 가나안 원주민들이 바알신에게 제사드리던 장소였다. 이스라엘 사람들이 가나안을 정복한 후에 그들은 이곳에서 하나님께 예배하였다. 신명기가 예견한대로 "산당예배"는 대단히 부패되었고, 산당은 혼합종교(Syncretism)의 온상이 되었다. 구약의 예언자들은 산당예배의 부패를 신랄하게 공격하였다.

서와 구원을 베푸신다. 신명기신학은 이스라엘이 불순종하면 하나님께서 징벌하시지만, 이스라엘이 회개할 때 하나님께서도 돌이키시고 용서하시며 구원하신다는 것이다. 따라서 신명기신학은 하나님께 징벌을 받아도 새출발을 할 수 있는 희망이 있다. 회개하면 새출발이 가능하다는 것이 신명기신학의 핵심이다

예언자 말씀의 핵심은 하나님의 징벌이 임하기 전에 회개하라는 것이었다. 이는 하나님께서 징벌하시겠다고 하셨더라도 징벌을 취소할 수도 있다는 것이다(겔 18. 30-32). 따라서 예언자들에게 있어서 미래는 열린 미래이다. 스바냐 1:14-23에는 하나님의 진노가 임하기 전에 회개할 것을 촉구하고 있다. 이렇듯 회개를 강조한다는 점에서 예언자신학이나 신명기신학은 서로 통하는 점이 있다. 그러나 예언자신학은 징벌이 임하기 전에 회개할 것을 강조했고, 신명기신학은 이미 징벌이 임했지만 회개하면 하나님께서 용서하시고 새 출발을 허락하신다는 것을 강조 한다는 면에서 차이가 있다. 이러한 점에서 신명기신학은 희망의 신학이다. 비록 채찍을 맞을지라도 회개하면 구원받을 수 있고, 새 출발의 가능성 또한 열려 있다.

| 신명기 참고문헌 |

Achtemeier, E., "Pluming the Riches: Deuteronomy for the Preacher," *Int* 41/3 (July, 1987), 269-281.

Benjamin, D. C., *Deuteronomy and City Life: A Form Criticism of Texts with the Word City('ir) in Deuteronomy 4:41-26:19*, Lanham/New York/London: University Press of America, 1983.

Blenkinsopp, J., *The Pentateuch: An Introduction to the First Five Books of the Bible*, New York: Doubleday, 1992; Braulik, G., *Studien zur Theologie des Deuteronomiums*, SBAB 2. Stuttgart: Verlag Katholoische Biblewerk, 1988; Deuteronomy 1-11. WBC. Dallas, Texas: Word Books, 1991.

Christensen, D. L., ed. *A Song of Power and the Power of Song: Essays on the Books of Deuteronomy*, Sources for Biblical and Theological Study 3, Winona Lake, Indiana: Eisenbrauns, 1993.

Clements, R. E., *Deuteronomy*, Old Testament Guides, Sheffield: Sheffield Academic Press, 1989, reprinted 1997.

Craige, P. C., *The Book of Deuteronomy*, NICOT, Grand Rapids, Michigan: Eerdmans, 1976.

Cross F. M., *Canaanite Myth and Hebrew Epic: Essays in the History of the Religion of Israel*, Cambridge, MA: Harvrad University Press, 1973.

Crüsemann, F., *Die Tora: Theologie und Sozilgeschichte des alttestamentlichen Gesetzes*, Munich, 1992.

Fishbane, M., *Biblical Interpretation in Ancient Israel*, Oxford: Oxford University Press, 1985.

Friedman, R. E., *The Exlie and Biblical Narrative: The Formation of the Deuteronomistic and Priestly Works*, HSM 22, Chico, CA: Scholars Presss, 1981.

Hamilton, J. M., *Social Justice and Deuteronomy: The Case of Deuteronomy 15*, SBLDS 136, Atalnta, Georgia, 1992.

Janzen, J. G., "The Yoke That Gives Rest," *Int* 41/3(July, 1987), 256-268.

Knoppers, G. N., *Two Nations under God: The Deuteronomistic History of Solomon and the Dual Monarchies, vol. 1. The Reign of Solomon and the Rise of Jeroboam*, Atalnta: Scholars Press, 1992.

Lohfink, N., *Das Deuteronomium, Entstehung, Gestalt und Botschaft*, Bibliotheca ephemeridum theologicarum lovaniensium, Leuven:

Peeters, 1985; idem., *Das Hauptgebot: Eine Untersuchung literarischer Einleitungsfragen zu Dtn 5-11*, AB 20, Rome: Pontificial Biblical Institute, 1963.

Mann, T. W., *Deuteronomy*, WBCom. Westminster: John Knox, 1995.

Mayes, A. D. H., *Deuteronomy*, NCB, London: Marshall-Pickering, 1979; "Deuteronomy 14 and the Deuteronomic World View," in *Studies in Deuteronomy in Honour of C. J. Labuschagne on the Occasion of His 65th Birthday*, ed. by Martinez, F. G., van den Woude, A. S., van Ruiten, J. Y. A. G. M. Leiden: E. J. Brill, 1994, 165-181; *The Story of Israel Between Settlement and Exile: A Redactional Study of the Deuteronomistic History*, London: SCM Press, 1983.

McBride, S. D., "Polity of the Covenant People: The Book of Deuteronomy," *Int* 41/3(July, 1987), 229-244.

McConville, J. G., *Law and Theology in Deuteronomy*, JSOTSup 33, Sheffield: JSOT, 1984.

McConville, J. G., Millar, J. G., *Time and Place in Deuteronomy*, JSOTSup 179, Sheffield: Sheffield Academic Press, 1994.

Miller, P. D. " 'Moses My Servant' : The Deuteronomic Portrait of Moses," *Int* 41/3(July, 1987), 245-255; *Deuteronomy*, Interpretation, Atlanta: John Knox, 1990.

Morrow, W.S., *Scribing the Center: Organization and Religion in Deuteronomy 14:1-17:13*, SBLMS 49, Atlanta, Georgia: Scholars Press, 1995.

Noth, M., *Überlieferungsgeschichtliche Studien*, 3rd. ed. Tübingen, Engl. trans., The Deuteronomistic History, JSOTSup 15, Sheffield: JSOT, 2nd edition, 1991; Nicholson, E., *Deuteronomy and Tradition*, Philadelphia: Fortress, 1967; Nelson, R. D., *The Double Redaction of the Deuteronomistic History*, JSOTSup 18, Sheffield: JSOT, 1981.

O' Brien, M. A., *The Deuteronomistic History Hypothesis: A Reassessment*, Gottingen: Vandenhoeck & Ruprecht, 1989.

Olson, D. T., *Deuteronomy and the Death of Moses: A Theological Reading*, OBT, Minneapolis: Fortress, 1994.

Perlitt, L., *Deuteronomium*, BK 5, Neukirchen-Vluyn: Neukirchener Verlag, 1990.

Polzin, R., *Moses and the Deuteronomist: A Literary Study of the Deuteronomic History*, I: Deuteronomy, Joshua, Judges, New York:

Seabury, 1980.
Römer, T., "The Book of Deuteronomy," in Mckenzie, S. L., Graham, M. P. *The History of Israel' s Traditions: The Heritage of Martin Noth*, JSOTSup 182, Sheffield: Acamedic Press, 1994, 178-212.
Stulman, L., "Encroachment in Deuteronomy: An Analysis of the Social World of the D Code," JBL 109/4 (1990), 613-632.
Suzuki, Y., *The Numeruswechsel in Deuteronomy*, Ph. D. Dissertation. Claremont Graduate School, 1982.
Thompson, J. A., *Deuteronomy, An Introduction and Commentary*, TOTC, Lecester, England: Inter-Varsity Press, 1974.
Tigay, J. H., Deuteronomy, The JPS Torah Commentary, Philadelphia: The Jewish Publication Society, 1996.
von Rad, G., *Deuteronomy*, OTL, Philadelphia: Westminster, 1966; *Studies in Deuteronomy*, SBT 9, London: SCM, 1953; *The Problem of the Hexateuch and Other Essays*, London: SCM, 1966.
Weinfeld, M., "Deuteronomy: The Present State of Inquiry," JBL 86(1967), 249-262, reprinted in *A Song of Power and the Power of Song: Essays of the Book of Deuteronomy*, ed. by Christensen, D. L. Winoa Lake, Indiana: Eisenbrauns, 1993; *Deuteronomy and the Deuteronomic School*, Oxford: Clarendon Press, 1972.
Wevers, J. W., *Notes on the Greek Text of Deuteronomy*, SACS 39, Atlanta, Georgia: Scholars Press, 1995.
Wilson, I., *Out of the Midst of the Fire: Divine Presence in Deuteronomy*, SBLDS 151, Atlanta: Scholars Press, 1975.

제4부

히스토리야 היסטוריה

구약성서의 역사서

구약성서가 역사적 관점으로 기록되었다는 것은 학자들의 공통적인 생각이다. 특히 창세기부터 열왕기하까지(룻기서 제외)는 시간적 흐름에 따라 기록된 것으로 이해된다.[1]

구약성서에는 고대 근동의 다른 역사 기록과 견줄 만한 역사 기록이 있다. 문학양식적인 측면에서 구약성서는 고대 근동의 역사 기록과 유사하며, 구약성서에는 독특한 역사신학을 가지고 있는 두 종류의 역사 기록이 있다는 것이 일반적인 견해이다.[2] 여호수아–사사기–사무엘서-열왕기서를 같은 관점에서 기록된 하나의 역사서로 분류하는 반면, 역대기-에스라-느헤미야를 중심으로 한 또 다른 역사서가 있다고 분류한다. 이 두 역사 기록의 저자가 누구인가는 정확히 알 수 없지만, 전자는 신명기의 신학과 같은 입장의 역사라고 생각되어 신명기 역사(Deuteronomic History)라고 부르며, 후자는 역대기의 신학과 같은 역사신학을 바탕으로 기록되었기 때문에 역대기 역사(Chronicler' s History)라고 부른다. 이 두 역

1) 일부 학자들은 이러한 입장을 구경설(九經設)이라고 부른다. D.N. Freedman, "Pentateuch," *IDB* 3, pp. 712-713 참조하시오.

2) M. Noth, *Überlieferungs geschichtliche Studien*, 1943.

사 기록에서 같은 사건에 대한 서로 다른 역사 해석을 발견할 수 있는데, 그것은 역사가 기록될 때의 각기 다른 시대정신과 역사신학을 반영한 결과이다. 열왕기하 23:28-30과 역대하 35:20-26의 요시야 죽음에 관한 해석의 차이가 대표적인 예이다.

그러나 구약성서에 등장하는 이 두 종류의 역사는 객관적인 이스라엘 정치사는 아니다. 오히려 종교적인 관점에서 이스라엘 역사를 재해석하고 평가하는 신학적 혹은 종교적 역사이다. 따라서 정치적으로 중요한 사건도 그들의 신학적 관점에서 큰 의미가 없는 것일 때에는 과감히 생략하였다. 예를 들면, 북 이스라엘 왕국의 오므리 왕(Omri, 주전 876-869년)은 역사적으로 주변의 나라들을 정복하여 국력을 신장시키는 큰 업적을 남긴 왕이었다. 그러나 신명기 사가는 그의 업적에 관하여 단 6절밖에 할애하고 있지 않으며(왕상 16:23-28), 역대기 사가는 그에 관하여 언급조차 하고 있지 않다. 또한 이스라엘 역사 가운데 가장 큰 업적을 남긴 아합 왕에 대해서도 그의 치적에 대해서는 언급하지 않으며, 단지 부정적인 측면만 언급하고 있다. 그것은 오므리 왕조가 신명기 역사의 근간을 이룬 유다의 종교적 전통에서는 가장 적대시되던 인물이기 때문이었다. 따라서 신명기 사가는 자신의 신학적 입장에서 가장 적대적 입장을 가졌던 왕에 대하여 최소한의 기록만 제시하거나 혹은 아예 기록을 삭제하기도 하였다.

고대 이스라엘의 역사 기록

이처럼 성서 내의 두 역사서가 편찬되기 위해서는 기초 자료가 있어야만 한다. 구약성서는 신명기 역사와 역대기 역사에 기초가 되었던 사료들에 대하여 언급하고 있다. 따라서 구약성서에 기록된 두 역사 속에서 자신들이 다루지 않은 역사적 사실에 대해서는 자신들이 참고하였던 다른 사료를 참고할 것을 말하고 있다. 예를 들어 오므리 왕의 남은 역사 기록에 대해서는 "오므리의 행한 그 남은 사적과 그 베푼 권세가 이스라엘 왕 역대지략에 기록되지 아니하였느냐"(왕상 16:27)라고 기록하고 있다. 또한 남유다의 왕 여호사밧에 대해서는 "여호사밧의 남은 사적과 그 베푼 권세와 그 어떻게 전쟁한 것은 다 유다 왕 역대지략에 기록되지 아니하였느냐"(왕상 22:45)라고 기록하고 있다.

구약성서의 기록을 통하여 고대 이스라엘 특히 남북 분열 왕국 시대에는 유다 왕 역대지략과 이스라엘 왕 역대지략이 있었음을 알 수 있고, 남북 왕국이 나름대로 사료를 편찬하였음을 말해준다. 다윗 왕에 대해서는 사료를 다음과 같이 좀 더 자세하게 기록하고 있다. "다윗 왕의 시종 행적이 선견자 사무엘의 글과 선지자 나단의 글과 선견자 갓의 글에 다 기록되고 또 저의 왕 된 일과 그 권세와 저와 이스라엘과 온 세상 열국의 지난 시사가 다 기록되니라"(대상 29:29-30).

신명기 사가가 언급한 고대 이스라엘의 사료들은 다음과 같은 종류가 있다. 「이스라엘 왕 역대지략」(왕상 14:19), 「유다 왕 역대지략」(왕상 14:29), 「솔로몬의 실록」(왕상 11:41), 「야살의 책」(수 10:12-13), 「여호와의 전쟁기」(민 21:14) 등의 역사자료가 언급된다. 그러나 역대기 역사에는 이보다 더 다양한 18개의 사료에 대하여 언급한다. 이 가운데 중요한 사료는 「이스라엘과 유다 열왕기」(대하 27:7), 「유다와 이스라엘 열왕기」(대하 16:11), 「유다와 이스라엘 열왕기」(대하 25:26), 「이스라엘 열왕기」(대하 20:34), 「이스라엘

3) 이러한 사료에 대하여 지금까지 알려진 것은 아무 것도 없다. 따라서 학자들은 이들 사료가 이스라엘 왕의 통치를 간단하게 기술한 단순한 연대기일 것이라고 추정한다. 김영진, 『이스라엘 역사 서설』, p. 28; J.A. Montgomery, *The Books of Kings*, ICC, (New York: T & T Clark, 1951), pp. 43-44.

왕들의 행장」(대하 33:18), 「열왕기 주석」(대하 24:27) 등이다.[3)]

역대기 사가는 신명기 사가와 달리 유명한 예언자의 글을 많이 참고하였다. 「선견자 사무엘의 글」, 「선지자 나단의 글」, 「선견자 갓의 글」(대상 29:29), 「나단의 글」, 「잇도의 묵시책」(대하 9:29), 「잇도의 족보책」(대하 12:15), 「잇도의 주석책」(대하 13:22), 「예후의 글」(대하 20:34), 「선지자 이사야가 기록하였더라」(대하26:22), 「이사야의 묵시책」(대하 32:32) 그리고 「호새의 사기」(대하 33:19) 등이다. 뿐만 아니라 역대기에는 「이스라엘 왕조실록」(대상 9:1), 「그 가사는 애가 중에 기록되었더라」(대하 35:25), 「이 명단에 기록된 사람들이 유다 왕 히스기야 때에 가서……」(대상 4:41), 「여로보암 때에 족보에 기록되었더라」(대상 5:17), 「…그 이름을 기록하여」(대상 24:6), 「다윗왕의 역대지략」(대상 27:24), 「모세가 전한 여호와의 율법책」(대하 34:14), 「다윗과 선견자 아삽의 시」(대하 29:30) 등도 사용하였다.

비록 오늘날까지 보존된 역사 기록이 없다 할지라도 신명기 사가와 역대기 사가에서 이러한 다양한 사료에 대하여 언급하고 있는 것은 이 두 역사서가 고대 이스라엘의 다양한 사료를 바탕으로 편찬되었음을 말해준다. 신명기 사가와 역대기 사가는 다양한 왕실 사료를 바탕으로 그들의 독특한 신학적인 관점으로 해석된 종교 · 신학적인 이스라엘 역사를 기술하였다.

고대 이스라엘 역사 기록 존재 여부는 고고학의 발굴을 통해서만 입증될 수 있다. 2002년부터 이스라엘의 왕실비문(royal inscription)의 발견 여부가 초미의 관심이 되고 있다.[4)] 성전산(Mt. Temple) 보수 공사 중에 발견된 성전 보수를 기록하고 있는 석비가 발견되었다. 그러나 현재 이 비문의 진위에 대한 활발한 논의가 진행되고 있다. 만약 이 비문이 진품으로 판명된다면 이스라엘의 첫 왕실비문이 되는 것이다. 이러한 사실은 고대

4) 김영진, "성전보수 비문과 구약학," 「현대와 신학」 28 (2004), pp.113-123.

이스라엘 왕국에서 역사를 기록하였음을 간접적으로 입증하는 것이다.

신명기 역사

신명기 역사는 여호수아, 사사기, 사무엘상 · 하, 열왕기상 · 하까지 모두 6권의 역사책을 말한다. 이 역사를 신명기 역사 혹은 신명기적 역사라고 부르는 이유는 이 역사가 신명기에 나타난 신학적 입장에서 이스라엘의 역사를 해석하고 기술하였기 때문이다.[5]

1943년 마틴 노트(M. Noth)는 여호수아, 사사기, 사무엘서, 열왕기서를 신명기 사가적(deuteronomistic) 역사라고 불렀다. 이 신명기 역사는 고대 근동의 다른 역사 기록과 마찬가지로 특징적인 기록 방식을 채택하고 있다. 신명기 역사는 특히 메소포타미아 왕실비문의 연대 기록 방식을 채용하여 사용하고 있다.[6] 신명기 역사는 연대 기록에 있어서 매우 특징적이다.[7] 뿐만 아니라 역사 이해에 있어서도 신명기 역사는 고대 근동의 주변국가의 역사 철학과 매우 유사하다.[8]

신명기 역사서의 구조

신명기 역사의 시간적인 배경은 이스라엘 백성이 가나안 땅에 정착할 때부터 시작해서 예루살렘이 바벨론 제국에 의하여 멸망할 때까지이다. 연

5) 이 부분은 김영진, 『히스토리아: 역사서 연구』(서울: 한들출판사, 2004), pp. 20-27을 참고하였음.
6) 이에 대한 자세한 논의는 김영진, 『이스라엘 역사 서설』, pp 50-52를 참조하시오.
7) M. Cogan, "Chronology," *Anchor Bible Dictionary 1*, pp. 1002-1011; 이에 대하여 김영진, "신명기 사가의 역사 기록 방식," 「한국기독교신학논총」 31 (2004), pp. 9-26을 참조하시오.
8) 김영진, "신명기 사가와 페니키아 비문," 「신학논단」 31 (2003), pp. 5-25를 참조하시오.

대기적으로는 주전 1200년경부터 주전 560여년까지의 약 640여 년간의 역사를 기록하고 있다. 신명기 역사서는 이 기간 동안 발생한 이스라엘 역사를 가나안 정착 및 영토 분배, 왕국의 형성과 분열 그리고 왕국의 멸망 등의 역사를 여러 권의 책으로 나누어 기술하고 있다.

책	내용
여호수아	가나안 정착과 영토 분배
사사기	정복의 계속 및 왕정 이전 시대
사무엘서	왕국의 형성-다윗 시대
열왕기서	솔로몬부터 왕국 분열, 북 왕국 멸망, 유다의 멸망

신명기 사가의 신학적 특징은 신명기신학을 기초로 하기 때문에, 신앙의 순수성을 강조하며 토라에 대한 순종은 축복을 가져오지만, 불순종은 징벌을 가져온다는 인과응보적인 생각은 신명기 사가가 이스라엘 역사를 해석하는데 있어서 중요한 틀이 되었다.[9] 이러한 사관에 의하여 신명기 사가는 이스라엘 역사의 흥망성쇠 과정을 토라에 대한 순종과 불순종 그리고 이에 따른 하나님의 축복과 징벌의 결과로 해석한다.

그런데 신명기 사가는 이러한 자신의 신학적 공식에 이스라엘의 회개와 하나님의 구원이라는 측면을 첨가시킨다. 이스라엘이 하나님께 불순종할 때[죄], 하나님은 이들을 징벌하신다[**징벌**]. 이때 이스라엘이 그들의 잘못을 깨닫고 회개하면[**회개**], 하나님께서는 징벌을 거두시고 그들을 구원해 주신다는 것이다[**구원**]. 이러한 4단계의 역사 과정[죄—징벌—회

9) N. Habel, *Leterary Criticism of the Old Testament*, (Philadelphia: Fortress, 1971), pp. 14-15; P.K. McCarter Jr., *1 Samuel*, AB (Garden City: Doubleday, 1980), pp. 23-26; 김영진, "신명기 사가의 역사 기록 방식," 「한국기독교신학논총」 31 (2004), pp. 9-26.

개—구원]은 신명기 사가의 역사 해석의 기본 구조가 된다. 이러한 4단계 역사 이해를 바탕으로 역사를 서술한 대표적인 것이 사사기다.[10)]

이처럼 신명기 사가의 역사 이해가 확장된 것은 유다 왕국의 멸망을 경험하고 바벨론 포로에 잡혀 간 이스라엘 백성에 대한 희망의 메시지를 전달하기 위하여 과거의 인과응보적인 역사관에 회개를 통한 하나님의 회복의 메시지를 첨가하여 기록한 것이다.

신명기 사가의 역사신학

신명기 사가의 역사신학은 신명기 사가의 중심적 주제인 여호와에 대한 순종, 다윗 계약, 예루살렘 제의의 중앙화 그리고 마지막으로 율법(Torah)의 준수이다. 이러한 네 가지 중심 주제를 근거로 이스라엘 역사를 해석한 신명기 사가의 사관은 말씀을 잘 지키면 복을 받고 그렇지 않으면 벌을 받는다는 인과응보적인 역사관을 가지고 있다.

따라서 신명기 사가는 이스라엘 왕국이 분열이 된 이유에 대해서 솔로몬의 죄 때문이라고 해석한다(왕상 10:9-13). 뿐만 아니라 신명기 사가는 북왕국 이스라엘이나 유다의 멸망에 대하여 이들이 여호와의 길에서 벗어나고 여호와의 율법을 지키지 못했기 때문이라고 해석한다. 북쪽 이스라엘이 멸망한 것 역시 여로보암의 죄 때문이고(왕하 17:16-23), 유다가 멸망한 것 역시 므낫세의 죄 때문이라고(왕하 21: 10-18) 해석한다. 이러한 인과응보적인 사관은 신명기 사가가 이스라엘이 땅을 얻고 잃은 것을 기록하는 데서도 나타난다. 여호수아 23:4-16에 의하면 하나님과의 계약과 계명을 기억하면 아름다운 땅을 얻을 것이지만, 그러나 신명기 4:26, 6:15, 11:17, 28:12, 63, 29:27, 여호수아 23:13, 15, 16, 열왕기상 9:7, 13:34,

10) 김영진, 『이스라엘의 구원자 야웨』(서울: 이레서원, 2007), pp. 86-87.

14:15에서는 하나님의 말씀을 어기면 땅을 잃게 된다고 기록하고 있다. 따라서 바인펠트(M. Weinfeld)는 토지 소유권의 변동은 신명기 사가에 있어서는 야웨신앙을 엿볼 수 있는 신앙의 거울이라고 설명한다.[11)]

신명기신학을 바탕으로 한 신명기 사가의 역사신학은 다음과 같은 특징을 가지고 있다. 신명기 사가의 역사는 종교사이다. 따라서 신명기 사가는 유다와 이스라엘 왕들에 대하여 종교적인 관점에서 업적을 평가한다. 즉 왕들의 정치적 업적이 아닌 종교적 순수성, 즉 야웨신앙에 의해 이스라엘 왕들을 평가하고 있다. 예를 들어 열왕기상 16장의 오므리 왕조, 즉 아합 왕의 업적을 언급하면서, 그를 국력을 신장시키고 영토를 확장하고 주변 나라들에 대해 명성을 떨친 정치적으로 위대한 왕으로 묘사하지 않고, 하나님께 불의한 왕(왕상 16:25)으로 평가한다. 오히려 아합의 정치적 업적을 보려거든 이스라엘 왕 역대지략을 참고하라고 말한다. 이처럼 신명기 역사는 정치적 업적이 아닌 하나님에 대한 신앙의 기준으로 왕들을 평가하였다는 점에서 일반 역사와 구별된다.

이와 함께 신명기 사가의 역사는 왕들의 역사를 기록하기 보다는 성전의 역사를 기록하고 있다. 열왕기상 14:25-28에 의하면 르호보암 왕 5년에 애굽의 왕 시삭(Shishak)이 쳐들어 왔을 때 야웨의 성전의 보물과 왕궁의 보물을 모두 빼앗았다고 기록하고 있다. 이러한 기록, 즉 국가적인 위기의 때에 성전의 보물을 빼앗겼다는 기록이 등장한다. 열왕기상 15:18에 의하면 아사는 여호와의 성전 곳간과 왕궁 곳간에 남은 은금을 모두 아람 왕 헤시온의 손자에게 넘겨주었다고 기록하고 있다. 또한 열왕기하 14:10-14에 의하면 이스라엘 왕 요아스가 유다 왕 아마샤와 벧세메스(Beth Shemesh)에서 싸워 이기고 예루살렘에 있는 여호와의 성전과 왕궁

11) M. Weinfeld, *The Promise of the Land: The inheritance of the Land of Canaan by the Israelites*, (Berkeley: Berkeley University Press, 1993).

곳간에 있는 금은과 모든 기명을 탈취하여 갔다고 기록함으로써 성전이 북 이스라엘의 왕 요아스에 의하여 탈취되었음을 기록하고 있다. 열왕기하 16:8에 의하면 유다 왕 아하스가 여호와의 성전과 왕궁 곳간의 은금을 모두 내어다가 앗수르의 왕 디글랏빌레셀 3세에게 예물(뇌물)로 주었다고 기록함으로써 또 다시 성전 탈취의 역사를 기록하고 있다. 열왕기하 18:15에는 히스기야 왕이 성전 보물과 왕궁 곳간의 은을 모아 산헤립 왕에게 주었다고 기록하고 있다. 마지막으로 열왕기하 25:9에서는 여호와의 성전과 왕궁을 불사른 것으로 끝맺고 있다. 이처럼 신명기 사가는 왕들의 역사보다는 하나님의 성전이 어떻게 되어 가는가를 보여주고 있다. 따라서 신명기 역사가 가나안 정착부터 시작하는 것은 가나안 땅이 하나님의 성전이 건축될 곳으로 중요성을 갖는다. 바벨론 포로기간 동안 성전이 없는 땅은 더 이상 이스라엘에게 의미가 없기 때문이다.

또한 신명기 역사는 북 이스라엘 왕국의 왕들에 대하여 부정적인 평가를 내린다. 특히 느밧의 아들 여로보암은 열왕기상 12:25-33에서 보듯이 북쪽 이스라엘 왕국을 세우고 네 가지 악을 저지른 것으로 기록하고 있다. 첫째, 북 이스라엘의 단(Dan)과 벧엘(Bethel)에 성전을 만들고 금송아지를 세우고 우상을 숭배하도록 하였다. 둘째, 산당을 세워 혼합종교의 온상을 만들어서 이스라엘 신앙이 타락하는 계기를 마련하였다. 셋째, 제사장 제도를 문란하게 하여, 레위 지파만이 계승할 수 있는 제사장직을 보통 사람에게 임명하는 등의 문제를 일으켰다. 넷째, 일곱째 달에 지켜지는 초막절을 여덟째 달로 변경하는 등, 종교적 절기를 현실에 맞게 변경하였다. 이러한 여로보암에 대한 부정적인 입장은 다른 북 이스라엘 왕에게까지 확대되어 "느밧의 아들 여로보암의 죄"와 관련지어진다(왕하 14: 24, 15: 9, 18, 24, 28). 여로보암 뿐만 아니라 북 이스라엘의 모든 왕들은 신명기 역사에서 부정적인 평가를 받는다.

신명기 역사가는 남북 왕국 왕의 업적을 기록할 때 약간씩 달리 기록한다. 왕의 통치를 묘사할 때 남 유다의 왕은 예루살렘에서 몇 년간 통치했다고 기록할 뿐만 아니라 어머니의 이름을 반드시 기록하고 있다. 그러나 북 왕국의 왕에 대해서는 왕의 어머니의 이름을 기록하지 않는다.

이처럼 신명기 사가는 열왕기서를 통하여 유다 모든 왕의 역사를 서술하려고 하였을 뿐만 아니라 그 안에 예루살렘 성전의 수난사를 함께 보여주고 있다. 신명기 역사가 과거를 반성하기 위한 회고의 역사라는 점에서 더욱 그렇다.

신명기 사가의 역사 기록 방식

신명기 사가는 연대를 기록하는 방식이나 역사를 배열하여 구성하는 방식에 있어서 나름대로 일정한 양식을 가지고 있다. 신명기 사가는 사사 시대와 왕국 시대의 역사를 기록하는데 있어서 두 시대로 나누어 기록한다. 즉 이상적인 왕들의 통치 시대와 그렇지 않은 시대로 나누어 기술하고 있다.[12]

신명기 사가는 40년을 이상적인 왕의 통치 연한으로 생각하였다. 따라서 열왕기상 6:1에서 이스라엘 백성이 출애굽한 후 480년 만에 성전을 건축하였다는 것은 신명기 사가의 숫자 40에 대한 생각을 분명하게 보여준다.[13] 뿐만 아니라 요아스의 즉위를 나타낼 때에는 다른 왕의 경우와 매우 다르다. 즉 "예후의 칠년에 요아스가 위에 올라 예루살렘에서 사십년을 치리하니라"(왕하 12:1)라고 기록함으로 다른 왕들에게서 보이는 상대

12) 이상적인 지도자의 통치 기간은 대체로 40년 혹은 40의 배수였으며 그렇지 않은 통치자들은 실제 통치 연한을 기록하였다.

13) 열왕기상 6:1의 "이스라엘 자손이 애굽 땅에서 나온 지 480년이요"라는 표현에서 480년이라는 숫자는 정확한 숫자가 아니라 12지파와 40년을 결합한 인위적인 숫자이다. M. Cogan, *1 Kings*, p. 236.

연대를 발견할 수 없다. 그런데 요아스의 통치 기간을 40년으로 표시한 것은 아달랴에 의하여 중단되었던 유다 왕국이 새롭게 시작됨을 나타낼 뿐만 아니라 요아스를 이상적인 왕으로 묘사하기 위하여 신명기 사가가 요아스에 대하여 40년 간 통치하였다고 기록하고 있다.

뿐만 아니라 신명기 사가는 사사들의 활동을 기록하는데 있어서도 남쪽 유다 지파와 북쪽 지파 등으로 나누어 기술하고 있다. 12명의 사사 가운데 출신 지파나 활동 지역을 알 수 없는 삼갈[14)]을 제외한 사사들의 행적을 기록하는데 있어서 신명기 사가는 유다와 베냐민 지파를 우선적으로 기록하고 나머지 북쪽 지파의 사사들에 대하여 기록하고 있다. 이처럼 신명기 사가의 이중 구조는 여호수아서의 가나안 정착에 관한 묘사에서도 발견된다. 신명기 사가는 유다와 베냐민 지파의 영토 분배를 기록한 후에 나머지 10지파의 영토 분배에 관하여 기록하고 있다.

따라서 신명기 사가는 가나안 정착 시대와 사사 시대나 왕국 시대를 다루는 통일된 방식을 가지고 있었음을 알 수 있다.

이처럼 신명기 사가의 역사 기술은 이중적인 구조를 가지고 있다. 신명기 사가의 이중적인 구조는 유다와 베냐민의 남쪽 지파에 대한 기술과 북쪽 지파에 대한 기술로 나눌 수 있고, 뿐만 아니라 신명기 사가의 역사 평가에 의하여 일차적인 관심 시기와 이차적인 관심 시기를 기술하는 방식을 달리하였다. 또한 신명기 사가는 이상적인 시대 혹은 초기의 불확실한 시대를 표현하는 방식과 실제적인 역사를 서술하는 두 가지 방식을 혼용하여 자신의 역사를 기록하고 있다. 통일 왕국 시대나 초기의 사사들에 대해서는 이상적인 통치 시기라는 관점으로 역사를 기술하였으나,

14) 비록 삼갈이 에훗의 뒤를 이었지만 그러나 사사기 4:1까지 에훗은 살아있었다. 중세의 주석가들은 삼갈은 에훗이 죽던 해에 이스라엘의 사사가 되었으며, 바로 그 해에 죽었다고 설명한다. 삼갈의 이야기가 마지막 편집 단계에서 삽입된 성격을 보여주고 있다

분열 왕국 시대나 돌라 이후의 사사들에 대해서는 실제적인 통치기한을 기술하였다. 이러한 사실은 신명기 사가에게 있어서 통일 왕국 시대가 이상적인 왕의 통치 시기였음을 보여준다.

신명기 사가의 메시지

신명기 사가는 자신의 신학적 메시지를 전달하고 있다.

신명기 사가는 북 왕국의 멸망을 묘사할 때 항상 이스라엘 땅을 잃거나 혹은 특정 도시가 파괴되었으며, 그곳에 살던 백성은 사로잡혀 갔다고 기록하고 있다. 이러한 사실은 신명기 사가의 역사 서술 방식에 있어서 땅 혹은 특정 지역의 운명과 그 땅에 사는 백성들의 운명을 대단히 중요하게 생각하였던 것을 알 수 있다. 신명기 사가의 북 왕국에 대한 묘사를 통하여 신명기 사가는 다음 몇 가지 요소를 통하여 한 나라의 흥망을 묘사하고 있다. 첫째, 수도의 건축을 중요하게 생각한다. 따라서 나라의 멸망을 묘사할 때에는 도시의 파괴나 몇몇 지역을 잃는 것을 묘사한다. 둘째, 종교 중심지의 형성에 큰 관심을 갖는다. 따라서 신명기 사가는 제단이나 혹은 성전의 건축에 큰 관심을 갖는다. 셋째, 나라의 멸망에 관해서는 그 땅에 사는 백성들의 이주를 반드시 기록하고 있다. 이러한 세 가지 요소를 통하여 신명기 사가는 유다 왕국의 역사도 기록하고 있다.

마찬가지로 신명기 사가는 유다 왕국의 역사를 기록하는데 있어서도 예루살렘, 예루살렘 성전, 가나안 땅 그리고 다윗 왕조에 관한 기록을 그의 역사 구성의 중요한 요소로 채택하였다. 이러한 신명기 사가의 특성은 곧 신명기신학으로 발전하였다. 신명기 사가는 다윗 왕조의 선택과 예루살렘의 선택, 가나안 땅을 선물로 받은 것과 그 땅에 백성들이 살고 있는 것을 하나님의 축복으로 생각하였다. 이러한 신명기 사가의 신학은 그의 작품 속에 지속적으로 나타나고 있다.

예루살렘의 신학화

신명기 사가는 예루살렘의 선택과 그 예루살렘에서 행해지는 제의를 중요하게 생각하였다. 신명기 사가에게 있어서 예루살렘의 중요성은 신명기 12:5의 "하나님 여호와께서 자기 이름을 두시려고 너희 모든 지파 중에서 택하신 곳"이라는 표현에서 나타나며, 이것은 열왕기하 21:4에서는 "여호와께서 전에 이르시기를 내가 내 이름을 예루살렘에 두리라"라는 구절에서 구체화된다. 따라서 신명기 사가에 있어서 예루살렘은 하나님의 거처이며, 다른 여러 지역 가운데서 택함을 받은 지역이다.

신명기 사가의 예루살렘 이념화는 다음 몇 단계를 통하여 구체화된다. 예루살렘의 이념화 작업의 첫 단계는 예루살렘을 하나님이 거하는 거룩한 곳으로 만드는 일이다.[15] 이를 위하여 이스라엘 종교에서 하나님이 거하시는 상징인 법궤를 실로에서 예루살렘으로 옮겨온다. 원래 실로에 있던 법궤가 왜 시온으로 옮겨졌는가 하는 것은 매우 어려운 질문이다. 이에 대하여 다윗 혹은 후대 사가(史家)들이 예루살렘을 종교적 중심지로 만들기 위하여 이스라엘 신앙의 상징인 법궤를 예루살렘으로 옮겨왔다고 이해한다. 법궤가 예루살렘으로 옮겨졌다는 것은 하나님 야웨가 예루살렘에 거주한다는 것을 나타내는 것으로 시온신학이 생겨나는 근거가 되었을 뿐만 아니라 하나님이 계신 예루살렘에 세워진 다윗 왕조가 영속한다는 다윗신학이 태동하게 되었다. 이러한 시온신학은 다윗 왕조의 이념적 배경이 되었다.

15) J. Bright, *Covenant and Promise* (Philadelphia: Westminster, 1977), pp. 49-77; J. J. M. Roberts, "Zion Tradition," *IDBSup*, p. 986; idem, "The Davidic Origins of the Zion Tradition," *JBL* 92 (1973), p. 329.

예루살렘 신학화의 절정은 예루살렘 성전의 건축으로 나타난다. 이를 위하여 예루살렘에 성전을 짓는 것의 정당성을 아브라함에게서 찾는다. 즉 솔로몬이 성전을 짓는 곳은 여부스족의 종교적 제의가 일어났던 곳이 아니라, 족장 시대의 신앙적 장소였음을 강조하고 있다. 예루살렘의 신학화 작업은 왕실을 중심으로 한 통치 이데올로기의 한 수단으로 여겨졌다.

다윗 왕조 선택사상

신명기 사가의 사상 가운데 특이한 것은 다윗 왕조 선택사상이다. 이것은 나단의 신탁을 통해서 분명히 나타난다. 사무엘하 7:13의 선포는 선택된 예루살렘에 세워진 다윗 왕조의 영속성을 선포하는 것이다. 다윗 왕조의 영속성과 예루살렘의 선택은 솔로몬의 성전건축으로 인하여 가시화되었다.

뿐만 아니라 나단의 신탁을 통해서 하나님은 다윗 왕조의 아버지가 되고, 다윗 왕조의 왕은 하나님의 아들이 된다(삼하 7:14). 이러한 사상은 나단의 신탁을 통하여 다윗 왕조의 선택사상을 위한 신명기 사가의 역사 철학으로 이해할 수 있다.

토지 소유권 신학

신명기 사가의 역사 서술에 있어서 하나님의 축복의 가시적 증거는 바로 토지 소유권을 갖는 것이다[16] 다시 말해, 땅을 소유한 사람은 하나님의 축복을 받고 있는 것이고, 그렇지 못한 경우는 하나님의 축복을 받지 못하고 있다고 이해하였다. 이러한 토지 소유권에 대한 생각은 신명기 사가의 역사 속에 지속적으로 강조되고 있다. 신명기 사가의 이러한 신학적 입장은 열왕기하 17:16-21의 북 왕국의 멸망에 대한 설명과 21:11-21

16) 토지 소유권과 신학의 관계에 관해서는 김지은 『포로와 토지 소유』(서울: 한들출판사, 2005)를 참조하시오.

의 유다가 멸망한 이유에 대한 신학적 설명에서도 분명히 나타난다.

신명기 사가는 이러한 예루살렘의 파괴에 관한 기록을 통하여 다윗 왕조의 정치적인 패망을 보여주려는 것이 아니라 유다 왕국 멸망이 갖고 있는 신학적 의미가 무엇인가를 보여주려고 하였다. 열왕기하 25:8-12을 통하여 신명기 사가가 보여주려는 신학적 의도는 다음과 같다. 성전이란 하나님이 유다 백성들과 함께 하신다는 하나님 임재의 가시적 상징이기 때문에, 성전의 파괴는 곧 하나님이 이스라엘 백성들에게서 떠났다는 것을 의미한다. 이처럼 하나님이 유다 왕국에서 떠남으로 인하여, 예루살렘은 더 이상 거룩한 도시가 아니며, 유다 백성들은 선물로 받았던 가나안 땅을 떠나 이방 나라 바벨론으로 옮겨졌을 뿐만 아니라 이들이 유산으로 받았던 토지마저 다른 사람들에게 그 소유권을 넘겨줄 수밖에 없었다는 것을 말해주고 있다. 가나안 땅을 이스라엘 백성들에게 주었다는 것은 하나님이 이스라엘 백성과 함께 하심을 가시적으로 보여주는 것이기 때문이고 이스라엘 백성들이 토지를 소유하고 있다는 것은 곧 이들의 하나님에 대한 신앙을 나타내는 것으로 토지 소유는 이스라엘 신앙의 거울과도 같은 것이다.[17)]

신명기 사가와 역사 기술의 요소

신명기 사가는 역사를 기술하는데 필요한 요소를 가지고 있다. 열왕기하 25:8-17의 유다 왕국 멸망에 관한 신명기 사가의 기록은 신명기 사가의 신학을 요약적으로 나타내고 있다.

17) M. Weinfeld, *The Promise of the Land: The Inheritance of the Land of Canaan by the Israelites*, pp. 183-221.

예루살렘의 멸망(8절)

8절은 유다 왕국이 언제 멸망하였는가를 보여준다. 즉 느부갓네살 왕 통치 19년 다섯 번째 달(아브 달) 7일인 주전 586년 8월 14일 예루살렘은 멸망되었다. 그러나 예레미야 52:12에서는 느부갓네살 통치 19년 다섯 번째 달 10일에 느부사라단이 예루살렘을 정복한 것으로 기록하고 있다. 따라서 성경의 기록을 근거로 예루살렘은 주전 586년 8월 14일 혹은 17일에 바벨론의 느부사라단에 의하여 정복되었음을 알 수 있다. 예루살렘 멸망은 곧 수도 건축을 중요하게 여기던 신명기 사가에게는 왕국의 멸망을 나타내는 것이다. 따라서 신명기 사가는 가장 먼저 예루살렘 멸망을 다루고 있다.

무너지는 하나님의 집(9절)

9절은 바벨론 군대에 의한 예루살렘 성전과 다윗 왕조의 멸망을 기술하고 있다. 느부사라단은 여호와의 전과 왕궁 그리고 귀인의 집을 불살랐다. 9절의 기록 방식은 열왕기서가 역사적인 기록이 아니라 종교적인 기록임을 말해준다. 즉 왕의 역사 기록이라면 왕궁의 파괴를 먼저 기록해야 하지만, 그러나 여기서는 성전의 파괴를 먼저 기록하고 왕궁과 다른 귀인들의 집 파괴를 기록하고 있다(참조 왕상 14:26, 왕하 16:8, 18:15 등). 유다 왕국의 기록에 있어서 왕궁보다 성전 파괴를 먼저 기록한 것은 유다 왕국의 멸망이 단순한 정치적인 사건이 아니라, 하나님의 임재의 상징이 없어졌다는 것을 말하는 것이다. 더욱이 하나님이 유다 왕국에서 떠나갔다는 것을 의미한다.

9절에서는 하나님의 영광이 떠난 모습을 성전과 왕궁의 파괴를 통하여 묘사하고 있다. 이러한 묘사를 통하여 신명기 사가의 역사 기술에 있어서 성전에 관한 묘사가 중요한 요소임을 보여준다. 열왕기서를 통하여 유다 왕국이 위기에 처해 있을 때마다 신명기 사가는 성전이 어떻게 되었는가를 말해준다(왕상 14:26, 15:18, 왕하 14:14, 18:15-16 등).

이러한 기록을 통하여 신명기 사가의 역사가 종교사임을 보여주며, 열왕기서가 책의 제목처럼 이스라엘 왕들의 역사를 기록한 것이 아니라 예루살렘 성전사(聖殿史)의 성격이 강함을 보여준다.

무너진 예루살렘 성(10절)

10절은 예루살렘 성이 느부사라단이 이끄는 바벨론 군대에 의하여 파괴되었음을 기록하고 있다. 예루살렘의 파괴는 하나님의 집을 위해 선택되었던 예루살렘이 이제는 더 이상 거룩한 곳이 아니라는 의미이다. 이것은 곧, 예루살렘은 하나님이 택하신 거룩한 도성이라는 신학의 붕괴를 의미한다.

"예루살렘 사면 성벽을 헐고"라는 구절은 느부사라단이 예루살렘을 어떻게 짓밟았는가를 보여준다. 더 나아가 성벽이 무너졌다는 것의 신학적 의미는 곧 하나님이 예루살렘에서 떠난다는 것을 의미한다.

9-10절에서는 유다의 재산상의 피해를 기록하고 있다. 10절은 신학적인 의미에서 하나님의 성전을 위하여 거룩한 도성이 되었던 예루살렘이 더 이상 거룩한 도성이 아님을 말하고 있다.

백성들이 잡혀가다(11절)

11절은 약속의 백성이 바벨론 제국으로 포로로 잡혀간 것에 관하여 기록하고 있다. 성중에 남아있는 사람과 바벨론 왕에게 항복한 자 등을 포로로 잡아갔다. 구약성서에는 바벨론 제국으로 사로잡혀 간 자들의 수에 대하여 여러 차례 기록하고 있다.[18] 바벨론으로 유다 백성들이 강제 이주되었다는 것을 묘사함으로써, 신명기 사가는 이 사건의 신학적 의미를 나타내고자 하였다. 즉 유다 백성들이 가나안 땅에서 뽑혀 바벨론으로 옮겨졌다는 것은 신학적으로 하나님이 유다 왕국 예루살렘에서 이미 떠났다는 것을 의미한다. 가나안 땅에 이스라엘 백성을 살게 한다는 것은 하나님이 이스라엘의 족장 아브라함에게 한 약속이다. 따라서 백성을 특정 지역에서 다른 곳으로 옮긴다는 것은 곧 열조와 맺은 약속의 파기를 의미한다. 더 나아가서 나단을 통하여 하나님이 다윗 왕조에게 약속하셨던 다윗 왕조의 영원성의 보장에 대한 언약의 파괴를 의미한다(참조 삼하 7:12-16).

약속의 땅을 잃다(12절)

12절의 기록은 단순히 유다 귀족들이 강제 이주 되었고, 그 땅을 가난한 사람들이 차지하게 되었다는 정치적인 사실을 기록한 것이 아니라 유다의 멸망은 족장들에게 주었던 땅까지도 잃게 된다는 사실을 말하고 있다. 즉 12절은 앞에서 언급했듯이 하나님이 예루살렘을 떠남으로 인하여 하나님이 선택한 유다 백성을 떠나셨을 뿐만 아니라 족장들에게 약속의 성취로 주셨던 땅을 잃게 되었음을 보여준다. 따라서 땅을 잃는다는 것은 하나님으로부터 버림받음을 의미한다.

신명기 사가에게 있어서 토지 소유권이 역사 기술에 중요한 요인으로 채택되었다는 것은 북 왕국 이스라엘의 아합 왕에 대한 묘사에서도 잘 나타난다. 즉 아합이 하나님의 법도를 지키지 않는 왕임을 나타내기 위하여 신명기 사가가 채택한 사건은 나봇의 포도원 사건이다(왕상 21장). 나봇의 포도원 사건은 아합 왕이 이스라엘의 전통적인 기업에 관한 사상을 어긴 것이다. 즉 하나님이 각 지파에게 약속으로 주신 땅을 결코 마음대로 처리할 수 없음을 규정한 것이다. 바로 이 토지 소유권의 이전을 통하여 신

18) M. Cogan and H. Tadmor, *II Kings*, AB (New York: Doubleday, 1988), pp. 320-321; B. O. Long, *2 Kings*, The Forms of the Old Testament Literature X (Grand Rapids, Michigan: Eerdman, 1991), p. 286; W. L. Holladay, *Jeremiah 26-52*, Hermeneia (Minneapolis: Fortress Press, 1989), p. 439.

명기 사가는 아합의 죄를 보여주고 있는데, 이것은 신명기 사가에게 있어서 토지 소유권이 그의 역사 기술에 중요한 요소임을 보여주는 것이다.

성전 기구에 대하여(13-17절)

신명기 사가는 성전의 기구들의 운명에 대하여 설명하고 있다. 특별히 성전 기구에 대한 언급은 아마도 고대 근동의 역사 기록에서 신상들의 운명에 대하여 기록하고 있는 것의 영향을 받은 것으로 보인다. 신명기 사가는 신상이 없는 이스라엘의 역사를 기술함에 있어서 바로 신상의 존재대신 성전 기구들의 반환을 통하여 고대 근동 다른 지역의 신상 행방에 대하여 기록하고자 하였다. 성전 기구의 이동은 곧 하나님이 떠나심을 상징적으로 나타내는 것이다.

신명기 사가는 성전과 왕궁을 불사름, 성벽을 무너뜨림, 백성을 사로잡아 감, 땅에 대한 처리 그리고 성전 기명에 관하여 언급한다.

신명기 사가의 역사 기록에 있어서 한 나라에 대하여 기록할 때 신명기 사가는 네 가지 요소를 중요하게 생각하였다. 예루살렘 선택사상, 다윗 왕조의 선택사상, 백성들이 땅을 선물로 받고 하나님께 불경함 등에 대하여 강조하였다. 따라서 나라가 멸망한다는 것은 곧 예루살렘의 파괴, 다윗 왕조의 멸망 그리고 백성들이 땅을 잃는 것이었다. 이러한 신학적인 특징은 열왕기하 25장의 유다 왕국의 멸망에 관한 기록에서도 찾아볼 수 있다.[19)]

이상을 통하여 신명기 사가의 역사 기록에 있어서 땅과 사람의 관계가

19) 북 왕국 이스라엘의 멸망에 대하여 "올라와서 그 온 땅에 두루 다니고 사마리아로 올라와서 삼년을 에워쌌더라. 호세아 구년에 앗수르 왕이 사마리아를 취하고 이스라엘 사람을 사로잡아 앗수르로 끌어다가 할라와 고산 하볼 하숫가와 메대 사람의 여러 고을에 두었더라"(왕하 17:5-6)라는 표현을 통하여 두 가지 요소가 강조되고 있다. 즉 땅을 잃고 사람을 사로잡아 갔다는 것이다. 북 왕국에 대해서는 예루살렘 선택사상과 다윗 왕조 선택 사상을 제외한 나머지 두 가지 요소가 등장한다.

매우 밀접한 관계에 놓여 있음을 보여준다. 즉 하나님의 축복을 받은 사람들은 하나님이 주신 땅에서 사는 것이고, 반대로 이들이 하나님의 저주를 받게 되면 그 땅에서 옮겨지는 것이다.

역대기 역사

역대상하, 에스라 그리고 느헤미야는 역대기와 같은 사관에 의하여 기록된 하나의 역사로 보고 역대기 역사라고 부른다. 역대기 역사는 아담부터 페르시아 제국 시대까지의 역사를 기술하고 있다.

역대기 역사의 형성 배경

바벨론에서 귀환한 유다 사람들이 직면한 가장 중요한 문제는 예루살렘 성전을 재건하는 것과 다윗 왕조를 새롭게 재건하는 일이었다. 더 나아가 북 이스라엘 백성과 바른 관계를 유지해야만 했다. 그러나 북 왕국은 주전 721년 멸망 이후 이방 민족과 혼합되어 있어 이들과 결합이 쉽지 않았다. 더욱이 예언자들은 새롭고 찬란한 미래에 관해 예언했지만 예언이 성취될 기미가 보이지 않았다.

이러한 역사적 상황 속에서 이스라엘의 역사를 처음부터 다시 설명할 뿐만 아니라 여러 가지 질문에 대하여 답을 주려는 시도가 있었다. 바로 이러한 시도의 하나로 쓰여진 역사가 역대기 역사이다.

역대기와 에스라 · 느헤미야가 하나의 역사였다는 주장은 언어상의 공통점과 신학적 관점, 유다 및 예루살렘에 한정된 역사 서술 방식과 성전 및 예배에 대한 관심에 의하여 지지된다.

역대기 역사서가 기록된 때를 주전 400년경이라고 추측하는데, 심지어 몇몇 주석가들은 주전 3세기라고 늦춰 잡기도 한다. 히브리어 구약성경에서는 이 네 권의 책이 지금 우리가 쓰는 성경에서 그렇듯이 여러 역사서 가운데 들어 있지 않고 이른바 성문서라고 하는 성경의 셋째 부분 끝에 놓여져 있다. 이는 이 책들이 쓰일 때에는 히브리어 정경의 둘째 큰 부분인 예언서가 이미 완결되어 있었다는 사실을 암시하는데, 그 예언서들의 앞 부분에 들어 있는 것이 예언적인 성격을 띠는 역사 서술이다.

역대기 역사의 구조

역대상으로부터 느헤미야까지는 아담으로부터 느헤미야 시대까지의 역사를 하나의 틀 속에서 다루고 있다. 역대상 · 하는 왕국 시대까지의 역사를 기술하고, 에스라-느헤미야서는 바벨론에서 돌아온 다음부터의 역사를 기술하고 있다.

역대상

① 1-9장 아담에서 사울까지

② 10-20장 다윗 왕국

③ 21-27장 다윗의 성전건축 준비

④ 28-29장 다윗의 왕위 이양과 죽음

역대하

① 1-7장 솔로몬의 성전건축과 봉헌

② 8-9장 솔로몬의 영화와 종말

③ 10-28장　유다 왕들의 역사
④ 29-35장　히스기야와 요시야의 개혁
⑤ 36장　유다 왕국의 종말

에스라

① 1-2장　바벨론 포로들의 귀향
② 3-6장　성전을 재건함
③ 7-8장　에스라의 예루살렘 귀환
④ 9-10장　에스라의 개혁

느헤미야

① 1-6장　느헤미야의 귀향과 예루살렘 성벽 개축
② 7장　귀향민의 인구조사
③ 8-10장　에스라의 활동
④ 11-12장　귀향민의 정착과 제사장 명단
⑤ 13장　느헤미야의 활동

역대기 사가의 역사신학

고대 이스라엘의 모든 역사에는 신명기 사가의 역사에서 발견되는 여호와 유일신사상과 신앙의 순수성을 강조하거나 혹은 예루살렘 중심의 역사 이해 등이 공통적으로 발견된다. 이것은 시대가 다를지라도 같은 유다 지파 중심으로 역사가 기술되었기 때문에 이러한 공통점이 발견된다. 그러나 역대기 역사는 페르시아 제국의 시대적 상황 속에서 이스라엘은 자신의 정체성에 대하여 대답하고 있다.[20] 역대기 사가는 족보를 통하여 이스라엘 공동체의 혈통의 순수성을 강조하였다. 이스라엘 공동체는 주변의 많은 이방 국가 속에서 자신의 혈통의 순수성을 잘 지키는 것이 선택된 이스라엘의 정체성을 지키는 것으로 이해하였다. 따라서 아담부터 시작해서 포로에서 돌아온 사람들(대상 9장)까지를 족보로 기록하고 있다. 이러한 혈통의 순수성을 강조하는 역대기 사가의 역사에서는 에스라 9-10장과 느헤미야 13:23 이하에서 이방 결혼을 질책하는 내용을 다루고 있다. 특히 느헤미야 13:26-27에서는 이방 결혼을 솔로몬의 죄로 여기고 있다.

또 이르기를 옛적에 이스라엘 왕 솔로몬이 이 일로 범죄 하지 아니하였느냐 저는 열국 중에 비길 왕이 없이 하나님의 사랑을 입은 자라 하나님이 저로 왕을 삼아 온 이스라엘을 다스리게 하셨으나 이방 여인이 저로 범죄케 하였나니 너희가 이방 여인을 취하여 크게 악을 행하여 우리 하나님께 범죄 하는 것을 우리가 어찌 용납하겠느냐(느 13:26-27).

따라서 역대기 사가는 이스라엘 공동체가 하나님의 사랑을 입은 거룩한 공동체가 되기 위해서는 혈통의 순수성을 지켜야 함을 강조하고 있다.

둘째, 역대기 사가는 이스라엘은 정치적 공동체가 아니라 종교적인 공동체임을 강조하며, 이스라엘의 왕을 묘사할 때도 정치적인 지도자상으로 묘사하기보다는 종교적 지도자상으로 묘사하고 있다. 이러한 종교적 공동체의 중심은 바로 시온인 예루살렘이었다. 이러한 관점에서 역대기 사가는 다윗 왕을 성전을 중심으로 한 이스라엘의 모든 종교제도의 창시자로서 묘사하고 있다. 다윗 왕은 역대상 22장에서 예루살렘의 성전건축을 준비하고, 23장 이하에서 레위인들이 성전에서 해야 할 일들을 구체적으로 조직하였다. 따라서 역대기 사가의 관점에서 보면, 종교적 공동체로서 이스라엘이 갖는 모든 성격의 기초는 다윗 왕 때 마련되었다. 따

20) 박준서, 『성서와 기독교』, pp. 89-97.

라서 역대기 사가에게서 역사의 가장 중요한 인물은 다윗 왕과 그의 후손인 다윗 왕조이다. 이러한 사관 때문에 역대기 사가는 다윗 왕의 종교적 지도자로서 적합하지 않은 역할이나 사건을 모두 생략하였다. 역대기 사가는 다윗을 이상적인 종교지도자라는 과장된 모습을 그리고 있다. 왜냐 하면 정치적, 군사적 지도자로서 다윗은 종교적 지도자의 모습에 적합하지 않았기 때문이다. 이러한 사관은 앞에서 살펴보았던 신명기 사가의 역사와 큰 대조를 이룬다.

다윗 · 솔로몬 이후의 왕국 역사의 서술에 있어서도 다윗 왕조인 남 유다의 역사를 중심으로 기록하였으며, 역사를 해석하는데 있어서 신명기 사가의 역사 해석방법과 달리 종교제도의 실행 여부로 역사적 사실을 평가하고 있다. 따라서 유다 왕국의 멸망을 설명하는데 있어서 역대하 36:21에서 "이에 토지가 황무하여 안식년을 누림같이 안식하여 칠십년을 지내었으니 여호와께서 예레미야의 입으로 하신 말씀이 응하였더라"라고 해석함으로써 유다 왕국이 바벨론으로 포로된 것은 안식년을 누리기 위하여 하나님이 내리신 것으로 이해한다. 이러한 역사 이해는 신명기 사가의 죄에 대한 보응으로만 역사를 이해하는 것과는 다른 역사 이해이다.

역대기와 열왕기의 비교 연구

역대기 역사와 신명기 역사의 기본적인 신학은 유사점을 가지고 있지만 그러나 역사를 기술하는 방식이나 사상에 있어서 차이점을 드러낸다. 특히 신명기 사가와 비교하여 역대기 사가는 성전 중심의 종교적 공동체로서 이스라엘에 초점을 맞춘다. 따라서 왕에 대한 묘사도 정치 지도자로서의 왕이라기보다는 종교 지도자로서의 왕의 모습을 기록하고 있다. 따라서 역대기 역사가가 유다 왕을 묘사할 때, 종교 지도자의 자격에 부적합한 요소에 대해서는 기록하지 않았다.

신명기 사가는 다윗을 정치적 왕으로서의 다윗에 초점을 맞춘 반면, 역대기 사가에서는 성전건축을 준비한 왕으로서의 다윗의 모습을 강조하였다. 따라서 다윗의 밧세바와의 사건에 대하여 신명기 사가와는 달리 역대기 사가는 침묵하고 있다. 더 나아가 역대기 사가는 성전건축을 다윗과 연결시키기 위하여 다윗이 성전건축을 위하여 모든 준비를 마친 왕으로 기록함으로써 다윗과 성전건축을 연결시킨다. 이와 마찬가지로 솔로몬의 통치에 관한 두 역사의 기록을 비교하면 각 역사의 사관을 분명하게 알 수 있다. 역대기 역사에서 솔로몬은 성전을 건축한 왕이다. 따라서 솔로몬이 성전을 건축한 왕으로서 부적합한 행동을 한 것에 대하여 역대기 역사는 기록하고 있지 않다. 예를 들어 성전을 건축하는 왕은 피를 흘려서는 안 된다. 따라서 신명기 역사에 기록된 솔로몬의 숙청 사건에 대하여 언급하지 않았다.

신명기 사가는 요시야의 죽음에 대하여 사실보도 이상의 것을 언급하지 않지만 역대기 사가는 요시야 왕의 죽음을 하나님의 말을 듣지 않았기 때문이라는 신학적 해석을 제시한다. 이러한 해석은 고대 전쟁에 있어서 전쟁에 진 것은 그 나라의 신이 상대국의 신보다 강하지 못하기 때문으로 이해한 것과 맥을 같이한다. 따라서 요시야가 죽은 것은 그 개인의 죽음으로 그치는 것이 아니라, 고대 성전 사상에서는 야웨가 이집트의 신보다 약한 신으로 전락하는 신학적 위기를 초래하였다. 따라서 역대기 사가는 하나님이 이집트의 왕 바로 느고를 이용하였는데, 요시야가 그것을 알지 못했기 때문이라고 설명함으로써 하나님을 살리고, 요시야를 하나님의 말씀을 구별하지 못한 왕으로 분류한다.

이처럼 두 역사가는 자신들이 처한 위치에 따라서 각기 다른 관점에서 역사적 사실을 해석하고 있음을 알 수 있다.

여호수아서

전기 예언서에 속하는 여호수아서는 이스라엘 백성의 가나안 정복과 영토의 분배에 관한 역사를 모세의 죽음으로부터 여호수아의 죽음까지를 다루고 있다. 여호수아서가 전기 예언서에 속하게 된 것은 여호수아서에 율법이 전혀 들어있지 않기 때문이다.[21] 여호수아서는 구약성서 가운데서 전쟁에 관한 이야기가 많이 기록된 책일 뿐만 아니라 고대 이스라엘에 관한 지리 정보를 가장 많이 포함하고 있는 책이다. 여호수아서의 헬라어 사본인 알렉산드리아 사본(Alexandrian)과 바티칸 사본(Vatican)은 서로 차이점을 드러내고 있으며, 이 두 헬라어 사본과 히브리어 여호수아서와도 차이를 나타낸다. 또한 라틴어 번역본(Vulgate) 역시 알렉산드리아 사본, 바티칸 사본 그리고 히브리어 성경과 차이점을 드러내고 있다(3:4, 4:3, 13, 5:6 등). 사마리아 사람들의 번역본 여호수아서가 발견되었는데, 이것은 히브리어 성경(맛소라)과 매우 유사하다.

여호수아서로 불리는 것은 책의 중심인물이 눈의 아들 여호수아(יהושע

21) 전기 예언서는 모세의 죽음으로부터 바벨론 포로기까지의 역사를 예언적 관점에서 해석한 역사를 제시한다. 따라서 여호수아서가 전기 예언서에 속한다는 것은 이러한 관점으로 해석된 역사임을 말해준다. M.H. Woudstra, *The Book of Joshua*, (Grand Rapids: Eerdmans, 1981), p. 3.

(בן נון)이기 때문이다. 여호수아서는 전체 24장, 656절로 구성되어 있다.

여호수아는 누구인가?

여호수아(יהושע)의 이름의 뜻은 "여호와가 구원하였다"(YHWH saves)이다.[22] 그의 원래 이름은 호세아(הושע)였는데, 모세가 그의 이름을 여호수아로 바꾸었다(민 13:8, 16, 신 32:44). 여호수아의 조상에 대해서는 눈의 아들 여호수아(יהושע בן נון)라는 표현이 전부이며, 그의 아버지 눈에 대한 어떠한 정보도 등장하지 않는다. 단지 여호수아 24:29-30에서 여호수아가 죽은 후 에브라임 산지의 딤낫 세라에 장사되었다는 기록을 통하여 그가 에브라임 지파 사람이었음을 알 수 있다.

구약성서 전체를 통해서 여호수아는 모세의 후계자이며(1:1-9), 이스라엘 민족의 위대한 지도자 그리고 율법을 수여한 사람으로 기록되어 있다. 뿐만 아니라 여호수아 22-24장에 의하면 그는 모세처럼 웅변을 잘하는 사람으로 묘사되어 있다. 여호수아서 첫 부분에서 여호수아는 모세의 조력자로 기록되어 있다(1:1). 그러나 여호수아 24:29에서 여호수아는 여호와의 종(servant of YHWH)으로 불린다. 이러한 사실을 통하여 여호수아는 모세에 상응하는 후계자였음을 알 수 있다.

22) 여호수아는 70인역에서 예수스(’Iησοῦ)로 번역되었고, 신약성서에서도 예수스로 기록되어 있다(행 7:45, 히 4:8).

여호수아서의 문학적 특징

신명기 역사서 가운데 한 권인 여호수아서는 언어나 주제 그리고 형식에 있어서 신명기서의 문학양식과 매우 유사하다. 여호수아서 역시 산문과 운문의 형식으로 기록되어 있다. 산문 가운데 이야기(narrative) 형식은 주로 역사적인 사건들을 묘사하는데 사용되었다. 특히 요단을 건너는 사건(1:1-5:12)과 여리고와 아이를 정복하는 이야기(5:13-8:35)는 문학적 구성이 완벽한 이야기의 형태를 띠고 있다.

산문 가운데 가장 두드러진 형식은 목록(list)이다. 여호수아 13:1-21:43은 구약성서의 그 어느 책보다도 수많은 목록이 기록되어 있다. 그러나 여호수아서의 목록은 대체로 지파에 속한 도시의 목록이나 경계에 대한 기록 그리고 특정 주제에 속한 도시 목록이 대표적이다. 뿐만 아니라 이스라엘 사람들이 기브온 사람들과 조약을 체결하는 것에 관한 기록(24:1-28)에서는 조약의 형식도 발견된다.

운문은 주로 여호수아 22-24장의 여호수아의 연설에서 발견된다.

여호수아서의 저작

탈무드의 전통에 의하면 여호수아가 여호수아서를 기록하였다고 적고 있다(BB 14b).[23] 그러나 여호수아서에서 여호수아가 이 책을 기록했다는 기록은 없다. 여호수아 24:26에 하나님의 가르침을 여호수아가 썼다고

23) 탈무드에서는 여호수아서에 기록된 여호수아의 죽음은 아론의 아들 엘르아살(수 24:33)에 의하여 기록되었으며, 엘르아살의 죽음에 관해서는 엘르아살의 아들 비느하살이 기록하였다고 말한다. M.H. Woudstra, *The Book of Joshua*, p. 5.

기록하고 있지만, 이 구절은 여호수아가 여호수아서 전체를 기록했다는 것이 아니라 여호수아 24장의 언약 부분을 기록했다는 것을 뜻한다.

여호수아서의 저작과 연대에 대해서는 학자들 사이의 많은 이견이 있다. 유대인의 전통에 의하면(Rashi, David Kimhi, Gershom) 여호수아서는 여호수아 시대에 기록되었으며, 단 지파가 북쪽으로 이동한 이야기(수 19:47)나 갈렙과 옷니엘의 정복기사(15:14-19)와 같은 부분은 후세대에 의하여 첨가되었다고 주장한다.

그러나 아브라바넬(Isaac Abrabanel, 1437-1508년)은 이러한 주장에 반대한다. 왜냐하면 여호수아서 전반에 거쳐 등장하는 "오늘날까지"(수 4:9, 5:9, 7:26, 8:28, 9:27 13:13, 14:14 15:63 등)는 사건의 발생 시간과 기록 시기 사이의 시간적인 차이를 나타내주기 때문이다. 더욱이 아브라바넬은 여호수아 10:13에 등장하는 야살의 책은 여호수아서가 후기에 기록되었음을 보여 주장한다. 왜냐하면 야살의 책에는 사울과 요나단을 위한 다윗의 애가가 기록되어 있기 때문이다(삼하 1:18). 이러한 이유로 아브라바넬은 여호수아서의 저자가 아마도 사무엘일 것이라고 주장한다.

벨하우젠의 문서설이 등장한 이래, 여호수아서에도 오경의 네 문서가 등장하느냐 그렇지 않느냐에 대한 학자들의 견해는 매우 다양하다. 고프(Beatrice Goff)는 여호수아가 가나안을 정복하는 야웨 문서(J)의 부분을 잊어버렸다고 주장한다. 그러나 이와 반대로 루돌프(W. Rudolph)는 여호수아서 처음 12장은 야웨 문서에 속한다고 주장한다. 뿐만 아니라 많은 학자들은 여호수아 13-22장에 대하여 제사장문서에 속하는 것으로 생각한다.[24] 알트(A. Alt)와 노트(M. Noth)는 여호수아서의 전반부는 주전 900여 년 경에 편집되었으며, 두 번째 부분은 다시 두 가지 지리적 내용으로 나눌 수 있는데, 이들은 사사 시대와 요시야 시대에 각각 편집되었고, 이 둘

24) R.K. Harrison, *Introduction to the Old Testament*, p. 668.

은 유다 왕국이 멸망하기 전에 하나의 작품으로 편집되었다고 주장한다.[25] 바벨론 포로 시대에 신명기 사가가 이 개별적인 자료를 서로 결합하였으며 여기에 역사적인 틀을 덧붙였다고 주장한다. 뿐만 아니라 제사장자료(P)로부터 몇몇 부분을 첨가하였다고 주장하였다.[26] 일부의 학자들은 여호수아서를 앞의 오경에 포함시켜 창세기에 등장하는 땅에 대한 축복이 여호수아서에서 성취되었다고 봄으로써 육경설(Hexateuch)을 주장하기도 한다.[27]

코이프만(Y. Kaufmann)은 이러한 가설에 대하여 동의하지 않는다. 오히려 그는 여호수아서가 오래된 것으로 통일성을 가지고 있다고 주장한다. 그에 의하면 여호수아서는 가나안 정복과 정착에 관하여 정확하게 기록하고 있으며, 이 사건이 있은 직후 이것을 기록하였다고 주장한다. 지리적 정보를 제공하는 부분에서 일부분은 실제적인 기록이고 또 일부분은 유토피아(Utopia)적인 이상을 기록하고 있다고 보았다.[28]

여호수아서의 구조 및 내용

여호수아서의 구조

여호수아서는 일반적으로 세 부분으로 나눌 수 있다. 1-12장의 가나안 정복 이야기, 13-21장의 지파에 따른 가나안 땅 분할과 도피성 및 레위인

25) M. Noth, *Das Buch Josua*, (Tuebingen, 1953), pp. 7-17.

26) J. Wellhausen, *Die Composition des Hexateuchs und der historischen Bücher des Alten Testamentum*, (Berlin, 1889); S.R. *Driver, Introduction to Literature of Old Testament*, p. 96.

27) G. von Rad, "The Form-Critical Problem of the Hexateuch," 1-78.

28) Y. Kaufmann, *Biblical Account of the Conquest of Palestine*, (Jerusalem: Magnes, 1953), p. 13.

의 도시 분배의 이야기 그리고 마지막으로 22-24장의 동쪽에 거주하는 지파들과 세겜에서 조약을 맺는 것 등이다.

특히, 13-21장의 영토 분배에 관한 이야기의 구조는 여호수아서를 기록 혹은 편집한 사람의 신학적 의도가 무엇인지 분명히 나타낸다. 지파별 영토 분배는 지파별 경계 도시 목록과 그 지파에 속한 도시 목록으로 구성된다. 지파별 경계는 동서남북으로 나누어 기술하고 있으며, 지파의 배열 순서는 유다 - 에브라임 - 므낫세 - 베냐민과 나머지 지파 순으로 기록함으로써 남 유다 중심적인 기록임을 알 수 있다. 지파별 경계가 기록된 지파는 유다 지파(15:1-12), 요셉의 집(16:1-3), 에브라임 지파(16:5-8), 므낫세 지파(17:7-10), 베냐민 지파(18:12-20), 스블론 지파(19:10-14), 아셀 지파(19:25-29) 그리고 납달리 지파(19:33-34) 등이다. 그러나 시므온, 잇사갈, 단 그리고 요단 동편의 지파에 대해서는 경계가 기록되지 않았다. 여호수아 20장에는 6개의 도피성이 기록되어 있는데, 세 군데는 요단 동편에 그리고 나머지 세 군데는 요단 건너편에 있다. 21장의 레위인의 도시는 모두 48개로 기본적으로 각 지파별로 네 도시씩 배정되었다. 그러나 유다와 시므온 지파를 합하여 아홉 도시가 기록되어 있으며, 납달리 지파에 세 도시가 기록되어 있고, 나머지 지파는 각 네 도시씩 기록되어 있다.[29)]

여호수아서의 내용

여호수아서는 앞에서 살펴본 바와 같이 크게 세 부분으로 나눌 수 있고, 각 부분을 다음과 같이 자세히 세분할 수 있다.

29) 김영진, 『히스토리아: 역사서 연구』, pp. 79-81.

1:1-12:24	**가나안 정복**
1:1-5:12	요단을 건넘
5:13-8:35	여리고와 아이를 정복함
9:1-10:27	가나안 남부-중앙 지역 정복
10:28-43	남쪽 지역을 정복함
11:1-5	북쪽 지역을 정복함
11:16-12:24	정복에 대한 요약
13:1-21:43	**땅을 나눔**
13:1-6	정복하지 못하고 남은 땅
13:7-33	요단 동편 지파들의 기업
14:1-19:51	가나안 땅을 나눔
20:1-9	도피성
21:1-43	레위인의 도시
22:1-24:33	**요단 동편 지파와 언약 체결과 여호수아의 말년**
22:1-34	요단 동편 지파와 언약 체결
23:1-24:33	여호수아의 말년
23:1-16	여호수아의 마지막 설교
24:1-28	세겜에서 언약을 맺음
24:29-31	여호수아의 죽음과 매장
24:32-33	매장에 관한 두 전승−요셉은 세겜에, 엘르아살은 받은 산에 묻힘

여호수아서의 내용을 구체적으로 살펴보면 다음과 같다.

가나안 정복(1-12장)

여호수아 1:1-9는 약속의 땅에 들어갈 준비를 하는 것으로 모세오경을 계속해서 잇고 있다. 여호수아 1-12장에서 여호수아서의 저자는 여러 가지 다양한 전쟁에 관한 전승을 지리적-내용상의 유사점에 따라서 결합하였다. 이러한 시도의 목적은 이스라엘의 가나안 정복은 여호수아에 의한 하나의 독립적인 정복이었던 것으로 묘사하기 위함이었다.

대부분의 학자들은 전쟁에 관한 이야기는 원래 각 지파별로 개별적으로 벌어졌던 사건인데, 시간이 지남에 따라 여호수아에 의하여 이스라엘 전체 지파의 전쟁으로 연결되었다고 주장한다. 예를 들어 갈렙과 옷니엘에 의하여 점령된 헤브론과 드빌(수 15:13-19; 21:12-15)이 사사기 1:10-11에서는 유다에 의하여 점령된 것으로 그리고 여호수아 10:36-39에서는 여호수아와 이스라엘에 의하여 점령된 것으로 묘사되고 있다. 즉 한 지역의 정복에 대하여 여러 지파가 관련되어 있다.

라이트(G.E. Wright)는 고고학적, 지리학적으로 여호수아서에 기록된 지명을 연구한 결과 여호수아서의 전승들은 여호수아 시대와 밀접한 관련이 있음을 주장하였다.[30] 즉 각 도시들의 파괴가 여호수아 시대인 주전 13세기와 밀접한 관련이 있음을 설명하였지만, 개별적인 도시들이 어떤 지파에 의하여 점령당했는지, 아니면 이스라엘 전체에 의하여 점령되었는지는 밝힐 수 없다고 주장한다. 라이트에 의하면 각 도시의 파괴 연도를 정확히 밝힐 수도 없고, 또한 여호수아서를 기록한 저자 혹은 편집자가 지명을 논리적인 순서에 의하여 배열하였지만, 그것이 바로 그런 순서에 의하여 점령되었음을 의미하는 것은 아니라고 주장하였다.

올브라이트(W.F. Albright) 역시 고고학적인 측면에서 여호수아서의 역사

30) G.E. Wright, "Epic of Conquest," *BA* (1940), pp. 25-40.

성을 설명하였고, 기록된 지역의 점령에 관한 이야기는 각기 다른 지파의 이주와 관련 있음을 주장하였다.[31] 그러나 올브라이트는 여리고의 파괴 연대를 정확히 밝힐 수는 없지만, 도시가 기울기 시작한 것은 여호수아 시대 이전이었음을 밝혔다. 또한 올브라이트는 아이(Ai)의 발굴 결과에 문제점을 제기하였다. 발굴 결과에 의하면 아이는 여호수아가 점령하기 약 1,000여 년 전 이미 파괴되었기 때문이다. 따라서 올브라이트는 아이와 벧엘(Beth-el)에 관한 두 이야기가 서로 혼합된 것으로 보고 있다(수 8:17, 8:9, 12). 이에 대하여 빈센트(Vincent)는 벧엘 사람들이 일시적으로 아이의 파괴를 방어하였을 것으로 추정하였다. 또 다른 학자들은 아이는 일반적으로 생각하는 에트-텔(et-Tell)이 아니라고까지 주장하였다.

어떤 학자들은 여호수아서에 기록된 이야기는 땅의 특별한 목적을 나타내기 위하여 기록한 기원에 관한 이야기(legend)라고 주장한다. 이러한 것은 여호수아서에 많이 등장하는 "오늘까지 그대로 있더라"라는 구절에서 알 수 있다. 이러한 사실은 여호수아 4:9의 돌 열둘을 세웠다는 표현이라든가, 7:26의 아간의 돌무더기, 8:29의 돌무더기 등이 그렇다(참조 6:25, 8:2-8, 8:29, 9:27, 10:27 등). 알트와 노트는 이러한 이야기들은 모두 기원론적인 기록이며, 기브온 전쟁이나 메롬의 우물에 관한 이야기는 역사적 사건을 바탕으로 한 것으로 믿었다. 기브온 전쟁은 여호수아가 전체 전쟁의 주인공으로 묘사되었다.

남쪽의 도시인 라기스, 에그론, 막게다 등은 주전 13-12세기 초에 멸망하였음을 밝혔다. 뿐만 아니라 드빌과 헤브론도 거의 같은 시기에 갈렙과 그나스(Kenaz)에 의하여 점령되었다고 믿었다.

31) W.F. Albright, "Archaeology and the Date of the Hebrew Conquest of Palestine," *BASOR* 58 (1935), pp. 10-18.

지파별 영토 분할 및 도피성과 레위인의 도시(수 13-21장)

여호수아 13-21장은 구약성서 가운데 가장 많은 지리적인 자료를 제공해 주는 부분이다. 13-21장의 내용은 다음과 같다.

(1) 13:1-6	점령하지 못하고 남아있는 지역
(2) 13:7-32	갓과 르우벤 지파의 영토 분할(요단 동편 지역)
(3) 14장	개론적인 설명
(4) 15장	유다 지파의 땅 분할
(5) 16장	에브라임 지파의 땅 분할
(6) 17장	므낫세 지파의 영토 분할
17:1-4, 14-18	요셉 지파의 영토 분할
(7) 18-19장	나머지 일곱 지파의 영토 분할(실로에서 제비를 뽑음)
18:11-28	베냐민 지파
19:1-9	시므온 지파
19:10-16	스블론 지파
19:17-23	잇사갈 지파
19:24-31	아셀 지파
19:32-39	납달리 지파
19:40-48	단 지파
(8) 20장	도피성
(9) 21장	레위인의 도시

많은 학자들은 이러한 여호수아서 13-21장의 지리적 자료들은 다양한 시대적 배경을 가지고 있으며, 지파의 영토관을 나타내기 위하여 모아진 것으로 이해하였다.

13:1-6의 남은 땅은 지파들에게 땅을 분할하기 전에 개론적으로 기록된 것이다. 이스라엘이 점령하지 못한 땅은 애굽으로부터 에그론 북쪽까지의 모든 블레셋의 지역과 페니키아와 시돈의 해안 지역과 레바논과 레바논 계곡 지역에 위치하는 곳이다.

여호수아서에 기록된 지파의 경계 묘사에 대하여 알트는 이 기록들은 각기 다른 시대적 배경을 가지고 있는 것으로 지파의 경계에 관한 묘사와 지파에 속한 도시 목록으로 구성되어 있다. 특히 지파의 경계를 묘사하는데 있어서 지파 영토의 네 경계를 자세히 기록하고 있다. 이에 대하여 노트는 원래의 기록에는 지파의 경계 지역만 나열하였는데 후에 동사로 이것을 연결하여 문장으로 만들었다고 주장한다.

지파별 경계에 대하여 유다 지파의 경계(15:1-12), 요셉의 집(16:1-3), 에브라임 지파의 경계(16:5-8), 므낫세 지파(17:7-10), 베냐민 지파(18:12-20), 스불론 지파(19:10-14), 아셀 지파(19:25-29) 그리고 납달리 지파(19:33-34) 등이다. 그러나 시므온, 잇사갈, 단 그리고 요단 동편의 지파에 대해서는 경계가 기록되지 않았다. 따라서 노트는 잇사갈, 르우벤 그리고 갓 지파의 도시 목록은 원래는 이들 지파의 경계 목록이었다고 주장한다. 그러나 이러한 노트의 주장을 뒷받침할 만한 근거를 찾지 못하였다. 지파 영토 기록 방법을 통하여 여호수아서를 기록한 저자는 유다 지파 중심으로 역사를 기록하고 있음을 보여준다. 뿐만 아니라 유다 지파 다음에 요셉 가문이 에브라임, 므낫세 지파에 대하여 기록함으로써 남북 분열의 대립적인 정치적 상황을 반영하고 있다.

예루살렘이 아직 이스라엘 통치 밖에 있는 것으로 기록된 예루살렘 지역의 경계에 대한 묘사를 근거로 올브라이트와 다른 학자들은 이 목록들이 다윗 시대보다는 이른 시기에 기록되지는 않았다고 주장한다. 왜냐하면 예루살렘은 다윗에 의하여 정복되었기 때문이다(삼하 5:6-8).

알트는 15장의 유다 지파의 도시 목록은 유다 왕국의 12지역을 묘사한 것이라고 주장한다.[32] 그에 의하면 15장의 유다의 도시는 남쪽 지역, 낮은 지역, 중앙 산악 지역 그리고 광야 순으로 기록되었다. 뿐만 아니라 이 유다 지파의 도시 목록은 단 지파와 베냐민 지파의 도시 목록 그리고 베들레헴 지역이 첨가되었다. 따라서 알트는 이러한 목록은 유다가 영토를 확장한 시기에 기록한 것이라고 주장하여 주전 7세기 말 요시야 시대를 그 시대적 배경으로 제시한다.

그러나 크로스(F.M. Cross)와 라이트(G.E. Wright)는 단 지파의 영토가 이 유다 지파의 영토에 포함되는 것에 대하여 반대한다. 뿐만 아니라 크로스와 라이트는 이 목록이 아마도 여호사밧 시대를 배경으로 기록되었을 것으로 생각한다.[33] 왜냐하면 이 목록에 벧엘이 포함되는데 이 벧엘은 여호사밧의 할아버지인 아비야에 의하여 점령되기 때문이다(대하 13:19). 이때부터 유다와 이스라엘의 영토는 자주 변경되며 대체로 베냐민 지파의 북쪽은 이스라엘에 그리고 베냐민 지파의 남쪽 지역은 유다에 속한 것으로 생각한다. 따라서 이 유다 지파의 목록은 여호사밧 시대이거나 혹은 웃시야 시대로 생각한다. 또한 알트는 몇 지파의 도시 목록이 없는 것에 대해서는 이것은 갈릴리 지역의 지파들이 아시리아의 므깃도 속주에 속했었기 때문이라고 주장한다. 마자르(B. Mazar)는 초기에 이 도시 목록을 여호사밧 시대의 시대 상황을 반영하는 것으로 생각하였으나, 엔게디 발굴 후 자신의 입장을 완전히 바꾸었으며, 보다 후기의 연대를 지지한다.[34] 아

32) A. Alt, "Judas Gaue unter Josia," *PJB* 21 (1925), pp. 100-116.

33) F.M. Cross and G.E. Wright, "The Boundary and Province Lists of the Kingdom of Judah," *JBL* 75 (1956), pp. 202-226.

34) 마자르(B. Mazar)는 처음에는 자신이 여호사밧 통치기의 것으로 보았던 유다 성읍 목록과 요시야 시기의 것으로 보았던 베냐민의 성읍 목록을 구분했다(Maisler Mazar 1944; 1950). 이후에 그는 두 개의 성읍 목록들이 여호사밧 통치기에 작성된 것으로 간주했다(1958). Tel Goren(엔게디)의 발굴을 지휘한 후에, 그는 또다시 이 목록들의 연대에 대한 자신의 입장을 변경했다(1967). B. Maisler, "Topographical Studies III: The Hill of God," *BJPES* 10 (1944), pp. 73-75 (Hebrew); idem, "Eretz

하로니(Y. Aharoni) 역시 구획들의 초기 분배는 여호사밧 치하에서 이루어졌으나 목록의 현재 모습(수 18:21-24을 제외하고)은 웃시야 통치기의 상황을 반영한다고 주장한다.[35] 슝크(K.D. Schunck)는 목록의 연대를 웃시야 시기의 것으로 보지만 여호수아 18:21-24와 19:41-46에 나오는 목록들은 요시야 시대의 첨가로 본다.[36] 칼라이(Z. Kallai)는 베냐민의 성읍 목록을 아비야 통치기의 것으로 간주하는데(Kallai 1960; 1986), 그의 견해는 갈릴(G. Galil)[37]에 의하여 받아들여지고 있다.

20장에는 도피성이 기록되어 있다. 6개의 도피성 가운데 세 군데는 요단 동편에 세 군데는 요단 건너편에 있다. 그런데 이 도피성 제도가 언제 생겼는가에 대하여 학자들의 이견이 많다. 많은 학자들은 요시야 시대나 혹은 바벨론 포로 시대로 보기도 하지만 코이프만은 사사 시대에 생긴 것이라고 주장한다.

21장에는 48개의 레위인들의 도시가 기록되어 있으며, 이 기록은 역대상 6:54-81에도 기록되어 있다. 그러나 이 두 기록 사이에는 차이점이 발견된다. 여호수아 21장에는 모두 48개의 도시가 기록되어 있지만 역대상 6:54-81에는 42개 도시만 기록되어 있다. 여호수아서의 윳다(Juttah), 기브온(Gibeon), 깁사임(Kibzaim), 엘드게(Eltekeh), 깁브돈(Gibbethon), 욕느암(Jokneam), 나할랄(Nahalal) 등이 역대상 6장에는 생략되어 있다. 반대로 역대상 6장에 기록된 욕므암(Jokmeam)이 여호수아 21장에는 기록되어 있지 않다. 이 레위인의 도시 목록의 연대에 대한 학자들의 주장이 다양하다.[38]

Israel," *Encyclopedia Miqrait* Vol. 1, cols. 667-741 (Hebrew); idem, "En-Gedi," *Archaeology and Old Testament Study*, D.W. Thomas Ed., Oxford, 1967, pp. 223-230.

35) Y. Aharoni, *The Land of the Bible: A Historical Geography*, pp. 268-272.

36) K.D. Schunck, "Bemerkungen zur Ortsliste von Benjamin (Jos. 18, 21-28)," *ZDPV* 78 (1962), pp. 143-158, esp. 143-145; idem, *Benjamin: Untersuchungen zur Entstehung und Geschichte eines israelitichen Stammes*, Berlin, 1963, pp. 153-168.

37) G. Galil, "The Administrative Districts of the Judean Hill Area," *Zion* 49 (1984), pp. 205-224; idem, "The Land of Dan," *Tarbiz* 54 (1985), pp. 1-19 (Hebrew).

올브라이트(W.F. Albright)와 그를 추종하는 자들은 이 도시 목록이 통일 왕국 시대의 것임을 주장하였다.[39] 나아만(N. Na'aman)은 요시아 시대의 것으로 역사성은 없다고 주장한다.[40] 코이프만 역시 이 레위인들의 도시 목록은 제사장문서에 속하는 것으로 보았다.[41]

여호수아 22-24장: 결론

여호수아 22장은 요단 동편에 제단을 만들려는 요단 동편 사람들과의 계약 체결에 대하여 기록하고 있다. 여호수아 23장은 여호수아의 마지막 연설이 기록되어 있고, 마지막으로 24장은 여호수아의 죽음과 제사장 에르아살(Eleazar)의 죽음 그리고 요셉의 뼈를 세겜에 묻는 것을 기록하고 있다(24:29-33).

여호수아 22-24장의 자료 구성을 살펴보면, 22:1-8은 신명기자료(D)를 근거로 한 것으로 귀환 시대에 요단 동편 사람들이 제단을 쌓으려고 할 때의 모습과 연관되어 있다. 그러나 22:9-34는 제사장문서(P)에 속한다. 따라서 여호수아 22장은 이스라엘의 제의가 통일되지 않았던 시대에 일어났던 것으로 보인다.

38) Kim Young-Jin, "Comparative Studies on the Levitical and Priestly Cities in Josh. 21:13-42 and 1 Chr. 6:54-81," *Yonsei Journal of Theology* 5 (2000), pp. 177-191.

39) W.F. Albright, "The List of Levitical Cities," *Louis Ginzberg Jubilee Volume*, New York, 1945, pp. 49-73; B. Mazar, "The Cities of the Priests and Levites," *Biblical Israel: State and People* (Jerusalem: Israel Exploration Society, 1992), pp. 135-145; M. Haran, "Studies in the Account of the Levitical Cities," *JBL* 80 (1961), pp. 45-54, 156-165.

40) N. Na'aman, *Borders &Districts in Biblical Historiography*, Jerusalem, 1986, p. 236; idem, "A New Look at the List of Levitic Cities," *Zion* 47 (1982), pp. 237-252 (Hebrew). 벨하우젠 역시 이러한 레위인의 도시 목록은 이상적인 영토관을 묘사하는 것으로 보아 역사성을 부정하였다. 그러나 하란은 이러한 벨하우젠의 주장을 반박하고, 레위인의 도시 목록의 역사성을 주장한다. J. Wellhausen, *Prolegomena to the History of Ancient Israel*, New York, 1878 (Eng. edition 1957); M. Haran, "Studies in the Account of the Levitical Cities," *JBL* 80 (1961), pp. 45-54, 156-165.

41) Y. Kaufmann, *The Biblical Account of the Conquest of Canaan*, pp. 65-71, esp. 68-69.

여호수아서 기술의 특징

여호수아서는 신명기 사가의 역사 가운데 일부이다. 따라서 여호수아서에는 신명기 역사가의 신학과 이데올로기가 내포되어 있는 것은 당연하다. 신명기 사가는 유다 지파와 다윗 왕조를 중심으로 역사를 기술하였다. 이러한 사실은 신명기 역사가가 요단 서편지역의 영토 분배에 관하여 기록하고 있는 여호수아 15-19장을 살펴보면 더욱 분명하게 드러날 뿐만 아니라 신명기 사가의 신학적 의도 및 역사 서술의 구조를 파악할 수 있다. 신명기 사가가 요단 서편 지역의 땅 분배를 기록할 때 이중 구조를 채택하였다. 즉 여호수아 15장과 16-17장에서는 유다 지파와 에브라임-므낫세 지파(요셉 가문)의 영토 분배를 기록하고 있다. 이어서 18-19장에서 베냐민 지파(18:11-28)와 시므온 지파(19:1-9)의 영토 분배를 기록하고 다음에 스불론(19:10-16), 잇사갈(19:17-23), 아셀(19:24-31), 납달리(19:32-39) 그리고 단(19:40-48) 지파의 순으로 기록하고 있다. 이러한 신명기 사가의 신학적 틀 속에는 남북 왕국의 분열을 전제하고 남 유다 중심적인 신학적 경향을 나타낸 것이다.[42]

신명기 사가는 역사 서술에 있어서 일차적 관심과 이차적 관심 분야로 나누어 서술하였다. 지파 배열의 서술 방식을 통하여 신명기 사가에게 있어서 가장 중요한 것은 유다 지파와 이와 대응하는 북쪽 지파는 에브라임-므낫세 지파이다. 2차적인 관심에 있어서도 남쪽의 시므온 지파에 관하여 기술한 다음 나머지 북쪽 지파에 대하여 언급한다. 신명기 사가의 신학적 경향을 표로 나타내면 다음과 같다.

42) 김영진, "신명기 사가의 역사 기록 방식," 「한국기독교 신학 논총」 31 (2004), pp. 9-26.

남 유다		북 이스라엘
유다 지파+베냐민 지파 (사사기 15장; 18:11-28)	1차적 관심 (도시 목록+경계 목록)	므낫세+에브라임 (사사기 16-17장)
시므온 지파 (사사기 19:1-9)	2차적 관심 (도시 목록)	스블론+잇사갈+아셀+ 납달리+단 (사사기 19:10-48)

신명기 사가가 남쪽 지파를 묘사할 때, 유다 지파는 지파의 영토 경계를 기록하고(수 15:1-11) 그 후에 도시 목록(수 15:20-63)을 기록하고 있다.[43] 또한 도시 목록을 기록하는데 있어서도 4구역, 12지역으로 나누어 기록하고 있다.[44] 이처럼 신명기 사가는 주된 관심이 되는 지역을 기록함에 있어서 나름대로 체계적인 구조를 가지고 사료를 구성하며, 상징적인 숫자인 12를 유지하고 있다. 이러한 사실은 여호수아 18:11-28의 베냐민 지파의 영토를 기록함에 있어서도 마찬가지이다. 여호수아 18:11-20에서 베냐민 지파의 경계를 묘사하고, 여호수아 18:21-28에서는 베냐민 지파의 성읍 명단을 기록하고 있다.[45] 그러나 시므온 지파에 대해서는 영토의 경계 없이 단지 도시 목록만 기록하고 있다(수 19:2-9).

신명기 사가가 북쪽 지파들의 영토를 묘사하는 방식은 남쪽 지파에 대한 묘사와 차이점을 나타낸다. 뿐만 아니라 같은 북쪽 지파에 대한 묘사에 있어서도 에브라임과 므낫세 지파와 나머지 북쪽 여섯 지파의 영토기록 방식의 차이를 발견할 수 있다. 여호수아 16:1-3에서 요셉 지파의 경

43) T.C. Butler, *Joshua*, Word Biblical Commentary (Texas: Word Books, 1983), p. 188. 버틀러는 여호수아 15장에서 유다 지파를 먼저 기록한 것은 여호수아서 편집자의 정치적 우선순위를 나타내는 것이라고 주장한다.

44) S. Aḥituv, *Joshua: Introduction and Commentary* (Tel Aviv: The Magnes Press, 1995), p. 252 (Hebrew).

45) N. Na'aman, Borders and Districts *in Biblical Historiography*, (Jerusalem: Simon, 1986), pp. 75-117; idem, "The Kingdom of Judah under Josiah," *Tel Aviv* 18 (1991), pp. 3-71을 참조하시오.

계를 묘사하고 더 나아가 에브라임 지파의 영토 경계를 여호수아 16:5-10에 기록하고 있다. 또한 므낫세 지파의 경계는 여호수아 17:7-10에 기록하고 있다. 므낫세 지파의 도시 목록은 여호수아 17:2-6에 기록하고 있다. 그러나 에브라임 지파의 도시 목록은 기록되어 있지 않으며 간단한 경계만 기록되어 있다. 북쪽의 나머지 여섯 지파는 지파 간 경계에 대한 언급 없이 단지 도시 목록만 기록되어 있다.

신명기 사가는 이스라엘의 가나안 정착 과정을 기록하면서 자신의 주된 관심인 유다와 베냐민 지파를 중심으로 기록하였다. 따라서 이 두 지파에 대해서는 영토 경계 및 도시 목록이 함께 기록되어 있다. 그러나 남쪽 지파 가운데 부차적인 관심인 시므온 지파에 대해서는 단지 도시 목록만 기록하고 있다. 마찬가지로 북쪽 지파를 기록할 때도 므낫세를 중심으로 기록하여 도시 목록과 영토 경계를 함께 기록하고 있다 그러나 나머지 여섯 지파에 대해서는 단순히 도시 목록만 기록하고 있다. 따라서 신명기 사가에 있어서 영토의 경계 및 도시 목록을 함께 기록하는 것이 온전한 영토를 표시하는 방법이며, 자신의 신학적 관점에서 중요하지 않은 지파에 대해서는 단순히 도시 목록만 제시하였다.

이러한 신명기 사가의 이중적인 기록 방식을 통하여 신명기 사가에게 있어서 남쪽 지파 가운데서는 유다와 베냐민 지파가 가장 중요하며, 이 가운데서도 유다 지파를 더 중요하게 여겼다. 또한 북쪽 지파에 대해서는 에브라임과 므낫세 지파 그 가운데서도 므낫세 지파에 초점을 맞추고 있다.[46]

46) 버틀러(Butler)는 여호수아 17장의 요셉가문의 영토 분배에 있어서 므낫세 지파의 영토가 에브라임 지파의 영토 다음에 기록된 것은 사사 시대에 에브라임의 지도권을 반영하는 것이라고 주장한다. T.C. Butler, *Joshua*, p. 191.

이스라엘의 정착에 관한 이론 및 문제점

여호수아서의 기록에 의하면 이스라엘 역사를 연구할 때 가장 큰 문제가 되는 것은 이스라엘의 가나안 정착에 관한 것이다. 최근 고고학의 발달로 고대 이스라엘 백성들의 가나안 정착 과정에 관한 다양한 의견이 등장하였다.

이스라엘 백성은 어떻게 가나안에 정착했는가? 구약성서의 기록대로인가 아니면 달리 해석할 수 있는가? 이러한 질문에 대하여 지금까지 학자들은 가나안 정착 과정에 대하여 크게 세 가지 가설로 설명한다.[47] 첫째, 이스라엘 전반에 걸친 정복전쟁에 의한 정착을 설명한다(W.F. Albright).[48] 이들은 여호수아서에 기록된 내용은 역사적 정확성을 가진 것으로 이해하였다. 이들은 여호수아 1-12장을 근거로 이스라엘의 이스라엘 정착은 일시적인 군사적인 정복의 방법을 통해서라고 설명한다. 특히 정복설을 지지해줄 수 있는 기록은 여호수아 10:40이다. "이와 같이 여호수아가 그 온 땅 곧 산지와 네겝과 평지와 경사지와 그 모든 왕을 쳐서 하나도 남기지 아니하고 호흡이 있는 자는 다 진멸하여 바쳤으니 이스라엘의 하나님 여호와께서 명령하신 것과 같았더라"는 기록은 정복설을 지지하는 성서적 근거이다. 그러나 이러한 정복에 관한 설명은 사사기 1장(삿 1:27-36)에 정복하지 못하고 가나안 사람들이 살고 있는 땅의 목록이 등장함으로 설득력을 잃고 있다.

그 뿐만 아니라 여호수아서에 기록된 여리고, 아이 등에서 이 도시들이 이스라엘의 가나안 정착 당시인 주전 13세기 말에 파괴되었다는 흔적

47) 김영진, 『이스라엘 역사』, pp. 157-160.
48) W.F. Albright, "Archaeology and the Date of the Hebrew Conquest of Palestine," *BASOR* 58 (1935), pp. 10-18.

을 찾을 수 없다. 따라서 이러한 문제점을 보완하여 이스라엘의 가나안 정착은 단기간에 일어난 사건이 아니라, 오랜 기간에 걸친 점차적인 정착(Peaceful Infiltration)이었다고 설명한다(A. Alt).[49] 알트에 의하면 이스라엘 백성이 가나안에 정착한 것은 군사적인 행동에 의한 것이 아니라 평화적인 정착에 의한 것이라고 주장한다. 즉 주전 13세기 이스라엘 백성이 가나안에 정착할 때는 평화적인 정착이었으나, 사사 시대 말 혹은 왕국 초기 시대인 주전 11세기에 2차적으로 영토를 확장할 때 무력을 사용하였다고 주장한다. 이들에 의하면 개별적인 지파가 나름대로 정착한 이후 국가형태로 결합되었다고 설명한다. 이러한 주장은 알트의 제자인 마틴 노트(M. Noth)와 바이퍼트(M. Weippert)등이 지지한다. 특히 노트는 개별적인 지파를 연합시켜주는 세겜과 실로와 같은 중앙성소에 의한 지파동맹인 암픽티오니(Amphictyony) 이론을 주창한다.

그러나 이러한 주장의 문제점은 이스라엘 백성을 오늘날 베두인과 같이 추수를 마치고 고지로 이동하는 유목민으로 규정했다는 점이다. 그러나 구약성서의 기록을 통하여 이처럼 이스라엘 백성들이 이동했다는 근거를 찾기 어렵다. 뿐만 아니라 이 이론은 여호수아서에 기록된 내용을 설명할 방법이 없다.

셋째는 사회학적인 설명으로 농민 반란설을 주장한다(G.E. Mendenhall, N. Gottwald).[50] 농민 반란설이란 이스라엘의 탄생이 팔레스틴 외부로부터 온 민족의 유입에 의한 것이 아니라, 가나안 통치세력에 대한 반란에 의하여 생겨났다는 주장이다. 따라서 이들은 알트가 주장하는 것과 같이 이스라엘 백성이 유목민이었다는 가정을 반박한다. 멘덴홀에 의하면 이

49) A. Alt, *Die Landnahme der Israeliten in Palstina*, 1925 (=trans. *Essays on Old Testament History and Religion*, Oxford: 1966, pp. 135-169).

50) G.E. Mendenhall, "The Hebrew Conquest of Palestine," *BA* 25 (1962), pp. 66-87; N.K. Gottwald, *The Tribes of Yahweh*, (Maryknoll: Orbis Books, 1979); 사사기 11:3, 사무엘하 22:1.

러한 히브리인을 중심으로 한 농민의 반란은 곧 가나안의 도시사회와 히브리인들의 농촌사회 간의 대립이라고 본다.

이러한 성서를 근거로 한 학설은 오늘날 연구자들에게 이스라엘의 가나안 정복이 단시간의 정복전(征服戰)에 의한 것인가, 아니면 점진적인 이주인가? 하는 근본적인 질문을 남겨준다. 그러나 성서 고고학의 연구 범위가 넓어져 감에 따라 이에 대한 새로운 관찰이 가능해진다.[51)]

여호수아서의 신학적 주제

여호수아서를 통하여 신명기 역사가는 몇 가지 신학적 주제를 제시하고 있다. 여호수아서에서 가장 강조되는 것은 약속과 성취이다. 하나님께서 아브라함에게 가나안 땅을 이스라엘 후손들에 주시겠다고 약속하였다. 이러한 약속이 여호수아서의 가나안 점령을 통하여 성취되었다. 이러한 약속과 성취의 개념은 이스라엘의 신앙에서 큰 역할을 차지하고 있다. 여호수아서 21:43-44에 의하면 약속과 성취의 신학적 개념이 다음과 같이 기록되어 있다.

여호수아 21장 43-44절

43 여호와께서 이스라엘의 열조에게 맹세하사 주마 하신 온 땅을 이와 같이
이스라엘에게 다 주셨으므로 그들이 그것을 얻어 거기 거하였으며 44 여호
와께서 그들의 사방에 안식을 주셨으되 그 열조에게 맹세하신대로 하셨으므로 그 모든 대적이 그들을 당한 자가 하나도 없었으니 이는 여호와께서 그들의 모든 대적을 그들의 손에 붙이셨음이라

51) 김영진, 『이스라엘 역사』, pp. 160-165.

이처럼 하나님께서 이스라엘 백성들에게 하신 언약을 지키심으로 하나님과 이스라엘 사이의 언약의 관계가 성립되었다. 이처럼 하나님의 언약의 성취로 얻은 땅을 이스라엘 백성들이 잘 지키기 위해서는 무엇보다도 하나님과의 약속에 대하여 성실해야만 했다. 따라서 예언자들은 이스라엘이 우상숭배에 빠져 있을 때, 만약 회개하지 않는다면 하나님이 언약의 성취로 주신 약속의 땅에서 쫓겨 날 것이라고 선포하였다. 하나님의 약속과 성취라는 관점에서 폰라트(G. von Rad)는 육경설을 주장하기도 한다.

둘째, 앞의 약속과 성취라는 것과 관련하여 여호수아서에서는 땅은 하나님이 이스라엘에게 선물로 주시는 것임을 강조한다. 즉 토지의 소유권이 하나님에게 있음을 보여준다. 따라서 하나님께서 이스라엘에게 가나안 땅을 허락하심으로써 정복할 수 있었다. 그러므로 실제적으로 이스라엘은 가나안 땅을 무력으로 점령한 것이 아니다. 여리고 전투에서도 전쟁을 행하지 않고 성벽이 무너짐으로 가나안을 정복하였는데, 이 사건의 목적은 이스라엘에게 토지의 소유자는 하나님이시기 때문에 하나님이 선물로 수여하는 것이지, 이스라엘이 무력으로 점령하는 것이 아님을 강조하고 있다.

셋째는 하나님 백성의 안식이다. 이집트 종살이에서 해방되어 광야를 떠돌다 가나안 복지에 정착함으로써 비로소 안식을 찾을 수 있었다. 이러한 생각을 바탕으로 미래의 소망과 축복 개념이 발전하게 되었다.

|여호수아 참고문헌|

Albright, W.F., *The Biblical Period from Abraham to Ezra*, New York: Harper & Row, 1949; rev. ed. 1963.

Amit, Y., *The Book of Judges: The Art of Editing*, BibInt series 38, Leiden: Brill, 1999(Hebrew original, 1992).

Auld, A. G., *Joshua, Moses and the Land*, Edinburgh: T & T Clark, 1980.

Bimson, J. J., *Redating the Exodus and Conquest*, JSOTSup. 5, Sheffield: University of Sheffield, 1978.

Boling, R. G. and Wright G. E., *Joshua*, Anchor Bible, Garden City: Doubleday, 1982.

Bright, A., *The Interperter's Bible*, Nashville, 1953; Butler, T. C., Joshua, WBC, Waco: Word, 1983.

Craigie, P. *The Problem of War in the Old Testament*, Grand Rapids: Eerdmans, 1978.

Fritz, V., *Das Buch Josua*, HAT I/7, Tübingen: Mohr, 1994.

Gottwald, N. K., *The Tribes of Yahweh: A Sociology of the Religion of Liberated Israel, 1250-1050 B. C. E.*, Maryknoll: Orbis Books, 1979.

Gray, J., *Joshua*, New Century Bible, London, 1967.

Hawk, L.D., *Every Promise Fulfilled: Contesting Plots in Joshua*, Louisville: Westminster/ John Knox Press, 1991.

Jepsen, A., *Die Quellen des Königbuches*, Halle, 1953.

Lind, M., *Yahweh is a Warrior: The Theology of Warfare in Ancient Israel*, Scottsdale: Herald Press, 1980.

Mendenhall, G.E., "The Hebrew Conquest of Palestine," *Biblical Archaeologist* 25, 66-87. Reprinted in *Biblical Archaeologist Reader* 3(1970): 100-120.

Miller, P., *The Divine Warrior in Early Israel*, Cambridge: Harvard University Press, 1973.

Nelson, R.D., *Joshua*, OTL, Louisville: Westminster John Knox, 1997.

Niditch, S., *War in the Hebrew Bible: A Study in the Ethics of Violence*, New York: Orbis Books, 1992.

Noth, M., *Josua, Handbuch zum Alten Testament*, Tübingen, 1953; *The History of Israel*, rev. ed. New York: Harper & Brothers, 1960.

Soggin, J. A., *Joshua*, OTL, SCM, 1972.

Tucker, G. M., *Joshua*, Cambridge Commentary on New English Bible,

1974.
Van Seters, J., "Joshua's Campaign of Canaan and Near Eastern Historiography,' *Scandinavian Journal of the Old Testament* 4. 2(1990), 1-12.
Weippert, M., *The Settlement of the Israelite Tribes in Palestine: A Critical Survey of Recent Scholarly Debate*, Studies in Biblical Theology, 2nd Series, 21, London: SCM Press, 1971.
Wright, G. E., *Biblical Archaeology*, rev. ed. Philadelphia: Westminster, 1962.

사사기

구약성서의 일곱 번째 책이며, 전기 예언서의 두 번째 책인 사사기는 여호수아가 죽은 후부터 왕국이 형성되어 왕이 통치하기 전까지의 카리스마적인 지도자인 사사들의 이야기가 기록되는 데서 사사기란 책 이름이 생겨났다.[52]

사사(쇼페트 שׁוֹפֵט)는 단순한 법률적인 의미의 재판관이 아니라, 외적이 쳐들어 왔을 때 이스라엘을 구한 하나님의 영이 임한 이스라엘 지파의 지도자로서의 역할을 감당하였다. 드보라의 경우에서 사사의 재판관적인 기능을 짐작할 수 있다(삿 4:4).

초기 이스라엘 역사에 대해서는 학자들 사이에 이견이 많다. 사사 시대에 관한 유일한 자료인 구약성서는 다른 자료를 통하여 이것의 정확성을 점검할 수 없다. 사사 시대의 역사적 재구성은 전적으로 구약성서의 기록에 의지할 수밖에 없다. 따라서 이 시대의 역사에 있어서 가장 큰 문제는 증거의 문제가 아니라, 그 증거의 가치에 관한 것이다.

책 이름이 사사기(judges)로 불리는 것은 책의 주인공들이 사사라는 직책을 가지고 있었기 때문이다. 히브리어 성경에서는 쇼프팀(שׁוֹפְטִים šōftîm)으

52) 사사기 부분은 김영진, 『이스라엘의 구원자 야웨』, pp. 15-40을 발췌한 것임.

로 불리며, 오리겐은 사파타임(safateim), 제롬은 소프팀(sophtim)으로 번역하였다. 칠십인역에서는 톤 크리톤(τὸν Κριτὸν)으로 그리고 라틴 역에서 liber Iudicum 혹은 Iudicum으로 번역되었다. 영어 이름 judges는 라틴어 이름에서 유래되었다. 사사기는 모두 21장, 618절로 구성되어 있다.

사사기의 저자는 누구인가?

사사기를 누가 기록하였는가 하는 것은 매우 어려운 질문이다. 이에 대하여 유대인들의 전통에 의하면 사사기와 사무엘서는 사무엘에 의하여 기록 혹은 편집되었다고 설명한다. 탈무드에 의하면 사무엘이 사사 시대의 전승들을 모았으며, 사무엘이 죽은 후 갓(Gad)이나 나단(Nathan) 같은 예언자들이 책의 편집을 도왔다는 설명이다(대상 29:29 참조). 그러나 사사기의 저자에 관한 질문에 대한 학자들의 설명은 다음과 같다. 신명기부터 열왕기서까지의 역사가 비슷한 사관에 의하여 기록되었으며, 이들을 신명기 사가라고 부른다. 따라서 신명기 사가, 혹은 신명기 사가라고 부른다. 그러나 신명기 사가가 누구인가를 정확히 밝힐 수는 없다. 따라서 사사기는 신명기의 관점을 가진 어떤 사람 혹은 집단에 의하여 기록 혹은 편집되었다고 설명한다. 사사기에 빈번하게 언급되는 "그때에 이스라엘에는 왕이 없으므로"(삿 17:6, 18:1, 19:1 등)라는 표현은 신명기 사가의 전형적인 표현으로 왕국이 형성된 것을 전제한 표현이다.

사사기는 저자의 문제뿐만 아니라 사사기의 기록 시기에 관해서도 다양한 입장을 제시할 수 있다. 보수적인 학자들의 입장에서는 사사기에 아직 여부스족들이 예루살렘을 통치하고 있기 때문에(삿 1:21), 다윗이 예루살렘을 정복하기 전에 기록되었다고 주장한다. 그러나 사사기 17-21장의 이야기는 다윗 왕조 형성 이후의 사건의 흔적을 보여준다. 따라서 사사기는 다윗 왕조 형성 이후에 기록되었다고 주장하기도 한다. 그러나 학자들의 입장은 앞에서 언급했듯이, 사사기의 개별적인 이야기들은 오랜 전통과 역사를 가지고 있지만, 그러나 이것들이 한군데 모여서 오늘날 우리가 가지고 있는 사사기와 유사한 형태 혹은 사사들의 이야기가 어떤 형태로든 모여지기 시작한 것은 후기 시대 즉 신명기 사가가 역사를 편집할 당시로 생각한다.

사사기의 문학적 양식

사사기의 주된 문학 장르는 산문이며, 여기에 시적인 운문이 첨가되어 있다. 산문의 대표적인 형식은 사사 개개인의 이야기, 특히 기드온이나 삼손과 같은 사사들의 활동에 관한 설명에서 잘 짜인 문학적 구조를 가지고 있다. 사사기 6:1-8:35의 기드온 이야기나 13:1-16장의 삼손 이야기는 대표적으로 문학적 구성을 갖춘 설화이다. 사사들 가운데 돌라(삿 10:1-10:2), 야일(삿 10:3-10:5), 입다(삿 10:6-12:7), 입산(삿 12:8-12:10), 엘론(삿 12:11-12:12), 압돈(삿 12:13-12:15) 등의 활동에 관한 기록은 단순한 보고서의 형식을 취하고 있다. 뿐만 아니라 이스라엘이 가나안에 정착하던 초기 시대에 겐 사람들이 유다의 남쪽에 위치한 아라드 남쪽 지역에 거주하였고, 유다가 시므온과 함께 스밧(Zephath)에 거주하는 가나안 사람들을 물리치고, 그곳의 이름을 호르마(Hormah)로 고친 것을 기록하고 있는 사사기 1:16-17이 대표적인 역사적인 보고서이다.

사사기 도입부에 기록된 이스라엘이 점령하지 못한 도시 명단(삿 1:1-2:5)은 단순한 목록의 형식을 취하고 있다.

사사기 17-18장의 단 지파의 북쪽 이동에 관한 이야기나 19-20장의 이스라엘과 베냐민 지파의 싸움은 3인칭으로 된 이야기로 단순한 과거의 역사적인 이야기를 기술하고 있다. 뿐만 아니라 사사기 9:1-21의 왕이 있기 전에 아비멜렉이 세력을 얻었다는 것은 단순한 과거의 역사적인 이야기이다.

사사기에 기록된 운문은 드보라의 노래로 잘 알려진 사사기 5장이다. 이 시는 많은 학자들에 의하여 구약성서에 기록된 시 가운데 가장 오래된 것 중의 하나로 인식되고 있다.

사사기의 내용

사사기는 이스라엘 백성의 가나안 정착 이후부터 왕조 형성 이전까지의 이스라엘의 사회적, 종교적 상황에 대한 통찰력을 제공한다. 사사기는 가나안 정착 이후 새로운 상황 속에서 이스라엘의 삶 특히, 하나님과의 관계가 어떻게 변화되었고, 그러한 변화 속에서 하나님이 요구하시는 삶이 무엇인가를 보여주는 신앙 교범과 같은 책이다. 새로운 환경 속에서 많은 이스라엘 백성들은 가나안의 우상을 숭배하였고, 이것이 이스라엘의 국가적 재앙의 주된 원인이 되었다. 그러므로 진정한 회개만이 가나안 땅에서 안정된 삶을 살 수 있음을 보여주는 것이다. 특히 사사기는 비록 이스라엘이 죄를 지었을지라도 하나님 앞에 회개하면 구원의 역사를 이루어주시는 분임을 보여준다.

사사들, 특히, 드보라, 기드온, 입다 혹은 삼손과 같은 사사들은 하나님의 영이 임하거나 하나님이 함께 전쟁에 나가심으로 이방 민족과의 전쟁에서 이길 수 있었다. 따라서 사사기는 하나님이 함께 하는 이스라엘에게 참된 구원이 있음을 보여주며, 사사의 능력은 개인의 능력이 아니라 하나님이 주신 힘이요, 능력임을 보여준다. 따라서 사사기는 이스라엘의 참된 구원자는 오직 하나님 한 분이심을 보여준다.

사사기의 내용은 세 부분으로 나눌 수 있다. 첫째, 사사기 1:1-2:5은 사사 시대 이전까지의 상황을 개관적으로 설명한다. 이 기록에 의하면 이스라엘이 아직도 정복하지 못한 가나안 땅이 있음을 보여준다. 둘째는 사사기 2:6-16:31로 사무엘 이전까지 사사들의 활동을 기록하고 있다. 이 부분은 사사기의 중심 부분으로 12명의 사사의 활동을 이스라엘의 범죄 — 하나님의 징벌 — 이스라엘의 회개 — 하나님의 이스라엘 구원이라는 신학적인 틀에 의하여 기록하고 있다. 마지막으로 사사기 17:1-21:25은 단 지파의 북쪽 이동(삿 17-18장)과 베냐민 지파와의 전쟁(삿 19-21장)에 관한 이야기 등, 두 가지 이야기로 구성되어 있다.

사사기의 내용을 세분하면 다음과 같다.

Ⅰ. 삿 1:1-3:6	사사 시대 이전의 상황
삿 1:1-2:5	이스라엘이 점령하지 못한 도시 명단
삿 2:6-2:23	여호수아의 죽음과 이스라엘의 배교
삿 3:1-3:6	점령하지 못한 도시의 신학적 의미
Ⅱ. 삿 3:7-16:31	사사들의 활동
삿 3:7-3:11	옷니엘
삿 3:12-3:31	에훗과 삼갈
삿 4-5장	드보라
삿 6:1-8:35	기드온
삿 9:1-9:57	아비멜렉
삿 10:1-10:2	돌라

삿 10:3-10:5	야일
삿 10:6-12:7	입다
삿 12:8-12:10	입산
삿 12:11-12:12	엘론
삿 12:13-12:15	압돈
삿 13:1-16	삼손

Ⅲ. 삿 17-21장	결론: 종교적 · 도덕적 무질서
삿 17-18장	단 지파의 북쪽 이동
삿 19-21장	이스라엘과 베냐민 지파의 싸움

사사기의 내용을 좀 더 세분하여 살펴보면 다음과 같다.

정복의 완성(1:1–2:5)

사사기 1장은 여호수아 죽음 후의 사건부터 기록하고 있다. 이스라엘은 오랫동안 지속적인 승리를 쟁취하였지만 그러나 이스라엘 지역 가운데 아직도 가나안 사람들을 쫓아내지 못하고, 정복하지 못한 지역이 남아 있었다. 정복의 처음 단계에서 이스라엘 백성들은 한 명의 지도자인 여호수아에 의하여 정복을 성취하였으나 여호수아가 죽은 후 각 지파는 나름대로 영토를 확장하였다.

대부분의 학자들은 여호수아 1-11장과 사사기 1장은 이스라엘의 팔레스틴 정복에 관한 각기 다른 기록이라고 주장한다. 여호수아서에 기록된 통일된 정복에 관한 것은 분명히 비역사적인 것이다. 통일된 정복의 아이디어는 후기 저자들에 의하여 생겨난 것이다. 그러나 사사기의 저자는 아시리아나 다른 제국의 전쟁에 익숙한 사람으로 부족 단위 혹은 통일적인 정복에 관한 개념은 가지고 있지 않았다.

알트-노트의 학파는 이스라엘 백성들이 팔레스틴을 정복한 것은 이스라엘이 왕정으로 전환할 때, 점진적으로 유입한 것으로 이해한다. 양식비평적 방법을 적용하여 노트는 여호수아의 원래 형태는 베냐민 지파에 관한 언급으로만 구성되었다고 주장한다. 노트에 의하면 여호수아 1-9장은 원래 서로 관계없는 기원에 관한 이야기들을 모아놓은 것이기 때문에, 역사적 가치가 없다고 주장하였다. 노트는 12지파는 팔레스틴에 정착한 후에 역사적 실체로 등장하였다고 주장한다.

고고학 발굴 결과를 가지고 보수적인 학자들은 정착에 대하여 전통적인 입장으로 결론지었다. 고고학적 증거는 평화롭게 유입되는 모습과 지속적인 전쟁을 수행한 흔적을 보여준다.

그러나 코이프만(Y. Kaufman)은 성서의 기록 속에 있는 세 종류의 전쟁을 발견하였다. 첫 번째는 정복전쟁(conquest war)이다. 이 전쟁은 가나안 사람들을 대상으로 치러진 것이며, 이 전쟁의 목적은 가나안 땅을 점령하는 것이다. 이 전쟁은 민수기 21장부터 사사기 1장 사이에 기록되어 있다. 두 번째 전쟁은 자유를 위한 전쟁(freedom war)이다. 이 전쟁은 사사기 3장부터 사무엘상 31장까지 기록되어 있으며, 이스라엘은 이 전쟁을 통하여 주변 국가로부터 자신을 보호하기 위한 전쟁을 치렀다(freedom war). 마지막 전쟁은 사무엘하에 기록된 영토 확장을 위한 전쟁이다(imperial war).

이러한 전쟁 가운데 사사기 1장의 전쟁은 정복전쟁과 마지막 영토 확장을 위한 전쟁 사이에 위치한다. 이 전쟁을 통하여 이스라엘과 가나안 사람 사이의 관계가 변화되어 가나안 사람들을 노예로 삼거나 혹은 강제노동을 시켰다.

사사들의 활동(2:6-3:6)

사사기 2:6-3:6은 사사기를 서술한 신명기 사가가 사사 시대를 요약한 것이다. 오늘날 학자들은 사사기 2:6-16:31이 신명기 사가에 의하여 편집된 것이라는 사실에 동의한다. 신명기 사가들은 개별적인 사사들의 이야기를 이스라엘이 되풀이하여 우상을 숭배하는 죄에 빠지는 주제를 중심으로 엮어 놓은 것이다. 이스라엘은 우상을 숭배하는 죄를 범한다. 따라서 하나님은 이방 민족을 통하여 이스라엘을 억압하는 것으로 이스라엘을 심판하신다. 백성들은 자신들의 잘못을 깨닫고, 우상숭배를 회개하고 하나님에게 구원을 간구한다. 이에 하나님은 백성을 억압자의 손에서 구원할 사사를 보내주신다. 일정 기간의 평화 후 사사가 죽고, 다시 백성들은 우상숭배의 죄를 범하는 순환적 싸이클이 시작된다(삿 3:7-9, 12, 14-15, 4:1-3, 6:1, 7).

사사기 2:6-3:6

사사기의 기본적인 형식인 이러한 틀은 사사기 2:6-3:6의 사사들의 활동에 대한 기록에서 잘 나타나 있다. 대부분의 학자들은 사사기가 신명기 사가의 편집이라는 것에 동의하지만, 그러나 코이프만은 신명기 사가의 편집이라는 주장에 반대한다. 왜냐하면 코이프만은 사사기에서 이방 제단의 파기에 관한 기록을 찾아 볼 수 있기 때문에 이러한 틀을 인정할 수 없다고 주장한다. 그에 의하면 사사기 2:6-3:6의 사사의 활동에 관한 기록은 정복을 마무리하기 위한 것이라고 주장한다. 우상숭배에 대한 심판에 대하여 어떤 지역은 아직 정복되지 않고 남아있는데, 이것은 이스라엘 백성의 하나님에 대한 충성심을 시험하기 위한 것이라고 설명한다.

사사이름 및 지파	통치 기간	압박하는 주변 세력	사사기 기록
옷니엘(유다)	−40년	메소포타미아(구산리사다임) 8년	3:7-11
에훗(베냐민)	−80년	모압	3:12-30
삼갈(?)			3:31
드보라(에브라임)	−40년	가나안 20년	4-5장
기드온(므낫세)	−40년	미디안 7년	6-8장
돌라(잇사갈)	23년		10:1-2
야일(길르앗)-므낫세	22년		10:3-5
입다(므낫세)	6년	암몬 18년	10:6-12:7
입산(스블론)	7년		12:8-10
엘론(스블론)	10년		12:11-12
압돈(에브라임)	8년		12:13-15
삼손(단)	20년	블레셋 40년	13-16장

옷니엘(3:7-11)

옷니엘(Othniel)은 사사기의 첫 사사로 기록되어 있는데 과도기적인 인물이다. 젊었을 때는 정복전쟁에 참여하여 드빌(Debir)을 정복하는데 참여하였다. 여기서 옷니엘은 이방의 억압에 대항하여 싸우는 자로 묘사되어 있으며, 첫 카리스마적인 지도자로 묘사되어 있다. 옷니엘의 이야기가 사사기의 전형적인 틀을 약간 벗어나기 때문에, 어떤 학자들은 이 이야기는 사사들 가운데 유다 출신의 영웅을 만든 것이라고 주장하기도 한다. 또 어떤 학자들은 사사기 3:7-11에 등장하는 비역사적인 내용 — 즉 구산 리사다임(Gushan Rishathaim)이라는 이름과 북쪽의 아람이 남쪽에 위치한 유다를 억압할 수 없다는 점 — 을 들어 옷니엘의 이야기를 비역사적인 것으로 분류하기도 한다. 최근에는 이 옷니엘의 이야기의 신빙성을 입증하기 위하여 아람 사람들이 주전 1200년경 이집트를 공격한 사건을 증거로 제시한다. 이들에 의하면 이스라엘 백성들은 이집트로 향하던 아람 사람들에게 굴복하였다는 것이다. 따라서 말라마트(A. Malamat)는 옷니엘의 이야기를 팔레스틴을 중심으로 구성된 이야기라고 주장한다.

에훗(3:12-30)

베냐민 지파의 영웅인 에훗(Ehud)은 에그론(Eglon)의 통치를 받는 모압 사람의 억압으로부터 베냐민 지파를 구원한다. 에훗 이후 80년간 베냐민 지파는 평화를 유지하였다. 에그론의 살해 사건 뒤에(3:21) 나팔을 부는 사건이 기록되어 있다(3:27). 아마도 이스라엘 사람들이 요단 강을 건너는 나루터를 점령하여 모압 사람들이 도망가지 못하도록 미리 계획하였던 신호로 보인다. 어떤 학자들은 에훗에 관한 사사기의 이야기는 두 가지 자료에서 기인한 것으로 본다. 왜냐하면 사사기 3:19-20에서 에훗이 두 번 왕 앞에 나가는 것으로 묘사되어 있기 때문이다. 그러나 다른 학자들은 이러한 반복은 민간설화에서 자주 발견되는 이야기꾼의 변변치 못함에서 생겨난 것이라고 주장한다(Kraeling). 또한 에훗의 집의 위치에 대하여 많은 논란이 있다. 즉 그의 집이 여리고에 있었는지 아니면 모압 땅에 있었는지 혹은 요단 건너편의 어떤 군사기지에 있었는지 불명확하다.

삼갈(3:31)

삼갈(Shamgar)은 드보라의 이야기에 묘사되어 있다. 비록 삼갈이 에훗의 뒤를 이었지만 그러나 사사기 4:1까지 에훗은 살아있었다. 중세의 주석가들은 삼갈은 에훗이 죽던 해에 이스라엘의 사사가 되었으며, 바로 그 해에 죽었다고 설명한다. 사사기는 삼갈 역시 이스라엘을 구원하였다고 기록하고 있지만, 몇 년 동안 이스라엘을 통치하였는지 기록하고 있지 않다. 중세의 주석가인 레비 게르숌(Levi Gershom)에 따르면 가나안의 왕 야빈(Jabin)이 이스라엘을 억압하기 시작한지 20년째 되던 해에 활동하였다고 한다. 성경의 다른 곳에서 이스라엘과 블레셋의 첫 전쟁은 훨씬 후대의 사건으로 묘사하고 있지만(사무엘과 엘리), 블레셋은 이스라엘의 적이었다. 삼갈의 행동은 다윗 시대의 영웅이었던 삼마(Shammah)와 유사하다(삼하 23:11-12). 마지막으로 문제가 되는 부분은 삼갈의 이름이 이스라엘적인 이름이 아니라는 점이다. 이러한 문제에 대하여 많은 학자들이 그 대답을 제시한다.

삼갈의 역사성을 주장하는 사람들은 삼갈이 드보라의 이야기에 등장하기 때문에 역사적으로 존재했다고 주장한다. 다른 학자들은 삼갈을 갈릴리 벧아나트(Beth-Anath) 출신의 가나안의 영웅으로 생각하거나 혹은 전쟁의 여신이었던 아낫의 아들이라는 명칭을 가나안의 전사로 생각한다. 어떤 학자들은 삼갈이 외국 이름이라는 사실은 그렇게 중요하지 않다고 본다. 왜냐하면 많은 외국인들이 이스라엘 사람이 되었기 때문이다. 삼갈이 정복하는 모습은 다윗의 영웅인 삼마와 유사하다기보다는 오히려 삼손의 이야기와 유사하다. 그리고 삼갈과 삼손은 모두 블레셋에 대항하던 사람들이다.

드보라와 바락(4-5장)

에훗이 죽은 후 이스라엘이 다시 죄를 지었고, 그 결과 이스라엘 사람들은 가나안의 왕 야빈의 노예가 되었다. 야빈은 여호수아에 의하여 패망한 사람의 후손이다. 하솔이 패망하였을 때, 생존자들과 그의 가족들이 하로셋 학고임(Harosheth-Goiim)으로 도망하였고, 여기서 야빈과 그의 군대장관 시스라는 이스라엘 백성을 괴롭히기 시작하였다.

드보라는 가데스-납달리의 아비노암의 아들 바락에게 메시지를 보내어 납달리와 스블론 사람을 거느리고 다볼 산으로 가라고 명령하였으나, 시스라(Sisera)의 병거를 겁낸 바락은 드보라 없이 가는 것을 거부하였다. 따라서 드보라는 바락과 함께 하기로 약속한다. 시스라의 군대는 패하였고, 시스라는 헤벨의 아내 야엘의 장막으로 도망하였으나, 야엘은 시스라를 죽인다. 이때부터 이스라엘은 힘을 길러 마지막에는 가나안의 왕 야빈을 정복하였다(삿 4:24). 여러 번의 전쟁을 겪은 후 야빈을 정복한 후 드보라는 노래를 불렀다(삿 5장).

오늘날 학자들은 사사기 5장의 드보라의 노래가 사건이 있었을 그 당시에 기록된 역사적이고 신앙적인 것이라는데 대하여 아무런 이의 없이 받아들인다. 그러나 사사기 4장의 산문 부분에 대한 해석에서는 문제가 생긴다. 여호수아 11:1-9에 가나안의 왕 야빈이 등장하기 때문이다. 이에 대하여 대부분의 설명은 야빈의 등장에 대하여 두 개의 이야기가 하나의 이야기로 만들어졌다는 방향으로 기울고 있다. 즉 하나의 이야기는 스블론과 납달리 사람들이 야빈에 대항하여 벌인 전쟁에 관한 이야기이고, 다른 하나는 시스라에 대항하여 벌인 전쟁의 이야기가 하나로 결합된 것으로 보인다. 드보라의 노래의 핵심은 시스라와의 전쟁에서의 승리를 노래하고 있다.

사사기 4장에서 야빈에 대해 언급하는 것은 여호수아서에 기록된 여호수아의 승리를 회상하는 것이다. 이에 대하여 버니(C. F. Burney)는 후대의 편집자가 스블론과 납달리에 대한 승리 이야기를 채택하여, 이것을 여호수아 시대의 민족적인 전쟁으로 변화시킨 것이라고 주장한다. 사사기 4장과 5장의 모순은 이 두 이야기가 서로 평행하지 않으며, 각기 다른 적에 대한 다른 전쟁이 하나로 결합되었다는 것으로 대답할 수 있다. 그러나 어떤 학자들에게 있어서 이 두 전쟁이 같은 지역에서 발생한 전쟁으로 볼 수 없기 때문에 사사기 5장과 여호수아 11장은 같은 전쟁에 대한 다른 묘사이지, 두 개의 다른 전쟁은 아니라고 주장한다. 모든 이야기는 여호수아가 팔레스틴의 북쪽 지역을 점령했다는 전승을 바탕으로 한 것이다. 많은 학자들은 사사기 4장의 산문부분을 독립적인 것으로 생각한다. 비록 이 두 이야기가 서로 모순되기는 하지만 그러나 상호보완적인 관계에 있다고 한다. 그러나 사사기 4장은 중요한 사실을 내포하고 있다. 즉 삼갈이 아낫의 아들이라는 사실과 시스라의 직책 등을 제공해 준다. 사사기 4장과 5장의 기록의 가장 큰 차이점은 전쟁이 일어난 장소와 참가한 지파의 수이다. 이러한 차이점에 대하여 같은 사건을 시적으로 표현하는 것과 산문으로 표현하는 것 사이의 차이로 돌릴 수 있다. 시적인 작품에서는 은유나 상징을 포함한다. 또 다른 설명은 다볼 산에서 전쟁했다는 것이 기록되어 있지 않기 때문에 사실은 모순을 발견할 수 없다는 설명도 있다. 수적으로 적은 수임에도 불구하고 그런 지파에 의하여 시스라가 패배당했다는 것은 모든 지파에게 고무적인 상징이 되기 때문이다.

기드온(6-8장)

네 번째 중요 사사인 기드온은 두 이야기로 구성되어 있다(7:1-8:3, 8:4-21). 미디안 족속의 공격은 정기적으로 이스라엘 백성들에게 공포를 불러일으켰고, 익명의 예언자는 이것이 하나님의 이스라엘에 대한 심판이라고 선포한다.

기드온이 사사로 부름을 받은 것은 하나님의 천사가 나타나는 것으로 정당성이 입증되었으며, 두 번째는 양털이 젖고 마르는 기적을 통하여 기드온이 사사로 부름 받은 것은 사실임이 입증되었다. 단지 300명의 군사로 미디안을 대항하여 밤에 공격하였다. 결과적으로 기드온은 미디안의 왕자인 오렙(Oreb)과 스엡(Zeeb) 그리고 미디안의 왕인 세바(Zebah)와 살문나(Zalmunna)를 죽였다. 이들에 대한 왕권이 기드온에게 제안되었으나 기드온은 왕권이 하나님에게 속한 것이란 이유 때문에 거부한다.

일부 학자들은 기드온 이야기 전반부의 역사성에 대하여 의문을 제기한다. 이들은 기드온이 300명의 군대로 어떻게 큰 군대를 무찌를 수 있겠는가? 라고 물으면서 이 사건에 대하여 매우 회의적이다. 두 번째 사건인 세바와 살문나의 살해 사건은 주전 12세기의 시대적 배경으로 묘사되었다. 미디안의 공격은 모든 이스라엘에 영향을 미쳤다. 그리고 이스라엘이 미디안을 정복함으로써 이스라엘은 팔레스틴 중앙지역을 통치할 수 있게 되었으며, 네겝 지역에 사는 부족들의 야망을 끝내버렸다. 최근의 이스라엘 학자들은 군사적인 관점에서 300명으로 거사를 치룰 수 있다는 견해를 지지해준다. 잘 정비된 군대가 밤에 협공을 통하여 적의 많은 군대를 충분히 무찌를 수 있다고 주장한다.

아비멜렉(9장)

아비멜렉의 비극적인 이야기는 기드온의 이야기를 보충한다. 기드온의 아들과 기드온의 첩(삿 8:31) 그리고 아비멜렉은 바알브릿(Baal-Berith) 신전에서 그의 형제 70명을 죽이기 위하여 사람을 고용하였다. 단지 한 명의 살아남은 요담(Jotham)은 나무 선택에 관한 비유와 관계있다. 요담은 아비멜렉과 세겜 사람 사이의 언약파기를 예언하였고, 아비멜렉 통치가 짧음을 말하고 있다. 이러한 예언은 가알(Gaal)의 영도하의 반란을 의미한다. 데베스에서의 전투에서 아비멜렉은 부상을 입었고 아비멜렉은 그의 군사에게 자신을 죽이라고 명한다. 아비멜렉은 단지 3개월 동안만 통치하였다.

돌라와 야일(10:1-5)

돌라와 야일은 아비멜렉이 죽은 후 그리고 입다 전에 이스라엘을 다스린 사사였다. 일부 학자들은 돌라와 야일의 이야기 속에 전형적인 사사의 통치를 나타내는 양식이 없기 때문에, 소사사(小士師)들은 단지 법률적인 영역만 관여했다고 주장하기도 한다. 반면에 대사사(大士師)는 카리스마적 지도자로서 재판관이 아니라고 주장한다. 이 두 가지의 성향을 함께 가지고 있는 사사는 입다이다. 그러나 다른 학자들은 소사사의 이름은 대부분 부족의 이름이며, 숫자 12를 맞추기 위하여 삽입한 것으로 이해하였다. 보수적인 학자들은 이러한 주장을 거부한다. 이들의 견해에 의하면 소사사는 구원자(savior)이지 재판관(adjudicator)이 아니라고 주장한다. 사사에 관한 기록에서 '바야캄' (ויקם; 그래서 그들이 일어났다)이라는 말을 쓴 것도 이들이 대사사와 마찬가지로 갑자기 힘을 얻었기 때문이라고 주장한다(Y. Kaufmann).

후기 사사에 대한 개론(10:6–16장)

사사기의 카리스마적인 틀은 이스라엘이 다른 이방신들을 섬기는 것을 설명함으로써 반복 확장되었다. 하나님은 그의 백성들을 꾸짖고, 그들에게 벌을 내릴 것이라고 말한다. 백성들은 하나님에게 자신들의 이방숭배의 죄를 회개하고 그들 가운데서 우상을 제거한다.

입다(10:17-12:7)

돕 땅의 전사로서 입다의 명성은 암몬과 전쟁을 해야 하는 길르앗의 장로들에게까지 잘 알려져 있었다. 길르앗의 장로들은 입다가 기생의 아들로 태어났다는 이유로 그를 쫓아냈다. 그러나 암몬이 쳐들어오자 장로들은 입다에게 부끄러움을 잊을 수 있는 길을 제시하였다. 입다는 전쟁시 백성들의 지도자가 될 뿐만 아니라 평화로울 때도 백성의 지도자가 되는 조건으로 그들의 제안을 수락하였다.

전쟁에 나가기 전에 입다는 암몬에게 외교서신을 보내 암몬이 이스라엘과 싸울 이유가 없음을 주장하였다. 왜냐하면 이스라엘이 아모리 시대부터 요단 동쪽 지역의 땅을 정복하였기 때문이다. 뿐만 아니라 하나님이 이 땅을 300여 년 동안 이스라엘에게 유산으로 주셨고, 암몬이 도로 찾지 않았기 때문이다(삿 11:26). 이러한 입다의 주장은 암몬 사람들을 설득하지 못하였다. 입다는 매우 엄숙한 서약을 한다. 만약 하나님이 그에게 큰 승리를 주신다면 내가 돌아올 때, 누구든지 자신의 집 문에서 나와 처음으로 그를 맞이하는 자를 하나님에게 드릴 것이라고 약속한다(삿 11:31). 입다는 그의 전쟁을 승리로 이끌었고, 그의 딸이 그를 처음 맞이한다. 입다는 그의 딸을 약속대로 하나님에게 드린다. 중세 유대 주석가들은 입다의 서약이 유대인들의 법과 맞지 않음을 지적하여 그의 딸은 실제로 제물로 드려진 것이 아니라, 영원히 처녀로 지내게 되었다고 주장한다. 또 어떤 주석가는 입다의 죄로 인하여 입다가 길르앗에 있는 그의 성읍에 장사되었다고 주장한다(삿 12:7).

에브라임 사람들이 입다에게 자신들을 전쟁에 부르지 않았다고 항의한다. 기드온과 달리 입다는 에브라임 사람들과 싸우기 위하여 사람들을 모은다. 이들은 요단 강 나루를 점령하고 도망하는 백성들이 강을 건널 때 에브라임 사람들을 죽였다.

매우 보수적인 입장의 학자들은 입다를 역사적인 인물로 이해한다. 그러나 입다의 이야기의 어떤 부분은 역사적이지 않다고 주장한다. 사사기 11:12-28의 외교서신에서 암몬의 신인 밀곰대신 모압의 신인 그모스가 언급된 것을 통하여 학자들은 이 부분이 이스라엘과 모압 사이의 관계를 설명하는 또 다른 이야기라고 주장한다. 코이프만은 입다가 외교적인 관례를 따라 밀곰이라는 신명을 언급하지 않고 대신 그모스를 사용하였다고 주장한다.

삼손 (13-16장)

삼손은 구원자로서 적에 대항하여 전쟁에 나가지 않았다. 뿐만 아니라 삼손은 외적의 침략에 대항하여 지파의 지도자의 역할도 하지 않았다. 삼손은 맨손으로 싸우거나 혹은 즉석에서 만든 무기로 적과 싸웠다. 삼손이 블레셋 여인에게 매우 약하다는 것 때문에, 삼손은 블레셋 사람들과 수차례 부딪혔으며, 궁극적으로 다곤 신전에서 죽게 되었다(16:23-31). 현대 학자들은 삼손의 이야기는 어떤 특정 지역의 영웅에 관한 세속적인 이야기이며, 여기에 신비적인 출생이나 천사의 등장과 같은 종교적인 경향을 제시하였다. 다른 학자들은 삼손 이야기는 태양신 신화를 이스라엘 사람들이 각색한 것이라는 이론을 제시하였다. 삼손(שִׁמְשׁוֹן)이라는 이름은 태양이라는 의미의 히브리어 샤마쉬(שֶׁמֶשׁ)에서 유래되었다. 그러나 어떤 학자들은 이러한 설명을 거부한다. 삼손이라는 이름의 신화적인 기원을 설명할 수 없기 때문이다.

삼손 이야기는 시대 순으로 보면 드보라 전에 놓이면 가장 알맞다. 삼손의 이야기에서 단은 이미 남쪽에 있으나, 드보라의 노래에서는 단 지파 사람들은 이미 북쪽으로 이주한 후이기 때문이다. 그러나 삼손의 이야기는 원래의 위치에서 현재의 위치로 옮겨졌는데, 그 이유는 사사기 2-12장에 흐르는 양식과 차이가 있기 때문이다. 뿐만 아니라 사사기를 편집하거나 기록한 자가 에브라임과 므낫세 지파를 중요하게 생각하였으며, 특히 사사기 전체 구성에 있어서 17-18장의 단 지파의 북쪽 이주와 연결시키기 위함이다.

단 지파의 북쪽 이주(삿 17-18장)와 베냐민 지파와의 전쟁(19-21장)

사사기의 결론 부분에 해당하는 이 이야기는 책의 나머지 부분과 직접적으로 연결되는 것은 아니다. 대신 "이스라엘에 왕이 없을 때, 각 사람은 그들의 눈에 옳은 대로 행동하였다"(17:6, 18:1, 19:1, 21:25)라는 구절이 반복적으로 등장한다. 이 부분은 불규칙적인 지파 통치의 위험성을 보여주는 것이다. 잠재적인 무정부상태는 왕을 세움으로써 해결할 수 있었다. 사사 시대 말의 정치적 혼란은 신명기 사가가 다음에 전개될 왕정의 정당성을 보여주기 위한 하나의 방법으로 이해할 수 있었다. 블레셋의 압력에 견디지 못한 단 지파는 북쪽으로 이주하여 정착하였다. 단 지파 사람들은 미가라고 불리는 사람의 개인 제단에서 신상을 훔쳐 이것을 자신들의 새로운 성소인 라이스(Laish)에 두었다(삿 17-18장). 단 지파의 이주는 삼손의 이야기 뒤에 등장하지만 원래는 아마도 드보라 이야기 직전에 있었던 것으로 보인다. 아마도 단 지파의 첫 제사장이 모세의 손자라는 사사기 18:30은 이러한 주장을 지지한다.

베냐민 지파 사람들에 대한 전쟁은 기브아 사람들의 혐오스러운 범죄의 결과이다. 레위 지파 사람이 여행 중 기브아에 들러 밤을 보냈다. 기브아 사람들은 이 레위 지파 사람에게 동성애를 행하였다(삿 19:22). 그의 첩이 대신 내보내져 그녀가 죽기까지 능욕을 당하였다. 레위 사람은 그녀의 시체를 12토막으로 나누어 각 지파에 보내어 베냐민 사람들의 비열한 짓에 대한 복수를 요구하였다. 지파 내의 전쟁으로 베냐민 지파는 완전히 망하였다.

처음 이스라엘 백성들은 베냐민과의 전쟁에 참여하지 않는 야베스-길르앗의 도시를 공격하였다. 단지 젊은 처녀만 살려두고 베냐민 사람들에게 주었다(삿 21:14). 여인을 얻기 위하여 베냐민 사람들은 실로의 포도원에서 그들의 부인을 훔쳐 왔다. 기술적으로 이것은 계약을 어기는 것이 아니다. 왜냐하면 여인들을 무력으로 데려왔기 때문이다. 중세와 현대 주석가들은 이 사건의 연도에 대하여 다양한 설명을 제시한다.

기브아의 사건에 대하여 여러 연대가 제시되었지만, 엘리와 사무엘 이전에 발생하였다. 일부 학자들은 기브아와 베냐민에 대한 다른 지파들의 구체적인 행동은 왕조 이전 중앙성소 시대에 발생한 것으로 여긴다.

사사기의 신학

사사기가 여호수아부터 사무엘 사이의 역사적 사건을 기록하고 있지만 사사기의 목적은 현대적 의미의 역사라기보다는 서사적이며 교훈적인 목적을 가지고 있다. 따라서 사사기는 모든 중요한 역사적 사건에 대하여 역사적으로 서술하지 않는다. 이러한 사실은 사사기 17-21장에서 분명히 나타난다. 사사기를 기록한 역사가는 서사적인 목적을 가지고 이 역사를 서술하였다. 이러한 목적을 위하여 기록된 사사기는 이스라엘 백성들에게 여호와의 계명을 지킬 것을 가르친다. 이스라엘이 여호와를 떠났을 때 여호와도 이스라엘을 떠나며 이스라엘의 적들이 이스라엘을 공격함을 기록하고 있다.

사사기에는 다음과 같은 신학적 메시지를 보여준다. 첫째, 하나님은 구원자이시다. 비록 사사가 구원자 역할을 하였지만, 참된 구원자는 하나님임을 보여준다. 둘째, 하나님이 주관하시는 역사를 보여준다. 이스라엘이 이방의 위협에 이들과 동맹을 맺으려는 잘못된 마음을 깨우쳐주고 오직 하나님만 의존할 때 하나님이 역사를 주관하심을 보여준다. 따라서 셋째, 사사기는 회개하고 하나님께 돌아오는 자에게 은혜를 베푸시는 하나님을 강조한다.

사사기의 신학이란 사사기를 기록한 것으로 전해지는 신명기 학파의 역사관과 밀접한 관련을 맺고 있다. 사사 시대는 이스라엘에는 왕이 없었던 왕정 수립 이전의 상태로 성서에서는 "그 때는 이스라엘에는 왕이 없었다"라는 말로 끝이 나고 있다(삿 21:25).

신명기 사가들은 사사 시대의 역사를 인과응보라는 자신들의 역사신학에 의하여 크게 두 단계 반복 과정의 틀을 통하여 기술하고 있다. 즉 저주와 축복이라는 신명기 사가의 역사 이해를 반영하며, 저주와 축복은 인간의 행위에 의하여 결정된다. 이러한 사실은 사사기 3:7-11의 예에서 잘 나타난다.

저주	**이스라엘의 죄**
	"이스라엘 자손이 야웨의 목전에 악을 행하여 자기들의 하나님 야웨를 잊어버리고 바알들과 아세라들을 섬긴지라"(삿3:7)
	하나님의 징벌
	"야웨께서 이스라엘에게 진노하사 그들을 메소포타미아의 왕 구산 리사다임의 손에 파셨으므로 이스라엘 자손이 구산 리사다임을 8년을 섬겼더니"(3:8)
축복	**이스라엘의 회개**
	"이스라엘 자손이 야웨께 부르짖으매"(3:9a)
	하나님의 구원
	"야웨께서 그들을 위하여 한 구원자를 세워 구원하게 하시니 그는 곧 갈렙의 아우, 그나스의 아들 옷니엘이라"(3:9b)

신명기 사가가 기록하고 있는 사사 시대의 역사는 왕국 형성 이전 시대의 인간의 죄에 대한 하나님의 심판과 회개하는 사람을 구원하시는 하

나님의 모습으로 기록되어 있다. 가나안 땅에 들어온 후 이스라엘 사람들은 하나님께 불순종하였고, 이에 대해서 하나님은 그들을 징벌하신다. 사사기에 기록된 징벌의 형태는 이스라엘이 외국의 세력에 정복당하여 압제당하는 것으로 나타난다. 이방 민족의 압제 밑에서 이스라엘은 그들의 잘못을 회개하고 하나님께 구원을 간구한다. 이때 하나님은 이스라엘에게 구원자를 보내주신다. 이들은 특별한 능력을 소유한 사람들로서 이스라엘을 위기에서 구출해낸다. 이들이 바로 사사들이었다. 이러한 사사기의 신학은 신명기 사가에게서 공통적으로 발견되는 것이다.

사사들은 하나님으로부터 특별한 능력을 받은 카리스마적 지도자들이었으며, 그 직분은 혈통으로 계승될 수 없었다(사무엘의 경우는 예외). 이들은 왕권을 소유한 사람들이 아니었다. 사사 시대에 이스라엘의 왕권은 하나님에게만 속한 것이라고 생각하였다. 사사기 8:23에 기록된 기드온의 말은 이러한 생각을 잘 보여준다. 기드온이 미디안과의 전쟁에서 이긴 후, 이스라엘 사람들이 기드온에게 이스라엘을 다스리는 자가 되어달라고 요구하자 기드온은 "여호와께서 너희를 다스리시리라"고 대답한다. 이러한 생각은 사사 시대의 왕권에 대한 이해를 잘 보여주는 것이다. 따라서 사사 시대의 이스라엘 왕은 사람이 아니라 하나님으로 생각했다. 그러므로 사사 시대에 이스라엘 12지파를 하나로 결속시킨 것은 정치력이 아니라 그들의 공통된 야웨 하나님 신앙이었다. 그들의 왕이신 하나님을 중심으로 뭉쳐진 것이었다. 사사 시대에 있어서 하나님의 임재를 나타내는 구체적인 상징은 법궤였다. 법궤는 인간이 볼 수 없는 야웨 하나님께서 이스라엘과 함께 임재하신다고 하는 것을 나타내는 종교적인 상징이었다. 사사 시대에는 이 법궤가 위치하고 있는 곳이 이스라엘의 중심지가 되었다. 그리하여 법궤가 있는 곳에 모여 종교적 축제와 의식을 거행하였다. 법궤는 한 장소에만 안치되어 있지 않았다. 세겜, 벧엘, 실로 등의 여러 곳으로 이동하였다. 이러한 법궤의 이동은 야웨 하나님이 어떤 특정 지역에 매여 있는 하나님이 아니라는 것을 상징적으로 보여주는 것이다.

사사 시대에는 중앙집권적인 정치권력이 없었으므로 이스라엘에는 정규군대인 상비군이 존재하지 않았다. 이때에는 공동의 적이 나타나면, 12지파에서는 민병들이 출동하여 이를 물리치는 공동 방어체제를 취하였다. 그러나 주전 11세기 중엽 이후부터 블레셋의 공격 앞에서 이러한 체제는 심각한 위협을 받게 되었고, 결국 왕정으로 전환하게 되었다. 이 왕정으로의 전환 과정을 기록한 것이 사무엘 상권이다.

역사적 정황

사사기의 역사적 배경을 이해하기 위해서는 주전 14세기경부터 가나안의 정치적 상황에 대한 이해가 필요하다. 주전 14세기 이래로 이집트는 다양한 경로를 통하여 해양족을 만나게 된다. 아마르나 문서에서 쉐르덴(Sherden)은 이집트 군대에 소속된 용병으로 언급되고 있으며, 루카(Lukka)는 해적으로 나타나고 있다. 람세스 2세의 통치 시, 쉐르덴은 이집트 군대에서 복역했는데, 특히 히타이트와의 가데스 전투에서 주목할 만한 역할을 하였다. 메르넵타 통치시 다섯 개의 상이한 민족들이 이집트에 대항한 리비아인들과 함께 동맹을 맺은 것으로 언급되고 있는데, 여기에는 쉐르덴, 쉐켈레쉬(Shekelesh), 루카, 투르샤(Tursha) 그리고 아카바샤(Akawasha)가 포함되며, 이집트는 이들 전체를 "바다에서 온 이방인"이라고 부르고 있다. 이 민족들의 도착에 관한 가장 중요한 자료들은 메디네트 하부(테베)의 람세스 3세를 위한 죽음의 신전 벽에 있는 거대한 부조와 비문들이다. 이 벽에는 그의 제위 8년에 발생했던 이 민족들과의 전투가 기록되어 있다.

메디네트 하부의 주요 비문은 시적, 문학적 형태로 이들 히타이트, 길리기아(Cilicia, Kode), 서부 아나톨리아(Arzawa) 그리고 키프러스(Alashya)에서 온 민족들의 엄청난 침략을 묘사하고 있다. 아무르 땅(레바논에 위치한)이 그들의 진이 위치한 장소로 언급된다. 람세스는 이 이방인들에 대한 공격을 준비한 방법과 육상전과 해상의 공격이 예상되었던 강어귀(델타 지역으로 추정됨)에서 그들을 격퇴한 경위를 묘사하고 있다. 그 비문은 최종적으로 그 침략자들에 대한 이집트의 대승을 기리고 있다.

메디네트 하부 신전의 비문은 일곱 민족을 거명하고 있다. 비문의 주요 부분은 다섯 이름을 언급한다. 구약성서에도 잘 알려진 블레셋(plst)이 여기서 쉐켈레쉬(Shekelesh), 웨쉐쉬(Weshesh)와 함께 열거되고 있다. 체커(Tjekel 또는 Shkl)는 우가리트에서 보내진 한 서신 가운데 바다의 침략자로 그리고 주전 11세기 초 이집트 제사장인 벤-아몬에 관한 전설 가운데 도르(Dor)의 거주자로 언급되고 있다. 마지막으로 그 비문은 Dnn(덴옌, Denyen)을 언급하고 있는데, 이들은 길리기아에 살고 있었던 Dnnym으로도 알려져 있다. 이와 같은 점은 카라테페(Karatepe)에서 발견된 주전 8세기 아지타와다(Azitawada)의 비문에도 명시되고 있다. 그들은 그리스 시대에는 다나오이(Danaoi)라고 알려졌다. 쉐르덴과 테레쉬(Teresh)가 이 침략과 관련된 다른 비문에서 언급되고 있다.

육상전과 해전이 메디네트 하부 부조에 묘사되어 있다. 그 해전 가운데 해양족의 배들은 활과 배의 고물을 새머리 모양으로 장식하고 있는 것이 나타난다. 그 배의 정사각형 돛들은 그 전투 도중 정박이라도 한 듯이 감겨있다. 세 척의 배 위에 있는 전사들은 종종 깃털 장식 헬멧이라고 명명된 머리 장식을 쓰고 있다. 이 머리 장식은 다양한 기하학 형태의 장식들을 한 수평의 띠 위에 아마도 가죽 끈으로 생각되는 수직으로 된 줄을 갖추고 있다. 또 다른 장면 속에는 그와 같은 머리 장식을 한 포로들이 블레셋, 덴옌 그리고 체커(Tjker)로 정의되고 있다. 다른 두 척의 배를 타고 있는 전사들은 뿔이 달린 헬멧을 쓰고 있는데, 보다 이른 시기의 부조들에 의하면 이는 쉐르덴의 머리 장식이다. 해양족들이 사용했던 무기로는 길고, 곧은 검, 창 그리고 원형의 방패들이 있다.

육상전을 묘사하는 그림 속에서는 깃털 장식 헬멧을 쓰고, 여섯 개의 살로 된 바퀴가 달린 전차를 탄 해양족들의 모습을 발견하게 된다. 각각의 전차들은 한 쌍의 말이 끌고 있으며, 세 명의 전사들을 태우고 있는데, 그 중 두 명은 투창이나 창을 쥐고 있다. 창과 긴 검 그리고 원형의 방패로 무장한 보병들은 네 명씩 무리를 짓고 있는 것으로 묘사되어 있다. 전사들의 여인들과 아이들 그리고 소유물들이 견고한 나무 바퀴가 달린 커다란 짐마차에 실려 있는데 이 마차는 황소가 끄는 것으로 그려져 있다. 이로써 해양족들은 단순한 군사적 침략자라기보다는 이주민들이었던 것 같다.

해양족 대부분은 깨끗하게 면도한 모습이지만, 포로 가운데 소수는 턱수염을 한 블레셋과 체커가 있다. 이들 수염을 기른 인물들은 당시 키프로스에서 가장 중요한 도시였던 엔코미(Enkomi)에서 발견된 두 개의 예술적인 묘사에 등장하는 두 인물을 상기시킨다. 한 명은 상아 상자의 뚜껑 위에 묘사된 인물로서, 전차를 타고 수염을 기른 그 지역 통치자의 특징을 보여주고 있으며, 그 뒤에는 깃털 장식의 헬멧을 쓴 전사가 전투용 도끼와 다른 무기를 손에 들고 서 있다. 인장 위에 나타나고 있는 또 다른 묘사 역시 유사한 전사의 모습을 보여주는데, 역시 수염을 기르고 있으며, 원형의 방패를 들고 있다. 이 두 발굴품은 해양족들을 키프로스와 관련시키는데 있어서 커다란 중요성을 지니고 있다.

이 전투의 결과는 해리스 파피루스 제 1(Papyrus Harris I)에 수록되어 있는데, 이에 따르면, 해양족들은 이집트인들에 의해서 격퇴당했다. 그러나 많은 이들은 용병으로 이집트 요새에 남았다.

> "나는 체커와 블레셋이 잿더미가 되는 동안 덴옌의 섬에서 덴옌 사람들을 죽였다. 바다의 쉐르덴과 웨쉐쉬는 존재하지 않게 되어, 모두 붙잡혀 이집트에 포로로 끌려왔는데, 마치 해변의 모래와 같았다. 그들은 내 이름으로 명한 요새에 정착하였다. 그들의 군사 계층들은 수십만에 이를 정도로 많았다. 나는 매년 보물 창고와 곡물 창고로부터 그들 모두를 위해 옷과 음식의 정한 몫을 할당하였다."

람세스의 과장에도 불구하고, 해양족의 도착과 이집트 왕국 내의 정착은 결국 그 왕국의 쇠퇴와 가나안 지배의 종말을 가져온 요소 가운데 하나였던 것으로 보인다. 그 다음 시대에 속한 두 개의 이집트 자료는 이집트의 쇠퇴기 때 해양족의 지위를 설명해준다. 주전 12세기경의 백과사전식 목록이라 할 수 있는 아멘오페(Amenope)의 오노마스티콘(Onomasticon)은 쉐르덴, 체커 그리고 블레셋을 언급하고 있다. 블레셋 세 도시 아스글론, 아스돗 그리고 가사가 열거되어 있다. 따라서 아멘오페의 오노마스티콘에 언급된 민족들은 이미 가나안에 정착하고 있었던 것으로 보인다. 두 번째 자료는 벤-아몬의 전설로서 이는 주전 1100년 경 비블로스로 백향목을 구입하러 가던 길에 가나안을 통과했던 한 이집트 관리의 재판에 관련된 기록이다. 벤-아몬은 도르(Dor)에서 한동안 체커 거주민들과 함께 거했다. 그들은 블레셋 사람의 땅 북쪽 샤론 평야에 정착했던 해양족의 주요 그룹이었던 것 같으며, 반면 쉐르덴은 팔레스틴의 북부 평야와 계곡들에 거주했을 수 있다.

정착한 해양족들이 지중해 동부 해안을 따라 항해자의 기능을 하고 있었음은 체커의 열한 척의 배가 자신을 좇아 비블로스까지 왔다는 벤-아몬의 묘사를 통해 시사된다. 그는 또한 해안을 따라 있었던 지배자들을 제시하고 있는데, 그들은 블레셋 도시들을 다스렸던 인물이었을 수 있다. 그들의 이름은 가나안 원주민들의 이름과 비교해 이질적이었다. 그러므로 블레셋과 체커는 지중해 동부 해안을 따라 해안 무역과 선적을 관할했으며, 때때로 레바논 해안에서 부상하고 있었던 비블로스, 두로, 시돈, 등의 페니키아 도시국가들과 동맹을 맺었던 것으로 보인다.

물론 구약성서는 블레셋에 관해 보다 많은 세부 사항을 제공해주는 유일한 기록문서이다. 그들의 다섯 도시들은 가사, 아스글론, 아스돗, 갓(Tel Safit [Tell es-Safi]), 에그론(Tel Miqne)이다. 그것은 청동기 시대 그리스에서 발견되는 것과 유사한 도시국가들의 연합으로 구성되었던 것 같다. 그 각 도시국가의 지도자는 세렌(סרן)이라 불렸으며, 세렌은 군주를 뜻하는 그리스어 티라노스(tyranos)와 관련되었을 것이다. 블레셋과 이스라엘 사이의 복잡한 관계는 사사기와 사무엘서에 수록된 여러 이야기를 통해 알 수 있다. 그들의 갈등은 주로 쉐펠라 내륙 지배에 관련되었는데, 블레셋은 산악 지대로 침투하려 했으며, 사울과 다윗 통치하에 있는 이스라엘 왕국의 발전을 막으려 했다.

블레셋과 다른 해양족들의 기원에 관해서는 여러 학자들에 의해 다양한 제안들이 이루어졌다. 구약성서는 블레셋의 고향을 갑돌(Kaphtor)로 규명해주는데, 이는 아마도 크레테를 언급할 것이다(암 9:7, 렘 47:4). 예를 들어 사무엘하 15:18에서 발견되는 "그렛 사람과 블렛 사람"이란 표현도 크레테인과 블레셋을 언급하는 것 같다.

대부분의 증거들은 아나톨리아 해안(이오니아)과 또는 에게 해 지역을 여러 해양족의 고향으로 지적하고 있다. 성서에 수록된 일부 블레셋인의 이름과 용어들은 서부 아나톨리아의 루비어(Luvian)와 관련되었으나, 그 증거는 구체적이지 않다.

| 사사기 참고문헌 |

Alt, A., "The Formation of the Israelite State in Palestine," *Essays in the Old Testament History and Religion*, Oxford, 1966, 171-237.

Boling, R.G., *Judges*, The Anchor Bible, New York: Doubleday, 1975.

Brenner, A., *A Feminst Companion to the Judges*, Feminist Companion to the Bible 4, Sheffield: Sheffield Academic Press, 1993.

Coogan, M. D., *Stories from Ancient Canaan*, Philadelphia: Westminster Press, 1978.

Crenshwa, J., *Samson - A Secret Betrayed: A Vow Ignored*, Atlanta: John Knox Press, 1978.

Finkelstein, I., *The Archaeology of the Israelite Settle*, Leiden: E. J. Brill, 1988.

Fohree, G., *Introduction to the Old Testament*, Nashwille, 1968.

Gray, J., *Joshua, Judge, Ruth*, The New Century Bible Commentary, Grand Rapids: Eerdmans, 1986.

Hamlin, E.J., *Judge: At Risk in the Promised Land*, International Theological Commentary, Grand Rapids: Eerdmans, 1990.

Kaiser, O., *Introduction to the Old Testament*, Blackwell, 1975.

Klein, L. R., *The Triumph of Irony in the Book of Judges*, Bible and Literature Series, 14, Sheffield: JSOT Press, 1988.

Marcus, D., *Jephthah and His Vow*, Lubbock Texas: Texas Tech University Press, 1986; Mayes, A. D. H., Judges, Sheffield: JSOT Press, 1985.

Moore, G., Judges, The International Critical Commentary, New York: Harper, 1969.

Murray, D. F., "Narrative Structure and Technique in the Deborah and Barak Story," *VTSup* 30 (1979), 155-189.

O' Connell, R. H., *The Rhetoric of the Book of Judge*, VTSup. 63, Leiden, E. J. Brill, 1996.

Schneider, T., *Judges*, Berit Olam: Studies in Hebrew Narrative and Poetry, Collegeville: The Liturgical Press, 2000; Simpson, C. A., *Composition of the Book of Judges*, Oxford, 1957.

Soggin, J. A., *Judges: A Commentary*, Old Testament Library, Philadelphia: The Westminster Press, 1981.

Sweeney, M., "David Polimics in the Book of Judges," VT *47* (1997), 517-529.

Webb, B.G., *The Book of Judges: An Integrated Reading*, Sheffield: JSOT Press, 1987.

Wright, G.E., "The Literary and Historical Problem of Joshua 10 and Judges 1," *JNES* 5 (1946), 105-114.

Yee, G. A., *Judges and Method: New Approaches in Biblical Studies*, Minneapolis: Fortress Press, 1995.

사무엘서

사무엘서는 히브리어 구약성경의 여덟 번째 책이며, 구약성경을 세 부분으로 나눌 때 전기 예언서(Former Prophets)에 속하는 책이다. 사무엘서는 원래는 하나의 책이었으나, 칠십인역에서 사무엘서가 길기 때문에 바실레오나 알파 · 베타(βασιλειωνα α, β '제 1왕국기' 와 '제 2왕국기')라고 불렀고,[53] 이 전통을 기독교에서 채택하였다. 따라서 불가타 역에서는 사무엘서를 제 1왕국기와 제 2왕국기로 불렀으며, 열왕기서를 제 3왕국기, 제 4왕국기(Libri Regnorum)라고 불렀다. 그러나 히브리어 성경은 주후 15세기경부터 사무엘서를 상 · 하 두 권으로 나누기 시작하였다.

책 이름

히브리어 정경의 책 이름은 사무엘이다. 왜냐하면 사무엘이 책 가운데 가장 먼저 등장하는 중요한 인물이기 때문이다. 그러나 이러한 책의 제목은 책의 저자를 함축하고 있지는 않다. 주전 6세기경에 신명기 사가에

53) P.K. McCarter Jr., *I Samuel*, AB, (Garden City: Doubleday, 1980), p. 3.

의하여 마지막 책의 형태가 갖추어졌다는 것은 일반적으로 받아들여지는 견해이기 때문이다. 사무엘서에 기록된 자료들은 다윗 혹은 솔로몬 시대의 고위 관리들에 의하여 생겨난 것으로써 하나 혹은 그 이상의 전승들이 있었을 것으로 추정된다. 사무엘서의 전승과 관련된 최고 관리로 추정되는 사람으로는 제사장 아비아달 혹은 사관 여호사밧, 사독의 아들 아히마스 등이다. 이러한 관리들이 왕국 문서 기록의 책임을 맡고 있었다는 것은 분명하다. 이들 관리들이 전승을 기록하지는 않았다 하더라도 자료들을 조금 확장하였을 가능성도 배제할 수 없다. 그러나 어느 관리가 어떤 자료를 기록하였는지 정확하게 밝힐 수는 없다.

원래 사무엘서는 두 권으로 나누어져 있지 않았다. 히브리어 성경의 사무엘상 28:24에는 '책의 절반' 이라는 표시가 있어, 이 구절이 사무엘서 전체의 중간임을 나타낸다. 그러나 헬라어 번역자들은 이 책을 두 개의 두루마리에 옮기면서 '제 1 왕국기' 와 '제 2 왕국기' 라는 이름을 붙였다(오늘날 우리가 열왕기상과 하권으로 부르는 책들은 칠십인역에서 각각 '제3 왕국기' 와 '제4 왕국기' 로 불린다).[54] 라틴어 성경번역인 불가타(Vulgate)도 이 구분을 받아들이면서 사무엘서를 '제 1 열왕기' 와 '제 2 열왕기' 로 불렀다. 이러한 구분은 1516-1517년 첫 번째 랍비 성서인 「봄베르그 성서」(Bomberg Bible)가 출간될 때 채용되었고, 1524/1525년에 두 번째 랍비 성서에도 적용된 이래, 오늘까지 이어져 오고 있다.[55]

히브리어 본문과 헬라어 번역본 사이에는 여러 가지 중요한 차이점이 드러난다. 두 사본 가운데 어느 것이 더 원본에 가까운가? 칠십인역의 역

54) 그리스 정교회와 로마 가톨릭교회에서는 사무엘서와 열왕기서를 같이 다루었으며 그리스 정교회에서는 이들을 제1-제4왕국기라고 부르고 로마 가톨릭교회에서는 열왕기 1-4서라고 부른다. R.D. Bergen, *1, 2 Samuel*, The New American Commentary (Nashville : Broadman &Holman, 1996), p. 17, no. 1.

55) J.W. Flanagan, "Samuel, Book of 1-2," *ABD* V, pp. 957-965, esp. 957.

자들이 스스로 오늘 우리에게 전해진 헬라어 본문과 히브리어 본문을 비교하는 가운데 확인할 수 있는 첨가와 삭제를 시도했으리라고는 보이지 않는다. 한편 부분적으로 이미 출간된 쿰란의 사해사본의 단편들은 칠십인역이 대본으로 삼은 히브리어 본문과 매우 가깝다. 그러나 사해사본이 아주 오래된 것이라는 사실 자체만으로 진짜 원본을 기초로 한 것이라고 주장할 수는 없다. 칠십인역 본문이나 그 히브리어 대본이 중복되거나 모순된 일부 내용을 빠뜨리는 경향을 보이기 때문이다. 그리고 칠십인역 본문은 맛소라 학자들이 우리에게 전해 준 히브리어 본문보다 덜 까다로워 후대의 수정에 대하여 의심하게 한다. 어쨌든 서로 다른 본문인 칠십인역 본문과 맛소라 학자들의 본문이 초기 시작 전에 이미 공존하고 있었던 것만큼은 부인할 수 없다.

사무엘서라는 책 제목은 이 책의 저자를 사무엘 예언자라고 생각하는 랍비 전승을 반영한다(바바 바트라 14b). 후대의 랍비들은 역대상 29:29-30을 글자 그대로 받아들여 사무엘의 위업이 그가 죽은 다음에 나단 예언자와 가드 예언자를 통하여 지속되었다고 여겼다(바바 바트라 15a). 그러나 사무엘의 책이라는 개념은 그것이 아무리 오래되었다 하더라도 다소 인위적이다. 사무엘에 관한 이야기는 사무엘서 전체에서 사무엘상 1-3장과 7-15장에만 등장한다. 특히 사무엘하 21-24장은 문체나 내용에서 일관되게 다윗 왕의 이야기를 방해하는 듯한 인상을 준다. 사무엘서의 본 내용인 다윗 왕조의 이야기는 이 왕조의 급변하는 내부 사정을 다루는데 솔로몬의 즉위에 관한 보고로 끝맺는다. 이 구도에 따르면 열왕기상의 처음 두 장은 위의 사무엘하 21-24장으로 중단된 옛 다윗 왕조의 이야기에 속한다고 할 수 있겠다. 한편 중간에 삽입된 이 사무엘하 21-24장의 네 장은 구원자 사사들의 이야기를 방해하는 사사기 17-21장과 같은 기능을 지닌다. 사사기의 구원자인 사사들의 이야기는 사무엘서에 나오는 다윗 왕조 이야기처럼, 사사기 17-21장을 건너 뛰어 사무엘상 1장에 다시 이어지는 것으로 볼 수 있다. 마찬가지로 사무엘상 16장-사무엘하 20장까지의 다윗 왕조 이야기는 사무엘하 21-24장을 뛰어넘어 열왕기상 1장으로 이어진다.

사사기		사무엘서	
사사기1-16장	사사에 관한 이야기	삼상 16-삼하 20장	다윗 왕조 이야기
사사기17-21장		삼하 21-24장	
삼상1장	(사사) 사무엘 이야기	왕상 1장	다윗 왕의 이야기

사무엘서의 문학적 구조

사무엘서는 전기적인 틀로 구성되어 있다. 사무엘상 1-4장은 엘리의 시대, 5-12장은 사무엘의 시대, 13-31장은 사울의 시대 그리고 사무엘하는 다윗에 관하여 기록하고 있다. 따라서 각 이야기 단위에서는 출생, 성장, 활동 그리고 그 시대에 관한 신학적 평가 그리고 죽음에 관한 이야기들로 구성되어 있으며, 경우에 따라서는 한 두 요소가 생략되기도 한다. 엘리의 경우에는 활동, 죽음 그리고 그의 시대에 대한 신학적 평가는 등장하지만, 그러나 출생이나 성장에 대한 기록은 등장하지 않는다. 사무엘의 경우는 모든 요소가 다 등장하며, 사울은 출생이나 성장에 관한 이야기가 간략하게 묘사되어 있다.

사무엘서는 주로 산문으로 구성되어 있으며, 여기에 몇 개의 시적인 내용이 첨가되었다(삼상 2:1-10, 삼하 1:19-27, 3:33-34, 22장, 23:1-7 등). 사무엘서에 많이 사용된 문학적 기교는 반복과 조화의 평행법이다.

운문(시)에서도 반복과 조화의 기교가 많이 사용되는데, 반복은 주로 수미쌍관의 방법을 통해서 나타난다. 예를 들어 사무엘상 2:1과 2:10을 비교하면 뿔이라는 단어가 반복적으로 사용된다.

사무엘상 2장 1절

내 뿔이 여호와로 말미암아 높아졌으며

사무엘상 2장 10절

기름 부음을 받은 자의 뿔

또한 사무엘상 2:4이나 2:14의 교차대구를 통한 반복의 기법을 사용하고 있다.

또한 숙어적인 표현에서 중요한 단어가 생략되는 간약법(brachylogy, 簡約法)이 사용된다. 예를 들어 사무엘상 8:3의 "그의 아들들이 자기 아버지의 행위를 따르지 아니하고" 에서 "아버지의" 라는 부분은 원문에는 생략되어 있다. 이처럼 목적어를 생략하는 것을 간약법이라고 부른다.

사무엘서는 단일저자에 의한 동일한 저작물이 아니다. 책의 편집을 이해하기 위해서는 사무엘서에 나타난 기본적인 문학적인 단위의 특징을 이해할 필요가 있다.

설화들(Narratives)

사무엘서를 구성하는 기본적인 그리고 주요한 문학적인 단위는 설화(narrative)이다. 사무엘서의 설화는 대화체를 많이 사용할 뿐만 아니라 반복적인 어법을 구사하고 있다. 또한 시작과 끝을 같은 형식으로 시작하는 수미쌍관법(inclusio)을 많이 사용하며, 예시와 회상의 방법과 행동의 지연 그리고 행동에 대한 묘사와 숫자 3과 7을 선호한다. 사무엘서의 대부분은 많은 설화로 구성되어 있다. 각 설화는 어떤 사건에 대하여 상세하게 다룸으로써 구별된다. 그러나 경우에 따라서 설화는 간결하고 추상적인 경우도 있다.

시들

사무엘서에는 많은 시가 포함되어 있다(삼상 2:1-10, 15:22-23, 삼하 1:17-27, 3:33-34, 20:1, 22:1-51, 23:1-7). 그런데 사무엘서에 등장하는 시 가운데 성서의 다른 부분에서도 등장하는 것들이 있다. 예를 들어 사무엘상 20:1은 열왕기상 12:16에 등장하고 사무엘하 22장은 시편 18편에 등장한다. 따라서 이들 시들이 당시 사람들에게 무엇인가 말하기 위하여 기록되었는가? 라는 질문을 야기한다. 사울과 요나단 그리고 아브넬에 대한 애가는 오늘날 학자들에 의하여 다윗의 것으로 분류된다. 그러나 학자들은 한나의 노래는 한나의 것으로 분류하지 않고, 다윗의 노래나 다윗의 마지막 말은 다윗에게서 생겨난 것이 아니라, 왕실의 시인 그룹에 의하여 생긴 것으로 여긴다. 사울과 요나단에 대한 애가는 야샬의 책에서 생겨난 것으로 보인다(삼하 1:18).

신탁들(Oracles)

사무엘서에서 하나님의 말씀은 훈령이나 공고의 형태를 띠고 있으며, 간혹 개인에게 직접 말하는 형태를 띠기도 한다(삼상 3:11-14, 8:7-9, 9:15-16, 15:10-11, 삼하 7:4-7, 21:1, 24:11-12). 그러나 예언적 선언이나 제의적 선언은 하나님의 대변인을 통하여 청중에게 전달된다(삼상2:27-36; 6:3-9; 8:10-18; 10:17-

19; 12:6-17, 20-25; 17:45-47; 삼하 7:3, 8-16; 12:7-14; 24:13).

개인적이거나 혹은 공적인 형태의 신탁은 전형적인 메신저 형식과 관련하여 매우 복잡하다. 개인적인 신탁은 대체로 공적으로 말하고 싶은 것을 개인에게 전하는 것이 많다. 대부분 신탁은 설화의 중요한 부분으로 등장하지만, 그러나 경우에 따라서는 신탁이 중요한 문학적 유형을 이루기도 한다(삼상 12, 삼하 7장).

목록과 연대기(Lists and Annals)

사무엘서에 나타난 설화의 흐름은 왕의 관리나 외국인의 명단 혹은 이스라엘의 지역이나 도시의 명단이 등장함으로써 깨어진다. 사무엘서에는 연대기적 기록이나 연대기적인 요약들이 많이 등장한다. 연대기나 목록은 독립적인 문학적 양식이다(삼상 7:13-17; 14:47-52; 삼하 3:2-5; 5:13-16; 8:15-18; 20:23-26; 21:15-22; 23:20-39). 경우에 따라서는 형식적인 면에서 설화에 예속되기도 하며, 목록이나 연대기의 내용이 설화 속에서 자세히 부연되기도 한다(삼상 13:1-3; 22:2; 30:26-31; 삼하 2:8-11; 5:4-5, 9, 17-25; 8:1-14; 12:26-31; 23:8-19; 24:5-9).

연대기나 목록은 공식적인 문서보관소에서 유래된 자료처럼 읽히고, 경우에 따라서는 좀더 보편적인 설화의 양식으로 확장되기도 한다. 목록이나 연대기를 설화 속에 삽입하는 문학적인 고안은 매우 복잡하다.

다양한 문학적 유형들(Miscellaneous)

사무엘서에 등장하는 다른 문학적 양식 가운데 다윗의 기도(삼하 7:18-29)는 극적인 데서 등장한다. 두 경우에 있어서 왕에 의하여 판단이 요구되는 추정범에 관한 이야기는 왕 자신이 판단되어지는 반우화적인 기능을 한다(삼하 12:1-6; 14:4-17). 대중적인 잠언이나 판결은 설화 속에서 주인공의 입술을 통하여 말해진다(삼상 10:12; 18:7; 19:24; 21:11; 24:13; 29:5; 30:24-25; 삼하 11:21; 20:18).

이처럼 다양한 문학적 단위들을 통하여 사무엘서에서 나타내려고 하는 것은 다윗이 목동의 신분에서 어떻게 왕위를 차지하였는가에 관한 이야기이다. 따라서 사무엘서의 중심 주인공은 다윗이다.

신명기 사가의 편집

사무엘서는 모든 사건들을 연대순으로 엮어놓은 것은 아니다. 오히려 사무엘서는 서로 다른 자료들을 한데 모은 문학작품이다. 그 자료들 가운데 어떤 것들은 아주 오래된 것도 있다. 이 사무엘서는 사울과 다윗 시대에까지 거슬러 올라가는 구전 전승들을 결합시키지만, 지금 우리가 대하는 이 사무엘서 기록 뒤에 원초적인 사료가 어떤 형태로 존재하였는지 불분명하다. 이 책은 아마도 각 전승이 담고 있는 사건 그 당시에 형성된 전승들이 주전 586년 유다 왕국이 멸망한 다음 신명기 사가에 의하여 수정과 보충을 거쳐 재편집되었을 것이다. 사무엘서에는 신명기 사가의 문체와 어구를 쉽게 찾아 볼 수 있다. 따라서 이렇게 오랜 기간 동안 편집된 사무엘서에서 초기 사료의 원래 형태를 밝혀내기란 거의 불가능하다.

사무엘서를 편집한 신명기 사가의 편집자는 사무엘의 어린 시절에 관한 이야기, 법궤 이야기, 미스바와 라마에서 왕을 세우는 이야기, 길갈에서 왕을 세우는 이야기, 다윗의 계승 이야기 등을 가지고 있었다. 여기에 더하여 이 편집자는 목록과 연대기와 시나 신탁 등을 첨가하였으며, 더 나아가 다윗에 관계된 이야기 가운데 큰 이야기 군에 속하지 않는 작은 이야기들을 가지고 있었다. 이러한 자료들이 오경자료와 평행하거나 혹은 유비적으로 배열되었는지에 대한 명확한 자료는 없다. 이렇게 개별적인 자료들이 신명기 이전에 연결될 필요가 없다. 모든 편집자의 연결부분들은 신명기편집자의 작품이거나 혹은 원래 이러한 전승을 만들었던 사람들의 작품으로 설명되어 질 수 있다. 마찬가지로 사무엘하 21-24장이 신명기 이후의 편집자에 의하여 첨가되었다는 증거는 빈약하다.

신명기 사가가 이러한 자료를 배열하는 방식은 대체로 연대순으로 배열하였으며 연대기적으로 좀 더 좋은 결과를 낳거나 혹은 주제가 서로 연관되기 위하여 위치를 옮길 필요가 있는 부분 그리고 같은 사건의 주제로 생각되어지는 부분 등은 자료의 위치를 변경하였다. 사무엘하 6장의 법궤에 관한 결론 부분은 다윗이 예루살렘에서 통치를 시작한 다음으로 옮겨졌다. 사무엘상 7:3-12의 미스바에서 왕조를 일으킨 이야기는 사무엘 7:13-17의 사무엘의 업적 이야기와 분리되었고, 사무엘상 15장의 미스바에서 사울에 대한 거부는 사울의 업적을 요약하는 부분에 놓였다(삼상 14:47-52). 길갈에서 왕을 세우는 이야기는 미스바에서 왕을 세우는 이야기와 연속성을 위하여 서로 결합시켰다. 길갈 이야기는 사울의 마지막을 언급하는 이야기 속에 놓여 있다(삼상 28:1-25, 31:1-13).

결합되고 새로 조정된 결과에 편집자는 목록, 연대기 그리고 적당한 이야기를 소개하였다. 사무엘상 11:12-15은 사울의 세 번째 즉위를 소개하고 있다. 다윗의 성쇠에 관한 반복적인 기록은 사무엘상 16장의 다윗이 권력을 얻는 것에 관한 기록부터 등장한다. 다윗의 관리와 아들에 관한 목록과 그의 전쟁에 관한 연대기적인 설명은 헤브론과 예루살렘에서의 다윗의 통치에 관한 기록에 삽입되었다(삼하 2-8장). 모든 이야기의 주요한 연결은 중요한 지도자들의 내외적인 연대기적인 요약에 의하여 나타난다. 사무엘상 7:13-17의 사무엘의 이야기와 삼상 14:47-52의 사울에 관한 이야기 그리고 사무엘하 8장, 20:23-36, 21:15-22, 23:8-39의 다윗에 관한 이야기에서 요약 연결 부분이 등장한다. 모든 요약은 이야기에서 지도자가 사라지기 전부터 등장한다. 지도자가 새로운 국면에서 다른 지도자들과의 관계 속에서의 균형을 위하여 요약이 고안되었다. 사무엘의 요약 다음에 그는 사울과 다윗을 준비하는 중요한 사람이다. 사울의 요약 다음에 사울은 감소되고 다윗이 중요한 사람으로 부상되었다. 다윗의 처음 요약 다음에, 다윗은 예루살렘에서 그의 왕권을 보장하였고, 재미있는 전환은 그의 아들들이 왕위를 얻으려는 것으로 바뀌었다. 다윗의 마지막 요약 다음에 상황은 솔로몬에게로 돌아갔다.

이러한 연대기적인 요약과 별개로 뼈대와 같은 요약이 있고, 매우 잘 조화되는 첨가가 있다. 신명기편집자는 새롭게 쓰거나 혹은 자신의 광범위한 해석의 삽입을 금하였다. 사무엘상 12장과 사무엘하 7장은 신명기편집자가 완전히 새로 쓰고 확장한 것을 나타낸다. 편집자는 편집되어진 이야기를 신명기에서부터 열왕기까지의 광범위한 이야기에 놓았다. 사무엘하 21-24장의 자료는 대칭 구조를 이룬다. 즉

A. 사울이 기브온 사람들을 죽인 것에 대한 속죄
B. 다윗의 영웅들이 블레셋과의 전쟁에 관한 연대기적 기록
C. 다윗의 노래
C1. 다윗의 마지막 말
B1. 블레셋 사람과의 전쟁에 대한 연대기적인 기록과 다윗의 영웅들
A1. 다윗의 인구조사에 대한 속죄 이야기.

부록은 다음과 같은 세 개의 짝으로 구성되었다. 즉 C-C1, B-B1 그리고 A-A1이다. 보충의 핵심은 군사적, 법률적인 지도자로서의 왕의 덕을 찬양하는 시이다. 이것은 신명기 32장의 모세의 노래와 신명기 33장의 모

세의 축복과 유비된다. 두 개의 짝을 이루는 전승은 이 중심으로부터 선은 밖을 향한다. 즉 다윗의 영웅들의 공적과 죄에 대한 사죄이다. 결과적으로 다윗의 이야기를 극적으로 요약하는 효과를 나타낸다.

신명기 사가 이전의 자료들

사무엘서의 마지막 편집이 신명기 사가에 의해서 이루어졌다는 것은 대부분의 학자들에 의하여 받아들여진다. 그러나 마지막 편집의 범위나 내용이 편집 이전에 어떻게 발전하였는지에 관해서는 학자들간에 많은 이견이 있다. 그러나 신명기 사가가 단순히 개별적인 자료를 배열하고 연결하였는지 아니면, 이미 존재했던 자료를 이용하여 자료를 연결하는 공헌을 하였는지 그에 대한 문제가 제기되고 있다. 이미 존재했던 자료의 대략적인 윤곽을 그릴 수 있느냐 하는 것은 또 다른 문제이다. 뿐만 아니라 이 존재했던 자료들이 창세기부터 민수기까지 그리고 여호수아에서 사사기까지의 이미 알려진 설화자료와 연결되는지 하는 문제도 생긴다. 또 다른 문제는 사무엘서를 편집한 신명기사가적 편집은 그의 목적에 의하여 자료를 가감하였는가 하는 점이다. 간략히 말해, 문제는 서로 연결된 사무엘서의 자료의 과정을 구별할 수 있느냐? 하는 것이다.

이러한 질문에 대한 극단적인 입장은 신명기 사가는 단순히 개별적인 자료 즉 설화와 시와 신탁 그리고 다른 책을 구성하는 문학적 단위를 단순히 모은 것이라고 주장한다. 이와는 정반대의 극단적인 입장은 마지막 편집자가 많은 자료를 이용하여 자신이 말하고자 하는 것을 말하고 있다는 것이다. 자료를 연속적으로 배열하고 서로 결합하여 연속적인 이야기를 구성한 것이라고 한다.

신명기 사가 이전에 이미 존재하였던 많은 자료에 대한 증거가 있다. 그러나 문학적, 역사적, 이념적으로 이러한 자료를 명확히 구별할 기준을 적용할 수는 없다. 사무엘서는 개별적인 것을 의미 없이 편집한 것이 아님은 분명하다. 그러나 신명기적 기원을 갖지 않은 것이 있는 것 역시 분명하다.

사무엘서에 기록된 내용에서 신명기 사가 이전 전승으로 구별되는 것은 다음과 같다.

(1) 사무엘의 소년 시절에 관한 이야기(삼상 1-3장)는 사무엘의 출생과 소명을 말하고 있으며 엘리 제사장의 운명에 대한 예언을 기록하고 있다.

(2) 법궤 이야기(삼상 4:1-7:2)는 법궤를 빼앗기고, 홉니와 비느하스 그리고 엘리의 죽음을 설명하고, 더나아가 법궤의 귀환에 대하여 기록하고 있다. 사무엘하 6:1-15은 이 이야기의 연속이다. 사무엘하 6장의 원래 핵심도 법궤의 이야기에 속하는 것으로 보인다.

(3) 사무엘과 사울 이야기에서 왕국의 형성은 미스바와 라마와 관련되어 있는데(삼상 7:3-12; 8:1-22; 10:17-27; 12:1-25; 15:1-35), 이것은 신탁이 기록된 부분에 놓였다. 사무엘은 백성을 블레셋에서 구원할 구원자이지만, 그는 이미 늙었기 때문에 백성은 왕을 요구한다. 왕은 하나님의 뜻에 반대되는 것으로 정죄받는다. 사울은 제비뽑기로 왕으로 선택된다. 사무엘은 작별연설을 하는데, 여기서는 과거 하나님의 구원을 회상하고, 백성들이 왕을 요구하는 것은 반역임을 경고한다. 마지막으로 사울이 모든 아말렉을 무찌르는 데에 실패하고, 또 전리품을 마음대로 처리했을 때, 하나님의 사울에 대한 거부가 사무엘에 의하여 전해진다. 사무엘상 12장의 고별연설은 신명기 사가에 의하여 확장된 것이지만, 그러나 이것의 근간은 오래된 자료를 근거로 한 것이다. 사무엘상 7:3-12과 15:1-35은 분명 같은 자료라는 것을 확신할 수 없다. 또한 이 자료들이 첨가되어야 하는 결정

적인 이유에 대해서도 알 수 없지만, 그러나 이것은 중요한 역할을 한다.

(4) 사무엘과 사울의 이야기 그리고 왕국의 형성에 관한 이야기 등 길갈(Gilgal)과 연결되어 있는 이야기(삼상9:1-10:16; 13:1-14:46)가 미스바에서 생겨난 설화보다 간결한 신탁적인 설화 속에 편집되었다. 사울은 하나님의 지시를 받은 사무엘에 의하여 왕으로 선택되었다. 사무엘은 사울을 길갈로 보내어 또 다른 지시가 있기까지 7일 동안 기다리도록 한다. 길갈에서 블레셋 사람들이 위협하자 사울은 전쟁을 시작하는 제사를 드린다. 사무엘은 도착하여 사울을 정죄하고 하나님이 사울을 거부한다고 선언한다. 사울과 요나단의 블레셋과의 전쟁에서의 승리는 밀접하게 연결되어 있다. 사무엘상 31장은 이 전승에 속해 있는 것으로 보인다. 왜냐하면 사울의 죽음에 대하여 위엄 있고, 동정적으로 묘사하고 있기 때문이다. 사무엘상 28장의 삽입의 이유는 불확실하다. 현재 형태의 사무엘서의 문제점은 사무엘상 15장의 아말렉 이야기와 연결되어 있다는 점인데, 아마도 신명기 사가에 의하여 조정된 것으로 보인다.

사무엘상 11장은 종종 길갈 이야기로 여기지만, 그러나 이것은 왕국 형성의 이야기와 잘 맞지 않는 매우 기이한 것이다. 한 가지 상상할 수 있는 것은 사무엘상 11:1-11이 길갈의 자료에 속한 것이며, 이것의 목적은 사울이 강한 블레셋과의 전쟁의 예비 단계인 암몬 족속과 싸울 때의 용감성을 보여주는 것이다. 그러나 사무엘상 11:12-15은 사울이 길갈에서 어떻게 왕이 되었는가를 또 다르게 설명하는 것이다. 이러한 11장의 차이는 "오라 우리가 길갈로 가서 나라를 새롭게 하자"라는 11:14과 완전히 조화를 이루지 못하기 때문이다.

사무엘서의 남은 자료들은 불분명한 자료들이거나 혹은 쉽게 나눌 수 없는 부분들이다.

(5) 다윗의 계승을 둘러싼 이야기(삼하 9-20장, 왕상 1-2장)는 매우 아름답게

균형 잡힌 이야기들로 구성되어 있다. 이것은 소설(novella)형식과 연결되어 있으며, 다윗과 그의 아들들 사이의 관계에 초점이 맞추어져 있다. 모든 이야기는 다윗이 밧세바를 취하기 위하여 우리야를 죽인 죄를 속죄하는 문제에 영향을 받는다. 밧세바의 첫 아들의 죽음과 다말의 강간과 암논의 죽음 그리고 압살롬의 반란과 그의 죽음은 다윗의 죄와 관련되어 있다. 요압이 아브넬과 아마사를 죽이는 죄는 요압의 죽음으로 속죄되었다. 다윗의 모든 잘못은 다윗의 가장 사랑하는 아들인 솔로몬이 왕이 됨으로써 가시적으로 죄사함을 받는다. 그러나 이 이야기는 분명한 출발점이 없다. 일반적으로 사무엘하 9장을 시작 부분으로 생각한다. 왜냐하면 사무엘하 9장이 므비보셋으로 시작하고 사무엘하 10장은 우리야가 죽는 암몬과의 전쟁을 기록하고 있기 때문이다. 그러나 사무엘하 9장은 이 자료의 적당한 출발점이 되지는 못한다. 이 이야기의 출발점에 관한 이야기가 없어졌거나 혹은 사무엘상 16장과 사무엘하 8장 사이에서 발견되어진다. 열왕기상 2:5에서 다윗은 야곱의 죽음을 강조한다. 왜냐하면 야곱이 아브넬을 죽였기 때문이다. 시므이는 사무엘하 16:8에서 "사울 족속의 모든 피를 여호와께서 네게로 돌리셨도다"라는 말로 다윗을 저주한다. 이것은 사울의 죽음과 그 가문의 멸망에 대한 책임이 다윗에게 있음을 말하고 있다. 이러한 언급은 왕궁의 역사가 이스바알과 아브넬의 이야기까지 거슬러 올라감을 암시하는 것이다. 더욱이 왕의 첩과 관련된 왕궁 내의 세력 다툼은 사무엘하 16:20-22, 열왕기상 2:13-25 그리고 사무엘하 3:6-11에서 나타난다.

사무엘서의 내용

사무엘서의 문학적 구조는 사무엘하 21-24장의 보충 자료를 제외하고 현재의 사무엘서를 있는 그대로 놓고 살펴보면, 연대순으로 기록되었음을 알 수 있다. 크게 네 가지 이야기가 기록되어 있다. 사무엘의 이야기(삼상 1:1-7:17), 사울 이야기(삼상 9:1-15:35), 사울과 다윗 이야기(삼상 16:1-31:13) 그리고 다윗 이야기(삼하 1-20장)가 기록되어 있다. 각 이야기들은 많은 에피소드들이 선별되고 배열되어 기록되었다. 이 가운데서 사무엘상 8장은 전환부로서 왕실에 대한 개론적 이해가 기록되어 있다.

부분	주인공
사무엘상 1-7	사무엘
사무엘상 9-15	사무엘과 사울
사무엘상 16-31	사울과 다윗
사무엘하 1-8	다윗이 세력을 키움
사무엘하 9-20, 왕상1-2	왕실 이야기 혹은 다윗 즉위 설화
사무엘하 21-24	다윗 시대에 대한 첨가 부분

사무엘서는 사무엘부터 다윗 통치까지 이야기를 서술한다. 특히 사무엘-사울-다윗의 통치 시대를 나타낼 때 사무엘, 사무엘+사울, 사울+다윗 그리고 다윗이 주인공으로 나타나며, 사무엘하에서는 다윗의 통치만을 기록한다.

제1부(삼상 1-7)는 사무엘이 태어날 때부터 예언자로 부르심을 받고 이스라엘의 구원자요, 위대한 사사가 되기까지 그의 생애를 다룬다. 이야기의 배경은 실로에 있는 언약궤의 운명과 직결되는 블레셋 사람들과의

전쟁이다. 제 1부의 가장 큰 문제는 사무엘상 1:27의 사무엘의 이름에 대한 해설이다. "내가 여호와께 그를 구했다"는 뜻을 가진 이름은 사무엘이 아니라 사울(שאול)이기 때문이다.[56)]

제 2부(삼상 8-12장)는 왕정에 대한 요구와 사울 왕에 대한 이야기로 구성되어 있다. 사무엘이 늙어가자 외부의 위협으로 불안해진 백성은 그에게 왕을 요구한다. 백성의 왕정 도입 움직임은 신정제도를 옹호하는 사무엘의 반대에 부딪힌다. 그런데도 사무엘은 이스라엘 원로들의 요구에 양보하여 사울을 왕으로 임명하고 사무엘은 뒤로 물러난다. 사무엘상 8-12장에는 왕정을 찬성하는 전승과 이를 반대하는 전승이 교차된다.

반왕정	친왕정
삼상 8장	삼상 9:1-10:16
	삼상 10:17-27
	삼상 11:14-15
삼상 10:18-19	삼상 13:8-15
	삼상 15장
삼상 12장	삼상 16:14-23
	삼상 17:12-18:5

제 3부(삼상 13-15장)는 사울이 블레셋 사람들과 아말렉 사람들과 벌인 여러 싸움을 다룬다. 사울은 싸움에서는 이기지만 어두운 그림자가 이미 그의 생애에 드리워지기 시작한다. 사울은 하나님께 두 가지 불순종을 저지르고, 이 때문에 사울은 왕위에서 쫓겨나고 대신 다윗이 왕위를 차

56) 이에 관하여 H. Hayes and Miller, *A History of Ancient Israel and Judah*, (Philadelphia: Fortress, 1986), pp. 120-129을 참조하시오.

지할 것이라는 사실을 사무엘이 암시적으로 그에게 알린다.

제 4부(삼상 16-삼하 5장)는 다윗의 왕위 등극 설화이다. 사울 앞에 모습을 드러낸 때부터 이스라엘의 왕으로 즉위할 때까지의 다윗의 생애를 기록하고 있다. 사무엘서 저자인 신명기 사가는 다윗의 이야기를 다윗이 왕위에 오르기까지와 왕위에 오른 이후로 나누어 설명하는데, 이 다윗의 왕위 등극 설화는 전반부에 해당한다. 다윗은 소년 시절에 사무엘에게서 택함을 받고 사울을 섬기게 되는데, 블레셋의 장수 골리앗을 쓰러뜨리면서 주목받는다. 그는 곧 위대한 장군이 되고 사울의 아들 요나단을 비롯하여 모든 사람의 호감을 얻는다. 그러나 그의 성공은 사울에게 병적인 시기심을 불러일으킨다. 사울은 여러 차례 경쟁자인 다윗을 없애려고 하지만, 그때마다 실패로 끝난다. 다윗은 자신을 해치려는 사울을 피하여 방랑 생활을 시작한다. 사울에게 쫓기는 동안 다윗은 블레셋 사람들을 섬기게 되지만, 군대를 이끌고 자기 동족을 치는 일은 하지 않는다. 사울과 요나단이 길보아 전투에서 블레셋 사람들에게 패하여 죽은 다음, 다윗은 사울의 추종자들과 계속해서 싸움을 벌여 승리에 승리를 거듭한다. 반면에 사울의 집안은 점점 약해진다.

제 5부(삼하 6-8장)는 사무엘서에서 다윗의 이야기를 다루는 2 부작의 연결 부분이다. 신명기 사가는 다윗이 실로에 있던 법궤를 예루살렘으로 옮겨 놓음으로써 자신이 정복한 이 성읍을 왕국의 수도로 정하는데 필요한 이념적 요소를 갖춘다. 이어 나단의 예언은 다윗 왕조에게 호의를 보이며 이 왕조를 왕정 계승의 핵으로 확고히 다진다. 8장의 전쟁 기록은 예루살렘의 왕정 창시자가 실제 왕국의 정복자였음을 기록한다.

제 6부(삼하 9-20장)는 열왕기상 1-2장으로 이어진다. 제 6부에는 여러 사건들이 얽혀있는데 마지막에 가서는 모두 솔로몬의 등극으로 귀결된다. 솔로몬의 탄생에 얽힌 이야기와 솔로몬의 왕위계승에 장애가 되는 다윗의 두

아들인 암논과 압살롬(그리고 아도니야)이 제거되는 이야기가 여기에 속한다.

다윗의 계승 설화 중간에서 사무엘하 21-24장이 삽입되었다. 이 부분은 두 개의 서사시와 여러 인물들에 관한 기록 그리고 두 가지 자연 재해와 그 액땜 사이의 관계를 중심으로 엮어졌다. 마지막 내용인 자연 재해와 액땜 사이의 관계는 역사적 · 종교적으로 중요한데도 앞 장들에서 찾아 볼 수 없다.

이상의 사무엘서의 내용을 살펴보면 사무엘서는 사사 시대에서 왕국 시대로 전환하는 변환기의 역사적 사건을 신학적 관점에서 기록하고 있다. 특히 사무엘-사울-다윗으로 옮겨가는 이스라엘에 대한 주도권의 변화는 에브라임 지파에서 베냐민 지파 그리고 유다 지파로 그 주도권이 옮겨감을 보여준다. 이러한 사실은 에브라임 · 므낫세 지파와 베냐민 지파 그리고 유다 지파가 이스라엘 역사 기술에 있어서 중요한 역할을 한 신명기사가의 역사관 형성에 영향을 주었음을 보여준다.

사무엘서와 이스라엘 역사

사무엘서는 이스라엘 역사의 전환기 즉 사사 시대에서 왕국 시대로의 전환하는 시대의 역사를 기록하고 있다. 따라서 사사 시대의 마지막 단계인 주전 1020년경부터 솔로몬이 왕위에 오르는 주전 970년경까지의 약 50년간의 역사를 기술하고 있다. 이처럼 이스라엘의 초기 역사에 속하는 사무엘서의 몇몇 사료들은 실제 역사에 바탕을 둔 것으로 보인다. 예를 들어 블레셋의 세력 확장에 관한 기록, 특히 그들이 철기를 독점했다는 기록(삼상 13:19-21), 세밀하고 정확하게 장소를 표기하면서 여러 가지 전쟁을 묘사하는 이야기들(삼상 13:17; 31), 도망자 다윗의 파란만장한 편력기(遍

歷記) 등이 이런 초기 전승에 속하는 것으로 보인다. 다윗과 사울 왕조 사이에 얽힌 이야기와 압살롬이 반역하는 이야기 안에서 나타난 이스라엘과 유다 사이의 긴장관계는 초기 이스라엘 상황을 반영하는 전승자료로 여겨진다. 그러나 사무엘하 8장에 기록된 다윗의 전쟁이야기는 성서 외적인 증거를 찾을 수 없는 어려움이 있다. 이집트 세력이 약화되던 주전 1천 년대 초기의 다윗 왕국에 대한 기록은 아시리아의 디글랏빌레셀 1세의 역사 기록과 비교하면 일치하지 않는 점이 있다. 사무엘서에서 다윗의 통치 범위가 유프라테스 강을 넘은 지역과 지중해와 홍해에까지 미쳤다고 기록하고 있다. 그러나 디글랏빌레셀 1세(주전 114-1076년)의 통치 기간 중 아시리아는 유프라테스 강 건너편, 오늘날 시리아 지역까지 세력을 확장하였다고 기록하고 있다. 뿐만 아니라 앗수르-랍비(Assur-rabi, 주전 1012-972년) 2세 때 유프라테스 강을 건너 시리아 지역으로 진출하였음을 기록하고 있다.[57] 다윗 신하들의 직책에 관한 기록(삼하 8:15-18; 20:23-26)과 사무엘하 24장에 언급된 인구조사는 통치 지역의 조직을 확정지으려는 의지를 잘 드러낸다. 또한 이 인구조사는 궁궐도 없이 한평생 전사로 살다가 죽은 사울의 시대 이래로 중대한 변화를 보여주는 사건이다.

사무엘서에서 왕정 제도의 기원에 관한 확실한 자료를 얻어낼 수는 없다. 블레셋의 위협이 사무엘에게 왕을 요구하러 온 이스라엘 원로들의 원초적 의도를 설명해 주기는 하지만, 언제 어디에서 이런 왕정 도입 움직임이 일어났는지 알 수 없다. 사울을 암몬 사람들의 정복자요 야베스-길르앗의 구원자로 묘사하는 사무엘상 11장의 전승은 깊이 있는 연구로 그 진정성을 인정받았다. 그러나 역사적으로 이 전승은 그의 왕위 등극과 관련된 다른 이야기들과 조화될 수 있는가? 사울은 어디에서 왕위에 오르는가? 라마인가, 미스바인가, 길갈인가, 아니면 이 모든 장소에서 거

57) *RIMA* 3, p. 19.

듭 왕위에 올랐는가? 사울 왕국의 연대는 완전히 알려지지 않은 상태로 남아있다. 사무엘상 13:1의 "사울이 왕이 될 때에 사십 세라 그가 이스라엘을 다스린 지 이년에"의 기록은 사울 왕조의 연대기를 재구성하는데 아무런 도움도 주지 못한다.

1050 사울이 나하스를 물리친 후 왕으로 기름부음 받음(삼상 11:1-11, 13:1, 행 13:21)

1045 이스보셋의 출생(삼하 2:10)

1040 다윗 출생(삼하 5:4)

1015 므비보셋 출생(삼하 4:4)

1012 다윗이 시글락으로 도망함(삼상 27:7)

1010 다윗이 아멜렉을 물리침(삼상 30:9-19)

사울과 세 아들이 길보아에서 블레셋과의 전쟁에서 전사함(삼상 31:6)

다윗이 헤브론에서 왕이 됨(삼하 2:1-4a)

1005 이스보셋이 마하나임에서 북쪽 지파의 왕이 됨(삼하 2:8-9)

1003 요압이 아브넬 죽임(삼하 3:27-39)

이스보셋이 레갑과 바나에 의해 피살됨(삼하 4:1-12)

다윗이 북쪽 지파의 왕으로 기름부음 받음(삼하 5:1-3)

다윗이 여부스족을 정복하고 예루살렘으로 천도(삼하 5:6-9)

주전 1천 년대의 시대적 배경

주전 2천 년대 말 1천 년대 초의 시대적 상황은 이집트와 메소포타미아의 세력 약화로 인하여 시리아-팔레스틴의 많은 나라들이 정치적인 독립을 이루었다. 이 시기에 정치적 독립을 성취한 나라는 이스라엘을 비롯하여 북쪽의 아람-다메섹, 요단 동편의 암몬, 모압, 에돔 등이다. 따라서 정치적인 관점에서 이 시기를 지방세력시대(local power period)라고 부른다.

구약성서는 주전 1천 년대 통일 왕정에 대한 유일한 기록 자료이며, 따라서 그 시대에 대한 어떠한 역사적 묘사에 대해서도 근거가 된다. 통일왕국에 관계된 성서자료에 대한 역사적 평가들은 다양하지만, 역사 학자들은 성서의 자료들은 예루살렘 왕궁 역사에 근거한 것으로 신빙성이 있다고 생각한다.

사사들의 시대에는 이스라엘인들의 부족 체제와 지도력이 세월의 시련을 견뎌내지 못했다. 이웃 국가들로부터의 압박이 거세질수록, 중앙집권적인 정부가 더욱 필요했다. 주전 11세기 4/4분기에는 베냐민 지파의 사울이 이스라엘 초대(初代) 왕이 되었다. 10년에서 20년 동안 지속된 것으로 여겨지는 그의 통치기간 중에, 북부, 길르앗 그리고 유다의 이스라엘 지파들은 단일 정체로 뭉쳐졌으나, 그것은 불안정한 통일이었다. 사울의 통치 말기에 팔레스틴의 대부분은 이스라엘의 통제 밖이었다. 연안의 블레셋 지역, 북부 계곡과 평원의 가나안 사람의 고립지역들 그리고 대부분의 요단 동편 등이다. 그의 통치는 이 민족들 및 네겝 지역의 아말렉 사람들(Amalekites)에 대한 계속되는 전쟁과 투쟁들로 특징지어진다.

사울의 사망에 뒤이어, 다윗은 헤브론(Hebron)에서 왕이 되고, 유다와 이스라엘 기타 지파들 모두로부터 인정받는다. 그는 오랜 기간, 주전 1000-965년경, 동안 다스렸다. 그의 왕국 형성 과정에서 유다와 북부 지파들을 나누던 이방인 고립 지역이었던, 여부스 사람들의 예루살렘을 정복한 것은 결정적이었다. 그 후로부터, 예루살렘은 '다윗성'(City of David)으로 알려지게 되었으며, 그것은 400년 이상 존속하며 세계 역사에서 가장 장수한 왕가들 중의 하나가 된 다윗 왕조의 터전이 되었다. 다윗과 그 아들 솔로몬의 통치 아래, 예루살렘은 국가의 종교적 중심지가 되었다.

다윗의 전쟁과 확장정책은 성서의 전통에 따르면 네겝으로부터 북쪽으로는 유프라테스 강에 뻗치며, 연안 평원의 블레셋 지역을 제외한 대부분의 팔레스틴과 요단 동편, 시리아 일부 그리고 페니키아 연안의 일부를 포함하던 강력한 제국의 통합으로 이어졌다. 이 왕국은 이전의 전통적인 관료체제들에 기초한 혁신적인 정치기구에 의하여 다스려졌다.

성서전통은 다윗을 전사요 위대한 국가의 창시자로는 상기시키지만 정교한 건축 계획들의 창시자로는 묘사하지 않는다. 이 직책은 그의 아들 솔로몬의 몫으로 남겨졌고, 그는 또한 대부분의 다윗의 정치 및 영토상의 업적들을 유지했다. 솔로몬의 통치는 경제적 부와 행정적 재조직의 시기였다. 성서자료에 따르면, 솔로몬의 광범위한 상업망은 길리기아(Cilicia)와 이집트를 포함했다. 무역에 있어서의 도약은 엘랏만(灣)의 에시온-게벨 항(港)을 통한 아라비아 남부(세바[Sheba] 왕국)와의 무역을 통하여 성취되었다. 솔로몬과 가장 중요한 페니키아 도시였던 두로(Tyre)와의 밀접한 관계는 전자(前者)의 무역활동과 대규모 건축계획들을 매우 용이하게 하였다. 솔로몬의 통치는 북부 지파가 부당한 대우를 받았던, (부역[負役; *corvée*]을 포함한) 세제(稅制; taxation system)의 부과를 야기하였다. 솔로몬의 사망 후, 그 왕국의 북부와 남부 간의 분리는 불가피하였다.

사무엘서의 주제

사무엘서의 이야기는 누구에 관한 이야기인가에 의하여 몇 부분으로 나눌 수 있다. 그러나 사무엘서의 주인공인 사무엘이나 사울 그리고 다윗이 한 이야기 속에 복합적으로 얽혀있기 때문에 어려움이 있다.

사무엘서의 내용 구분과 주인공은 다음과 같다.

(1) 사무엘상 1-7　　사무엘
(2) 사무엘상 8-15　　사무엘과 사울
(3) 사무엘상 16-31　　사울과 다윗
(4) 사무엘하 1-8　　다윗이 왕이 되다
(5) 사무엘하 9-20　　다윗 왕조의 역사와 왕위계승
열왕기상 1-2
(6) 사무엘하 21-24　　다윗 통치에 관한 첨가

사무엘하 21-24장은 다윗의 통치를 극적으로 요약하기 위하여 사무엘하 9-20장의 뒷부분에 첨가되었다. 사무엘하 21-24장은 열왕기상 1-2장으로 이어지는 임종에 대하여 숙고하게 하고, 열왕기상 1-2장은 솔로몬의 통치에 대해 소개하고 있다.

이야기의 기본적인 주제는 어떻게 왕국이 형성되고, 왕이 어떻게 계승되었는가를 보여주는 것이다. 따라서 사무엘서의 가장 기본적인 주제는 왕에 관한 역사적인 언급이 아니다. 연대기적 자료가 사무엘서에 첨가되었으며, 사무엘서의 가장 주된 관심은 이스라엘을 위하여 왕국의 종교적-국가적 중요성을 확립하는 것이다. 전체 신명기 사가의 역사적 틀 속에서 사무엘서는 이스라엘의 하나님의 저주와 축복 아래 국가적-종교적인 장점과 위험을 강조하고 있다. 사무엘서의 이야기는 이스라엘이 정치적인 독립을 상실하였을 때 형성된 것이다. 따라서 이스라엘 왕국의 형성에 관한 기록에 비판적인 의문을 제기하는 것이 함께 들어 있다. 왜 왕조가 하나님의 선물인가? 왜 왕국은 하나님에 의하여 거부당하였는가? 하나님이 어떻게 인간의 죄를 통치하는가? 만약 이스라엘이 백성으로 갱신하고 살

아날 수 있다면, 왕국 통치의 경험으로부터 무엇을 배울 수 있는가?

사무엘서에 나타나는 부수적인 주제들은 사울 왕조에 대한 다윗 왕조의 승리, 다윗의 아들이 그의 형제 압살롬과 아도니야에 대한 승리, 사울과 다윗이 통치하던 이스라엘이 블레셋, 아말렉, 요단 동편의 나라들 그리고 아람에 대한 정복, 요나단의 다윗에 대한 우정에 대한 보상, 사사에서 왕정으로 변화하는 모습, 왕을 지원하기도 하고 때로는 비판하는 예언, 예루살렘에 수도를 정함으로써 남북왕조의 통일성, 법궤를 예루살렘으로 옮겨온 것과 성전건축을 위한 준비, 엘리계열의 제사장이 사독계열로 대체됨, 왕의 죄에 대한 사죄, 사울을 살해한 기브온 사람에 대한 심판, 다윗의 우리야 살해에 대한 심판, 밧세바의 첫 아들의 죽음, 압살롬의 반란, 시므이의 저주를 왕이 부정적으로 받아들임, 다말을 욕보인 암논에 대한 심판, 압살롬의 반란에 대한 심판과 그의 죽음, 다윗의 인구조사, 질병과 미래의 성전건축지에 제단을 세움, 요압이 아브넬과 아마사를 살해하는 것과 요압의 죽음 등으로 구성되어 있다.

이러한 부수적인 주제들이 포로 시대에 이스라엘의 생존에 관한 신학적 질문을 추구하던 신명기 사가에 의하여 결합되었다. 신명기 사가들은 역사적인 상황에서 그 답을 찾고자 하였다. 사무엘서의 자료들은 이스라엘 역사 전체의 빛에서 연구되어야 한다. 사무엘서는 주전 1000년부터 550년 사이의 약 500여 년 동안 이스라엘 역사를 반영하여 기록된 것이다.

역사 · 종교적 가치

사무엘은 이스라엘 왕조의 형성과 발전의 과정을 이해하는데 없어서는 안 될 중요한 책이다. 그러나 사무엘서에서는 통일된 역사적 내용을 기술하고 있지 않을 뿐만 아니라 각기 다른 종교적인 관점으로 기록되어 있다. 지파동맹으로부터 왕조의 형성까지의 이스라엘 역사의 중요한 내용을 기록하고 있다. 뿐만 아니라 이스라엘의 종교 사상의 갈등을 이해하는데 중요한 역할을 한다. 왕조 형성에 관한 미스바와 길갈의 이야기와 사무엘하 7장의 신탁은 이러한 연구의 중요한 자료가 된다. 미스바의 왕조 이야기는 친왕정의 이야기를 구성하고 있고, 길갈과 연결된 이야기는 반왕정의 자료를 제공한다는 것은 일반적으로 알려진 것이다. 이러한 왕조에 대한 각기 다른 견해는 초기 시대부터 생겨난 것이며, 반왕정의 종교적 생각은 사울 시대에 좀더 사람들에게 설득력이 있었다.

마찬가지로 신명기사가의 편집자는 왕정에 대한 이중적인 자세를 즐기는 것처럼 보인다. 사실, 신명기편집자는 이스라엘 역사를 사울부터 바벨론 포로까지를 전체로 읽었다. 신명기 사가의 역사는 신적인 축복과 저주로 공통점이 없는 자료를 사무엘서에 결합한다. 신명기편집자는 시대를 구별하는데 이러한 방식을 많이 사용한다. 왕정에 대한 역사적이면서도 종교적인 기원의 설명은 편집자의 판단에 의한 것이다.

사무엘서의 신학

사무엘서에 나타난 신학 가운데 가장 중요한 것은 왕권의 형성이라기보다는 하나님의 왕권(kingship of God)이다. 이스라엘은 하나님이 통치하시는 나라이지 왕이 통치하지 않는다는 것이 사무엘서의 신학이다.

두 번째 신학은 하나님의 섭리 가운데 인도하심이다. 하나님은 자신이 선택한 자의 삶을 인도하신다. 한나, 사무엘 그리고 다윗의 경우도 하나님께서 이들의 삶을 독특한 방식으로 인도하셨다.

사무엘서의 목적

사무엘서의 가장 큰 목적은 왕정에 대한 설명이다. 가장 주목할 주제는 왕정에 관한 내용이다. 사무엘서 저자는 이 제도의 모호함을 굳이 숨기려 하지 않는다. 이스라엘은 하나님을 왕으로 모신다. 그러므로 인간적 통치자가 무슨 의미가 있을까? 그런데 이 왕정 문제는 하나님과 하나님의 중재자인 사무엘이 사울의 선택을 주도하였기 때문에 왕정 제도에 호의적인 방향으로 풀려 나갔다. 그러나 왕정 제도를 요구하는 백성의 주장은 단호하게 정죄를 받았다. 이는 무엇을 뜻하는가? 아마도 인간의 왕정 자체가 인간의 뜻에서가 아니라 하나님의 권위에서 나온다는 사실과 이스라엘의 왕정 제도는 민주적이거나 전제적인 것이 아니라, 신정(神政)에 예속된 채 남아있어야 한다는 사실을 강조하기 위함일 것이다. 개인적으로 볼 때 사울은 백성의 요구로 희생 양이 된 인물이다. 그의 이름 자체가 '요구하다' 라는 동사에서 나왔다. 사무엘이라는 위대한 인물을 기리는 이야기는 하나님의 뜻을 전달하는 한 종교인으로서 최상의 권위를 드러낸다. 사무엘서에는 사울의 몰락을 가져오게 했던 잘못들의 종교적 성격이 강조되고 있는데, 이는 왕이라고 해서 자기에게 속하지 않은 영역을 침범해서는 안 된다는 사실을 알려주기 위해서이다. 더나아가 사무엘서의 관심사는 제사의 대상과 관습과 인물에 연관된다. 만져서는 안 될 법궤(삼하 6:7)와 예루살렘의 제단(삼하 24)에 관한 언급은 그 좋은 예들이다.

사무엘서는 다윗을 가장 훌륭한 왕으로 내세운다. 특히, 그는 이스라엘 역사의 무대에 등장하는 시기에 이상적 영웅으로 묘사된다. 그는 여러 차례 뛰어난 전공을 세우고 사람들의 호감과 사랑을 한 몸에 받으며, 관대함과 겸손을 잃지 않는다. 저자는 다윗이 군인으로서 성공한 생애를 보냈음을 감추려 하지 않는다. 사무엘서에서 우리는 이 이상적 왕이 하나님께 보인 순종의 태도, 그의 탄원 그리고 역경 가운데서도 하나님의 뜻을 물어보려 한 사실 등을 놓쳐서는 안 된다. 다윗은 간음과 살인을 저지르고 나서 나단 예언자의 충고와 질책을 받아들였다. 나단은 이스라엘에서 왕이라 할지라도 율법의 테두리를 벗어나지 못한다는 사실을 다윗에게 일깨워 주었다. 한편 사울과는 달리 다윗의 후손은 밧세바에게서 난 첫 아들인 죄악의 씨앗만 죽일 뿐, 벌을 받지 않는다. 다윗은 자신의 아들 가운데 하나가 자기 자리를 물려받아 이스라엘의 왕이 된다는 보장을 받는다. 이 아들이 솔로몬이다. 솔로몬은 태어나면서부터 하나님의 사랑을 받으며 서서히 부상한다. 사무엘서는 결국 이스라엘 왕국을 정당화하고 옹호하는 기록이다. 나단의 신탁에 따라(삼하 7), 다윗 집안은 몇몇 왕들이 잘못을 저질렀으나 예루살렘의 왕좌를 영원히 차지해야 한다. 이 예언의 골자는 신명기 사가의 편집에서도 그대로 유지되었다.

이스라엘의 왕정 제도가 오래도록 지속되리라고 믿었던 시기에 나왔을 이 종교적 이념은 사무엘서를 구원의 역사 가운데 자리 잡게 하는 특별한 행운을 낳았다. 그러나 미래의 어느 날 이스라엘의 왕들은 큰 잘못을 저질러 왕국 전체가 벌을 받게 될 것이다. 주전 586년 바벨론에 패하고 왕족을 비롯하여 사회 각계 지도층 인사들이 바벨론으로 끌려갈 사건이 바로 이를 결정적으로 증명할 것이다. 그런데도 사람들은 하나님께서 다윗 집안에 허락하신 영원한 보증을 계속 믿으면서 다윗의 후손 가운데서 약속된 인물이 나오기를 고대한다. 그분이 바로 이상적 왕인 메시아인데, 인성으로 볼 때 그분은 주전 천년경에 이미 하나님께서 뽑으신 이의 후손이다.

| 사무엘서 참고문헌 |

Birch, Bruce C. "1 and 2 Samuel." In *NIB* 2:949-1383.

Day, John, ed. *King and Messiah in Israel and the Ancient Near East.* JSOTSup 270. Sheffield: Sheffield Academic Press, 1998.

Finkelstein, Israel, and Neil Asher Silberman. *David and Solomon: In Search of the Bible's Sacred Kings and the Roots of the Western Tradition.* New York: Free Press, 2006.

Halpern, Baruch. *David's Secret Demons: Messiah, Murderer, Traitor, King.* Grand Rapids: Eerdmans, 2001.

Hertzberg, Hans Wilhelm. *I and II Samuel.* OTL. Philadelphia: Westminster, 1964

Klein, Ralph W. *1 Samuel.* WBC 10. Waco, Tex: Word, 1983.

McCarter, P. Kyle, Jr. *1 Samuel.* AB 8. New York, Doubleday, 1980.

McCarter, P. Kyle. *II Samuel.* AB 9B. New York: Doubleday, 1984.

McKenzie, Steven L. *King David: A Biography.* New York: Oxford University Press, 2000.

Mettinger, T. N. D. *King and Messiah: The Civil and Sacred Legitimation of the Israelite King.* ConBOT 8. Lund: Gleerup, 1976.

Mowinckel, Sigmund. *He That Cometh.* Nashville: Abingdon, 1955.

Schniedewind, William M. *Society and the Promise to David.* New York: Oxford University Press, 1999.

열왕기서

전기 예언서의 네 번째 책인 열왕기서도 사무엘서와 마찬가지로 처음에는 한 권으로 구성되었으나 칠십인역(바시레이온, βασιλειων)과 불가타 역(레굼, regum)에서 열왕기서를 두 권으로 나누어 번역하였다.[58] 열왕기서는 히브리어로 세페르 멜라킴(ספר מלכים; "왕들의 책")이라고 불린다. 오리겐(Origen, 185-232년)은 열왕기서를 제 2의 사무엘서로 이해하여 사무엘서를 사무엘서 제 1권, 열왕기서를 사무엘서 제 2권이라고 불렀다. 칠십인역에서는 사무엘서와 열왕기서 모두가 이스라엘과 유다 왕국의 역사를 포함하고 있다고 생각하여 사무엘서와 열왕기서를 왕국기(kingdoms)라고 불러, 사무엘서를 두 부분으로 나누어 제 1왕국기와 제 2왕국기라고 불렀고, 열왕기서 역시 두 부분으로 나누어 제 3왕국기, 제 4왕국기라고 불렀다. 제롬(St. Jerom)이 라틴어로 번역하면서 왕국기(Libri Regnorum)를 열왕기(Libri Regum)로 바꾸었다. 1517년의 봄베르그 랍비성경(Bomberg Rabbinic Bible)에서는 오늘날과 같이 사무엘서와 열왕기서로 불렀고, 각 권을 다시 상하로 나누었다. 열왕기서의 절 구분은 맛소라의 전통을 따른 것이고, 장 구분은 대략 1330년경부터 나누어졌다.[59] 오늘날 열왕기서는 상하

58) J. Greenfield, "Kings, Book of," *Judaica* 10, Cols 1021-1031.

47장 1,534절로 구성되어 있다.

열왕기서의 저자

탈무드 전통에 의하면 열왕기서는 예레미야에 의하여 기록된 것으로 이해되었다(L.B. Bat 14b-15a). 그러나 오늘날 열왕기서에 대한 연구 결과 열왕기서를 구성하는 자료와 저자의 문제는 밀접하게 연결되어 있음이 밝혀졌다. 연구 결과 열왕기서는 신명기 28장에 나타난 하나님이 역사 속에서 어떻게 일하시는가에 대한 생각과 같은 생각을 가지고 있을 뿐만 아니라 다른 사상적인 유사성과 언어적 유사성을 나타낸다. 따라서 이를 기초로 열왕기서는 신명기 사가, 혹은 신명기 역사가(Deuteronomistic History)라고 불리는 자들에 의하여 기록되었다고 주장한다. 따라서 열왕기서는 신명기서의 중심 신학인 여호와 유일신신앙과 예루살렘 제의를 강조할 뿐만 아니라 왕에 대하여 언급할 때도 이름, 즉위 나이, 즉위 기간, 어머니의 이름(유다 왕에게만 해당함), 평가, 자료, 죽음과 매장 그리고 계승자의 이름 등을 기록하여, 전체를 하나의 통일된 작품으로 만들었다. 특히 왕에 대한 업적 평가는 정치적인 관점이 아니라, 종교적인 측면에서 평가하여, "여호와 보시기에 정직히 행하여"(왕상 15:11, 왕하 18:3) 혹은 "여호와 보시기에 악을 행하여"(왕상 14:22)라는 표현으로 유다와 이스라엘 왕들을 평가한다. 대체로 유다 왕들에 대하여 "여호와 보시기에 정직히 행하여"라는 긍정적인 평가를 내리지만, 그 중에서도 히스기야와 요시야를 이상적인 왕으로 평가하고 있다.

59) M. Cogan, *1 Kings: A New Translation with Introduction and Commentary*, AB, (New York: Doubleday, 2000), p. 84.

그렇다면 신명기 사가는 한 명의 저자인가 아니면, 어떤 학파나 여러 세대에 걸친 여러 명의 저자를 의미하는가? 이에 대하여 노트(M.Noth)는 신명기 사가는 단일저자라고 주장한다.[60] 노트에 의하면 주전 6세기 중엽에 신명기 사가라고 불리는 한 명의 저자가 이스라엘의 멸망에 대하여 기록하고 있다고 주장한다.

그러나 이러한 노트의 주장은 많은 논쟁을 일으켰으며, 크로스(F.M. Cross)와 그 제자들은 열왕기서가 두 단계로 기록되었음을 주장하여 노트의 단일저자설을 반박하였다. 첫째 단계는 요시야 왕 때 주요 부분이 기록되었으며, 두 번째 단계인 포로기 때 편집 확장되었다고 주장한다.[61] 그 외에도 많은 학자들이 신명기 역사가 여러 단계의 과정을 거쳐 완성되었다고 주장한다.

열왕기서의 문학적 특징

열왕기서의 주된 문학적 양식은 산문이다. 열왕기서에 기록된 산문은 몇 가지 장르로 나눌 수 있다. 첫째 명단(list)이다. 열왕기서에는 왕국의 관리명단과 행정조직에 관한 명단이 기록되어 있다(왕상 4:11, 15). 둘째는 보고서(report)이다. 보고서는 어떤 문학적 구상(plot) 없이 단순히 과거의 사건에 대한 보고로 주로 3인칭으로 기록되어 있다. 열왕기서에 기록된 보고서의 가장 대표적인 예는 솔로몬의 건축에 관한 보고이다(왕상 7:2-8, 12:25). 뿐만 아니라 열왕기서에는 군사행동에 관한 보고(왕상 14:25-26, 왕하

60) M. Noth, *The Deuteronomistic Historian*, (Sheffield: JSOT Press, 1981), p. 79.

61) F.M. Cross, "The Themes of the Book of Kings and the Structure of the Deuteronomistic History," *Canaan Myth and Hebrew Epic*, pp. 274-289

24:20-25:7)와 왕권 찬탈을 위한 음모 등이 기록되어 있다(왕상 15:27-30). 세 번째 장르는 역사 이야기(historical narrative)이다. 역사 이야기는 과거의 사건에 대한 신학적 해석을 포함하고 있는 것으로 과거의 사건이 어떻게 해서 일어나게 되었는가를 설명한다. 역사 이야기에는 문학적 구상을 포함하고 있다. 열왕기서에 포함된 예언 이야기가 대표적인 예이다(왕상 20:1-43, 22:1-37).

열왕기서에 아주 적은 부분의 운문이 기록되어 있다. 열왕기상 8:22-54의 솔로몬의 기도가 대표적이다.

열왕기서의 기원

열왕기서는 앞에서 언급했듯이 한 사람의 저자에 의한 통일된 작품은 아니다. 즉 열왕기서는 구약성서의 다른 책들과 완전히 독립되어 쓰이지 않았다는 것이다. 뿐만 아니라 열왕기서는 당시 존재했던 다른 자료들을 사용하였다. 「이스라엘 왕 역대지략」(왕상 14:19), 「유다 왕 역대지략」(왕상 14:29), 「솔로몬의 실록」(왕상 11:41), 「야살의 책」(수 10:12-13), 「여호와의 전쟁기」(민 21:14) 등의 역사자료를 참고하였지만, 그러나 오늘날 이들 자료들의 실체는 알 수 없다.

이러한 자료들뿐만 아니라 다윗 왕실에 관한 기록(왕상 1-2장)과 성전의 역사에 관한 기록(왕상 6-7장), 이사야에 관한 기록이나 혹은 이사야가 기록한 기록들(왕하 19:20-20:11) 그리고 북쪽 왕국과 관련된 예언 이야기(아히야, 왕상 11:29-14:18 / 엘리야, 왕상 17:1-왕하 2:18 / 미가야, 왕상 22:1-30 / 엘리사, 왕하 2:1-13:21) 등이 결합되었다.

이처럼 열왕기서는 여러 자료들을 사용하여 기록되었기 때문에, 어떤 학자들은 여호수아서, 사사기, 사무엘서, 열왕기가 원래 하나의 역사 문헌으로 한데 묶였으리라는 가설을 내세웠다. 이러한 주장은 열왕기상 1-2:11이 다윗의 통치를 전하는 사무엘하와 이어지는데서 지지된다.

열왕기서를 분석하면서 가장 염두에 두어야 할 것은 이 책을 구성하는 요소들이 서로 다른 성향일 뿐 아니라 그 내용이 매우 다양하다는 사실이다. 이것은 열왕기서가 단 한 번에 기록된 것이 아니라 여러 단계를 거쳐 완성되었음을 시사한다. 실제로 열왕기상 11:41; 14:19, 29 등은 솔로몬의 행적, 이스라엘 왕들의 실록, 유다 왕들의 실록을 언급하는데, 이런 사료들은 현재 우리 앞에 놓인 본문을 편집할 때 출발점이 되었던 문헌들이지만, 그 내용을 알 수는 없다.

따라서 벨하우젠과 부데(Wellhanusen-Budde)는 열왕기하 9-20장이 하나의 기록이고 부록 부분을 제외한 나머지 부분은 야웨기자(J기자)와 엘로힘기자(E기자)에 의하여 기록된 자료가 신명기 사가에 의하여 편집되었다고 주장한다. 부록에 해당하는 자료는 열왕기상 21:1-14, 21:15-22, 22장, 23:1-7, 23:8-39, 24장 등이다.[62)]

그러나 행적이나 실록을 언급하는 단편들은 이 책의 일부에 지나지 않는다. 열왕기서의 저자는 자신의 작품을 쓰면서 다른 사료들도 많이 이용하였다. 예를 들어 열왕기서 저자는 성전 문서고에 있던 자료도 알고 있었다(왕상 4:1-6:7-19; 5:7-8 참조). 또 다른 부분에 나오는 일부 교훈들은 이미 문헌으로 정리되었거나, 아니면 그 정확한 성격을 규정하기는 어렵지만 어떤 구전 전승에서 온 것일 수도 있다. 스바 여왕의 이야기(왕상 10:1-13)는 별도의 전승에 속한다. 아합 왕과 관련된 일화들은 전혀 다른 관점의 사료에서 나왔다. 한편에서는 그를 맹렬히 비판하고 다른 편에서는

62) J. Wellhausen, *Composition des Hexateuchs und der Historischen B?cher des A.T.*, (Berlin, 1899); Budde, *Die Bücher Richter und Samuel*, (Giessen, 1890).

그를 용감한 왕으로 묘사한다(왕상 22:9, 35). 요시야 왕에 관하여 우리에게 전해진 기록은(왕하 22-23:30) 부분적으로 공식 실록이 아닌 다른 사료에서 나온 것일 수 있다는 가능성이 제시된다.

왕들에 관한 이야기와 더불어 어떤 대목들은 특별히 예언자들의 행적을 함께 다룬다. 이런 대목들은 예언자들의 제자들이 보전한 자료에 바탕을 두고 있다. 예언자들의 일화들이 왕들에 관한 이야기와 합해진 이유는 그 둘이 같은 시대에 속해 있었고, 예언자들이 왕들 앞에서 조언과 중개 역할을 맡았기 때문이다. 열왕기 안에는 아히야나 이믈라의 아들 미가, 또는 이름이 알려지지 않은 예언자들에 관한 짧은 일화들(왕상 13; 왕하 21,10-15)은 말할 것도 없고, 엘리야와 엘리사와 이사야 예언자의 이야기들이 비교적 상세하게 실려 있다.

그러면 서로 다른 사료들이 어떻게 하나로 모아졌는가? 여호야긴의 포로 생활 모습을 기록하고 있는 열왕기하 25:27-30의 저자와 솔로몬과 동시대 인물로서 언약궤를 묘사하고(왕상 8:7) 그 밖에 다른 사실들을 전하는(왕상 9:21) 저자는 결코 동일 인물일 수 없다. 솔로몬 시대와 포로 시대 사이에는 사백 년의 세월이 가로놓여 있다. 그렇다면 누가 열왕기를 썼을까? 여러 이론들이 나왔지만, 대다수 주석가들의 견해를 종합하면 대충 다음과 같은 가설이 가장 그럴듯하다.

먼저 하나의 통일된 작품으로서 여호수아서와 사사기와 사무엘서가 있었다. 첫 번째 편집자가 열왕기상 1장에서 열왕기하 20장까지를 저술하였을 것이다. 그는 한편으로 유다와 이스라엘 왕들의 연대기에 다른 한편으로 솔로몬의 행적기와 유다와 이스라엘 왕들의 실록을 담은 문헌에 의존하였을 것이다. 추측하건대, 이 편집자는 구전 전승을 이용하고, 나아가 주전 586년 예루살렘의 파괴를 직접 목격한 증인으로서 그 사건을 묘사할 수도 있었을 것이다. 어떤 이들은 팔레스틴의 한 제사장이 주전 580년경에 이 책을 썼다고 주장하기도 한다.

첫 번째 편집자보다 한 세대 뒤에, 곧 주전 550년경 아직 바벨론 포로에서 해방되기 전 팔레스틴에서 두 번째 편집자가 나타난다. 이 두 번째 편집자는 자기가 입수한 다른 이야기와 전승들을 이용하여 선임자의 작품을 보완하였을 것이다. 그가 첨가한 내용으로는 다윗과 그의 후계에 관련된 이야기와(왕상 1:1-2:11에 계속되는 삼하의 왕위계승 대목), 예루살렘 포위를 다루는 본문을(왕하 18-19; 사 36-39) 들 수 있다. 스바 여왕의 방문에 얽힌 전승도 그가 이 책 안에 집어넣은 것으로 보인다. 예언자들과 모세의 율법이 그의 편집 안에서 각별히 중요하게 연결되는(여호수아서에서 열왕기하까지 이어진다) 점으로 미루어 보아, 이 두 번째 편집자를 예언자들의 집단에 속한 인물로 보는 견해도 있다. 좀 더 구체적으로 예레미야의 제자였을 것으로 추측하기도 한다.

열왕기서의 내용

열왕기서는 다윗 통치 말기부터 솔로몬의 통치 그리고 왕국 분열, 남·북 왕국의 역사와 주전 586년 남 유다의 멸망까지의 역사를 기록하고 이를 대략 균등하게 두 부분으로 나누어 열왕기상·하로 구분하고 있다. 열왕기서의 마지막 역사는 주전 561년 에윌므르닥 즉위 때 유다의 여호야긴 왕이 바벨론의 옥에서 석방된 사건을 기록하고 있다. 열왕기서의 내용은 사무엘서의 내용과 연결되며, 열왕기서는 다윗 계승 이야기의 결론에 해당한다. 여기서 신명기 사가는 사무엘하 9-20장에 나타난 전승을 수정 없이 사용하였다. 여호수아, 사사기, 사무엘 그리고 열왕기가 전기 예언서로 분류된 것은 역사적인 자료를 사용하기는 하지만 역사를 객관적으로 서술하기보다는 신학적으로 해석했음을 보여준다.

열왕기서는 정치적 사건을 중심으로 열왕기상 1-11장의 솔로몬 통치 이야기, 열왕기상 12-열왕기하 17장까지의 분열 왕국에 관한 기록 그리고 열왕기하 18-25장의 유다 왕국과 멸망에 관한 이야기 등 세 부분으로 나눌 수 있다.[63]

열왕기서의 구조를 다음과 같이 자세히 분류할 수 있다.[64]

왕상 3:1-11:43　예루살렘의 부와 성전건축

　　왕상 12:1-16:34　북 왕국의 시작(처음 일곱 왕)

　　　　왕상 17:1-왕하 1:18　엘리야와 오므리 왕조 초기

　　　　　　왕하 2:1-8:6　엘리사의 기적

　　　　왕하 8:7-13:25　엘리사와 오므리 왕조 말기

　　왕하 14:1-17:41　북 왕국의 멸망

왕하 18:1-25:30　예루살렘의 함락과 성전의 파괴

열왕기서는 기술된 역사적 사건의 내용에 따라서 세 부분으로 나눌 수 있다.

첫 부분

첫째 부분은 열왕기상 1-11장까지이다. 이 가운데 솔로몬 즉위에 관한 이야기(Succession Narrative, 왕상 1-2:46)는 다윗 계승 설화(삼하 9-20장)의 결론으로 신명기 사가는 솔로몬 즉위 이야기 속에서 자신의 신학적 견해와 같은 입장을 발견하여 거의 손대지 않고 이 자료를 이용하였다. 그러나 이

63) V. Fritz, *1 & 2 Kings: A Continental Commentary*, (Minneapolis: Fortress Press, 2003), p. 1.
64) D.A. Dorsey, *The Literary Structure of the Old Testament*, p. 137.

부분에서 아비아달의 귀향(왕상 2:26-27), 요압(왕상 2:28-35)과 시므이의 제거(왕상 2:36-46a), 아도니야의 죽음(2:13-25)과 같은 이차적인 성격의 자료도 발견된다. 그러나 이러한 이야기들은 현실적인 정책을 정당화하는 것으로 제 3의 저자에 의하여 첨가된 것으로 보인다.

솔로몬의 통치(3:1-11:43)에 관한 자료는 왕실문서보관소나 연대기로부터 다양한 자료를 얻어 편집한 것으로 보인다. 열왕기상 11:41에 솔로몬의 행장이 언급되지만 이것이 어떤 종류의 자료인지 정확히 알 수 없다. 솔로몬의 통치에 관한 열왕기상 3:1-11:43은 다음과 같이 세분화 할 수 있다.

왕상 3:1-3　솔로몬이 애굽 공주와 결혼함
왕상 3:4-15　솔로몬이 지혜를 구함(기브온)
왕상 3:16-28　솔로몬의 재판
왕상 4:1-4:34　솔로몬의 행정제도
왕상 5:1-18　히람이 성전건축 재료 공급함
왕상 6:1-7:51　솔로몬이 성전과 왕궁을 건축함
왕상 8:1-66　성전 낙성식
왕상 9:1-9　성전에 대한 여호와의 승인
왕상 9:10-14　두로 왕에게 20성읍을 지불함
왕상 9:15-28　솔로몬 정부의 개관
왕상 10:1-13　스바의 여왕이 솔로몬을 만남
왕상 10:14-29　솔로몬의 지혜와 부
왕상 11:1-43　솔로몬이 이방 여인과 결혼함

이러한 구조를 통해서 솔로몬 통치의 가장 큰 핵심적 사건은 성전을 건축하여 낙성식을 거행하는 것(왕상 8:1-66)임을 알 수 있다.

솔로몬의 통치에 관한 기록 가운데 시작 부분인 열왕기상 3:1-15은 기브온(Gibeon)에서의 꿈과 솔로몬이 지혜를 하나님께 간구했다고 기록하고 있는데, 여기서 지혜는 통치 능력으로 이해할 수 있다. 이 부분에서는 솔로몬의 특별한 능력이 강조되었다. 특히 이스라엘의 전통적인 카리스마적 권위의 전통에 의하여 통치할 수 있음을 강조함으로써 다윗 계약에 의한 왕위계승이라는 새로운 전승을 보완하고 있다. 성소에서 꿈을 통한 신탁으로 정당성을 입증하는 것은 이집트에서도 발견된다.[62] 이것은 아마도 솔로몬에 관한 무용담에 들어있던 것으로 보인다. 따라서 이것은 열왕기상 3:1-15의 원래 전승이 발전한 것으로 보인다. 이러한 현상은 열왕기상 3:16-28의 재판에 관한 이야기에서도 마찬가지로 발견된다.

열왕기상 4:1-10:29에 나타난 솔로몬의 통치에 관한 이야기는 왕의 지혜에 관한 주제를 확장한다. 솔로몬 행정의 위대함은 열왕기상 4:1-6에 나열된 장관의 명단과 재정관리 그리고 지방행정구역과 이들이 왕실에 식량을 공급하는 것(왕상 5:7-8 / 4:27-28)에 관한 기록에 나타나 있다. 이러한 구절의 목적은 솔로몬의 행정적인 지혜가 탁월함을 보여주며, 솔로몬의 통치 영역이 하수 이편(beyond the river), 즉 유프라테스 강 서쪽지역의 딥사(Tiphsah)로부터 가자(Gaza)까지이다. 열왕기상 4:22-23에 의하면 솔로몬의 일일 식량의 양이 기록되어있으며, 4:26에서는 말의 수가 40,000두로 과장되었다. 왜냐하면 열왕기상 10:26에서는 12,000두의 말이 등장하고 역대하 9:25에서는 4,000두의 말이 등장하기 때문이다. 열왕기상 9:11-14의 두로 왕 히람(Hiram)과의 계약과 솔로몬의 부역(*corvée*)(왕상 9:15, 20-23) 그리고 왕국과 예루살렘에 부역을 부과한 것은 모두 솔로몬의 행정에 관한 이야기에 속한다. 아마도 이 자료들은 왕실문서보관소에서 나왔을 것으로 보이나, 과거에 대하여 자유롭게 회고하면서 기록한 것으로 보인다. 솔로몬이 바로의 딸을 위하여 궁을 건축하거나 밀로(*millo*)를 건축하고(왕

65) S. Hermann, *Wissenschaftliche Zeitschrift der Karl Marx Universitaet Leipzig*, 3 (1953-54), pp. 51-62.

상 9:24) 에시온-게벨(Ezion-Geber)(왕상 9:26-28)의 해상무역에 관한 기록은 모두 왕실문서보관소에서 나온 것으로 보인다. 스바 여왕의 사건(왕상 10:1, 3-13)은 솔로몬의 학문적 지혜와 그의 영광에 관한 이야기의 한 부분으로 보인다. 이 자료에 대하여 아마도 열왕기상 4:29-32은 솔로몬의 지혜가 뛰어남을 말하는 솔로몬에 관한 전설에 해당하는 것으로 솔로몬의 지혜가 이집트나 동방 사람들의 지혜를 능가하며, 3,000개의 잠언을 말하고 1,005개의 노래를 지었다고 말한다. 뿐만 아니라 백과사전적인 지식과 자연현상에 대한 폭넓은 지식을 가지고 있다.[66]

솔로몬 통치에 관한 기록 가운데 많은 부분을 차지하는 것은 성전건축에 관한 것이다. 이것은 하나님께서 이스라엘을 사랑하신다는 징표이며 사무엘하 7:4 이하에 기록된 다윗언약에 대한 나단의 신탁에 나타난 다윗 왕조의 영원함에 대한 주제가 나타나 있다.

성전건축(왕상 6장)과 성전장식(왕상 7:13 이하)과 함께 왕궁과 공공건물의 건축에 대해 기록하고 있다(왕상 7:1-12). 성전에 대하여 매우 자세하고 구체적으로 묘사하고 있다는 사실은 이를 기록한 사람이 아마도 제사장인 것으로 보인다. 성전에 관한 기록 가운데 성전의 규격(왕상 6:2, 3, 6a, 10a, 16a, 17a, 20a, 23b, 24-26)과 자재(6:7, 9b, 10b, 15, 16a, 20b, 21b, 23a, 31a, 32a, 33, 34a, 35b, 36) 그리고 기술(7:9b, 10b, 29a, 32b, 35b, 36)에 대하여 자세하게 기록하고 있다. 뿐만 아니라 장소, 기초, 벽의 두께, 지붕의 방식 그리고 외관 등에 대하여 자세히 기록하고 있다. 따라서 노트(N. Noth)는 열왕기상 6장의 성전에 관한 언급은 다양한 건축 기술자에 대한 지침서의 다양한 전승을 기초하였고, 이것을 신명기 사가가 열왕기상 6, 7장에 삽입하였다고 주장한다. 이러한 주장은 이 자료들이 불완전한 자료라는 추정에 의한 것이며, 많은 기술적인 언급들은 열왕기서의 편집자나 후기 주석가들에 의

66) A. Alt, *Kleine Schriften*, 2 (1959), 90-99.

하여 잘못 이해되었던 것으로 추정한 것이다. 또한 기초나 실제적인 성전 건물에 대한 언급은 편집자에 의하여 열왕기상 6:1 이후에 서론으로 채택된 것으로 추정하는 것이다. 성전의 장식에 관한 묘사(7:13-50)는 같은 구조를 보여준다. 솔로몬의 성전을 묘사하는데 사용된 자료는 제사장들의 성전 역사의 일부가 되었으며, 이러한 성전 역사는 전쟁배상금을 위하여 성전 보물에 손을 대는 르호보암(왕상 14:26-28), 아사(왕상 15:18), 요아스(왕하 12:19 [18]), 아마샤(왕하 14:14), 히스기야(왕하 18:15) 그리고 바벨론 사람들에 의한 성전 파괴(왕하 24:13; 25:13-17) 등에 대하여 기록하고 있다. 요아스의 성전재정 개혁에 관한 특별한 언급(왕하 12:4-16)과 아하스의 새로운 제단의 도입(왕하 16:10-18)은 아마도 성전 역사에 속하는 것으로 보인다. 성전에 관한 많은 불확실한 자료나 관심은 아마도 후기에 첨가된 것으로 보인다. 성전 낙성식을 기록하고 있는 열왕기상 8장의 핵심은 열왕기상 8:22-54의 솔로몬의 기도이다.

신명기 역사의 편집자는 비록 에돔의 반란(왕상 11:21)이나 다메섹의 반란(11:25)이 초기에 있기는 했지만, 솔로몬 통치 시대의 문제를 솔로몬 통치의 마지막에 삽입하였다. 이러한 배열은 이스라엘 역사에 있어서 축복과 저주를 통하여 하나님의 말씀의 적응이라는 그의 주제를 예증하는 것이다(신 28:1-14, 15절 이하). 신명기 사가는 솔로몬 통치를 전기의 축복 시대와 후기의 저주 시대로 구분하고 있다. 따라서 솔로몬의 이방 여인과의 결혼과 그의 이방 종교에 대한 관용은 비난을 받고, 정치적인 내외적인 문제는 이러한 행동의 연속으로 묘사되어 있다. 따라서 열왕기상 11:1-13은 편집자의 요약에 해당하며, 14-40은 에돔 사람 하닷(14-22절)과 다메섹의 르손의 반란에 대하여 기록하고 있다(23-25절). 이 부분은 신명기사가의 언어나 주석과는 매우 다른 성격을 가지고 있기 때문에, 아마도 역사적인 자료를 근거로 한 것으로 보인다. 하닷의 반란에 관한 이야기는 두 가지 이야기가 결합되어 있다. 즉 이집트로 도망하였다가 이집트의 도움을 받아 귀환하였다는 이야기와 하닷이 망명하였을 때 미디안의 도움을 받은 것으로 기록하고 있다. 후자의 전승은 아마도 여호사밧 때(주전 870-846년) 유다가 에돔을 정복한 후(왕상 22:48) 유다의 저자가 에돔의 연대기를 보고 기록한 것으로 보인다.

열왕기상 11:26-40에 기록된 여로보암의 기원에 관한 서론의 역할을 하고 있는 여로보암의 실패로 끝난 반란에 관한 기록은 이스라엘의 연대기에서 자료를 얻은 것으로 보인다. 그러나 여로보암을 지지하는 실로의 예언자 아히야의 역할이 본궤도를 벗어난 것은 이히야와 여로보암의 부인의 만남에 관한 이야기와 마찬가지로(14:1-18) 예언자의 이야기에서 얻은 자료로 보인다(29-32절). 아히야의 신탁에 대한 편집자의 확대가 뒤따른다. 솔로몬의 종교적인 느슨함에 따른 북쪽 지파의 이탈을 기록하고 있다(왕상 11:33-39). 다윗 왕조의 영원성 때문에 주전 586년 왕국의 몰락 직전에 처음 이 부분이 편집되었던 것으로 보인다. 이 부분은 신명기사가의 전형적인 왕의 죽음에 관한 기록으로 끝난다(11:41-43).

이스라엘 역사에 있어서 결정적인 단계는 성전의 건축과 봉헌(8:1-21, 62-66)인데, 신명기 역사에서는 이처럼 중요한 역사에 연설의 형태를 채택하였으며, 솔로몬의 기도(왕상 8:22-61)는 회고와 기대를 나타낸다. 열왕기서의 가장 중요한 성전 낙성식(왕상 8장)은 다음과 같은 내용으로 구성되어 있다.

왕상 8:1-2　도입부

　　왕상 8:3-13　낙성식

　　　　왕상 8:14-21　솔로몬이 백성을 축복함

　　　　　　왕상 8:22-54　솔로몬의 기도

　　　　왕상 8:55-61　솔로몬이 백성을 축복함

왕상 8:62-64　낙성식

왕상 8:65-66　결론

주된 부분은 가을 축제 때 봉헌하는 전승을 의지하고 있다. 이 부분은 제사장 전통에서 유래된 것으로 보인다. 그러나 솔로몬의 기도는 표현에 있어서 포로 이전의 편집의 흔적을 보이며, 신학적인 측면에서도 이름에 신현현이 나타난다는 생각(16, 18, 19, 20, 29)이나 하나님의 초월성(27, 30, 32, 34, 36, 39, 43, 45, 49) 그리고 죄와 징벌에 대한 교리(34, 46, 47) 등이 포로기 이후의 신학적 특징을 나타낸다. 포로를 언급하는 부분에서 이 작품에 대한 최종적인 수정이 주전 586년 이후에 이루어졌으며 아마도 주전 550년경에 편집되었던 것으로 추정된다.

둘째 부분

두 번째 부분은 열왕기상 12:1-열왕기하 17:41까지는 분열 왕국 시대의 유다와 이스라엘의 역사를 기술하고 있다. 편집자는 주로 북 왕국이 가나안 바알 종교의 풍요제의에 대한 관대함으로 인한 하나님의 저주를 받는 북 왕국의 재앙에 초점을 맞추고 있다. 편집자는 이것을 일관성 있게 북 왕국의 멸망을 언급하고 있다. 특히 아합과 그의 왕조에 대하여 길게 묘사하고 있다(왕상 16:29-왕하 10:31). 이러한 문제는 이스라엘과 유다의 비교 역사에서 나타나며 특히 열왕기상 14:19-16:34과 열왕기하 10:32-17:41에서 여러 명의 왕의 등극과 죽음에 관한 비교 연대에서 잘 나타난다. 편집자는 유다 왕 역대지략이나 이스라엘 왕 역대지략과 같은 연대기에서 선택적으로 사용하였으며, 편집자의 역사는 신학적으로 해석된 역사임을 보여준다.

왕국 분열은 세겜에서 르호보암을 거부하는 이야기에서 나타나며(왕상

12:1, 3-19), 이것은 아히야의 예언과 관련 있다(11:30 이하). 열왕기상 12-16장에서는 북 왕국의 처음 일곱 왕에 대하여 기록하고 있다(여로보암, 나답, 바아사, 엘라, 시므리, 오므리, 아합). 르호보암과 북쪽 지파 사이의 전쟁이 끝난 것(21-24)과 여로보암의 축성(25) 후에 계속적으로 여로보암의 벧엘 제의의 조직에 대하여 기록하고 있고(26-32), 열왕기상 12:33-13:10에서는 벧엘 제의에 관한 예언적 탄핵이 따른다. 열왕기상 13:2-3a와 12:24에 대한 맛소라사본과 칠십인역의 차이점은 여로보암의 이집트에서의 귀환을 이해하는데 중요하다. 두 사본 가운데 칠십인역이 이스라엘의 원래의 전승을 따르고 있는 것으로 보인다. 여로보암의 통치에 관한 열왕기상 12:33-14:18은 매우 다양한 예언전승을 기초하고 있다. 유다 출신 예언자에 의한 벧엘 제의에 대한 탄핵(12:33-13:10)에서 13:2과 같은 요시야 개혁에 대한 언급은 후대의 첨가이기는 하지만, 이것은 오래된 예언전승의 일부로 보인다. 이 구절에는 기적으로 묘사된 예언적 전승의 윤색(4절 이하)과 편집자의 해설(2, 32절)과 같은 이차적인 첨가가 있다. 여로보암과 그의 왕조에 대한 고발(14:1-18)은 이스라엘 왕조를 비판하기 위한 것으로써 이스라엘 역사에서 매우 중요한 요소이다.

열왕기상 20:1-43과 22:1-38에서 아합이 이스라엘의 왕으로 소개되는 역사적 자료에 대한 예언적 개작으로 20:37에 기록된 폭력적인 죽음은 22:40에 기록된 아합의 죽음과 분명히 상반된다.

아합의 계승으로부터 예후의 반란까지 오므리 왕조의 통치(왕상 17:1-왕하 10:31)는 어울리지 않게 길게 다루어졌는데, 그것은 엘리야와 엘리사의 전승과 엘리야와 엘리사의 오므리 왕조의 종교적 관용정책에 대한 비판 때문이었다. 이것은 신명기 사가의 일반적인 관점에 따라서 비평하며, 이스라엘 역사에 있어서 하나님의 말씀의 효과를 기록하기 때문이다. 여기에는 다양하고 역사적 가치가 있는 여러 자료들로 구성되어 있다.

열왕기상 18장의 갈멜 산에서의 대결, 19장의 호렙에서의 엘리야, 21장의 나봇의 포도원, 열왕기하 8:7-15의 엘리사와 하사엘의 반란 그리고 열왕기하 9:1 이하의 엘리사와 예후의 반란은 역사적 사실을 보여주며, 이것들은 일반적으로 믿을 만하다. 그리고 이들 이야기에서 이스라엘 왕국에 대한 비판적인 태도가 발견되는 것은 예언적 권위를 보여준다. 엘리야에 관한 것과 같은 종류의 전승들은 주전 8세기 초의 엘리사의 권위를 기초로 한 것일 것이다. 그리고 엘리사에 관한 것이나 열왕기하 6:24-7:20의 사마리아 포위 속에서의 엘리사와 13:14-19의 왕의 임종에서 왕을 격려하는 엘리사 등은 사마리아의 엘리사와 관계된 믿을 만한 예언 집단의 권위에 기초한 것으로 보인다.

[엘리사 이야기에 나오는 지명]

열왕기상 17장-열왕기하 1장의 엘리야의 활동에 대한 기록은 다음의 내용들로 구성되어 있다.

왕상 17:1-18:46 엘리야와 아합

왕상 19:1-21 엘리야에게 힘을 주심

왕상 20:1-43 이스라엘과 아람의 전쟁

왕상 21:1-29 나봇의 포도원과 아합 · 이세벨의 죄

왕상 22:1-40 이스라엘과 아람의 전쟁

왕상 22:41-50 여호사밧의 통치

왕상 22:51-왕하 1:18 엘리야와 아하시야

엘리야와 엘리사 전승은 역사적 가치가 덜하며, 오히려 개인적인 성격으로 역사적인 위기와 관련이 없다. 여기에는 많은 기적을 담고 있다. 즉 열왕기상 17장의 엘리야가 가뭄 가운데 먹임, 열왕기하 1장의 엘리야가 아하시야의 사신들에게 불을 불러옴, 열왕기하 2:19-22의 엘리사와 여리고의 물 사건, 열왕기하 2:23-25의 엘리사와 벧엘의 조롱하는 아이들에 대한 저주, 4:1-7의 엘리사와 과부의 기름 이야기, 4:8-37의 엘리사와 수넴 사람의 아들 이야기, 4:38-41의 솥의 독을 없앰, 4:42-44의 엘리사와 많은 사람을 먹이는 이야기, 6:1-7의 엘리사와 떠 있는 도끼 이야기, 6:8-23의 엘리사와 눈먼 시리아 사람 이야기, 5장의 나아만을 고친 이야기 등이 이에 속한다. 이러한 자료들은 이것들이 가지고 있는 유명성과 엘리야 · 엘리사와의 관계성 때문에 신명기 사가의 역사에 삽입되었다. 그러나 이러한 자료를 이용하여 신명기 사가는 여호와의 예언자가 바알 예언자에 대항하여 노력했던 것을 보여준다. 그리고 이러한 과정에서 자연을 통치하시는 하나님을 많이 강조하여 기술한다.

아합과 그의 후손들의 통치에 관한 부분에서는 전적으로 역사적인 설

화로 구성되어 있다. 즉 열왕기상 20장의 아람의 사마리아 공격과 예언자 일화, 22장의 길르앗-라못에서 이스라엘 왕의 죽음, 열왕기하 3:4 이하의 여호람의 모압 공격, 열왕기하 6:24-7:20의 사마리아의 기근과 벤하닷을 물리침, 열왕기하 9:1-10:27의 예후의 반란, 열왕기하 13:14-19의 엘리사와 요아스의 마지막 만남 등이다. 이 부분에서는 엘리사의 사자에 의하여 예후를 기름 붓는 것이 소개되기는 하지만, 예후의 반란에 관한 구절을 제외하고 예언자는 중심인물로 부각되어 있다. 예언자의 오므리 왕조에 대한 비판적인 태도와 아합 왕조에 대한 심판의 신탁은 예언자 예후의 바사에 대한 신탁(왕상 16:1-4)을 생각나게 하며, 아마도 같은 예언 전승이 역사 설화에 받아들여 진 것으로 보인다. 이 자료는 신명기적 편집자의 주제와 매우 잘 일치한다.

공식적인 역사에서 왕실 자료의 영향을 받은 연대기의 형식에 역사적인 설화가 첨가되어 다양한 형식을 띠고 있다. 예를 들어 아달랴의 왕위 찬탈과 요아스 등극을 방해하는 것(왕하 11장)이나 요아스의 성전재정 개혁(왕하 12:4-16)을 다루는데 있어서 역사 설화의 형식을 채택하고 있다. 연대기와 역사 설화 사이의 형식이나 내용의 차이점은 두 자료 즉 제사장적인 자료(11:1-12, 18b-20)와 널리 알려진 자료(13-18a)가 서로 결합되었다는 것을 말해준다. 아달랴에 의하여 제기된 정치적, 종교적인 위기와 성전에 대한 편집자의 관심을 보여준다. 아하스의 성전개혁에 대한 부기(附記)(왕하 16:10-18)는 편집자의 성전에 관한 같은 관심을 반영하는 것이다. 주전 722/1년(왕하 17장)의 사마리아 멸망과 함께 이스라엘과 유다의 공식적인 역사는 끝난다. 북 이스라엘의 멸망에 관한 설명은 이스라엘과 유다의 연대기를 기초로 한다. 여기에 17:18과 21-23에 편집자의 해설이 삽입되었으며, 17:7-17과 19-20절에는 편집자의 해석이 첨가되면서 죄의 원리를 강조하였고 이스라엘 역사에서의 징벌을 강조하였다. 여기에 17:

29-33과 34-40, 41절의 사마리아 속주의 종교에 관해 확장하면서 17:24-28에 벧엘에 아시리아 사람들이 거주하였다는 것이 첨가되었다.

셋째 부분

열왕기의 세 번째 부분은 열왕기하 18:1-25:21로 유다만의 역사를 기록하고 있으며, 매우 자세하지만 그러나 편집자의 신학적 관점에 의한 제한된 역사를 서술하고 있다. 따라서 히스기야 통치 처음 14년 동안 히스기야가 아시리아에 저항하는데 매우 중요한 역할을 하였음에도 불구하고 편집자는 히스기야의 종교개혁(왕하 18:3-6)에 대하여 언급한 후 곧바로 히스기야 통치 14년의 아시리아 제국의 공격으로 옮겨간다(왕하 18:13-19:37). 여기서 열왕기하 18:13-16에서 아시리아 제국의 공격 시작과 끝을 간략하게 언급한 후, 이야기는 히스기야의 항복을 요구하는 산헤립의 진영에서 온 두 명의 사신에 관해 언급하며(19:1-5, 14-19), 이사야의 격려하는 신탁(19:6-7, 20-34)과 신탁의 성취(19:6-7)가 기록되어 있다. 이 이야기의 뒤를 이어 히스기야가 병 가운데 있을 때 이사야와 관련된 예언전승(20:1-11)과 바벨론 사신에 관한 이야기(20:12-19)가 뒤따르고 있다. 열왕기하 18:13, 18:17-20:19는 이사야 36:39과 일치한다. 열왕기하 18:17-19:37은 같은 사건에 대한 두 개의 다른 판으로 구성되어 있다. 즉 열왕기하 18:17-19:9a와 19:9b-35이다. 열왕기하 18:13-16의 연대기적인 기록과 달리 이것은 역사로 이해되기보다는 잘 알려진 예언자 이사야와 선한 왕 히스기야와 하나님께서 히스기야의 명예를 보존하신다는 일화로 보인다. 이 예언 이야기는 이사야 전승의 변두리 이야기이다.

주전 731년경 바벨론 포위에 관한 아시리아의 문헌은 열왕기하 18:17-19:7, 36에 기록된 아시리아 사신에 관한 기록의 역사성을 입증해 주다.

열왕기하 19:9b-35은 선한 왕 히스기야에 관한 편집된 이야기이다. 이 이야기는 열왕기하 18:17-19:36의 아시리아 사신에 관한 신학적 설명과 19:15-19의 히스기야의 기도 그리고 이사야의 보증(21-28, 29-31, 32-33, 34) 등이 요약되어 있다. 이 이야기는 히스기야의 철수와 죽음에 관한 이차적인 해석으로 끝맺는다.

히스기야의 전통적인 경건은 편집자에 의하여 히스기야를 낫게 하는 이사야의 신탁(왕하 20:1-11) 속에 잘 나타나 있다. 히스기야의 통치는 이사야가 바벨론의 사신을 환영하는 히스기야를 꾸짖는 것으로 마감된다(20:12-19). 이것은 아마도 역사적 사실에 기초한 것으로 보인다. 이 사건은 아마도 실제적인 역사적 사실인 바벨론 포로를 보여주는 것으로 보인다. 북 왕국의 역사를 기록할 때 처음 일곱 왕에 관하여 기록하였듯이(왕상 12-16장) 유다 왕의 말년은 마지막 일곱 왕에 대하여 기록한다(왕하 21:1-25:30, 므낫세, 아몬, 요시야, 여호아하스, 여호야김, 여호야긴, 시드기야).

므낫세와 아몬(21:1-26)의 통치는 유다의 멸망을 목도한 편집자에 의하여 주로 설화의 형태로 요약되어 있다. 요시야 통치와 종교개혁에 관한 이야기(왕하 22:1-23:30)는 신명기 역사가 편찬된 첫 단계인 25년 동안의 통치에 대하여 기록하고 있다. 따라서 이 부분은 편집자가 자신이 스스로 목도하거나 혹은 관여되어 있는 사안에 대하여 설화의 양식을 자유롭게 채택하였던 것으로 보인다. 이 부분은 율법책의 발견, 계약과 유월절에 관한 묘사(22:3-23:3, 21-25)와 유다의 연대기에서 얻은 요시야 종교개혁(23:4-20)을 묘사하는 편집자에 의하여 역사적인 설화의 형태로 구성되어 있다. 이 두 부분은 편집자에 의하여 여선지자 훌다의 이야기(23;16-20)와 예루살렘의 폐기(23:16-27)에 관한 이야기가 첨가되었다.

편집자는 요시야의 죽음으로부터 여호야김이 바벨론에 저항하는 반란 때까지(왕하 23:30-24:1)를 기록하는데 있어서 유다의 연대기를 사용하고 여기에 주석을 붙였으며, 전체적인 내용은 후대의 편집자에 의하여 또 다른 주석이 첨가되었다. 이 후대의 편집자는 포로 이전의 형식과 취지를 그대로 살려 주전 586년 유다 예루살렘의 멸망과 느부갓네살에 의한 포로까지의 역사를 기술하였다. 이 이야기에는 두 개의 역사적인 설화가 첨가되었다.

그다랴와 미스바 사건과 그 결과(왕하 25:22-26)가 첨가되었으며 이것은 예레미야 40:7-41:18의 역사적 사건을 요약한 것이다. 또한 여호야긴(왕하 25:27-30)의 포로에 대하여 경감하는 것은 바벨론에 있는 편집자의 손길을 반영하는 것이다.[67] 왜냐하면 이 기록은 바벨론의 현지 상황뿐만 아니라 느부갓네살 왕궁의 재정문서 가운데 여호야긴의 배급량에 관한 내용을 보여주고 있기 때문이다.

열왕기서의 연대

열왕기에 나오는 연대는 어려운 문제를 안고 있다. 열왕기의 연대는 이스라엘 역사와 고대 근동의 역사가 분명히 연결되는 몇몇 경우 말고는 정확하게 정립할 수 없다. 그러나 어떤 이집트 문헌들, 아시리아-바벨론 왕들의 실록과 그 관련 문헌들은 열왕기의 몇몇 사건들에 관하여 매우 정확한 정보를 제공한다.

이런 점들 말고도 열왕기의 자료들은 흔히 이해하기가 까다롭다. 우선 유다 왕들의 통치 연대를 보면 언제나 이스라엘 왕들의 통치 연대와 함께 언급되고, 이스라엘 왕들의 경우도 마찬가지인데, 이는 서로 모순되는 연대 체계를 끌어들이는 원인이 된다. 그 다음은 서기관들의 오류를

67) V. Fritz, *1 & 2 Kings*, p. 1.

들 수 있는데, 그들은 원래의 문헌에 나오는 숫자를 뒤바꾸어 놓거나 다른 숫자와 혼동하기도 하였다. 더구나 솔로몬(왕상 1)과 요담의 통치(왕하 15:5)에서 분명히 볼 수 있듯이, 왕자들이 선왕과 함께 나라를 통치하는 섭정의 경우, 왕들의 통치 연대를 정확하게 나누어 배치하기가 매우 어렵다. 이런 예는 솔로몬과 요담의 통치에만 국한되지 않는다. 여호사밧, 웃시야, 요담, 므낫세 등이 섭정 통치를 하였다.

마지막으로 연대 측정이 어려운 원인은 열왕기 안에 서로 겹치는 여러 연대 체계 때문이다. 이 다양한 연대 체계는 저마다 다른 사료들에서 나왔다. 따라서 이 책을 대하는 사람들은 연대를 측정하는 데에 세 가지 서로 다른 결과를 얻을 수 있다. 첫째는 유다의 통치에 근거한 연대, 둘째는 이스라엘의 통치에 근거한 연대, 셋째는 둘을 조화시켜 얻은 연대이다. 예를 들어 왕국 분열에서 아합 통치의 끝에 이르는 기간(주전 933-853년)을 우리는 80년으로 보는데, 유다의 연대로는 84년, 북 왕국 연대로는 78년 그리고 둘을 조화시켜 얻은 연대는 75년이다.

이스라엘 역사의 가장 큰 문제점 가운데 하나는 어떻게 정확한 연대기를 재구성하느냐 하는 것이다. 일반적으로 역사에 있어서 연대기(chronology)는 정확한 역사적 지식을 얻기 위해 가장 기초가 되는 자료로 인식되고 있다.[68] 그러나 구약성서에 기록된 연대기는 정확한 역사적 사실을 제공하기에는 여러 가지 문제점을 많이 가지고 있다.

구약성서 연대기의 특성

구약성서에 기록된 연대기는 다음과 같은 특성이 있다.

68) E.R. Thiele, *The Mysterious Numbers of the Hebrew Kings*, p. 1.

(1) 분열 왕국 시대의 왕의 연대를 표시할 때, 유다의 왕과 이스라엘 왕의 비교 연대를 제시한다. 유다 왕의 연대를 기록할 때 같은 시대 이스라엘 왕의 즉위 연대와 비교하는 것이다. 예를 들면 열왕기상 15:1의 "느밧의 아들 여로보암 왕 제 18년에 아비얌이 유다 왕이 되고"와 같이 유다 왕 아비얌의 즉위 연대를 표시하기 위하여 당시 북 왕국의 왕이었던 여로보암의 연대와 비교하는 것이다(참조 왕상 15:9). 이러한 비교 연대는 신명기 사가의 연대 표시의 가장 큰 특징 가운데 하나이다. 뿐만 아니라 북 이스라엘 왕의 연대기 역시 유다 왕의 연대기와 비교하여 제시하고 있다. 열왕기상 15:33에 의하면 "유다 왕 아사 제 3년에 아히야의 아들 바아사가 디르사에서 온 이스라엘의 왕이 되어 20년을 치리하니라"라고 기록하고 있다.

(2) 유다 왕의 경우 즉위 당시 왕의 나이를 제시하는 경우가 많다. 열왕기하 8:16에 "이스라엘 왕 아합의 아들 요람 제 5년에 유다 왕 여호사밧이 오히려 위에 있을 때에 그 아들 여호람이 왕이 되니라 여호람이 위에 나갈 때에 나이 32세라 예루살렘에서 8년을 치리하니라"라고 기록하고 있다. 즉 여호람이 32세에 왕이 되어 8년간 다스렸다고 기록하고 있다.

(3) 역사적 사건을 기록하면서 왕의 통치 몇 년에 발생한 사건이라는 식으로 기록하고 있다. 히스기야 왕 시대의 역사를 기록할 때도 "히스기야 왕 X년에"라는 관용구를 사용하여 역사를 서술하고 있다.

왕 이름	즉위 나이	통치 기간	성서구절
다윗		40년	왕상 2:10-11
솔로몬		40년	왕상 11:42
르호보암	41세	17년	왕상 14:21
아비얌		3년	왕상 15:1
아사		41년	왕상 15:9
여호사밧	35세	25년	왕상 22:41-42
여호람	32세	8년	왕하 8:16-17
아하시야			왕하 9:29
아달랴			
요아스	7세	40년	왕하 11:21-12:1
아마샤	25세	29년	왕하 14:1-2
아사랴	16세	52년	왕하 14:16-15:1
요담	25세	16년	왕하 15:7, 13
아하스	20세	16년	왕하 16:1-2
히스기야	25세	29년	왕하 18:1-2
므낫세	12세	55년	왕하 21:1
아몬	20세	2년	왕하 21:19
요시야	8세	31년	왕하 22:1-2
여호아하스	23세	3달	왕하 23:31
여호야김	25세	11년	왕하 23:36
여호야긴	18세	3달	왕하 24:8
시드기야	21세	11년	왕하 24:18

열왕기하 12:6에 의하면 "요아스 왕 23년에 이르도록 제사장들이 오히

려 전의 퇴락한데를 수리하지 아니하였는지라" 즉 성전 수리가 요아스 왕 23년까지 이루어지지 않았음을 기록하고 있다. 또한 열왕기하 22:3-6에 의하면 "요시야 왕 18년에 왕이 므슬람의 손자..." 즉 요시야 왕 18년에 성전 수리 공사를 하였다는 기록이다. 이러한 기록은 역대기 사가의 기록에서도 찾아 볼 수 있다. 역대기하 16:1에 의하면 "아사 왕 36년에 이스라엘 왕 바아사가 유다를 치러 올라와서 라마를 건축하여..." 라는 기록으로 역사적 사건이 왕 즉위 몇 년에 생겨난 일이라는 식으로 역사를 기록하고 있음을 알 수 있다.

뿐만 아니라 주변 국가와의 관계를 기록함에 있어서도 무슨 왕 몇 년에 무슨 일이 있었다는 식으로 기록하고 있다. 열왕기상 14:25에서 시삭의 침략은 르호보암 왕 제 5년에 발생하였다고 기록하고 있다(참조, 왕하 15:19, 16:7-9). 또한 아시리아 왕 산헤립이 유다를 침략한 사건을 기록함에 있어서 열왕기하 18:13절은 "히스기야 왕 제 14년에 앗수르 왕 산헤립이 올라와 유다의 모든 견고한 성읍들을 쳐서 점령하매" 라고 기록하고 있다.

(4) 역사적 사건을 기록하면서 성서기자는 '이 사건은 어떤 사건이 있은 지 몇 년 후에 생긴 일이다' 라는 식으로 기록하고 있다. 열왕기하 14:17은 "이스라엘 왕 여호아하스의 아들 요아스가 죽은 후에도 유다 왕 요아스의 아들 아마샤가 15년을 생존하였더라" 라고 기록되어 있다. 열왕기상 6장의 솔로몬의 성전건축의 시작에 대해서도 "이스라엘 자손이 애굽 땅에서 나온 지 480년이요 솔로몬이 이스라엘 왕이 된지 4년 10월에 솔로몬이 여호와를 위하여 전 건축하기를 시작하였더라" 라고 기록하고 있다.

(5) 열왕기에 기록된 신명기 사가의 역사를 살펴보면 신명기 사가는 자신들의 역사를 기록하는 데 있어서 일정한 양식을 사용하고 있다.

항목	내용	성서구절
통치개요	즉위 당시 나이, 통치 기간, 어머니 이름	왕하 21:1 "므낫세가 왕이 될 때에 나이가12세라 예루살렘에서 55년간을 다스리니라 그의 어머니의 이름은 헵시바더라"
종교적인 평가	여호와 보시기에	왕하 21:2 "므낫세가 여호와 보시기에 악을 행하여 여호와께서 이스라엘 자손 앞에서 쫓아내신 이방 사람의 가증한 일을 따라서…"
업적 (세부사항)		왕하 21:3-16
업적기록		왕하 21: 17 "므낫세의 남은 사적과 그가 행한 모든 일과 범한 죄는 유다 왕 역대지략에 기록되지 아니하였느냐"
계승	선왕의 죽음과 계승	왕하 21:18 "므낫세가 그의 조상들과 함께 자매 그의 궁궐 동산 곧 웃사의 동산에 장사되고 그의 아들 아몬이 대신하여 왕이 되니라"

구약성서 연대기의 문제점

이러한 구약성서의 연대기 기록은 다음과 같은 문제점을 가지고 있다.

(1) 내부 연대기적 기록 사이의 모순이다.

열왕기하 8:25에 의하면 아하시야는 요람 왕 제 12년에 즉위한 것으로 기록되어 있으나 열왕기하 9:29에서는 요람 왕 11년에 즉위하였다고 기록하고 있다. 또한 이스라엘 왕 오므리가 유다 왕 아사 제 31년에 즉위하였으며, 12년간 통치하였다고 기록하고 있다(왕상 16:23). 만약 이 기록이 맞는다면 오므리의 통치는 41년간 통치한 아사 왕 다음에 끝났을 것이다. 그런데 열왕기상 16:28-29절에 의하면 오므리가 죽고 그 아들 아합이 왕이 된 것은 아사 왕 제 38년이라고 기록하고 있다. 만약 열왕기상 16장의 기록이 맞는다면 오므리의 통치기간은 12년이 아니라 7년이 된다.

(2) 유다와 이스라엘 왕의 통치 기간의 합이 서로 다르다.

서로 다른 연대 측정법이 있었거나 성서의 비교 연대가 정확하지 않음을 알 수 있다.

남 유다			북 이스라엘		
왕 이름	기간	성서구절	왕 이름	기간	성서구절
르호보암	17년	왕상 14:21	여로보암	22년	왕상 14:20
아비야	3년	왕상 15:1-2	나답	2년	왕상 15:25
아사	41년	왕상 15:9-10	바아사	24년	왕상 15:33
여호사밧	25년	왕상 22:42	엘라	2년	왕상 16:8
여호람	8년	왕하 8:16-17	시므리	7일	왕상 16:15
아하시야	1년	왕하 8:26	오므리	12년	왕상 16:23
			아합	22년	왕상 16:29
			아하시야	2년	왕상 22:51
			요람(=여호람)	12년	왕하 3:1(8:25-26)
합계	95년		합계	98년 7일	

(3) 구약성서에 기록된 유다 왕의 통치 기간의 합과 이스라엘 왕의 통치 기간의 합이 서로 다르다.

예를 들어 분열 왕국 시대 유다의 르호보암-아하시야, 이스라엘의 여로보암-요람까지의 각 왕의 통치 기간의 합은 서로 달리 나타난다. 여로보암과 르호보암이 즉위한 해가 똑같고, 또한 이스라엘 왕 요람과 유다 왕 아하시야의 죽은 해도 똑같다. 열왕기하 3:1에 의하면 "아합의 아들 여호람(=요람 왕하 8:24)이 사마리아에서 이스라엘 왕이 되어 12년을 치리하니라" 라고 기록되어 있다. 그런데 열왕기하 8:25-26에 의하면 아합의 아들 요람 12년에 유다 왕 여호람의 아들 아하시야가 왕이 되어 1년을 다스렸다고 기록하고 있다. 따라서 유다와 이스라엘의 비교 연대에 의하면 유다 왕 아하시야와 이스라엘 왕 요람은 서로 같은 시대이다. 그런데 이 때까지 두 왕국 왕의 통치 연대를 비교하면 서로 차이가 나타난다.

이러한 차이는 신학적 이유로 유다 왕 아하시야의 통치 끝과 이스라엘 왕 요람(여호람) 통치 끝을 인위적으로 일치시켜 새로운 시대(요아스와 예후)의 도래를 나타내기 위한 신명기 사가의 신학적 의도일 수도 있다.

(4) 구약성서의 역사 기록과 주변 국가의 연대기는 서로 불일치한다.

아시리아의 역사 기록을 통하여 연대를 정확히 알 수 있는 산헤립의 예루살렘 침공에 대한 기록을 비교하면 구약성서의 연대 기록과의 차이를 엿볼 수 있다. 구약성서가 제공하는 이 시대의 연대는 다음과 같다.

사 건	성서구절	연도
히스기야 왕 제 4년 곧 이스라엘의 왕 엘라의 아들 호세아 제 7년에 앗수르의 왕 살만에셀이 사마리아로 올라와서 에워쌌더라	왕하 18:9	
히스기야 왕 제 6년이요 이스라엘 왕 호세아의 제 9년에 사마리아가 함락되매	왕하 18:10	주전 721년
히스기야 왕 제 14년에 아수르의 왕 산헤립이 올라와서 유다 모든 견고한 성읍들을 쳐서 점령하매	왕하 18:13	주전 701년

그런데 산헤립의 비문에 의하면 산헤립의 예루살렘 침략은 주전 701

년에 있었고, 더 나아가 구약성서를 통한 추정연도인 히스기야 제 14년 즉 주전 714년은 산헤립이 왕이 되기 전의 일이다. 산헤립은 주전 705년에 왕이 되었기 때문이다.

(5) 이스라엘과 유다가 사용한 월력(月曆)의 종류를 알 수 없다.

가장 어려운 문제점 가운데 하나는 이스라엘과 유다가 어떤 유형의 월력을 사용하였는가 하는 점이다. 고대 근동에는 두 가지 종류의 월력이 있다. 즉 가을에서 시작하여 가을로 끝나는 '티슈리-티슈리' (Tshuri-Tshuri) 형이 있는가 하면 메소포타미아처럼 봄에 시작하여 봄으로 끝나는 즉 '니산-니산' (Nisan-Nisan)형 달력이 있다. 그런데 우리는 고대 이스라엘이 어떤 종류의 월력을 사용하였는지 정확히 알 수 없다.

구약성서에 기록된 월력은 음력(陰曆)이다. 어느 나라나 마찬가지로 월력은 농사와 밀접한 관련을 맺고 있다. 히브리인들이 고대에 사용하던 농사력이 게젤에서 발견되었다.

구약성서를 읽다보면 대부분의 달의 이름이 '몇 월' 이라는 식으로 기록되어 있다. 민수기 29:1에 의하면 칠월에 초막절을 지키라고 되어 있다. 그러나 이 칠월은 오늘날 달력으로 칠월이 아니라 '일곱째 달' 이라는 의미이다. 고대 이스라엘은 포로기 이후 바벨론의 영향으로 구체적인 달의 이름이 등장할 때까지 '몇째 달' 이라는 방식으로 월력을 표시하였다. 바벨론 포로의 영향으로 인해 포로기 이후 성서문학에는 바벨론식 달 이름이 등장한다. 예를 들어 스가랴 1:7의 '스밧 월' 이란 바로 열한 번째 바벨론의 달 이름에서 유래된 것이다. 이러한 예는 스가랴 7:1의 기스르 월(9번째 달)과 에스더 3:13의 아다르 월(12번째 달) 등에서 찾아 볼 수 있다.

고대 근동에서는 태음력과 태양력 사이의 11일간의 차이를 해결하기 위하여 윤달을 첨가하였다. 일반적으로 윤달은 '엘룰' 월과 '아다르' 월에 지켜진다. 아시리아 제국에서 윤달은 오늘날과 같이 일정한 기간마다 첨가되는 것이 아니라 왕이 천체 관측자들과 상의하여 엘룰 월이나 아다르 월에 한 달을 더 첨가한다. 이렇게 윤달로 첨가된 달은 '제 2엘룰 월' 혹은 '제 2아다르 월' 이라고 불렀다. 구약성서의 기록에는 이스라엘 백성들이 윤달을 지켰다는 기록은 없지만 윤달을 지켰으리라 추정할 수 있는 구절들이 있다.[69]

오늘날 유대인들은 티슈리 달(제 7번째 달) 1일을 신년으로 지키고 있지만 구약성서 시대에는 언제를 일년의 시작으로 정했는지 정확히 알 수 없다. 일반적으로 학자들 가운데 '니산 월' 1일이 신년 초하루라고 주장하는 사람이 있는가 하면, 어떤 이들은 '티슈리 월' 1일을 신년 초하루라고 주장하는 사람도 있다. 또 어떤 학자들은 원래는 '니산 월' 1일이었다가 후에 '티슈리 월' 1일로 바뀌었다고 주장하며, 그 반대의 주장도 있다. 그러나 메소포타미아의 신년은 '니산 월' 1일이었다.

흔히 이스라엘 역사서나 구약성서와 관련된 책을 읽을 때 요시야 종교개혁의 연대를 622/1년이라고 표기한다. 이것은 요시야 종교개혁이 몇째 달에 일어났는지 알 수 없기 때문이다. 고대 이스라엘의 신년이 '니산 월' 부터 시작하든 아니면 '티슈리 월' 부터 시작하든지 관계없이 오늘날 그레고리안 역으로 바꿀 때 두 해에 거쳐 일어났을 가능성이 있기 때문이다. 따라서 이스라엘 역사학에 있어서 622/1과 622-1은 엄격한 차이가 있다. 즉 전자는 앞에서 서술한 바와 같이 언제 정확히 일어났는지 알 수 없음을 나타내지만 후자의 622-1은 622년과 621년 2년간에 거쳐 일어났다는 것을 나타낸다. 고대 히브리와 메소포타미아의 월력 이름은 다음과 같다.

69) 김영진, "여로보암의 종교개혁과 윤달(왕상 12:31-33),"「구약논단」6 (1999), pp. 79-90을 참조하시오.

오늘날 달력	구약의 달력	현대 이스라엘 달력	메소포타미아 달력
3월	첫째 달 (정월)	ניסן	니산(*Nisannu*) 월
4월	둘째 달	אייר	아야르(*Ayāru*) 월
5월	셋째 달	סיוון	시마누(*Simānu*) 월
6월	넷째 달	תמוז	타무즈(*Tamūzu*) 월
7월	다섯째 달	אב	아부(*Abû*) 월
8월	여섯째 달	אלול	엘룰(*Elūlu*) 월
9월	일곱째 달	תשרי	타슈리투(*Tašrītu*) 월
10월	여덟째 달	מרחשוון	아라흐삼누(*Araḫsamnu*)월
11월	아홉째 달	כסלו	키슬리무(*Kislīmu*) 월
12월	열째 달	טבת	테베투(*Ṭebētu*) 월
1월	열한째 달	שׁבט	샤바투(*Šabātu*) 월
2월	열두째 달	אדר	아다루(*Addāru*) 월

(6) 왕의 통치 연도 계산의 시점을 정하기 어렵다.

또한 살펴보아야 할 것은 왕의 통치 연도를 언제로부터 계산하는가 하는 것이다. 즉 즉위한 날로부터 즉위 1년을 계산하는지 아니면 즉위한 후 첫 신년축제를 지낸 다음부터 즉위 1년을 계산하는가 하는 문제이다. 참고적으로 메소포타미아는 즉위한 날부터 첫 신년축제까지를 즉위 해 (accession-year; "즉위년" שׁנת מלכתו – 렘 52:31, "즉위한 원년" שׁנת מלכו – 왕하 25:27; *rāši šarrūti*)라고 한다.[70]

(7) 섭정의 기간을 어떻게 계산하는가? 이것은 쉽지 않은 문제이다.

구약성서에는 섭정의 경우가 등장한다. 그러나 언제부터 섭정이 시작되었는지는 기록하지 않고 있기 때문에 연대 계산에 어려움이 많다. 유

70) 김영진, "역사 용어의 바른 이해,"「원문성경연구」5 (1999), pp. 106-115.

다의 여호사밧, 아사랴, 요담, 므낫세 그리고 이스라엘의 여로보암 2세의 경우가 섭정이 통치 연한에 포함되었고, 유다의 여호람, 아하스는 섭정 기간이 통치 연한에 포함되지 않았다.

편찬과 편집

열왕기서 전체는 주전 561년 에윌모르닥 등극 이후에 편찬되었으며, 대략 주전 500년경으로 추정한다. 그러나 열왕기서에는 주전 539년 바벨론의 패망이나 고레스 왕 통치하의 유다 백성들에 관한 내용이 기록되어 있지 않다. 노트나 엡센(Jepsen)은 이 시기보다 더 늦은 시기로[71] 오경의 마지막 편찬 시기인 제사문서의 편찬 시기와 유사한 때 편찬되었다고 주장한다. 그러나 만약 열왕기서 전체가 신명기 역사가의 완전한 편집이라면 문제가 있다. 어쨌든 제사문서의 요소가 열왕기서에 최소한 등장한다.

열왕기서의 주된 편집은 주전 550년경에 있었으며 완전한 편찬은 그 이후에 있었던 것으로 본다. 그러나 어떤 부분에서는 포로 이전에 편집된 것의 흔적이 보인다. 이것은 다윗에 대한 하나님의 계약에 의하여 다윗 왕조의 영속성에 대한 약속과 마지막 재앙과 포로가 삽입되어진 것처럼 보이기 때문이다(왕상 9:6-9, 왕하 17:19-20, 23:26-27).

열왕기서의 편집에 관한 두 가지 견해가 있다. 엡센은 유다 왕국 말기에 제사문서의 편집자에 의하여 편집되었으며, 남북 왕국의 연대기는 두 왕국의 연대기에서 자료를 얻었고, 이것을 포로기에 편집한 것으로 주장한다. 엡센에 의하면 신명기적 편집은 전체 열왕기서에 나타나는 신학이라고 주장한다. 노트와 마찬가지로 엡센은 후대의 조정이 있으며 이것을

71) A. Jepsen, *Die Quellen des Koenigsbuches*, (Halle: M. Niemeyer, 1956).

옙센은 '레위기적 편집' 이라고 부른다.

포로기 이전에 편찬되었으며, 주전 550년경에 마지막 편집되었다는 주장에 대하여 포러(G.E. Fohrer)는 주전 609년 요시야 왕의 죽음 이전으로 구체적으로 주장한다.[72] 왜냐하면 열왕기하 23:30의 기록이 요시야가 그의 묘실에 평화롭게 갈 것이라는 훌다의 예언과 일치하지 않기 때문이다. 그러나 열왕기하 23:30은 요시야의 죽음에 대한 개인적인 것보다 왕국의 견해를 나타내는 것이다. 이러한 차이가 생기는 것은 여호야김의 통치 말에 대한 정보가 부족할 뿐만 아니라 바벨론에 대한 반란(24:1-7)과 여호야긴의 짧은 통치와 주전 597년 바벨론으로 잡혀가는 것(24:8, 10-12, 24:15) 등이 매우 혼란스럽게 기록되어 있기 때문이다.

열왕기서는 같은 스타일을 가진 다른 사람의 손에 의하여 마지막 편집될 때인 주전 561년 직후까지 계속 기록되었던 것으로 보인다.

열왕기서를 구성하는 자료는 크게 네 부분으로 나눌 수 있다. 이스라엘 왕 역대지략과 유다왕 역대지략, 솔로몬의 행장, 예언적인 이야기와 설화 그리고 성전의 기록 등이다.

이스라엘 왕 역대지략과 유다 왕 역대지략은 객관적인 역사 기록으로 신명기 사가가 남북 왕국의 역사를 구성하기 위하여 인용한 자료이다. 그렇지만 이 자료의 특성에 대하여 알려진 것은 없다. 신명기 사가가 남북 왕국의 역사를 기록하는데 있어서 전쟁, 공공사업, 왕위 쟁취를 위한 반란, 종교적인 잘못 등을 공통으로 기록하고 있다.

72) G.E. Fohrer, *Introduction to the Old Testament*, p. 248.

열왕기서의 신학

열왕기는 무엇보다도 이스라엘 백성과 그 왕들의 역사에 관한 신학적 반성이다. 열왕기에 나오는 역사 자체는 대체로 매우 간결하다. 예를 들어 열왕기저자는 이스라엘의 가장 위대한 왕들 가운데 하나로 꼽히는 오므리 왕의 통치를 매우 간단하게 다룬다(왕상 16:23-26). 그리고 세 해 동안 계속된 사마리아의 포위와 북 왕국의 붕괴는 불과 몇 절로 처리한다(왕하 17:3-6; 18:9-12). 가장 일반적인 견해에 따라, 신명기적 용어와 표현이 많이 나오기 때문에 이 작품을 신명기학파의 신학이 나타나는 역사 문헌으로 여길 수 있다. 여기에서는 열왕기의 중요한 주제 몇 가지만 강조하고자 한다.

왕정 제도

이 책은 신명기 사가와 예언자들이 생각하는 왕정신학을 그대로 반영한다. 참다운 왕은 하나님의 계율을 지키는 자이다. 그는 하나님의 길을 걸으며 모세의 율법에 쓰여진 대로 하나님의 법과 계명과 관습과 명령을 따른다(왕상 2:3). 왕의 임무는 백성이 하나님께 속해 있기 때문에(왕상 3:8-9 참조), 그 백성을 지혜와 정의로 다스리고, 동시에 백성을 섬기는(왕상 12:7) 것이다. 하나님께 충성을 다하고, 예루살렘에서 하나님께 합당한 예배를 드리는 데에 전념하는 일은 왕에게 부여된 의무이다. 열왕기저자는 이런 의무를 기준으로 모든 왕의 통치마다 짧은 평가를 내린다.

불행히도 긍정적인 평가를 받은 왕들은 매우 드물다. 대부분의 경우 엄격한 비판을 받는다. 열왕기서를 기록한 신명기 사가는 34명의 왕들에 관해 "하나님의 눈에 악한 짓을 저질렀다"는 비난을 후렴처럼 되풀이한다. 그는 실례들을 들어 이를 설명한다. 하나님님에 대한 불충은 여러 가지이다. 예를 들어 우상을 숭배하고, 거짓 신들에게 신전이나 제단을 세워 바치며, 이방 신들에게 문의하고 온갖 억압과 불의로 백성을 괴롭히며, 하나님의 예언자들을 박해하고 하나님의 동의 없이 전쟁에 임하고 아이들을 희생제물로 바치는 것 등이다.

저자의 가장 큰 비난은 율법을 거스르는 이방제사를 끌어들여, 이스라엘을 죄짓게 한 왕들에게(특히 북 왕국 왕들) 떨어진다. 때때로 어떤 왕들은 뉘우치고 용서를 받기도 하지만, 왕국의 전체적인 모습은 어둡다. 열왕기저자의 견해에 따르면, 이스라엘과 유다 두 왕국의 멸망은 결국 왕들과 그들에게서 책임을 부여받은 자들이 저지른 죄악에 대한 마땅하고 필연적인 결과라 할 수 있다.

다윗과 그의 왕조

유다 왕들의 맨 앞에는 가끔 하나님의 종이라고 불리는(왕상 3:6; 8:24; 11:13 등), 이 왕조의 창시자 다윗이라는 인물이 있다. 하나님에 대한 다윗의 충성과 열심은 올바른 왕의 본보기가 되어, 그의 후계자들의 평가 기준이 되었다. 솔로몬은 자기 아버지 다윗의 규정을 따라 걷고(왕상 3:3), 아사는 자기 선조 다윗처럼 하나님 보시기에 옳은 일을 하였으며(왕상 15:11), 요시야는 다윗이 걸어간 길을 정확하게 따라갔다(왕하 22:2). 요시야에 관해서는 저자가 열왕기상 13:2에서, 다윗의 자손들 가운데 요시야라는 인물이 이스라엘의 불충을 그치게 할 것이라고 예고한다. 그러나 역대 왕들에게 적용된 다윗과의 일치라는 평가 기준은 매우 엄격하다. 아히야 예언자는 여로보암이 다윗과 같지 않았다고 해서 부정적 평가를 내린다(왕상 14:8).

열왕기저자는 다윗 후계자들의 불순종을 이스라엘과 유다 두 왕국의 분열(왕상 11:9-11)과 유다 왕국의 멸망(왕하 23:26 이하)을 가져온 직접적인 원인으로 본다. 그러나 열왕기저자는 열왕기상 2:4에서 경고하는 위협에도 다윗 집안에 내리신 하나님의 약속은 영원하리라고 믿는다. "네 자손들이 제 길을 지켜 내 앞에서 마음과 정성을 다하여 성실히 걸으면, 너에게서 이스라엘 왕좌에 오를 사람이 끊어지지 않으리라"(왕상 2:4. 그리고 삼하 7:12-16 참조). 하나님께서는 "다윗을 생각하시어" 예루살렘에 "등불을" 하나(다윗 왕조의 왕자) 남겨두신다(왕하 8:19. 그리고 왕상 15:11 참조).

마침내 열왕기는 한 가닥 희망을 남기며 끝을 맺는다. 다윗 왕조의 마지막 후손은 비록 갈대아에 유배된 몸이라 할지라도, 자기를 둘러싼 상황이 바뀌어가는 것을 체험한다. 바벨론 왕은 그에게, 죄수복을 벗고 날마다 왕의 식탁에서 음식을 들 수 있는 은혜를 베푼다.

예루살렘과 성전

신명기의 신학적 사상에 영향을 받은 열왕기는 예루살렘과 성전 안에서 거행되는 예배를 강조한다. 우선 예루살렘은 하나님께서 선택하신 성읍이다(왕상 8:12). 그리고 그곳은 성전도시(royal city)이다. 왕상 8:15-19에 따르면 이 성전건축은 원래 "하나님의 이름을 위한" 집 한 채 짓기를 간절히 바라던 다윗의 소원이었다(삼하 7:1-16 참조). 성소의 중요성은 성전봉헌 때에 솔로몬이 바친 기도에서 분명하게 드러난다(왕상 8:23-53). 성전은 이스라엘 백성이 민족의 어떠한 환경에서도 하나님과 교류하는 만남의 장소이다. 요시야의 종교개혁도 성전을 중심으로 이루어진다(왕하 22-23). 율법 두루마리를 발견한 것도 성전 안에서이다. 그리고 종교개혁의 첫 시도는 성전을 정화하는 일이다. 이후 성전은 이스라엘의 모든 제사에서 중심이 된다. 열왕기저자가 미리 예루살렘 밖에서도 제사가 바쳐졌음을 여러 차례 언급한 것은(왕상 3:2; 22:44; 왕하 12:4; 14:4; 15:4-35) 종교개혁의 중요성을 부각시키기 위한 사전 포석으로 이해할 수 있다. 예루살렘 성전 밖에서 제사를 바친 실례로 갈멜 산에서 엘리야가 바친 제사를 들 수 있다(왕상 18).

성전 중심의 제사를 부각시켰기 때문에 제사장들은 이방제사 안에서도 탁월한 위치를 차지하게 된다. 요시야의 종교개혁에 따라 제사를 바치는 권한은 오로지 제사장들, 곧 레위 지파에 속한 제사장들에게 귀속된다. 열기왕상 8:1-6은 솔로몬의 성전봉헌 때부터 이미 그들이 본 임무를 수행한 것으로 묘사한다. 열왕기저자는 나중에 아달랴가 다윗 가문의 혈통을 끊어버리려 할 때에 다윗 왕조의 존속을 가능하게 한 일도 제사장들의 공적으로 돌린다(왕하 11). 저자는 요아스가 하나님 보시기에 옳은 일을 하게 된 것도 여호야다 제사장이 그를 잘 지노하었기 때문이라고 밝힌다(왕하 12:3). 사실 솔로몬을 도운 사람도 제사장이었다(왕상 1:39).

예루살렘을 중심으로 레위 지파 제사장들의 손을 통하여 이루어지는 예배를 철저히 강조하면서, 열왕기저자는 다른 한편 여로보암의 주도로 단과 벧엘 같은 다른 성소에서 이루어지는 예배를 완전히 배척한다. 저자는 여로보암의 죄 또는 여로보암의 길(이런 표현은 스무 번 가량이나 나온다)을 엄하게 단죄하고, "이스라엘을 죄짓게 한" 여로보암 자신과 그를 따른 그의 후계자들의 잘못을 고발한다(역시 스무 번 가량). 열왕기저자의 견해로는 예루살렘에서만 제사를 바치라는 명령을 거역하는 것은 한 왕국에 총체적인 단죄와 심판을 끌어들이기에 충분하다. 비록 그 왕국의 왕이 바알의 제단들을 철거하여 하나님께 충성을 보인다 할지라도 결과는 마찬가지이다(왕하 3:1-3). 이 같은 실제적 분열은 사마리아가 함락되기까지 한탄의 대상이 된다(왕하 17:23).

열왕기서를 왕들의 역사로 이해하기 보다는 예루살렘 성전의 역사로 이해할 수 있다. 솔로몬의 성전건축으로부터 시작해서 바벨론의 느부갓네살에 의하여 예루살렘 성전이 파괴되고, 백성들이 바벨론으로 강제 이주될 때까지의 역사를 기록하고 있다.

열왕기서의 기록을 통해서 보면 이스라엘 백성들이 하나님의 성전을 건축한 후 이 성전을 잘 보존하지 못하였다. 이스라엘 왕들은 국난을 당하게 되면 국난을 면하기 위하여 제일 먼저 예루살렘 성전의 금은보화를 이방인의 왕들에게 선물이나 조공품으로 바침으로써 하나님의 성전에 치욕을 안겨주었다.

르호보암 시대에 이집트의 시삭이 쳐들어 왔을 때 시삭은 여호와의 성전의 보물과 왕궁의 보물을 빼앗아 갔다(왕상 14:25-26). 또한 아사 왕 때에는 북 이스라엘의 바아사와의 경쟁에서 이기기 위하여 여호와의 성전 곳간의 은금을 모두 다메섹의 아람 왕 벤하닷에게 뇌물로 보내었다(왕상 15:16-18). 또한 유다 왕 아마샤는 이스라엘의 왕 요아스와의 전쟁에서 패하였다. 그 결과 요아스는 예루살렘의 여호와의 성전에 있는 금은과 기명을 탈취하고 사람을 볼모로 잡아갔다고 기록하고 있다(왕하 14:11-14). 아시리아의 왕 디글랏빌레셀이 유다를 침공하였을 때 아하스 왕은 여호와의 성전 곳간에 있는 은금 예물을 아시리아 왕에게 뇌물로 보냈다(왕하 16:8-9). 히스기야 왕 때 아시리아의 산헤립 왕이 침공하였을 때도 히스기야는 여호와 성전의 은을 산헤립에게 내주었다(왕하 18:15-16). 바벨론 왕 느부갓네살이 공격해 왔을 때도 마찬가지로 유다는 성전을 보존하지 못하고 바벨론의 군대에 의하여 찬탈당하게 하였다. 이처럼 이스라엘은 예루살렘에 하나님의 성전을 건립한 이래 그 성전을 잘 보존하지 못하고 국난의 때마다 이방인에 의하여 수탈당하는 수모를 겪게 하였다.

따라서 열왕기서는 표면적으로는 왕과 왕국의 역사를 기록하고 있지만, 그 이면에는 이스라엘이 어떻게 성전을 건축하였으며, 보존하였는가를 기록하는 성전사를 기록하고 있다고 볼 수 있다.

예언자들의 개입

예언자들과 그들의 말이나 행동을 통한 개입은 열왕기 안에서 특별한 위치를 차지한다. 전승의 큰 부분을 차지하는 엘리야와 엘리사뿐 아니라 나단, 스마야, 아히야, 미가야, 이사야, 여예언자 훌다도 큰 권위를 지닌 이들로 나타난다. 이들 예언자들이 행한 기적들(특히 엘리야와 엘리사의 기적들) 못지않게 그들의 정치적 행동도 매우 중요하게 드러난다. 나단은 다윗이 솔로몬을 후계자로 삼도록 영향력을 행사한다(왕상 1,11-17). 엘리야는 하사엘을 아람의 왕으로, 예후를 이스라엘의 왕으로 세우는 명령을 받는다(왕상 19:15 이하. 그리고 왕하 9:1-3; 8:11-13 참조).

죽음의 신탁을 전함으로써 왕과 그 가문의 파멸을 선언하는 것도 예언자들의 몫이다. 아히야 예언자와 여로보암 왕(왕상 14:10-11), 엘리야 예언자와 아합 왕의(왕상 21:21-24) 경우가 그 좋은 예들이다. 이 밖에 이사야는 바벨론 왕의 승리를 예고한다(왕하 20:14-19).

그런가 하면 예언자들이 이스라엘 왕의 승리를 알려주거나(엘리사: 왕하 7:1; 13:17-19. 이사야: 왕하 19), 군사행동에 개입하기도 한다(이름 모를 예언자: 왕상 20:13-14. 미가야: 왕상 22:19-28. 엘리사: 왕하 3:9-19; 6:8-7:20). 이스라엘과 유다의 분열에 얽힌 이야기에서 스마야 예언자는 동족 사이의 전쟁을 막는 자로 나타난다(스마야: 왕상 12:22-24).

마지막으로 엘리야는 아합 왕 앞에서 왕이 포도밭 주인 나봇의 조상

대대로 이어오는 권리를 짓밟았다고 비난한다(왕상 21:3-17 이하).

이 모든 경우에 있어서 예언자들은 하나님의 이름으로 말하면서 그분께 순종할 것을 호소하고, 그분께서는 충성하는 이들을 보호하시리라는 약속도 선언한다. 열왕기저자는 이스라엘 백성이 율법과 규정을 존중하도록 하려는 예언자들의 의도를 명백하게 드러낸다. 요시야의 종교개혁을 유도한 법전이 발견되었을 때, 여예언자 훌다가 한 역할이 그 좋은 예이다(왕하 22:14-22). 이처럼 열왕기에 나오는 예언자들은 종교 영역에서만이 아니라 윤리와 정치 영역에서도 탁월한 자리를 차지한다. 왜냐하면 이런 영역들이 다같이 이스라엘의 한 분 왕께 속하기 때문이다(사 6:5; 44:6; 슥 14:,16).

열왕기서의 목적

열왕기서의 기록 목적은 두 가지로 설명할 수 있다. 솔로몬과 그 이후의 왕정사를 정리함으로써 과거 솔로몬의 영광스러운 역사를 기억하기 위함이고, 뿐만 아니라 솔로몬 이후의 왕들의 죄로 인하여 유다와 이스라엘 왕국이 멸망하게 되었음을 보여주는 것이다.[73] 북 왕국이 멸망하고 포로로 잡혀가는 것과 같은 사건이 주전 586년 유다에게 발생하자 주전 586년 직후 하나님의 이스라엘에 대한 언약의 목적에 대한 회의가 생기게 되었다. 따라서 이스라엘의 계약 준수에 대한 엄숙한 선서에 의하여 다시 부름을 받을 것이라는 것이 신명기 사가의 역사 속에서 정당하게 논박되어진다(신 27:15-26).

신명기 사가의 저자에게 있어서 제 2이사야와 같이 큰 재앙이란 계약

73) V. Fritz, *1 & 2 Kings*, p. 1.

의 관계가 깨어지는 것으로 보고 있다. 하나님의 목적을 비판하거나 혹은 하나님의 목적의 견고함을 비판하지는 않는다. 더욱이 사사기의 틀이나 솔로몬이 성전봉헌식 때 한 기도에서 죄를 회개함으로 하나님의 은총을 새롭게 하는 것이 강조되어 있다. 그리고 하나님 심판과 은총의 일관성으로부터 새로운 희망을 발견한다. 국가의 재앙을 해석하는데 있어서 하나님의 긍정적인 목적과 일치하는 것으로 해석하여 백성을 모으고 하나님과 맺은 언약의 종교적 · 윤리적 요구에 충성하도록 하는 것이 신명기 사가의 목적이다.

따라서 열왕기서의 목적은 이스라엘 왕국은 하나님의 성전의 역사와 그 운명을 같이하고 있음을 보여주는 동시에 여호와 하나님에 대한 신앙의 중요성을 강조하는 책이다.

| 열왕기서 참고문헌 |

Adul, A.G., *I & II Kings.* DSBOT. Philadelphia: Westminster, 1986.

Ahlström, G.W., *Aspects of Syncretism in Israelite Religion,* Lund: Gleerup, 1963.

______________, *The History of Ancient Palestine from the Paleolithic Period to Alexander' s Conquest,* JSOTS 146, ed. Edelman, D. Sheffield: Sheffield Academic Press, 1993.

______________, *Royal Administration and National Religion in Ancient Palestine,* SHANE, 1, Leiden: Brill, 1982.

Brueggemann, W., *I & II Kings.* SHBC. Macon: Smyth & Helwys, 2000.

Cogan, M., *Imperialism and Religion: Assyria, Judah, and Israel in the Eighth and Seventh Centuries B. C. E.,* SBLMS, 19, Missoula: Scholars Press, 1974.

_________, "Judah Under Assyrian Hegemony: A Re-examination of Imperialism and Religion," *JBL* 112(1993), 4-14.

_________, *I Kings,* AB 10, New York: Doubleday, 2001.

Cogan, M. and Tadmor, H., *II Kings,* AB 11, New York: Doubleday, 1988.

Cohn R.L., *2 Kings.* BerO. Collegeville: Liturgical, 2000.

Cross, F.M., *Canaanite Myth and Hebrew Epic: Essays in the History of the Religion of Israel,* Cambirdge: Harvard University Press, 1973.

De Vries, S.J., *1 Kings.* WBC 12. Waco: Word, 1985.

Elat, E., "The Campaigns of Shalmaneser III Against Aram and Israel," *IEJ* 25 (1975), 25-35.

_________, "The Economic Relations of the Neo-Assyrian Empire with Egypt," *JAOS* 98 (1978), 20-34.

Gray, J., *I & II Kings.* OTL. 3rd Edition. Philadelphia: Westminster, 1979.

Haran, M., *Temples and Temple-Service in Ancient Israel: An Inquiry into the Character of Cult Phenomena and the Historical Setting of the Priestly School,* Oxford: Clarendon Press, 1978.

Hobbs, T.R., *2 Kings,* WBC 13, Waco: Word Books, 1985.

Jones, G.H., 1 and 2 Kings, vol. II, NCBC, Grand Rapids: Wm. B. Eerdmans, 1984.

Long, B.O., *1 Kings,* FOTL IX, Grand Rapids: Wm. B. Eerdmans, 1984.

_________, *2 Kings,* FOTL X, Grand Rapids: Wm. B. Eerdmans, 1991.

Montgomery, J.A. and Henry Snyder Gehman, *The Book of Kings.* ICC.

Edinburgh: T.& T. Clark, 1951.
Mulder, M.J., 1 *Kings 1-11*. HCOT. Leuven: Peeters, 1998.
Nelson, R.D., *First and Second Kings*. IBC. Louisville: Westminster John Knox, 1987.
Noth, M., *Könige: 1 Könige 1-16*. BKAT 9.1. Neukirchen-Vluyn: Neukirchener, 1968.
O'Brien, M.A., and Campbell A.F., 1-2 Kings. Pp. 608-643 in *The International Bible Commentary*, Eds., W.R. Farmer et.al. Collegeville: Liturgical, 1998.
Polzin, R., *David and the Deuteronomist: A Literary Study of the Deuteronomic History*. Part 3. Bloomington: Indiana University Press, 1993.
Provan, I.W., *1 and 2 Kings*. NIBC. Peabody: Hendrickson, 1995.
Savran, G., "1 and 2 Kings," *The Literary Guide to the Bible*, ed. R. Alter and F. Kermode, Cambridge: Harvard University Press, 1987.
Seow, Choon-Leong, 1 & 2 Kings. *New Interpreter' s Bible*, 3 vol. Nashville: Abingdon, 1999.
Weinfeld, M., *Deuteronomy and the Deuteronomic School*, Oxford: Clarendon Press, 1972.

역대기서

신명기 역사 이외의 또 다른 성서의 역사서는 역대기 역사서이다. 역대기 역사서는 역대기서, 에스라, 느헤미야를 포함한다. 역대기 역사서의 첫 번째 책인 역대기서는 히브리어 성서에서는 성문서로 분류되어 구약성서에서 맨 마지막에 위치하고 있다. 그러나 우리말 성서는 칠십인역의 순서를 따라 열왕기서와 에스라-느헤미야 사이에 놓여 있다. 역대기서는 65장, 1765절 24,058 단어로 기록되어 있다.

역대기의 명칭

역대기서는 히브리어로 '디브레이 하-야밈' (דברי הימים, '날마다의 사건들' annals)으로 불리며, 헬라어 명칭은 '파랄레이포메논' (Παραλειπομένων)으로 "삭제된 것들" 혹은 "지나쳐 버린 것들" 이라는 뜻을 가지고 있다. 그러나 영어 명칭 Chronicles는 제롬(Jerom)의 '프롤로구스 칼레아투' (Prologus

74) J.M. Myers, *I Chronicles*, AB, New York, 1981, p. XVI; G.N. Knoppers, *I Chronicles 1-9*, AB, New York, 2003, pp. 47-51.

Galeatus)에서 유래되었으며 원래의 명칭은 Chronicon Totius Divinae Galeatus이다.[74] 제롬이 독일어로 번역하면서 역대기를 Die Chronik라고 번역하였고, 이것이 영어로 Chronicles이라고 번역되었다.

히브리어로 역대기서를 「디브레이 하-야밈」으로 부르는 것은 잘못된 호칭이다. 왜냐하면 역대기서는 일지나 연보의 특징을 가지고 있지 않고, 아담부터 고레스 때까지를 신학적으로 해석한 역사를 기록하고 있기 때문이다. 또한 역대기는 열왕기서에 등장하는 "유다 왕 역대지략"(왕상 22;45) "이스라엘 왕 역대지략"(왕상 14:19)과는 다른 것이다. 왜냐하면 역대기서는 열왕기서보다 나중에 기록되었기 때문이다.

역대기서는 사무엘서나 열왕기서처럼 원래 두 권으로 나누어진 것이 아니다. 이러한 사실은 맛소라 성경의 역대상 27:25에 역대기서의 가운데임을 나타내는 표시를 기록하고 있기 때문이다. 따라서 역대기서를 상하로 나눈 것은 칠십인역으로 번역되면서 부터이다.[75] 역대기상은 다윗 즉위 때까지의 역사를 다루고, 역대기하는 솔로몬 통치부터 시작한다. 이러한 상하 구분이 히브리어 성경에 반영된 것은 15세기부터이다.

역대기의 정경화 시기를 역대기가 히브리어 성경에서 맨 마지막에 위치하기 때문에 맨 나중에 된 것으로 보는 경향이 있으나, 역대기는 에스라-느헤미야와 같은 시기에 정경화된 것으로 보인다. 역대기가 정경의 맨 마지막에 위치하는 것은 바벨론 유대 공동체의 관습이며, 칠십인역이나 이와 관련된 번역에서는 모두 열왕기서-역대기서-에스라-느헤미야 순서를 지키고 있다.

75) G.N. Knoppers, *I Chronicles* 1-9, p. 51.

역대기의 저자

역대기의 저자에 대하여 유대교 랍비의 전통은 역대기서의 일부를 에스라가 기록했다고 믿는다(b. B. Bat 15a). 이러한 주장은 스피노자(B. Spinoza)에 의하여 거부되었다.[76] 역대기서의 저자에 관하여 오늘날 일부 학자들은 역대기-에스라-느헤미야의 저자가 같다고 생각하며, 일부를 에스라가 기록하였다고 믿는다. 이들을 역대기 사가(Chronicler)라고 부른다. 이들에게 있어서 역대기서는 에스라-느헤미야의 서론에 지나지 않는다. 이처럼 역대기-에스라-느헤미야의 단일저자를 주장하는 학자들의 근거는 에스라 1:1과 역대하 36:22가 중첩되며, 에스드라전서가 역대하 35-36장으로부터 시작하여 에스라까지 이어지기 때문이며, 역대기-에스라-느헤미야서가 언어적으로 유사할 뿐만 아니라 신학적인 통일성이 발견되기 때문이다.

그러나 오늘날 이러한 단일저자를 주장하는 이론은 많은 도전을 받게 되며, 단일저자설을 주장하지 않는 경향이 있다. 프리드만(D.N. Freedman)은 역대기서에서 발견되는 다윗 왕조 중심적이고, 예언자직분에 대한 강조가 에스라-느헤미야서에서는 발견되지 않기 때문에 역대기 사가의 원래 작품은 제 2성전건축에 대한 이야기로 끝나고 에스라-느헤미야서의 이야기는 후대에 첨가되었다고 주장한다.[77] 뉴썸(J.D. Newsome)은 역대기서와 에스라-느헤미야의 문학적, 신학적 차이를 통하여 단일저자 주장을 반박한다. 역대기서에는 유다 이외의 다른 백성에 대해서는 거의 언급하고 있지는 않으나, 그들에 대해서 배척하고 배타적인 모습보다는 보편주

76) S. Japhet, "The Relationship between Chronicles and Ezra-Nehemiah," *VTS* 43 (1991), pp. 298-313, esp.

77) J.D. Newsome, Jr., "Toward a New Understanding of the Chronicler and his Purposes," *JBL* 94 (1975), pp. 201-217, esp. 202.

의적인 태도가 발견된다. 그러나 에스라-느헤미야의 관점은 비유대인의 제의에 대해 개방적인 면모는 전혀 나타나지 않는다.[78] 야펫(S. Japhet)은 두 책의 언어적 차이와 각 책에서 특징적으로 나타나는 관용구들에 대한 비교연구를 통하여 에스라-느헤미야와 역대기는 문체적인 차이가 분명히 드러나며, 에스라-느헤미야서가 그 시대의 경향을 잘 보여주고 있는 반면, 역대기서는 포로기 이후 시대의 언어적 현상과 경향과는 달리하는 모습이 드러남을 밝힌다. 따라서 야펫은 역대기서가 오히려 에스라-느헤미야서보다 후대의 단계를 보여주고 있다고 결론짓는다.[79] 뿐만 아니라 하나의 신학적 학파의 의미에서 역대기와 에스라-느헤미야는 서로 연관되지 않음을 지적함으로써, 과거의 그녀의 언어적 분석의 결론을 확증해 주고 있다.[80]

이러한 단일저자에 대한 비판 속에서도 탈쉬르(D. Talshir)는 에스라 1:1-4:7, 6:19-7:11, 10:1-44을 에스라 부분, 에스라 7:27-9:15을 에스라 비망록, 느헤미야 1:1-7:5, 12:27-13:31을 느헤미야 비망록, 느헤미야 7:6-12-26을 느헤미야 부분이라고 구분하고, 이들의 문법과 단어가 역대기서와 유사함을 지적하면서 단일저자를 주장한다.[81]

78) J.D. Newsome, "Toward a New Understanding of the Chronicler and his Purpose," pp. 201-217.

79) S. Japhet, "The Supposed Common Authorship of Chronicles and Ezra-Nehemiah investigated Anew," *VT* 18 (1968), pp. 330-370.

80) S. Japhet, "The Relationship between Chronicles and Ezra-Nehemiah," pp. 298-313.

81) D. Talshir, "A Reinvestigation of the Linguistic Relationship between Chronicles and Ezra-Nehemia," *VT* 38 (1988), pp. 165-193.

역대기의 문학적 특징

역대기의 문학적 특징

역대기서의 문학적 양식에 대하여 다양한 견해가 제시되었다. 준즈(Zunz)는 역대기는 백성들의 총회에서 설명해 주는 활동과 관련시켰다. 따라서 역대기를 통하여 성서 시대와 성서 이후 시대의 문학의 연결점을 찾았다. 벨하우젠(Wellhausen) 역시 역대기를 미드라시 즉 설명 혹은 주석적인 것으로 이해하였다. 그러나 토레이(Torrey)는 역대기를 완전한 가공의 이야기로 저자의 완전한 상상력에 의하여 생겨난 것으로 이해하였다.

역대기서의 문학적 장르에 대한 질문은 양식비평과 전승사비평의 결과 더 조직적으로 제기되었다. 노트(M. Noth)는 역대기를 역사로 이해하였고 오경이나 신명기 역사와 같은 선상에서 이해하였다. 비록 노트가 역대기서의 역사성에 대한 신뢰성을 향상시키는 선구자적 역할을 하였지만 그러나 성서문학 내에서 역대기의 위치와 역대기서의 장르를 결정짓지는 못하였다. 윌리(Willi)는 역대기는 쓰인 본문에 대한 주석적인 성격이 강하다고 주장하였다. 반면에 고울더(D. Goulder)는 역대기는 제의적 목적을 위하여 쓰였으며 이러한 역대기는 설교를 모아놓은 것이라고 주장하였다. 반면에 벨텐(Welten)은 역대기는 역사 기록의 자유로운 비유를 모아 놓은 것으로 역사적 해설(historical Midrash)로 이해하였다.

노트의 연구 결과에 의하면 역대기는 역사이며 성서 사료 가운데 특이한 성격을 가진 것이다. 역대기는 연속되는, 사건을 보여주며, 모든 역사는 우연히 모은 것이 아니라, 선별하여 이를 구성한 것이라고 주장하였다. 따라서 역대기 저자는 자신의 역사를 기록하면서 자신의 목적이나 양식 그리고 의미를 정확히 기억하면서 역사를 서술하였다.

역대기를 역사로 구분할 때 이 역사의 개념은 현대적 의미의 역사의 개념과는 다르다. 그렇다 할지라도 역대기를 역사의 범주에서 몰아내지는 못한다. 역대기의 역사와 현대적 의미의 역사의 차이점은 다음과 같다.[82)]

첫째, 가장 큰 차이점은 역사를 통치하는 원리와 역사적 과정에 대한 정보 원리의 차이이다. 현대적 의미의 역사에서 역사를 지배하는 요인은 인간과 자연 즉 물질과 정신인데 역대기 역사에서 이러한 요인들은 신적인 요인이다. 즉 역사란 인간 행동에 대한 신적인 응답에 의하여 결정된다. 따라서 역대기의 역사는 절대적으로 하나님에 의하여 통치된다.

둘째, 고대 역사가는 역사적 개연성에 의하여 결정지어진다. 그러나 고대 역사가에게 있어서 역사적 개연성을 구성하는 요인은 오늘날 역사가가 생각하는 것과 다르다. 즉 가능한 정보의 범위와 신학적 철학적 원리는 개연성에 대한 다른 평가에서 생겨난 것이다. 따라서 역사에 있어서 신적인 개입이나 기적의 범주에서 생각하게 한다. 그러나 이러한 범주는 현대 역사가에게서 철저히 거부당한다. 그러나 다른 역사가들에게는, 역대기 사가와 같은, 이러한 것들이 신학적 전제로 받아들여진다.

셋째, 모든 역사적인 기록은 어떤 정보를 근거로 하고 있다. 역대기 사가에 있어서 두 점이 매우 분명히 나타난다. 즉 역대기 저자가 초기 성서 자료를 인용하는데 있어서 다른 관점에서 인용하고 그가 강조하려는 강조점의 차이를 발견할 수 있다.

오늘날 역사가들에게 있어서 가계도(家系圖)는 권위 있는 자료로 인정받기 어렵지만 그러나 고대 역사가들에게 있어서 가계도는 그들의 인종적, 사회적 그리고 제도적인 지식을 함축하고 있는 것으로 받아들여진다. 반대로 증인에 대하여 현대 역사가는 매우 중요한 자료로 인정하지

82) S. Japhet, *1 & 2 Chronicles*, (London: SCM Press, 1993), pp. 32-34.

만, 그러나 고대 사가에게 있어서 이것은 하나의 전통에 지나지 않는다.

넷째, 문학적인 양식에 있어서 고대의 역사가뿐 아니라 오늘날 역사가 모두 역사적인 보고서의 양식을 취함은 물론 다른 장르도 나타낸다. 역대기 사가는 신명기 역사와 달리 '예언적 이야기'를 포함하는 것을 매우 싫어하는 성향을 나타낸다.[83] 반면에 역대기 저자는 다른 양식들, 즉 목록이나 일화나 연설 그리고 기도나 시편 혹은 예언과 같은 독특한 양식을 포함하고 있다.

마지막으로 역사 기록에는 권위의 문제가 생긴다. 오늘날 역사가는 논쟁이 약하거나 판단하기 어려운 경우는 빈약한 정보라고 고백해야 하지만 성서사가에게 있어서 정보는 절대적인 권위가 있다. 성서사가는 자신이 알고 이해하는 전체를 기록하기 때문이다.

그렇다면 성서사가 특히 역대기 저자가 사용한 권위 있는 자료가 무엇인가 하는 질문이 야기된다. 그러나 역대기 저자가 기록한 많은 신적인 계시나 예언은 역대기 사가의 것이다.

역대기의 문학적 장르

역대기서의 문학적 장르에 대한 연구의 어려운 점은 역대기서에 다양한 문학적 장르들이 포함되어 있기 때문이다. 역대기서의 문학적 장르에 대한 연구는 어거스틴(J.K-M Augustin)과 드-브리스(S. De Vries) 등이다(J. Kegler-M. Augustin, S. De Vries). 이들은 양식비평적 관점에서 역대기를 분석하였다. 분석을 통하여 역대기 기록의 구조와 장르와 배경과 의도 등에 대하여 연구하였다. 폰라트(G. von Rad) 역시 양식비평적 관점에서 역대기를 연구하

83) S. Japhet, *The Ideology of the Book of Chronicles and Its Place in Biblical Thought*, (New York: Peter Lang, 1989), pp. 511-512.

였는데, 그는 역대기서에 있는 본문의 삶의 정황을 밝히는데 주력하였다. 그에 의하면 역대기서에서 레위인의 설교(levitical sermons)를 발견하였다.

역대기서에 등장하는 문학적 양식은 다음과 같다.

(1) 역대기서는 크고 작은 문학적 단위를 통하여 저자의 관심을 지속적으로 표현한다.

(2) 역대기서에는 연설이 중요한 위치를 차지한다. 이러한 주장은 1895년 드라이버(S.R. Driver)에 의하여 주장되었으며(S.R. Driver)[84], 역대기서에 나타난 문학적 양식은 신적인 연설(Divine speeches), 왕의 연설(royal address)과 예언적 교훈(prophetic exhortations)과 신탁(oracles)과 기도(prayers)와 서신(letters)과 대화(Dialogues) 등이 있다. 그러나 이러한 역대기에 나타나는 문학적 양식은 역대기만의 독특한 것이 아니라 전통적인 성서문학에 등장하는 것이다. 구약성서문학에서 연설은 역사의 발전과 그 책이 가지고 있는 신학적 주장을 표현하는데 중요한 역할을 한다. 그러나 역대기서는 다른 구약성서의 책들보다 좀더 수사학적인 특징을 가지고 있다.

역대기서는 신명기 사가의 작품에서 많은 자료를 인용하고 있기 때문에, 신명기 사가의 작품에 나타난 다양한 장르를 그대로 사용하기도 한다. 즉 나단의 예언이나 혹은 다윗의 기도(삼하 7:5-29//대상 17:4-27)나 솔로몬의 기도나 성전봉헌 때의 양식(왕상 8:12-50//대하 6:1-40)이나 르호보암과 북쪽 지파 사이의 계약(왕상 12:4-7//대하 10:4-17) 그리고 훌다의 예언(왕하 22:15-20//대하 34:23-28) 등이다. 경우에 따라서 역대기 저자는 신명기 사가의 기록을 보충하기도 한다(왕상 5:3-9//대하 2:2-15).

그러나 역대기에서 연설은 신명기 사가의 연설이 그대로 사용되지는 않는다. 어떤 경우에는 약간의 변화를 주기도 하고 생략하기도 한다.

84) S. R. Driver, "The Speeches in Chronicles," *Expositor* 5/1 (1895), pp. 241-256; idem, "The Speeches in Chronicles," *Expositor* 5/2 (1895), pp. 286-308.

역대기에 나타나는 중요한 수사학적인 요소는 경고이다. 그런데 대부분의 경고는 예언적 연설의 형태를 띠고 있으나 예언과는 다르다. 즉 경고는 예언자에 의해서가 아니라, 일반적인 사람에 의하여 표현된다. 그러나 예언은 신탁을 전하거나(대하 20:15-17) 회개를 요구하는 기능은 하지만, 경고하는 기능은 하지 못한다(대하 15:2-7).

역대기에는 대화와 이유의 설명과 설득이라는 문학적 형식이 잘 나타나 있다. 하나님과 그의 백성 간의 대화는 하나님의 뜻을 나타내는 목적을 가지고 있다. 뿐만 아니라 역대기 저자는 특정 사건에 대한 자신의 견해를 밝힘으로써 독자와 대화한다.

역대기의 전반적인 문체는 산문체이며 시편에서 인용된 역대상 16:8-36, 6:41-42만이 시적인 형태를 띠고 있다.

(3) 역대기 역사의 독특한 특징은 공공 제의의식(public ceremonies)을 많이 사용한다는 점이다. 역대기서에 공공의식에 관한 기록이 등장하지만 그러나 그 수나 범위는 신명기 역사보다 매우 제한적이다. 공공의식의 가장 대표적인 예는 솔로몬 시대의 성전봉헌에 관한 기록이다(왕상 8:1-66). 두 번째는 법궤 이동에 관한 공공 의식이다(삼하 6:2-8, 12-19). 오경에는 많은 의식에 관하여 기록하고 있지만, 그러나 양식에 있어서 많은 차이점을 보이고 있다. 오경에 등장하는 공공의식의 대표적인 예는 모세의 마지막 연설과 증언에 관한 기록이다(신 1:1-32:47). 의식에 관한 기록은 에스라-느헤미야에서도 발견된다. 성전의 기초를 놓을 때 한 의식(스 3:10-13), 율법을 낭독하는 의식(느 8:1-12) 그리고 계약을 맺는 의식(느 9:1-10:41) 그리고 성벽 봉헌식(느 12:27-43) 등이 있다.

역대기 저자가 이미 존재하던 문학적 양식과 장르를 인용하여 자신의 독특한 문학작품을 만드는데 다음과 같은 특징을 발견할 수 있다.

① 역대기 저자는 의식이라는 관점에서 자신이 사용하는 자료를 확장

시켰다. 역대기 저자는 모든 자료에서 의식과 관계된 것은 모두 인용하여 이것들을 확장 시켰다.

역대기 저자는 자신이 인용하는 자료에 단순히 의식에 관한 언급만 있는 것을 근거로 하여 의식이 결여되어 있는 자료에 의식을 소개한다. 예를 들어 열왕기상 15:12-13의 아사의 개혁이 역대하 15:1-15에서는 공공의식으로 확대되었다. 이러한 예는 요시야 종교개혁에서도 찾아 볼 수 있다(왕하 23:21-23 // 대하 35:1-9).

② 자신이 사용하는 자료에 의식을 강조하기 위하여 역대기 저자는 다양한 의식적인 요소를 첨가하였다. 따라서 역대기와 평행되는 성서의 다른 자료에는 의식적인 요소가 없는 경우가 많다.

③ 역대기 저자는 의식을 중요한 문학적 양식으로 채택하면서 다양한 문학적 장르를 결합시켰다. 따라서 역대기의 많은 부분이 의식으로 묘사되어 있다.

④ 대부분의 역대기적인 특징은 역대기 사가에 의하여 의식으로 채색된 것이다. 예를 들어 여호야다의 개혁에 대하여 여호야다의 반란의 모습보다는 많은 대중과 성전 뜰에서 행하는 의식의 요소가 강하다(대하 23장, 왕하11:4-20). 뿐만 아니라 역대기에는 전쟁의 모습으로도 기록되어 있는데, 이러한 역대기의 기록은 전쟁 자체를 기록하고 있는 것이 아니라 전쟁 의식을 기록하는 것이다.

이러한 역대기의 경향을 통하여 역대기 저자의 역사적 배경 가운데 공공 의식이 공동체 생활에서 중요한 역할을 하던 시대였음을 알 수 있다.

(4) 역대기 역사에는 많은 목록이 등장한다. 특히 역대상 1-9장과 23-27장은 많은 목록으로 구성되어 있다. 이것은 신명기 사가의 역사와 비교해 볼 때 역대기 역사의 매우 특징적인 점이다. 신명기 역사 특히 사무엘-열왕기서에는 목록이 거의 등장하지 않는다. 역대기에 목록으로 표현

된 자료들이 신명기 역사에서는 다른 방식으로 나타나 있다.

구약성서 가운데 다른 책 중에서 목록이 중요하게 등장하는 부분은 창세기-민수기와 여호수아 그리고 에스라-느헤미야이다.

이상을 통하여 역대기 사가는 자신의 역사를 편집하면서 이미 있어 왔던 다양한 성서의 문학적 양식을 채용하였다. 따라서 산문과 목록과 수사학적인 작품들을 서로 결합하여 독특한 자신의 작품을 완성하였다.

역대기의 언어와 스타일

역대기 사가의 독특한 어법에 관한 연구는 오래 전부터 있어 왔으며 역대기의 언어가 후대의 것이라는 결론에 도달하였다. 역대기의 언어는 주로 아람어의 영향을 받은 것으로 성서 히브리어와 미쉬네 히브리어의 중간 단계에 위치한다. 따라서 역대기의 히브리어에는 많은 아람어 형식의 단어와 형식을 나타낸다. 역대기의 히브리어 가운데는 구약성서에서 후기 작품에서 사용되는 단어들이 많이 사용되고 있다.

역대기의 단어 가운데 성서의 다른 책에는 등장하지 않고 오직 역대기에만 등장하는 단어들이 있다. 역대기의 단어 가운데 곳간(대상 28:11, 20), 뜰(성전의 뜰)(대상 26:18), 홍색(대하 2:6, 12, 3:14(13)) 등은 페르시아어의 영향을 받은 단어들이다. 역대기에는 제사문서에 많이 사용되는 단어들이 발견되기도 한다. 역대기의 기록에는 성서의 다른 기록과 어순이 달리 기록된 예가 있다. (1) 왕의 이름을 기록할 때 왕 이름과 관직명의 순서를 열왕기서의 기록과 반대로 기록하고 있다. 예를 들어 열왕기상 15:22에서 '하말렉 아사' (המלך אסא)가 역대하 16:6에서는 '아사 하멜렉' (אסא המלך)로 기록되었다. 뿐만 아니라 수가 형용사로 사용될 때 역시 수와 명사의 순서를 바꾸어 사용하고 있다. 열왕기상 7:16에서 오 규빗을 '하메쉬 아모트'

(חמש אמות)라고 기록하는데 역대하 3:15에서는 '슈나임 아모트' (שנים אמות) 라고 기록하고 있다.

역대기의 단어 가운데 성서 밖의 자료들, 즉 에피그라피 자료와 같은 단어가 발견되기도 한다. 즉 다메섹을 열왕기상 11:24나 창세기 15:2에서는 '다메섹' (דמשק)라고 기록하고 있는데 역대하 16:2, 24:3, 28:5에서는 '다르메섹' (דרמשק)라고 기록하고 있다.

이들 연구는 주로 언어적인 특성에 대한 연구에 치중하였고, 구문론에 대한 논의는 별로 없었다. 이러한 언어적 연구의 선구자는 크로파트(A. Kropat)이다.[85] 커티스(Curtis)에 의하면 역대기 저자나 혹은 편집자가 히브리어를 어렵게 사용하였거나 혹은 역대기 시대의 히브리어가 퇴폐적이었다고 주장한다.

후기 히브리어는 주로 아람어의 영향을 받았으며, 따라서 짐머만(Zimmermann)은 역대기는 부분적으로 아람어에서 번역된 것이라고 주장하였다.[86] 후기 히브리어가 아람어의 영향을 받았다고 하지만 그러나 이것은 페르시아 제국 시대의 아람어 영향이라기보다는 북 왕국 이스라엘을 통한 아람어의 영향이라는 점을 간과해서는 안 된다. 또한 후기 히브리어는 셈어나 혹은 셈어가 아닌 다른 언어의 영향을 받았다는 점을 인정해야 한다.

후기 히브리어에 대한 학자들의 관심이 커지는데, 역대기는 후기 히브리어를 포함하고 있다. 이처럼 후기 히브리어에 대한 관심이 커진 것은 언어학의 발달과 최근 언어학 연구가 많이 세련되었고, 또한 에피그라픽 자료들이 많이 발견되었다. 이것은 사해사본의 발견 때문이다.

그러나 역대기와 후기 히브리어와의 비교 연구는 매우 조심스럽게 진행되어야 한다. 역대기의 양식과 숙어 그리고 단어의 후대성에 대한 증

85) A. Kropat, *Die Syntax des Autors der Chronick*, BZAW 16, 1909.
86) F. Zimmermann, "Chronicles as a Partially Translated Book," *JQR* 42 (1951-52), pp. 265-282.

거가 많이 수집되었다. 따라서 짐머만은 원래 역대기는 아람어로 기록되었다가 후에 번역된 것이라고 주장하지만, 그러나 이러한 주장은 받아들이기 어렵다. 오늘날 극단적인 학자들은 역대기의 언어와 사해사본을 비교하기도 한다.

고든(Gordon)은 반대의 견해를 제시한다. 그는 역대기 사가가 오래된 자료를 독립적으로 기록할 때 그는 우가릿 평행구 역시 알고 있었다고 주장한다. 그러나 역대기 가운데 고대 우가릿어와 관련이 있는 단어는 역대상 12:1의 '전사' 라는 뜻의 '기보림' (גבורים)이다. 더욱이 역대상 9:27의 "아침마다" 라는 의미의 '하마프테아흐 베라보케르' (המפתח ולבקר) 이라는 표현은 *lymm lyrm, lyrm lnt*(*1;* לימם לירם לירם לנת Aqht 175-176)("from days to months, from months to years")라는 표현과 관련이 있다.

역대기서의 자료문제

역대기 사가는 다양한 자료를 많이 사용하고 있다. 현재 우리가 가지고 있는 성서 내에서 신명기 역사뿐 아니라 예언서, 시편에 이르기까지 다양한 병행본문을 가지고 있는 책이며, 성서 외적인 자료 또한 많이 언급하고 있다. 많은 학자들은 역대기서의 저자는 자신의 역사를 기술하기 위하여 신명기 역사의 자료를 사용했다는 것에 동의한다.[87] 역대기 사가는 특히 유다 왕의 역사와 관련하여 신명기 역사를 원 자료로 사용하되, 때로는 인용, 변용, 첨가, 삭제하면서 자신의 저작을 기록했다.

87) 노트(M. Noth)는 역대기 사가가 유다 왕들의 역사를 기록하기 위해서 사무엘서-열왕기서를 주된 자료로 사용하였다고 말한다. M. Noth, The *Chronicler's History*, Sheffield, 1987, p. 52.; I. Kalimi, "Was the Chronicler a Historian?," *The Chronicler as Historian*, Eds. M. P. Graham, K. G. Hoglund &L. McKenzie, (Sheffield: Sheffield Academic Press, 1997), p. 89.

역대기 사가가 첨가한 것

신명기 역사에는 존재하지 않으나, 역대기 사가가 첨가한 이 부분들에서 우리는 역대기 사가의 의도와 신학을 알아볼 수 있다.

1) 역대상 10:13-14에서, 역대기 사가는 사울의 불성실함을 고발하며, 그의 죽음이 비록 자살일지라도 야웨께 범죄함으로 인해 야웨가 죽인 것으로 평가하여 다윗 왕권에 대한 합법성을 지키고자 한다. 신명기 역사에서는 다윗이 왕위에 오르기까지 많은 사건들이 있었음을 기록하고 있는 반면, 역대기 사가는 이 사건들을 모두 삭제하고 마치 사울의 죽음 이후에 바로 다윗이 왕위에 오른 것처럼 기록하고 있다.

2) 역대상 12:1-22에 의하면, 사울이 죽기 전임에도, 베냐민, 갓, 유다, 므낫세 지파의 지도자들이 시글락에 있는 다윗에게 와서 규합한다. 역대상 12:23-40은 첨가된 본문인데, 여기서는 남쪽 지파의 군대보다 북쪽 지파의 군대가 규모가 더 컸으며, 트랜스요르단에서 온 사람들도 그렇다는 것을 알 수 있다.

3) 역대상 13:1-4에서, 역대기 사가는 다윗이 법궤를 옮기기에 앞서 온 이스라엘을 모아 예루살렘으로 법궤를 옮기는 것에 대해 자문을 구하는 것으로 기록하고 있다. 이를 통해 예루살렘은 제의 중심지로서 모든 사람들의 동의를 받은 장소라는 점에서 그 입지가 높아지게 된다.

4) 역대기 사가는 역대상 14:1-16을 웃사의 죽음 뒤로 위치시키고, 그와 관련하여 역대상 14:17-15:24를 첨가시킨다. 역대기 사가는 다윗이 예루살렘을 점령하자마자 우선 법궤를 예루살렘으로 옮기려고 했음을 보여줌으로써 야웨에 대한 다윗의 성실성과 경건성을 입증할 수 있었다.[88]

88) M. Cogan, "The Chronicler' s Use of Chronology as Illuminated by Neo-Assyrian Royal Inscription," J. H. Tigay, *Empirical Models for Biblical Criticism*, (Philadelphia: Fortress, 1985), pp. 205-206.

역대상 14:17-15:24에는 다윗이 레위인들의 역할과 지위를 규정하는 장면을 첨가하고 있으며, 이는 역대기 사가가 레위인들에게 가지고 있는 관심을 짐작할 수 있게 해준다.

5) 역대기 사가는 법궤가 예루살렘에 무사히 도착한 다음에 역대상 16:4-42을 첨가한다. 이토록 긴 분량의 첨가를 통해서, 우리는 법궤가 예루살렘에 도착한 그 사건을 역대기 사가가 얼마나 중요하게 여기고 있는지, 법궤가 이 마지막 장소에 도착한 그 날의 중요성을 얼마나 강조하고 있는지 알 수 있다.

6) 역대상 21:28-29:26은 역대기 사가가 많은 첨가를 한 부분이다. 첨가 부분은 다음과 같다.

① 역대상 21:28-22:1은 다윗 때에 야웨의 성막과 번제단이 기브온에 있었음을 알림으로써, 후에 솔로몬이 기브온에서 제사한 것에 대해 정당성을 부여하고, 기브온의 이교적 성격을 제거해버리는 효과를 얻는다.[89)]

② 역대상 22:2-5는 다윗이 성전건축을 위해 준비하고 있는 것을 보도하고 있다. 이를 통해 역대기 사가는 다윗이 비록 성전건축을 하지는 못했지만 성전건축을 열망하고 있었음을 보여주며, 야웨에 대한 그의 신실성과 더불어 성전과 다윗의 밀접한 관계를 형성시킨다.

③ 역대상 22:6-16에서는, 다윗이 솔로몬에게 성전을 건축할 것을 당부하고, 자신이 왜 성전건축을 할 수 없는 지에 대해 말하고 있다. 전쟁으로 인해 피를 많이 흘린 다윗에 비해 솔로몬은 평화의 사람으로 대비된다.

④ 역대상 22:17-19에서, 역대기 사가는 다윗으로 하여금 이스라엘 지

89) 노트(M. Noth)는 솔로몬이 기브온에서 제의를 드렸던 것을 합법화하기 위해서 기브온이 다윗의 시대 이전부터 야웨가 머물던 곳이며 제의가 행해지던 곳이었음을 알리려 했다고 주장한다. M. Noth, *The Chronicler's History*, p. 94; 클라인(R.W. Klein)도 역대기 사가가 자신의 자료들 가운데서 몇 가지 항목을 조합하고 있다고 설명하면서, 그 예로서 위의 예를 들고 있다. 즉 역대상 16:39절을 첨가함으로써 기브온이 비합법적인 성소라는 것을 피하고 있다는 것이다. R.W. Klein, "Chronicles, Book of 1-2," p. 996.

도자들에게 솔로몬이 성전건축을 할 때 돕도록 명령하고 격려하게 한다.

⑤ 역대상 23:1-2는 노년의 다윗이 솔로몬을 왕으로 세우는 장면을 보도하고 있다. 역대기 사가는 앞선 다윗의 경우와 마찬가지로, 솔로몬의 즉위와 관련된 다윗가의 분쟁에 대해 침묵하고 있다. 역대상 29:22b-25에서도 알 수 있듯이, 모든 사람들이 솔로몬을 왕으로 세우고 받아들인 것으로 보도하고 있다.

⑥ 역대상 23:2-32에서, 역대기 사가는 다윗이 레위인들에게 네 가지 특별한 임무를 할당하는 것 그리고 제사장들과 그들의 임무를 구분하는 것을 보도하고 있다. 즉 레위인의 권리와 책임은 다윗의 결정에 의한 것임을 알리는 장치인 것이다.

⑦ 역대상 24:1-31은 다윗이 제사장들의 가계를 스물넷으로 나누고 제사장들에게 본연의 직무를 맡기는 장면을 보도하고 있으며, 그 외의 레위인의 목록을 기록하고 있다.

⑧ 역대상 25:1-31에서 다윗은 레위인 성전 가수들을 구분하며 이들도 제사장들처럼 스물넷으로 구분하여 세우고 있다. 역대기 사가는 다윗이 레위인들에 대해 보다 자세하게 관심을 갖고 역할을 부여하고 있음을 보여준다.

⑨ 역대상 26:1-32은 다윗이 세운 성전 문지기들 및 성전 곡간을 지키는 자들에 대해서 보도하고 있다.

⑩ 역대상 27:1-34에서는 다윗의 시대에 체계적인 조직이 구성되어 있음을 보여주고 있다. 매달마다 왕의 일 등을 섬기는 책임자들이 있었음을 보여주며, 그 외에도 각 기관을 책임지는 우두머리 등을 나열하고 있다.

⑪ 역대상 23:3-27:34에는 다윗이 임명한 자들이 기록되어 있는데, 역대기 사가는 여기에 다윗이 무리들 앞에서 솔로몬에게 하는 이야기를 덧붙이고 있다. 이 연설은 앞서 역대상 22:6-16에서 했던 연설과 더불어 다윗의 임명자들 목록의 처음과 끝을 이루고 있다. 다윗은 하나님께서 솔

로몬과 자신을 택했으며, 그래서 솔로몬이 하나님의 성전을 건축하고 자신이 그 준비를 마쳤음을 알린다.

⑫ 역대상 28:11-21에서는 다윗이 솔로몬에게 성전 설계도를 건네주는데, 이는 다윗이 영감을 받았던 것이기도 하다. 이 단락은 솔로몬을 권고하고 격려하는 것으로 끝을 맺는다.

⑬ 역대상 29:1-9에서는 다시 다윗이 성전건축을 위해 준비해놓은 것들이 나열되며, 그 외의 다른 지도자들이 성전을 위해 기부한 내역도 기록되고 있다.

⑭ 역대상 29:10-22a에서는 다윗의 감사기도가 나오며, 이 기도 가운데 11절은 주기도문의 마지막 구절에 영향을 준 것으로 보인다. 이어 그 날 드린 엄청난 규모의 제사가 언급되는데, 이는 법궤가 들어온 그 날의 중요성을 가시적으로 입증해주는 것이라 볼 수 있다.

⑮ 역대상 29:22b-25에서는 무리들이 솔로몬을 왕으로 삼고 그에게 충성을 다짐하며, 야웨 역시도 그를 높여주었다고 기록되어 있다. 역대기 사가는 솔로몬 즉위와 관련된 모든 불미스러운 일들을 제거하고 모든 사람들이 솔로몬을 왕으로 받아들였던 것으로 기록함으로써, 솔로몬으로 하여금 성전을 건축하고 완성할 수 있는 권위를 온전하게 부여받도록 만든다.

⑯ 역대상 29:26은 다윗이 온 이스라엘을 다스린 왕이었음을 분명하게 밝혀준다.

7) 역대상 29:29에는 다윗의 이야기가 사무엘, 나단, 갓의 글에 기록되어 있음을 밝힘으로써, 역대기 사가는 다윗의 이야기에 예언자적인 권위가 있음을 알리고 있다.

역대기 사가가 삭제한 것

역대기 사가가 다윗 이야기와 관련하여 원 자료에서 가장 많이 삭제했던 부분은 다윗의 명성에 해가 될 만한 거의 모든 부분들이다. 즉 다윗이 왕위에 오르기까지 있었던 대부분의 일들이 삭제되어 있으며, 다윗의 개인적인 실수나 가정사에서의 불미스러운 일 등도 모두 삭제되어 있다. 이는 솔로몬과 관련해서도 마찬가지인데, 그 이유는 다윗과 솔로몬이 성전과 밀접한 관계가 있는 사람들이기 때문인 것으로 보이며, 특히 다윗은 성전, 제사장, 제의 등의 체계를 처음 세운 사람으로 그려지기 때문이다.

(1) 사무엘하 1:1-4:12은 다윗과 그의 동료들이 행한 부적합한 행위들이나, 그의 왕권의 불완전성 등에 대해서 언급하고 있다. 반면 역대기 사가에 의하면, 사울은 그의 부정한 행위들 때문에 야웨의 진노로 죽었으며, 그의 죽음 이후 바로 야웨가 다윗에게 바로 그 왕국을 넘겨준 것으로 기록되어 있다.

(2) 사무엘하 5:4-5은 왕상 2:11 그리고 병행본문인 대상 29:27에서 반복되는데, 이렇게 뒤에서 언급되기 때문에 이 부분에서는 역대기 사가가 생략한 듯하다. 하지만 역대기 사가는 이 부분을 제거함으로써 다윗이 그가 왕으로 기름부음을 받자마자 예루살렘을 정복한 것으로 만들고 있다.

(3) 역대기 사가는 사무엘하 6:12a를 생략하고 있는데, 이 부분은 웃사가 법궤에 손을 대서 죽은 이후 법궤가 머물렀던 오벳에돔의 집에 야웨께서 복을 주신 이야기를 담고 있다. 역대기 사가가 이 절을 제거한 것은 이 또한 다윗의 명성에 해가 되지 않도록 하기 위함인 것으로 보이는데, 즉 법궤로 인하여 복을 받았던 오벳에돔의 이야기를 언급함으로써 다윗이 마치 복을 받기 위해서 법궤를 예루살렘으로 가져온 듯한 인상을 주게 되기를 원치 않았던 것으로 보인다.

(4) 역대기 사가는 법궤가 들어올 때 다윗이 기뻐하는 모습을 보고 미갈이 업신여겼던 모습은 기록하고 있으나, 다윗에 대해 좀 더 경멸적인 모습을 보이고 있는 사무엘하 6:20b-23, 즉 미갈이 다윗에게 직접 그 일에 대해 나무라는 장면은 삭제하고 있다.

(5) 역대기 사가는, 앞서 언급했듯이, 다윗과 관련된 불미스러운 이야기나 다윗 왕권의 불안정성 등을 반영하는 이야기들은 거의 모두 삭제해 버렸다. 예를 들면, 다윗이 밧세바를 취한 이야기나 그로 인해 우리야를 죽인 이야기, 암논이 다말을 강간하고 그로 인해 압살롬에게 살해당하는 이야기, 시므이가 다윗을 저주하는 이야기, 압살롬이 요압에 의해 죽임을 당하는 이야기, 그 외에도 다윗 왕권을 둘러싼 불미스런 일들을 모두 제거하였다. 신명기 역사와 비교해볼 때 삭제된 부분을 가시적으로 보면 다음과 같다.

대상 20:1a = 삼하 11:1a

대상 20:1b = 삼하 12:26

대상 20:1-3 = 삼하 12:30-31

대상 4-8 = 삼하 21:18-22

즉 사무엘서에서는 11장에 달하는 내용이 역대기서에서는 모두 생략된 채 다만 몇 절로만 남겨져 있다.

(6) 다윗이 사울의 자손들을 기브온 사람들에게 넘겨주어 죽게 한 이야기(삼하 21:1-17)도 역대기 사가는 생략하고 있다.

(7) 역대기 사가는 사무엘하 24:4b-7의 지역에 대해 언급을 피하고 있다. 이 지역은 다윗의 명령으로 인구조사를 하기 위하여 요압이 돌아다녔던 지역이다. 이뿐만 아니라 역대기 사가는 땅의 범위에 대해서 일반적으로 성서에서 전형적으로 사용하는 문구와 순서가 뒤바뀐 "브엘세바

부터 단까지" 라고 표현하고 있다.

역대기 사가가 변용한 것

(1) 역대기 사가가 사무엘하 1-4장을 삭제했기 때문에 그의 기록에서 "온 이스라엘" 이 헤브론에 있는 다윗에게 모여 그를 왕으로 기름 부었다는 기록은 이스라엘의 모든 지파가 다 포함된다. 이는 사무엘하 5장에서 북쪽의 열 지파만을 포함하는 것과 비교된다. 또한 다윗이 기름부음 받는 것과 관련하여, 사무엘서에서는 그가 사무엘에 의해서 그리고 유다 지파에 의해서 두 번 기름부음을 받지만, 역대기에서는 다윗이 한 번 기름부음을 받는다.

(2) 예루살렘 점령에 있어서도, 사무엘서에서는 다윗과 그의 개인 병력이 주체가 되는 반면, 역대기 사가는 다윗과 온 이스라엘이 예루살렘을 점령한 것으로 보도된다. 이는 예루살렘을 제의 중심지로서, 전체 국가의 중심지로서 정당성과 신뢰를 주기 위한 역대기 사가의 의도로 보인다.

(3) 나단 신탁 가운데서 역대기 사가는 세 가지 정도의 중요한 변화를 보이고 있다. 첫째로는 사무엘하 7:1("여호와께서 주위의 모든 원수를 무찌르사 왕으로 궁에 평안히 살게 하신 때에")을 생략하고 있다는 것인데, 이는 역대상 18-20장에서 다윗이 수많은 전쟁을 치룬 이야기와 대치되고 있기 때문인 듯하다. 역대기 사가는 18-20장에 걸쳐 다윗의 수많은 전쟁을 언급함으로써, 역대상 22장에서 다윗과 솔로몬을 평가할 때 다윗은 많은 전쟁을 통해 피를 많은 흘린 사람으로, 솔로몬은 평화의 사람으로 명명할 수 있는 근거를 마련하고 있다. 둘째, 사무엘하 7:14("나는 그에게 아버지가 되고 그는 내게 아들이 되리니 그가 만일 죄를 범하면 내가 사람의 매와 인생의 채찍으로 징계하려니와")의 내용 또한 삭제하고 있다. 역대기 사가는 다윗과 솔로몬에 대해 부정

적인 언급은 거의 모두 삭제하고 있으며, 따라서 이런 종류의 경고문은 불필요한 자료였던 것으로 보인다. 세 번째, 사무엘하 7:14와 16은 다윗과 그의 왕조에 대한 약속이 중심을 이루고 있는 반면에, 역대기 사가는 이 약속을 솔로몬에게 좀더 치중하는 경향이 있으며, 여기서 "집"이라는 표현이 사무엘서에서는 왕조를, 역대기서에서는 성전을 언급하는 것으로 나타난다.

(4) 사무엘서에서는 다윗이 에돔인 만 팔천 명을 죽인 것으로 보도되나, 역대기서에서는 아비새라는 인물이 그 일을 수행한 것으로 나타난다.

(5) 사무엘하 8:18에 보면 다윗의 아들들이 제사장이 된 것으로 나오는데, 역대기서에서는 왕을 모시는 사람들의 우두머리인 것으로 나온다. 역대기 사가에 의하면 아론의 자손이 아니면 제사장이 될 수 없기 때문이다.

(6) 사무엘하 24:1의 야웨가 진노하여 다윗으로 하여금 유다의 인구를 조사하게 나오는 장면이 역대기 사가에 의하여 야웨를 사탄으로 바꾸어 놓는다. 이는 다윗이 죄를 범하게 하는 원인자로서 야웨를 지정하게 되는 어려움을 피하기 위한 것으로 보인다.

(7) 사무엘하 21:15 이하에는 블레셋의 거인들을 죽인 다윗의 용사들이 나열되는데, 이들 가운데 엘하난이 골리앗을 죽였다고 보도하고 있다. 그러나 사무엘상 17장에 의하면, 골리앗을 죽인 사람은 다윗이다. 이런 모순을 피하기 위해서 역대기 사가는 엘하난이 죽인 것은 골리앗의 형제인 라흐미였다고 수정하고 있다.

역대기 사가가 재배열한 것

앞서 언급했듯이 16-18번이 법궤가 이동하는 두 여정 가운데로 재배열되었다. 또 사무엘하 23:8-39을 보면 다윗의 용사들의 목록이 다윗이 왕이 된 후 곧이어 나타나는데, 이는 다윗이 폭넓은 지지를 받았다는 것을 표현하기 위함인 것으로 보인다.

이상을 통하여 역대기 사가는 자신의 특정한 목적과 의도를 위하여 자신이 가지고 있는 자료를 반복하거나, 첨가하거나, 삭제하거나, 재배열하는 등의 창의력을 발휘했다. 그리고 그가 가진 특정한 목적은 예루살렘 성전과 그 곳에서의 제의 등과 긴밀한 관계가 있었던 것으로 보이며, 이를 위하여 성전건축과 밀접한 관계가 있는 다윗과 솔로몬에 대해 부정적이고 불미스러운 대부분의 사건들을 제거하고, 그들의 경건한 신앙적 모습을 부각시키는 등 가장 이상적인 왕으로 그리고자 하였다.

역대기의 구조

역대기서는 다음과 같은 구조를 가지고 있다.

대상 1:1-9:44　아담으로부터 바벨론 포로에서의 귀환까지의 족보
　대상 10:1-22:1　다윗 왕국의 수립
　　대상 22:2-29:30　다윗이 이스라엘 전체를 모아 성전건축을 지시함
　　　대하 1:1-9:31　성전건축자 솔로몬
　　대하 10:1-20:37　이스라엘의 분열: 르호보암부터 여호사밧까지
　대하 21:1-28:27　여호람부터 아하스까지 일곱 왕
대하 29:1-36:23　유다의 마지막 왕과 회복

역대기 역사의 형성 배경

바벨론 포로 생활을 마치고 돌아온 소수의 유다 사람들은 여러 가지 큰 과제에 직면하게 되었다. 곧 예배의 중심 장소인 예루살렘 성전을 다시 세워야 했고, 더 이상 왕이 없으므로 국가 제도는 새로운 모습을 갖추어야 했다. 또 옛 북 왕국 주민들과 바른 관계를 유지하기가 아주 어려운 것으로 드러났는데, 이는 북 왕국이 망한 뒤로 거의 200년 동안 거기에는 여러 민족이 혼합되었을 뿐만 아니라 여러 종교의식도 서로 뒤섞이게 되었기 때문이었다. 질문이 꼬리를 물고 일어났다. 곧 예언자들은 새롭고 찬란한 미래에 관하여 말했는데 그럴 기미는 조금도 보이지 않으니 그 까닭은 무엇인가? 다윗의 후손 가운데 왕이 나타나 다스리기는커녕 바벨론 사람들에 뒤이어 페르시아 사람들이 하나님 백성을 지배한다. 사마리아에 있는 이웃 사람들과 문제가 있다는 것은 이스라엘 12지파가 한데 속한다는 것이 영원히 상실된 징표가 아닌가?

이러한 상황 가운데 이스라엘 역사를 처음 창조부터 그 기록이 생긴 시대까지 알려주는 동시에 여러 가지 새 질문에 대해 해답을 주려는 문헌이 다시 하나 생겨났다. 흔히 학계에서 역대기 역사서라고 부르는 이 문헌의 범위에 대해서는 여러 가지 의견이 있다. 역대상, 역대하는 이 역사서에 속하는 것이 확실한데, 이 두 책은 두루마리의 제한된 범위 때문에 나뉜 것이다. 많은 주석가들은 에스라와 느헤미야도 이 역사서에 포함된다고 생각하는데, 이 두 책은 시기적으로 역대하의 마지막과 직접 연결된다. 즉 에스라1:1-3이 줄인 형태로 역대하 36:22-23에 미리 들어 있다는 사실은 '역대상'과 '역대하'와 '에스라'와 '느헤미야'가 나중에 나누어졌다는 것을 암시한다. 하나님 백성이 바벨론에서 돌아온 뒤 맞이한 재건 시기에 대해 알려주는 책이 '에스라'와 '느헤미야'라면, '역대상'과 '역대하'는 이보다 더 오래된 역사 전통을 포로기 이후 공동체의 상황에 비추어 정리하고, 하나님 백성의 역사를 그 공동체의 관점에서 새롭게 기술하였다.

역대기 역사서를 이루는 이 두 부분을 서로 이어주는 것으로는 언어상의 여러 공통점 말고도 여러 가지 신학적인 가치 평가와 유다 및 예루살렘에 한정된 역사 서술 방식과 성전 및 예배에 대한 관심을 들 수 있다.

역대기 역사서가 기록된 시기를 주전 400년경이라고 추측하는데, 심지어 몇몇 주석가들은 주전 3세기라고 늦춰 잡기도 한다. 기록연대를 이보다 더 자세히 확정할 만한 근거는 없다. 히브리어 구약 성서에서는 이 네 권의 책이 지금 우리가 쓰는 성서에서 그렇듯이 여러 역사서 가운데 들어 있지 않고 이른바 성문서라고 하는 성경의 셋째 부분 끝에 자리 잡고 있다. 이는 이 책들이 쓰일 때에는 히브리어 정경의 둘째 큰 부분인 '예언서들'이 이미 완결되어 있었다는 사실을 암시하는데, 그 예언서들의 앞부분에 들어 있는 것이 예언적인 성격을 띠는 역사 서술이다.

역대기 역사의 주제

역대기 역사도 다른 구약성서의 역사와 마찬가지로 특정 주제를 강조하는 것을 발견할 수 있다.

첫째, 역대기 역사서에서 아주 중요한 주제는 성전예배이다. 역대기 역사서에서는 다윗의 성전건축 준비와 나중 왕들의 성전 관련 건축 조치와 보수 작업에 대하여 이전의 신명기 역사서보다 더 자세히 알려준다. 예배 및 국가 행정을 위한 모든 제도와 규정은 다윗과 솔로몬에게로 거슬러 올라가는데, 특히 제사장과 레위인들의 업무를 정해주고 여러 반으로 나누어 일하게 한 것이 그러하다. 신명기 역사서에서는 왕들의 행실이 하나님 마음에 드는지 들지 않는지에 따라 왕들을 평가한다. 역대기 역사서에는 왕들이 성전을 위해 무엇을 했는지가 중요하다. 그러므로 히스기야와 요시야가 예배를 깨끗하게 한 것에 특별히 주목하게 한다.

둘째, 또 다른 중요한 질문은 참된 이스라엘에 대한 질문이다. 이전의 북 왕국 땅에 사는 이웃들과 교제할 수 없게 되었으므로, 이제는 유다가 온 이스라엘을 대표한다. 그리하여 북 왕국 역사는 빠지고 유다 왕국의 역사만 다루게 된다. 그러나 문을 닫아버린 것은 아니다. 곧 다른 지파들도 돌이켜 순수하게 하나님만 섬겨야 할 것이므로 그들을 위한 자리는 비워둔다. 모든 지파들의 계보를 예외 없이 열거한다. 순수한 하나님 백성의 통일성이 저자에게 얼마나 중요한가 하는 것은, 예를 들어 하나님 백성의 시조를 야곱이라 하지 않고 늘 이스라엘이라 하는 데서도 드러난다(창 32:28; 35:10).

셋째, 역대기 역사서가 생겨났을 때는 정치적인 실체로는 더 이상 존재하고 있지 않았던 왕정이 중요하다. 다윗과 솔로몬을 신명기 역사서에서는 위대하고 모범적이기는 하나, 온갖 약점과 결점을 지닌 인물로 묘사했다면, 역대상 · 하에서는 이들을 거의 초인적인 차원으로 치켜 올린다. 이들에 대한 부정적인 내용은 모두 뺀다(예를 들어 다윗의 음행과 솔로몬의 우상숭배 등). 이렇게 과장함으로써 역대상 · 하에서는 이상적인 왕의 모습을 제시하는데, 이 모습을 통해 백성 가운데서는 하나님의 뜻에 맞고 하나님에게서 보내심을 받는 메시야에 대한 기대가 생겨난다. 결국에는 하나님이 이스라엘의 진정한 왕이시고, 또 늘 그러하신 분으로 인간 통치자들을 자기 나라에 세우신다.

역대기 역사서가 에스라, 느헤미야로 넘어가면서 학개의 경우와는 달리 메시야에 대한 절박한 기대는 느낄 수 없다. 여기서는 성전을 재건하는 것과 이스라엘을 이방의 여러 영향에서 구별해 내어 예배 회중으로 세우는 것에 관심을 전적으로 집중하고 있다.

역대기 역사 기록

역대기 역사의 자료

역대기도 다른 역사 기록과 마찬가지로 역사 편찬을 위하여 다양한 종류의 사료를 사용하고 있다. 따라서 역대기 사가가 어떤 자료를 첨가하고 삭제하였는가 하는 문제가 야기된다.

역대기 사가가 사용한 자료는 크게 두 부류로 나눌 수 있다. 역대기에 언급되지만, 그러나 현존하지 않는 자료와 이와 반대로, 역대기에는 언급되지 않지만, 그러나 현존하는 자료이다. 후자의 자료는 역대기와 구약성서의 다른 부분과의 비교대조를 통하여 알 수 있다. 이 비교대조를 통하여 역대기 사가가 다른 성서의 자료를 인용하였음을 보여줄 뿐만 아니라 역대기 사가가 이 성서의 자료를 어떤 관점에서 선택하였는가를 보여준다. 반면에 역대기와 다른 성서구절이 평행 되지 않는 부분에 대하여 역대기 사가가 성서 밖의 자료를 사용했거나 혹은 이 부분은 역대기 사가의 독특한 기록이라는 생각을 갖게 한다.

역대기 사가가 성서의 다른 자료를 사용하였다면 어떤 입장에서 이들을 사용하였는가? 즉 거의 같게 아니면 다르게, 사용하였는가? 역대기 사가가 성서 가운데서 사용한 자료는 크게 세 가지이다. 즉 오경과 전기 예언서 그리고 에스라-느헤미야이다. 역대기 저자가 다른 성경을 인용하는데 다음과 같은 특징이 있다.

첫째, 역대기 사가는 오경으로부터 자료를 선별 하는 데는 매우 엄격한 원칙이 있다.

① 역대상 1:1-2:2의 족보는 창세기에서 그대로 가져온 것이다. 그런데 역대기 사가는 가인(창 4:17-26)과 데라(창 11:26-32)와 나홀(창 22:21-24)의 족보에 대하여 기록하지 않는다. ② 역대기 사가는 매우 드물게 오경의 내용을 인용하였다. 역대기 사가는 애굽에서의 종살이나 출애굽과 광야 기간에 대하여 되풀이 하지 않고, 단지 자신의 필요에 의해서 몇몇 사항(items)만 기록하였다. ③ 오경의 율법에 해당하는 부분은 역대기 사가에 의하여 매우 독특하게 기록되었다. 제의제도에 관해서는 문자적으로 인용하기도 하고, 때로는 율법을 다시 은유법적으로 기록하기도 한다(J.R. Shaver).

따라서 역대기에서 장막 전승이나 제의제도, 약간의 족보 자료나 혹은 이 시대에 알려진 사람에 관한 언급을 발견할 수 있다. 역대기 사가의 초기 이스라엘 역사에 대한 강조점이 오경과 다르기는 하지만, 그러나 그는 자신의 기록에서 출애굽으로부터 신명기까지의 모든 것을 사용하였다. 이 과정에서 그가 생략하거나 혹은 첨가한 것은 그의 역사 서술적 혹은 신학적 계획을 나타내 주는 것이다.

둘째, 역대기 사가는 여호수아서에 기록된 명단 가운데 단지 시므온 지파의 도시(수 19:2-8 // 대상 4:28-33)와 제사장과 레위인들의 도시(수 21:10-39//대상 6:54-81) 명단만 등장한다.

셋째, 역대기 사가는 사사기의 내용을 전혀 인용하지 않았다.

넷째, 역대기에서 역사가 시작되는 역대상 10장은 사무엘상 31장을 다시 기록한 것이고, 역대상 12장은 사무엘상 28-30장을 자세히 언급한 것이다. 역대기 사가는 사무엘-열왕기에 기록된 사건을 충실히 따르면서 경우에 따라 가감하기도 한다. 그러나 매우 드물게 사건의 기록 순서를 바꾸는 경우가 있다(대상 10장과 12장에 기록된 사건은 삼상에서는 31장과 28-30장에 기록되어 있다). 이러한 예는 사무엘하 5장과 사무엘하 6장은 역대상 14장과 13장의 기록을 바꾸어 기록한 것이고, 역대상 11:11-41은 사무엘하 23:8-39을 기록한 것이다.

다섯째, 열왕기는 역대기 사가에게 매우 중요한 자료이지만 역대기 사가는 솔로몬의 통치나 유다 왕에 대하여 다르게 기록하고 있는 부분도 있다. 예를 들어 솔로몬에 관한 기록에 있어서 역대기 사가는 열왕기서의 기록을 절대적으로 의존하여 대부분의 기록은 열왕기의 기록을 반복적으로 기록하고 있지만, 솔로몬의 초기 행적이나 말기 행적은 기록되지 않았다. 즉 열왕기상 1:1-2:9, 2:13-3:3, 3:16-28, 4:1-20, 5:2-14, 8:54-61, 11:1-40 등의 내용은 역대기에 기록되지 않았다. 뿐만 아니라 역대기 사가는 다른 부분과 달리 많은 내용을 첨가하지도 않았다. 따라서 역대기의 솔로몬에 관한 기록은 전반적으로 열왕기상 1-11장을 요약해 놓은 것과 같다.

열왕기서는 역대기 사가가 남 유다의 왕에 대하여 기록하는 중요한 자료가 되었다. 따라서 신명기 사가의 문학적 역사적 연대적 골격은 역대기 사가의 기록의 근간이 되었다. 단지 역대기 사가가 연대기를 조금 자세히 기록하였다는 것이 그의 공헌이라고 말할 수 있다.

그러나 남북 왕국의 역사 가운데 역대기 사가는 오직 남 유다의 역사만을 기록하였다. 그렇지만 역대하 28:6-15과 같이 자신이 가지고 있던 다른 전승을 첨가하였기 때문에 북 왕국에 대한 기록이 전혀 없는 것은 아니다.

여섯째, 역대기 역사는 에스라-느헤미야를 사용하였다. 역대하 36:22-23과 에스라 1:1-3a와 역대상 9:2-17a 그리고 느헤미야 11:3-19이 서로 같다. 그러나 이 두 부분은 역대기에서는 서로 다른 기능을 한다.

일곱째, 역대기 기록 가운데 구약성서의 다른 부분과 평행되지 않는 부분이 있다. 어떤 학자들은 이 평행되지 않는 부분은 역대기 사가가 권위 있는 자료로부터 인용한 것이라고 주장한다.

역대기 가운데 평행되지 않는 부분은 성서 밖의 자료에서 인용했다는 주장도 대두된다. 많은 부분들이 독특한 양식을 가지고 있는데 족보(대상 2:25-33, 42-50a), 인구조사(대상 7:1-5, 6-11, 30-40) 그리고 왕국 시대에 관한 구절(대상 27:25-35, 대하 11:6-10, 18-20, 21:2) 등인데 이것들은 모두 초기 자료에 가깝다. 반면에 역대기 기록 가운데 평행되지 않는 부분은 포로기 이후의 것도 있다. 성전 봉사자들을 제사장, 레위인, 노래하는 자 그리고 문지기 등 네 부분으로 나누고 이들이 24부분으로 나뉘어 서로 돌아가며 봉사하는 내용이 이에 속한다.

앞에서 언급한 것과는 달리 역대기에 언급되기는 하지만 그러나 현존하지 않는 자료들이 있다.

(1) 역대상 29:29를 제외한 역대기의 종결을 나타내는 양식은 대체로 신명기적 기록과 일치한다. 신명기 사가의 작품에는 대체로 이스라엘 왕 역대지략(왕상 14:19), 유다 왕 역대지략(왕상 14:29) 그리고 솔로몬의 실록(왕상 11:41) 등이 언급된다. 그러나 역대기에는 18개의 다양한 자료의 이름이 등장한다. 이 가운데 중요한 자료는 이스라엘과 유다 열왕기(대하 27:7), 유다와 이스라엘 열왕기(대하 16:11), 유다와 이스라엘 열왕기(대하 25:26), 이스라엘 열왕기(대하 20:34), 이스라엘 왕들의 행장(대하 33:18), 열왕기 주석(대하 24:27) 등이다.

역대기 사가는 위의 여섯 가지 자료 가운데 단 한 가지만 사용하였지 어느 시대도 한 시대를 위하여 위의 여섯 가지 자료 가운데 두 가지 이상을 선택한 경우는 없다. 이 여섯 가지 자료는 그 명칭이 약간씩 바뀌었는데, 아마도 이름이 확정되지 않은 한 자료에 대한 이름인 것 같다.

(2) 두 번째는 12가지 예언 글의 목록이 등장한다(이것들은 대부분 신명기 역

사에 등장한다). 그러나 역대기 사가가 권위 있는 예언자 말의 목록을 가지고 있었는지 아닌지를 밝히기는 매우 어렵다. 즉 선견자 사무엘의 글, 선지자 나단의 글, 선견자 갓의 글(대상 29:29), 나단의 글, 잇도의 묵시책(대하 9:29), 잇도의 족보책(대하 12:15), 잇도의 주석책(대하 13:22), 예후의 글(대하 20:34), 선지자 이사야가 기록하였더라(대하26:22), 이사야의 묵시책(대하 32:32) 그리고 호새의 사기(대하 33:19) 등이다.

역대하 20:34의 "예후의 글에 다 기록되었고 그 글은 이스라엘 열왕기에 올랐더라" 처럼 자세한 설명이 붙은 것도 있다. 이와 마찬가지로 역대하 32:32에서도 "아모스의 아들 선지자 이사야의 묵시책에 기록되었고 그 기록은 유다와 이스라엘 열왕기에 기록되니라" 라고 기록되어 있다. 따라서 예후의 글과 이사야의 묵시는 모두 유다와 이스라엘 열왕기에서 인용한 것이다.

(3) 결어적인 표현 양식으로가 아니라 역대기에 등장하는 역사자료들이 있다. 이러한 자료로는 "이스라엘 왕조실록"(대상 9:1), "그 가사는 애가 중에 기록되었더라"(대하 35:25), "이 명단에 기록된 사람들이 유다 왕 히스기야 때에 가서…"(대상 4:41), "여로보암 때에 족보에 기록 되었더라"(대상 5:17), "…그 이름을 기록하여"(대상 24:6), "다윗 왕의 역대지략"(대상 27:24), "모세가 전한 여호와의 율법책"(대하 34:14), "다윗과 선견자 아삽의 시"(대하 29:30) 등이다.

이처럼 역대기에 사용된 자료들을 양식이나 장르별로 구별하면 책, 연대기, 혹은 주석 등의 종류가 있고, 주제별로 구별하면 열왕들, 이스라엘의 열왕들 유다와 이스라엘 열왕들, 이스라엘과 유다의 열왕들에 관한 기록 등으로 나눌 수 있다.

역대기 역사의 구조

역대상

1-9장	아담에서 사울까지
10-20장	다윗 왕국
21-27장	다윗의 성전건축 준비
28-29장	다윗의 왕위 이양과 죽음

역대하

1-7장	솔로몬의 성전건축과 봉헌
8-9장	솔로몬의 영화와 종말
10-28장	유다 왕들의 역사
29-35장	히스기야와 요시야의 개혁
36장	유다 왕국의 종말

에스라

1- 2장	바벨론 포로들의 귀향
3- 6장	성전을 재건함(두번째 성전 The Second Temple)
7-8장	에스라의 예루살렘 귀환
9-10장	에스라의 개혁

느헤미야

1- 6장	느헤미야의 귀향과 예루살렘 성벽 개축
7장	귀향민 인구조사
8-10장	에스라의 활동

11-12장	귀향민의 정착과 제사장 명단
13장	느헤미야의 활동

역대기 역사서와 다른 구약성서와의 관계

역대상과 역대하의 본문에서 알 수 있는 것은 그 책을 쓴 이가 당시에 벌써 완결되어 있는 '거룩한 책들' 을 환히 알고 있었으리라는 점이다. 역대상1-9장의 여러 계보는 무엇보다도 창세기와 여호수아와 연관된다. 왕정 시대에 대해서는 사무엘상, 사무엘하와 열왕기상, 열왕기하가 자료로 사용된다. 역대상과 역대하의 역사 기술이 이 여러 본문들과 문자 그대로 같든지 아니면 거의 문자 그대로 일치하는 경우가 상당하다. 역대상과 역대하의 저자가 어디에 중점을 두었는가 하는 것은 그러한 자료들 가운데 무엇을 빼고 덧붙였는지를－더 이상 우리가 알아낼 수 없는 자료에서든 저자 자신의 생각에서든－밝혀냄으로써 알 수 있다. 저자의 언어는 신명기의 언어를 반영하고 있고, 저자는 자주 시편을 인용하며 예언서에서는 교훈적이거나 설교 비슷한 단편들을 이끌어 쓰고 있다. 따라서 가톨릭 신부였던 데오도레트(Theodoret)는 역대기 역사는 열왕기저자가 빠뜨린 것을 모은 것이라고 설명하였다.

자료의 첨가

그러나 역대기 역사의 경우 저자가 자신의 신학적 목적을 위하여 자료를 취사선택하였다. 이러한 사실은 기존의 역사 기록에 있는 것이 생략되는가 하면 반대로 이전까지는 전혀 없던 역사적 사실이 기록된 예에서 알 수 있다. 특히 역대기 사가는 자신의 신학에 있어서 새롭게 강조하고 싶은 내용을 삽입하여 새로운 역사적 내용을 등장시킨다. 그 예는 다음과 같다. 창세기 22:1-19에 의하면 아브라함이 이삭을 제물로 바치려 했던 산은 모리아 산이다. 그런데 성경의 다른 곳에서는 모리아 산에 관한 언급을 찾아보기 힘들다. 그런데 역대하 3:1에서 모리아 산은 예루살렘에 있는 산이며 이곳에 성전이 세워졌음을 기록하고 있다. 이러한 역대기 사가의 목적은 예루살렘은 성전이 세워지기 이전부터 즉 족장 시대부터 거룩한 곳이었음을 강조하기 위함이다. 이것을 통하여 역대기 사가는 예루살렘 제의의 정결성 및 정통성을 강조하고 있다.

마찬가지 방법으로 솔로몬 성전 봉헌식에 관한 묘사에서 역대기 사가는 마치 광야 시대의 성막에 불이 내리던 모습으로 봉헌식 광경을 묘사하고 있다. "이스라엘 모든 자손은 불이 내리는 것과 여호와의 영광이 성전 위에 있는 것을 보고 돌을 깐 땅에 엎드려 경배하며 여호와께 감사하여 이르되 선하시도다 그의 인자하심이 영원하도다 하니라"(대하 7:3). 이것은 레위기 9:23-24의 아론의 첫 회막에서의 제사의 광경과 같다. "모세와 아론이 회막에 들어갔다가 나와서 백성에게 축복하매 여호와의 영광이 온 백성에게 나타나며 불이 여호와 앞에서 나와 제단 위의 번제물과 기름을 사른지라 온 백성이 이를 보고 소리 지르며 엎드렸더라." 이것은 예루살렘에서 드려지는 제사의 정결성을 강조하기 위함이다.

이차적인 자료라고 주장되는 부분은 역대상 1-9장의 족보(Welch, Cross) 역대상 15-16(Rudolph), 역대상 23:3-27:34(Noth, Rudolph) 그리고 대하 36:22-23(Japhet) 등을 후기의 제사장 집단에 의한 첨가로 보고 있다.

자료의 삭제

반면에 기존의 성서 기록에 있던 내용이 생략된 경우도 많다. 특히 다윗 왕조를 이상적인 왕조로 묘사하기 위하여 다윗의 죄인 밧세바를 범한 사건과 그 결과(삼하 11-12장), 다윗이 사울과 싸우는 모습(삼상 16-삼하 4장)의 내용이 생략되어 있다. 반면에 다윗이 성전을 짓기 위한 준비를 마친 것으로 기록하고 있다(대상 22-29장).

두 번째로 역대기 사가는 북 왕국에 대한 언급이 거의 없다는 것이다. 단지 남 유다와의 관련성 가운데 등장하는 경우를 제외하고 북 왕국에 대한 언급이 없다.

| 역대기 | 참고문헌 |

Driver, S.R., "The Speeches in Chronicles," *Expositor* 5/1 (1895), pp. 241-256, *Expositor* 5/2 (1895), pp. 286-308.

French, V., "The Speeches in Chronicles: A Reply," *Expositor* 5/2 (1895), pp. 140-152.

Graham M.P., Hoglund K.G., and McKenzie S.L., *The Chronicler as Historian*, JSOT Sup. 238, Sheffield, 1997.

Japhet, S., *I &II Chronicles*, London, 1993, pp. 32-34.

Japhet, S., *The Ideology of the Book of Chronicles and Its Place in Biblical Thought*, New York, 1989.

Johnstone W., *1 & 2 Chronicles*, JSOT Sup. 253, Sheffield, 1997.

Kegler -M.J., Augustin, *Synopse zum chronistischen Geschichtswerk*, 1991; S. DeVries, The Forms of the Old Testament Literature, 1989.

Knoppers G.N., *I Chronicles 1-9: A New Translation with Introduction and Commentary*, AB, New York, 2004.

Kropat, A., *Die Syntax des Autors der Chronick*, BZAW 16, 1909.

Mason, R., "Some Echoes of the Preaching in the Second Temple?" *ZAW* 96 (1984), pp. 221-235.

Shaver, J.R., *Torah and the Chronicler' s History Work: An Inquiry into the Chronicler' s References to Laws, Festivals, and Cultic Institutions in Relationship to Pentateuchal Legislation*, Atlanta, GA, 1989.

von Rad, G., "The Levitical Sermon in I and II Chronicles," *The Problem of the Hexateuch and Other Essays*, Edinburgh, 1966.

Zimmermann, F., "Chronicles as a Partially Translated Book," *JQR* 42 (1951-52), pp. 265-282.

에스라-느헤미야

명칭과 순서

에스라-느헤미야는 초기 시대에는 한 권의 책이었을 것으로 여겨진다.[90] 에스라-느헤미야는 에스라-느헤미야서가 다루는 시대에 중심적인 인물의 이름을 따라 생긴 것이다. 바벨론 탈무드에서는 에스라-느헤미야는 에스더서 다음에 그리고 역대기 전에 위치하고, 에스라-느헤미야를 한 권으로 에스라서라고 불렀다(T.B. Baba Bathra 15a). 칠십인역의 바티칸 사본(Vaticanus; LXXB)이나 불가타역에서는 에스라-느헤미야가 열왕기와 역대기 다음에 위치한다. 교부 시대에 에스라-느헤미야가 성경에서 가지는 위치는 매우 다양하였다. 2세기 교부인 사르디스의 멜리토(Melito)는 자신의 성경에서 에스라-느헤미야서를 에스겔 다음에 놓았으며, 오리겐(Origen)은 8-9세기의 니세포루스의 스티코메트리아나 칠십인역과 같은 위치에 놓았다. 기독교의 성경은 불가타나 칠십인역의 순서를 따랐으며, 1917년에 출판된 유대인들의 성경에서는 에스라-느헤미야를 성문서 가운데 위치시키면서 에스라-느헤미야-역대상 · 하의 순서로 배치했다. 초기 시리아

90) F.C. Fensham, *The Book of Ezra and Nehemiah*, (Grand Rapids: Eerdman, 1982), p. 1.

역에서는 역대기와 에스라-느헤미야 부분이 생략되어 있었다. 히브리어 성경에서 에스라와 느헤미야서가 서로 분리된 것은 불가타의 영향이다. 15세기 이전의 히브리어 성서에서는 에스라와 느헤미야가 한 권의 책으로 되어 있었다. 에스라는 10장 280절, 느헤미야는 13장 405절로 구성되어 있다.

에스라-느헤미야의 칠십인역 바티칸 사본(Codex Vaticanus; LXXB)과 알렉산드리아 사본(Codex Alexandrianus; LXX^{A}) 사이에 큰 차이가 있다. 칠십인역 사본은 맛소라 사본과 비교하여 매우 짧으며 특히 바티칸 사본에서는 모든 명단이 생략되었다. 그러나 알렉산드리아 사본에서는 차이점이 많이 메워지기는 했다. 칠십인역 본문은 에스드라 1서에서 유래된 것으로 보인다. 에스드라(Esdras) 1서는 에스라서 전체와 느헤미야 가운데 13절이 포함되어 있다. 에스드라 1서의 번역자는 칠십인역 사본의 역대기와 에스라-느헤미야서를 사용하지 않은 것으로 보인다. 만약 에스드라 1서가 히브리어와 아람어 본문과 관계없는 번역이라면 에스드라1서가 오늘날 의미가 불분명한 부분에 대한 정확한 의미를 전달할 수 있을 것이다. 그러나 에스드라 1서는 에스라와 느헤미야에 있는 내용을 근본적으로 변화시키지는 않았다. 에스드라 1서에는 에스드라 1서 3:1-4:63의 부분과 에스라 4:7-24을 1장과 2장 사이에 위치시킨 것 외에는 큰 변화가 없다. 쿰란 사본에서는 오로지 에스라 4, 5장만 발견되었다.

에스라-느헤미야의 통일성

에스라와 느헤미야서에 관한 연구의 가장 중요한 핵심은 이 두 책이 원래 한 권이었는가 아니면 각기 다른 책이었는가 하는 질문이다. 이러한 질문에 대하여 다음의 증거들은 에스라와 느헤미야가 원래 한 권이었음을 보여준다. (1) 성서의 전체 권수를 기록한 요세푸스의 기록에서 이 두 책을 한 권으로 간주하였다(Contra Apionem 40). (2) 사르디스의 주교인 멜리토도 이 두 권을 하나의 책으로 간주하였다(Eusebius, Hist. Eccl. 4.26.14). (3) 바벨론 탈무드에서도 두 책을 모두 에스라서라고 부르고, 왜 뒷부분이 느헤미야라고 불리지 않는지 그것에 대해 의문을 제기한다(Bab. Sanh. 93b; B. Bat. 14b). (4) 맛소라 학자들은 느헤미야 3:22이 에스라서와 느헤미야서 전체의 중간 부분임을 표시하였고, 느헤미야서 마지막에 두 책의 절수를 합하여 기록하였다. 따라서 맛소라 학자들은 이 두 권의 책을 하나의 책으로 이해하였다. (5) 이븐 에즈라(Ibn Ezra)나 라쉬(Rashi) 같은 중세 유대인 주석가들도 에스라와 느헤미야를 한 권으로 다루었다. 뿐만 아니라 초기의 히브리어 사본이나 초기 칠십인역 사본에서도 에스라와 느헤미야를 한 권으로 보았다.

그렇다면 원래 한권이었던 에스라-느헤미야서가 왜 오늘날에는 두 권으로 나뉘어졌는가? 두 권의 책으로 나뉜 것은 기독교인들의 영향이며, 이러한 기독교의 전통이 중세에 유대인들에게까지 영향을 미쳤던 것으로 보인다.

에스라-느헤미야의 문학적 특징

언어

에스라-느헤미야는 매우 잘 보존된 책 가운데 하나이다. 에스라-느헤미야는 대부분이 후기 히브리어로 쓰여졌으며 일부분(스 4:8-6:18, 7:12-26)이 아람어로 기록되었다. 페르시아 사람의 이름, 가족 이름, 페르시아 단어 등이 이 책에 매우 빈번하게 나타나기 때문에, 페르시아 시대에 기록된 것으로 보인다. 뿐만 아니라 페르시아 왕의 이름인 비그바이(Bigvai), 미드레다트(Mithredath) 그리고 엘람은 모두 페르시아 이름이다.

문학적 특징

에스라-느헤미야는 주로 산문(narrative)으로 구성되어 있다. 에스라-느헤미야는 에스라 1-6장과 느헤미야 회고록(느 1-7; 12:27-43; 13:4-31)과 에스라 회고록(스 7-10; 느 8)으로 구성되어 있다. 에스라 1-6장은 여러 가지 자료가 결합된 산문 형식으로 기록되어 있으며, 그 장르는 매우 다양하다. 즉 칙령(1:2-4), 목록(list), 서신(letter) 등이다. 칙령 혹은 명령서(느 7:12-26)는 고레스 칙령과 아닥사스다 명령서는 행정기록으로 산문의 형식으로 간결하게 기록되어 있다. 목록에는 성전 기물 목록(1:9-11), 귀향자 목록(2장) 등이다. 서신에는 르훔과 심새의 편지(4:8-16), 아닥사스다의 편지(4:17-22), 닷드내의 편지(5:6-17), 다리우스의 편지(6:3-12) 등이 있다.

회고록(memoir) 형식에는 느헤미야 회고록(느 1-7, 12:27-43, 13:4-31)과 에스라 회고록(스 7-10, 느 8)이 있다. 이 회고록에는 다양한 문학적 장르가 포함되어 있다. 특히 회고록에는 느헤미야 5:19의 "내 하나님이여 내가 이 백성을 위하여 행한 모든 일을 기억하사 내게 은혜를 베푸시옵소서," 13:14 "내 하나님이여 이 일로 말미암아 나를 기억하옵소서," 혹은 13:22의 "내 하나님이여 나를 위하여 이 일도 기억하시옵고 주의 크신 은혜대로 나를 아끼시옵소서"와 같은 기억양식(remember formular)이 등장한다.

역대기와의 관계

1832년 준즈(L. Zunz) 이후 역대기서가 역대기-에스라-느헤미야로 구성된 역대기 역사의 한 부분으로 여겨지기 시작했다. 야펫(S. Japhet)은 이 세권이 공통의 저자임을 주장하는 근거로 다음의 요소들을 제시한다. 첫째, 에스라 1:1-3a와 역대하 36:22-23이 같다는 점과 둘째, 에스드라(Esdras) 1장은 역대하 35-36장과 에스라 1-10장 그리고 느헤미야 8장의 반복이기 때문이다. 셋째, 세 권의 책이 갖는 언어적인 유사성 때문이다. 즉 이들에게서 공통으로 나타나는 어휘와 구문과 독특한 문체가 있다. 그리고 마지막으로 어떤 특정 주제를 설명하기 위하여 자료의 선택과 그 뒤를 잇는 역사적 해석에 있어서 공통점을 찾을 수 있기 때문이다.

그러나 이러한 주장에 대하여 다음과 같은 반박을 할 수 있다. (1) 에스라 1장과 역대하 36:22-23의 중복은 이야기의 연속성을 나타내는 것이지, 이것 때문에 이 책들이 한 저자에 의하여 기록되었다고 볼 수는 없다.[91] (2) 에스드라 1서는 단편적인 것으로 느헤미야 8:13에서 끝나고, 이어서 역대하 35:1을 연결하고 있다.

그러나 야펫은 일반적으로 이 세 권의 언어가 유사함에도 불구하고 역대기와 에스라-느헤미야의 언어적 차이점을 지적한다. 특히 역대기는 전문용어에 있어서 에스라-느헤미야의 가장 늦은 층보다도 후에 사용된 언어를 포함하고 있다고 주장한다. 따라서 역대기와 에스라-느헤미야는 각기 독립적인 문체의 특성을 가지고 있다고 주장한다. 이에 대하여 모시스(Mosis)는 야펫이 역대기 사가에 의하여 앞에 선택된 언어적 용례와 이차적으로 첨가된 부분을 완전히 구별하지 못했다고 야펫을 비판한다.

91) A.C. Welch, *Post-Exilic Judaism* (Edinburgh: 1935), p. 186.

윌리암슨(H.G.M. Williamson)은 역대기와 에스라-느헤미야의 언어적 유사성을 나타내는 140개의 목록을 작성하였는데, 이 가운데 단 6개의 요소만이 세 권의 책에 대한 공동저자를 주장하기 어렵다고 한다. 그러나 그는 비록 이러한 점이 다른 저자임을 주장할 수는 있지만 나머지 134개는 공동저자를 주장하기에 충분하다고 주장하였다.[92]

그러나 최근에는 역대기와 에스라-느헤미야의 신학적 차이점을 주장하는 학자들이 등장하고 있다. 브라운은 (1) 역대기에 등장하는 회복의 주제가 에스라-느헤미야에는 등장하지 않는다고 주장한다.[93] (2) 북 왕국, 특히 사마리아 사람들에 대한 태도에 있어서 차이를 보이고 있다. (3) 역대기는 다윗 왕조를 지나치게 강조한다. (4) 에스라-느헤미야에서는 아브라함의 선택과 출애굽에 대하여 언급하고 있는 반면, 역대기에서는 특별히 야곱(이스라엘)에 대하여 강조하고 오히려 출애굽에 대하여 별로 강조하지 않는다. (5) 역대기에서는 예언자에 대한 언급이 빈번히 등장하지만 에스라-느헤미야에서는 예언의 영향이 거의 없는 상태이다. (6) 느디님 사람(성전 봉사자)과 솔로몬의 신하는 에스라-느헤미야에 등장하지만(스 2:58) 역대기에는 단지 역대하 9:2에만 단 한번 등장할 뿐이다. (7) 역대기에서 이스라엘은 12지파를 모두 포함한 것이지만 에스라-느헤미야에서 이스라엘은 유다와 베냐민만을 지칭한다.

오늘날 학자들의 경향은 크게 세 부류로 나눌 수 있다. (1) 역대기 역사의 존재를 주장하는 학자, 즉 동일 저자설을 주장하는 학자(Ackroyd, Clines, Cross, Freedman). (2) 역대기와 에스라-느헤미야가 서로 다른 저자의 작품임을 주장하는 학자(Japhet과 Williamson). (3) 같은 저자의 다른 저작물로 여기는 경향(Welten, Willi) 등이다. 이 셋 가운데 신학적인 차이점은 두 번째

92) H.G.M. Williamson, *Israel in the Books of Chronicles*, (New York, 1977), pp. 37-59.

93) R.N. Braun, "Chronicles, Ezra, and Nehemiah: Theology and Literary History," *VTS* 30 (1979), pp. 53-56.

견해를 더욱 지지해준다. 그러나 아직도 이 문제는 논의가 끝난 것이 아니라 계속 진행 중이다.

에스라-느헤미야의 저작 문제

저작 과정

에스라와 느헤미야의 저자 문제에 대하여 다음과 같이 설명할 수 있다. 에스라 2장이 느헤미야 7장과 병행된다는 사실은 에스라-느헤미야의 형성 과정의 일면을 보여준다. 에스라 3:1 뒤에는 느헤미야 8장이 연결되어야 한다. 그러므로 에스라 1-6장은 에스라-느헤미야서가 편집되어 한 책이 된 이후에 기록된 것이다.

에스라 회고록과 느헤미야 회고록은 에스라와 느헤미야가 시행한 개혁정책을 옹호하기 위해서 기록된 것으로 보인다. 그 이후에 기록된 에스라 1-6장에는 후기 귀환자들의 정체성(포로기 이전 사회의 계승)과 사마리아의 세력에 대한 적대감 등이 기록 의도로 작용했을 것이다.

따라서 편집 과정은 다음과 같이 요약할 수 있다.

① 사건 당시에 기록된 여러 가지 자료들 형성

② 에스라와 느헤미야의 회고록의 형성

③ 에스라 1-6장의 덧붙임.

저작 시기

에스라 1-6장은 헬레니즘 시대 초기(주전 약 300년)에 기록된 것으로 보인다. 에스라-느헤미야서가 최종적인 형태로 완성된 것도 이때쯤으로 여겨진다. 에스라가 느헤미야에 앞서는 것으로 보기 때문에 느헤미야에 관련된 마지막 날짜는 느헤미야 13:16에 의해 주전 430-424년 사이가 된다.

느헤미야 12:1-26에 나오는 대제사장들의 계보 가운데 야두아라는 이름은 후대의 첨가이다. 그러므로 이 명부의 기록은 요하난 시대로 정할 수 있다. 엡(Yeb; 엘레판틴)에서 보내 온 유대인들의 편지(*Cowley* 30)에 의해 요하난은 주전 5세기 말에 실존했던 인물임을 알 수 있다. 그렇다면 에스라-느헤미야서의 자료는 주전 약 400년 정도에 수집되었다고 추정할 수 있다.

결론적으로 이 두 책은 주전 400년과 300년에 가장 중요한 두 번의 편집 과정을 거쳤다고 할 수 있다.

저자의 문제

에스라-느헤미야를 한 권의 책으로 간주할 때 에스라-느헤미야서의 저자는 누구인가? 다른 구약성서와 마찬가지로 저자의 문제는 매우 어려운 문제이다. 이에 대하여 다음의 세 가지 경우가 학자들에 의하여 제시된다.

첫째, 에스라-느헤미야서 그리고 역대상하의 저자는 에스라라는 주장이다. 이러한 주장은 바벨론 탈무드에 기록되어 있는 것으로(T.B. Baba Bathra 15a) 올브라이트(W.F. Albright)가 지지한다. 올브라이트는 토레이(C.C. Torrey)의 주장을 받아들인 것으로 에스라 메모리와 역대기의 메모리들이 같은 형식을 취하고 있다는 점을 근거로 한 것이다.[94]

둘째, 주장은 해리슨(R.K. Harrison)의 주장으로 에스라서는 에스라, 느헤미야서는 느헤미야가 저자라는 것이다. 즉 에스라와 느헤미야서는 두 권

94) C.C. Torrey, "The Date and Personality of the Chronicler," *JBL* 40 (1921), p. 119.

의 책이며, 각기 다른 저자가 기록하였다고 주장한다. 해리슨은 에스라서의 형식과 느헤미야서의 형식은 매우 다르다고 주장한다.[95)]

셋째, 역대기 사가가 에스라와 느헤미야서의 마지막 저자라는 주장이다. 가장 보편적으로 받아들여지는 견해로서 이들은 역대기서-에스라서-느헤미야서의 저자가 역대기 사가라고 주장한다. 그러나 학자들 사이에 역대기 사가가 자신이 다루는 자료를 어떻게 변화시켰는가에 대해서는 각기 다른 견해를 가지고 있다.[96)]

에스라-느헤미야서의 내용

에스라와 느헤미야서의 내용은 다음과 같다.

에스라서의 내용

에스라서의 내용은 크게 두 부분으로 나눌 수 있다.

제1부 예루살렘 귀환과 성전재건(1-6장)

1) 고레스 왕에 의한 귀환과 성전건설 허가: 페르시아 왕 고레스 왕이 조서를 내려 귀환을 허락하고 성전재건을 도와주며 가져왔던 예루살렘 성전 기명들을 돌려주었다(1장)

2) 귀환자의 명단(2장)

3) 제사 생활의 재개(3장): 제사의식이 재건되었고 성전재건 공사가 시

95) R.K. Harrison, *Introduction to the Old Testament*, (Grand Rapids: Eerdmans, 1969), pp. 1149-1150.
96) F.C. Fensham, *The Book of Ezra and Nehemiah*, pp. 2-4.

작되었다.

4) 건설 공사의 중단(4장): 사마리아와 강 서편 사람들의 음모로 성전건설공사가 중단되었다.

5) 성전 완성(5-6장): 학개와 스가랴 선지자가 일어나고 스룹바벨과 예수아에 의해서 성전건축 공사가 시작되어 대적들의 방해에도 불구하고 성전이 완공되었다.

제2부 예루살렘의 개혁과 에스라의 활동(7-10장)

1) 에스라의 귀국(7-8장): 율법에 익숙한 학사 에스라가 아닥사스다 왕의 칙령을 가지고 많은 귀환자들과 함께 예루살렘으로 돌아왔다.

2) 에스라에 의한 잡혼의 해소(9-10장): 이방인과의 잡혼을 청산하도록 권고할 때 백성들은 자진해서 해결했다.

느헤미야서의 내용

제1부 : 예루살렘 성벽의 재건(1:1-7:73)

Ⅰ. 성벽재건을 위한 준비(1:1-2:20)

1. 예루살렘 성벽 훼파 비보(1:1-3)
2. 성벽재건을 위한 느헤미야의 중재(1:4-2:8)
   1) 느헤미야의 비탄과 중보기도(1:4-11)
   2) 느헤미야의 탄원과 왕의 허락(2:1-8)
3. 느헤미야의 예루살렘 귀환(2:9-11)
4. 느헤미야의 성벽재건 준비(2:12-20)
   1) 비밀리에 추진된 성벽 답사(2:12-16)
   2) 성벽 중건에 대한 권고(2:17-18)

3) 대적들을 향한 선언(2:19-20)

II. 성벽재건의 과정과 완공(3:1-7:73)

1. 성벽재건에 참여한 자들의 명단과 직책(3:1-32)

2. 성벽재건에 대한 방해 세력들의 계략(4:1-6:14)

3. 예루살렘 성벽의 완공(6:15-19)

4. 예루살렘 성의 관리자 임명(7:1-4)

5. 제1차 포로 귀환자들에 대한 계수(7:5-73)

1) 계수의 취지(7:5,6)

2) 계보가 명확한 자들의 수효(7:7-60)

3) 계보가 불명확한 자들의 수효(7:61-65)

4) 귀환자들의 총 수효(7:6-69)

5) 귀환자들의 성전봉헌 예물(7:70-73)

제2부 : 이스라엘 백성들의 개혁 운동 (8:1-13:31)

I. 언약갱신에 의한 이스라엘의 영적 부흥(8:1-13:31)

1. 에스라의 율법 해석(8:1-18)

1) 율법 강독(8:1-8)

2) 강독을 들은 백성들의 감화(8:9-12)

3) 초막절의 준수(8:13-18)

2. 에스라의 언약갱신(9:1-10:39)

1) 언약갱신을 위한 이스라엘의 영적 준비(9:1-5)

2) 선조들을 통한 과거 언약의 회고(9:6-31)

(1) 하나님의 구원 사역(9:6-15)

(2) 이스라엘의 범죄(9:16-31)

3) 언약을 위한 지도자들의 인침(9:32-38)

4) 인친 지도자들의 명단(10:1-27)

5) 율법의 재확인과 백성들의 각오(10:28-39)

II. 언약 순종에 의한 이스라엘의 영적 부흥(11:1-13:31)

1. 백성들의 예루살렘 재정착(11:1-36)

1) 이스라엘의 분산 정책(11:1, 2)

2) 예루살렘에 분산 거주하게 된 자들의 명단(11:3-24)

3) 예루살렘 외곽에 분산 거주하게 된 자들의 명단(11:25-36)

2. 제사장과 레위인들의 가계 조사(12:1-26)

3. 예루살렘 성벽 봉헌식(12:27-47)

4. 느헤미야에 의한 개혁 운동(13:1-31)

1) 성전정화 작업(13:1-14)

(1) 이방인들로부터의 분리(13:1-9)

(2) 레위인들의 분깃에 대한 시정(13:10-14)

2) 안식일 준수에 대한 권고(13:15-22)

3) 이방인과의 통혼 금지 명령(13:23-29)

4) 개혁의 결과(13:30-31)

에스라-느헤미야의 자료

에스라-느헤미야서에는 크게 세 부분의 자료 층이 있다. 즉 에스라 1-6장과 느헤미야 회고록(느 1-7; 12:27-43; 13:4-31)과 에스라 회고록(스 7-10; 느 8)이다.

에스라 1-6장

에스라 1-6장에는 여러 가지의 자료들이 서술문 형식으로 이어졌다. 다음과 같은 자료가 있다. 고레스 칙령(1:2-4), 성전 기물들의 목록(1:9-11), 귀향 자들의 명단(2장), 내용이 인용되지 않은 두 편지(4:6, 7; 참고 4:1-3), 르훔과 심새의 편지(4:8-16), 아닥사스다의 편지(4:17-22), 닷드내의 편지(5:6-17) 그리고 다리우스의 편지(6:3-12) 등이다.

느헤미야의 회고록

느헤미야의 회고록(The Nehemiah Memoir)은 느헤미야 1-7장, 12:27-43 그리고 13:4-31 등이다. 느헤미야의 회고록의 문학적 성격에 대해서는 학자들 사이의 견해가 다양하다. 모빙켈(S. Mowinckel)은 고대 근동의 왕에 관한 기록과 같은 형식이라고 주장한다. 그러나 폰라트(G. von Rad)는 이집트의 무덤이나 신전의 문서라고 주장한다. 또 어떤 학자들은 아람어로 된 헌정문이거나 페르시아 왕에게 보내는 공식 보고서와 같은 형식이라고 주장한다. 그러나 켈러만(Kellerman)은 느헤미야의 회고록은 피고인의 기도(Prayer of the Accused)라고 주장한다.

회고록의 내용은 대부분 집권 초 1년간의 사건을 기록하고 있으며, 몇몇 부분에서는 그 이후 15년 동안의 사건을 간헐적으로 기록하고 있다.

느헤미야의 회고록 가운데 기억양식(remember formular)(5:19; 13:14, 22, 31; 6:14; 13:29)에 대한 학자들의 특별한 관심이 집중되었다. 이 기억양식은 성벽 건축과 관련되어 사용된 경우가 없을 뿐만 아니라 에스라 6:14을 제외한 모든 부분은 후기 집권과 관련된 사건을 기록하는데 사용되었다. 특히 에스라 5:14-19의 내용은 후기 저자가 아니면 기록할 수 없는 내용도 포함되어 있다.

이러한 사실을 기초로 느헤미야의 회고록은 두 단계의 편집 과정을 거쳤다고 추정할 수 있다. 집권 초기 자신의 활동을 보고하기 위해 기록된 보고서에 후대 집권기에 이 글을 다시 수정하고 삽입구를 더해 헌정문 형식의 글을 만들었던 것으로 보인다.

에스라 회고록

에스라 회고록은 에스라 7-10장과 느헤미야 8장을 말하며, 어떤 학자는 느헤미야 9-10장을 포함시키기도 한다. 이 부분의 저작-편집 과정에 대해서는 학자에 따라 다양한 견해가 있다(Torrey, Hölscher, Kapelrud, Noth; Kellermann, Mowinckel, Schaeder, Rudolph, Koch). 일반적으로 역대기 저자나 그 학파의 기록 가능성은 인정되고 있다. 에스라서 나름대로의 자료 또한 발견된다. 한편 에스라 회고록이 문체 면에서 역대기와 유사성이 있다는 주장은 잘못된 것이다. 왜냐하면 이러한 문형은 후대 히브리어에 공통되게 나타나기 때문이다.

에스라 회고록은 다음과 같은 내용으로 구성되어 있다.

① 7:1-10: 초기 자료를 편집자가 일부 손질하여 기록.
② 7:12-26: 아닥삭스다의 명령서
③ 8장: 원래 에스라 8-9장 사이에 있던 기록.
④ 10:16: 일차 자료의 생략; 10:18-44a: 자료의 재구성
⑤ 10장: 서술 인칭의 변화
⑥ 8:15, 17, 26-27; 10:9, 13

에스라의 회고록은 원래 에스라 자신이 기록했고, 자신의 임무가 어떻

게 잘 수행되었는지를 기록한 것이다. 즉 자신을 파견한 제국에 정기적인 보고서를 작성해야 할 의무가 있었던 것이다.

에스라-느헤미야의 연대기적 문제

문학비평작업에 의해서 느헤미야 8장은 에스라 8-9장 사이에 위치해야 하며, 결국 에스라와 느헤미야는 동시대인이 아니었다고 말할 수 있다.

에스라의 귀환일 자는 세 가지로 가정할 수 있다: ① 아르닥세스 1세 7년(주전 458년); ② 아르닥세스 2세 7년(주전 398년); ③ 아르닥세스 1세 37년(주전 428년).

에스라가 느헤미야 이후에 귀환했다는 주장을 부정한다. 이러한 주장을 하는 사람들의 논거는 다른 방법으로 설명할 수 있다. 페르시아 제국의 정치상황은 연대기적 문제해결에 도움을 줄 수 없다. 아람어 편지 *Cowley* 21(Passover Papyrus)에 의하면 에스라가 최소한 419년 이전에 예루살렘에서 율법을 지키기 시작했다고 짐작할 수 있다.[97]

제국에 속한 민족들이 각각 자신들만의 법전을 가지고 생활할 수 있던 것은 페르시아 제국 지배의 초기에 해당한다. 다리우스 1세부터는 이 정책이 변하기 시작한다. 그러므로 에스라의 행적은 페르시아 시대 초반의 정책을 대변한다.

에스라-느헤미야서의 형성이 느헤미야보다 한 세대 정도 뒤진다는 사실은 중요한 증거가 된다. 에스라와 느헤미야가 서로를 언급하지 않는다는 사실은 연대적인 차이를 가정하지 않아도 설명할 수 있다. 개혁의 정도를 볼 때 에스라가 전반적인 면을, 느헤미야가 특정한 문제를 다루었

97) A. Cowley, *Aramaic Papyri of the Fifth Century B.C.*, Oxford, 1923, no. 30.

다는 것을 발견할 수 있다. 그렇다면 에스라의 개혁이 선행되는 것이 더 자연스럽다. 느헤미야 10장의 서약은 에스라 9장과 느헤미야 8장의 법전과 일맥상통하며 에스라의 개혁이 선행될 때 더 자연스럽게 이해할 수 있다. 느헤미야가 이방인과의 혼인을 금지할 때 일부 제사장들이 반대하는 것을 볼 수 있다. 느헤미야가 먼저 왔다면 이러한 반대세력이 훨씬 더 강했으리라고 짐작할 수 있다. 만약 둘 중에 한 사람이 실패하였다고 가정하면 에스라가 후보가 되는 것이 더 이해하기 쉽다. 결론적으로 에스라가 주전 458년에 귀환했다고 여겨진다.

에스라-느헤미야서의 신학

에스라와 느헤미야서의 신학은 역대기 사가의 신학과 일반적으로 같다. 에스라서는 귀환-성전재건-개혁이라는 양식으로 책을 구성하고 있고, 느헤미야는 느헤미야의 귀환-예루살렘 성벽 중수-에스라와 느헤미야의 종교 사회적인 개혁으로 구성되어 있다. 그런데 두 책에서 공통적으로 발견되는 것은 이스라엘 백성의 혈통적 순수성이 강조된다. 에스라 9-10장과 느헤미야 13장에서 이방 여인과 결혼한 사람의 이혼 촉구는 신앙의 순수성을 강조하는 역대기 사가의 역사이데올로기와 잘 부합된다.

|에스라-느헤미야 참고문헌|

Ackroyd, P.R., *Exile and Restoration*, London, 1968.
Bedford, P.R., *Temple and Community in Early Achaemenid Judah*, Ph. D. Dissertation of the University of Chicago, 1992.
Blenkinsopp, J., *Ezra, Nehemiah*, OTL, Philadelphia, 1988.
Fensham, F.C., *The Books of Ezra and Nehemiah*, Grand Rapids, 1982.
Meyers, E., *Ezra, Nehemiah*,
Weinberg, J.P., *Temple-Citizen Community*, Sheffield, 1992.
Williamson, H.G.M., *Ezra · Nehemiah*, WBC, Waco, 1985.

제5부

느비임 נביאים

제1장 고대 근동과 이스라엘의 예언문학

이스라엘의 예언 현상

고대 이스라엘의 사회, 종교, 문화적 현상에 대해 많은 정보를 제공하고 있는 예언서(느비임, נביאים)는 정경적 분류와는 달리 예언서로 분류할 수 있는 책은 모두 15권으로 분량만으로도 12,050절(전체 구약성서의 38%정도 됨)이나 된다. 예언 현상은 고대 이스라엘뿐만 아니라 고대 근동 세계에 널리 퍼져있던 사회-종교적 현상이지만 1948년 처음 발표된 마리문서(Mari texts)에는 많은 예언문학을 포함하고 있고, 이에 대한 연구는 구약성서의 예언 현상을 이해하는데 있어서 새로운 장을 열어주었다.[1]

선포된 예언을 선포한 예언자의 이름을 따라 책의 형태로 형성된 예언서가 구약 시대에도 있어 왔다. 그러나 각 예언서가 성경에 배열되는 순서는 유대인의 히브리어 구약성서와 개신교의 구약성서 사이의 차이점이 발견된다. 즉 개신교의 구약성서에는 예레미야와 에스겔서 사이에 예레미야애가가 놓여 있으며, 에스겔 다음에 다니엘이 배열되어 있다. 그러나 유대인 히브리어 구약성서에서는 다니엘서가 에스더서 다음에 그

1) S. Parpola, *Assyrian Prophecies*, SAA IX, (Helsinki: Helsinki University Press, 1997); M. Nissinen, *References to Prophecy in Neo-Assyrian Sources*, SAAB VII, (Helsinki: Helsinki University Press, 1998).

리고 예레미야애가는 욥기 다음에 배열되어 있다.

예언과 예언문학

예언서를 이해하는데 있어서 예언(prophecy)과 예언서 혹은 예언문학(prophetic literature)을 구별해야 한다.

예언

예언 현상은 인류 역사에서 보편적으로 발견된다. 일반적으로 예언을 '앞으로 다가올 일을 미리 알거나 짐작하여 말하는 것' 이라고 정의하지만,[2] 고대 근동 세계나 구약성서의 세계에서 예언이란 "신적 영감에 의하여 말하고 쓰는 (예언자의) 행위" 라고 정의한다.[3] 이러한 정의에 의하면 고대 근동의 예언 현상에서 가장 중요한 것은 하나님의 계시에 의해 하나님의 뜻을 전달하는 행위라는 점이다. 따라서 고대 근동이나 구약성서의 예언을 "하나님의 계시에 의하여 사람을 통하거나(예언자) 혹은 자연적 현상을 통하여(상징) 하나님의 일을 말하거나 알리는 행위" 라고 정의할 수 있다. 따라서 예언의 주체는 하나님이고, 예언자는 단지 도구에 지나지 않는다. 이러한 예언의 정의는 예언 메시지의 진위를 판가름하는데 중요한 기준이 된다.

2) 김민수/고영근/임홍빈/이승재 편,『금성판 국어 대사전』(서울: 금성출판사, 1991), p. 2137.
3) *The New Shorter Oxford English Dictionary*, (Oxford: Oxford University Press, 1993), p. 2380.

예언문학

예언문학(prophetic literature)은 여러 관점에서 정의할 수 있다. 정경적으로 예언서로 분류된 것을 예언문학으로 여긴다.[4] 그러나 이 경우 오늘날 예언문학으로 분류할 수 없는 경우도 있다. 예를 들어 다니엘서는 정경적으로 예언서로 분류되어 있지만, 오늘날은 묵시문학으로 분류한다. 예언문학은 이스라엘 예언자의 활동에 관하여 기록하고 있는 것을 지칭한다. 따라서 예언문학은 예언자의 말과 예언자에 관한 이야기를 포함한다. 이 경우 예언문학의 저자는 예언자 혹은 예언자에 관하여 알고 있는 자들이 된다. 뿐만 아니라 예언문학은 운문(poetry)과 산문(prose)으로 구성된다.

성서의 기록자에 의하여 예언문학으로 분류되기도 한다. 여호수아-열왕기서까지 역사서를 전기 예언서로 분류하는데 이는 성서의 저자들이 예언자를 역사가로 이해하였기 때문이다.

오늘날 흔히 예언서라고 부르는 것은 예언자의 활동을 기록한 책을 의미한다. 예언은 구약성서 여러 곳에 산재되어 있다. 민수기에는 발람의 예언이 기록되어 있으며(민 22:41-24:25), 소위 신명기 역사서는 예언과 성취라는 틀로 구성되었기 때문에 많은 예언들이 등장한다. 예를 들어 여호수아 6:26의 "누구든지 일어나서 이 여리고 성을 건축하는 자는 여호와 앞에서 저주를 받을 것이라 그 기초를 쌓을 때에 그의 맏아들을 잃을 것이요 그 문을 세울 때에 그의 막내아들을 잃으리라"는 예언은 열왕기상 16:34의 "그 시대에 벧엘 사람 히엘이 여리고를 건축하였는데 그가 그 터를 쌓을 때에 맏아들 아비람을 잃었고, 그 성문을 세울 때에 막내아들 스굽을 잃었으니 여호와께서 눈의 아들 여호수아를 통하여 하신 말씀과

4) D.L. Petersen, "Introduction to Prophetic Literature," *The New Interpreter's Bible*, Vol. VI, (Nashiville: Abindon Press, 2001), pp. 1-4.

같이 되었더라"는 구절을 통하여 성취되었음을 보여준다. 이러한 예는 신명기 역사에서 쉽게 발견된다[왕상 21:19(예언)–왕상 22:38(성취) // 왕하 10:30(예언)–왕하 15:12(성취)].

예언문학과 예언서

예언문학에 대하여 여러 관점에서 정의를 내릴 수 있다.[5] 정경적인 관점에서는 오늘날 구약성서에서 예언서로 분류됨으로써 예언문학 취급을 받는 경우이다. 그러나 이 경우, 오늘날 예언서로 분류할 수 없는 경우도 있다. 또 다른 관점으로는 예언자가 선포한 말이나 예언자의 활동에 관하여 기록하고 있는 것을 예언문학이라고 부르기도 한다. 이 경우 예언문학의 저자는 예언자 자신이거나 혹은 예언자에 관하여 알고 있는 자들이 된다. 이러한 예언문학들은 대체로 운문(예언자의 선포)과 산문(예언자 활동에 관한 기록)으로 구성된다. 마지막으로 이야기 속에 예언이 포함되어 예언문학으로 분류하기도 한다. 소위 신명기 역사가처럼 자신의 역사를 기술할 때 예언과 성취라는 틀을 이용하여 기술함으로써 예언으로 분류되는 것도 있다. 이 경우 성서의 기록자들은 예언자를 역사가로 이해한다. 요나서의 경우에는 요나가 예언했다는 사실만 기록하고 있다. 이러한 예언문학의 가장 큰 문제는 예언이 사실적인 예언인지 아니면 문학적 장치로서 예언인지 구분하기가 매우 어렵다.

구약성서를 구성하는 예언서는 예언자의 선포와 예언자에 관한 이야기로 구성된 예언문학이며, 예언을 선포한 예언자의 이름으로 만들어진 책을 말한다. 예언서에는 예언뿐만 아니라 예언에 대한 해석, 예언자에 관한 인적사항 등이 포함되어 있어, 예언서를 예언과 동일시 할 수 없다.

5) D.L. Petersen, "Introduction to Prophetic Literature," pp. 1-23, esp. 1-4.

예언서 가운데서 예언자가 1인칭으로 등장하지 않고 3인칭으로 등장하는 부분은 대부분 예언자에 관한 이야기이다. 뿐만 아니라 예언에 관한 해석의 부분도 발견할 수 있다. 또한 초기 예언전승에 대한 설명이나 개정 등이 첨가되었다.

예언자의 이름으로 책이 있는 예언자를 문서예언자(writing prophet)라고 부르며, 구약성서에 예언문학으로 분류되는 문서예언자의 예언서는 15권이다.

문서예언서	장수	절수
이사야	66장	1291절
예레미야	52장	1364절
에스겔	48장	1273절
호세아	14장	197절
요엘	4장	73절
아모스	9장	146절
오바댜	1장	21절
요나	4장	48절
미가	7장	105절
나훔	3장	47절
하박국	3장	56절
스바냐	3장	53절
학개	2장	38절
스가랴	14장	211절
말라기	3장	55절
총계		12,050절

예언자란 누구인가?

예언자가 누구이며, 예언자의 기능에 대하여 이해하기 위해서는 예언자의 호칭을 조사하면 쉽게 이해할 수 있다. 예언자에 대한 대표적인 히브리어 명칭은 나비(נָבִיא)이다. 나비는 아카드어 나부(*nābû*)("to call" 혹은 "to name")에서 기원했다.[6] 아카드어 나부의 의미는 "말하는 사람"(speaker) 혹은 "포고자" 혹은 "통보자"(herald)였음을 말해주며, 수동적인 의미로는 "부름을 받은 사람"(one who has been called)임을 나타낸다.[7]

구약성서의 예언이 대변(代辨) 혹은 대언(代言)의 의미가 강하다는 것은 히브리어 나비에 대한 칠십인역의 번역에서도 알 수 있다. 칠십인역에서는 나비를 '~를 위하여 말하는 사람'이란 뜻을 가진 프로페테스(προφήτης)로 번역하였다. 따라서 구약성서의 예언이 미래를 "예언 혹은 예측하다"(prognosticate)라는 뜻보다는 "대언"이라는 뜻에 더 가깝다는 것을 알 수 있다.

구약성서의 예언이 대언의 의미가 강하다는 것은 예언자의 역할에 관한 용례를 분석하면 더 분명하게 이해할 수 있다. 구약성서에서 처음 예언자(나비)라고 불린 사람은 아브라함이다. 아브라함에게 이 호칭이 붙은 것은 그가 중재자의 역할을 하였기 때문이다. 창세기 20:7에서 아브라함이 아비멜렉을 위하여 기도하는 중재적 기능을 담당하였기 때문에 붙여진 것이다.

또한 신명기 5:22-27에서 모세는 대언자 혹은 중재자의 역할을 하였음을 보여준다. 모세의 대변자적 역할은 27절의 "당신은 가까이 나아가서

6) *CAD N/1*, pp. 32-40.
7) *HALOT* 2, 1995, pp. 661-662. 올브라이트(W.F. Albright)는 나비의 역할이 '말하는 자'(speaker)가 아니라 '부름 받은 사람'을 뜻한다고 주장하였다. W.F. Albright, *Von der Steinzeit zum Christentum*, Bern, 1949, p. 301.

우리 하나님 여호와께서 하시는 말씀을 다 듣고 우리 하나님 여호와께서 당신에게 이르시는 것을 다 우리에게 전하소서"를 통해 알 수 있다.

하나님의 대변인 역할을 한 모세에 관한 기록은 신명기 5:5에 기록된 모세 자신의 말에서도 알 수 있다. 따라서 모세는 하나님의 대변인이 된 것이다.

이 외에도 예언자가 하나님의 대변인이라는 점은 여러 성서구절을 통해서도 나타난다. 예레미야 15:19에 의하면 예언자 예레미야에 대하여 "너는 나의 입이 될 것이라"고 말하고 있다. 예레미야가 여호와의 입 역할을 하였음을 보여준다. 이와 같은 의미를 담고 있는 구절은 출애굽기 4:15-16과 7:1이다. 신명기 18:18 역시 구약의 예언자의 기능을 한마디로 말해준다.

그러나 예언자들의 메시지는 하나님의 뜻을 전하기는 하지만 그러나 대부분의 메시지가 앞으로 일어날 일에 대한 것이기 때문에 구약성서나 고대 근동의 예언이란 미래에 대한 언급이라는 의미도 포함되어 있다. 이러한 사실은 구약성서에 나타난 예언자에 대한 다른 호칭에서도 알 수 있다. 예언자에 대한 다른 호칭은 로에(רואה, seer)와 호제(חוזה, visionary)이다. 로에는 히브리어 동사 라아(ראה, to see)에서 파생된 명사형이며, 호제 역시 하자(חזה, to foresee)라는 히브리어 동사에서 파생되었다. 그리고 때에 따라서는 '하나님의 사람' (이쉬 엘로힘; איש אלוהים)이라는 호칭도 사용된다.[8)]

이상을 종합하여 구약성서나 고대 근동의 예언이란 "하나님의 계시에 의하여 주로 미래의 사건에 대한 하나님의 뜻을 전하는 것"이라고 정의할 수 있다. 바이퍼트(M. Weippert)는 예언자를 다음과 같이 정의한다.

8) '하나님의 사람' (איש אלוהים)이라는 용어는 문서예언자 이전 시대의 예언자에 대하여 사용되었다.

예언자란 인식할 수 있는 경험 즉 환상이나 소리를 듣거나 환영을 보거나 혹은 꿈과 같은 것을 통하여 신 혹은 여러 신들의 계시의 주체가 되는 자이며 뿐만 아니라 예언자의 선포와 같은 구두(口頭) 형식이나 혹은 상징적인 행동과 같은 비구두(非口頭) 형식을 통하여 메시지의 실질적인 수령자인 제 3자에게 전달하는 그 임무를 의식하고 있는 자[9]

예언자의 역할

구약성서에 기록된 예언자는 이중적 기능을 가지고 있다. 즉 예언자가 하나님과 인간 사이에서 어느 쪽에서 어떤 역할을 하였느냐에 따라 그 기능이 다르다. 첫째 하나님과 인간 사이에서 하나님의 말씀을 대신 전하는 대언자적 역할과 반대로 인간의 뜻을 하나님에게 전하는 중재자적 역할이 있다.

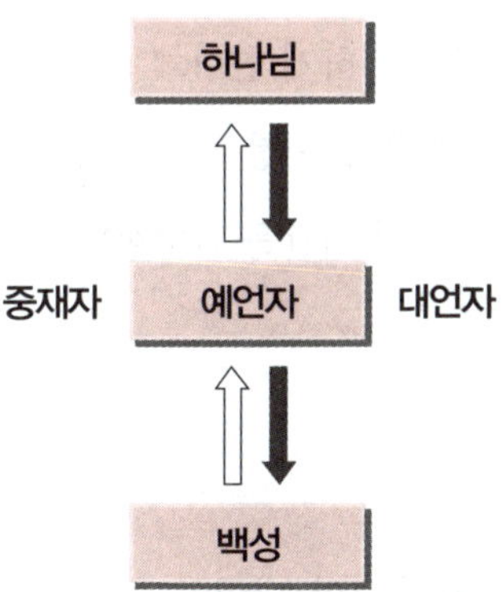

9) M. Weippert, "Prophetie im Alten Orient," *Neues Bibel-Lexikon*, Lieferung 11, eds. M. Görg & B. Lang, (Zürich/Düsseldorf, 1997), pp. 196-200, esp. p. 197.

백성의 중재자로서 예언자

구약의 예언자는 백성의 중재자 역할을 담당한다. 예언자의 중재자의 기능을 아모스에게서 찾아 볼 수 있다. 아모스 7장의 유명한 아모스의 환상에서 아모스는 백성들을 대신하여 하나님께 고하여 하나님의 심판을 연기하는 역할을 한다.

> 아모스 7장 1-3절
>
> 1 주 여호와께서 내게 보이신 것이 이러하니라 왕이 풀을 벤 후 풀이 다시 움돋기 시작할 때에 주께서 황충을 지으시매 2 황충이 땅의 풀을 다 먹은지라 내가 가로되 주 여호와여 청컨대 사하소서 야곱이 미약하오니 어떻게 서리이까 하매 3 여호와께서 이에 대하여 뜻을 돌이켜 가라사대 이것이 이루지 아니하리라 하시니라

아모스는 하나님께 고하여 하나님께서 계획하셨던 황충, 곧 메뚜기의 재앙을 연기하였다. 마찬가지로 아모스는 곧 이어 기록된 불 심판에 대한 하나님의 계획까지도 연기하게 한다(암 7:4-6). 아모스는 이스라엘 백성을 대신하여 하나님께 계획의 수정을 요구하였고, 그 요구를 관철시켜 백성을 대신한 중재자로서의 역할을 감당한다.

하나님의 대언자로서 예언자

구약성서의 예언자는 하나님의 대언자(spoken men)로서의 기능도 하였다.[10] 에스겔에게 임한 하나님의 말씀을 통하여 예언자의 기능이 대언자였음을 알 수 있다.

10) K. Koch, *The Prophets Volume One: The Assyrian Period*, (London: SCM, 1972), (Eng. 1982), p. 16.

에스겔 3장 17절

인자야 내가 너를 이스라엘 족속의 파수꾼으로 세웠으니 너는 내 입의 말을 듣고 나를 대신하여 그들을 깨우치라

즉 예언자는 하나님의 말씀을 듣고 하나님을 대신하여 백성을 깨우치는 역할을 하였다. 따라서 예언자는 하나님의 대언자이며, 대리인의 역할을 하였다. 이러한 예언자에게 있어서 중요한 것은 예언자 자신의 말을 해서는 안 된다는 점이다. 에스겔 3:26-27은 이러한 점을 분명하게 강조하고 있다.

에스겔 3장 26-27절

26 내가 네 혀를 네 입천장에 붙게 하여 네가 말 못하는 자가 되어 그들을 꾸짖는 자가 되지 못하게 하리니 그들은 패역한 족속임이니라 27 그러나 내가 너와 말할 때에 네 입을 열리니 너는 그들에게 이르기를 주 여호와의 말씀이 이러하시다 하라 들을 자는 들을 것이요 듣기 싫은 자는 듣지 아니하리니 그들은 반역하는 족속임이니라

즉 예언자는 하나님이 입을 열어주셔야만 하나님의 말씀을 대언할 수 있다.

이 외에도 예언자가 하나님의 대변인이라는 점은 여러 성서구절을 통하여 쉽게 알 수 있다. 신명기 18:18 역시 구약의 예언자의 기능을 한마디로 말해준다.

신명기 18장 18절

내가 그들의 형제 중에서 나와 같은 선지자 하나를 그들을 위하여 일으키고 내 말을 그 입에 두리니 내가 그에게 명령하는 것을 그가 무리에게 다 말하리라

구약성서에 등장하는 예언자란 하나님으로부터 계시의 메시지를 받은

사람으로 하나님의 대변인이다. 예언자는 직업으로 예언자직을 택하는 것이 아니라, 하나님으로부터 택함 받는 것이다. 따라서 구약성서에는 어떤 자격을 갖춘 사람이 예언자가 될 수 있다는 예언자 자격에 관한 규정이 등장하지 않는다. 구약성서의 기록에 의하면, 하나님의 영에 의하여 예언자가 되어 말하게 하고 그리고 다른 사람들이 예언자를 하나님의 대변자로서 듣게 만든다.

예언자는 하나님의 대변인으로서 선포된 말씀에 대한 백성들의 반응에 상관없이 하나님의 말씀을 전해야 한다. 에스겔 3:11에는 다음과 같이 기록되어 있다: "사로잡힌 네 민족에게로 가서 그들이 듣든지 아니 듣든지 그들에게 고하여 이르기를…" 이 말은 예언자란 듣기 좋은 말만 하는 것이 아니라 듣기 싫은 말도 해야 함을 말하는 것이다. 이것은 미가 3:8에 기록된 미가의 말과 같은 의미이다. "오직 나는 여호와의 신으로 말미암아 권능과 공의와 재능으로 채움을 얻고 야곱의 허물과 이스라엘의 죄를 그들에게 보이리라." 예언자는 하나님의 능력에 의하여 백성들의 죄를 밝힐 수 있는 용기를 가지고 있어야 한다.

이처럼 예언자가 하나님의 메시지를 전달하는 대언자로서 하나님으로부터 보냄을 받았다는 것은 고대 근동의 다른 예언문학에서도 쉽게 찾아볼 수 있다. 주전 18세기경에 쓰인 마리문서에 의하면 다간(Dagan)신이 그의 예언자 말리크다간(Malikdagan)을 왕에게 보낼 때 사용한 문학적 양식은 하나님이 모세를 바로에게 보낸 사건을 기록한 출애굽기 3:10과 같은 양식을 사용하고 있다.

이러한 표현은 이사야 6:8의 "내가 누구를 보내며, 누가 우리를 위해 갈꼬"에서도 찾아 볼 수 있다. 뿐만 아니라 마클루(Maqlu) 기록에도 아누(Anu)와 안투(Antu) 신(神)에 의하여 임무를 부여받은 사람이 "내가 누구를 보낼까?" (mannu [lu]šipur)라는 표현을 사용한다. 따라서 이러한 표현은 메소포타미아에서 흔히 사용되었음을 알 수 있다(렘 1:7; 겔 2:3이하).

이러한 표현을 통하여 구약성서를 포함한 고대 근동 세계에서 예언자는 신에 의하여 보내어진 사람으로 인식되었음을 보여준다.

예언자 자격

예언자란 하나님으로부터 메시지를 위임받은 사람으로 하나님의 대변인(spoken men)이다. 예언자는 직업으로 예언자직을 택하는 것이 아니라 하나님으로부터 필요에 따라 택함 받은 것이다. 따라서 지금까지 알려진 바에 의하면 어떤 사람이 예언자가 되어야 한다는 예언자 자격에 관한 규정이 등장하지 않는다. 구약성서의 기록에 의하면, 하나님의 영이 임하므로 예언자가 되었고 또 하나님의 말씀을 어떤 자의 입에 둠으로써, 그는 말하고 비로소 예언자가 되는 것이다. 즉 예언자로서 말하게 되고 그리고 다른 사람들은 예언자를 하나님의 대변자로서 인정하여 그의 말을 듣게 된다.

예언이란 하나님의 영이 사람을 통하여 말하는 것을 의미한다(삼상 10:10, 왕하 22:24). 따라서 예언자가 되거나 혹은 예언을 선포하는 것은 하나님의 영이 임해야만, 즉 하나님이 함께하셔야만 가능하다. "하나님의 영이 그 위를 지나갔고, 그는 그들(=예언자들)가운데서 예언을 하였다" (사역, 삼상 10:10). 하나님의 영에 의하여 예언을 하였음을 말하고 있다. 열왕기상 22:24의 시드기야와 미가야의 사건 역시 하나님의 영이 예언을 선포하는데 중요한 역할을 하였음을 말해준다. "그나아나의 아들 시드기야가 가까이 와서 미가야의 뺨을 치며 이르되 어떤 하나님의 영이 네게 말하기 위하여 나에게서 떠났느냐?" (왕상 22:24). 즉 시드기야는 자신에게 임한 하나님의 영이 결코 자신을 떠나 미가야에게 임하지 않았음을 역설적으로 표현함으로써 자신이 선포하는 예언의 진정성을 강조한다.

후기 예언문학에서도 "여호와의 말씀이 그에게 있었을 때"라는 표현을 사용한다(렘 1:2,4). 경우에 따라서는 예언자의 이름이 언급되기도 한다. "여호와의 말씀이 에스겔에게 있었다."(겔 1:3). 따라서 예언자는 하나님의 말씀을 전하기 전에 입을 정결케 하는 의식을 행한다. 이사야 6장에 나타난 입 정결의식은 메소포타미아에서도 쉽게 발견된다. 바벨론의 한 예언자는 입을 정결케 하여 신들의 회의에 가까이 갈 준비가 되었다고 선언한다.

> 오 샤마쉬, 내 입에 순결한 백향목 송진을 댔습니다.… 나는 백향목 송진으로 내 입을 씻어 냈습니다. 정결하게 되어 신들의 모임(회의)에 나갈 것입니다.[11]

이스라엘에서도 정결의식에 사용되는 나무는 백향목이다(민 19:6). 이러한 것을 통하여 예언자가 하나님의 말을 전하기 위해서는 거룩해져야 하며, 예언을 선포하는 것이 하나님의 일임을 알 수 있다.

예언이란 하나님에 의하여 선포되어졌기 때문에 구약 시대에 활동한 예언자에는 제사장(에스겔), 목자(아모스), 농사꾼 그리고 서기관(이사야) 등 다양한 계층의 사람들이 예언자로 활동하였다. 따라서 모든 예언자들은 각기 다른 삶의 배경을 가지고 있으며, 자신의 다양한 경험 가운데서 예언을 선포한다. 예언을 선포할 때는 사람들이 모이는 시장이나 성전(렘 7:2) 혹은 도시의 성문 근처에서 예언활동을 한다. 예레미야 7:2에 의하면 예레미야가 성전 문에 서서 예언을 선포한다.

많은 학자들은 이스라엘 고대 예언의 발달에 대하여 초기에는 왕이나

11) A. Goetz, "Old Babylonian Prayer of the Dinination Priest," *JCS* 22 (1968), pp. 25-29, esp. 25-26.

다른 관리를 상대로 한 개인에 대한 예언이었는데, 후기 예언자들은 많은 군중이나 백성 전체를 대상으로 예언하였다고 주장한다.

황홀경

구약성서에 나타난 예언자들 가운데 황홀경을 체험한 예언자들이 있다. 이러한 황홀경 체험은 마리(Mari)의 예언자(*muhhû*)를 통하여 알 수 있다. 즉 성서 예언자의 황홀경과 마리 예언자의 황홀경이 같다. 마리 예언자의 황홀경을 나타내는 표현은 *imai*("he went into a trance")와 *itbe*("arose")와 *kiam idbub ummami* ("thus said") 등이다.

메소포타미아의 예언자들의 황홀한 행동은 zabbu(a type of esctatic)와 *eššebu*(SB에서만 사용함)로 표현된다. 이러한 메소포타미아 예언자들의 기이한 행동을 나타내는 표현은 구약성서에서도 발견된다(왕하 1:8, 슥 13:4, 6, 왕상 20:35 이하). 이스라엘 왕 아하시야의 사신들은 엘리야를 "털이 많은 사람인데 허리에 가죽 띠를 띠었더라" 말한다(왕하 1:8).

우가릿 문서에서도 나타나는 기이한 행동에는 피를 흘리는 행동까지 포함한다. "나의 어머니들은 황홀경과 같이 그들의 피로 씻었다" ("My mothers washed in their blood like the estatics"). 이러한 표현은 열왕기상 18:28에서도 찾아 볼 수 있다("피가 흐르기까지 칼과 창으로 그들의 몸을 상하게 하더라").

예언자 종류

구약성서에 등장하는 예언자는 다양한 기준에 의하여 다양하게 분류할 수 있다. 활동 시대 순이나 혹은 책의 규모에 따라 나눌 수 있다. 그러나 가장 대표적인 분류법은 예언자 이름으로 된 책이 있는 예언자와 그렇지 않은 예언자로 나누는 것이다. 후자를 문서예언자 이전 예언자(Pre-writing Prophets)라고 부르며, 전자를 문서예언자(Writing Prophets)라고 부른다.

문서예언자 이전 예언자와 문서예언자

문서예언자 이전 예언자

문서예언자 이전 예언자는 주로 역사서(혹은 전기 예언서라고도 부름)에 많이 등장한다. 그러나 이 예언자의 이름으로 된 예언서는 없다.

일반적으로 이스라엘에서 예언 운동이 시작된 것은 사무엘(Samuel) 시대부터라고 생각한다. 사무엘로부터 시작된 예언자 활동은 페르시아 시대까지 약 550여 년 동안 지속되었다.

이름	호칭	활동 시대	구약의 기록
사무엘(Samuel)	나비, 로에(선견자)	사울, 다윗	삼상 3:20, 삼상 9장
갓(Gad)	나비, 호제(선견자)	사울, 다윗	삼하 24:11 (비교) 대상 21:9 / 대하 29:25
나단(Nathan)	나비	다윗	삼상 7:2; 12:25
헤만(Heman)	호제	다윗	왕상 25:2
아히야(Ahijah)	나비	솔로몬/여로보암 1세	왕상 11:29 이하, 14장
잇도(Iddo)	호제	솔로몬/여로보암 1세	역대하 9:29; 12:15
익명의 예언자	나비	솔로몬	왕상 13장, 왕하 23:16-18(성취)
스마야(Shemaiah)	하나님의 사람	르호보암	왕상 12:21-24
하나니(Hanani)	로에 (선견자)	아사	역대하 16:7-10
오뎃(Oded)	나비	아사	역대하 15:5
예후(Jehu)	나비	바아사	왕상 16

엘리야(Elijah)	나비, 하나님의 사람	아합	왕상 17-21장, 왕하 1장
미가야(Micaiah)	나비	아합	왕상 22장
엘리사(Elisha)	나비, 하나님의 사람	아합으로부터 요아스 왕까지	왕상 19장, 왕하 2-13장(성취)
익명의 선지자들	느비임	므낫세	왕하 21:10, 왕하 24:2
훌다(Huldah)	느비야, 여선지자	요시야	왕하 21:10

문서예언자

문서예언자란 예언을 선포한 예언자의 이름으로 된 예언서가 있는 예언자를 말한다. 이들은 활동 시대를 중심으로 다음과 같이 분류할 수 있다.

[문서예언자와 시대구분]

시대	정치적 상황	예언서	
주전 8세기	아시리아 제국	남 유다	이사야(1-39장), 미가
		북 이스라엘	호세아, 아모스
주전 7세기 후반	바벨론 제국	나훔, 하박국, 스바냐, 예레미야	
주전 6세기 중엽	바벨론 제국	오바댜, 에스겔, 제 2이사야(40-55)	
주전 6세기 후반	페르시아 제국	스가랴, 학개(521-520),	
주전 5세기	페르시아 제국	요엘, 말라기	

문서예언자의 활동은 주전 750년경 아모스로부터 시작되었고, 그와 비슷한 시기에 호세아(주전 740년), 미가(주전 722-701), 이사야(1-39장의 이사야, 주전 742-700년)가 활동하였다. 이들은 모두 주전 8세기 중후반부에 활동하였기 때문에 주전 8세기 예언자라고 부른다.

약 80년 후, 예언자들의 활동이 다시 활발하였다. 예레미야(주전 626-587년), 스바냐(주전621-622년), 나훔(주전 612년), 하박국(주전 605년)이 유다 왕국의 위기에 직면하여, 임박한 하나님의 심판을 경고하고 죄의 길에서 돌아서서 회개할 것을 선포하였다. 이들을 7세기 예언자라고 부른다.

주전 586년 바벨론 제국의 느부갓네살 왕에 의하여 유다 왕국이 멸망한 후인 바벨론 포로기 동안도 예언자의 목소리는 끊이지 않았다. 바벨론 포로의 땅에서 에스겔(주전593-571년)과 같은 예언자가 등장하였다. 그는 심판과 징벌의 말씀뿐만 아니라 새 이스라엘과 새 성전의 메시지를 전해 주었고, 나라 잃은 유다 백성과 특히 포로민들에게 희망의 꿈을 심어 주었다. 또한 포로기 상황에서 제 2이사야(주전 540년경 활동)는 8세기 예언자 이사야의 신학과 정신을 이어받은 예언자가 등장하여 새 출애굽에 대한 희망의 메시지를 전해주었다. 또한 오바댜는 예루살렘 함락 때 바벨론 군대를 도와주었던 에돔을 하나님께서 징벌하셔서, 이스라엘의 원한을 풀어주실 것임을 선포하였다. 이들 세 예언자를 포로기 시대 예언자라고 부른다.

주전 539년 페르시아의 고레스(Cyrus)왕은 바벨론 제국을 무너뜨리고 역사 무대에 등장했다. 이때부터 약 200년 간 계속된 페르시아 시대(Persian Period, 주전 539-332년)가 열리게 되었다. 고레스 왕의 등장과 함께 포로에서 해방된 유다 포로민들은 귀향길에 올랐고, 예루살렘 성전은 재건되었다(주전 515년). 포로기 이후 시대는 예언자들의 활동이 점차 감소되고 그 대신 묵시운동(apocalyptic movement)과 함께 묵시문학(apocalyptic literature)이 일어나기 시작하였다. 구약 묵시문학의 문을 열어준 제 3이사야(사 56-66장), 제 2스가랴(슥 9-14장) 등이 있다. 포로기 이후 시대에 예언자 전승의 명맥을 이어준 예언자는 바벨론 포로에서 돌아온 귀향민들에게 성전재건을 독려한 학개(주전 520-515년)와 스가랴(주전 520-515년) 그리고 연대를 분명히 말하기 어려우나 포로기 이후 시대 예언자로 분류되는 요엘, 요나, 말라기가 있다.

이스라엘 역사에서 예언자들의 활동은 왕정(王政)의 수립과 함께 본격적으로 시작되었고(1000 BC), 왕정의 몰락과 함께 역사의 무대에서 서서히 퇴장했다. 예언자들의 퇴장과 함께 예언전승은 묵시전승으로 전환되었다.

문서예언서에는 예외 없이 예언자의 이름이 기록되어 있다. 그러나 이 예언자가 그의 이름으로 된 예언서의 저자인가 하는 것은 다른 문제이다. 이사야 1:1에 의하면 “아모스의 아들 이사야가 유다와 예레미야에 관하여 본 계시라”라고 기록되어 있다. 그렇다면 이사야가 전체 이사야서 66장의 저자인가 하는 질문이 생긴다. 오늘날 학자들의 연구 결과에 의하면 그렇지 않다고 한다.

그러므로 예언서 가운데 일부 예언서를 여러 측면에서 분석해 보면, 여러 예언이 합쳐진 것을 알 수 있다. 이사야도 두 개 이상의 다른 예언서가 결합되었다. 일반적으로 학자들은 이사야서를 1-39장까지의 제 1이사야, 40-55장까지의 제 2이사야로 그리고 56-66장을 제 3이사야로 구분한다.[12)]

제 1이사야는 주전 8세기 후반을 배경으로 하고 있다. 이사야 7-8장은 역사적 배경을 추정할 수 있는 왕의 이름, 즉 아하스(유다)와 베가(이스라엘)와 르신(아람) 왕의 이름이 기록되어 있다(참조 9:7-20, 17:3, 28:1-4 등). 그런데 이사야 40-66장에는 페르시아 왕의 이름인 고레스가 등장한다(44:28, 45:1). 따라서 이 예언의 시대적 배경은 주전 6세기 중엽임을 알 수 있다. 뿐만 아니라 신학적으로 1-39장에서는 이상적인 왕에 의한 다윗 왕조의 회복을 강조하지만(9:1-6, 16:5, 32:1-8), 40-66장에서는 이스라엘이 하나님에 의하여 구원받을 것을 강조하고 있다(40). 또한 제 2이사야(40-55장)와 제 3이

12) B. Duhm, *Das Buch Jesaja*, HKAT (Göttingen: Vandenhoeck &Ruprecht, 1892), p. 19.

사야(56-66장)로 구분하는 것은 두 부분의 내용의 차이 때문이다.[13] 스가랴서도 마찬가지로 1-8장과 9-14장으로 나눈다.[14]

뿐만 아니라 같은 내용의 예언이 각기 다른 형태로 하나의 예언서에 등장하는 경우도 구약성서의 예언문학이 하나의 저자에 의하여 기록 혹은 편집되지 않았다는 것을 보여준다. 예레미야 21:1-7과 예레미야 37:3-10은 시드기야 왕이 느부갓네살이 유다를 치려고 왔을 때, 스바냐를 예레미야에게 보내 조언을 듣는 것을 기록하고 있다. 그러나 두 기록은 같은 사건을 기록하면서 기록한 때의 시대적 배경에 의하여 차이점을 가지고 있다. 시드기야 왕이 예레미야에게 보낸 관리의 이름이 각기 다르다. 예레미야 21장에서는 바스훌과 스바냐가 파견되었지만, 예레미야 37장에서는 여후갈과 스바냐를 예레미야에게 파견하였다. 예레미야 21:2과 37:7에서 예레미야를 통하여 하나님의 말씀을 듣는다. 이에 대하여 예레미야 37:3에서만 하나님에게 대신 기도해 달라는 부탁을 받는다. 이에 대하여 예레미야는 구체적인 예언을 전달한다(렘 21:3-7, 37:6-10).

두 구절을 비교할 때, 서로 다른 저자에 의하여 기록된 것임을 알 수 있다.[15] 예레미야 37장은 기록 방식에 있어서 역사적이고 자서전적으로 기록되어 있으나, 예레미야 21장은 37장에 기록된 것 가운데 빠져있는 것이 많이 있다. 예레미야 37장에서는 왕의 운명에 대하여 관심을 갖는 것

13) 제 2이사야와 제 3이사야의 차이에 대해서는 A. Rofé, *Introduction to the Prophetic Literature*, (Sheffield: Sheffield University Press, 1997), pp. 15-18을 참조하시오. 특히 이스라엘의 구원에 관한 두 부분의 내용이 각기 다르다. 제 2이사야는 페르시아 왕 고레스를 통한 이스라엘의 구원을 강조하지만 제 3이사야에서는 오직 하나님에 의한 구원만을 강조한다(63:3,5). 따라서 제 2이사야에서는 고레스가 하나님의 목자로 등장하여(44:28) 역사적이고 실질적인 구원을 묘사하고 있다. 그러나 제 3이사야에서의 구원은 마치 형이상학적이며 종말론적인 경향을 띤다(65:17, 66:22).

14) A. Rofé, *Introduction to the Prophetic Literature*, p. 13. 그러나 라솔-후바드-부쉬는 스가랴 9-14장은 포로기 이전을 시대적 배경으로 가지고 있다고 주장한다. W.S. Lasor, D.A. Hubbard and F.W. Bush, *Old Testament Survey: The Message, Form, and Background of the Old Testament*, 2nd Edition, (Grand Rapids-Cambridge: Eerdmans, 1996), p. 401.

15) A. Rofé, *Introduction to the Prophetic Literature*, p. 21.

에 반하여, 예레미야 21장에는 예루살렘의 운명에 대하여 깊은 관심을 보인다. 또한 같은 사건에 대한 두 기록은 언어나 용어 그리고 표현하는 방식에서 있어서도 차이를 보이고 있다.

이처럼 한 권의 예언서 안에 다른 예언자의 책이 서로 결합된 것에 대하여 로페(A. Rofé)는 두 가지 가능성을 제시한다.[16] 첫째는 단순히 기술적인 측면에서 제목이 없는 두루마리를 여러 개 붙였기 때문에, 이런 현상이 발생했을 것이라고 설명한다. 두 번째 가능성은 한 책에 있는 여러 가지 예언은 같은 학파나 같은 성향을 가진 후대 사람들의 산물일 것이라는 것이다. 이 경우에 두 번째 예언은 첫 번째 예언한 집단의 제자일 가능성이 있다.

한 권의 예언서에서 어느 것이 예언자 자신이 선포한 말이며, 또 어느 것이 후대에 첨가된 부분인가를 구별하는 것은 어렵다. 그러나 예언서의 언어나 신학적 내용 그리고 역사적 배경을 통하여 어느 정도는 예언자 자신이 선포한 말과 후대에 첨가된 부분을 구별할 수 있다.

16) A. Rofé, *Introduction to the Prophetic Literature*, pp. 18-19.

고대 근동의 예언 현상

예언 현상은 고대 이스라엘뿐만 아니라 고대 근동의 여러 지역에서 찾아볼 수 있는 보편적인 현상이다. 예언 현상은 시리아-팔레스틴 지역, 히타이트 지역, 메소포타미아 그리고 이집트 지역에서 광범위하게 발견된다. 그러나 고대 근동의 예언은 대체로 정치적 목적을 위한 신탁을 수여받을 목적으로 사용되었다.

고대 근동의 예언 현상

고대 근동의 예언 현상은 크게 두 가지로 나누어 생각할 수 있다. 즉 어떤 사안에 대한 찬·반을 묻는 신탁(omen)형식의 예언과 고대 이스라엘의 예언처럼 신으로부터 신의 뜻인 윤리적, 도덕적 교훈이 전달되는 형식이다. 그러나 대부분의 고대 근동의 예언은 신탁형식의 예언이 주를 이루며, 이스라엘의 경우와 같은 윤리적, 도덕적 교훈을 전달하는 경우는 매우 드물다.

시리아-팔레스틴 지역의 예언 현상

시리아-팔레스틴의 여러 지역에서 예언 현상에 관한 기록이 발견되었다. 에마르(Emar) 지역에서 발견된 주전 1300년경의 기록에서 예언 현상을 찾아 볼 수 있다. 특히 이쉬하라(Išhara) 여신과 관련된 여예언자를 뜻하는 아나비투(*anabbitu*)와 무나비투(*munabbitu*)라는 호칭이 등장한다. 우가릿(Ugarit)에서 발견된 기록 가운데 미래에 대한 축복을 선포하거나 신탁을 제시하는 것 등이 등장하지만, 그러나 고대 이스라엘의 예언처럼 신의 뜻을 전달하는 사자(使者: messenger)는 등장하지 않는다. 페니키아(Phoenicia)의 예언 현상에 대하여 구약성서에서 페니키아의 바알 예언자에 관한 기록이 등장한다. 바알 예언자들도 이스라엘의 예언자와 마찬가지로 황홀경적인 행동을 하지만, 그러나 신탁을 말하지 않는 것이 차이점이다. 이집트의 웬아몬(Wen-Amon)의 기록에 의하면 페니키아의 예언자가 이집트 아문(Amun) 신의 신탁을 받았다. 아람(Aram)의 자쿠르(Zakkur) 비문에 의하면 자쿠르가 어떻게 신탁을 받았는지에 대해서는 기록하고 있지는 않지만, 그러나 바알샤마인(בעלשמן) 신에게 물어 대답을 얻는다.

> 내 (=Zakkur) 손을 바알샤마인에게 향하여 드니 바알샤마인이 계시자를 통하여 대답하였다. 바알샤마인이 내게 말하기를 '두려워 말라 내가 너를 왕으로 세웠다.'

요단 강 동편 암몬(Ammon) 지역의 텔 데이르 알라(Tell Deir ʿAlla)에서 발견된 기록에 의하면, 브올의 아들 발람이 신의 계시자로 기록되어 있으며, 발람의 예언은 민수기에도 기록되어 있다(민 24장)

이처럼 시리아-팔레스틴 지역에서 예언 현상이 보편적으로 행해졌음을 알 수 있다.

메소포타미아의 예언 현상

메소포타미아 지역에서 신탁과 같은 예언 현상은 오랜 역사를 가지고 있지만, 구약성서의 문서예언자와 같은 현상은 비교적 후기 시대에 발견된다. 이처럼 후기 시대에 이스라엘의 예언과 유사한 아시리아 제국의 예언은 주전 8세기부터 시작된 메소포타미아의 이주정책에 의하여 강제 이주된 이스라엘 백성들에 의하여 아시리아 제국으로 전해진 것으로 추정된다. 그 이유는 구약성서의 문서예언자와 같은 예언이 주전 7세기 이후 아시리아 제국에서만 등장하기 때문이다. 그리고 무엇보다 이런 문서예언이 구약성서에서만 볼 수 있는 독특한 형태이기 때문이다.

아시리아 제국의 신탁은 주로 태양신인 샤마쉬에게 어떤 정치적 사안 즉 전쟁이나 외교관계에 대하여 물었다.[17)]

이집트의 예언 현상

이집트에 예언이 있는가? 하는 것은 대답하기 매우 힘들다. 만약 예언이 있다 하더라도 메소포타미아나 이스라엘과는 다른 종류에 속한다고 볼 수 있다. 이집트에 예언이 존재했는가 질문하는 이유는 이집트의 왕인 바로가 신(神)이기 때문이다. 따라서 이집트의 바로에게는 신의 대언자가 필요 없다. 그럼에도 불구하고 이집트에서 발견된 문서에 의하면, 사회의 부패와 혼란에 직면하여 심판의 경고와 회복에 대한 선포가 있다. 이

17) I. Starr, *Queries to the sungod: Divination and Politics in Sargonid Assyria*, (Helsinki: Helsinki University Press, 1990).

러한 관점에서 이집트의 예언은 고대 이스라엘의 예언과 비슷하다.

고대 근동의 예언 방법

고대 근동이나 고대 이스라엘에서 신의 뜻을 아는 다양한 방법이 있다. 고대의 예언이 신탁과 같은 형식일 때와 이스라엘의 예언과 같은 예언일 때 사용하는 방법이 각기 다르다. 신탁의 경우에는 주로 동물의 장기의 모습을 살피거나 꿈이나 환상 천체관측 그리고 동물의 출생을 통하여 신의 뜻을 분별한다. 이스라엘에서는 에봇을 통하여 하나님의 뜻을 파악하였을 뿐만 아니라(삼상 30:7), 제비를 통하여 신탁을 묻기도 하였다(겔 24:1-6, 사 17:14).

동물의 장기를 통한 예언

주술 전문가가 희생제사에 사용되는 동물의 간과 같은 장기를 조사하여 신의 뜻을 발견하는 것이다. 특히 동물의 간 가운데서도 배꼽의 터진 자리 혹은 쓸개나 꼬리가 있는 돌출 부위 등을 조사한다. 이러한 관습이 생겨난 것은 메소포타미아 사람들은 주전 2300년경 아카드 왕조 때부터 태양신인 샤마쉬(Shamash)가 미래를 양의 장기에 기록한다고 믿었기 때문이다.[18]

양의 장기를 통한 예언은 해부학적으로 정해진 양의 부위에 대한 조사

18) A. Kuhrt, *The Ancient Near East c. 3000-330 BC*, Volume one, (London and New York: Routledge, 1995), p. 47.

와 기형 부위에 대한 조사로 나뉜다. 전자에 속하는 것은 간이나 폐나 심장이나 창자 부위나 이들 부위를 둘러싸고 있는 부분 즉 간의 꼬리 모양의 돌출 부위나 쓸개나 오른쪽 폐의 부수적으로 달린 돌출부나 결장의 곱쓸 털 그리고 이것들을 둘러싸고 있는 것들에 대한 조사로 신의 뜻을 밝힌다.

특히 간 표면의 주름이나 갈라짐도 탯줄의 갈라진 것과 마찬가지로 신의 뜻을 아는데 사용되었다. 고 바벨론(Old Babylon) 시대부터 신 아시리아(Neo-Assyria) 시대까지 이것들의 있고 없음의 여부가 관찰의 중요한 기준으로 기록되었다.

간을 통하여 다음 네 가지 사실을 알 수 있다. 즉 *naplastu* / *manzāzu*(상태 station)와 *padān*(길 path)과 *danānu*(힘 strength)와 *šulmu*(안녕 well being) 등이다. 창자 점쟁이(haruspex)들은 이런 간 부위의 위치가 정상적인가? 혹은 이러한 간의 부위나 혹은 다른 부위들이 모두 있는지 여부 그리고 기타 여러 가지 비정상적인 상태를 조사하여 신의 뜻을 찾는다.

두 번째는 간을 조사하다 우연히 발견된 부분들, 즉 구멍이라든지 물집이라든지 흉터라든지 주름 등의 발견을 통하여 신의 뜻을 묻기도 한다. 흉터의 모습이 무기 모양이라든지 아니면 발자국 모양이라든지 또는 십자가 모양이라든지 하는 각기 흠집 모양에 따라 이름이 붙여졌다.

동물의 장기를 통한 예언의 보고서 가운데 등장하는희생 동물의 장기(exta)의 부분들은 대부분 간과 폐와 심장과 창자와 척추골, 흉골 가슴 그리고 배의 부분들이다.

고대 메소포타미아의 신탁(omen)가운데 간(*amūtu*)이라는 말은 잘 등장하지 않는다. 특히 고대 바벨론과 중기 바벨론의 신탁 기록에는 간이 단 두 번만 등장한다. 그러나 간과 달리 양의 다른 부분들은 빈번하게 언급된다.

꿈을 통한 예언

꿈이나 밤에 보이는 환상은 고대 근동에서는 초자연적인 힘으로부터 오는 메시지로 이해하였다. 따라서 그것의 내용과 해석은 대단히 중요한 의미를 지닌다. 일반 대중들에게 있어서 악몽이나 무서운 꿈에 대한 경험은 악신의 음모로 여겼다. 그러나 왕이나 제사장들에게 있어서 꿈이란 신이 자신의 의도를 알려주는 한 방법으로 이해하였다. 하나님과 인간과의 대화의 수단으로서 왕들은 신전에서 밤을 지새우면서 꿈을 꾸려고 하였다. 이러한 방법은 꿈의 부화로 알려졌다.

이처럼 이상을 찾는 전형적인 예는 바벨론과 우가릿에서 찾아 볼 수 있다. 바벨론의 왕 구데아와 타무즈의 꿈(dreams of Gudea and Tammuz)과 우가릿의 케레트 왕의 꿈(dream of Keret)이 있다. 또한 히타이트의 무르실리스(Mursilis) 2세의 기록에서도 이런 꿈의 부화를 찾아 볼 수 있다. 솔로몬이 기브온에서 꾼 꿈도 같은 성격의 것이다(왕상 3:4-15, 대하 1:3-12). 그러나 의도하지 않은 꿈의 부화의 전형적인 예는 일반 사람이 우연히 성전에서 잠자게 되었을 때 꿈을 꾸는 것으로 벧엘에서 야곱이 꾼 꿈(창 28:11이하)과 브엘세바에서 밤에 이상을 본 것(창 46:1-4)과 그리고 사무엘상 3장에서 사무엘이 실로의 제단에서 자는 동안 경험했던 것들이 이에 속한다. 이러한 꿈의 예는 바벨론의 길가메쉬 서사시(Epic of Gilgamesh)나 히타이트의 케시의 전설(Legend of Kessi) 등에서도 나타난다.

이집트에서도 왕들은 꿈을 통하여 신의 뜻을 알았다. 이집트 사람들은 꿈을 통하여 인간세계와 신의 세계가 만난다고 믿었다. 어린 사무엘의 경우와 마찬가지로 이집트 사람들은 신전 주변에서 잘 때 신들이 꿈에 나타나 그들이 가지고 있는 문제에 대하여 조언해 준다고 믿었다(삼상 3장). 이집트 신 왕조 시대에는 여러 가지 꿈에 대한 해석본도 있었는데,

그곳에는 일상생활에서 생겨날 수 있는 여러 가지 징조들이 기록되어 있다. 12왕조 때의 꿈 책(dream book)에는 좋은 꿈과 나쁜 꿈 그리고 나쁜 꿈을 바꿀 수 있는 주술이 함께 기록되어 있다. 이 책에 기록된 꿈들은 "만약 어떤 사람이 꿈을 보면……" 으로 시작한다.

구약성서에도 꿈에 관한 기록이 많다. 구약성서의 꿈은 다양한 종류가 있다. 첫째, 단순한 꿈이다. 이 경우에는 평범한 언어로 전달된다(창 20:3, 6-7, 31:10-13, 24, 왕상 3:5 이하). 둘째, 상징적인 꿈이다. 밤에 받게 되는 이상은 모두 하나님에게서 오는 것이며, 이 경우에는 대체로 전문 해몽가에 의하여 그 꿈의 의미를 파악한다(창 37:5-10, 40:5이하, 41:1이하, 단 2). 구약성서에서 꿈은 하나님이 선택한 백성에게(욥 33:15-16)나 왕(삼상 28:6) 그리고 예언자(민 12:6)에게 하나님의 뜻을 전달하는 통로로 생각하였다. 따라서 요엘은 "너희 자녀들이 장래 일을 말할 것이며, 너희 늙은이는 꿈을 꾸며 너희 젊은이는 이상을 볼 것이며" 하는 날을 기다렸다. 예언자들도 꿈과 밀접한 관련을 맺고 있다. 예레미야 23:28, 27:9 등에 의하면 "꿈을 꾼 선지자는 꿈을 말할 것이요" 라는 구절을 통하여 예언자들과 꿈이 밀접한 관련이 있음을 알 수 있다. 반면에 거짓 예언자들은 자신들이 선포하는 말의 진실성을 주장하기 위하여 그 근거로써 자신들이 신의 꿈을 받은 자라고 주장하였다(렘 23:32, 27:9). 그러나 참 예언자들은 이것은 거짓 꿈으로 헛된 위로를 준다고 말한다(슥 10:2). 거짓 꿈을 말한 즉 그 위로가 헛되므로 신명기 13:1-5에 의하면 거짓 꿈을 꾸는 자는 죽이라고 규정하고 있다.[19]

19) 꿈을 뜻하는 히브리어 할롬(חלום)은 때로는 하존(חזון)과 헤지온(חזיון)과 함께 사용된다(욥 20:8, 33:15, 사 29:7). 두 단어의 어근은 모두 "보다" (to see)이다. 꿈을 해몽하는 뜻의 히브리어는 파타르(פתר, interpreting dreams, paru)이며, 아람어는 파사르(פשר, *pašāru*)이고, 히브리어는 경우에 따라 샤바르(rbv, "to dissolve," "to analyze")를 쓰기도 한다(삿 7:15).

천체 관측을 통한 예언

우가릿 지역에서는 달의 관측을 통하여 신의 뜻을 찾기도 하였다. 우가릿에서 발견된 문서 가운데 메소포타미아의 전통을 따라 달을 통한 신탁을 기록하고 있는 것이 있다. 이 우가릿 문서(RIH 78/14)는 우가릿에서 수 킬로미터 떨어진 라스 이븐 하니(Ras Ibn Hani)에서 발견되었다. 그러나 이 기록의 보존 상태는 매우 나쁘다. 윗부분은 심하게 깨어졌다. 이러한 상황에도 불구하고 이 문서는 우가릿 신탁에 관한 문서 가운데 차지하는 그 비중이 매우 높다.

이 문서는 심하게 깨어져 있기 때문에 본문에 대한 분석은 할 수 없지만 여기에는 만월과 제 13일에 관한 것이 기록되어 있다. 그러나 본문은 기록자가 만월을 계속적으로 관찰한 것을 기록하고 있다.

> 만약 만월에 … […], 기근이 있을 것이다. 2) 만약 달이 뜰 때 붉은색이면, 3) [그 달은] 번성할 것이다. 4) [만약] 달이 뜰 때 달이 황록색이면 5) […] 가축이 죽을 것이다. 6) [만약 달이 뜰 때 붉은색이면 7) […] 모임. ver 1′) [… 멸망]할 것이다. 2′) [ ] 달의 새로움, 그 개인 3′) [ ] 그리고 쏟아질 것이다. 5′) [만약] 그 달에 달이 세 번 보이고 (그리고) 그 후에 6′) […]LT, 비가 올 것이다.… 7′) [만약] 제 13일에 달이 떨어지면, 왕이…[ ](RIH 78/14(*Syria* 57 (1980), pp. 352-353)

그러나 구약성서에서는 이런 일월성신을 통한 예언 행위를 우상숭배로 규정한다.

출생을 통한 예언

동물이나 사람의 출생의 상태를 통하여 신의 뜻을 찾기도 한다. 즉 새로 태어난 동물의 새끼나 아기의 신체의 기형을 통하여 신의 뜻을 찾기도 한다.

이처럼 고대 근동 세계에서는 신의 뜻을 찾기 위하여 여러 방법을 동원하였다. 이 가운데 꿈, 천체관측 그리고 출생을 통한 예언은 필요자의 요구에 의하여 사용할 수 있는 방법이 아니지만, 그러나 희생제사의 동물 장기를 통한 방식은 필요자에 의하여 얼마든지 신탁을 물을 수 있다.

고대 근동의 예언자들

구약성서에는 예언자 이외에 미래의 일을 예측하는 일을 맡은 예언자와 다른 호칭을 가진 사람들이 등장한다. 따라서 예언자와 다른 호칭을 가진 사람들과의 차이점을 분명히 해야 한다. 구약성서에도 복술자(혹은 점치는 자, 코셈; קוסם, 사 3:2, 44:25), 꿈을 꾸는 자(할롬; חלום, 겔 27:9), 술사(오넨; עונן, 겔 27:9), 요술자(카샤프; כַּשָּׁף, 겔 27:9) 등의 호칭이 등장한다. 사무엘상 6:2은 블레셋 사람들이 복술자들에게 여호와의 궤를 어떻게 처리할 것인가를 의논했다고 기록하고 있다. 에스겔 27:9에 의하면 바벨론 이주민들이 선지자나 복술가나 꿈꾸는 자나 술사나 요술자의 말을 듣고 바벨론 왕을 섬기지 않고 해방될 것이라는 말을 들었다고 기록하고 있다. 이들의 기능도 미래의 사건에 대하여 언급하고 있는데, 이들과 예언자의 차이가 무엇인가를 살필 필요가 있다. 이를 위해서는 복술자나 꿈을 꾸는 자, 술사, 요술자가 구체적으로 어떤 일을 하였는가를 살펴야 한다.

첫째, 복술자를 뜻하는 히브리어 코셈(קוֹסֵם)은 동사 카쌈(קסם)에서 유래되었으며 명사형은 케셈(קסם)이다. 코셈은 이스라엘 주변 국가에서는 신탁을 전하거나 미래를 말하는 사람이라는 뜻으로 사용되었지만(삼상 6:2, 사 6:2), 이스라엘 안에서는 일반적인 예언을 전하는 사람으로 기록되어 있다(신 18:10, 왕하 17:17 등). 에스겔 21:21에 의하면 코셈은 화살을 흔들어서 어떤 일의 해결을 제시하는 것으로 기록되어 있다.

둘째, 술사를 뜻하는 히브리어 오넨(עונן, soothsayer)의 어근에 대하여는 정확히 알려지지 않았다. 구약성서에서 술사는 징조를 해석하는 역할을 하였다(왕하 21:6, 레 19:26).

셋째, 요술자를 뜻하는 히브리어 카샤프(כשף)는 아카드어 키쉬푸(*kišpu*)에서 유래되었지만 이들의 구체적인 역할은 알 수 없다.

구약성서는 미래를 예측하는 일을 하는 사람들의 역할에 대하여 구체적으로 언급하지 않는다. 또한 아카드어 기록에서도 이들의 역할에 대하여 구체적으로 언급되어 있지 않지만, 아시리아 제국의 기록에서는 이들이 비교적 세분화되어 있음을 알 수 있다. 메소포타미아에서 미래의 사건에 대해 알아보는 방법은 에스겔 21:21-22에 잘 기록되어 있다. 바벨론 왕이 갈림길 곧 두 길 어귀에 서서 점을 치되 화살들을 흔들고, 드라빔에게 묻고, 희생제물의 간을 살펴서 오른손에 예루살렘으로 갈 점괘를 얻었다.

메소포타미아에서도 예언자 이외에 미래의 사건에 대한 답을 얻는 사람은 그가 사용하는 방법에 따라 다음의 몇 가지로 나뉜다. 천체나 행성의 운행이나 천체에 나타나는 기형적인 징조를 해석하여 월(月)과 일(日)의 불길한 날을 미리 예견하는 자를 툽샤루(*ṭupšarru*; astrologer; 점성가)라고 부른다. 제물의 내장을 조사하거나 그릇에 담긴 물의 모양을 살펴보고 미래의 일의 길흉(吉凶)을 점치는 것을 바루(*bārû*; haruspicy; 창자 점쟁이)라고 부른다. 마술로서 질병이 있게 한다거나 혹은 마귀를 쫓는다거나 하는 것처럼 마술로서 초자연적인 힘을 움직이는 전문가를 아쉬프(*āšipu*; exorcist; 액(厄)을 막는 사람)라고 부른다. 마지막으로 바루(*bārû*)에서 유래되었으며 아시리아 제국에서는 라기움(*raggium*)과 함께 미래를 내다보는 선견자(seer)의 역할을 담당하는 자를 샤브루(*šabrû*; interpreter of dreams; 꿈 해몽가)라고 부른다.

예언과 다른 종류의 점쟁이 사이의 가장 큰 차이점은 방법상으로 하나님 말씀으로서가 아니라 자신들이 선포하는 방식으로 하나님의 뜻을 해석하였다는 점이다. 또한 메시지의 내용상의 차이점도 있다. 예언은 하나님의 대변인으로 하나님의 말을 전달하지만, 그 외의 다른 점쟁이들은 그 결과가 긍정적인지 아니면 부정적인가를 단순하게 알리는 신탁 전달자의 역할을 할 뿐이다. 그 예는 다음과 같다.

> "사자자리(Leo)가 검으면 그 땅이 불행해 질 것이다"(*RMA* 219=SAA VIII 337)
> "만약 16일에 달이 보이면 수바르투 왕이 강성해지지만 적의는 없다"(*RMA* 88:11-12)

예언자는 그의 임무를 수행하기 전에 자신이 예언자로 부름을 받았다는 것을 알 수 있는 징조나 표징을 갖게 된다. 모세도 그 임무를 수행할 때 어떤 징조가 나타났다. 출애굽기 4:1 이하에 의하면 지팡이가 뱀이 되고, 손을 품에 넣었을 때 문둥병이 생겼다가 다시 넣었을 때 없어지는 징조가 나타났다.

이러한 현상은 마리와 누지의 예언문학에서도 쉽게 볼 수 있다. *lū ittum* (let it be a sign, '이것이 증거가 되기를')과 *anntu lū ittu* (this is the sign; '이것이

증거이다') (*HSS* 15 291)라는 표현에서 그 예를 볼 수 있다. 이와 같은 성서의 구절은 출애굽기 3:12(“이것이 너에게 증표이다”, זה־לך האות)와 이사야 7:11(“너는 네 하나님 여호와께 한 징조를 구하되”)과 하박국 2:3에서도 볼 수 있다.

전쟁구원에 대한 신탁

유다 왕 여호사밧이 암몬-모압과 전쟁을 하기 전(前)에 성전에서 기도하려고 모였을 때, 하나님의 영이 임한 스가랴의 아들 야히시엘이 성전 마당에서 신탁을 선포한다(대하 20:14). 이처럼 전쟁에서 용기를 북돋우기 위하여 하는 예언의 형태가 마리문서에서도 나타난다.[20]

하나님이 이스라엘 사람들의 전쟁에 함께 나가 구원한다는 성전(聖戰)의 개념은 출애굽기 14:13, 신명기 7:17이하, 20:1-4, 31:1-8 등에서 찾아볼 수 있다. 또한 적의 군대를 흩어버리고 구원한다는 신탁은 민수기 10:35, 시편 144:6, 사무엘하 22:15=시편 18:15 그리고 시편 89:11에서 나타난다.

뿐만 아니라 전쟁 가운데서 적의 목이 왕의 발 밑에 놓일 것이라는 예언도 등장한다. 신명기 33:29, 시편 45:6, 여호수아 10:24-25에 등장한다. “네 대적이 네게 복종하리니 네가 그들의 높은 곳을 밟으리로다” (신 33:29)

마리문서에서는 다른 형태의 예언이 등장한다. “내가 너의 적들을 네 손에 옮겨놓을 것이다” (*ARM* X 8:12-14). 이와 같은 신탁이 사무엘상 23:4, 24:5, 26:8 사사기 7:7, 열왕기상 20:13, 28에서도 발견된다. 또한 “두려워 말라” 라는 구절은 마리 예언문학(*ARM* XIII 114:13-16) 및 아시리아 예언에서도 발견된다.(*SAA* 9 1:24' *la tapala*).

20) *ARM* X 4:23-24.

거짓 예언자

예언 활동이 보편화 되면서 예언의 부정적 영향으로 거짓 예언자들이 등장하였다. 항상 거짓 선지자에 대한 가능성이 상존하였으므로, 그 예언이 진실인가를 어떻게 증명하는가에 대한 문제는 항상 중요한 문제로 떠올랐다. 이스라엘에서 예언을 듣는 청중들에게 그 말이 합법적으로 승인받기 위하여 종종 표적이 사용되었다. 메소포타미아에서 보편적으로 확증을 받기 위한 다양한 접근들이 있었지만, 그 방법들이 무엇이었는지는 알려져 있지 않았다. 마리에서 발견된 몇 개의 본문들이 예언 메시지의 진실성을 확증하기 위한 방법으로 점을 사용하였다.

예언의 진위는 고대 근동에서는 보통 전조로 증명된다. 때때로 머리카락 한 줌 혹은 예언자들의 옷 가장자리가 증명을 위하여 사용되었다. 이것이 바로 점의 과정에서 사용되어졌다고 생각되었다. "후루새에 의하여 나는 이 문제들을 검토했다. 그리고 그녀는 보았다(꿈을 잘). 그리고 그녀의 머리털과 옷 가장자리를 함께 보낸다. 나의 주는 이 문제를 검토해 주시기를 바랍니다." 그러나 이스라엘에서는 전조의 사용이 금지되었기 때문에, 이점에서 고대 근동 예언과 이스라엘 예언사이의 명백한 차이점이 있다.

고대 이스라엘에서와 마찬가지로 고대 근동의 예언 현상에서도 거짓 예언자들이 등장한다. 마리에서 발견된 서신에서는 다음과 같은 구절을 발견할 수 있다. "나는 그들에게 말하게 하지 않았다. 그들 스스로 말하였다."[21] 이 구절은 예언자들이 자신의 말을 예언하는 것을 암시하는 것이며, 열왕기상 22:13에서도 모든 예언자들이 아합 왕에 듣기 좋은 예언만 한다는 것도 예언자들이 자신의 말로 예언한다는 것을 암시한다. "미

21) *ARM* X 4:37-39.

가야를 부르러 간 사신이 일러 이르되 선지자들의 말이 하나같이 왕에게 길하게 하니 청하건대 당신의 말도 그들 중 한 사람의 말처럼 길하게 하소서" (왕상 22:13).

고대 이스라엘에서는 선포된 예언이 참 하나님의 말씀인지 아니면 예언자 개인의 말인지를 결정하는 것은 선포된 예언이 성취되었느냐의 여부에 달려 있었다(신 18:19-22). 또한 구약성서에서는 대가에 의하여 예언 메시지가 달라지는 것을 거짓 예언자로 규정한다(미 3:5).

예언 메시지의 특징 및 청중

고대 근동 예언의 주된 청중은 왕이었다. 그러나 고대 이스라엘 예언의 주된 청중은 주로 대중과 사회이다. 고대 근동의 예언이 왕을 대상으로 선포되었다는 사실은 마리에서 발견된 예언 문서의 대부분이 왕실 문서 보관소에서 발견되었다는 것이 이러한 성격을 잘 설명해 준다. 고대 근동에서도 다른 사람들, 즉 대중을 대상으로 한 예언도 있었겠지만, 그러나 아직 이런 문서는 발견되지 못했다.[22] 이러한 고대 근동 예언의 성격은 고대 이스라엘 왕정 초기 시대의 예언 활동에서 찾아 볼 수 있다.

고대 이스라엘과 고대 근동의 비교를 위한 첫 번째 요소는 예언 메시지의 특징에 관한 것이다. 고대 근동의 예언은 항상 왕을 위하여 왕에게 선포한다. 고대 근동에서 예언의 메시지가 왕의 사적인 일에 관하여 말하든지 아니면 국가의 공공정책에 대하여 말하든지 간에, 그 메시지는 국가적인 중요성을 지닌다. 고대 근동의 예언은 대체로 제의 행동, 군사

22) 고대 근동에서 기록된 문서 가운데 현재 발견된 것들은 모두 왕실과 관련되거나 혹은 국가적 사안에 관한 것만 발견되었다.

문제 그리고 건설 계획 등에 관하여 말하거나 때때로는 왕을 격려하기도 하고, 경우에 따라서는 왕에 대하여 부정적인 내용을 전달하기도 한다. 이에 반하여, 고대 이스라엘의 예언의 메시지는 다음과 같이 몇 개의 범주로 나누어 생각할 수 있다.

모세나 드보라 그리고 사무엘과 같은 왕정 이전 시대에 예언자들은 백성의 지도자 역할을 하였다. 왕정 이전의 예언자들은 하나님의 입으로서 국가를 인도하였다. 이들에 의하여 선포된 예언자들의 메시지는 군사적인 문제와 정의의 유지 등에 관계된 것이었다.

그러나 사울이 기름부음 받은 이후부터, 즉 사무엘부터 시작하여 주전 8세기 중반의 문서예언자의 등장까지 나단, 엘리야, 엘리사, 미가야와 같은 예언자들은 주로 왕에게 연설을 하였다. 예언자들은 왕에게 충고자로서 군사적인 충고를 하거나 혹은 왕에게 축복과 저주를 선포하였다. 이 시기의 예언자들의 백성들에게 선포한 예언은 현재 보존되어 있지 않다.

주전 8세기 중엽부터 문서예언자 시대로 접어들면서 고대 이스라엘의 예언 운동은 중요한 변화를 맞이하였다. 예언자들은 사회에 대한 영적인 비평가로서 대중을 대상으로 선포하고 있다. 이들의 메시지들이 축복과 저주를 선포한다는 점에서는 비슷하다. 하지만 이것은 사회 전체를 향하고 있다는 점에서는 좀 다른 성향을 보인다. 예언자의 꾸짖음은 그 시대의 상황에 관심을 가지면서, 받아들일 수 없는 사회적 행위에 대하여 비판적인 메시지를 전하고 있다.

이처럼 고대 근동의 예언과 고대 이스라엘 예언의 메시지적인 측면에서의 차이는 삭스(H.W.F. Saggs)에 의하여 잘 요약된다.[23] 메소포타미아의 이스라엘과 대칭되는 예언은 그것이 문서 이전 시대의 예언들과 같다는

23) H.W.F. Saggs, *The Encounter with the Divine in Mesopotamia and Israel* (London: The Athlone Press, 1978), p. 150.

의미로 규정되어질 수 있다. 말하자면, 그 예언들은 어떤 특정한 제약되어진 시간, 주제-문제 그리고 사람 등으로 한정된 범위 안에서만 적용점을 가지고 있었을 뿐이다. 시간을 예를 들어 설명하면, 그 예언들이 주로 말하는 것은 가까운 미래였지, 종말론적인 것은 아니었다. 문서 이전 구약 예언과 같이, 메소포타미아의 예언은 항상 왕실 문제와 연관되어 있었고, 그 문제를 현저하게 취급하였다. 무엇보다도 주제는 특별한 상황 안에 있는 특별한 사람을 위하여 하나님의 의도나 의지와 연관되어 있었다.

예언문학의 특징

예언 현상은 고대 근동 지역에서 보편적인 현상이었다. 고대 이스라엘 예언문학을 포함하여 고대 근동 예언문학에는 몇 가지 공통점이 발견된다.

예언문학의 문학적 형식

고대 근동과 구약성서의 예언문학은 문학적 양식에 의하여 크게 두 부류로 나눌 수 있다.

첫째는 예언자의 말을 그대로 기록하거나 혹은 예언문학의 특징을 사용하여 신의 말을 선포하는 것이다. 즉 직접 인용을 통하여 예언을 기록하는 것이다. 이러한 예언문학에서는 예언자의 말을 기록할 때 다음과 같은 구절을 사용한다. *šipir mahhê*(쉬피르 마헤, "예언자의 메시지")로 시작하는 예언이다. 마헤(*mahhê*)는 황홀 예언자(ecstatic prophets)를 나타내는 말로 주로 마리문서와 우르 제 3왕조(Ur III)의 기록 그리고 바벨론 문서에서 주로 나타나지만 그러나 아시리아의 기록에서는 라기무(*raggimu*)와 동의어로 단 2회만 나타난다. 이러한 사실은 마헤(*mahhê*)는 예언자를 지칭하는 오래된 용어로 아시리아 제국에서는 라기무(raggimu)로 바뀌었음을 알 수 있다. 그러나 이러한 호칭의 변화가 예언자들의 사회적 지위에 대한 변화를 의미하는지는 알려진 바 없다.[24] 라기무(raggimu) (혹은 여성형 raggintu "예언자")로 시작하는 예언이다. 라기무는 예언자를 뜻하는 아카드어이다. 그런데 이 용어는 아시리아 제국의 예언자에게만 사용된다. 이 단어는 예언자의 선포와 관련하여 광범위하게 사용된다. 아시리아의 예언 기록에 의하면 다음과 같이 예언이 시작된다. "여예언자 물리수-캅타트가 예언하기를…" 이라는 표현으로 예언이 시작된다.[25]

두 번째는 예언자가 말했다는 언급이 없지만, 그러나 그 내용이 예언과 관련이 있는 경우도 예언문학으로 분류한다. 이러한 문학에서는 '신의 말' (abutu/amtu, dibbu) 혹은 '신이 말했다' (qabû, dabtu)라는 양식을 사용한다.

예를 들어 "이쉬타르, 아르벨라의 이쉬타르(Ištar)의 말, 여왕 물리수의 말…" 이라는 표현은 이 구절에 예언자를 나타내는 단어가 전혀 사용되지 않았지만, 아르바일 시(市)의 신(神)이었던 이쉬타르의 말이 전해지기 때문에, 즉 신적인 메시지가 전달되었기에 예언으로 분류하는 것이다.

마찬가지로 구약성서의 예언문학도 예언자가 직접 한 예언의 메시지와 예언에 대한 설명을 구별할 수 있어야 한다. 구약성서에 기록된 예언문학은 다음 세 가지 문학적 형식을 띠고 있다. 즉 예언자에 관한 이야기와 환상과 선포 혹은 연설이다.

첫째, 예언자에 관한 이야기이다. 이것은 예언자의 경험이나 행동 그리고 그가 겪은 고난에 대하여 기록하고 있으며, 대체로 후대에 첨가된 것들이다. 이것은 제 3자 즉 제자나 또는 전달자 집단에 의하여 3인칭으

24) *SAA 9*, pp. XLV-XLVI.
25) *SAA 9* 7:1-2.

로 보고되는 이야기를 말한다. 아모스 7:10 이하나 호세아 1장과 이사야 7장과 20장 등이 이에 속하는 예이다. 예언자의 소명에 관한 기록도 이에 속하는 대표적인 예이다(사 6장, 40장, 렘 1장, 겔 1장 등).

둘째, 환상(Vision) 보고서이다. 환상은 예언자가 하나님과 대화하는 수단 가운데 하나이다. 예언문학에서 환상은 많이 등장한다(암 7:1-8, 8:1-2, 사 6장, 겔 1-3장, 8-11장, 37장, 40-48장, 사 40장, 렘 1장, 24:1, 슥 1-6장, 단 7-8장, 10-12장 등). 환상은 예언자 자신이 본 환상을 보여줌으로써 하나님의 뜻을 전달한다.

셋째, 예언의 선포(Speech)이다. 구약성서에 가장 많이 등장하는 것으로 예언자가 직접 하나님의 말씀을 선포하는 것이다. 예언자들의 선포는 다양한 연설양식을 채택하였다. (i) 메신저 양식을 따라 미래를 통고하고 그 근거를 제시한다(왕상21:19, 암 4:1-2). 대체로 "보라"로 시작하는 미래 통고는 위협의 말이거나 심판의 말 혹은 재앙 선언의 말 그리고 심판의 통보 등의 성격을 띤다. (ii) 예언자가 화를 외침이다. "화 있을진저!"로 시작하는 이 예언자의 외침은 책임을 지우는 것이다(암 5:18, 사 5:20, 미 2:1). (iii) 예언자는 과거를 회상한다. 예언자는 미래의 심판의 근거로 사용하기 위하여 과거의 역사적 사건을 회고한다(암 2:9, 9:7, 사 28:21 등). (iv) 논쟁의 형식을 띤다. 예언자들이 예언을 듣는 청취자와 논쟁을 벌인다(암 3:3-6:8, 6:12, 9:7, 렘 13:23, 23:23-24, 합 1:2, 4 등). (v) 예언자의 선포는 권고의 형식을 취한다. 권고 형식은 명령형을 취한다. "너희는 옷을 찢지 말고 마음을 찢으라"(욜 2:13, 렘 4:4)와 같다. 여기에 이유를 제시하거나(…때문에) 결론을 제시하기도 한다(…하기 위하여). 이러한 예언자의 권고 형식은 경고의 형식을 띠는 것과 회개를 촉구하는 것도 있다. (vi) 예언자의 선포는 구원을 선포하거나 약속하는 형식을 취하기도 한다(호 2:16-17, 암9:11-12, 사 11장, 렘 28:2-3, 30-31장, 겔 27장 등). 그러나 문학적 양식상으로 통일된 형식을 취하고 있지는 않다.

예언자들은 자신들이 하나님에 의하여 영감을 받아 하나님의 말을 전한다고 믿는다. 예언자들의 이러한 확신을 알 수 있는 증거는 예언자들이 예언을 선포할 때 "여호와께서 이와 같이 말씀하시기를"(암 1:3)이라는 구절이 빈번히 사용된다는 것이다. 그리고 예언을 마칠 때는 "여호와의 말씀이다"(네움 아도나이 נאום יהוה 혹은 아마르 아도나이 אמר יהוה)로 마친다. 이러한 소위 예언자공식(messenger formula)은 앞에서 살펴본 바와 같이 고대 근동 지방에서 왕의 사신들의 입을 통하여 쉽게 발견된다. 이처럼 예언자들이 이러한 공식을 사용했다는 것은 예언자들이 그들의 일상생활 속에서 구전의 형식이나 연설의 양식을 사용하고 있다는 예이다. 예언서에는 다양한 행위에서 생겨나는 연설형식을 빌려 선포한 많은 예를 가지고 있다. 예언자들이 자신들의 메시지를 전달하기 위하여 많이 사용한 양식은 재판장에서 사용하는 선고의 양식이다. 재판관을 부르고, 검사의 고발과 피고의 주장 혹은 불공정한 대우를 받은 자들의 탄원 등이 그것이다. 뿐만 아니라 많은 예언자들이 노래와 우화를 이용하였다. 심지어는 장례식에서 사용되는 비통의 신탁(woe oracle)까지도 예언자들이 사용하였다. 이처럼 예언자들이 차용한 형식들은 이스라엘의 모든 생활과 관련이 있다.

곧 재앙이 다가올 것이라는 메시지를 선포한 포로기 이전 예언자들은 '책망과 협박' 을 예언 선포의 기본적인 형식으로 사용하였다. 이것의 기본적인 형식은 "네가 죄를 지었기 때문에 하나님이 말씀하시기를 재앙이 곧 네게 올 것이다" 이다. 책망과 협박의 두 부분은 다음과 같이 표현될 수도 있다. '독설' 과 '이유' 와 '책망하기 위한 고발' 과 '심판' 과 '판결' 그리고 '협박하기 위한 평결(선고)' 등이다. 양식에 대한 분석은 예언자는 하나님의 신적인 판결이 내려지기 전에 예언자가 말하는 개인적인 생각과 증거를 제공한다는 것을 보여준다. 그러나 이와 반대로 포로기 예언자들은 '죄의 고발'과 '회개의 요구' 즉 '책망'과 '희망'의 형식을 사용한다.

예언서 해석

예언자 명칭

예언자에 대한 명칭은 크게 네 가지로 나타난다. 즉 호제(חוזה, seer), 로에(ראה, diviner), 이쉬 엘로힘(איש אלהים, man of God) 그리고 나비(נביא, prophet) 등이다. 이렇게 각기 다른 명칭이 등장하는 것에 대하여 예언자에 대한 각기 다른 시대 혹은 다른 지역에서 불린 다른 명칭인가? 하는 문제가 생긴다. 구약성서의 용례를 찾아보면 대체로 나비는 북 이스라엘에서 주로 사용하였고, 호제는 유다에서 사용한 것을 알 수 있다. 이렇게 각기 다른 명칭이 사용된 것이 예언자들에게 특별히 강조되는 점 때문에 각기 다른 명칭이 사용되었을 수도 있다. 즉 어떤 예언자는 말씀을 전달하는 것을 또 어떤 예언자는 환상을 받는 것을 더 강조해서 각기 다른 명칭이 생겨난 것일 수도 있다.

예언자들은 다양한 방법을 통하여 하나님과 연결되어 있다. 예언자는 하나님의 세계와 인간세계를 연결하는 역할을 한다. 아모스 7:2에서는 이스라엘 백성을 대표해서 하나님에게 말하기도 하고, 아모스 5:4처럼 하나님을 대리해서 사람들에게 말하기도 한다. 또 예언자들은 아모스 7:4이나 스가랴 1:7-17처럼 우주세계를 보기도 하며, 또 천상회의에 참석하기도 한다(왕상 22, 사 6:1). 따라서 예언자는 성과 속의 경계에 서 있는 사람이다.

예언자를 이렇게 중개자로 이해하게 되면, 예언자와 제사장의 관계에 대한 언급이 필요하다. 고대 이스라엘에서 제사장과 예언자의 분명한 구분이 존재하지 않는다. 어떤 예언자들은 제사장이기도 하다. 예레미야의 경우는 아나돗의 제사장 가문에서 출생하였다. 아나돗 제사장 가문이라는 사실을 통하여 예레미야의 가문을 아도니야를 지지했던 아비아달의 가문까지 추적할 수 있다(왕상 2:26-27). 에스겔 역시 제사장 출신이다. 그러나 에스겔은 예레미야와 달리 예루살렘 성전의 책임을 맡았던 사독 가문의 제사장 후손이다(שפר 1:3). 스가랴 역시 제사장 가문 출신이다. 스가랴의 가문에 대해서는 스가랴 1:1 외에도 느헤미야 12:6에서도 찾아 볼 수 있다.

요엘서의 경우 제사장으로서의 예언자의 역할을 특별히 강조하고 있다. 요엘은 이스라엘의 국가적인 위기에 직면하여 제사를 통한 제의적 탄원을 강조한다(욜 1:13-14). 요엘에 의하면 제사장은 하나님께 부르짖는 자이다(욜 1:19). 이처럼 도와달라는 요구에 대하여 하나님은 예언자를 통하여 백성들의 부르짖음을 들으신다(욜 2:18-20).

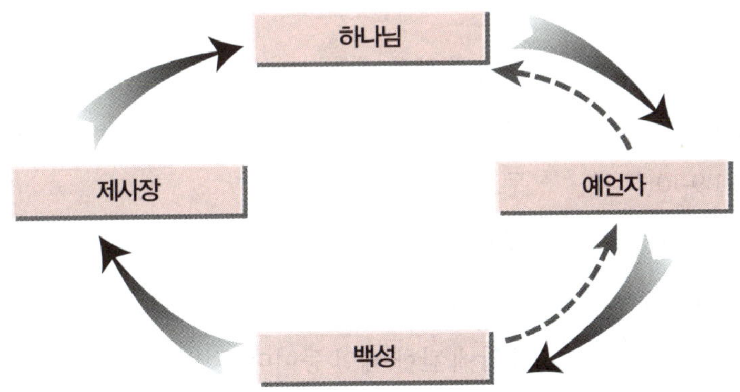

예언자의 역할을 단순하게 한 가지로 말하기는 매우 어렵다. 따라서 예언자란 자신이 처한 위치에 따라 다양한 역할을 하였다.

이와 관련하여 고대 근동에서는 예언자와 제사장 사이의 구별이 불분명하다. 고대 근동에서는 제사장 가운데에서 신탁을 받는 역할을 담당하였다.

예언문학의 형성 과정

예언이 선포되고 선포된 예언이 오늘날과 같은 책의 형태를 형성하기까지는 매우 복잡한 문학 발달 과정을 겪었다.[26]

모음(collecting)

예언문학은 별개의 문학적 단위들이 모아지고 편집된 것이다. 이처럼 개별적인 문학 단위들이 모인 예언문학의 가장 대표적인 것이 아모스서이다.

아모스 1-2장의 열방에 관한 예언은 모두 여섯 개이다.

① 1:3-5 아람에 관한 예언
② 1:6-8 블레셋에 관한 예언
③ 1:9-10 두로에 관한 예언
④ 1:11-12 에돔에 관한 예언
⑤ 1:13-15 암몬에 관한 예언
⑥ 2:1-3 모압에 관한 예언 등이다.

26) 김영진, 『느비임』, pp. 68-72.

아모스의 열방에 관한 예언은 각 나라별로 문학적으로 구별되어져 있다. 즉 "여호와께서 이와 같이 말씀하시되 다메섹의 서너 가지 죄로 말미암아" 로 시작하여 "이는 여호와의 말씀이니라" 로 끝난다.

또한 아모스 7-9장에는 다섯 개의 환상이 모여 있다.

① 아모스 7:1-3 메뚜기 재앙 환상
② 아모스 7:4-6 불 재앙 환상
③ 아모스 7:7-9 다림줄 환상
④ 아모스 8:1-14 여름 과일 광주리 환상
⑤ 아모스 9:1-10 범죄한 나라의 멸망에 관한 환상 등이다.

이 외에도 열왕기하 4-6장의 엘리사 이야기는 예언문학의 형성 과정을 잘 보여준다. 열왕기하 4-6장은 엘리사에 관한 이야기들이 모인 것이다.

① 열왕기하 4:1-7 과부의 기름과 엘리사의 기적
② 열왕기하 4:8-37 수넴 여인과 그 아들
③ 열왕기하 4:38-41 독이 든 국에 관한 이야기
④ 열왕기하 5:1-27 시라아의 군사령관 나아만의 나병을 고쳐주다.
⑤ 열왕기하 6:1-7 잃어버린 도끼를 찾다.
⑥ 열왕기하 6:8-23 엘리사가 시리아 군대를 잡다.
⑦ 열왕기하 6:24-31 사마리아에 기근이 들어 아들을 잡아먹다.
⑧ 열왕기하 6:32-33 엘리사가 자객이 오는 것을 미리 말하다.

위에서 살펴본 바와 같이 열왕기하 4-6장에는 여덟 가지의 엘리사와 관련된 이야기들이 모인 것이다. 마찬가지로 스가랴 1-6장에서는 여덟 개의 스가랴의 환상이 모여 있다.

① 스가랴 1:7-17 (MT 1:8-17) 첫 번째 환상

② 스가랴 1:18-21(MT 2:1-4) 두 번째 환상
③ 스가랴 2:1-5(MT 2:5-9) 세 번째 환상
④ 스가랴 3장 네 번째 환상
⑤ 스가랴 4장 다섯 번째 환상
⑥ 스가랴 5:1-4 여섯 번째 환상
⑦ 스가랴 5:5-11 일곱 번째 환상
⑧ 스가랴 6:1-8 여덟 번째 환상

이러한 두 가지의 예는 모두 산문으로 된 예언과 관련된 것이다.

예레미야에서는 산문과 운문이 함께 모인 예를 발견할 수 있다. 예레미야 21:11-23:8에서는 다윗 왕실에 관한 운문과 산문의 예언이 결합되어 있다. 반면에 이어지는 예레미야 23:9-40은 앞에서와 마찬가지로 비판의 글을 싣고 있는데 그 대상이 예언자이다. 따라서 예레미야 23:9에 "예언자에 관하여"라고 기록하고 있다. 이러한 사실은 예언자 혹은 예언서편집자들이 같은 주제를 한꺼번에 모아 편집하였음을 보여준다.

호세아 12-14장은 모두 운문을 모아 놓았는데 그 내용이 모두 일치하지는 않는다. 그러나 심판에서 회복으로의 전환을 느끼게 하는 주제로 모아 놓은 것이다. 특히 예언서의 편집자는 각기 다른 내용을 서로 대비하면서 심판에서 회복의 전환을 묘사하고 있다. 결과적으로 심판과 희망이라는 순서로 배열하게 되었다. 원래 호세아 14:1-3은 심판의 메시지 앞에 놓여야 한다. 그러나 호세아 편집자가 이스라엘의 귀환을 요구하기 위하여 호세아 14:1-3을 13:14-16 뒤에 놓았다.

[현재의 배열]

호세아 13장 14-16절

14 내가 그들을 스올의 권세에서 속량하며 사망에서 구속하리니 사망아 네 재앙이 어디 있느냐 스올아 네 멸망이 어디 있느냐 뉘우침이 내 눈 앞에서 숨으리라 15 그가 비록 형제 중에서 결실하나 동풍이 오리니 곧 광야에서 일어나는 여호와의 바람이라 그의 근원이 마르며 그의 샘이 마르고 그 쌓아 둔 바 모든 보배의 그릇이 약탈되리로다 16 사마리아가 그들의 하나님을 배반하였으므로 형벌을 당하여 칼에 엎드러질 것이요 그 어린 아이는 부서뜨려지며 아이 밴 여인은 배가 갈라지리라

호세아 14장 1-3절

1 이스라엘아 네 하나님 여호와께로 돌아오라 네가 불의함으로 말미암아 엎드러졌느니라 2 너는 말씀을 가지고 여호와께로 돌아와서 아뢰기를 모든 불의를 제거하시고 선한 바를 받으소서 우리가 수송아지를 대신하여 입술의 열매를 주께 드리리이다 3 우리가 아시리아의 구원을 의지하지 아니하며 말을 타지 아니하며 다시는 우리의 손으로 만든 것을 향하여 너희는 우리의 신이라 하지 아니하오리니 이는 고아가 주로 말미암아 긍휼을 얻음이니이다 할지니라.

[원래 배열]

호세아 14장 1-3절

1 이스라엘아 네 하나님 여호와께로 돌아오라 네가 불의함으로 말미암아 엎드러졌느니라 2 너는 말씀을 가지고 여호와께로 돌아와서 아뢰기를 모든 불의를 제거하시고 선한 바를 받으소서 우리가 수송아지를 대신하여 입술의 열매를 주께 드리리이다 3 우리가 아시리아의 구원을 의지하지 아니하며 말을 타지 아니하며 다시는 우리의 손으로 만든 것을 향하여 너희는 우리의 신이라 하지 아니하오리니 이는 고아가 주로 말미암아 긍휼을 얻음이니이다 할지니라.

호세아 13장 14-16절

14 내가 그들을 스올의 권세에서 속량하며 사망에서 구속하리니 사망아 네
재앙이 어디 있느냐 스올아 네 멸망이 어디 있느냐 뉘우침이 내 눈 앞에서
숨으리라 15 그가 비록 형제 중에서 결실하나 동풍이 오리니 곧 광야에서 일
어나는 여호와의 바람이라 그의 근원이 마르며 그의 샘이 마르고 그 쌓아 둔
바 모든 보배의 그릇이 약탈되리로다 16 사마리아가 그들의 하나님을 배반
하였으므로 형벌을 당하여 칼에 엎드러질 것이요 그 어린 아이는 부서뜨려
지며 아이 밴 여인은 배가 갈라지리라

설명(Commenting)

초기 예언전승을 접한 사람들은 자신들이 이해되지 않는 어려운 예언에 대하여 새롭게 해석하거나 자신들의 해석을 첨가하였다. 그리스어로 된 사본의 예레미야 28:16의 "따라서 주께서 말씀하셨다: 내가 너의 얼굴을 지면에서 제하리라. 금년 안에 네가 죽으리라"는 구절을 읽게 되면 왜 예레미야가 이렇게 돌발적인 말을 하였을까? 라는 질문을 갖게 된다. 그러나 히브리어 성경에서는 그 이유를 설명하고 있다. 즉 "네가 여호와께 패역한 말을 하였음이라."

이처럼 설명을 첨가하거나 혹은 분명하게 하는 것들이 예언문학의 발전을 도왔다.

개정(Updating)

원래 예언은 보편적인 힘을 가지고 있다. 그러나 이사야나 스가랴에서 보는 것처럼 새로운 예언문학으로 발전하기도 한다. 이렇게 새롭게 만들어진 예언문학을 제 2예언서(deutero-prophetic)라고 부른다. 이것은 이미 과

거에 있었던 예언이나 말씀을 자신의 시대에 맞게 새롭게 해석한 것이다. 어떤 경우에는 새로운 문학이 단편적인 설명만 첨가되는 것 이상으로 새로운 형태를 띤다. 다른 경우에는 이사야 11:11의 "그 날에 주께서 다시 그의 손을 펴사 그의 남은 백성을" 처럼 '다시' 라는 말을 첨가하여 처음의 이야기를 갱신한다. 이사야 16:13-14의 "이는 여호와께서 오래 전부터 모압을 들어 하신 말씀이거니와 이제 여호와께서 말씀하여 이르시되 품꾼의 정한 해와 같이 삼 년 내에 모압의 영화와 그 큰 무리가 능욕을 당할지라 그 남은 수가 심히 적어 보잘것 없이 되리라 하시도다" 와 같이 과거의 말씀을 '오래 전' 으로 묘사하고 지금의 말씀을 '이제' 로 기록한다.

예언문학을 이렇게 과거에 이미 존재해 있었던 예언과 연관시키는 것은 새로운 예언문학의 보증과도 같은 것이다.

제 2이사야(40-55장)와 제 3이사야(56-66장)는 과거 아모스(아모츠)의 아들 이사야의 예언을 바탕으로 형성되었다. 이러한 과정에서 예루살렘/시온이나 바벨론의 역할은 오랫동안 탐구되어 왔다.

많은 예언이 미래를 향하고 있다는 것은 이러한 문학적인 창작활동을 설명하는데 도움을 준다. 신명기 18장에 의하면 참 예언자는 그 예언이 성취된 여부에 따라 결정된다. 그러나 모든 예언이 검증된 것은 아니다. 그러나 예레미야가 70년 동안의 포로생활을 예언하였을 때 다른 사람들은 이것이 이루어지는가 살펴보았다. 스가랴 1:12이나 역대하 36:21과 같은 후기 성서문학에서 예레미야 예언의 정확성을 반영하고 있다.

연결(Linking)

예언서 가운데서 어떤 예언을 성서의 다른 장르의 유사한 내용과 연결시키는 것을 발견한다. 가장 대표적인 예는 예언을 지혜문학이나 율법과 연결시키는 것이다. 호세아 14:9에서는 호세아의 예언을 지혜자와 연결시키고 있다. "누가 지혜가 있어 이런 일을 깨달으며 누가 총명이 있어 이런 일을 알겠느냐 여호와의 도는 정직하니 의인은 그 길로 다니거니와 그러나 죄인은 그 길에 걸려 넘어지리라." 또한 말라기 4:4에서는 토라에 대한 준수와 연결시킨다. "너희는 내가 호렙에서 온 이스라엘을 위하여 내 종 모세에게 명령한 법 곧 율례와 법도를 기억하라."

그러나 예언서 연구에 있어서 전형적인 예언만을 구별하는 작업을 하지만, 그러나 쉬운 일은 아니다.

| 예언서 참고도서 |

Blenkinsopp, J. *A History of Prophecy in Israel.* Louisville: Westminster John Knox, 1996.

Clements, R. *Old Testament Prophecy: From Assyria to* Canon. Louisville: Westminster John Knox, 1996.

Gitay, Y., ed., *Prophets and Prophecy.* Semeia Studies. Atlanta: Scholars Press, 1997.

Gordon, R., ed. *The Place is To Small for Us: The Israelite Prophets in Recent Scholarship.* SBTS 5. Winona Lake: Eisenbrauns, 1995.

Lewis, I. *Ecstatic Religion: An Anthropological Study of Shamanism and Spirit Possession.* Baltimore: Penguin, 1975.

Mays, J., and P. Achtemeier, eds. *Interpreting the Prophets.* Philadelphia: Fortress, 1987.

Nissinen, M. *References to Prophecy in Neo-Assyrian Sources.* SAAS 7. Helsinki: Helsinki University Press, 1998.

Orton, D., *Prophecy in the Hebrew Bible: Selected Studies from Vetus Testment.* Leiden: Brill, 2000.

Overholt, T. *Channels for Prophecy: The Social Dynamics of Prophetic Activity. Minneapolis:* Fortress, 1989.

Parpola, S. *Assyrian Prophecies.* SAA 9. Helsinki: Helsinki University Press, 1997.

Petersen, D. *The Roles of Israel's Prophets.* JSOTSup 17. Sheffield: Sheffield Academic Press. 1981

________, ed. *Prophecy in Israel: Search for an Identity.* IRT. Philadelphia: Fortress, 1987.

Rad, G. von. *The Message of the Prophets.* New York: Harper & Row, 1965.

Rofé, A. *Introduction to Prophetic Literature.* Sheffield: Sheffield Academic Press, 1997.

____. *The Prophetical Stories: The narratives about the Prophets in the Hebrew Bible, Their Literary Types and History.* Jerusalem: Magnes, 1988.

Steck, O. *The Prophetic Books and Their Theological Witness.* St. Louis: Chalice, 2000.

Wilson, R. *Prophecy and Society in Ancient Israel.* Philadelphia: Fortress, 1980.

제2장
8세기 예언자

주전 8세기 예언 운동의 역사적 배경

주전 8세기에 활동했던 예언자들에 의하여 선포된 예언 메시지를 이해하기 위해서는 이들이 활동했던 시대의 역사·정치적 배경을 이해하는 것이 중요하다. 왜냐하면 예언이란 구체적인 역사적 상황과 사회적 배경 속에서 선포되기 때문이다. 이스라엘 문서예언자들이 활동하기 시작했던 주전 8세기 중엽 이스라엘의 시대 상황은 아시리아 제국의 서방 팽창 정책으로 인하여 국내외적으로 매우 힘든 시기였다.

이스라엘 문서예언자 활동의 시작

아모스, 호세아, 미가, 이사야(1-39장)의 표제어를 분석하면 고대 이스라엘의 문서예언자는 주전 8세기 중엽부터 활동하기 시작하였음을 알 수 있다. 표제어에는 일반적으로 예언자가 활동한 시대에 대하여 언급할 뿐만 아니라 경우에 따라서는 예언자의 신상명세가 간략하게 기록되어 있다.

- 유다 왕 웃시야의 시대 곧 이스라엘 왕 요아스의 아들 여로보암의 시대 지진 전 이년에(암 1:1)

- 웃시야와 요담과 아하스와 히스기야가 이어 유다 왕이 된 시대 곧 요아스의 아들 여로보암이 이스라엘 왕이 된 시대(호 1:1)
- 유다의 왕들 요담과 아하스와 히스기야 시대에(미 1:1)
- 유다 왕 웃시야와 요담과 아하스와 히스기야 시대에(사 1:1)

아모스 · 호세아 · 미가 · 이사야(1-39장)의 표제어에 기록된 유다와 이스라엘 왕은 웃시야, 요담, 아하스 그리고 히스기야이다. 즉 주전 8세기 중엽부터 이스라엘과 유다를 통치했던 왕들이다.

[주전 8세기 이스라엘-유다 왕의 연대기[27]]

유다		이스라엘		아시리아 제국	
웃시야	주전 785-769년	여로보암	주전 789-748년		
요담	주전 758-743년	스가랴	주전 748/7 년		
		살룸	주전 748/7년		
		므나헴	주전 747-737년		
아하스 섭정	주전 743-733년	브가히야	주전 737-735년	디글랏빌레셀	주전744-727년
아하스	주전 733-727년	베가	주전 735-733년		
		호세아	주전 733-724년	살만에셀 5세	주전726-722년
히스기야	주전 727-698년			사르곤 2세	주전 721-705년
				산헤립	주전 704-669년

그러나 구약성서의 목적이 역사를 기록하는 것이 아니기 때문에, 정확한 역사를 추정하기는 매우 어렵다. 즉 예언자들이 언제부터 언제까지 몇 년 동안 예언 활동을 했는지 기록하고 있지 않기 때문에, 이들의 활동 연대를 정확히 측정하는 것은 매우 어렵다. 단지 구약성서에 기록된 사

27) 본 연대표는 I. Eph'al, *Chronological Table of Judean and Israelite Kings* ed. Y. Amit, *The Book of the Kings of Judah and Israel*, (Tel-Aviv, 1989), p. 242 (Hebrew)에서 인용한 것임.

건들을 통하여 비교 연대를 제시할 뿐이다.

문서예언서의 표제어 외에도 예언서 본문 가운데서 예언 활동의 시대적 배경을 알 수 있는 경우가 많다. 대부분의 경우는 주변 국가의 왕 이름이나 구체적인 역사적 사건이 기록된 경우이다. 이러한 성서구절은 미가 5:5, 6, 이사야 7장, 20장, 36-37장, 39장 등이다. 이 구절들에는 아람 왕 르신의 이름이나 아시리아 제국의 왕 사르곤 혹은 산헤립의 이름 그리고 바벨론의 왕인 므로닥발라단의 이름이 등장한다.

문서예언자 가운데 가장 먼저 활동했다는 아모스는 아모스서의 표제어에 기록된 왕의 이름과 그의 활동 연대를 근거로 아모스가 활동한 최저 하한 연대(post quem)는 주전 785년이고, 최고 상한 연대(ante quem)는 주전 769년이다. 좀 더 구체적인 아모스 예언의 연대는 지진이 일어나기 2년 전이라는 표현에서 찾을 수 있다. 이 시기에 대하여 대부분의 학자들은 아모스 1:1을 주전 760년경의 것으로 추정되는 하솔의 제 VI 지층의 연대와 동일시한다. 이를 근거로 대부분의 아모스 주석가들은 아모스 예언의 배경을 주전 760년으로 추정한다.[28] 이와 함께 아모스의 내용을 분석하면 여로보암 2세가 죽은 이후 이스라엘의 복잡한 왕위 쟁탈에 관한 예언이나 또는 아시리아 제국의 영토 확장에 따른 유다나 이스라엘의 사회 변화에 대한 예언이 전혀 언급되어 있지 않다. 따라서 아모스의 연대를 주전 760년부터 748년까지 활동한 예언자로 이해한다.[29]

이러한 학자들의 연대 추정을 받아들인다면 고대 이스라엘의 문서예언자들의 활동이 주전 760년경부터 시작되었다고 말할 수 있다. 더 정확하게 말하면 아시리아 제국의 확장 이전에 문서예언자의 활동이 시작되

28) Y. Yadin, *Hazor II: An Account of the Second Season of Excavation, 195*, (Jerusalem: Israel Exploration Society, 1960), pp. 24-26, 36-37.

29) S. Paul, *Amos*, p. 1. 폴(S. Paul)은 아모스 활동 연대를 주전 760-745년으로 제시한다. 이러한 학자들 사이의 연대 재구성의 차이는 이스라엘과 유다 왕의 통치 연대가 학자들에 따라 다르기 때문이다.

었다.[30]

이러한 연대 추정을 바탕으로 고대 이스라엘 문서예언 운동이 활성화된 이유도 제시한다. 아버바흐(D. Aberbach)는 아시리아 제국의 세력 확장이 문서예언자 및 문서예언서가 등장하게 된 원인이 되었다고 주장한다.[31] 이에 반하여, 로페(A. Rofé)는 단지 주전 8세기부터 이스라엘과 유다에서 기록 활동이 보편화되었기 때문에, 문서예언자가 주전 8세기 중엽부터 등장했다고 주장한다. 이러한 로페의 주장은 팔레스틴 지역에서 발견되는 많은 기록 자료들이 주전 8세기 중엽 이후의 것이라는 사실에서 지지받는다. 이스라엘과 유다 지역에서 발견된 인장의 경우도 대체로 주전 9세기 말부터 6세기 사이에 해당하는 것이다.[32]

이 시대의 이스라엘과 유다의 역사적 상황을 정확히 이해하기 위하여 이 시대를 기록하고 있는 구약성서의 기록을 살펴야 한다.

주전 8세기 중엽의 유다와 이스라엘

여로보암 2세와 이스라엘의 번성

이스라엘 왕 여로보암 2세(주전 789-748년)는 유다 왕 아마샤 제 15년에 왕으로 즉위하여 15년간 통치하였다.[33] 여로보암은 이스라엘 영토를 르보-

30) 아시리아 제국의 세력이 처음 팔레스틴에 도착한 것은 주전 841년 살만에셀 3세 때라고 주장한다. 그러나 아시리아 제국이 영토 확장정책을 본격적으로 국가정책으로 시행한 것은 디글랏빌레셀 3세 때 부터이다. 이러한 정책의 일환으로 아시리아 제국이 팔레스틴에 도착한 것은 요담이나 므나헴 때로 보는 것이 타당하다.

31) D. Aberbach, *Imperialism and Biblical Prophecy*, 750-500 BCE (London: Routledge, 1994).

32) N. Avigad and B. Sass, *Corpus of West Semitic Stamp Seals*, (Jerusalem: IES, 1997), p. 21.

33) 여로보암 2세에 관해서는 김영진, 『이스라엘 역사』, pp. 295-299을 참조하시오.

하맛(Lebo-Hamath)에서부터 아라바 바다까지 확장 · 회복하였다.[34] 따라서 여로보암은 이스라엘 오므리 왕조의 영광을 재현하였다. 그는 잃었던 많은 영토를 회복하였기 때문에(왕하 14:25, 14:28) 여로보암 시대를 이스라엘 역사의 백은 시대(silver age)라고 부르기도 한다.

여로보암 시대의 경제적 번영은 사마리아에서 발견된 109개의 오스트라카에서 잘 알 수 있다.[35] 사마리아 오스트라카에는 당시 세금으로 거둬들인 기름, 포도주 그리고 곡식의 이름이 기록되어 있다.

그러나 여로보암이 죽고 그의 아들 스가랴(주전 748/7년)가 사마리아에서 왕이 되었으나, 6개월밖에는 통치하지 못하고 살룸(주전 748/7년)에 의하여 살해된다. 뿐만 아니라 살룸 역시 한 달밖에 치리하지 못하고 유다 왕 웃시야 39년에 므나헴에 의하여 살해된다.

주전 745년 아시리아 제국의 디글랏빌레셀 3세가 즉위하면서 그는 북쪽의 우라르투(Urarṭu)를 점령한 후 유프라테스 강 건너 서쪽 지역으로 영토 확장정책을 시행하였다. 이러한 정책에 의하여 아람이 주전 732년 멸망하였다. 따라서 이스라엘은 직접 아시리아와 국경을 대면하게 되었다. 따라서 이스라엘과 유다의 운명은 당시 근동 세계를 지배하던 아시리아와 대치하는 풍전등화의 위기에 직면하게 되었다. 이때부터 이스라엘과 유다는 메소포타미아제국의 통치를 받게 되었고, 주전 732년부터 332년 알렉산더 대왕 때까지 400년간 이스라엘 민족은 아시리아, 바벨론 그리고 페르시아 제국의 통치 하에 놓이게 되었다.

34) 한글 개역성서에서는 르보 하맛(לבוא חמת)을 '하맛 어귀' 라고 문자적으로 해석하였으나 르보 하맛(לבוא חמת)은 레바논 계곡(Beqa of Lebanon)의 북쪽에 위치한 지역의 이름으로 오늘날 렙바(Lebwa)로 불린다. 르보 하맛은 사르곤 2세 때의 아시리아 문서에는 *Labu*라고 기록되어 있다 (*NL 20=SAA I* 176:27).

35 G.A. Reisner, C.S. Fisher and D.G. Lyon, *Harvard Excavations at Samaria, 1908-1910*, (Cambridge, 1924), pp. 227-246; 김영진, 『고대 근동의 역사문헌』, pp. 205-207.

열강의 간섭에 들어간 사마리아

유다 왕 아사랴의 통치 39년에 이스라엘의 왕이 된 므나헴(주전 747-737년)은 10년을 통치하였다(왕하 15:17-22). 그러나 그의 통치 동안 아시리아의 디글랏빌레셀 3세(주전 744-727년)가 쳐들어 왔다. 이때 므나헴은 이스라엘의 각 부자들에게 특별 세금을 일인당 은 50세겔(shekel: 11.33g×50=566.5g)씩 거둬들여 디글랏빌레셀에게 바쳤다(왕하 15:20). 디글랏빌레셀의 비문에는 그가 시리아-팔레스틴 지역에서 조공을 받았음을 기록하고 있는데, 아람의 왕 르신이 이스라엘의 왕 므나헴과 함께 디글랏빌레셀에게 조공을 바쳤다.[36]

므나헴의 뒤를 이어 왕이 되었던 브가히야(주전 737-735년)는 그의 군대장관 베가의 반란에 의해 살해되었다(왕하 15:23-26). 베가는 유다의 아사랴 왕 50년에 왕이 되어 20년간 이스라엘을 통치하였다(왕하 15:27-31). 베가의

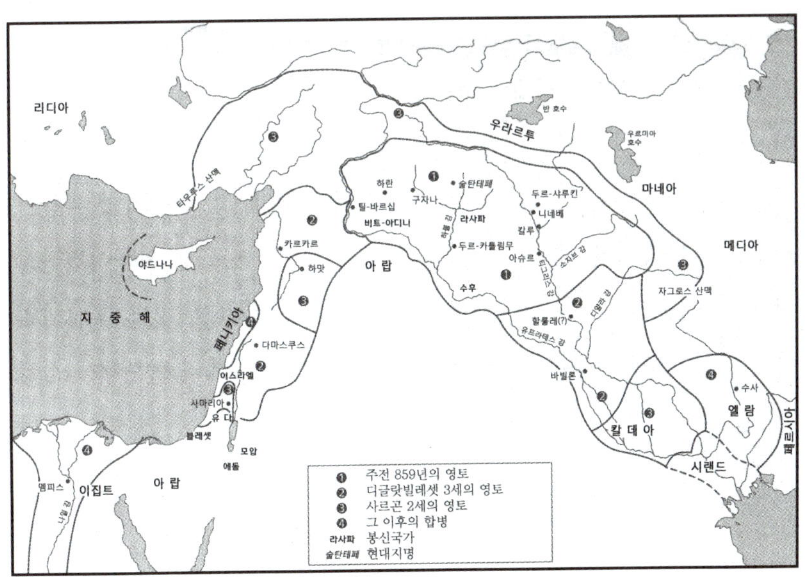

[주전 9세기 이후 아시리아 제국의 영토 변화]

통치 때 디글랏빌레셀 3세가 다시 쳐들어와 이욘, 아벨 벳 마아가, 야노아, 게데스, 하솔, 길르앗, 갈릴리, 납달리 등을 빼앗았을 뿐만 아니라 이스라엘 백성들을 포로로 잡아갔다. 이것이 이스라엘 백성들이 처음으로 포로로 잡혀간 사건이다.[37]

브가히야의 뒤를 이어 왕이 된 베가(주전 735-733년)는 엘라의 아들 호세아(주전 733-724년)에 의해 살해되었다. 베가는 아람 왕 르신과 공모하여 유다의 예루살렘을 공격하였으나 성공하지 못하였다(왕하16:5). 이 사건은 오랜만에 아람과 이스라엘이 다시 동맹관계를 유지한 사건이었으나, 이를 계기로 아람은 아시리아에 의하여 역사의 장에서 사라지고, 이스라엘은 아시리아의 봉신 국가가 된다(732년).

베가를 대신하여, 호세아가 이스라엘의 왕으로 즉위한다(왕하 17:1-6).[38] 주전 732년에 아람은 아시리아의 속주가 되었다.

디글랏빌레셀 3세 이외에도 그의 뒤를 이은 살만에셀(5세)이 다시 사마리아를 쳐들어와 호세아로부터 조공을 받아갔으나, 호세아는 매년 바치던 조공을 바치지 않고 오히려 이집트의 소(So)왕과 결탁하였다. 이에 대한 응징으로 호세아 9년에 살만에셀이 사마리아를 공격하여 3년간 포위한 다음 사마리아를 함락시켰다.[39]

구약성서에는 살만에셀(5세)이 사마리아를 점령하고, 이스라엘 사람을 포로로 잡아갔으며, 뿐만 아니라 다른 지역에서 사람들을 이주시켰다고 기록하고 있으나, 아시리아 제국의 기록에 의하면 사르곤 2세 때 사마리아가 멸망하였다고 기록하고 있다. 따라서 사르곤 2세의 비문에서 사르

36) Ann 13*:10-Ann 14* (= Ann 27)

37) 이 사건은 디글랏빌레셀 3세의 왕실비문의 기록에도 나타난다. 김영진, 『고대 이스라엘 역사』 (서울: 한들출판사, 2006), pp. 225.

38) 김영진, 『고대 이스라엘 역사』, pp. 225.

39) 김영진, 『고대 이스라엘 역사』, pp. 226-227 각주 27 참조하시오.

곤을 사마리아를 점령한 자로 묘사하고 있다.[40] 아시리아 제국에서 강제 이주정책을 편 것은 반란을 막기 위한 것이 가장 큰 목적이며, 또한 포로를 잡아가 부역을 조달하기 위한 경제적 목적도 있다.

유다 왕 아사랴(혹은 웃시야)는 16세에 왕이 되어 52년간 치리하였고(주전 785-769년), 엘롯을 건축하였다. 그는 블레셋 사람들, 아라비아 사람들, 암몬 사람들을 관장하고 조공을 받았다.

이처럼 이 시기에 팔레스틴의 지방 세력들이 다시 활기를 찾은 것은 아람의 쇠퇴와 무관하지 않다.[41] 르신은 이스라엘과 연합하여 유다에 대한 공격을 실패한 후, 아시리아의 속주가 되었고, 이스라엘은 봉신이 되었기 때문에 요단 동쪽의 나라들은 아람 혹은 이스라엘의 간섭으로부터 자유로울 수 있었다. 이러한 세력의 변화를 이용하여 주변 국가들이 세력을 확장하였다.

이스라엘과 유다의 종교적 생활

주전 8세기 중엽 이스라엘과 유다의 종교는 물질문명의 발전과 외국과의 빈번한 교류의 시작으로 순수성을 잃기 시작하였다.

북 왕국의 종교적 특성

이 시기 북 이스라엘의 종교적 상황에 대해서는 신명기사가의 기록에 의지할 수 밖에 없다. 구약성서를 통하여 알 수 있는 북 왕국의 종교적 변화는 크게 두 가지로 볼 수 있다. 첫째, 남북 왕국 분열 직후 여로보암(1

40) *ANET*, pp. 284-285; *ARAB II*, §§ 55, 99; 김영진, 『고대 이스라엘 역사』, pp. 227-229.
41) 주전 8세기부터 시작된 아람의 쇠퇴에 대하여 김영진, 『고대 이스라엘 역사』, pp. 230-232 참조하시오.

세)이 실시한 소위 종교개혁(왕상 12:25-33, 13:33-34)과 둘째, 아합의 국제결혼으로 바알 종교가 이스라엘에서 번성하여(왕상 16:29-34, 특히 30-31, 참고 18장) 바알 신전까지 건축되었다(왕상 16:32, 왕하 10:21, 11:18)는 점이다. 이외에도 신명기 사가는 다양한 바알 종교의 모습을 기록하고 있다. 바알의 제단(왕상 16:32, 왕하 21:3), 바알의 상(왕하 3:2, 10:27 목상), 바알의 예언자(왕상 18:19-40, 왕하 10:19) 그리고 바알의 제사장(왕하 11:18)까지 등장한다.42)

유다 왕국의 종교적 특성

[풍요를 상징하는 가나안 여신상]

학자들 사이에 가장 어려운 문제 가운데 하나가 아시리아 제국의 속국이었던 유다가 유다의 야웨신앙을 계속 유지하였는가? 아니면 아시리아 제국의 종교의 영향을 받았는가? 하는 점이다. 결론적으로 말하면, 일부 학자들은 아시리아 제국의 통치 때 유다는 아시리아 제국의 종교의 영향을 받았다고 주장한다. 이들은 열왕기하 16:10-18을 근거로 유다 왕 아하스 때 아시리아 제국의 종교가 이스라엘로 유입되었다고 주장한다. 그러나 이들의 주장은 기록문서를 근거로 하기보다는 근대사의 제국주의의 이념을 바탕으로 고대 사회의 종교를 유추하는 것이다.

이와 달리 코간(M. Cogan)이나 맥케이(J. McKay)와 같은 학자들은 아시리아 제국이 어떤 지역을 점령한 다음 아시리아 제국의 종교를 강요하지 않았기 때문에, 비록 유다가 아시리아 제국의 영향 하에 있다고 할지라

42) 이러한 관점에서 호세아서가 호세아의 부인이 다른 남편을 섬기는 것을 은유적으로 표현한 것은 곧 이스라엘 백성이 바알을 숭배하는 것을 나타내는 것으로 볼 수 있다. 왜냐하면 남편을 뜻하는 히브리어 바알(בעל)과 바알신을 나타내는 바알(בעל)이 같은 철자다.

도 종교적으로 아시리아 제국의 영향을 받았다고 말할 수 없다고 주장한다. 이들에 의하면 아시리아 제국은 봉신 국가에 아시리아 제국의 종교를 강요하지 않았고, 봉신 국가가 아시리아 제국의 영토로 편입되어 속주가 되면(*ana māt Aššur utīr*) 아시리아의 신을 섬기게 되었다고 주장한다.[43] 또한 열왕기상 16:10-18의 기록 가운데 제물을 불사르고 피를 단 위에 뿌리는 의식(15절)은 아시리아의 제의와 다른 것이라고 주장한다. 따라서 아하스가 다메섹에서 보고 새로 지은 제단은 메소포타미아의 제단이 아니라 아람의 제단이었다고 주장한다.

이상의 연구를 통하여 주전 8세기로 접어들면서 시리아-팔레스틴 지역에서는 아람이 주전 8세기 초부터 세력이 약화되면서 아람의 세력 하에 있던 이스라엘과 암몬과 에돔과 모압 등이 정치적 독립을 꾀하려 하였으며, 이 가운데서 이스라엘은 여로보암 2세 때 실지를 회복하였다. 그러나 8세기 중반에서 후반으로 바뀌면서 아시리아의 서방진출 정책에 의하여 시리아-팔레스틴 전역은 아시리아 제국의 세력 하에 놓이게 되었다.

이처럼 주전 8세기 급박한 정치적 상황과 빈번한 외국과의 교류 그리고 정치 · 경제적인 안정을 맞이하면서 이스라엘과 유다는 바알 종교와 주변 여러 나라의 종교가 유입되었고, 바알 종교가 전성기를 맞이하였다. 바로 이러한 시대에 예언자들이 등장하여 하나님의 말씀을 선포하였다.

43) M. Cogan, *Imperialism and Religion: Assyria, Judah and Israel in the Eighth and Seventh Centuries B.C.E.*, (California: Scholars Press, 1974), pp. 42-64; J. McKay, *Religion in Judah under the Assyrians*, (London: SCM Press, 1973), pp. 60-66.

아모스

9장 146절로 구성된 아모스서는 우리말 성경에서는 요엘서 다음에 놓여 있지만 아모스서는 주전 8세기 중엽 활동한 예언자 아모스의 활동을 기록하고 있으며, 문서예언자 가운데 가장 먼저 활동했던 예언자이다. 많은 주석가들은 아모스는 주전 8세기 중엽, 남 유다의 드고아에서 출생하였으나 북 왕국 지역에서 활동했다고 생각한다.[44)]

아모스의 인적 사항

아모스의 신상명세서

아모스의 신상명세서를 가장 잘 나타내는 구절은 아모스 1:1과 7:14로서 아모스의 직업과 출신에 대하여 언급하고 있다.

44) J. Blenkinsopp, *A History of Prophecy in Israel: From the Settlement in the Land to the Hellenistic Period*, (Philadelphia: The Westnister Press, 1983), pp. 86-87.

아모스 1장 1절

유다왕 웃시야의 시대 곧 이스라엘 왕 요아스의 아들 여로보암의 시대 지진 전 이년에 드고아 목자 중 아모스가 이스라엘에 대하여 이상으로 받은 말씀이라

아모스 7장 14절

아모스가 아마샤에게 대답하여 이르되 나는 선지자가 아니며 선지자에 속한 자도 아니라. 나는 목자요 뽕나무를 재배하는 자이다(사역)

아모스 1:1은 예언자 아모스가 활동하였던 시대적 배경과 함께 그의 고향이 드고아(Tekoa)였음을 기록하고 있다. 드고아는 사무엘하 14:2-21에 기록된 것처럼 베들레헴 남쪽 8km떨어진 유대 광야에 위치한 곳으로 알려져 있다(Khirbet Taqu^ca).[45] 따라서 아모스는 남 유다에서 출생하였으나 북쪽에서 활동한 것이 된다(암 7:10-17). 그런데 아모스의 예언 가운데 북왕국의 제의에 대한 비판을 포함하면서도 여로보암이 만든 금송아지에 대한 비판이 많이 등장하지 않는 것은 매우 흥미롭고 어려운 주제이다.

따라서 킴히(D. Kimchi)는 탈무드를 근거로 드고아가 유다 지역에 있지 않고 갈릴리 근처에 위치한다고 주장한다.[46] 그러나 폴(S. Paul)은 이러한 주장에 귀 기울일 필요가 없다고 비판한다.[47]

아모스의 직업이 무엇인가를 알아보기 위해서는 목자로 번역된 히브리어 노케드(נוקד)의 정확한 의미를 파악해야 한다. 노케드는 로에(רועה)와는 다르다. 구약성서에서 노케드라는 용어는 열왕기하 3:4의 메사 왕에게 한 번 더 사용되었다. 아카드어(*nāqidu*)나 우가릿 문서(נקדם)에서도 이

45) G. Fohrer, *Introduction to the Old Testament*, (London: SPCK, 1974), p. 411. 역대하 20:20에서는 유다 광야 가운데 드고아 지역의 광야를 드고아 광야(מדבר תקוע)라고 부른다. 그런데 우리말 성서에서는 드고아라고만 번역하였다.

46) D. Kimchi, *Radicum Liber*, Berlin, 1847; reprinted Jerusalem, 1967 (Hebrew).

47) 폴은 구체적인 이유를 제시하지 않는다. S. Paul, *Amos*, (Minneapolis: Fortress, 1991), p. 35, note 27.

단어가 사용되는데 그 의미는 '가축을 지키는 자' (overseer of herdsman)이다.[48] 아모스 7:14에서 아모스는 자신을 보켈(בוקר)이라고 말했다. 즉 가축을 기르는 자라는 것이다. 이러한 기능은 아카드어 *nāqidu*와 일치한다.

아모스의 활동 무대

아모스가 북 왕국에서 활동했다는 것은 그의 예언에 포함된 북 왕국의 지명에 관한 언급과 아모스 7:10-17을 근거로 한 것이다. 이 가운데 사마리아에 대한 언급은 아모스 3:12와 4:1, 6:1 그리고 3:9에서 찾아 볼 수 있고, 벧엘에 대한 언급은 아모스 3:14, 4:4, 5:5-6, 8:14 그리고 9:1 등이다. 그러나 남쪽 유다 출신의 예언자가 어떻게 북쪽에서 활동하였는가? 하는 것은 해결해야 할 과제이다.[49]

아모스 예언의 구조

아모스서는 서론과 결론 부분의 형식이 눈에 두드러지기 때문에 이 두 부분을 제외한 나머지 부분의 신탁이나 예언의 시작과 끝을 비교적 쉽게 결정할 수 있다.[50] 아모스서의 구조에 대한 학자들의 견해 또한 다양하다. 쾰러(L. Khöhler)나 바이저(A. Weiser)나 로빈슨(T.H. Robinson)같은 학자들은 아모스 본문을 2절에서 7절씩 작은 단위로 나눌 수 있으며 경우에 따

48) S. Paul, *Amos*, p. 35; *CAD N/1*, p. 333.

49) 왜냐하면 유다에서도 북 이스라엘의 타락을 비판하고 멸망을 예언할 수 있기 때문이다. 유다에 관한 희망의 메시지(9:11-15)는 아모스가 남쪽에서 활동하였음을 추측하게 한다.

50) D.L. Petersen, *The Prophetic Literature: An Introduction*, (Louisville · London: Westminster John Knox Press, 2002), p. 184.

라 1절로 나누어지는 경우도 있다고 주장한다. 이들에 의하면 아모스서의 편집자가 짧은 단위의 본문을 결합한 것이라고 주장한다. 반면에, 드라이버(S.R. Driver)나 젤린(E. Sellin)같은 학자들은 처음부터 예언들이 큰 단위로 구성되어 있었다고 주장한다.

아모스 예언의 구조에 대하여 세 부분, 네 부분 혹은 일곱 부분으로 나누는 등 학자들에 따라 매우 다양하다.[51] 아모스서를 자세히 일곱 부분으로 나누면 다음과 같다.

(1) 열방에 대한 신탁(1:1-2:16)

(2) 이스라엘에 대한 심판(3:1-6:14)

(3) 세 가지 환상(7:1-9)

(4) 아모스와 아마샤의 대결(7:10-17)

(5) 네 번째 환상(8:1-3)

(6) 기타 여러 가지 신탁들(8:4-9:10)

(7) 유다에 관한 희망의 메시지(9:11-15)

대부분의 예언서들은 아모스와 같이 심판 메시지와 희망의 메시지 구조로 되어 있다. 그러나 일부 책에서는 그 순서가 각기 다르게 배열되어 있다.

아모스서에는 독특한 찬양시의 부분이 삽입되어 있다. 예를 들어

51) 블렌킨숍(J. Blenkinsopp)은 아모스서를 세 부분으로 나눈다. 즉 아모스 1:3-2:16까지의 열방에 대한 심판, 3-6장은 이스라엘에 관한 예언 모음 그리고 7-9장의 다섯 가지 환상 보고 등으로 나눈다. J. Blenkinsopp, *A History of Prophecy in Israel*, p. 88. 아모스서를 네 부분으로 나누면 다음과 같다. 첫째, 열방에 대한 예언(1:2-2:6), 둘째 이스라엘에 대한 예언들(2:7-6:14), 셋째, 예언자의 경험(7:1-9:6) 그리고 마지막으로 이스라엘의 회복에 대한 예언(9:7-15) 등으로 나눈다. 네 부분으로 나누지만 그러나 앞의 두 부분은 심판의 메시지이고, 마지막 9:7-15는 회복의 메시지를 전달하고 있기 때문에 기본적인 예언문학 메시지의 양식을 채택하고 있다. 김영진, 『느비임』, p. 88.

아모스 9장 5-6절

주 만군의 여호와는 땅을 만져 녹게 하사 무릇 거기 거한 자로 애통하게 하시며 그 온 땅으로 하수의 넘침 같이 솟아오르며 애굽 강 같이 낮아지게 하시는 자요 그 전을 하늘에 세우시며 그 궁창의 기초를 땅에 두시며 바다 물을 불러 지면에 쏟으시는 자니 그 이름은 여호와시니라

이 외에도 아모스 4:13, 5:8-9, 8:8 등이 이에 속한다. 이 구절들은 자연에 나타난 하나님의 능력을 찬양하는 내용이다. 이에 대하여 일부 학자들은 이 부분은 후대의 삽입이며[52] 이 구절의 기능은 절을 마치는 데 있다고 주장한다. 심지어 포러(G.E. Fohrer)는 이 구절들은 편집자의 편집을 마무리하는 역할을 한다고 주장한다.[53]

최근까지, 아모스서의 문학 단위들을 결정하고 그 문학 단위들에 따라 본문을 주석하려는 시도들이 많은 아모스서의 주석가들에 의해서 수행되어 왔다.[54]

문학 단위를 결정하는 것이 본문주석에 있어서 기본이 되며 중요한 것임에도 불구하고, 아모스서 분할의 대표적인 견해들에서 나타나는 바와 같이, 그들의 주장은 큰 차이점이 나타나며, 이에 대한 의견의 일치가 이

52) 이에 대하여 폴은 시편의 영향이라고 주장한다. S. Paul, *Amos*, p. 4. 이러한 주장을 하는 학자들은 Wellhausen, Nowack, Stade, Driver, Sellin등이다.

53) G. Fohrer, *Introduction to the Old Testament*, p. 436.

54) 이와 같은 아모스서 문학단위의 분할에 관한 견해들은 코흐(K. Koch), 메이스(J.L. Mays), 폴(S.M. Paul), 볼프(H.W. Wolff), 스몰리(W.A. Smalley), 반 데르 발(A. van der Wal), 올드(A.G. Auld), 스튜어트(D. Stuart), 도시(D.A. Dorsey), 소긴(J.A. Soggin), 보바티(P. Bovati)와 메이네트(R. Meynet), 앤더슨(F.I. Andersen)과 프리드맨(D.N. Freedman), 노블(P.R. Noble)의 견해들로 대표된다. K. Koch und Mitarbeitern, *Amos: Untersucht mit den Methoden einer strukturalen Formgeschicht*, (Neukirche, 1976), p. 81; J. L. Mays, *Amos: A Commentary*, OTL, (London: SCM Press), 1969 p 55; S. M. Paul, *Amos*, Hermenia, (Philadelphia: Fortress, 1991), p 100; H. W. Wolff, *Joel and Amos*, Hermenia, (Philadelphia: Fortress, 1977), p. 17; A. van der Wal, "The Structure of Amos," *JSOT*, 26 (1983), pp.107-113; A. G. Auld, *Amo*, (Sheffiel: Sheffield Academic Press, 1986), p.50; Douglas Stuart, *Hosea-Jona*, (Waco Texas: Word Books, 1987), p 287; David A. Dorsey, "Literary Architecture and Aural Structuring Techniques in Amos," *Biblica* 73 (1992), pp.305-3

루어지지 않아 왔다. 또한 그들의 견해들은 대부분 아모스서 내의 어휘, 개념, 사상, 주제 등 문학적 특징에 따른 통일성에 주로 근거하여 문학 단위들을 결정했으며, 그 문학 단위에 따른 본문의 문학적 구조나 문학적 기능은 비교적 중요하게 다루어지지 않았던 경향이 있어왔다.

아모스의 문학적 양식

양식비평적인 관점에서 살펴보면 아모스서는 크게 세 부분으로 나눌 수 있다. 첫째는 일인칭으로 기록된 다섯 개의 환상 보고서(7:1-3, 4-6, 7-9, 8:1-3, 9:1-4)이다. 문학양식의 관점에서 산문 형식을 취하고 있다. 둘째는 예언을 선포하는 부분으로 예언자는 자신의 음성으로 예언을 선포하면서 하나님에 대하여 삼인칭으로 언급하는 부분이다(5:18-20). 세 번째는 아모스에 가장 많이 등장하는 것으로 아모스가 하나님의 말씀을 인용하여 예언을 선포하는 것으로 이 경우 하나님은 1인칭으로 묘사된다(5:21-24). 두 번째와 세 번째의 경우는 대체로 운문의 형식으로 기록되어 있다.[55)]

그러나 편집비평적인 관점에서 아모스는 몇 가지 특징이 발견된다. 즉 비슷한 장르끼리 모아 놓았다. 첫째, 열국에 대한 신탁은 1-2장에 놓여 있으며, 환상 보고서는 7-9장에 그리고 "화있을진저"(הוי)로 시작하는 신탁은 5-6장에 기록되어 있다. 따라서 이것은 아모스서가 어떤 의도를 가지고 모으고 배열했다는 것을 잘 보여준다.

또한 아모스서에는 원래 예언자 아모스의 예언뿐만 아니라 후대에 새롭게 첨가되어진 부분이 있다. 예를 들어 아모스가 북 왕국에서 예언을 선포하였는데 그가 유다의 브엘세바(Beersheba)에 대하여 관심을 갖는 것은

55) D.L. Petersen, *The Prophetic Literature: An Introduction*, p. 185.

후대에 첨가된 것으로 보인다(5:5, 8:14). 이에 대하여 학자들은 아모스의 예언이 유다의 환경 속에서 다시 언급될 때 첨가된 것으로 이해한다.[56] 뿐만 아니라 아모스서에는 주전 7세기 말이나 6세기 초의 요시야 종교개혁과 관계된 전승들(5:5)이 발견될 뿐만 아니라[57] 신명기적 전승들이 발견된다.[58] 아모스서(9:11-15)에는 주전 586년 예루살렘의 멸망을 상징하는 내용도 들어 있다. 이러한 첨가에 대하여 폴(S. Paul)은 아모스가 편집

[아모스서에 나타난 열방들]

과정을 겪었다기보다는 아모스서가 마지막에 여러 가지 다양한 이야기들이 결합된 결과로 나타나는 것이라고 주장한다.[59]

아모스서 형성에 있어서 다른 전승의 영향을 받았다는 주장이 있다. 볼프(H.W. Wolff)는 아모스서는 지혜전승 가운데 부족전승의 영향을 받았다고 주장한다.[60]

아모스는 예언문학의 양식을 띄고 있지만, 그러나 그 속에는 다양한

56) D.L. Petersen, *The Prophetic Literature: An Introduction*, p. 185.
57) 요시야 종교개혁과 관계된 전승으로는 아모스 5:5의 벧엘 제단에 대한 정죄함은 열왕기하 23:15와 관련이 된다.
58) 이에 관한 것은 아모스 2:4-5의 유다에 대한 고발에서 율법을 어긴 것을 거론하는데 이는 신명기 역사의 핵심 내용이다.
59) S. Paul, *Amos*.
60) H. W. Wolff, *Joel and Amos*, Hermenia, (Philadelphia: Fortress, 1977).

쟝르의 문학양식을 포함하고 있다. 아모스서 전체는 전통적인 예언문학의 양식을 가지고 있다. 따라서 아모스서의 많은 부분에서 "여호와께서 이와 같이 말씀하시되"(כה)라는 구절로 예언이 시작하고(암 1:3, 6, 9, 11, 13, 2:1, 4, 6, 3:11, 12, 5:3, 4, 16, 7:17) "이는 여호와의 말씀이니라"(נאם יהוה)라는 구절로 끝나는(암 2:11, 16, 3:10, 15, 4:3, 5, 6, 8, 9, 10, 11, 6:8, 14, 8:3, 9, 11, 16, 9:7, 8, 12, 13 등) 전형적인 예언문학의 사자양식을 사용하고 있다. 뿐만 아니라 "여호와께서 말씀하셨느니라"(יהוה אמר)는 구절(1:5, 8, 15, 2:3, 5:17)과 "들으라"(שמעו)는 구절(암 3:1, 13, 4:1, 5:1, 7:16, 8:4)이 사용되었다.

이러한 예언문학 이외에도 다음과 같은 다양한 문학 장르를 포함하고 있다:[61] 판결(암 1:3-2:16), 애가(암 5:1-3), 권유(암 5:4-27), 경고 (암 6장), 환상 보고서(암 7:1-3, 4 6, 7-8, 8:1-2, 9:1-4), 설화, 종말론적 희망(암 9:11-15)[62]등이다.

뿐만 아니라 아모스에는 다양한 문학적 기교가 들어 있다. 수사학적(修辭學的) 형태로는 웅변(Oratory); 은유(隱喩, Metaphor, 암 2:9, 3:12, 5:19, 6:12절); 직유(直喩, Simile, 암 5:2, 7, 24, 9:9절); 신(辛)소리 하는 습관(penchant for paronomasia, 암 5:5b, 6:1, 6, 7, 8:2절); 풍자(Irony, 암 5:20, 6:12, 9:4); 풍자 가운데 빈정거림(Sarcasm, 암 3:12, 4:4-5, 6:1절); 상대의 말을 인용하여 이를 비판하거나 예언자 자신의 자책을 표시하는 것으로 이용하는 경우(암 2:12, 6:13, 9:10절); 교훈적 질문법(암 2:11, 3:3-6, 8, 5:18, 25, 6:12, 8:8절); 교차대구법(Chiasmus)을 자주 사용한다.[63] 아모스에는 카코페미즘(Cacophemism)가운데 위악어법이 등장한다(암1:5).

61) S. Paul, *Amos*, pp. 4-5.

62) H.W. Wolff, *Joel and Amos*, p. 113. 볼프는 이 종말론적 희망은 포로기 이후 시대의 시대적 상황을 반영하고 있다고 주장한다.

63) 아모스서에 사용된 교차대구법은 다음과 같은 종류가 있다. ⓐ Chiasmus in bicola: AB//BA의 형식(한절에서 AB//BA가 되는 경우) - 암 4:7, 5:2, 5:7, 5:8, 5:9, 6:12, 7:9, 7:11, 9:7, 9:8, 9:16; ⓑ Complete chiasmus (ABC//CBA)의 형식 - 암 9:6; ⓒ Chiasmus in tetracola(AB//BA)의 형식(두 절에서 AB//BA 되는 경우) - 암 2:11-12; ⓓ Chiasmus in hexacola(ABC//CBA)의 형식(세 절에서 ABC//CBA가 되는 경우) - 암5:4b-6a; ⓔ Large-scale chiasmus(ABCD//DCBA)형식 - 암 9:1-4, 암 5:1-17 등이다.

아모스서의 내용

아모스서는 대체로 다음 세 가지 주제에 대하여 언급하고 있다. 첫째, 세상의 끝은 반드시 온다는 것과, 둘째, 세상 끝이 오는 이유가 있으며, 셋째, 야웨는 이스라엘의 멸망의 원인이 될 것이다. 따라서 아모스서는 심판의 신학을 제시한다. 첫 번째 심판의 신학은 아모스 7장에서 두 차례에 걸친 이스라엘 파괴에 관한 환상으로 나타난다. 뿐만 아니라 아모스 8:9-10에서는 앞으로 어떤 일이 일어날 것을 선고의 형식으로 묘사하고 있다.

아모스의 가장 두드러진 내용은 1-2장의 열방 신탁과 7-8장의 다섯 가지 신탁에 관한 기록이다.

열방 신탁(1-2장)

아모스 1-2장에는 열방에 대한 심판이 기록되어 있다. 열방에 대한 심판은 구약 예언서에 여섯 차례 등장한다(암1-2, 사 12-27, 렘 46-51, 겔 25-29, 습 2, 슥 9). 아모스 1:3-2:16에는 이스라엘의 이웃인 여섯 이방과 유다와 이스라엘에 대한 심판의 예언이 일정한 양식으로 기록되어 있다.

열방 신탁의 기원에 관하여 학자들의 견해가 매우 다양하다. 이집트의 저주문서의 제의적 배경을 기원으로 생각하거나(A. Bentzen), 아람의 스파레(Sefire) 비문에 기록된 저주의 내용의 영향을 받은 것이라고 주장하기도 한다(Fensham).[64] 또 하란(Haran), 젤리그만(Seeligmann) 그리고 코이프만(Y.Kaufmann)은 신명기 21:27-30에 기록된 시인의 노래와 같은 전쟁 때 행하는 예언(war prophecy)에서 영향을 받은 것으로 주장한다. 이러한 견해는

64) 김영진, 『고대 근동 역사 문헌』, pp. 114-116.

호프만(Hoffman)과 폴(S. Paul)에 의해서 지지된다. 또한 아모스 1-2장의 열방의 순서에 대해서도 견해가 매우 다양하다. 벤첸은 이집트의 저주문서의 순서를 따른 것이라고 주장하거나, 코이프만(Y. Kaufmann)은 아모스 시대의 국제정세와 관련하여 이방 국가를 배열하였다고 주장한다.[65] 이 예언의 대상이 되는 나라는 다음과 같다.

나라	구절	내용
아람	1:3-5	길르앗으로 영토 확장
블레셋	1:6-8	가자, 아스돗, 에그론, 아스글론의 파괴
두로	1:9-10	사로잡은 자를 에돔에 판 죄
에돔	1:11-12	칼로 형제를 죽인 죄
암몬	1:13-15	길르앗으로 영토 확장
모압	2:1-3	에돔 왕의 뼈를 불사르는 죄

다섯 가지 환상(7-8장)

아모스서에서 또 다른 특징적인 내용은 아모스 7-8장의 다섯 가지 환상에 관한 보고이다. 아모스가 선견자로서의 예언자인 것을 나타내는 아모스의 환상 보고서인 아모스 7-8장은 다음과 같은 구조를 가지고 있다. 아

65) Y. Kaufmann, *Toldedoth Ha-Emunah Ha-Yisraelith*, Vol. 6, (Jerusalem, 1957), p. 63 (Hebrew). 볼프(Wolff)에 의하면 아람과 블레셋이 처음 기록된 것은 이들이 이스라엘의 오래된 적이기 때문이고, 암몬과 모압이 뒤따르는 것은 이들이 이스라엘과 혈육이기 때문이라고 주장한다. H.W. Wolff, Amos pp. 144-148; 마찬가지로 바이저(A. Weiser)는 아모스가 배열한 열방의 순서는 이스라엘이 느끼기에 가장 강하게 적대감을 느끼는 나라 순으로 기록했다는 설명이다. 따라서 아모스 시대에 가장 큰 세력이었던 아람과 블레셋이 가장 먼저 언급되었다고 주장한다. 레벤트로(H.G. Reventlow)는 아모스의 열방에 대한 저주는 언약체결 의식을 배경으로 기록되었다고 주장한다. 그러나 벨하우젠(J. Wellhausen)은 아모스의 열방에 대한 저주를 기록하는 순서는 아시리아 제국의 군사 계획 순서에 의하여 기록되었다고 주장한다.

모스 7:1-9, 8:1-3의 환상 부분과 7:10-17의 아모스와 아마샤의 대결 장면 그리고 8:4-14에 하나의 예언이 첨가되어 있다. 네 개의 환상은 크게 두 그룹으로 나눌 수 있으며 이 두 그룹은 서로 다른 이미지를 갖지만 그러나 같은 의미를 나타낸다.

첫 번째 환상은 추수 전에 메뚜기들이 곡식 알갱이에 피해를 주는 재앙이다. 두 번째 환상은 가뭄으로 모든 땅을 황폐하게 한다는 재앙이다. 이 두 재앙은 이스라엘에게 닥친 재앙을 나타내는 첫 번째 그룹으로 볼 수 있다. 세 번째 환상은 하나님이 다림줄 즉 하나님의 정의와 심판의 규정을 들고 서 계신다는 것이다. 네번째 환상은 여름 과일 상자로 끝이 다가 왔음을 나타낸다. 이 두 환상은 이스라엘의 종말을 나타내는 두 번째 그룹이다. 문학적인 구조면에서 두 그룹은 서로 다른 형식을 가지고 있다. 그러나 모든 환상 즉 네 가지 환상은 다음과 같은 형식을 취하고 있다. 즉 "내게 보이신 것이라" 와 뒤이어 나타나는 "이러하니라" 의 형식을 가지고 있다. 그런데 첫 번째 그룹의 환상은 "이루지 아니하리라" 로 마친다. 그러나 두 번째 그룹의 환상은 "다시는 용서치 아니하리니" 로 마친다.

첫 번째 그룹의 환상에 대한 기록에서는 아모스 자신이 성공적으로 중재한 것을 다시 설명하는 형식(2b-3, 5b-6)을 취하고 있다. 그런데 6절에서는 "이것도" 라는 것이 첨가되어 있다. 이 구절은 두 환상을 단단하게 연결하는 역할을 한다.

두 번째 그룹의 공통적인 형식은 주제에 대한 하나님의 질문 — 아모스의 대답 — 하나님의 해석이라는 형식이다. 여기에 아모스 7:8과 8:2에는 "다시는 용서하지 아니하리라" 라는 구절이 공통적으로 기록되어 있다. 이 두 구절의 첨가 역시 아모스의 환상이 앞의 것과 연결되지 않고 이해할 수 없음을 보여주고 있다.

환상에 대한 보고서 형식을 띠고 있는 아모스 7-8장에는 교차대구법을 자주 사용한다. 아모스서에 사용된 교차대구법 가운데 Chiasmus in bicola: AB//BA의 형식(한절에서 AB//BA가 되는 경우)이 발견된다(암 7:9, 11).

이러한 형식적인 특징을 가지고 있는 네 가지의 환상이 어떻게 편집되어 하나의 단위로 구성되었는지를 밝히는 것은 쉽지 않다. 이러한 사실은 아모스 7:10-17의 삽입을 통해서도 잘 알 수 있다.

왜 아모스 7:10-17의 삽입으로 단절을 형성했는가? 하는 점에 대하여 학자들은 다양한 견해를 제시한다. 첫 번째 설명은 편집자의 의도에서 찾는다. 즉 아모스 편집자가 사건의 역사적 과정에 대해 설명하기 위해서라는 설명이다. 와츠(Watts)에 의하면 아모스는 원래 벧엘에서 처음 세 환상을 설명한 후 남 유다로 추방되었으며, 거기서 네 번째 남 유다와 관련이 있는 환상을 말하였다. 또 몇 년 후에 이것을 다시 반복하면서 다섯 번째 환상이 첨가되었다고 주장한다. 와츠는 아모스 1:1에 기록된 "지진 전 2년" 이라는 표현을 바탕으로 자신의 주장을 편다.

그러나 윌리암슨(Williamson)은 아모스 7:10-17이 원래는 아모스서의 다른 곳에 있던 것인데 후에 지금의 자리로 옮겨온 것이라고 주장한다. 아모스 7:10-17의 원래 자리에 대한 학자들의 견해는 다양하다. (1) 아모스 1:2 뒤이어 기록됐거나 (2) 아모스 3장 뒤에 기록됐거나 (3) 아모스 6장 뒤에 기록됐거나 혹은 (4) 아모스서 맨 뒤에 기록되었을 것으로 추정한다. 그런데 아모스 7:10-17이 현재의 위치에 놓이게 된 것은 아모스 7:9b의 "칼로 여로보암의 집을 치리라 하시니라"는 구절이 아모스 7:11의 "여로보암은 칼에 죽겠고" 에서 반영되어 있기 때문이다. 따라서 루돌프(Rudolph)는 아모스 7:9가 세 번째 환상에 속하는 부분이라고 주장한다. 왜냐하면 다른 어떤 것이 10-17절의 현재 위치를 설명해 주지 못하기 때문이다. 뿐만 아니라 7:9의 이스라엘을 나타내는 용어로서 이삭이 7:16

에서 다시 사용되기도 한다. 이삭이라는 말은 아모스서의 다른 곳에서는 전혀 사용되지 않은 표현이다. 특히 이삭을 ישחק으로 쓰는 경우는 매우 드물다(암 7:9, 16, 렘 33:26, 시 105:9). 셋째로 성소를 나타내는 미크다쉬(מקדש)라는 표현은 아모스 7:9과 16에서만 사용되고 다른 곳에서는 사용되지 않은 용어이다.

아모스 7:10-17이 앞의 두개의 환상과 뒤의 두개의 환상 사이에 삽입된 것은 야웨의 이스라엘을 멸망하려고 결정한 그 결정을 뒤집을 수 없음을 보여주기 위한 것이라고 설명하는 학자도 있다.[66] 벧엘 제사장 아마샤의 행동은 이스라엘이 하나님의 말씀을 듣고 회개할 수 있는 기회를 끊어 버렸기 때문이다.

아모스 8:4-14의 삽입에 대한 학자들의 설명도 다양하다. 그러나 윌리암슨(Williamson)은 아모스 8:4-14은 아모스의 선포를 신명기 그룹의 말로 재해석하는 것이라고 주장한다.

이스라엘에 대한 심판(3:1-6:14)

아모스 3:1-6:14에서는 이스라엘 대한 심판이 기록되어 있다.

아모스 3:1-8에서는 아모스가 하나님으로부터 말씀을 받은 내용을 기록하고 있다. 3:9-4:3에서는 사마리아에 내린 벌에 대하여 기록하고 있다. 4:4-13에서는 하나님의 말씀을 듣고도 돌아오지 않는 이스라엘에 대하여 기록하고 있다. 이러한 이스라엘 백성에 대한 애가가 5:1-3에 기록되어 있다. 5:4-27에서는 이스라엘 백성들에게 여호와를 찾으라고 말한다. 그러나 이러한 말씀을 듣지 않은 이스라엘의 멸망을 예언하고 있다(암 6:1-14).

66) B.E. Willoughby, "Amos, Book of," *ABD I* pp. 203-212, esp. 209.

아모스의 주요 메시지

아모스서에 전반적으로 흐르는 사상은 하나님은 이스라엘과 특별한 관계를 맺었으나 이스라엘이 이 관계를 깨뜨렸기 때문에 하나님은 이스라엘을 벌할 수밖에 없다는 것이다.

하나님이 이스라엘을 벌할 수밖에 없는 것은 하나님은 공의의 하나님이시기에 불의를 용납치 못하고 심판을 내리실 것이다. 아모스가 사회정의를 부르짖는다고 해서 그를 빈민 해방을 위한 사회 개혁가나 정치혁명가로 이해해서는 안 된다. 아모스의 사회 비판은 끝 날에 있을 하나님의 심판을 의미하는 것이다. 그러나 분명한 것은 아모스의 선포에 사회 정의 부재에 대하여 언급하고 있는 것은 당대의 시대적 상황이 사회적 부정의가 만연하였음을 의미하는 것이다.

그럼에도 불구하고 아모스서에는 '남은 자'의 구원을 말하고 있다. 즉 아모스 5:15의 "만군의 하나님 야웨께서 혹시 요셉의 남은 자를 긍휼히 여기시리라"고 기록한 것은 이러한 사상을 나타내는 것이다.

이러한 아모스의 예언은 당시 이스라엘 백성들에게 큰 인상을 주었다. 따라서 아모스의 예언은 신약성서에도 많이 인용된다. 즉 요한계시록 10:7, 11:18에서는 아모스 3:7을 행 7:42-43에서는 아모스 5:25-27을 사도행전 15: 16-17에서는 아모스 9:11-12를 인용하고 있다.

| 아모스 참고문헌 |

Andersen, F. I., and D. N. Freedman. *Amos*. AB. New York: Doubleday, 1989.

Coggins, R. J. *Joel and Amos*. NCB. Sheffield: Sheffield Academic Press, 2000.

Finley, T. J. Joel, *Amos, Obadiah*. Chicago: Moody, 1990.

Harper. W. R. *A Critical and Exegetical Commentary on Amos and Hosea*. ICC. Edinburgh: T. &T. Clark, 1905.

Hayes, J. H. *Amos*. Nashville: Abingdon, 1988.

King, P. J. *Amos, Hosea, Micah-An Archaeological Commentary*. Philadelphia: Westminster, 1988.

Mays J. L. *Amos*. OTL. Philadelphia: Westminster, 1969.

Niehaus, J. "Amos." In *The Minor Prophets: An Exegetical and Expositional Commentary*, edited by T. E. McComiskey, 3 vols., 1:315-494. Grand Rapids: Baker, 1992-98.

Paul, S. M. *Amos*. Hermeneia. Minneapolis: Fortress, 1991.

Smith, B. K., and F. S. Page. *Amos, Obbadiah, Jonah*. NAC. Nashville: Broadman &Holman, 1995.

Smith, G. V. *Amos: A Commentary*. Grand Rapids: Zondervan, 1989.

Stuart, D. *Hosea-Jonah*. WBC. Waco, Tex.: Word, 1987.

Wolff, H. W. *Joel and Amos*. Trans. W. Janzen et al. Hermeneia. Philadelphia: Fortress, 1977.

호세아

호세아서는 정경적으로 소예언서의 첫 번째 책으로 14장 197절로 구성되어 있다. 호세아는 북 왕국에서 활동했던 예언자로서 아모스보다 조금 늦은 시기에 그러나 이사야와 미가보다 이전에, 혹은 부분적으로는 동시대에 활동하였다. 따라서 호세아서와 아모스서는 동시대에 활동한 예언자의 말씀을 기록하고 있다는 데서 유사점이 있지만, 그러나 두 예언서의 관점에는 큰 차이가 있다. 즉 아모스서는 남 유다적 관점에서 북 이스라엘에 대하여 기록하고 있는 반면, 호세아서는 북 이스라엘의 관점에서 이스라엘에 대하여 주목하고 있다.[67)]

호세아서는 매우 독특한 용어로 이스라엘의 정치적 상황에 대하여 언급하고 있다. 특히 이스라엘이 멸망하기 직전 짧은 시대의 정치적 상황에 대하여 언급하고 있다.[68)] 호세아서에 기록된 두 가지 특징을 발견할 수 있다.

첫째, 호세아서는 국제정세 속에서 이스라엘이 부적합한 행동을 하였음을 지적한다. 호세아는 이스라엘이 이집트와 아시리아가 포함된 동맹군에 대항하는 것을 지적하며, 아시리아의 봉신이 되는 것에 동의한다.

그러나 이스라엘은 이집트의 구원 약속을 믿고 반란을 일으킨다(왕하 17:3-4).

호세아 7장 11절

에브라임은 어리석은 비둘기 같이 지혜가 없어서 애굽을 향하여 부르짖으며 앗수르로 가는도다

이러한 이스라엘의 잘못된 정치적 행동은 종교적인 부적절함과 연결되며, 이러한 사실은 호세아 14:3에 기록되어 있다.

호세아 14장 3절

우리가 앗수르의 구원을 의지하지 아니하며 말을 타지 아니하며 다시는 우리의 손으로 만든 것을 향하여 너희는 우리의 신이라 하지 아니하오리니 이는 고아가 주로 말미암아 긍휼을 얻음이니이다 할지니라.

두 번째 특징은 이스라엘의 정치적인 불안정을 또한 발견할 수 있다.[69] 주전 746년부터 721년 사이에 이스라엘에서는 일곱 명의 왕이 통치하였다. 이러한 정치적 불안정은 호세아 7:7에 묘사되어 있다.

호세아 7장 7절

그들이 다 화덕 같이 뜨거워져서 그 재판장들을 삼키며 그들의 왕들을 다 엎드러지게 하며 그들 중에는 내게 부르짖는 자가 하나도 없도다

이 가운데 호세아 6:8의 "길르앗은 악을 행하는 자의 고을이라 피 발자국으로 가득 찼도다"는 베가가 브가히야를 길르앗 사람 오십명과 함께

67) D.L. Petersen, *The Prophetic Literature*, p. 176. 많은 학자들은 호세아가 사마리아(Samaria)에서 활동했다고 추정한다. G. Fohrer, *Introduction to the Old Testament*, p. 419.

68) D. L. Petersen, *The Prophetic Literature*, p. 176.

죽인 사건을 나타내는 것이다(왕하 15:25).

호세아서에 대하여 북 왕국에서 기록되었지만, 남 왕국이 멸망한 후 편집되었다고 주장한다. 왜냐하면 호세아가 북 왕국에서 활동하였지만 호세아서에는 유다에 관한 내용이 많이 들어 있을 뿐만 아니라(1:7,11; 4:15; 5:5,10,13-14; 6:4,11; 10:11; 11:12; 12:2) 표제어에서도 연대를 특히 유다 왕들과 관련시켜 표시하기 때문이다(1:1). 따라서 여러 주석가들은 북쪽에서 활동한 호세아의 예언이 이스라엘이 멸망한 뒤에 유다에서 기록되었으리라고 생각한다. 호세아 자신이 그렇게 했는지, 아니면 다른 사람이 호세아의 말들을 문서로 확정하고 유다의 상황을 고려해서 그 현실에 맞게 수용했는지는 알 수 없다.

호세아의 인적 사항

다른 8세기 예언자와 마찬가지로 호세아의 인적 사항을 아는 것이 호세아의 메시지를 이해하는데 도움이 된다.

호세아의 활동 시기

호세아의 활동 시기는 표제어와 호세아서에 암시되어 있는 사건들을 통하여 추정할 수 있다. 호세아 1:1의 호세아 활동 시기를 나타내는 왕의 이름을 통해서 호세아의 활동 시기는 주전 753-716/5년이지만 북 왕국의 멸망이 722/1년이기 때문에 그의 활동 기간을 753-722/1년으로 계산할 수 있다. 호세아 예언의 시작은 여로보암 2세(주전 787-747년)의 통치 말기

69) G. McConville, *Exploring the Old Testament: The Prophets*, p. 135.

로 추정된다. 호세아가 활동하던 시기는 북 왕국이 멸망하기 직전으로 정치적으로 매우 어수선했던 시기였다.[70] 북 왕국은 여로보암 2세 때 어느 정도 번영을 누렸으나, 그 뒤로 25년 동안 여섯 명의 왕이 통치하였고, 그 가운데 네 명의 왕이 암살당했다. 마침내 주전 722/1년에 사마리아는 아시리아 사람들에게 정복되었고, 이후로 역사의 장에서 사라졌다. 이러한 주장은 다음과 같은 호세아서의 기록을 근거한 것이다. 호세아 1:4의 "내가 이스르엘의 피를 예후의 집에 갚으며 이스라엘 족속의 나라를 폐할 것임이니라"라는 예후 왕조의 멸망에 관한 예언과 호세아 3:4의 "이스라엘 자손들이 많은 날 동안 왕도 없고 지도자도 없고 제사도 없고 주상도 없고 에봇도 없고 드라빔도 없이 지내다가" 라는 예언이 있다. 이 두 예언은 이스라엘의 정치적 어려움을 암시한다. 따라서 볼프(H.W. Wolff)는 예후 왕조의 재앙이 시작된 때 주전 752년경부터 호세아가 예언을 시작한 것으로 추정한다.[71]

또한 호세아 5:8-11은 시리아-에브라임 전쟁을 암시하는 말씀이고, 호세아 5:13, 7:8-12은 주전 733년 아시리아 제국의 디글랏빌레셀 3세가 이스라엘을 공격하는 것을 배경으로 선포된 말씀이다. 호세아 7:11에서는 이집트와 아시리아 사이에서 이스라엘이 겪는 정치적 동요를 나타내며, 호세아 8:7-8은 이스라엘 마지막 왕인 호세아가 아시리아 제국에 조공을 바치는 것을 묘사하고 있다. 뿐만 아니라 호세아 10:14에 등장하는 살만 역시 호세아 예언의 역사적 배경을 나타내는 구절이다. 아스투(Astour)는 호세아 10:14의 살만이 살만에셀이라고 주장하였지만, 그러나 볼프는 디글랏빌레셀 3세의 비문에 등장하는 모압의 왕인 살라마누(mSa-la-ma-nu kurMa-a-ba-a-a)일 가능성을 제시하였다.[72] 또한 호세아 9:3이나 11:5 그리고

70) G. McConville, *Exploring the Old Testament: The Prophets*, pp. 135-136.
71) H.W. Wolff, *Hosea*, Hermenia, 1974, p. xxi.
72) H.W. Wolff, *Hosea*, p. xxi.

12:2은 열왕기하 17:4에 기록되어 있는 것과 같이 호세아가 이집트의 소왕에게 사신을 보내는 것을 나타낸다고 볼 수 있다.

이상의 기록을 통하여 호세아의 예언이 여로보암 2세의 통치 말기부터 시작하여 북 왕국의 멸망 직전까지 약 30여 년 동안 이루어졌음을 알 수 있다(주전 750-722/1년).[73]

호세아는 누구인가?

호세아서는 다른 예언서 특히 아모스와는 달리 호세아의 신상명세서에 대하여 단지 브에리의 아들이라는 사실만 언급할 뿐(호 1:1), 어느 지역 출신이며, 그의 직업이 무엇인지에 대해서는 아무런 언급도 하지 않는다.

호세아의 가족 상황에 대해서는 아내 고멜과 그의 세 아들 이스르엘(호 1:4)과 로루하미(호 1:6, 뜻은 "Without mercy") 그리고 로암미(호세아 1:9, 뜻은 "Not my people")라고 기록되어 있다. 호세아 1:2에서 고멜이 음란하다고 표현한 것에 대하여 볼프는 고멜의 삶이 실제로 음란했다기보다는 이스라엘 백성들이 가나안의 종교에 빠져 있는 상황에 대하여 이스라엘 여자들의 음란으로 비유하여 표현한 것이라고 이해하였다.[74] 또한 호세아가 두 아들의 이름에 대하여 부정적인 이름을 지어준 것에 대하여 호세아의 가족은 실제 가족이라기보다는 이스라엘의 배교와 이에 대한 하나님의 심판을 은유적으로 표현하기 위하여 사용된 가족으로 이해할 수 있다. 왜냐

73) 포러(G. Fohrer), 뉴썸(J.D. Newsome Jr.), 카이저(O. Kaiser)는 호세아의 연대를 주전 755/750~725년 사이에 활동한 것으로 추정한다. G. Fohrer, *Introduction to the Old Testament*, p. 419; J.D. Newsome Jr., *The Hebrew Prophets*, pp. 30-32; O. Kaiser, *Introduction to the Old Testament* (Oxford: Basil Blackwell, 1975), p. 219; G. McConville, *Exploring the Old Testament: The Prophets*, p. 135.

74) H.W. Wolff, *Hosea*, p. xxii.

하면 어느 부모도 자신의 자녀에게 부정적인 이름을 지어주지는 않기 때문이다.

호세아의 활동

호세아가 어디서 활동했는가에 대한 직접적인 언급은 없지만 호세아서에 나타나는 많은 지명들이 북 왕국에 속해 있다는 점과 남 유다의 예루살렘에 대한 언급이 없기 때문에 호세아가 북 왕국에서 활동하였다고 추정한다. 호세아서에 나타나는 북 왕국의 지역들은 사마리아(호 7:1, 8:5-6, 10:5, 7, 14:1), 벧엘(호 4:15, 5:8, 10:5, 12:5), 길갈(호 4:15, 9:15, 12:12), 아골 골짜기(호 2:17), 요단 강의 아담(호 6:7), 라마와 기브아(호 5:8) 그리고 길르앗(호 6:8, 12:12) 등이다. 호세아의 예언 선포가 대부분 사마리아와 벧엘 근처와 길갈에서 행해졌기 때문에 호세아를 북 왕국에서 활동한 예언자로 여긴다.

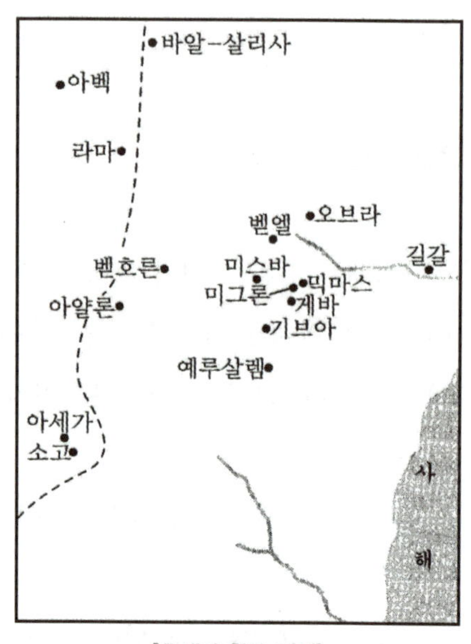

[호세아 활동 지역]

그러나 호세아 예언의 내용을 살펴보면 북 이스라엘 뿐만 아니라 남 유다를 향한 예언의 메시지도 담고 있다(1:7,11; 4:15; 5:5,10,13-14; 6:4,11; 10:11; 11:12; 12:2).

호세아 시대의 상황

정치적 상황

호세아가 활동한 시대의 정치적 상황은 호세아 1:1에 기록된 유다와 이스라엘 왕의 시대에 대하여 기록하고 있는 열왕기와 역대기의 내용을 참고하여 추정할 수 있다. 앞에서 언급했듯이 호세아 1:1에 의하면 호세아가 활동한 시기의 왕은 유다의 웃시야, 요담, 아하스 그리고 히스기야이며 이스라엘의 왕은 여로보암 2세이다. 뿐만 아니라 호세아서의 여러 곳에서 호세아가 여로보암 2세 때 활동하였음을 보여준다.

여로보암 2세는 영토를 확장하였다(왕하 14:25, 28). 따라서 정치적인 면에서 호세아가 활동했던 시기는 남북 왕국이 영토를 확장하면서 번성기를 구가하던 시기였다. 이 시기의 유다의 상황은 웃시아, 요담, 아하스 그리고 히스기야 통치 시대이다. 웃시야(주전 792/1-740/39년)는 상비군을 조직하였으며, 유다의 영토를 확장하였다(대하 26:1-15). 그의 뒤를 이어 왕이 된 요담은 유다 산중에 성읍을 건축하였다(대하 27:1-9). 유다 왕 가운데 가장 중요한 왕은 히스기야이다. 그는 대규모 종교개혁을 단행하였다(대하 29:1-31:21). 그러나 그의 통치 때 아시리아의 산헤립 왕이 침공하여 유다는 정치적 위기를 맞이한다(왕하 18장).

종교적 상황

호세아가 활동했던 북 이스라엘의 종교적 상황에 대한 자료는 신명기사가와 역대기 사가의 기록에 의지할 수밖에 없다. 주전 8세기의 일반적인 종교 상황과 마찬가지로 호세아가 활동하던 시대에는 바알 종교가 번성하였다. 따라서 호세아서가 호세아의 부인인 고멜이 다른 남편을 섬기는 것으로 표현한 것은 곧 이스라엘 백성이 바알을 숭배하는 것을 은유적으로 나타내는 것이다. 왜냐하면 남편을 뜻하는 히브리어 바알(בעל)과 바알 신을 나타내는 바알(בעל)이 같은 철자이기 때문이다. 따라서 호세아가 활동하던 시대는 바알 숭배가 만연한 시대였음을 알 수 있다.[75]

이러한 사실은 호세아서에 기록된 바알 종교에 대한 언급에서도 알 수 있다. 길갈에서의 음행에 대한 언급(4:15, 9:15, 10:5, 8, 15), 금송아지에 대한 언급(8:5-6, 10:5-6) 그리고 주상에 대한 언급(3:4, 10:1) 등은 이스라엘에서 바알 종교가 얼마나 번성하였는가를 짐작할 수 있게 한다. 뿐만 아니라 호세아 1-3장의 여인의 음행은 이스라엘의 바알 숭배를 은유적으로 묘사하고 있으며(2:8), 뿐만 아니라 가나안 신을 숭배하기 위하여 여호와를 버린 것에 대한 언급(4:10, 15-19, 5:14, 9:1) 등이 이러한 사실을 보여준다.

이와 함께 주전 8세기 바알 종교가 번성했던 것은 고고학 발굴 결과 나타난 많은 아세라 상을 통해서도 알 수 있다.

호세아서의 문학적 기교

호세아서 언어

호세아의 문학적인 측면에서 가장 많은 논의가 된 주제는 호세아서의 언어이다. 많은 학자들은 호세아서의 언어가 아람어와 밀접한 관련이 있으며, 히브리어의 방언 즉 이스라엘 히브리어(Israelian Hebrew)로 기록되었다

75) G. McConville, *Exploring the Old Testament: The Prophets*, p. 137.

고 주장한다. 학자들이 호세아서의 언어를 연구한 결과 85개의 단어가 이스라엘 히브리어로 기록되었다고 한다.[76] 이 85개의 이스라엘 히브리어 가운데 25개가 아람어와 밀접한 관련을 맺고 있다고 장한다.[77]

호세아서의 문학적 특징

호세아서는 크게 두 부분으로 나누어 설명할 수 있다. 호세아 1-3장의 전기와 4-14장의 예언 부분이다. 전기문학의 성격을 띠는 호세아 1-3장을 빼면 호세아의 일관된 짜임새는 알아내기가 쉽지 않다. 호세아 4-14장에 기록된 예언의 말씀들은 주로 이스라엘이 여호와를 버리고 바알 종교에 빠졌다는 주제를 다양하게 표현하고 있다.

호세아 11:11과 11:12 사이에 단절이 있다는 점은 분명해 보인다. 호세아 4:1-11:11과 11:12-14:9에는 각각 재앙 선포에서 구원 선포로 변화됨을 살펴볼 수 있는데, 이는 이미 호세아 1-3장에서도 나타난다. 호세아서의 예언 선포는 여호와가 일인칭으로 사용되는 하나님의 선포(Divine speech)와 하나님이 삼인칭으로 등장하는 예언자의 선포(Prophetic speech)로 나눌 수 있다.

그러나 호세아서에는 예언자가 하나님의 이름으로 일인칭 형식으로 선포한 말씀들이 몇 군데 예외를 제외하면 명백하게 하나님 말씀으로 표시되어 있지 않다. 보통 쓰이는 "여호와의 말씀이 임하여…" 또는 "여호와께서 이르시기를…"이라는 구절이 없다. 아무런 도입부 없이 예언자는 하나님을 '나'로 말하기 시작한다. 따라서 호세아는 여호와의 대언자

76) Yoo, Yoon Jong, *Israelian Hebrew in the Book of Hosea*, Ph. D. of Cornell University, 1999, pp. 177-178.
77) *Ibid.*, p. 181.

역할을 한다.

하나님의 선포는 먼저 말씀을 선포하는 자가 누구인가를 밝히는 자기소개(self introduction) 양식인 "나는 네 하나님 여호와니라"로 시작한다(호 12:9, 13:4). 아시리아의 예언문학에서 신이 자신을 밝히는 자기소개의 구절을 쉽게 발견할 수 있다. 에살하돈(Esarhaddon)에게 행한 예언에서 아르벨라의 여신은 다음과 같은 자기소개로 예언을 시작한다. "나는 아르벨라의 여신이다".[78] 뿐만 아니라 호세아 11:1에서는 과거의 사건을 통하여 하나님 자신이 누구인지를 밝힌다("이스라엘이 어렸을 때에 내가 사랑하여 내 아들을 애굽에서 불러냈거늘"). 이러한 표현은 아시리아의 예언문학에서도 자주 등장한다. "나는 너(=에살하돈)의 아버지와 어머니이다."[79] 두 번째는 응답의 확신을 준다(호 6:1-3, 8:1-3, 14:5-9).

여호와가 3인칭으로 등장하는 예언자의 선포 부분에서는 논쟁의 형식을 띠고 있다. 이 경우 항상 말하는 상대가 등장하기 마련이다. 뿐만 아니라 재판의 용어가 많이 등장한다. 이 경우도 늘 상대가 등장하기 마련이다. 부정한 아내(호 2:4-17)나 반항적인 아들(호 11:1-9)에 대하여 재판과정과 같은 진행이 눈에 띈다. 호세아서에서 "쟁론하다"라는 단어가 사용되는 것은 (호 2:4[2], 4:4) 호세아서가 하나님의 말씀을 도시의 성문 앞에서 진행되는 재판의 모델을 따라 기록하고 있음을 보여준다.

이 외에도 호세아서에는 탄식과 불평이 백성에 대한 위협과 비난 가운데 첨가되어 있다(호 4:6, 5:11, 7:8-9, 8:8). 이러한 구절을 통하여 이스라엘의 하나님과 예언자가 그의 백성에 대하여 동정심을 가지고 있음을 잘 알 수 있다. 뿐만 아니라 호세아서에는 재판 과정에서 합의에 도달했을 때 나타나는 것과 같은 권고가 들어 있을 뿐만 아니라(호 2:4-5, 4:15, 8:5) 교훈

78) *SAA* 9 2:36
79) *SAA* 9 2: ii 26

적인 권고(호 5:1)와 훈계(호 6:6, 8:6) 등이 있다.

호세아 5장 1절

제사장들아 이를 들으라. 이스라엘 족속들아 깨달으라. 왕족들아 귀를 기울이라. 너희에게 심판이 있나니 너희가 미스바에 대하여 올무가 되며 다볼 위에 친 그물이 됨이라

호세아 6장 6절

나는 인애를 원하고 제사를 원하지 아니하며 번제보다 하나님을 아는 것을 원하노라

호세아서는 많은 부분이 운문(poetry)으로 기록되어 있으며, 매우 복잡하다. 문학적인 기교면에서 호세아서에는 많은 은유(metaphor)(호 11:1-4, 2:4-17[히 2-15])와 직유(simile)가 들어 있다. 은유적인 표현으로 하나님을 '남편' (호 2:2[4]이하)으로, '아버지' (호 11:1 이하)로, '의사' (호 7;1, 11:3)로, '사냥꾼' (호 7:12) 등으로 표현한다. 뿐만 아니라 하나님에 대한 직유적인 표현은 하나님을 '사자' (호 5:14, 13:7)로, '표범' (호 13:7)으로, '암곰' (호 13:8)으로, '이슬' (호 14:5[6])로 그리고 '비싼 나무' (호 14:5[6]) 등으로 표현한다. 이와 함께 이스라엘은 '아내' (호 2:2[4]이하)로, '짐승의 떼' (호 13:5-8)로, '병든 자' (호 5:13, 7:1, 9, 14:4[5])로, '공중의 새' (호 7:11-12, 9:11)로, '암소' (호 4:16, 10:11)로, '포도' (호 9:10)로, '레바논의 포도나무' (호 10:1, 14:7[8])로, '무화과나무' (호 9:10)로, '백합화' (호 14:5[6])로, '레바논에 있는 숲' (호 14:5[6])으로, '해산하는 여인' (호 13:13)으로, '전병' (호 7:8)으로, '속이는 활' (호 7:16)로, '아침 이슬' (호 13:3)로 그리고 '광풍에 날리는 쭉정이와 굴뚝에서 나가는 연기' (호 13:3) 등으로 표현된다.

호세아서의 강조법 가운데 가장 두드러진 것은 동의적 평행법(parallelismus

membrorum)이다. 즉 같은 의미를 갖는 다른 표현을 나열하는 방식이다(synonymous parallelism). 또한 종합적인 평행법(Synthetic parallelism)도 자주 등장한다. 호세아의 과장적인 어투에서는 계단식 평행법(Steplike or staircase parallelism)은 자주 등장하는데(호 13:6, 8:11) 이러한 방식은 클라이맥스를 구성할 때 사용된다.[80)]

호세아서의 설화 부분은 대체적으로 두 개의 구(bicola)로 구성되지만 단락의 시작이나 결어 부분에는 세 개의 구(tricola)로 구성되어 있다(호 2:2a, 3b, 7, 5:1,2, 8:11, 13b, 9:3, 6, 12:6[7] 등). 이러한 방법을 통하여 호세아서 저자는 자신의 선포를 극적으로 묘사하고 있다.

호세아서에는 대구법을 사용함으로써 반복의 기법을 사용하기도 한다(호 11:8a). 또한 두운법(頭韻法) 즉 시 등에서 같은 문자로 시작하는 방식이 사용되었다(호 11:8a, 9b, 9:15, 16, 12:2). 마지막으로 히브리어에서 드문 모음압운(assonance, 母音押韻)이 사용되었다(호 2:7b, 8:7b). 이처럼 호세아서는 다른 예언서와 달리 다양한 문학적 기법이 사용되고 있다.

80) 동의적 평행법(Synonymous parallelism)은 같은 의미가 다르게 표현되면서 같은 의미나 비슷한 의미를 나타내는 것을 말한다. 예를 들어 시편 112:1 "여호와를 경외하며 그의 계명을 크게 즐거워하는 자는 복이 있도다"와 같은 표현이다. 대조 평행법(Antithetic parallelism)은 평행되는 두 단어가 서로 반대의 의미를 갖는 것을 말한다. 예를 들어 잠언 10:1의 "지혜로운 아들은 아비를 기쁘게 하거니와 미련한 아들은 어미의 근심이니라"와 같은 표현이다. 계단식 평행법(Staircase Parallelism)은 첫줄의 단어가 둘째 줄에 다시 반복되며 나타내고자 하는 의도가 완성된다. 사사기 5:12이 대표적인 예이다. "깰지어다 깰지어다 드보라여 깰지어다 깰지어다 너는 노래할 지어다." 교차대구법(Chiastic Parallelism)이란 단어의 나열 순서가 첫째 줄과 둘째 줄이 서로 바뀌는 것을 말한다. 예레미야 4:5은 AB// B' A' 형식의 교차대구의 예이다. 아모스 5:1-17은 이러한 교차대구법의 전형적인 예이다(ABC//C' B' A') 참고하시오. A. Berlin, "Parallelism," *ABD* V, pp. 155-162; J. de Waard, "The Chiastic Structure of Amos V 1-17," *VT* 27 (1977), pp. 170-77; J. Lust, "Remarks on the Redaction of Amos V 4-6, 14-15," *OTS* 21 (1981), pp. 129-54; N. J. Tromp, "Amos V 1-17: Towards a Stylistic and Rhetorical Analysis," *OTS* 23 (1984), pp. 65-85; A. G. Auld, *Amos*, pp. 51-53; J. A. Soggin, *Amos*, (London: SCM Press), 1987, pp. 80-93; J. H. Hayes, *Amos*, Nashville, 1988, pp. 151-68; David A. Dorsey, "Literary Architecture and Aural Structuring Techniques in Amos," *Biblica* 73 (1992), pp. 305-30; Paul R. Noble, "The Literary Structure of Amos: A Thematic Analysis," *JBL* 114 (1995), pp. 209-226.

호세아서의 구조와 내용

호세아서는 크게 두 부분으로 나누어 볼 수 있다. 즉 호세아 1-3장과 4-14장이다.[81] 좀 더 세분화하면 네 부분으로 나눌 수 있다. 호세아 1-3장은 호세아의 결혼과 이스라엘의 불신앙에 대하여 언급하며, 4:1-7:16에서는 백성의 죄 특히 제사장과 지도자들의 죄에 대하여 언급하고, 8:1-11:11에서는 거짓 예배에 관하여 그리고 11:12-14:9에서는 과거와 미래에 대하여 언급하고 있다.[82]

호세아 1-3장

문학적인 측면에서 호세아 1-3장은 3인칭으로 된 전기(heterobiography) (1-2장)와 1인칭으로 된 자전적 전기(autobiography)로 구별할 수 있다. 1-3장의 내용은 호세아와 고멜의 결혼 생활을 통하여 이스라엘의 종교적 타락을 은유적으로 표현하고 있다.

그러나 호세아 1-3장에서 호세아와 고멜의 결혼 자체가 어떤 메시지가 아니라, 호세아 1:2-8의 호세아가 자녀들의 이름을 지어주는 것이 하나님이 호세아를 통하여 이스라엘에게 전달하고자 하는 메시지이다. 뿐만 아니라 호세아 3장의 음녀를 사랑하는 것에 관한 이야기는 이스라엘이 처한 당시의 정치적 상황을 묘사하는 것이다.[83]

81) R.B. Chisholm Jr., *Handbook on the Prophets*, p. 336.
82) G. McConville, *Exploring the Old Testament: The Prophets*, pp. 139-144.
83) D.L. Petersen, *The Prophetic Literature*, p. 178.

호세아 4-14장

호세아 4-9장에서는 이스라엘의 죄에 대한 책망을 10-14장에서는 이스라엘의 죄의 역사와 하나님의 사랑을 담고 있다. 호세아 4-14장에서는 심판보다는 구원에 관한 언어가 많이 발견된다. 호세아 14:9의 지혜문학적 성격은 시편 1편과 유사하다. 따라서 이것은 유다 왕국 멸망 이후 호세아서에 첨가된 것임을 말한다.[84)]

호세아서의 메시지

호세아서의 가장 중요한 메시지는 북 이스라엘에서 바알숭배를 행하는 것에 대한 비난이다. 북 이스라엘의 수도 사마리아와 벧엘에 있는 성소에서 지도층 인사들이 하나님을 저버리고 바알과 같은 가나안의 신들을 섬겼으므로, 호세아는 하나님의 이름으로 그들의 잘못을 고발했다. 호세아는 이스라엘의 하나님에 대한 배신을 음행에 빗대어 말했다. 따라서 호세아는 하나님이 신실하지 못한 자기 백성을 멸망당하게 내버려두신다고 선포하였고, 백성은 제멋대로 정책을 추진함으로써 멸망을 스스로 불러들였다(7:3-13).

그러나 이스라엘 백성이 하나님께로 돌아온다면, 하나님이 그 백성을 다시 받아주실 것이다(2:14-23). 따라서 호세아는 불순종하는 이스라엘에 대한 하나님의 사랑을 선포한다. 즉 호세아서는 하나님의 영원한 사랑과 충실함에 대하여 강조하고 있다. 호세아는 하나님의 심판의 목적이 파괴적인 것이 아니라 교훈적인 것임을 강조한다. 이처럼 호세아서에 심판의

84) D.L. Petersen, *The Prophetic Literature*, p. 178.

언어와 회복의 언어가 공존하는 것에 대하여 학자들은 회복의 언어는 후대의 첨가라고 주장한다.[85)]

하나님과 자기 백성 사이에 벌어진 이러한 상황을 호세아는 자기 개인의 삶 가운데서 표현해야 했다. 다른 예언자들이 자기들이 예고한 바를 상징행위로 강조했듯이(호세아에 가장 가까운 보기는 렘 16:1-9; 겔 24:15-24에 있다), 호세아의 혼인은 그가 전한 말씀의 한 부분이 되었다(1장과 3장). 구약 성경에서 이런 상징행위는 단순한 상징에 그치지 않고, 선포된 말씀의 진실성을 보증하고, 하나님의 관점에서 그 사건을 상징적으로 미리 일으키는 것이다.

호세아서는 같은 시대의 아모스와 비교했을 때 종교적인 책임감을 강조하고, 반면에 아모스서는 윤리적 책임감을 강조하고 있다.

85) D.L. Petersen, *The Prophetic Literature*, pp. 180-181.

|호세아 참고문헌|

Andersen, F. I., and D. N. Freedman. *Hosea*. AB. Garden City, N.Y.: Doubleday, 1980.

Davies, G. I. *Hosea*. NCB. Grand Rapids: Eerdmans, 1992.

Harper, W. R. *A Critical and Exegetical commentary of Amos and Hosea*. ICC. Edinburgh: T. &T. Clark, 1905.

King, P. J *Amos, Hosea, Micah-An Archaeological Commentary*. Philadelphia: Westminster, 1988.

Macintosh, A. A. *A Critical and Exegetical Commentary on Hosea*. ICC. Edinburgh: T. &T. Clark, 1997.

Mays, J. L. *Hosea*. OTL. Philadelphia: Westminster, 1969.

McComiskey, T. E. "Hosea." In *The Minor Prophets: An Ezegetical and Expositional Commentary*, edited by T. E. McComiskey, 3 vols., 1:1-237. Grand Rapids: Baker, 1992-98.

Stuart, D. *Hosea-Jonah*. WBC. Waco, Tex.: Word, 1987.

Wolff, H. W. *Hosea*. Trans. G. Stansell. Hermeneia. Philadelphia: Fortress, 1974.

미가

미가서는 7장 105절로 기록되어 있다. 미가서는 히브리어 성경(MT)에서는 요나서 다음으로, 여섯 번째 예언서로 기록되어 있으나, 헬라어 성경(LXX)에서는 호세아 다음 세 번째로 배열되어 있다.

미가서는 아모스서나 호세아서와 마찬가지로 주전 8세기에 활동한 예언자의 예언을 기록하고 있다. 그러나 미가1:1의 표제어는 아모스서나 호세아서와는 달리 오직 유다 왕에 관해서만 언급하고 있다.

> 유다의 왕들 요담과 아하스와 히스기야 시대에 모레셋 사람 미가에게 임한 여호와의 말씀

그렇다고 미가서가 북 이스라엘에 대하여 언급하지 않는 것은 아니다. 미가 1:5에서는 사마리아의 멸망을 예언하고 있다.

미가의 인적사항

미가는 누구인가?

예레미야 26:18을 근거하여 미가(מיכה)의 원래 이름이 미가야(מיכיה)이며, 이 이름은 미(מי who) + 가(כ like) + 야(יה Yahweh)가 결합된 형태로 그 의미는 "누가 야웨와 같은가?"이다. 미가의 신상명세서에서 중요한 역할을 하는 것은 열왕기하 20-22장의 기록이다. 미가는 모레셋(Moresheth, מרשת) 출신이다. 이 모레셋은 라기스 근처의 모레셋 가드(Moresheth-Gath)로 추정된다.[86] 이 지역은 시리아-에브라임(=이스라엘) 전쟁 때 어려움을 겪은 지역이며, 주전 701년 아시리아의 왕 산헤립의 침략 때도 수난을 당한 곳이다(미 5:4). 미가가 모레셋 출신이기 때문에 미가를 농촌 예언자라고도 부른다.

미가의 활동 시기

예언자 미가의 활동 시기는 미가 1:1에 기록된 유다 왕의 이름(요담, 아하스, 히스기야)과 미가 1:8-16을 근거로 그는 주전 703년부터 시작하여 주전 701년 산헤립의 침략 때까지 계속되었던 것으로 추정되며, 이사야와 같은 시기에 활동한 것으로 추정된다.[87]

미가의 활동 시기는 바벨론의 므르닥-발라단이 활동을 시작하고 다시 시온의 구원에 관한 신탁이 있을 때를 시대적 배경으로 갖는다.

86) G. McConville, *Exploring the Old Testament: The Prophets*, p. 195.

87) G. McConville, *Exploring the Old Testament: The Prophets*, p. 195; R.B. Chisholm Jr., *Handbook on the Prophets*, p. 416.

미가서의 연대와 미가의 활동 연대 사이에 차이가 있다는 것은 이미 주지하는 바이다. 미가는 앞에서 살펴본 바와 같이 주전 8세기 말경이지만, 그러나 미가서가 오늘날 책의 형태를 갖춘 것은 왕조 이후 시대라는데 학자들의 의견이 모아진다. 이러한 결론의 근거는 바벨론 포로에 관한 언급(미 4:10), 포로와 토지를 잃은 것에 관한 언급(2:4, 10), 포로민을 모으는 것에 관한 기록(2:12-13, 7:12) 등은 미가서가 왕조 시대 이후에 책의 형태로 만들어졌음을 보여준다.[88] 따라서 미가서가 오늘날의 형태를 띤 것은 왕조 이후 시대인 바벨론 포로기 이후 시대로 볼 수 있다.

미가의 활동 지역

미가의 활동 지역은 유다와 예루살렘이다. 미가는 처음으로 유다와 예루살렘을 비난한 문서예언자이다. 그는 모레셋 출신으로 그의 예언에 등장하는 대부분의 지역은 유다의 지역이며, 특히 미가 1:8-16에 언급된 도시도 모두 유다 지역이다.

미가서의 문학적 기교

미가서는 문학적인 측면에서 몇 가지 문제점이 발견된다. 구성적인 측면에서 미가서의 구성 자체가 매우 낯설다. 즉 인과관계가 불분명하다. 하나의 주제에서 다른 주제로 옮길 때 분명한 이유가 제시되지 않는다. 심판의 말을 선포하다가 갑자기 희망의 메시지로 전환하고 있다. 예를 들어 2:6-11은 토지 강탈자에 대하여 비난하지만, 2:12-13은 아무런 설명 없

88) E. Ben Zvi, *Micah*, Fotl (Grand Rapids: Eerdmans, 2002), pp. 9-10.

이 남은 자의 회복에 대한 약속의 말씀으로 흩어진 자를 모으시는 목자-왕으로서의 하나님의 모습이 그려지고 있다. 언어적인 측면에서는 말하는 주체가 누구인지를 정확히 알 수 없는 부분이 많다는 문제가 있다. 따라서 이런 경우에는 명사나 다른 단어를 분석하여 말하는 주체가 하나님, 예언자 미가 혹은 다른 사람으로 결정할 수 있다. 뿐만 아니라 미가서는 히브리어 운문으로 기록되었기 때문에 표현을 정확히 이해하기 어려운 점이 있다.[89)]

문학기법에 있어서 미가서에 기록된 신탁은 아모스서나 이사야서의 신탁과 매우 유사하다. 왜냐하면 미가는 아모스나 이사야처럼 주전 8세기 후반에 활동하였을 뿐만 아니라 모두 유다 지역에서 활동한 예언자였기 때문에 자연스럽게 유사점이 발견된다고 볼 수 있다.[90)]

미가서는 소송(1:2-7, 6:1-8)과 지혜(7:5-6)에서 말하는 형식이 많이 등장한다. 예언문학에서 보편적으로 나타나는 고소양식(1:2-7), 논쟁(2:6-11, 2:12-13), 구원신탁(4:1-5, 6-8, 9-10, 11-13, 5:1-15)과 심판신탁(3:1-4, 3:5-8, 3:9-12), 기도

89) D.J. Clark, N. Mundhenk, E.A.Nida and B.E. Price eds., *The Books of Obadiah, Jonah and Micah*, (New York, 1978), pp. 120-121.

90) D.L. Petersen, *The Prophetic Literature*, p. 193. 페터슨(Petersen)은 미가서가 이사야서처럼 책으로 형성되는 데 오랜 시간이 걸린 점도 유사하며, 이러한 유사점은 문학적 유사점으로 나타난다고 주장한다. 페터슨은 미가서가 오늘날 책의 형태를 띤 것은 페르시아 시대라고 주장한다.

(7:7-20) 등의 다양한 문학적 기교가 사용되었다.[91] 그러나 전형적인 예언의 시작과 끝을 알리는 양식은 나타나지 않는다. 따라서 미가서의 편집에 관한 많은 가설이 등장하였다.

미가서 1:8-16은 언어의 유희(word play)를 통하여 기록한 조가이다. 예를 들어 1:10절의 "가드에 고하지 말며"에서 고하다란 뜻을 가진 히브리어 기드를 사용하였다. 즉 발음이 유사한 단어를 사용하였다.

예언문학에서 많이 사용하는 평행법과 교차대구법이 미가서에서도 사용되었다. 미가 1:5에서 "야곱의 허물이 무엇이뇨 사마리아가 아니뇨 // 유다의 산당이 무엇이뇨 예루살렘이 아니뇨"라는 표현은 전형적인 동의적 평행법이 사용된 예이다. 미가서 4:8에서는 교차대구법이 사용되었다.

또한 은유법도 사용되었다. 미가 4:8의 "너 양 떼의 망대요 딸 시온의 산이여 이전 권능 곧 딸 예루살렘의 나라가 네게로 돌아오리라"에서 이스라엘을 양 떼의 망대 혹은 시온의 산으로 묘사한 것은 은유법이 사용된 것이다. 또한 4:11에는 유음(assonance)이 사용되었다.

미가서의 구조 및 내용

미가서의 구조

미가서는 크게 세 부분으로 나눌 수 있다. 미가 1-3장의 심판과 미가 4-5장의 위로의 선포 그리고 미가 6-7장의 심판과 위로의 혼합 등이다.[92] 이 가운데 가장 문제가 되는 것은 미가서 4-5장이다. 미가 4-5장의 구조

91) 김영진, 『느비임』, pp. 121-122.

에 대하여 레너드(B. Renaud)는 이것은 교차대구(Chiasmus)의 형식을 띄고 있다고 주장한다. 즉 A 4:1-4 B 4:6-7 C 4:8-5:1 // C′ 5:2-6 B′ 5:7-8 A′ 5:10-14이다. 레너드(B. Renaud)는 위로의 선포(4-5장)는 포로기 이후의 것으로 여겨지며, 책이 편집될 때 원래 미가의 예언과 합해진 것이라고 주장한다.[93] 그러나 이러한 견해에 대한 비판적인 견해도 있다. 많은 학자들은 미가 4-5장에 나타난 종교 사상을 북 왕국과 주전 721년 북 왕국의 멸망을 포함하고 있는 것으로 여기기 때문이다(O. Eissfeldt, J.T. Willis, F.C. Burkitt). 또 다른 학자들은 4-5장을 포로기 이후의 것으로 주장하는 것은 예언자의 신탁에 나타난 문화적 전통을 무시한 것이라고 비판한다. 특히 함메르샤임(E. Hammershaim)과 레이케(B. Reicke)는 왕국 초기의 예언은 불행에 대한 예언보다는 희망의 예언을 하는 경향이 있다고 주장하였다.

미가서 가운데서 어느 부분이 예언자 미가의 말이고, 어느 부분이 후대에 첨가 되었는가에 대한 학자들의 견해는 다양하다. 에발트(Ewald)는 처음에는 미가 4-5장은 후대에 첨가된 것이라고 주장하였지만, 후에 다시 양식과 사상과 어법에 있어서 미가의 예언 부분과 비슷하다는 점을 들어 미가 4-5장이 원래 미가의 것이라고 주장하였다. 그러나 그는 미가 6-7장은 미가의 것이 아니라, 므낫세 왕 시대에 다른 예언자에 의하여 기

92) D.J. Clark, N. Mundhenk, E.A.Nida and B.E. Price eds., *The Books of Obadiah, Jonah and Micah*, p. 122. 미가서의 구조가 세 부분으로 구성되어 있지만 세 부분으로 나누는 데 있어서 차이점이 발견된다. 윌리스(J.T. Willis)와 알렌(L.C. Allen)은 미가 1장(1:2; שִׁמְעוּ)과 3장(3:1; שִׁמְעוּ־נָא) 그리고 6장(6:1; שִׁמְעוּ־נָא이 שִׁמְעוּ로 시작하는 것을 근거로 미가서를 1-2장, 3-5장 그리고 6-7장으로 삼등분하기도 한다. L.C. Allen, *The Books of Joel, Obadiah, Jonah and Micah*, (Grand Rapids: Eerdmans, 1976). 이들의 주장에 의하면 각 부분은 죄에 대한 심판으로 시작해서 희망으로 끝난다고 주장한다. 뉴썸(J.D. Newsome Jr.)은 미가서를 세 부분으로 나눈다. 즉 1-3장, 4-5장 그리고 6-7장으로 나눈다. J.D. Newsome, Jr., *The Hebrew Prophets*, p. 48. 이러한 주장에 의하면, 미가서는 메시지의 내용적인 측면에서는 준엄한 심판의 말씀(1:2-2:11, 3:1-12, 6:1-7:6)과 아름다운 희망의 말씀(2:12-13, 4:1-5:15, 7:8-20)이 교차되는 구조를 보여준다. 이와는 달리, 메이스(J.L. Mays)는 미가를 1-5장과 6-7장 등 두 부분으로 나눈다. J.L. Mays, *Micah*, (London: SCM Press, 1976).

93) B. Renaud, *Structure et attaches littraires de Miche IV-V*, 1964.

록된 것이라고 주장하였다. 따라서 에발트는 미가서를 1-5장과 6-7장으로 나눈다. 벨하우젠(Wellhausen)은 에발트를 따르지만 미가 6:1-7:6은 므낫세 시대에 그리고 7:7-20은 포로기에 첨가된 것이라고 주장한다.

미가서의 형성에 관한 많은 가설이 등장하였다. 초기에 가장 많이 받아들여졌던 견해는 미가 1-3장은 미가의 것이지만 4-7장은 후대의 것으로 여겼다. 특히 5:2-5a, 4:6-13, 7:8-20의 시가문학은 포로기 본문에서 등장하는 시온의 의인화가 등장하기 때문에 이 시들은 주전 586년 예루살렘 멸망을 반영하고 있다고 보았다.[94]

미가서의 내용

미가서는 1:1의 표제어를 제외하고 다음 부분으로 나눌 수 있다.

첫째, 1:2-2:13은 하나님의 심판, 포로 그리고 사회 윤리 등에 관하여 언급하고 있다. 둘째, 3:1-12은 잘못된 지도력으로 인한 예루살렘의 멸망을 선포한다. 셋째, 4:1-5:14은 이상적인 미래에 관한 다양한 이미지와 당시 이스라엘과 다른 나라와의 관계에 대하여 언급한다. 넷째, 6:1-8은 교훈적인 예언이 선포되며, 다섯째, 7:1-7은 예루살렘의 멸망을 선포하고 여섯째, 7:8-20은 시온과 유다의 관계에 관하여 선포한다.

미가서의 내용을 좀 더 세분하면 다음과 같다.[95] 미가1:1은 표제어로서 다른 예언서와 마찬가지로 미가의 활동 시대와 미가의 출신을 기록하고 있다. 미가는 유다 왕 요담과 아하스와 히스기야 시대에 활동하였으며, 그의 고향은 유다 땅 모레셋 사람임을 밝히고 있다. 그러나 그의 아버지의 이름이나 그의 가족관계에 대해서는 일체 언급하지 않는다.

94) D.L. Petersen, *The Prophetic Literature*, p. 194.
95) D.R. Hillers, "Micah, Book of," *ABD IV*, p. 808.

첫째는 1:2-2:13로 하나님의 심판, 포로 그리고 사회 윤리 등에 관하여 언급하고 있다. 1:2-7에서는 우상을 만든 도시인 사마리아에 대한 임박한 심판을 선포하고 있다. 1:8-9는 유다와 예루살렘의 운명을 목도한 예언자 미가의 탄식이 기록되어 있다. 1:10-16은 언어의 유희(word play)를 통하여 유다의 작은 도시마저 파괴되는 모습을 묘사하고 있다. 많은 학자들은 이 도시들이 주전 701년 아시리아 제국의 산헤립 침략 때 파괴된 도시라고 생각한다. 2:1-5은 사악한 자의 부에 대한 고발로 이들은 멸망할 것임을 선언한다. 2:6-11은 토지 강탈자에 대하여 비난한다. 그리고 2:12-13은 남은 자의 회복에 대한 약속의 말씀으로 흩어진 자를 모으시는 목자-왕으로서의 하나님의 모습이 그려지고 있다. 그러나 미가 2:12-13에 묘사된 희망이 구체적으로 언제인지 결정하는 것은 매우 어렵다.

두 번째 부분인 3:1-12는 지도자, 재판관, 예언자 등에 대하여 비난한다. 3:1-4은 재판관에 대한 비리를 고발한다. 재판이 마치 백성을 잡아먹는 것으로 묘사하고 있다. 3:5-8은 예언자의 비리에 대한 고발을 기록하고 있다. 예언자를 사소하게 돈으로 살 수 있는 것이거나 혹은 눈이 먼 자로 묘사하고 있다. 3:9-12은 예언자, 재판관 그리고 제사장의 죄를 다시 한 번 언급하면서 시온의 운명에 대하여 언급한다. "시온은 밭 같이 경작함을 당하며 예루살렘은 무더기가 되며, 이 전의 산은 수풀의 높은 곳들 같이 되리라"는 것은 예레미야 26:19에도 언급된다.

세 번째 부분인 4:1-5:14은 이상적인 미래에 관한 다양한 이미지와 당시 이스라엘과 다른 나라와의 관계에 대하여 언급한다. 4:1-5는 도래하는 하나님의 왕국에 대하여 언급하고 있다. 이 부분은 이사야 2:2-4과 유사하며 거룩한 성산 시온이 주제를 이루고 있다. 여기서는 우주적인 정의, 평화 그리고 안전에 대하여 언급하고 있다. 4:6-5:1에서는 간단한 내용으로 구성되어 있다. 6-7에서는 포로에서 모은 사람들의 왕국에 대하여, 8에서는 시온의 통치가 회복될 것에 대하여, 9-10에서는 바벨론의 압제에서 해방됨에 대하여, 11-13에서는 적들을 타작할 것에 대하여 그리고 5:1에서는 왕이 당하게 될 수치에 대하여 기록하고 있다. 5:2-5에서는 베들레헴에서 위대한 통치자가 돌아올 것을 예언하고 있다. 기독교 전통에서 이 구절은 마태복음 2:6과 요한복음 7:40-43에 재인용되고 있다. 그는 백성을 하나로 통일하고 평화를 가져온다. 5:5-6에서는 5:2-5의 예언이 잘 묘사되어 있으며, 아시리아의 멸망을 예언하며, 5:7-9에서는 저항할 수 없는 야곱의 힘 그리고 5:9-15에서는 정화된 민족에 관하여 기록하고 있다.

넷째 부분인 6:1-8은 여호와께서 이스라엘과 변론하시는 것을 기록하고 있다. 6:9-16에서는 기만의 도시로 묘사되어 있다.

다섯째 부분인 7:1-7은 미가의 마지막 유다에 대한 고발로서 유다의 거짓에 대한 비통함으로 탄원하고 있다.

그리고 마지막 부분인 7:8-20에서는 구원에 대하여 언급하고 있다.

미가서의 메시지

미가는 예루살렘 출신이 아니라, 모레셋 출신의 농촌 예언자이기 때문에 도시문명에 대한 비판을 발견할 수 있다. 이러한 미가의 경향에 대하여 어떤 학자들은 미가가 마을의 장로로서 다윗 왕조 아래서 전통적인 가치관을 지키려고 하였다고 주장한다. 따라서 미가는 예루살렘의 지도자들에 대하여 '야곱 족속의 우두머리들' 혹은 '이스라엘 족속의 통치자들'이라고 부른다. 심지어 미가의 비판은 예루살렘 성전까지도 하나님의 심판에서 예외가 될 수 없다고 선언하였다(미 3:12). 이 미가의 선포는 매우 충격적이었고, 이것은 한 세기 후에 활동한 예레미야 시대까지도 기억되었다(렘 26:1-29).

무엇보다 미가의 선포의 대상은 자신의 수도와 나라였다. 즉 미가는 예루살렘과 유다를 향하여 예언을 선포하였다.

농촌 출신의 예언자답게 미가는 토지 소유권에 대하여 관심을 갖는다. 특히 백성들이 부당하게 토지 소유권을 상실하는 것에 대하여 관심을 갖는다. 또한 미가는 관리들의 부당한 행위에 대해서도 관심을 갖는다(3:1-3, 11). 미가는 자신의 청중들을 고소할 때 매우 자세하게 묘사한다. 특히 3:2-3에서는 식인풍습의 야만스러움을 묘사하고 있다.

그러나 미가의 심판의 말씀은 아름다운 희망의 메시지와 교차되고 있으며, 하나님의 심판 뒤에 올 이스라엘의 회복의 꿈으로 끝을 맺고 있다(미가 7:8-20).

미가서도 주전 8세기 예언자에게서 발견되는 공통적인 주제가 선포된다. 첫째, 미가서는 유다의 죄로 인한 임박한 심판과 심판이 왔음을 선포한다.[96] 미가 1:2-4에서 심판이 임박했음을 선포하고, 이것이 미가 7:7-20에서는 심판이 이미 왔음을 선포하고 있다. 미가서는 포로(1:16, 4:10)와 땅의 상실(2:4)이라는 주제를 통하여 물리적인 멸망을 나타낸다. 미가 1:5에서는 사마리아의 멸망을 선포하고, 미가 1:15에서는 예루살렘에 대항하는 침략자가 오고 있음을 선포한다. 또한 미가 2:3-5에서는 분깃 즉 물려받은 땅을 잃게 됨을 선포한다. 미가 3:4에서는 하나님에 의하여 버림받게 된다. 미가 3:6-7에서는 거짓 예언자들이 창피를 당할 것을 선포하고 있다. 미가 3:9-12와 5:1에서는 예루살렘이 멸망한다는 것을 예언하고 있다. 미가 6:9-16에서는 사악하고 속이는 자가 제거될 것을 선포하며 미가 1:2, 5:5-6, 8-9, 15에서는 나라가 망할 것이라고 선포하고 있다.

96) J.D. Newsome, Jr., *The Hebrew Prophets*, pp. 50-53.

하나님의 심판의 원인에 대하여 미가는 다음과 같이 말한다. 허물과 죄(미1:5, 13, 3:8, 6:7), 종교적인 측면에서 우상숭배를 뜻하는 죄악(미 7:18-19), 살인(미 7:2), 힘 있는 자들의 권력 남용(미2:1-2), 거짓(미 6:12), 속임(경제적인 측면 미 6:11), 복술과 점치는 행위[미 5:12(히 11)]. 죄 목록은 대부분 종교적, 사회적, 경제적인 측면에서의 부패에 대한 심판을 선포하고 있다.

이러한 죄에 대한 하나님의 심판의 방법은 죄를 지은 자에 대한 보복의 방법을 사용하고 있다. 이러한 모습은 미가 2:1-5와 3:1-4에서 찾아 볼 수 있다.

둘째, 미가서에 나타난 하나님 즉 신관(神觀)은 야웨는 이스라엘과 계약하신 하나님이라는 생각을 갖고 있다. 그러나 미가서에 나타난 하나님은 단순한 이스라엘만의 하나님이 아니라 범우주적인 하나님의 모습으로 묘사된다. 미가 1:2-4과 5:15, 7:17에서는 하나님이 전 세계를 통치하시는 분으로 묘사되어 있다. 또한 하나님은 구원자(미 2:12-13, 7:15)로 그리고 양떼를 먹이시는 목자(미 7:14)로 묘사되어 있다.

셋째, 미가서는 하나님이 인간에게 요구하는 것이 무엇인가에 대하여 대답하고 있다. 이러한 신학적인 질문은 미가 6:6-7에서 제기된다. 이에 대한 미가 예언자를 통한 하나님의 음성은 다음과 같다(미 6:8)

"사람아 주께서 선한 것이 무엇임을 네게 보이셨나이니 주께서 네게 구하시는 것은 오직 정의를 행하며 인자를 사랑하며 겸손하게 네 하나님과 함께 행하는 것이 아니냐"

미가서에 의하면 하나님이 인간에게 요구하는 것은 제사가 아니라, 인간 행위의 공의로움과 겸손하게 하나님과 함께 행하는 것이다. 하나님이 제사를 기뻐하지 않는다는 미가의 메시지는 열왕기하(암 5:21-22)와 이사야(사 1:11-13)의 메시지와 유사하다.

미가서에서 미래에 대한 희망을 발견할 수 있는가? 이에 대하여 스미스 (R.L. Smith)는 미가 1-2, 3-5, 6-7장의 끝부분이 미래에 대해서 희망 지향적으로 마치고 있기 때문에 미래에 대한 희망을 발견할 수 있다고 주장한다. 미가서 가운데 특히 미래 지향적인 부분은 4-5장과 7:7-20이다. 뉴썸은 이스라엘의 죄에도 불구하고 이스라엘을 회복시키는 하나님의 사랑과 보호가 기록되어 있다고 주장한다.[97] 특히 미가서에서는 포로기 이전 시대 이스라엘 역사의 기본적인 양식인 '출애굽-정복' 이라는 주제를 미가서에서 발견할 수 있다.

97) J.D. Newsome, Jr., *The Hebrew Prophets*, p. 53.

| 미가서 참고문헌 |

Allen, L. C. *Joel, Obadiah, Jonah, and Micah*. NICOT. Grand Rapids: Eerdmans, 1976.

Andersen, F. T., and D. N. Freedman. *Micah*. AB. New York: Doubleday, 2000.

Hillers, D. R. *Micah*. Hermeneia. Philadelphia: Fortress, 1984.

King, P. J. *Amos, Hosea, Micah-An archaeological Commentary*. Philadelphia: Westminster, 1988.

Mays, J. L. *Micah*. OTL. Philadelphia: Westminster, 1976.

McKane, W. *The Book of Micah: Introduction and Commentary*. Edinburgh: T. &T. Clark, 1998.

Smith, R. L. *Micah-Malachi*. WBC. Waco, Tex.: Word, 1984.

Waltke, B. K. "Micah." In *The Minor Prophets: An Exegetical and Expositional Commentary*, edited by T. E. McComiskey, 3 vols., 2:591-764. Grand Rapids: Baker, 1992-98.

Wolff, H. W. *Micah*. Trans. G. Stansell. Minneapolis: Augsburg, 1990.

이사야서(1-39장)

이사야서는 임마누엘 예언(사 7:14), 고난의 종(사 40-55장) 그리고 메시아 왕에 관한 예언(사 9:2-7, 11:1-9) 등이 예수 그리스도와 관계되어 이해되기 때문에 가장 널리 알려진 예언서이다. 뿐만 아니라 이사야서의 저작 문제(1-39장, 40-55장 그리고 56-66장으로 나눔)때문에도 널리 알려진 예언서이다.

학자들의 일반적인 견해는 주전 8세기에 활동한 예언자 이사야에 관한 기록은 이사야 1-39장까지 부분을 의미한다. 이 예언자를 '예루살렘 이사야' 혹은 '제 1이사야' 라고 부르기도 한다.

이사야의 신상명세서

이사야는 누구인가?

이사야 1-39장은 아모스(아모츠)의 아들로 유다 출신이며 예루살렘 사람일 것으로 추정한다. 이사야의 활동은 이사야 6:1을 근거로 웃시야가 죽던 해부터 시작해서 히스기야 시대를 지나 므낫세 통치 때까지 활동한 것으로 보인다. 그러나 역대하 26:22 — "웃시야의 남은 시종 행적은 아모스의 아들 선지자 이사야가 기록하였더라" — 은 이사야가 웃시야가 죽기 전부터 활동을 시작하였음을 보여준다.[98] 따라서 웃시야가 죽던 해는 아마도 그가 소명을 받던 해로 보인다. 이사야가 웃시야의 행적을 기록할 정도였다면 아마도 그는 왕의 연대기나 행적을 기록하는 궁중 서기관이었던 것으로 보인다.[99] 만약 이사야가 궁중 서기관이었다면, 그의 예언에 세계사적 시각이 두드러지게 나타나는 원인이 되기도 한다.[100]

이사야는 여선지자(사 8:3)와 결혼하여 두 아들을 낳았다(사 7:3 —스알야숩 / 사 8:3 — 마헬살랄하스바스). 이 외에 이사야의 개인신상에 대하여 더 이상 알려진 것은 없다. 그러나 이사야가 왕이나(사 7:3) 제사장에게(사 8:2) 쉽게 다가 갈 수 있었다는 사실을 통하여 아마도 이사야가 웃시야의 사촌이거나 혹은 아마샤의 조카였을 것이라는 전승이 생겨났다.[101]

이사야의 시대 배경

이사야는 국난을 맞이하여 이스라엘 백성들에게 위대하신 하나님을 의지할 것을 호소하였다. 이사야가 활동하던 시대는 유다 왕국이 전례 없이 큰 변란을 겪던 때였다. 이사야 7-8장은 주전 735-732년 사이에 있었던 시리아-에브라임 지역의 위기에 대하여 기록하고 있다.[102] 특히 이사야 7:1-17은 주전 734-733년 아시리아의 세력이 아람을 공격할 때를 배경

98) 와츠(J.D.W. Watts)는 이사야가 주전 750-700년 사이에 활동한 예언자라고 본다. J.D.W. Watts, *Isaiah 1-33*, WBC, (Waco, Texas: Word, 1985), p. xxv.

99) W.S. Lasor, D.A. Hubbard and F.W. Bush, *Old Testament Survey: The Message, Form and Background of the Old Testament*, p. 279.

100) W.S. Lasor, *Great Personalities of the Old Testament* Westwood, 1959, pp. 136-143.

101) *Talmud Meg.* 10b.

102) D.L. Petersen, *The Prophetic Literature*, p. 53.

으로 선포된 것이다.[103] 이사야 36-38장은 주전 705-701년 사이 아시리아가 유다를 공격할 때에 관하여 기록하고 있다. 특히 701년 히스기야 왕 때는 아시리아 제국의 산헤립(Sennacherib)왕이 유다 왕국의 전역을 태풍처럼 휩쓸고, 마침내 예루살렘을 포위, 공격하여 나라의 운명이 풍전등화와 같은 때였다.

학자들 사이에 차이는 있지만 이사야 1-39장에 기록된 이러한 일련의 사건을 근거로 아모츠의 아들 이사야의 활동 시기를 주전 742-701년 사이로 추정한다.[104]

이사야서의 저작 문제

오늘날 이사야서 전체 66장을 하나의 저자가 기록했다고 믿는 학자는 없다. 그것은 이사야서에 등장하는 역사적 배경, 특히 페르시아의 왕인 고레스에 대한 언급, 문체[105] 그리고 신학적 차이 등을 이유로 이사야서가 두 명 이상의 사람에 의하여 기록되었다는 것이 일반적인 이해이다.[106] 따라서, 이사야 1-39장을 예루살렘 이사야 혹은 제 1이사야로 부르며, 이사야 40-66장을 제 2이사야(다른 이사야란 뜻)라고 부른다. 제 2이사야를 좀 더 세분하면 제 2이사야(40-55장), 제 3이사야(56-66장)로 나눈다.

103) G. McConville, *Exploring the Old Testament: The Prophets*, p. 1.

104) J.D. Newsome, Jr., *The Hebrew Prophets*, p. 58.

105) 문체를 바탕으로 이사야서를 구별하는 것은 드라이버(S.R. Driver)에 의하여 주창되었다. S.R. Driver, *Introduction to the Literature of the Old Testament*, (Edinburgh: T & T Clark, 1972), pp. 236-243. 그런데 많은 학자들은 문체에 의하여 이사야를 제 1, 제 2, 제 3으로 나누는 것은 위험하다고 주장한다. 왜냐하면 문체는 저자가 상황과 목적에 따라 얼마든지 다양하게 할 수 있기 때문이다.

106) 최근에는 학자들이 제 1이사야, 제 2이사야, 제 3이사야로 구분하는데, 이들 같은 학자는 이사야 전체를 통일성 있는 작품으로 이해한다. 즉 부분에서 세 이사야의 특징이 공통적으로 발견된다고 주장한다.

시대 배경에 있어서 제 1이사야는 주전 8세기 후반을 배경으로 하고 있다. 이사야 7-8장은 역사적 배경을 추정할 수 있는 주전 8세기 왕의 이름 즉 아하스(유다)와 베가(이스라엘)와 르신(아람) 왕의 이름이 기록되어 있다(참조 9:7-20, 17:3, 28:1-4 등). 그런데 이사야 40-66장에는 주전 6세기 중엽의 페르시아 왕의 이름인 고레스가 등장한다(44:28, 45:1). 신학적으로도 1-39장에서는 이상적인 왕에 의한 다윗 왕조의 회복을 강조하지만(9:1-6, 16:5, 32:1-8), 40-66장에서는 이스라엘이 하나님에 의하여 구원됨을 강조하고 있다(40).

또한 제 2이사야(40-55장)와 제 3이사야(56-66장)로 구분하는 것은 두 부분의 내용의 차이 때문이다.[107] 특히 이스라엘의 구원에 관한 두 부분의 내용이 각기 다르다. 제 2이사야는 페르시아 왕 고레스를 통한 이스라엘의 구원을 강조하지만, 제 3이사야에서는 오직 하나님에 의한 구원만을 강조한다(63:3,5). 무엇보다 제 2이사야에서는 고레스가 하나님의 목자로 등장하여(44:28) 역사적이고 실질적인 구원을 묘사하고 있다. 그러나 제 3이사야에서의 구원은 마치 형이상학적이며 종말론적인 경향을 띤다(65:17, 66:22).

이사야서의 문학적 양식

이사야의 언어

이사야 1-39장의 언어의 특징은 매우 간결하고 집약적이고 웅장하면서도 힘이 있다. 반면에 이사야 40-66장의 언어는 매우 보편적이면서도 심

107) 제 2이사야와 제 3이사야의 차이에 대해서는 A. Rofé, *Introduction to Prophrtic Literature.*, pp. 15-18을 참조하시오.

판적이고 연민의 정을 느끼게 한다. 그러나 이 두 이사야서 사이에는 많은 단어들이 함께 사용된다. 뿐만 아니라 후에 쓰인 이사야서가 먼저 쓰인 이사야서의 영향을 받았음을 알 수 있다.

이사야서에만 특징적으로 많이 사용되는 단어가 있다. 이사야서에서 다섯 번(사 1:11, 18, 33:1, 41:21, 66:9) 사용되는 연결사 가운데 "여호와께서 말씀하시되"라는 표현은 이사야서 이외에 시편 12:6에서만 단 한번 사용된다. 이사야 7:19, 5:13에 사용되는 "가시나무 울타리"라는 단어와 이사야 3:4, 66:4에 사용된 "아이들"이라는 단어는 이사야서에서만 등장한다. 이사야 30:25, 44:4의 "개울"이라는 단어도 이사야서에만 등장한다. 에스겔에서는 5:2에서만 "불"이라는 단어가 사용되지만, 이사야서에서는 많이 등장한다(사 31:9, 44:16, 47:14, 50:11). "이스라엘의 거룩하신 이"라는 이사야 1:4, 5:19, 24, 10:20 등 수없이 많이 등장하지만, 그러나 구약성서의 다른 부분에서는 많이 등장하지 않는다(렘 50:29, 51:5, 시편 71:22, 78:41, 왕하 19:22 등). "갈대"는 이사야 9:13, 19:15, 58:5와 욥기 40:26, 41:12에만 사용된다. "맹약"은 이사야 30:6, 59:5와 욥기 20:27 에서만 사용된다. "줄기"는 이사야 11:1과 40:24와 욥기 14:8에서만 사용한다. "후손"이라는 단어는 이사야 22:24, 34:1, 42:5, 44:3등과 욥기 5:25와 21:8, 27:14 등에만 나타난다. 이상의 많은 단어들이 이사야서와 욥기와 같은 후기 성서문학에서만 사용된다. "그날"이라는 표현은 제 1이사야에는 많이 등장하지만(사 2:11, 17, 20, 3:7, 18, 4:1, 5:30, 7:18 등) 제 2이사야에는 단 한번만 등장한다(52:6). "이리가 어린 양과 함께 살며 표범이 어린 염소와 함께 누우며 송아지와 어린 사자와 살찐 짐승이 함께 있어 어린 아이에게 끌리며 암소와 곰이 함께 먹으며 그것들의 새끼가 함께 엎드리며 사자가 소처럼 풀을 먹을 것이며"라는 이사야 11:6-7의 표현이 이사야 65:25에 나타난다. 반면에 이사야 40:28, 41:5, 9, 24에 나타나는 "땅 끝"이라는 표현은 제 2이사야에만 등장한다. 또한 "땅의 끝"은 이사야 45:22와 52:10에만 나타난다.

이사야의 문학적 특징

이사야 1-39장은 다른 예언서와 마찬가지로 산문 부분과 시적인 부분으로 나눌 수 있다. 산문의 대표적인 예는 이사야 7-8장의 시리아-에브라임의 위기에 관한 기술이나 36-38장의 아시리아 제국이 유다를 공격할 때에 관한 역사적 기록 등이다.

시적인 부분의 대표적인 예는 이사야 5:1-7의 포도원의 노래이다. 운문의 형태로 기록된 부분은 열방에 대한 신탁이다. 바벨론(사 13:1, 19, 14:4, 21:1-10), 아시리아(사 14:24-27), 블레셋(사 14:28-32), 모압(사 15-16장), 다메섹과 이스라엘(사 17장), 애굽과 누비아(사 19장), 두마(사 21:11-12), 아라비아(사 21:13-17), 예루살렘(사 22장) 그리고 두로와 시돈(사 23장)에 관한 신탁이 등장한다. 또한 이사야 24-27장에는 묵시형식이 등장한다.

이사야 1-39장의 구성과 내용

이사야 1-39장의 구조 분석에 대한 학자들의 분류가 다양하다.

이사야 1-39장의 구성

자료 구성면에서 이사야 1-39장 전체를 하나의 통일적인 기록으로 보기는 어렵다. 다양한 자료들이 편집된 것으로 구약성서에서 이사야처럼 다양한 자료가 섞여 있는 부분은 찾아보기 어렵다.

이사야 1-39장의 자료에 대한 학자들 사이에 일치되는 견해는 다음과 같다. 첫째, 이사야서에는 예언자 이사야보다 후기에 삽입된 자료로서 예언자 이사야와 관련 없는 부분이 있다. 이러한 주장을 뒷받침하는 것은 이사야 34-35장으로 유다 왕국의 멸망 이후에 관한 내용을 담고 있다. 특히 이사야 34:8의 "시온의 송사를 위하여 신원하는 해라"가 힌트이다. 이사야 35장에서도 시온의 귀환에 대한 메시지가 들어 있다. 뿐만 아니라 이사야 13장, 14:1-21, 21:1-10은 바벨론 시대를 배경으로 기록되어 있다. 특히 이사야 13:19의 갈대아 사람의 등장이나 21:1-10의 엘람 사람의 등장으로 인한 바벨론의 멸망에 대한 예언은 바벨론 제국을 배경으로 기록된 것이다. 이러한 예언은 모두 바벨론 이후 시대를 배경으로 한다.

둘째, 이사야 1-39장에는 예언자 이사야 자신의 예언도 들어 있다. 대표적인 예는 이사야 2장이나 11장이다. 이러한 주장에 대한 비판은 이사야 2장과 11장에 나타난 보편주의는 주전 8세기 예언자에게서 찾아보기 힘들다는 것이다. 이사야 2:2의 "만방이 그리로(= 여호와의 전의 산) 모여들 것이라"는 표현은 대표적인 보편주의를 나타내는 표현이다. 뿐만 아니라 이사야 11:10 이하의 내용도 대표적인 보편주의를 나타내는 표현이다. 따라서 학자들은 이러한 보편주의는 구약성서 시대의 끝에 나타나는 사상이라고 주장한다. 이러한 사상은 이사야 24-27장의 소위 이사야의 묵시에서 구체적으로 확대 발전되었다.

이사야 1-39장의 내용

이사야 1-12장의 심판과 미래의 구원을 포함하는 이스라엘에 대한 예언 부분과 13-23장의 열방에 대한 신탁 그리고 24-33장의 이스라엘의 죄에 대한 심판과 마지막 날의 구원에 대하여 기록하고 있다. 특히 이 부분에서는 마지막 날의 구원에 대하여 강조하고 있다. 이 가운데서 24-27장을 이사야의 묵시록이라고 부른다. 그리고 34-35장은 성전의 멸망에 대하여 예언하고 있다. 그리고 36-39장은 예언이라기보다는 역사자료로서 산헤립의 침략에 대하여 기록하고 있다. 이 부분은 열왕기하 18-20장과 역대하 32장에서 같은 내용을 찾아 볼 수 있다.[108]

이사야 1-33장

이사야 1-33장은 크게 두 부분으로 다시 나눌 수 있다. 이사야 1-12장과 이사야 13-33장이다. 문학적인 측면에서 이사야 1-12장은 일지(diary)의 형태를 띠고 있고, 13-33장은 기록문서(archive)의 형태를 띄고 있다. 이사야 1-12장을 일지의 형태를 띤다고 보는 것은 연대순으로 기록되어 있기 때문이다. 즉 이사야 1-5장은 웃시야가 죽기 전에 한 예언이고, 6장은 웃시야가 죽은 해라고 기록되어 있으며 이사야 7:1에는 아하스 시대라는 기록이 있기 때문이다. 반면에 이사야 13-33장은 예언을 연대순으로 재배열한 것처럼 보이기 때문이다.[109]

이사야 1-12장

이사야서는 다른 예언서와 달리 예언자의 환상에 대한 기록이 책의 서두에 있지 않고 6장에 등장한다. 내용을 살펴보면 이사야 1장은 죄를 심문하는 형식으로 기록되어 있다. 이사야 2-5장은 이사야 1장보다 약간 후

108) 제 1이사야서의 구분에 대하여 일부 학자들은 다음과 같이 세 부분으로 나눈다. (1) 1-33장의 중심 부분과 (2) 36-39장의 역사적 내용의 첨가로 나눌 수 있다. 이사야 36-39장은 열왕기하 18:13, 17-20:19와 같은 내용으로 이사야가 등장하기 때문에 첨가된 것으로 본다.

109) 이러한 명칭은 긴스버그(H.L. Ginsberg)에 의하여 붙여졌다. H.L. Ginsberg, *Oz le-David*, (Ben Gurion, 1964), pp. 33-350 (Hebrew).

에 기록된 것으로 보인다. 이사야 6장은 이사야의 소명에 대하여 기록하고 있으며, 이 사건은 6:1에 의하면 웃시야가 죽던 해에 있었음을 기록하고 있다. 이사야 7-9장은 시리아-에브라임 동맹에 대하여 언급하고 있다. 이 사건은 주전 734-732년 사이에 발생한 사건이다.

이사야 1-39장의 첫 부분인 1-12장의 역사적 순서를 결정하는 것은 매우 어렵다. 그러나 7장은 9:1-6과 10장과 같이 비교적 후대 즉 701년 산헤립 침략을 배경으로 한 것으로 보인다.

이사야 1-12장은 배열된 주제를 찾기가 매우 어렵다. 2장과 11장의 세상 끝 날에 대한 예언이나 1, 3, 5, 9:7-14에 나타나는 심판에 대한 예언이 첨가된 것으로 보기 매우 어렵다.

이사야 1-12장의 내용은 다음과 같이 구분할 수 있다.

2:2-5	영원한 평화의 세계
5:1-7	포도원의 노래
7장	임마누엘 예언
9:1-7	메시야(Messiah) 왕
11:1-9	메시야 왕

이사야 12-23장

이사야 12-23장은 열방에 대한 예언은 열왕기하나 예레미야 그리고 에스겔에 나타난 열방에 대한 구체적인 특징을 나타내고 있다(왕하 1-2, 렘 46-51, 겔 25-29). 특히 이사야 17장은 표제어로 "다메섹에 관한 경고"라고 기록하고 있지만 사실은 열방에 대한 예언이 아니다. 또한 18장과 20장과 22장은 부분적으로 열방에 대한 예언을 다루고 있기는 하지만, 그러나 전체적으로 열방에 대한 예언은 아니다.

이사야 13-23장은 열방에 대한 심판의 경고를 선포하는데 이 가운데서 역사적 사건에 대한 언급이 등장한다. 이사야 14:28에는 "아하스 왕이 죽던 해에 받은 이 경고가 임하니라"라고 기록하고 있다. 또 이사야 17:1-3, 특히 3절은 아람의 멸망 즉 주전 732년의 사건에 대한 암시가 나타나 있다.

이사야 13-21장에 열거된 열방은 바벨론(사 13:1, 19, 14:4), 아시리아(사 14:24-27), 블레셋(사 14:28-32), 모압(사 15-16장), 다메섹과 이스라엘(사 17장) 그리고 애굽과 누비아(사 19장)이다. 이사야 21-23장에서는 바벨론(21:1-10), 두마(사 21:11-12), 아라비아(사 21:13-17), 예루살렘(사 22장), 두로와 시돈(사 23장)이다. 이상에 13-21장에서 언급된 열방은 민족이나 나라로서 열방을 나타낸다. 반면에 21-23장은 주로 열방의 도시들이 언급되어 있다.

이사야 24-33장

이사야 24-33장은 이스라엘의 죄에 대한 책망을 다루고 있는데 여기에 기록된 사건의 역사적 순서를 정하는 것은 매우 어렵다. 그런데 여기에는 주전 722년의 사마리아 점령에 대하여 기록하고 있다(사 28:1-4). 이사야 24-33장은 "끝 날"("말일")에 대한 예언이 주를 이루고 있다. 이 예언들은 하나의 예언이라기보다는 이스라엘과 아수르와 이집트에 관한 작은 예언들이 결합된 것이다. "말일"에 관한 예언은 이사야 24-27장과 30:19-39, 32-33장 등에 나타난다.

이사야 24-27장은 소위 '이사야의 묵시'(The Isaiah Apocalypse)이다. 이사야 24-27장의 기록된 문체나 양식 그리고 사상이 이사야서와 구별된다. 이사야 24-27장은 이사야 묵시로 알려져 있고, 34-35장은 소묵시로 알려져 있다. 이 두 부분은 형식에 있어서 예루살렘 이사야보다는 제 2이사야와 제 3이사야에 더 가깝다. 이 부분은 세상에 대한 비전과 포로기 이후 시대의 묵시문학적 형식의 특징을 가지고 있다. 여호와는 여호와의 날에 반항적이고 완악한 민족들에게 심판을 행하실 것이다. 여호와의 날에는 온 세계에 대한 종말론적 심판이 가해지며, 궁극적으로 하나님의 나라가 완성된다. 모든 천상과 땅의 세력들에 대한 여호와의 승리가 끝나고, 구원이 완성되며 궁극적으로 유다가 다시 모이게 된다. 이 날에 경건한 자들이 일어서며, 하나님의 도성은 악의 도성에 대한 승리의 날이다. 이러한 주제는 대략 주전 300년경의 다니엘이나 스바냐 그리고 다른 묵시문학에서 발견되는 보편적인 주제들이다. 따라서 이 부분은 이사야서의 맨 마지막 부분에 해당하며, 이사야 학파의 마지막 견해이기도 하다.

이사야 28-33장은 17:12-18:7처럼 "슬프다"로 시작되는 예언이다. 이사야 30:1이하와 31:1이하의 기록을 통하여 이 기록의 배경은 이집트와 동맹을 맺고 아시리아 제국의 속국에서 벗어나려는 의도가 깔려 있다. 그러나 이것이 주전 712-13년의 사르곤에 대한 저항인지, 아니면 705-701년 사이에 있었던 산헤립에 대한 저항인지는 정확히 알 수 없다.

이사야 34-35장

이사야 34-35장에 대한 학자들의 입장이 다양하다. 문체나 내용 면에서 이사야와는 관련이 없는 것으로 본다. 34장은 비통한 단어들이 나열되어 있으나, 35장에서는 안녕에 관한 단어을 포함하고 있다. 게제니우스(Gesenius)는 이사야 34-35장을 13-14장 뒤에 첨가시켜 한 저자의 작품으로 여긴다. 에발트(Ewald)는 이사야 34-35장을 예레미야 50-51장과 연결시킨다. 그러나 많은 학자들은 이사야 34-35장을 이사야 40-66장과 연결시킨다. 따라서 이사야 34-35장의 연대를 주전 6세기 후반부로 보거나 혹은 주전 5세기 중엽의 것으로 본다. 심지어 파이퍼(Pfeiffer)는 주전 4세기의 것으로 여긴다. 이러한 입장과 유사하게 페터슨(D.L. Petersen)은 이사

야 33-35장은 제 2이사야(40-66장)의 서언에 해당한다고 주장한다.[110)]

이사야 36-39장

이사야 36-39장에 기록된 역사적 사건은 36-37장의 예루살렘의 구원과 38장의 히스기야의 발병과 회복 그리고 39장의 바벨론 사신의 도착 등이다. 이 부분은 예언보다는 역사적 내용을 기록하고 있으며, 그 내용은 열왕기하 18:13-20:21과 매우 유사하다.

이사야의 메시지

역사적 소용돌이 속에서 활동한 이사야는 국운이 백척간두와 같은 상황에서 변함없이 하나님만을 신뢰하고 의지할 것을 외쳤다. "너희가 믿지 아니하면 정녕히 굳게 서지 못하리라"(사 7:9)

이 말씀은 이사야의 메시지를 잘 요약하고 있다. 이스라엘이 하나님만을 절대적으로 신뢰하고 그의 말씀에 순종할 때, 하나님은 반드시 그들과 함께 하시고 예루살렘을 적들로부터 구원해 주신다는 것이다. 그리하여 시리아, 이스라엘 연합군이 예루살렘을 쳐들어 왔을 때 그는 유명한 임마누엘의 예언을 말씀하셨다(사 7장). 임마누엘(Im-manuel)이란 '하나님이 우리와 함께 하신다' 는 뜻이다.

또한 아시리아 제국의 산헤립 왕이 예루살렘을 향해 진격하고 있을 때, 이사야는 "그가 오던 길로 돌아가고 이성에 이르지 못하리라…대저 내가 내종 다윗을 위하며 이성을 보호하며 구원하리라"(사 37장)고 하나님의 구원을 선포하였다.

110) D.L. Petersen, *The Prophetic Literature*, pp. 61-62.

이사야의 선포대로, 예루살렘은 두 번의 위기를 무사히 넘기게 되었다. 이후부터 예루살렘은 하나님께서 보호하시는 도성이기 때문에 어떤 적도 함락시킬 수가 없다고 하는 예루살렘의 신학이 뿌리 깊게 확립하게 되었다.

이사야는 또한 앞으로 도래할 영원한 평화의 세계의 비전을 보여주었고(사 2:2-4), 메시야 대망의 꿈을 심어 주었다(사 9장, 11장). 그리고 한 걸음 더 나아가서 궁극적으로 에덴의 낙원이 회복되는 모습도 그려주고 있다(사 11:6-9).

| 이사야서 참고문헌 |

Blenkinsopp, J. *Isaiah 1-39*. AB. New York: Doubleday, 2000.

Childs, B. S. *Isaiah*. OTL. Louisville: Westminster John Knox, 2001.

Clements, R. E. *Isaiah 1-39*. NCB. Grand Rapids: Eerdmans, 1980.

Gray, G. B. *A Critical and Exegetical Commentary on the Book of Isaiah I-XXVII*. ICC. Edinburgh: T & T Clark, 1912.

Hayes, J. and S. Irvine. *Isaiah the Eighth-Century Prophet: His Times and His Preaching*. Nashville: Abingdon, 1987.

Kaiser, O. *Isaiah 1-12*. OTL. 2d. ed. Philadelphia: Wetminster, 1972.

______. *Isaiah 13-39* OTL. 2d. ed. Philadelphia: Wetminster, 1974.

Motyer, J. A. *The Prophecy of Isaiah*. Downers Grove, Ill.: Inter Varsity, 1993.

North, C. R. *The Second Isaiah*. Oxford: Clarendon, 1964.

Oswalt, J. N. *The Book of Isaiah: Chapters 1-39*. NICOT. Grand Rapids: Eerdmans, 1986.

______. *The Book of Isaiah: Chpters 40-66*. NICOT. Grand Rapids: Eerdmans, 1998.

Seitz, C. R. *Isaiah 1-39*. Interpretation. Louisville: John Knox, 1993.

Watts, J. D. W. *Isaiah 1-33*. WBC. Waco, Tex.: Word, 1985.

______. Isaiah 34-66. WBC. Waco, Tex.: Word, 1987.

Westermann, C. *Isaiah 40-66*. OTL. Trans. D. M. G. Stalker. Philadelphia: Westminster, 1969.

Whybray, R. N. *Isaiah 40-66*. NCB. Grand Rapids: Eerdmans, 1981.

Wildberger, H. *Isaiah 1-12*. Trans. T. H. Trapp. Minneapolis: Fortress, 1991.

______. *Isaiah 13-27*. Trans. T. H. Trapp. Minneapolis: Fortress, 1997.

Young, E. J. *The Book of Isaiah*. 3 vols. Grand Rapids: Eerdmans, 1965-72.

제3장

7세기 예언자

주전 7세기 예언 운동의 역사적 배경

주전 7세기말 유다 왕국은 아시리아 제국에 의하여 그 운명이 결정되었다. 8세기말 아시리아의 산혜립 침략으로 유다 왕국이 어려웠으며, 7세기 중엽 에살하돈과 아수르바니팔 때는 이집트의 침략으로 유다는 어려움에 처하였다. 아시리아 제국의 내적인 혼란과 신흥 바벨론 제국의 등장으로 고대 근동의 국제정세는 매우 불안했다. 이러한 시대 조류에 발맞추어 이집트는 세력을 확장하려고 시도하였다. 따라서 이 시대에 유다 왕국은 또 다시 국제적 혼란에 휩쓸리게 되었고, 결국에는 왕국 멸망으로까지 이어진다.

주전 7세기의 유다 왕국은 므낫세와 그 이후의 왕들에 의하여 통치되었다. 히스기야의 뒤를 이은 므낫세는 12세에 즉위하여 55년간 왕으로 통치하였다(주전 698-642년). 므낫세 시대의 특징은 히스기야가 제거하였던 많은 우상을 다시 숭배하였다.[111]

므낫세가 죽은 후 그의 아들 아몬(주전 641-640년)이 즉위하였으나 그는 2년의 짧은 기간 동안 통치하였다. 그의 뒤를 이어 요시야 왕이 18세에 왕

111) 김영진, 『이스라엘역사』, p. 342.

이 되어 31년간 통치하였다(주전 639-609년). 요시야는 통치 18년인 주전 622/1년에 성전을 수리하다가 발견한 율법책을 근거로 종교개혁을 실시하여 모든 우상을 제거하였다.

그러나 요시야의 전사는 유다의 역사의 방향을 완전히 바꾸어 놓았다. 요시야가 전사한 이후 유다는 다시 이집트의 통치 하에 놓였다. 이집트는 요시야의 뒤를 이어 왕이 된 여호아하스(주전 609년)를 폐위시키고 죽인 후, 요시야의 다른 아들 엘리야김을 왕으로 즉위시켜 그 이름을 여호야김(주전 608-598년)으로 개명하였다.

이집트가 이렇게 다시 팔레스틴에 세력을 확장할 수 있었던 가장 큰 이유는 전통적으로 이집트의 적대 세력이었던 아시리아의 내적인 혼란과 아시리아와 바벨론 사이의 세력 다툼 때문이다. 이러한 혼란의 틈을 이용하여 이집트는 그 세력을 팔레스틴뿐만 아니라 유프라테스 강 지역까지 진출하여 멸망하는 아시리아를 도왔다.

이집트 봉신 왕이었던 여호야김(주전 608-598년)은 백성들로부터 세금을 거두어 느고 2세에게 조공을 바쳤다. 그러나 바벨론이 유다를 공격하자 그는 3년간 바벨론의 봉신이 되어 조공을 바쳤으며, 3년 후 여호야김은 바벨론에 조공을 바치는 것을 거부하고 반란을 일으킴으로써 바벨론의 공격을 부추겼다.

이러한 역사적 격동의 시기에 메소포타미아가 세력 교체로 인하여 혼란한 틈을 타서 팔레스틴은 다시 이집트의 영향력 아래 놓이게 되었다. 그러나 바벨론이 메소포타미아 지역을 장악하고 다시 서쪽으로 세력을 확장함에 따라 팔레스틴은 다시 바벨론의 영향력 아래 놓이게 되었다.

여호야김이 죽은 후 여호야긴(주전 597년)이 왕이 되었으나 3개월 밖에 통치하지 못하였다. 여호야긴 시대에 바벨론의 느브갓네살 왕이 예루살렘을 포위하고 왕과 용사 및 기술자 1만여 명을 포로로 잡아가고 또한 성전과 왕궁의 보물을 빼앗아갔다. 그리고 여호야긴의 삼촌인 맛다니야를 왕으로 삼고 이름을 시드기야로 바꾸었다.

바벨론에 의하여 왕이 된 시드기야(주전 596-586년)는 바벨론을 배반하였다. 따라서 시드기야 9년에 느부갓네살이 쳐들어와 3년간 예루살렘을 포위하였다. 그 결과 시드기야 11년 넷째 달 9일에 예루살렘은 함락되었다(주전 586년). 그 후 유다 백성은 바벨론으로 강제 이주 되었다.

주전 7세기 유다의 종교적 상황은 두 번의 종교개혁으로 설명할 수 있다. 히스기야 시대와 요시야 시대에 유다에 만연한 우상을 제거하는 종교개혁이 실시되었다.[112]

히스기야의 종교개혁은 열왕기하 18:4-6에 간략하게 서술되어 있는 반면, 역대하 29:1-31:21에서는 그의 종교개혁을 자세히 언급하고 있다. 열왕기서의 기록은 히스기야가 하나님 여호와를 의지하였는데 그의 전후 유다 여러 왕 중에 그러한 자가 없었다는 표현으로 그의 개혁성과를 평가한다. 단지 그의 종교개혁에 대해서는 열왕기하 18:4에서 산당을 철거하고, 아세라 목상을 찍고, 모세가 만들었던 놋뱀에 분향하므로 그것을 부수었다고 기록한다. 그러나 역대하 29장에 기록된 성전정화의 기록을 살펴보면 그는 성전 문을 수리하고(29:3), 성소의 더러운 것을 없애고, 여호와의 전을 깨끗이 하였다. 뿐만 아니라 예루살렘에서 지켜지지 않던 절기를 다시 지키게 하였으며, 제사장들과 레위 사람들의 반열을 정하는 등 모든 성전 제도를 다시 갖추었다고 기록하고 있다. 그러나 히스기야의 종교개혁이 언제 실시되었는지 정확하게 언급하지 않는다.

히스기야의 종교개혁의 필요성은 히스기야보다 10여 년 전에 유다 왕국을 통치하였던 요담의 아들 아하스가 다마스쿠스 종교의 영향을 유다 성전에 전달한 것을 제거할 필요가 있었다. 따라서 그는 역대하 29장에

112) 김영진, 『이스라엘역사』, pp. 347-352.

기록된 것과 같이 철저한 성전정화를 실시한다.

히스기야의 아들 므낫세는 그의 선왕인 히스기야가 제거하였던 우상들을 다시 이스라엘에서 숭배하였다. 열왕기하 21장의 기록은 당시의 종교적 상황을 기록하고 있다. 므낫세 때 바알을 위해 단을 쌓거나, 아세라 목상을 만드는 것은 이전부터 있어왔던 이방숭배였다. 그런데 새로운 것은 하늘의 일월성신을 숭배하는 것이다. 유다에서 이처럼 일월성신을 숭배하는 현상은 예레미야서 7:18의 하늘 황후 숭배가 예루살렘과 유다에서 행해졌음을 기록하고 있는 데서도 잘 알 수 있다. 이러한 천체 숭배사상은 메소포타미아의 영향이라기보다는 주전 2천 년대 시리아-팔레스

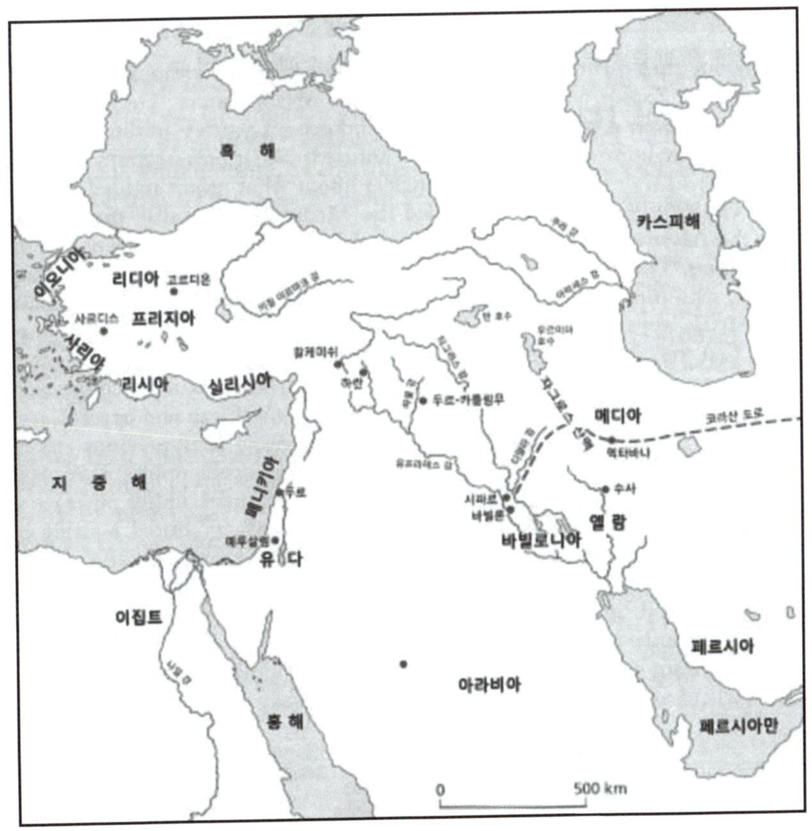

[바벨론 제국]

틴 지역에서 흔히 볼 수 있던 현상이다.

아몬 왕의 뒤를 이어 왕이 된 요시야(640/39-609년)는 그의 통치 18년인 622/1년에 성전을 수리하다가 율법책을 발견하고, 이를 근간으로 우상숭배가 만연해진 유다 사회에 종교개혁을 단행하였다. 그의 종교개혁에 관해서는 열왕기하 22-23장과 역대하 34장에 자세히 기록되어 있다. 열왕기의 기록에 의하면 요시야 종교개혁의 영향이 예루살렘, 벧엘 그리고 사마리아의 도시들로 한정되어 있지만, 역대기의 기록에서는 납달리와 므낫세를 포함하여 북쪽 지역 끝까지 영향을 미쳤다고 기록하고 있다. 또한 우상숭배의 내용에 대해서도 열왕기서는 매우 자세히 기록하고 있는 반면, 역대기서에서는 매우 간결하게 기록하고 있다. 이것은 역대기가 기록된 페르시아 시대에는 이러한 우상숭배가 유다백성들에게 영향을 미치지 못했기 때문으로 이해할 수 있다.

예레미야

예레미야서는 구약의 예언서 가운데 그 분량이 가장 많은 책 가운데 하나이다. 예레미야서는 구약 예언자의 강한 면과 약한 면 등에 대하여 자세하게 기록하고 있다. 뿐만 아니라 예레미야 31:31-34의 새 계약은 신약의 예수 그리스도가 누구인가를 이해하는데 중요한 역할을 한다.

예레미야서는 총 52장 1,364절로 구성되어 있다.

예언자 예레미야

예레미야

다른 예언자에 비하여 예언자 예레미야에 관해 정보가 부족하기 때문에 예레미야의 전기를 재구성하는 것은 매우 어렵다. 그러나 구약성서를 통하여 몇 가지 사실을 확인할 수 있다. 구약성서에 의하면 예레미야의 고향은 예루살렘 북서쪽에서 7km 떨어진 아나돗이다(렘 1:1, 11:21, 29:27, 32:7-

9). 아나돗은 제사장 가문의 사람들이 거주했던 곳이며, 여호수아 21:18에서는 제사장의 도시 가운데 하나로 등장하고 있다. 예레미야 32:9에 의하면 예레미야는 가난한 제사장 가문 출신이다. 일반적으로 예레미야는 다윗 시대의 제사장이었던 아비아달의 후손으로 여겨지며, 이는 그가 엘리 제사장의 후손이라는 것을 의미한다(삼상 1-4장). 이러한 출생의 배경은 예레미야 예언 활동에 보이지 않게 큰 영향을 미쳤으며, 예루살렘의 다윗 왕조에 대한 부정적인 메시지를 전달하는 계기가 되었다. 예레미야는 모세처럼 제사장이면서 예언자로 활동하였다.

예레미야는 주전 645년을 전후하여 출생한 것으로 여겨지며, 그의 첫 예언 활동은 히스기야 통치 13년 즉 주전 627년부터 예언 활동을 시작하였다(렘 1:2, 25:3).[113] 만약 그렇다면 그는 매우 어린 나이때부터 예언자로 활동하였다. 그렇지만 예레미야의 유년 시절이나 젊은 시절에 관한 기록은 발견되지 않는다.

예레미야는 생애 동안 매우 극적인 사건들을 많이 경험하였다. 즉 아시리아 제국과 예루살렘의 멸망을 경험하였다. 따라서 예레미야는 이러한 사건에 대하여 매우 깊은 관심을 갖게 되었고, 그의 예언에 많이 반영되어 있다. 그의 이러한 태도는 다른 예언자들과는 매우 대조적이다.

예레미야서에 기록된 예레미야는 외톨이로 소개된다(렘 15:17). 예레미야가 자신을 "저는 홀로 앉아있나이다"(15:17)라고 한 말은 예레미야가 외부 사회와 단절된 관계를 나타내는 전형적인 표현이다. 예레미야는 가족들에게조차도 사랑을 받지 못했다(12:6; 20:10). 그는 그들과 함께 혼인잔치에도, 장례식에도 참석하지 못한다(16,5-9). 예레미야는 결혼도 하지 않았다. 따라서 아버지가 될 수도 없었다(16,1-4). 그는 옥에 갇히고 고문을 당

113) G. McConville, *Exploring the Old Testament: Volume 4 the Prophets*, p. 45; D.L. Petersen, *The Prophetic Literature*, pp. 97-99.

하며, 자기 뜻과는 상관없이 이집트로 끌려가다가, 그곳에서 생애를 마치게 된다. 예레미야의 고독은 그의 본성과 전혀 관계없다. 오히려 그의 고독은 그를 압도하면서 갑자기 그에게 몰려와 그의 존재 전체를 채우며, 그를 괴롭히고, 그의 의지를 온전히 사로잡은 하나님의 말씀 때문에 생겨난 것이다. 이 외적 힘은 예언자에게 고독을 행동양식으로 삼도록 강요한다.

예레미야는 하나님의 말씀과 그 실천 방안을 철저하게 알렸다. "여호와의 말씀이 나에게 내렸다"(1:4)는 이 말은 예레미야가 자신의 예언을 선포하는 표현이다(1:2). "당신 말씀을 발견하고 그것을 받아먹었더니 그 말씀이 제게 기쁨이 되었나이다"(15:16). 그러나 하나님의 말씀이 파괴자로 느껴지기도 했다. "내 심장이 내 안에서 터지고 / 내 모든 뼈가 떨린다. / 나는 술 취한 사람처럼 / 술에 전 인간처럼 되었으니 / 이는 여호와 때문이요 / 그분의 거룩한 말씀 때문이다"(23:9). 예레미야는 "불과 같고 바위를 부수는 망치와 같은"(23:29. 그리고 20:9 참조) 이 도발적인 말씀을 일상적 체험이 따르는 환상에서뿐 아니라(1:11-14), 여호와의 천상회의에서도 받는다(23:18, 22. 그리고 5:1).

하나님께서 말씀을 예레미야의 입술에 담아주시고(1:9), 이 말씀이 고집 센 이스라엘 백성을 삼킬 때까지(5:14) 지켜보신다(1:12). 때때로 말씀이 그를 버린 것처럼 보이기도 한다. 말씀이 드물게 그를 찾거나, 다시 그에게 내릴 때까지 형벌처럼 그를 오랫동안 기다리게 만든다(42:7). 예레미야의 삶에서 말씀은 해결의 열쇠인 동시에 골칫거리였다. 예레미야는 하나님의 말씀을 받아들이기 위해서 끊임없이 노력을 기울였다. 다섯 개의 예레미야의 고백(11:18-12:6; 15:10,15-21; 17:14-18; 18:18-23; 20:7-13,14-18)에서 잘 알 수 있다. 이 다섯 고백에서 예언자는 자신의 고립과 소외, 열악한 주변 환경에 대하여 불평을 늘어놓는다.

예레미야의 활동 시기

예레미야서에 의하면 예레미야는 유다 왕국 말기에 활동하였으며, 특히 요시야 통치 13년(주전 627년)부터 유다 왕국의 멸망 때까지 활동하였다. 예레미야가 선포한 메시지의 내용을 근거로 예레미야의 활동 시기를 다음 세 시대로 나눌 수 있다.

예언의 시작

예레미야의 예언의 시작은 요시야 13년, 즉 주전 627년에 시작되었다(사 1:2). 요시야가 종교개혁에 관한 관심을 가지고 있기는 했지만, 므낫세의 통치와 아시리아 제국의 북 이스라엘에 대한 통치의 잔재인 우상숭배가 남아있다.

그의 예언 활동이 시작된 후인 주전 622년에 실시된 요시야 개혁에 대한 예레미야의 태도에 대하여 학자들의 논의가 다양하다. 가장 설득력 있는 설명은 예레미야는 모세의 율법을 회생시키는데 열중하였다는 것이다. 예레미야의 선포 가운데 예배 장소의 중앙화에 대한 생각이 반영되어 있다(렘 3:12-15, 31:10-14). 그렇지만 예레미야는 북 왕국에 대한 동정을 가지고 있었다. 왜냐하면, 처음 그의 메시지 가운데 많은 부분이 사마리아에 남아 있는 이스라엘 백성들에 관한 것이기 때문이다. 예레미야는 호세아의 가르침과 사상에 영향을 받았던 것으로 보인다. 예레미야와 호세아는 언어의 유사점이 있다. 하나님과 이스라엘의 관계를 남편과 아내의 관계로 묘사하는 호세아의 문학적 기법이 예레미야에서도 등장한다(렘 2:2b-3, 3:1-5, 19-25, 4:1-2). 예레미야는 계약법전에서 강조되고 있는 하나님에 대한 복종을 주장한다. 뿐만 아니라 예레미야는 북 이스라엘 사람들에게 예루살렘의 깨끗한 종교 생활과 관계를 맺을 것을 교훈한다(렘 3:12-15, 31:10-14). 이처럼 북 이스라엘에 대한 동정 때문에 예레미야는 시온으로 돌아가는 것을 이스라엘을 위한 축복으로 여기지 않는다. 예레미야는 유다 백성들에게 도덕적인 총체적 개혁을 요구한다(4:3-4).

요시야 죽음 이후

예레미야는 요시야 개혁 이후 오랫동안 침묵을 지켰다. 예레미야의 공식적인 활동 가운데 요시야 사후의 활동은 여호야김이 즉위하던 해(주전 609/8)에 성전에서 설교하였다(렘 7:2-15). 이 설교를 통하여 요시야 개혁의 결과에 대하여 예레미야는 매우 실망하였다. 진실된 종교를 유지하고 백성들의 하나님에게 접근을 유지하기 위하여 사람들은 반드시 하나의 성전에서 합법적인 제사장에 의하여 제사를 드려야만 했다.

예레미야는 왕국 지도자들의 정책에 정면으로 반대하였을 뿐만 아니라 그의 동료 예언자들에 대해서도 반대하였다. 당시 예레미야와 같은 생각을 가진 다른 예언자는 기리앗-여아림 출신의 우리야였다(렘 26:20-24).

그 결과 예레미야는 성전에 출입하는 것을 금지 당하였다(렘 36:5). 심지어 아나돗 사람들은 예레미야를 죽이기로 결정하였다(렘 11:18-23). 따라서 주전 609년 예레미야의 삶은 비극적으로 전환되었다.

이러한 절박한 상황 속에서 예레미야는 임박한 재앙에 대하여 강조하였다.

예루살렘의 멸망과 포로

주전 605년 갈그미스 전쟁 이후 예레미야는 하나님의 심판의 도구인 느부갓네살(주전 605-562년)이 유다를 공격할 것이라고 확신하였다. 따라서 예레미야는 이 임박한 위협을 선포할 자신의 임무를 깨달았다. 제사장들이 예레미야에게 성전 출입을 허락하지 않자, 예레미야는 바룩과 자신의 친구를 통하여 성전에서 사본을 읽도록 하였다(렘 36). 주전 604년 예레미야의 책을 읽는 것을 듣던 여호야김 왕은 책을 빼앗아 불 속으로 던져 넣었다.

주전 597년 여호야긴이 포로로 잡혀감을 통하여 예레미야의 예언이 사실임이 입증되었다. 예레미야는 젊은 왕의 비극과 백성들의 고통에 대하여 탄식하였다(렘 13:8-9, 22:24-30). 예레미야 40-43장에서는 그다랴의 살해와 애굽으로의 피난에 대하여 기록하고 있다.

70년간의 죄에 대한 심판의 기간(사 23:15, 시 90:10)이 끝나고 죄된 세대가 모두 죽은 후 하나님은 새로운 백성들과 새 계약을 맺을 것을 말하고 있다(렘 29:10-11, 31:31-34). 예레미야는 애굽의 다바네스(Taphanhes; 오늘날의 텔 데프네[Tell Defneh])에서 마지막 예언을 선포한다(렘 43:8-13, 44). 예레미야는 60세를 살다가 죽은 것으로 추정된다.

예레미야서를 시대 순으로 배열하면 다음과 같다.

연대	예레미야	역사적 사건	
628(7)	1:2	선지자의 예언 활동 시작	
609	22:10-12	여호아하스가 이집트로 잡혀감	
605	25:1-15 36:1-8 46:2이하 47:2이하	이집트가 갈그미스에서 패전함	여호야김 4년

604	36:9이하	아스글론의 멸망과 함께 유다에서는 대 금식일이 선포됨	
601	46:13이하	느부갓네살에 의해서 이집트가 멸망하리라는 예언	
599	49:28	느부갓네살에 의해서 유목 생활을 하는 민족들이 멸망하리라는 예언	
?	47:1	바로 느고가 믹돌과 가자를 점령함	
598	35:11	레갑 족속이 예루살렘 성안에 거주	
	52:28	바빌론 역대기에는 이 해에 "유다의 도시"를 점령하고 왕을 바꾸었다는 기록	
597?	22:24-30 (52:30-34)	여호야긴의 운명에 대한 예언 여호야긴이 옥에서 석방되었다는 기록	
596	49:34	엘람에 대한 예언(느부갓네살의 아홉번째 전쟁)	
593(4)	27 28	바벨론의 멸망에 대한 희망	
?	34:8-22	종들의 해방	예루살렘 포위
	37	갈대아인들의 포위에서 일시적으로 해방됨	
	37:1-21 38:1-13 32:1-5	예레미야의 감금	
587(6)	39:1-40:6	예루살렘의 멸망	시드기야 9년
?	41:1-3	그다랴의 살해사건; 이집트로의 피난	

예레미야서의 문학적 특징

예레미야서에는 문학적인 측면에서 예언자의 활동과 그의 예언에 관한 자서전적인 전기설화로 기록되어 있다. 예레미야서에는 다양한 문학적 장르가 포함되어 있다. 예언신탁, 예레미야의 고백록, 전기적 자료, 산문체의 설교 등이 포함되어 있다.[114] 주로 1-25장은 시로 구성되어 있으며, 26-52장은 산문형태로 구성되어 있다.[115] 따라서 슈틀만(Stulman)은 예레

114) L. C. Allen, *Jeremiah*, (Louisville · London: Westminster, John Knox Press, 2008), pp. 4-6.

미야서가 두 개의 두루마리로 수정되었다고 주장한다. 이러한 다양한 형태의 문학 장르가 등장하기 때문에 예레미야서의 형성에 관한 다양한 학설이 제기되었다.

예레미야서에서 예레미야의 신탁이 등장하는 부분은 예레미야 2-25, 30-31, 46-51장이다. 26-29, 32-45 그리고 52장에서는 신탁의 배경에 관한 이야기가 삽입되었다.

예레미야서의 가장 어려운 점은 중복되는 부분이 많다는 점이다. 6:12-15과 8:10-12, 10:12-16과 51:15-19, 16:14-15과 23:7-8, 17:3-4과 15:13-14, 23:19-20과 30:23-24, 30:10-11과 46:27-28, 49:19-21과 50:44-46 등이다.

예레미야의 문학적 장르는 매우 다양하다. 시적인 신탁(1-25장, 30-31장, 46-51장), 전기적인 이야기(26-29, 36-45장), 신명기적 설교(7:1-8:3, 11:1-14, 16:1-13, 17:19-27, 18:1-12, 19:1-20:6, 21:1-10, 22:1-5, 25:1-13b, 32:1-2, 6-16, 24-44, 34-35장). 신명기적 설교의 기원에 대해 많은 논의가 진행 중이다. 어떤 학자들은 예레미야서가 형식과 사상적인 측면에서 신명기와 많이 유사하다는 지적을 한다. 아마도 이러한 형식들은 주전 7-6세기 유다에서 매우 보편적인 형식으로 이해된다.

예레미야서의 저자

예레미야서의 저자가 누구인가? 이 문제에 대하여 유대 랍비의 전통은 예레미야 자신이 예레미야서와 열왕기서 그리고 예레미야애가를 직접 지었다고 믿었다(b. B. Bat 15a). 그러나 오늘날 학자들의 연구 결과 예레미야서에는 예레미야의 신탁이 포함되어 있기는 하지만 그렇다고 예레미야서를 예레미야 자신이 저술하였다고 믿지는 않는다.

115) D.L. Petersen, *The Prophetic Literature*, pp. 103-104.

현재 우리가 가지고 있는 예레미야서는 히브리어 맛소라 사본과 헬라어 칠십인역 두 가지 사본이 있다. 칠십인역에서는 열방에 대한 예언을 책의 마지막에 놓지 않고 23:13a 이하에 놓았다. 따라서 칠십인역은 맛소라 사본과 같은 순서를 지키지 않았다. 칠십인역은 그 내용이 매우 간결하여 맛소라 사본의 15%정도가 줄어들었다.[116] 절의 일부가 생략되거나 33:14-26, 39:4-13, 51:44b-49a 그리고 52:27b-30이 생략되었다. 이렇게 줄어든 부분은 칠십인역으로 번역과정에서 반복되는 부분이거나 아니면 어려운 부분을 의도적으로 생략한 것으로 보인다. 이러한 사실은 사해사본의 발견으로 더욱 분명해 졌다. 사해사본은 본문을 길게 혹은 축약해서 기록하였다. 따라서 학자들은 예레미야의 칠십인역과 맛소라 사본은 서로 다른 히브리어 본문에서 생겨난 것이라고 결론지었다.

두 사본사이의 배열 순서가 다른 것과 반복적으로 나타나는 것은 예레미야서는 짧은 책들을 모은 것이며 여기에 잡다한 것을 첨가한 것으로 이해하게 한다. 이러한 사실은 예레미야 36장에서 예레미야가 자신의 말들을 바룩에게 기록하게 한 것에서 알 수 있다(25:13a, 30:2, 45:1, 51:60 등). 예레미야서가 예레미야에 의하여 편집되었다는 것이 전통적인 견해이지만 그러나 모든 자료가 그에게서 나온 것은 아니다. 예레미야 52장을 근거로 예레미야는 주전 561년 이후 편집되어진 것으로 보인다. 다른 부분에서도 예레미야서 전체가 예레미야 한 사람에게서 나온 것이 아니라는 것은 3인칭으로 된 예레미야에 관한 부분에서도 알 수 있다.

116) D.L. Petersen, *The Prophetic Literature*, p. 99. 예레미야의 헬라어 사본은 히브리어 사본에 비하여 약 3,000단어 정도 짧아졌다.

둠(B. Duhm)은 1901년 자신의 주석에서 시적인 부분이 원래 예레미야 자신에게서 나온 것이라고 주장하였다. 둠은 예레미야서를 세 부분으로 크게 분류하였다.[117] 즉 첫째, 키나(kinah) 형식의 시로 된 예레미야 자신의 말로 총 280절이나 되었다. 둘째, 바룩의 예레미야에 관한 기록으로 220절이나 된다. 그리고 나중에 첨가 된 부분으로 제 2, 제 3이사야나 신명기 사가의 부분과 유사한 것으로 총 850절이나 된다.

1914년 모빙켈은 예레미야를 모두 네 부분으로 구별하였다.[118] 즉 A, B, C 그리고 D자료이다. 첫째는 A자료에 속하는 것은 바룩의 두루마리로 예레미야 말을 받아 적은 것으로 580-480년 사이에 애굽에서 기록한 것으로 주장한다. 이 부분은 주로 1-24장 사이에서 발견되어진다. 모빙켈은 A자료 부분이 예레미야 가운데 가장 권위 있는 부분이라고 주장하였다. 둘째는 B자료로 예레미야의 전기로서 A자료와 같은 시대에 애굽에서 어떤 사람에 의하여 구전을 기록한 것이라고 주장한다. 19:1-20:6, 26-45 등이 이에 해당하는 부분이다. 셋째는 C자료로 신명기적 자료로서 주전 4세기경에 기록된 것이라고 주장한다. 이에 해당하는 부분은 3:6-13, 7:1-8:3, 11:1-5, 9-14, 18:1-12, 21:1-10, 22:1-5, 25:1-11a, 29:1-23, 32:1-2, 6-16, 24-44, 34:1-22, 35:1-19, 39:15-18, 44:1-14 그리고 45장이다. 넷째는 D자료에 해당하는 것은 위로의 책으로 30:1-31:40이 여기에 해당한다. 이것은 포로기 이후에 기록된 것으로 보인다. 46-51장의 열방에 관한 예언은 후에 1-45장에 첨가되어진 것으로 본다.

브라이트(J. Bright)와 할러데이(Halladay)는 C자료에 해당하는 부분은 매

117) B. Duhm, *Der Prophet Jeremia*, (Leipzig: Weidmansche Bunchandlung, 1901).
118) S. Mowinckel, *Zur Komposition des Buches Jeremia, Kristiania*, (Oslo: Jacob Dybwad, 1914).

우 수사학적인 산문으로서 주전 7세기말이나 6세기 초 유다에서 기록된 것으로 보고 있으며, 예레미야의 기초가 되는 것으로 이해하였다.[119)]

1966년 리츠쉘(Rietzschel)은 예레미야서를 (1) 유다와 예루살렘의 운명에 관한 예언(1-24장), (2) 이방 국가의 운명에 관한 예언(25:46-51), (3) 이스라엘과 유다를 위한 예언(렘 26-35장), (4) 예언자에 관한 설화 부분(렘 36-44)으로 나눈다. 그는 1-24장을 다시 여섯 부분으로 나눈다. 즉 1-6장, 7-10장, 11-13장, 14-17장, 18-20장, 21-24장이다.

이처럼 예레미야는 구약성서 가운데 가장 복잡한 책이다.

예레미야서의 내용과 구조

예레미야의 구조

예레미야서의 배열은 사본에 따라 차이가 있다. 특히 칠십인역에서는 이방 민족들에 대한 예언이 25:13 바로 다음에 이어진다. 이 배열은 예레미야 두루마리의 원래 상태를 시사한다. 왜냐하면 다른 여러 예언서들(사 1-39; 에스겔, 하박국, 스바냐)도 이방인들을 향한 예언을 이스라엘을 향해 선포한 예언과 이스라엘을 위한 구원신탁 사이에 놓는 삼분법 구조를 따르고 있기 때문이다.

예레미야서는 비슷한 주제나 표상 그리고 문학 단위에 따라 다음 네 부분으로 나눌 수 있다. 첫째, 1:1-25:14의 유다에 대한 예레미야의 예언 둘째, 26:1-45:5에서는 이스라엘과 유다를 위한 구원 신탁 그리고 예레미야의 예언직에 관하여 기록하고 있다. 셋째, 46:1-51:64과 25:15-38에서

119) J. Bright, *Jeremiah*, AB, (Garden City: Doubleday, 1974).

는 이방 민족들을 향한 예언 그리고 마지막 52:1-34은 열왕기하 24:18-25:30에 몇 가지 새로운 자료가 첨가된 것으로 예루살렘의 함락을 다루고 있다. 이처럼 예레미야서를 넷으로 분한 각 부분에는 예언들과 작은 단위의 기록들이 비슷한 주제나 표상에 따라 한데 모여 있다. 예를 들어 22:11-23:8에는 다윗 가문에 관한 예언들이, 23:9-40에는 예언자들에 관한 예언들이 그리고 30:1-31:40에는 새 이스라엘의 재건을 알리는 내용들이 모여 있다. 그 밖에 2장, 4-6장, 14:1-15:4 등의 본문은 최종 편집에 앞서 수집된, 예레미야가 선포한 것으로 보인다.

예레미야서를 자세히 나누면 다음과 같은 내용으로 구성되어 있다.[120)]

1:1-19	예레미야의 소명
2:1-6:30	시적인 심판의 선언과 회개의 촉구
7:1-10:25	제사에 있어서 백성들의 잘못에 대한 언급
11:1-20:18	계약에 있어서 잘못과 백성의 죄에 대하여 예레미야가 하나님과 씨름함
21:1-24:10	유다 왕의 실패와 예언자들
25:1-28	바벨론을 통한 하나님의 열방 심판과 바벨론이 하나씩 심판함
26:1-29:32	바벨론의 패권에 대한 암시
30:1-33:26	소위 '위로의 책'
34:1-36:32	왕과 백성들이 예레미야의 말을 거절하다
37:1-39:18	유다의 멸망에 대하여
40:1-45:5	남은 자들의 운명
46:1-51:64	열방에 대한 신탁

120) G. McConville, *Exploring the Old Testament: The Prophets*, pp. 51-52.

52:1-34 예루살렘의 멸망과 성전 멸망에 관한 기록

예레미야의 내용

예레미야 1-25장과 관련하여 바룩이 기록하고 여호야김이 불태웠지만 나중에 더욱 긴 형태로 다시 기록한 두루마리의 이야기는 주석가들의 특별한 연구 대상이 된다. 이 두루마리는 주전 605년 이전에 선포한 위협적인 예언을 포함하였으며, 그 내용이 현재의 예레미야 1-25장에 삽입되었을 것이다. 주석가들이 성격을 밝히고자 하였지만, 서로 모순되는 연구 결과들을 내놓게 되었고, 일치된 견해를 얻어내는 데 실패하였다. 현재로서는 '최초의 두루마리' 를 재구성하는 작업은 불가능하다.

이 문제가 복잡한 이유는 1-25장의 예언들이 산문과 교묘하게 얽혀 있기 때문이다. 운문 예언의 대부분은 예레미야에게까지 소급되는 원초적인 문헌인데 반하여, 산문은 예레미야가 죽은 뒤, 포로기간에 저작활동을 벌인 신명기적 편집자들의 용어와 신학사상을 반영하고 있다. 이 편집자들은 예레미야서뿐 아니라 '전기 예언서들' 이라 부르는 구약성서 책들을 집대성하는 데 결정적인 기여를 했던 사람들이다. 운문과 산문이 뒤섞인 이 장들을 모두 예언자 예레미야의 예언으로 볼 수는 없겠지만, 적어도 후대의 편집자들에 의해서 다듬어진 예언자 자신의 예언들을 재현하는 것으로 볼 수는 있을 것이다.

예레미야서의 두 번째 부분에는 예레미야의 직무 수행에 관한 기록들이 나오는데 일반적으로 바룩이 지은 것으로 본다. 사람들이 바룩을 이 기록의 저자로 생각하는 이유는 거기에 나오는 정확한 정보 때문이다. 그것은 분명 사건들을 직접 눈으로 본 증인의 기록임에 틀림없다고 생각한다. 더구나 이 기록은 바룩에게 개인적으로 전하는 예언으로 끝을 맺

고 있다. 이 기록을 바룩이 직접 지은 것이라고 할 수도 있지만 완전히 확실한 것은 아니다. 저자 바룩은 아마도 예레미야와 함께 이집트로 갔을지 모른다(43-44장 참조). 43:6에 따르면 바룩은 전에 친바벨론파의 우두머리였다. 이 사실 때문에 그가 예레미야와 함께 이집트로 강제 이주당한 것으로 추정할 수도 있겠다.

바벨론 포로 초기부터 수많은 소책자, 단편 문헌, 여기저기서 수집한 기록들 그리고 예레미야와 관련된 몇 가지 구두 전승들이 있었을 것으로 추정된다. 이 모든 자료들을 한 권의 책으로 엮어낸 사람이 바로 무명의 편집자이다. 우리는 이 편집자의 신원을 모른다. 그러나 그는 수많은 가필과 수정, 신명기적 문체를 바탕으로 한 해설 등으로 본색을 드러낸다. 특히 신명기적 문체에 대해서는 이미 앞에서 언급한 바 있는데, 예레미야서의 거의 모든 장에서 눈에 띈다. 주전 6세기 후반기는 이스라엘 안에서 문학과 신학 활동이 매우 활발하게 이루어졌던 시기로 볼 수 있다. 이 시기에 수많은 문헌들을 수집하고 해석하며 그것들을 모아 낱권의 책으로 엮는 과정에서 이스라엘 백성은 자신들의 운명에 대한 더욱 깊은 성찰과 이해를 얻게 되었을 것이다.

예레미야의 신학

예레미야의 신학은 크게 두 가지 점이 강조된다. 전통적인 주제로 죄의 문제를 다루고 있다. 특히 예레미야는 거짓의 죄에 대하여 언급하고 있다. 이스라엘은 언약 백성으로서 오직 여호와 하나님만을 섬기기로 되어 있지만(출 19-24장) 그러나 이들은 바알을 섬겼다. 이 주제가 예레미야의 중요한 주제이다.[121] 예레미야는 이것을 하나님에 대한 지식을 거부하거나(2:6-8), 배교(2:11-12) 그리고 하나님을 버리는 것을 죄로 여겼다(2:17-19, 32, 3:21). 이러한 거짓의 죄는 유대 사회의 상류층으로부터 발견된다. 유다의 지도자들, 특히 제사장과 왕은 자신들의 책임을 다하지 못하였다(2:8, 23:1).

죄와 반대로 개종의 문제를 다루고 있다. 예레미야에게 있어서 개종은 하나님이 인간의 마음을 바꾸실 때 가능하다고 생각했다(3:1-4:4). 따라서 예레미야의 메시야관은 다윗 왕조 안에 머물러 있다. 그렇지만 미래의 왕은 언약에 의하여 정의로 통치하는 자로 이해되었다(23:5-6). 또한 그의 종말론 역시 역사의 범주 안에 머물러 있다. 세상은 끝나지 않으며, 새로운 시대는 포로에서 귀환함으로 시작된다고 보았고(23:1-8, 30:10-21), 새로운 언약에 의하여 종결된다고 보았다(31:31-34).

121) G. McConville, *Exploring the Old Testament: The Prophets*, p. 63.

| 예레미야서 참고문헌 |

Allen L. C. *Jeremiah*, OTL. Louisville · London: Westminster · John Knox Press, 2008.

Brueggemann W., *A Commentary on Jeremiah: Exile and Homecoming*. Grand Rapids: Eerdmans, 1998.

Carroll R. P., *The Book of Jeremiah*. OTL. Philadelphia: Westminster, 1986.

Clements R. E., *Jeremiah*. Interpretation. Atlanta: John Knox, 1988.

Craigie, P. C., P. H. Kelley, and J. F. Drinkard Jr., *Jeremiah 1-25*. WBC. Dallas: Word, 1991.

Holladay, W. L. *Jeremiah*. Hermeneia. 2 vols. Minneapolis: Fortress, 1986, 1989.

Huey F. B. Jr., *Jeremiah, Lamentations*. NAC. Nashville: Broadman &Holman, 1993.

Jones D. R., *Jeremiah*. NCB. Grand Rapids: Eerdmans, 1992.

Keown G. L., Scalise P. J. and Smothers T. G., *Jeremiah 26-52*. WBC. Dallas: Word, 1995.

King P. J., *Jeremiah: An Archaeological Companion*. Louisville: Westminster, 1993.

Lundbom J. R., *Jeremiah 1-20*. AB. New York: Doubleday, 1999.

McKane W., *A Critical and Exegetical Commentary on Jeremiah*. ICC. 2 vols. Edinburgh: T. & T. Clark, 1986, 1996.

Miller Patrick D., "The Book of Jeremiah." In *NIB* 7:555-1072.

Thompson J. A., *The Book of Jeremiah*. NICOT. Grand Rapids: Eerdmans, 1979.

나훔

아시리아, 특히 니느웨에 대한 신탁을 기록하고 있는 나훔서는 히브리어 성서의 정경적인 순서에 의하여 12소선지자 가운데 일곱 번째 기록되어 있으나, 나훔의 활동 연대 면에서 보면 주전 7세기의 예언자이다. 나훔서는 3장 47절로 구성되어 있다. 나훔서는 구약 예언서 가운데 가장 시적인 표현으로 구성된 예언서다.

예언자 나훔

나훔(נחום)의 히브리어 뜻은 "여호와께서 위로하셨다"이다. 예언자 나훔은 엘고스의 아들이라는 사실밖에는 알려진 것이 전혀 없다. 그런데 엘고스(Elkosh)의 정확한 위치가 어디인가는 알려지지 않았지만, 대부분의 학자들은 유대 산악 지대의 어느 곳으로 믿고 있다.[122] 이러한 주장 가운데 좀 더 믿을만한 주장은 Pseudo-Ephiphanius (De Vitis Prophetarum)에 의

122) J.D. Newsome, Jr., *The Hebrew Prophets*, (Louisville · Kentucky: Westminster John Knox Press 1984), p. 88.

하여 제기되었는데 엘고스인 엘케시(Elkesi)가 엘류테로폴리스(Eleutheropolis) 혹은 벧 구부린(Bet Guvrin)의 남쪽에 있었다고 주장한다. 그런데 엘케시는 라기스(Lachish)인 것으로 보인다. 왜냐하면 엘케시라는 지명이 벧 구부린 남쪽에 위치하기 때문이다. 그러나 정확하게 엘케스가 어디인지 알려지지 않았다.

4세기 성서학자였던 제롬(Jerome)은 나훔이 갈릴리 근처의 엘세시(Elcesi)라고 불리는 티브닌(Tibnin) 서쪽에 위치한 엘-카우제(el-Qauze)에서 태어났다고 믿었다.[123] 이러한 영향을 받아 크노벨(A.W. Knobel)과 히찍(F. Hitzig)은 가버나움 근처에 엘코쉬(Elkosh)가 있었다고 주장한다.

그러나 일부 학자들은 아시리아에 엘고스가 위치한다고 주장한다. 이들에 의하면 고대 아시리아의 수도였던 니느웨 근처의 모슬(Mosul) 인근 지역에 알-쿠쉬(al-Qush)라고 불리는 지역이 나훔의 고향인 엘고스라고 주장한다. 그리고 이 알-쿠쉬에 나훔의 무덤이 있다고 전해진다. 이것은 나훔 2-3장에 언급된 니느웨의 멸망과 알-쿠쉬를 연결시킨 것으로 주후 16세기 이후에 생겨난 전승이다.

나훔의 활동 연대

나훔서에는 두 가지 중요한 역사적 사건이 기록되어 있다. 나훔 3:8에 기록된 아시리아의 이집트 노아몬 정복 사건과 나훔서 2장 이하에 기록된 니느웨의 멸망에 관한 것이다.

나훔 3:8은 주전 663년 아시리아의 왕 아수르바니팔(Ashurbanipal; 주전 668-627년)에 의하여 이집트의 테베(Thebes; 성서의 노-아몬 No-Amon)가 점령된

123) Y. Kobayashi, "Elcosh," *ABD II*, 476.

사건을 암시하고 있다.[124] 또 하나의 사건은 주전 612년 8월 아시리아의 수도 니느웨가 바벨론 군대, 메데 사람들 그리고 스키트 사람들의 연합군에 의하여 점령당하고 약탈당한 사건을 기록하고 있다.

이처럼 나훔서에 기록된 역사적 언급을 근거로 할 때, 나훔의 활동 연대는 주전 663년 이후, 주전 612년 이전 사이 기간임에 틀림없다. 그런데 나훔 2-3장에서 니느웨의 멸망에 관하여 생생하면서도 시적으로 「완료 시제」(perfect tense)로 기록되었기 때문에 니느웨가 이미 멸망되었음을 보여주면서도, 3:11이나 14-15에서는 아직 아시리아의 저항이 완전히 제거되지 않은 것을 보여주고 있다. 따라서 리핀스키(E. Lipinski)는 나훔서는 주전 612년 니느웨가 완전히 멸망되기 바로 직전에 기록되었다고 주장한다.[125]

이상의 역사적 사건을 통해서 볼 때, 예언자 나훔이 니느웨의 임박한 몰락을 예언한 것을 보면, 주전 612년 쪽에 가까운 시기에 예언 활동을 했던 것으로 추정된다.[126]

124) G. McConville, *Exploring the Old Testament: Volume 4 The Prophets*, p. 205. 테베(Thebes)는 고대 이집트 중왕국(中王國)시대부터(약 2000년 B.C.), 주전 663년 아시리아의 아수르바니팔 군대에 의하여 함락당할 때까지 약 1400년 동안 이집트의 중심도시였다. 테베라는 이름은 헬라식 이름이며, 고대 이집트 사람들은 테베를 그 도시의 수호신 인 아몬/아문(Amon/Amun)의 이름을 따서 '아몬/아문의 도시' (*N'iwt'Imn*)라고 불렀다. 히브리어로는 '노' (No) 또는 '노 아몬' (No-Amon)으로 불렀다(나 3:8).

125) 주전 612년 바벨론은 메데와 스키트 사람들과 동맹을 맺어 니느웨를 공격하여 함락시켰다. 이에 아시리아 군대는 서쪽의 하란(Harran)으로 도망하였으나, 주전 609년 완전히 멸망하여 역사의 장에서 사라졌다.

126) D.E. Gowan, *Theology of the Prophetic Books: The Death & Resurrection of Israel*, (Louisville: Westminster John Knox Press, 1998), p. 85.

나훔서의 구조 및 내용

나훔은 아시리아에 대한 경고로 시작해서(1:1) 아시리아의 멸망을 슬퍼하는 조가(3:18-19)로 끝을 맺는다. 따라서 나훔서는 아시리아 제국에 대한 하나님의 심판을 기록하고 있다. 나훔서의 내용은 다음과 같다.

1:1	서언
1:2-9	보복하시는 하나님(Ira Dei)
1:10-3:19	아시리아의 멸망
(1) 1:10-14	아시리아에 대한 심판의 말씀 (1:15 유다에게 주신 구원의 말씀)
(2) 2:1-13	아시리아의 수도 니느웨가 공격받음-니느웨의 영광은 끝났다.
(3) 3:1-19	니느웨의 멸망

이처럼 나훔서의 내용을 분석할 때 1:2-9는 1:10-3:19과 서로 다른 자료에서 생겨난 것이며, 나훔서의 서론 격으로 앞에 놓은 것이라고 이해하는 학자들이 있다.[127] 왜냐하면 1:1-9과 1:10-3:19의 내용이 서로 일치하지 않기 때문이다.

나훔 1:2-9의 핵심 주제는 의로우신 하나님께서 악한 자들을 심판하신다는 것이다. 특히 제한이 없으신 여호와의 능력이 저항하는 악의 세력을 부수실 것을 노래한다(1:8).

그가 범람하는 물로 그 곳을 진멸하시고 자기 대적들을 흑암으로 쫓아내시

127) J.D. Newsome, Jr., *The Hebrew Prophets*, p. 89; G. McConville, *Exploring the Old Testament: Volume 4 the Prophets*, p. 205.

리라(1:8)

나훔 1:10-3:19의 긴 시는 여호와의 분노의 보복이 아시리아의 수도 니느웨에 구체적으로 어떻게 임하는가를 기록하고 있다. 특히 2:1-9은 바벨론 군대가 메데(Medes) 사람들과 스키트 사람들(Scythians)과 연합하여 니느웨를 멸망시키는 것을 생생하게 묘사하고 있다. 6절의 강이나 8절의 못은 아마도 티그리스 강을 상징하는 것으로 이해하였다.

나훔서의 문학적 특징

대부분의 학자들은 나훔서를 아시리아의 쇠퇴와 멸망과 관련된 예언과 시들을 모아 놓은 것이라고 생각한다.[128] 나훔서의 원래 제목은 나훔 1:1b 즉 "엘고스 사람 나훔의 묵시의 글"이었으며 1:1a의 "니느웨에 대한 중한 경고"는 니느웨의 멸망에 관한 신탁의 제목이었으나 어쨌든 나훔서 전체의 제목이 되었다.

나훔서는 많은 시적인 부분이 있다. 1:2-9에는 알파벳 순서에 의한 시가 기록되어 있고, 1:10-3:19에는 긴 시가 기록되어 있다. 나훔서 1:1-9는 하나님의 현현을 알파벳 순서에 의한 시(alphabetic acrostic, א부터 כ까지)의 형태로 묘사하고 있다.[129] 많은 학자들은 원래의 시는 전체 알파벳을 이용하여 시를 지었을 것이라고 생각한다. 그러나 궁켈(H. Gunkel)이나 비켈(G. Bickell)은 나훔 1장과 2:1 그리고 3장은 종말론적 성격의 알파벳 시를 만들기 위하여 자료를 재배치하고 다시 쓴 것이라고 주장한다. 이들은 이

128) M.H. Floyd, *Minor Prophets Part 2*, (Grand Rapids: Eerdman, 2000), p. 10.

129) G. McConville, *Exploring the Old Testament: Volume 4 the Prophets*, p. 206.

부분이 나훔서 가운데 가장 늦게 첨가된 것이라고 주장한다. 나훔 1장의 알파벳 시의 원래의 형태를 완전히 복원하기는 매우 어렵다. 이들은 1장의 알파벳 시를 a부터 s까지 재구성한다. 1-8절까지는 א부터 כ까지이고, 9ab는 ל, 9c-10a는 מ, 10b는 נ 그리고 10bc는 ס이 발견된다. 궁켈이나 비켈에 의하면 9ab절과 2b절은 나훔서의 마지막 편집자에 의하여 현재의 위치로 이동하였다고 주장한다.

이 가운데서 나훔 1:3b-6은 내용상 국가적인 신뢰의 시(1:7-8, 9c-10a, 9ab, 2b, 10bc)의 성격을 띤 것으로 나훔 1장의 서론 역할을 하며, 그 뒤를 이어 유다에 대한 신탁(1:12-13, 2:1)이 등장한다. 이 부분은 니느웨의 멸망에 관한 시의 전문 역할을 하고 있다.

아시리아의 수도에 관한 신탁은 아마도 1:1의 "니느웨에 대한 중한 경고"라는 제목이 붙었을 것이다. 아시리아의 수도에 관한 신탁은 1:11, 14에서 시작하며, 이 부분은 서론과 같은 역할을 하며, 2:2, 4 이하 그리고 3장에서 이어진다.

나훔 1:10-3:19에는 긴 시 부분은 여러 부분에서 편집자의 설명이 삽입된 흔적이 발견된다. 그것은 시의 전반적인 흐름이 차단되는 부분이 발견되기 때문이다. 즉 1:12-13, 15, 2:2 등이 이에 해당한다.[130]

나훔의 운문에는 그림과 같이 아주 생생하게 묘사하고 있다(2:4-6, 11, 3:2-3, 17-19). 비록 다른 학자들이 이러한 견해를 반박하고 거부하지만 벤첸(A. Bentzen)은 나훔의 문학적 성격에 대하여 하나님의 즉위축제 의식에 사용되었던 것이라고 주장한다. 그는 나훔서는 1장은 찬양의 서론, 2:1은 축제로의 초대 그리고 2-3장에서 니느웨에 대한 저주 등으로 구성되어 있는 모방적인 전례문이라고 주장하였다.[131] 할다르(A. Haldar)는 나훔을

130) J.D. Newsome, Jr., *The Hebrew Prophets*, p. 89.

131) A. Bentzen, *Introduction to the Old Testament*, 2nd edition, (Copenhagen: G. E. C. God, 1961), p. 151. 이러한 견해는 훔버트(P. Humbert)가 지지한다.

제의적 예언자로 분류하여 나훔이 주전 614년에 니느웨의 멸망을 예언하면서, 하나님이 적을 대항하여 싸우는 제의적-신화적 모습으로 묘사되어 있다고 주장한다. 모빙켈(S. Mowinckel)은 나훔은 예레미야의 공격을 받은 성전 예언자 가운데 한 사람으로 생각하였다.[132] 쿠넨(A. Kuenen)의 견해를 따라서 모빙켈은 나훔서의 신탁은 주전 623년 메데가 니느웨를 공격하는 것을 상징하고 있다고 보았다. 오늘날 많은 주석가들은 나훔서를 주전 612년 니느웨가 멸망되기 전에 실제로 한 예언으로 이해하였다(T. H. Robinson, K. Elliger, and M. Delcor). 모빙켈은 이러한 모티브를 제의적 공동체에서 생겨난 것으로 이해하였다. 많은 주석가들은 예언자에 의한 미래의 예언이라기보다는 국가적인 시로 이해하였다. 나훔은 시적인 언어를 통하여 니느웨의 멸망을 기뻐하였다. 나훔서는 하나님의 도덕적인 통치를 나타내며, 하나님은 잘못을 범하는 자를 심판하시는 분으로 묘사하고 있다.

나훔서의 신학사상

나훔서는 다른 예언서와 달리 윤리적 주제가 등장하지 않는다. 그러나 나훔서처럼 열방에 관한 신탁은 구약성서 예언의 핵심을 이룬다.[133] 나훔서를 통하여 발견할 수 있는 신학사상은 첫째, 정의로우신 야웨께서 심판의 날인 야웨의 날에 악한 세력을 멸망하실 것임을 보여줌으로써 공의로운 심판주로서의 하나님과 이 하나님의 절대주권이 실현됨을 나타낸다.

132) S. Mowinckel, *Jesaja-disiplene, Profetien fra Jesaja til Jeremia* (1926), p. 56.
133) G. McConville, *Exploring the Old Testament: Volume 4 the Prophets*, p. 207.

뿐만 아니라 하나님은 창조주로서 이스라엘뿐만 아니라 당대의 최고의 권력을 자랑하던 아시리아까지도 통치하시는 하나님임을 강조함으로써 하나님 통치의 범우주성을 강조하며, 하나님의 통치 영역이 이스라엘에만 한정되지 않고 범우주를 통치하신다는 보편주의적인 신학사상을 발견할 수 있다.[134]

또한 야웨의 진노가 야웨 임재를 나타내는 중요한 수단이다. 이러한 경향은 시편에서 많이 발견할 수 있는데 이러한 사상이 처음으로 예언문학에 등장하는 것이 나훔서이다.[135] 나훔 1:2이나 1:6에서 여호와의 진노(노켐 아도나이 נקם יהוה)(1:2)와 그의 분노(하론 아포 חרון אפו)(1:6), 그의 진노(하마토 חמתו)(1:6)가 사용된다.

그러나 나훔서의 가장 큰 특징 가운데 하나는 심판과 함께 동반되는 은혜나 사랑 더 나아가 구원(회복)에 대한 선포가 전혀 등장하지 않는다는 것이다.[136] 이러한 측면은 하나님의 보편적 통치가 원수를 물리치는 과정에만 머물지 제 2이사야와 같은 포로기 혹은 포로기 이후 예언문학에서 등장하는 원수들에 대한 사랑이나 회복까지는 포함하지 않고 있다.

134) G. McConville, *Exploring the Old Testament: Volume 4 the Prophets*, p. 207.
135) D.E. Gowan, *Theology of the Prophetic Books: The Death & Resurrection of Israel*, p. 89.
136) J.D. Newsome, Jr., *The Hebrew Prophets*, pp. 90-91.

| 나훔서 참고문헌 |

Achtemeier, E., *Nahum-Malachi*. Atlanta: John Knox Press, 1986

Baker, D. W., *Nahum, Habakkuk, Zephaniah*. TOTC. Leicester and Downers Grove: IVP, 1988

Cathcart, K. J., *Nahum in the Light of Northwest Semitic*. Biblica et Orientalia 26. Rome: Biblical Institute Press, 1973

Eaton, J. H., *Obadiah, Nahum, Habakkuk and Zephaniah*. London, 1961

Mason R., *Micah, Nahum, Obadiah*. OTG. Sheffield: JSOT Press, 1991

McConville, G., *Exploring the Old Testament: Vol 4. The Prophets*. London: SPCK, 2002

Newsome, J.D. Jr., The Hebrew Prophets. Louisville · Kentucky: Westminster John Knox Press, 1984

Roberts, J. J. M., *Nahum, Habakkuk and Zephaniah*. Old Testament Library. Louisville: Abingdon, 1991

Robertson, O. P., *The Books of Nahum, Habakkuk, and Zephaniah*. NICOT. Grand Rapids: Eerdmans, 1990

Rudolph, W., *Micha, Nahum, Habakkuk, Zephanja*. Gütersloh: Gütersloher Verlagshaus Gerd Mohn, 1975

Smith, R. L., *Micah-Malachi*. WBC 32. Waco: Word Books, 1984

Wal, A. van der., *Nahum, Habakkuk: A Classified Bibliography*. Amsterdam, 1988

Watts, J. D. W., *The Book of Joel, Obadiah, Nahum, Habukkuk and Zephaniah*. Cambridge: Cambridge University Press, 1975

하박국

하박국서는 3장 46절로 구성되어 있으며, 정경적인 순서는 나훔서 다음에 위치하고 있다. 하박국서는 다른 예언서와 전혀 다른 특징을 가지고 있다. 일반적으로 예언서는 하나님의 말씀을 백성들에게 선포하는 양식을 취하지만, 하박국서는 시대적인 질문을 하나님께 묻는 형식을 취하며(1-2장), 마지막 장에서 하나님에 대한 찬양으로 끝을 맺는다(3장).

하박국의 인적 사항

예언자 하박국

하박국서는 물론이고 구약성서 전체에서 예언자 하박국의 인적 사항이나 그의 배경을 알 수 있는 곳은 아무 곳도 없다. 하박국(חבקוק)이라는 이름에 대하여 아카드어 *habbagugu*와 관련지어 가끔 정원의 식물 이름으로 이해하기도 한다.[137)]

이러한 하박국에 대한 불확실성 때문에 여러 가설이 등장하는데, 칠십인역과 유대 문학작품인 '벨과 용'(Bel and Dragon) 등에서 하박국을 레위 제사장으로 인식하고 있는 것을 근거로 오늘날 많은 학자들은 하박국을 제사장으로 이해한다.[138)]

하박국의 역사적 배경

하박국서의 표제어에 예언자의 활동에 대한 정보를 기록하지 않았기 때문에 하박국 예언자의 활동 시기를 정확히 아는 것은 매우 어렵다. 그러나 하박국 1:6 이하에서 갈대아 사람들, 즉 바벨론 사람들의 등장과 이들이 세력 확장을 암시하고 있다.[139)] 따라서 하박국의 활동 시기에 대하여 바벨론이 아시리아 세력을 누르고 고대 근동의 맹주로서 영토를 확장하던 주전 609년 이후 특히 바벨론 제국을 고대 근동의 막강한 제국으로 발전시키고 주전 604년 아스글론(Ashkelon)을 공격한 때를 하박국의 배경으로 이해할 수 있다. 그러나 좀 더 광의적으로 바벨론 제국을 새롭게 세운 나보폴라싸르(Nabopolassar; 주전 626-604년) 시대를 배경으로 이해할 수도 있다.[140)] 이것을 근거로 많은 학자들은 하박국의 활동 시기를 예레미야와 같은 시대로 이해한다.

하박국서는 주전 7세기 말 유다 왕국이 정치적으로 풍전등화의 위기에 처해 있을 때 하나님의 말씀을 선포하였고, 따라서 시대적 정황을 반영한 메시지가 선포되었다.

137) *HALOT* 1, P. 287; *CAD H*, P. 13.

138) J.D. Newsome, Jr., *The Hebrew Prophets*, p. 94.

139) G. McConville, *Exploring the Old Testament: Volume 4 the Prophets*, p. 211.

140) 로버트(J.J.M. Roberts)는 하박국의 일부는 주전 605년 에 속하지만 또 일부는 주전 597년에 속한다고 주장한다. 따라서 하박국은 주전 597년 이후 편집되었다고 주장한다. J.J.M. Roberts, *Nahum, Habakkuk, and Zephaniah*, OTL (London: SCM Press, 1991), PP. 82-84.

하박국서의 문학적 특징

하박국서에는 다양한 문학적 기교가 적용되었다. 특히 전체 하박국서가 대칭구조를 이루고 있다(abc-d-c′b′a′). 또한 질문의 형식을 많이 사용하고 있다. "어찌하여 나로 간악을 보게 하시며, 패역을 목도하게 하시나이까?"(1:3); "…어찌하여 궤휼한 자들을 방관하시며 악인이 자기보다 의로운 사람을 삼키되 잠잠하시나이까?"(1:13); "주께서 어찌하여 사람으로 바다의 어족 같게 하시며 주권자 없는 곤충 같게 하시나이까?"(1:14) 등이다.

하박국서에서는 직유법도 많이 발견된다. "독수리의 날음과 같으니라"(1:8), "사람을 바다의 어족 같게 하시며", "주권자 없는 곤충 같게 하시나이까"(1:13)와 같은 것이다. 예언문학에서 보편적으로 등장하는 동의적 평행법 역시 많이 발견된다. "피로 읍을 건설하며, 불의로 성을 건축하는 자"(2:12), "민족들이 불 탈 것으로 수고하는 것과 열국이 헛된 일로 곤비하게 되는 것"(2:13) 등이며, 반의적 평행법으로는 "네게는 영광이 아니요 수치가 가득한 즉"(2:16)이다. 또한 반어법도 사용되었다. 독자들에게 묻는 형식을 취하는 설의법도 사용되었다. "새긴 우상은 그 새겨 만든 자에게 무엇이 유익하겠느냐?"(2:18). 생명이 없는 것을 생명이 있는 것처럼 표현하는 활유법도 사용되었다. 즉 "나무더러 깨라 하며 말하지 못하는 돌더러 일어나라 하는 자에게 화 있을찐저"(2:19) 혹은 "담에서 돌이 부르짖고 집에서 들보가 응답하리라"(2:11)와 같은 표현이 전형적인 활유법이다. 이처럼 하박국서는 많은 문학적 표현기법이 사용되었다.

하박국 3장의 시에 대한 활발한 연구 결과 이것을 우가릿의 시가문학, 바벨론의 신화 그리고 이집트의 신화와의 유사성을 비교 연구하는 학자들이 많다.[141]

하박국서의 구조와 내용

하박국서의 구조를 논할 때 가장 눈에 띄는 것은 1-2장의 산문 부분과 3장의 찬양시 부분으로 나눌 수 있다는 점이다. 1-2장은 두 번에 걸친 하박국의 질문과 이에 대한 하나님의 두 차례 대답의 대화 형식으로 기록되어 있고, 3장에서는 반대로 하나님의 마지막 대답과 이에 대한 하박국의 결심을 기록하고 있다.

하박국서 전체를 7부분으로 나눌 때 하박국서는 대칭구조를 나타낸다.[142)]

1:2-4	하박국의 첫 번째 질문						
	1:5-11	하나님의 첫 번째 대답					
		1:12-17	하박국의 두 번째 질문				
			2:1-5	하박국의 두 번째 대답			
		2:6-20	원수들에게 임할 재앙				
	3:1-15	하나님의 마지막 대답					
3:16-19	하박국의 깨달음						

구조

하박국서의 가장 기초가 되는 구조는 하박국의 하나님에 대한 탄식과 이에 대한 하나님의 응답으로 구성되어 있다. 하박국 1:1의 서언에 이어서, 하박국이 하나님께 올리는 두 번의 탄원이 등장한다(1:2-4와 1:12-17). 이 탄원에 따라 하나님의 응답도 두 번 주어진다(1:5-11, 2:2-19).

141) Y. Avishur, *Studies in Hebrew and Ugaritic Psalms*, (Jerusalem: Magnes press, 1994), pp. 111-205.
142) D.A. Dorsey, *The Literary Structure of the Old Testament*, p. 308.

첫 번째 질문(1:2-4)은 하나님의 공의를 언제까지 기다려야 하는가 하는 질문에 대하여 첫 번째 응답(1:5-11)은 갈대아(바벨론) 군대의 거침없는 행군에 관한 환상이다. 두 번째 질문(1:12-17)은 왜 악한 바벨론이 자기보다 의로운 이스라엘을 삼키려고 하는가 하는 질문에 대하여 두 번째 대답(2:2-19)은 악인의 멸망 때까지 기다리라고 대답하면서 의인은 믿음으로 살아야 함을 강조하고 있다(2:1-5). 그리고 나서 "화 있을찐저"라는 말과 함께 원수들에게 임하게 될 재앙에 대하여 언급한다(2:6-20). 여호와의 마지막 대답이 3:1-15에 등장하는데 바벨론보다 강한 하나님의 군대가 와서 바벨론을 치고 벌함으로써 이스라엘에게 구원이 이루어질 것을 말씀하시며, 하박국은 첫 번째 자신의 불평에 대한 답을 깨닫고 아무리 오래 걸리더라도 하나님의 도움을 기다릴 것임을 깨닫는다(3:16-19).

두 개의 연결문도 있는데, 첫째 연결문은 예언자를 파수꾼으로 소개하고(2:1), 둘째 연결문은 이제 이 예언자가 다섯 번에 걸쳐 질책하게 되는 적을 소개한다(2:5-6). 그리고 또 다른 연결문(2:20)이 3장의 시편을 예고하는데, 이 시편은 하나님의 개입을 서술하고 그분에 대한 찬양으로 끝을 맺는다.

하박국서의 내용

하박국서는 다음과 같이 그 내용을 구분할 수 있다.

1:1	서언(序言)
1:2-2:5	예언자의 두 질문과 여호와의 두 대답
(1) 1:2-4	여호와의 공의에 대한 하박국의 첫 번째 불평
(2) 1:5-11	하박국의 첫 번째 불평에 대한 여호와의 응답
(3) 1:12-17	여호와의 공의에 대한 하박국의 두 번째 불평

(4) 2:1-5 하박국의 두 번째 불평에 대한 여호와의 응답
2:6-20 다섯 개의 화 있을찐저
3:1-19 하박국의 시

국내외적 상황으로 인하여 하나님과 이스라엘 백성 사이에 맺어진 관계가 문제시되자, 신앙 공동체 안에서는 극적인 사건들이 전개된다. 하박국의 예언은 그러한 가운데에서 당혹감에 빠졌으면서도, 이제 역사 안에서 이해할 수 없는 행동을 하시는 것으로 보이시는 하나님을 거슬러 바로 그 하나님께 탄원하는 충실한 이들의 증언이 된다. 이 탄원에 응답이 주어지는데, 거기에 사용된 단어는 "성실함" 이다(2:4). 신앙인의 삶에 근거가 되고 정당성을 부여하는 이 성실함에 비록 겉모습은 그렇지 않게 보여도 분명히 실재하는 하나님의 성실함에 관한 환상이 주어진다. 본문의 각주들에서 강조되는 것처럼, 3장의 시는 이스라엘의 하나님께서 예를 들어 당신께서 그러하시다는 것을 이미 과거에 입증하셨음을 상기시키는 표현들로 짜여 있다. 이제 바로 그 하나님께서 오신다(3:3). 여기에서부터 확고한 결론이 나온다. 곧 여호와께서는 나의 여호와, 바로 그 분께서 나의 힘이시다는 것이다.

역사가 흐르면서, 사람들은 어려운 시대에 바로 이러한 신앙의 시각을 재발견하기 위하여 하박국서를 인용한다. 초기 기독교 공동체 또한 예수 그리스도의 하나님에 대한 성도들의 신분을 정의할 때, 하박국서의 도움을 받는다. 신약성서의 저자들은 하박국 2:4을 인용하면서(롬1:17; 갈 3:11; 히 10:38), 이 예언서의 핵심 용어인 "성실함" 의 의미를 확장시켜 "믿음" 을 표현하는 데에 사용한다.

첫 번째 질문(1:2-4)은 왜 정의로우신 하나님께서 정의로운 백성들이 악한 자들의 억압을 당하는 것을 보시면서 참으시느냐는 것이다. 하박국은

여호와에게 "여호와여 내가 부르짖어도 주께서 듣지 아니하시니 어느 때까지리이까? 내가 강포로 말미암아 외쳐도 주께서 구원하지 아니하시나이다"라고 항의조로 질문한다. 이러한 질문은 이미 시편 13:1에서도 발견된다. "여호와여 어느 때까지니이까? 나를 영원히 잊으시나이까? 주의 얼굴을 나에게서 어느 때까지 숨기시겠나이까?"

첫 번째 여호와의 대답(1:5-11)에서는 인간의 모든 사건들이 여호와에 의하여 결정되는 것임을 강조한다. 특히 여호와께서 유다를 멸망시키기 위하여 바벨론을 택하셨음을 말하고 있다. 여호와는 바벨론의 잔인함(7), 군사력(8-10) 그리고 그들이 신을 인정하지 않음까지 언급하고 있다.

두 번째 질문(1:12-17)은 첫 번째 여호와의 대답에 대한 것으로 타협하지 않는 정의로운 하나님(13)이 어떻게 바벨론과 같은 잔인한 백성들의 활동을 묵인하시는가 하는 항의성 질문이다.

이에 대한 두 번째 여호와의 대답(2:1-5)은 마치 환상을 보여주는 것같이 제시되어 있다. 여호와의 대답은 4절의 "보라 그의 마음은 교만하며 그 속에서 정직하지 못하나 의인은 그의 믿음으로 말미암아 살리라"고 제시한다.

하박국 2:6-20에는 다섯 개의 화 있을찐저(호이 הוי)라는 형식을 빌어서 바벨론에게 재앙을 선포한다. 첫 번째(2:6-8)는 바벨론의 정책으로 다른 나라를 정복하고 훔치는 것에 대하여 화 있음을 선포한다. 두 번째(2:9-11)는 정복자의 나라를 강화하기 위하여 약탈하는 정책에 대하여 화 있음을 선포한다. 세 번째(2:12-14)는 느부갓네살의 잔인하고 피흘림에 대하여 화 있음을 선포한다. 네 번째(2:15-17)는 술 취하며 어리석음과 무책임함으로 대변되는 바벨론의 미친 모습에 대하여 화 있음을 선포한다. 다섯째(19)는 우상을 숭배하는 바벨론에 대하여 화 있음을 선포한다. 이 다섯 개의 '호이' 선포는 하나님의 거룩하심을 선포함으로 결론을 짓는다.

하박국 3장에 대한 학자들의 견해는 매우 다양하다. 즉 이 부분은 후대에 첨가되었다는 견해가 많다.[143] 특히 하박국 1-2장의 언어와 3장의 언어와의 차이점 그리고 사해사본에 3장이 등장하지 않는 것 등이 근거가 된다.[144] 하박국 3장은 하나님의 위대하신 능력을 찬양하는 노래이다.

하박국의 신학

하박국서는 다른 예언서처럼 세상의 모든 사건은 하나님이 통제하심을 기록하고 있다. 하박국서에서 다루는 문제는 주전 7-6세기 이스라엘이 바벨론 제국에 의하여 침략당하면서 하나님의 정의에 대한 신학적 질문이 기록되어 있다. 하박국서는 하나님으로부터 택함 받은 이스라엘 백성들이 자신들보다 덜 경건한 민족들에게 공격당하는 것에 대해서 하나님의 신정론의 문제를 제기한다. 이것은 하나님이 행하시는 일에 대한 이해 부족으로부터 시작된 하나님의 신정론에 대한 이의제기로부터 시작된다.

하박국의 중심주제 가운데 하나는 기다림이다. 의인은 믿음으로 사는 자로서 하나님이 악을 심판하실 때까지 끝까지 인내하고 기다려야 함을 강조한다.

여기에는 하나님의 통치의 행위가 단순히 이스라엘 민족을 넘어서서 갈대아 사람들뿐만 아니라(1:5-11) 전 세계에 미치고 있음을 강조하는 보편주의적 사고가 반영되어 있다.

143) J.D. Newsome, Jr., *The Hebrew Prophets*, p. 97; G. McConville, *Exploring the Old Testament, Volume 4 The Prophets*, p. 212.

144) Y. Avishur, *Studies in Hebrew and Ugaritic Psalms*, pp. 111-205.

마지막으로 하박국은 전능하신 하나님의 거룩성이 모든 예배자들에 의하여 인식되어져야 하며(2:20), 인간의 삶 속에 나타난 하나님에 대하여 응답할 때, 참된 기쁨과 즐거움을 누릴 수 있음을 강조하고 있다(3:18-19).

| 하박국서 참고문헌 |

Achtemeier, E., *Nahum-Malachi*. Atlanta: John Knox Press, 1986

Avishur, Y., *Studies in Hebrew and Ugaritic Psalms*, Jerusalem: Brill, 1994

Baker, D. W., *Nahum, Habakkuk, Zephaniah*. TOTC. Leicester and Downers Grove: IVP, 1988

Eaton, J. H., *Obadiah, Nahum, Habakkuk and Zephaniah*. London, 1961

Mason R., *Zephaniah, Habakkuk, Joel*. OTG. Sheffield: JSOT Press, 1994

McConville, G., *Exploring the Old Testament: Vol 4. The Prophets*. London: SPCK, 2002

Newsome, J.D. Jr., *The Hebrew Prophets*. Louisville · Kentucky: Westminster John Knox Press, 1984

Roberts, J. J. M., *Nahum, Habakkuk and Zephaniah*. Old Testament Library. Louisville: Abingdon, 1991

Robertson, O. P., *The Books of Nahum, Habakkuk, and Zephaniah*. NICOT. Grand Rapids: Eerdmans, 1990

Rudolph, W., *Micha, Nahum, Habakkuk, Zephanja*. Gütersloh: Gütersloher Verlagshaus Gerd Mohn, 1975

Smith, R. L., *Micah-Malachi*. WBC 32. Waco: Word Books, 1984

Sweeney, M.A., "Structure, Genre and Intent in the Book of Habakkuk." *VT* 41 (1991): 63-68.

Wal, A. van der., *Nahum, Habakkuk: A Classified Bibliography*. Amsterdam, 1988

Watts, J. D. W., *The Book of Joel, Obadiah, Nahum, Habukkuk and Zephaniah*. Cambridge: Cambridge University Press, 1975

스바냐

스바냐서는 아홉 번째 책으로 3장 53절로 구성되어 있다. 예언자 스바냐는 미가와 이사야 이후 75여년 만에 등장한 예언자이다. 스바냐가 등장하기 이전의 유다는 정치적으로나 정신적으로 암울했던 즉 예언자가 없었던 시대이다.[145] 이 어둠의 시대를 깨뜨린 예언자가 스바냐였다.

스바냐의 인적 사항

예언자 스바냐

스바냐의 뜻은 "여호와께서 숨기셨다" 혹은 "여호와께서 소장해 두셨다"의 뜻이며, 스바냐 1:1에는 그의 족보가 네 대에 걸쳐 기록되어 있다. 즉 스바냐는 히스기야 → 아마랴 → 그다랴 → 구시의 족보에 속하는 사람으로 기록되어 있다. 이 처럼 네 대에 거쳐 족보를 기록하는 것은 구약

145) J.D. Newsome, Jr., *The Hebrew Prophets*, p. 79.

성서에서 매우 이례적인 예이다.[146] 여기서 문제점은 그의 증조할아버지인 히스기야가 주전 715-687년에 활동한 히스기야 왕을 의미하는가 아니면 히스기야라는 어떤 다른 인물을 의미하는가 하는 점이다. 일부 학자들은 스바냐를 히스기야 왕의 후손으로 이해하는 사람이 있는가 하면, 일부 학자들은 히스기야 앞에 왕이라는 호칭이 없기 때문에 이 히스기야를 왕 히스기야로 보기 어렵다고 주장하기도 한다. 만약 그가 히스기야 왕의 후손이라면 스바냐는 다윗 왕조의 구성원이었다는 뜻이다.

그러나 스바냐서의 내용을 분석하면 스바냐의 신분에 관한 다양한 추측을 가능하게 한다. 많은 학자들은 짧은 스바냐서의 내용이 신명기와 유사하기 때문에 스바냐를 종교개혁을 추구하던 그룹의 사람으로 이해한다. 스바냐서에는 므나헴 시대에 유행했던 종교적 타락에 대한 비난의 음성이 기록되어 있다(1:4-9). 그렇다면 스바냐서에 요시야의 종교개혁에 관한 언급이 없는 것에 대해서는 그가 종교개혁 이전에 활동했던 예언자였기 때문이라고 설명한다.[147] 할러데이(W. L. Holladay)는 스바냐서 특히 1:2-13이 예레미야와 유사하다는 점에 착안하여 스바냐가 예레미야의 영향을 받았다고 주장한다.[148]

뿐만 아니라 스바냐 1:10-11에 예루살렘 지리에 대하여 비교적 자세히 기록되어 있는 점을 근거로 스바냐를 예루살렘과 그 주변의 여러 지역에 관한 자세한 지식을 갖고 있는 예루살렘 시민으로 추정한다.[149]

하나님의 진노의 날, 예루살렘의 어문(魚門)에서는 곡성이, 제 2구역에서는 부르짖는 소리가, 작은 산들에서는 무너지는 소리가 일어나리라.

146) G. McConville, *Exploring the Old Testament: Volume 4 The Prophets*, p. 219. 구약성서에서 어떤 인물을 소개할 때 세 대에 거쳐 그의 가계를 소개하는 것이 일반적이다.

147) G. McConville, *Exploring the Old Testament: Volume 4 The Prophets*, p. 219.

148) W.L. Holladay, "Redating Zephaniah with a Concordance: Suggestions for a Redaction History," *JBL* 120 (2001): 671-684, esp. 672.

149) J.D. Newsome, Jr., *The Hebrew Prophets*, p. 81.

막데스 거민들아 너희는 애곡하라(습 1:10-11).

유다 왕국 시대의 예루살렘에 관하여 이렇게 상세한 지리적 정보를 제공해 주는 기록은 드물다. 어문은 히브리어로 '샤알 하다김' (שער הדגים)이다. 상인들은 지중해에서 잡은 생선들을 예루살렘으로 가져와 성문 근처에서 시장을 벌였는데, 이때 장이 섰던 성문을 어문이라고 불렀다. 바벨론 포로기 이후 초토화된 예루살렘이 복구되어 재건될 때, 어문도 함께 재건축되었다(느 3:3; 12:39). 스바냐의 선포는 생선가게로 지저분해지고, 생선을 사고파는 사람들로 항상 붐비는 예루살렘의 어문에서 곡성이 일어난다는 뜻이다.

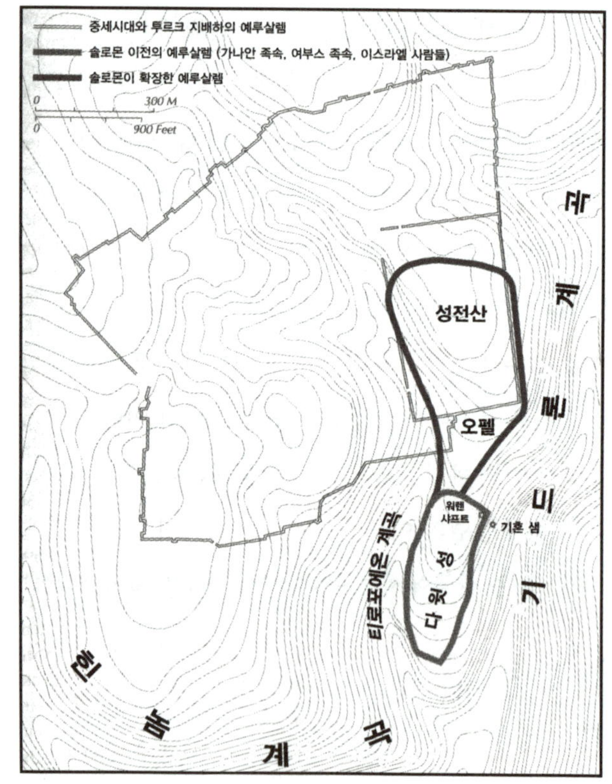

[예루살렘 지형도]

제 2구역은 히브리어로 미슈네(משנה)로 예루살렘의 "둘째 구역"이라는 뜻이다. 다윗 왕이 왕국의 수도를 정할 당시, 예루살렘은 매우 작은 도시였다. 예루살렘은 인구가 늘어남에 따라 확장되지 않을 수 없었다. 지리적으로 동쪽과 남쪽 방향에는 깊은 기드론 계곡이 있어 동쪽 방향으로 확장되는 것은 불가능했고, 자연히 서쪽 방향으로 확장될 수밖에 없었다. 바로 서쪽 방향으로 확장된 새 예루살렘 지역을 미슈네라고 부른다. 예루살렘 미슈네 즉 제 2구역에는 여선지자 훌다(Hulda)가 살았다(왕하 22:14)

작은 산이란 히브리어 '기브아'(גבעה)로서 "언덕"을 의미한다. 예루살렘에서 기브아(언덕지역)는 타이로포에온 계곡(Tyropoeon Valley)의 서쪽에 위치한 많은 언덕들을 가리키는 것으로 보인다.

막데스(maktesh)는 히브리어로 "절구"(mortar)를 뜻한다. 이는 예루살렘에서 절구처럼 움푹 함몰된 지역을 지칭한다. 탈굼(Targum)에 의하면 막데스는 예루살렘 성 밖의 동남쪽에 위치한 기드론 계곡을 지칭하는 것으로 이해하였다. 그러나 이는 예루살렘 성 밖의 지역이 되므로 가능성이 약하다. 막데스의 정확한 위치는 아직 확실히 말하기 어렵다. 그러나 아비가드(N. Avigad)를 비롯한 예루살렘 연구가들은 사람들이 밀집되어 살았던 타이로포에온 계곡 지대를 막데스로 추정한다.

이처럼 스바냐가 예루살렘의 네 지역에 대해 언급하는 것은 예루살렘의 지리에 대해서 친숙하게 알고 있었다는 것을 의미한다. 따라서 스바냐를 예루살렘에서 태어난 왕족 출신이라고 주장이 힘을 얻는다.[150]

이와 함께 스바냐는 왕실의 통치자들에 대한 비판을 꺼려하지 않으며(1:8, 3:3), 순수한 제의에 큰 관심을 가지고 있다. 따라서 어떤 학자들은 스

150) 박준서, 『이스라엘아! 여호와의 날을 준비하라』, p. 194-196.

바냐를 젊은 요시야를 교육시켰던 사람들과 관련이 있을 것으로 생각하기도 한다.[151]

역사적 배경

예언자 스바냐는 언제 활동하였는가? 이에 대하여 스바냐서의 내용을 통하여 다음과 같이 활동 연대를 추정할 수 있다. 스바냐 1:1에 의하면 그는 요시야 시대(주전 640/39-609년)에 활동하였다고 기록하고 있다. 그런데 스바냐서 1장에 우상숭배나 이방관습에 대한 비판의 말씀이 등장하기 때문에 스바냐의 활동 시기는 주전 621년 요시야 종교개혁 이전으로 추정된다. 따라서 스바냐의 활동 시기를 요시야 시대인 주전 630-625년, 스키트 사람들(Scythians)이 침략할 때로 추정하며, 이 연대는 일반적으로 받아들여진다.[152]

스바냐의 활동 연대를 요시야 시대로 생각한다면, 이 시대는 미가와 이사야의 예언 이후 75여 년 동안 예언이 단절되었다가 새롭게 예언 활동이 재개된 시대이다. 므낫세 통치 시대(687-642년)에 아시리아의 속주가 되고, 외국의 문물이 수입되어 이스라엘의 문화적 정체성이 심각한 위기를 맞이하였다. 이러한 시대 상황을 반영한다는 것은 스바냐 1장의 우상숭배(1:4-5)나 이방관습(1:8-9)에 대한 비판에서 알 수 있다. 므낫세 시대의 우상숭배에 대해서는 열왕기하 21:2-9에 언급되었으며, 우상숭배는 요시야 종교개혁으로 제거된다. 이러한 시대적 환경 속에서 스바냐는 하나님의 심판의 날인 여호와의 날을 선포하였다(2:2).

151) J.D. Newsome, Jr., *The Hebrew Prophets*, pp. 81-82.

152) 그러나 어떤 이들은 스바냐의 활동시기를 여호야김(Jehoiakim 주전 609-598년)시대로 추정하기도 한다.

스바냐 시대의 종교 상황

스바냐가 활동하던 시대의 종교적 상황은 스바냐 1:4-6에 분명하게 나타난다.

> **스바냐 1장 4-6절**
> 여호와의 말이니라, 내가…바알의 남아있는 것을 그 곳에서 멸절하며, 그마림이란 이름과 및 그 제사장들을 아울러 멸절하며, 무릇 지붕에서 하늘의 일월성신에게 경배하는 자와… 말감을 가리켜 맹세하는 자와… 여호와를 배반하고 좇지 아니한 자와 여호와를 찾지도 아니하며, 구하지도 아니한 자를 멸절하리라.

스바냐는 이스라엘의 우상숭배를 지적한다. 다산과 음란의 종교인 바알 종교를 믿는 것과 이방 제사장인 그마림이 만연되어 있는 것, 하늘의 일월성신을 섬기는 천체숭배가 유행하는 것 그리고 마지막으로, 말감(Malcham)은 밀곰(Milcom)으로 알려진 암몬의 신을 숭배하는 것이다(왕상 11:5).

스바냐는 우상숭배의 죄를 범한 사람들을 여호와의 날에 하나님께서 멸절하신다고 선포한다. 특히 스바냐는 하나님께서 우상숭배자들을 잘라 버린다고 말씀하고 있다. 이러한 스바냐서의 기록을 통하여 스바냐가 활동하던 주전 7세기 말의 유다는 종교적으로 타락하여 우상숭배가 만연되어 있었음을 알 수 있다.

스바냐서의 문학적 기교

최근 많은 학자들이 스바냐서를 다시 기록하거나 혹은 작은 단위로 나눔에도 불구하고 문학적인 구조나 수사학적인 특징은 이 책을 하나의 통일된 작품으로 이해하게 한다. 모든 희망과 종말론적인 언급들은 포로기 이후에 첨가된 것이라는 주장은 더 이상 설득력이 없게 되었다. 스바냐서에 기록된 내용 가운데 역사적인 정황과 맞지 않거나 내적인 연속성이 없는 부분이 없다.

스바냐의 문학적 양식은 저자의 뛰어난 예술적 감각을 보여준다. 스바냐서 저자는 많은 시적인 기교를 사용하였으며 '여호와의 날' (1:15 이하)과 스바냐 3:14-17의 아름다운 '시온의 노래' 와 같은 최고의 노래를 지었다.

예언문학에서 많이 등장하는 것과 같이 스바냐서에서도 동의적 반복법이 많이 등장한다. 스바냐 2:4의 "가사가 버리우며, 아스글론이 황폐되며, 아스돗이 백주에 쫓겨나며, 에스글론이 뽑히우리라"는 것은 전형적인 동의적 반복법을 보여주고 있다.

스바냐서의 구조 및 내용

구조

스바냐의 문학적 구조는 대체로 7개의 단위가 다음과 같은 대칭구조를 이루고 있다.[153)]

1:2-6 예루살렘에 거하는 악인들에 대한 임박한 심판

1:7-13 타락한 지도자와 예루살렘의 부자들에 대한 심판

1:14-18 열국에 대한 여호와의 심판

153) D.A. Dorsey, *The Literary Structure of the Old Testament*, p. 313.

2:1-3 회개의 촉구

2:4-15 열국에 대한 여호와의 심판

3:1-7 정치 지도자와 예루살렘의 종교 지도자에 대한 심판

3:8-20 예루살렘의 회복에 대한 선언

내용

스바냐 1장은 세상의 모든 거민을 모으는 것으로 시작하며, 특별히 이스라엘과 유다 백성들은 심판과 멸망을 맞이한다. 아무도 구원받지 못한다. 전체적인 모습은 창세기 1장에 기록된 천지창조의 반전이다. 백성의 죄, 특히 지도자들의 죄는 적나라하고 매우 사실적으로 묘사되어 있다. 지도자들은 바알을 숭배하고 일월성신을 숭배하고 자신들의 왕에게 맹세를 하고 그리고 야웨를 숭배하는 것에서부터 돌아섰다. 이러한 심판의 선언은 야웨의 날의 불길한 징조 속에서 선언되며, 스바냐는 이것을 아모스 5:18-20이나 이사야 2:6-22의 표현을 인용하였다. 여호와의 날로 묘사된 이 날은 우주적이고 종말론적인 특징을 나타낸다. 이 날은 어둡고 우울한 날이 될 것이며, 애곡하는 소리가 여호와의 임재를 요구하는 백성들의 침묵과 극한 대조를 이룬다.

제3장은 "화 있을찐저"로 시작하는 예루살렘과 유다에 대한 신탁으로 시작한다(3:1-3). 불에 대한 심판의 주제가 연속되며, 정의와 공의 그리고 겸손할 것을 요구한다. 아마도 남은 자들은 구원을 얻을 것이다(암 5:14-15). 경고와 약속은 블레셋과 다른 지중해변의 나라들에 대한 심판으로 지지된다(2:4-7). 왜냐하면 이들 나라의 멸망은 곧 유다의 남은 자들의 구원을 의미하기 때문이다.

신탁은 두 개의 단어를 연속적으로 사용한다(1절과 7절)(1:2, 3:20). 아마도

스바냐1장과 자료적인 측면에서 매우 밀접한 관련이 있는 것처럼 보이며, 믿음이 있는 남아있는 자들에게 희망의 빛을 보여준다. 모압과 암몬에 대한 2:8-11의 신탁은 후기 시대를 반영하는 것처럼 보인다. 그러나 모압은 모압의 자존심에 의하여 오래전부터 잘 알려져 왔다(메사 석비와 렘 48:26-30). 또한 스바냐는 모압의 악에 대해서도 관심을 갖는다(2:3, 3:11-12). 스바냐 3장은 구스(Cush)에 대한 짧은 선언으로 끝을 맺으며 아시리아와 니느웨에 대한 심판에 대하여 생생하게 기록하고 있다. 니느웨의 멸망은 주전 612년을 전후한 멸망을 염두에 둔 것이다.

스바냐 3장은 예루살렘과 예루살렘의 지도자들에 대한 심판의 신탁으로 시작한다. 이 예언은 요시야의 개혁(621년)과, 요시야의 죽음(609년) 사이 즉 주전 621-609사이에 기록된 것으로 보인다. 3:1-7에서는 고발이 그리고 3:8-13에서는 선언이 그리고 스바냐 1:18의 전체적인 파괴 위협이 반복된다. 그러나 9, 11절에서 "그러나 대신" 이라는 것을 사용하면서 구원신탁으로 전환한다. 스바냐 1장이 창조의 반대였던 것처럼 3장은 바벨탑 이야기의(창 11장) 반대이다.

구원의 목적은 우주적인 개념이다. 곧 모든 백성을 정결하게 하고, 회복케 하여 겸손한 자들로 하여금 여호와의 이름으로 부르게 할 것이며, 여호와의 거룩한 성산에서 제사를 드리도록 할 것이다.

스바냐는 갑자기 시온에 대하여 찬양하기 시작한다. 왕으로서 백성 가운데 계시는 여호와는 그들의 심판을 멀리하고 승리를 주신다. 스바냐는 시온 전승을 사용하여 미래는 완전히 여호와의 손에 달려 있음을 강조한다. 여호와만이 새로운 창조를 할 수 있고, 백성들에게 겸손과 정의의 영을 부어주신다. 스바냐 3장과 3:18-20의 결론은 또 다른 백성들에 대한 모음으로 끝난다. 그때 여호와의 백성들의 이름이 높아져 찬양받도록 한다. 즉 그들의 회복에 대한 약속이 다시 한 번 반복된다.

스바냐서의 내용은 다음과 같이 정리할 수 있다.

1:1	서언
1:2-2:4	예루살렘 멸망에 관한 예언
1:14-16	특히 야웨의 날
2:5-15	열방에 대한 예언
5-7	블레셋에 대한 말씀
8-11	모압과 암몬에 대한 말씀
12	구스(에티오피아)에 대한 말씀
13-15	아시리아에 대한 말씀
3:1-8	완고한 예루살렘에 대한 예언
3:9-20	회복되어질 남은 자에 관한 예언

스바냐서의 신학

스바냐는 신앙적으로 부패할 대로 부패한 유다 백성을 향해서 여호와의 날이 임박했음을 선포하였다. 여호와의 날은 어떤 날인가? 이 날은 하나님의 진노의 날이다. 이스라엘의 하나님은 의로우시고 정의의 하나님이기 때문에 죄와 불의에 대해서는 무섭게 진노하신다. 이스라엘의 예언자들에게 있어서 하나님의 진노는 그들이 전한 말씀에서 중요한 위치를 차지하고 있다.

따라서 스바냐가 전한 여호와의 날은 한 마디로 범죄 한 이스라엘을 징벌하는 심판의 날이다. 이 날은 웃음과 기쁨이 끊어지고, 애곡과 고통이 임하는 날이요, 광명이 사라지고 어두운 암흑이 덮이는 날이다. 이 날은 울음소리가 온 예루살렘을 채우고(1:10-11), 모든 것이 불타고 무너져서 황무케 되는 날이다(1:13). 이 날은 분명히 하나님의 말씀을 거역한 악인과 우상숭배자들에게는 무섭고 두려운 날임에 틀림이 없다.

반면에 이 날은 모든 유혹과 고난을 이겨내고 신앙의 순수성을 지킨 의인들에게는 구원의 날이요, 승리의 날이다. 따라서 여호와의 날은 양면성이 있다. 야웨의 날은 심판의 날인 동시에 구원의 날이 된다.

스바냐 3장은 예루살렘에 대한 책망 그리고 심판의 말씀(3:1-8)과 이스라엘의 운명을 회복시켜 주실 것을 약속하는 희망의 말씀(3:9-20)으로 구성되어 있다.

따라서 스바냐는 예루살렘에 대한 책망의 말씀으로 시작된다. 스바냐는 예루살렘을 이름으로 거명하지 않고 그 대신 "패역하고 더러운 곳, 포학한 그 성읍"이라고 부른다(3:1). 그렇다면 예루살렘과 거민의 문제는 무엇인가?

그들은 네 가지 "하지 않은 죄"를 범한 것이다(3:2).

스바냐는 남은 자에 대하여 언급한다. 여호와의 날에 임할 하나님의 심판은 양면성을 가지고 있기 때문에 소수의 '남은 자'는 구원받는 날이다. 스바냐에 의하면 남은 자는 여호와의 이름을 피난처로 찾을 것이다라고 말씀하고 있다. 이들 남은 자들은 이 세상에서는 약한 존재들이므로 그들을 보호해 줄 피난처가 없다. 다만 하나님의 이름만이 그들의 피난처요, 보호 영역이 되는 것이다.

스바냐에 의하면 이스라엘의 남은 자는 악을 행치 아니하며, 거짓을 말하지 아니하며, 입에 궤휼한 혀가 없으며, 먹으며 누우나 놀라게 할 자가 없으리라(습 3:13).

스바냐의 마지막 부분에서 이스라엘을 향한 하나님의 궁극적인 구원을 약속하고 있다. 스바냐는 하나님의 심판을 넘어서서 새롭게 시작될 새 이스라엘의 비전을 보여주고 있다. 왕족 출신 스바냐는 부패한 인간이 왕으로 다스리는 이스라엘이 아니라, 하나님께서 직접 왕으로 통치하시는 새 이스라엘의 도래를 대망하였다.

스바냐 3장 19-20절

하나님께서 왕으로 통치하시는 그 날은 흩어졌던 이스라엘이 다시 모이는 날이요, 이스라엘을 괴롭혔던 자들이 징벌받는 날이요, 이스라엘의 이름이 사람들의 조롱거리가 아니라 천하 만민 중에서 다시 빛날 날이다

스가랴의 말씀은 신앙적으로, 사회적으로 병들고 부패한 예루살렘과 유다 왕국에 대한 책망으로 시작되었다. 그러나 그의 말씀은 앞으로 수립될 새 이스라엘에 관한 아름다운 꿈과 희망의 메시지로 끝을 맺고 있다(습 3:20).

| 스바냐서 참고문헌 |

Achtemeier, E., *Nahum-Malachi*. Atlanta: John Knox Press, 1986

Avishur, Y., *Studies in Hebrew and Ugaritic Psalms*, Jerusalem: Brill, 1994

Baker, D. W., *Nahum, Habakkuk, Zephaniah*. TOTC. Leicester and Downers Grove: IVP, 1988

Berlin, A., *Zephaniah*. AB. New York: Doubleday, 1994.

Eaton, J. H., *Obadiah, Nahum, Habakkuk and Zephaniah*. London, 1961

House P. R., *Zephaniah: A Prophetic Drama*. JSOT Sup. 69. Sheffield: JSOT Press, 1988

Mason R., *Zephaniah, Habakkuk, Joel*. OTG. Sheffield: JSOT Press, 1994

McConville, G., *Exploring the Old Testament: Vol 4. the Prophets*. London: SPCK, 2002

Newsome, J. D. Jr., *The Hebrew Prophets*. Louisville · Kentucky: Westminster John Knox Press, 1984

Roberts, J. J. M., *Nahum, Habakkuk and Zephaniah*. Old Testament Library. Louisville: Abingdon, 1991

Robertson, O. P., *The Books of Nahum, Habakkuk, and Zephaniah*. NICOT. Grand Rapids: Eerdmans, 1990

Roche M. De, "Zephainah 1:2-3: The "Sweeping" of Creation." *VT* 30 (1980): 104-109

Rudolph, W., Micha, *Nahum, Habakkuk, Zephanja*. Gütersloh: Gütersloher Verlagshaus Gerd Mohn, 1975

Smith, R. L., *Micah-Malachi*. WBC 32. Waco: Word Books, 1984

Watts, J. D. W., *The Book of Joel, Obadiah, Nahum, Habukkuk and Zephaniah*. CBC. Cambridge: Cambridge University Press, 1975

Zvi E. Ben, *A Historical-Critical Study of the Book of Zephaniah*. BZAW 198. Giessen: Töpelmann, 1991

제4장

6세기 예언자

주전 6세기 예언 운동의 역사적 배경

주전 6세기 유다는 열강에 의하여 운명이 결정되는 매우 복잡한 역사를 가지고 있었다. 주전 6세기의 유다의 역사는 주전 598년 느부갓네살에 의하여 여호야긴이 포로로 잡혀갔고, 주전 586년 유다 왕국은 바벨론의 느부갓네살에 의하여 멸망하고, 유다 백성들이 바벨론 포로로 잡혀갔다. 유다 백성들은 이르게는 주전 598년부터 바벨론의 포로생활을 시작하였다.

그러나 이런 바벨론 제국도 주전 539년 페르시아의 고레스에 의하여 멸망함에 따라 유다는 페르시아 제국의 지배 아래 놓이게 되었다. 이러한 고대 근동의 패권의 이동은 바벨론 포로민들의 귀환의 계기가 되었다. 따라서 바벨론에서 포로생활을 하던 유다 백성들 가운데 일부가 70년 만에 다시 고향으로 돌아왔다(주전538).

따라서 주전 6세기 초기 유다 지역은 바벨론의 통치와 바벨론 포로로 인하여 대단한 혼란 가운데 처하게 되었다. 일부 바벨론으로 강제 이주된 유다 백성들은 새로운 환경 속에서 종교적 문화적 충격을 받았으며, 자신의 정체성에 대한 심각한 고민을 하게 되었다. 6세기 말에는 바벨론이 멸망하고 페르시아 제국이 등극함에 따라 바벨론으로 이주되었던 일부 유다 백성들은 귀환을 하였고, 이들의 귀환으로 인하여 유다 땅에는

포로를 경험한 자들과 포로를 경험하지 못한 자들 사이의 갈등이 야기되었다.[154)]

이러한 급변하는 역사의 소동돌이였던 주전 6세기를 배경으로 예언을 선포한 예언자는 이사야(40-66장), 에스겔, 오바댜, 학개 그리고 스가랴 등이다.

주전 586년 바벨론 제국의 예루살렘 점령으로 인하여 유다 백성의 일부가 바벨론으로 강제 이주되었으며, 유다의 왕권이 무너지고, 바벨론의 총독이 임명되는 급변하는 정치적 상황으로 말미암아 유다는 사회적으로 심각한 분화가 발생한다.

팔레스틴 공동체의 형성

바벨론 제국에 의한 강제 이주정책과 유다 왕국이 멸망하면서 유다 백성들은 포로 공동체와 팔레스틴 공동체로 양분되었다. 팔레스틴 공동체란 유다 왕국 멸망 이후 바벨론으로 강제 이주되지 않고 팔레스틴에 남아 있던 유다 백성들을 의미한다. 그러나 유다 왕국 멸망 이후 정치체제에 대하여 알트(A. Alt)는 유다가 바벨론 제국에 의하여 멸망한 후 사마리아에 부속되었다가 느헤미야 시대에 처음으로 독립되었다고 주장한다. 이것은 느헤미야 시대까지 유다에는 총독이 없었다는 것을 의미한다. 따라서 느헤미야의 활동을 통해 비로소 유다가 주변 세력으로부터 완전한 독립을 이루고, 행정체계를 완비하였다고 주장한다.[155)]

154) 김지은, 『포로와 토지 소유』(서울: 한들출판사, 2005), pp. 40-56. 유다 사회는 바벨론 강제 이주로 인하여 팔레스틴 공동체, 바벨론 포로 공동체 그리고 귀환 공동체로 나뉘게 되었으며, 각 공동체는 나름대로의 신앙을 바탕으로 특징을 가진 공동체였다.

유다 왕국 멸망 이후 유다 지역은 바벨론의 총독에 의하여 통치되었을 것으로 추정한다.[156] 이러한 주장의 근거는 첫째, 에스라 5:14과 학개 2:2에 등장하는 세스바살과 스룹바벨이 총독으로 등장한다는 점, 둘째 유다가 속주였음을 나타내는 예후드(יהד)라는 단어가 찍힌 주전 6-5세기 시대의 항아리 손잡이가 발견된 점 그리고 알트가 주장하는 사마리아가 유다 지역에 헤게모니를 가지고 있었다는 증거가 없다는 점 등이다.[157] 뿐만 아니라 비록 지금은 받아들여지지 않지만 아비가드는 고고학적인 발굴 결과 나타난 주전 6-5세기경의 총독(פחוא)과 예후드(יהוד)가 각인된 항아리 손잡이 등을 근거로 아흐멘 제국 초기부터 유다가 독립적인 속주였다고 주장하면서 유다 총독의 명단을 제시한다. 그러므로 바벨론 제국에 의하여 멸망된 유다는 총독에 의하여 통치되는 독립적인 속주였다고 주장한다.[158]

주전 586년 이후 유다 왕국은 바벨론의 속주로서 바벨론 왕에 의하여 임명된 총독 그다랴에 의하여 통치되었다(왕하 25:22-26, 렘 40:1-18).[159] 총독

155) A. Alt, "Die Rolle Samarias bei der Entstehung des judentums," *Festschrift Otto Proksch zum 60. Geburtstag* (Leipzig: J.C. Hinrichs, 1934), pp. 5-28. 이러한 주장은 갈링, 노트 그리고 헤르만 등에 의하여 지지되었다. K. Galling, "The 'Gōlā-List' According to Ezra 2 // Nehemiah 7," *JBL* 70 (1951): 149-158; idem, *Die Bücher der Chronik, Esra, Nehemia* (Göttingen: Vandenhoeck &Ruprecht, 1954); M. Noth, *The History of Israel* (London/New York: Harper & Row, 1960), pp. 306-310; S. Herrmann, *A History of Israel in Old Testament Times* (London: SCM Press, 1975), pp. 299-301.

156) 이러한 견해는 바인버그(J. Weinberg), 비덴그린(G. Widengren), 아비가드(N. Avigad) 그리고 에프알(I. Eph^cal) 등에 의하여 주장되어진다. J. Weinberg, *The Citizen-Temple Community* (Sheffield: JSOT Press, 1992); G. Widengren, "The Persian Period," *Israelite and Jewish History*, Eds. J. H. Hayes and J. M. Miller (London: SCM Press, 1977), pp. 489-538, esp. 520; N. Avigad, *Bullae and Seals from a Post-Exilic Judean Archive*. Qedem 4 (Jerusalem: The Hebrew University, 1976).

157) I. Eph[c]al, "Syria-Palestine under Achaemenid Rule," *CAH IV*, pp. 139-164, esp. 160-161.

158) N. Avigad, *Qedem* 4.

159) 코간(Cogan)과 타드모어(Tadmor)는 그다랴의 관직명을 알 수 없을 뿐만 아니라 바벨론의 기록에도 어떻게 속주의 총독을 임명하였는가 하는 것이 기록되어 있지 않다고 주장한다. 아시리아의 예를 통해서 볼 때 바벨론은 속주의 총독을 그 지역 사람으로 임명하는 예가 없다고 하면서, 그들은 그다랴가 총독일 가능성을 부인한다. M. Cogan & H. Tadmor, *II Kings*, p. 327.

이었던 그다랴는 왕국의 중심지를 파괴된 예루살렘에서 북쪽의 미스바(Mizpah)로 옮겨 통치하였다.[160] 그러나 그다랴는 왕족 엘리사마의 손자 느다니야의 아들 이스마엘에 의하여 살해된다. 이스마엘은 그다랴뿐만 아니라 유다 백성 그리고 갈대아 사람을 쳐 죽이고 애굽으로 도망한다(왕하 25:24-26).[161] 그다랴 살해 사건을 바벨론 제국은 반란으로 간주하고 느부갓네살 23년(주전 582년)에 바벨론 군대를 파견하여 유다 사람 745명을 포로로 잡아갔다(렘 52:30).

이처럼 바벨론에 의하여 그다랴가 임명되기는 했지만, 계속적인 사회 혼란과 반란으로 인하여 유다 사회는 안정된 사회 모습을 갖지 못하고 있다. 따라서 유다 왕국의 멸망으로부터(주전 586년) 고레스 왕의 칙령이 선포 될 때(주전 538년)까지 약 50년의 유다 왕국에 대해 알베르츠(R. Albertz)는 중앙 정치세력이 붕괴되고 지도 계층이 부재한 시대라고 정의한다.[162] 그러나 바스타드(H.M. Barstad)는 유다 상류 계층이 포로로 잡혀간 사실이 유다 사회에 큰 변화를 주지 않았고, 앞에서 언급한 것처럼 유다가 많이 파괴되지 않은 것도 큰 변화가 없었다는 한 예라고 주장한다.[163]

그러나 이러한 학자들의 주장과 달리, 예루살렘 멸망 이후 왕족을 중심으로 한 유다 지배 계층이 포로로 끌려간 유다는 사회구조가 와해되고 사회질서가 무너진 혼란한 모습으로 기록되고 있다. 힐러스(D.R.

160) 하야트(Hyatt)의 해석을 따르면 그다랴는 주전 586년부터 582년까지 약 4년 동안 통치하였다. 그러나 할러데이는 예레미야 41:1의 "칠월"은 예루살렘 멸망과 같은 해라고 주장한다. J. P. Hyatt, "Introduction and Exegesis, Jeremiah," *IB 5*, p. 1084; W. L. Holladay, *Jeremiah 26-52*, p. 296.

161) 예레미야 41장에서는 이스마엘이 암몬 자손에게 피하였다고 기록하고 있다. 그리고 이 사건은 주전 582년 느부갓네살의 암몬과 모압 그리고 이집트까지의 원정을 야기시켰다고 본다. 이때 암몬과 모압은 바벨론에 의해 멸망하였다. J. M. Miller & J. H. Hayes, *A History of Ancient Israel and Judah*, pp. 421-424.

162) R. Albertz, *A History of Israelite Religion in the Old Testament Period Vol. II: From the Exile to the Maccabees* (Westminster: John Knox Press, 1994), pp. 374-375.

163) H. M. Barstad, *The Myth of the Empty Land: A Study in the History and Archaeology of Judah During the Exilic Period*, (Oslo: Scandinavian University Press, 1996), p. 38.

Hillers)[164]와 포러(G. Fohrer)[165]는 예레미야애가의 기록을 근거로 하여, 예루살렘 멸망 때 유다 사회는 식량이 모자라(애가 1:11) 사람을 먹는 카니발니즘(Carnibalism, 2:11-12, 19)이 만연하고, 성폭행(5:11)과 제사장과 선지자들의 살해(2:20) 사건들이 많이 발생하였다. 뿐만 아니라 남아있는 사람들 가운데서 지도자 역할을 수행하고 있는 방백들과 장로들이 존경을 받지 못하고 있는 것으로(5:12) 묘사하고 있다.[166]

이 시대의 유다 사회의 변화에 대하여 정치적 상황이 급변함에 따라 유다 사회 역시 큰 변화를 맞이하여 중앙 정부의 지도력의 공백을 이용하여 베이트 아보트(בית אבות)와 같은 소규모 사회구성 단위가 등장했다.[167]

그들은 가난한 사람들로서 바벨론 제국에 의하여 토지를 수여받고 주전 586년부터 귀환 공동체가 유다에 정착할 때까지 유다 사회를 구성한다. 바벨론 제국의 토지 수여에 관하여 소진(J.A. Soggin)은 바벨론 제국은 아시리아 제국과 달리 다른 지역에서 이주민을 유다에 정착시키는 것이 아니라 유다 백성들에게 토지를 수여하고, 이 토지를 수여받은 사람들을 중심으로 새로운 사회구조를 형성하여 유다를 통치하고자 하였다고 주장한다.[168] 이처럼 바벨론 제국은 유다 멸망과 더불어서 유다 땅에 남아

164) D. R. Hillers, *Lamentations*, AB (New York: Doubleday, 1972), p. XVIII.

165) G. Fohrer, *History of Israelite Religion* (London: S.P.C.K, 1973), pp. 308-309,

166) W.F. Albright, *The Biblical Period: From Abraham to Ezra* (Pittsburgh: Biblical Colloquium, 1950), p. 110; K.M. Kenyon, *Archaeology in the Holy Land*, p. 78-107. 이와는 반대로 유다 왕국 멸망으로 유다 사회는 큰 변화를 겪기는 하지만, 그러나 유다 지역이 완전히 파괴되지는 않았다는 것이다. 소진(A.J. Soggin)은 유다 왕국의 멸망으로 정치, 경제, 인구적인 측면에서 유다는 큰 변화를 겪기는 했지만, 올브라이트와 케년(Kenyon)이 주장하는 것처럼 완전히 파괴되지는 않았으며 이러한 것은 에스겔 33:24을 통해서도 알 수 있다고 주장한다. A. J. Soggin, *An Introduction to the History of Israel and Judah* (London: SCM Press, 1993), p. 270.

167) S.N. Eisenstadt, "Paralleleinblicke in das judischce und römische Familien und Erbrecht," *Kilo* 40 (1962), pp. 125-140.

168) J. A. Soggin, *A History of Ancient Israel* (Philadelphia: The Westminster Press, 1985), p. 252.

있는 모든 사람들에게 토지를 새롭게 분배하며 새로운 유다 사회를 형성한다.

팔레스틴 공동체를 포로로 잡혀가지 않고 유다에 남아있는 사람들로 이해하는 것과 달리 로울리(H.H. Rowley), 포스터(R.S. Foster), 에릭과 카롤 메이어스(Eric M. & Carol L. Meyers) 등은 팔레스틴 공동체를 사마리아인들이라고 설명한다. 사마리아는 주전 721년 아시리아에 멸망한 이후로 하나의 속주 단위로, 바벨론과 페르시아 제국 시대에서 그 위치를 계속 유지하고 있다.[169] 에스라 4:10에 의하면, 사마리아 성에는 오스나발, 즉 앗수르바니팔(주전 668-627년)에 의하여 사람들이 옮겨 온다. 그러나 이들 모두는 유다와 마찬가지로 하나의 다른 행정 단위를 이루고 있는 사마리아 땅으로 이주되었기 때문에 유다의 총회와는 관계없는 사람들이다. 그리고 유다와 다른 대적자를 의미하는 사마리아인들은 주전 2세기 헬레니즘 시대에 발생한다. 사마리아인들이 자신들 나름대로의 오경을 가지면서부터 유대교와의 분리를 일으킨 것이다.[170]

169) A. Alt, "Die Rolle Samarias bei der Entstehung des judentums," *Festschrift Otto Proksch* (Leipzig: Hinrichs, 1934), pp. 5-28. 알트는 바벨론 제국 시대부터 페르시아 시대까지 지속적으로 팔레스틴에 사마리아, 암몬, 아랍 등이 속주의 지위를 차지하고 있었다고 주장한다. 페르시아 시대에 사마리아가 속주였다는 사실은 와디 달리예(Wâdī ed-Dâliyeh)에서 발견된 파피루스(1번)에 '사마리아 속주' (מדינתא שמרין)라는 표현이 등장함으로써 입증되었다. 이와 함께 엘레판틴 파피루스 30, 31번(*Cowley* ## 30, 31)에 '사마리아 총독' (פחת שמרין)이라는 표현이 등장하며, 총독의 이름이 산발랏으로 기록되어 있다. 따라서 페르시아 시대의 사마리아의 정치적 지위는 페르시아의 제 5 행정구역에 있는 하나의 속주였으며, 총독이 있었음을 알 수 있다. D. G. Gropp, *The Samaria Papyri from Wâdī ed-Dâliyeh): The Slave Sales* (Ph. D. Dissertation of Harvard, 1986), pp. 1-3, Text No. 1.

170) H. H. Rowley, "The Samaritan Schism in Legend and History," in *Israel's Prophetic Heritage: Studies in Honor of James Muilenburg*, Eds. B. W. Anderson and W. Harrelson (New York: Harper, 1962), p. 215; R. S. Foster, *The Restoration of Israel*, pp. 108-11; C. L. Meyers and E. M. Meyers, *Haggai, Zechariah 1-8*, AB (Garden City, N.Y.: Doubleday, 1987), p. xxxiv.

바벨론 포로 공동체의 특성

바벨론 포로 공동체들은 바벨론의 텔멜라(Tel-melah, 현재의 Thelma), 텔하르사(Tel-Harsha, 현재의 Haršaya 혹은 Haršu),[171] 그룹, 앗단, 임멜(스 2:59), 그발강 지역(겔 1:1, 3:15), 텔아빕(til abūbi)(겔 3:15), 가시뱌(스 8:16) 지역 등에 거주한다. 여기에서 이들 포로민들은 바벨론 지역 백성들과 함께 거주한 것이 아니라 자신들만의 거주지를 형성하고 있다(겔 3:15).[172] 무라슈(Murashû)에서 발견된 사업문서에 의하면 포로민들은 자치권을 행사하고(겔 33:30-33), 토지를 소유하며, 경제활동을[173] 통해 얻은 부로 노예까지 두고 지낼 정도로 비교적 자유로운 생활을 하고 있었음을 알 수 있다(렘 29:5; 스 2:65).[174]

그러면 바벨론 포로 공동체는 새로운 정착지에서 자신들의 정체성을 유지하며, 장로가 사회의 중요한 지도자로 등장하고 있으며, 사회구성

171) Y. Kobayashi, "Tel-Harsha," *ABD IV*, p. 345.

172) J. Bright, *A History of Israel* (London: SCM Press, 1981), p. 346; I. Eph'al, "The Western Minorities in Babylonia in the 6th-5th Centuries B.C.: Maintenance and Cohesion," *Orientalia* 47 (1978): 74-90.

173) H.V. Hilprecht and A. T. Clay, *Business Documents of Murash? Sons of Nippur: Dated in the Region of Artaxerxes I (464-424 B.C.) BE 9* (Philadelphia: Dept. of Archaeology and Paleontology of the University of Pennsylvania, 1898); A. T. Clay, *Business Documents of Murashû Sons of Nippur: Dated in the Region of Darius II (424-404 B.C.) BE 10* (Philadelphia: Dept. of Archaeology and Paleontology of the University of Pennsylvania, 1904). 무라슈(*Murashû*)는 니푸르 근처 지역으로 아닥사스다 1세(주전 465-424년), 다리우스 2세(주전 424-405년) 그리고 아닥사스다 2세(주전 404-359년)의 시대에 속하는 879개의 경제 문서가 발견되었다. 이 가운데 약 400여개는 많이 깨진 것이지만 330개는 그 상태가 양호하다. 이것의 주된 내용은 매매 계약 문서이다.

174) 마이스너(B. Meissner)는 바벨론에 거주하는 유대인들이 사회적으로 높은 지위에 있었다고 주장한다. B. Meissner, *Die Achämenidenkönige und das Judentum* (Berline: Phil.Kl., 1938). 그러나 바벨론의 기록에 의하면 이집트인, 페니키아인, 아랍인, 아람 사람들이 낮은 지위의 일을 담당하였다. 따라서 유대인들도 이들과 같이 낮은 지위의 직종에 종사하였을 것이다. 무라슈 지역의 주된 경제활동은 농업을 관장하는 것이었다. R. Zadok, *The Jews in Babylonia During the Chaldean and Achaemenian Periods* (Haifa: Haifa University, 1978), pp. 86-88. 반면에, 노트(M. Noth)와 브라이트(J. Bright)는 바벨론 포로민들이 죄수는 아니지만 그렇다고 자유민은 아니었다고 주장한다. 노트는 바벨론 포로민들이 강제 부역을 감당했다고 주장한다. M. Noth, *The History of Israel* (New York: Harper & Row, 1960), p. 297; J. Bright, *A History of Israel*, p. 346.

단위는 가문으로 형성된 베이트 아보트(בית אבות; 우리말로는 '조상의 가문'으로 번역됨)였다.

바벨론 포로로 잡혀갔던 유다 백성들로 구성된 포로 공동체에서 장로들이 활동하고 있다는 사실은 유다 장로들(겔 8:1), 에스겔 14:1과 20:1, 3의 이스라엘 장로들(겔 14:1, 20:1, 3)이라는 표현을 통해서도 알 수 있다. 장로들의 활동에 대하여 에프알(I. Ephᶜal)은 바벨론 포로 초기부터 장로들이 포로 공동체에 등장하기 시작했으며, 그들의 지위는 포로로 잡혀가기 전 그들이 유다에서 가졌던 사회적 지위에 근거한다고 설명한다.[175]

바벨론 포로 공동체의 사회구조에 대한 이해는 포로민들의 사회적 특성을 이해하는 중요한 출발점이 된다. 포로기와 포로기 이후 성서 기록에서 유다 백성들의 사회가 이 가문 단위의 베이트 아보트(בית אבות)로 등장하고, 그 우두머리인 장로들이 사회의 중요한 역할을 행하고 있다.

팔레스틴 공동체의 경우에서와 마찬가지로 바벨론 포로 공동체의 종교적 특성을 살피는 것은 곧 이들의 야웨신앙을 살피는 것이며, 이들의 야웨신앙의 모습은 이들이 약속의 땅을 다시 차지 할 수 있는 자로서 자격이 충분한가를 판단할 수 있는 기준이 된다.

포로민들이 거주하고 있는 바벨론 지역의 종교적 상황에 대하여 예레미야 29:8-9은 선지자, 복술가에게 혹하지 말며, 꿈꾼 바를 신청하지도 말라고 경고한다. 왜냐하면 바벨론에서는 선지자, 복술가 그리고 해몽가들을 쉽게 만날 수 있기 때문이다.[176] 예언과 꿈은 야웨의 뜻을 전달하는 방법이긴 하지만, 바벨론에서 포로민들이 쉽게 만날 수 있는 이들은 야

175) I. Ephᶜal, "The Western Minorities in Babylonia in the 6th-5th Centuries B.C.: Maintenance and Cohesion," p. 79.

176) 바벨론에서는 동물의 간, 꿈 그리고 별을 관측하여 점을 치는 기술이 발달하였다. H. W. F. Saggs, *The Greatness that was Babylonia* (London: Sidgwick & Jackson, 1988), p. 274; M. Nissinen, *Reference to Prophecy in Neo-Assyrian Sources* (Helsinki: The Neo-Assyrian Text Corpus Project, 1998), p. 8.

웨가 보낸 자들이 아니기 때문에 포로민들이 듣기 좋아하는 속이는 말로 포로민들에게 귀환이라는 희망을 말하고 있기 때문이다.

이러한 포로의 상황 속에서 포로 공동체의 가장 큰 문제는 자신들의 정체성을 어떻게 유지하는가 하는 점이다. 이것은 곧 부정한 땅에서 어떻게 야웨신앙을 유지했는가와 연관된다.[177)]

바벨론 포로 공동체의 신앙에 관한 문제에 있어서 가장 어려운 점은 이들이 바벨론에서 야웨를 숭배하였을 성전이 지금까지 발견되지 않았다는 점이다. 그럼에도 바벨론 포로 공동체의 야웨신앙에 대하여 구약성서의 여러 기록을 통하여 추정할 수 있다. 뿐만 아니라 포로 공동체가 이방문화 속에서도 야웨신앙을 지켰다는 이해는 프로소포그라피를 통해서도 알 수 있다. 바벨론 포로 공동체는 이방문화 속에서 이들 포로민들은 자신들의 이름에 야웨 이름의 요소를 사용함으로써 자신의 신앙을 유지하려고 노력했다고 볼 수 있다. 따라서 포로기의 문학에서 신학적으로 규정된 포로 공동체의 이해속에서, 바벨론 포로민들은 회복을 기대하며 야웨신앙과의 관계를 꾸준히 지키고 있었다고 볼 수 있다.

귀환 공동체의 특성

바벨론 포로민 가운데 고레스 칙령에 의하여 본성으로 귀환한 유다 포로민들은 포로기 이후 유다 사회에서 귀환 공동체를 형성한다. 귀환 공동체가 팔레스틴에 도착함으로써 팔레스틴에는 포로로 잡혀가지 않은 팔레스틴 공동체와 귀환 공동체로 나뉘게 된다.

177) I. Ephʿal, "The Western Minorities in Babylonia in the 6th-5th Centuries B.C.: Maintenance and Cohesion," p. 88.

역대기 사가의 기록에 의하면 바벨론 포로로부터 유다 땅으로 돌아온 유다 백성들은 귀환 공동체를 형성하고, 자신들의 토지 소유권을 주장하며 본래의 유업에 거한다. 에스라 2:64 이하에 의하면, 바벨론 포로로부터 유다로 돌아온 백성의 수는 42,360명이며, 여기에 7,347명의 노예와 200명의 노래하는 자가 함께 귀환한다. 따라서 전체적으로 귀환한 사람의 총수는 약 50,000명에 달한다. 이 귀환자의 명단이 에스라 2장과 느헤미야 7장에 두 번 언급되는데, 이에 대하여 대부분의 학자들은 느헤미야 7장이 역사성이 있는 기록이며, 이것을 바탕으로 에스라 2장이 후대에 기록되었다고 주장한다. 이러한 주장의 가장 큰 이유는 에스라 2:68-69이 느헤미야 7:69-71의 내용을 요약한 것이라고 생각하기 때문이다.[178)]

귀환 공동체의 사회적 특성은 바벨론 포로 공동체와 관계되어 있다.

귀환 공동체가 유다 땅으로 돌아오는 것은 단순한 정치적인 의미의 해방과 귀환을 넘어서서 종교적인 의미를 내포하고 있다. 즉 예루살렘에 무너진 야웨의 성전을 재건하고, 그곳에서 야웨에게 제사를 드리는 의무가 부과된 것이다. 땅과 야웨신앙의 관계에 있어서, 이것은 유다 땅의 진정한 소유자가 귀환 공동체라는 것을 암시적으로 의미한다.

귀환 공동체의 사회형태는 포로 공동체와 마찬가지로 '베이트 아보트'(בית אבות) 단위로 구성되어 있다. 귀환 공동체가 베이트 아보트 단위로 귀환하고 정착했다는 것은 자신들의 유업을 다시 찾는 것과 밀접한 관련이 있다. 처음부터 야웨는 약속의 땅을 베이트 아보트 단위로 유업을 각각 분할한다(사 58:13-14).[179)]

포로 공동체와 귀환 공동체는 유업을 다시 찾을 때 중요한 의미를 갖는 족보를 강조한다. 왜냐하면 땅은 야웨로부터 베이트 아보트 단위로

178) H.G.M. Williamson, *Ezra-Nehemiah*, WBC (Waco, Texas: Word Books, 1985), p. 29.
179) C. Westermann, *Isaiah 40-66*, OTL (London: SCM Press, 1969), pp. 341-342.

분배되기 때문에 자신의 신분 즉 가계(家系)가 분명히 밝혀져야지만, 귀환 후 자신들의 유업을 다시 찾을 뿐만 아니라 각 지파의 역할을 수행할 수 있기 때문이다. 느헤미야 11:12에 의하면 제사장 아다야는 6대 조상까지 거슬러 올라간다. 역대상 24:3에 의하면 다윗은 엘리아살의 자손인 사독을 제사장으로 삼았으며, 민수기 3:32에서 엘리아살은 아론의 아들로 기록되어 있다. 그러나 신명기 사가나 그 이외의 기록을 통해서 사독이 누구의 후손인지는 알 수 없다. 역대기 사가는 사독을 아론의 아들 엘리아살의 후손으로 기록함으로써 사독 및 그의 후손이 족보상의 문제가 없음을 강조하고 있다. 포로를 경험하면서 종교 전통과의 연관성을 강조하기 위해 사독의 계보를 보완할 필요를 느낀 역대기 사가에 의하여 사독이 아론의 3대손으로 기록된 것이다.

이처럼 급변하는 주전 6세기에 활동한 예언자인 이사야(40-66장), 에스겔, 오바댜, 학개 그리고 스가랴의 메시지는 그들이 활동한 시대에 따라서 그 강조점이 다르다.

에스겔

에스겔은 이사야 40-66장의 예언자와 함께 바벨론에서 이스라엘 백성들에게 하나님의 말씀을 선포하였다. 따라서 에스겔서는 바벨론에서의 생활에 관한 많은 정보를 제공한다. 바벨론에서 활동한 에스겔의 예언은 절망에서 시작하여 희망과 위로로 끝을 맺는다. 에스겔서는 48장 1,273절로 구성되어 있다.

에스겔의 인적 사항

에스겔의 신상명세

에스겔(יחזקאל)이라는 이름의 뜻은 "여호와께서 강하게 해 주시기를" 이란 뜻을 가지고 있다. 그는 강제 이주지인 바벨론에서 유다 왕국과 유다 백성을 생각하면서 하나님의 말씀을 선포하였다. 에스겔서가 비록 긴 책이기는 하지만 예언자 에스겔 개인에 관한 기록은 별로 없다. 에스겔은 제사장 부시(Buzi)의 아들이며(1:3), 바벨론으로 강제 이주된 예루살렘 사람으로 추정된다. 예레미야와 마찬가지로 에스겔은 유다 왕국의 쇠퇴와 예루살렘의 멸망 그리고 바벨론 강제 이주의 초기 역사를 경험하였다. 이러한 출신배경으로 인하여 에스겔의 선포는 자연스럽게 예루살렘과 성전에 집중되었다.

에스겔은 혼인을 하였지만 586년 예루살렘이 함락될 무렵 그의 부인이 갑작스럽게 죽는다(24:16-18). 강제 이주되어 바벨론으로 끌려간 에스겔은 자신의 집에서 이스라엘의 장로들을 모아 놓고 말을 할 정도로 중요한 위치에 있었다(8:1; 20:1). 따라서 글레멘츠(R.E. Clements)는 에스겔이 사독계열로 예루살렘 성전에서 제사장 직분을 수행하다 강제 이주되었다고 주장한다.

에스겔은 엄격한 규범 속에 사는 제사장이면서 동시에 예언자였다. 뿐만 아니라 에스겔은 열정적인 설교가이면서 모든 것을 냉철하게 논리를 전개하는 학자이기도 했다. 따라서 에스겔서에 나타난 예언자 에스겔은 제사장과 예언자의 기능이 합해진 대표적인 경우이다. 제사장으로 에스겔은 정결과 부정에 대하여 언급하며, 예루살렘 성전의 재건에 대하여 환상을 보여주고 있다. 에스겔은 모세처럼 환상을 보는 예언자이면서 신탁을 수여하는 역할을 함께 하였다. 에스겔은 멸망해 가는 세계와 새롭게 일어나는 세계의 중간에 선 예언자였다.

예언자로서 에스겔은 이스라엘 민족을 지키는 자와 같은 역할을 하였다. 에스겔의 종교적 체험은 예언자이면서 상징적인 행동을 하고 신탁을 받았다. 에스겔은 여러 가지 환상을 보고 때로는 며칠씩 황홀경에 빠지기도 한다(1:1.4 이하 3:10-15; 3:22 이하 37:1 이하 등). 또 그는 많은 상징적인 행동을 하고, 가끔 농아 증세와 마비 증세를 보이기도 한다. 뿐만 아니라 바벨론의 자기 집에 있으면서도 예루살렘을 돌아다니는 환상을 보기도 한다. 일부 학자들은 이러한 에스겔의 특이한 현상을 심리학이나 정신분석학적으로 설명하려는 시도들이 있어 왔지만, 이러한 시도로는 에스겔을 설명할 수 없다.

에스겔의 시대

에스겔의 활동 시대는 유다 왕국의 멸망 직전인 주전 593년부터 예언 활동을 시작하여 스물일곱째 해(겔 29:17)인 주전 571년까지 22년 동안 예언자로 활동하였다. 그의 활동 시대는 예루살렘이 멸망하기 직전의 약 7여 년과 멸망 후 15년으로 나누어진다.

에스겔의 예언 시작 연대를 주전 593년으로 계산하는 것은 에스겔 1:2에 그의 예언 활동이 여호야긴이 사로잡힌 지 5년째 되는 해에 예언 활동을 하였다고 기록하고 있고, 여호야긴은 주전 598년에 사로잡혀 갔기 때문에 그의 예언의 시작은 주전 593년이 된다. 그의 예언 활동은 바벨론에 건설된 수많은 수로 가운데 하나인 그발(Chebar) 강가이다(1:3).

에스겔 1:1의 "서른째 해"가 무엇을 의미하는가 하는 것은 학자들의 논쟁거리이다. 여러 주장 가운데 에스겔이 처음 환상을 본 그의 나이가 서른 살 때로 이해하는 것이 바람직하다. 따라서 그가 서른 살 때 바벨론에 있었다면, 에스겔은 예루살렘에서 제사장으로 일하지는 않았다. 단지 제사장 가문으로 출생한 것이다.

이처럼 그의 활동 시대의 특징에 의하여 에스겔의 처음 환상에서 애가와 애곡과 재앙의 말에 관하여 언급되어 있다(겔 2:10).

에스겔서의 문학적 특징

에스겔서는 과거에 대한 회상과 미래의 환상이 함께 어우러져 있기 때문에 에스겔서에 기록된 사건이나 내용의 시대성을 구별하기가 매우 어렵다. 뿐만 아니라 에스겔서는 환상, 은유, 상징적 행동, 화려한 상징주의 그리고 논리적인 담화 등이 어우러진 책이다. 이와 함께 에스겔서에서 에스겔은 예언자이면서도 제사장적인 상상력이 함께 등장한다.

에스겔서의 문학적 형태는 선집의 형태로 구성되었기 때문에 이해하기 매우 어렵다. 특히 많은 비유적인 묘사와 은유적인 묘사가 얽혀 있기 때문에 문학적으로 매우 어렵다. 즉 사건별이나 연대순으로 정리되어 있지 않다. 따라서 에스겔서는 같은 내용의 이야기가 잘라지기도 하고 반대로 다른 이야기가 강제로 연결되기도 했다. 예를 들어 에스겔 3:22-27, 4:4-8, 24:15-27과 33:21-22은 연속되는 하나의 이야기이지만 이처럼 네 부분으로 나뉘어졌다. 뿐만 아니라 21장에서는 칼이 서로 무관한 단락들을 잇는 연결고리 역할을 한다. 곧 하나님의 칼(6-12절), 잘 갈아 날이 선 칼(13-22절), 바벨론 왕의 칼(23-32절), 암몬 사람들을 치는 칼(33-37절) 등이 그것이다. 또한 같은 신탁을 되풀이한 것도 있다. 예를 들어 하나님의 의로운 길에 대한 생각은 18:1-32와 33:10-20이 거의 같다.

에스겔서는 대부분의 예언서와 마찬가지로 시적인 부분과 산문 부분으로 구성되어 있다. 그 가운데 산문 부분이 에스겔서의 대부분을 차지하고 있다. 그러나 에스겔서의 산문 부분은 매우 지루하고 재미없다. 에스겔서의 산문 가운데 연대가 기록된 부분이 중심을 이루고 있다(1:1, 1:2-3, 3:16, 8:1, 20:1, 24:1, 26:1, 29:1).[180] 에스겔서에는 14개의 연대적인 산문이 있는데, 이들이 연대순으로 배열된 것은 아니다. 에스겔서의 산문에는

180) D.L. Petersen, *The Prophetic Literature*, p. 140.

환상 보고서가 있다. 크게 세 개의 환상 보고서가 있다. 1:1-3:15의 첫 환상과 8-11장의 기소와 심판 그리고 40-48장의 성전 재건에 관한 환상이다. 따라서 43:3에는 세 가지 환상이 통합적으로 묘사되어 있다("그 모양이 내가 본 환상 곧 전에 성읍을 멸하러 올 때에 보던 환상 같고 그발 강 가에서 보던 환상과도 같기로 내가 곧 얼굴을 땅에 대고 엎드렸더니"). 세 번째 산문은 상징적 행동에 대한 보고이다. 이러한 상징적인 행동은 침묵 가운데 행해지면서 이스라엘을 위한 징표가 된다. 4:1-3, 4:4-8, 4:9-17, 5:1-5, 12:1-11, 37:15-23 등이다. 네 번째 산문은 에스겔의 수필 혹은 담론이다. 주로 에스겔 16, 18, 20 그리고 23장에 포함되어 있으며, 짐멀리(W. Zimmerli)는 15, 16, 17, 19, 23, 27, 31 그리고 32장이 비유적 혹은 은유적인 담화라고 주장한다.[181)]

에스겔서에서도 시적인 부분이 있다. 그러나 다른 예언서에 비하여 시적인 부분이 매우 적다. 많은 시적인 부분은 열방에 관한 신탁(25-32장)부분에서 발견되며, 나머지 시적인 부분들은 주로 7-24장에서 발견된다. 많은 시적인 부분에서는 에스겔의 애가(קִינָה)가 발견된다.

열방에 관한 신탁은 주로 에스겔 25-32장에 모여 있으며, 28:25-26에서는 이스라엘의 회복에 대한 약속도 기록되어 있다. 이 외에도 35-36장에서는 에돔에 대하여 그리고 38-39장에서는 마곡(Magog)에 대한 신탁이 기록되어 있다. 암몬, 모압, 에돔 그리고 블레셋에 대해서는 짧은 신탁이 그리고 두로(26-28장)나 이집트(29-32장)에 대해서는 긴 신탁이 기록되어 있다. 그러나 바벨론이 에스겔에서는 여호와의 심판의 수단으로 묘사되었기 때문에 바벨론에 대한 악담은 기록되어 있지 않다.

181) W. Zimmerli, *Ezekiel* 1, Hermeneia (Philadelphia: Fortress, 1979), p. 30.

에스겔서의 구조와 내용

에스겔서의 구조

요세푸스는 에스겔서는 두 권의 책 즉 1-24장까지의 유다에 대한 멸망과 25-48장의 위로의 책으로 구성되어 있다고 주장한다. 그러나 대부분의 학자들은 에스겔서를 주제와 시대에 의하여 세 부분으로 나눈다. 그 내용은 이스라엘에 대한 신탁(1-24장), 열방에 대한 신탁(25-32) 그리고 희망의 메시지(33-48)로 나눌 수 있다.

이러한 에스겔의 메시지를 시대 순으로 구분하면 다음과 같다:

1. 예루살렘 멸망 이전(주전 586년 이전)(1-24장)
   (1) 환상과 소명: 1-3장
   (2) 예루살렘 멸망의 예언: 4-24장
2. 예루살렘 멸망 이후(주전 586년 이후)(25-32장)
   (1) 열방에 대한 신탁: 25-32장
3. 미래에 대한 신탁(33-48장)
   (1) 구원 예고: 33-39장
   (2) 새 예루살렘: 40-48장

이렇게 세 단계로 이루어진 에스겔서는 곧 심판의 예고에서 약속의 예언으로, 멸망에서 구원으로 옮겨가는 구조로 구성되어 있다. 예루살렘의 멸망과 성전의 파괴가 심판과 약속의 경계가 된다. 에스겔은 멸망과 불행을 통하여 구원과 행복이라는 새로운 시작의 지평을 열고 있다. 주변 국가에 대한 예언은 바로 이 비극적 사건과 연관이 있다. 유다 왕국에 불행을 끼치고 슬픔에 빠진 유대인들을 조롱하는 민족들에게 응분의 심판을 예고하는 것이다.

그러나 이러한 주제에 의한 분류의 문제는 세 번째 부분으로 분류된 이스라엘의 구원에 관한 내용이 에스겔 17:22-24에도 등장하기 때문에 이러한 세 부분으로 분류하는 것이 절대적인 기준이 될 수는 없다.[182)]

에스겔서의 내용

에스겔서는 내용에 따라 다음과 같이 나눌 수 있다. 에스겔 1-3장은 에스겔의 소명기사, 4-24장은 예루살렘과 유다에 대한 심판, 25-32장에는 열방에 대한 심판, 33-39장에서는 바벨론의 공격에서 살아남은 자들에 대한 희망의 메시지를 담고 있다. 그리고 40-48장에서는 새 성전에 대한 환상을 기록하고 있다.

에스겔 1:1-3:27에서는 에스겔에 대하여 소개한다. 에스겔은 나이 서른(1:1)에 제사장 직무를 수행하기 시작하였으며 그발 강(Chebar river)가로 강제 이주되어 그곳에서 예언 활동을 시작하였다. 1:4-28에서는 그의 이상한 동물(반인반수)과 수레에 관한 환상이 기록되어 있다. 2-3장에서는 에스겔의 소명에 관한 이야기가 기록되어 있다. 하나님의 영이 임하므로 그가 예언자의 직무를 수행하게 되는데 하나님의 영은 그의 예언자 경험에 중요한 역할을 한다.

4-24장은 예루살렘과 유다에 대한 심판의 말씀이 기록되어 있다. 4:1-5:4에서 에스겔은 예루살렘의 포위와 멸망이 임박했음을 생생하게 묘사하는 상징적인 행동 네 가지를 한다. 그러나 남은 자의 구원에 대한 약속도 선포된다(5:1-4, 6:8-10). 에스겔 8-11장에서는 예루살렘의 죄에 관한 환

182) 따라서 폴만(K.-F. Pohlmann)은 에스겔서를 종말론적인 구조로 나눈다. K.-F. Pohlmann, *Buch des Propheten Hesekiel* 1, (Göttingen: Vandenhoeck & Ruprecht, 1996), pp. 19-20.

상이 기록되어 있다. 12-15장에서는 무대가 바벨론으로 옮겨지고, 포로민들의 바벨론에서의 배교행위에 관하여 기록하고 있다. 바벨론에 있는 이스라엘의 장로들은 에스겔로부터 임박한 구원을 약속하는 신탁을 원하였지만, 그러나 하나님께서는 이스라엘 백성들의 마음의 우상으로 말미암아 구원의 길이 아직 멀었음을 지적하며(14:3, 4, 7), 이스라엘 백성들이 마음을 새롭게 하기를 원하신다(11:19).

16-24장은 은유와 우화로 기록되어 있다. 16:1-63에 기록된 것처럼 이스라엘의 성실하지 못한 신부의 상은 호세아서(호 1-3장)나 예레미야서(렘 2:2-3:14)에서 이미 발견된다. 17:1-24의 배경은 시드기야의 바벨론에 대한 반란과 이에 대한 바벨론의 보복이 기록되어 있다. 18:1-32은 각 사람은 하나님 앞에서 자기의 삶에 책임을 져야 한다는 것이다. 20:1-44은 포로민들 장로들의 대표들이 에스겔에게 대답을 요구한다. 그러나 그들이 무엇을 요구하였는지 알 수 없지만 아마도 바벨론에 여호와를 위한 성전을 건축하는 것을 요구하였을 것이다.[183] 그러나 에스겔은 이러한 요구를 마치 우상숭배로 여기며 이들을 해산시킨다. 20:45-24:27은 예루살렘의 멸망에 대하여 언급하고 있다.

에스겔 25-32장은 민족들에 대한 신탁을 기록하고 있다. 암몬(25:1-7), 모압과 세일(25:8-11), 에돔과 블레셋(25:12-17), 두로(26:1-21), 두로(27:1-28:18), 시돈(28:20-24) 그리고 애굽(29:1-21)에 대한 신탁이 차례대로 기록되어 있다.

에스겔 33-39장은 예루살렘의 멸망과 구원에 관한 신탁이 기록되어 있다. 33:1-37:28에는 예루살렘의 멸망에 대한 신탁을 기록하고 있으며, 38:1-39:29에서는 구원에 대한 약속이 기록되어 있다.

마지막으로 에스겔 40-48장은 예루살렘, 성전 그리고 영토에 대한 미래의 환상을 기록하고 있다. 40:1-43:9에서는 새로운 성전에 대한 환상,

183) G. McConville, *Exploring the Old Testament: Volume 4 the Prophets*, p. 92.

43:10-46:24에서는 공동체 생활에 관한 규정이 제시되었고, 마지막 47:1-48:35에서의 성전 문지방 밑에서 흐르는 강이 가나안 전체를 채운다는 과장적인 표현은 시온신학의 기초가 되었다. 여기에 묘사되는 지리적인 표현은 실제적인 것이 아니라 상징적이며, 신화적인 성격이 강하다.[184)]

역사적 상황과 메시지

다른 예언자의 경우에 있어서도 마찬가지이지만, 특히 에스겔에 있어서 역사적 상황과 그의 메시지는 불가분의 관계가 있다. 에스겔 1-24장 부분은 내용적으로 유다 백성들의 죄에 대한 책망과 임박한 하나님의 징벌을 선언하는 것이다. 그런데 이 말씀은 시간적으로, 유다 왕국이 멸망하기 전, 즉 593년(그의 예언자 활동시작)부터 586년(유다 왕국 멸망) 사이에 행한 말씀이다.

그런데 주전 586년에 그는 예루살렘이 함락되었다는 소식을 듣게 된다(겔 33:21). 그때부터 그의 말씀은 완전히 방향을 바꾸게 된다. 지금까지의 심판과 책망의 말씀에서부터, 이제는 "희망의 말씀"으로 바뀐다. 즉 에스겔은 유다 왕국이 멸망하기 전까지는 유다 백성들의 잘못을 꾸짖고 그들의 죄에 상응하는 하나님의 징벌을 선포하였다. 그렇게 함으로써, 에스겔은 백성들의 회개를 촉구했던 것이다. 만일 그들이 진정으로 회개하고 죄의 길에서 돌아선다면, 하나님은 예정하셨던 징벌을 취소하실 수 있다고 확신했기 때문이다. 이것은 그가 전한 말씀에서 잘 드러나고 있다.

184) G. McConville, *Exploring the Old Testament: Volume 4 the Prophets*, p. 97.

에스겔 18장 30-32절

"너희는 돌이켜 회개하고 모든 죄에서 떠날찌어다… 이스라엘 족속아 너희가 어찌하여 죽고자 하느냐…너희는 스스로 돌이키고 살찌니라."

그러나 실제로 이스라엘의 회개는 일어나지 않았고, 하나님의 징벌(유다 왕국의 멸망)은 역사적 현실로 실현되었다. 이때부터 에스겔의 메시지의 강조점은 완전히 전환을 이룬다. 이제는 심판에 대한 말씀이 아니라 심판 후에 이루어질 이스라엘의 회복에 대한 희망을 보여주기 시작했다(겔 33장부터). 에스겔은 다시 재건될 새 성전, 새 예루살렘 그리고 새 이스라엘의 구체적인 청사진을 보여주었다(겔 40장-48장). 그는 또한 마른 뼈 골짜기의 환상을 통해서, 이스라엘이 포로상태에서 비록 마른 뼈와 같은 처지가 되었지만, 하나님께서 다시 부활(이스라엘의 회복)시켜 주실 것이라는 희망의 메시지를 선포하였다(겔 37장).

에스겔의 메시지

에스겔은 예언자들 가운데서 가장 독창적인 신학사상을 제시한 예언자이다. 에스겔은 재난과 재난 후에 이스라엘과 하나님의 길에 관하여 정열적으로 언급하고 있다.

에스겔의 삶과 자세를 완전히 바꾼 두 가지 사건이 있다. 하나는 하나님 영광의 현현으로 제사장인 에스겔을 예언자로 만든다. 다른 하나는 예루살렘의 멸망을 통하여 심판의 예언자인 에스겔을 구원의 선포자로 변화시켰다.

하나님 영광의 현현

에스겔은 어느 날 갑자기 하나님의 영광에 사로잡힌다. 이 영광은 여러 차례에 나타나는데(1:28; 3:23; 8:4; 10:1; 43:2), 그때마다 에스겔은 그 모습을 보고 실신상태에 빠진다(3:15).

그는 무엇을 보았을까? 먼저 폭풍이 휘몰아치며 거대한 구름 한가운데에서 번쩍거리는 불이 보이고 딱히 무엇이라고 말할 수 없는 생물들이 나타난다. 이 날아다니는 네 생물은 궁창 같은 것을 받치고 있는데, 그 위에는 보좌 하나가 드러난다. 그리고 그 보좌에는 사방이 광채로 둘러싸인 채 사람처럼 보이는 형상이 앉아 있다. 이것이 하나님 영광의 모습이다(1:4-28).

에스겔은 이사야가 본 환상을 보게 된다. 그러나 이사야와는 다른 특징을 지녔다. 이사야는 하나님의 초월성, 우주의 왕이신 분의 영광에 대한 계시를 받는다(사 6:3). 그런데 우주의 왕이시라는 점이 에스겔의 서술에는 들어 있지 않다. 에스겔서의 저자는 부차적인 면들을 첨가시킴으로써, 우주적 왕으로서 여호와에 대하여 간접적으로 시사한다. 이로써 바벨론의 동물 신화에서 따온 환상적인 짐승들에 대한 긴 서술을 이해할 수 있게 된다. 에스겔은 바벨론인들이 우주적 힘의 상징으로 여겼던 이 짐승들을 여호와를 섬기는 존재로 만들었다.

이러한 계시 속에 여호와의 영광 앞에 서 있는 에스겔은 자신을 비천하고 하찮은 사람의 아들일 수밖에 없고, 넋이 나간 사람처럼 될 수밖에 없었다(1:28; 2:2; 3:14-17, 22-23). 그러한 그에게 하나님의 손이 무겁게(3:14) 내리시고(1:3; 3:22; 8:1; 33:22; 37:1; 40:1), 또 그분의 영이 내리시어(2:2; 3:24; 11:5) 그를 들어 올리신다(3:12,14; 8:3; 11:1,24; 43:5).

에스겔은 죄는 역겨운 것이며 혐오스러운 것이라고 말한다(6:9; 16:22,52). 에스겔은 하나님과 그분 백성 사이의 관계를 버려진 아기의 비유로 묘사한다. 이 들판에 버려진 아이를 하나님께서 발견하여 살려주시고 양녀로 받아들이신다. 더 나아가 왕비의 자리에까지 올리신다. 그러나 이 여자는 뻔뻔스러운 창녀로 전락한다(16장). 에스겔은 오홀라(북부 왕국의 수도 사마리아)와 오홀리바(남부 왕국의 수도 예루살렘)라는 두 자매, 몰염치한 창녀짓에 자신을 내맡기는 이 두 여자의 역사로서 이 주제를 되풀이하여 설명한다(겔 23장).

결국 예언자는 예루살렘이 빠져버린 이 추잡한 부정의 뿌리가 교만에 있음을 발견하게 된다. 이것이 소돔의 이방인들(16:49-50), 두로의 왕(28:2,5,17), 이집트인들(30:6-18) 그리고 바로가 저지른 죄이며(32:12; 35:13), 자기의 아름다움을 자만하는(16:15-56) 아내 이스라엘이 범한 죄악이기도 하다(7:20-24; 33:28). 이는 또한 당신 뜻에 따라 당신 백성을 인도하라는 하나님의 분부를 저버린 유다 왕이 저지른 죄악이다(21:30-31).

한편 이스라엘의 중심인 예루살렘은 아버지는 아모리 남자이고, 어머니는 헷 여자로서 이교도적인 배경에서 생겨났다(16:3,45:3). 예루살렘의 전 역사를 통해서 드러나는 배신은(20장) 결국 타고난 것이라고 말할 수도 있는 것이다. 그리고 하나님께서는 이집트에 있는 이스라엘인들에게 손을 들고 맹세 하시면서 "나는 주 너희 하나님이다" 하고 자신을 알려 주셨지만(20:5), 이스라엘인들의 이 이집트 체류는 그들에게 치명적인 결과를 가져다 준다. 곧 이스라엘인들은 그 뒤 그 무엇으로도 포기시킬 수 없는 우상숭배에 대한 열정을 지니게 된다(20장).

에스겔은 하나님의 말씀을 외치라는 사명과 함께 바로 이러한 이스라엘 백성 한가운데에 예언자로 내세워진다. 하나님의 말씀은 음식처럼 예언자 안으로 스며들기도 하고 단맛으로 그를 가득 채우기도 한다(3:2,3). 그러나 에스겔은 "주 하나님이 이렇게 말한다"라고 외칠 때마다(3:11), 가시로 둘러싸이고 전갈 떼 가운데로 빠져들 수 있음을 각오해야 한다(2:6).

그렇지만 그는 어떤 경우에도 포기해서는 안 된다. 중요한 사실은 강제 이주자들이 하나님의 말씀에 아무리 반항한다 하더라도 자기들 가운데에 예언자가 있다는 사실을 알게 되는 것이다(2:5).

이런 에스겔은 단순한 예언자가 아니다. 그는 이스라엘을 위한 파수꾼이다. 에스겔은 악인에게 너는 반드시 죽어야 한다고 말해야 한다. 이렇게 하는 이유는 악인이 자기의 악한 길을 버리고 살 수 있도록 하려는 것이다. 그리고 그는 의인에게 생명을 지키려면 죄를 짓지 말아야 한다고 경고해야 한다(3:16-21). 이는 이스라엘에서 사람들이 흔히 말하는 것과는 달리(18:1), 죄를 지은 자만 죽고 아들은 아버지의 죗값을 짊어지지 않으며, 아버지는 아들의 죗값을 짊어지지 않기 때문이다(18:4-20). 의인이든 악인이든 저마다 자기의 삶과 행동에 대해서 혼자 책임을 진다.

그러나 예언자가 만일 악인에게 경고하기를 게을리하면 적절한 질책이 없어 죽어가는 이 악인의 죽음에 대해서 책임을 져야 한다(3:18). 예언자는 이제 더 이상 하나님 백성이라는 집단만 상대하는 것이 아니다. 이 공동체의 구성원 각자에게 관심을 기울이고, 그들의 구원을 책임져야 한다. 이렇게 예언자의 책임 소재를 밝히는 데에는 까닭이 있다. 당시에는 예언자로 자처하는 자들이 많았다. 그들은 하나님께서 보여주시는 환상을 본 일이 없으면서도 자신의 영감만을 따라 하나님의 말씀이 아니라 자기들의 말을 예언이라고 선포한다. 그래서 이들은 벽에 균열이 생겨 전체가 무너질 위험이 있는데도 거기에다 회칠만 하는 미장이와 비슷하다. 백성의 죄악을 치유하는 데에는 마음을 쓰지 않고 평화의 메시지만 공포하는 예언자들이 바로 그와 같은 것이다(13장).

예루살렘의 멸망

백성의 죄악은 무서운 심판을 불러올 수밖에 없다. 예언자는 이 심판이

다가옴을 보고서는 말과(7:9-11장) 행동으로써(4-5장) 그러한 사실을 지칠 줄 모르고 예고한다. 이 예고는 어떤 사람이 와서 불행이 완료되었다고 곧 예루살렘이 함락되어 파괴되고 불에 타버렸으며 생존자들은 강제 이주를 당해 끌려갔다는 소식을 전하는 그 슬픈 아침까지 계속된다.

이것이 에스겔의 생애에서 가장 중요한 두 번째 사건이다. 자기의 고통을 조금도 밖으로 드러내지 말라는 분부를 받기는 했지만(24:15-27), 그는 강제 이주자들이 겪는 것 이상의 아픔을 느낀다. 사실 그들은 고통과 절망이 너무나 커서 우리의 죄와 죄악이 우리를 짓눌러, 우리가 그것들 때문에 스러져 가는데 어떻게 산단 말인가?(33:10) 그리고 우리 뼈들은 마르고 우리 희망은 사라졌으니 우리는 끝났다고 말하기에 이른다(37:11).

이러한 절망 속에서 에스겔은 전혀 새로운 메시지를 들고 나온다. 그는 우선 불행에 처한 이스라엘인들을 빈정거림으로써 그들의 아픔을 더욱 크게 만든 나라들에게 징벌을 예고한다. 이스라엘만 심판을 받는 것이 아니다. 사실 예언자는 알아듣지 못하는 괴이한 말과 어려운 언어를 쓰는 많은 민족이 이스라엘보다 말을 더 잘 들으리라는 사실을 이미 예감한 바 있다(3:6). 그러나 이제는 이 민족들이 하나님의 재판정으로 소환된다(겔25-32장). 그 가운데에서 이집트가 으뜸이다(29-32장). 이집트는 유다 왕국의 왕 시드기야가 맹세와 계약을 저버리고(17:19) 바벨론 왕에게 반역하도록 유인함으로써 (17:15) 유다 왕국을 멸망으로 몰아넣었다. 한편 두로는 적군에게 짓밟힌 예루살렘에 대해서 부당한 뜻을 품었다(26:2). 그리고 팔레스틴 땅에 있는 이웃 민족들 곧 암몬, 모압, 에돔 그리고 블레셋 모두가 멸망당한 이스라엘 백성에게 미움을 갖게하는 잘못을 저지른다(25장).

그런데 지금까지 불행의 예표로서(12:6) 피할 수 없는 불행을 예고해야 했던 예언자는 이제 구원의 선포자로 변모한다. 이미 이전의 신탁들에도 위로의 말마디가 들어있지 않은 것은 아니다. 곧 심판과 멸망에서 살아남을 남은 자들의 주제가 여러 구절에 나타난다. 그러나 이 주제는 스쳐 지나가는 듯한 언급으로 그치기 때문에 그것이 부차적으로 첨가된 것이 아닌가 하는 생각을 하게 된다. 사실 예루살렘 주민들의 철저한 멸망을 암시하는 에스겔의 상징 행동(5:1-2)은 12-13절에서 설명되지만, 예언자가 말하는 의도에 잘 들어맞지 않으면서 남은 자들을 가리키는 5:3-4의 상징 행동에 대해서는 뒤에 어떤 설명도 나오지 않는다. 이는 이 구절이 원래의 신탁에는 들어 있지 않았다는 반증이 된다. 반면에 9장에서는 이 주제가 분명히 드러난다. 예루살렘 주민들이 처형되기 전에 그 안에서 저질러지는 그 모든 역겨운 짓 때문에 탄식하고 괴로워하는 사람들을 구분해 내는 작업이 선행된다는 것이다(9:4).

그래서 유다 왕국의 몰락과 예루살렘의 멸망 뒤에 남은 자들이 있을 것임은 분명하다(6:8-10; 9:4-8; 11:13; 12:16; 14:22,23). 그러나 이들은 보잘것없고 약할 뿐더러(11:3), 어쩌면 예루살렘에 쌓아놓은 시체들에 불과한 자들이었다(11:7). 그래서 남은 자들에 대한 언급만으로는 강제 이주자들이 지녔던 가냘픈 희망마저 잃어버리는 것을 막을 도리가 없었다. 그리하여 하나님의 파수꾼인 예언자 에스겔은 결국 성벽이 무너진 곳으로 올라선다(13:5). 폐허 위에 올라서서 새로운 시작을 선포한다. 곧 죽은 자들이 다시 살아나리라는 것이다. 바로 바싹 말라버린 해골들이 다시 살아나는 신기한 장면이다(37:1-14). 이스라엘 백성이 얼마가 줄어들고 또 소멸되었다 하더라도 그리고 생명의 세계에서 버림받은 해골더미로 전락했다 하더라도 야웨께서는 당신 영의 그 뜨거운 숨을 불어넣으시어 그들을 다시 살리실 것이라는 것이다.

강제 이주에서 살아남은 이스라엘은 생명을 다시 얻은 백성으로 이전과는 전혀 다른 새 생명을 받은 백성으로 태어난다.

이러한 이상적인 삶은 그 동안 남북으로 갈라졌다가 이제 다시 통일된 나라에서 실현된다(37:15-28). 이 새 왕국의 백성은 더 이상 억압과 착취의 희생물이 되지 않는다(34:1-10). 하나님께서 직접 목자가 되시어 양 떼를 잘 돌보신다(34:11-16). 그리고 전에 왕으로 특권을 누리던 다윗의 후손들은 그저 백성 가운데에 있는 한 왕이 될 뿐이다(34:24).

미래의 전망

에스겔은 이스라엘이 마지막 때에(38:8) 모든 원수들에게서 승리를 거두는 것을 본다(38:8). 이스라엘 땅을 부정하게 만드는 일이 일어나지 않도록 하기 위하여 사람들을 시켜 일곱 달 동안 적군의 주검들을 찾아 땅에 묻게 한다(38-39장).

에스겔은 이렇게 승리한 이스라엘이 새롭게 된 가나안 땅에 정착하리라고 예언한다. 이 땅은 정확하게 경계가 그어지면서 이스라엘의 열 두 지파에게 분할된다(47-48장). 그리고 생명에 가장 중요한 물은 이 땅의 한 가운데에 자리 잡은 성전에서 흘러나온다(47장). 이 성전은 매우 특별한 장소로서 바로 이곳에서 성전으로 돌아온 여호와의 영광을(43:1-12) 찬미하는 전례가 모든 규정에 따라(40, 46장) 거행된다. 그리하여 성전은 이제부터 이 새로운 백성이 영위하는 삶의 진정한 중심이 된다. 그곳이 어떤 신비의 심장부가 되는 것이다. 그것은 예언자가 자기 예언서의 마지막 말 곧 야웨-샤마(여호와께서 여기 계시다)라는 표현에서 알 수 있다(48:35).

에스겔의 신학

에스겔에서 강조하는 신학은 보편주의적 배경 속에서(Universalism) 우주적 하나님에 대한 강조이다. 에스겔의 시대적 배경이 유다 왕국의 멸망과 성전 파괴 시대를 기술하고 있다. 따라서 하나님은 우주적 하나님이면서 초월적 존재를 강조한다. 따라서 에스겔의 예언에서는 바벨론 사람들이 여호와를 섬기는 변화가 나타난다.

이 시대 하나님의 집(거주지)인 성전이 없기에 하나님의 초월성을 강조하며, 하나님의 임재를 하나님의 영광(카보드 아도나이; כבוד יהוה)으로 나타낸다. 따라서 이스라엘이 범죄한 결과 하나님의 영광이 예루살렘에서 멀어지게 된다. 예언자는 여호와의 영광이 성전을 나와 예루살렘에서 멀어지는 것을 본다(11:22-23). 에스겔은 이스라엘 백성이 저지른 죄 때문에 하나님과 백성 사이에 결별이 있었다고 본다. 그래서 그는 이스라엘 땅의 풍토병과 같은 이 악의 중대함과 만연함과 깊이를 밝혀내는 데에 노력을 기울인다. 이 죄는 폭행이며 사람들의 피를 쏟는 범죄 행위이다(7:23; 9:9; 16:36; 18:10 등). 이러한 죄를 예언자는 적어도 한 번 하나님에 대한 불경과 동등한 것으로 간주한다(36:18). 에스겔이 가장 큰 죄로 여기는 것은 다른 예언자와 마찬가지로 우상숭배이다(14:1-8, 6:3, 6, 13; 16:16; 20:28, 29). 에스겔은 성전의 안뜰 대문 어귀(3-6절), 뜰(7-13절), 북쪽 대문 어귀(14-15절), 안뜰 성소와 제단 사이(16절) 등에서 우상숭배가 자행되었음을 확인한다. 예언자는 이스라엘의 죄를 성소에서 사용되던 죄의 고백 형식을 빌려 말한다(18:5-9; 22:3-12,23-30).

그러나 에스겔서에는 왕국멸망 이전의 유다의 죄에 대한 책망 부분(4-24장)에서는 전통적인 배타주의적 메시지도 등장한다.

에스겔서의 새로운 신학사상은 개인주의다(Individualism). 에스겔은 전통적인 죄에 대한 죄 이해를 버리고 새로운 죄관을 형성한다. 즉 죄의 개인주의다(겔18장). 이러한 에스겔의 선언은 바벨론 강제 이주민들에게 필요한 위로의 메시지이다. 따라서 멸망당한 유다 그리고 강제 이주된 백성에게 희망을 주기 위하여 죄의 개인주의가 선포된다. 이것은 이 시대 신학의 특징 가운데 하나이다.

|에스겔서 참고문헌|

Allen L., *Exekiel 1-19*. WBC. Dallas: Word, 1994.

_______, *Exekiel 20-48*. WBC. Dallas: Word, 1990.

Blenkinsopp J., *Ezekiel*. IBC. Louisville: John Knox, 1990.

Bloch D., *The Book of Ezekiel*. 2 Vols. NICOT. Grand Rapids: Eerdmans, 1997, 1998.

Darr K., "Ezekiel." In *The New Interpreter's Bible*. L. Keck et al. eds., 6:1073-1607. Nashville: Abingdon, 2001.

Davis E., *Swallowing the Scroll: Textuality and the Dynamics of Discourse in Ezekiel's Prophecy*. BLS 21. Sheffield: Almond, 1989.

Greenberg M., *Ezekiel 1-20*. AB 22. Garden City: Doubleday, 1983.

Lust J. ed., *Ezekiel and His Book: Textual and Literary Criticism and Their Interrelaion*. BETL 74. Leuven: Leuven University Press, 1986.

McKeating H., *Ezekiel*. OTG. Sheffield: JSOT Press, 1993.

Renz T., *The Rhetorical Function of the Book of Ezekiel*. VTSup. 76. Leiden: Brill, 1999.

Zimmerli W., *Ezekiel: A Commentary on the Book of the Prophet Ezekiel*. Hermeneia 2 Vols. Philadelphia: Fortress, 1979, 1983.

제 2이사야

제 2이사야란 이사야 40장부터 55장까지를 의미하며, 제 2이사야(Second Isaiah 혹은 Deutero-Isaiah)란 '다른 이사야' 란 뜻이다.[185] 그러나 제 2이사야의 저자가 누구인지는 알 수 없다. 앞에서 언급했듯이 이사야를 이렇게 크게 나누는 것은 이사야 1-39장과 40-55장 부분이 주제나 역사적 배경 그리고 문체 면에서 매우 다르기 때문이다. 제 2이사야는 주로 위로, 격려, 희망 그리고 회복에 대한 약속 등이 중심 주제이다. 예루살렘 성전이 파괴되었고, 백성들은 바벨론에 있지만, 그러나 곧 구원이 이루어질 것을 선포한 것이다. 이사야서가 여러 부분으로 나누는 여러 가지 이유 가운데 가장 중요한 것은 이사야 1-39장과 40-55장 그리고 56-66장의 시대적 배경이 다르다는 점이 매우 중요한 점이다.[186]

185) 제 2이사야(Deutero-Isaiah)란 용어는 1892년 둠(B. Duhm)에 의하여 처음 사용되었다. B. Duhm, *Das Buch Jesaja* (1892).

186) 최근에는 이사야 1-39장에서도 이사야 40-66장의 흔적을 찾으려는 시도가 있으며, 이러한 시도는 이사야서가 단순한 수집물이 아니라 통일된 작품임을 강조하는 것이다.

제 2이사야의 인적 사항

제 2이사야는 누구인가?

구약성서에는 제 2이사야가 누구인지에 관하여 아무런 정보도 없다. 단지 이사야 40:6에서 그에 관하여 언급하지만, 그러나 그가 누구인지는 알 수 없다. 학자들은 제 2이사야는 바벨론에서 활동한 예언자로 추정한다. 특히 제 2이사야는 바벨론 포로로 잡혀 간 자 가운데 예루살렘 이사야의 전통을 위탁받은 사람으로 추정된다.

제 2이사야의 시대적 배경

제 2이사야의 역사적 배경은 이사야 1-39장과 달리 포로 상황임에 틀림없다. 이사야 44:28이나 45:1에서는 페르시아의 왕이었던 고레스(주전 550-530년)가 하나님에 의하여 들려진 구원자로 그 이름이 등장한다. 따라서 제 2이사야는 바벨론 강제 이주 시대와 주전 538년 고레스 칙령 직전 즉 귀환 직전에 선포되었을 것으로 추정한다.[187] 따라서 제 2이사야는 바벨론에 포로로 가 있는 유대사람들에 대하여 선포된 예언의 말씀을 기록하고 있다.

187) J.D. Newsome, Jr., *The Hebrew Prophets*, pp. 139-142.

제 2이사야의 문학적 특징

언어적 특징

이사야 40-55장은 이사야 1-39장과 달리 매우 보편적이며 심판적이면서도 연민의 정을 느끼게 하는 표현을 사용한다. 많은 단어들이 욥기와 같은 후기 성서문학에만 사용되는 단어가 있다.

이사야 40-55장의 문학적 특징은 이스라엘에 대한 구원을 확증하는 구원신탁(oracle of salvation)이 등장하는 것이다(41:17-20, 42:14-17, 43:16-21, 45:14-17, 46:12-13, 49:8-12, 51:1-8, 54:11-17). 학자들은 구원신탁 양식을 제사장들과 연결시킨다. 즉 제사장들이 예배자의 죄를 사해주거나 신체적인 정결함을 선언할 때 사용하던 양식으로 이해한다.[188] 구원신탁에 있어서 대답은 "두려워하지 말라"는 명령형으로 시작된다.

제 2이사야는 예언자에 관한 정보를 제공하지 않는 대신 문학적인 측면에서 풍부한 수사학적 표현과 양식을 사용하고 있다. 제 2이사야에는 재판에서 쓰이는 용어가 많이 사용된다. 특히 제 2이사야는 이스라엘이 재판을 받는 광경을 묘사하고 있다. 이사야 41:21에서 이스라엘은 과거의 죄로 인하여 재판을 받고, 또 이에 대하여 진술을 요구받고 있다. 뿐만 아니라 이스라엘의 죄에 대한 대가로 여호와의 맹렬한 진노와 전쟁이 임할 것을 선언한다(43:25).

또한 제 2이사야에는 논쟁의 양식이 등장한다. 이사야 40-55장은 "…위로하라 내 백성을 위로하라"(40:1, 6)로 시작한다. 40-48장의 주된 양식은 반박연설과 구원신탁이다. 반박은 변론 부분으로 법정의 변론과 같은 것이다. 대부분의 문장은 의문문 형태이다. 이러한 양식은 지혜 문학에

188) J.D. Newsome, Jr., *The Hebrew Prophets*, p. 144.

서 많이 발견되는 것이다. 철학적인 질문이 제기되고, 이에 대하여 강력한 방법으로 대답하거나 때로는 논쟁적으로 대답한다. 특히 논쟁적인 방식은 여호와의 본성이나 능력에 관한 문제에 대하여 답할 때 상용한다. 제 2이사야의 논쟁적인 양식의 대표적인 예가 이사야 40장이다.

제 2이사야의 또 다른 문학적 특징은 종의 노래이다. 제 2이사야에는 네 개의 종의 노래가 있다(42:1-4, 49:1-6, 50:4-9, 52:13-53:12).

제 2이사야의 구조와 내용

제 2이사야의 메시지는 다른 예언자들과 달리 윤리적인 교훈을 주기보다는 주로 하나님의 본성, 하나님의 속성, 예루살렘 멸망, 성전 파괴에 대하여 하나님의 섭리라는 빛 아래서 신학적 설명을 제시하고 있다. 따라서 죄에 대한 심판이 죄에 대한 용서로, 파괴보다는 회복에 대한 약속으로 대체 되었다. 뿐만 아니라 세계관에 있어서 더 이상 유다와 예루살렘에 머물러 있지 않고 열방에 대한 비전이 제시되었고, 보편주의적 생각이 강하게 나타난다.

이사야 40-66장에서는 에스겔, 스가랴, 말라기 그리고 학개와 같은 포로기 혹은 포로기 이후 예언자의 선포가 포함되어 있다. 이사야 40-66장에는 이방 가운데서 우상을 숭배하는 것에 대한 강한 비난을 포함하고 있다.

제 2이사야의 구조

이사야 40-55장의 구조는 다음과 같이 다섯 부분으로 나눌 수 있다.

40:1-11	서론: 여호와의 오심
40:12-44:23	제 2이사야의 신탁
44:24-45:13	고레스에 관한 선언
45:14-55:5	제 2이사야의 시
55:6-13	결어: 여호와의 은총

제 2이사야의 내용

소위 제 2이사야의 위로의 책에 해당하는 부분은 간단한 도입부(40:1-11)와 해방을 약속하는 본문(40:12-55:9) 그리고 해방과 귀환을 감사하는 결론 부분(55:10-13)으로 구성되어 있다.

이사야 40-48장은 바벨론 포로에 초점이 맞추어져 있고, 이사야 49-55장은 시온과 임박한 복구를 포함하고 있다. 제 2이사야에는 유명한 다섯 편의 종의 노래가 기록되어 있다. 42:1-4, 49:1-6, 50:5-9, 52:13-53:12, 51:9-16 등이다. 시온의 창조주(40:12-31)이며, 해방 자(41:1-29)이신 하나님은 은혜롭고 자비로우신 구원자시다. 시험의 기간은 끝났고, 구원이 준비되었다(43:1-44:5). 여호와는 신이 아닌 거짓 신들에 대하여 승리하였다(44:6-23, 46:1-13). 고레스는 하나님의 기름부음 받은 자이며, 약속의 땅으로 새 출애굽을 위해 백성을 놓아 주는 자이다(44:24-45:25). 거만한 바벨론은 불명예스럽게 멸망하고 사건들은 매우 의아하게 기술되었다(47:1-15). 포로민들은 구원의 확신으로 기뻐할 것이다(48:1-21).

시온을 향한 그의 이상은 회복되어졌고, 제 2이사야의 저자는 이스라엘의 죄는 용서되었다고 선포한다(49:1-50:11). 아브라함과 모세 그리고 그의 백성을 향한 여호와의 선하심이 다시 확립되었고(51:17-23), 시온은 하나님의 백성 가운데 선택된 남아 있는 자가 다시 거주함으로 기뻐한다

(52:1-12). 새로운 시온에 대한 희망이 찬란하게 묘사되어 있다(54:1-55:9).

제 2이사야의 주제

제 2이사야의 중심적인 주제는 믿음과 희망이다. 주전 586년 예루살렘과 성전이 바벨론에 의하여 파괴되고, 모든 유다는 정치적 환란을 겪었으며, 지배계층 및 경제적으로 여유 있는 자들이 바벨론으로 강제 이주되었다. 그러나 이스라엘은 다른 민족들과 달리 이를 인내하였다. 심지어 강제 이주 기간 동안에도 제 2이사야의 저자와 같은 사람들의 노력에 의하여 자신들의 신앙과 법 그리고 정체성을 지켰다. 제 2이사야의 저자는 이스라엘의 국가적인 재앙을 신학적으로 설명하였고, 희망을 제시하였다. 하나님의 정의로운 심판은 이스라엘을 정화시켰다.

이사야 1-39장의 메시지는 어느 때보다도 적절하고 의미 있다. 그의 경고는 현실화되었고, 그의 메시지가 입증되었다. 따라서 포로기 기간 동안 원래의 신탁은 연구되고 모아졌으며, 또 그의 제자들에게 전달되었다. 이사야 40-55장을 읽을 배경이 아니었다.

제 2이사야의 신학

이사야 40-66장의 큰 주제는 보편적/우주적 구원이다. 이스라엘은 세계적인 사명을 가진 나라와 민족이다. 이스라엘은 아브라함과 모세 그리고 다윗의 기초 위에 세워졌으며, 모든 민족들에게 야웨의 죄 사함과 구원을 전할 책임이 주어졌다.

여호와는 모든 것의 주이시다. 분명하고 역동적인 유일신사상은 어느 곳에도 언급되지 않았다. "나는 하나님이다. 다른 곳에는 없다"(45:22)라는 구절이 반복된다. 여호와는 모든 나라의 하나님이고, 그분에게 복종하는 것외에 다른 복종은 있을 수 없으며, 이스라엘을 위해서가 아니라 모든 민족을 위해서이다. 창조적이고 구원을 야기하는 여호와의 행위는 분명하다. 예언자는 모든 나라들이 이스라엘의 신앙을 나누게 될 그 날을 담대하게 보았다. 그는 이전의 예언자들이 보지 못했던 전망을 보았다. 하나님의 백성으로 다시 세워지는 것은 열방의 변화가 시작되는 것이다.

그러나 이러한 보편주의는 이스라엘의 통치를 바탕으로 구원이 이스라엘에 달려 있다는 것이다. 이사야 40-66장의 신학은 구약신학의 최정점에 서 있다. 이사야 40-66장은 구약성서 예언의 최정상일뿐만 아니라 모든 예언전승을 결집한 것이다. 이스라엘의 통치는 다윗이 통치하는 위대한 나라가 아니라 종교적인 용어로 여호와의 가난한 자, 여호와의 남은 자에 의해 통치되는 것이다. 이들은 마음속에 여호와의 율법을 새기고 있으며, 여호와 한 분만 섬기며, 여호와에게만 희망을 두고 사는 자들이다. 이스라엘은 여호와가 다시 약속의 땅으로 들어가고, 예루살렘의 왕으로 등극하는 것이다. 이것은 모든 열방이 회개하고 그들이 하나님의 백성으로 변하는 것이다.

구원은 죄에 대한 용서에서 이루어지며, 포로에서의 귀환이 하나의 징표가 된다. 구속함이란 여호와가 그의 땅의 구원자가 되며, 그 땅의 수도에 성전이 건축되는 것이다. 하나님이 통치하고 새로운 이스라엘과 새로운 예루살렘을 건설한다. 모든 민족들이 섬기는 한 분 하나님의 지식과 평화의 새로운 연합이다. 이 점이 신약성서에서 이사야 40-66장이 많이 인용되는 이유이다.[189]

189) H. Hill, "Isaiah, Book of," *New Catholic Encyclopedia*, 7, pp. 594-599, esp. 599.

| 제 2이사야 참고문헌 |

Baltzer, Klaus. *Deutero-Isaiah: A Commentary on Isaiah 40-55*. Trans. M. Kohl. Hermeneia. Minneapolis: Fortress Press, 2001.

Blenkinsopp, Joseph. *Isaiah 40-55*. AB 19A. New York: Doubleday, 2002.

Childs, Brevard S. *Isaiah*. OTL. Louisville: Westminster John Knox, 2001.

Hanson, Paul D. *Isaiah 40-66*. Interpretation. Louisville: Westminster John Knox, 1995.

Seitz, Christopher R. "The Book of Isaiah 40-66." In *NIB* 6:309-552.

제 3이사야

이사야 56-66장은 이사야 40-55장과 시대적 배경, 장소 그리고 예언자의 특징 등이 서로 다르기 때문에 이사야 56-66장을 제 3이사야라고 부른다.[190] 예언의 청중이 바벨론의 유대 백성들이 아니라, 부분적으로 예루살렘에 귀환한 유대 백성들이다. 또한 이사야 56-66장에는 이사야 40-55장에 언급되었던 바벨론의 신 이름이나 지명이 등장하지 않는다. 뿐만 아니라 예루살렘(66:10, 62:6)과 팔레스틴(63:1)에 관한 언급이 제 2이사야에는 등장하지 않는다. 또한 예언의 말투가 제 3이사야와 제 2이사야는 서로 다르다. 제 2이사야의 눈물은 구원의 약속이지만, 그러나 제 3이사야에서는 백성들의 고집스러움과 죄를 언급하며(59:1-8), 심판에 대한 위협(59:18-19), 백성을 구원하기 위한 행위에 관심이 없는 야웨에게 탄원하는 형식(64:1-7) 등이 등장한다. 또한 제 3이사야는 제 2이사야에 없던 예루살렘 제의에 대한 관심도 발견되며(60:6-7), 성전이 여호와 앞에 있는 백성들의 삶의 가장 중심됨을 말하고 있다(62:9). 신학의 주제적인 면에서도 제 2이사야는 통일된 신학적 주제-이스라엘 백성들의 죄가 용서되어 여호

190) J.D. Newsome, Jr., *The Hebrew Prophets*, pp. 170-179.

와께서 이스라엘 백성을 구원해 주신다는 통일된 주제가 발견되는데 제 3이사야는 매우 산만하다.

이러한 상황에서 제 3이사야는 처음 예루살렘으로 귀환한 사람들에게 선포된 것이다. 모세의 율법이 재확립되고 안식일이 회복되었다(56:1-8). 비록 절망적인 상황이지만 지도자들은 정결해졌고, 믿음을 잃었던 백성들은 믿음을 다시 회복하였다(56:9-57:13). 오직 여호와만이 백성들을 위로하였다(57:14-21). 금식, 회복 그리고 좋은 직업은 귀환자들의 주요 관심사였다. 따라서 이들은 자신의 죄를 회개하였다. 왜냐하면 시온이 회복되었기 때문이다(59:1-21). 예언자는 하나님이 그의 회복되어질 백성을 위한 계획을 가지고 있는 하나님의 영광을 묘사한다. 하나님의 자비하심은 회복되었고, 필요한 심판은 없어졌다. 참된 예배가 하나님의 성전에서 다시 확립될 것이다. 새로운 예루살렘인 어머니 시온은 모든 민족이 찬양하기 위하여 모이는 것처럼 기뻐할 것이고 영원히 지속될 하나님의 구원을 즐거워할 것이다.

제 3이사야의 인적 사항

제 3이사야의 저자는 누구인가?

제 3이사야서 역시 제 2이사야서의 저자와 같이 누구인지 전혀 알 수가 없다. 그러나 앞에서 언급한 여러 가지 이유로 말미암아 제 2이사야와 다른 이사야라는 의미로 제 3이사야라고 부른다. 어떤 학자들은 제 3이사야서가 제 2이사야서와 달리 제의나 성전에 대한 언급이 있기 때문에 그를 제사장 가운데 한 사람으로 여기기도 한다.[191]

제 3이사야의 시대적 배경

제 3이사야의 시대적 배경에 대하여 많은 학자들은 세스바살의 영도 하에 귀환한 직후 예루살렘에서 활동한 예언자로 이해한다. 귀환 이후 예루살렘 백성들이 거짓말하고, 속이고, 도둑질하고 도덕적으로나 영적으로 야웨의 요구에 관심이 없게 되자(59:1-15) 제 3이사야는 백성들에게 옛날의 언약은 유효하며, 죄를 회개하고 야웨께 헌신할 것을 선포한다.

제 3이사야의 구조와 내용

제 3이사야의 구조

이사야 56-66장은 다음 10부분으로 나눌 수 있다.

56:1-8	여호와 하나님의 우주적 사랑
56:9-57:21	이스라엘 백성들의 죄와 여호와의 은혜
58:1-14	제사에 있어서 가장 중요한 태도
59:1-21	백성들의 죄에 대한 언급과 심판에 대한 여호와의 약속
60:1-22	구원신탁
61:1-11	고통당하는 자들에 대한 좋은 소식의 선언
62:1-12	예루살렘에 대한 여호와의 약속
63:1-19	정복자이면서 재판관인 여호와에 관한 선언
64:1-12	여호와의 간섭을 위한 기도

191) J.D. Newsome, Jr., *The Hebrew Prophets*, p. 172.

65:1-66:24　심판과 구원에 관한 신탁

제 3이사야의 내용

이사야 56-66장은 예언서의 배경이 제 2이사야와 달리 예루살렘으로 옮겨온다. 재건에 대한 희망이 빛났지만, 그러나 처음 몇 년, 주전 538-500년은 매우 혹독하고, 힘들고 특히 기대에 부응하지 못하였다. 제 3이사야는 고상한 희망을 지속적으로 선포하였다. 그러나 여전히 성취되지는 않았다. 용기, 결단, 힘찬 건설, 끊임없는 고통, 시온을 위한 기도는 현재의 프로그램이었다. 귀환자들은 앞으로 나타날 새로운 창조를 위한 출산의 고통을 피할 수 없었다(65:17-25). 회복에 대한 신랄한 반대가 심지어는 예루살렘에서 의심을 품은 사람들(59:9-11), 경제적 고통 가운데 있는 자들, 혼합종교 가운데 있는 자들(57:3-10, 65:1-7), 경건의 외형을 가지고 있는 완강한 자들(58:1-12, 59:1-8) 가운데서 나타나기 시작하였다. 귀환자들과 남아 있던 자들의 통합 혹은 종교적인 분리 등이 매우 혼란하였다(65:8-16, 66:15-17). 귀국한 지 20년 동안 성전재건이 완성되지 않은 것은 하찮은 것은 아니었다. 성전은 절대적으로 필요하였다. 따라서 이사야 56-66장은 비슷한 시대 배경을 가지고 있는 에스라, 느헤미야, 학개, 스가랴 그리고 말라기와 연계해서 읽어야 한다.

제 3이사야의 신학

제 3이사야에서 강조하는 신학은 여호와의 위대하심과 전능하심, 이스라엘을 여호와의 백성으로 선택하심, 인간의 죄에 대한 하나님의 분노 그리고 세상에서 하나님의 뜻을 이루기 위한 하나님의 결정 등의 주제들이 다루어지고 있다.

제 3이사야서에서는 야웨께서 예루살렘을 회복하실 것이며, 이것이 실현될 때 예루살렘과 그 백성들에게 영광의 날이 될 것임을 선포한다.

두 번째, 여호와의 사랑은 범우주적이며, 사악한 자와 이방인들이 특별히 취급될 것임을 말하고 있다. 이 여호와의 보편주의적 사랑과 구원은 제 2이사야와 제 3이사야에서 발견된다. 이스라엘은 세계적인 사명을 가진 나라와 민족이다. 이스라엘은 아브라함과 모세 그리고 다윗의 기초 위에 세워졌다. 그러므로 모든 민족들에게 여호와의 죄 사함과 구원을 전할 책임이 주어졌다. 여호와는 모든 것의 주이시다. 분명하고 역동적인 유일신사상은 어느 곳에도 언급되지 않았다. "나는 하나님이다. 다른 곳에는 없다"(45:22)라는 구절은 반복되어지는 구절이다. 여호와는 모든 나라의 하나님이고, 다른 복종이 없으며, 이스라엘을 위해서가 아니라 모든 민족을 위해서이다. 창조적이고 구원을 야기하는 여호와의 행위는 분명하다. 예언자는 모든 나라들이 이스라엘의 신앙을 나누게 될 그 날을 담대하게 보았다. 그는 이전의 예언자들이 보지 못했던 전망을 보았다. 하나님의 백성으로 다시 세워지는 것은 열방의 변화가 시작되는 것이다.

그러나 이러한 보편주의는 이스라엘의 통치를 바탕으로 구원이 이스라엘에 달려 있다는 것이다. 이스라엘의 통치는 다윗이 통치하는 위대한 나라가 아니라, 종교적인 용어로 여호와의 가난한 자, 여호와의 남은 자에 의해 통치되는 것이다. 이들은 마음속에 여호와의 율법을 새기고 있으며, 여호와 한 분만 섬기며, 여호와에게만 희망을 두고 사는 자들이다. 이스라엘은 여호와가 다시 약속의 땅으로 들어가고, 예루살렘의 왕으로 등극하는 것이다. 이것은 모든 열방이 회개하고 그들이 하나님의 백성으로 변하는 것이다.

구원은 죄에 대한 용서에서 이루어지며, 포로에서의 귀환이 하나의 징표가 된다. 구속함이란 여호와가 그의 땅의 구원자가 되며, 그 땅의 수도에 성전이 건축되는 것이다. 하나님이 통치하고 새로운 이스라엘과 새로운 예루살렘을 건설한다. 모든 민족들이 섬기는 한분 하나님에 지식과 평화의 새로운 연합이다. 이 점이 신약성서에서 이사야 40-66장이 많이 인용되는 이유이다.[192)]

마지막으로 제사와 즐거운 찬양을 통하여 여호와를 예배하는 것은 여호와의 백성들의 특징임을 말하고 있다.

192) H. Hill, "Isaiah, Book of," *New Catholic Encyclopedia*, 7, pp. 594-599, esp. 599.

|제 3이사야 참고문헌|

Blenkinsopp, Joseph. *Isaiah 56-66*. AB 19B. New York: Doubleday, 2003.

Childs, Brevard S. *Isaiah*. OTL. Louisville: Westminster John Knox, 2001.

Hanson, Paul D. *Isaiah 40-66*. Interpretation. Louisville: Westminster John Knox, 1995.

Seitz, Christopher R. "The Book of Isaiah 40-66." In *NIB* 6:309-552.

오바다

21절로 구성된 오바댜는 예언서 가운데서 가장 짧은 책으로 에돔에 대한 심판과 장차 다가 올 이스라엘의 구원에 대하여 언급하고 있다.

적어도 오바댜의 핵심적인 메시지는 주전 586년 예루살렘이 점령되고 파괴당한 사건의 영향을 직접적으로 받아서 생겨난 듯하다. 이 참사가 벌어지는 동안, 또 그 이후에 이웃 민족인 에돔이 적대적인 태도를 취하자 예언자는 에돔 사람들이 유다와 예루살렘 사람들을 음흉하게 대하고 이들의 불행을 기뻐했으므로(15 하반절), 이들과 같은 운명을 겪게 되리라는 말씀을 받는다. 에돔 사람들의 개입이 참사에서 살아남은 사람들에게 얼마나 깊은 상처를 주었는지는 에스겔 25:12-14, 35:1-15, 시편 137:7에서도 알 수 있다. 지금은 폐허인 시온 산이 언젠가 안전한 피난처가 되고 아무도 그곳을 손댈 수 없게 되리라 하면서(17절) 예언자는 얻어맞아 기가 꺾인 사람들을 위로한다. 에돔의 등장은 6세기말 에돔의 번영을 반영하는 것이다. 오바댜의 끝 부분에서는 이스라엘이 옛 영토를 회복하게 될 것을 예언한다(19-21절).

예언자의 인적 사항

오바댜의 신상명세

이 예언서의 저자에 대해서는 그의 이름 외에는 알려진 바가 없다. 오바댜(עבדיה)는 구약 시대에 매우 보편적인 이름으로 그 뜻은 '여호와의 종'(servant of Obadiah)이다. 오바댜라는 이름은 구약성서에 모두 11명이 등장한다.

오바댜의 활동 시기

오바댜의 활동 시기를 결정하는 것은 매우 어렵다. 지금까지 학자들은 오바댜의 정경적 위치나 예언의 내용을 통하여 뿐만 아니라 오바댜서의 주제나 언어적 특징에 의하여 연대를 추정할 수 있다.[193] 특히 에돔에 대한 신탁의 등장은 오바댜서의 연대를 추정하는데 중요한 역할을 한다.

오바댜서의 정경적 위치가 아모스와 요나서 사이에 있다는 것과 에돔에 대한 적대적인 태도 등을 근거로 오바댜서의 연대를 포로기 이전 시대 특히 주전 9세기, 열왕기하 8:20-22에 기록된 요람 왕 때 에돔이 유다에 반기를 든 때를 배경으로 제시하는 학자가 있다. 그러나 이러한 연대 추정의 문제점은 유다의 멸망에 관한 기록과 일치하지 않는다는 점이다.

따라서 대다수의 학자들은 에돔 사람들의 태도에 대해서 자세하게 묘사하는 11-14절을 통하여, 오바댜는 예루살렘 멸망을 목격한 사람이거나, 혹은 그 시대에 살았던 사람으로 추정한다.[194] 특히 에돔 사람들이

193) G. McConville, *Exploring the Old Testament: Volume 4 The Prophets*, p. 179.

자신의 영토에서 쫓겨나게 될 것이라는 4절의 예언은 주전 500-450년 사이에 아람 부족들이 에돔을 공격한 것을 암시한다고 이해하였다. 따라서 대부분의 주석가들은 오바댜의 연대를 주전 500년경으로 추정한다.[195] 따라서 코크(K. Koch)는 오바댜는 예루살렘 성전 파괴 이후 바벨론으로 잡혀가지 않고 남아있던 사람들을 위한 제의에서 하나님의 말씀을 선포한 제의 예언자였을 것으로 추정한다.[196]

오바댜의 문학적 특징

오바댜서 가운데 에돔에 관한 신탁은 예레미야 49:7-16의 신탁과 매우 유사하다.[197] 따라서 오바댜서는 전통적인 에돔에 관한 전승에 근거하고 있음을 추정할 수 있다.[198] 또한 오바댜 17절은 요엘 2:32, 3:17과 연결되어 있다. 오바댜서에는 애가와 같은 분위기를 발견할 수 있다(15-16절). 따라서 오바댜는 예레미야애가의 영향을 받았고, 요엘은 오바댜의 영향을 받은 것으로 이해한다.[199] 이러한 주장은 오바댜의 연대를 주전 6세기의 예언자로 추정하게 한다. 그렇다고 해서 오바댜의 연대를 정확하게 주전 6세기로 확정할 수는 없다.

194) L.C. Allen, *The Books of Joel, Obadiah, Jonah and Micah*, NICO, (Grand Rapids: Eerdmans, 1976), pp. 129-133.

195) D.J. Clark, N. Mundhenk, E.A. Nida and B.F. Price eds., *The Books of Obadiah, Jonah and Micha*, p. 3.

196) K. Koch, *The Prophets Vol. 2: The Babylonian and Persian Period*, p. 83.

197) 오바댜와 예레미야 49:7-16의 유사점을 세분하면 1-4절은 예레미야 49:14-16, 5절은 예레미야 49:9 그리고 8절은 예레미야 49:7과 유사하다.

198) G. McConville, *Exploring the Old Testament: Volume 4 The Prophets*, p. 180.

199) G. McConville, *Exploring the Old Testament: Volume 4 The Prophets*, p. 180.

오바댜의 구조

오바댜서는 크게 1-14절의 에돔에 대한 심판과 15-21절의 여호와의 날에 이스라엘을 괴롭혔던 열방에 대한 심판을 선포하는 부분으로 나눌 수 있다. 이러한 이분적인 분류에서 맥콘빌(G. McConville)은 1-14절의 에돔과 관련된 부분을 좀 더 세분하여 오바댜를 네 부분으로 나눈다. 그러나 대부분의 성서학자들은 오바댜를 5중 구조로 구성된 책으로 이해한다. 켈러(C.A. Keller)는 오바댜를 다음과 같이 분류한다. 즉 1b의 선지자의 이상, 2-9절의 신탁, 10-15절의 죄를 고발하는 내용, 16-18절의 신탁 그리고 19-21절의 산문 부분으로 나눈다.[200] 그러나 도르시(D.A. Dorsey)는 오바댜를 7중 구조로 이해하며, 7중 구조가 대칭을 이룬다고 주장한다.[201]

이렇게 짧은 오바댜를 다양하게 분류하지만, 오바댜를 하나의 책으로 연결하는 역할을 하는 것이 에돔이다.

오바댜의 내용

오바댜를 네 부분으로 나눌 때 그 내용은 다음과 같다.

1-4절은 에돔의 교만함에 대한 여호와의 심판의 선언이다. 이러한 교만에 대한 심판의 주제는 예언문학에서 매우 잘 알려진 주제이다(사 2장, 겔 28:17). 오바댜의 예언을 통하여 여호와께서 에돔이 의지하는 것을 끌어내리고 작게 만든다고 예언한다.

200) C.A. Keller, *Osée, Joël, Amos, Abdias, Jonas*, pp. 251-262. 그러나 포러(G. Fohrer)는 오바댜를 여섯 부분으로 나눈다. G. Fohrer, "Die Sprüche Obadjas," *Studia Biblica et Semitica: Theodoro Christiano Vriezen... Dedicata*, pp. 81-93.

201) D.A. Dorsey, *The Literary Structure of the Old Testament: A Commentary on Genesis-Malachi*, p. 239.

5-10절은 에돔에 대한 멸망이 완결될 것을 말하고 있다. 감추어져 있던 에돔이 어떻게 철저하게 파괴되었는가를 말한다(6절). 에돔의 철저한 파괴를 강조하고 있다. 에돔이 배신을 당하고(7절), 에돔에서 지혜 있는 척 하는 자들이 비웃음거리가 된다. 왜냐하면 이들이 지각이 없기 때문이다. 이스라엘에게 행한 폭력이 에돔 사람의 머리로 돌아갈 것을 선포한다(10절).

11-14절은 유다를 공격한 에돔의 죄에 대하여 언급하고 있다. 각 절은 유다의 멸망의 날을 기뻐한 에돔을 정죄한다. 여기에는 날(יום)이란 단어가 아홉 번 등장한다. 따라서 에돔은 유다에게 넘겨지고(14절), 온전히 멸망될 것을 기대하는 희망을 묘사하고 있다.

15-21절은 에돔과 열방에 대한 야웨의 날이 임하여 열방을 벌하며, 이스라엘이 땅을 다시 얻게 될 것을 말한다.

오바댜의 메시지

오바댜의 예언은 다른 여러 예언서와 관련되어 있다. 특히 1-5a 부분은 예레미야 49:7-22와 비슷하다. 또한 17은 요엘 3:5를 인용하여 쓴 것 같다. 여기서 예레미야 49장과 오바댜 둘 가운데 어느 한 쪽이 다른 한 쪽을 인용한 것인지 아니면 두 본문이 지금은 남아있지 않은 한 자료를 인용한 것인지는 더 이상 확정할 수 없다. 많은 학자들은 서로 영향을 주고받은 것이 아니라, 지금으로서는 알 수 없는 한 자료를 이용한 것으로 이해한다.[202)]

202) D.J. Clark, N. Mundhenk, E.A. Nida and B.F. Price eds., *The Books of Obadiah, Jonah and Micha*, p. 3.

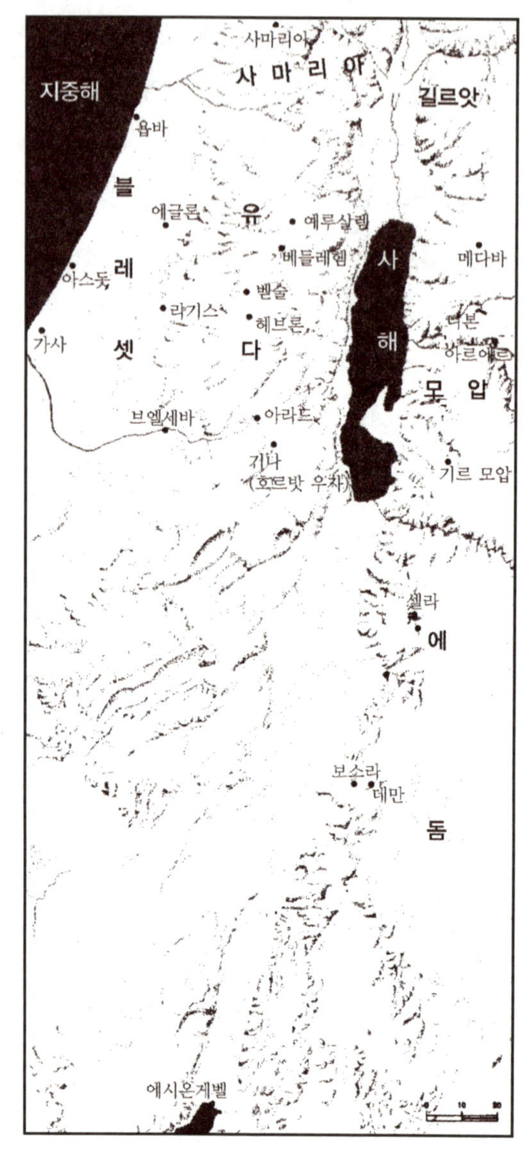

[오바댜서와 에돔]

구조적인 측면에서 오바댜서는 교만한 에돔의 멸망과 이스라엘의 회복을 다룸으로써 하나님의 정의의 문제에 대한 신학적 해답을 찾고자 한다. 즉 악은 잠시 성공하지만, 그러나 궁극적으로 멸망한다는 것을 제시

하고 있다.[203]

오바댜서에서 언급하고 있는 열방에 대한 심판은 하나님께서 악한 자를 심판하신다는 예언문학의 보편적인 주제를 다룬 것이다. 그러나 이 하나님의 섭리에 특별한 왜곡이 있다. 하나님의 섭리 차원에서 이스라엘 백성을 괴롭힌 자들을 심판하신다. 심지어는 야웨께서 이스라엘 백성을 벌하기 위하여 택한 백성조차도 이스라엘 백성을 괴롭혔기 때문에 심판하신다. 그러나 이것은 신명기 23:7-8에서 에돔은 삼대 후에 그들을 이스라엘의 회중으로 받아들이라는 것이다. 왜냐하면 그들은 형제이기 때문이다.

203) D.A. Dorsey, *The Literary Structure of the Old Testament: A Commentary on Genesis-Malachi*, p. 287.

| 오바댜서 참고문헌 |

Allen L.C., *The Books of Joel, Obadiah, Jonah and Micah*, NICO, Grand Rapids: Eerdmans, 1976.

Bartlett J.R., *Edom and the Edomites*, Sheffield, 1989.

Beit-Arieh I. and Cresson B., "An Edonite Ostracon from Horvat ʿUza," Tel-Aviv 12 (1985), pp. 96-101.

Dicou B., *Edom: Israel's Brother and Antagonist*, JSOT Sup. 169, Sheffield: Sheffield Academic Press, 1994.

K.G. Hoglund, "Edomites," Pp. 335-347 in POTW; H. Misgav, "Two Notes on the Ostraca from Horvat ʿUza," *IEJ* 40 (1990), pp. 215-217.

Mason R.A., *Micah, Nahum, Obadiah*, OTG, Sheffield: Sheffield Academic Press, 1991.

Raabe P.R., *Obadiah*, AB, New York: Doubleday, 1996.

Stern E., *Archaeology of the Land of the Bible II: The Assyrian, Babylonian and Persian Periods (732-332 B.C.E.)*, New York, 2001, pp. 268-294.

Stuart D., *Hosea-Jonah*, WBC, Waco: Word Books, 1987.

Watts J.D., *The Books of Joel, Obadiah, Jonah, Nahum, Habakkuk and Zephaniah*, CBC, Cambridge: Cambridge University Press, 1975.

학개

학개의 뜻은 "나의 축제"(my feast)의 의미를 가지고 있으며 학개는 포로기 이후에 활동하였다. 정경 순서에 의하면 학개는 12소예언서의 10번째 책으로 기록되어 있다. 학개서는 전체 2장 38절로 구성되어 있다. 학개는 예언서이지만 역사적 서술의 형태를 띠고 있을 뿐만 아니라 페르시아 시대의 유다 사회를 들여다 볼 수 있는 중요한 자료다.

학개의 인적 사항

학개는 그의 인적 사항에 대하여 아무것도 알 수 없다. 특히 6세기 예언자들의 보편적인 특징은 익명성에 있기 때문이다. 따라서 학개가 사람의 이름인지 아니면 상징적으로 붙여진 이름인지 불분명하다.[204]

204) P. A. Verhoff, *The Books of Haggai and Malachi*, (Grand Rapids: Eerdmans, 1987), p. 4.

학개의 연대

학개는 다른 예언서와 달리 그가 활동한 연대가 구체적으로 제시되어 있다. 즉 다리우스 왕 통치 2년 즉 520년 엘룰 월 1일부터 키슬레브 달 24일까지 활동하였다. 학개서에는 다섯 군데 구체적인 날짜가 등장한다.[205] 여섯째 달 초하루(주전 520년 8월 29일), 여섯째 달 초하루와 24일 사이(주전 520년 8월 29일~9월 21일), 일곱째 달 21일(520. 10.17), 아홉째 달 24일(520. 12. 18), 아홉째 달 24일(520. 12. 18) 등이다. 따라서 그는 정확하게 112일간 예언 활동하였음을 알 수 있다. 다리우스 왕 통치 2년 즉 520년 엘룰 월 1일부터 키슬레브 달 24일까지 활동하였다. 그러나 예언자는 예언활동 이전에 이미 백성들에게 잘 알려져 있었고, 그의 말씀은 무게가 있었다(1:12). 에스라-느헤미야의 저자는 성전을 재건하는데 있어서 학개가 중요한 역할을 한 것으로 기록하고 있다(스 5:1, 6:14).

학개의 문학적 특징

학개서의 언어는 매우 단순한 산문이며 경우에 따라서는 매우 화려하다(1:5-11, 2:6-9, 21-23). 학개는 오경의 용어를 사용한다. 즉 학개 2:5과 출애굽기 24:8, 학개 2:12과 레위기 6:20 등이다. 학개는 모든 열방이 예루살렘의 성전으로 올 것이라는 이사야 예언을 염두에 두고 있는 듯하다. 또한 예레미야 22:24을 다시 해석하거나 혹은 에스겔 37:27의 거룩한 영은 하나님의 전에 거한다는 것 등은 학개서에 다시 언급된다.

학개는 스가랴와도 유사하다. 미래에 성전에 주어질 영광에 대한 그의

205) P. A. Verhoff, *The Books of Haggai and Malachi*, p. 5.

견해(슥 6:16, 8:20-23)나 세스바살의 위대성 등에 관한 견해는 스가랴와 유사하다(슥 3:8). 아마도 학개서는 예언자들의 제자들에 의하여 편집되어진 것으로 보인다. 이 이야기들은 성회(great Assembly)의 장로들에 의하여 편집되었을 것으로 보인다.

문학적인 측면에서 학개는 예언서로서는 매우 특이하다. 따라서 로핑크(N. Lohfink)는 학개를 짧은 역사 기록으로 이해한다.[206] 학개서의 목적은 어떻게 성전이 지어졌으며, 이 성전재건축 과정에서 예언자의 역할이 무엇인가를 보여주는 것이다.

학개의 구조와 내용

학개의 구조

학개는 다리우스 왕 제 2년(주전 520년)에 4개월 동안 활동하였으며, 이 기간 중에 받은 네 개의 신탁으로 구성되어 있다. 학개는 내용상으로 네 부분으로 나눌 수 있다.

1:1-15	성전재건을 명령하심
2:1-9	미래의 영광과 부에 대한 약속
2:10-19	제의적인 거룩함과 부정함에 대한 언급
2:20-23	메시야적 언약

206) N. Lohfink, "Die Gattung der 'Historischen Kurzgeschichte' in den letzen Jahren von Juda und in der Zeit des Babylonischen Exils," *ZAW* 90 (1978), pp. 319-347.

학개의 내용

학개의 예언은 주로 성전재건에 대하여 다루고 있으며 성전재건의 결과 국가가 겪게 될 큰 사건에 대하여 다루고 있다. 학개는 처음 샬티엘의 아들 스룹바벨에게 향하였고, 그 후에 여호사닥의 아들 여호수아(1:1-2)에게 그리고 마지막으로 백성들에게 성전건축을 중단하지 말 것을 격려하기 위하여 예언하였으며, 결국 즉시 성전재건이 재개되었다(1:3-11). 학개는 모든 가난과 기근 그리고 가뭄은 성전재건을 연기하였기 때문에 생긴 것이라고 선포하였다. 백성들은 학개의 선포를 듣고 두려움 가운데(1:13, 2:5) 스룹바벨과 예수아의 인도 하에 엘룰 월 24일에 성전재건을 재개하였다. 비록 새로운 성전은 작고 볼품없고, "네 눈에는 아무것도 아닌 것처럼 보여도" 학개는 백성들을 독려하였다. 즉 성전의 가치는 다음 세대들에게 있어서 그 크기에 의하여 결정되는 것은 아니라고 선포한다. 학개는 성전건축의 재개는 하나님과 이스라엘 백성 사이의 계약을 갱신하는 것이며 이것은 마치 애굽에서 출애굽할 때와 마찬가지이다. 그러나 하나님의 영이 돌아오는 가장 첫 조건은 공사를 다시 시작하는 것이다(2:4-5). 학개는 다가오는 시간에 대한 메시아적 환상을 가지고 있었다. 하나님께서 모든 우주를 흔드실 것이며, 모든 열방의 부는 성전으로 모이며 성전의 영광은 첫 성전의 영광보다 클 것이라고 선포한다(2:6-9).

3개월 후인 키슬레브(Kislev) 달 24일(2:10-19)에 성전의 기초가 놓였으며 학개는 두 예언을 선포한다. 학개는 예언자들에게 향하여 그들로부터 어떤 보호를 요구한다. 학개는 제사장들에게 그의 옷 밑에 있는 거룩한 고기를 옮기는 사람들에 대하여 율법이 무엇이라 말하는지 묻는다. 이에 대하여 제사장들은 음식은 거룩해질 수 없다고 말한다. 그러나 만약 죽은 사람의 몸에 손을 대어 더러워진 자들이 음식에 손을 대면 음식은 부정해진다. 이것으로부터 학개는 백성들과 비교한다. 성전이 세워지지 않았을 때 제물이 드려짐에도 불구하고 백성들은 부정했다. 단지 성전이 재건되면 하나님의 사랑이 다시 돌아온다고 선포한다. 이러한 것을 지지하기 위하여 학개는 그 날부터 즉 성전을 재개한 날부터 백성들이 축복을 받을 것이라고 선포한다. 바로 그 날(2:20 이하) 예언자들은 스룹바벨에 대하여 예언자적 신탁을 선포한다. 학개는 하나님이 하늘과 땅을 뒤 흔들 것이며, 페르시아 제국은 뒤집힐 것이라고 선포한다. 하나님은 "그의 형제를 칼로"(2:22)을 멸하실 것이며, 스룹바벨의 귀환은 곧 이루어 질 것이라고 선포한다. 예레미야가 여호야김에 관하여 예언하였으나(22:24), 그 이전의 다른 예언자들처럼 학개는 우상의 종말에 대하여 그리고 이스라엘 왕국의 회복에 대하여 계획하고 있다. 그러나 학개는 처음으로 이스라엘과 전체 세계에 있어서 제 2성전의 높아진 역할에 대하여 예언한다.

학개의 신학

학개의 신학은 바벨론 강제 이주에서 귀환한 후 성전재건이 지연되는 상황 속에서 선포되었기 때문에 이 시대의 신학사상이 반영되어 있다. 학개의 가장 중심적인 주제는 성전이다. 특히 귀환 시대에 보편적으로 등장하는 하나님의 성전에 주어질 하나님의 영광의 신학이 기록되어 있다. 하나님의 성전이 재건됨으로 그 땅에 하나님의 영광이 임하게 될 것이라는 것을 강조한다. 따라서 학개에 기록된 이스라엘 백성의 죄는 다른 예언서와 달리 새로운 성전을 신속하게 짓지 않은 것이다.

성전건축의 이유는 하나님의 거처인 성전이 건축되어야만 하나님이 이스라엘과 함께 하실 수 있기 때문이다(2:4).

|학개서 참고문헌|

Floyd, Michael H. *Minor Prophets, Part 2*, 251-626. FOTL 22. Grand Rapids: Eerdmans, 2000.

Meyer, Carol L., and Eric M. Meyers. *Haggai, Zechariah 1-8*. AB 25 B. New York: Doubleday, 1987.

Peterson, David L. *Haggai, Zechariah 1-8*. OTL. Philadelphia: Westminster, 1985.

Redditt, Paul L. *Haggai, Zechariah, Malachi*. NCB. Grand Rapid: Eerdmans, 1995.

Verhoff P. A., *The Books of Haggai and Malachi.* Grand Rapids: Eerdmans, 1987.

Wolff, Hans Walter. *Haggai*. Trans. M. Kohl. CC. Minneapolis: Augsburg, 1988.

스가랴

스가랴는 12소예언서의 11번째의 책으로 모두 14장 211절로 구성되어 있다. 비록 스가랴가 한권의 책으로 되어 있기는 하지만, 그러나 대부분의 학자들은 형식과 내용에 의하여 두 부분으로 나눈다. 즉 스가랴 1-8장에서는 바벨론 포로부터 귀환을 배경으로 기록된 부분으로 예언자의 이름이나 연대 등이 분명하다. 그러나 스가랴 9-14장은 종말론적 성격을 나타내며 불분명한 형식으로 기록되어 있다. 그리고 그 배경 역시 불분명하다. 따라서 학자들은 스가랴 9-14장을 제 2스가랴라고 부른다.

스가랴 1-8장은 모두 121절로 구성되어 있다.

스가랴 신상명세

예언자 스가랴

스가랴 1-8장의 서론 부분에 의하면 스가랴는 잇도의 후손이요 베레스의

* 이 부부은 김영진 『느비임』, pp. 215-220을 전재한 것임.

아들 스가랴(1:1, 1:7)로 기록되어 있다. 그런데 베레스의 아들이라는 기록은 스가랴를 언급하고 있는 에스라 5:1, 6:14, 느헤미야 12:16 등에서는 언급되지 않는다. 아마도 이사야 8:2을 근거로 스가랴 1:1에 살짝 첨가된 것으로 이해한다. 예언자의 이름은 스가랴 1-8장의 여러 곳에 기록되어 있으며(7:1, 8) 에스라에도 기록되어 있다(5:1, 6:14). 느헤미야 12:4, 16에서는 잇도 가족 가운데 스가랴라 불리는 제사장에 관하여 언급하고 있는데, 아마도 예언자 스가랴일 가능성이 매우 높다.

이처럼 스가랴가 제사장의 가문이라는 사실은 그의 예언에 제사장적인 경향과 관심을 많이 내포되어 있음을 이해하게 한다.

스가랴의 연대

스가랴의 세 가지 예언은 다리오 왕 2년에서 4년 사이에 선포되었다(주전 520-518년; 1:1, 7, 7:1). 이것은 스가랴와 학개가 동시대에 활동하였음을 보여준다. 탈무드(TJ, RH 1:1, 66b)에 의하면 스가랴의 예언이 학개보다 먼저 시작되었다고 기록하고 있다. 스가랴 8:9-13만 학개가 선포한 예언과 같은 성전재건 문제를 다루고 있다(학 1:2-11, 2:15-19). 따라서 스가랴는 학개보다 젊었을 가능성이 있다. 학개와 마찬가지로 스가랴도 성전재건에 대한 재개를 촉구하였고, 스룹바벨의 통치에 관하여 예언하고 있다. 그러나 학개와 달리 스가랴는 성전 파괴와 포로를 죄와 연결시키고, 회개와 구원으로 연결시킨다(1:2 · 6, 8-14, 8:14-17).

스가랴의 문학적 특징

스가랴의 가장 특징적인 문학적 특징은 1-6장에 8개의 환상에 관한 기록이 있다는 점이다. 예언문학에 등장하는 환상기록은 산문으로 매우 건조하지만, 경우에 따라서는 매우 서정시의 성격이 강한 부분도 있다(2:10-17). 환상기록의 용어는 경우에 따라서 불분명한 단어를 사용할 뿐만 아니라 붉은색 말, 자주색 말, 흰색 말, 네 뿔, 기름 그릇, 금 등잔대, 두루마리 등과 같은 상징적인 언어를 많이 사용한다.

스가랴 1-8장의 구조와 내용

스가랴 1-8장의 구조

스가랴 1-8장은 예언이 선포된 날짜를 기준으로 다음 세 부분으로 나눌 수 있다.

1:1-6	다리우스 왕 2년 8째 달의 신탁
1:7-6:15	다리우스 왕 2년 11째 달의 신탁과 환상들
7:1-8:23	다리우스 왕 4년 9째 달의 신탁과 환상들

스가랴 1-8장의 내용

스가랴와 학개는 같은 시기에 활동한 예언자이지만, 스가랴는 문학적인 측면에서 차이점을 나타낸다. 스가랴는 시간과 공간을 희미하게 하며, 초자연적인 것과 사물을 연결시키는 상징적인 환상을 이용한다. 환상은 직간접적으로 천사에 의하여 설명된다. 천사는 하나님과 예언자 사이를 연결하는 중계자 역할을 한다. 천사는 하나님으로부터 예언을 받아 예언자들에게 전달하는 역할을 하였다.

스가랴는 그의 선포에서 성전의 재건과 성전예배의식을 이해하는 것에 관하여 처음 언급한다. 성전은 하나님의 구원의 역사를 새롭게 하는 곳으로 이해하고, 메시야의 시대가 갑자기 도래하는 곳으로 이해하였다(1:16-17).

스가랴 1-6장에는 모두 8개의 환상이 기록되어 있다.

첫 번째 환상(1:7-17 MT 1:8-17)에서 스가랴는 한 밤에 한 사람이 붉은 말을 타고 골짜기 속의 화석류나무 사이에 서 있는 것을 보았다. 그 뒤에는 붉은색, 자주색, 흰색 말이 서 있었다. 예언자의 질문에 대한 대답으로 천사는 이 말은 하나님으로부터 이 세상을 두루 다니며 무엇이 일어나는지 보라고 보냄을 받은 사자(使者)라고 설명한다(욥 1:7). 그들은 모든 것이 평온하다는 정보를 가지고 귀환한다. 천사는 여호와의 진노가 70년이 되어 멸망가운데 있는 예루살렘과 유다의 도시들의 재건을 위해 기도했다(12절). 하나님은 예루살렘과 시온을 위하여 질투하며, 이들을 다시 회복할 것이라고 말씀하신다.

두 번째 환상(1:18-21 MT 2:1-4)에서 예언자는 벽을 들이 받는 네 개의 뿔을 보았다. 이것은 예루살렘을 멸망시키는 열망을 나타낸다. 스가랴는 네 뿔을 자르고 예루살렘을 재건할 네 명의 기술자(대장장이)를 보았다.

세 번째 환상(2:1-5 MT 2:5-9)에서 예루살렘을 재기 위하여 보냄을 받은 사람이 천사에 의하여 보냄을 받았다. 그 사람은 예루살렘은 사람이 만든 성벽이 더 이상 필요하지 않을 것임을 선포하였다. 예루살렘은 성벽

없이 사람이 거주할 것이며, 그 안에는 사람과 가축이 많으므로 성곽을 쌓을 수 없고, 하나님이 불로 그 성을 둘러쌀 것이라고 말한다.

네 번째 환상(3장)은 하늘에서 일어난 것이다. 피고는 대제사장 여호수아이며 원고는 사탄이다. 하나님은 사탄을 질책하시기를 여호수아는 "불에서 꺼낸 그슬린 나무" 지만 그러나 해를 입지 않았다(2절)는 것이다. 천사는 명을 내려(4절 이하) 여호수아의 죄를 상징하는 더러운 옷을 벗기고 아름다운 옷과 정결한 관을 씌우라고 명한다. 천사가 여호수아에게 만약 여호수아가 여호와의 길을 걷고 그가 명한 것을 지키면 "여기 섰는 자들 즉 천사들 가운데에 왕래하게 된다" 고 약속한다. 이러한 상징적인 정결은 이사야 6:1-8에서도 찾아 볼 수 있다.

불분명한 언어로 천사는 하나님께서 "나의 종, 싹" 즉 스룹바벨을 옮길 것이라고 예언한다. 천사는 여호수아에게 일곱 눈을 가진 돌을 보여준다(3:9절). 이것의 의미는 스가랴가 다른 환상을 통해서 알 수 있다(4:1-6a, 10b-14).

다섯 번째 환상은 4장에 기록되어 있다. 스가랴는 기름 그릇이 올려져 있는 금 등잔대를 본다. 그리고 기름 그릇 위에 일곱 등잔이 놓여 있다. 그 위에 등잔을 위해 일곱 관이 있다(4:2).

큰 기름 그릇은 일곱 등잔에 기름을 부을 수가 없다. 대신 그릇은 주둥이는 위에 있지만 그러나 등잔은 아래에 있다. 천사는 일곱 등잔은 하나님의 눈이며, 세상을 지켜보는 것을 상징한다고 설명한다. 두 개의 올리브 나무는 두 명의 기름 부음을 받은 자로서 모든 지상의 주에 의하여 세워졌는데 이들은 바로 대제사장 여호수아와 왕인 스룹바벨이다.

스가랴는 두 개의 환상을 더 보게 되는데(5장) 땅의 일과 관련되어 있다.

여섯 번째 환상(5:1-4)의 두루마리가 날아다니는 것은 도둑이나 거짓되게 맹세하는 자들에 대한 심판을 상징하는 것이다.

일곱 번째 환상(5:5-11)에서 예언자는 두 날개 달린 여인에 의하여 시날 땅으로 옮겨지는 에바 가운데 앉아 있는 여인을 보았다. 납 조각이 에바 입구에 던져지고 에바를 막아버렸다. 천사는 여인은 먼 곳으로 쫓겨나는 악한 자들을 상징한다고 설명한다.

여덟 번째 환상(6:1-8)은 첫 번째 환상과 매우 유사하다. 네 병거와 구리산 사이에 있는 다양한 색의 병거를 보았다. 이 네 병거는 하늘의 네 바람을 상징하며 세상의 주 앞에 있다가 지상에서의 그들의 의무를 완성하기 위하여 나가는 것이다.

환상들 다음에 6:9-15에서는 스가랴의 매우 극적인 행동이 기록되어 있다. 스가랴는 바벨론 포로에서 막 귀환한 헬렘과 도비야, 여다야에게서 은과 금을 취하여, 이것을 스바냐의 아들 요시야에게 가져가 그로 하여금 면류관을 만들게 하였다. 하나의 면류관은 여호수아의 머리에 씌워지고, 다른 것은 싹으로 묘사되는 스룹바벨에게 씌워졌을 것이다. 스룹바벨은 성전을 짓고 영광도 얻고 그 자리에 앉아 다스릴 자로 묘사되고 있다. 대제사장은 그 옆에 서며 이 둘 사이에 평화의 의논이 있을 것이다. 이 면류관들은 기념으로 여호와의 성전에 두도록 명하였다(6:14). 예언자는 말일에 여호와께로 돌아오는 개종자에 관한 언급으로 마무리하고 있다.

7-8장에서 스가랴는 다시 귀환한 사람들의 관심으로부터 궁극적인 예언자의 관심으로 돌아간다. 귀환한 사람들은 대제사장과 예언자들에게 예루살렘에서 묻는다. 만약 자신들이 예루살렘의 멸망과 관련된 4일간의 금식을 지킬 것인가를 묻는다(넷째 달, 다섯째 달, 일곱째 달, 열째 달 8:19).

스가랴는 하나님 제사의 궁극적인 목적에 관한 질문을 제기한다(사 58장). 근본적인 문제는 금식에 있지 않고 진실한 재판, 인애, 긍휼을 베푸는 데 있으며(7:9), 진실하고 화평한 재판(8:16)에 있음을 말한다. 이를 어기는 것은 화를 부르고, 그러나 이것을 지키면 구원을 얻고 거짓이 변하여 기쁨과 즐거움의 때로 변한다. 여기서 진리와 화평이 이루어진다(8:19). 마지막으로 스가랴는 많은 백성과 강력한 열방이 하나님을 알게 되고 이스라엘로 돌아서서 이스라엘을 따라 예루살렘에서 하나님의 은혜를 구한다(이사야 2장)는 환상으로 마무리 짓는다.

스가랴의 메시지

스가랴 1-8장의 메시지는 그의 앞에 예언했던 예언자들의 메시지와 다르지 않다. 그는 성전제사와 함께 정의롭고, 진리 그리고 평화의 가르침을 지키는 것을 더 중요한 것으로 생각했다. 예루살렘은 하나님이 선택한 도시이고, 예루살렘의 영광을 위해 질투한다. 비유대 민족의 미래는 예루살렘과 관련되었다. 왜냐하면 이들은 궁극적으로 하나님과 연합하게 되며, 하나님을 이스라엘처럼 예배하기 때문이다. 스가랴 예언의 획기적인 것은 그가 대제사장의 역할을 중요하게 생각한 것이다. 이것은 아마도 페르시아 통치 아래서 이스라엘 제사장들이 재미를 보았던 그런 기능과 지위를 반영하는 것으로 보인다. 스가랴는 다른 후기 묵시문학과 같이 후에 다가올 구원의 문제에 관하여 관심을 가지고 있다. 그는 예언자에게 교훈하는 천사를 사용하여 이상하고 신기한 환상에 대해 설명한다.

묵시문학자들처럼 스가랴는 천사를 하나님 자신으로 보지 않고, 하나님 앞에 서 있는 것으로 보았으며, 과거의 예언자들처럼(왕상 22:19, 사 6:1-2) 자신은 하나님을 보지 못했다.

|스가랴서 참고문헌|

Floyd, Michael H. *Minor Prophets, Part 2*, 251-626. FOTL 22. Grand Rapids: Eerdmans, 2000.

Meyer, Carol L., and Eric M. Meyers. *Haggai, Zechariah 1-8*. AB 25 B. New York: Doubleday, 1987.

Meyer, Carol L. *Zechariah 9-14*. AB 25C. New York: Doubleday, 1993.

Ollenburger, Ben C. "The Book of Zechariah." In *NIB* 7:735-840.

Peterson, David L. *Haggai, Zechariah 1-8*. OTL. Philadelphia: Westminster, 1985.

Peterson, David L. *Zechariah 9-14 and Malachi*. OTL. Louisville: Westminster, 1995.

Redditt, Paul L. *Haggai, Zechariah, Malachi*. NCB. Grand Rapid: Eermans, 1995.

제5장

5세기 예언자

주전 5세기 예언 운동의 역사적 배경

바벨론의 몰락과 페르시아의 번성

바벨론 제국의 마지막 몇 년 동안 바벨론은 대내외적으로 큰 변화를 겪었다.[207] 주전 556년 바벨론의 왕권은 달 신인 신(Sin)을 숭배하는 나보니두스(Nabonidus, 주전 555-539년)에게 넘어갔다. 바벨론의 다른 왕들과는 달리 나보니두스는 학식이 있었고, 바벨론의 과거와 주술에 대해 관심이 많았다. 그러나 그의 통치 초기부터 신(Sin) 숭배를 강조하였기 때문에, 바벨론의 전통적인 제사장들과 알력을 빚었으며, 그 결과 바벨론을 떠나 아라비아 북부에 위치하고 있는 테이마(Teima)에서 10여년(주전 552-543년)을 지냈다. 그가 테이마에 있는 동안 그의 아들 벨-사르-우쭈르(Bel-šar-uṣur)가 통치하였다.

나보니두스가 테이마에서 지내는 동안, 정치적인 큰 변화가 있었다. 주전 550년에는 페르시아의 고레스가 반란을 일으켜 메대(Media)를 멸망시키고 페르시아 제국을 세웠으며, 전쟁을 통하여 서쪽으로 영토를 확장했다. 주전 546년에 고레스는 사르디스(Sardis)까지 정복하였다.

207) 김영진, 『이스라엘 역사』, pp. 390-402.

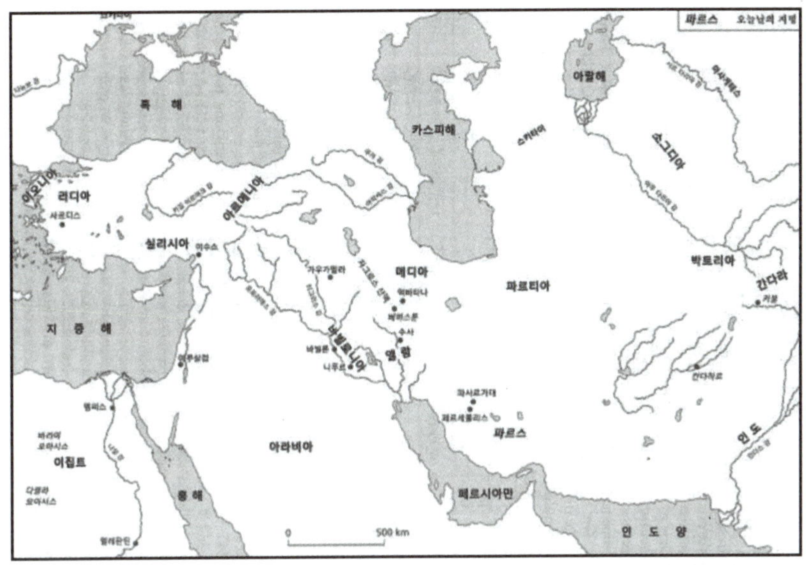

[페르시아 제국의 영토]

나보니두스가 주전 543년 테이마에서 바벨론으로 귀환하자 바벨론의 제사장들 사이의 알력에 직면했으며, 특히 성전 관리인들의 불만이 급증하였다. 특히 나보니두스가 신(Sin)의 성전을 하란에 복구시켰을 때 불만은 더욱 커졌다.

이러한 내적인 갈등의 기회를 틈타 고레스는 바벨론을 공격하였다. 고레스가 바벨론의 왕으로 등극하는 과정에 대하여 바벨론의 마르둑(Marduk)을 섬기는 제사장들과 시파르(Sippar)의 나부(Nabû) 신을 섬기는 제사장들이 음모를 꾸미고 고레스를 불러들였으리라고 추측하기도 한다. 고레스는 싸우지 않고 바벨론을 접수하였고, 바벨론 사람들은 고레스에 대하여 적대적 감정을 갖지 않았다. 오히려 고레스를 바벨론의 해방자로 이해하였다. 이러한 일은 메소포타미아 역사에서 처음 있는 일이다.

주전 539년에 나보니두스는 페르시아의 침략을 우려하여 바벨론의 여러 도시의 신상들을 바벨론으로 옮겼다. 그러나 이러한 나보니두스의 행위는 신성모독으로 여겨졌다. 고레스가 바벨론으로 진격하자 시파르, 바벨론의 주요 도시가 항복했으며, 전투 없이 바벨론도 무너졌다. 나보니두스는 도망가고, 고레스는 바벨론 사람의 환영을 받았고, 심지어 고레스는 '바벨론의 왕, 땅의 왕' 이라는 호칭으로 불렸다.

바벨론의 왕이 된 고레스는 나보니두스의 종교개혁을 무효화하고, 그가 바벨론으로 옮겨온 모든 신상들을 원래 자리로 되돌려 보냈다. 따라서 고레스는 바벨론의 종교와 질서의 회복자로 인식되었다.

페르시아 왕	구약성서의 기록	구약성서 밖의 기록
테이스페스(Teispes) (대략 주전 650-620년)		
고레스 1세(Cyrus) (대략 주전 620-590년)		
캠비세스 1세(Cambyses) (대략 주전 590-559년)		
고레스 2세(Cyrus) (주전 559-530년)	에스라 1, 6장	고레스 실린더 / 헤로도투스
캠비세스 2세(Cambyses) (주전 530-522년)		베히스툰 비문
바르디야(Bardiya) (주전 522년)		
다리우스 1세(Darius) (주전 522-486년)	학개 1-2장 / 스가랴 1-8장 / 에스라 5:6-6:22	
세럭세스(Xerxes) (주전 486-465년)		
아닥사스다 1세(Artaxerxes) (주전 465-424/3년)	에스라 4:7, 7-8장 / 느헤미야 1장, 5:14 이하	
다리우스 2세(Darius) (주전 423-405년)		엘레판틴 파피루스 / 무라슈 토판
아닥사스다 2세(Artaxerxes) (주전 405-359년)		• 와디 달리예 파피루스 • 예후드(יהד)동전 / 사마리아 동전 / 페니키아 동전 / 아스글론, 가자, 아스돗에서 발견된 동전
아닥사스다 3세(Artaxerxes) (주전 359-338년)		
아닥사스다 4세(Artaxerxes) (주전 338-336년)		
다리우스 3세(Darius) (주전 336-330년)		

요엘

요엘은 소예언서 가운데 두 번째 책이다. 요엘은 3장 73절로 구성되어 있다.

예언자 요엘

요엘의 인적 사항

표제어에 의하면 요엘은 브두엘의 아들이다. 요엘의 개인적인 삶이나 시대적 배경 그리고 장소에 대하여는 아무것도 기록하고 있지 않다. 또한 구약성서 어디에도 요엘에 대하여 언급하고 있는 부분이 없다.

요엘의 시대적 배경

다른 예언서는 첫 절에서 예언자의 시대적 배경을 알 수 있는 정보를 제공하지만, 요엘서는 전혀 그런 정보가 없다. 뿐만 아니라 시대를 결정할 만한 역사적 사건도 발견할 수 없다. 따라서 요엘의 활동 연대를 정확히 결정하기는 매우 어렵다. 다만 포로기 이후 페르시아 제국 시대에 활동했다는 것만은 거의 확실하다. 따라서 그의 활동 연대는 주전 500년에서 350년 사이일 것으로 추정할 수밖에 없다. 그런데 요엘 3:6의 헬라 사람 (이오니아 사람)에 관한 언급을 통하여 요엘서의 연대가 대략 400-350년 사이로 추정된다. 요엘은 왕, 왕자 그리고 국가적인 지도자에 대한 언급 없이 단지 제사장과 장로에 대해서만 언급한다. 하나님에 대한 예배는 한 지역 즉 "하나님의 집"에 집중되어 있으며, 관심은 이 예배의 연속성에 있다. 이러한 사실은 이 요엘서의 연대가 포로기 이후임을 제시해주는 것이다. 또한 그리스 사람들이 시돈이나 블레셋에서 종을 사는 것도 이러한 사실을 입증한다. 그리스는 창세기 10:2-4와 에스겔 27:13에 알려져 있다. 언어적인 관점에서 요엘서는 포로기 이후 것임을 추정하게 한다. 특히 "여호와께 수종드는 제사장"이란 단어는 포로기 이후 성서에서 사용되는 용어이다. 열왕기하 1:2과 요엘 4:16의 유사점과 요엘 4:18과 열왕기하 9:13의 유사점 그리고 말라기 3:23과 요엘의 "위대하고 두려운 주의 날"이란 표현의 유사점등이 발견된다는 점이 요엘서가 포로기 이후 예언서임을 입증한다.[208]

요엘서의 문학적 기교

요엘서는 전쟁에 대하여 매우 자세하면서도 은유적으로 묘사하고 있다. 적이 쳐들어오는 것을 메뚜기의 재앙으로 묘사한다(1:4, 2:1-11). 다른 예언

208) L.C. Allen, *The Books of Joel, Obadiah, Jonah and Micah*, (Grand Rapids: Eerdmans, 1976), pp. 20-21.

서와 마찬가지로 요엘서에서도 동의적 평행법을 많이 사용하고 있다. 1:5에서 '취하는 자들,' '포도주를 마시는 자들'을 동의적 평행법으로 사용하였다(1:13, 1:18, 3:10). 또한 직유법을 많이 사용하고 있다(2:4, 5). 예를 들어 1:6의 '이빨은 사자의 이빨 같고, 그 어금니는 암사자의 어금니 같도다.' 또한 여호와의 날을 나타낼 때 은유법을 사용한다. 2:2에서는 '어둡고 캄캄한 날이요 짙은 구름이 덮인 날이라' 고 묘사한다.

요엘서의 내용

요엘서는 네 장으로 구성되어 있으며 그 내용에 따라 크게 두 부분으로 나눌 수 있다.

① 1장 - 2:27 메뚜기 재앙(하나님의 징벌)

② 2:28-4장 희망의 메시지

1-2장은 생생하게 전례 없는 메뚜기의 재앙을 묘사하고 있으며, 그 폐해는 약탈하는 적과 같다고 묘사하고 있다. 메뚜기는 모든 들판과 포도원을 폐허로 만든다. 요엘의 많은 부분들이 문학적인 이미지로 표현되었지만, 메뚜기는 매우 현실적으로 표현되어 있다. 자르는 팟종이, 떼를 지어 다니는 메뚜기, 껑충껑충 뛰어다니는 늦 그리고 파괴하는 황충으로 묘사되어 있다(1:4). 요엘은 제사장, 장로 그리고 모든 백성들에게 회개와 금식 그리고 기도를 통하여 하나님의 자비를 구할 것을 가르친다. 예언자는 하나님께서 그의 백성을 용서하실 것이고, 재앙의 끝을 보이실 것이며, 때를 따라 비를 내리실 것이며, 그 결과 꽃이 피어 새로운 추수가 가능할 것이고, 열매가 풍성함으로 평화할 것이라고 약속한다.

3-4장에서는 마지막 날에 대한 예언으로 구성되어 있다. 크고 두려운 날로서의 마지막 날이다. 하나님의 영, 예언과 환상의 선물은 모든 육체에게 부어줄 것이며, 두려운 징조는 하늘과 땅에서 보게 될 것이다. 단지 여호와의 이름을 부르는 자, 이스라엘의 남은 자 즉 시온과 예루살렘으로 돌아온 자들은 멸망으로부터 구원될 것이다. 하나님은 모든 열방을 여호사밧 골짜기로 모으시고 이스라엘 백성을 포로로 열방 가운데 흩은 자를 심판하실 것이다. 뿐만 아니라 열방 가운데 이스라엘의 땅을 나눈 자에게 심판이 임할 것이며, 두로와 시돈 그리고 유다와 예루살렘의 백성을? 그리스 사람에게 팔아버린 블레셋 지역에 임할 것이다. 열방이 심판의 날에 파괴될 것이며, 하나님은 포로로 잡혀간 그의 백성을 회복하고, 그의 땅에 풍요를 주고 이집트와 에돔에 의하여 흘려진 피를 갚아 주실 것이다.

요엘서의 통일성

초기와 후기 주석가들은 요엘의 두 부분의 연결에 대하여 의견의 일치를 보지 못하고 있다. 특히 단어나 '여호와의 날' (1:15, 2:11, 3:4, 4:14) 그리고 자연 질서의 변화(2:2, 10 3:4, 4:15, 16)에 대한 묘사 등이 매우 다르다. 따라서 많은 주석가들 특히 로쉬타인(T.W. Rothstein), 둠(B. Duhm) 그리고 휠셔(Hoelscher) 등은 요엘 1-2장은 포로기 요엘로 그리고 3-4장은 포로기 이후의 작품으로 돌렸다. 그리고 이들은 이 후기의 작품에 1-2장에 기록된 '주의 날' 이라는 표현을 취하였다고 주장한다.

이와는 다른 견해는 코이프만(Y. Kaufmann)의 주장으로 전체 요엘은 종말론적으로 하나의 작품이며, 메뚜기 재앙은 여호와의 심판의 날에 대한 상징이라고 주장한다.

벨하우젠이나 마르티(K. Marti)는 요엘은 실제로 메뚜기 재앙 뒤에 기록한 것으로, 이들은 이 메뚜기 재앙을 마지막 날이 다가오는 상징으로 이해하였다고 주장한다.

따라서 '주의 날' 이란 용어는 1-2장과 3-4장에서 각기 다른 의미로 사용되었다. 첫째 부분에서는 단순히 혼란의 날을 의미하지만 둘째 부분에서는 이스라엘이 심판받아 벌받는 날로 이해하였다. 즉 다가오는 날에 대하여 이스라엘을 위하여 선포한 것이다. 이러한 문제를 해결하기 위해서는 두 부분의 통일성을 찾기 위하여 유사점을 제시해야 한다. 그러나 예언자가 한쪽에서는 메뚜기 재앙을 실제적으로 묘사하고, 다른 쪽에서는 심판의 날과 마지막 날을 연결시킨 서로 다른 예언을 하지 못할 이유는 없다. 뿐만 아니라 요엘서에 나타난 신학적 사상 역시 요엘이 포로기 이후의 예언서임을 보여준다. 하나님의 보편성(Universalism)과 하나님의 영에 관한 언급, 금식의 선포 등 포로기 이후의 신학적 주제가 등장한다.

요엘서의 신학

요엘서는 다른 예언서보다 하나님의 위대하심을 강조한다. 하나님은 이스라엘 백성뿐만 아니라 모든 민족을 심판하시는 분이다. 우주의 심판자로서의 하나님이 강조되어 있다(3:1-16). 뿐만 아니라 요엘서는 하나님이 주시는 소망의 메시지이다. 하나님은 비록 이스라엘이 열방의 침략을 당하지만, 그들을 그냥 버려두지 않고 회복시켜 주시는 분으로 묘사한다.

요엘서에서는 하나님의 날이 선포된다. 이 날은 하나님의 심판하시고 보복하시는 날이다. 요엘은 여호와의 날의 성격을 네 가지로 설명한다. 즉 임박한 날이며(2:1), 재앙의 날이며, 피할 수 없고(2:3), 우주적인 규모로 임하는 날로 규정한다(2:1-11).

요엘서는 하나님의 영의 임재를 강조한다.

| 요엘서 참고문헌 |

Allen, L. C. *Joel, Obadiah, Jonah, and Micah*. NICOT. Grand Rapids: Eerdmans, 1976.

Coggins, R. J. *Joel and Amos*. NCB. Sheffield: Sheffield Academic Press, 2000.

Crenshaw, J. F. *Joel*. AB. New York: Doubleday, 1995.

Dillard, R. "Joel." In *The Minor Prophets: An Exegetical and Expositional Commentary,* edited by T. E. McComiskey, 3 vols., 1:239-313 Grand Rapids: Baker, 1992-98.

Finley, T. J. *Joel, Amos,* Obadiah. Chicago: Moody, 1990.

Hubbard, D. A. *Joel and Amos*. TOTC. Downers Grove, Ill.: Inter Varsity, 1989.

Stuart. D. *Hosea-Jonah*. WBC. Waco, Texas.: Word, 1987.

Wolff, H. W. *Joel and Amos*. Trans. W. Janzen et al. Hermeneia. Philadelphia: Fortress, 1977.

말라기

정경적으로 마지막에 놓여 있는 말라기는 그 내용의 역사적 순서에 의하여 마지막 예언자라고 할 수 있다. 말라기서는 4장 55절로 구성되어 있다. 말라기는 예언이 선포되던 시대의 종교 · 사회적 상황이 자세히 언급되어 있어 말라기가 활동했던 시대를 이해하는데 중요한 자료를 제공한다.

예언자 말라기

말라기 1:1은 "여호와께서 말라기로 이스라엘에게 말씀하신 경고라"로 시작한다. 히브리어 말라기의 의미는 "나의 사자(使者)"라는 뜻이다. 폰 붊메리닉(A. von Bulmerincq)에 의하면 말라기는 말라기야(מלאכיה)의 축약형이라고 주장한다. 그러나 말라기야라는 이름이 구약성서의 어느 곳에서도 발견되지 않기 때문에 칠십인역에서는 이것을 말라케오(μαλακηο: "그의 사자의 손에 의하여")라고 번역하였는데 이것은 말라기를 사람의 이름으로 이해하지 않은 것이다. 탈굼(Targum)은 맛소라 본문을 따르지만 그러나 "나의 사자"를 에스라로 이해하였다. 따라서 "에스라라고 불리는 나의 사자 서기관의 손에 의해서"라는 설명을 덧붙였다. 이와 같은 전승이 제롬에 의하여 받아들여졌다. 그러나 만약 에스라가 이 책의 저자라면 그의 저작을 숨기지 않았을 것이다. 사실 제목은 말라기 3:1의 "내 사자를 보내리니"라는 구절에서 생겨났다는 것이 자연스러운 설명이다. 따라서 이 말라기는 익명의 저자의 것이며, 스가랴 9:1과 12:1로 시작하는 익명의 신탁에 제목을 붙인 자와 같은 편집자에 의하여 덧붙여진 것이다.[209] 그러나 말라기를 제 2스가랴(9-11장) · 제 3스가랴(12-14장)와 구별하는 것은 말라기서의 독특성 때문이다

말라기서의 시대

말라기서는 학개나 스가랴 1-8장처럼 포로 이후 시대 예언의 변화된 사고를 가지고 있다. 위에서 논의한 주제들은 포로기 이후 시대의 책들과 관련이 있다. 특히 성전이 재건되거나(스 1:10, 3:1, 10), 유다 속주가 페르시아의 총독에 의하여 통치되고(1:8), 초기의 종교적인 열심이 많이 식었을 때인 포로기 이후 시대와 관련이 있다. 말라기에서 공격한 세 가지 악습은 제사장 제도의 쇠퇴(스 1:6-2:9), 이방 여인과의 결혼(스 2:11) 그리고 백성들이 십일조들 드리는 것의 태만(3:8) 등이다. 이러한 악습은 특별히 두 번째, 세 번째는 이미 에스라나 느헤미야서에서 주로 언급되는 것으로 이들이 바로 잡으려고 노력했던 것들이다(스 9:2, 10:3, 16-44, 느 10:31, 13:10-14, 23-39). 말라기서에서 이방 여인과 결혼하기 위해 이혼한 이스라엘 사람들에 대한 공격(말 2:10-16)을 고찰해 보면, 이것이 에스라보다 이른 시기에 기록되었음을 암시한다(스 9:2, 10:3, 16-44).

209) D.L. Petersen, *The Prophetic Literature*, p. 209.

이러한 초기 연대의 설정은 다음과 같이 설명될 수 있다. 즉 만약 이방 결혼에 대한 말라기 2:11b의 비난이 후기의 첨가라면, 에스라와 느헤미야보다 먼저 있었던 것으로 보인다. 에스라의 활동은 알려진 바가 없다. 후네커(A. van Hoonacker)나 모빙켈(S. Mowinckel)을 따라 많은 학자들은 에스라는 아닥사스다 1세(주전 458년)에 활동하지 않았고 대신 아닥사스다 2세(주전 398년 스 7:8)에 활동했다고 주장한다. 이방 결혼과 십일조 미납부의 문제는 느헤미야 시대에도 이미 존재하였다(느 10:31, 33-40, 13:10-14, 23-29) 즉 주전 445년과 424년 사이, 아닥사스다 1세가 죽던 해에 이미 존재하였다.

말라기 2:11b-13a의 삽입은 이 시기의 연대를 추정하게 한다. 따라서 원래 말라기는 느헤미야와 에스라 이전으로 소급된다. 현대의 많은 학자들은 말라기가 느헤미야와 에스라의 개혁을 예비하였다고 주장한다. 말라기를 후기의 것으로 주장할 만한 충분한 증거가 없다. 빙클러(H. Winckler)와 홀츠만(O. Holtzmann)은 말라기의 연대를 주전 2세기 초로 보는 것은 매우 추상적인 것이며, 현재 우리가 가지고 있는 자료로는 용인할 수 없는 주장이라고 한다.

폰 불메리크는 말라기 3:1의 내 사자를 에스라로 생각하면서 느헤미야가 에스라보다 이르다고 주장하는 것은 매우 의심스럽다고 한다. 느헤미야가 페르시아 왕궁에 등장하지 않는 시기는 대략 430년경이다(느 13:6). 드라이버(S.R. Driver)와 젤린(A. Gelin)은 바로 이때를 말라기의 저작 시기로 이해한다. 그러나 조금 이른 시기가 더 합리적이다.

제사장들의 가장 중요한 임무 가운데 하나는 율법을 선포하는 것이다(말 2:6-9). 그러나 아직은 느헤미야 8-10장처럼 기록된 율법을 읽지는 않았다. 사실 제사장들은 제사장에 관한 초기 신명기적 이론에 영향을 받은 것으로 보인다. 제사장들이 민수기 18:20-32에 나타난 십일조에 관한 제사문서의 규정을 알고 있었을 것이라는 것은 의심의 여지가 없다. 민수기의 규정에 의하면 십일조는 모두 레위인들을 위하여 사용되었다. 이것은 신명기 14:22-29과 26:12-15에서도 발견된다. 제사문서는 말라기를 전제하지 않았던 것으로 보인다.

말라기 저작의 초기 연도는 말라기 1:3-4의 에돔의 멸망에 관한 신탁에서도 보인다. 아랍 사람들이 요단 동편 지역의 왕국을 공격한 정확한 연대는 제시하지 못하지만, 그러나 에돔은 주전 6세기 말 아랍사람들에 의하여 완전히 점령당했다. 따라서 에돔 민족이 황무지에서 다시 세워지는 것을 예언한 것은 주전 500년경의 상황을 생각하게 하고, 이것은 말라기의 저작을 이 시대로 결정하게 한다. 벨취 (A.C. Welch)는 말라기가 학개 예언자의 시대(주전 520년경)라고 주장한다. 말라기 3:11에 기록된 수확이 감소하는 메뚜기의 재앙은 학개 1:6, 9-11, 2:16-17에 묘사된 상황과 같은 상황이라는 것이다. 그러나 말라기에서 성전의 존재가 이미 전제되어 있는 것은 이것이 학개보다 조금 늦은 시기에 기록되었다는 것을 의미한다.

이 모든 것을 종합하여 말라기의 연대를 대략 주전 500년경으로 산정할 수 있다.

말라기에 반영된 사상이나 예루살렘의 삶은 주전 500년경의 삶을 반영하고 있다. 포로 이후 학개와 스가랴 중간 시대의 모습과 에스라-느헤미야 시대의 모습을 모두 볼 수 있다. 유다의 상황은 매우 의기소침하고 불만족하다. 초기 예언자들이 가졌던 희망은 모두 이루어지지 않았다. 바벨론에서의 귀환은 제 3이사야에 의하여 약속되었던 영광의 모습은 재현되지 않았다. 제 2성전의 완공은 520년경에 학개에 의하여 선포되었지만 예배에 대한 무시, 하나님의 정의에 대한 회의 그리고 도덕적 느슨함 등은 번영에 대한 환멸을 가져왔다. 이러한 상황에서 말리기는 하나님과 백성들 사이의 진실한 관계를 다시 한 번 강조하였고, 제의와 결혼에 대하여 의문을 제기하면서 국가적인 도덕적 종교적 진실성을 요구하였다.

그러나 말라기의 저자가 형식주의자는 아니다. 제의를 준수하는 것은 그의 눈으로 보면 영적인 예배를 표현하는 중요한 가치로 이해하였다. 예를 들어 그는 하나님은 아내에 대한 충심이 없는 남편의 제물을 받지 않으신다고 제시한다(말 2:13b-14). 도덕적 사회적 범법자에 대한 강력한 심판이 예언자에 의하여 제기된다(3:5). 모든 유대인들이 한 아버지 밑의 형제라는 개념을 제시하면서 예언자는 상호간의 의무를 말하고 이혼과 같은 이기적인 관습이 그의 시대에 유행하고 있다고 지적한다(2:14-16).

말라기서는 이스라엘의 종교사에서 매우 중요한 책이다. 제의를 강조하기는 하지만, 이 책은 예언자의 정신이 무엇인가를 보여준다. 말라기가 이스라엘 여인과 이혼하여 다른 이방 여인과 결혼하려고 하는 자들을 탄핵하는 것은 하나님과 백성 사이에 맺어진 영원한 언약이라는 예언자의 생각을 반영하는 것이다. 때때로 이러한 영원한 언약은 결혼 서약으로 표현되기도 한다. 이러한 탄핵은 이방 결혼의 영향에 대한 저항적인 태도를 반영하는 것이다. 말라기 3:22-24의 책을 닫는 부분의 말 가운데 메시아적 기대를 갖게 하는 것은 유대인들의 문학에 많이 등장하는 표현이다(Ecclus. 48:10; Suk. 52b; Mid. Ps. to 42:1; Targ., Lam. 4:22; Targ. Yer., Deut. 30:4). 뿐만 아니라 신약성서에도 등장하는 것이다(마 17:3, 4, 10-13; 27:47, 49; 막 9:4-5, 11-13; 15:35-36; 눅 9:30, 33; 요 1:21, 25).

말라기의 문학적 특징

말라기서는 예언이 선포되는 당시의 종교, 사회 상황에 대한 비판과 회개하고 하나님께로 돌아갈 것을 강조하기 때문에 포로 후기의 다른 예언서에 비하여 서술적이며, 구체적으로 묘사하고 있다. 이스라엘 백성들의 죄를 강조하기 위하여 문답법을 사용하고 있다. 전체적으로 여섯 가지 질문과 대답의 형식으로 구성되어 있다.[210] 즉 1:2의 "주께서 어떻게 우리를 사랑하셨나이까?" 1:6의 "아들은 그 아버지를, 종은 그 주인을 공경하나니 내가 아버지일찐대 나를 공경함이 어디 있느냐?" 2:10의 "우리는 한 아버지를 가지지 아니하였느냐 한 하나님께서 지으신 바가 아니냐 어찌하여 우리 각 사람이 자기 형제에게 거짓을 행하여 우리 조상들의 언약을 욕되게 하느냐?" 2:17의 "우리가 어떻게 여호와를 괴롭혀 드렸나이까?" 3:13의 "우리가 무슨 말로 주를 대적하였나이까?" 등이다. 이러한 질문에 대한 대답이 그 아래 구체적으로 열거되어 있다. 말라기서는 이스라엘의 악을 구체적으로 나열하는 열거법을 사용하고 있다. 대표적인 예는 "너희가 눈 먼 희생제물을 바치는 것이 어찌 악하지 아니하며 저는 것, 병든 것을 드리는 것이 어찌 악하지 아니하냐 이제 그것을 너희 총독에게 드려 보라 그가 너를 기뻐하겠으며 너를 받아 주겠느냐"(1:8)는 것이다. 또한 반어적인 방법을 사용하여 좀 더 효과적으로 상대방을 설득시키려는 표현형식인 설의법도 종종 발견된다. 하나님께 드리는 제사를 식탁으로 표현하는(1:12) 환유법, "나는 큰 임금이요"와 같은 직유법(1:14) 등이 사용되었으며, 여호와를 "그가 은을 연단하여 깨끗하게 하는 자"(3:3)로 묘사하거나 여호와의 날을 "용광로 불같은 날"로 묘사하는(4:-2) 은유법도 발견된다.

210) J. Bowker, *The Complete Bible Handbook*, (London: Dorling Kindersley, 1998), p. 244.

말라기의 내용

말라기서의 내용은 하나님 혹은 예언자의 선포에 의하여 모두 6부분으로 나눌 수 있다. 말라기의 선언은 백성이나 제사장들에 의하여 큰 저항을 받았으며, 따라서 하나님은 자신이 심판과 꾸짖음의 말씀을 통하여 스스로를 방어하신다.

1:1-4:3 6회에 걸친 말라기의 말씀

① 1:2-5 첫 번째 말씀 : 하나님의 사랑

② 1:6-2:9 두 번째 말씀 : 제사장들의 죄

③ 2:10-16 세 번째 말씀 : 이혼과 혼혈 결혼 문제

④ 2:17-3:5 네 번째 말씀 : 정의의 하나님

⑤ 3:6-12 다섯 번째 말씀 : 십일조 문제

⑥ 3:13-4:4 여섯 번째 말씀 : 심판의 날

처음 부분에서 에돔에 대한 하나님의 처리 방식과 대립되어 나타나는 하나님의 이스라엘에 대한 사랑은 처음부터 강조되어 있다(말 1:2-5).

두 번째는 제사장에 대한 비난으로 제사장들이 제사를 업신여겼기 때문이다(말 1:6-2:9). 제사장들의 태도는 하나님의 제사에 대한 정당한 방법으로 표현되어야만 했다. 그러나 어떤 제사는 심지어는 불완전한 제물까지도 하나님의 제단에 좋다고 생각되어졌다. 여기서 제사장들은 자신들은 느슨해진 규칙에 유혹되어 많은 잘못을 행하여 그들의 조상 레위가 가치 없음을 보여준다. 따라서 제사장들은 백성들의 잘못을 경고하고 그들의 고대의 이념으로 돌아가야 했다. 말라기 1:6-2:9은 아마도 말라기

1:11-14이 첨가되어 확장된 것으로 보인다.

세 번째 부분은 유대인들의 공통의 아버지로서 하나님은 유대인과 유대인 사이의 바른 관계를 갖게 하였으며, 이방 여인과 결혼하기 위하여 유대인 부인들을 꾸짖는 행동을 초래하지는 않았다(2:10-16). 현재의 형태에서 이 부분에서는 이방 결혼을 한 유대인들을 비난하였다. 토레이(C. Torrey)[211]와 히비드버그(F.F. Hvidberg)가 당시 이방 신을 숭배하는 것에 대하여 비난하는 이유는 실제적으로 이방 결혼을 했기 때문이라고 주장한다. 문제는 2:11b-13a 혹은 11-12의 이차적인 성격 때문에 생겨난다.

오늘날 많은 학자들은 문학적인 이유로 이 본문의 진위성에 의문을 제기하며, 이것이 후대의 첨가라고 주장한다. 말라기 2:11b-13a 혹은 11-12절 없이 말라기 2:10-16은 이방 결혼에 대하여 언급하지 않는다. 단지 유대인들의 부당한 이혼을 공격하며 젊었을 때 얻은 부인들에 대한 충성이 남아있는 자들을 격려한다(잠 5:15-20). 만약 결혼의 신성성과 종교적 가치가 포함되어 있다면, 이 비난은 임의로 무정하게 이혼하는 것을 의미한다.

잘못을 저지르는 것이 보편적인 것은 신적 정의에 대한 회의론자들을 유발하는 것이다.

네 번째 부분은 하나님은 심판의 하나님이시며 백성들의 권리를 다시 세우실 것이라는 사실에 대하여 의심하고 있는 자들에 대한 비판이다. 하나님의 사자는 이미 예배에 대한 종교적 무관심주의자와 행위의 비도덕적인자를 곧 지워버릴 태세가 되어 있다(말 2:17-3:5). 폰 불메리크는 말라기 3:1의 사자가 바로 에스라라고 가정하는 것은 현실성이 없다. 왜냐하면 본문의 개념은 천상의 존재적인 성격이 있기 때문이다.

다섯 번째 부분은 백성들이 십일조 드리는 것과 다른 거룩한 의무를 게을리 하는 것에 대하여 하나님은 가뭄, 메뚜기, 과실이 떨어지는 것으

211) C. C. Torrey, "The Edomites in Southern Judah," *JBL*, 17 (1898), pp. 1-15.

로 심판하신다. 그러나 부과된 십일조를 온전하게 드리는 것은 풍요함으로 보상받게 된다(3:6-12). 다섯 번째 부분은 십일조 의무를 강조하고 있다.

여섯 번째 부분은 낙담하고 있는 신앙 있는 유대인들을 변호하고, 심판의 날에 신앙심이 없는 자들을 심판하신다(말 3:13-21). 말라기의 저자가 경고하는 것은 종교가 무용하게 보이지만, 그러나 하나님은 자신을 경외하는 성결된 백성을 기억하고 곧 그들을 비종교적인 자들과 공개적으로 구분하신다.

4:4-6 예언서전체의 마무리 부분

말라기는 하나님께서 호렙 산에서 모세에게 주신 율법과 심판의 두려운 날이 오기 전에 엘리야가 선포할 말씀을 지킬 것을 강조하면서 책을 마무리한다(말 3:22-24 (MT), 4:4-6). 이 결론 부분은 아마도 말라기 3:1을 해석한 사람에 의하여 후기에 첨가된 것으로 보인다. 왜냐하면 이 해석자는 3:1의 사자를 엘리야로 이해하기 때문이다. 그러나 이 부분은 신명기적 성격을 가지고 있다. 말라기는 레위 지파를 제사장 계열로 이해하고 그리고 시내 산의 이름을 호렙 산으로 사용하고 있다. 이러한 경향은 포로 후기적인 성격이라기보다는 초기적 경향이 짙다. 다른 것을 통하여 이것을 증명할 수 있다.

신학적 메시지

말라기의 메시지는 하나님의 사랑을 전제로 선포된다. 1:2-5에서 하나님의 이스라엘에 대한 사랑을 선포하고 있다. 이러한 사랑을 근거로 주전

515년 예루살렘 성전이 재건된 이후 이스라엘 공동체는 제사에 대한 무시, 하나님의 정의에 대한 회의 그리고 도덕적 해이함과 함께 당시 이스라엘의 유일한 지도계층인 제사장들도 부패에 물들어 갔다. 이러한 전체적인 위기를 직시하고, 사회에 편만된 부패와 비윤리성을 질책하고, 종교적, 사회적으로 엄격한 규율을 강조하였다. 말라기서는 후기 예언서 가운데 율법을 특히 강조하면서 하나님께로 돌아갈 것을 강조하고 있다. 따라서 말라기의 가장 중요한 주제는 회개하고 하나님께 돌아가야 한다는 것이다.

이러한 회개를 강조하는 것은 여호와의 날이 임박하였기 때문이다(4:1-3). 여호와의 날에 대해서는 용광로 불같은 날로 묘사하기도 하면서(4:1) 치료의 광선이 비추는 날로도 묘사한다. 이것은 여호와의 날이 갖는 이중적인 의미를 제시하는 것이다(4:2).

마지막으로, 말라기가 끝나는 말라기 4:4-6의 부분은 예언서 전체를 마무리 지어 주는 부분이다. 이 부분은 편집자에 의하여 첨가 되어진 것으로 두 개의 간단한 끝맺는 말로 끝난다. 첫째, "내 종 모세에게 명령한 법 곧 율례와 법도를 기억하라"(4:4)고 말한다. 토라의 수월성을 강조했다. 둘째, 말라기 편집자는 죽지 않고 하늘로 살아서 들려 올리어졌던 엘리야가 다시 돌아와 백성들을 하나님께로 돌이키는 역할을 기대하고 있다.[212]

212) J.J. Collins, *A Short Introduction to the Hebrew Bible* (Minneapolis: Fortress Press, 2007), pp. 214-217, esp. 217.

|말라기서 참고문헌|

Collins, T., "The Scroll of the Twelve." Pp. 59-87 in *The Mantle of Elijah: The Redaction Criticism of the Prophetic Books*, Sheffield: Sheffield Academic Press, 1993.

Floyd, M. H., *Minor Prophets, Part 2*, Pp. 251-626 in FOTL 22. Grand Rapids: Eerdmans, 2000.

Hill, A. D., *Malachi.* AB 25D. New York: Doubleday, 1998.

Meyer, Carol L., and Eric M. Meyers. *Haggai, Zechariah 1-8*. AB 25 B. New York: Doubleday, 1987.

________, *Zechariah 9-14*. AB 25C. New York: Doubleday, 1993.

Ollenburger, B. C., "The Book of Zechariah." In *NIB* 7:735-840.

Peterson, D. L. *Haggai, Zechariah 1-8*. OTL. Philadelphia: Westminster, 1985.

________, *Zechariah 9-14 and Malachi*. OTL. Louisville: Westminster, 1995.

Redditt, P. L., *Haggai, Zechariah, Malachi*. NCB. Grand Rapid: Eermans, 1995.

Schuller, E. M., "The Book of Malachi." In *NIB* 7: 843-77.

Wolff, H. W., *Haggai*. Minneapolis: Augsburg, 1988.

요나

요나는 구약성서의 12소예언서 중 다섯 번째 책으로, 유대교 정경에서는 열두 권 가운데 한 권의 책에 포함시켰다. 요나서는 요나라는 예언자가 전한 하나님의 말씀을 모아 놓은 것이 아니라, 주로 요나에 대한 이야기로 구성되어 있다. 따라서 일부 학자들은 요나서는 정경적으로 예언서지만 그러나 실제로 예언이 기록되어 있지 않기 때문에 요나서의 장르에 대한 이견이 많다.

요나의 신상명세

요나서의 주인공인 요나는 니느웨라는 도시의 사악함에 대해 예언하라는 하나님의 부르심을 피해 도망치는 예언자로 묘사된다. 서두에 나와 있는 대로 요나는 아밋대의 아들이다. 이 구절과 열왕기하 14:25을 근거로 요나서의 요나를 주전 785년경 여로보암 2세의 재위 기간 동안 예언한 요나로 이해하기도 한다. 그러나 열왕기하에 나와 있는 전승자료의 일부가 초기 요나와 관련되어 있을 수 있으나, 현재 형태의 책은 후기의 많은 이야기들을 반영하고 있다.

예언자 요나

요나서의 저자에 관하여 열왕기하 14:25에 기록된 스블론 지파에 속한 가드헤벨(Gath-hepher; 오늘날 키르베트 에즈-주라 Khirbet ez-Zurrâ) 출신의 아밋대의 아들 요나와 요나 1:1의 아밋대의 아들 요나를 서로 다른 사람으로 이해한다. 요나서에 나타나는 폭풍에 대하여 에스겔 27장에서는 하나님께서 원수들에게 폭풍을 보내시지만, 요나서에서는 예언자에게 폭풍을 보내신다. 에스겔서에서는 배와 선원이 가라앉았는데 요나서에서는 이방 선원과 배는 생존하고 요나만 바다 속으로 던져졌다.

요나의 활동 연대

요나의 활동 연대는 언제인가? 하는 질문에 대하여 전통적으로 주전 8세기 여로보암 2세 때 활동한 예언자로 이해하였다. 그러나 요나서에 나타난 언어, 역사, 성향은 포로기 이후 시대의 신학적 문학적 특징을 내포하고 있다. 언어학적인 분석을 통해 볼 때, 요나서의 언어는 후기 히브리어의 사고 혹은 아람어적인 사고가 나타나지만, 헬라어적인 영향을 받았다는 것을 발견할 수 없다. 요나서에는 하나님의 섭리에 대해 대단히 민족주의적인 것에 대한 반대적인 태도가 발견된다. 이러한 것을 근거로 요나서를 에스라-느헤미야 시대에 기록된 것으로, 즉 주전 5세기 중엽에 기록된 것으로 주장한다. 요나서는 벤시락 시대 이전 헬라 시대 이전에 기록된 것으로 보인다. 요나서 2:3-10의 요나의 기도에는 아람어적인 영향이 전혀 발견되지 않기 때문에 첨가되어진 것으로 보인다. 어떤 학자들은 요나의 기도는 시편의 조각을 모아 놓은 것으로 주전 3세기 후반에 기록된 것이라고 주장하기도 한다. 그러나 어떤 학자들은 요나서는 전체가 통일된 것이고 처음부터 이런 형태로 기록되었다고 주장한다.

요나의 문학적 특징

요나서에는 예언 선포가 기록되어 있지 않고, 단지 예언자 요나에 관한 이야기가 기록되어 있다. 따라서 문학적 장르로 요나서가 예언서인가 하는 질문이 제기된다. 따라서 요나서의 특징에 대하여 여러 가지 다양한 주장이 있는데, 일반적으로 요나의 이야기는 역사적인 이야기가 아니라, 교도나 선도하기 위하여 기록한 것이라고 생각한다.[213] 요나서는 익명의 저자가 교훈적인 목적을 위하여 유사한 생각을 가지고 있는 민간전승자료들을 결합하였다.

요나서의 장르에 대하여 학자들은 역사,[214] 알레고리,[215] 미드라쉬, 비유, 예언적 비유, 전설, 예언적 전설, 풍자,[216] 교훈적 이야기 등 매우 다양한 장르를 제시한다.

213) A. Hurvitz, "The Date of the Prose-Tale of Job Linguistically Consideration," *HTR* 67 (1974): 17-34; Alexander T.D., "Jonah and Genre," *Tyndle Bulletin* 36 (1985), pp. 35-59; Burrows M., "The Literary Category of the Book of Jonah," *Translating and Understanding the Old Testament*, eds. H.T. Frank and W.L. Reed, Nashville, 1970, pp. 80-107; Ackerman J.S., "Satire and Symbolism in the Song of Jonah," *Tradition and Transformation*, B. Halpern and J.D. Levenson eds, Winona Lake, pp. 213-246; JAckerman J.S., "Jonah," R. Alter and F. Kermode eds, *The Literary Guide to the Bible*, 1987, pp.234-243.

214) 스트렉은 요나를 해석된 역사라고 정의한다. H. Strek, "The Message of the Book of Jonah," *CTJ* 4 (1969), p. 34; D.J. Wiseman, "Jonah' s Nineveh," *TB* 30 (1979), pp. 29-51.

215) P.R. Ackroyd, *Exile and Restoration: A Study of Hebrew Thought of the Sixth Century B.C.*, (Phidladelphia: Fortress, 1968), pp. 244-245.

216) J.C. Holbert, " 'Deliverance Belongs to Yahweh!' : Satire in the Book of Jonah," *JSOT* 21 (1981), pp. 59-81.

요나서에서 분명하게 발견되는 것은 요나라는 주인공이 예언자로서의 삶을 기록하고 있다는 것이다. 따라서 요나서는 전기적 성격이 강하다. 특히 요나서는 주전 8세기에 활동했던 예언자 요나의 삶을 통하여 당시의 신학적, 종교적 목적을 위하여 기록한 것이다.

요나서의 구조

요나서의 구조는 대칭적인 구조를 가지고 있다. 즉 1-2장과 3-4장이다.

1-2장

요나 1-2장은 3-4장에서 전개될 충격을 대비시키는 역할을 한다. 하나님은 요나를 니느웨로 보내어 니느웨 백성들의 회개를 촉구하도록 명령한다. 그러나 요나는 다시스로 도망한다. 이에 하나님은 풍랑을 일으켜 배를 전복시킨다. 선원들은 자신들의 위기가 요나의 불충성에서 생긴 것임을 알고 요나를 바다로 던진다. 그러자 큰 물고기가 요나를 삼킨다. 3일 후 하나님은 큰 물고기에 명령하여 요나를 토해내도록 한다. 구조적인 측면에서 1:1-3의 하나님의 명령에 대하여 1:4-15에서는 불순종하는 구조로 되어 있다.

2장에는 요나의 기도가 기록되어 있다. 요나의 기도는 2절의 하나님의 응답에 대한 확신, 3-4절의 하나님에 대한 신앙고백, 5-6절의 구원의 하나님에 대한 찬양 그리고 7-9절의 신앙의 결단으로 구성되어 있다.

3-4장

요나 3-4장에서 하나님은 요나에게 선포할 것을 명령하고 요나는 이에 순종한다. 니느웨 사람들은 요나의 선포를 듣고 회개하여 죄 사함을 받는다. 그러나 요나는 니느웨의 행운 때문에 화를 낸다. 이 이야기는 하나님과 요나의 만남으로 끝난다. 3-4장은 1-2장의 구조와 반대의 구조를 가지고 있다. 3:1-3에서 하나님의 명령이 선포되고, 3:5-10에서는 1:4-15과 달리 하나님의 명령에 순종하여 니느웨에서 말씀을 선포한다. 4장에는 요나의 탄원(4:1-3)과 하나님과의 대화가 기록되어 있다(4:4-11).

요나서의 시가 부분은 시편과 같은 다양한 문학적 기교가 사용되었다. 요나의 기도에서는 동의적 평행법이 반복적으로 사용되었다(2:2, 5). 요나 2:2의 "내가 받는 고난으로 말미암아 여호와께 불러 아뢰었더니 주께서 내게 대답하셨고, 스올의 뱃속에서 부르짖었더니 주께서 내 음성을 들으셨나이다"는 전형적인 동의적 평행법이다. 또한 은유적 표현이 등장한다. 스올을 깊음 속으로 표현하거나(2:3), 물고기 뱃속을 스올의 뱃속(2:2)으로 표현한다.

요나서의 내용

요나서는 내용상 다음과 같이 크게 네 부분으로 나눌 수 있다.

1:1-17	요나의 부름과 불순종
2:1-10	요나의 회개와 구원
3:1-10	니느웨에 대한 요나의 예언

그것은 바빌론 강제 이주(주전 6세기) 이후인 주전 5세기나 4세기에 씌어진 듯하며, 요나가 주전 190년경 작성된 전도서라는 외경의 소예언서 목록에 나타나므로 확실히 주전 3세기보다 더 늦은 때는 아닐 것이다. 이와 비슷한 시기에 쓰여진 룻기처럼 요나도 유대교의 배타성에 강조점을 둔 에스라와 느헤미야의 개혁을 따른 그 시대의 특징인 편협한 유대 민족주의에 반대한다. 따라서 그 시대의 유대인들처럼 예언자 요나도 이방인을 구원해야 한다는 생각을 싫어한다. 하나님은 그의 그런 태도를 징벌한다. 이 책은 하나님이 미움받는 외국 도시의 주민들에게도 자비를 베푼다는 것을 증명한다. 큰 물고기(레비아단으로 불리며 구약성서에서 악의 화신으로 사용되는 깊은 곳의 괴물) 사건은 유대 민족의 추방과 귀향을 상징한다.

요나에 기록되어 있는 대로 예언자 요나는 니느웨(아시리아의 대도시)로 가서 그 도시가 죄악으로 가득 차 징벌을 받을 것임을 예언하라는 하나

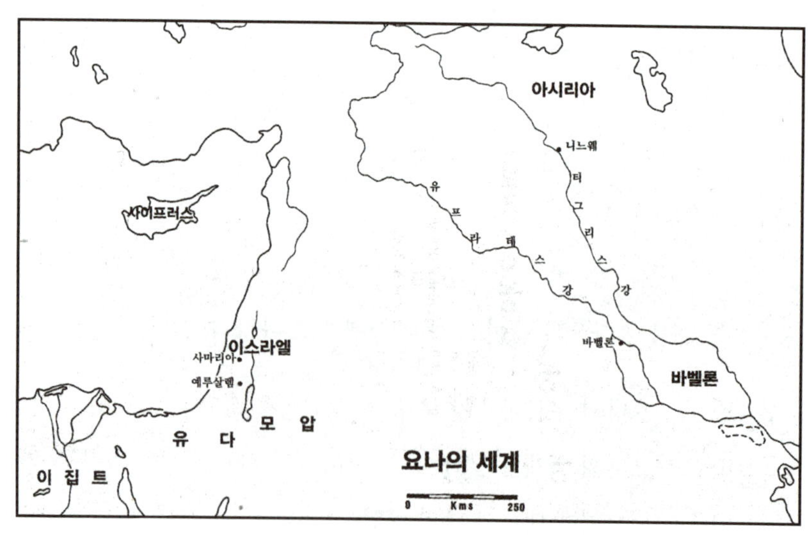

[요나의 시대]

님의 명령을 받는다. 요나는 나훔의 저자가 그랬던 것처럼 하나님의 심판으로 니느웨는 멸망할 것이라고 느낀다. 따라서 요나는 예언하기를 원치 않는다. 예언을 하면 니느웨는 회개하여 구원받을 것이기 때문이다. 그는 욥바로 내려가 하나님을 피할 생각으로 니느웨와 반대 방향으로 가는 배를 탄다. 예기치 않던 거센 태풍이 배를 강타한다. 뱃사공들의 모든 노력에도 불구하고 배가 파손될 조짐이 보이자 제비뽑기를 했는데 요나가 뽑혔다. 그는 고백하기를 태풍이 인 것은 배에 자신이 탔기 때문이라고 한다. 그의 요청대로 그를 바다에 집어던지자 태풍이 가라앉았다.

하나님의 명령으로 큰 물고기는 요나를 삼켰고, 그는 3일 밤낮을 고기 뱃속에 있었다. 그가 구원을 위한 기도를 올리자 물고기는 그를 "땅으로 뱉어 내었다"(2장). 다시 명령이 들려왔다. "일어나 니느웨로 가거라." 요나는 니느웨로가 그 도시에 대해 예언을 함으로써 니느웨 왕과 모든 사람들이 회개하게 되었다.

그때 요나는 화가 났다. 재앙이 내리기를 원하는 요나는 그 도시가 파괴될 것을 기다리며 그 도시 밖으로 가서 앉는다. 밤새 한 식물(피마자)이 자라서 그늘을 드리워 요나가 더위를 피할 수 있게 해준다. 그러나 그 식물은 큰 벌레가 쏠아 먹어 죽게 된다. 요나는 그 식물이 죽은 데 대해 비통해 한다. 그러나 하나님은 결정적인 말로 깊이 타이른다. "너는 이 아주까리가 자라는 데 아무 한 일도 없으면서 그것이 하루 사이에 자랐다가 밤 사이에 죽었다고 해서 그토록 아까워하느냐? 이 니느웨에는 앞뒤를 가리지 못하는 어린이만 해도 12만이나 되고 가축도 많이 있다. 내가 어찌 이 큰 도시를 아끼지 않겠느냐?"(4장)

요나서의 신학

요나서의 신학이나 요나서의 목적은 요나서의 장르에 대한 구분이 있어야 가능하다.

요나서에 나타난 하나님에 대한 이해는 하나님은 인간에게 알려진 방식대로 활동하시는 것이 아니라, 모든 존재에 개별적으로 활동하시는 분임을 나타내고 있다. 따라서 하나님은 인간의 인식 범주를 넘어선 곳에 계시는 분임을 강조한다.

요나서는 회개하는 죄인을 용서하는 하나님에 관한 신학을 발전시켰다. 요나서 3:10의 "하나님이 그들이 행한 것 곧 그 악한 길에서 돌이켜 떠난 것을 보시고 하나님이 뜻을 돌이키사 그들에게 내리리라고 말씀하신 재앙을 내리지 아니하시니라"는 구절은 예레미야 18:7-8, 26:3과 같은 신학사상을 나타낸다. 그러나 요나서나 예레미야서는 이스라엘 민족만의 회개가 아니라, 이방인의 회개까지도 하나님께서 받으시고 심판을 내리지 않으신다는 것이다. 여기서 보편적인 하나님의 사랑을 발견할 수 있다. 따라서 어떤 학자들은 이 요나서가 이스라엘 중심적인 민족주의에 대하여 경고하고 보편주의적인 하나님의 섭리를 나타내기 위한 것이라고 주장한다. 이 회개의 주제 때문에 오늘날 유대인들은 대속죄일(욤 키푸르) 오후에 요나서를 읽으며, 이때 자기 자신을 니느웨 사람과 동일시하면서 탄원한다.

이러한 하나님의 우주적인 사랑의 개념도 요나 1:2에 나타나는데 이것도 예레미야 1:5에 나타나는 것이다. 이러한 하나님의 용서와 우주적인 사랑은 이방인에 대한 구원의 개념으로까지 발전한다. 요나 자신도 이방인의 구원에 대하여 부정적인 생각을 가지고 있었지만, 그러나 하나님은 이방인의 구원을 위하여 요나를 니느웨로 보내셨다.

따라서 요나서에서는 요나와 같은 민족주의적인 배타주의와 하나님의 보편주의 사이의 갈등이 일어나지만, 하나님은 온 세상을 통치하신다는 생각과 하나님은 모든 사람이 회개하기를 기다리신다는 사상에 의하여 해결된다.

이러한 하나님의 은혜를 강조하는 것은 전통적인 인과응보적인 보복의 개념과 상반되는 개념이다.

|요나서 참고문헌|

Allen, L. C. *Joel, Obadiah, Jonah, and Micah*. NICOT. Grand Rapids: Eerdmans, 1976.

Baldwin, J. "Jonah." In *The Minor Prophets: An Exegetical and Expositional Commentary*, edited by T. E. McComiskey, 3 vols., 2:543-90. Grand Rapids: Baker, 1992-98.

Lomburg, J. *Jonah*. OTL. Louisville: Westminster John Knox, 1993.

Sasson, J. M. *Jonah*. AB. New york: Doubleday, 1990.

Simon, U. *Jonah*. JPSBC. Trans. L .J. Schramm. Philadelphia: Jewish Publication Society, 1999.

Smith, B. K., and F. S. Page. *Amos, Obadiah, Jonah*. NAC. Nashville: Broadman & Holman, 1995.

Stuart, D. *Hosea-Jonah*. WBC. Waco, Tex.: Word, 1987.

Wolff, H. W. *Obadiah and Jonah*. Trans. M. Kohl. Minneapolis: Augsburg, 1986.

제6장
묵시문학

묵시문학이란 무엇인가?

구약의 책 중에서 연대적으로 가장 마지막에 출현한 것이 묵시문학이다. 묵시문학은 포로기 이후 시대부터 예언자들이 서서히 사라지면서 그 대신 등장하였다. 묵시문학을 뜻하는 Apocalyptic이라는 말은 헬라어의 아포칼립테인(αποκαλψπτειν)에서 온 것으로 이것은 "비밀의 신비를 벗겨 보여준다"의 뜻이다. 예언자 활동이 끝나는 때와 묵시문학이 시작되는 때는 양자가 중복되어 겹쳐지는 부분이 있다. 대표적인 것으로는 제 3이사야(이사야 56-66장), 제 2스가랴(슥 9장-14장) 등을 들 수 있다. 이들은 예언서이기는 하나 신학적으로 묵시문학적인 성격을 띤다.

모든 묵시문학에는 계시가 등장한다.[217] 그러나 계시의 방법은 획일적이지 않고 다양하다. 가장 보편적인 것이 상징적인 꿈 환상으로 다니엘 7-8장에서 보여진다. 꿈 환상은 상황에 대한 암시, 환상에 대한 묘사, 환상에 대한 해석 요구, 천상에 의한 해석 그리고 결론 부분으로 구성된다. 두 번째 방법은 신현현(epiphany)이다. 신현현은 다니엘 10장처럼 천사와 같은 하나의 초월적 존재로 나타난다. 셋째 방법은 천사의 연설 형

217) J.J. Collins, *Daniel with an Introduction to Apocalyptic Literature*, (Grand Rapids: Eerdmans, 1984), pp. 6-14.

태를 띤다. 다니엘 10-11장이 이러한 유에 속한다. 넷째 방법은 계시자와 계시를 받는 사람 사이에 대화를 통해서 계시를 전달한다. 다섯 번째 방법은 후세대가 이용 가능하도록 본문을 다시 만드는 미드라쉬(midrash)를 통하여 계시가 나타난다. 주석적 계시의 가장 대표적인 예가 다니엘 9장이다. 다니엘 9:2에 의하면 다니엘은 책을 통하여 하나님 말씀을 깨달았다. 마지막으로 페세르(pesher)는 꿈이나 글씨와 같은 계시를 해석하는 것이다.

묵시문학의 계시 내용은 이미 일어난 사건을 예언하는 사후 예언(ex eventu)이 많이 등장한다. 다니엘 7-11장이 대표적이며, 이러한 예언은 창세기 15:13-16에서도 찾아 볼 수 있다. 이 경우 역사를 몇 시대로 나누는 특징을 갖고 있다. 다니엘 7장의 네 왕국이나 9장의 70주 등이다. 이처럼 역사를 나누는 것은 역사가 결정론적이라는 느낌을 갖게 하며, 독자에게 종말이 가까이 있음을 느끼게 한다. 뿐만 아니라 묵시문학의 계시에는 종말론적 예언이 포함되어 있다. 따라서 종말에 대한 징표나 심판 그리고 천상존재의 현현 등이 포함된다. 종말에 대한 징표는 다니엘 7, 8, 11장에 잘 나타나며, 경우에 따라서는 다니엘 12:1처럼 종말론적 대변화로 끝맺기도 한다. 다니엘 7:9-14은 심판에 관한 내용이 포함되어 있다.

묵시문학은 역사적 상황과 밀접한 관계가 있다.[218] 묵시문학은 바벨론 포로 시대 이후, 이스라엘의 특수한 역사적, 사회적, 종교적 상황에서 발생되었다. 포로기가 끝나고 귀향한 이후, 많은 시간이 흘렀음에도 불구하고 예언자들이 제시했던 이스라엘의 회복에 관한 예언들은 역사적 현실로 실현되지 않았다. 오히려 페르시아 제국과 그리스 세력 밑에서 고난의 역사는 계속되었다. 이러한 상황에서 하나님에 대한 신앙이 점점 흐려지게 되었고, 그러므로 이때 이스라엘은 역사에 대한 새로운 이해가

218) J.J. Collins, *Daniel with an Introduction to Apocalyptic Literature*, p. 19.

필요하게 되었다. 이러한 배경에서 묵시문학이 생겨나게 되었다.

묵시문학에서는 현재의 역사를 악에 의하여 지배된 악한 역사로 이해하였다. 따라서 역사가 연장되는 역사의 지평 위에서는 희망의 근거를 찾을 수 없게 되었다. 역사의 시간적 연장은 오직 악의 세력의 확대일 뿐이다. 묵시문학에서는 현재의 역사가 완전히 종말됨으로써 새로운 시대가 도래하게 된다고 믿었다. 이 현재의 역사를 파멸시키는 데는 우주적인 대 전쟁의 과정을 거쳐야 한다. 이 전쟁은 지상의 전쟁이 아니라 우주적인 차원의 초역사적인 대 전쟁이다. 이 전쟁에서 하나님이 승리하시고, 악의 세력은 전멸된다. 이로 인하여 새 하늘과 새 땅의 새로운 창조가 이루어진다. 이 새로운 세계에는 수난과 핍박 중에도 의와 신앙을 지켜 온 빛의 자녀들만이 오직 새 하늘과 새 땅에 들어갈 수 있다고 말한다.

묵시문학의 문학적 특징은 저자의 이름이 밝혀지지 않는 익명성이다. 그 대신 과거 이스라엘 역사에서 위대한 신앙인이었던 모세, 엘리야, 아브라함 등을 책의 저자로서 내세우고 있다. 묵시문학은 이러한 유명한 인물들에게 하나님께서 역사의 진행 과정과 마지막 종말에 관한 비밀을 보여주신 형태로 되어 있다.

이러한 묵시문학의 전성기는 주전 200년부터 주후 100년 사이이었다. 이때 많은 묵시문학이 기록되었다.[219] 묵시문학 가운데 구약성경에 포함된 것은 다니엘서이다. 다니엘서에 기록되어 있는 무대 배경은 바벨론 포로기이지만, 그러나 다니엘서가 쓰인 시대는 마카비 혁명이 일어나기 직전, 이스라엘 사람들이 극심한 종교적 탄압을 받고 있을 때였다.

219) Robert H. Charles, *Apocrypha and Pseudepigrapha of the Old Testament*, I volumes (Oxford: Oxford University Press, 1913)에는 이 당시에 출현한 묵시문학작품들이 수집되어 있다. 이 분량은 성서 전체보다도 더 많은 것이다.

제 2스가랴

스가랴 9-14장을 제2 스가랴(Deutero-Zechariah)라고 부른다. 스가랴 9-14장은 종말론적 성격이 강하며, 말라기서와 같은 형식으로 예언을 시작한다. 학자들은 제 2스가랴서를 묵시문학으로 분류한다.

제 2스가랴의 연대

스가랴 9-14장은 예언자의 이름이나 시대에 대한 언급이 없을 뿐만 아니라 역사적인 암시가 포함되어 있지 않다. 뿐만 아니라 스가랴 9-14장과 앞의 1-8장 사이의 어떤 연관성도 보여주지 않는다. 두 부분은 형식면에서도 차이를 나타낸다. 9-10장에서 말하는 사로잡힘과 포로에서의 귀환은 마지막 날의 구원을 의미하지 바벨론에서의 귀환과는 관계가 없다. 그러나 이 장에서는 에브라임과 유다, 이집트 그리고 아시리아에 대하여 언급하고 있다. 비판적인 학자들은 스가랴 9-14장과 1-8장의 관계를 부인한다. 그러나 9-14장에 대한 분명하고 받아들일 만한 연대 설정을 제시하지는 못한다. 9-14장의 연대가 초기부터 후기까지 매우 다양하다.

후기 연대를 주장하는 가장 큰 이유는 9:13의 야반(헬라)의 아들에 관한 언급이며,[220] 12:12-13에서 다윗과 레위를 연결시키며, 유다와 예루살렘의 갈등이 등장하고(12:2, 5, 7, 14:14), 백성들의 분산에 관한 언급이 등장하기 때문이다(10:8-10). 따라서 두 메이어(C. L. Mayers, E. M. Meyers)는 스가랴 9-14장의 연대를 주전 5세기 그리스와 페르시아의 전쟁 때 기록되었다고 주장한다.[221] 그러나 '요셉의 가문' 과 '에브라임 집' 그리고 '아시리아'는 포로기 이후의 상황을 보여주는 것은 아니다. 이러한 이유로 후기 연대를 주장하는 학자들은 이러한 용어에 대하여 문학적으로 해석할 수 없다. 뿐만 아니라 이스라엘의 우상에 대한 언급 가운데 '드라빔' '복술자'(10:2)는 제 2성전 시대를 의미하지는 않는다. 야반이란 용어의 사용이 제 2스가랴의 후기 연대를 주장하는 중요한 근거가 되지는 못한다. 왜냐하면 '야반의 아들' 은 다른 예언문학에서도 등장하며, 소아시아에 거주하는 이들이 제 1성전 시대 말부터 이스라엘 경계지역에 등장했기 때문이다.

스가랴 9-14장을 제 1성전 시대의 것으로 생각하는 학자들은 스가랴 9-14장에 묘사된 정치 · 종교적 상황이 아모스, 호세아, 이사야 시대와 유사하다는 것을 근거로 들고 있다. 어떤 학자들은 9-11장과 12-14장을 구별하기도 한다. 9-11장은 이른 시대의 것이고, 12-14장은 늦은 시대의 것이라는 주장이다. 9-11장은 특별히 여로보암의 마지막과 관계되어 있으며, 베가 시대의 아시리아의 정복의 시작과 관련되어 있기 때문이다. 이 시대부터 유다와 에브라임을 함께 기록하듯이 아시리아와 이집트를 함께 다루기 시작하였다(호 7:11, 9:3, 11:11, 12:2)고 주장한다. 또한 스가랴 9:1-7처럼 팔레스틴 지역의 해안 도시들과 시리아에 있는 아람에 대하여 언급하는 것도 이 시대에 적합한 상황이다. 제 2스가랴에 기록된 포로와 귀

220) G. McConville, *Exploring the Old Festament Volume 4 The Prophets*, p. 242.
221) C. L. Meyers and E. M. Meyers, Zechariah 9-14, (New York: Doubleday, 1993), pp. 26-28.

환에서 길르앗과 레바논(10:10)이 언급된 반면 에브라임이나 갈릴리와 같은 지역에 대한 언급이 없다. 이에 대하여 학자들은 이스라엘과 유다의 형제 관계가 깨진 시대인 아하스와 베가 시대가 제 2스가랴의 연대라고 주장하면서 제 2성전 시대로 연결하는 것에 대하여 반대한다. 이러한 근거는 스가랴 11:14의 "유다와 이스라엘 형제의 의를 끊으려 함이었느니라"는 구절을 근거로 한다. 11:8의 세 목자를 끊는다는 표현이 이러한 주장을 가능하게 한다. 또한 이러한 주장을 하는 학자들은 스가랴 14:5의 "웃시야 때의 지진"이라는 표현을 근거로 스가랴 12-14장은 9-11장을 기록한 사람에 의하여 기록되었다고 주장한다.

일부의 학자들은 스가랴 9-14장은 페르시아나 그리스 시대에 제 1성전 시대의 내용을 기록한 것이라고 주장한다. 9-14장이 스가랴의 예언에 첨가된 이유는 이 예언들이 이사야 8:2에 언급된 여베레기야의 아들 스가랴의 예언이었기 때문이라고 주장한다. 따라서 두 부분의 예언이 한 권의 책에 포함된 것은 단지 이름이 같기 때문이라고 주장한다.

제 2스가랴서의 시대

제 2스가랴서가 언제 기록되었느냐? 그리고 저자가 누구냐? 하는 문제에 대하여 답을 얻기는 매우 어렵다. 제 2스가랴서의 편집 연대에 대하여 학자들은 헬레니즘 시대 초기 즉 주전 333-63년 사이라고 주장한다. 이러한 주장은 스가랴 9:7, 14:21 등에 이방인에 대한 우호적인 언급 때문인데 초기 유대인들이 알렉산더 대왕을 하나님의 도구로 환영한 것을 근거로 한 주장이다. 그러나 헬레니즘 후기 시대의 전승에 의하면 이방인들을 증오하고 적대감을 가졌다(9:13, 12-14장).

제 2스가랴의 구조와 내용

제 2스가랴의 구조

제 2스가랴는 9-11장, 12-14장으로 나눌 수 있다. 내용적으로 이 둘은 매우 다르다. 9-11장은 포로기 이전 예언과 매우 유사하다. 이스라엘과 유다에 대한 언급(10:6), 아시리아와 이집트에 대한 언급(10:10-11), 시리아, 두로, 블레셋 등 이스라엘과 유다에 적대적인 나라에 대한 언급(9:1-8), 적으로부터 백성을 구원할 왕에 대한 기대와 평화정책에 대한 기대(9:9-10) 그리고 9:1-11:3의 시적인 신학의 형식 등이 포로기 이전 예언서와 매우 유사하다. 또한 9-11장에서는 구원에 대한 약속과 함께 심판도 언급된다. 반면 12-14장은 하나님의 궁극적인 종말론적 승리를 말한다.

제 2스가랴의 내용

스가랴 9:1에서 신탁이라는 뜻의 단어인 마싸(משא)라는 단어로 시작한다. 9:1-8에서는 이스라엘의 열방에 대한 신적인 심판을 포함하고 있다. 하드락, 다메섹, 하맛 그리고 시리아, 두로, 시돈, 불레셋의 아스글론, 에그론과 아스돗이다. 이들이 모두 멸망당하거나 혹은 이스라엘에 부속된다. 9:9-17에서는 이스라엘의 구원에 대한 예언을 담고 있다. 구원의 왕이 시온으로 올 것임을 예언한다. 그는 겸손하여 나귀를 타고 온다고 기록하고 있다(9절). 그는 에브라임과 예루살렘의 전쟁을 종식시킬 것이며, 모든 열방에 평화를 선포하며 그의 통치 영역은 바다에서 바다까지이를 것이다. 그는 포로의 귀환을 이야기하며, 시온의 아들들과 야반(그리스)의 아들들 사이의 전쟁이 일어난다. 그러나 이 전쟁에 하나님이 등장하여 그의 백성을 구원하실 것을 말한다.

10장에서 예언자는 드라빔과 복술자들의 도움을 축소한다. 단지 야웨만이 소낙비를 주실 수 있음을 말하고 있다. 예언자는 하나님이 목자들에게 노를 발하시며, 유다와 요셉의 집이 그들의 적에 대항하여 전쟁할 때 승리할 것임을 묘사하고 있다. 예언자는 이집트와 아시리아의 포로민들을 길르앗 땅과 레바논에 모으며, 이집트와 아시리아를 비천하게 만드실 것을 말하고 있다.

11장에서 다시 예언자는 악한 목자에 대한 신적인 심판을 예언한다(겔 34). 예언자 자신이 어떤 양떼를 먹이기 위하여 부름 받았으며, 은총과 연합이라 불리는 막대를 사용한다(7절). 그는 (혹은 하나님) 한 달에 세 목자를 제거한다.

12장은 9장과 같이 신탁(משא)로 시작한다. 예루살렘은 많은 열방에 의하여 포위될 것이며, 그러나 이들은 혼돈에 미칠 것이며 유다의 족장들이 이들을 오른 쪽과 왼쪽에서 삼킬 것이다. 하나님은 예루살렘을 보호하시고 예루살렘과 전쟁을 한 자를 멸망시키실 것이다.

13장은 예루살렘 거민과 다윗 가문을 위해 정결의 샘이 열릴 것이라고 선언한다. 우상들은 모두 땅에서 잘릴 것이며, 부정한 영과 거짓 예언은 멸망될 것이라고 말한다. 더욱이 양 떼와 목자들에 대한 심판을 언급하고 있다. 세상의 2/3는 멸절하고 1/3만 남고 금과 은처럼 연단하며 이들이 여호와의 백성이 될 것이라고 말한다.

14장은 예루살렘의 포위에 대하여 언급하고 있다. 예루살렘은 정복당하고 약탈당하며, 백성의 반은 포로로 잡혀 갈 것임을 다루고 있다. 그러나 여호와는 열방과의 전쟁에 나가서 감람산은 두 부분으로 나뉘고 백성들은 구원을 받을 것이다. 그리고 하나님의 왕국의 신비적인 계시에 대하여 언급하고 있다. 스가랴의 묘사에서 왕국은 범우주적이면서 민족적이다. 경우에 따라서는 예루살렘에 제한되기도 한다. "야웨(여호와)께서 천하의 왕이 되시리니 그 날에는 야웨(여호와)께서 홀로 하나이실 것이요 그 이름이 홀로 하나이실 것이며"(슥 14:9). 영원한 빛이 비취며, 생명의 물이 예루살렘에서 흐르며 그리고 예루살렘은 그 주변 지역으로 확장될 것이다. 재앙이 닥쳐와 열방이 예루살렘을 포위한다.

제 2스가랴의 신학

제 2스가랴는 이 시대 예언서에서 나타나는 보편주의적 특징이 강하게 나타난다. 열방에 대한 심판이 등장할 뿐만 아니라 하나님께서 열방과의 전쟁에서 백성들을 구원하여 범우주적인 왕국을 건설하게 된다. 그러면서도 민족적인 성격이 강하다.

스가랴서는 신약성서에서 많이 인용된다. 스가랴 9:9이 누가복음 1:28에, 스가랴 11:12이 마태복음 26:15에, 스가랴 12:4이 누가복음 20:17-18, 스가랴 12:10은 요한복음 19:37과 요한계시록 1:7에, 스가랴 13:7은 마태복음 26:31에 그리고 스가랴 14:21은 요한복음 2:16에 인용되었다.

다니엘

다니엘서는 주인공 다니엘의 이름을 따라 붙여진 것이며, 히브리어 성경에서 다니엘서는 성문서에 속하며, 에스더 다음 에스라 직전에 놓여 있다. 그러나 헬라어 성경과 라틴어 성경(불가타 역)에서는 대 예언서 마지막에 놓여 있다. 다니엘서는 12장 357절로 구성되어 있다.

저작 연대

다니엘서의 저작 연대에 대하여 전통적으로 포로기 시대의 것으로 생각하였으나, 이러한 생각은 여러 가지 어려움에 직면하게 된다. 다니엘서는 마카비상 2:59-60에 언급되어 있다. 심지어는 주전 180년경의 벤시락서에서 다니엘을 언급하고 있다. 또한 다니엘 1:1-2은 주전 605년의 사건을 언급하며, 느부갓네살의 아들 벨사살에 관한 언급 등은 다니엘서가 포로기 시대의 것이라는 주장을 어렵게 한다.

다니엘서에 나타난 사상적인 측면을 살펴보면 포로기 이후의 사상이 나타나며, 일부에서는 마카비 시대의 사상이 나타나기도 한다. 특히 다니엘 7-12장은 주전 165년경의 것으로 추정한다.

다니엘서의 저자에 대하여 두 부분(1-6장과 7-12장)의 저자가 같은 사람으로 여기거나 혹은 각기 다른 사람으로 여기는 경향이 있다. 그러나 두 부분이 유사한 언어표현, 유사한 교훈 그리고 독특한 연대를 묘사하는 방식을 채택하고 있다. 다른 측면에서 1-6장은 바벨론 사람을 배경으로, 7-12장은 마카비 시대를 배경으로 기록되었다고 보고 1-6장은 마카비 이전 시대에 그리고 7-12장은 주전 166년경에 기록된 것으로 주장하기도 한다.

그러나 로울리(H.H. Rowley)는 1-12장을 단일저자에 의한 것으로 보며, 마카비 시대의 저자에 의하여 기록되었으며, 그러나 1-6장을 기록하기 위하여 초기 자료를 사용하였다고 주장한다.[222]

일부 학자들은 다니엘 4장에 대하여 4장에 기록된 느부갓네살의 이야기는 나보니두스가 바벨론에서 테이마(Teima)로 갔던 사건을 기초로 기록한 것이라고 주장한다.[223] 다니엘 4장과 평행을 이루는 쿰란문서에 의하면 나보니두스는 테이마에서 익명의 유대인의 치료를 받았다고 기록하고 있다. 나보니두스에 대하여 기록하고 있는 하란 비문(Harran Inscription)은 다니엘 4장 및 다른 장과 꿈이나 확정된 시간의 사용 등에 있어서 매우 유사하다.

다니엘 2-3장 역시 나보니두스의 전승과 밀접한 관련이 있다.

다니엘 1-6장의 이야기들은 각기 서로 다른 개별적인 전승이었다. 이것들 가운데 2-4장은 나보니두스 때 서로 결합되었고, 6장은 다리우스 때 결합되었다. 이 이야기들은 원래 바벨론 기원을 가지고 있던 것인데, 주전 2세기경 팔레스틴으로 가져온 것으로 보인다.

222) H. H. Rowley, "The Unity of the Book of Daniel," *The Servant of the Lord*, (Oxford: Blackwell, 1965), pp. 249-280.

223) P. Riessler, *Das Buch Daniel*, (Vienna, 1902), p. 43.

7-12장 혹은 8-12장은 마카비 저자가 박해당하는 유대인들의 신앙을 강화하기 위하여 저술하였고 1-6장은 이야기가 다시 기록되었으며, 이때 비교적 잘 알져지지 않은 나보니두스 대신 느부갓네살로 대체 되었으며, 전체 이야기가 다니엘의 특유한 연대기 아래 놓이게 되었다. 여기에 또 다른 다니엘에 관한 전승들이 헬라어 번역자들에게 알려졌고, 그것이 첨가 되었다.

다니엘서의 역사적 배경

주전 333년 역사적인 이수스(Issus) 전투에서 알렉산더 대왕은 페르시아 제국의 군대를 무찔러 승리하였다. 이로써 페르시아 제국 시대는 끝이 나고(주전 539-333년), 그리스 시대(Greek Period)의 막이 오르게 되었다. 그후 그리스의 알렉산더 대왕이 죽자, 그가 이룩해 놓은 거대한 제국은 4 장군들에 의해서 사분(四分)되었다. 팔레스틴 지역을 누구의 관할로 할 것인가에 대해서 분쟁이 있었으나, 결국 이집트를 분할받은 톨레미(Ptolemy)의 지배 밑에 들어가게 되었다. 톨레미 왕가는 정복자들에 대하여 비교적 관용주의 정책을 썼고, 따라서 이 기간 동안 팔레스틴의 유대인들은 평온을 유지하였다.

그러나 주전 198년 셀류시드 왕가(Seleucid, 메소포타미아와 시리아 지역의 통치자)는 톨레미 왕가로부터 팔레스틴 지역을 빼앗고 그곳을 자기들의 통치권 밑으로 귀속시켰다. 셀류시드 왕가의 통치 정책은 모든 통치 지역을 희랍 문명으로 통일하려는 것이었다. 그러므로 유대인들에게도 그리스 문명을 강요하였다. 특히 안티오쿠스 4세(Antiochus Epiphanes 주전 175-163년)가 등장함으로 사태는 악화되었다. 그는 유대인들의 종교를 탄압하여 말살시키려고 하였다. 그리하여 안식일과 할례를 금지시키고, 성전 안에 제우스 신을 위한 제단을 세우게 하고, 유대인들이 금기로 여기는 돼지 고기를 희생제물로 바치고 또 강제로 먹게 하였다.[224)]

이러한 상황에서 유대인들은 현실에 적응하려는 사람들("Hellenists")과 죽음을 무릅쓰고 신앙을 고수하겠다는 사람들(하시딤 Hasidim)로 갈라지게 되었다. 다니엘서는 신앙의 투쟁을 하였던 하시딤에 의해서 그리고 하시딤들을 위해서 쓰인 책이다. 즉 다니엘서는 종교적 박해 가운데서도 변절하지 말고 신앙을 지킬 것과, 임박한 종말의 비전을 보여줌으로써 하시딤들에게 희망과 용기를 주기 위해서 기록된 묵시문학이다.

다니엘서의 문학적 장르

다니엘 1-6장은 도덕적 교훈을 전달하기 위하여 기록된 잘 알려진 이야기들이다. 1-6장의 목적은 박해받는 유대인들에게 순수한 종교에 충성을 다하는 자들에 대한 하나님의 섭리를 기억하게 하기 위하여 기록하였다.

7-12장은 묵시문학으로서 이스라엘의 과거사가 마치 예언처럼 기록되어 바벨론 포로 이후 이스라엘은 안티오쿠스 에피파네스 4세(주전 165년)까지의 역사에 투영되었음을 보여준다.

다니엘서의 내용

다니엘서는 두 부분으로 나눌 수 있다. 첫째는 다니엘 1-6장이다. 3인칭

224) 다니엘 9:27; 11:30-35은 당시의 어려웠던 상황을 기록하고 있다. 안티오쿠스(Antiochus) 4세 당시의 유대인 종교탄압에 관해서는 외경(外經)인 마카비 상, 하권에 자세히 기록되어 있다. 이에 대항해서 마침내 167(8)년에 마카비 혁명이 일어나고, 3년 동안 저항한 끝에 이 혁명은 승리로 끝이 났다.

으로 기록된 이 부분은 다니엘과 세 친구에 관한 이야기를 다룬다. 두 번째는 다니엘 7-12장이다. 1인칭으로 기록된 이 부분은 다니엘이 본 마지막 날의 묵시에 대하여 기록하고 있다.

다니엘 1-6장

첫째 부분은 다니엘 1-6장으로 다니엘과 그의 친구에 관한 이야기로 구성되어 있다. 1장에서는 음식 시험, 2장에서는 왕의 꿈, 3:19-27에서는 풀무불의 불, 3:28-4:34에서는 위대한 나무와 그의 미침에 관한 왕의 환상, 5:1-6:1에서는 벽에 글쓰기 그리고 6:2-29에서는 사자우리 속의 다니엘에 관한 이야기 등으로 구성되어 있다.

다니엘 1장-6장까지의 주제는 어떠한 상황 가운데서도 신앙의 순수성과 충성을 강조하는 것이다. 다니엘 1장에서는 다니엘과 그의 세 친구들이 바벨론의 왕궁에서 어떻게 율법에 규정된 식사법을 철저히 지켰는가 하는 것을 보여주고 있다. 다음 2장은, 세계를 재패하던 여러 제국들(아시리아, 메대, 바벨론, 페르시아, 그리스제국들)은 결국 멸망하고, 하나님이 통치하시는 영원한 왕국이 수립된다는 것을 말해 주고 있다. 3장과 6장은 모두 묵시문학의 핵심적인 메시지를 전해 주고 있다. 다니엘의 세 친구들은 금으로 만든 신상(우상)에게 절하기를 거부하였고, 그 벌로 불타는 풀무 속에 던져진다(3장).또한 다니엘 자신은 신앙을 고수한 죄과로 사자굴에 던져진다(6장). 그러나 그들은 풀무 속에서나 사자굴에서도 하나님의 도우심으로 살아나게 된다. 이 두 이야기들은 분명한 메시지를 전해 주고 있다. 비록 신앙적 탄압과 핍박이 맹렬한 풀무와 무서운 사자 굴과 같다고 할지라도, 결코 변절하지 말고 죽도록 신앙에 충성하라는 것이다. 배교냐 순교냐의 갈림길에서 흔들리지 않고 신앙에 충성할 때, 하나님께서는 구원해 주신다는 확신의 메시지이다.

다니엘 7-12장

다니엘 7-12장은 다니엘의 환상에 대하여 설명하고 있으며, 계시받음에 관하여 기록하고 있다. 첫 번째 환상인 7장은 심해로부터 네 마리의 괴물이 올라오는 것에 관하여 말한다. 다니엘 8장의 환상은 벨사살 왕 3년에 본 것으로 작은 뿔의 오만함과 박해에 관하여 자세히 기록하고 있다. 세 번째 환상은 다니엘 9장에 기록되어 있는데, 다리우스 왕 1년에 본 것으로 천사가 예루살렘의 70년 동안의 유배를 일흔 이레 즉 490년으로 이해하여 설명한다. 마지막 환상은 다니엘 10-12장에 기록되어 있으며, 안티오쿠스 3세와 4세 때 유대인들과 관계된 페르시아와 그리스 역사에 대하여 설명한다. 환상은 부활과 마지막 보응으로 끝난다.

다니엘서 해석은 네 왕국에 대한 올바른 이해에 달려 있다. 다니엘 2:31-35에는 네 왕국이 금은동철로 상징적으로 표기되어 있는데, 이들은 다섯 번째 왕국에 의하여 정복당하게 되어 있다. 다니엘 2장의 꿈은 하나님에게 해로운 네 왕국에 관한 비전을 기록하고 있는 다니엘 7장과 평행되어 나타난다. 다니엘 8장의 양을 정복하는 숫염소는 다니엘 7장의 네 번째 왕국과 동일시된다(8:8-9절과 7:9절).

다니엘 2장과 7장의 네 왕국은 같은 것이다. 다니엘 2장의 첫 왕국은 느부갓네살로 대변되는 바벨론 제국을 의미하고, 다니엘 7장의 네 번째 왕국과 다니엘 8장의 마지막 왕국은 이 왕국의 가장 중요한 왕으로 작은 뿔로 상징되는 안티오쿠스 에피파네스 4세를 의미하며, 이 왕국은 그리스 제국을 의미한다(8:21). 네 번째 제국은 그리스 제국을 의미하며, 알렉산더 대왕과 그의 후계자를 나타낸다. 두 번째와 세 번째 제국은 바벨론 제국과 그리스 제국 사이의 제국을 의미하는데, 세 번째 제국(2:23, 7:6)은 알렉산더에 의하여 패한 페르시아 제국을 의미하며, 다니엘 2장과 7장의 두 번째 제국은 바벨론 제국의 뒤를 이은 메데 왕국을 의미한다.

그러나 역사는 바벨론 제국과 페르시아 제국 사이의 메데 제국을 용납하지 않는다. 왜냐하면 페르시아 제국이 바벨론 제국의 멸망 뒤에 바로 그 뒤를 이었기 때문이다. 따라서 두 가지 가능성이 제시된다. 다니엘서의 저자가 연대적인 순서를 잘못 인용했거나, 아니면 완전히 허구적인 것을 기록했을 가능성이다. 다니엘서의 저자에게 있어서 실제적인 연대에 대한 관심은 이차적이었다. 그의 관심은 하나님의 왕국 시작 이전의 세계의 힘에 대하여 상징적으로 묘사하는 것이었다.

다니엘 7-12장까지의 부분은 상징적 표현들을 사용하여 역사의 진행 과정을 묘사하고 있다. 예를 들어 다니엘 7장에 등장하는 네 가지 짐승(날개 달린 사자, 곰, 표범, 끔찍하게 생긴 힘센 짐승)은 각각 세계를 지배하였던 네 세계 제국들(바벨론, 메대, 페르시아, 그리스)을 상징하고 있다. 여기서 마지막 종말의 날은 구체적으로 세 번 언급되고 있다. 먼저 "한 때, 두 때, 반 때"이다. 즉 3년 반만 지나면 종말이 온다는 것이다(다니엘 7:25-28; 12:7). 다니엘 12:17에는 이 날은 1,290일 내에 도래한다고 명기되어 있고, 12:12에서는 1,335일로 연장 수정되어 있다. 이러한 날짜들이 뜻하는 것은 무엇인가? 이들은 임박한 종말을 말해 주는 것이다. 종말의 날이 박두하였으니 조금만 참고 인내하며 기다리라고 하는 메시지가 담겨 있다. 그렇기 때문에 다니엘서는 다음과 같은 말로써 끝을 맺는다.

다니엘 12장 13절

너는 가서 마지막을 기다리라 이는 네가 평안히 쉬다가 끝날에는 네 몫을 누릴 것임이라

| 다니엘서 참고문헌 |

Collins, John J. *Daniel.* Hermeneia. Minneapolis: Fortress Press, 1993.

Collins, John J. *Daniel, with an Introduction to Apocalyptic Literature.* FOTL 20. Grand Rapids: Eerdmans, 1984.

Goldingay, John E. *Daniel.* WBC 30. Dallas: Word, 1989.

Lacocque, André. *The Book of Daniel.* Atlanta: John Knox, 1979.

Montgomery, James A. *A Critical and Exegetical Commentary on the Book of Daniel.* ICC. Edinburgh: T. & T. Clark, 1927.

Seow, C. L. *Daniel.* Westminster Bible Companion. Louisville: Westminster John Knok, 2003.

Smith- Christopher, Daniel L. "Daniel." In *NIB* 7:17-194.

제6부

크투빔 כתובים

제1장
시가문학

고대 근동의 시가문학

시가문학이란 고대 사람들이 자신의 종교적 경험이나 신념 혹은 갈망하는 바를 표현하는 문학적 형태 가운데 시적인 형태를 띠는 것을 말한다. 시가문학에는 그 내용에 따라 기도, 찬양 그리고 탄원이 있다. 시가문학을 통하여 노래하는 자의 하나님(신)에 대한 신앙심이 표현되며, 고대 근동의 모든 지역에서 발전된 문학형태이나, 지역에 따라 내용의 강조점이 다르거나 혹은 특정한 장르가 등장하지 않는 경우도 있다.

고대 근동의 시가문학

시가문학은 고대 세계에서 보편적으로 발견된다. 고대의 시가문학은 주로 기도, 찬양시와 탄원시의 형태로 나타나며, 고대 근동 사람들이 자신의 신들에게 드린 기도나 찬송 혹은 탄원을 모아놓은 많은 작품들이 지금까지 전해오고 있다.[1] 수메르어, 아카드어, 이집트어, 우가릿어 그리고

1) J.H. Walton, *Ancient Israelite Literature in Its Cultural Context*, (Grand Rapids, Michigan: Eerdmans 1989), pp. 135-168; 김영진, "시가문학의 고대 근동적 배경에 관한 연구," 김영일 외 17인, 『시편: 우리

히브리어로 기록된 많은 작품들이 현존한다. 이러한 시가문학은 서로 형태가 비슷하지만 각 문화권마다 기도, 찬송 그리고 탄원의 내용은 자신들의 종교와 밀접하게 관계되어 특징을 나타낸다. 즉 각 문화권의 시가문학은 형식적인 측면에서는 유사점이 있지만, 그러나 거기에 담겨있는 내용이나 사상에 있어서는 차이점이 드러난다.

고대 근동의 시가문학이 이스라엘 시가문학에 어떤 영향을 주었는가에 대하여 궁켈(H. Gunkel)[2]이나 다후드(N. Dahood)[3]의 시편주석에서 고대 이스라엘의 시와 고대 근동 시의 유사점과 차이점을 분석하였다. 또한 왈톤(S.H. Walton)은 고대 근동 문학과 히브리 성서문학의 유사점과 차이점을 분석하는 가운데서 시편 부분을 언급하고 있다.[4] 일부 학자들은 구약성서의 시편들과 고대 근동의 시 사이에 유사점이 발견되는 부분에 대해 연구를 한 학자도 있다. 특히 최근 아비슈르(Y. Avishur)는 시편 29편과 하박국 3장을 우가릿 시와 비교 연구하였다.[5]

고대 근동과 이스라엘의 시가문학을 비교하면 서로 유사점과 차이점이 발견된다.[6] 특히 형식적인 측면과 내용적인에서 유사점과 차이점을

영혼의 해부학』, (서울: 한들출판사, 2006), pp. 59-74를 수정 · 보완하였음; 장일선, 『구약성서의 세계』,(서울: 대한기독교출판사, 1981); D.C. Foster, *Before the Muses: An Enthology of Akkadian Literature*, (Bethesda: CDL Press, 1993).

2) H. Gunkel, *Psalmen uebersetzt und erklaert, Goettingen, 1926;* idem, *Einleitung in die Psalmen, Goettingen*, 1933; idem, *Introduction to Psalms. The Genres of the Religious Lyric of Israel*, (Georgia: Mercer University Press, 1999).

3) M. Dahood, *Psalms I-III* (New York: Doubleday, 1982, 1983).

4) J.H. Walton, *Ancient Israelite Literature in Its Cultural Context*, pp. 135-168; H. Gunkel, *Introduction to Psalms: The Genre of the Religious Lyric of Israel.*

5) 시편 29편과 고대 근동의 시와의 관련성에 대하여 이미 긴스버그(H.L. Ginsberg)이나 가스터(Gaster), 올브라이트(W.H. Albright), 크로스(F.M. Cross)등에 의하여 연구되었다. 시편 104편과 고대 근동의 관계, 시편 29편과 우가릿 문학과의 관계 그리고 하박국 3장과 우가릿 문학이나 바벨론 문학과의 관계 등을 연구하였다. P. Craigie, "The Comparison of Hebrew Poetry: Psalm 104 in the Light of Egyptian and Ugaritic Poetry," *Semitics 4* (1974), pp. 10-21; F.C. Fensham, "Psalm 29 and Ugarit," *Studies on the Psalms*, 1963, pp. 84-89; Avishur Y., *Studies in Hebrew and Ugaritic Psalms*, pp. 111-205.

발견할 수 있다. 히브리 시가문학과 고대 근동의 시가문학 사이의 공통점은 찬양시의 경우 찬양의 주제가 신의 성품에 대하여 찬양한다는 점이다. 그러나 이스라엘의 찬양시에서는 여호와 하나님 한 분의 절대적인 주권을 찬양하지만, 고대 근동의 다신론적 세계에서는 어느 한 신의 절대주권을 찬양하지는 않는다. 그럼에도 상류층의 신들이 마치 절대주권을 가진 것처럼 찬양되고 있다. 신의 성품에 대한 묘사에 있어서 이스라엘과 고대 근동의 묘사의 차이점, 특히 규모의 차이점이 발견되기는 하지만, 그러나 유사점을 발견할 수 있다.

탄원시의 경우 히브리 시가문학이나 바벨론 시가문학에서 같은 내용을 다루는 경우가 많다. 즉 병, 원수의 억압, 신의 유기, 죄의 고백, 친구들이 버림, 여러 종류의 시련 등이 탄원의 내용이다.

그러나 이처럼 공통점이 발견된다고 해서 어느 쪽에서 어느 쪽으로 영향을 주고받았다는 것을 결정지을 수는 없다. 오히려 고대 이스라엘과 바벨론 시가문학의 내용상 유사점은 사람이 어느 곳에 살든지 대체로 공통적인 문제를 갖고 신에게 나가며, 같은 종류의 행위를 통하여 신을 찬양하는 경향을 보여준다.[7)]

고대 근동의 시가문학과 이스라엘의 시가문학 사이에 차이점들이 발견된다. 고대 근동의 시가문학에서는 신이 한 개인을 위해 행한 위대한 일을 찬양하는 노래는 발견할 수 없는데, 히브리어 찬양시의 대부분은 하나님이 한 개인이나 공동체를 위하여 행하신 위대하심을 찬양하는 노래이다.[8)]

6) 그러나 서로 다른 문화권의 문학작품을 비교할 때 주의할 점은 동일한 표현이 다른 종교적인 문학에서 사용될 때 항상 동일한 의미를 나타내지는 않는다는 점이다. 따라서 두 개의 유사한 구가 반드시 동일한 아이디어를 전달하는 것은 아니다. H. Ringgren, *The Faith of the Psalmists*, (Philadelphia: Fortress, 1963), pp. 115-116.

7) J.H. Waton, *Ancient Israelite Literature*, p. 144.

고대 근동의 찬양시에는 히브리어 찬양시와 마찬가지로 신의 성품에 대한 묘사적 찬양이 발견되지만, 그러나 약간의 차이점도 발견된다.[9] 메소포타미아 탄원시는 주로 신과의 화해를 위한 탄원 및 일반적인 행복을 위한 탄원이 주를 이룬다.[10] 이러한 현상은 메소포타미아 사람들은 신과의 관계에서 무엇인가 두려움을 느낄 때 탄원하게 된다. 일반적으로 개인이 어떤 종류의 병이나 고난을 겪을 때, 신에게 죄 사함과 긍휼을 요청하고 이것은 곧 치유나 고난에서의 구원 요청과 같은 것이다.

그러나 히브리어 탄원시는 고대 근동의 탄원시와 달리 저주의 내용이 기록되어 있다. 그러나 고대 근동의 탄원시에서는 저주의 내용이 발견되지 않는다. 히브리어 탄원시에 저주의 내용이 발견되는 것은 여호와께서 의로우시기 때문에 악인이 반드시 형벌을 받아야 한다는 신학에 의한 것이다. 이처럼 인과응보의 사상에 얽매여 있는 이스라엘 사람들은 하나님의 길로 인도되어 지는 것에 대한 관심이 크다.

그러나 이러한 내용은 고대 근동의 탄원시에서 발견되지 않는다. 왜냐하면 고대 근동 사람들에게 있어서 신의 길은 신비롭고 혹은 알려지지 않는 길이라는 인식이 있었기 때문이다.[11]

고대 이스라엘과 메소포타미아의 탄원시의 가장 큰 차이는 무엇인가? 시편의 탄원시에서는 탄원자가 여호와의 자비로우심에 근거하여 하나님께 탄원할 수 있다. 그러나 고대 근동의 탄원시에서는 이러한 개념이 등장하지 않고, 앞에서 언급했듯이 고대 근동의 탄원시는 화난 신을 위로하는데 초점을 맞춘다. 따라서 신들이 탄원자의 탄원에 귀를 기울이는 것은 바로 이 탄원과 동반되는 제의와 제물 때문으로 이해할 수 있다. 희생제물은 신의 분

8) J.H. Waton, *Ancient Israelite Literature*, p. 145.
9) S. Mowinkel, *Psalms in Israel's Worship*, p. 179.
10) E.R. Dalglish, *Psalm Fifty-one in the Light of Northwest Semitic*, pp. 46-47.
11) J.H. Waton, *Ancient Israelite Literature*, p. 148, note 48.

노를 가라앉게 하려는 노력의 일환으로 제공된 것으로 이해할 수 있다.

고대 이스라엘과 고대 근동의 탄원시에서 알려진 범죄와 죄에 대한 고백을 발견할 수 있다. 시편의 탄원시에서는 하나님의 긍휼이나 죄 사함을 구하지만, 이집트의 탄원시에서는 신의 긍휼이나 죄 사함을 요청하는 것을 발견하기 어렵다. 오히려 이집트 찬양시들에서 죄보다는 무지의 결과로서 저지른 개인의 허물들이 일반적으로 묘사된다.

따라서 고대 이스라엘과 메소포타미아의 탄원시에서 모두 탄원자의 무죄의 제시와 죄악의 인정이 나타난다고 볼 수 있다. 그러나 히브리어 탄원시는 탄원자 자신의 무죄를 가정하는 경향이 많은 반면, 고대 메소포타미아 사람들은 자신이 죄가 있다고 고백한다. 다만 죄에 대한 자신의 무지함에 근거하여 신의 긍휼을 간구한다.

이스라엘과 메소포타미아의 탄원시는 다양한 핍박에 대한 반응이며, 이러한 핍박은 범죄에 대한 신의 반응으로 인식하였다. 메소포타미아에서는 범죄가 분명하지 않으면, 알려지지 않은 죄가 그 원인이라고 전제하고, 그 죄와 범죄에 해당하는 신을 확인하고 그 신과의 화해를 위해 제의가 사용되었다. 이스라엘에서는 범죄가 분명하지 않으면 개인이 무죄를 주장하는 것이 전형적이다.

이스라엘 사람들은 일반적으로 자신이 상대적으로 무죄하다고 생각하였기 때문에 "형벌"을 매우 가혹하게 당한다고 생각하였다. 시편기자가 형벌이 합당하다고 인정하는 경우는 드물다. 반대로 메소포타미아 사람들은 자신의 죄를 인정하기 때문에 그가 받는 형벌이 합당하다고 인정하는 경우가 일반적이다.

히브리 시가문학

고대 이스라엘 사람들은 그들의 삶과 신앙 속에서 노래를 즐겨 불렀기 때문에 이들의 노래가 구약성서의 여러 곳에서 발견된다. 시가 광범위하게 사용되었다는 사실은 구약성서에서 시의 형태를 띤 부분이 약 1/3정도 된다는 것에서 잘 알 수 있다. 구약 성서 가운데 시를 모아 놓은 시편 이외에도 구약성서 전반에 걸쳐 고대 이스라엘 사람들의 노래가 기록되어 있다. 바다의 노래(출 15:1-18), 모세의 노래(신 32:1-43), 드보라의 노래(삿 5:1-31), 한나의 노래(삼상 2:1-10), 다윗이 노래한 구원의 노래(삼하 22:2-51), 감사의 노래(사 12:4-6), 히스기야 왕의 노래(사 38:9-20), 하박국의 기도(합 3:2-19), 물고기 뱃속에서 드린 요나의 기도(욘 2:1-9), 제 2이사야 예언서에 들어 있는 찬양시들(42:10-12; 52:9-10), 욥기에 있는 두 개의 찬양시(5:8-16; 9:4-10; 12:7-10; 12:13-25), 탄원시(3:3-12; 13-19; 20-26, 7:1-10, 7:12-21, 9:25-31, 10:1-22) 그리고 예레미야에 나타난 탄원시편(15:15-18, 17:14-18, 18:19-20) 등이다.

히브리어 시가문학(혹은 운문)은 나름대로 문학적 특징이 있다.[12] 히브리어 시가문학은 대체로 간결하고 평행법을 많이 사용하며, 상상력을 동원하게 하는 기품 있는 대화체이다. 히브리어 시는 평균 30행 미만으로 구성되며,[13] 한 절이 대략 3-4 단어로 구성된다. 간결함을 유지하기 위하여 때로는 정관사, 목적의 전치사, 혹은 관계대명사를 생략한다.

히브리어 시에는 시적인 효과를 높이기 위하여 다양한 기교를 사용하고 있다. 히브리시의 주요한 단위는 줄 혹은 절이며 대부분이 두 부분으로 구성되어 있으나, 경우에 따라서 세 부분으로 구성되기도 한다. 그러

12) 히브리 시가문학의 문학적 특징에 대해서는 W.G.E. Watson, *Classical Hebrew Poetry: A Guide to Its Techniques*, (Sheffield: Sheffield University Press, 1995)를 참조하시오.

13) 시편 119편이 176절로 구성된 것은 연속된 여러 편의 시가 결합된 것이다.

나 대부분 이중 구조가 히브리시의 특징이다. 2소절(bicola) 시는 대체로 2+2, 3+3 혹은 4+4로 구성된다. 경우에 따라서는 2+3, 3+2, 4+3 혹은 3+4 형식으로 구성되어 있다. 3소절(tricola) 시는 2+2+2, 3+3+3 혹은 4+4+4의 형식으로 구성된다. 경우에 따라서는 3+3+2, 3+2+3 혹은 4+4+3 형식으로 구성된다. 히브리어 시는 기억을 돕거나 혹은 전달하고자 하는 메시지를 전달하기 위하여 다양한 방식의 시적 기법을 사용한다.

히브리어 시를 구성하는 최소 단위는 반구(hemistich)이다.[14] 두 개의 반구가 모여서 행(colon)을 이룬다. 히브리어시의 행은 단행(monocolon), 이행(bicolon), 삼행(tricolon)등으로 나눈다. 몇 개의 행이 모여서 절(strophe)이 되고, 몇 개의 절이 모여서 연(stanza)이 되며, 몇 개의 연이 모여서 시가 된다.

히브리어 시
연
절
행
반구+반구

히브리어 시의 대표적인 문학기법은 이중 구조의 평행법(Parallelism)을 많이 사용한다. 언어적, 의미론적 그리고 문법적 균등을 나타내는 평행법은 동의적 평행법(synonymous parallelism)(시 6:9, 24:1-2, 85:7), 반의적(대조) 평행법(antithetic parallelism)(시 25:3, 37:21, 127:4절), 점층적(계단식) 평행법(steplike or staircase parallelism)(시 29:1, 92:9, 103:3절), 종합적인 평행법(synthetic parallelism)(시 106:19-20, 46절) 등이다.

히브리시의 이중 구조에서 첫째 부분과 둘째 부분의 단어 나열 순서가

14) W.G.E. Watson, *Classical Hebrew Poetry*, pp. 11-15.

서로 바뀌는 교차대구법(chiasmus) 역시 많이 사용되었다(아 2:14, 사 5:7).

히브리어 시는 기억을 쉽게 하거나 혹은 교수법적 목적을 위하여 시의 첫 행을 알파벳의 자음을 따라서 짓는 알파벳 아크로스틱(acrostic) 기법을 사용한다(시 9-10, 25, 34, 37, 111, 112, 119, 145, 잠 31:10-31, 애가 1-4장).

히브리어 시의 기법 가운데 같은 구절이나 문장을 앞과 뒤에 놓아서 강조하는 수미쌍관법(inclusio)이 있다. 수미쌍관법은 절 전체를 반복하거나, 절의 부분을 반복하거나, 구 혹은 단어를 반복하는 경우 등이 있다(시편 8:2, 10, 104:1, 35).

한 시안에서 어떤 부분이 두 번 이상 같은 구절이 언급되는 반복(refrain) 기법도 사용된다(시 67:4, 6). 이러한 반복은 주로 후렴구로서 교창하는 경우가 많다(시 136편).

이와는 달리 시적인 효과를 높이고, 전달하려는 메시지를 정확히 전달하기 위하여 반복법(repetition)을 사용한다. 특정 자음을 반복하는 두운(頭韻 alliteration), 유사음을 반복하는 모음압운(母音押韻 assonance) 그리고 언어유희(wordplay) 등이 대표적인 예이다. 뿐만 아니라 문장의 구조에 있어서 첫 자음이나 음을 반복하거나(repetition initial), 끝을 반복하거나(end repetition) 혹은 같은 단어나 구를 연속해서 반복해 쓰는 방법(immediate repetition)이다(시 121, 122).

히브리어 시의 생략(ellipsis) 기법은 시나 문법적인 단위의 어떤 부분을 생략하는 것을 말한다(시 100). 또한 풍자(irony)는 반대적인 표현을 통하여 말하는 자의 뜻을 전하고자 하는 방식이다. 따라서 풍자의 경우에는 표면적으로 나타나는 의미와 정반대의 뜻을 나타낸다(암 4:4-5). 모순(矛盾)어법(oxymoron)은 서로 양립할 수 없는 두 단어가 인접하여 배열되는 방식을 말한다(참고 잠 25:15, 28:19).

히브리어 시에서는 어떤 상황을 강조하기 위하여 혹은 비유를 생생하게 나타내기 위하여 과장법(hyperbole)을 사용하기도 한다(시 6, 7편). 인간 전체를 표현하기 위하여 "영과 육"으로 표현하거나 우주 전체를 나타내기 위하여 "하늘과 땅" 등 극단적인 단어 두개 이상을 사용하는 분할법(merismus)도 사용되었다(잠 14:20, 14:27).[15] 또한 두 개의 단어를 사용하여 하나의 복합적인 의미를 나타내는 데 사용하는 중언법(hendiadys)은 고대 히브리 시에서 많이 사용하는 문학적 기교 가운데 하나이다(시 55:6).

15) Merismus는 헬라어 메리스모스(μερισμός)에서 유래된 단어로 적당한 우리말을 찾지 못하여 한시적으로 분할법으로 사용하였다.

시편

시편의 명칭

시편이란 고대 이스라엘 사람들이 하나님을 찬양하거나 혹은 하나님께 탄원한 종교적인 노래들을 모아 놓은 것이다. 시편을 영어로는 '쌈스'(Psalms)라고 부른다. '쌈스' 라는 명칭은 헬라어 '프살모이' (ψαλμοι, 눅 20:42, 24:44, 행 1:20)에서 파생된 라틴어 '리베르 프살모룸' (Liber Psalmorum) 혹은 '살미' (Psalmi)에서 파생되었다. 이 말의 뜻은 "현악기로 부르는 노래" 라는 뜻으로 시편의 표제어로 사용된 히브리어 '미즈모르' (מזמור)를 번역한 것으로 보인다(구약에 57회 등장).[16] 이것은 알렉산드리아 코덱스(Codex Alexandrinus (CA))에서 '프살테리온' (ψαλτήριον)으로 번역되었고,[17] 시편 57:8의 비파를 칠십인역에서(LXX 56:9) '살테리온' 이라고 번역하였기 때문이다. 이것이 라틴어로 '프살터리움' (Psalterium)으로 그리고 영어의 Psalter로 번역되었다. 그러나 팔레스틴 지역에서는 '미즈모르' 라는 표제

16) S. Terrien, *The Psalms: Strophic Structure and Theological Commentary*, (Grand Rapids: Eerdmans, 2003), p. 10.

17) '프살테리온' (ψαλτήοιον)은 (1) "노래집" 이라는 뜻과 (2) "비파" 라는 뜻이 있다.

어가 붙지 않은 것을 모두 포함하여 '미즈모르'의 복수형인 '미즈모로트' (מזמורות)라고 부른다.

원래 히브리어 성서에는 책의 이름이 붙어 있지 않은 것처럼 시편도 그 이름이 붙어 있지 않았다. 널리 알려진 시편의 제목은 랍비들의 전통을 따라 '세페르 트힐림' (ספר תהלים)이라고 부르고 줄여서 '틸림' (תלים) 혹은 '틸레이' (תלי)라고 부른다. 이 말은 시편이 찬양의 책이란 뜻을 가지고 있다.[18)]

'트힐림' 이라는 히브리어 제목은 몇 가지 어려운 문제점을 가지고 있다. 첫째, 여성 명사인 '트힐라' (תהלה, 시 22:4, 78:4)의 복수형 어미가 여성형인 '오트' (ות)가 아니라 '임' (ים)라는 점이다. 둘째, 오직 시편 145편의 표제어(히 145:1)에서만 '트힐라' (תהלה)가 사용되었다는 점이다.

'트힐림' 이라는 단어는 히브리 동사 어근 הלל에서 유래되었다. 이 단어는 포로기 이후의 책에서 많이 사용된다(스 3:10-11, 느 5:13, 12:24, 대상 16:4, 36, 23:5 등). 후렴구로 많이 사용되는 '할렐루-야' (הלל-יה)는 시편의 가장 큰 역할이 찬양(hymn)이었다는 것을 말해 주는 것이다.

시편은 히브리인들의 전통에 의하면 성문서 가운데 룻기 다음에 위치하고 욥과 잠언이 뒤이어 등장한다. 시편은 언제나 성문서 가운데서 앞부분에 차지할 만큼 중요한 위치를 차지하였다. 이것은 누가복음 24:44에서 예수가 "또 이르시되 내가 너희와 함께 있을 때에 너희에게 말한바 곧 모세의 율법과 선지자의 글과 시편에 나를 가리켜 기록된 모든 것이 이루어져야 하리라 한 말이 이것이라"고 한 말에서도 알 수 있다.

히브리어 시편의 수가 150개라는 것은 널리 알려진 사실이다. 그러나 성서의 사본에 따라 시편의 수는 같지만, 그 내용에 있어서 약간의 차이가 있다. 맛소라 텍스트 (MT; Masoratic Texts)나 칠십인역(LXX)의 시편의 수

18) S. Terrien, *The Psalms: Strophic Structure and Theological Commentary*, p. 11.

는 모두 150개이지만 칠십인역에서는 9-10편과 114-115편을 하나로, 그러나 116편과 147편을 둘로 나누었다.

두 개의 성서사본에서 150편이라는 숫자상의 통일을 유지하는 것은 대단히 중요하다. 왜냐하면 칠십인역에는 첨가된 또 다른 시편들이 있기 때문이다. 칠십인역에서 9-10편을 합한 이유는 두 시편이 서로 연결된 알파벳 시(alphabetic acrostic)이기 때문이다.

초기에 두 개의 시였던 것이 하나로 결합된 시편은 1-2편, 42-43편, 53-54편, 70-71편, 93-94편, 94-95편, 104-105편, 114-115편, 116-117편, 117-118:4 등이다. 두절로 기록된 시편 117편은 앞뒤가 뒤바뀐 것으로 보인다.

사해사본에서 발견된 시편은 장이나 절의 구분 없이 마치 산문처럼 기록되어 있다. 그렇지만 쿰란(Qumran)의 제 4 동굴에서 발견된 사본에는 절의 구분 표시가 있다. 히브리 전통에 의하면 시편의 절수는 모두 5,896절이지만, 서구 맛소라 학자들에 의하면 시편의 절수는 모두 2,527개다. 이처럼 같은 시편에서 절수에 대한 통계가 각기 다르게 기록된 것은 절의 개념의 차이 때문이다. 히브리 전통에서는 휴지 표시에 의해 구별되는 2-3개의 구분(stich)으로 이루어진 것을 절이라고 부르지만 서구의 전통은 성서 시가문학의 특별한 분위기 즉 단어들의 길이와 배열에 의해 절을 구별한다. 따라서 히브리 전통에서는 2-3개의 단어로 구성된 표제어도 하나의 절로 구별한다. 이러한 차이는 히브리어 시편의 절과 우리말 성서의 시편 절수가 일치하지 않는 이유가 된다.

시편의 구분

시편은 오경을 따라서 크게 다섯 책으로 나누어져 있다.[19] 이러한 전통은 주후 4세기부터 시작되었다.[20] 이것은 주전 200-주후 300년 사이에 시편이 모세의 율법과 함께 읽혀졌기 때문으로 생각된다.[21]

(1) 시편 1-41편

(2) 시편 42-72편

(3) 시편 73-89편

(4) 시편 90-106편

(5) 시편 107-150편

그런데 처음 네 권의 책 끝부분에는 모두 찬양(찬송)과 아멘으로 마쳐지고 있다. 그러나 시편의 마지막 책 제 5권에는 이러한 종결 찬양 부분이 빠져 있다. 아마도 시편 150편이 전체 시편을 마무리 짓는 찬양시이기 때문에 시편 제 5권의 찬양 부분이 빠진 것으로 보인다.

시편의 여러 편이 각기 다른 책에 다시 등장하는 경우가 있다. 즉 시편 14편은 제 2권인 시편 53편에도 반복되고 또 시편 40:14-18은 제 2권에 속하는 시편 70편에 나타난다. 또한 시편 57:8-12과 시편 60:-14은 제5권인 시편 108편에 나타난다. 이러한 사실은 다양한 시편들이 각기 다른 시대에 독립적으로 존재하였음을 말해준다. 따라서 시편의 책이 구분된 것은 오늘날 시편과 같은 형태로 발전하는 각 단계를 나타내는 것이라 볼 수 있다.

19) W.H. Bellinger Jr., *Psalms: Reading and Studying the Book of Praises*, Peabody, 1992, p. 7.

20) E.S. Gerstenberger, *Psalms part 1 with an Introduction to Cultic Poetry*, (Grand Rapids: Eerdmans, 1988), p. 36.

21) E.S. Gerstenberger, *Psalms part 1*, p. 36.

제 1권-3권까지는 단 6개의 시편만이 표제어를 가지고 있지 않은 반면, 제 4-5권의 61편의 시편 가운데서 18개의 시편이 표제어를 가지고 있지 않다. 특히 시편 제 4-5권에서는 전문적인 음악 용어인 '라-메나쩨아흐'(xcnml, "지휘하는 사람" 혹은 "인도자", 시 54편)나 '쎌라'(סלה)가 거의 등장하지 않는다. '라-메나쩨아흐'는 3회 그리고 '쎌라'는 4 번만 등장한다. 반면에 시편 제 4-5권에는 '할렐루-야'(הללו־יה)가 절대적으로 많이 등장한다. 제 4-5권의 시편들은 성전에서 드리는 찬양과 감사의 시가 주를 이루고 있기 때문이다.

시편의 저자

시편은 오랜 편집 역사를 통하여 오경과 같은 구조로 형성되었으며, 여러 개의 작은 시편들이 모여서 오늘날 150편이 형성되었음을 알 수 있다.

나훔 싸르나(N.M. Sarna)는 시편 가운데 시편 3-41편(10, 33편 제외)이 가장 오래된 것이라고 주장한다. 시편 33편에는 '다윗의 시편' 이라는 표제어가 없지만, 시편 33편의 헬라어 사본에는 다윗의 시편이라는 표제어가 붙어 있다. 싸르나는 시편 33편은 후에 시편 제 1권에 삽입된 것이라고 주장한다. 시편 33편이 후에 지어진 것이라는 것은 시편 33:7의 '코네스'(כנס)라는 단어가 포로기 이후에 사용되는 단어이기 때문이다.

시편 제 2권 특히 시편 42-83편에서는 '야웨'(יהוה)라는 하나님 이름 대신에 '엘로힘'(אלהים)이라는 신명이 많이 사용된다. '야웨'는 단 45회만 사용되지만 '엘로힘'은 무려 210회나 사용된다. 그러나 제 2권을 제외한 제 1권과 제 3-5권에서는 '야웨'라는 이름이 무려 584회나 사용된 반면, '엘로힘' 이라는 이름은 94회만 사용되었다. 이처럼 시편 제 2권에 '엘로힘' 이라는 신명이 많이 사용되는 것은 제 1권의 시편이 제 2권에서 재인용될 때 신명이 '야웨' 에서 '엘로힘' 으로 바뀐 것에서도 알 수 있다. 즉 시편 14:2, 4, 7의 '야웨' 가 시편 53:3, 5, 7에서 '엘로힘' 으로 바뀌었다. 또 시편 40:14a와 17절의 '야웨' 가 시편 70:2a와 5에서 '엘로힘' 으로 바뀌었다. 또한 시편 43:4의 '엘로힘 엘로하이' (אלהים אלהי)나 시편 45:8, 50:7의 '엘로힘 엘로헤이카' (אלהים אלהיך)라는 표현에서도 볼 수 있다. 이러한 현상을 근거로 싸르나는 시편 42-83을 엘로힘 시편(Elohistic Psalms)이라고 부른다.[22)]

그러나 시편 83편-106편에서는 시편 42-83편과 같은 현상을 찾을 수 없다. 따라서 시편 42-83편은 독립적인 시편 모음집이었음을 추정할 수 있다. 시편 51-65편과 68-70편의 표제어에 다시 '다윗의 시' 라는 표제어를 갖고 있으면서, 두 번째 다윗의 시편 모음집을 형성하며, 시편 72:19에서는 "이새의 아들 다윗의 기도가 끝나니라" 라는 결어를 갖게 된다. 즉 엘로힘 시편의 일부가 다윗의 시편으로 돌려진 것이다.

이 외에도 '고라 자손의 마스길, 인도자를 따라 부르는 노래' 라는 표제어를 가진 시편 42-49편과 '아삽의 시' 라는 표제어를 가진 시편들이 있다(시 50, 73-83편).

그 외의 시편들, 즉 시편 66, 67, 71, 72편은 엘로힘 시편에 속한다. 이 가운데 세 편(66, 71, 72편)은 히브리어 사본에서는 저자가 무명으로 기록되어 있다. 시편 67편은 히브리어에서는 저자가 기록되어 있지 않지만, 헬라어 사본에서는 다윗의 시편이라는 표제어가 붙어 있다. 또한 헬라어 사본에서 시편 71편 역시 다윗의 시편이라는 표제어가 붙어 있다. 히브리어 사본에서는 시편 72편은 솔로몬의 시편이라는 표제어가 붙어 있다.

시편 90-150편은 엘로힘 시편이 기록된 이후에 기록된 것으로 보인다.

22) W.H. Bellinger, *Jr.*, *Psalms*, p. 11.

왜냐하면 시편 108편에 엘로힘 시편에 속하는 시편 57:7-11(108:1-7)과 60:7-14(108:8-13)을 포함하고 있기 때문이다. 뿐만 아니라 시편 90-150편에서는 신명을 야웨로 사용하는 것 이외에, 다른 것은 엘로힘 시편의 특징을 그대로 가지고 있다.

시편 90-150편은 작은 시편들의 모음집으로 구성되어 있다.

(1) 시편 120-134편의 15편의 시편들은 '성전에 올라가는 노래' 라는 표제어가 붙어 있다.
(2) 시편 101, 103, 108-110, 138-145편에는 '다윗의 시' 라는 표제어가 붙어 있다.
(3) 시편 90-100편은 시의 저자에 대한 표제어가 없다.
(4) 시편 가운데 '할렐루야' 가 기록된 시편(시104-106, 111-117, 135, 146-150) 등이 있다.

시편 1-2편은 원래 시편 제 1권에 속해 있던 것이 아닌 것 같은데, 그 내용이 메시아적인 내용 때문에 '다윗의 시편' 에 첨가된 것으로 보인다. 이것은 마치 룻기가 다윗의 족보를 기록하고 있기 때문에, 시편 앞에 기록된 것과 마찬가지 이다. 시편 1편이 시편 전체의 서론으로 채택된 것은 시편 1편의 여러 가지 사상적 요소가 시편 전체의 사상과 일치하기 때문이다. 즉 시편 1편에서는 세상이 하나님에 창조질서와 윤리에 의하여 통치된다는 것을 강조한다. 이러한 사상은 구약성서에서 하나님과 인간이 서로 교통할 수 있는 전제가 된다. 또한 시편 1편의 문학적 구조가 시편 2편이나 41편과 유사하기 때문에 첨가된 것이다.

다윗의 시란 무엇을 의미하는가?

시편 150편 가운데 73편의 시편에 다윗의 시('레-다비드', לדוד)라는 기록이 있다. 그런데 '레-다비드' 라는 표현은 후대에 첨가되어진 것이라는 것이 일반적인 견해이다. 이러한 사실은 히브리어 시편 73편에서는 '레-다비드' 라고 기록되어 있지만 헬라어 성경(LXX)에서는 82편의 시에 '레-다비드' 라는 구절이 기록되어 있으므로 표제어인' 레-다비드' 는 후대의 편집자에 의하여 첨가된 것임을 알 수 있다. 역사적으로 후대의 사람들은 시편의 내용(3, 7, 18, 34, 51, 52, 54편 등)이나 혹은 다윗의 이름으로 된 원래 선집에 속하는 공동체의 후손이기 때문에 '레-다비드' 라는 표현을 사용하였던 것으로 보인다.

'레-다비드' 라는 표현이 다윗의 저작설을 나타낸다고 정확히 말할 수는 없지만, 그러나 오래 전부터 '레-다비드' 라는 표현을 다윗이 시편을 지은 저자라는 의미로 이해하여 왔다는 것만은 분명한 사실이다. 다윗이 문학작품을 기록했다는 사실은 시편 18편의 표제어 즉 "다윗이 이 노래의 말로 여호와께 아뢰어 이르되" 라는 기록에서도 알 수 있다. 뿐만 아니라 사무엘하 22:1의 "다윗이 이 노래의 말씀으로 여호와께 아뢰어 이르되" 라는 표현은 다윗이 노래를 불렀음을 말해준다.

표제어뿐만 아니라 편집자의 후기에서도 다윗이 시편의 저자라는 전통이 오래 지속되었음을 알 수 있다. 시편 72:19에 "이새의 아들 다윗의 기도가 끝나니라" 라는 표현이 이를 대변해 준다. 73회의 '레-다비드' 라는 표현이 등장하는 것 가운데 56회가 시편 제 1-2권에 집중적으로 나타난다는 것은 '레-다비드' 라는 표현이 초기 시편 정경화의 기준이되었음을 짐작케 한다.

다윗이 음악적 재능이 있었다는 것은 구약성서를 통하여 알 수 있다. 사무엘상 16:16-23에서 청년 다윗은 수금을 타는 사람으로 묘사되고 있고 아모스 6:5, 느헤미야 12:36, 역대상 23:5, 역대하 29:26-27에서는 악기를 제조한 사람으로 묘사되고 있다. 또 사무엘하 1:17, 3:3에서 다윗은 애가를 지었을 뿐만 아니라 사무엘하 23:1에서는 "이스라엘의 노래 잘 하는 자"라고 자신을 부른다.

'다윗의 시편'이라는 부제어가 붙은 것 가운데 다윗의 저작설을 뒷받침해 주는 13개의 시편이 있다(시 3, 7, 18, 34, 51, 52, 54, 56, 57, 59, 60, 63, 142 등). 왜냐하면 시의 내용이 다윗의 구체적인 역사적 사건과 관련되어 있기 때문이다.

히브리어의 '레-다비드'라는 표현의 정확한 의미는 아직까지 알려지지 않고 있다. 왜냐하면 히브리어 전치사 '레'(ל)의 의미가 "~에게"(to), "~위하여"(for) 혹은 "~에 속한"(belonging to) 등 다양하기 때문이다. 그러나 이러한 표현은 전통적으로 '레-다비드'라는 표현을 "다윗에 의한"(by David)으로 해석하여 다윗이 시편의 저자라는 생각을 반영하고 있다. 그런데 히브리어로 '레-다비드'란 "다윗에 관해서"(concerning David)라는 의미도 갖는다. 이러한 것은 예레미야 23:9에서 찾아볼 수 있다. 예레미야 23:9의 '라느비임'(לנביאים)은 "선지자들에 대한"으로 해석된다. 또 이러한 용례는 예레미야 46:2, 48, 49:1, 7, 23, 28 등에서 찾아 볼 수 있다. 뿐만 아니라 이러한 표제어가 달린 시편 가운데 그 내용이 다윗의 생애에 관한 전통과 관련이 있기 때문에 붙여진 것이다. 이러한 시편은 시편 3, 7, 18, 34, 51, 52, 54, 56, 57, 59, 60, 63 그리고 142편 등이다. 따라서 '레-다비드'라는 것은 이차적으로 붙여진 것으로 이해할 수 있다.

그러나 만약 '레-다비드'가 다윗의 저작을 나타내는 것이라면, 이것은 시편만이 가지고 있는 독특한 문학적 양식이다. 왜냐하면 하박국

3:1을 제외하고 다른 구약성서의 문학이 '레' (ל)(…to / "…에게")를 사용하여 기록문서의 저자를 나타내는 경우가 없기 때문이다. 시편에는 이 이외에도 다른 저자의 이름이 기록되어 있다. 즉 고라(시 42편 등 11개)와 아삽(시 50 등 총 12편)과 솔로몬(시 72, 127편)과 헤만(시 88편)과 에단(시 89편)과 모세(시 90편) 등이다. 뿐만 아니라 34개의 시편에는 제목이 없는 경우도 있다.

시편의 연대

시편의 연대에 관한 학자들의 주장은 다양하다.[23] 19세기의 비평적인 학자들은 시편은 주전 2세기 마카비-하스모니아 시대에 생겨난 것으로 보았다. 이들의 이러한 생각은 이스라엘 역사에 있어서 순수한 의미의 야웨 유일신신앙이 이때 생겨났다고 믿기 때문이다. 이러한 시대 측정에 의하면 시편은 예언문학보다 후에 생겨난 것이라고 주장하게 한다. 따라서 시편에서 예언문학의 영향을 찾아 볼 수 있는 것은 당연한 것이다.

그러나 20세기 들어서면서 시편의 연대에 대한 학자들의 생각이 변하게 되었다. 역사적인 내용을 담고 있는 시편 가운데 바벨론 포로 상황에 대하여 언급하는 시편도 있지만(시 126, 137) 그러나 일부 시편에서는 이스라엘의 역사를 언급하면서 사사 시대 이전 시대에 대하여 언급하지 않는 시편이 있다(시 78, 81, 83, 95, 105, 106, 135편). 또 이스라엘과 유다의 왕에 대한 언급에 있어서 다윗만 긍정적으로 언급하고 있다(시 18:50, 89:3, 35, 49, 132:1, 10, 17). 또한 외적이 이스라엘을 공격하는 것에 대한 언급도 발견된다(시 2, 48, 74, 79, 83, 89편). 이러한 역사적인 시편들을 통해서 볼 때, 시편의

23) S. Terrien, *The Psalms: Strophic Structure and Theological Commentary*, pp. 19-20.

발전이 단지 포로기 이후에 와서 비로소 발전했다고 보기는 어렵다.

시편이 비교적 후대에 발전되어서 그 결과 시편에 나타난 종교적인 사상도 후기에 발달한 것이라면, 구약성서의 다른 후기 작품 가운데 나타내는 사상이 시편에서도 많이 발견되어야 하는데 그렇지 않는다는 점이다. 한 예로 이스라엘 종교사 가운데 후기 시대에 발전한 종말론적 심판사상이 시편 전체에서 분명히 나타나지 않는다. 뿐만 아니라 국가적인 죄에 대한 언급이 분명하지 않을 뿐만 아니라 절대적인 도덕성이 제의를 지배한다는 생각 역시 불분명하다. 다윗 왕조의 회복에 대한 기도를 찾아 볼 수 없을 뿐만 아니라 흩어진 백성을 모으기 위한 기도를 많이 찾아볼 수 없다. 물론 시편 147편에서는 예루살렘의 재건을 위한 기도가 나타난다(사 44:28 참고).

시편의 상한 연대는 역대상하의 연대인 주전 330-275년이며, 하한 연대는 주전 220-180년 사이에 최종 편집되었을 것으로 추정된다.[24]

시편의 종류

시편의 문학적 유형은 매우 복잡하고 다양하다.[25] 시편을 주제나 분위기 혹은 양식에 의하여 구별하는 것은 정확한 구분이라기보다는 편의상 구별한 것이다. 시편은 다양한 주제를 다루고 있고, 또 많은 시편들이 다양한 형식을 복합적으로 취하고 있다. 그런 까닭에 하나의 종류와 다른 종류를 분명하게 나눌 수 없기 때문에 시편을 정확하게 구별하기란 매우

24) S. Terrien, *The Psalms: Strophic Structure and Theological Commentary*, p. 20.
25) H. Gunkel, *An Introduction to the Psalms*, (Macon, Georgia, 1998)에서 궁켈은 시편의 주요한 양식을 찬양시(Hymn) 여호와 즉위시, 탄원시, 왕조시, 개인 감사시, 개인 탄원시로 나누고 그 외의 작은 규모의 장르로 나누고 있다. E.S. Gerstenberger, *Psalms Part I*, pp. 9-21.

어렵다.

찬양시(Hymn)

시편에서 가장 많이 발견되는 유형은 찬양(Hymn)이다. 찬양시는 하나님의 전능하고 위대하심과 예비하심을 찬양하는 것이다. 여기에 속하는 시편은 시편 8, 19a, 29, 33, 65, 66, 92, 100, 104, 113, 114, 117, 135 그리고 145-150편 등이다.

찬양시는 기본적으로 세 부분으로 구성되어 있다.[26] 즉 도입문으로 찬양을 촉구하는 부분, 찬양을 위한 동기부여로 히브리어의 "왜냐하면"의 뜻을 가진 '키'(כי)로 시작되며, 마지막 부분은 찬양하라는 도입부를 다시 한 번 반복하면서 시를 마친다. 따라서 찬양시는 수미상관 형식을 취한다.

> 시편 117장 1-2절
>
> 1 너희 모든 나라들아 여호와를 찬양하며 너희 모든 백성들아 그를 찬송할지어다. 2 우리에게 향하신 여호와의 인자하심이 크시고 여호와의 진실하심이 영원함이로다. 할렐루야

즉 시편 117:1은 '할렐루'(הללו)("찬양하라")로 시작하고, 2절은 '키'(כי, "왜냐하면")로 시작되며, 마지막 2절의 끝은 '할렐루-야'(הללו־יה, "여호와를 찬양하라")로 끝내는 시로서 전형적인 찬양시의 구조를 가지고 있다.

이러한 찬양시 가운데 어떤 주제로 찬양하느냐에 따라서 찬양시를 세분화할 수 있다. 시편 47, 93, 96-99편처럼 우주의 왕으로서 하나님의 역할을 찬양하는 시편들도 찬양시편에 속하며, 이들을 특히 즉위시편

26) J. Day, *Psalms*, 노희원 역 『시편개론』(서울: 은성출판사, 1996), pp. 61-62.

(Enthronement Psalms) 혹은 하나님 왕권찬양시라고 한다. 이러한 시편들은 여호와를 이스라엘과 온 우주의 왕으로 찬양한다. 시편 93편이 대표적인 즉위시편 혹은 하나님 왕권찬양시이다.

또 다른 부류의 찬양시편은 시온의 노래(Zion Songs)로서 하나님의 도시, 하나님이 거주하는 거룩한 산성의 영광을 찬송한다(시 46, 48, 76, 84, 87, 122).

탄원시(Lament)

탄원시는 시편의 1/3 이상을 차지한다. 탄원시를 하나님께 드리는 것은 탄원을 반드시 들어 주실 것이라는 확신에 의한 것이다. 탄원시편은 그 내용에 따라 공동체 탄원시와 개인 탄원시로 나눈다.

공동체(민족) 탄원시(Lament)는 국가적으로 직면한 억압이나 재앙에 대하여 부르짖는다(시 44, 60, 74, 79, 80, 83, 89c, 94편). 이스라엘 역사에 있어서 예루살렘 성전과 유다 왕국이 멸망한 후인 주전 586년 이후 민족 탄원시를 정기적으로 낭독하는 관습이 있었을 것으로 추정한다.

민족 탄원시의 전형적인 형태는 시편 60편에서 발견된다. 시편 60:1-5에서는 백성들의 간절한 호소로 고통 가운데서 민족을 구원하여 주시기를 탄원하며, 6-12절에서는 하나님께서 허락하시는 승리를 노래하며, 하나님만 의지할 것을 노래한다.

개인 탄원시는 개인의 육체적인 혹은 정신적인 고통을 호소하며, 자신의 무고함과 정직함을 주장하면서 하나님의 도움을 절실하게 요청한다(시 3, 5, 6, 7, 9-10, 13, 17, 22, 25-28, 31, 35, 36, 38, 39, 41, 42-42, 51, 52, 54-57, 59, 61, 63, 64, 71, 77, 86, 88, 102, 120, 123, 130, 140-143 등).[27] 시편 3편은 개인 탄원시의 전형이다.

대부분의 탄원시에 나타난 가장 큰 특징은 기도자들이 자신의 기도가 반드시 하나님에게 상달될 것이라는 절대적인 확신이 표현되어 있다. 이러한 '확신의 시편'은 집단적인 것(시 46, 125, 129편)과 개인적인 것(시 4, 11, 16, 23, 27, 2, 91, 121편)으로 나눌 수 있다. 그런데 개인적인 확신의 시편이 주를 이룬다.

또 다른 개인 탄원시 가운데 시편 6편은 회개의 노래이다. 시편 6편도 크게 다음과 같이 나눌 수 있다: (1) 하나님을 부름 (2) 기도자의 불평 (3) 기도자의 탄원 (4) 기도자의 하나님에 대한 확신을 담고 있다.

학자들에 의하여 공통적으로 발견되는 개인 탄원시의 구성요소는 다음과 같다. 즉 하나님을 부름, 호소(불평), 죄의 고백 혹은 무죄의 주장, 신뢰의 고백, 탄원(간청), 하나님 개입의 동기부여, 확신의 표현, 원수에 대한 저주 그리고 서약 및 찬양 등의 내용으로 구성되어 있다.

감사시(Thanksgiving Psalms)

감사시는 탄원시와 밀접한 관련을 맺고 있다. 왜냐하면 감사시는 탄원의 동기가 되었던 환란과 역경에서의 구원을 노래하기 때문이다. 감사시는

27) 궁켈(H. Gunkel)이 구분한 개인 탄원시는 다음과 같다. 시편 3; 5; 6; 7; 13; 17; 22; 25; 26; 27:7-14; 28; 31; 35; 38; 39; 42; 43; 51; 54; 55; 56; 57; 59; 61; 63; 64; 69; 70; 71; 86; 88; 102; 109; 120; 130; 140; 141; 142; 143 편. H. Gunkel & J. Begrich, *An Introduction to the Psalms: The Genres of the Religious Lyric of Israel*, (Macon, 1998), pp. 121-122. 베스터만(C. Westermann)는 다음의 시편을 개인 탄원시로 분류하였다. 시편 3; 4; 5; 6; 7; 10; 11; 12; 13; 14; 16; 17; 22; 23; 25; 26; 27; 28; 31; 35; 36; 38; 39; 40:11-17; 41; 42; 43; 51; 52; 53; 54; 55; 56; 57; 58; 59; 61; 62; 63; 64; 69; 71; 73; (77); 86; 88; (94); 102; 109; (120); 130 편. C. Westermann, *The Psalms: Structure, Content & Message*, p. 53. 다후드(M. Dahood)가 분류한 개인 탄원시는 시편 3; 5; 6; 7; 9; 10; 12; 13; 14; 17; 22; 25; 28; 31; 35; 38; 39; 40; 51; 54; 55; 56; 59; 61; 64; 69; 70; 71; 86; 88; 94; 102; 109; 120; 123; 130; 140; 141; 142; 143 편이다. M. Dahood, *Psalms I: 1-50*; M. Dahood, *Psalms II: 51-100*; M. Dahood, *Psalms III: 101-150*. 앤더슨(B.W. Anderson)은 다음의 시편을 개인 탄원시로 분류하였다 시 3; 4; 5; 7; 9-10; 13; 14; 17; 22; 25; 26; 27; 38; 31; 35; 39; 40:12-17; 42-43; 52; 53; 54; 55; 56; 57; 59; 61; 64; 69; 70; 71; 77; 86; 88; 89; 109; 120; 139; 140; 141; 142 편. B.W. Anderson, *Out of the Depths: The Psalms Sprack for us Today*, (Louisville: Abingdon, 2000), pp. 54-56.

탄원시편처럼 감사의 내용과 주제에 따라서 민족 감사시와 개인 감사시로 나눌 수 있다. 그러나 시편 107편은 개인의 노래인지 아니면 공동체의 노래인지 구분하기 매우 어렵다. 마찬가지로 시편 144편도 단복수형이 함께 등장하기 때문에 노래하는 사람이 개인인지 아니면 공동체인지 구별하기 매우 어렵다.

공동체 감사시인 민족 감사시는 그 빈도수가 매우 드물다(시 124, 129편). 그 이유는 대부분의 찬양시가 국가적인 감사의 노래에서 기원했기 때문이다. 전형적인 민족 감사시는 시편 124편이다.

시편 124편은 원수의 공격 속에서 하나님이 이스라엘의 편이 되어주시고 도와주셔서 민족이 구원됨을 감사드리는 전형적인 민족 감사시이다.

개인 감사시는 탄원시의 마지막에 등장하는 서원을 지키는 것과 밀접하게 관련되어 있다(시 9-10, 18, 30, 34, 40, 111, 116, 138편). 많은 감사시는 자신에게 주어진 불행을 벗어나 새로운 상황을 맞이하게 되었다는 것에 대한 언급이 등장한다. 개인 감사시는 하나님 찬양에 대한 예고, 찬양, 경험한 고난 및 하나님의 도움에 대한 보고 그리고 다시 드리는 찬양 등으로 구성되어 있다.

개인 감사시는 다음과 같은 기본 구조를 가지고 있다.[28] 첫째 부분은 하나님께 감사한 의도를 설명하고, 둘째 부분에서는 탄식할 수밖에 없는 이전의 삶에 대한 언급과 하나님을 향한 기도 그리고 구원을 위한 하나님의 행위를 언급한다. 그리고 마지막 결론으로 끝맺는다.

전형적인 개인 감사시인 시편 30편은 찬양과 감사(1-5절), 이전 탄원에 대한 회고 및 곤경에 대한 회고(6-10절) 그리고 찬양과 감사(11-12절)로 끝맺는다.

감사시는 두세 개의 노래가 합하여 하나의 통일된 노래로 된 것이 많

28) J. Day, *Psalms*, p. 72.

다(시 6, 13, 22, 28, 30, 31, 36, 41, 54-56, 61, 63, 64, 71, 86, 94, 102, 130편 등).

제왕시(Royal psalms)

제왕시는 이스라엘의 왕에게 기름을 부으시는 하나님에 초점이 맞추어져 있다. 하나님과 왕과의 관계와 이상적인 자격요건과 왕에게 닥친 재앙과 왕을 괴롭히는 고통 등이 중심 주제이며(시 2, 20, 21, 28, 45, 61, 63, 72, 84, 89, 101, 110, 132, 144), 대관식 때 불렸을 것으로 보인다.

곤경에 처한 왕을 위한 백성의 기도인 시편 20편도 전형적인 제왕시에 속한다. 시편 20편은 하나님이 왕의 기도에 응답하여 주시기를 바라는 기도(1-5절)와 왕이신 여호와께서 기름 부은 왕을 구원하여 주실 것이라는 신뢰와 확신을 노래하고 있다(6-9절).

지혜시(Wisdom Psalms)

지혜문학의 영향을 받은 지혜시는 교육적인 목적을 띠고 있다. 이것들은 교훈적이며(시 1, 34, 36, 37, 49, 73, 78, 112, 119, 127, 128, 139)이며, 기도자의 구체적인 행위를 묘사하는 시가 있다(시 15, 24, 32, 40, 50). 뿐만 아니라 과거의 역사를 직간접적으로 반영하거나 시편과 관계된 운명의 역사적 사건을 반영하기도 한다(시 78, 81, 105, 106, 114). 지혜시의 일반적인 주제는 경건한 자나 불의한 자, 의인과 악인의 대조를 통하여 의로운 자나 경건한 자에 대한 하나님의 축복을 강조함으로써 의롭고 경건한 삶을 살아가도록 강조한다. 전형적인 지혜시에 속하는 것은 시편 1편이다. 시편 1편은 누가 복 있는 사람인가를 노래함으로써 의인의 길을 걸어갈 것을 가르쳐준다.

시편의 표제어

다음의 24개의 시편에는 표제어나 아무런 언급이 없는 시편으로서 1, 2, 10, 33, 43, 71, 93-97, 99, 105, 107, 114-119, 136, 137 등을 흔히 고아시편(Orphan psalms)이라고 한다. 이들 가운데 칠십인역으로 번역되면서 표제어를 붙인 경우도 있다. 시편 105, 107, 114-119, 135등에 '할렐루-야'(הללו-יה)에 해당하는 '알레루야'(Αλληλουια)를 첨가하였다. 따라서 표제어는 후대에 첨가되는 경우를 볼 수 있다.

시편의 표제어 혹은 제목은 대부분 불분명하다. 그러나 편의상 다음과 같이 나눌 수 있다.

저자의 이름이 표기된 경우

표제어에 사람의 이름이 포함된 경우가 있다. 이 경우는 대체로 히브리어 '레'(ל)와 함께 쓰인다. 히브리어 전치사 '레'(ל "…to")는 저자를 나타내거나 혹은 같은 것끼리의 모음집을 나타내기도 한다. 시편 72편에서 '리슐로모'(לשלמה)는 '솔로몬에 관하여' 혹은 '솔로몬에게 헌납하는' 의 의미가 강하며, 시편 102편의 '트필라 레아니'(תפלה לעני)는 "고난당하는 자를 위하여"라는 의미가 강하다.

'레-다비드' (다윗)

73편의 시편이 '레-다비드' 라는 표제어를 가지고 있다. 시편 3-9, 11-32, 34-41(제1권에 37편), 51-65, 68-70(제2권에 18편), 86(제3권에 1편), 101, 103(제4편에 2편), 108-110, 122, 124, 131, 133, 138-145(제5권에 15편) 등이다.

다윗의 시편의 가장 큰 특징은 시편의 내용이 다윗의 삶과 관계된 것이 많다. 그 예는 다음과 같다. 시편 3편(삼하 15-19장), 7편(삼하 18:21), 18편(삼하 22장), 34편(삼상 21:14), 51편(삼하 11-12장), 52편(삼상 22:9), 54편(삼상 23:19, 26:1), 56편(삼상 21:11, 27:2), 57편(삼상22:1, 24:3), 59편(삼상 19:11), 60편(삼하 8:13, 대상 18:1-12), 63편(삼상 23:14, 24:1, 26:2), 142편(삼상 22:1, 24:3) 등이다.

어떤 시편들은 표제어와 본문의 관련성이 매우 희미한 경우도 있다. 이런 경우는 구약성서에는 기록되어 있지 않는 다른 다윗의 전기와 관련 있는 전승에 의하여 삽입된 것으로 보인다.

'레-아삽' (아삽)

12편의 시편에 '레-아삽' 이라는 표제어가 붙어 있다(시 50, 73-83). 만약 아삽이 단지 아삽이 아니라 아삽 자손(에 2:41, 3:10)을 의미한다면, 아마도 아삽 자손이 다윗에 의하여 선전에서 주도적인 역할을 하도록 임명 받았기(느 12:46, 대상 6:39(히 6:24), 15:19) 때문에 언급되었을 것이다.

'레-브네이 코라흐' (고라 자손)

11편의 시편에 '레-브네이 코라흐' (고라 자손에게)라는 표제어가 붙어 있다(시 42, 44-49, 84-85, 87-88편). 역대하 20:19에 의하면 고라 자손(민 26:11)은 여호사밧 시대의 성전제사에 참여한 것으로 처음 기록되어 있다. 고라 자손은 바벨론 포로에서 귀환한 사람들의 명단에는 첨가되어 있지 않다(스 2장, 느 7장). 따라서 고라 자손은 왕국이 멸망하기 전에 활동했던 사람들이다. 구약 성서 밖의 아라드 오스트라카에는 고라 자손에 대한 언급이 등장한다. 그러나 아라드 오스트라카의 고라와 구약성서의 고라가 같은 사람이냐는 것은 어려운 질문이지만, 그러나 만약 같은 사람이라면 고라 후손들이 왕국 시대에 활동하였다는 것을 알 수 있다.

'레-헤이만' (헤만)과 '레-에이탄' (에단)

시편에 헤만(시 88편)과 에단(시 89편)의 이름이 기록된 표제어를 가진 시편이 각각 1편씩 등장한다. 그런데 둘 다 '에스라인' 이라고 불린다. 역대상 2:6과 6:33(히 6:18)과 15:19에 의하면 에단과 헤만은 다윗 시대에 성전에서 활동했던 유명한 음악가이다. 또 다른 구약성서의 전승에 의하면 헤만과 에단은 지혜로운 자로 기록되었다(왕상 4:31[히 5:11]). 시편 88편에서는 이들이 모두 고라의 자손이라고 기록하고 있다.

'레-슐로모' (솔로몬)

시편 72편에 "솔로몬의 시"라는 표제어가 붙은 것은 솔로몬이 이 시편을 지었다기보다는 그 내용이 솔로몬에 관하여 언급하고 있기 때문이다. 또한 시편 127편에서는 성전건축에 관한 내용 때문에 "솔로몬의 시"라는 표제어가 붙은 것이다. 그러나 이 시편에서 '리슐로모' (לשלמה)는 "솔로몬의 시"라기보다는 "솔로몬에 관한 시"라는 의미를 가진다.

'레-모세' (모세)

시편 90편에서 "모세의 기도"라는 표제어가 붙은 것은 그 내용이 신명기 33:27(시 90:1)과 출애굽기 7:7(시 90:10), 32:12(시 90:13)에 나타난 모세에 관한 기록과 유사하기 때문에 붙은 것이다. 여기서도 '트필라 레모쉐' (תפלה למשה)라는 표현은 "모세에 관한 기도"라는 의미를 갖는다.

'레-예두툰' (여두둔)

시편 39, 62 그리고 77편에서 여두둔의 시편이 등장한다. 역대상 16:38, 41, 42, 25:1, 3, 역대하 5:12에 의하면 여두둔은 다윗 시대의 레위인 가수이다. 그러나 시편 39편과 62편은 다윗의 시로 분류되고 시편 77편은 아삽의 시로 분류되었다. 시편 77편에서는 전치사 '레' (ל)와 결합되지 않고 '알' (על)과 결합되어 '알-에디툰' (על ידיתון)으로 기록되어 있다.

제의의 종류를 나타내는 표제어

표제어에 그 시편이 노래된 제의적 상황이 언급된 경우가 있다.[29] 예를 들어 시편 30편에는 '하누카트 하바이트' (חנוכת הבית)('성전 낙성가')라는 표제가 붙어 있다. 따라서 이 시편은 공공적으로 불린 시편임을 알 수 있다. 그러나 이러한 제의의 종류를 정확히 구별하기는 매우 어렵다. 시편 100편에서는 '미즈모르 레토라' (מזמור לתורה, "감사의 시", 렘 33:11)라고 기록되어 있다. 또 시편 92편에서는 '미즈모르 쉬르 레-욤 하-샤바트' (מזמור שיר ליום השבת, "안식일의 찬송시")라는 표제어가 붙어 있다.

시의 성격을 나타내는 표제어

시편에는 시의 성격을 나타내는 여러 종류의 표제어가 기록되어 있다. 이들의 정확한 기능에 대한 학자들의 논의가 활발하지만 대체로 다음과 같은 표제어가 있다.

시('미즈모르')

'미즈모르' (מזמור)이라는 단어는 시편에 많이 등장하는 용어로(57회) 단지 표제어로만 사용될 뿐 결코 본문 가운데에는 사용되지 않는다. 그리고 미즈모르라는 단어는 구약성서의 다른 곳에서 발견되는 시에는 전혀 사용되지 않는다. 그 용례를 살펴보면 시편 98:1(מזמור "시")을 제외하고는 모

29) S. Terrien, *The Psalms: Strophic Structure and Theological Commentary*, pp. 28-32.

두 PN+ל+מזמור의 형식으로 사용된다. 히브리어 '미즈모르'는 헬라어 '프살모스'(Ψαλμος)로 번역되었고, 영어의 psalm 그리고 우리말로는 "시"로 번역되었다.

노래('쉬르')

'쉬르'(שיר; 노래)라는 표제어는 시편에 모두 30회 등장하는데, 시편 18:1의 '쉬라'를 제외하고는 모두 남성형으로 사용된다. 쉬르는 시편 이외에서도 많이 사용되며(사 23:16) 시편의 본문 안에서도 사용된다(시 28:7, 33:3 등). 시편에서 쉬르는 시편 46편만 제외하고 모두 미즈모르와 함께 사용된다(시 48, 65, 66, 67, 75, 76, 83, 87, 88, 92,108 등).

찬양('트힐라')

'트힐라'(תהלה, "찬송시")는 시편의 표제어로 널리 쓰이는 것이다.

기도('트필라')

'트필라'(תפלה, "기도")라는 표제어가 붙은 경우는 시편 17, 86, 90, 102, 142편 등 모두 다섯 번이고 시 72:19에서는 결어에서도 사용되었다. 뿐만 아니라 하박국 3장에서도 트필라가 사용되었다.

교훈('마스길')

'마스킬'(משכיל, "마스길")을 우리말로 그냥 마스길로 번역하였는데 개역성서 각주에 기록한대로 "교훈"이라고 번역하는 것이 더 바람직하다. '마스킬'은 시편에 모두 13번 등장하는데 모두 PN+l+משכיל(משכיל לדוד)의 형태를 띠고 있다(시 32, 42, 44, 45, 52-55, 74, 78, 88, 89, 142). 마스킬은 음악 연주에 있어서 필요한 특별한 기술인 것처럼 보인다(시 47:7, "지혜의 시로 찬송

할찌어다”). 아모스 5:13에서 ‘마스킬’을 아모스 5:16-17의 슬픈 제의와 구별하였다. 따라서 마스킬은 노래의 종류를 나타내는 것같다.

성전에 올라가는 노래(‘쉬르 하-마알로트’)

‘쉬르 하마알로트’(שיר המעלית)라는 표현은 시편의 표제어에 15회 등장한다(시 120-134). 이 구절에 대한 설명은 쉽지 않다. 어떤 학자들은 단순히 음악적인 기호를 나타내는 것으로 이해하기도 하고 또 다른 학자들은 바벨론 포로에서의 귀환과 연결시켜 해석하기도 한다(스 7:9). 그러나 이러한 설명은 시편 126편에만 어울리는 설명이다. 왜냐하면 시편 122편과 134편에 의하면 내용상 성전이 존재하기 때문이다. 시편 122편은 순례자의 시편에 잘 어울린다. 미쉬나에서 ‘하-마알로트’(המעלית)는 “계단들”을 의미한다. 따라서 이러한 표제어를 가진 시편은 특별한 축제의식과 관련이 있는 것 같다.

믹담(‘미크탐’)

‘미크탐’(믹담, מכתם)이라는 말은 표제어에 6번 등장하며, 모든 경우 ‘라-다비드’(לדוד)와 함께 사용된다(시 16, 56-60편). ‘미크탐’의 의미에 대하여 여러 가지 설명이 많은데, 히스기야의 찬양의 노래를 기록하고 있는 이사야 38:9에 기록된 ‘미크타브’(מכתב, “기록”)을 근거로 ‘미크타브’는 아마도 “기록하다”의 뜻을 가진 것으로 추정된다. 따라서 칠십인역에서는 미크탐을 “돌 판에 기록한 기록”이라는 의미의 ‘스테로그라프사’(στηλογραφια)로 번역하였다.

식가온(‘시가욘’)

‘시가욘’(שגיון, 식가온)은 시편 7편에 등장하며 하박국 3장에서는 복수 형태로 나타난다. '시가욘' 은 "탄원하다" 라는 뜻을 가진 아카드어에서 유래된 것 같으며, 따라서 시편 7편은 탄원시편으로 이해 될 수 있다.

시편 본문에 사용된 전문용어

시편의 본문에 사용되는 전문용어는 두 가지가 있다.

'셀라' (סלה)

'셀라' 는 71회 등장하며 이 가운데 31회는 "엘로힘 시편" 에 사용된다. '셀라' 는 문두에는 사용되지 않고 주로 문장 가운데 사용된다. 또한 '셀라' 는 주로 절의 끝에 사용되며 4번 전체 시편의 끝에 사용되기도 한다(시 3, 9, 24, 46편). '셀라' 의 역할에 대하여 정확히 알 수 없다. 뿐만 아니라 '셀라' 의 어근 역시 불분명하며 맛소라 본문의 '셀라' 라는 발음은 이차적인 것이다. 킴히(Kimchi)는 '셀라' 가 "들다" 라는 뜻을 가진 סלל에서 유래되었을 것으로 추정한다. 어떤 학자들은 '셀라' 가 바스켓이라는 뜻을 가진 '쌀' (סל)에서 유래되었으며, 제의 가운데 바스켓 모양의 북을 두드린 것에서 기원했다고 주장한다.

'히가이욘' (הגיון 힉기욘)

'히가이욘' (הגיון, 힉기욘)은 시편 9:17에서 '셀라' 와 함께 등장한다. 뿐만 아니라 시편 92:3, 19:14 등에도 등장한다. '히가이욘' 은 음악가에게 줄을 흩듯이 조용히 소리를 내라는 지시인 것 같다.

시편의 신학

시편 150편을 통하여 나타내는 핵심적인 내용은 하나님의 위대하심을 찬양하는 것이다. 시편은 그 종류가 어떠하든지 모든 시편의 내용에는 위대하신 하나님에 대한 노래가 포함되어 있다. 이 하나님의 위대하심은 창조의 능력으로 기도에 응답해 주시는 하나님의 능력으로 나타나며, 어떤 경우에도 기도자의 소리를 듣고 응답해 주시는 분으로 나타난다.

| 시편 참고문헌 |

Alter, R., *The Art of Biblical Poetry*. New York: Basic Books, 1985.

Berlin, A., *The Dynamics of Hebrew Parallelism*. Bloomington: Indiana Press, 1985.

_____, "Parallelism." Anchor Bible Dictionary, 155-60.

Davidson, R., Wisdom and Worship. Philadelphia: Trinity, 1990.

Eaton, J.H., "The Psalms and Israelite Worship." Pp. 238-274 in *Tradition and Interpretation*. 1979.

Gerstenberger E.S., *Psalms Part 1 with an Introduction to Cultic Poetry*. Grand Rapids: Eerdmans, 1988.

Kugel, J., *The Idea of Biblical Poetry*. New Haven: Yale University Press, 1981.

Kunzt, J.K., "The Canonical Wisdom Psalms of Ancient Israel: Rhetorical, Thematic, and Formal Dimensions." *Rhetorical Criticism*, ed J. Jackson, and M. Kessler, 186-222. Pittsburgh: Pickwick, 1974.

Levenson, J., "The Sources of Torah: Psalm 119 and the Modes of Revelation in Second Temple Judaism." *Ancient Israelite Religion: Essays in Honor of Frank Moore Cross*, Ed Patrick D. et al Miller, 559-74. Philadelphia: Fortress, 1987.

Mays, J.L., *The Lord Reigns: A Theological Handbook to the Psalms*. Louisville: Westminster/John Knox, 1994.

Mays, J.L., "The Place of Torah Psalms in the Psalter." *JBL* 106 (1987): 3-12.

제2장

지혜문학

고대 근동과 이스라엘의 지혜문학

지혜문학의 배경

고대 근동 세계는 주전 2900년경 초기 왕조(Early Dynasty I, 주전 2900-2700년) 시대부터 여러 도시가 발전하여 도시국가로 성장하였으며, 도시의 통치자들은 정치 · 경제적 목적을 위하여 도시국가 연맹체를 형성하였다. 주전 3000-2000년 사이의 고대 근동, 특히 메소포타미아에서는 새로운 문명이 생성-발전되어 놀랄 만한 고대 문명이 꽃피게 되었다.[30] 도시문명의 발전뿐만 아니라 물질문명적인 측면에서 이 시대에 많은 신전이나 왕궁 혹은 도시들을 건축함으로써 건축술과 측량술 등 고대 학문과 과학이 발달하여 왕궁과 신전과 같은 웅장한 건축물들이 건립되었다.

이러한 문화와 문명의 발전으로 더불어 세계와 사회조직 그리고 인간의 문제에 관한 이성적 탐구가 지혜문학을 통하여 현재까지 남아있다. 고대 근동 세계에서 지혜(히브리어로 '호크마' ; חכמה 그리고 헬라어로 '소피아' ; σωπια)는

30) J. Day, R.P. Gordon and H.G.M. Williamson eds., *Wisdom in Ancient Israel: Essays in honour of J.A. Emerton*, (Cambridge: Cambridge University Press, 1995), pp. 1-16을 참조하시오; M. van De Mieroop, *A History of the Ancient Near East ca. 3000-323 BC*, (Oxford: Oxford University Press, 2004), pp. 69-79.

오늘날의 학문을 의미한다.[31] 이러한 학문적인 영향으로 고대 이스라엘에서도 지혜운동이 발생하였다.

고대 이스라엘에서는 지혜는 영리함(왕상 2:6, 9), 도덕적 분별력(왕상 3:9, 12), 정의에 대한 이해(왕상 3:28), 백과사전적인 지식(왕상 4:29, 32), 문학적인 소양(왕상 4:32)이나 통치자의 능력(왕상 5:7) 등을 모두 지혜라고 불렀을 뿐만 아니라 욥기 39:16-17이나 전도서 2:3과 같이 단순한 정보까지도 지혜라고 불렀다. 고대 근동 세계에서 지혜자는 이성적, 학문적 활동에 종사하는 사람을 의미하였다. 이러한 지혜자들이 수행하는 이성적, 학문적 탐구 활동 전체를 통틀어서 지혜운동이라고 불렀다.

주전 3000년대 고대 근동에서 지혜운동이 일어나게 된 가장 중요한 배경은 시간적-물질적-경제적-정신적 여유로 인하여 활발한 창조적 학문 활동이 가능했기 때문이다. 고대 근동 지역에서 도시화와 교역을 통한 부의 축적이 가중됨에 따라 다양한 학문 활동을 시작하였다.

고대 근동 세계에서 경제는 왕실과 신전에 집중되었으며, 따라서 고대의 학문 활동도 자연스럽게 왕실과 고위 관리를 중심으로 전개되었다. 왕실에서는 관리를 양성하는 왕실관리학교들이 생겨났다.[32] 그러나 왕실학교에서 발전된 지혜문학 중에는 궁중예법을 비롯해서 관리자로서의 몸가짐이나 말하는 법과 관리의 행동과 처신 그리고 사회에서 성공할 수 있는 성공적인 삶의 비결 등 실용적인 지혜가 많은 부분을 차지하고 있다.[33]

31) 박준서, "고대 이스라엘의 지혜운동," 「구약논단」 8 (2000), pp. 133-149, esp. 134.
32) G.I. Davies, "Were there Schools in ancient Israel," *Wisdom in Ancient Israel*, pp. 199-211.
33) 박준서, "고대 이스라엘의 지혜운동," p. 138.

고대 근동의 지혜문학

고대 근동 세계는 지역에 따라 자신들의 다양한 지혜문학이 발전하였다.

이집트

이집트에서는 가르침 혹은 교훈이라는 뜻을 지닌 '세바이트' (Sebayit)가 이집트 제 5왕조로부터 프톨레미 왕조에 이르기까지 약 2500년 동안 지속되었다. '세바이트'는 고급 관료나 왕이 하사하는 것으로서 다음과 같은 전형적인 형식을 갖고 있다. 즉 "X가 그의 아들 Y를 위하여 만든 교훈의 시작"이라는 형식으로 시작한다. '세바이트'에서는 정직, 신실 그리고 겸손 등의 미덕을 강조한다. 침묵은 이상적인 인격 형성에 도움을 주는 것으로 이해하였다. 침묵하는 동안 자기 자신에 대한 통제력을 가지게 되며, 반면에 말하고 있는 동안은 절제력을 잃어버린 것으로 여겨졌다. 따라서 고대 이집트에서는 자랑하거나 교만한 자에 대하여 매우 비판적이었고, 침묵을 자신을 통제하는 표로 여겼다. 이러한 이상적인 개념은 이집트어 '마아트' (maʿat)에 통합되었다. '마아트'를 정확하게 번역하기는 어렵지만 "질서," "진리" 혹은 "정의"라고 번역할 수 있는데, 회복이나 구현을 의미하는 것으로 알려졌다. 인간이 자신의 행동에 의하여 세상에 있는 신적 질서에 통합되는 것에 성공하면 곧 행복을 의미하고, 반대로 부조화는 곧 무질서를 의미한다. 따라서 교훈이란 인간이 '마아트'와 원만한 결합을 이루도록 하는 것이다. 이러한 이집트의 교훈은 내세에 대한 언급이 없고 현세 세계에 국한되었다.

프타호텝의 교훈

프타호텝의 교훈(Instruction of Ptahhotep)은 주전 3천 년대 말 제 6왕조 시대의 작품으로 추정된다. 프타호텝이 그의 아들에게 가르쳐 준 인간관계에 관한 37개의 교훈으로 구성되어 있으며 여기에 서론과 결론이 첨가되어 있다. 프타호텝의 교훈에서는 이웃에게 친절하고 법도를 항상 지킬 것을 강조한다.

메리카레의 교훈

메리카레의 교훈(Instruction of Merikare)은 제 9왕조 혹은 제 10왕조 시대에 지어진 것으로 네부카우레(Nebkaure) 혹은 헤티(Khety) 왕이 그의 아들과 그의 계승자인 메리카레에게 준 교훈이다.

아멘-엠-오페의 교훈

「아멘-엠-오페」(Amen-em-ope)의 교훈은 일반적으로 이집트의 지혜가 취하는 형식을 그대로 따르고 있다. 즉 왕이나 고관들이 자신들의 자녀들에게 전해주는 형식이다. 「아멘-엠-오페」의 교훈은 왕이 죽기 전 그의 아들에게 남긴 말로 특히 하급 관리의 식사예법에 관한 것으로 잠언 22:17-24:22과 비슷하다.[34]

「아멘-엠-오페」의 교훈은 중왕국 시대의 교과서로 사용되어 많은 복사본이 있다. 「아멘-엠-오페」의 교훈은 모두 30장으로 구성되어 있으며, 앞뒤에 머리말과 결어가 붙어 있다. 서언에서 이 교훈은 안전한 생활의 안내서이며 궁중법도라고 밝히고 있다.

34) M. Lichtheim, "Instruction of Amenemope," *CS 1*, pp. 115-122.

기타 지혜문학

앞에서 언급한 것 외에도 지혜문학에 속하는 것은 「자살에 대한 논쟁」(The Dispute over Suicide)과 「설득력 있는 농부」(The Eloquent Peasant)가 있으며 이들은 욥기와 마찬가지로 무고하게 고통당하는 사람의 부르짖음에 대하여 기록하고 있다. 뿐만 아니라 명사 목록으로 구성된 이집트의 지혜서는 지식에 대한 폭 넓은 개관을 제시하는 것인데, 이런 것은 창세기 1장이나 시편 148편 그리고 욥기 38-39장과 비슷하다. 뿐만 아니라 「하프 연주자의 노래」(Harper Song)[35]와 「인간의 그의 영혼과의 논쟁」(Dispute of a Man with his Soul)은 전도서에 나타나는 것처럼 범세계적인 인간의 경험을 말하고 있고, 또 아가서와 같은 많은 시들이 고대 이집트의 문헌에 상당 부분 나타나고 있다.

메소포타미아

메소포타미아의 지혜문학은 도시문화가 발전하면서 경제적으로 부가 축적되기 시작한 수메르 시대부터 생겨나기 시작하였다. 메소포타미아 지혜문학의 특징은 대화체이다. 메소포타미아 지혜문학의 가장 큰 문제는 죽음과 선한 사람의 고난이다.

사람과 그의 신

「사람과 그의 신」(Man and his God)은 주전 2000년경 우르 제3왕조 시대의 작품으로 자신이 받지 않아도 되는 고통을 받는 것에 대하여 신에게 항의하는 내용을 담고 있다. 이 사람을 수메르의 욥이라고 부르기도 한다.[36]

35) *CS* II, pp. 64-66.
36) S. Kramer, "Man and His God," *VTS 3*, p. 170.

여기서 저자는 고통에 대하여 매우 자세히 기록하고 있으며, 신이 듣고 구원해 줄 것을 요청한다. 결국에는 그 사람의 죄가 드러나게 된다. 「사람과 그의 신」은 인간의 불행은 인간의 죄와 잘못에 기인한 것이며, 따라서 고통에 대하여 신에게 항의하거나 책임을 전가할 수 없음을 강조한다. 더 나아가 이 고통을 극복할 수 있는 길은 지속적으로 신을 찬양하는 것이라고 말한다.

「사람과 그의 신」은 다섯 부분으로 나누어져 있다. 첫째 부분은 사람이 그의 신을 찬양하며, 회개해야 함을 말한다. 둘째 부분은 갑자기 고통을 겪게 된 사람이 자신의 신 앞에서 눈물을 흘리며 회개하는 것이 기록되어 있다. 셋째 부분은 고통당하는 자의 간구가 기록되어 있고, 넷째 부분은 고통당하는 자가 친구나 적으로부터 수모를 받는 어려움을 기록하면서 마침내 고통당하는 자의 죄를 스스로 인정하며, 마지막 부분에서 신이 자신의 기도를 들어주었음을 고백하고, 그 신을 찬양하는 것으로 이야기가 끝맺는다.

「루두룰 벨 네메키」(ludlul bel nemeqi)

「루두룰 벨 네메키」(*ludlul bel nemeqi*)은 "지혜의 신을 찬양하리!"(I will praise the Lord of wisdom)라는 뜻을 가진 것으로 주전 14-13세기 카스 왕조 시대 때의 작품이다. 이 작품은 어떻게 모든 종류의 재앙을 당하였는가에 대한 슙시-메쉬레-샤칸(Šubši-mešrê-Šakkan)이라는 사람의 독백이며, 궁극적으로 마르둑 신에 의하여 그의 지위가 회복된다. 이 작품은 네 개의 토판으로 구성되어 있으며, 그 내용은 서론, 신에 의해 버림받음, 친구와 인척으로부터 버림받음, 신을 달래려고 노력하였으나 고통은 가중됨, 구원을 예견하는 세 가지 꿈을 꿈 그리고 건강과 부를 회복함의 내용으로 구성되어 있다.

바벨론의 신정론

주전 1000년경의 작품인 「바벨론의 신정론」(Babylonian Theodicy)은 두 친구들이 신정(神正)에 관하여 토론하는 대화이다. 게제(H. Gese)는 아카드어로 된 이 사본이 욥기의 문학형식을 보인다고 주장한다. 응답된 불평의 모델이라는 것이다.[37] 「바벨론의 신정론」이 회의론자와 신앙심이 좋은 사람사이에 대화를 통하여 정중하게 인생에 관한 자신의 견해를 제시하는 것으로 대화체로 구성되어 있다. 이것은 마치 욥과 그의 친구들 사이의 대화와 비슷하다.

형식적인 측면에서 「바벨론의 신정론」은 27연으로 구성되었으며, 각 연은 11행으로 구성된 고통당하는 자와 그의 친구의 대화로 구성되어 있다. 이 작품은 예술적인 대걸작으로 각 연은 "나는 신들과 왕을 흠모한다"는 말로 시작한다.[38]

「허무주의에 관한 대화」

「허무주의에 관한 대화」(Dialogue of Pessimism)는 대략 주전 12세기의 것으로 여기에서는 주인과 그의 종이 삶의 여러 부분에 대하여 논한 것이다.[39] 주인이 어떤 견해를 표현하면, 종이 그 의견에 대해서 즉시 동의를 하고 여기에 덧붙여 더 많은 이성적인 사족을 붙이는 것이다. 주인이 반대의 의견을 표할 때에는 종은 유창하게 만류한다. 주인이 인생의 무익함이라는 절망에 빠져, 그에게 가장 적합한 길이 무엇이냐고 물을 때 종은 즉시 자살을 제시한다. 따라서 이 작품은 결국 죽음 아마도 자살에 의한 죽음에 관한 논의로 끝을 맺는다. 이처럼 서로 다른 견해를 주고받는

37) H. Gese, *Lehre und Wirklichkeit in der alten Weisheit*, Tübingen, 1958; R. E. Murphy, "Wisdom in the OT," *ABD* 6, p. 929.

38) B.R. Foster, *Before the Muses: An Enthologiy of Akkadian Literature*, p. 806.

39) B.R. Foster, *Before the Muses: An Enthologiy of Akkadian Literature*, p. 815.

다는 측면에서 전도서와 유사한 면이 있다. 그러나 전도서에는 이러한 죽음과 자살에 대해서는 기록되어 있지 않다. 왜냐하면 전도서는 죽음을 환영하지 않고 단지 피할 수 없는 것으로 여기기 때문이다(전 11:7-12:7).

그러나 이것이 하나의 풍자인지 혹은 진지한 작품인지에 관하여 논의해야만 한다.

「슈루파크의 교훈집」

「슈루파크의 교훈집」(Instructions of Šuruppak)은 우바라-투투(Ubara-Tutu)의 왕인 슈르파크가 그의 아들 지-우드-수라(Zi-ud-sura)에게 교훈하는 것이다.[40] 슈루파크의 교훈집은 "X째 때에 슈르파크가 이 교훈들을 그의 아들에게 주었다. 우바라-투투의 아들 슈루파크가 이 교훈들을 그의 아들 지-우드-수라에게 주었다: 내 아들아…"(6-8, 76-78, 146-148 행)로 시작하여 "슈르파크가 이 교훈들을 그의 아들에게 주었다. 우바라-투투의 아들 슈루파크가 이 교훈들을 그의 아들 지-우드-수라에게 주었다"(73-75, 143-145, 277 행은 약간의 변형)라는 말로 끝나는 세 가지의 긴 잠언을 기록하고 있다. 슈루파크의 교훈집은 구약성서의 잠언과 비슷한 형식을 취하며, 대화체로 세 가지 긴 교훈을 아들에게 전해 준다. 특히 슈루파크의 아들에 대한 충고와 그 충고에 대한 동기를 기록하고 있다. 교훈에 대한 동기를 설명하는 부분은 잠언의 내용과 비슷하다(특히 잠 6:1-5, 22:26-27 등).

슈루파크의 교훈집은 긴 세 가지 교훈으로 구성되어 있다. 첫째 부분(14-72행)은 2인칭으로 기록되었으나 두 번째(83-142) 세 번째(153-276) 부분은 3인칭으로 구성되어 있다. 그리고 마지막(278-280)에 니사바(Nisaba) 여신에 대한 찬양으로 끝맺는다.

40) J. Black, G. Cunningham, E. Robson, G. Zolyomi, *The Literature of Ancient Sumer*, (Oxford, 2004), pp. 284-292;

「지혜의 조언들」

「지혜의 조언들」(Counsels of Wisdom)은 궁중의 고관이 자기의 아들에게 훈계하는 것으로서 바른 언어생활과 나쁜 친구를 피할 것을 권유하고 있다.[41)]

가나안

「아히카르의 이야기」

「아히카르의 이야기」(story of Ahiqar)는 많은 나라로 퍼져 나갔으며 약 12개 언어로 전해진다. 현존하는 가장 오래된 사본은 아람어로 된 것으로서 대략 주전 5세기 파피루스에 나타난 것으로 엘레판틴(Elephantine)에서 발굴되었고 1911년에 출판되었다. 이것은 아시리아 제국의 산헤립 시대에 왕실 관리의 배반과 회복에 관한 것을 이야기하고 있다. 이것은 잠언과 관련되었으며, 일반적으로 고대 근동의 잠언집과 유사하다.

고대 이스라엘의 지혜운동

오늘날 구약성서의 지혜문학의 시대를 비교적 바벨론 포로기 이후의 작품으로 여기기는 하지만, 고대 이스라엘에서 지혜운동이 일어난 것은 이보다 이른 시대이며, 대부분이 솔로몬의 국제화 정책으로 많은 고대 근동의 지혜문학이 수입되었을 것으로 추정한다. 솔로몬 시대의 국제화 과

41) *ANET*, pp.426-427; R.E. Murphy, "Wisdom in the OT," p. 929; R.J. Williams, "Wisdom in the ANE," pp. 951-952를 참조하시오. 이는 또 하나의 지혜문학으로 메소포타미아의 케사이트(Kassite) 통치 시대(약 1600-1200 B.C.E.)의 것으로 추정된다. W. G. Lambert, *Babylonia Wisdom Literature*, (Oxford: Oxford University Press, 1960), pp.110-115, 316; 구덕관, 「지혜와 율법」, p. 22.

정에 대하여 구약성서는 다음과 같이 기록하고 있다.

첫째, 솔로몬 왕은 에시온게벨(Ezion-geber)에 홍해로 진출하는 항구 도시를 건설했다. 그리고 이 에시온게벨 항구를 통해서 여러 나라와 활발한 국제무역, 국제교역을 행했고, 따라서 물질문명의 면에서 이스라엘보다 앞서 있던 다른 나라의 문물이 이스라엘로 쏟아져 들어오게 되었다(왕상 10:11 이하).[42] 둘째, 솔로몬 왕은 주변 여러 나라들과 왕실 결혼을 통해서, 국제적인 왕실 교류를 이루었다. 특히 열왕기상 11장에 기록된 솔로몬 왕이 이집트의 공주와 결혼한 기록은 이스라엘 왕실의 격상된 위상과 솔로몬 왕실의 국제화의 모습을 잘 보여준다. 셋째, 열왕기상 10장의 기록에 의하면 스바의 여왕이 솔로몬을 만나기 위해 예루살렘을 방문했던 기록은 당시 이스라엘 왕실과 주변 나라 왕실 교류가 이루어졌음을 잘 말해준다.

이상에서 살펴본 바와 같이 솔로몬 왕 시대에 이스라엘과 예루살렘 왕실이 국제화됨에 따라 고대 근동 여러 나라에서 왕실을 중심으로 발전된 지혜운동과 지혜문학은 이스라엘로 밀려들어 오기 시작했다.[43] 즉 솔로몬 왕 시대부터 이스라엘은 국제화의 문이 열렸고, 국제화의 물결과 함께, 지혜운동은 이스라엘로 들어오게 된 것이다. 국제화의 문을 열었던 솔로몬은 주변에서 발전된 지혜전통을 적극적으로 받아들이는 앞장섰다. 적극적으로 받아들일 뿐만 아니라 왕 자신이 직접 지혜운동에 참여하였다.

열왕기상 4:32에 의하면 솔로몬 왕은 잠언 3000개를 짓는 등 실용적 지혜문학에 직접 참여하였을 뿐만 아니라 솔로몬은 자연 과학에도 능통하

42) G.W. Ahlström, *The History of Ancient Palestine*, (Minneapolis: Fortress, 1992), pp. 516-517.

43) J. Day, "Foreign Semitic Influence on the Wisdom of Israel and its Appropriation in the Book of Proverbs," *Wisdom in ancient Israel: Essays in honour of J.A. Emerton*, pp. 55-70.

였다(왕상 4: 33). 따라서 신명기사가는 솔로몬의 뛰어난 지혜를 "솔로몬의 지혜가 동양 모든 사람의 지혜와 이집트의 모든 지혜보다 뛰어난지라" (왕상4:30)고 묘사하고 있다.

지혜운동은 이스라엘 주변의 선진국에서 발달했고, 솔로몬이 수입한 것이라는 점을 생각하면, 지혜운동의 당국이었던 애굽의 지혜보다도 솔로몬이 뛰어나다는 평가는 대단한 평가가 아닐 수 없다. 솔로몬 지혜의 탁월성에 대하여 열왕기상 4:34는 다음과 같이 기록하고 있다. "솔로몬의 지혜의 소문을 들은 천하 모든 왕 중에서 그 지혜를 들으러 왔더라." 이 성경 구절은 이미 솔로몬 시대부터 국경을 넘어선 학문적 교류가 이루어졌음을 보여준다.

이처럼 이스라엘에서 지혜운동은 이스라엘 안에서 자생적으로 생겨난 것이 아니었다. 그 출발점에서는 주변 고대 근동 선진국으로부터 수입해 들어온 것이었다.[44] 그렇기 때문에 이스라엘 지혜운동의 산물이 되는 구약의 지혜문학은 구약의 책들 중에서 가장 국제적인 성격을 띠고 있다.[45] 구약성서의 지혜문학 — 즉 잠언, 욥기, 전도서 — 이 세 권의 책은 고대 근동 지역의 지혜문학의 영향을 많이 보여 주고 있다.

이스라엘의 지혜문학 가운데 주변 국가로부터 수입한 예는 다음과 같다. 첫째, 하급 관리의 식사예법을 기록하고 있는 잠언 23:1-3은 이집트의 지혜문학을 그대로 인용한 것이다.

네가 고관과 함께 앉아 음식을 먹게 되거든, 너의 앞에 누가 앉았는지 잘 살펴라. 식욕이 동하거든 억제하여라. 그가 즐기는 맛난 음식에 욕심

44) 학계의 일반적인 견해는 이스라엘의 지혜운동이 최소한 통일 왕국 초기로 거슬러 올라간다고 한다. W. Baumgartner, "The Wisdom Literatures": *The Old Testament and Modern Study*, H. H. Rowley ed., (Oxford: Clarendon Press, 1961), pp. 200-215; E. W. Heaton, *The Hebrew Kingdoms*, London, 1968, p. 68이하를 참조하시오.

45) R.B.Y. Scott, "Wisdom: Wisdom Literature," *Encyclopedia Judaica*, 16, cols. 557-563, esp. 558.

을 내지 말아라. 그것을 먹으면 화를 입느니라(잠 23:1-3).

잠언 23:1-3뿐만 아니라 잠언 22:17-24:22까지 모두 70절이 고대 이집트의 아멘-엔-오페의 교훈의 일부가 그대로 인용된 것이다.[46] 이것은 고대 이집트의 지혜문학이 이스라엘로 직수입된 예가 된다.

잠언 30장과 31장도 외국의 지혜문학이 수입된 것이다. 잠언 30:1의 "이 말씀은 야게의 아들, 아굴의 잠언이라"는 표현과 잠언 31:1의 "르무엘 왕의 말씀한 바, 곧 그 어머니가 그를 훈계한 잠언이니라"는 것은 이들이 주변의 지혜문학이 수입되어 잠언에 들어왔음을 보여 준다. 잠언 30장과 31장의 잠언은 히브리어 「마사」(מַשָּׂא)를 번역한 것이다.[47] 그런데 대부분의 성서학자들은 잠언으로 번역한 히브리어 「마사」를 잠언으로 번역하는 대신 메사(Messa)라는 나라이름으로 번역한다.[48] 메사는 아라비아 반도 북서쪽 지역에 있던 부족국가의 이름이다. 만약 잠언 30, 31장의 '마사'를 잠언 대신 메사로 번역하면 잠언 30:1과 31:1은 각각 다음과 같이 번역할 수 있다. "이것은 메사 사람 야게의 아들 아굴의 말이다"(30:1)와 "마사의 왕 르므엘이 그의 어머니에게서 배운 교훈이다"(31:1)라고 번역할 수 있다. 이러한 사실은 잠언 30장과 31장이 주변 나라의 잠언이 그대로 구약 안에 수록된 것으로 이해할 수 있다.

또한 앞에서 살펴본 바와 같이 욥기와 전도서는 고대 근동 지역의 지혜문학과 주제나 내용적인 측면에서 매우 유사하다. 「바벨론의 신정론」(Babylonian Theodicy), 「인간의 고난에 관한 대화」는 그 내용이 구약의 전도서와 유사하고 대화체의 구성은 욥기와 비슷하다. 「바벨론의 신정론」은 마치 욥과 그의 친구들 사이의 대화와 비슷하다.[49] 슈루파크(Šuruppak)가

46) M. Lichtheim, "Instruction of Amenemope," *CS I*, pp. 115-122; 장일선, 『구약세계의 문학』, pp. 98-120.

47) '마사'(מַשָּׂא)라는 히브리어를 개역성경에서는 모두 "잠언"이라고 번역을 했다.

48) K. Kitchen, "Proverbs and Wisdom Book of Ancient Near East," *TynBul* 28 (1977), p. 110.

그의 아들 찌우수드라(Ziusdra)에게 "내 아들아…"로 시작하여 교훈하는 것은 잠언의 내용과 비슷하다(특히 잠언 6:1-5, 22:26-27 등).[50] 게제(H. Gese)는 아카디아어로 된 이 사본이 욥기의 문학형식을 보인다고 주장한다.[51] 그러나 이렇게 이스라엘에 수입된 지혜는 이스라엘의 신앙인 야웨신앙에 의해서 변화가 일어나기 시작했다. 지혜가 이스라엘 신앙으로 동화되어 가는 과정에서 우리들은 몇 가지 단계를 추적해 낼 수가 있다.

첫째, 고대 근동 세계에서 지혜는 인간의 이성적, 지적인 활동의 산물이다. 학문적 탐구의 결과 지혜를 얻는 것이다. 즉 고대 근동 세계에서 지혜는 인간이 탐구하고 연구해서 찾아내고 얻어내는 인간적인 지혜이다. 즉 인간의 이성의 산물이다. 그러나 이스라엘 신앙 안에서는 이러한 인간적 지혜에 한계를 느낄 수밖에 없다.

하나님의 모든 행사를 살펴보니, 해 아래서 하시는 일을 사람이 능히 깨달을 수 없도다. 사람이 아무리 애써 궁구(탐구)할지라도 능히 깨닫지 못하나니, 비록 지혜자가 아노라 할지라도 능히 깨닫지 못하리로다(전 8:17).

지혜자는 내가 아노라고 말하지만, 하나님께서 하시는 일을 다 헤아려 알 수 없다는 뜻이다. 즉 인간의 이지(理智)와 학문의 한계를 말한다. 잠언 21:30에서도 같은 말을 기록하고 있다. "그 어떠한 지혜도, 명철도, 계략도, 하나님을 당치 못하느니라." 즉 인간의 지혜-인간의 학문으로서는 하나님을 당할 수 없다는 것이다. 뿐만 아니라 잠언 26:12에서는 스스로 지혜롭다고 생각하는 자는 바보만도 못하다고 말한다.

49) E.W. Nicholson, "The Limits of Theodicy as a Theme of the Book of Job," *Wisdom in ancient Israel*, pp. 71-82.

50) B. Alster, "Shuruppak," CS I, pp. 563-567; idem, *Proverbs of Ancient Sumer: The World's Earliest Proverb Collections*, Bethesda, 1997.

51) H. Gese, *Lehre und Wirklichkeit in der alten Weisheit*, (Tuebingen, 1958); R. E. Murphy, "Wisdom in the OT," *ABD 6*, p. 929.

두 번째 단계는 고대 근동 세계에서 지혜운동은 인간의 이성적 탐구 활동이었고, 지혜는 인간의 이성적 탐구의 결과로 얻어지는 것이었다. 그러나 이스라엘의 신앙 안에서, 지혜는 하나님께서 인간에게 주시는 것이요, 궁극적으로 하나님의 선물이라는 것이다. 따라서 열왕기상 3장에 의하면, 솔로몬 왕은 기브온의 산당에서 하나님께 지혜를 구하고, 하나님은 솔로몬에게 지혜를 주시는 것으로 묘사함으로써 솔로몬의 지혜는 하나님께서 주신 것이라는 것을 분명히 기록하고 있다.

이스라엘 신앙 안에서 여호와를 경외함이 지혜의 근본이라는 언급 속에서 이스라엘 신앙으로 동화된 지혜를 발견한다. 이스라엘로 수입되어 들어온 지혜전승은 이스라엘에서 유대 신앙화 된 것이다. 이스라엘 신앙 안에서 학문적 활동은 인간의 이성에서 출발하는 것이 아니라 하나님을 경외하는 신앙에서 출발한다는 것을 분명히 한다. 여기서는 신앙과 학문이 양자택일의 것이 아닌, 신앙의 기초 위에서, 학문 활동이 이루어지는 것이다. 따라서 이스라엘 신앙전승에서 지혜인은 단순한 지성인, 지식인, 학자가 아니다. 이스라엘의 지혜인은 구약의 지혜인, 신앙과 학문이 아름다운 조화를 이룬 신앙적인 지식인, 신앙을 겸비한 학자인 것이다.

하나님을 경외한다는 것은 잠언 9:10의 "여호와를 경외함이 지혜의 근본이요, 거룩하신 자를 아는 것이 명철이니라"는 구절을 통하여 알 수 있다. 즉 거룩하신 자이신 여호와를 아는 것이 지혜라는 뜻이다. 그런데 안다는 것은 단순히 지식적인 앎이 아니라 섬기고 순종한다는 뜻을 지니고 있다. 따라서 하나님을 경외한다는 것은 단순한 두려움의 감정의 차원이 아니라, 적극적으로 하나님을 섬기고, 그의 말씀에 순종하고 지키는 것이다.

이스라엘 신앙에서 참된 지혜는 하나님을 경외함에서 시작된다. 즉 하나님을 섬기고 하나님 말씀과 계명을 지키는 것이 참된 지혜의 시작이다. 구약의 지혜인은 하나님을 섬기고, 하나님 말씀/계명을 지키는 신앙적 지식인, 신앙과 학문을 겸비한 학자를 뜻한다.

그런데, 이스라엘 신앙전승 안에서, 지혜는 독립적인 실재를 가진 존재로 이해하게 되고, 여인으로 인격화된 지혜로 이해하게 되었다.[52] 지혜를 뜻하는 히브리어 '호크마'(חכמה)는 여성명사이다. 여성으로 인격화된 지혜가, 지혜의 잔치로 사람들을 불러 초대하고, 어리석음과 우매함에서 깨우치라고 외친다(잠언 1:20-33; 8:1-21; 9:1-6). 그런데 시간이 지남에 따라 지혜는 인격화의 단계를 넘어서서 신격화하게 된다.[53] 즉 지혜는 하나님의 창조 이전에 이미 선재하였고, 하나님의 창조사업의 조역자였다고 이해하게 된다(잠언 8:22-30). 지혜가 완전히 신학화된 것이다.

결론적으로 고대 근동 세계에서 인간의 이성적 활동, 학문 활동으로 시작된 지혜운동은 이스라엘에 들어와서 많은 변화와 신학화 과정을 거치게 된다. 그러나 이스라엘 신앙은, 인간의 이성이나 학문을 겁내거나, 위협적인 것으로 생각하지 않았다. 오히려 이들을 적극적으로 능동적으로 수용하고 받아들였다. 야웨신앙으로 끌어들이고 야웨신앙으로 동화시켰던 것이다. 그래서 하나님을 믿는 신앙과 이성적 학문 탐구가 서로 상충되거나, 배타적인 관계가 아니라 서로 조화된 관계로 승화시켰다.[54]

52) R.E. Murphy, "The Personification of Wisdom," pp. 222-233.

53) J.M. Hadley, "Wisdom and the goddess," *Wisdom in Ancient Israel*, J. Day, R.P. Gordon and H.G.M. Williamson eds., pp. 234-243, esp. 242. 하들레이(Hadley)는 고대 이스라엘의 지혜문학에서 지혜가 여성으로 인격화되고 이것이 심지어는 신적인 것으로 여겨졌다고 주장한다.

54) 박준서, "고대 이스라엘의 지혜운동," pp. 133-149.

구약성서의 지혜문학적 특징

구약성서 속에 있는 지혜문학은 잠언과 욥과 전도서와 시편과 애가 등이다. 뿐만 아니라 성문서에 있는 다른 책들도 그 내용이나 형식에 있어서 지혜문학과 유사한 점이 많다. 히브리 전통에서는 지혜문학으로 정경화 되지는 못했지만 벤-시라(Ben-Sira)의 지혜와 솔로몬의 지혜와 토빗서와 바룩 3:9 이하에 기록된 시와 에스드라 1서 3:1-4:41에 기록된 시 등도 지혜문학의 범주에 들어갈 수 있다.

히브리 지혜문학은 독특한 주제를 다루며 전형적인 문학적 특징과 특징적인 단어가 사용된다. 지혜문학에서는 주제가 매우 보수적이며 교훈적이며 보편적 지혜이면서도 반면에, 매우 급진적이며 신학적인 변혁을 다루고 있다. 이러한 특징은 지혜문학이 권위 있는 지혜를 다루고 있으며, 뿐만 아니라 받아들여지고 있는 사상에 대한 도전과 자극을 제공하기 때문이다.

지혜란 자연적으로 주어지는 것이 아니라, 배워야 하는 것이며 배울 수 있는 것이다. 잠언 2장에서는 하나님의 뜻에 복종하는 자에게 신적인 선물로 주어지는 것이다. 지혜를 가르치는 두 가지 근본적인 방법은 '무싸르'(מוסר) 즉 훈련과 훈계와 '에짜'(עצה) 즉 설득과 상담이다. 부모의 가르침은 잠언 23:13에 잘 나타난다. "아이를 훈계하지 아니하려고 하지 말라 채찍으로 그를 때릴지라도 그가 죽지 아니하리라." 즉 부모의 가르침은 강제적임을 나타낸다. 잠언 1:8에는 "내 아들아 네 아비의 훈계를 들으며 네 어미의 법을 떠나지 말라"고 말하고 있다. 그러나 선생에 의한 훈련과 훈계인 무싸르에는 이성과 양심에 호소해야 하고, 학생들의 지혜와 이해에 대한 열망에 부응해야 한다.

지혜문학은 가르치기 위하여 독특한 문학적 특징을 가지고 있다. 즉

한 문장으로 격언을 말하거나, 수사적인 질문을 하거나, 충고적인 격언을 말하거나, 독백이나 논쟁의 방법을 사용하거나, 혹은 묘사적이거나 은유적이거나 명상적인 시를 사용하거나, 우화나 풍자를 사용하거나, 혹은 분명한 일화나, 가공적인 이야기를 채택하기도 한다.

사회질서나 종교적인 신념을 명령하기 위한 교훈들은 교사가 학생들에게 교훈하는 형태를 취하며 여기에 그 결과에 대한 설명이 첨가된다. 예를 들어 잠언 19:20의 "너는 권고를 들으며 훈계를 받으라 그리하면 네가 필경은 지혜롭게 되리라" 처럼 교훈을 따를 때의 결과를 첨가하고 있다(참고 잠 25:17). 때로는 명령이 설명적이기보다는 암시적인 경우도 있다. 잠언 25:27a의 "꿀을 많이 먹는 것이 좋지 못하고" 와 같이 암시적이다. 잠언 1-9장은 교훈들이 "내 아들아 들으라" ('슈마 브니', שמע בני)라고 시작하면서 10개의 이야기로 확장되었다.

격언은 많은 상황에 적용되도록 그리고 생생하게 기억되거나 재치 있게 표현하기 위하여 짧은 함축적인 문장이나 구로 구성된다. 경우에 따라서는 두운(頭韻 alliteration)이나 모음압운(母音押韻 assonance)과 같은 방식을 사용하기도 한다.

전통적인 산문적인 격언은 매우 간결하면서도 날카롭다. 예를 들어 사무엘상 24:13의 "악은 악인에게서 난다" 와 같은 표현이나 혹은 열왕기상 20:11의 "갑옷 입는 자가 갑옷 벗는 자 같이 자랑하지 못할 것이라" 와 같다.

잠언의 문학적 기법 가운데 특징적인 것은 평행법이다. 잠언 10:1 이하와 25:1 이하와 같이 두 줄 혹은 그 이상의 평행을 발견할 수 있다. 이러한 지혜문학의 문학적 특징을 따라 전통적인 격언들도 이런 평행법과 같은 문학적 기법을 따르는 경우도 있다. 예를 들어 잠언 11:2a와 12:11과 26:17a와 같은 것이다. 또한 숫자가 증가하는 방식으로 기록한 잠언

30:18-19은 수수께끼와 같은 방식으로 기록하고 있다.

지혜문학을 기술하면서 설화나 직유나 은유와 같은 방식을 사용하기도 한다. 직유는 짧은 이야기를 확장할 때 사용하여 비유가 된다. 전도서 9:13-16은 비유의 한 예이다. 풍자는 은유와 관련되어 있다. 전도서 12장에서는 죽음을 거리에 어둠이 드리우는 것으로 표현하고 있다. 또한 지혜에 대한 은유는 잠언 1:20-33에서 지혜를 여인으로 의인화하여 등장한다(잠 7:4). 또한 잠언 9장에서는 지혜와 어리석은 자가 서로 경쟁자로 묘사되어 있다. 지혜가 의인화된다는 것의 의미는 지혜는 인간에게 교훈이나 구원의 안내 등과 같은 것이 아니라, 하나의 인격으로 다가온다는 것을 강조하는 것이다.

지혜문학에 사용된 또 다른 문학기법은 예시적인 설화를 이용한다는 점이다.

구약성서에 나타난 지혜 문학의 내용

지혜자들이 가르치고 기록한 내용은 잠언과 욥기와 전도서와 지혜 시편에 보존되어 있으며, 다른 책들에서도 간략하게 나타나 있다. 또한 지혜자들의 기록 일부는 외경(집회서, 솔로몬의 지혜)과 초기 유대교 문학의 일부(마카비 4서)에도 수록되어 있다.

격언

지혜문학은 원시적인 형태의 격언('마샬' , משׁל)으로부터 시작되었다. 원시적 형태의 격언은 이스라엘 형성 이전 시대부터 존재했다. 예를 들어서,

"어미가 어떠하면, 그 딸도 그렇다"(겔 16:44) 거나, "악은 악인에게서 난다"(삼상 24:13) 또는 "의원아, 너(자신)을 고치라" 와 같은 격언들은 여러 세대에 거쳐 형성된 체험적 지혜를 표현한 것이다.

원시적 형태와 리듬을 지닌 형식의 격언들과 함께 다른 형태의 지혜들도 초기에 통용되었다. 지혜와 흡사한 어떤 기술이 수수께끼를 만들고 푸는데 이용되었다. 솔로몬이 스바의 여왕이 제시한 수수께끼를 풀자 솔로몬의 지혜에 감탄하였다는 기록이 성서에 등장한다(왕상 10:1-5; cf. 단 5:12). 수수께끼는 고대로부터 내려오는 민속 지혜의 한 형태였으며, 이는 예언자의 말에도 응용되었다. "세 가지 일… 네 가지 …"(잠 30:18-19)와 같은 형식의 격언은 그러한 수수께끼에서 유래된 것이라고 할 수 있다.

우화 역시 지혜의 소산이었으며, 교육적 목적에 사용되었다. 비유와 알레고리, 웃음거리와 조롱거리는 정도의 차이는 있으나 한결같이 격언 형식의 지혜문학과 관련을 맺고 있는 형식들이며, 이러한 유형들은 구약성서 전반에 걸쳐서 나타난다. 이런 원시 격언들은 평행법을 많이 사용하였고, 일정한 운율을 지니고 있다. 또한 고대 지혜의 한 형태인 수수께끼를 푸는 것에 관한 내용이 등장하기도 한다.

잠언 · 전도서 · 욥기

잠언 · 전도서 · 욥기는 각 항목을 다룰 때 자세히 다루기로 한다.

다니엘과 마카비 4서

다니엘서는 묵시록이며, 오직 부수적으로만 지혜자이자 수수께끼 풀이

55) 다니엘서에 대해서는 김영진, 『느비임』, pp. 261-267을 참조하시오.

자이며 해몽가인 지혜자 다니엘을 통해 지혜를 언급하고 있다.[55] 그럼에도 불구하고 다니엘서(주전 167년경)는 어느 정도까지는 마카비 4서(주후 100년경) 같은 책의 전조가 되고 있다. 마카비 4서에서 믿음의 순교자들은 다니엘과 그의 동료들이 하나님이 믿는 자를 순교의 위기에서 보호한다는 것을 입증하였던 것처럼, 이성이 인간의 감정보다 강하다는 것을 보여주고 있다. 이 두 권의 책은 사람들에게 하나님에 대한 충성과 불굴의 정신을 가르친다.

지혜 시편

시편 가운데 교육적 목적으로 지어진 시로써 지혜문학과 유사점을 보여준다. 지혜 시편은 주제나 논조, 문학적 양식이나 단어에 있어서 지혜문학의 것을 많이 채용한다. 지혜 시편의 가장 큰 특징은 하나님이 말하기보다는 사람이 말하며 그 논조가 매우 교훈적이라는 점이다. 지혜 시편으로 분류되는 것은 시편 1, 19b, 32, 34, 37, 49, 78, 112, 119, 127, 128 133편 등이다.

몇몇 시편의 정신은 보상과 형벌이 공의로운 방법으로 내려진다는 확신(시 1, 34, 37편 참고 렘 17:5-8), 의의 길(시 92, 112, 127, 128, 133편), 율법에 따른 생활의 권고(시 19:7-14)와 같은 점에서 잠언의 정신과 유사성을 보이고 있다. 78편과 같은 시는 이스라엘의 민족적 체험에서 교훈을 얻고 있으며, 복종과 신실성을 권고한다. 시편 73편의 기자는 하나님의 공의가 실천되지 않는 명백한 경우들로 인해 야기되는 문제들을 다루고 있다. "하나님께 가까이 함이 내게 복이라"(28절)는 구절을 통해서, 그는 하나님과 자신과의 밀접한 관계에 대한 인식 속에서 자신의 현세적 욕망들에 대한 완전한 만족을 발견한다. 시편 49편은 "사람은 존귀하나 장구치 못함이여 멸망하는 짐승 같도다”(12, 20절), “지혜 있는 자도 죽고”(10절), “인간은 가져가는 것이 없다”와 같은 구절을 통해서 전도서의 회의론을 공유하고 있다고 할 수 있다.

지혜 시편의 주요 주제는 의로운 사람과 사악한 사람의 대립, 의로운 사람과 사악한 사람 각자에 대한 보상, 칭송 받을 만한 의로운 사람의 자격과 행위, 오경을 공부하는 것이 경건의 핵심, 의의 결실은 생명과 활력이며 이것이 참된 지혜임을 강조하는 것, 개인적 야웨에 대한 신앙 강조 그리고 신앙적 문제에 대한 해결을 찾는 것 등이다.

집회서(Ben-Sira)

다니엘서보다 10-20년 앞서 쓰인 것(주전 190년 경)으로 추정되는 집회서는 외경 가운데 가장 대표적인 지혜문학으로서, 시락 또는 벤-시라의 작품으로도 알려져 있다. 정경 가운데 잠언과 공통된 내용이 많이 나타나는 것으로 보아, 잠언의 저자가 집회서 저자에게 모범이 되었던 것 같다. 본래 팔레스타인에서 시라의 아들 예수가 쓴 이 책은 주전 132년에 저자의 손자가 이집트로 가져가 희랍어로 번역하였다(집회서 서문과 50:27).

문학적인 특징에 있어서, 대구형식의 격언들이 단독적으로 집회서에도 나타나고 있으나, 주제에 따라서 집단적 또는 확대된 형태로 나타나는 경우가 많다. 그 결과 사고의 단위가 잠언의 그것과 비교해 길게 나타나며, 가르침이나 간략한 소론이 빈번하게 나타난다.

집회서에 따르면, 벤시라는 교사였으며(51:23), 귀족 청년들에게 근신과 선한 삶을 가르치는데 관심을 지녔다. 집회서의 교육 내용은 대부분 잠언과 비슷하다. 반면, 지혜의 특징을 명백히 보여주지는 않는 찬송시(36:1-17; 42:15-43:33; 51:1-12), 성서의 위대한 인물들을 기리는 찬양시들(44-49

장), 대제사장 시몬에 대한 찬양시(50장), 교육적이며 교훈적인 의도로 기록된 것으로서, 그와 같은 인물들을 주신 하나님에 대한 찬양(50:22) 등은 잠언에서 나타나지 않는 집회서의 특징들이다.

지혜문학과 대조되는 또 다른 특징은 지혜문학이 일반적으로 이스라엘 민족에 초점을 두기보다는 인류에게 그 초점을 두는 반면, 집회서는 찬양시들을 통해서 성서 시대의 위인들과 사건들을 묘사하고 있으며(44-49장), 성서의 전승에 관해서도 언급하고 있다(16:6-10; 25:24; 33:10,12; 38:5). 무엇보다 중요한 사상은 지혜가 예루살렘에 거하기로 결정했다는 점이다(24:8-12). 벤시라 역시 모세가 야곱을 위한 율법을 명했다는 전승을 지지하고 있다(24:22). 그에게 있어서 율법, 예언자들, 지혜 모두가 모든 지혜의 원천이다(39:1; 9:15; 19:20; 45:5). 그는 희생보다는 의를 높이 평가하고 있으나, 다른 이들보다는 의식, 거룩한 절기, 제사장들 등에 관해 한결 호의적 자세를 견지하고 있으며(7:29-31; 24:10,15; 33:7-9; 35:4-7; 36:13-14; 43:7; 44-50장), 민족의 승리에 대한 기대가 메시아적 색채를 띠고 나타난다(35:17-19; 36:15-16; 47:220). 반면, 다니엘 12:2과 같은 개인적 불멸이나 부활에 대한 소망의 표현은 나타나지 않는다.

솔로몬의 지혜

주전 1세기 알렉산드리아에서 희랍어로 작성된 솔로몬의 지혜는 구약 전승과 근본적으로 충돌하는 단계까지 나아가고 있다. 저자는 자신을 단순히 1인칭으로 칭하나, 7:5; 8:21; 9:7-8 등에서 나타나는 저자에 대한 묘사를 통해 저자를 솔로몬으로 묘사하고 있음을 알 수 있다. 그러나 솔로몬의 지혜가 보여주는 사상은 근신에서 내세를 지향하는 종말론으로의 변화이다.

한편, 솔로몬의 지혜 2장에서 솔로몬은 전도서의 솔로몬이 그 자신의 신념이며, 오랜 세월에 걸친 탐구의 열매라고 공언하였던 견해들을 논박하고 부정확하게 언급하고 있으며, 비난하고 있다. 전도서가 개인적인 응보의 교리의 적용에 대해 의문을 제기한 반면, 잠언 세대에게 있어서 그것은 의심할 바 없는 교리였다. 반면, 솔로몬의 지혜의 저자는 전도서와 같은 인물을 호되게 책망할 뿐, 그 이전의 정통교리를 재확인하지는 않는다. 그는 현실적인 보상과 형벌 교리 대신, 육체가 썩은 뒤에 영혼이 보상을 받게 된다는 교리로 대체한다. 특히 이 솔로몬의 지혜는, 영혼과 운명, 지혜의 본질 등에 있어서 희랍철학에서 유래된 개념들에 의존하고 있기 때문에 그 이전의 지혜문학과는 거의 공통성을 보이지 않는다.

| 지혜문학 참고문헌 |

Bergant, D., *Israel's Wisdom Literature: A Liberation-Critical Reading.* Minneapolis: Fortress, 1997.

Blenkinsopp, J., *Wisdom and Law in the Old Testament: The Ordering of Life in Israel and Early Judaism.* Revised Edition. Oxford: Oxford Press, 1995.

Brenner, A., "Some Observations on the Figuration of Woman in Wisdom Literature." *Of Prophets' Visions and the Wisdom of the Sages: Essays in Honor of R. Norman Whybray on His Seventieth Birthday.* Eds. Heather A. McKay and David J. A. Clines. Sheffield: JSOT Press, 1993.

_______, *A Feminist Companion to Wisdom Literature.* Sheffield: Sheffield Academic Press, 1995.

Brenner, A., and Fontaine, C., *Wisdom and Psalms: A Feminist Companion to the Bible (Second Series).* Sheffield: Sheffield, 1998.

Brown, W., *Character in Crisis: A Fresh Approach to the Wisdom Literature of the Old Testament.* Grand Rapids: Eerdmans, 1996.

Brueggemann, W., *In Man We Trust.* Atlanta: John Knox, 1972.

Clement, R.E., *Wisdom in Theology.* Grand Rapids: Eerdmans, 1992.

Clines, D. J. A., *The Poetic Books: A Sheffield Reader.* Sheffield: Sheffield, 1997.

Collins, J. J., "Wisdom, Apocalypticism, and Generic Compatibility." Pp. 165-186 in *In Search of Wisdom: Essays in Memory of John G. Gammie, Leo Perdue, B.B.Scott, and W.J. Wiseman.* Louisville: Westminster, 1993.

Crenshaw, J., "The Concept of God in Old Testament Wisdom." Pp. 1-18 in *In Search of Wisdom: Essays in Memory of John G. Gammie, ed. Leo Perdue, B. B. Scott, and W. J. Wiseman.* Louisville: Westminster, 1993.

_______, *Old Testament Wisdom*, revised and enlarged. Louisville: Westminster, 1998.

_______, *Studies in Ancient Israelite Wisdom.* New York: KTAV, 1976.

_______, "Wisdom and Authority: Sapiential Rhetoric and Its Warrants." Pp. 10-29 in *Congress Volume Vienna **1980***, ed J. A. Emerton. Leiden: Brill, 1980.

_______, "Wisdom Literature: Retrospective and Prospect." Pp. 161-208 in

Congress Volume Vienna 1980, ed J.A. Emerton. Leiden: Brill, 1995.
Davidson, R., *Wisdom and Worship*. Philadelphia: Trinity, 1990.
Day, J., Gordon, R. P. and Williamson, H.G.M., *Wisdom in Ancient Israel*. Cambridge: Cambridge University Press, 1995.
Gammie, J.G., Brueggemann, W., Humphreys, W.L. and Ward, J.M., *Israelite Wisdom: Theological and Literary Essays in Honor of Samuel Terrien*. Missoula: Scholars Press, 1978.
Gammie, J., and Perdue, L., *The Sage in Israel and the Ancient Near East*. Winona Lake: Eisenbrauns, 1990.
Garrett, D.A., *Proverbs, Ecclesiastes, Song of Songs*. Nashville: Broadman, 1993.
Grabbe, L.L., *Priests, Prophets, Diviners, Sages: A Socio-Historical Study of Religious Specialists in Ancient Israel*. Valley Forge: Trinity, 1995.
Hermisson, Hans-Jurgen., "Observations on the Creation Theology in Wisdom." Pp. 43-57 in *Israelite Wisdom: Theological and Literary Essays in Honor of Samuel Terrien*. Eds. J.G. Gammie, W. Brueggemann, W.L. Humphreys, and J.M. Ward. Missoula: Scholars Press, 1978.
Keck, L.E. et al. *The New Interpreter's Bible: The Book of Proverbs, the Book of Ecclesiastes, the Song of Songs, the Book of Wisdom, The Book of Sirach*. Nashville: Abingdon, 1997.
McKane, W., *Prophets and Wise Men*. Chatham: SCM Press, 1965.
McKenzie, J.L., "Reflections on Wisdom." *JBL* 86 (1967): 1-9.
Miller, P.D., Hanson, P.D. and McBride, S.D., *Ancient Israelite Religion: Essays in Honor of Frank Moore Cross*. Philadelphia: Fortress, 1987.
Murphy, R.E., "Assumptions and Problems in O.T. Wisdom Research." *CBQ* 29 (1967): 102-112.
______, *The Tree of Life: An Exploration of Biblical Wisdom Literature*. New York: Doubleday, 1990.
______, *Wisdom Literature: Job, Proverbs, Ruth, Canticles, Ecclesiastes, Esther*. Grand Rapids: Eerdmans, 1981.
______, "Wisdom and Creation" in Brenner, Athalya and Fontaine, Carole. Wisdom and Psalms: A Feminist Companion to the Bible (Second Series). Sheffield: Sheffield, 1998: 32-43
______, "Wisdom and Yahwism" Pp. 117-126 in *No Famine in the Land, Festschrift for J.L. McKenzie*, James W. Flanagan, and Anita Weisbrod Robinson. Missoula: Scholars Press, 1975.

______, "Wisdom…Thesis and Hypothesis." Pp. 35-42 in *Israelite Wisdom: Theological and Literary Essays in Honor of Samuel Terrien.* Eds. John G. Gammie, Walter Brueggemann, W. Lee Humphreys, and James M. Ward. New York: Union Seminary, 1978.

O' Connor, K.M., "Wisdom Literature, Women' s Culture and Peace." Pp. 40-61 in *Blessed Are the Peacemakers: Biblical Perspectives on Peace and Its Social Foundations.* A. Tambasco. New York: Paulist Press, 1989.

Perdue, L.G., "Cosmology and the Social Order in the Wisdom Tradition." pp. 457-78 in *The Sage in Israel and the Ancient Near East.* Eds. J. Gammie, and Leo G. Perdue, Winona Lake: Eisenbrauns, 1990.

______, "The Death of the Sage and Moral Exhortation: From Ancient Near Eastern Instructions to Graeco-Roman Paraenesis." *Semeia* 50 (1990): 81-109. BS411.S45

______, "Liminality As a Social Setting for Wisdom Instruction." *Zeitschrift Fuer Die Alttestamentliche Wissenschaft* 93 (1981): 114-26.

______, *Wisdom and Creation: The Theology of Wisdom Literature.* Nashville: Abingdon, 1994.

______, *Wisdom and Cult.* Missoula: Scholars Press, 1977.

Perdue, L.G., Scott, B.B. and Wiseman, W.J., *In Search of Wisdom: Essays in Memory of John G. Gammie.* Louisville: Westminster/John Knox, 1993.

Pleins, J.D., "Poverty in the Social World of the Wise." *JSOT* 37 (1987): 61-78.

Rad, Gerhard von., *Wisdom in Israel.* New York: Abingdon, 1972.

Schultz, R.L., "Unity or Diversity in Wisdom Theology? A Canonical and Covenantal Perspective." *Tyndale Bulletin* 48 (1997): 271-306.

잠언

잠언의 히브리어 명칭은 '미슐레이 슐로모' (מִשְׁלֵי שְׁלֹמֹה; '솔로몬의 잠언')이며, 헬라어 명칭은 '파로이미아 살로몬토스' (Παροιμία Σαλωμωντος)다. 이것이 불가타역에서 리베르 프로베르비오룸(Liber Proverbiourum)으로 번역되었고, 영어로는 proverbs로 번역되었다.[56] 히브리어 '마샬' (מָשָׁל)은 잠언 혹은 우화보다는 더 중요한 의미를 지니고 있다. '마샬' 은 아주 간결하지만 그러나 매우 구체적이다. 오늘날 잠언은 '세페르 미슐레이' (סֵפֶר מִשְׁלֵי; '잠언의 책')라고 부르며, 전체 31장 715절로 구성되어 있다.

잠언의 저자

잠언의 저자가 누구인가 하는 질문은 대답하기 매우 어렵다. 잠언 1:1의 "다윗의 아들 이스라엘 왕 솔로몬의 잠언이라"를 통하여 전통적으로 솔로몬이 잠언의 저자라고 주장한다. 이러한 주장은 잠언 1-24장까지는 솔

56) B.K. Waltke, *The Book of Proverbs Chapters 1-15*, NICO, (Grand Rapids: Eerdmans, 2004), p. 1.

로몬이 지은 것으로 여긴다. 이것은 열왕기상 3:5-6을 근거한 것이다. 언어적인 측면에서도 잠언이 솔로몬의 저작이라는 것을 지지할 수 있다. 올브라이트(W.F. Albright)는 잠언에서 많은 가나안의 특성을 발견할 수 있다고 주장한다.[57] 폰라트는 솔로몬 시대의 이집트와의 교류로 인하여 새로운 서기관 계층이 형성되었고, 이들에 의하여 솔로몬 시대는 계몽주의 시대를 맞이하게 되었다고 주장한다.

솔로몬 이외에도 아굴(30:1)과 르무엘(31:1)이 잠언 일부분의 저작자로 묘사되어 있다. 그러나 이 두 왕이 누구인지 정확히 알 수 없다.

이러한 잠언의 최종 편집은 페르시아 시대 때이거나 혹은 그리스 시대일 것으로 추정한다.[58]

잠언의 연대

연대를 측정하는데 있어서 매우 어려운 점은 독립적인 내용들은 조그마한 변화에도 민감하기 때문이다. 아람어 단어가 매우 드물게 등장하는 것은 연도를 측정하는데 아무런 도움이 되지 않는다. 뿐만 아니라 잠언에는 헬라어나 페르시아어도 발견되지 않는다. 대체적으로 잠언의 연대를 포로기 이후 시대로 생각하는데 이것은 주로 벤시라와의 관계에 의해서이다. 잠언은 다른 자료를 사용한 것으로 추정되는 8장의 페니키아화의 예를 제외하고 전통적인 히브리어로 기록되어 있다. 솔로몬 시대까지 거슬러갈 수 있는 자료는 숫자잠언과 많은 세속적인 내용들이다. 만약 믿을 수 있다면 잠언 25:1처럼 오래된 자료들이 히스기야 시대에 편집되

57) W.F. Albright, "Some Canaanite-Phoenician Sources of Hebrew Wisdom," in *Wisdom in Israel and in the Ancient Near East: Presented to Professor Harold Henry Rowley*, (Leiden: Brill, 1969), p. 3.
58) B.K. Waltke, *The Book of Proverbs Chapters 1-15*, pp. 36-37.

었다. 이사야서에 주전 8세기경 고대 이스라엘에 지혜 선생들의 활동에 관한 증거가 있다(사 28:23-29). 예언자는 자신의 신탁을 위하여 지혜 형태를 채택하였다. 뿐만 아니라 학파에 관한 언급도 지혜 선생의 활동을 증거한다(사 28:9-10, 6:9-10).

잠언에는 오래된 전승과 후대의 전승들이 서로 결합되어 있다. 잠언의 오늘날 형태는 후기 왕정 시대에 완성된 것으로 보인다.

잠언의 문학적 특징

잠언은 오랜 시대에 걸쳐 전해 내려오는 것들을 모아서 구성하였기 때문에 책 전체의 통일성은 결여되어 있다. 이처럼 잠언은 다양한 자료로 구성되어 있기 때문에 이에 따라 잠언에서는 독특한 문학적 특징을 가지고 있다. 가장 대표적인 특징은 시가문학의 특징인 간결성, 비유적 묘사 그리고 평행법의 사용이다. 잠언의 간결성을 표현하기 위하여 일반적인 시가문학과 마찬가지로 정관사, 목적격 전치사, 관계대명사의 생략 그리고 단어나 구들이 생략되는 경우들이 있다.[59] 따라서 잠언의 문장을 이해하는데 매우 어렵다.

잠언에서는 경구를 통하여 진리를 전달한다. 잠언 10:3의 "여호와께서 의인의 영혼은 주리지 않게 하시나 악인의 소욕은 물리치시느니라"와 잠언 22:6의 "마땅히 행할 길을 아이에게 가르치라 그리하면 늙어도 그것을 떠나지 아니하리라" 등은 경구를 통하여 진실을 나타낸다.

비유적인 묘사를 위하여 직유법(잠 26:18, 19), 은유법(잠 11:22), 풍유법(잠 27:23-27), 신인동감론적 표현(잠 24:18), 신인동형동성론적 표현, 제유법

59) B.K. Waltke, *The Book of Proverbs Chapters 1-15*, (Grand Rapids: Eerdmans, 2004), p. 38.

(16:31, 20:29), 환유법(잠 6:17), 의인화(잠 9:1-6), 과장법(잠 30:3), 곡언법(잠 10:19) 그리고 반어법(잠 31:6) 등이 사용되었다.

잠언의 문학적 기법 가운데 가장 특이한 것은 평행법이다. 평행법은 단순히 시를 수식하기 위한 것이 아니라 의미의 기초가 된다. 잠언의 평행법은 대체로 한 행의 절반이 다른 절반과 대응한다. 그러나 경우에 따라서는 잠언 10:1 이하와 25:1 이하와 같이 두 줄 혹은 그 이상의 평행도 발견된다.

잠언 10장 1-6절

1 지혜로운 아들은 아비를 기쁘게 하거니와 미련한 아들은 어미의 근심이니
라 2 불의의 재물은 무익하여도 공의는 죽음에서 건지느니라 3 여호와께서
의인의 영혼은 주리지 않게 하시나 악인의 소욕은 물리치시느니라 4 손을 게
으르게 놀리는 자는 가난하게 되고 손이 부지런한 자는 부하게 되느니라 5
여름에 거두는 자는 지혜로운 아들이나 추수 때에 자는 자는 부끄러움을 끼
치는 아들이니라 6 의인의 머리에는 복이 임하나 악인의 입은 독을 머금었느
니라

잠언은 1-9장의 산문 형식의 가르침과 10-31장의 개별적인 격언으로 나눌 수 있다. 잠언 1-9장의 두드러진 형식적 특징은 아버지가 아들에게 이야기하는 대화체로 구성되어 있다는 점이다. 잠언 1-9장은 "내 아들아 들으라"('슈마 브니', שמע בני, 잠 1:8, 2:1, 4:1, 5:1 등)는 말로 시작하는 10개의 이야기로 구성되어 있다.

또 다른 특징은 지혜를 은유로 표현하여 지혜를 여인으로 의인화한다는 점이다(잠 7:4, 1:20-33). 더 나아가 지혜가 신격화되기까지 한다.

잠언의 내용

잠언은 모두 9개의 모음으로 구성되어 있다. 아홉 개의 모음을 종류별로 분류하면 잠언 1:1-9:18까지는 신학적 지혜에 대하여 언급하며, 잠언 10:1-29:27에서는 주로 실용적 지혜에 관하여 언급하고 있다. 그리고 잠언 30:1-31:31에서는 외국의 지혜에 대하여 언급하고 있다.

잠언 1:1–9:18 (신학적 지혜)

잠언 1:1-9:18은 잠언 전체의 서론에 해당하는 부분이다. 몇 개의 중요한 생각들이 긴 산문 형식으로 기록되었으며, 평행하는 행을 사용하여 명쾌하게 표현하는 전통적인 잠언의 방식을 채택하고 있다. 표제어 다음에 잠언의 목적인 지혜를 교육하는 목적을 설명하고 있다. 잠언 1:7에 "여호와를 경외하는 것이 지식의 근본이다"라고 교리적 방식으로 목적을 설명하고 있다. 약간 예외적인 형태는 1:8의 "내 아들아 들으라!" 1:10의 "내 아들" 그리고 4:1의 "아들들아"와 같이 애정을 가진 표현들이 등장하는 것이다. 이러한 노력들은 독자들의 관심을 불러일으킨다. 잠언 9:1은 첫째 부분의 기초가 되는 것에 대하여 암시하고 있다. 즉 "지혜가 그의 집을 짓고 일곱 기둥을 다듬고" 일곱 기둥이란 잠언 2-7장에서 발견되는 22절로 구성된 일곱 단위를 의미한다.[60)]

60) P.W. Skehan, "The Seven Colums of Wisdom's House in Proverbs 1-9," CBQ 9 (1947), pp. 190-198; idem, "A Single Editor for the Whole Book of Proverbs," *CBQ* 10 (1948), pp. 115-130.

잠언 10:1-22:16(실용적 지혜)

두 번째 부분인 잠언10:1-22:16은 375개의 솔로몬의 잠언으로 구성되어 있다. 375개의 잠언에서 375란 숫자는 솔로몬의 히브리어 이름인 שלמה 가 갖는 숫자의 총합계(ש=300+ל=30+מ=40+ה=5=375)이다. 이 잠언들은 잠언 10-16장까지는 주로 반의적 평행법으로 기록되어 있으며, 17-22장에서는 종합적 평행법으로 구성되어 있다. 대구(對句)의 전체적인 분위기는 첫째 부분(1-9장)과 전혀 다르다. 이 부분에서는 왕실 배경에 관한 언급이 자주 등장한다. 뿐만 아니라 전체적으로 치밀함을 보여주고 있다. 그러나 야웨종교의 영적인 열정에 지상의 인간의 삶이 예속되어야 하며, 영적인 성격이 강하다. 잠언 1:7의 여호와를 경외하는 것이 지식의 근본이다라는 것이 책 전체의 분위기라는 점을 잊어서는 안 된다.

잠언 22:17-24:22(실용적 지혜)

세 번째 부분인 잠언 22:17-24:22은 지혜에 관한 말에서 풍겨지는 스타일과 전혀 다르다. 두 줄로 된 격언으로 단순하고 서로 관계없는 내용이 기록되는 것과는 다르게 연의 형태로 생각들이 기술되어 있다. 첫째 부분인 잠언 1-9장은 아버지가 아들에게 혹은 선생이 학생에게 교육하듯이 매우 직접적이고, 개인적인 성격을 띠고 있다. 저자가 이집트 지혜에 대하여 매우 동조하고 있으며 「아멘-엠-오페(Amen-em-ope)」의 지혜는 잠언 22:17-24:12과 매우 유사하다.

잠언 24:23-24:34(실용적 지혜)

넷째 부분인 잠언 24:23의 "대저 여호와께서 신원하여 주시고 또 그를 노략하는 자의 생명을 빼앗으시리라"는 표현은 12절이 독립적인 부분임을 보여준다. 아멘-엠-오페의 영향은 이 부분에서는 나타나지 않는다. 그러나 일반적인 형식은 앞부분(잠 22:17-24:22)과 유사하다. 29절의 발전적인 윤리적 생각이 기록되어 있다. "네가 자기의 일에 능숙한 사람을 보았느냐 이러한 사람은 왕 앞에 설 것이요 천한 자 앞에 서지 아니하리라."

잠언 25:1-29:27 (실용적 지혜)

다섯째 부분은 솔로몬의 잠언으로 구성되어 있다. 전체적인 부분은 첫번째 부분과 매우 유사하다. 처음 기록된 편집자의 서언에 해당하는 잠언 25:1의 "이것도 솔로몬의 잠언이요 유다 왕 히스기야의 신하들이 편집한 것이니라"는 표현을 통하여 히스기야 시대에 유행하던 잠언을 모은 것이라는 점을 부인할 이유가 없다. 그러나 잠언에는 마지막 편집자에 의하여 배열이나 경향 내용 등이 수정되었다. 그러나 포로기 이후 시대의 신학적, 문학적, 언어적 다양성을 배제한 원래의 잠언을 재구성하는 것은 매우 어렵다.

잠언 30:1-14 (외국의 지혜)

여섯째 부분은 외국의 지혜를 언급하고 있다. 잠언 30:1에 "이 말씀은 야게의 아들 아굴의 잠언이니 그가 이디엘 곧 이디엘과 우갈에게 이른 것이니라"라는 표제어가 붙어 있다. 이 잠언이 6절까지인지 아니면 14절까지 정확히 알 수 없다. 그래서 이것은 계속되는 학자들의 논쟁거리이다. 형식은 전형적인 잠언의 형식으로 볼 수 없다. 아굴의 간단한 메시지는 지혜문학의 일반적인 주제인 도달하기 어려운 인간을 위한 지혜에 대하여 다루고 있다.

잠언 30:15-33 (외국의 지혜)

일곱째 부분은 칠십인역에서는 24:34 이하에 연결되어 있으며, 전체적인 분위기에 있어서 독립적인 성격이 강하다. 일곱째 부분의 잠언은 숫자잠언의 형식을 취하고 있다. 즉 첫머리에 숫자 하나를 말하고 뒤이어 그보다 하나 더 높은 숫자를 말한 다음, 삶에서 관찰하고 경험한 것을 그에 상응하는 수만큼 열거한다. 이러한 숫자잠언의 목적은 설명의 완전성을 강조하기 위한 것이다. 적어도 이러한 숫자잠언에서는 도덕적인 가치를 추구하지는 않는다. 자연에 대한 고찰과 동물의 기이한 행동 등에 대하여 관찰한다. 일곱째 부분은 열왕기상 4:33의 "그가 또 초목에 대하여 말하되 레바논의 백향목으로부터 담에 나는 우슬초까지 하고 그가 또 짐승과 새와 기어다니는 것과 물고기에 대하여 말한지라"는 구절의 예를 제시하는 것으로 잠언의 고대성이 입증된다.

여덟째 부분(잠언 31:1-9)

여덟째 부분은 르무엘(Lamuel) 왕의 어미니가 그를 훈계한 잠언이다(잠 31:1). 유흥오락에 대한 경고와 가난한 자를 위한 돌봄을 강조한다. 잠언 31:1에서 보다시피 매우 특이하고 많은 아람화된 잠언은 아마도 북쪽 아라비아에 있던 마사 족속에서부터 유래되었던 것으로 추정된다(창 25:14).

이스라엘 사람이 아닌 여인에 의한 잠언이 이스라엘의 거룩한 책에 삽입된 것이 매우 특이한 일이다.

아홉 번째 부분(잠언 31:10-31)

아홉 번째 부분은 이상적인 삶에 대해 관심을 갖는다. 이 부분은 히브리어 알파벳 22자음으로 구성된 알파벳 시이다. 잠언 31:31 하반절을 제외하고는 후대 편집자의 수정을 발견한다.

칠십인역에서는 잠언의 순서가 잠언 1:1-24:22, 잠언 30:1-14, 잠언 24:23-34, 잠언 30:15-31:9, 잠언 25:1-29:27 그리고 잠언 31:10-31 순으로 기록되어 있다.

잠언의 신학

잠언은 일상적인 교훈을 전해주는데 목적이 있지 않다. 외형적으로는 삶의 지혜를 전달해 주는 것으로 이해할 수 있지만 잠언의 목적은 인생을 지혜롭게 사는 것은 모든 면에서 여호와를 인정하는 것임을 강조한다. 잠언 9:10은 이러한 잠언의 신학을 가장 잘 묘사하고 있다.

> 잠언 9장 10절
>
> 여호와를 경외하는 것이 지혜의 근본이요 거룩하신 자를 아는 것이 명철이니라

잠언 9:10은 동의적 평행법으로 이해하여 여호와를 알고 인정하는 것이 지혜의 근본임을 말하고 있으며, 이것은 잠언 전체의 신학이기도 하

다. 이러한 잠언의 주장은 이 세계와 그 안의 모든 것들이 여호와의 것이기 때문에 여호와에 대한 인식 없이는 삶의 모든 구체적인 것들이 조화를 이루지 못하기 때문이다.[61]

잠언의 많은 내용은 여호와를 인정하는 방법에 대하여 구체적으로 언급하고 있다. 잠언은 여호와를 경외함으로 인하여 사람들에게 주어지는 몇 가지 주제를 다루고 있다. 즐거움, 만족, 삶의 결정들, 부지런함, 우정, 너그러움, 겸손, 친절, 자녀양육, 정결함, 공의, 진실함 등의 주제를 다루고 있다.[62]

61) R.C. van Leeuween, "In Praise of Proverbs," Pledges of Jubilee: A Festschrift for Calvin G. Seerveld, eds. L. Zuidervart and H. Luttikhuizen, (Grand Rapids: Eerdmans, 1995), pp. 308-327, esp. 326.
62) D.J. Estes, *Handbook on the Wisdom Books and Psalms*, (Grand Rapids: Baker Book House, 2005) 강성열 역『지혜서와 시편 개론』(서울: 크리스천다이제스트, 2007), pp. 304-364.

| 잠언서 참고문헌 |

Camp, C.V., *Wisdom and the Feminine in the Book of Proverbs.* England: JSOT Press, 1985.

Crenshaw, J.L., *Old Testament Wisdom: An Introduction.* Atlanta: John Knox Press, 1981.

Crenshaw, J.L. ed., *Studies in Ancient Israelite Wisdom.* New York: KTAV Publishing House, 1976.

Dundes, A., "On the Structure of the Proverb." In *Analytic Essays in Folklore.* Edited by Alan Dundes. The Hague: Mouton and Company, 1975.

Fontaine, Carol R. *Traditional Sayings in the Old Testament: A Contextual Study.* Bible and Literature Series. Edited by D. M. Gunn. Sheffield: The Almond Press, 1982.

Fox, Michael V. *Proverbs 1-9*. Anchor Bible Commentaries. Garden City: Doubleday, 2000.

Garrett, D.A., *Proverbs, Ecclesiastes, Song of Songs.* The New American Commentary. Nashville: Broadman Press, 1993.

Hubbard, D.A., *Proverbs* in The Communicator's Commentary. Dallas: Word Books, 1989.

Kaligula, L., *The Wise King: Studies in Royal Wisdom as Divine Revelation in the Old Testament and Its Environment.* Coniectanea biblica, 15. Lund: CWK Gleerup, 1980.

Longman, T. III., *How to Read Proverbs.* Downers Grove, Il.: InterVarsity Press, 2002.

McKane, W., *Proverbs: A New Approach.* Old Testament Library. Philadelphia: The Westminster Press, 1970.

Mieder, W. and Alan D., *The Wisdom of Many: Essay on the Proverb.* NY: Garland Publishing, Inc. 1981.

_______, *Proverbs are Never Out of Season: Popular Wisdom in the Modern Age.* New York: Oxford Univ. Press, 1993.

_______, *Wise Words.* New York. Garland Publishing, Inc., 1994.

_______, *Cognition, Comprehension, and Communication: A Decade of North American Proverb Studies (1990-2000).* Baltmannsweiler, Schnieder Verlag Hohengehren, 2003.

_______, *Proverbs: A Handbook.* Westport, Connnecticut. Greenwood

Press, 2004.

Murphy, R.E., *The Tree of Life: An Exploration of Biblical Wisdom Literature.* New York: Doubleday, 1990.

_______, *Proverbs.* Word Biblical Commentary, Dallas TX: Word Books, 1998.

Nel, P.J., *The Structure and Ethos of the Wisdom Admonitions in Proverbs.* Berlin: Walter de Gruyter, 1982.

Ogden, G.S., "Better Proverb (Tob-Spruch), Rhetorical Criticism, and Qoheleth." *JBL* 96 (1977): 489-505.

Perdue, Leo G. *Wisdom and Cult.* Missoula, MT: Scholars Press, 1977.

_______, *Proverbs.* Interpretation Series. Louisvile, Ky.: John Knox Press, 2000.

Snell, D., *Twice-Told Proverbs and the Composition of the Book of Proverbs.* Winona Lake, IN, 1993.

Sternberg, R.J., *Wisdom: Its nature, origins, and development.* Cambridge: Cambridge University Press, 1990.

_______, *Wisdom, Intelligence, and Creativity Synthesized.* Cambridge: Cambridge Univ. Press, 2003.

_______, *A Handbook of Wisdom: Psychological Perspectives.* Cambridge. Cambridge Univ. Press, 2005.

Taylor, Archer. *The Proverb.* Cambridge: Harvard University Press, 1931.

Thompson, J.M., *The Form and Function of Proverbs in Ancient Israel.* The Hague: Mouton and Company, 1974.

van Leeuwen, R., *The Problem of Literary Context in Proverbs 25-27: Structures, Poetics, Semantics.* Atlanta: Scholars Press, 1988.

_______. "Proverbs." In *The New Interpreter' s Bible.* Nashville: Abingdon, 1997.

von Rad, G., *Wisdom in Israel.* Nashville: Abingdon, 1972.

Waltke, B.K., "The Book of Proverbs and Ancient Wisdom Literature." *Bibliotheca Sacra* 136 (1979): 221-38.

_______, *The Book of Proverbs*, 2 vols. Grand Rapids, 2004/5.

Whybray, R.N., *Wealth and Poverty in the Book of Proverbs.* Sheffield: Sheffield, 1990.

_______, *Wisdom in Proverbs: The Concept of Wisdom in Proverbs 1-9. Studies in Biblical Theology.* Vol. 45. Edited by C. F. D. Moule. Naperville, IL: Alec. R. Allenson, Inc., 1965.

_______, *The Composition of the Book of Proverbs.* JSOT Sup 16. Sheffield: Sheffield Academic Press, 1994.
_______, *Proverbs* in The New Century Bible. London: Harper Collins, 1994.

전도서

전도서는 히브리어로 “코헬렛”(קהלת)이라고 불리는데, 코헬렛이란 단어는 전도서에 모두 일곱 번 등장하며, 이것을 우리말 성경에서는 “전도자”(1:1-2,12; 7:27; 12:8-9)로 번역하였으나 본뜻에 꼭 들어맞는 것은 아니다. 원래 코헬렛은 ‘모으다’라는 뜻을 가진 동사 ‘카할’(קהל)에서 유래되었는데, 회중의 특정한 모임이나 지혜자들의 무리를 이끌면서, 거기서 말하거나 가르쳐야 하는 사람을 지칭하는 단어로 사용된 것으로 보인다 (12:9).

히브리어 제목 코헬렛이 왜 우리말로 “전도서”가 되었을까? 코헬렛을 칠십인역에서는 헬라어로 ‘에클레시아스테스’(Ἐκκλησιαστῆς)로 번역하였고, 이것을 제롬(Jerom)은 라틴어로 번역하면서 ‘연사’라는 뜻을 지닌 ‘꼰치오나또르’(Contionator)로 번역하였고, 이것을 다시 루터(M. Luther)가 ‘설교자’(prediger)라고 번역하였다. 여기서부터 ‘전도자’라는 말이 생겨나게 되었다. 코헬렛이란 히브리어 제목이 “전도서”라고 번역된 것은 오역(誤譯)에서 기인한 것으로 보인다. 따라서 전도서라고 부르기보다는 히브리어 음을 따라 코헬렛이라고 부르는 것이 더 바람직하다.

전도서의 저자

'전도서의 저자가 누구인가' 하는 것은 성경의 다른 저자들을 밝히려고 할 때처럼 난해한 일이다. 전도서에 기록된 코헬렛, 즉 '전도자가 누구인가' 하는 것은 전도서 연구의 핵심 주제이다. 전도서는 전도자가 이 책을 지은 것으로 기록되어 있다. 그렇다면 전도자는 누구인가?

전도서는 전도자의 정체에 대하여 다음과 같이 기록하고 있다. "다윗의 아들 예루살렘 왕 전도자의 말씀이라"(1:1). 따라서 전통적으로 '코헬렛'을 솔로몬 왕으로 이해한다.[63] 전도서 자체가 솔로몬을 언급하고 있지 않음에도 솔로몬을 전도서의 저자로 보는 이유는 1:1의 표제와 1:12에서 전도자를 왕이라고 표현한 부분 때문이다. 1:12부터 2장 끝부분까지는 솔로몬 왕을 추정할 수 있는 묘사와 솔로몬의 경험으로 가득 차 있다. 전도서에서 전도자를 왕이라고 자처한 것은 고대 지혜문학이 일반적으로 왕권과 연관되어 있고, 솔로몬이 지혜로 대단한 명성을 떨쳤기 때문이다. 게다가 솔로몬 왕이 이스라엘 사람들에게 잠언으로 유명하고(왕상 4:29-34), 또 성전 봉헌식 때 백성을 불러 모았기(왕상 8:1) 때문에 사람들은 전도서를 솔로몬이 지은 것으로 생각했던 것이다.

그러나 19세기부터 솔로몬을 전도서의 저자로 생각하지 않기 시작하였다. 그 이유는 첫째, 전도서의 언어와 배경이 포로기 이후 시대에 기록된 것임을 보여주기 때문이다. 전도서에는 아람화된 히브리어와 그리스화된 히브리어 그리고 페르시아어의 특징을 나타내고 있어서 전도자를 주전 10세기의 솔로몬으로 보기는 매우 어렵다. 둘째, 12:9 — "코헬렛(전도자)은 지혜자였을 뿐만 아니라 끊임없이 백성에게 지식을 가르쳤으며

63) E. Bickermann, *Four Strange Books of the Bible: Jonah, Daniel, Koheleth, Esther*, (New York: Schocken, 1967), p. 143.

검토하고 연구하여 수많은 잠언들을 지어 내었다" —은 전도자가 왕이었음을 암시하지 않는다. 전도서에서 전도자가 왕으로 묘사되는 부분은 1:12-2:26뿐이다. 셋째, 5:7에서 세상의 불의를 조장하는 왕실 행정제도를 비난하고 있기 때문에 전도자를 왕으로 보기는 어렵다.

오늘날 주석가들은 전도자가 자신을 솔로몬으로 동일시하기를 원했던 것으로 이해한다.[64] 그리고 전도자는 전도서의 저자가 고안한 등장인물로 보고 있다. 저자는 이러한 목적을 위하여 등장인물이 솔로몬 왕과 같은 지혜와 능력 그리고 부를 가진 자로 묘사한 것이다.

전도서의 저자는 헬라의 유랑 철학자들처럼 사람들을 가르친다. 전도서는 잠언과 아울러 예루살렘 성전학교의 교과서로 쓰였을 것이다. 회당에서는 전도서를 명절 때 낭송하던 다섯 두루마리(룻기, 아가, 전도서, 예레미야애가, 에스더) 가운데 하나로 삼아 초막절에 읽었다.

전도서의 연대

전도서가 언제 기록된 것인지에 대한 학자들의 일관된 견해는 없다. 이 질문에 대한 대답은 앞에서 다루었던 전도서의 전도자가 누구인지, 즉 전도서의 저자가 누구냐에 따라 그 저작 시기가 달라진다. 일반적으로 전도서가 바벨론 포로기 이후에 기록되었다고 주장할 뿐이지, 정확한 연대를 추정하기는 어렵다. 그러나 전도서가 주전 180년경에 기록된 집회서(벤-시라Ben-Sira)에서 인용되고 있기 때문에 적어도 주전 200년 이전에 기록된 것으로 보고 있다.

64) M. V. Fox, *Ecclesiastes*, The JPS Bible Commentary, (Philadelphia: The Jewish Publication Society, 2004), p. X.

뿐만 아니라 1:16의 "나보다 먼저 예루살렘에 있던 모든 사람들"이라는 표현을 통하여 전도서의 저작 연대는 주전 3세기경 예루살렘에 살았을 한 이름 없는 저자인 듯하다. 그 당시 유다는 애굽에 왕궁을 둔 그리스의 프톨레미아 왕조가 다스리던 그리스 영토의 한 지방이었다. 프톨레미아 왕조의 지배 아래서 팔레스틴에 어떤 상황이 벌어졌는지는 5:8-9의 상황 묘사에서 추측해볼 수 있다(4:1-3; 8:2-4, 9). 그때에는 헬라식 교육이 유대인들에게 점점 더 큰 영향을 끼치고 있었다. 따라서 저자는 새로운 사상들을 소화하여 고대 이스라엘 사람들의 지혜와 연결시키면서 몇 가지 중요한 점에 대해서는 근본적으로 비판적인 태도를 취하였다.

전도서의 문학적 특징

전도서의 문체

전도서의 히브리어는 구약성서의 다른 책의 히브리어와 매우 다르다. 전도서는 이해하기 어려운 단어가 많이 사용되었고,[65] 문법적으로 특이한 점 그리고 구문론적인 문제점 등이 많이 발견된다.[66]

전도서의 언어적 측면에 대한 학자들의 견해는 매우 다양하다. 휘틀리(C.F. Whitley)는 전도서의 언어가 아람어나 미쉬나 히브리어(후기 히브리어)와 밀접한 관련이 있음을 주장하면서, 전도서의 연도를 주전 152-145년 사

65) 어려운 단어들에 대해서는 학자들 사이의 논쟁이 뜨겁다.

66) T. Longman III, *The Book of Ecclesiastes*, (Grand Rapids: Eerdmans, 1998), p. 11.

67) C. F. Whitley, *Koheleth: His Language and Thought*, (Berlin, 1979). 이러한 주장은 안토니 보노라에 의해서도 지지된다. A. Bonora, *Qohelet: la gioia ela fatica di vivere*, Brescia, 1992 (이선영 옮김, 『코헬렛』, 서울, 1999), p. 71.

이라고 주장한다.[67] 그러나 짐머만(F. Zimmermann)은 조금 급진적인 주장을 제기하였는데 전도서가 아람어에서 번역된 것이라고 주장하였다.[68] 고디스(R. Gordis)는 아람어보다는 미쉬나 히브리어와 유사하다고 주장하였다.[69] 프레드릭(D.C. Fredericks)은 전도서의 페르시아어 영향의 가능성을 제시하였다.[70] 이처럼 많은 학자들이 전도서의 언어(히브리어)를 연구하면서 연대와 직결시키는데, 롱맨(T. Longman III)은 이를 거부하였다.[71] 히브리어와 다른 외국어의 역사에 대하여 알지 못하기 때문이라고 설명했다.

전도서 문체의 가장 큰 특징 가운데 하나는 같은 단어들이 수없이 반복된다는 점이다. 전도서에 사용된 단어 수는 모두 2,643개인데, 이 가운데 21%에 해당하는 단어가 반복적으로 사용되었다. 다음의 25개 단어들이 반복적으로 사용된다. 헛되다/허무, 수고, 일, 지혜, 좋다, 시산, 알다(지식), 태양, 보다(관찰하다), 바보, 먹다, 이익, 바람, 죽음, 올바름, 사악함, 몫, 기억, 괴노(심려) 등이다.[72] 특히 전도서는 의미를 추구하고 성찰하는 동사들이 많이 사용되었다. 보다('라아'), 알다('야다아', 8회), 조사하다('투르')(3회), 탐구하다('다라쉬', 1회), 성찰/설명하다('다바르', 2회) 마음을 기울이다('나탄 레브', 4회), 시도하다('나사', 2회), 발견하다('마짜아', 12회), 기울이다('사바브', 1회), 추구하다('바크샤', 3회), 선택하다, 식별하다('투르', 1회) 등이 사용된다.

68) F. Zimmermann, "The Aramaic Provenance of Qohelet," *JQR* 36 (1945-1946), pp. 17-45. 짐머만의 주장은 긴스버그(H. L. Ginsberg)와 토레이(C. C. Torrey)에 의하여 지지된다. H. L. Ginsberg, *Studies in Koheleth*, (New York, 1952); C. C. Torrey, "The Question of the Original Language of Qoheleth," *JQR* 39 (1948-49), pp. 151-160.

69) R. Gordis, "The Original Language of Qoheleth," *JQR* 37 (1946-47), pp. 67-84; idem, "The Translation Theory of Qoheleth Re-examined," *JQR* 40 (1949-50), pp. 103-116.

70) D. C. Fredericks, *Qoheleth's Language: Re-evaluating Its Nature and Date*, (Lewiston, 1988,) p. 244.

71) T. Longman III, *The Book of Ecclesiastes*, p. 15.

72) 김영진, 『구약성서읽기』, 이레서원, p. 224.

전도서의 문학양식

전도서에는 다양한 문학적 양식이 포함되어 있다.[73] 가장 많이 사용된 양식은 격언과 잠언형식이다. 전도서의 대부분은 짧은 잠언과 긴 격언의 모음으로 구성되어 있다. 전도서 4:17-5:6, 7:1-12, 8:1b-8, 9:17-10:20, 11:1-6 등이 잠언의 형태를 띠고 있다. 특히 전도자가 회의적이며, 고통스러워하는 것이 이 책이 특징이다. 그러나 전도서가 단순히 개별 문장을 한 군데 모아 놓은 것은 아니다.[74]

두 번째 문학적 특징은 자전적 성격이다. 전도서는 전도자 자신의 이야기를 말하는 형식을 취하고 있다. 따라서 전도서에는 "나는 보았다……" "나는 반성해 보았다……" 그리고 "나는 이렇게 결론내렸다" 와 같은 1인칭 문장이 많이 사용되었다. 이와 같은 형식은 메소포타미아에서 널리 알려진 허구적인 자전(自傳)의 한 형태이다. 이러한 형식의 문학에서 주인공은 대체적으로 왕으로 등장하는데, 자신의 경험과 연결하여 교훈을 주며, 때에 따라서는 자신에 대하여 비판적이다. 전도자 코헬렛도 자신을 왕으로 묘사하면서, 자신이 추구하는 지혜와 결론에 대한 보고 그리고 자신의 한계 등을 말하고 있다. 자전전기는 1:12-2:9에서 발견된다.

세 번째 특징은 왕실 증언(royal testament)이다. 이것은 이집트의 지혜문학의 한 장르로 왕이 그의 경험을 아들에게 말함으로써 적용할 수 있는 특별한 지혜를 가리키는 양식이다. 이러한 양식은 「메리카레의 교훈」(Instruction to Merikare)이나 「아메넴헤트의 교훈」(Instruction of Amenemhet) 등에서 나타난다.

73) 이 부분은 M. V. Fox, *Ecclesiastes*, pp. XII-XIII을 요약 정리한 것이다.
74) A. Bonora, *Qohelet: la gioia ela fatica di vivere*, p. 83.

마지막 문학형태는 산문(narrative)이다. 전도자에 관한 언급은 3인칭으로 기록되어 있다. 1:1-2; 7:27 그리고 12:9-14 등이 그러하다.

이처럼 전도서가 다양한 문학 장르를 내포하고 있는 것은 선집의 형태를 띠고 있기 때문이다.

전도서와 고대 근동 문학

전도서와 유사한 고대 근동 문학의 대표적인 「허무주의에 관한 대화」는 아카드어로, 주전 12세기경에 기록되었다. 여기에는 주인과 그의 종이 삶의 여러 부분에 대하여 논한 것을 기록하고 있다.[75] 「허무주의에 관한 대화」는 총 86행을 볼 수 있으나, 91행으로 구성되었을 것이라고 추정한다.[76]

주인이 어떤 견해를 표현하면, 종이 그 의견에 대해서 즉시 동의를 하고 여기에 덧붙여 더 많은 이성적인 사족을 붙인다. 주인이 반대의 의견을 표할 때에는 종은 유창하게 만류한다. 주인이 인생의 무익함이라는 절망에 빠져, 가장 적합한 길이 무엇이냐고 물을 때, 종은 즉시 자살을 제시한다. 따라서 이 작품은 결국 죽음, 자살에 의한 죽음에 관한 논의로 끝을 맺는다. 이처럼 서로 다른 견해를 주고받는다는 측면에서 전도서와 유사한 면이 있다. 그러나 전도서에는 이러한 죽음과 자살에 대해서는 기록되어 있지 않다. 전도서는 죽음을 환영하지 않고 단지 피할 수 없는 것으로 여길 뿐이다(11:7-12:7).

75) B. R. Foster, *Before the Muses: An Enthologiy of Akkadian Literature*, p. 815.
76) W. G. Lambert, *Babylonian Wisdom Literature*, (Oxford, 1960), pp. 139-149.

전도서의 내용

전도서는 행복과 성공이 행동에 달려 있다는 전통적인 지혜와는 달리 하나님 없는 삶에 대한 회의론을 제기한다. 그렇다고 전도서가 부정적인 책은 아니다. 전도자의 결론이 언뜻 보기에는 부정적이고 절망적이지만 궁극적으로 하나님만이 모든 사물의 의미를 아신다는 것을 우리에게 알리고자 한다. 따라서 전도서는 가치 있는 삶은 하나님을 인정하는 삶임을 강조한다. 또한 사람은 자신의 삶의 모든 수수께끼의 해답을 아는 체하지 말고, 경외심을 품고 하나님의 결정을 인정하며, 하나님이 사람에게 나누어주시는 바를 전폭적인 신뢰와 기쁨 가운데서 누리면 된다고 말한다. 또한 어제와 내일에 대해 공상보다는 오늘을 의식하면서 살라고 한다.

전도자는 "해 아래"(1:3; 2:17-20; 6:12 등)에서 "하나님이 하시는 일"(3:11)을 보았는데, 이는 사람의 지혜와 탐구와 경험과 지식으로 밝혀내지 못한다고 강조한다. 전도자는 사람이 제 몫을 찾고 하나님의 행하시는 바 가운데서 제자리를 차지할 수 있는 길은 하나님을 경외하는 것(3:14; 5:7; 7:18)과 삶에서 좋은 것을 기뻐하는 것(2:10; 3:12-13; 5:18; 9:9)밖에는 없다는 것을 발견한다.

전도서의 현실주의적인 태도는 하나님이 개입하셔서 구원을 베푸심으로써 현 세상의 상황을 바꾸시리라고 예언자들이 품었던 희망과 대조를 이룬다. 전도자에게 "해 아래 새것이 없었던"(1:9) 것과는 달리, 예언자들은 미래를 내다보면서 지금까지 있었던 상황이 완전히 뒤집어질 "새 하늘과 새 땅"(사65:17)을 기대하였던 것이다.

전도서를 일곱 구조로 나누면 다음과 같다.

① 1:1-3:15 모든 것이 헛되고, 하나님은 이해할 수 없음

② 3:16-4:16 불의한 것과 무의미한 것의 여러 가지 보기

③ 5:1-5:7 바른 예배

④ 5:8-6:12 불의한 것과 무의미한 것의 다른 여러 가지 보기

⑤ 7:1-9:6 옛 지혜를 새로 검증해 봄

⑥ 9:7-12:8 슬기로운 행동을 위한 지침

⑦ 12:9-19 맺음말

그러나 전도서를 간략하게 나누면 다음 세 부분으로 나눌 수 있다.

1:1-11에서는 앞으로 다룰 주제를 서두에서 밝히고 있다. 1:12-12:8에서는 앞에서 밝힌 주제에 대하여 여러 가지 경험적인 예를 들어 설명하고 있다. 또한 12:9-14는 전도서의 결론 부분에 해당한다.

전도자는 다음과 같이 전도서를 시작한다.

> 헛되고 헛되며 헛되고 헛되니 모든 것이 헛되도다… 내가 해 아래서 행하는 모든 것을 본 즉 다 헛되어 바람을 잡으려는 것이로다(1:2, 14).

이것은 전도서의 주제가 되는 '허무'('헤벨' הבל)에 대한 선언이다. 이어서 인간의 모든 향락의 허무함을 말한다. 향락에 기대어 행복이 무엇인지 알아보았더니 그것 또한 헛된 일이었다(2:1). 권세와 권력도 공허한 추구일 뿐이다(4:14-16). 재산이나 물질도 허무를 가져올 뿐이다(5:10-17). 또한 모든 부귀영화, 장수, 많은 자손도 헛되다(16:1-6). 전도서는 이렇게 인간이 바라고 추구하는 모든 것들을 허무한 것으로 인식한다. 왜냐하면 이것들 속에서는 하나님을 발견할 수 없기 때문이다.

그러나 전도서의 목적은 허무주의(nihilism)를 전하려는 것이 아니다.

하나님과 관계없는 인간 중심적인 모든 가치와 그것을 획득하기 위한 인간의 모든 노력과 추구가 허무하다는 것을 주장하는 것이다. 왜냐하면 하나님과의 관계가 절단된 인간의 삶은 동물의 것과 다를 바 없기 때문이다.

> 인생이 당하는 일을 짐승도 당하나니 그들이 당하는 일이 일반이라 다 동일한 호흡이 있어서 짐승이 죽음같이 사람도 죽으니 사람이 짐승보다 뛰어남이 없음은 모든 것이 헛됨이로다 다 흙으로 말미암았으므로 다 흙으로 돌아가나니 다 한곳으로 가거니와 인생들의 혼은 위로 올라가고 짐승의 혼은 아래 곧 땅으로 내려가는 줄을 누가 알랴(3:19-21).

그렇다고 전도서가 삶 자체를 허무하다거나, 비관적으로 보지는 않는다. 삶은 하나님께서 허락해주신 것이기 때문에 욕심을 버리고 절제하면서, 열심히 일하며 사는 것은 아름다운 삶이다.

> 사람이 하나님께서 그에게 주신 바 그 일평생에 먹고 마시며 해 아래에서 하는 모든 수고 중에서 낙을 보는 것이 선하고 아름다움을 내가 보았나니 그것이 그의 몫이로다(5:18).

전도자는 하나님을 떠난 모든 인간의 수고와 노력이 허무한 것임을 강조하고, 마지막 부분(12장)에서 그의 말씀의 핵심을 밝혀주고 있다.

> 너는 청년의 때에 너의 창조주를 기억하라 곧 곤고한 날이 이르기 전에, 나는 아무 낙이 없다고 할 해들이 가깝기 전에(12:1).

세상의 모든 것이 허무한 가운데서, 허무하지 않은 삶은 바로 창조주를 기억하고 경외하며 사는 삶이다. 그러므로 전도자는 그의 결론을 이렇게 맺고 있다.

> 일의 결국을 다 들었으니 하나님을 경외하고 그의 명령들을 지킬찌어다 이것이 모든 사람의 본분이니라(12:13).

전도서 주석의 경향

전도서를 주석하는 학자들의 경향은 매우 다양하다. 삶의 허무함을 강조하는 주석, 중용의 가치를 강조한다고 해석하는 주석, 인생의 기쁨을 강조한다고 해석하는 주석 등 세 가지로 나눌 수 있다.[77]

삶의 허무함을 강조하는 주석은 전도서가 삶의 즐거움보다는 모든 것이 헛되다는 것을 강조하고 있음을 밝힌다.[78] 그러나 전도서가 모든 것의 허무함을 주장하는 것이 아니라, 하나님이 없는 모든 것의 허무함을 강조함으로써 다른 어떤 책보다도 하나님의 존재를 인정해야 함을 강조한다.

두 번째 해석의 경향은 전도서는 중용의 도를 강조하고 있다는 관점에

77) A. Bonora, *Qohelet: la gioia ela fatica di vivere*, pp. 90-102.

78) 이에 대표적인 학자는 폰라트(G. von Rad)이다. 폰라트는 비록 전도서가 삶의 의미에 대하여 긍정적으로 대답하고 있기는 하지만, 그는 전도서가 모든 것이 헛되며, 하나님이 모든 일을 결정하고, 인간은 하나님의 일을 알 수 없다는 세 가지 기본 견해를 기초로 하고 있음을 밝혔다. 이러한 폰라트를 지지하는 머피(R. Murphy)는 전도서는 인생의 의미를 찾는데 있어서 그 한계를 제시한다고 보았다. 또한 크렌쇼(J.R. Crenshaw)는 전도서는 사람의 하나님의 선하심에 대한 신뢰의 결핍으로 인하여 다음 다섯 가지를 강조하고 있음을 주장하였다. 첫째, 죽음은 모든 것을 지워버린다. 둘째, 지혜는 그 목표를 이룰 수 없다. 셋째, 하나님은 알 수 없는 분이다. 넷째, 세상은 추하고 잘못되었다. 다섯째, 기쁨은 그 자체로 좋다는 것이다. J.R. Crenshaw, *Old Testament Wisdom: An Introduction*, (London: SCM Press, 1982); R. Murphy, "The Place and Limit of the Wisdom in the Framework of the Old Testament Theology," *The Scottish Journal of Theology* 17 (1964), pp. 156-159.

서 해석하는 것이다.[79] 그러나 전도서는 중용이라기보다는 인간의 계명의 윤리를 준수하도록 이끌어 가시는 하나님에 대한 경외를 강조한다.[80]

마지막 경향은 유대인의 절기와 관련지어 전도서가 초막절 때 읽혀지는 것에 착안하여 전도서의 주제가 삶의 기쁨 혹은 환희라는 관점에서 해석하는 것이다. 고르디스는 전도서에 있어서 삶의 기쁨은 인간을 위한 하나님의 명령이라고 보았다. 그러나 전도서의 주제를 삶의 기쁨이나 환희처럼 하나의 주제로 단순화할 수 없다.[81]

전도서 신학

전도서 신학의 핵심은 하나님의 개입하심이 없는 모든 일은 허무하며, 하나님을 인정할 때 모든 행복과 성공이 가능함을 강조하고 있다. 따라서 전도서는 궁극적으로 하나님만이 모든 사물의 의미를 아신다는 것을 우리에게 전달하고 있다. 따라서 임마누엘 신앙을 강조하고 있으며, 하나님을 인정하며, 경외하는 것(3:14; 5:7; 7:18)의 소중함을 강조하고 있다.

79) 사키(P. Sacchi)는 전도서는 윤리적으로 중용에 대하여 권한다고 보았다. P. Sacchi, *Ecclesiaste*, Rome, 1971, p. 185.

80) A. Bonora, *Qohelet: la gioia ela fatica di vivere*, p. 99.

81) A. Bonora, *Qohelet: la gioia ela fatica di vivere*, p. 101.

| 전도서 참고문헌 |

Bickermann, E., *Four Strange Books of the Bible: Jonah, Daniel, Koheleth, Esther*, New York: Schocken, 1967.

Christianson, E.S., "Qoheleth the 'Old Boy' and Qoheleth the 'New Man' : Misogynism, the Womb, and a Paradox in Ecclesisastes," Pp. 109-136 in *Wisdom and Psalms: A Feminist Companion to the Bible* (Second Series). Eds. Brenner, Athalya and Fontaine, Carole. Sheffield: Sheffield, 1998.

Crenshaw, J., "The Shadow of Death in Qoheleth." Pp. 205-216 in *Israelite Wisdom: Theological and Literary Essays in Honor of Samuel Terrien*, Ed. John G. Gammie, Walter Brueggemann, W. Lee Humphreys, and James M. Ward, Missoula: Scholar' s Press, 1978.

De Jong, Stephan. "A Book on Labour: The Structuring Principles and the Main Theme of the Book of Qohelet." Pp. 222-231 in *The Poetic Books: A Sheffield Reader*. Ed. David J.A. Clines. Sheffield: Sheffield, 1997.

Fontaine, C.R., "Many Devises' (Qoheleth 7:23-8:1): Qoheleth, Misogyny, and the Malleus Maleficarum" Pp. 137-168 in *Wisdom and Psalms: A Feminist Companion to the Bible (Second Series)*. Eds. B. Athalya and F. Carole. Sheffield: Sheffield, 1998.

Fox, M.V., "Aging and Death in Qoheleth 12," Pp. 199-221 in *The Poetic Books: A Sheffield Reader*. Ed. David J.A. Clines. Sheffield: Sheffield, 1997.

______, *Qoheleth and His Contradictions*. JSOTS 71. Sheffield: Almond Press, 1989.

______, *Ecclesiastes*, The JPS Bible Commentary, Philadelphia, 2004.

Keck, L.E. et al., *New Interpreter' s Bible: The Book of Proverbs, the Book of Ecclesiastes, the Song of Songs, the Book of Wisdom, The Book of Sirach*. Nashville: Abingdon, 1997.

Luther, M., "Notes on Ecclesiastes." in *Luther's Works*, Ed. Jaroslav Pelikan. Saint Louis: Concordia, 1972.

Murphy, R.E., *Wisdom Literature: Job, Proverbs, Ruth, Canticles, Ecclesiastes, Esther*. Grand Rapids: Eerdmans, 1981.

______, "The Faith of Qoheleth." *Word &World 7/3* (1987): 253-260.

______, "The Sage in Ecclesiastes and Qoheleth the Sage," in *The Sage in Israel and the Ancient Near East*, Eds. J.G. Gammie and Leo G. Perdue,

1990.

Priest, J., "Humanism, Skepticism, and Pessimism in Israel." *JAAR* 36 (1968): 311-26.

Seow, Choon-Leong. Ecclesiastes. New York: Doubleday, 1997.

Sheppard, G.T., "The Epilogue to Qohelet As Theological Commentary." *CBQ* 39: 182-89.

Walsh, Jerome. "Despair as a Theological Virtue in the Spirituality of Ecclesiastes," *Biblical Theological Bulletin* 12 (1982): 46-49.

Whybray, R.N., "Qoheleth, Preacher of Joy." *JSOT* 23 (1982): 87-98.

Williams, J.G., "What Does It Profit a Man?: The Wisdom of Koheleth." pp. 375-389 in *Studies in Ancient Israelite Wisdom*, Ed. James Crenshaw. New York: KTAV, 1976.

욥기

욥기는 우리말 성경에서는 성문서의 시가문학 가운데 가장 먼저 등장하지만, 히브리어 성경에서는 시편, 잠언 다음에 기록되어 있다.[82] 욥기의 히브리어 명칭은 '세페르 욥'(ספר איוב; '욥의 책')이며, 욥기라는 제목은 주인공의 이름을 따른 것이다.[83]

욥기는 성서문학 가운데서 그 문학적 특성—대화체—이 고대 근동 특히 이집트나 메소포타미아 문학과 가장 유사하다. 욥기는 전체 42장 1,070절로 구성되어 있다.

욥기의 저자

욥기는 누구에 의하여 기록되었는가? 욥기의 저자 문제는 연대 문제와

82) 히브리어 성경 가운데서도 스파라드 전통(Sephardic tradition)에서는 시편, 욥기, 잠언의 순서이지만 아쉬케나지 전통(Ashkenazic tradition)에서는 시편, 잠언, 욥기의 순서이다. J.E. Hartley, *The Book of Job*, NICO, (Grand Rapids: Eerdmans, 1988), p. 3.

83) 욥(איוב)이란 히브리어의 의미는 불확실하다. 정확한 히브리어 발음은 '이욥'(איוב)이며, 그 의미는 적(enemy) 혹은 공격자(assailant)라는 뜻이다. 그러나 욥이란 발음은 헬라어 Ιωβ과 라틴어 Iob에서 기원한 것이다.

함께 저자를 예측할 수 있는 아무런 힌트도 발견할 수 없기 때문에 매우 어렵다. 욥기의 형식적 특징을 통하여 욥기의 저자 혹은 저작 장소에 관한 다음 몇 가지 가설이 제기되었다.

고디스(R. Gordis)는 욥기서에서 발견되는 많은 아람어 때문에 욥기의 아람기원설을 주장하였다.[84] 이러한 주장은 이븐 에즈라(Ibn Ezra)에 의하여 제기되었는데, 이븐 에즈라는 욥기서는 번역된 글에서 발견되는 난해함이 느껴지기 때문에 다른 언어로 쓰인 것이 번역된 것으로 이해하기도 하였다.

파이퍼(R.H. Pfeffer)는 욥기에 등장하는 하나님 이름인 엘로아(אלוה)가 에돔의 데만 지역과 밀접한 관련이 있다고 주장함으로써 욥기와 에돔과의 관련성을 주장한다.[85]

셋째는 욥기에 하마와 악어(40:15, 40:25), 파피루스와 갈대(8:11-12) 그리고 파피루스 카누에 대한 언급(9:26) 등 이집트를 연상하는 표현이 반복적으로 사용되기 때문에 욥기의 저자가 이집트를 여행한 사람에게서 들었거나 혹은 그 자신이 직접 이집트를 여행하면서 풍부한 경험을 축적했다는 주장을 하기도 한다.[86]

마지막으로 욥기의 저자가 유대인이었을 것으로 주장하는 학자들이 있다.[87] 욥기의 저자를 당시 이스라엘 주변에 널리 퍼져있는 지혜를 알고 있었던 인물이거나 혹은 아라비아, 메소포타미아, 이집트 등 여러 지역을 여행했던 인물로 생각한다.[88]

84) R. Gordis, *The Book of God and Man: A Study of Job* (Chicago: The University of Chicago Press, 1978), p. 209.

85) R.H. Pfeffer, *Introduction to the Old Testament* (New York: Haper & Brothers Publishers, 1951), p. 678.

86) E. Dhorme, *Le Livre de Job. A Commentary on the Book of Job*, p. xxxi.

87) 이러한 주장은 긴스버그(H.H. Ginsberg), 고르디스(R. Gordis), 로울리(H.H. Rowley) 그리고 앤더슨(B.W. Anderson)등이다.

88) S. Terrien, *Job: Poet of Existence* (Indianapolis: Bobbs Merril Company, 1958), p. 890.

욥기의 연대

욥기의 연대에 관한 문제는 쉬운 문제가 아니다. 그것은 욥기 자체에 연대를 추정할 만한 힌트가 부족하기 때문이다. 따라서 욥기의 연대에 대하여 모세 이전 시대부터 신구약 중간 시대까지 매우 긴 기간이 욥기의 연대로 제시되고 있다.

욥기의 연대 문제는 두 가지 질문에 대한 대답으로 정리될 수 있다. 첫째, 언제 욥기의 사건이 발생하였으며, 언제 이것이 기록되었는가 하는 점이다. 언제 기록되었는가 하는 질문에 대한 대답은 매우 어렵다. 왜냐하면 구전으로 전해지던 것이 기록되었으며, 또 기록되어진 것이 다시 편집적인 수정의 과정을 겪었기 때문이다. 욥이 실제 존재했던 인물인지 아니면 신화적인 가공의 인물인지도 정확히 판단하기 매우 어렵다. 알덴(R.L. Alden)은 성서는 실제적인 인물을 중심으로 기록하기 때문에 욥이 역사적 인물이라고 주장한다.[89] 욥기에 나타난 욥은 오경에서 형성되어진 제사제도에 관하여 알지 못하며 족장 시대와 같은 사회상을 보여주고 있다.

욥기의 연대 문제는 욥기가 언제 기록되었는가 하는 질문이다. 이 문제에 대하여 많은 학자들은 욥기의 늦은 연대를 주장한다. 왜냐하면 욥기에는 많은 아람어와 심지어는 아랍어가 사용되기 때문이다.[90] 그러나 최근 주전 2천 년대의 아람어 비문의 발견으로 욥기의 아람어 사용이 오히려 욥기의 늦은 연대보다는 이른 연대를 주장할 수 있다는 근거가 되었으며, 아랍어의 사용도 아랍어의 고어 형태를 사용하고 있다면, 욥기

89) R.L. Alden, *Job: An Exegetical and Theological Exposition of Holy Scripture NIV Text*, p. 26.
90) E. Dhorme, *A Commentary on the Book of Job*, London, 1967, pp. clxxvii-ix; R. Gordis, *The Book of God and Man*, (Chicago, 1965), pp. 161-163.

의 이른 연대를 주장할 수 있게 되었다. 일부 학자들은 욥기의 언어와 주전 2천 년대 중반의 우가릿어와의 유사점을 통하여 욥기의 이른 연대를 주장하기도 한다.[91]

욥기에는 창세기로부터 말라기까지에서 발견되어지는 히브리어 단어나 히브리어 문장 구조 혹은 구가 거의 발견되지 않는다.

일부 학자들은 욥의 시련을 포로기 동안의 국가적 시련과 연결시키는 학자도 있다.[92] 또 일련의 학자들은 욥기에 산재해 있는 죽음 이후의 부활에 대한 암시가 욥기의 후기 연대를 지지해 준다고 주장한다. 뿐만 아니라 고통에 관한 문제에 대한 논의는 욥기가 후기 시대의 것임을 지지해 준다. 왜냐하면 이러한 심오한 문제는 후기 시대에 보편적으로 등장하기 때문이다.[93]

따라서 일반적으로 욥기는 바벨론 포로기 이후의 지혜문학에 속한다. 이러한 사실은 욥기에서 다루는 주제가 공동체적인 주제보다 개인적인 주제를 다루기 때문이다. 바벨론 포로 이후에 보편적으로 등장하는 개인적인 삶의 강조가 욥기에서도 발견된다. 욥기에서 개인은 개별적인 운명을 지닌 개체로서 이해된다.

이상에서처럼 욥의 역사성 및 욥기의 시대를 결정하는 것은 매우 어려운 문제이다. 욥기의 저자에 대해서 알 수 있는 것은 그가 지혜의 스승들 가운데 한 사람이고 그에게 뛰어난 시적인 능력이 있다는 것뿐이다. 그가 쓴 욥기는 주전 4세기나 3세기에 생겨난 듯하다.[94]

91) A. Ceresko, *Job 29-31 in the Light of Northwest Semitic*, Rome, 1980, pp. 195-197.

92) M. Jastrow, *The Book of Job*, Philadelphia, 1920, pp. 34-36. 그러나 로버트(J.J.M. Roberts)는 이러한 주장을 반대한다. J.J.M. Roberts, "Job and the Israelite Religious Tradition," *ZAW* 89 (1977), pp. 107-114.

93) R.L. Alden, *Job*, p. 27. 그러나 고대 근동 세계에서는 의인의 고난, 자살, 비관주의에 관한 대화 등이 고대 근동의 지혜문학에서 이미 다루고 있다.

94) 그러나 욥기의 연대에 대하여 코이프만(Y. Kaufmann), 포프(M. Pope), 로울리(H.H. Rowley) 등은 포로기 이전에 구성되었다고 주장한다. Y. Kaufmann, *The Religion of Israel: From Its Beginnings to*

욥기의 문학적 특징

욥기에 사용된 언어는 매우 독특하다. 특히 단어의 형태나 구조적인 면에서 매우 특징적인 것이 많다.[95] 욥기의 언어와 함께 욥기의 저자에 관한 많은 논의가 있다. 중세 시대에는 욥기는 아람어나 아랍어로 기록된 것을 히브리어로 번역한 것이라고 주장하기도 하였다. 굴라우메(A. Guillaume)는 욥기는 주전 552-542년 사이에 테마(Tema)에 거주하는 유대인이 아랍어로 쓴 것을 히브리어로 번역한 것이라고 주장하였다.[96] 뿐만 아니라 투르-시나이(Tur-Sinai)는 욥기는 주전 6세기 바벨론 아람어로 기록된 것을 히브리어로 번역한 것이라고 주장하였다.[97] 이런 다양한 주장 가운데서 하틀리(J.E. Hartley)는 욥기의 저자는 다양한 언어를 구사할 줄 아는 사람으로 자신의 문제를 해결하기 위하여 히브리어의 다양한 방언과 풍부한 어휘력으로 이 책을 기록하였다고 주장한다.[98]

에스겔 14:12-20에 노아, 다니엘과 함께 욥이 등장한다. 노아와 다니엘은 홍수에서 살아남은 사람으로 기록되어 있다. 다니엘은 우가릿 문학에 의하면 홍수에서 살아남았다. 욥기는 후대의 성급한 욥에 관한 이야기가 오래된 인내심 있는 욥에 관한 이야기에 결합된 것이다. 왜냐하면 인내심 있는 욥의 이야기가 원래 욥의 이야기에 더 가깝기 때문이다. 그러나 인내심 있는 욥의 이야기는 여러 개의 층으로 구성되어 있다.

욥기는 고대 근동의 지혜문학처럼 주로 대화체로 구성되어 있다. 그러

the Babylonian Exile (Chicago: The University Press of Chicago, 1960), pp. 334-338; M.H. Pope, *Job* AB (Garden City: Doubleday, 1965), p. 38; H.H. Rowley, *The Book of Job*, p. 9.

95) D. Freedman, "Orthographic Peculiarities in the Book of Job," *ASTI* 9 (1973), pp. 177-201.

96) A. Guillaume, "The Arabic Background of the Book of Job," in *Promise and Fulfilment: Essays Presented to Professor S.H. Hooke*, ed. F.F. Bruce, (Edinburgh: T. & T. Clark, 1963), pp. 106-127.

97) J.E. Hartley, *The Book of Job*, pp. 5-6.

98) J.E. Hartley, *The Book of Job*, p. 6.

나 잠언 1-2장과 42:7-17은 산문으로 구성되어 있으며, 3:1-42:6은 운문으로 된 일련의 연설로 구성되어 있다. 그러나 산문 부분과 운문 부분 사이에 불일치점이 발견된다. 즉 잠언 1-2장에 묘사된 욥은 완전한 인격을 갖춘 자이며, 인내하며 고난을 감내하는 하나님의 종으로 묘사되지만, 3:1-42:6에서는 하나님을 원망하고 저주하는 사람으로 등장한다. 또한 서론과 결론 부분에서는 야웨(יהוה)와 엘로힘(אלהים) 등의 이름이 사용되지만, 그러나 본론 부분에서는 엘(אל), 엘로아(אלוה) 혹은 샤다이(שדי) 등의 하나님 이름이 사용되었다.

욥기의 구조

욥기는 두 장의 산문으로 된 서론 부분과 한 장이 되지 않는 결어 부분으로 구성되어 있다. 나머지 부분은 욥과 세 친구와의 대화로 구성되어 있다. 산문으로 된 서론 부분은 세 명의 인물이 등장한다. 하나님과 욥 그리고 사탄(שטן)이다. 사탄은 서론 부분에만 등장하며, 그 이후에는 등장하지 않는다. 욥의 부인은 욥기 2장에 잠깐 등장하며, 그 이후에는 등장하지 않으며, 심지어는 결어 부분에서도 등장하지 않는다. 2장 끝부분에서 욥의 세 친구인 엘리바스, 빌닷, 소발이 등장하여 겉치레로 욥을 위로하지만, 실제로는 욥을 저주하고, 약을 올리고 급기야는 욥과 반목을 한다.

욥기 3장에서 욥은 자신의 출생을 저주하는데, 이 부분은 서론과 친구들과의 대화로 들어가는 접점의 역할을 한다. 욥이 누구에게 이 말을 하였는지 정확하지는 않지만, 그러나 3인칭 명령으로 보아 하나님에게 말하는 것이다.

욥기 4:1-27:23에서는 욥과 세 친구의 대화 부분은 세 친구가 각각 세 번씩의 연설이 있고, 이에 대한 욥의 아홉 번의 연설로 구성되어 있다. 이러한 형태가 27장까지 이어지지만, 그러나 27장에서는 기대되는 소발의 세 번째 연설이 등장하지 않고 대신 반복적인 주제에 관해 언급되어 있다. 세 친구의 중요한 메시지는 고통이란 죄의 결과라는 것이다. 마찬가지로 부는 올바른 삶에 대한 보상으로 이해된다. 이러한 전제 아래서 세 친구의 주장은 욥은 죄인으로 반드시 회개가 필요하다는 것이다. 그들은 욥의 죄는 분명히 숨겨져 있다고 생각하였으며, 따라서 아무도 욥의 죄가 무엇인지 정확하게 발견하지 못하였다.

욥의 친구들은 자신들의 정당성을 주장하기 위하여 욥을 비난하며, 욥의 죄를 입증하기 위하여 여러 가지 예를 제시한다. 그러나 그들의 주장은 많은 경우에 잘 맞는 것이지만, 욥에게는 맞지 않는 것이었다. 이에 욥은 하나님에 대한 불평이나 혹은 탄원을 말한다.

욥기 3-27장의 중요한 논쟁점은 소발의 연설과 욥의 연설이 혼합되어 있는 데서 소발의 연설을 구별해 내는 것이다. 가장 쉬운 것은 소발은 아무 말도 하지 않은 것으로 이해하는 것이다. 그래서 욥기 27:1에서처럼 욥이 지속적으로 말하는 것으로 기록되어 있다. 지혜의 장이라고 불리는 욥기 28장은 욥기 3장처럼 변론 부분과 결어를 연결하는 역할을 한다. 이 부분을 욥의 것으로 돌리거나 혹은 다른 사람의 것으로 여긴다.

욥기 29-31장은 욥이 말한, 세 개의 이야기가 기록되어 있다. 욥기 29장은 지난날의 행복과 부에 대하여 말하고 있다. 30장에서는 현재의 상황을 언급하고 있다. 욥기 32:1-6은 욥에 관하여 기록하고 있으며, 그 이후부터 39장까지 엘리후(Elihu)가 홀로 말한다. 엘리후는 먼저 욥의 위치에 관하여 언급하고, 욥의 다른 세 친구들의 이유를 반박하고, 욥에게 죄를 회개할 것을 촉구한다. 욥의 회개를 유도하는데 실패한 엘리후는 침묵하게 되며, 그와 함께 다른 사람들의 음성도 그치고 욥기 38:1에서 하나님이 말씀하신다.

38-39장은 두 번의 하나님의 말씀이 등장한다. 첫 번째 하나님의 말씀에서는 수사적인 질문과 생명력 없는 창조질서에 관하여 언급하고(38:2-38), 들짐승에 관하여 언급한다(38:39-39:30). 두 번째 하나님의 말씀에서는 질문들과 길들일 수 없는 괴물(behemoth; 하마)과 리워야단(leviathan; 악어)에 관하여 기록하고 있다.

하나님의 말씀이 끝난 후, 욥은 자신의 회개에 대하여 간략하게 기록하고 있으며, 두 번째 언급에서 욥은 회개('니함', נחם)를 언급하고 있다(42:6).

서론보다 비교적 짧은 결어 부분(42:7-17)은 저자가 중요하다고 생각되어지는 이야기로 구성되어 있다. 엘리후를 제외한 세 친구들은 책망을 받았지만, 그러나 욥의 중보기도와 하나님께 제사를 드린 후 사함을 받았다. 욥은 과거에 가지고 있던 부보다 두 배로 축복을 받았으며, 일곱 아들과 세 딸로부터 후손을 얻었다. 재미있는 사실은 세 딸의 이름은 기록되어 있지만, 일곱 아들의 이름은 기록되어 있지 않다는 점이다.(42:13-15).

욥기는 절, 구, 장 그리고 연설을 통하여 욥기 전체를 구성하고 있다. 욥기에는 교차대구법과 중요한 단어를 문두와 마지막에 배열하는 수미쌍관법(inclusio)을 사용하고 있다.[99]

욥기의 내용

욥기는 1-2장의 서론 부분과 42:7-17의 결론 부분의 산문 사이에 3:1-42:6 사이에 대화체가 기록되어 있다. 욥기는 많은 운문들이 조합된 것이다.

99) N.C. Habel, *The Book of Job*, OTL, (Philadelphia: Westminster, 1985), p. 54.

그러나 욥기의 저자는 나름대로의 계획을 가지고 있다.

욥기의 내용은 다음과 같다.

1. 욥기 1-2장　산문의 서론 부분(욥의 고난)
2. 욥기 3-28장　욥과 세 친구의 대화
   1) 3장　서언의 불평: 욥이 자신의 출생을 저주함
   2) 4-14장　욥과 엘리바스(Eliphaz), 빌닷(Bildad), 소발(Zophar)의 첫 번째 대화
   3) 15-21장　욥과 엘리바스, 빌닷, 소발의 두 번째 대화
   4) 22-27장　욥과 엘리바스, 빌닷, 소발의 세 번째 대화
   5) 28장　지혜에 대한 찬사
3. 29-31장　욥이 하나님 앞에서 자신의 경우를 돌아보다
4. 32-37장　엘리후(Elihu)의 간섭
5. 38-42:6　여호와께서 욥에게 대답하심
6. 42:7-17　산문의 결론: 욥의 회복

첫째 부분(욥기 1-2장)

천상의 장면으로 연속적인 재앙과 욥의 정직함을 지켜가는 것으로 묘사되어 있는 서론 부분은 이어지는 시적인 부분의 배경을 제시한다. 성서의 저자는 분명하게 의로운 사람의 고통의 문제를 산문으로 고쳐 썼으며, 이러한 고통과 창조주의 계획을 연결시켰다.

둘째부분(욥기 3-28장)

둘째 부분은 욥과 엘리바스(Eliphaz), 빌닷(Bildad), 소발(Zophar)과의 세 차례 대화와 지혜에 대한 찬양으로 구성되어 있다. 고통에 대한 다각적인 관점을 다루며, 이에 대한 완전한 대답은 말하는 자가 도달하는 그 너머에 있다.

욥은 산문에서 인내심을 가지고 있는 자로 묘사되는데, 그는 태어날 때부터 멸망하기를 원하는 친구들의 항의에 대응한다.

세 차례의 대화를 통하여 욥의 친구들은 욥의 불행의 원인을 욥에게 돌리기 위하여 조사한다. 친구들은 욥에게 용서를 위한 기도를 드릴 것을 조언한다. 욥은 그의 불행이 극에 달하며, 욥은 자신이 친구들의 비난을 정당화할 만한 아무런 죄가 없음을 강력히 주장한다. 대화가 논리적으로 진행되지는 않는다. 따라서 엘리바스(4-5장)는 만약 욥이 기도한다면, 욥의 회복은 분명하다고 말하면서도 고통의 효과를 억제하도록 제안한다.

셋째 부분(욥기 29-31장)

셋째 부분은 욥의 생에 대해 다시 한 번 회고하는 내용을 논쟁 없이 기록하고 있다. 특히 과거의 축복이 오늘날 비참한 삶으로 변화된 것이 대비된다.

넷째 부분(욥기 32-37장)

넷째 부분에서부터 엘리후(Elihu)가 간섭하기 시작한다. 이 부분이 욥기의 다른 부분과 잘 어울리지 않는다는 것이 일반적인 견해다. 엘리후의 역할은 고통을 단련으로 이해하게 하는 것이다.

다섯째 부분(욥기 38-42:6)

다섯째 부분은 욥에 대한 하나님의 대답이 기록되어 있다. 특히 하나님은 하나님의 창조행위를 지적하신다. 하나님은 욥기 40:15-41:26의 베헤못과 리워야단을 예로 들면서 대답을 마친다. 이 부분에 대하여 대부분의 학자들은 후대의 첨가로 생각한다. 욥은 겸손하게 자신이 이론적으로 알고 있었던 것으로 하나님을 비난할 구실로 삼았던 것을 후회한다.

여섯째 부분(욥기 42:7-17)

결론 부분으로 이 책의 주제에 대한 해법을 제시하며, 욥은 결과적으로 두 배의 축복을 받는다.

욥기와 고대 근동

욥기와 유사한 고대 근동의 작품들이 이집트와 메소포타미아의 지혜문학에서 발견된다.

이집트의 지혜문학과 욥기

이집트 지혜문학 가운데 욥기와 가장 유사한 것은 주전 21세기경의 작품인 『능변인 농부의 저항』(The Protests of the Eloquent Peasant)이다.[100] 이 작품

100) *ANET*, pp. 407-410.

은 산문으로 된 서론과 결론 그리고 9개의 운문형식으로 된 연설로 구성되어 있다. 『능변인 농부의 저항』은 시장으로 물건을 가져가다가 도둑맞은 농부가 지방관리에게 자신의 입장을 항변하지만, 그것이 거절당한 후 그 농부는 다시 지방의 책임 관리에게 자신의 처지를 항변하는 내용을 담고 있다. 처음에 농부는 지방의 책임자에게 자신의 입장을 정중하게 고하지만 날이 지날수록 그는 좀 더 격양된 어조로 자신의 입장을 호소한다. 욥기와 이 작품이 서로 연결될 수 있는 것은 자신의 입장을 변호하는 긴 연설을 사용한다는 점이다. 그러나 두 작품의 차이점은 욥기는 하나님을 향하여 그 처사의 올바르지 못함을 항변하지만 『능변인 농부의 저항』은 지방관리를 향하여 불합리함을 항변한다.

이집트의 지혜문학 가운데 욥기와 유사한 또 다른 작품은 『이푸-베르의 교훈』(Admonitions of Ipu-wer)이다.[101] 이푸-베르의 교훈은 사회대변혁에 대항하는 것으로 도덕적인 타락에 대하여 걱정하는 내용이며, 이 작품을 통해서 도덕적 정의보다는 사회의 안정을 원하는 것이 반영되어 있다.

재앙으로 인하여 절망 가운데 있는 사람에 관한 이집트의 지혜문학은 『자살에 관한 논쟁』(A Dispute over Suicide)이다. 이 작품은 주전 3천 년대의 것으로 정신적으로 지친 사람이 그것을 탈피하는 방법으로 죽음을 택하는 것에 관한 주제를 다루고 있다. 그러나 걱정은 그가 불 속에 뛰어들게 되면, 그의 영혼이 그를 따라가지 않을지 모른다는 두려움이다. 따라서 그는 자신의 영혼에게 그에게 머물러 있어달라고 부탁한다. 이러는 가운데 욥과 마찬가지로 신들이 자신을 보호할 것을 요구한다. 이 작품에서 고통을 당하는 사람은 자신의 입장을 독백으로 말하지만, 그러나 욥은 구체적인 상대에게 말하는 형식을 취하는 점에서 차이가 있다.

101) *ANET*, pp. 441-444.

메소포타미아 지혜문학과 욥기

욥기와 유사한 형태의 지혜문학이 메소포타미아의 지혜문학에서 발견된다. 바벨론의 욥으로 불리는 『나는 지혜의 주를 찬양할 것이다』(I will Praise the Lord of Wisdom)[102]라는 작품은 높은 지위의 사람이 갑자기 죽을 듯 한 고통을 당하자 자신의 고통스러운 질병에 대하여 자세히 탄원을 한다. 그는 자신의 죄를 발견하지 못하고 신탁을 통하여 자신의 병을 고치려 하지만 아무런 소용이 없다. 그러나 그는 욥처럼 신을 비난하지는 않는다. 일 년 동안 그의 질병을 위한 치료가 아무런 소용이 없자 그는 신이 자신에게 자비를 베풀어 줄 것을 믿고 탄원을 드린다. 그러자 마르둑은 꿈에 세 차례 병을 낫게 하기 위한 제의를 베풀 것을 명한다. 따라서 감사하면서 그는 마르둑에게 찬양을 드리기로 결정한다.

욥기와 비슷한 『바벨론의 전도서』(The Babylonian Ecclesiastes) 혹은 『인간의 고통에 관한 대화』(A Dialogue about Human Misery)는 주전 1000년경의 아카드어로 기록된 것이다.[103] 이 작품은 27연의 시로서 알파벳순으로 각 연이 구성되어 있다. 고통을 당하는 샤길-키남-우법(Shaggil-kinam-ubbib)이라는 주인공이 그의 친구와 신의 정의와 인간의 고통에 대하여 대화한다. 각 연에서 주인공과 친구는 서로의 견해를 주고받는다. 주인공은 청년 때부터 고통을 당하고 신의 도움을 구한다. 이에 대하여 친구는 사람은 항상 악을 저지르는 경향이 있음을 말하면서, 고통당하는 자의 마음속에 신의 명령을 어기려는 경향이 있음을 고발한다. 그러나 샤길-키남-우법은 신이 악귀들을 금해주지 않았다고 항변한다.

형식적인 면에서 이 작품과 욥기는 당사자의 대화로 기록되어 있지만

102) *ANET*, pp. 434-437; W.G. Lambert, *Babylonian Wisdom Literature*, pp. 21-62.
103) *ANET*, pp. 438-440; W.G. Lambert, *Babylonian Wisdom Literature*, pp. 63-91.

그러나 이 작품이 욥기보다 대화가 짧다.

욥기의 신학

욥기는 욥의 고난을 통하여 몇 가지 주제를 언급하고 있다. 욥기의 가장 중요한 핵심 주제는 신정론에 대한 질문이다. 즉 의로운 자가 당하는 고난에 대하여 하나님은 무엇이라고 대답하실 것인가 하는 것이다. 이에 대해 욥기는 분명한 대답을 회피하고 있지만, 그러나 욥기는 하나님 앞에 의인이 없음을 강조하고 있다.

또 다른 주제는 인간의 고통의 차원에 관한 것이다. 욥은 육체적, 사회적, 정신적 그리고 감정적으로 고통을 당하고 있다. 그러나 욥기는 의로운 사람이 어떻게 고통을 이겨나가는지 하나의 모델을 제시해 준다. 따라서 고난의 원인이 무엇이든지 하나님께 순종함으로 고난을 이길 수 있음을 가르친다. 욥기의 저자는 전통적인 인과응보 즉 의인은 복을 받고, 악한 자는 벌을 받는다는 전형적인 주제에 정면으로 대립하며, 인간은 항상 고난에 대하여 열려 있는 존재임을 강조한다.

| 욥기 참고문헌 |

Barr, James. "The Book of Job and Its Modern Interpreter." *BJRL* 54 (1971-1972): 28-46.

Brenner, A., "God' s Answer to Job." *VT* 31 (1981): 129-37.

______. "Job the Pious? The Characterization of Job in the Narrative Framework of the Book," in Clines, David J.A. *The Poetic Books: A Sheffield Reader*. Sheffield: Sheffield, 1997: 298-315.

Crenshaw, J., *Theodicy in the Old Testament*. Philadelphia: Fortress, 1983.

Dhorme, E., *A Commentary on the Book of Job*. Nashville: Thomas Nelson, 1984.

Fiddes, P.S., ""Where Shall Wisdom Be Found?" Job 28 As a Riddle for Ancient and Modern Readers." *After the Exile: Essays in Honor of Rex Mason*, ed John Barton, and D.Reimer, 171-90. Macon: Mercer, 1996.

Fingarette, H., "The Meaning of Law in the Book of Job." *Hastings Law Journal* 29 (1978): 1581-617.

Freedman, D.N., "The Elihu Speeches in the Book of Job." *HTR* 61 (1968): 51-59.

Fretheim, T., "God in the Book of Job," *Currents in Theology and Mission* 26 (1999): 85-93.

Glatzer, N., *The Dimensions of Job*. New York: Schocken, 1969.

Gutierrez, G., *On Job*. New York: Orbis, 1987.

Habel, N., *The Book of Job*. Philadelphia: Westminster, 1985.

Harris, S., "Wisdom or Creation? A New Interpretation of Job 28:27." *VT* 33 (1983): 419-427.

Lasine, S., "Bird's-Eye and Worm's-Eye Views of Justice in Book of Job," *The Poetic Books: A Sheffield Reader*. Ed. D.J.A. Clines. Sheffield: JSOT, 1997, Pp. 274-297.

Newsom, C.A., "Considering Job," *Currents in Research* 1 (1993) 87-118.

Perdue, L.G., *Wisdom in Revolt: Metaphorical Theology in the Book of Job*. Decatur: Almond Press, 1991.

Perdue, L.G. and Gilpin, W.C., *The Voice of the Whirlwind: Interpreting the Book of Job*. Nashville: Abingdon, 1992.

Tsevat, M., "The Meaning of the Book of Job." Studies in *Ancient Israelite Wisdom*. Ed. James Crenshaw, 341-74. New York: KTAV, 1976.

West, G., "Hearing Job's Wife: Towards a Feminist Reading of Job." *Old*

Testament Essays 4 (1991): 107-31.

Westermann, C., *The Structure of the Book of Job.* Philadelphia: Fortress, 1981.

Williams, J.G., "Deciphering the Unspoken: The Theophany of Job." *HUCA* 49 (1978): 59-72.

제3장
다섯 두루마리

다섯 두루마리

다섯 두루마리는 히브리어 구약성경의 세 번째 부분인 성문서(크투빔)의 한 부분이다. 다섯 두루마리는 상대적으로 짧은 다섯 권의 성경책을 의미한다. 유대인의 전통에서 이것을 '다섯 두루마리'라는 뜻의 '하메쉬 메길로트'(חמש מגלות)라고 부른다.

다섯 두루마리에 속하는 것은 아가서, 룻기, 예레미야애가, 전도서 그리고 에스더서 등이다. 이 다섯 권의 책이 함께 묶여져 등장하는 것은 미드라쉬 라바(Midrash Rabba)에서 처음이다. 따라서 다섯 두루마리의 전통은 주후 6-9세기 이후에 형성된 것으로 보인다.[104]

다섯 두루마리는 전통적으로 회당예배에서 읽혀져 왔다. 아가('쉬르 하-쉬림', שיר השירים)서는 유월절 안식일에 읽는다. 뿐만 아니라 유월절 '세데르' 끝에 주로 읽는다.

룻기는 칠칠절('샤부옷트') 아침에 오경을 읽기 전에 읽는다.

예레미야애가('에이카' 혹은 '키노트')는 아브(Av) 달 제 9일에 읽는다.

전도서('코헬렛')는 초막절 안식일에 읽는다.

104) R.L. Hubbard, Jr., *The Book of Ruth*, (Grand Rapids: Eerdmans, 1988), p. 7.

에스더서('세페르 에스테르')는 부림절에 두 번 읽는다. 즉 부림절 전야 밤에 한 번 읽고, 다음날 아침에 한 번 더 읽는다.

다섯 두루마리의 배열 순서에 대하여 두 가지 전승을 발견한다. 즉 다섯 두루마리가 읽히는 절기의 순서 대로인가 아니면 두루마리가 포함하고 있는 시대 순인가에 따라서 각기 다른 배열 순서가 등장한다. 첫째는 두루마리가 사용되는 절기의 순서에 따르면 아가(유월절), 룻기(칠칠절), 예레미야애가(티샤베 아브), 전도서(초막절) 그리고 에스더(부림절)의 순서가 된다. 그러나 내용의 시대 순에 의하면 룻기(사사 시대), 아가(젊은 솔로몬 시대), 전도서(늙은 솔로몬 시대), 예레미야애가(예레미야 시대) 그리고 에스더(페르시야 시대)의 순이다. 오늘날 많이 사용하는 히브리어 사본인 BHS에서는 후자의 순서를 채택하고 있다.

예레미야애가

예레미야애가(Book of Lamentations)는 성문서에 속하며 다섯 두루마리 가운데 하나이다. 전체 5장 154절로 구성된 시로서 주전 586년 예루살렘 멸망과 그 후 예루살렘에 관한 탄원이 기록되어 있다. 예레미야애가의 히브리어 명칭은 '에이카' (איכה)인데, 이는 예레미야애가의 첫 히브리어 단어인 「에이카」에서 기인한 것이다. 영어 제목 Lamentation은 랍비들이 예레미야애가의 내용에 따라 '애가들' 란 뜻을 지닌 히브리어 '키노트' (קינות)라고 불렀고, 이것을 헬라어 '테레노이' (θερῆνοι)로 번역하고, 다시 이것을 라틴어 '라멘타티오네스' (Lamentationes)로 번역한 것에서 유래되었다.[105] 따라서 다른 구약성서의 책 제목처럼 예레미야애가는 예레미야가 지은 애가란 뜻에서 붙여진 것이고, 고대 랍비들은 이 책의 저자를 예레미야로 생각하고 있었음을 알 수 있다.

구약성서 안에서 예레미야애가의 위치는 사본에 따라 다르다. 레닌그라드 사본이나 알레포 사본 등에서는 예레미야애가를 성문서의 네 번째 책으로 위치시켰다. 그러나 칠십인역에서는 예레미야애가를 예레미야

105) C.F. Keil, *Jeremiah, Lamentations*, Commentary on the Old Testament, (Grand Rapids: Eerdmans, 1960), p. 335.

뒤에 놓았다. 왜냐하면 예레미야애가의 저자를 예레미야로 생각했기 때문이다.

예레미야애가와 고대 근동의 세계

예레미야애가에 대해서는 도시의 멸망에 관한 애가가 성서 이외에도 존재하고 있다는 사실에 의하여 예레미야애가가 고대 근동의 도시 멸망에 관한 애가에서 유래되었다는 주장이 제기되었다. 주전 19-18세기 수메르 문학 가운데는 도시의 멸망을 탄식하는 문학작품들이 발견된다. 에리두(Eridu), 우르(Ur), 아카드(Akkad), 라가쉬(Lagish) 그리고 니푸르(Nippur)의 멸망을 슬퍼하는 애가가 현존한다. 따라서 성서학자들은 예레미야애가의 작가가 수메르에서 차용해 왔다고 주장하였다. 1968년 맥다니엘(T. McDaniel)은 예레미야애가와 수메르의 애가 사이의 유사성 14가지를 제시하였다.[106] 그러나 그발트니(W.C. Gwaltney)는 예레미야애가와 수메르 문학 사이의 연관성에 대하여 반대하며, 맥다니엘이 제시한 14가지 유사점에 반대한다.[107] 맥다니엘은 예레미야애가에서 사용한 모티브들은 성서의 다른 곳이나 시리아-팔레스틴에서 보편적으로 발견되는 문학적 모티브의 원형이며, 수메르 애가문학의 주제는 예레미야애가와 일치하지 않는다고 주장한다.[108]

이러한 와중에서도 대부분의 학자들이 동의하는 예레미야애가와 수메

106) T.F. McDaniel, "The Alleged Sumerian Influence Upon Lamentations," *VT* 18 (1968), pp. 198-209.
107) W.G. Gwaltney, "The Biblical Book of Lamentations in the Context of Near Eastern Lament Literature," *Scripture in Context II*, eds., W.W. Hallo, J.C. Moyer and L.G. Perdue, (Winona Lake: Eisenbrauns, 1983), pp. 191-211.
108) T.F. McDaniel, "The Alleged Sumerian Influence Upon Lamentations," p. 207.

르의 도시 멸망에 관한 애가 사이의 유사점은 다음과 같다. 첫째, 멸망을 가져오는 신의 능력에의 초점, 둘째, 멸망의 원인으로 신이 등장한다는 점, 셋째, 수호신이 도시를 버리는 것으로 보인다는 점, 넷째, 하나님이 강한 전사로 그려진다는 점, 다섯째, 하나님의 분노가 예측된다는 점, 여섯째, 신의 말이 멸망을 불러일으킨다는 점, 일곱째, 신이 멸망을 보이기 위하여 청함 받는다는 점, 여덟째, 문체상 화자가 교체된다는 점 그리고 비판의 외침이 계속된다는 점 등이다.[109)]

그러나 예레미야애가와 고대 근동의 도시 멸망에 관한 애가 사이의 핵심적인 차이점은 다음과 같다. 예레미야애가는 첫째, 여호와의 의(義)로움 때문에 도시가 멸망되지만, 수메르 애가에서는 신들에 의하여 도시의 운명이 결정된다. 둘째, 예레미야애가에서는 멸망이 여호와가 버리신 것에 대한 징조로 나타나지만, 메소포타미아에서는 엔릴(Enlil)이 멸망시키는 동안 도시의 수호신이 떠나는 것으로 기록되어 있다. 셋째, 도시 멸망을 여신 혹은 배우자가 지켜보는 대신에, 예루살렘이 의인화되어 멸망을 지켜본다. 넷째, 예레미야애가에는 고대 근동의 도시 멸망에 관한 애가에 보편적으로 나타나는 다음 몇 가지 요소가 발견되지 않는다. 야웨가 자다가 일어나지 않는다든지, 여호와의 간을 진정시키지 않고, 자기의 도시로 돌아오라고 신에게 요청하지 않고, 더 열등한 신들에게 중재를 요청하지 않으며, 메소포타미아의 특징인 상세한 목록이 없고, 알려진 제의를 사용하지 않는다는 점 등이다. 다섯째, 일반적으로 인간의 곤경에 더 많은 관심을 둔다는 점이다. 마지막으로 예레미야애가는 언약과 관련된 신학의 주요 부분으로 쓰이고 있다는 점 등이 차이점이다.[110)]

또한 작품의 의도라는 측면에서도 차이점이 보인다. 예레미야애가의

109) J.H. Walton, *Ancient Israelite Literature in Its Cultural Context*, p. 162.
110) J.H. Walton, *Ancient Israelite Literature in Its Cultural Context*, p. 163.

신학적 의미는 도시의 멸망에 대한 이스라엘의 반응으로 그 책을 이해할 때 표면에 드러나지만, 수메르 도시의 멸망에 관한 애가들은 그 도시의 멸망 당시에 쓰인 것이지, 그 멸망에 대한 반응으로 쓰인 것이 아니라는 차이점이 있다.[111)]

예레미야애가와 수메르의 도시 멸망에 관한 애가는 문학적 특성이라는 측면에서는 매우 밀접하게 관련되어 있지만, 신학적 의도라는 측면에서 둘 사이의 차이점이 발견된다.

예레미야애가의 내용과 사상

예레미야애가 1장은 예루살렘 백성들의 포로와 과거의 동맹에 의하여 버려진 예루살렘의 고독함에 대하여 반복적으로 언급하고 예루살렘의 죄에 대하여 언급하고 있다. 2장에서는 예루살렘 멸망에 있어서 하나님의 역할과 예루살렘의 성전, 성벽 그리고 성문 등 여러 부분의 파괴에 대하여 언급한다. 그러나 4장에서는 예루살렘 백성들의 고통을 강조하고, 5장에서는 예루살렘 멸망에서 남아있는 자들의 고통을 언급하고 있다. 예레미야애가의 중심은 3장으로 고통의 의미에 대하여 시적으로 표현하고 있다. 그의 고통에 관해 언급하면서 시작한 3장(1-18절)은 "나의 힘과 여호와께 대한 내 소망이 끊어졌다"라는 그의 견해로 결론짓는다. 하나님의 친절과 자비는 끝나지 않았고 매일 아침 새로워짐을 깨닫고 희망을 얻는다(3:21-23). 더욱이 하나님은 그를 믿고 찾는 자에게 선하시며, 하나님의 구원 때까지 다른 사람의 고난을 받아들이고 조용히 기다리는 것이 좋으며, 젊었을 때 멍에를 지는 것이 좋다(3:25-30). 왜냐하면 야웨는 영원

111) J.H. Walton, *Ancient Israelite Literature in Its Cultural Context*, p. 163.

히 거부하지 않으며, 궁극적으로 용서하기 때문이다. 뿐만 아니라 하나님은 의도적으로 사람을 괴롭히지 않기 때문이다(3:31-36). 3장의 시는 탄원의 형식으로 시작되었지만 그러나 끝은 하나님의 구원과 보복을 탄원하는 것으로 끝맺는다.

25-36절에 표현되어 있는 고통의 이론은 지혜전승의 이론이다. 여기에 표현된 많은 특징은 시편, 잠언, 벤-시라서 그리고 욥의 제자들의 논쟁에서 발견된다. 예레미야애가 3:27처럼 고통이 사람에게 유익하다고 주장한다. 고통에 관한 전통적인 견해는 잠언 3:11-12의 "내 아들아 여호와의 징계를 경히 여기지 말라 그 꾸지람을 싫어하지 말라 대저 여호와께서 그 사랑하시는 자들 징계하시기를 마치 아비가 그 기뻐하는 아들을 징계함 같이 하시느니라" 에서 나타난다(시 94:12-15, 욥 5:17 참고). 욥기에서 욥의 친구 엘리후는 고통은 사람에게 유익하다는 것을 설명한다. 예레미야애가는 사람이 고통을 올바르게 받아들이며 조용히 불평 없이 기다리는 것이 중요하다(애 3:26, 28, 시 37:7)고 한다. 왜냐하면 불평이나 회개 없는 반응은 궁극적으로 심판을 받기 때문이다(시 37:8, 욥 5:2, 36:12-14). 대신 사람은 하나님에 대한 신뢰를 가지고 하나님께 부르짖어야 한다(애 3:25-32, 40-41). 왜냐하면 회개를 동반한 부르짖음은 반드시 응답하시기 때문이다(시 37:3-9, 욥 5:8 이하, 8:5-6, 22:21 이하, 전 2장 등). 예레미야애가에서 이러한 이론을 사용하고 있는 것은 개인과 국가적 고통을 설명하기 위한 의도이다.

예레미야애가 3장은 이스라엘의 멸망은 이스라엘의 죄 때문이라는 중요한 사실을 보여준다. 심판은 임의적인 것이 아니라 자책적(自責的)이라는 믿음은 회개와 복종이 고통을 끝나게 할 수 있다는 희망의 바탕이 된다(3:40-41). 죄에 대한 인식없이는 이러한 희망을 가질 수 없다. 이러한 생각은 시온을 위로하기 위하여 사용되었다. 예레미야애가 4:22의 "딸 시온아 네 죄악의 형벌이 다하였으니 주께서 다시는 사로잡혀가지 아니하게 하시리로다"라는 구절이 이를 잘 나타낸다. 이와 같은 생각은 제 2이사야에서도 발견된다. 즉 이스라엘의 포로는 죄에 대한 하나님의 심판이라는 믿음이 전제되어야 했다. 이것이 없이는 바벨론 포로 공동체가 제 2이사야의 메시지를 믿을 수 없었다. 죄를 버리고 하나님께 돌아서는 것은 국가적인 회복을 위해 가장 필요한 것이며, 시온 회복의 튼튼한 대로가 되었다. 이것을 가르치는 것이 예레미야애가의 가장 큰 목적 가운데 하나이다.

뿐만 아니라 예레미야애가에는 일반 백성들이 생각하는 것이 무엇인가를 보여준다. 이 생각은 예언자들의 가르침과 공통점이 발견되지 않는다. 예레미야애가는 제도의 붕괴를 기술하고 있다. 즉 성전 및 성전제사의 붕괴(애 1:4, 10, 2:1, 6, 7), 제사장과 예언자의 운명(1:4, 19, 2:6, 9, 20, 4:16), 왕과 왕비, 전사, 관리의 운명(1:6, 15, 2:2, 6, 9, 4:7-8, 20, 5:12), 예루살렘 성벽의 붕괴(4:12) 그리고 예루살렘의 동맹체제의 붕괴(1:2, 4:17) 등을 자세히 기술하고 있다. 그러나 전통적인 예언자 심지어는 예레미야의 신랄한 비판에서도 이런 것이 반영된 것을 발견할 수 없다.

예레미야애가는 이스라엘의 죄의 성격에 관하여 언급하고 있지 않다. 책 전체에서 구체적인 죄에 대한 언급이 없다. 우상숭배에 대한 언급이 없을 뿐만 아니라 예언자들에게서 발견되는 사회정의, 약자를 괴롭히는 것에 대한 언급, 뇌물 등과 같은 주제가 전혀 발견되지 않는다. 단지 4:13에서만 구체적인 죄를 언급하고 있다. 즉 "그의 선지자들과 제사장들의 죄악들 때문이니 그들이 성읍 안에서 의인들의 피를 흘렸도다." 그러나 이 본문에서도 어떤 상황에서 선지자들과 제사장들이 의인의 피를 흘렸는지 분명하지 않다. 일반적으로 이러한 죄는 왕이나 관리들이 저지르는 죄인데 여기서는 예언자와 제사장들이 저지르는 죄로 언급되어 있다. 비록 5:7에 조상들의 죄를 담당한다는 언급이 있기는 하지만, 그러나 5:16

에서 다시 자신들의 죄 때문이라는 언급을 발견한다. 따라서 예레미야애가에 나타난 생각은 개인의 죄로 인하여 심판을 받았다는 이해가 등장한다. 특히 예레미야애가 3:33-39은 당시 사람들의 믿음을 분명하게 나타내 준다.

예레미야애가의 형식

구조적인 측면에서 예레미야애가는 일반적인 히브리 시가 갖는 3+3(a-b-c ∥ a′-b′-c′)(예 시 19:2-3)의 형태를 벗어난 3+2(a-b-c ∥ a′-b′)의 구조를 취하며, 이것이 애가의 형태이다.[112] 이러한 구조는 시가 마치 중간에 잘려나간 것과 같은 느낌을 주며, 마치 사람이 제 수명을 다하지 못하고 일찍 죽은 것을 표현하는 문학적 기법이다. 이러한 애가의 3+2 구조를 잘 보여주는 예는 예레미야애가 3:4절이다.

나의 살과(a)
　가죽을(b)
　　쇠하게 하시며(c)
나의 뼈들을(a′)
　꺾으셨고(b′)

예레미야애가 3:4의 상반절에서는 목적어가 살과 가죽 두 개가 기록되어 있는데 하반절에서는 목적어가 뼈들만 기록되어 있다. 즉 목적어가 하나 줄어듦으로 a+b에 해당하는 것이 a′가 되고, c에 해당하는 것이 b′

112) D.A. Dorsey, "Lamentations: Communicating Meaning through Structure," *Evangelical Journal* 6 (1988), pp. 83-90; idem, *The Literary Structure of the Old Testament*, p. 246.

가 되었다.

이러한 소멸기법(3+2)의 구조는 예레미야애가 전체를 구성하는데 기초가 되었다.[113] 따라서 예레미야애가는 세 편의 긴 시와 두 편의 짧은 시 모두 다섯 편의 시로 구성되어 있다. 처음 세 편의 애가는 각각 66행으로 구성되었으며(3행×22 알파벳 = 66행), 짧은 시인 네 번째 시는 44행으로 구성되었다(2행×22 알파벳 = 44행). 그러나 마지막 시는 22행으로 구성되었으며, 다른 시들과 달리 알파벳 순서를 따르지도 않고 있다.

1단위(1:1-11)(a)(3f인칭)
2단위(1:12-22)(b)(1인칭)
3단위(2:1-8)(c)(3m인칭)
4단위(2:9-12)(d)(3pl인칭)
5단위(2:13-22)(e)(2인칭)
6단위(3:1-20)(f)(3s인칭)
7단위(3:21-32)(g)(3s인칭)
8단위(3:33-39)(f′)(3s인칭)
9단위(3:40-66)(e′)(2인칭)
10단위(4:1-10)(d′)(3pl인칭)
11단위(4:11-16)(c′)(3m인칭)
12단위(4:17-22)(b′)(1pl인칭)
13단위(5:1-22)(a′)(2pl인칭)

도르시(D.A. Dorsey)는 예레미야애가에서 발견되는 인칭의 전환에 착안하여 예레미야애가 전체를 13개의 단위로 분석한다.[114]

각 단위별로 제 1단위(1:1-11)와 제 13단위(5:1-22)를 제외하고는 모두 인칭의 대칭을 발견할 수 있다.

예레미야애가는 여러 관점에서 예루살렘의 멸망과 고난에 대하여 언

113) D.A. Dorsey, *The Literary Structure of the Old Testament*, p. 246.
114) D.A. Dorsey, *The Literary Structure of the Old Testament*, pp. 247-252.
115) J.H. Tigay, "Lamentations, Book of," *Judaica* 10: 1368-1375.

급하고 있기 때문에 다양한 은유가 등장한다.[115] 예레미야애가 1-2장에서는 어머니 시온에 관하여 언급한다. 1-11a에서는 어머니 시온의 고통을 3인칭으로 묘사하고 있으며, 11b-22에서는 시온 자신이 말한다. 2장에서는 이러한 여성 의인화가 계속된다. 2:1-10에서는 다시 멸망에 대하여 시온의 말이 3인칭으로 기록되어 있고, 11-17절은 서정적으로 자신의 슬픔과 예루살렘과 그 벽이 2인칭으로 기록되어 있다. 2:18-22에서는 예루살렘 성벽 위에서 하나님께 부르짖는다.

예레미야애가 3:1-39에서는 1인칭으로 자신의 고통을 묘사하고 있으며, 시편의 개인 탄원시와 같은 느낌을 준다. 40-47절에서는 1인칭 복수로 수가 바뀌고 민족 탄원시의 성격을 나타낸다. 48-51절에서는 도시의 운명에 대한 개인 탄원이 기록되어 있고, 52-66절에서는 고통당하는 자의 개인의 탄원을 기록하고 있다. 이처럼 예레미야애가 3장이 복잡한 형식을 취하고 있지만, 그러나 이것이 처음부터 다양한 형식을 취한 것으로 이해할 수밖에 없다. 왜냐하면 3장이 삼중 알파벳(triple acrostics) 시의 형태를 띠고 있기 때문이다. 즉 세 번 연속적으로 시의 각 행에 같은 자음이 등장하기 때문이다.

예레미야애가 4-5장은 은유나 의인화를 채택하지 않는다. 4:1-16에서는 예루살렘 주민의 고통에 대하여 3인칭으로 묘사하고 있다. 17-20절에서는 1인칭 복수형으로 희망을 추구하는 것과 희망의 좌절에 대하여 언급하고 있다. 21-22절에서는 돈호법으로 에돔의 승리를 말하고, 이어서 시온의 죄가 사하여 짐을 말한다. 5장은 1인칭 복수형으로 멸망 이후 고통에 대하여 알아달라고 하나님께 기도한다.

예레미야애가의 저자

예레미야애가에는 누가 이 책의 저자인지 언급하지 않고 있다. 그러나 전통적으로 예레미야가 이 책을 지었다는 전통이 칠십인역(LXX), 탈굼(Targum)의 첫 구절에 나타난다.[116] 예레미야애가를 예레미야가 지은 것으로 생각하는 몇 가지 이유는 다음과 같다. 후대에 의하면 예레미야는 이러한 재앙의 때에 살았던 사람으로 생각되었으며, 비슷한 은유적인 표현 방식이 사용되었고, 예레미야가 요구하였던 탄원이 예레미야애가에 언급되기 때문이다(렘 7:29, 9:9, 19). 그리고 예레미야애가 3:14, 53-56은 예레미야의 생애라고 추정된다. 이러한 전통은 탈무드와 초대 교부인 오리겐(Origen)을 통하여 기정사실화 되었다.[117]

그러나 최근의 학자들은 예레미야애가를 예레미야가 지었다는 것에 반대한다. 특히 문학적인 유사점은 동시대의 표현법을 사용한 것으로 이해할 수 있기 때문이다. 뿐만 아니라 문학적, 신학적으로 분석한 결과 예레미야애가 전체가 한 명의 저자에 의하여 기록되었을 것이라는 점에는 의문이 생기게 되었다. 예레미야애가 1장과 예레미야애가 2-4장의 알파벳 시는 같은 저자의 것으로 보기 매우 어렵다. 뿐만 아니라 예레미야애가 5장에는 알파벳 시가 등장하지 않는다.

예레미야애가의 많은 문학적인 유사점은 동시대의 유사한 용어나 표현법 그리고 문학 장르를 사용한 것으로 이해할 수 있으며, 이것이 단일 저자를 주장하는 절대적인 근거는 될 수 없다.

예레미야애가의 표현을 통해서 예레미야애가의 저자가 상류계층이거나 혹은 왕궁에 속한 사람으로 추정할 수 있다.

116) C.F. Keil, *Jeremiah, Lamentations*, p. 339.
117) *Baba bathr*. f, 15.1; *Euseb. hist. eccl.* iv. 25.

예레미야애가의 신학

예레미야애가는 구조적인 측면에서 회복을 간구하는 기도가 맨 마지막(5:19-22)에 위치하고 있기 때문에 회복을 위해 하나님의 긍휼을 강조하고 있다. 예레미야애가는 예루살렘의 멸망은 이스라엘의 죄 때문이며, 이스라엘이 회복할 수 있는 것은 하나님의 사랑과 긍휼에 근거함을 강조하고 있다. 이러한 예레미야애가의 신학은 모든 것은 하나님으로부터 근거한다는 사상을 바탕으로 기록된 것이다.[118] 뿐만 아니라 모든 고통은 의미가 있으며 고통을 극복하는 길은 죄를 깨닫고 하나님의 인도하심에 순종하는 것임을 보여준다.

118) 김영진, 『구약성서읽기』, pp. 237-278.

| 참고문헌 |

Albrekson, B., *Studies in the Text and Theology of the Book of Lamentations.* Lund: C.W.K. Gleerup, 1963.

Gottwald, N.K., *Studies in the Book of Lamentations.* London: SCM Press, 1962.

Gwaltney, W.C., "The Biblical Book of Lamentations in the Context of Near Eastern Lament Literature," *Scripture in Context II*, eds., W.W. Hallo, J.C. Moyer and L.G. Perdue, Winona Lake, 1983, pp. 191-211.

Harrison, R.K., *Jeremiah and Lamentations: An Introduction and Commentary.* Tyndale Old Testament Commentaries series. Leicester, Eng. and Downers Grove, Ill.: Inter-Varsity Press, 1973.

Heater, H., Jr. "Structure and Meaning in Lamentations." *Bibliotheca Sacra* 149:595 (1992): 304-15.

Keil, C.F., "The Lamentations of Jeremiah." In *The Prophecies of Jeremiah*, 2:333-455. Trans. David Patrick. *Biblical Commentary on the Old Testament.* Reprint ed. 2 vols. Grand Rapids: Eerdmans, 1960.

Lanahan, W.F., "The Speaking Voice in the Book of Lamentations." *JBL* 93 (1974): 41-49.

Shea, W.H., "The qinah Structure of the Book of Lamentations." *Bib* 60 (1979): 103-107.

Swindoll, C.R., *The Lamentations of Jeremiah.* Bible Study Guide. Fullerton, Calif.: Insight for Living, 1977.

Tigay, J.H., "Lamentations, Book of." *Judaica* 10: 1368-1375.

룻기

룻기는 구약성서를 삼분법으로 나눌 때 성문서에 해당하는 책이며, 특히 다섯 두루마리 가운데 하나로 칠칠절 때 낭독하는 본문이다. 룻기라는 책 이름은 주인공의 이름을 따라서 붙여진 것이다. 따라서 히브리어 명칭은 '세페르 룻' (ספר רות, "룻의 책")이다. 룻기는 4장 85절로 구성되어 있다.

룻기의 위치

구약성서 정경을 24권으로 여기는 탈무드 전통(T.B. B. Bat 14b)에 의하면 룻기는 성문서에 속한다.[119] 그러나 정경에 22권이 포함된다고 생각할 때 룻기는 사사기에 첨가되며, 예레미야애가는 예레미야서에 포함된다.

오늘날 다섯 두루마리의 순서에 의하면 룻기는 아가서 다음 두 번째에 위치한다. 왜냐하면 아가는 유월절에 읽히며, 룻기는 칠칠절에 읽기 때

119) R.L. Hubbard Jr., *The Book of Ruth*, (Grand Rapids: Eerdmans, 1988), p. 7.

문이다. 그러나 탈무드 전통에서는 룻기가 시편 앞에 위치하여 다섯 두루마리 가운데 맨 처음에 위치한다. 이러한 배열은 룻기 내용이 사사 시대를 배경으로 기록되었기 때문이다.

룻기는 언제 기록되었는가?

룻기가 언제 기록되었는가 하는 것은 모든 구약성서의 다른 책들과 마찬가지로 대답하기 매우 어렵다. 특히 룻기는 시대적 배경이 사사 시대로 기록되어 있지만, 룻기의 사상적 · 신학적 배경은 바벨론 포로기 이후 시대의 시대정신을 나타내고 있기 때문에 룻기의 기록연대는 추정하기가 더욱 어렵다.

룻기의 연대에 대한 학자들의 견해는 크게 두 부류로 나뉜다. 첫째 부류는 포로기 이전 시대에 기록된 것으로 이해한다. 이들은 룻기 4:17, 22에 다윗을 언급하고 있기 때문에 다윗이 왕이 된 직후인 주전 1000년경에 기록된 것으로 본다.[120] 이들은 룻기에 기록된 족보가 다윗 왕으로 끝나기 때문에 룻기는 왕국 시대 이전에 기록되었다고 주장한다. 뿐만 아니라 룻기 1:1에 의하면 "사사들이 치리하던 때"라는 기록이 있다는 것을 통하여 사사 시대에 기록된 것이라고 주장한다. 또한 룻기 4:7의 "옛적 이스라엘 중에는 모든 것을 무르거나 교환하는 일을 확정하기 위하여 사람이 그의 신을 벗어 그의 이웃에게 주더니"라는 기록을 통하여 룻기를 기록한 사람은 예레미야 32:11 이하의 기록처럼 거래를 기록하기 시작한 시대에 살았던 사람이다. 일반적으로 왕정이 형성됨에 따라 사법제도가 확립된다. 따라서 룻기의 사건과 룻기를 기록한 시대와의 차이가

120) 이에 대한 자세한 논의는 R.L. Hubbard Jr., *The Book of Ruth*, pp. 30-34를 참조하시오.

있음을 알 수 있다.

두 번째 견해는 룻기가 정경으로 받아들여진 주전 164년 이전에 기록되었다고 주장한다. 즉 포로기 이후 연대설을 주장한다. 오늘날 대다수의 학자들은 포로기 이후 연대를 채택한다.[121] 특히 주전 5-4세기 연대를 많이 주장한다. 이러한 주장의 가장 중요한 근거는 언어의 형태나 아람어화된 표현의 등장이다.[122] 뿐만 아니라 룻기에 기록된 법률적인 관습이 포로기 이후 시대의 관습이라는 점이다. 룻기 4:7의 관습은 신명기 25:9의 관습보다 이후의 상황을 묘사하고 있다는 것이다.[123] 또한 룻기의 문학적인 성향이 포로기 이후 시대의 상황을 반영한다. 특히 룻기의 조용한 목가적 분위기는 상대적으로 조용한 시대를 나타낸다고 주장한다.[124] 뿐만 아니라 룻기와 후기 성서문학과 비교하여 룻기가 포로기 이후 시대에 기록되었음을 주장한다.

룻기의 신학적 주제적인 측면에서도 룻기가 후대의 작품임을 알 수 있다. 예를 들어 이방인이 이스라엘 사람의 총회에 들어올 수 있다거나 혹은 이스라엘 사람들이 이방 여인과 자유롭게 결혼할 수 있었던 상황은 적어도 유다 왕국 멸망 이후 바벨론 포로 경험 이후에나 가능한 것이다. 더 나아가 약속의 땅을 떠난 자에 대한 고난과 귀환 자에 대한 축복의 개념이 나오미의 이름의 변화를 통하여 설명된다는 것(나오미-마라-나오미) 등은 룻기가 적어도 귀환자들을 위하는 신학적 사고가 무르익은 시대의 산

121) R.L. Hubbard Jr., *The Book of Ruth*, p. 24. note 8.

122) 아람어화된 단어의 예는 1:13절의 히브리어 '라헨' (לָהֵן, "따라서"; therefore), '시베르' (שׂבר, "기다리다," to wait) 등이다. 자세한 예는 R.L. Hubbard Jr., *The Book of Ruth*, pp. 24-25. note 9를 참조하시오.

123) R.L. Hubbard Jr., *The Book of Ruth*, p. 25.

124) R. Gordis, "Love, Marriage, and Business in the Book of Ruth," *A Light Unto My Path: Old Testament Studies in Honor of Jacob Myers*, Eds. H. Bream, R. Heim and C. Moore, (Philadelphia, 1974), pp. 241-264, esp. 245-246. 특히 고디스는 룻기에서 모압에 대하여 적대적이지 않은 점이 포로기 이전 연대를 지지하지 못하도록 한다고 주장한다.

물이라고 설명할 수 있다.

룻기의 문학적 특징

룻기를 기록하는 방식은 족장의 이야기나 혹은 초기 왕정 시대를 기록하는 것과 같은 방식으로 기록하고 있다. 나오미와 룻의 관계는 다윗과 요나단의 관계를 연상케 한다. 요나단이 다윗에게 사랑과 충성을 약속하는 것같이 룻이 나오미에게 충성을 표시한다. 룻기 1:17에서 "여호와께서 내게 벌을 내리시고 더 내리시기를 원하나이다"라는 저주의 말로 충성을 표시한다. 이러한 저주의 표현은 사무엘서와 열왕기서 가운데 북 이스라엘 설화 속에서 발견된다. 사무엘하 1:23에 "죽을 때에도 서로 떠나지 아니하였도다"라는 표현이 사울과 요나단의 죽음에 대한 애가에서 발견된다.

룻기는 족장 이야기와 사무엘서의 정중한 표현법이 사용되었다. 보아스와 룻의 만남은 룻이 엎드려(룻 2:10) 보아스가 룻에게 감사와 칭송의 말을 하는 것(룻 2:11-12)으로 끝난다. 이 모습은 다윗과 아비가일의 만남을 기록하고 있는 사무엘하 25:23 이하와 비슷하다. 아비가일은 룻처럼 자신의 얼굴을 땅에 대었다. 따라서 보아스처럼 다윗은 아비가일을 칭찬한다.

룻과 보아스의 두 번째 만남에서 보아스는 "여호와께서 네게 복주시기를 원하노라"고 말한다. 이것은 사무엘상 25:32-33의 다윗과 아비가일의 만남에서도 마찬가지이다. 또한 창세기 24:31이나 14:19 그리고 사무엘상 15:23, 사무엘하 2:5 등에서 발견되는 방식으로 기록되어 있다.

룻기에 표현된 감사는 매우 교훈적이다. 보아스의 찬양에서 룻은 "내 주여 내가 당신께 은혜입기를 원하나이다. 나는 당신의 하녀 중의 하나와도 같지 못하오나 당신이 이 하녀를 위로하시고 마음을 기쁘게 하는 말씀을 하셨나이다"라고 말한다. "내가 당신께 은혜입기를 원하나이다"라는 표현은 창세기(33:9, 47:25)와 사무엘서에서 자주 발견된다(삼상 1:18, 삼하 16:4).

그 외에도 많은 룻기의 어구들이 초기 이스라엘 문학에서 발견된다. 그런데 대부분의 어구들이 엘리사 이야기 이전에서 발견되기 때문에 일부 학자들은 룻기가 북 이스라엘에서 지어졌을 것으로 이해한다. 이러한 주장은 룻기에 나타나는 아람의 영향과 후기 언어의 특징이 발견된다고 주장하는 것을 해결할 수 있다.

룻기는 북쪽 히브리어 방언으로 기록되었다고 주장한다. 궁켈(R.H. Gunkel)뿐만 아니라 많은 학자들은 룻기는 초기의 전승을 바탕으로 오늘날과 같은 룻기가 형성되었다고 주장한다. 그에 의하면 초기 전승의 핵심적인 주제는 자녀가 없는 충성스러운 과부가 죽은 남편의 상속자를 얻는다는 이야기로 이집트의 우화에서 쉽게 발견된다고 주장한다. 따라서 궁켈에 의하면 저자가 이러한 이야기를 이스라엘의 상황에 맞게 고친 것이라고 설명한다.[125] 궁켈에 의하면 룻기에는 이야기가 첨가되어 오늘날 소설과 같은 형태가 되었다고 주장한다. 궁켈의 이러한 상상력을 바탕으로 한 주장은 받아들여지지 않고, 다른 주장들이 많이 생겨났다. 미어스(J. Myers)는 원래 룻기는 운문으로 기록되어 있던 동화가 변화된 것이라고 주장한다.[126] 미어스의 견해를 받아들여 글란즈만(G. Glanzman)은 룻기가 형성되는 세 단계를 설명한다. 첫 단계는 운문 형태의 이야기로 구전으로 전달되었던 단계이다. 이 시기는 이스라엘이 가나안에 정착 한 후로 여겨진다. 둘째 단계는 주전 9-8세기경에 산문 형태의 이야기로 기록되

125) R.H. Gunkel, "Ruthbuch," *RGG* V, p. 2182.
126) J. Myers, *Literary Form* 재인용 R.L. Hubbard Jr., *The Book of Ruth*, p. 9.

었던 단계이다. 이 단계에서 거의 오늘날의 형태로 확장, 발전되었던 것으로 여긴다. 셋째 단계는 포로 이후 시대에 족보(4:7) 부분이 첨가되었다고 본다.[127]

브레너(A. Brenner)는 룻기는 원래 구전으로 각기 존재하던 나오미에 관한 이야기 부분과 룻에 관한 이야기가 서로 결합되었다고 본다. 그녀에 의하면 이 두 이야기는 모두 유다 베들레헴 지역의 베레스(Perez)가문에서 생겨난 것으로 이해한다.[128]

그러나 캠벨(E. Campbell)은 룻기는 원래부터 현재의 형태로 형성된 것이라고 주장한다.[129]

룻기의 내용

사사 시대에 유다 베들레헴의 엘리멜렉은 기근으로 인하여 부인 나오미와 두 아들 말론(Mahlon)과 기룐(Chilion)과 함께 모압으로 이주하였고, 그곳에서 두 아들은 모압 여인과 결혼하였다. 엘리멜렉이 죽자 그의 두 아들은 오르바와 룻이라는 모압 여인과 결혼하였다. 그러나 두 아들마저 죽자 나오미는 베들레헴으로 귀향하기로 결정하였다. 그러나 두 며느리가 나오미와 함께 돌아오기를 결정하자, 나오미는 이들이 고향에 남을 것을 간청하였고, 오르바는 시어머니의 뜻에 순종하였으나 룻은 시어머니와 함께 할 것을 맹세하였다. 베들레헴에 도착하였을 때는 추수하는 시기였다. 룻은 가난한 자에게 베푸는 나락을 주울 수 있는 특권을 얻었

127) G. Glanzman, "The Origin and Date of the Book of Ruth," *CBQ* 21 (1959), pp. 201-207.
128) A. Brenner, "Naomi and Ruth," *VT* 23 (1983), pp. 385-397.
129) E.F. Campbell, "The Hebrew Short Story: Its Form, Style, and Provenance," in *A Light Unto My Path: Old Testament Studies in Honor of Jacob Myers*, p. 18-23.

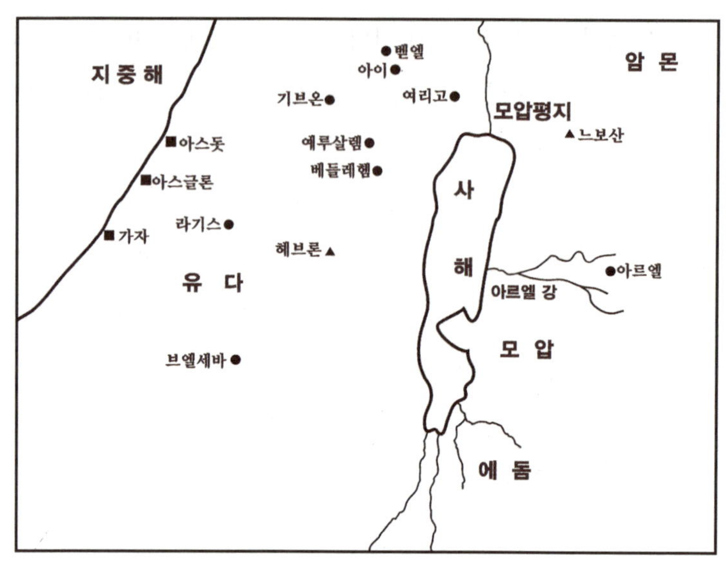

[베들레헴과 모압 평지의 지도]

다. 룻은 부자 농부였던 보아스의 밭에서 나락을 주을 수 있었다. 룻이 시어머니를 선대하기 때문에 보아스가 룻에게 특별한 친절을 베푸는 것을 나오미가 알았다. 나오미는 보아스가 엘리멜렉의 친척이기 때문에 매우 즐거웠다. 나오미는 룻을 위한 레비레이트 혼(수혼)을 전망하였다. 룻을 위한 수혼은 나오미가 팔았던 죽은 남편의 땅을 다시 되찾는 것을 의미하였다. 보아스는 룻과의 결혼에 동의했고, 그 땅을 돌려주는 것에 동의했다. 따라서 보아스는 죽은 자의 이름으로 기업을 세우는 것을 완성하였다(룻 4:5). 이 결혼을 통하여 보아스는 다윗 왕의 조상이 되었다.

룻기의 목적

룻기는 4:17-22의 다윗의 족보로 결론을 맺는다. 바로 이것을 통해 룻기

저자의 저술 목적을 이해할 수 있다. 룻기의 저자는 다윗 왕의 족보를 목가적인 방법으로 표현한다. 이처럼 다윗의 조상들의 경건함을 보여줌으로써 다윗을 영화롭게 하기 위해서라고 설명한다.[130] 이와 유사한 방식은 다윗 족보의 초기 조상인 페레스(Perez)의 부모인 창세기 38장의 유다와 다말의 이야기에서도 발견된다. 이 이야기에서 페레스의 출생 상황은 룻기에 나타난 다윗의 족보에서 다윗의 할아버지인 오베드의 출생과 비슷하다. 이 두 경우에 있어서 온전한 레비레이트 결혼이 아니니다. 룻은 가장 가까운 친척과 결혼한 것이다(룻 3:12). 두 이야기의 관심은 두 이방 여인에 관한 이야기이다. 두 경우에 있어서 여인은 라베레이트 결혼을 위하여 지원자가 나타날 때까지 기다린다. 다말은 유다를 유혹하기 위하여 창녀처럼 네거리에 앉아 있었다(창 38:14). 룻은 밤에 타작 마당에서 자고 있는 보아스의 발밑에 누웠다(룻 3:1 이하). 룻기를 기록한 저자는 룻기 4:12에 장로와 백성들이 보아스를 "여호와께서 이 젊은 여자로 말미암아 네게 상속자를 주사 네 집이 다말이 유다에게 낳아 준 베레스의 집과 같게 하시기를 원하노라"라고 축복함으로써 옛 이야기를 기억하게 하였다. 따라서 베레스의 가문과 다윗의 가문의 기원은 같은 지파와 같은 지리적 배경에 의하여 설명되었다.

더욱이 수혼이라는 관점에서 유다와 보아스의 이야기는 족장 이야기 속에 있는 주제들을 담고 있다. 이삭과 야곱의 출생에 관한 이야기들은 국가적이 영웅들이 태어날 때 얼마나 위기였는가를 보여준다. 베레스와 세라의 출생과 야곱과 이삭의 출생 사이의 유사점을 피할 수 없다. 버림받은 아들인 에서와 세라(창 36:17, 대상 1:37)는 다윗의 가장 강력한 적대세력이었던 에돔과 관련이 있다. 두 이야기는 매우 유사하다(창 25:24, 38:2).

130) W. Dommershausen, "Leitwortstil in der Ruthrolle," *Theologie im Wandeln*, Munich, 1967, pp. 394-407, esp. 394.

다윗의 족보와 족장의 족보 사이의 연관점은 다음 두 가지 사항을 고려할 때 매우 두드러진다. 각 족보를 기록할 때 맨 위에 기록하는 "이는 역사이니라……"(톨레토트, תולדות)가 룻기 4:18에만 기록되어 있다. 고대 근동에서 왕의 족보를 기록할 때는 다음 세 가지의 특징을 가지고 기록한다. 첫째, 족보에서 시조가 여러 민족의 공동 조상으로 묘사된다(창 11:10-26). 둘째, 마치 아브라함-이삭-야곱처럼 특별한 왕조나 혹은 특별한 사람의 계보를 기록하고 있다. 셋째, 실제로 왕이 포함된 가계를 나타낸다(룻 4:18-22절). 처음과 세 번째 족보는 대체로 10대를 기록하고 있다. 그러나 두 번째 족보는 대체로 2-3대로 간단하게 기록하고 있다. 이스라엘에 있어서 처음 형식의 족보는 왕족 족보의 중요한 요소로 다윗으로 마친다. 두 번째 형식과 세 번째 형식의 결합은 다윗 시대에 와서 등장하기 시작한다. 따라서 족보가 룻기의 중요한 요소이며, 또한 이러한 족보는 포로기 이전 시대부터 있어왔다.

룻기가 에스라-느헤미야의 이방 여인에 대한 부정적인 태도(에 10장, 느 13:23-27)에 대항하기 위하여 기록되었다는 것은 근거가 없다.[131] 만약 이러한 목적으로 기록되었다면, 어떤 방식으로라도 이것이 표현되어야 했다. 즉 다른 친척의 입을 통하여 보아스의 결혼을 이러한 이유로 반대하는 것이 표현되었어야 했다. 룻기는 문학적인 관점에서 전통적 히브리 문학의 특징을 나타내고 있다. 따라서 룻기를 에스더나 역대기 혹은 에스라-느헤미야 시대의 것으로 보는 것에 대하여 반대할 만한 이유는 언어적으로 포로기 이후 시대의 특징이 나타나지 않는다는 점이다.[132]

131) J. Vesco, "La date du livre de Ruth," *RB* 74 (1967), pp. 235-247, esp. 247.
132) M. Weinfeld, "Ruth, Book of," *Judaica* 14, col. 518-522, esp. 519-520.

신학

룻기는 일반적으로 생각하는 효에 관한 책이 아니라 다음과 같은 몇 가지 신학적 사상이 내포되어 있는 책이다.

첫째 하나님의 섭리사상이 발견된다. 족장의 이야기나 다윗의 즉위 이야기에서 나타나듯이 룻기에는 하나님께서 모든 일 뒤에서 움직이신다는 하나님 섭리사상이 나타난다. 룻기의 이야기는 모든 것이 인간의 동인(動因)에 의하여 일어나는 것으로 묘사하고 있다. 그러나 이러한 기술은 하나님께서 인간을 궁극적으로 그의 목적으로 인도하심을 나타낸다. 룻은 우연히 보아스의 들판을 택하였고, 그러나 이러한 선택은 다윗의 출생을 위하여 결정적인 사건이 되었다. 나오미는 룻기 2:20에서 룻에게 "그가 살아 있는 자와 죽은 자에게 은혜 베풀기를 그치지 아니하도다"라고 말함으로서 룻이 하나님에게 부합했다고 말한다. 아브라함의 종이 창세기 24:12에서 "오늘 나에게 순조롭게 만나게 하사"라고 요청한 후 그의 원함이 이루어졌음을 깨닫고 창세기 24:27에서 "나의 주인에게 주의 사랑과 성실을 그치지 아니하셨사오며 여호와께서 길에서 나를 인도하사 내 주인의 동생 집에 이르게 하셨나이다"라고 말한다. "주의 사랑과 성실을 그치지 아니하셨사오며"라는 표현은 구약성서에 두 번 등장한다.

둘째, 하나님의 보편적인 구원사상을 보여준다. 이방 여인 룻이 다윗의 조상이 된 것을 통하여 하나님의 구원이 이스라엘에만 머물러 있는 것이 아니라 이방인에게까지 확산되었음을 보여준다. 뿐만 아니라 모압 여인 룻이 이스라엘의 회중에 들 수 있는 것은 이방인의 개종이 있을 때만이 가능한 것이다.

이와 함께 이스라엘 백성들의 족보가 마치 유다와 다말의 이야기처럼 모압 여인 룻의 몸에서 난 오벳(Obed)에 의하여 계승되었음을 보여준다. 이로써 이스라엘 백성과 이방인들의 조화로운 삶의 모습을 보여준다.

셋째, 룻기는 보편주의적인 세계관 속에서 이스라엘 사람들과 열방이 어떻게 더불어 살아가야 하는 것을 보여준다. 이스라엘 사람과 모압 여인의 결혼을 통하여 이스라엘 왕조가 이어져 감을 보여준다. 따라서 보편적인 측면에서 이스라엘과 열방 사이에 서로에게 은혜를 베풀고 돕고 살아야 함을 강조하고 있다. 특히 룻기에 나타난 보편주의는 다른 예언서의 보편주의와 차이가 있다. 다른 예언서의 보편주의는 열방을 받아들이는 것에 머물지만, 룻기는 이스라엘 사람들이 이방 사람을 축복할 뿐만 아니라 반대로 이방인의 도움을 받고 사는 유토피아적인 세계관을 보여주고 있다.

넷째, 귀환 자에 대한 축복사상이 발견된다. 약속의 땅인 가나안을 버리고 이방 땅을 간 자에게 임한 재앙과 이들이 다시 귀환하였을 때, 하나님의 은혜와 축복이 다시 임하여 엘리멜렉의 가문이 끊어지지 않고 계속되는 귀환자 축복사상이 내재되어 있다. 특히 룻기 1:6-22에서는 '귀환'을 뜻하는 동사 슈브(שוב)가 12번(1:6, 8, 10, 11, 12, 15, 16, 21, 22)이나 사용되었을 뿐만 아니라 2-4장에서는 축복(ברכה)(2:4, 20, 3:10)과 은혜(חן)(2:2, 13)/(חסד)(2:20)가 핵심적인 단어로 사용되고 있다는 점이 이를 말해준다.

| 룻기 참고문헌 |

Anderson A.A., "The Marriage of Ruth," *JSS* 23 (1978): 171-183.

Barbara Green, O.P., "The Plot of the Biblical Story of Ruth," *JSOT* 23 (1982): 55-68.

Beattie D.R.G., *Jewish Exegesis of the Book of Ruth*. JSOTS 2. Sheffield: JSOT, 1977.

Bertman, S., "Symmetrical Design in the Book of Ruth," *JBL* 84 (1965): 165-168.

Campbell, E.F. Jr., *Ruth*. AB. New York: Doubleday & Company, INC, 1975.

Carmichael, C., " 'Treading' in the Book of Ruth," *ZAW* 92 (1980): 248-260.

Coxon P.W., "Was Naomi a Scold? A Response to Fewell and Gunn," *JSOT* 45 (1989): 25-37.

Hubbard R.L. Jr., *The Book of Ruth*, NICOT, Grand Rapids: Eerdmans, 1988.

Loretz O., "The Theme of the Ruth Story," *CBQ* 22 (1960): 391-399.

Murphy R., "Ruth," *Wisdom Literature*. FOTL 13. Grand Rapids: Eerdmans, 1981.

Phillips A., "Uncovering the Father' s Skirt," *VT* 30 (1980): 38-43.

Phillips A., "The Book of Ruth? Deception and Shame," *JJS* 37/1 (1986): 1-17.

Pressler C., *Joshua, Judges, and Ruth*. WBC. Louisville · London: Westminster John Knox Press, 2002.

Prinsloo W.S., "The Theology of the Book of Ruth," *VT* 30 (1980): 330-341.

Rauber D.F., "Literary Values in the Bible: The Book of Ruth," *JBL* 89 (1970): 27-37.

Sasson J.M., *Ruth. A New Translation with a Philological Commentary and f Formalist-Folklorist Interpretation*. Baltimore: Johns Hopkins, 1979.

Stern E., *Archaeology of the Land of the Bible Volume II: The Assyrian, Babylonian, and Persian Periods (732-332 B.C.E.)*, New York: Doubleday, 2001

Trible Phyllis, "A Human Comedy. The Book of Ruth," Pp. 166-199 in *God and the Rhetoric of Sexuality*. Philadelphia: Fortress Press, 1978.

Zakovitz Y., Ruth. Pp. 71-106 in *The Book of Scrolls: Song of Songs, Ruth, and Lamentation*, J. Klein, M. Paqes and Y. Zakovitz eds., Jerusalem: Rabibim (Hebrew).

아가

아가서는 성문서 가운데 속하며, 유대인들의 종교 절기에 읽히는 다섯 두루마리 가운데 첫 번째 책이다. 아가서는 히브리어로 '쉬르 하-쉬림' (שִׁיר הַשִּׁירִים)이라고 불리며, 이것을 라틴어로는 칸티쿰 칸티고룸(Canticum canticorum)으로 번역한 것을 영어로 옮겨 Canticle of Canticles라고 부른다. 이와 함께 히브리어 명칭인 '쉬르 하-쉬림' 을 영어로 문자적으로 번역하여 Song of songs로 부른다. 히브리어 명칭 '쉬르 하-쉬림' 이라는 표현은 최상급을 나타내는 히브리어 기교로서 그 의미는 "최고의 노래들" 혹은 "가장 아름다운 노래" 란 뜻이다.[133] 특히 아가서를 지칭하는 히브리어 명칭이 '쉬르' (שִׁיר)인 것은 이 노래가 서사시이며 종교적인 노래가 아님을 보여준다. 왜냐하면 히브리어에서 종교적 노래는 주로 '미즈모르' (מִזְמוֹר)라고 부르기 때문이다. 아가서는 하나님에 대한 언급이 없기 때문에 이 책이 정경으로 받아들여진 것에 대한 많은 의문이 제기된다. 아가서의 계절적 배경은 새로운 생명의 탄생과 채소가 자라는 봄철로 생각된다. 따라서 아가서는 유월절 마지막 날인 제 8일에 읽혀진다.[134]

133) T. Longman III, *Song of Songs*, NICO, (Grand Rapids: Eerdmans, 2001), p. 1; R.E. Murphy, *The Song of Songs*, Hermeneia, (Philadelphia: Fortress, 1996), pp. 3, 119-122

아가서는 8장 117절로 구성되어 있다. 아가서의 정경적인 위치는 우리말 성경에서는 전도서 다음에 아가서가 위치하지만, 그러나 히브리어 성경에서는 아가서가 전도서보다 앞에 놓여 있다.

아가서의 저자

아가서의 저자가 누군가 하는 질문은 매우 어려운 질문이다. 이것은 아가서가 통일성 있는 책인가 그렇지 않으면 다양한 노래를 모아 놓은 책인가 하는 책의 성격에 대한 규명과 밀접한 관련이 있다. 많은 주석가들은 아가서는 원래 서로 관계없는 사랑의 노래를 모아 놓은 것이라고 주장한다.[135] 반면에 엑슘(J.C. Exum)은 아가서의 문학적인 통일성을 주장한다.[136] 그러나 아가서가 문학적인 동일성 및 구조적인 통일성을 나타내기는 하지만 그렇다고 이것을 한 저자의 작품으로만 이해할 수는 없다. 후대의 편집자가 이러한 통일성을 유지시킬 수 있기 때문이다.[137]

어떤 학자들은 아가서는 한 저자가 전통적인 노래를 바탕으로 지은 것이라고 주장하는 반면, 다른 학자들은 이전부터 존재하던 노래들을 한 명의 편집자에 의하여 편집된 것이라고 주장한다.

아가서의 저자가 누구인가 하는 질문에 대한 대답은 다른 성경의 저자에 관한 질문처럼 쉽게 대답될 수 없다. 그러나 전통적인 입장에서는 솔로몬이 아가서의 저자라고 생각한다. 이처럼 아가서의 저자를 솔로몬으

134) R.S. Hess, *Song of Songs*, (Grand Rapids: Baker Academic, 2005), p. 18.

135) M. Pope, *The Song of Songs*, AB, (Garden City: Doubleday, 1977), p. 54; W.H. Shea, "The Chiastic Structure of the Song of Songs," *ZAW* 92 (1984), pp. 378-396.

136) J.C. Exum, "A Literary and Structural Analysis of the Song of Songs," *ZAW* 8 (1973), pp. 47-79; R.E. Murphy, *The Song of Songs*, pp. 65-66.

137) R.E. Murphy, *The Song of Songs*, p. 3.

로 생각하는 것은 아가서 1:1의 솔로몬의 아가라('쉬르 하쉬림 아쉐르 리숄로모', שיר השירים אשר לשלמה)라는 구절 때문이다(1:5, 3:7, 9, 11, 8:11, 12). 그러나 아가서의 저자가 솔로몬이라는 주장은 열왕기상 4:32에서 솔로몬이 노래 천다섯 편과 잠언 삼천을 지었다는 기록과 무관하지 않다. 그러나 이러한 솔로몬 저작을 주장하는 데는 몇 가지 문제가 있다. 솔로몬이 한 번도 화자(話者)로 등장하지 않고 오히려 아가서의 화자는 남자, 여자 혹은 예루살렘의 딸이라는 익명성을 띠고 있다. 뿐만 아니라 예루살렘의 딸들은 3인칭으로 묘사되어 있다.

뿐만 아니라 아가 3:6-11과 8:5-14은 전체 아가서와 완전히 분리될 수 있다. 따라서 아가서가 한 사람에 의한 작품으로 보기에는 어려움이 있다.

따라서 아가서는 여러 세기 동안 흩어져 있던 여러 시들을 모아서 마지막 편집자가 전체적인 통일성을 유지시켜 오늘날 아가서의 형태를 갖추게 되었다. 따라서 현재 아가서의 전체적인 문학적 스타일이나 파토스는 단순한 모음집이 아니라 하나의 통일성을 갖춘 작품을 이루고 있다.[138] 이렇게 이해할 때 아가서 1:1의 히브리어 레숄로모(לשלמה)는 솔로몬의 저작을 나타내는 '솔로몬의'(by Solomon)의 의미가 아니라 '솔로몬을 위한'(for Solomon) 혹은 '솔로몬에게 헌정되는'(dedicate to Solomon)의 의미를 갖게 된다.

전도서 1:1의 아세르 레숄로모(אשר לשלמה)를 '솔로몬에 관한 노래'라고 이해할 경우 아가서의 저자는 솔로몬이 아니라 솔로몬에 관하여 노래한 유다 왕 가운데 한 사람일 수 있다.

또 다른 가능성은 전도서의 자자에 관한 연구에서 전도서의 익명의 저자가 자신을 마치 솔로몬 왕으로 이해해 주기를 바랐던 것처럼, 아가서의 익명의 저자도 자신을 솔로몬처럼 지혜와 부와 능력이 뛰어난 자로

138) R.E. Murphy, *The Song of Songs*, p. 3.

이해해주기를 바라는 마음에서 솔로몬을 아가서의 저자처럼 기록하고 있다고 볼 수도 있다. 이 경우 솔로몬은 아가서의 익명의 저자가 만들어 낸 저자인 것이다.[139]

아가서가 룻기, 에스더서와 같이 여성의 역할이 강조되기 때문에 아가서의 저자가 여성이라는 주장이 제기되기도 한다. 브레너(A. Brenner)는 아가서 가운데 53%가 여성의 말이며, 단지 34%만 남성의 말로 구성되어 있음을 밝혔다.[140]

아가서의 연대

아가서의 저자를 위에서 밝혔듯이 여러 세기 동안 흩어져 있던 시들을 후대에 편집한 것이라고 말할 때, 아가서의 저작 시기는 언제인가? 이러한 아가서의 저작 시기는 아가서의 저자가 누구인가 하는 질문의 대답과 밀접한 관련을 맺고 있을 뿐만 아니라 다음 세 가지 사항을 고려해야 한다. 즉 아가서와 솔로몬 혹은 솔로몬 시대와의 관련성, 아가서에 등장하는 지명에 대한 고려 그리고 아가서의 언어적 특징 등이다.

아가서 1:1의 기록뿐만 아니라 아가서에서 인간의 아름다움을 추구하고 노래하는 것은 솔로몬 시대 때 이집트의 영향을 받은 솔로몬 시대만의 독특한 문화적 특징이라고 주장하는 학자가 있다.[141] 또한 아가서에

139) M.V. Fox, *Ecclesiastes*, The JPS Bible Commentary, (Philadelphia: Jewish Publish Society, 2004), p. x; 김영진, 『삶의 의미를 찾아서: 전도서 주석』, (서울: 이레서원, 2008), p. 17.

140) A. Brenner, *The Israelite Woman: Social Role and Literary Type in Biblical Narrative*, Sheffield, 1985, pp. 46-56; idem, "Women Poets and Authors," *A Feminine Companion to the Song of Songs*, ed. A. Brenner, (Sheffield: JSOT Press, 1993), p. 88.

141) G. Gerleman, *Ruth, Das Hohelied*, (Neukirchen-Vluyn: Neukirchener, 1965), pp. 76-77. 그러나 이러한 게르레만의 주장을 뒷받침 할만한 성서적 근거를 찾을 수 없다.

등장하는 지명인 레바논, 헤르몬 그리고 아마나(Amana) 등은 이스라엘의 영토가 가장 크게 확장되었을 때인 솔로몬 시대를 추정하게 한다고 주장한다.[142] 따라서 이들은 미드라쉬 라바의 견해를 따라 아가서는 솔로몬이 젊었을 때 즉 성적인 에너지가 최절정일 때 기록한 작품이라고 주장한다.[143] 만약 아가서의 저자가 솔로몬이라면 아가서의 저작 연대는 주전 10세기경이 된다.

또 어떤 학자들은 아가 6:4에 기록된 디르사(Tirzah)를 근거로 아가는 디르사가 번성했을 때 기록되었다고 주장한다. 이러한 주장을 받아들인다면 아가서는 북 이스라엘의 사마리아가 건축되기 전인 주전 9세기 중엽 이전에 기록되었다는 뜻이다.[144]

아가서의 언어적인 연구를 통하여 아가서의 저작 시기를 추정하는 것 역시 쉬운 일이 아니다. 아가서와 우가릿 문헌 사이의 단어, 문법 그리고 문학적 특성이 유사함을 주장하는 학자들은 아가서의 연대를 매우 이른 시기로 추정하며, 아무리 늦어도 포로기 이전 시대로 추정한다.[145]

그러나 아가서의 언어적 특징이 아람화와 외래어를 많이 빌어 사용한다는 점에 의하여 아가서의 저작 혹은 마지막 편집 시기를 포로기 이후 시대, 좀 더 구체적으로 주전 4-3세기경에 편집되었을 것으로 추정한다. 후기 히브리어의 특징인 아람화 현상이 발견될 뿐만 아니라[146] 관계대명

142) S.D. Goitein, "The Song of Songs: A Female Composition," pp. 58-66, esp. 63. 미드라쉬 라바(Midrash Rabbah)에서는 솔로몬이 아가서, 잠언 그리고 전도서 등 세 권을 지었다고 기록하고 있다. 특히 이 세 권은 솔로몬이 성장함에 따라 각기 그 연령에 적당한 책을 지은 것이라고 설명한다. 즉 젊었을 때에는 노래를 지었고(아가서), 늙어감에 따라서 금언이나 격언을 지었고(잠언), 나중에 늙어서는 모든 것의 허무함에 관하여 지었다(전도서)고 말한다.

143) T. Longman III, *Song of Songs*, p. 3.

144) R. Gordis, *The Song of Songs and Lamentations: A Study, Modern Translation and Commentary*, (New York: Ktav, 1974), p. 23.

145) W.F. Albright, "Archaic Survivals in the Text of Canticles," *Hebrew and Semitic Studies Presented to Godfrey Rolles Driver*, eds. D.W. Thomas and W.D. McHardy, (Oxford: Clarendon, 1963), pp. 1-7.

146) 로베르트(A. Robert)는 아가서에 나타나는 아람어화된 표현 17개를 제시한다. A. Robert, *Le Candique des Cantiques*, (Paris: J. Gabalda, 1963), p. 21.

사 '쉐'(שֶׁ)의 사용은 아가서가 후기 히브리어로 기록되었음을 보여준다. 페르시아어나 그리스어에서 차용한 외래어들도 많이 발견할 수 있다. 4:13의 동산을 뜻하는 히브리어 파르데스(פרדס)는 페르시아어에서 차용되었으며, 3:9의 가마를 뜻하는 히브리어 아피리온(אפריון)은 그리스어 포레이온(Πωρειον)에서 유래된 것으로 보인다. 그 외에도 4:13의 고벨화를 뜻하는 코페르(כפר אננה)는 후기 히브리어의 특징을 잘 보여준다. 따라서 디 파울라 페르도(De Paula Perdo)와 나카노스(Nakanos)는 아가서의 사회·문화적 배경을 에스라-느헤미야 시대라고 주장한다.

아가서의 일부 노래는 오랜 전통을 가지고 있음에 틀림없지만 그러나 전체적인 아가서의 언어와 형태는 주전 4-3세기경에 편집되었음을 말해준다.

아가서의 문학적 특징

아가서의 구성

아가서에 대한 문학적 연구에 있어서 가장 중요한 연구는 아가서가 한 사람의 저자에 의한 통일성 있는 작품인가, 아니면 여러 시를 모아 놓은 것인가 하는 것이다. 이에 대하여 대부분의 주석가들은 아가서는 여러 노래를 모아 놓은 것이라는데 이견이 없다.[147] 편집자는 정교한 편집 작업을 통하여 아가서가 여러 개별적인 시들이 결합되어 모아진 것임을 구별할 수 없게 만들었다. 따라서 히브리어 성경에는 아가서가 전체 19개의 시로 구성되어 있음을 보여준다. 그러나 학자들은 아가서를 더 세분

147) O. Keel, *The Song of Songs*, p. 18.

화하여 그 가운데서도 그리네츠키(G. Krinetzki)는 52개의 시로 세분화하고, 킬(O. Keel)은 42개의 시로 세분화하고 있다.[148)]

호르스트(F. Horst)는 아가서를 양식비평적으로 연구하여 아가서를 구성하고 있는 시들의 유형을 다음과 같이 제시하였다.[149)] 찬양시(1:15-17, 7:7-10), 우화시(1:13-14), 묘사적 시(4:1-7)(아랍어로 된 Wazf시), 욕망시(2:14), 경험을 묘사하는 시(3:1-4), 자기소개의 시(1:5-6, 8:8-10), 자찬의 시(6:8-9, 8:11-12), 야유의 시(1:7-8) 등이다. 여기에 크리네츠키는 청원시(2:7, 3:5, 8:4), 기쁨을 부르는 시(3:10e-11, 5:1) 그리고 편집자가 지은 시인 대화시(4:16-5:1) 등을 첨가하였다.[150)]

아가서의 문학적 기교

전체적인 시의 분위기는 연인과의 만남을 갈망하는 시이다. 아가서에는 시의 간결함을 유지하기 위하여 많은 생략법이 사용되었다. 아가서는 두 여인의 대화에 제 3자가 가끔 개입하는 방식으로 기록된 시이다. 아가서는 간결함, 평행법, 연상법 그리고 이차적인 시적 장치와 같은 히브리어 시의 다양한 기법이 사용되었다.

아가서의 간결함은 각 시의 구(colon)가 중요한 세 단어로 구성되었다는 것에서 잘 알 수 있다. 뿐만 아니라 평행을 이루는 두 번째 구는 첫 번째 구보다 항상 짧다. 왜냐하면 두 번째 구에서는 첫 번째 구에서 언급된 내용이 생략되기 때문이다. 아가서 8:6a를 예로 들면 첫 번째 구는 세 단어

148) O. Keel, *The Song of Songs*, p. 18.

149) 그러나 포페(pope)는 이러한 분류에 대하여 의문을 제시한다. F. Horst, "Die Formen des althebräischen Liebesliedes," *Gottes Recht: Studien zum Recht im Alten Testament*, (Munich: C. Kaiser, 1961), pp. 176-187; M. Pope, *The Song of Songs*, pp. 66-69.

150) G. Krinetzki, *Kommentar zum Hohenlied: Bildsprache und theologische Botschaft*, (Frankfurt am Main and Berlin: Peter D. Lang, 1981) 재인용 O. Keel, *Song of Songs*, p. 19.

로 구성되어 있지만, 두 번째 구는 두 단어로 구성되어 있으면서 첫 번째 구에 사용되던 동사(שִׂים)가 생략되었다.

너는 나를 인장 같이 마음에 품고 도장 같이 팔에 두라(8:6a)

שִׂימֵנִי כַחוֹתָם עַל־לִבֶּךָ כַּחוֹתָם עַל־זְרוֹעֶךָ

또한 히브리어 시에서는 간결함을 유지하기 위해서 관계대명사를 생략하는 경우가 많다.

아가서는 히브리어 시의 반복적 성격을 갖고 있는 평행법을 많이 사용하고 있다. 대표적인 예는 아가서 5:2c에서 찾아 볼 수 있다. 아가서 5:2c는 두 구로 구성된 구절로서 동의적 평행법으로 구성되어 있다.

내 머리에는 이슬이, 내 머리털에는 밤 이슬이 가득하였다

שֶׁרֹּאשִׁי נִמְלָא־טָל קְוֻצּוֹתַי רְסִיסֵי לָיְלָה

아가서의 세 번째 특징은 연상과 많은 수식적 언어가 사용되었다.

시인은 아가서의 언어를 자연, 농촌 그리고 도시에서 찾아내어 사용하고 있다. 언어유희, 동음이의(同音異義)의 어구를 쓴 말장난, 반복(2:7, 3:5, 8:4), 비유법(1:3 쏟는 향기름 = 네 이름 / 1:15 네 눈 = 비둘기 / 2:1 나 = 샤론의 수선화, 골짜기의 백합화 / 5:13 입술 = 백합화), 직유법, 은유법(5:11 까마귀 = 검정 / 5:14 다리 = 화반석 기둥 / 1:5 게달의 장막 = 솔로몬의 휘장 / 4:1 머리털 = 염소 떼), 두 연인 사이의 관계에 초점이 맞추어진 부드러운 말 등을 사용하고 있다. 아가서의 가장 특징적인 문학적 특징은 서로 다른 분위기와 영역 가운데서 나타나는 긴장이 나타난다. 아가서의 시는 찬양에서 탄원으로, 희롱조에서 폭력으로, 3인칭에서 2인칭으로 반복적으로 옮겨가면서 역동적으로 만든다. 뿐만 아니라 아가서는 사랑하는 연인의 신체를 자세히 묘사하는 아랍의 '와찌프' (waṣf)시의 형태를 띠고 있다.

아가서의 장르

아가서에 대해서는 19세기부터 아가서의 대화체 때문에 드라마 대본으로 이해하는 학자들이 많이 있다. 이들은 아가서는 솔로몬과 술람미 여인이 주인공인 드라마라고 이해하기도 하며, 다른 학자들은 여인과 그 여인의 순진한 연인 그리고 솔로몬 등 세 사람이 주인공이라고 해석하기도 한다. 그러나 이처럼 아가서를 드라마로 이해하는 경우에는 이러한 문학 장르가 고대 근동 셈어의 문학작품 속에서 발견되지 않는다는 것이다.

이와 반대로 아가서의 성격에 대하여 결혼식에서 사용되던 여러 시들을 모아서 구성했다는 설명이 가장 설득력 있다.

아가서는 다른 어떤 성서문학과 달리 구성이 결여되어 있다. 따라서 아가서를 드라마(극)로 보기는 어렵다. 뿐만 아니라 등장인물이 모두 익명으로 구성되어 있다. 따라서 에발트(H. Ewald)는 아가서를 소프 오페라(Soap Opera)로 이해한다.[151] 그러나 이처럼 아가서를 드라마 혹은 극으로 부류하는 데 있어서 생기는 문제점은 고대 근동이나 고대 이스라엘에서 드라마라는 장르가 발견되지 않는다는 점이다. 드라마 장르는 그리스 문학에서 발견된다.[152]

아가서를 결혼 노래로 분류하는 것은 아가서를 가극 대본(libretto)으로 이해하는 것이다. 이러한 주장은 부데(K. Budde)와 뷔르트바인(E. Würthwein)에 의하여 지지된다. 부데는 아가서를 팔레스틴-이스라엘 결혼책이라고 부르고, 뷔르트바인도 아가서를 이스라엘 결혼책으로 이해한다. 그러나 이러한 주장의 문제점은 아가서가 이 목적을 위하여 기록되

151) H. Ewald, *Das Hehe Lied Salomos übersetzt und mit Einleitung, Anmerkungen und einem Anhang* (Göttingen, 1826) 재인용 R.E. Murphy, The Song of Songs, p. 58. 소프 오페라란 낮 시간에 주부들을 상대로 방송되는 연속 멜로드라마를 의미한다.

152) R.E. Murphy, *The Song of Songs*, p. 58.

었다는 증거가 없다는 점이다.[153] 단지 아가서에는 신분에 대한 언급이 3:11, 4:8-12 그리고 5:1에만 등장한다. 따라서 아가서는 단순한 사랑의 노래(love poem)로 이해하는 것이 좋다.

아가서의 언어

아가서는 시편 45편과 유사하지만 시의 구성적인 측면에서는 각기 다르다. 유사한 사랑의 노래이지만, 시편 45편은 아가서처럼 연인의 대화가 없으며, 연인 사이의 기쁨과 갈망 같은 것이 나타나지 않는다.

아가서는 구약성서의 어떤 책보다 자연에 대한 언급이 많다. 나무들, 열매들, 꽃, 향품에 대한 언급(1:17, 2:1-3, 13, 15, 4:13-14, 5:13, 6:2-3, 11, 7:8, 7:12-13), 새와 짐승에 대한 언급(1:9, 15, 2:9, 12, 17, 4:1-2, 5, 8, 5:11-12), 돌, 바람, 물에 대한 언급(4:15-16, 5:2, 14-15, 8:7), 시간, 계절, 장소에 대한 언급(1:7, 2:11, 4:6, 5:2, 6:4, 10, 7:4). 또한 눈으로 보는 아름다움(1:10-11, 6:4, 10), 맛의 즐거움(2:3, 4:16, 5:1, 7:9, 8:2), 냄새의 즐거움(1:3, 4:10-11, 7:13), 듣는 즐거움(2:14, 8:13) 그리고 만지는 즐거움(5:5, 7:8) 등을 표현하고 있다.

아가서의 내용

시로 구성된 아가서를 정확히 구분하는 것은 쉽지 않다. 시는 논리성이 결여되어 있을 뿐만 아니라 요약하기도 매우 어렵다. 단지 아가서는 다양한 사랑의 분위기를 전하고 있을 뿐이다. 사랑이나 신의를 단언하고, 구애를 회상하고, 다른 사람의 아름다움을 묘사하고 있다. 상호 사랑의

153) R.E. Murphy, *The Song of Songs*, pp. 58-59.

분위기가 유지되지만 그러나 8:6-7에서 절정을 이룬다.

아가 8장 6-7절

너는 나를 도장 같이 마음에 품고 도장 같이 팔에 두라 사랑은 죽음 같이 강하고 질투는 스올 같이 잔인하며 불길 같이 일어나니 그 기세가 여호와의 불과 같으니라. 많은 물도 이 사랑을 끄지 못하겠고 홍수라도 삼키지 못하나니 사람이 그의 온 가산을 다 주고 사랑과 바꾸려 할지라도 오히려 멸시를 받으리라

사랑에 대한 이미지는 산양과 암사슴, 석류와 맨드레이크, 우슬초와 향, 포도원과 포도 등과 같이 매우 다양하다.

또한 아가서는 게달(Gedar), 레바논(Lebanon), 엔게디(Engedi), 북쪽 이스라엘 지역(2:1, 3:9, 4:8, 6:4, 7:5-6), 요단 동편 지역(4:1) 그리고 유다 지역(1:14, 3:5) 등 지리에 관하여 매우 풍부하게 언급되어 있다.

아가서의 구조에 대하여 학자들의 다양한 견해가 제시되었다. 케슬러(Kessler)의 4중 구조로부터 고디스(Gordis)의 28중 구조에 이르기까지 다양한 견해가 제시되었다.[154] 도르시(D.A. Dorsey)는 아가서를 다음과 같이 7중 구조로 구분한다.

두 연인의 상호 사랑과 열망의 고백으로 시작(1:2-2:7)

청년이 젊은 여인을 초청함(2:8-17)

젊은 여인이 밤에 청년을 찾음(3:1-5)

두 연인의 결혼식 날(3:6-5:1)

젊은 여인이 밤에 청년을 찾음(5:2-7:11)

젊은 여인이 청년을 초청함(7:12-8:4)

154) 이에 관하여 D.A. Dorsey, *The Literary Structure of the Old Testament: A Commentary on Genesis-Malachi*, p. 199, note 1을 참조하시오.

두 연인의 상호 사랑과 열망에 대한 고백으로 마침(8:5-14)

이러한 구조를 통하여 사랑의 상호성을 강조하고 있다.[155)]

아가서의 해석

인간의 사랑 이야기가 어떻게 경전에 속하게 되었는가 하는 논쟁과 함께 아가서를 어떻게 이해하고 해석할 것인가 하는 것도 매우 어려운 질문이다. 아가서의 구조가 복잡하고 어려웠듯이 아가서를 어떻게 해석할 것인가 하는 것도 매우 어려운 일이다. 아가서에 대한 해석의 전통은 크게 우화적(寓話的) 해석(allegorical), 제의적-신화적 해석, 드라마적 해석 그리고 축자적인 해석 등 네 가지이다.

기독교와 유대교 전통에서는 아가서를 종교적으로 해석하였다. 즉 아가서를 하나님과 이스라엘 사이의 사랑으로 이해하였다. 이러한 이해는 이미 호세아(1-3장)와 여러 예언서에서 발견된다(사 1:21-22, 62:5, 렘 3:1-10, 겔 16:23). 유대인들의 랍비의 전통에 의하면 아가서는 시내반도의 홍해나 혹은 장막에서 하나님께서 이스라엘에게 말씀하시는 것으로 이해하였다. 따라서 아가서의 남자는 하나님을 나타내며, 여자는 하나님에 대한 이스라엘의 찬양으로 이해하였다.

아가서를 해석하는 몇 가지 경향이 있다. 종교사학파들은 아가서를 종교적인 노래로 이해한다. 따라서 이들은 아가서를 고대 근동의 문화적 배경에서 이해하고자 한다. 이러한 입장을 제의적-신화적 해석이라고 한다. 이들은 아가서에서 타무즈(Tammuz)와 이쉬타르(Ishtar) 신화의 제의적

155) D.A. Dorsey, *The Literary Structure of the Old Testament*, pp. 200, 213.

노래를 발견한다. 즉 죽은 타무즈를 찾아 나선 이쉬타르의 이야기에서 이쉬타르는 궁극적으로 저승에서 자신의 연인인 타무즈를 찾아 결혼한다는 내용이다. 이들의 성혼(hieros gamos, 聖婚)으로 새해에 자연의 풍요와 다산을 촉진한다고 생각하였다. 따라서 이러한 성적(性的)인 결합은 더 이상 성 자체가 문제가 아니라, 종교적인 목적을 위한 것이다. 고대 근동에서 이런 성혼 이야기는 수메르어로 기록된 두무지(Dumuzi)-이난나(Inanna) 사랑이야기와 고대 가나안의 바알과 아낫 이야기가 있다. 이러한 입장은 미크(T. Meek), 할러(M. Haller), 링그렌(H. Ringgren) 등에 의하여 지지된다. 이들에 의하면 아가서는 아마도 므낫세 통치 때에 성전에서 불렀으며, 후대에 유월절 의식에 포함되었다고 생각한다. 그러나 이스라엘 사람들이 이런 이방 기원의 노래를 자신들의 경전에 포함하였다는 가정은 쉽게 받아들일 수 없는 것이다. 따라서 머피(R.E. Murphy)는 아가서와 이방 신화의 노래 사이의 유사점은 이스라엘 자신의 결혼에 관한 묘사와 사랑의 노래에 관한 공통의 믿음의 영향으로 생겨난 것이라고 주장한다.[156]

일군의 학자들은 아가서를 우화나 비유로 이해하고자 한다(allegorical interpretation). 우화적 해석은 아가서 해석의 가장 오래된 방법이다. 이러한 우화적 해석은 아가서가 가지고 있는 관능적인 연가가 주는 당혹감을 해소하기에 적합하였다. 우화적 이해는 아가서에 등장하는 두 남녀의 관계를 역사적으로 이해한다. 역사적 이해는 바벨론 포로에서 돌아온 백성들과 하나님과의 만남 혹은 그리스도와 교회의 만남, 심지어는 하나님과 다른 민족과의 만남으로 이해한다. 버지(D. Buzy)는 인간의 결혼을 가장하여 계약을 다루고 있다고 주장한다. 반면에 다른 학자들은 아가서를 비유로 이해하여 아가서는 하나님께서 이스라엘을 다루시는 다양한 시각을 보여주는 것으로 이해한다.

156) R.E. Murphy, "Recent Literature on the Canticle," *CBQ* 16 (1954), pp. 1-11.

많은 은유적 표현이 나타나는 아가서를 해석하는데 있어서 모든 것 하나하나의 은유적 의미를 찾으려고 해서는 안 된다. 오히려 아가서 언어의 연상법을 유지하면서 너무 특별한 해석이 아니라 전체적인 윤곽을 유지하려고 노력해야 한다.[157] 아가서는 자유로운 사랑을 선언하는 것이 아니라, 결혼관계 속에서의 사랑을 언급하고 있다. 아가서는 독자들에게 호색적인 탐색의 기쁨을 주는 것이 아닐 뿐만 아니라 성의 지침서도 아니다. 그 대신 관능적 사랑의 책임을 갖게 한다.

극적인 해석은 장면과 상황의 변화 그리고 제삼자들을 포함한 연인들이 서로 주고받는 대창을 근거로 아가서를 일종의 연애극의 대본으로 이해하는 것이다. 따라서 이러한 해석은 아가서의 성적인 현실을 그대로 받아들이고, 따라서 이들은 아가서를 성 그 자체보다는 사랑에의 충실과 성실에 관심을 갖고 있는 솔직 단백한 사랑의 묘사로 이해한다.

축자적 해석은 아가서를 이해하는데 있어서 오늘날 아랍인들의 연애 또는 결혼의 노래에서 출발하여 아가서에 쓰여진 그대로 현실적인 사랑 노래들의 모음으로 이해한다.

아가서의 신학

아가서는 인간의 가장 아름다운 사랑을 나타내는 성적인 노래이면서 동시에 거룩한 것이다. 왜냐하면 아가서는 사랑의 진실된 역할은 하나님께서 창조하신 두 피조물의 결합하는 역할을 하기 때문이다.

아가서는 당시 고대 근동의 신성화된 성과 사랑과는 달리 완전히 탈신화화-탈신성화된 사랑, 지극히 인간적인 사랑을 노래함으로써 성에 대해

157) R.S. Hess, *Song of Songs*, p. 34.

서 고대 근동과 다른 생각을 가지고 있는 것을 보여주고 있다. 이러한 생각은 구약성서는 하나님 이외의 그 어떤 것도 신성시될 수 없기 때문에 고대 근동의 유명한 사랑 이야기의 주제를 구약성서가 채용할 때 이야기의 주인공인 두 남녀 신들을 비신성화하여 남녀로 묘사하였으며, 고대 근동의 두 남녀 신의 성혼(hieros gamos 聖婚)을 비신화화 하여 두 남녀의 결혼으로 묘사한 것이다. 따라서 아가서는 지극히 인간적인 성과 사랑을 노래하고 있다.

이러한 아가서가 구약성서의 경전으로 채택된 것은 두 가지 목적이 있었다. 첫째, 하나님이 주시는 풍요는 고대 근동의 신화에서와 같이 신들의 결혼에 의한 것이 아니라, 하나님이 창조하신 두 남녀의 책임이 있는 사랑과 성적 결합에 의하여 생산됨을 노래하기 위함이다.

둘째, 아가서는 책임 있는 남녀 간의 사랑의 위대한 힘을 노래하면서, 사랑의 힘이 영원불멸한 것처럼 이스라엘을 향한 하나님의 사랑 혹은 인간에 대한 사랑의 위대하심을 노래하기 위함이다.[158]

158) 김영진, 『구약성서읽기』, p. 241.

❙아가서 참고문헌❙

Ayo N., Sacred Marriage: *The Wisdom of the Song of Songs.* New York: Continuum, 1997.

Block A., and Bloch C., *The Song of Songs: A New Translation.* New York: Random House, 1995.

Brenner A. ed., *A Feminist Companion to the Song of Songs.* Sheffield: JSOT Press, 1993.

Carr G.L., *The Song of Solomon.* TOTC. Downers Grove: InterVarsity, 1984.

Delitsch F., *Proverbs, Ecclesiastes, Song of Solomon.* Grand Rapids: Eerdmans, 1975.

Fox M.V., *The Song of Songs and the Ancient Egyptian Love Songs.* Madison: University of Wisconsin Press, 1985.

Garrett D., *Proverbs, Ecclesiastes, Song of Songs.* Nashville: Broadman and Holman, 1993.

Gledhill T., *The Message of the Song of Songs.* Downers Grove: InterVarsity, 1994.

Gordis R., *The Song of Songs and Lamentations: A Study, Modern Translation, and Commentary.* New York: KTAV, 1974.

Keel O., *The Song of Songs.* Minneapolis: Fortress, 1994.

Kellner M., *Commentary on Song of Songs: Levi ben Gershom (Gersonides).* New Haven: Yale University Press, 1998.

Longman III T., *The Song of Songs.* Grand Rapids: Eerdman, 2001.

Mariaselvam A., *The Song of Songs and Ancient Tamil Love Poetry.* Rome: Editrice Pontifico Istituto Biblico, 1988.

Murphy R.E., *Wisdom Literature: Job, Proverbs, Ruth, Canticles, Ecclesiastes, and Esther.* Grand Rapids: Eerdmans, 1981.

__________, *The Song of Songs*. Minneapolis: Fortress, 1990.

Pope M.H., *The Song of Songs.* New York: Doubleday, 1977.

Shea W.H., The Chiastic Structure of the Song of Songs. *ZAW* 92 (1984): 378-396.

Snaith J.G., *The Song of Songs.* Grand Rapids: Eerdmans, 1993.

Waterman L., *The Song of Songs.* Ann Arbor: University of Michigan Press, 1948.

Weems R.J., "The Song of Songs," *The New Interpreter's Bible* Vol. 5. Nashville: Abingdon Press, 1997, pp. 361-434.

에스더

에스더서는 유대인의 전통에 의하면 성문서에 속하지만 기독교의 전통에서는 역사서로 분류된다. 따라서 에스더서는 느헤미야서 다음에 위치한다. 그러나 히브리어 성경에서 에스더서는 다섯 두루마리의 맨 마지막 책이다. 따라서 예레미야애가 다음에 위치한다.[159] 에스더는 전체 10장 177절로 구성되어 있다.

에스더서란 이름은 책의 주인공의 이름을 따른 것이다. 에스더는 아비하일(Abihail)의 딸로서 에스더 2:7에 의하면 하닷사(Hadassah)라고 부르기도 한다. 에스더라는 이름은 아마도 왕비가 되면서 부른 이름으로 보인다. 에스더는 어려서 부모를 잃은 고아였지만, 그의 삼촌인 모르드개가 그를 키웠다.

159) C.A. Moore, *Esther*, AB, (New York: Doubleday, 1971), p. XXX.

에스더서의 내용

에스더서의 내용은 한 여인, 에스더의 도움으로 유대 백성들이 위기로부터 구원된다는 내용이다. 따라서 에스더서는 유딧서와 매우 유사하다. 에스더서의 배경은 세렉세스 1세(Xerxes; 주전 486-464년, 히브리어로 아수루스 Assuerus, 헬라어로 아르닥세스 Artaxerxes) 왕의 왕궁이 있는 수산(Susa)이다. 왕은 왕비 와스디(Vashti)와 이혼하고 에스더와 결혼하였다. 왕의 대신이었던 하만(Haman)이 아다르(Adar) 달 13일에 제국에 있는 모든 유대인들을 살해하려고 결정하였다. 그러나 에스더와 그의 삼촌이며 수양아버지인 모르드개(Mordechai)가 하만의 계획을 저지할 수 있었다. 하만은 자신이 모르드개를 매달기 위하여 준비했던 교수대에 달려 죽었고, 모르드개는 왕에 반대하는 반란을 발견한 공으로 대신이 되었으며, 유대인들은 전멸될 위기에서 구원받았다.

유대인들은 아달 월 14, 15일에 하만의 아들을 포함한 모든 대적자들을 죽였으며, 에스더와 모르드개는 아달 월 14, 15일을 부림절로 정하였고, 이때 에스더서를 읽었다.

에스더서 본문

에스더서의 헬라어 본문은 히브리어 본문에 비하여 그 길이가 매우 길다. 왜냐하면 많은 부분들이 첨가되었기 때문이다.[160] 제롬은 그의 라틴어 성경에 히브리어 번역과 그 뒤에 헬라어 첨가 부분을 함께 번역하였

160) C.A. Moore, *Esther*, p. LXI.

다. 따라서 라틴어 불가타 역에서는 헬라어 번역본이 에스더서 10:4-16:24로 첨부되었다.

칠십인역은 다음과 같은 내용이 배열되어 있다.

모르드개의 꿈과 반란을 발견하는 내용(A. 1-17)이 히브리어 에스더서 앞에 놓여 있다. 하만의 명령(B.1-7)이 3:13과 14절 사이에 놓여 있다. 모르드개와 에스더의 기도(C.1-30)와 에스더가 왕에 의하여 채택되는 이야기(D.1-16)가 4:16 이하에 연결되어 있다. 유대인을 보호하라는 왕의 명령(E. 1-24)이 8:12과 13절 사이에 놓여 있다. 그리고 결어(F.1-11)가 맨 마지막에 놓여 있다.

이처럼 다른 교정본이 등장한다는 것은 유대인 전통이 형성되어 발전하는 단계를 보여주는 것이다. 헬라어 첨가 부분은 히브리어 본문의 비종교적인 성격을 종교적으로 바꾸는 역할을 하였다. 이러한 첨가를 통하여 에스더서의 세속적이며 야만적인 민족주의가 종교적인 유딧서와 조화를 이루게 하였다.

제롬과 다른 교부들은 헬라어 에스더서의 권위에 대하여 의문을 제기하였다.[161] 그러나 헬라어 첨가 부분이 점차적으로 인정받기 시작하였고, 트렌트(Trent)종교회의는 불가타역에 포함된 모든 에스더서의 정경성을 인정하였다.

기원과 목적

에스더에 관한 전승은 주전 300-150년 사이에 디아스포라 유대인들 사이에서 생겨났으며, 오늘날 형태는 주전 150-100년 사이에 형성된 것으로

161) C.A. Moore, *Esther*, pp. LXIII-LXIV.

보인다. 헬라어 첨가 부분은 주전 100년경에 첨가된 것으로 보인다. 일반적으로 에스더서는 모르드개가 쓴 원래 본문을 Great Assembly에서 편집한 것으로 이해한다.

과거의 학자들은 에스더 이야기는 페르시아 제국에서 유대인 대학살의 위협을 배경으로 형성된 것으로 이해하여 에스더 사건을 이스라엘의 역사적 사건으로 이해하였으며, 이 사건은 부림절에 지켜졌다고 생각하였다. 그러나 오늘날 학자들은 에스더 이야기의 역사성을 최소화한다. 왜냐하면 많은 요소에 있어서 사실성이 결여되기 때문이다.

어떤 이들은 에스더 이야기는 원래 유대인들의 이야기가 아니었는데, 유대인들이 채택한 것으로 이해한다. 에스더 이야기는 원래 바벨론의 신화에서 유래한 것으로 바벨론의 신이 엘람의 신을 정복한 것을 기념하는 것에서 생겨났다고 주장한다. 이들에 의하면 바벨론의 두 신인 마르둑(Marduk)과 이쉬타르(Ishtar)가 모르드개와 에스더이고, 하만(Haman 혹은 Aman)과 와스디(Vashti)는 엘람의 신인 훔만(Humman)과 마쉬티(Mashti)라고 생각한다.

또 일부 학자들은 에스더 이야기는 헤로도투스 제 3권의 이야기에서 유래되었다고 주장한다. 어떤 페르시아의 점성가였던 가우마타(Gaumata)가 캄비세스(Cambysis)가 죽자 고레스의 죽은 아들을 은밀하게 세움으로 페르시아의 왕권을 찬탈하려고 하였다. 이러한 음모는 왕의 첩인 파이디메(Phaidime)와 그녀의 아버지인 오타네스(Otanes)에 의하여 드러났다. 따라서 가우마타는 처형당하였고, 모든 '마기'(Magi)라고 불리는 점성가들이 학살당하였다. 페르시아 사람들은 이 사건을 '마기의 대학살'로 기념하였다.

이처럼 에스더 이야기의 이방 기원을 주장하는 학자들은 디아스포라 유대인들에게 있어서 이방 제의에 대하여 매우 익숙해 있었기 때문에 이것을 채택하였다고 주장한다.

후에 에스더서는 오경에 등장하지 않는 이 축제의 정당성을 부여하기 위하여 기록되었으며, 이 책은 유대 민족주의의 불꽃을 부채질하였다.

에스더의 신학

에스더의 신학은 하나님의 이스라엘 민족을 향한 절대적인 사랑을 기록하고 있다. 이를 통하여 민족적 정체성을 지키면서 이방인의 박해를 이겨 나갈 것을 강조한다.

더 나아가 아무리 연약한 여인이라 할지라도 하나님에 대한 신앙이 있으면 민족을 구할 수 있다는 메시지를 전달한다. 이러한 에스더서는 포로기 이후 흩어져 살면서 박해를 받던 유대인들에게 불굴의 신앙을 심어주는 책이었다.[162)]

162) 김영진, 『구약성서읽기』 p. 243.

| 에스더서 참고문헌 |

Armerding, C., *Esther.* Chicago: Moody Press, 1955.

Baldwin, J.G., *Esther.* The Tyndale Old Testament Commentaries. Downers Grove: InterVarsity Press, 1984.

Berg, S.B., *The Book of Esther: Motifs, Themes and Structure.* SBL Dissertation 44. Missoula, Mont.: Scholars Press, 1979.

Clines, D.J., A. *The Esther Scroll.* Sheffield: JSOT Press, 1984.

__________, *Ezra, Nehemiah, Esther.* Grand Rapids: Eerdmans, 1984.

Cohen, A., "Esther." In *The Five Megilloth.* London: Soncino Press, 1946.

Fox, M., "The Structure of the Book of Esther." In *Safer Isaac L. Seeligmann,* 291-301. Ed. Alexander Rofé. Jerusalem: Rubenstein, 1983.

Huey, F.B. Jr., "Esther." In *The Expositor's Bible Commentary.* Volume 4. Grand Rapids: Regency Reference Library, 1988.

Keil, C.F., "Ezra, Nehemiah." In I & *II Kings, I &II Chronicles, Ezra, Nehemiah, Esther.* Commentary on the Old Testament. 10 Vols. Grand Rapids: Eerdmans, 1982.

Martin, J.A., "Esther." Pp. 699-713 in The *Bible Knowledge Commentary: An Exposition of the Scriptures by Dallas Seminary Faculty: Old Testament.* Ed. J.F. Walvoord and R.B. Zuck. Wheaton: Victor Books, 1985.

Moore, C.A., *Esther.* The Anchor Bible. Garden City: Doubleday, 1971.

_______., *Studies in the Book of Esther.* New York: KTAV, 1982.

Stern, A.W., *The Book of Esther.* The Cambridge Bible for Schools and Colleges. Cambridge: University Press, 1907.

Whitcomb, J.C., *Esther: The Triumph of God's Sovereignty.* Everyman's Bible Commentary. Chicago: Moody Press, 1979.

Wright, J. S., "The Historicity of the Book of Esther." Pp. 37-47 in *New Perspectives on the Old Testament.* Ed. J.B. Payne. Waco: Word Books, 1970.

Glossary
용어설명

가

- 가나안(Canaan) 주전 2000년에 팔레스틴, 레바논 그리고 시리아의 부분을 포함하고 있는 지역. 민수기 34장에 가나안 지역에 대한 경계가 묘사되어 있다.
- 갈데아 사람(Chaldeans) 바벨론 사람들.
- 결의론적 법(Casuistic law) 상황법(case law)으로써 '만약' (If)으로 시작하는 조건절과 '그러므로' (then)로 시작하는 평결문으로 구성된다.
- 계약의 책(Covenant, Book of) 출애굽기 21-23장.
- 고난의 종(Suffering Servant) 이사야 53장에 묘사된 인물로서 그의 고난과 죽음은 다른 사람들을 구한다.
- 귀환(Restoration) 주전 539년 페르시아 제국의 형성으로 인하여 유다 백성들이 바벨론 포로에서 돌아옴.
- 그루빔(Cherubim) 날개 달린 신화적인 피조물로 예루살렘 성전에 장식되어 있음.
- 그리심(Gerizim) 세겜 근처의 산.
- 그모스(Chemosh) 모압의 국가 신.
- 금지(Ban; *ḥerem*) 전쟁에서 이긴 후에 하나님에게 드리는 희생제사로서 적을 살육하는 관습.
- 기원론(Etiology) 어떤 것의 원인을 설명하는 이야기.
- 길가메쉬(Gilgamesh) 길가메쉬는 우룩(Uruk)의 왕이었던 역사적 인물이며 그에 관한 이야기인 길가메쉬 서사시(Gilgamesh epic)는 창세기의 홍수 이야기와 유사하다.

나

- 나비(*nābî*) 히브리어로 예언자를 의미함.
- 나실인(Nazirite) 하나님께 바쳐진 사람을 의미한다(민 6장).
- 네 칸짜리 집(Four-room house) 초기 이스라엘의 전형적인 집의 유형.
- 네겝(Negev/ Negeb) 문자적인 의미는 남쪽이며, 지리적으로 유다의 남쪽 지역을 가리킴.
- 느비임(*Nebî'îm*/Prophets) 구약성서를 세 부분으로 나누었을 때 두 번째 부분인 예언서를 의미함.
- 느후스단(Nehushtan) 모세와 관련된 동으로 된 뱀.

다

- 다곤 신(Dagon) 블레셋의 신.
- 단언적 법(Apodictic law) 절대적이고 서술적인 법으로 조건절이 없다.
- 두남(Dunam) 이스라엘 사람들이 땅의 면적을 나타낼 때 사용하는 용어로 1,000㎡의 넓이를 말한다. 1 두남은 1/4 메이커이고 1/10 헥타르이다.
- 디아스포라(Diaspora) 이스라엘 사람들 가운데 고향을 떠나 살고 있는 사람들의 정착지를 일컫는 말로, 특별히 바벨론 포로 이후에 이스라엘 밖에 살고 있는 유대백성들을 지칭한다.

라

- 랍비어(Rabbinic) 주후 약 150-650년 경 율법학자들이 사용한 히브리어.
- 레반트(Levant) 시리아 북쪽 해안 지역부터 이집트까지의 지중해 해안 지역을 일컫는 명칭이다.
- 리브(*Rîb*) 고소 또는 소송이란 뜻의 히브리어로 예언서에서 이스라엘의 죄를 고소할 때 사용하는 문학양식.

마

- 마르둑(Marduk) 바벨론의 중요한 신.
- 마르제아흐(Marzeaḥ) 죽은 자의 제의와 관련된 축제.
- 마리(Mari) 유프라테스 강에 있는 지역으로 주전 2000년대의 중요한 문서들이 발견되었다.
- 맛소라 본문(Masoretic text; MT) 맛소라는 전통이란 뜻의 히브리어이며, 맛소라 본문이란 중세에 고정된 것으로서, 히브리 성서 가운데 가장 전통적인 본문이다.
- 마쩨바(Maṣṣeba) 돌로 만든 신상을 부르는 히브리어
- 모압 석비(일명 이스라엘 석비, Moabite Stone) 주전 9세기 중엽 모압의 왕 메사가 이스라엘과의 전쟁에서 승리한 후 세운 비문.
- 모트(Mot) 죽음을 뜻하는 히브리어로 우가릿 신화에서는 죽음의 신으로 등장한다.
- 목이 있는 토기(Collar-rimmed jars) 초기 이스라엘의 대표적인 토기의 유형.
- 문서설(Documentary Hypothesis) 오경이 4개의 중요한 문서들(J. E. D. P)로 구성되었다는 가설.
- 문학비평(Literary criticism) 성서본문을 하나의 문학으로 간주하고 연구하는 다양한 연구법들.
- 미드라쉬(Midrash) 성서의 텍스트들에 대한 랍비의 주석들.
- 미드바르(Midbar) 광야를 뜻하는 히브리어.
- 미크라(Miqrah) 성경을 나타내는 히브리어로써 '무엇을 읽을 것인가?' 라는 뜻이다.
- 밀곰(Milcom) 암몬의 국가 신.

바

- 바르 코크바(Bar Kokhba) 주전 132-135에 로마에 대항한 유대인 반란의 지도자.
- 바알(Baal) 가나안의 폭풍의 신.
- 봉신조약(Vassal treaty) 한 쪽이 다른 한 쪽에 종속되는 조약.
- 부역(corvée) 강제 노동.
- 분열왕국(Divided monarchy) 솔로몬이 죽은 이후에 이스라엘 왕국이 남쪽의 유다와 북쪽의 이스라엘로 분열되어 주전 722/1년까지 지속된다.
- 불가타(Vulgate) 대략 주후 400년대에 제롬에 의하여 라틴어로 번역된 성서.
- 블레셋 사람(Philistines) "해양 민족들"을 보라.

사

- 사마리아(Samaria) 북 이스라엘의 수도.
- 사마리아 사람들(Samaritans) 제 2성전 시기에 세겜 근처에 살았던 사람들로서 그리심 산에 이들의 성전이 있었다. 이들은 아시리아에서 이주해 온 사람들의 후손으로서 예루살렘에 의해서 거절되었다.
- 사트랍(Satrapies) 페르시아의 도(province).
- 사해사본(Dead Sea Scrolls) 1947년 초에 사해 근처 쿰란 주변에서 발견된 텍스트들.
- 산당(High places) 가나안 신들에게 제사하는 장소
- 삶의 정황(Sitz im Leben) "삶의 정황"에 대한 독일어. 양식비평에서 사용하는 전문용어.
- 샤마쉬(Shamash) 태양 또는 태양의 신.
- 서사시(Epic) 신들의 행동들을 포함해서 인간의 영웅들을 위한 이야기(story).

- 성결법전(Holiness Code) 약어로 H로 쓰며, 레위기 17-26장이 이에 속한다. 이 자료는 제사장자료(Priestly Code)와 가깝다.
- 수메르(Sumer) 메소포타미아에 있었던 최초의 위대한 문명, 그곳에서 첫 번째로 알려진 글자 체계가 대략 주전 3200년대에 발전되었다.
- 수미쌍관법(혹은 수미상관법)(*Inclusio*) 처음과 끝에 같은 표현을 사용함으로 강조하는 문학적인 장치.
- 수혼법(Levirate law) 아들 없이 죽은 자의 동생이 형수를 취하여 형의 대를 잇기 위하여 결혼하는 관습
- 숙곳(Sukkoth) 초막절을 보시오
- 스올(Sheol) 지하세계에 대한 히브리어. 그리이스어 하데스와 같다.
- 스토아 학파(Stoicism) 세상에서 이성의 역할을 강조했던 그리이스 철학의 한 학파.
- 시온(Zion) 예루살렘에 있는 언덕으로 다윗은 이곳에 다윗성을 세웠다.
- 신명기 역사(Deuteronomic History) 여호수아, 사사기, 사무엘, 열왕기의 책들로서 신명기신학을 근간으로 한 역사이다.
- 신명기자료(D) 오경에 있는 신명기적 자료.
- 신명기적 개혁(Deuteronomic reform) 주전 621년의 요시야 왕이 주도한 개혁으로 신명기 12-26장을 근거한 것이다.
- 신비평(New Criticism) 사회적, 역사적 그리고 문학적인 문제들에 광범위한 조사 없이, 텍스트의 의미가 텍스트 자체를 정밀하게 조사함으로서 발견될 수 있다는 것에 일치하는 형식주의적인 운동.
- 신비한 네 문자(Tetragrammaton) YHWH란 신의 이름, 네 개의 문자를 가졌기 때문에 그렇게 부름.
- 신의 계보(Theogony) 신들의 탄생에 대한 이야기.
- 신정론(Theodicy) 고통 또는 악에 직면해서 하나님의 선에 대한 신학적인

정당화.

- 신조(Credo) 신앙고백.
- 신탁(Divination) 신들과 상담하는 수단들.
- 신탁(Oracle) 하나님 또는 신들의 말로서 주로 어떤 사안에 대하여 "예" 혹은 "아니오"의 형태의 예언.
- 신현현(Theophany) 신의 현현.
- 신화(Myth) 신성한 이야기.
- 십계명(Decalogue) 출애굽기 20:2-17절에 기록된 열 가지 계명.
- 십이 예언서(Twelve Book of) 호세아에서 말라기까지 12권의 예언서를 말한다.

아

- 아나트(Anat) 가나안의 여신.
- 아람 사람들(Arameans) 고대 시리아로부터 온 사람들.
- 아람(Aram) 시리아.
- 아람어(Aramaic) 시리아 언어. 히브리어와 가깝게 관련되어 있음. 페르시아 아래서 외교의 공식언어.
- 아마르나 서신(Amarna letters) 아케나톤 시대에 가나안에 있는 봉신들로부터 이집트의 왕궁에 보내진 외교 서신들.
- 아메네모페(Amenemope) 잠언에 영향을 끼친 것으로 생각되는 이집트 지혜의 책과 관련된 이름.
- 아세라(Asherah) 가나안의 여신으로 바알의 배후자로 여겨진다.
- 아스타르테(Astarte) 가나안의 여신의 이름.
- 아카드어(Akkadian) 고대 바벨론과 아시리아에서 사용한 언어.
- 아크로스틱(Acrostic) 히브리어 시를 쓸 때 각행의 첫 단어를 히브리어 알

파벳 순서로 기록하는 문학적 기교

- 아키바(Akiba) 주전 2세기 초 랍비.
- 아키투(Akitu) 바벨론의 신년축제.
- 아텐(Aten) 아케나텐에 의한 태양신.
- 아트라하시스(Atrahasis) 주전 1635년 아카드어로 기록된 창조 홍수 신화.
- 아포칼립스(Apocalypse) 묵시문학.
- 아포크리파(Apocrypha) 가톨릭 성서에 포함되어 있는 책들이나 히브리 성서 또는 개신교의 정경에는 들어있지 않다
- 아헤나텐(Akhenaten) 아메노피스 IV세(주전 약 1350), 그가 아텐 신(태양 신)에게 헌신한 것은 유일신적 특징과 가깝다.
- 아흐멘 왕조(Achaemenid) 페르시아 왕조(주전 559-333).
- 아흐타르(Athtar) 우가릿 신화에 등장하는 아침의 별.
- 아히카르(Ahikar) 전설적인 아시리아 현인.
- 암픽티오니(Amphictyony) 중앙성소를 중심으로 한 부족 동맹체.
- 야웨(YHWH) 이스라엘의 하나님으로 야웨라고 발음한다. 그러나 전통적으로 유대인들은 하나님의 이름을 발음하지 않았다. 대신에 그들은 아도나이(주) 또는 하-쉠(그 이름)이라고 불렀다.
- 야웨문서(J; Yahwist) 오경에 있는 이야기로 하나님 이름을 야웨라고 부르는 자료.
- 얌(Yamm) 우가릿 신화에 등장하는 바다의 신.
- 양식비평(Form criticism) 장르와 배경에 관심을 가지고 성서문학의 작은 단위들을 분석하는 방법.
- 어근론(Etymology) 어떤 단어의 어근을 설명하는 이야기.
- 에누마 엘리쉬(*Enuma Elish*) 바벨론의 창조 이야기로 주전 1100년 경 수메르어로 기록됨.

• 엘(El) 가나안의 최고 신이며, 성서 히브리어에서 신에 대한 일반 명사로 사용되었다.

• 엘레판틴 파피루스(Elephantine papyri) 주전 5세기에 이집트 남부 엘레판틴(옙 Yeb)에 있는 유대인 수비대들이 기록한 아람어 문서들.

• 엘로힘문서(E, Elohist) 오경에 있는 이야기로 하나님 이름을 엘로힘으로 사용하는 자료이다.

• 엘로힘(Elohim) 하나님을 의미하는 히브리어.

• 여로보암(Jeroboam) 느밧의 아들 여로보암은 북 이스라엘을 세운 자이며, 단과 베델에 제의의 장소를 세웠다.

• 여부스족(Jebusites) 이스라엘 사람들 이전에 예루살렘의 거주민들.

• 역대기 역사(Chronicler's History) 역대기 상하, 에스라, 느헤미야를 포함하는 역사.

• 오경(Pentateuch; Torah) 성서의 처음 다섯 권의 책으로 "모세의 책"이라고도 불린다.

• 요세푸스(Josephus) 주후 1세기 후반의 유대 역사가로 「유대고대사」(*Antiquities*)를 썼다.

• 욤 키푸르(Yom Kippur) 속죄일.

• 우가릿(Ugarit) 오늘날의 라스 샤므라로 시리아의 북쪽에 있음, 그곳에서 중요한 토판들이 1929년에 발견되었다.

• 우주기원(Cosmogony) 세상의 기원에 대한 이야기.

• 원역사(Primeval history) 창세기 1-11장에 있는 인류 기원에 관한 이야기로 신화적 성격이 강하다.

• 육경(Hexateuch) 성서의 처음 여섯 권의 책으로 땅의 약속과 성취의 관점에서 창세기부터 여호수아까지를 부르는 호칭이다.

• 임마누엘(Immanuel) "하나님이 우리와 함께 계신다"는 뜻으로 이사야 7장에

예언된 아이의 이름이다.

자

- 자료비평(Source criticism) 성서 특히 오경에서 서로 다른 자료들을 구분해 내려는 방법론.
- 자폰(Zaphon) 북쪽이란 뜻이며, 시리아에 있는 산의 이름으로 이 산은 바알에게 바쳐졌다. 따라서 바알짜폰이라는 신이름이 등장하기도 한다.
- 전기 예언서(Former Prophets) 여호수아, 사사기, 사무엘, 열왕기를 전기 예언서라고도 부른다.
- 정경비평(Canonical approach) 텍스트의 마지막 형태를 권위 있는 것으로서 여기는, 경전으로서 구약성서에 대한 신학적인 연구법.
- 제 1이사야(혹은 예루살렘 이사야; Isaiah, First) 이사야 1-39장까지를 일컬음
- 제2경전적(Deuterocanonical) 로마 가톨릭 정경에 포함 되어 있는 책들, 그러나 개신교 성서에는 외경으로 무시됨.
- 제 2성전 시대(Second Temple period) 바벨론 포로 이후의 시기에서 주후 1세기(주전 539- 주후 70).
- 제 2이사야(Deutero-Isaiah), 제 3이사야(Trito-Isaiah) 이사야를 셋으로 나눌 때 1-39장을 예루살렘 이사야(혹은 제 1이사야), 40-55장을 제 2이사야로 그리고 56-66장을 제 3이사야로 구분한다.
- 제 2이사야(Isaiah, Second) 이사야 40-45장까지를 일컬음.
- 제 3이사야(Isaiah, Third) 이사야 56-66장까지를 일컬음.
- 제사장문서(P) 오경에 있는 제사장이 기록한 것으로 여겨지는 자료.
- 제의 중앙화(Centralization of cult) 주전 621년에 요시야 왕에 의해서 예루살렘 밖에서의 희생제사를 금지함.
- 조로아스터교(Zoroastrianism) 조로아스터(짜라투스트라)의 가르침에 근거한

페르시아 종교.

• 족장(Patriarchal) 창세기 12-50장에 등장하는 아브라함, 이삭 그리고 야곱을 일컬음.

• 종주권조약(Suzerainty treaty) 한 쪽이 다른 한쪽에 종속되는 불평등 조약.

• 주의 날(Day of the Lord) 예언서에 등장하는 하나님의 심판의 날로 의인에게는 기쁜 날이나 악인에게는 심판의 날이 된다.

• 지혜문학(Wisdom literature) 도덕과 예절에 대한 충고를 주는 책, 삶의 의미를 숙고하는 것으로 잠언, 욥기 그리고 코헬레트(전도서) 등이 속한다.

차

• 초막절(Sukkoth) 장막절이라고도 부름

• 칠십인역(Septuagint; LXX) 구약성서의 그리스어 번역.

카

• 코헬렛(Qoheleth) 전도서

• 쿰란(Qumran) 사해 두루마리가 발견된 지역.

• 크투빔(Ketûbîm/ Writings) 히브리어 성경의 세 번째 부분으로 성문서를 말함.

타

• 탈굼(Targum) 성서 텍스트들의 아람어 의역.

• 탈무드(Talmud) 미쉬나에 대한 주석의 랍비적인 편찬. 두 개의 탈무드가 있다. 예루살렘 탈무드(예루샬미), 주후 5세기로 유래된다. 6세기의 바벨론 탈무드(바브리).

• 테트라그라마톤(Tetragrammaton) '신비한 네 문자' 를 보시오

• 텔단비문(Tel Dan inscription) "다윗의 집"을 언급하고 있는 주전 9세기의 비문.

- 토라(Torah, Pentateuch)- 성서의 첫 번째 다섯 권의 책, 또한 "모세의 책"이라고도 불림.
- 토셉타(Tosefta) 미쉬나를 보충하는 랍비 법들의 모음집.
- 트랜스요르단(Transjordan) 요단 강 동편 쪽으로 오늘날 요르단 지역.
- 티아맛(Tiamat) 바벨론 창조 이야기인 에누마 엘리쉬(*Enuma Elish*)에서 모신(mother goddess).

파

- 편집비평(Redaction criticism) 책이 어떤 신학적 의도로 편집되었는가를 연구함.
- 포로기 이후(Postexilic) 고레스가 바벨론에 있는 포로들을 유다로 돌아가라고 허락했던 주전 539년 이후의 시기.
- 필로(Philo) 주후 1세기 초 알렉산드리아에 있었던 유대인 철학자.

하

- 하누카(Hanukkah) 주전 165 또는 164년에 마카비에 의한 성전정화를 기념하는 유대인의 절기로 12월 중에 지킨다.
- 하다드(Hadad) 아람의 폭풍신,
- 하데스(Hades) 지하 세계 신에 대한 그리스어 이름으로 히브리어의 스올과 같다.
- 하비루(Habiru) 주전 2000년대 중엽 시리아-팔레스틴 지역에 거주하던 사람들을 일컫는 용어로, 이들은 사회-정치-경제적 이해 관계로 모인 집단이다.
- 하시딤(Hasidim) 마카비 혁명기간 동안 유다의 애국자들의 당.
- 해양족(Sea peoples) 주전 15세기경부터 에게 해 근처에서 이동하여 이집

트 정착에 실패한 일부 해양족들이 주전 1200년경에 팔레스틴 지역에 정착하였으며, 그 대표적인 민족이 블레셋이다.

- 헤렘(Ḥerem) (ban)- 승리자의 신에게 희생제사로 패배한 적을 살육하는 관습.
- 헷족속(Hittites) 주전 2000년대의 소 아시아의 민족(현재의 터키).
- 호렙(Horeb) E자료와 D 자료의 전승들에서 시내 산을 대신하여 부르는 명칭. 그 의미는 광야란 뜻이다.
- 힉소스(Hyksos) 약 한 세기동안 이집트를 다스렸던 시리아로부터 온 민족.

Bibliography
참고문헌

참고문헌 • • •

Achtemeier, E., "Pluming the Riches: Deuteronomy for the Preacher," *Int* 41/3 (July, 1987), 269-281.

Achtemeier, E., *Nahum, Malachi.* Atlanta: John Knox Press, 1986

Ackroyd, P.R., *Exile and Restoration*, London, 1968.

Adul, A.G., *I & II Kings.* DSBOT. Philadelphia: Westminster, 1986.

Aharoni, Y., and M. Avi-Yonah. *The Macmillan Bible Atlas.* New York: The Macmillan Co., 1968.

Aharoni, Y., *The Land of the Bible*: *A Historical Geography.* Trans. Anson F. Rainey, revised edition. Philadelphia: Westminster Press, 1979.

Ahlström, G.W., *Aspects of Syncretism in Israelite Religion*, Lund: Gleerup, 1963.

Ahlström, G.W., *Royal Administration and National Religion in Ancient Palestine*, SHANE, 1, Leiden: Brill, 1982.

Ahlström, G.W., *The History of Ancient Palestine from the Paleolithic Period to Alexander's Conquest*, JSOTS 146, ed. Edelman, D. Sheffield: Sheffield Academic Press, 1993.

Albrekson, B., *Studies in the Text and Theology of the Book of Lamentations.* Lund: C.W.K. Gleerup, 1963.

Albright W.F., "Archaic Survivals in the Text of Canticles," *Hebrew and Semitic Studies Presented to Godfrey Rolles Driver*, eds. D.W. Thomas and W.D. McHardy, Oxford: Clarendon, 1963, pp. 1-7.

Albright, W.F., *Archaeology and the Religion of Israel.* 5th ed. Garden City: Doubleday Anchor, 1969.

Albright, W.F., *From Stone Age to Christianity.* 2nd ed. Garden City: Doubleday Anchor, 1957.

Albright, W.F., *The Biblical Period from Abraham to Ezra*, New York: Harper & Row, 1949; rev. ed. 1963.

Albright, W.F., *Yahweh and the Gods of Canaan.* New York: Doubleday and Co., 1968.

Allen L., *Exekiel 1-19*. WBC. Dallas: Word, 1994.

Allen L., *Exekiel 20-48*. WBC. Dallas: Word, 1990.

Allen L.C., *The Books of Joel, Obadiah, Jonah and Micah*, NICO, Grand Rapids: Eerdmans, 1976.

Alster, B., *Proverbs of Ancient Sumer: The World's Earliest Proverb Collections*, Bethesda, 1997.

Alster, B., *The Instructions of Suruppak: A Sumerian Proverb Collection. Mesopotamia.* Copenhagen Studies in Assyriology, vol. 2. Copenhagen: Akademisk Forlag, 1974.

Alt, A., "The Formation of the Israelite State in Palestine," *Essays in the Old Testament History and Religion*, Oxford, 1966, 171-237.

Alter, R., *The Art of Biblical Poetry*. New York, 1985.

Amit, Y., *The Book of Judges: The Art of Editing*, BibInt series 38, Leiden: Brill, 1999(Hebrew original, 1992).

Amit, Y., The Jubilee Law - An Attempt at Instituting Social Justice. Pp. 47-59 in *Justice and Righteousness*. Eds. H.G. Reventlow and Y. Hoffman. JSOTSup 137. Sheffield: JSOT Press, 1992.

Andersen, F. I., and D. N. Freedman. *Amos*. AB. New York: Doubleday, 1989.

Andersen, F. I., and D. N. Freedman. *Hosea*. AB. Garden City, N.Y.: Doubleday, 1980.

Andersen, F. T., and D. N. Freedman. *Micah*. AB. New York: Doubleday, 2000.

Anderson A.A., "The Marriage of Ruth," *JSS* 23 (1978): 171-183.

Anderson, B.W., *Out of the Depths: The Psalms Sprack for us Today*, Louisville, 2000.

Anderson, G.A., *Sacrifices and Offerings in Ancient Israel: Studies in Their Social and Political Importance*. Atlanta: Scholars Press, 1987.

Anusch, T., *Studies in Literature from the Ancient Near East*, ed. J. Sasson, New Haven, 1984.

Armerding, C., *Esther*. Chicago: Moody Press, 1955.

Ashley T.R., *The Book of Numbers*, Grand Rapids: Eerdmans, 1993.

Auld, A. G., *Joshua, Moses and the Land*, Edinburgh: T & T Clark, 1980; Bimson, J. J., *Redating the Exodus and Conquest*, JSOTSup. 5, Sheffield: University of Sheffield, 1978.

Avishur Y., *Studies in Hebrew and Ugaritic Psalms*, Jerusalem: Magnes, 1994.

Avi-Yonah, Michael, ed., *Encyclopedia of Archaeological Excavations in the Holy Land*. 5 vols. Englewood Cliffs, N.J.: Prentice Hall, 1976.

Ayo N., Sacred Marriage: *The Wisdom of the Song of Songs*. New York:

Continuum, 1997.

Baker, D. W., *Nahum, Habakkuk, Zephaniah*. TOTC. Leicester and Downers Grove, 1988

Baldwin, J. "Jonah." In *The Minor Prophets: An Exegetical and Expositional Commentary*, edited by T. E. McComiskey, 3 vols., 2:543-90. Grand Rapids: Baker, 1992-98.

Baldwin, J.G., *Esther*. The Tyndale Old Testament Commentaries. Downers Grove: InterVarsity Press, 1984.

Balentine, S.E., *Leviticus*, Interpretation. Louisville: John Knox Press, 2002.

Baltzer, K., Liberation from Debt Slavery After the Exile in Second Isaiah and Nehemiah. Pp. 477-484 in *Ancient Israelite Religion*. Eds. P.D. Miller Jr. et.al. Philadelphia: Fortress Press, 1987.

Baltzer, Klaus. *Deutero-Isaiah: A Commentary on Isaiah 40-55*. Trans. M. Kohl. Hermeneia. Minneapolis: Fortress Press, 2001.

Baly, Dennis., *The Geography of the Bible*. New York: Harper & Brothers, 1957.

Bamberger, B.J., *Leviticus*. New York: Union of American Congregations, 1979.

Barbara Green, O.P., "The Plot of the biblical Story of Ruth," JSOT 23 (1982): 55-68.

Barley, N., "A Structural Approach to the Proverb and the Maxim with Special Reference to the Anglo-Saxon Corpus." *Proverbium* 20 (1972): 737-50

Barr, James. "The Book of Job and Its Modern Interpreter." *BJRL* 54 (1971-1972): 28-46.

Barre, M., *Wisdom, You Are My Sister: Studies in Honor of Roland E. Murphy, O. Carm., on the Occasion of His Eightieth Birthday*. Washington: Catholic Biblical Association, 1977.

Barth, Karl. "The Fear of the LORD Is the Beginning of Wisdom (Sermon)," *Interpretation* 14 (1960): 433-39.

Bartlett J.R., *Edom and the Edomites*, Sheffield, 1989.

Baumgartner, W., *The Wisdom Literatures: The Old Testament and Modern Study*, H. H. Rowley ed., London, 1961.

Beattie D.R.G., *Jewish Exegesis of the Book of Ruth*. JSOTS 2. Sheffield: JSOT, 1977.

Bedford, P.R., *Temple and Community in Early Achaemenid Judah*, Ph.

D. Dissertation of the University of Chicago, 1992.

Beit-Arieh I. and Cresson B., "An Edonite Ostracon from Horvat 'Uza," Tel-Aviv 12 (1985), pp. 96-101.

Beitzel, Barry., *The Moody Atlas of the Bible*. Chicago: Moody Press, 1985.

Bellinger W.H. Jr., *Psalms: Reading and Studying the Book of Praises*, Peabody, 1992.

Benjamin, D. C., *Deuteronomy and City Life: A Form Criticism of Texts with the Word City('ir) in Deuteronomy 4:41-26:19*, Lanham/New York/London: University Press of America, 1983.

Berg, S.B., *The Book of Esther: Motifs, Themes and Structure*. SBL Dissertation 44. Missoula, Mont.: Scholars Press, 1979.

Bergant, D., *Israel's Wisdom Literature: A Liberation-Critical Reading*. Minneapolis: Fortress, 1997.

Bergman, J., Ringgren H., and Dommershausen W., *kōhēn*, priest. TDOT 7 (1995), pp. 60-75.

Berlin, A., "Parallelism." *ABD, 155-60*.

Berlin, A., *The Dynamics of Hebrew Parallelism*. Bloomington: Indiana Press, 1985.

Berlin, A., *Zephaniah*. AB. New York: Doubleday, 1994.

Bertman, S., "Symmetrical Design in the Book of Ruth," *JBL* 84 (1965): 165-168.

Bickermann, E., *Four Strange Books of the Bible: Jonah, Daniel, Koheleth, Esther*, New York: Schocken, 1967.

Bimson, John., *Redating the Exodus and Conquest*. Sheffield: JSOT Press, 1978.

Black, J., Cunningham, G., Robson, E., Zolyomi, G., Eds., *The Literature of Ancient Sumer*, Oxford, 2004.

Blackman, A.M., *"The Psalms in the Light of Egyptian Research," The Psalmists*, ed. D.C. Simpson, London, 1926, pp. 177-197.

Blenkinsopp J., *Ezekiel*. IBC. Louisville: John Knox, 1990.

Blenkinsopp, J. A *History of Prophecy in Israel*. Louisville: Westminster John Knox, 1996.

Blenkinsopp, J. *Isaiah 1-39*. AB. New York: Doubleday, 2000.

Blenkinsopp, J., *Ezra, Nehemiah*, OTL, Philadelphia, 1988.

Blenkinsopp, J., *The Pentateuch: An Introduction to the First Five Books of the Bible*, New York: Doubleday, 1992.

Blenkinsopp, J., *Wisdom and Law in the Old Testament: The Ordering of Life in Israel and Early Judaism.* Revised Edition. Oxford: Oxford Press, 1995.

Blenkinsopp, Joseph. *Isaiah 40-55*. AB 19A. New York: Doubleday, 2002.

Blenkinsopp, Joseph. *Isaiah 56-66*. AB 19B. New York: Doubleday, 2003.

Bloch D., *The Book of Ezekiel.* 2 Vols. NICOT. Grand Rapids: Eerdmans, 1997, 1998.

Block A., and Bloch C., *The Song of Songs: A New Translation.* New York: Random House, 1995.

Boleh, M., *The Book of Leviticus.* 2 Vols. Jerusalem: Mosad Harav Kook, 1991-1992 (Hebrew).

Boling, R. G. and Wright G. E., *Joshua,* Anchor Bible, Garden City: Doubleday, 1982.

Boling, R.G., *Judges,* The Anchor Bible, New York: Doubleday, 1975.

Bonar, A.A., A *Commentary on Leviticus.* London: Banner of Truth, 1966.

Bostrom, L., *The God of the Sages: The Portrayal of God in the Book of Proverbs*. Stockholm: Coniectanea Biblica, 1990.

Braulik, G., *Studien zur Theologie des Deuteronomiums,* SBAB 2. Stuttgart: Verlag Katholoische Biblewerk, 1988.

Brekelmans, C., "Wisdom Influence in Deuteronomy." Pp. 28-38 in *La Sagesse De L' Ancient Testament.* Ed M. Gilbert. Gembloux: Leuven University, 1979.

Brenner A. ed., *A Feminist Companion to the Song of Songs.* Sheffield: JSOT Press, 1993.

Brenner, A., "God' s Answer to Job." *VT* 31 (1981): 129-37.

Brenner, A., "Job the Pious? The Characterization of Job in the Narrative Framework of the Book," in Clines, David J.A. *The Poetic Books: A Sheffield Reader*. Sheffield: Sheffield, 1997: 298-315.

Brenner, A., "Some Observations on the Figuration of Woman in Wisdom Literature." *Of Prophets' Visions and the Wisdom of the Sages: Essays in Honor of R. Norman Whybray on His Seventieth Birthday.* Eds. Heather A. McKay and David J. A. Clines. Sheffield: JSOT Press, 1993.

Brenner, A., *A Feminst Companion to the Judges,* Feminist Companion to the Bible 4, Sheffield: Sheffield Academic Press, 1993.

Brenner, A., and Fontaine, C., *Wisdom and Psalms: A Feminist*

Companion to the Bible (Second Series). Sheffield: Sheffield, 1998.

Bright, A., *The Interperter' s Bible,* Nashville, 1953; Butler, T. C., *Joshua,* WBC, Waco: Word, 1983.

Bright, John., *A History of Israel*. 3rd ed. Philadelphia: Westminster, 1981.

Bright, John., *Early Israel in Recent History Writing*. London, SCM, 1956.

Brown, W., *Character in Crisis: A Fresh Approach to the Wisdom Literature of the Old Testament.* Grand Rapids: Eerdmans, 1996.

Brueggemann W., *A Commentary on Jeremiah: Exile and Homecoming*. Grand Rapids: Eerdmans, 1998.

Brueggemann, W., *I & II Kings*. SHBC. Macon: Smyth & Helwys, 2000.

Brueggemann, W., *In Man We Trust*. Atlanta: John Knox, 1972.

Bryce, G.E., *A Legacy of Wisdom: The Egyptian Contribution to the Wisdom of Israel*. London: Associated University Presses, 1979.

Camp, C.V., *Wisdom and the Feminine in the Book of Proverbs*. England: JSOT Press, 1985.

Campbell, E.F. Jr., *Ruth*. AB. New York: Doubleday & Company, INC, 1975.

Campbell, E.F., "The Hebrew Short Story: Its Form, Style, and Provenance," Pp. 18-23 in *A Light Unto My Path: Old Testament Studies in Honor of Jacob Myers,* Eds. H. Bream, R. Heim and C. Moore, Philadelphia, 1974.

Carmichael, C., " 'Treading' in the Book of Ruth," *ZAW* 92 (1980): 248-260.

Carr G.L., *The Song of Solomon*. TOTC. Downers Grove: InterVarsity, 1984.

Carroll R. P., The Book of Jeremiah. OTL. Philadelphia: Westminster, 1986.

Cathcart, K. J., *Nahum in the Light of Northwest Semitic*. Biblica et orientalia 26. Rome, 1973

Ceresko, A., *Job* 29-31 *in the Light of Northwest Semitic,* Rome, 1980

Childs, B. S. *Isaiah*. OTL. Louisville: Westminster John Knox, 2001.

Christensen, D. L., *Deuteronomy* 1-11. WBC. Dallas, Texas: Word Books, 1991.

Christensen, D. L., ed. *A Song of Power and the Power of Song: Essays on the Books of Deuteronomy,* Sources for Biblical and Theological Study 3, Winona Lake, Indiana: Eisenbrauns, 1993.

Christianson, E.S., "Qoheleth the 'Old Boy' and Qoheleth the 'New Man' : Misogynism, the Womb, and a Paradox in Ecclesisastes," pp. 109-136 in *Wisdom and Psalms: A Feminist Companion to the Bible* (Second Series). Eds. Brenner, Athalya and Fontaine, Carole. Sheffield: Sheffield, 1998.

Clement, R.E., *Wisdom in Theology*. Grand Rapids: Eerdmans, 1992.

Clements R. E., *Jeremiah*. Interpretation. Atlanta: John Knox, 1988.

Clements, R. E. *Isaiah 1-39*. NCB. Grand Rapids: Eerdmans, 1980.

Clements, R. E., *Deuteronomy*, Old Testament Guides, Sheffield: Sheffield Academic Press, 1989, reprinted 1997.

Clements, R. *Old Testament Prophecy: From Assyria to Canon*. Louisville: Westminster John Knox, 1996.

Clines, D.J., *A The Esther Scroll*. Sheffield: JSOT Press, 1984.

Clines, D.J., *Ezra, Nehemiah, Esther*. Grand Rapids: Eerdmans, 1984.

Clines, D.J.A., *The Poetic Books: A Sheffield Reader*. Sheffield: Sheffield, 1997.

Cochrane, R.G., *Biblical Leprosy: A Suggested Interpretation*. Glasgow: Pickering & Inglis, 1963.

Cogan, M. and Tadmor, H., *II Kings*, AB 11, New York: Doubleday, 1988.

Cogan, M., "Judah Under Assyrian Hegemony: A Re-examination of Imperialism and Religion," *JBL* 112(1993), 4-14.

Cogan, M., *1 Kings: A New Translation with Introduction and Commentary*, AB, New York, 2000.

Cogan, M., *Imperialism and Religion: Assyria, Judah, and Israel in the Eighth and Seventh Centuries B. C. E.*, SBLMS, 19, Missoula: Scholars Press, 1974.

Coggins, R. J. *Joel and Amos*. NCB. Sheffield: Sheffield Academic Press, 2000.

Cohen, A., "Esther." In *The Five Megilloth*. London: Soncino Press, 1946.

Cohen, M., *Hymnology: The eršemma*, HUCA Supp. 2, Cincinnati, 1981.

Cohn R.L., 2 *Kings*. BerO. Collegeville: Liturgical, 2000.

Collins, J.J., "Wisdom, Apocalypticism, and Generic Compatibility." Pp. 165-186 in *In Search of Wisdom: Essays in Memory of John G. Gammie, Leo Perdue, B.B.Scott, and W.J. Wiseman*. Louisville: Westminster, 1993.

Collins, John J. *Daniel, with an Introduction to Apocalyptic Literature*.

FOTL 20. Grand Rapids: Eerdmans, 1984.

Collins, John J. *Daniel.* Hermeneia. Minneapolis: Fortress Press, 1993.

Collins, T., "The Scroll of the Twelve." Pp. 59-87 in *The Mantle of Elijah: The Redaction Criticism of the Prophetic Books,* Sheffield: Sheffield Academic Press, 1993.

Coogan, M. D., *Stories from Ancient Canaan,* Philadelphia: Westminster Press, 1978.

Cook, J., *The Septuagint of Proverbs: Jewish and/or Hellenistic Coloouring of the LXX Proverbs.* VTSup 69. Leide, Brill, 1997.

Coote, Robert. *Early History: A New Horizon.* Minneapolis: Fortress Press, 1990.

Coxon P.W., "Was Naomi a Scold? A Response to Fewell and Gunn," *JSOT* 45 (1989): 25-37.

Craige, P. C., *The Book of Deuteronomy,* NICOT, Grand Rapids, Michigan: Eerdmans, 1976.

Craigie, P. C., P. H. Kelley, and J. F. Drinkard Jr., *Jeremiah* 1-25. WBC. Dallas: Word, 1991.

Craigie, P. *The Problem of War in the Old Testament,* Grand Rapids: Eerdmans, 1978; Fritz, V., *Das Buch Josua,* HAT I/7, Tübingen: Mohr, 1994.

Crenshaw, J. F. *Joel.* AB. New York: Doubleday, 1995.

Crenshaw, J., "In Search of Divine Presence." *Review and Expositor* 74 (1977): 353-69.

Crenshaw, J., "Prolegomenon" *Studies in Ancient Israelite Wisdom,* ed James Crenshaw, 1-45. N.Y.: KTAV, 1976.

Crenshaw, J., "The Concept of God in Old Testament Wisdom." Pp. 1-18 in *In Search of Wisdom: Essays in Memory of John G. Gammie, ed. Leo Perdue, B. B. Scott, and W. J. Wiseman.* Louisville: Westminster, 1993.

Crenshaw, J., "The Shadow of Death in Qoheleth." Pp. 205-216 in *Israelite Wisdom: Theological and Literary Essays in Honor of Samuel Terrien,* Ed. John G. Gammie, Walter Brueggemann, W. Lee Humphreys, and James M. Ward, Missoula: Scholar' s Press, 1978.

Crenshaw, J., "Wisdom and Authority: Sapiential Rhetoric and Its Warrants." Pp. 10-29 in *Congress Volume Vienna 1980,* ed J. A. Emerton. Leiden: Brill, 1980.

Crenshaw, J., "Wisdom Literature: Retrospective and Prospect." Pp. 161-208 in *Congress Volume Vienna 1980*, ed J.A. Emerton. Leiden: Brill, 1995.

Crenshaw, J., *Old Testament Wisdom,* revised and enlarged. Louisville: Westminster, 1998.

Crenshaw, J., *Theodicy in the Old Testament*. Philadelphia: Fortress, 1983.

Crenshaw, J.L. ed., *Studies in Ancient Israelite Wisdom*. New York: KTAV Publishing House, 1976.

Crenshaw, J.L., *Old Testament Wisdom: An Introduction*. Atlanta: John Knox Press, 1981.

Crenshwa, J., *Samson - A Secret Betrayed: A Vow Ignored,* Atlanta: John Knox Press, 1978.

Cross F. M., *Canaanite Myth and Hebrew Epic: Essays in the History of the Religion of Israel,* Cambridge, MA: Harvrad University Press, 1973.

Crüsemann, F., *Die Tora: Theologie und Sozilgeschichte des alttestamentlichen Gesetzes,* Munich, 1992.

Dahood, M., *Psalms I-III,* New York, 1982, 1983.

Dalglish, E.R., *Psalm Fifty-one in the Light of Ancient Near Eastern Patternism,* Leiden, 1962.

Darr K., "Ezekiel." In *The New Interpreter' s Bible*. L. Keck et al. eds., 6:1073-1607. Nashville: Abingdon, 2001.

Davidson, R., Wisdom and Worship. Philadelphia: Trinity, 1990.

Davies, G. I. *Hosea.* NCB. Grand Rapids: Eerdmans, 1992.

Davies, G.I., "Were there Schools in ancient Israel," pp. 199-211 in *Wisdom in Ancient Israel,* J. Day, R.P. Gordon and H.G.M. Williamson eds., Cambridge, 1995.

Davies, Philip R., *In Search of Ancient Israel*. Sheffield: JSOT Press, 1992.

Davis E., *Swallowing the Scroll: Textuality and the Dynamics of Discourse in Ezekiel' s Prophecy*. BLS 21. Sheffield: Almond, 1989.

Day, J., "Foreign Semitic Influence on the Wisdom of Israel and its Appropriation in the Book of Proverbs," Pp. 55-70 in *Wisdom in ancient Israel: Essays in honour of J.A. Emerton,* J. Day, R.P. Gordon and H.G.M. Williamson eds., Cambridge, 1995.

Day, J., Gordon, R.P. and Williamson, H.G.M., *Wisdom in Ancient Israel*. Cambridge: Cambridge University Press, 1995.

Day, J., *Psalms,* Sheffield, 1995

De Jong, Stephan. "A Book on Labour: The Structuring Principles and the Main Theme of the Book of Qohelet." Pp. 222-231 in *The Poetic Books: A Sheffield Reader*. Ed. David J.A. Clines. Sheffield: Sheffield, 1997.

De Vries, S.J., *1 Kings*. WBC 12. Waco: Word, 1985.

Delitsch F., *Proverbs, Ecclesiastes, Song of Solomon*. Grand Rapids: Eerdmans, 1975.

Dever, "Ceramics, Ethnicity, and the Question of Israel' s Origins," *BA* 58 (1995), 200-213.

Dever, G. W., "The Tell: Microcosm of the Cultural Process," in *Retrieving the Past: Essays on Archaeological Research and Methodology in Honor of Gus W. Van Beek* (ed. J. D. Seger; Starkville, Miss.: Cobb Institute of Archaeology, 1996), 37-45.

Dever, G. W., "' Will the Real Israel Please Stand Up?' Archaeology and Israelite Historiography: Part I," BASOR 297 (1995): 61-80.

Dever, G. W., "Archaeology, Ideology, and the Quest for an 'Ancient' or 'Biblical' Israel," *Near Eastern Archaeology* 61 (1998), 39-52.

Dever, G. W., "Archaeology, Texts, and History: Toward an Epistemology," in *Uncovering Ancient Stones: Essays in Memory of H. Neil Richardson* (ed. L. M. Hopf; Winona Lake, Ind.: Eisenbrauns, 1994), 105-17.

Dhorme, E., *A Commentary on the Book of Job*. Nashville: Thomas Nelson, 1984.

Dicou B., *Edom: Israel' s Brother and Antagonist,* JSOT Sup. 169, Sheffield: Sheffield Academic Press, 1994.

Dillard, R. "Joel." In *The Minor Prophets: An Exegetical and Expositional Commentary,* edited by T. E. McComiskey, 3 vols., 1:239-313 Grand Rapids: Baker, 1992-98.

Dorsey, D.A., "Lamentations: Communicating Meaning through Structure," *Evangelical Journal* 6 (1988), pp. 83-90.

Dorsey, D.A., *The Literary Structure of the Old Testament: A Commentary on Genesis-Malachi,* Michigan, 1999.

Dothan, Trude, and Moshe Dothan., *People of the Sea: The Search for the Philistines*. New York: Macmillan, 1992.

Douglas, M., Impurity of Land Animals. Pp. 33-46 in *Purity and Holiness: The Heritage of Leviticus. Poorthuis* J.H.M., and Schwartz J. eds., Brill:

Leiden · Boston · Köln, 2000.

Douglas, M., *Leviticus as Literature*. Oxford: Oxford University Press, 1999.

Driver, S.R., "The Speeches in Chronicles," *Expositor* 5/1 (1895), pp. 241-256; idem, "The Speeches in Chronicles," *Expositor* 5/2 (1895), pp. 286-308.

Dundes, A., "On the Structure of the Proverb." In *Analytic Essays in Folklore*. Edited by Alan Dundes. The Hague: Mouton and Company, 1975.

Eaton, J. H., *Obadiah, Nahum, Habakkuk and Zephaniah*. London, 1961

Eaton, J.H., "The Psalms and Israelite Worship." Pp. 238-274 in *Tradition and Interpretation*. 1979.

Ebeling, E., *Die Akkadische Gebetsserie 'Handerhebung'*, Berlin, 1953.

Elat, E., "The Campaigns of Shalmaneser III Against Aram and Israel," IEJ 25 (1975), 25-35.

Elat, E., "The Economic Relations of the Neo-Assyrian Empire with Egypt," JAOS 98 (1978), 20-34.

Elliger, K., *Leviticus*. HAT 4. Tübingen: Mohr, 1966.

Enns, P., *Poetry and Wisdom*. Grand Rapids: Baker, 1997.

Exum, J.C., "A Literary and Structural Analysis of the Song of Songs," *ZAW* 8 (1973), pp. 47-79.

Fakenstein, A., *Sumerische Gtterlieder*, Heidelberg, 1959.

Fensham, F.C., *The Books of Ezra and Nehemiah*, Grand Rapids, 1982.

Fewell D.N., and Gunn, D.M., " 'A Son is Born to Naomi!' Literary Allusions and Interpretation in the Book of Ruth," *JSOT* 40 (1988): 99-108.

Fewell D.N., and Gunn, D.M., "Boaz, pillar of Society: measures of worth in the Book of Ruth," *JSOT* 45 (1989): 45-59.

Fewell D.N., and Gunn, D.M., "Is Coxon a Scold? On Responding to the Book of Ruth," *JSOT* 45 (1989): 39-43.

Fiddes, P.S., ""Where Shall Wisdom Be Found?" Job 28 As a Riddle for Ancient and Modern Readers." *After the Exile: Essays in Honor of Rex Mason*, ed John Barton, and D.Reimer, 171-90. Macon: Mercer, 1996.

Fingarette, H., "The Meaning of Law in the Book of Job." *Hastings Law Journal 29* (1978): 1581-617.

Finkelstein, I., *The Archaeology of the Israelite Settle*, Leiden: E. J. Brill,

1988.

Finkelstein, Israel., *The Archaeology of the Israelites Settlement.* Jerusalem: Israel Exploration Society, 1988.

Finley, T. J. *Joel, Amos, Obadiah*. Chicago: Moody, 1990.

Fishbane, M., *Biblical Interpretation in Ancient Israel,* Oxford: Oxford University Press, 1985.

Flanders, Henry J. Jr., Robert W. Crapps, and David A. Smith. *People of the Covenant: An Introduction to the Hebrew Bible.* New York: Oxford, 1996.

Floyd, M. H., *Minor Prophets, Part 2,* Pp. 251-626 in FOTL 22. Grand Rapids: Eerdmans, 2000.

Fohree, G., *Introduction to the Old Testament,* Nashwille, 1968.

Fontaine, C., "The Social Roles of Women in the World of Wisdom." Pp. 24-49 in *A Feminist Companion to Wisdom Literature, ed Athalya Brenner.* Sheffield: Sheffield Academic Press, 1995.

Fontaine, C., *Traditional Sayings in the Old Testament: A Contextual Study.* Sheffield: Almond Press, 1982.

Fontaine, C.R., "`Many Devises' (Qoheleth 7:23-8:1): Qoheleth, Misogyny, and the Malleus Maleficarum" Pp. 137-168 in *Wisdom and Psalms: A Feminist Companion to the Bible (Second Series).* Eds. B. Athalya and F. Carole. Sheffield: Sheffield, 1998.

Fontaine, Carol R. *Traditional Sayings in the Old Testament: A Contextual Study.* Bible and Literature Series. Edited by D. M. Gunn. Sheffield: The Almond Press, 1982.

Foster, B.R., *Before the Muses: An Enthologiy of Akkadian Literature,* Bethesda, 1993.

Fox M.V., *The Song of Songs and the Ancient Egyptian Love Songs.* Madison: University of Wisconsin Press, 1985.

Fox, M., "The Structure of the Book of Esther." In *Safer Isaac L. Seeligmann,* 291-301. Ed. Alexander Rofé. Jerusalem: Rubenstein, 1983.

Fox, M.V., "Aging and Death in Qoheleth 12," Pp. 199-221 in *The Poetic Books: A Sheffield Reader.* Ed. David J.A. Clines. Sheffield: Sheffield, 1997.

Fox, M.V., "The Social Location of the Book of Proverbs." Pp. 227-239 in *Texts, Temples, and Traditions: A Tribute to Menahem Haran.* Fox,

M.V. et al. Winona Lake, IN: Eisenbrauns, 1996.

Fox, M.V., *Ecclesiastes,* The JPS Bible Commentary, Philadelphia, 2004.

Fox, M.V., *Qoheleth and His Contradictions.* JSOTS 71. Sheffield: Almond Press, 1989.

Fox, Michael V. *Proverbs 1-9*. Anchor Bible Commentaries. Garden City, N.Y.: Doubleday, 2000.

Frankfort, Henri., *Ancient Egyptian Religion.* New York: Columbia University Press, 1948.

Fredericks, D.C., *Qoheleth' s Language: Re-evaluating Its Nature and Date,* Lewiston, 1988.

Freedman, D., "Orthographic Peculiarities in the Book of Job," *ASTI* 9 (1973), pp. 177-201.

Freedman, D.N., "The Elihu Speeches in the Book of Job." *HTR* 61 (1968): 51-59.

French, V., "The Speeches in Chronicles: A Reply," *Expositor* 5/2 (1895), pp. 140-152.

Fretheim, T., "God in the Book of Job," *Currents in Theology and Mission* 26 (1999): 85-93.

Friedman, R. E., *The Exlie and Biblical Narrative: The Formation of the Deuteronomistic and Priestly Works,* HSM 22, Chico, CA: Scholars Presss, 1981.

Gammie, J.G., Brueggemann, W., Humphreys, W.L. and Ward, J.M., *Israelite Wisdom: Theological and Literary Essays in Honor of Samuel Terrien.* Missoula: Scholars Press, 1978.

Gammie, J.G., *Holiness in Israel.* Minneapolis: Fortress, 1989.

Gammie, John G. and Leo Perdue (eds) of *The Sage in Israel and the Ancient Near East.* Winona Lake, IN: Eisenbrauns, 1990.

Garbini, B., *History and Ideology in Ancient Israel* (trans. J. Bowden; London: SCM, 1988)

Gardiner, Alan., *Egypt of the Pharaohs*. new York: Oxford university Press, 1961.

Garrett, D.A., *Proverbs, Ecclesiastes, Song of Songs.* The New American Commentary. Nashville: Broadman Press, 1993.

Garstang, John., *Joshua, Judges: Foundations of Bible History.* london: 1931.

Gaster, T.H., Sacrifices and Offerings in the OT. *IDB* 4 (1962), pp. 147-159.

Gerstenberger E.S., *Psalms Part 1 with an Introduction to Cultic Poetry.* Grand Rapids: Eerdmans, 1988.

Gerstenberger, E.S., *Leviticus.* Louisville: Westminster John Knox Press, 1996.

Gerstenberger, E.S., *Psalms Part I,* Grand Rapids, 1988.

Gese, H., *Lehre und Wirklichkeit in der alten Weisheit,* Tübingen, 1958.

Ghirshman, R., *Iran,* English translation. Hammondsworth: Penguin Books, 1954.

Ginsberg, H.L., *Studies in Koheleth,* New York, 1952.

Gitay, Y., ed., *Prophets and Prophecy.* Semeia Studies. Atlanta: Scholars Press, 1997.

Gitin S., Tel Miqne-Ekron: A Type-Site for the Inner Coastal Plain in the Iron Age II Period. Pp. 23-58 in *Recent Excavations in Israel: Studies in Iron Age Archaeology,* S. Gitin and W.G. Dever eds., Winona Lake, IN: Eisenbrauns, 1989.

Gitin S., The Neo-Assyrian Empire and Its Western Periphery: The Levant, with a Focus on Philistine Ekron. Pp. 77-103 in *Assyria 1995,* S. Parpola and R.M. Whiting eds., Helsinki: Helsinki Univeristy Press, 1997.

Glanzman, G., "The Origin and Date of the Book of Ruth," *CBQ* 21 (1959), pp. 201-207.

Glatzer, N., *The Dimensions of Job.* New York: Schocken, 1969.

Gledhill T., *The Message of the Song of Songs.* Downers Grove: InterVarsity, 1994.

Goldingay, John E. *Daniel.* WBC 30. Dallas: Word, 1989.

Golka, F.W., *The Leopard' s Spots: Biblical and African Wisdom in Proverbs.* Edinburgh, T. & T. Clark, 1993.

Gordis R., The Root *dgl* in the Song of Songs. *JBL* 88 (1969), pp. 203-204.

Gordis R., *The Song of Songs and Lamentations: A Study, Modern Translation, and Commentary.* New York: KTAV, 1974.

Gordis, R., "The Translation Theory of Qoheleth Re-examined," *JQR* 40 (1949-50), pp. 103-116.

Gordis, R., "Love, Marriage, and Business in the Book of Ruth," Pp. 241-264 in *A Light Unto My Path: Old Testament Studies in Honor of*

Jacob Myers, Eds. H. Bream, R. Heim and C. Moore, Philadelphia, 1974.

Gordis, R., "The Original Language of Qoheleth," *JQR* 37 (1946-47), pp. 67-84.

Gordis, R., *The Book of God and Man,* Chicago, 1965.

Gordon, R., ed. *The Place is To Small for Us: The Israelite Prophets in Recent Scholarship.* SBTS 5. Winona Lake: Eisenbrauns, 1995.

Gottwald, N. K., "Recent Studies of the Social World of Premonarchic Israel," *Currents in Research: Biblical Studies* 4 (1996), 9-34.

Gottwald, N. K., *The Tribes of Yahweh: A Sociology of the Religion of Liberated Israel, 1250-1050 B. C. E.,* Maryknoll: Orbis Books, 1979.

Gottwald, N.K., *Studies in the Book of Lamentations.* London: SCM Press, 1962.

Gowan D.E., *Theology of the Prophetic Books: The Death & Resurrection of Israel,* Louisville: Westminster John Knox Press, 1998.

Grabbe, L.L., *Priests, Prophets, Diviners, Sages: A Socio-Historical Study of Religious Specialists in Ancient Israel.* Valley Forge: Trinity, 1995.

Grabbe, Lester L., *Judaism From Cyrus to Hadrian.* Vol 1 of The Persian and Greek Periods. Minneapolis: Fortress, 1992.

Graham M.P., Hoglund K.G., and McKenzie S.L., *The Chronicler as Historian,* JSOT Sup. 238, Sheffield, 1997.

Gray, G. B. *A Critical and Exegetical Commentary on the Book of Isaiah I -X X V II.* ICC. Edinburgh: T & T Clark, 1912.

Gray, J., *I & II Kings.* OTL. 3rd Edition. Philadelphia: Westminster, 1979.

Gray, J., *Joshua, Judge, Ruth,* The New Century Bible Commentary, Grand Rapids: Eerdmans, 1986.

Gray, J., *Joshua,* New Century Bible, London, 1967; Hawk, L.D., *Every Promise Fulfilled: Contesting Plots in Joshua,* Louisville: Westminster/ John Knox Press, 1991; Jepsen, A., *Die Quellen des Königbuches,* Halle, 1953.

Gray, John., *The Canaanites.* London: Thames and Hudson, 1964.

Greenberg M., *Ezekiel 1-20.* AB 22. Garden City: Doubleday, 1983.

Greenberg, Moshe, *The Hab/piru.* New Haven: American Oriental Society, 1955.

Grollenberg, L.H., *Atlas of the Bible.* Eng tr. Nashville: Thomas Nelson & Sons, 1956.

Guillaume, A., "The Arabic Background of the Book of Job," Pp. 106-127 in *Promise and Fulfilment: Essays Presented to Professor S.H. Hooke*, ed. F.F. Bruce, Edinburgh, 1963.

Gunkel, H., *Einleitung in die Psalmen*, Goettingen, 1933.

Gunkel, H., *Introduction to Psalms. The Genres of the Religious Lyric of Israel*, Mercer University Press, 1999.

Gunkel, H., *Psalmen uebersetzt und erklaert*, Goettingen, 1926.

Gunkel, H., *The Psalms: A Form Critical Introduction*, Philadelphia, 1967.

Gurney, O.R., *The Hittites*. Hammondsworth: Penguin Books, 1952.

Gutierrez, G., *On Job*. New York: Orbis, 1987.

Gwaltney, W.C., "The Biblical Book of Lamentations in the Context of Near Eastern Lament Literature," *Scripture in Context II*, eds., W.W. Hallo, J.C. Moyer and L.G. Perdue, Winona Lake, 1983, pp. 191-211.

Habel, N., *The Book of Job*. Philadelphia: Westminster, 1985.

Hallo W.W. and Van Dijk, A.J.A., *The Exaltation of Inanna*, New Haven, 1968.

Hallo, W.W., "Individual Prayer in Sumerian," *JAOS* 88 (1968), pp. 71-89.

Hamilton, J. M., *Social Justice and Deuteronomy: The Case of Deuteronomy 15*, SBLDS 136, Atalnta, Georgia, 1992.

Hamlin, E.J., *Judge: At Risk in the Promised Land*, International Theological Commentary, Grand Rapids: Eerdmans, 1990.

Hanson, Paul D. *Isaiah 40-66*. Interpretation. Louisville: Westminster John Knox, 1995.

Haran, M., M. Haran, The Tabernacle: A Graded Taboo of Holiness. Pp. 33-41 in *Sefer Segal*, J. Liver ed., Jerusalem: Kiriat Sefer, 1964.

Haran, M., *Temples and Temple-Service in Ancient Israel: An Inquiry into the Character of Cult Phenomena and the Historical Setting of the Priestly School*, Oxford: Clarendon Press, 1978.

Harper. W. R. *A Critical and Exegetical Commentary on Amos and Hosea*. ICC. Edinburgh: T. & T. Clark, 1905.

Harris, S., "Wisdom or Creation? A New Interpretation of Job 28:27." *VT* 33 (1983): 419-427.

Harrison, R.K., *Jeremiah and Lamentations: An Introduction and Commentary*. Tyndale Old Testament Commentaries series. Leicester, Eng. and Downers Grove, Ill.: Inter-Varsity Press, 1973.

Harrison, R. K., Leviticus: *An Introduction and Commentary*. The Tyndale Old Testament Commentaries. Downers Grove: Inter-Varsity Press, 1980.

Hartley, J. E., *Leviticus*. WBC 4. Dallas: Word, 1992.

Hartley, J. E., *The Book of Job,* NICOT, Grand Rapids, 1988.

Hayes, J. and S. Irvine. *Isaiah the Eighth-Century Prophet: His Times and His Preaching*. Nashville: Abingdon, 1987.

Hayes, J. H. *Amos*. Nashville: Abingdon, 1988.

Hayes, John H. and J. Maxwell Miller, eds., *Israelite and Judean History*. Philadelphia: Westminster Press, 1977.

Heater, H., Jr. "Structure and Meaning in Lamentations." *Bibliotheca Sacra* 149:595 (1992): 304-15.

Heaton, E. W., *The Hebrew Kingdoms,* London, 1968.

Heim, K. M., *Like Grapes of Gold Set in Silver: An Interpreation of Proverbial Clusters in Proverbs 10:1-22:6*. BZAW 273. Berlin, Walter de Gruyter, 2001.

Hermisson, Hans-Jurgen., "Observations on the Creation Theology in Wisdom." Pp. 43-57 in *Israelite Wisdom: Theological and Literary Essays in Honor of Samuel Terrien*. Eds. J.G. Gammie, W. Brueggemann, W.L. Humphreys, and J.M. Ward. Missoula: Scholars Press, 1978.

Herrmann, Siegfried. *A History of Israel in the Old Testament Times*. Trans. John Bowden Revised and enlarged edition. Philadelphia: Fortress, 1981.

Hildebrandt, T., "Motivation and Antithetic Parallelism in Proverbs 10-15," *Journal of the Evangelical Theological Society* 35/4 (1992) 433-44.

Hildebrandt, T., "Proverbial Pairs: Compositional Units in Proverbs 10-29." *JBL* 107.2 (1988) 207-224.

Hill, A. D., *Malachi*. AB 25D. New York: Doubleday, 1998.

Hillers, D. R. *Micah*. Hermeneia. Philadelphia: Fortress, 1984.

Hobbs, T. R., 2 *Kings*, WBC 13, Waco: Word Books, 1985.

Hoerth, Alfred J., William Mattingly, and Edwin M. Yamauchi, eds. *People of the Old Testament World*. Grand Rapids: Baker, 1994.

Hoglund, K., "The Fool and Wise in Dialogue," Pp. 161-180 in *The Listening Heart*. Eds. Kenneth Hoglund et al. Sheffield: JSOT Press, 1987.

Hoglund, K.G., Elizabeth F.H., and Glass, J., *The Listening Heart: Essays in Wisdom and the Psalms in Honor of Roland E. Murphy*. Sheffield, England: JSOT Press, 1987.

Holladay, J. S., "The Kingdoms of Israel and Judah: Political and Economic Centralization in the Iron II A-B," *in The Archaeology of Society in the Holy Land* (ed. T. E. Levy: London: Leicester University Press, 1995), 384-385.

Holladay, W. L. *Jeremiah*. Hermeneia. 2 vols. Minneapolis: Fortress, 1986, 1989.

Honek, Richard P. *A Proverb in Mind: The Cognitive Science of Proverbial Wit and Wisdom*. Mahwah, New Jersey. Lawrence Erlbaum Asc. Publishers, 1997.

House P.R., *Zephaniah: A Prophetic Drama*. JSOT Sup. 69. Sheffield: JSOT Press, 1988

Hubbard R.L. Jr., *The Book of Ruth,* NICOT, Grand Rapids: Eerdmans, 1988.

Hubbard, D. A. *Joel and Amos*. TOTC. Downers Grove, Ill.: Inter Varsity, 1989.

Hubbard, D.A., *Proverbs* in The Communicator' s Commentary. Dallas: Word Books, 1989.

Huey F. B. Jr., *Jeremiah, Lamentations*. NAC. Nashville: Broadman & Holman, 1993.

Huey, F.B. Jr., "Esther." *In The Expositor' s Bible Commentary*. Vol 4. Grand Rapids: Regency Reference Library, 1988.

Humphreys, W.L., "The Motif of the Wise Courtier in the Old Testament." Ph.D. Dissertation, Union Theological Seminary, 1970.

Jacobson, D., "What Is Wisdom - Who Is She?," 7, *Word and World* (Summer 1987) 241-244.

Janzen, J. G., "The Yoke That Gives Rest," *Int* 41/3(July, 1987), 256-268.

Japhet, S., *I & II Chronicles*, London, 1993, pp. 32-34.

Japhet, S., *The Ideology of the Book of Chronicles and Its Place in Biblical Thought,* New York, 1989, pp. 511-512.

Jastrow, M., *The Book of Job,* Philadelphia, 1920.

Jensen, I.L., *Jeremiah and Lamentations*. Everyman' s Bible Commentary series. Chicago: Moody Press, 1966 (Jeremiah), 1972 (Lamentations).

Johnston, S.I., *Religions of the Ancient World,* Cambridge, 2004.

Johnstone W., *1 & 2 Chronicles,* JSOT Sup. 253, Sheffield, 1997.
Jones D. R., *Jeremiah.* NCB. Grand Rapids: Eerdmans, 1992.
Jones, G.H., *1 and 2 Kings,* vol. II, NCBC, Grand Rapids: Wm. B. Eerdmans, 1984.
K.G. Hoglund, "Edomites," Pp. 335-347 in POTW; H. Misgav, "Two Notes on the Ostraca from Horvat 'Uza," *IEJ* 40 (1990), pp. 215-217.
Kaiser, O. *Isaiah 13-39* OTL. 2d. ed. Philadelphia: Wetminster, 1974.
Kaiser, O. *Isaiah 1-12*. OTL. 2d. ed. Philadelphia: Wetminster, 1972.
Kaiser, O., *Introduction to the Old Testament,* Blackwell, 1975; Klein, L. R., *The Triumph of Irony in the Book of Judges,* Bible and Literature Series, 14, Sheffield: JSOT Press, 1988.
Kaiser, W.C. Jr. "The Book of Leviticus." Pp. 985-1191 in *The New Interpreter's Bible* Vol. 4. L. Keck et.al eds., Nashville: Abingdon Press, 1994, pp. 985-1191.
Kaiser, W.C. Jr., *A History of Israel: From Bronze Age through the Jewish Wars,* Nashville, 1998.
Kaligula, L., *The Wise King: Studies in Royal Wisdom as Divine Revelation in the Old Testament and Its Environment.* Coniectanea biblica, 15. Lund: CWK Gleerup, 1980.
Kaufmann, Y., *The Biblical Account of the Conquest of Palestine.* Jerusalem: Magnes Press, 1953.
Kaufmann, Y., *The Religion of Israel, from Its Beginnings to the Babylonian Exile.* Chicago: University of Chicago Press, 1960.
Keck, L.E. et al. *The New Interpreter' s Bible: The Book of Proverbs, the Book of Ecclesiastes, the Song of Songs, the Book of Wisdom, The Book of Sirach.* Nashville: Abingdon, 1997.
Keel O., *The Song of Songs.* Minneapolis: Fortress, 1994.
Kegler -M.J., Augustin, *Synopse zum chronistischen Geschichtswerk,* 1991; S. DeVries, *The Forms of the Old Testament Literature,* 1989.
Keil C.F., and Delitzsch F. "The Pentateuch." In Commentary on the Old Testament in Ten Volumes. Vol. 1. Reprint (25 vols in 10). Grand Rapids: Eerdmans, 1982.
Keil, C.F., "The Lamentations of Jeremiah." In *The Prophecies of Jeremiah,* 2:333-455. Trans. David Patrick. *Biblical Commentary on the Old Testament.* Reprint ed. 2 vols. Grand Rapids: Eerdmans, 1960.
Keil, C.F., "Ezra, Nehemiah." In I *& II Kings, I & II Chronicles, Ezra,*

Nehemiah, Esther. Commentary on the Old Testament. 10 Vols. Grand Rapids: Eerdmans, 1982.

Keil, C.F., *Jeremiah, Lamentations,* Commentary on the Old Testament, Grand Rapids, 1960.

Kellner M., *Commentary on Song of Songs: Levi ben Gershom (Gersonides).* New Haven: Yale University Press, 1998.

Kenyon, Kathleen, *Digging Up Jericho.* London: Ernst Benn, 1957.

Keown G. L., Scalise P. J. and Smothers T. G., *Jeremiah 26-52.* WBC. Dallas: Word, 1995.

King P. J., *Jeremiah: An Archaeological Companion.* Louisville: Westminster, 1993.

King, L.W., *The Seven Tablets of Creation,* 2 Vols. London, 1902.

King, P. J *Amos, Hosea, Micah-An Archaeological Commentary.* philadelphia: Westminster, 1988.

Kitchen, Kenneth A., *The Ancient Orient and the Old Testament.* Chicago: Inter Varsity Press, 1966.

Kiuchi, N., *The Purification Offering in the Priestly Literature: Its Meaning and Function.* Sheffield: JSOT Press, 1987.

Klein, J., "' Personal God' and Individual Prayer in Sumerian Religion," *AfO Beiheft* 18 (1982), pp. 295-306.

Klostermann, A., *Der Pentateuch,* Vol. 1, Leipzig, 1893.

Knohl I., *The Sanctuary of Silence.* Minneapolis: Fortress Press, 1995.

Knoppers G.N., *I Chronicles 1-9: A New Translation with Introduction and Commentary,* AB, New York, 2004.

Knoppers, G. N., "The Historical Study of the Monarchy: Developments and Detours," in *The Face of Old Testament Studies: A Survey of Contemporary Approaches* (ed. D. W. Baker and B. T. Arnold; Baker, 1999), 207-235.

Knoppers, G. N., *Two Nations under God: The Deuteronomistic History of Solomon and the Dual Monarchies, vol. 1. The Reign of Solomon and the Rise of Jeroboam,* Atalnta: Scholars Press, 1992.

Kovacs, B., "Sociological-Structural Constraints upon Wisdom: The Spatial and Temporal Matrix of Proverbs 15:28-22:16." Ph.D. Dissertation, Vanderbilt University, 1978.

Kramer, Samuel Noah. *The Sumerians.* Chicago: University of Chicago Press, 1963.

Kropat, A., *Die Syntax des Autors der Chronick,* BZAW 16, 1909.

Kruger P.A., "The Hem of the Garment in Marriage. The Meaning of the Symbolic Gesture in Ruth 3:9 and Ezek 16:8," *JNSL* 12 (1984): 79-86.

Kugel, J., *The Idea of Biblical Poetry.* New Haven: Yale University Press, 1981.

Kunstmann, W.G., *Die babylinische Gebetsbeschworung,* Leipzig, 1931.

Kunzt, J.K., "The Canonical Wisdom Psalms of Ancient Israel: Rhetorical, Thematic, and Formal Dimensions." Rhetorical Criticism, ed J. Jackson, and M. Kessler, 186-222. Pittsburgh: Pickwick, 1974.

Lacheman E.R., "Note on Ruth 4:7-8," *JBL* 56 (1937), pp. 53-54.

Lacocque, André. *The Book of Daniel.* Atlanta: John Knox, 1979.

Lambert, W.G., *Babylonia Wisdom Literature,* Oxford, 1960.

Lambert, W.G., "Dingir.ša.dib.ba Incantations," *JNES* 33 (1974), pp. 267-322.

Lanahan, W.F., "The Speaking Voice in the Book of Lamentations." *JBL* 93 (1974): 41-49.

Lasine, S., "Bird' s-Eye and Worm' s-Eye Views of Justice in Book of Job," *The Poetic Books: A Sheffield Reader.* Ed. D.J.A. Clines. Sheffield: JSOT, 1997, Pp. 274-297.

Lemche, N. P., *Ancient Israel: A New History of Israelite Society* (Sheffield: JSOT Press, 1988).

Lemche, N. P., *Early Israel: Anthropological and Historical Studies on the Israelite Society before the Monarchy* (Leiden: Brill, 1985).

Lemke, W.E., The Near and Distance God: A Study of Jer 23:23-24 in Its Biblical Theological Context. JBL 100 (1981), pp. 541-555.

Levenson, J., "The Sources of Torah: Psalm 119 and the Modes of Revelation in Second Temple Judaism." *Ancient Israelite Religion: Essays in Honor of Frank Moore Cross,* Ed Patrick D. et al Miller, 559-74. Philadelphia, 1987.

Levin, B.A., *Numbers 1-20*. AB 4. New York: Doubleday, 1993.

Levin, B.A., *Numbers 21-36*. AB 4A. New York:Doubleday, 2000.

Levine, Baruch A, Leviticus, Book of. *ABD* 4 (1993), pp. 311-321.

Levine, Baruch A. *Leviticus* ויקרא. The JPS Torah Commentary. Philadelphia: The Jewish Publication Society, 1989.

Lewis, I. *Ecstatic Religion: An Anthropological Study of Shamanism and Spirit Possession.* Baltimore: Penguin, 1975.

Lichtheim, M., *Ancient Egyptian Literature*. 3 vols. Los Angelos: University of California Press, 1980.

Lind, M., *Yahweh is a Warrior: The Theology of Warfare in Ancient Israel,* Scottsdale: Herald Press, 1980.

Lindsey, F. Duane. "Leviticus." Pp. 163-214 in *The Bible Knowledge Commentary*. Edited by John F. Walvoord and Roy B. Zuck. Wheaton: Victor Books, 1985.

Lohfink, N., *Das Deuteronomium, Entstehung, Gestalt und Botschaft,* Bibliotheca ephemeridum theologicarum lovaniensium, Leuven: Peeters, 1985.

Lohfink, N., *Das Hauptgebot: Eine Untersuchung literarischer Einleitungsfragen zu Dtn 5-11,* AB 20, Rome: Pontificial Biblical Institute, 1963.

Lomburg, J. *Jonah.* OTL. Louisville: Westminster John Knox, 1993.

Long, B.O., *1 Kings,* FOTL IX, Grand Rapids: Wm. B. Eerdmans, 1984.

Long, B.O., *2 Kings,* FOTL X, Grand Rapids: Wm. B. Eerdmans, 1991.

Long, V. Phillips. *The Art of Biblical History.* Grand Rapids: Zondervan, 1994.

Longman III T., *The Song of Songs.* Grand Rapids: Eerdman, 2001.

Longman T. III, *The Book of Ecclesiastes,* Grand Rapids, 1998.

Longman, T. III., *How to Read Proverbs.* Downers Grove, Il.: InterVarsity Press, 2002.

Loretz O., "The Theme of the Ruth Story," *CBQ* 22 (1960): 391-399.

Luker L.M., "Ephrathah," *ABD* 2, pp. 557-558.

Lundbom J. R., *Jeremiah 1-20*. AB. New York: Doubleday, 1999.

Lust J. ed., *Ezekiel and His Book: Textual and Literary Criticism and Their Interrelaion.* BETL 74. Leuven: Leuven University Press, 1986.

Luther, M., "Notes on Ecclesiastes." *in Luther's Works,* Ed. Jaroslav Pelikan. Saint Louis: Concordia, 1972.

Macintosh, A. A. *A Critical and Exegetical Commentary on Hosea.* ICC. Edinburgh: T. & T. Clark, 1997.

Malchow, B.V., "The Roots of Israel' s Wisdom in Sacral Kingship." Ph.D. Dissertation, Marquette University, 1972.

Mallowan, M.E.L., *Early Mesopotamia and Iran.* London: Thames and Hudson, 1965.

Mann, T. W., *Deuteronomy,* WBCom. Westminster: John Knox, 1995.

Marcus, D., *Jephthah and His Vow,* Lubbock Texas: Texas Tech University Press, 1986.

Mariaselvam A., *The Song of Songs and Ancient Tamil Love Poetry*. Rome: Editrice Pontifico Istituto Biblico, 1988.

Martin, J.A., "Esther." Pp. 699-713 in *The Bible Knowledge Commentary: An Exposition of the Scriptures by Dallas Seminary Faculty: Old Testament*. Ed. J.F. Walvoord and R.B. Zuck. Wheaton: Victor Books, 1985.

Mason R., *Micah, Nahum, Obadiah*. OTG. Sheffield: JSOT Press, 1991

Mason R., *Zephaniah, Habakkuk, Joel*. OTG. Sheffield: JSOT Press, 1994

Mason, R., "Some Echoes of the Preaching in the Second Temple?" *ZAW* 96 (1984), pp. 221-235.

May, H.G., ed., *Oxford Bible Atlas*. New York: Oxford University Press, 1963.

Mayes, A. D. H., *Deuteronomy,* NCB, London: Marshall-Pickering, 1979; "Deuteronomy 14 and the Deuteronomic World View," in *Studies in Deuteronomy in Honour of C. J. Labuschagne on the Occasion of His 65th Birthday,* ed. by Martinez, F. G., van den Woude, A. S., van Ruiten, J. Y. A. G. M. Leiden: E. J. Brill, 1994, 165-181.

Mayes, A. D. H., *Judges,* Sheffield: JSOT Press, 1985; Moore, G., *Judges,* The International Critical Commentary, New York: Harper, 1969.

Mayes, A. D. H., *The Story of Israel Between Settlement and Exile: A Redactional Study of the Deuteronomistic History,* London: SCM Press, 1983.

Mays J. *L. Amos*. OTL. Philadelphia: Westminster, 1969.

Mays, J. *L. Hosea*. OTL. Philadelphia: Westminster, 1969.

Mays, J. *L. Micah*. OTL. Philadelphia: Westminster, 1976.

Mays, J., and P. Achtemeier, eds. *Interpreting the Prophets*. Philadelphia: Fortress, 1987.

Mays, J.L., "The Place of Torah Psalms in the Psalter." *JBL* 106 (1987): 3-12.

Mays, J.L., *The Lord Reigns: A Theological Handbook to the Psalms*. Louisville: Westminster/John Knox, 1994.

Mazar, Amihai, *Archaeology of the Land of the Bible: 10,000-586 B.C.E.* New York: Doubleday, 1992.

McBride, S. D., "Polity of the Covenant People: The Book of

Deuteronomy," *Int* 41/3(July, 1987), 229-244.

McComiskey, T. E. "Hosea." In *The Minor Prophets: An Ezegetical and Expositional Commentary,* edited by T. E. McComiskey, 3 vols., 1:1-237. Grand Rapids: Baker, 1992-98.

McConville, G., *Exploring the Old Testament: Volume 4 the Prophets.* London: SPCK, 2002

McConville, J. G., *Law and Theology in Deuteronomy,* JSOTSup 33, Sheffield: JSOT, 1984.

McConville, J. G., Millar, J. G., *Time and Place in Deuteronomy,* JSOTSup 179, Sheffield: Sheffield Academic Press, 1994.

McCreesh, T.P., *Biblical Sound and Sense: Poetic Sound Patterns in Proverbs 10-29*. Sheffield Academic Press, Sheffield, 1991.

McDaniel, T.F., "The Alleged Sumerian Influence Upon Lamentations," *VT* 18 (1968), pp. 198-209.

McKane W., *A Critical and Exegetical Commentary on Jeremiah*. ICC. 2 vols. Edinburgh: T. & T. Clark, 1986, 1996.

McKane, W. *The Book of Micah: Introduction and Commentary*. Edinburgh: T. & T. Clark, 1998.

McKane, W., *Prophets and Wise Men.* Chatham: SCM Press, 1965.

McKane, W., *Proverbs: A New Approach*. Old Testament Library. Philadelphia: The Westminster Press, 1970.

McKeating H., *Ezekiel.* OTG. Sheffield: JSOT Press, 1993.

McKenzie, J.L., "Reflections on Wisdom." *JBL* 86 (1967): 1-9.

Mellaart, J., *Earliest Civilizations of the Near East.* New York: McGraw-Hill Book Company, 1965.

Mendenhall, G.E., "The Hebrew Conquest of Palestine," *Biblical Archaeologist* 25, 66-87. Reprinted in *Biblical Archaeologist Reader* 3(1970): 100-120.

Merrill, Eugene M., *Kingdom of Priests: A History of Old Testament Israel.* Grand Rapids: Baker, 1987.

Meyer, Carol L. *Zechariah 9-14*. AB 25C. New York: Doubleday, 1993.

Meyer, Carol L., and Eric M. Meyers. Haggai, *Zechariah 1-8*. AB 25 B. New York: Doubleday, 1987.

Mieder, W. and Alan D., *Cognition, Comprehension, and Communication: A Decade of North American Proverb Studies (1990-2000)*. Baltmannsweiler, Schnieder Verlag Hohengehren, 2003.

Mieder, W. and Alan D., *Proverbs are Never Out of Season: Popular Wisdom*

in the Modern Age. New York: Oxford Univ. Press, 1993.
Mieder, W. and Alan D., *The Wisdom of Many: Essay on the Proverb.* NY: Garland Publishing, Inc. 1981.
Mieder, W. and Alan D., *Wise Words.* New York. Garland Publishing, Inc., 1994.
Milgrom J, *Leviticus 1-16,* Old Testament Library. New York: Doubleday, 1991.
Milgrom J, *Leviticus 17-22,* Old Testament Library. New York: Doubleday, 2001.
Milgrom J, *Leviticus 23-27,* Old Testament Library. New York: Doubleday, 2001.
Milgrom J, *Leviticus.* A Continental Commentary. Minneapolis: Fortress Press, 2004.
Milgrom J, The Dynamics of Purity in the Priestly System. Pp. 29-34 in *Purity and Holiness: The Heritage of Leviticus.* Poorthuis J.H.M., and Schwartz J. eds., Brill: Leiden · Boston · Köln, 2000.
Milgrom J., *Numbers,* The JPS Torah Commentary, Philadelphia · New York: The Jewish Publication Society, 1990.
Millard, Alan R., James K. Hoffmeier, and David W. Baker, eds., *Faith, Tradition and History: Old Testament Historiography in Its Near Eastern Context.* Winona Lake,
Miller Patrick D., "The Book of Jeremiah." In *NIB* 7:555-1072.
Miller, J.M. and Hayes, J.H. A *History of Ancient Israel and Judah,* Philadelphia: Fortress, 1986.
Miller, J.M., *The Old Testament and the Historian.* Philadelphia: Fortress, 1976.
Miller, P. D. " 'Moses My Servant' : The Deuteronomic Portrait of Moses," *Int* 41/3(July, 1987), 245-255.
Miller, P. D. *Deuteronomy,* Interpretation, Atlanta: John Knox, 1990.
Miller, P., *The Divine Warrior in Early Israel,* Cambridge: Harvard University Press, 1973.
Miller, P.D., Hanson, P.D. and McBride, S.D., *Ancient Israelite Religion: Essays in Honor of Frank Moore Cross.* Philadelphia: Fortress, 1987.
Milner, G.B., "Quadripartite Structures." *Proverbium* 14 (1969): 379-83.
Montgomery, J.A. and Henry Snyder Gehman, *The Book of Kings.* ICC. Edinburgh: T. & T. Clark, 1951.

Montgomery, James A. *A Critical and Exegetical Commentary on the Book of Daniel.* ICC. Edinburgh: T. & T. Clark, 1927.

Moore, C.A., *Esther*. The Anchor Bible. Garden City: Doubleday, 1971.

Moore, C.A., *Studies in the Book of Esther*. New York: KTAV, 1982.

Morrow, W.S., *Scribing the Center: Organization and Religion in Deuteronomy 14:1-17:13,* SBLMS 49, Atlanta, Georgia: Scholars Press, 1995.

Moscati, S., *The World of the Phoenicians,* English translation. London: George Weidenfeld & Nicolson, 1968.

Motyer, J. A. *The Prophecy of Isaiah*. Downers Grove, Ill.: Inter Varsity, 1993.

Mowinckel S., *Psalms in Israel' s Worship,* 1-II, Oxford, 1962.

Mulder, M.J., *1 Kings 1-11*. HCOT. Leuven: Peeters, 1998.

Murphy R., "Ruth," *Wisdom Literature*. FOTL 13. Grand Rapids: Eerdmans, 1981.

Murphy R.E., *The Song of Songs*. Minneapolis: Fortress, 1990.

Murphy R.E., *Wisdom Literature: Job, Proverbs, Ruth, Canticles, Ecclesiastes, and Esther*. Grand Rapids: Eerdmans, 1981.

Murphy, R.E., "Assumptions and Problems in O.T. Wisdom Research." *CBQ* 29 (1967): 102-112.

Murphy, R.E., "Form Criticism and Wisdom Literature." *CBQ* 31 (1969): 475-85.

Murphy, R.E., "Recent Literature on the Cantilcle," *CBQ* 16 (1954), pp. 1-11.

Murphy, R.E., "Religious Dimentions of Israelite Wisdom." *Ancient Israelite Religion: Essays in Honor of Frank Moore Cross,* ed Patrick D. et al Miller, 449-58. Philadelphia: Fortress, 1987.

Murphy, R.E., "The Faith of Qoheleth." *Word & World* 7/3 (1987): 253-260.

Murphy, R.E., "The Sage in Ecclesiastes and Qoheleth the Sage," in *The Sage in Israel and the Ancient Near East,* Eds. J.G. Gammie and Leo G. Perdue, 1990

Murphy, R.E., "Wisdom and Creation" in Brenner, Athalya and Fontaine, Carole. Wisdom and Psalms: A Feminist Companion to the Bible (Second Series). Sheffield: Sheffield, 1998: 32-43

Murphy, R.E., "Wisdom and Yahwism" Pp. 117-126 in *No Famine in the*

Land, Festschrift for J.L. McKenzie, James W. Flanagan, and Anita Weisbrod Robinson. Missoula: Scholars Press, 1975.

Murphy, R.E., "Wisdom in the OT," *ABD* 6, p. 929.

Murphy, R.E., "Wisdom...Thesis and Hypothesis." Pp. 35-42 in *Israelite Wisdom: Theological and Literary Essays in Honor of Samuel Terrien.* Eds. John G. Gammie, Walter Brueggemann, W. Lee Humphreys, and James M. Ward. New York: Union Seminary, 1978.

Murphy, R.E., *Proverbs.* Word Biblical Commentary, Dallas TX: Word Books, 1998.

Murphy, R.E., *The Song of Songs,* Hermenia, Minneapolis, 1990.

Murphy, R.E., *The Tree of Life: An Exploration of Biblical Wisdom Literature.* New York: Doubleday, 1990.

Murphy, R.E., *Wisdom Literature: Job, Proverbs, Ruth, Canticles, Ecclesiastes, Esther.* Grand Rapids: Eerdmans, 1981.

Murray, D. F., "Narrative Structure and Technique in the Deborah and Barak Story," *VTSup* 30 (1979), 155-189.

Nel, P.J., *The Structure and Ethos of the Wisdom Admonitions in Proverbs.* Berlin: Walter de Gruyter, 1982.

Nelson, R. D., *The Double Redaction of the Deuteronomistic History,* JSOTSup 18, Sheffield: JSOT, 1981.

Nelson, R.D., *First and Second Kings.* IBC. Louisville: Westminster John Knox, 1987.

Nelson, R.D., *Joshua,* OTL, Louisville: Westminster John Knox, 1997; Niditch, S., *War in the Hebrew Bible: A Study in the Ethics of Violence,* New York: Orbis Books, 1992.

Newsom, C.A., "Considering Job," *Currents in Research* 1 (1993) 87-118.

Newsome, J.D. Jr., The Hebrew Prophets. Louisville · Kentucky: Westminster John Knox Press, 1984

Nicholson, E., *Deuteronomy and Tradition,* Philadelphia: Fortress, 1967.

Niehaus, J. "Amos." In *The Minor Prophets: An Exegetical and Expositional Commentary,* edited by T. E. McComiskey, 3 vols., 1:315-494. Grand Rapids: Baker, 1992-98.

Nissinen, M. *References to Prophecy in Neo-Assyrian sources.* SAAS 7. Helsinki: Helsinki University Press, 1998.

Nooradzij, A. *Leviticus.* Bible Student' s Commentary series. Grand Rapids: Zondervan, 1982.

North, C. R. *The Second Isaiah*. Oxford: Clarendon, 1964.

Noth, M., *Josua, Handbuch zum Alten Testament,* Tübingen, 1953; *The History of Israel,* rev. ed. New York: Harper & Brothers, 1960.

Noth, M., *Könige: 1 Könige 1-16*. BKAT 9.1. Neukirchen-Vluyn: Neukirchener, 1968.

Noth, M., *Überlieferungsgeschichtliche Studien,* 3rd. ed. Tübingen, Engl. trans., *The Deuteronomistic History,* JSOTSup 15, Sheffield: JSOT, 2nd edition, 1991.

Noth, Martin, *Leviticus.* Philadelphia: The Westminster Press, 1962, 1965, 1977.

Noth, Martin, *The History of Israel. 2nd English translation*. New York: Harper & Brothers, 1960.

Noth, Martin, The Laws in the Pentateuch: Their Assumptions and Meaning. Pp. 1-107 in *Laws in the Pentateuch and Other Studies,* Edinburgh: Oliver & Boyd, 1966.

O' Brien, M. A., *The Deuteronomistic History Hypothesis: A Reassessment,* Gottingen: Vandenhoeck & Ruprecht, 1989.

O' Brien, M.A., and Campbell A.F., 1-2 Kings. Pp. 608-643 in *The International Bible Commentary,* Eds., W.R. Farmer et.al. Collegeville: Liturgical, 1998.

O' Connell, R. H., *The Rhetoric of the Book of Judge,* VTSup. 63, Leiden, E. J. Brill, 1996.

O' Connor, K.M., "Wisdom Literature, Women' s Culture and Peace." Pp. 40-61 in *Blessed Are the Peacemakers: Biblical Perspectives on Peace and Its Social Foundations.* A. Tambasco. New York: Paulist Press, 1989.

Ogden, G.S., "Better Proverb (Tob-Spruch), Rhetorical Criticism, and Qoheleth." *JBL* 96 (1977): 489-505.

Ollenburger, B. C., "The Book of Zechariah." In *NIB* 7:735-840.

Olmstesd, A. T., *The History of the Persian Empire.* Chicago: University of Chicago Press, 1948.

Olson, D. T., *Deuteronomy and the Death of Moses: A Theological Reading,* OBT, Minneapolis: Fortress, 1994.

Oppenheim, A.L., *Ancient Mesopotamia*. Chicago: University of Chicago, 1964.

Oppenheim, A.L., *Ancient Mesopotamia: Portrait of a Dead Civilization.* Chicago: University of Chicago Press, 1964.

Orton, D., *Prophecy in the Hebrew Bible: Selected Studies from Vetus Testment.* Leiden: Brill, 2000.

Oswalt, J. N. *The Book of Isaiah: Chapters 1-39*. NICOT. Grand Rapids: Eerdmans, 1986.

Oswalt, J. N. *The Book of Isaiah: Chpters 40-66*. NICOT. Grand Rapids: Eerdmans, 1998.

Overholt, T. *Channels for Prophecy: The Social Dynamics of Prophetic Activity.* Minneapolis: Fortress, 1989.

Parpola, S. *Assyrian Prophecies.* SAA 9. Helsinki: Helsinki University Press, 1997.

Paul, S. M. *Amos.* Hermeneia. Minneapolis: Fortress, 1991.

Pedersen, J., *Israel: Its Life and Culture.* 4 Vols. London: Oxford University Press, 1940.

Pemberton, G.D., "The Rhetoric of the Father: A Rhetorical Analysis of the ather/Son Lectures in Proverbs 1-9," Ph. D. Dissertation of The Iliff School of Theology, Denver, Colorado, 1999.

Perdue, L.G. and Gilpin, W.C., *The Voice of the Whirlwind: Interpreting the Book of Job.* Nashville: Abingdon, 1992.

Perdue, L.G., "Cosmology and the Social Order in the Wisdom Tradition." pp. 457-78 in *The Sage in Israel and the Ancient Near East.* Eds. J. Gammie, and Leo G. Perdue, Winona Lake: Eisenbrauns, 1990.

Perdue, L.G., "Liminality As a Social Setting for Wisdom Instruction." Zeitschrift Fuer Die Alttestamentliche Wissenschaft 93 (1981): 114-26.

Perdue, L.G., "The Death of the Sage and Moral Exhortation: From Ancient Near Eastern Instructions to Graeco-Roman Paraenesis." Semeia 50 (1990): 81-109. BS411.S45

Perdue, L.G., Scott, B.B. and Wiseman, W.J., *In Search of Wisdom: Essays in Memory of John G. Gammie.* Louisville: Westminster/John Knox, 1993.

Perdue, L.G., Wisdom and Creation: The Theology of Wisdom Literature. Nashville: Abingdon, 1994.

Perdue, L.G., Wisdom and Cult. Missoula: Scholars Press, 1977.

Perdue, L.G., *Wisdom in Revolt: Metaphorical Theology in the Book of Job.* Decatur: Almond Press, 1991.

Perdue, Leo G, *Proverbs.* Interpretation Series. Louisvile, Ky.: John Knox Press, 2000.

Perdue, Leo G. *Wisdom and Cult.* Missoula, MT: Scholars Press, 1977.

Perlitt, L., *Deuteronomium,* BK 5, Neukirchen-Vluyn: Neukirchener Verlag, 1990.

Péter, R., *"Par et shor,"* *VT* 25 (1975), pp. 486-496.

Petersen, D, ed. *Prophecy in Israel: Search for an Identity.* IRT. Philadelphia: Fortress, 1987.

Petersen, D. *The Roles of Israel' s Prophets.* JSOTSup 17. Sheffield: Sheffield Academic Press. 1981.

Peterson, D. L, *Zechariah 9-14 and Malachi.* OTL. Louisville: Westminster, 1995.

Peterson, D. L. *Haggai, Zechariah 1-8.* OTL. Philadelphia: Westminster, 1985.

Pfeiffer, Charles F., *Old Testament History.* Grand Rapids: Baker, 1973.

Phillips A., "The Book of Ruth? Deception and Shame," *JJS* 37/1 (1986): 1-17.

Phillips A., "Uncovering the Father' s Skirt," *VT* 30 (1980): 38-43.

Pleins, J.D., "Poverty in the Social World of the Wise." *JSOT* 37 (1987): 61-78.

Polzin, R., *David and the Deuteronomist: A Literary Study of the Deuteronomic History.* Part 3. Bloomington: Indiana University Press, 1993.

Polzin, R., *Moses and the Deuteronomist: A Literary Study of the Deuteronomic History,* I: Deuteronomy, Joshua, Judges, New York: Seabury, 1980.

Poorthuis J.H.M., and Schwartz J. eds., *Purity and Holiness: The Heritage of Leviticus.* Brill: Leiden · Boston · Köln, 2000.

Pope M.H., *The Song of Songs.* New York: Doubleday, 1977.

Porter, J.R., *Leviticus.* CBC. Cambridge: Cambridge University Press, 1976.

Pressler C., *Joshua, Judges, and Ruth.* WBC. Louisville · London: Westminster John Knox Press, 2002.

Priest, J., "Humanism, Skepticism, and Pessimism in Israel." *JAAR* 36 (1968): 311-26.

Prinsloo W.S., "The Theology of the Book of Ruth," *VT* 30 (1980): 330-341.

Pritchard, James B., *The Ancient Near East in Pictures.* Princeton: Princeton University Press, 1954.

Pritchard, James B., *The Ancient Near East: Supplementary Texts and Pictures Relating to the Old Testament*. Princeton: Princeton University Press, 1969.

Provan, I.W., *1 and 2 Kings*. NIBC. Peabody: Hendrickson, 1995.

Raabe P.R., *Obadiah*, AB, New York: Doubleday, 1996.

Rauber D.F., "Literary Values in the Bible: The Book of Ruth," *JBL* 89 (1970): 27-37.

Redditt, Paul L. *Haggai, Zechariah, Malachi*. NCB. Grand Rapid: Eermans, 1995.

Redford, Donald B., *A Study of the Biblical Story of Joseph*. Leiden: Brill, 1970.

Reiner E. and Gterbock, *JCS* 21 (1967), pp. 257-262.

Renz T., *The Rhetorical Function of the Book of Ezekiel*. VTSup. 76. Leiden: Brill, 1999.

Ringgren, H., *Israelite Religion*. Philadelphia: Fortress Press, 1966.

Ringgren, H., *The Faith of the Psalmists*, Philadelphia, 1963.

Robert A., *Le Candique des Cantiques*, Paris: J. Gabalda, 1963.

Roberts, J. J. M., *Nahum, Habakkuk and Zephaniah*. Old Testament Library. Louisville: Abingdon, 1991

Roberts, J.J.M., "Job and the Israelite Religious Tradition," *ZAW* 89 (1977), pp. 107-114.

Robertson, O. P., *The Books of Nahum, Habakkuk, and Zephaniah*. NICOT. Grand Rapids: Eerdman, 1990

Roche M. De, "Zephainah 1:2-3: The "Sweeping" of Creation." *VT* 30 (1980): 104-109

Rofé, A. *Introduction to Prophetic Literature*. Sheffield: Sheffield Academic Press, 1997.

Rofé, A. *The Prophetical Stories: The narratives about the Prophets in the Hebrew Bible, Their Literary Types and History*. Jerusalem: Magnes, 1988.

Rogerson, J., and Davies, P. R., "Was the Siloam Tunnel Built by Hezekiah?", BA 59.3 (1996), 138-149.

Römer, T., "The Book of Deuteronomy," in Mckenzie, S. L., Graham, M. P. *The History of Israel' s Traditions: The Heritage of Martin Noth*, JSOTSup 182, Sheffield: Acamedic Press, 1994, 178-212.

Rooker, M.F., *Leviticus*, The New American Commentary, Mashville:

Broadman & Holman Publishers, 2000

Rudolph, W., *Micha, Nahum, Habakkuk, Zephanja*. Gütersloh: Gütersloher Verlagshaus Gerd Mohn, 1975

Ruffle, J., "The Teaching of Amenemope and Its Connection with the Book of Proverbs." *Tyndale Bulletin* 28 (1977):29-68.

Saggs, H.W.F., *The Greatness That Was Babylon: A Sketch of the Ancient Civilization of the Tigris-Euphrates Valley*. New York: Hawthorne Books, 1962.

Sansom, M.C., "Laying on of Hands in the Old Testament," *The Expository Times* 94 (1982/3), pp. 323-326.

Sasson J.M., *Ruth. A New Translation with a Philological Commentary and f Formalist-Folklorist Interpretation*. Baltimore: Johns Hopkins, 1979.

Sasson, J. M. *Jonah*. AB. New york: Doubleday, 1990.

Savran, G., "1 and 2 Kings," *The Literary Guide to the Bible,* ed. R. Alter and F. Kermode, Cambridge: Harvard University Press, 1987.

Schneider, T., *Judges,* Berit Olam: Studies in Hebrew Narrative and Poetry, Collegeville: The Liturgical Press, 2000.

Schuller, E. M., "The Book of Malachi." In *NIB* 7: 843-77.

Schultz, R.L., "Unity or Diversity in Wisdom Theology? A Canonical and Covenantal Perspective." *Tyndale Bulletin* 48 (1997): 271-306. BS543.A1.T49

Schwartz B., Israel' s Holiness: The Torah Traditions. Pp. 47-60 in *Purity and Holiness: The Heritage of Leviticus*. Poorthuis J.H.M., and Schwartz J. eds., Brill: Leiden · Boston · Köln, 2000.

Scott, R.B.Y., "Wisdom: Wisdom Literature," *Encyclopedia Judaica,* 16, Jerusalem, 1972, cols. 557-563.

Scott, W.R. *The Boots of Ancient Israel' s Autumn Festival*. Ph.D. Dissertation of Johns Hopkins University, 1993.

Seitel, Peter. "Proverbs: A Social Use of Metaphor." In *Folklore Genres.* Edited by Dan Ben-Amos. Austin: University of Texas Press, 1976.

Seitz, C. R. *Isaiah 1-39*. Interpretation. Louisville: John Knox, 1993.

Seitz, Christopher R. "The Book of Isaiah 40-66." In *NIB* 6:309-552.

Sellin, E. and Fohrer, G., *Introduction to the Old Testament.* Nashville: Abingdon, 1962.

Seow, C. L. *Daniel*. Westminster Bible Companion. Louisville:

Westminster John Knok, 2003.

Seow, Choon-Leong, 1 & 2 Kings. *New Interpreter's Bible,* 3 vol. Nashville: Abingdon, 1999.

Seow, Choon-Leong. Ecclesiastes. New York: Doubleday, 1997.

Shaver, J.R., *Torah and the Chronicler' s History Work: An Inquiry into the Chronicler' s References to Laws, Festivals, and Cultic Institutions in Relationship to Pentateuchal Legislation,* Atlanta, GA, 1989.

Shea W.H., The Chiastic Structure of the Song of Songs. *ZAW* 92 (1984): 378-396.

Shea, W.H., "The Chiastic Structure of the Song of Songs," *ZAW* 92 (1984), pp. 378-396.

Shea, W.H., "The qinah Structure of the Book of Lamentations." *Bib* 60 (1979): 103-107.

Sheppard, G.T., "The Epilogue to Qohelet as Theological Commentary." *CBQ* 39: 182-89.

Shiloh, Y., "Judah and Jerusalem in the Eighth-Sixth Centuries B.C.E.," in *Recent Excavations in Israel: Studies in Iron Age Archaeology* (ed. S. Gitin and W. G. Dever; *AASOR* 49; Winona Lake, Ind.: Eisenbrauns, 1989), 97-103.

Simon, U. *Jonah.* JPSBC. Trans. L .J. Schramm. Philadelphia: Jewish Publication Society, 1999.

Simpson, C. A., *Composition of the Book of Judges,* Oxford, 1957.

Simundson, D., *Faith Under Fire.* Minneapolis: Augsburg, 1980.

Sjoberg, A.W., "In Praise of the Scribal Art." *Journal of Cuneiform Studies* 14 (1972): 126-31.

Skehan, P.W., "A Single Editor for the Whole Book of Proverbs," *CBQ* 10 (1948), pp. 115-130.

Skehan, P.W., "The Seven Colums of Wisdom' s House in Proverbs 1-9," *CBQ* 9 (1947), pp. 190-198.

Skehan, P.W., *Studies in Israelite Poetry and Wisdom.* Washington, D.C.: Catholic Biblical Ass, 1971.

Smith- Christopher, Daniel L. "Daniel." In *NIB* 7:17-194.

Smith, B. K., and F. S. Page. *Amos, Obadiah, Jonah.* NAC. Nashville: Broadman & Holman, 1995.

Smith, G. V. *Amos: A Commentary.* Grand Rapids: Zondervan, 1989.

Smith, R. L. *Micah-Malachi.* WBC. Waco, Tex.: Word, 1984.

Snaith J.G., *The Song of Songs.* Grand Rapids: Eerdmans, 1993.

Snaith, N.H., *Leviticus and Numbers.* NCBC. London: Nelson, 1967.

Snell, D., *Twice-Told Proverbs and the Composition of the Book of Proverbs.* Winona Lake, IN, 1993.

Soggin, J. A., *Joshua,* OTL, SCM, 1972.

Soggin, J. A., *Judges: A Commentary,* Old Testament Library, Philadelphia: The Westminster Press, 1981.

Soggin, J.A., *A History of Israel: From the Beginnings to the Bar Kochba Revolt,* tr. John Bowden. London: SCM Press, 1984.

Steck, O. *The Prophetic Books and Their Theological Witness.* St. Louis: Chalice, 2000.

Stern E., *Archaeology of the Land of the Bible II: The Assyrian, Babylonian and Persian Periods (732-332 B.C.E.),* New York, 2001, pp. 268-294.

Stern, A.W., *The Book of Esther.* The Cambridge Bible for Schools and Colleges. Cambridge: University Press, 1907.

Sternberg, R.J., *A Handbook of Wisdom: Psychological Perspectives.* Cambridge. Cambridge Univ. Press, 2005.

Sternberg, R.J., *Wisdom, Intelligence, and Creativity Synthesized.* Cambridge: Cambridge Univ. Press, 2003.

Sternberg, R.J., *Wisdom: Its nature, origins, and development.* Cambridge: Cambridge University Press, 1990.

Stuart D., *Hosea-Jonah,* WBC, Waco: Word Books, 1987.

Stulman, L., "Encroachment in Deuteronomy: An Analysis of the Social World of the D Code," JBL 109/4 (1990), 613-632.

Suzuki, Y., *The Numeruswechsel in Deuteronomy,* Ph. D. Dissertation. Claremont Graduate School, 1982.

Sweeney, M., "David Polimics in the Book of Judges," *VT* 47 (1997), 517-529.

Sweeney, M.A., "Structure, Genre and Intent in the Book of Habakkuk." *VT* 41 (1991): 63-68.

Swindoll, C.R., *The Lamentations of Jeremiah.* Bible Study Guide. Fullerton, Calif.: Insight for Living, 1977.

Taylor, Archer. *The Proverb.* Cambridge: Harvard University Press, 1931.

Thiele, Edwin R., *The Mysterious Numbers of the Hebrew Kings.* Chicago: University of Chicago Press, 1953.

Thomas, D. Winton, *Archaeology and Old Testament Study*. Oxford: Clarendon Press, 1967.

Thomas, D. Winton, *Documents from Old Testament Times*. Nashville: Thomas Nelson & Sons, 1958.

Thompson J. A., *The Book of Jeremiah*. NICOT. Grand Rapids: Eerdmans, 1979.

Thompson, J. A., *Deuteronomy, An Introduction and Commentary*, TOTC, Lecester, England: Inter-Varsity Press, 1974.

Thompson, J.M., *The Form and Function of Proverbs in Ancient Israel*. The Hague: Mouton and Company, 1974.

Thompson, T. L., *Early History of the Israelite People from the Written and Archaeological Sources* Leiden: Brill, 1992.

Thompson, T. L., *The Origin Tradition of Ancient Israel 1: The Literary Formation of Genesis and Exodus 1-23* (JSOTSS 55: Sheffield: JSOT Press, 1987)

Tigay, J. H., *Deuteronomy*, The JPS Torah Commentary, Philadelphia: The Jewish Publication Society, 1996.

Tigay, J.H., "Lamentations, Book of," *Judaica* 10 (1972), col. 1368-1375.

Toews, W.I. *Monarchy and Religious Institution in Israel under Jeroboam I*, Georgia, 1993.

Torrey, C.C., "The Question of the Original Language of Qoheleth," *JQR* 39 (1948-49), pp. 151-160.

Trible Phyllis, "A Human Comedy. The Book of Ruth," Pp. 166-199 in *God and the Rhetoric of Sexuality*. Philadelphia: Fortress Press, 1978.

Tsevat, M., "The Meaning of the Book of Job." Studies in *Ancient Israelite Wisdom*. Ed. James Crenshaw, 341-74. New York: KTAV, 1976.

Tucker, G. M., *Joshua*, Cambridge Commentary on New English Bible, 1974.

Unger, Merrill F. *Israel and the Arameans of Damascus*. Grand Rapids: Baker, 1980.

Urbach, E.E., The Sages: Their Concepts and Beliefs. trans. I. Abrahams. Cambridge, Mass., London: Harvard University Press, 1987. BM177.U85

Van Leeuwen, R. "Proverbs." In *The New Interpreter' s Bible*. Nashville: Abingdon, 1997.

Van Leeuwen, R., *The Problem of Literary Context in Proverbs 25-27*:

Structures, Poetics, Semantics. Atlanta: Scholars Press, 1988.

Van Seters, J., "Joshua' s Campaign of Canaan and Near Eastern Historiography," *Scandinavian Journal of the Old Testament* 4. 2(1990), 1-12.

Van Seters, John, *Abraham, History and Tradition.* New Haven: Yale University Press, 1975.

Vaux, Roland de., *Ancient Israel,* English translation. New York: McGraw-Hill, 1961.

Vaux, Roland de., *The Early History of Israel,* English translation. Philadelphia: Westminster, 1978.

Volz, P., "Die Handauflegen beim Opfer," *ZAW* 21 (1901), pp. 93-100.

von Rad, G., *Deuteronomy,* OTL, Philadelphia: Westminster, 1966; *Studies in Deuteronomy,* SBT 9, London: SCM, 1953.

von. Rad, G. *The Message of the prophets.* New York: Harper & Row, 1965.

von Rad, G., *The Problem of the Hexateuch and Other Essays,* London: SCM, 1966.

von Rad, G., *Wisdom in Israel.* Nashville: Abingdon, 1972.

Vrienzen, T.C., "The Term hizza Lustration and Consecration," *OTS* 7 (1950), pp. 201-235.

Wal, A. van der., *Nahum, Habakkuk: A Classified Bibliography.* Amsterdam, 1988

Walsh, Jerome. "Despair as a Theological Virtue in the Spirituality of Ecclesiastes," *Biblical Theological Bulletin* 12 (1982): 46-49.

Waltke, B. K. "Micah." In *The Minor Prophets: An Exegetical and Expositional Commentary,* edited by T. E. McComiskey, 3 vols., 2:591-764. Grand Rapids: Baker, 1992-98.

Waltke, B.K., "The Book of Proverbs and Ancient Wisdom Literature." *Bibliotheca Sacra* 136 (1979): 221-38.

Waltke, B.K., *The Book of Proverbs,* 2 vols. Grand Rapids, 2004/5.

Walton, J.H., *Ancient Israelite Literature in Its Cultural Context,* Grand Rapids, Michigan 1989, pp. 135-168;

Washington, Harold C. *Wealth and Poverty in the Instruction of Amenemope and the Hebrew Proverbs.* Atlanta, Scholars Press, 1994.

Waterman L., *The Song of Songs.* Ann Arbor: University of Michigan Press, 1948.

Watts J.D., *The Books of Joel, Obadiah, Jonah, Nahum, Habakkuk and Zephaniah,* CBC, Cambridge: Cambridge University Press, 1975.

Watts, J. D. W. *Isaiah 1-33*. WBC. Waco, Tex.: Word, 1985.

Watts, J. D. W. *Isaiah 34-66*. WBC. Waco, Tex.: Word, 1987.

Webb, B.G., *The Book of Judges: An Integrated Reading,* Sheffield: JSOT Press, 1987.

Weems R.J., "The Song of Songs," *The New Interpreter' s Bible* Vol. 5. Nashville: Abingdon Press, 1997, pp. 361-434.

Weinberg, J.P., *Temple-Citizen Community,* Sheffield, 1992.

Weinfeld, M., "Deuteronomy: The Present State of Inquiry," JBL 86(1967), 249-262, reprinted in *A Song of Power and the Power of Song: Essays of the Book of Deuteronomy,* ed. by Christensen, D. L. Winoa Lake, Indiana: Eisenbrauns, 1993.

Weinfeld, M., "Ruth, Book of," *Judaica* 14 (1972), col. 518-522.

Weinfeld, M., *Deuteronomy and the Deuteronomic School,* Oxford: Clarendon Press, 1972.

Weinfeld, M., *Social Justice in Israel and in the Ancient Near East.* Jerusalem: Magnes, 1984.

Weippert, M., *The Settlement of the Israelite Tribes in Palestine: A Critical Survey of Recent Scholarly Debate,* Studies in Biblical Theology, 2nd Series, 21, London: SCM Press, 1971.

Weiser, A., *Psalms,* London, 1962.

Weissbach, F.H., *Babylonisch Miscellen,* Leipzih, 1903.

Wenham, Gordon J., *Betûlāh*: A Girl of Marriageable Age. *VT* 22 (1972), pp. 342-343.

Wenham, Gordon J., *The Book of Leviticus.* The New International Commentary on the Old Testament. Grand Rapids: William B. Eerdmans Publishing Company, 1979.

West, G., "Hearing Job' s Wife: Towards a Feminist Reading of Job." *Old Testament Essays* 4 (1991): 107-31.

Westermann, C. *Isaiah 40-66*. OTL. Trans. D. M. G. Stalker. Philadelphia: Westminster, 1969.

Westermann, C., *The Living Psalms,* Grand Rapids, 1989.

Westermann, C., *The Structure of the Book of Job.* Philadelphia: Fortress, 1981.

Wevers, J. W., *Notes on the Greek Text of Deuteronomy,* SACS 39, Atlanta,

Georgia: Scholars Press, 1995.

Whitcomb, J.C., *Esther: The Triumph of God' s Sovereignty.* Everyman' s Bible Commentary. Chicago: Moody Press, 1979.

Whitley, C.F., *Koheleth: His Language and Thought,* Berlin, 1979.

Whybray, R. N. *Isaiah 40-66*. NCB. Grand Rapids: Eerdmans, 1981.

Whybray, R.N., "Qoheleth, Preacher of Joy." *JSOT* 23 (1982): 87-98.

Whybray, R.N., "Wisdom Literature in the Reigns of David and Solomon." Studies in the Period of David and Solomon and Other Essays, ed. Tomoo Ishida, 13-26. Winina Lake, Indiana: Eisenbrauns, 1982.

Whybray, R.N., *Proverbs* in The New Century Bible (London: Harper Collins, 1994).

Whybray, R.N., *The Composition of the Book of Proverbs.* JSOT Sup 168 (Sheffield: Sheffield Academic Press, 1994).

Whybray, R.N., *Wealth and Poverty in the Book of Proverbs.* Sheffield: Sheffield, 1990.

Whybray, R.N., *Wisdom in Proverbs: The Concept of Wisdom in Proverbs 1-9. Studies in Biblical Theology.* Vol. 45. Edited by C. F. D. Moule. Naperville, IL: Alec. R. Allenson, Inc., 1965.

Wildberger, H. *Isaiah 1-12*. Trans. T. H. Trapp. Minneapolis: Fortress, 1991.

Wildberger, H. *Isaiah 13-27*. Trans. T. H. Trapp. Minneapolis: Fortress, 1997.

Wilkinson, J., Leprosy and Leviticus: The Problem of Description and Identification. *SJT* 30 (1977), pp. 153-169.

Williams, J.G., "Deciphering the Unspoken: The Theophany of Job." *HUCA* 49 (1978): 59-72.

Williams, J.G., "What Does It Profit a Man?: The Wisdom of Koheleth." Pp. 375-389 in *Studies in Ancient Israelite Wisdom,* Ed. James Crenshaw. New York: KTAV, 1976.

Williams, J.G., *Those Who Ponder Proverbs: Aphoristic Thinking and Biblical Literature.* Bible and Literature Series. Edited by D.M. Gunn. Sheffield: The Almond Press, 1981.

Williamson, H.G.M., *Ezra · Nehemiah,* WBC, Waco, 1985.

Wilson, I., *Out of the Midst of the Fire: Divine Presence in Deuteronomy,* SBLDS 151, Atlanta: Scholars Press, 1975.

Wilson, John, *The Burden of Egypt.* Chicago: University of Chicago Press,

1951.

Wilson, R. *Prophecy and Society in Ancient Israel.* Philadelphia: Fortress, 1980.

Wiseman, Donald J., ed. *Peoples of Old Testament Times.* Oxford: Clarendon Press, 1973.

Wolff, H. W. *Hosea.* Trans. G. Stansell. Hermeneia. Philadelphia: Fortress, 1974.

Wolff, H. W. *Joel and Amos.* Trans. W. Janzen et al. Hermeneia. Philadelphia: Fortress, 1977.

Wolff, H. W. *Micah.* Trans. G. Stansell. Minneapolis: Augsburg, 1990.

Wolff, H. W. *Obadiah and Jonah.* Trans. M. Kohl. Minneapolis: Augsburg, 1986.

Wolff, H. W., *Haggai.* Minneapolis: Augsburg, 1988.

Wolters, A., "Nature and Grace in the Interpretation of Proverbs 31:10-31." *Calvin Theo Journ* 19 (1984): 153-166.

Wood, Leon J., *A Survey of Israel' s History.* Grand Rapids: Zondervan, 1973.

Wooley, Leonard, *Abraham: Recent Discoveries and Hebrew Origins.* London, 1936.

Wright, G. E., *Biblical Archaeology,* rev. ed. Philadelphia: Westminster, 1962.

Wright, G.E., "The Literary and Historical Problem of Joshua 10 and Judges 1," *JNES* 5 (1946), 105-114.

Wright, J. S., "The Historicity of the Book of Esther." Pp. 37-47 in *New Perspectives on the Old Testament.* Ed. J.B. Payne. Waco: Word Books, 1970.

Yadin, Y., *The Art of Warfare in Biblical Lands.* 2 vols. New York: McGraw-Hill Book Co., 1963.

Yee, G. A., *Judges and Method: New Approaches in Biblical Studies,* Minneapolis: Fortress Press, 1995.

Yerkes, R.K., *Sacrifice in Greek and Roman Religions and Early Judaism.* New York: Scribner' s 1952.

Young, E. J. *The Book of Isaiah.* 3 vols. Grand Rapids: Eerdmans, 1965-72.

Younger, K. L., "Early Israel in Recent Biblical Scholarship," in *The Face of Old Testament Studies,* 176-206.

Younger, Lawson, Jr., *Ancient Conquest Accounts: A Study in Ancient*

Near Eastern and Biblical History Writing. JSOT Sup 98: Sheffield: JSOT Press, 1990.

Zakovitz Y., Ruth. Pp. 71-106 in *The Book of Scrolls: Song of Songs, Ruth, and Lamentation,* J. Klein, M. Paqes and Y. Zakovitz eds., Jerusalem: Rabibim (Hebrew).

Zimmerli W., *Ezekiel: A Commentary on the Book of the Prophet Ezekiel.* Hermeneia 2 Vols. Philadelphia: Fortress, 1979, 1983.

Zimmerli, W., "The Place and Limit of the Wisdom in the Framework of the Old Testament Theology." Studies in Ancient Israelite Wisdom, ed. James Crenshaw, 314-26. New York: KTAV, 1976.

Zimmermann, F., "Chronicles as a Partially Translated Book," *JQR* 42 (1951-52), pp. 265-282.

Zimmermann, F., "The Aramaic Provenance of Qohelet," *JQR* 36 (1945-1946), pp. 17-45.

Zuck, R.B., *Learning from the Sages: Selected Studies on the Book of Proverbs.* (Grand Rapids: Baker, 1995). Excellent collection of classic articles on Proverbs.

Zvi E. Ben, *A Historical-Critical Study of the Book of Zephaniah.* BZAW 198. Giessen: Töpelmann, 1991

김영진, 고대 근동 및 이스라엘의 재판제도. 「한국기독교신학논총」 28 (2003), pp. 5-26.

김영진, "시가문학의 고대 근동적 배경에 관한 연구," 김영일 외 17인, 『시편: 우리 영혼의 해부학』, 서울: 한들출판사, 2006, pp. 59-74.

김영진, 여로보암의 종교개혁과 윤달(왕상 12:31-33). 「구약논단」 (1999), pp.

김영진, 『구약성서읽기』 서울: 이레서원, 2006.

김영진, 『조약과 언약』 서울: 한들출판사, 2005.

박준서, "고대 이스라엘의 지혜운동," 「구약논단」 8 (2000), pp. 133-149.

정중호, "고대 이스라엘의 성전재정 운영에 관한 연구," 「구약논단」 6 (1999), pp. 53-77.

정중호, "여로보암 1세의 종교정책에 관한 연구," 「구약논단」 2 (1996), pp. 24-44.

정중호, 『레위기: 만남과 나눔의 장』 서울: 한들출판사, 1999.

성경색인

성경색인 • • •

＊＊＊ 창세기

*** 출애굽기

＊＊＊ 레위기

*** 민수기

*** 신명기

* * * 여호수아

* * * 사사기

*** 룻기

*** 사무엘상

* * * 사무엘하

*** 열왕기상

*** 열왕기하

* * * 역대상

* * * 역대하

*** 에스라

*** 느헤미야

*** 에스더

* * * 욥기

* * * 시편

* * * 잠언

* * * 전도서

*** 아가

*** 이사야

* * * 예레미야

* * * 예레미야애가

* * * 에스겔

* * * 다니엘

＊＊＊ 호세아

＊＊＊ 요엘

＊＊＊ 아모스

*** 오바댜

*** 요나

*** 미가

*** 나훔

*** 하박국

＊＊＊ 스바냐

＊＊＊ 학개

＊＊＊ 스가랴

* * * 말라기

* * * 마태복음, 마가복음, 누가복음, 요한복음, 사도행전

* * * 로마서, 갈라디아서, 디모데전서, 히브리서, 요한계시록

* * * 바룩, 집회서

* * * 솔로몬의 지혜, 마카비상, 유딧서, 에스드라1서

주제색인

주제색인 • • •

인명색인

인명색인 • • •

지명색인

지명색인 • • •